金石珍本叢刊

國家圖書館藏陳介祺書札

曹菁菁　編著

上海書畫出版社

本書爲『古文字與中華文明傳承發展工程』項目『國家圖書館藏古文字研究類稿本整理』（G1415）研究成果之一

金石學大師的典範

陳振濂

陳介祺是不世出的一代金石學宗師，陳介祺又是一位憂國憂民的士大夫典範。

陳介祺是一位開宗立派的古物收藏大家，但陳介祺又是一位精通細微技藝的『大國工匠』。

陳介祺是一位引領時代風氣的先行者，陳介祺又是一位極其嗜古循故的『守夜者』。

一

關於金石學巨匠陳介祺的研究，近幾十年間可謂豐厚之甚，汗牛充棟，層出不窮。關於他的生平研究，有年譜、年表，有傳記、研究論文集、大型圖册。至於他的《十鐘山房印舉》《簠齋傳古别録》《簠齋藏古目》《簠齋吉金録》等等，更是研究陳介祺的必備史料。

尤其是他的古器收藏與研究，遍及商周青銅器、秦漢刻石、古泉古兵古陶、畫像磚瓦、璽印封泥、詔版權量、造像碑碣、古籍刻拓、書畫牘札各領域；又，他畢生專攻古代文化研究中的經史、義理、訓詁、詞章、音韵諸學而有精湛超出凡庸之學術修爲；更以傳拓、考釋、著述、翰札往返各種交流方式，爲後世留下了大量珍貴圖像與文獻資料；此外，還有阮元、潘祖蔭、鮑康、劉喜海、何紹基、吴式芬、吴大澂、王懿榮一衆業界公認學富五車、高標史軌、衆星璀璨、各有開創之功的大師巨匠之間的翰墨交游。總之，一介儒士陳介祺，以一人之力標示着一個金石學鼎盛輝煌的大時代，以他爲樞紐，可以衍生出許多立體豐富的考察領域與研究課題。

一部金石學史，如果説，宋代歐陽修、趙明誠、李清照、劉敞、吕大臨、薛尚功，是第一代；至清中期以後，阮元、畢沅、潘祖蔭、孫星衍、黄易、吴大澂、何紹基、趙之謙則是第二代。第一代是勾畫出學科雛形，分門别類，充實内容，各樹其幟；第二代則兼涉探古、考古、鑒古、藏古、釋古、問古，形成完整的『金石學』『古物學』的從學問傳統到學科意識學術架構之鏈，再到古器物學、古文字學、古文獻學的各層分支體系的龐大體格。而在其中，若論上述六個『古』的技術分布之細密且各領風氣、又合爲整體而有四梁八柱、天蓋地基的學科大厦，陳介祺肯定是唯一一位集大成者和總領者。在他身後，再也没有出現歷史上堪稱在『量』『質』上均可以有資格成爲被追隨步武之人。

二

陳介祺的另一個史無前例的卓越貢獻，是以一己之力對於傳拓術的恢復、深化與開拓、提升。在乾嘉道咸之中國古史研究，因地下出土青銅器與石刻之日益豐富，從而引發上古史至中古史研究考證繁榮興盛之際，陳介祺的劃時代貢獻則是在於：

一則以一己之力，因了多方收集，而擁有了龐大的金石文物收藏尤其是三代古器收藏。尤以各種商周鼎彝，和秦漢碑碣印章封泥、六朝磚瓦鏡銘，追究其銘文墨拓獲取古文字字形并作考釋，從而形成了足够的實物資料與文獻資料互相佐證，并通過集藏、傳拓、編纂的方式，爲古代史研究提供了第一手資料。

二則鑒於當時僅靠圖繪木版刻印的圖像印刷手段的明顯不足，如果僅對於碑碣磚瓦石刻文本與字形的傳播，尚可用墨拓來應對，但對於器物實體與形制的傳播，在宋代前後只能以勾摹繪製器形來勉强記録，因爲没有攝影手段而捉襟見肘、舉步維艱。於是陳介祺毅然決然，盡畢生精力發明創造了『傳拓』『全形拓』新的圖像複製、傳存與表現手段。

至此，平面的古代碑碣文字的銘文遺存，立體的古器物形制圖像遺存，在交流複製圖影傳播上終能化身千萬——論其萬世功業，因探索出最好的技術手段，諸妙皆彙聚於陳介祺一人之手；又獲得他盡其一生的精心研究，而得以昭耀於時代。

今天，我們西泠印社百年社慶後，在全國宣導已十五年，早已蔚爲風氣的『重振金石學』，其中體格龐大的諸分支項目中之居於最核心項目的，即是『傳拓』術的繼承與創新。兩百多年前陳介祺的首倡，正是導夫先路：是前驅、是先行、是楷模示範。

三

陳介祺有一手極儒雅的小字書法，無意爲書家而自有楚楚風神。他的許多拓片題跋和嘉道時期官僚文人士子普遍熱衷的揮毫大對聯，字格瘦長而點畫并不遵唐法。別出心裁，當然是極具標志性的個人風格，辨識度極高。但推想以他父親是吏部尚書陳官俊，自己又於道光二十年（一八四〇）中舉，五年後中進士，又在翰林院供職，應該有一手『館閣體』式四平八穩的毛筆字書法，想來於唐法應該并不陌生，但檢諸今存海量的題跋字迹和大對聯的書迹，似乎少見蹤影。記得過去曾經一直爲此對陳介祺好奇而存疑。今見這部國家圖書館所藏書札，乃忽忽有所悟。蓋其日常書寫之相，應該是這種發乎自然、穩健揮灑、規矩宛然，又極有書卷氣的樣態。而以字形瘦長狹窄又綫條頭尾不作刻意頓挫不回鋒收筆的大字對聯小字題跋，却反而應該是他的刻意表現之體，或即契合於他的長期浸淫金石翰墨後形成的個人趣味之體。自家情有獨鍾的風格技巧反而不合『館閣』常法，而中規中矩從小訓練的科考之體却成爲一代文人大匠的『底色』，其中的辯證關係令人深思。

本部《國家圖書館藏陳介祺書札》的尺牘書迹，則是陳介祺書迹中作爲『底色』的典範。於此可以見出他深厚的文史學養與收藏宏富、足可重建古史且品味獨高的『金石學』修養，尤其是其中有大量與交游友好之間關於墨拓技術的往返探討説明，彌足珍貴。又許多内容還牽涉通河道、整吏治、戒洋教、薦職官、計印費、防侵吞、清冒領、辦團練、談兵事、選火器、重海防、倡賑灾、籲禁烟等等，幾可視爲當時一個有節操的士子學人的立體生活實録，從而見出陳介祺作爲一名士大夫憂國憂民的宏毅之思。

但從我們的特定立場來看，此書中所收數十通談金石彝器收藏與傳拓的内容，還是更具有足够的吸引力與迷人魅力，因爲這正是金石學大師陳介祺之所以爲陳介祺的所在。

二〇二四年一月一日於杭州西溪

自序

曹菁菁

陳介祺（一八一三—一八八四），字壽卿，號簠齋，山東濰縣人，清代著名的金石學家。道光二十五年（一八四五）進士第十名，授翰林院庶吉士。陳氏家學淵源，專志學術，以收藏宏富知名於世。其收藏種類繁多，涉及青銅器、印璽、瓦當、陶文、古泉、古磚等各方面。

國家圖書館歷來注重收藏金石名家的著作，館藏中陳介祺的相關藏品也較爲豐富，出於陳氏之收藏，且多有題記。金石拓本類的藏品有：《簠齋藏古器物文拓本》四十册本、陳介祺藏三代銅器拓本、陳介祺藏漢器拓本、簠齋藏鏡拓本、《簠齋泉范》《簠齋藏古金化》《漢瓦存》《十鐘山房印舉》（八册本、十四册本、十六册本、二十册本、二十二册本、七十二册本、八十一册本）《簠齋印集》（四册本、五册本、九册本、十二册本）《簠齋手題印譜》《周秦印譜》《周秦玉印璽》等。目録考釋類藏品有《簠齋藏古目》《濰縣陳氏寶簠齋藏器目》《簠齋泉范目》《簠齋封泥目》《十鐘山房藏齊魯三代周秦兩漢瓦當文字目》《濰縣陳氏金文拓本釋》《周毛公鼎銘釋文》等。而陳介祺的書札類藏品則有：

一、《簠齋尺牘》（致潘祖蔭、王懿榮、鮑康等）十二册本，民國影印本。

二、《簠齋尺牘》（致吴大澂）五册本，民國影印本。

三、《陳介祺書札》（致徐會灃、蘇兆年、王孝禹、王之翰等）九册本，手稿。

四、《陳介祺致潘祖蔭手札》，手稿。

五、《陳簠齋書札》（致翁大年），手稿。

國家圖書館所藏的陳介祺書札，來源并非是單一的。其中，《陳介祺致潘祖蔭手札》來自周進的收藏。而《陳介祺書札》九册本是北京圖書館的編目人員將不同來源的陳介祺書札彙集在一起給了一個藏品編號。此外，在庫房中還單獨保存有兩通致翁大年的書札，共十葉，未編目。這些書札，形成了國家圖書館藏陳介祺書札手稿的主體。

陳介祺的書札具有一定的特點。比如在討論金石的書札中，陳氏會使用非常具有個人色彩的大篆書法，字大而有古韵。而在與友人討論非金石的話題時，則往往使用秀麗的行草。陳氏早期的書法還未見出色，晚年書法則逐漸醇熟。其同治年之後的書札，則在書法上形成了一氣呵成的氣韵。這對於書法的愛好者來説，也是有意義的參考文本。

陳介祺對於箋紙的使用，也是十分講究的。陳氏經常使用的古器物箋紙，有含英閣製作的『匽侯旨鼎』箋紙，其上有器物的綫描圖以及銘文摹本『匽侯旨作父辛尊』（如陳書札九册本第一至第五册〇二三）。胡子英經營的含英閣是北京琉璃廠有名的古玩店，陳介祺在濰縣也會在他家定制或購買箋紙，可見含英閣的紙箋質量很好。實際上，吴大澂、潘祖蔭以及王懿榮都使用含英閣的紙箋。而最愛使用各色花樣箋紙的潘祖蔭與胡子英的交往更密。還有松竹齋製『商守父丁爵』箋紙，有紅黄緑灰四色（如陳書札九册本第一至第五册〇一二）。九如齋製作的古玉器系列箋紙：『古玉雙螭玦』箋紙、『古玉蟬文卮』箋紙、『仿古玉雷文豆水丞』箋紙（如陳書札九册本第八册〇〇五）。翰文齋製作的蘭花箋紙、蝦箋紙、松下讀書箋紙（如陳書札九册本第一至第五册〇三八）。有容堂製作的花箋六種（如陳書札九册本第一至第五册〇二一）。陳氏也用自己的藏品製作箋紙。比如常見的虎符、龜符、魚符系列箋紙。虎龜魚符系列是用陳介祺收藏的『漢常山太守虎符』『漢桂陽太守虎符』『漢東萊太守虎符』『新莽連率虎符』『唐宸豫門龜符』『唐紫金魚符』作爲素材的，含英閣製作，共五種，上面都刻有鈐印『簠齋藏虎龜魚符之印』（如陳書札九册本第一至第五册〇三六、〇四七）。

從書札中看，鮑康辭職之後，把陳介祺再次拉入了京城鑒藏古玩的圈子當中來。陳介祺、吴大澂、潘祖蔭、鮑康、王懿榮形成了一個古文考證的小圈子，這成爲陳介祺後半生的重要寄托。陳介祺的收藏繁多，從古銅器、古泉、古印、石刻拓本到陶文、漢磚、封泥等等，不一而足。陳氏多年的積累在考證古文字和傳拓銅器、石刻方面獲得了比別人更豐厚的經驗和更好的研究嗅覺。在京城的金石圈中，潘祖蔭、鮑康等人組成了一個小的同好圈子。潘氏身後是以江蘇、浙江、安徽金石學家爲主的南方群體。而陳介祺則是山東金石文化圈的中心。他的姻親、前賢都在金石鑒藏方面大有造詣，而他本人則成爲凝聚這些金石同好的有力代表。

陳介祺寫給潘祖蔭、吴大澂的書札，除了考究金石之外，也有談論時事的時候。潘祖蔭作爲陳介祺的晚輩，身居高位，陳氏對潘氏是很客氣的。陳介祺有時候也會拜托潘祖蔭幫忙。比如給殉職的兄弟陳介眉詢問賜恤能不能加增到太僕的標準，名銜能否加增。又如托潘祖蔭找人將父親陳官俊在政府中的檔案抄録出來，不但要全還要細。陳介祺還向潘祖蔭推薦濰縣的讀書人曹鴻勛，讓曹前去潘氏處幫忙。後來，曹鴻勛奪得了殿試上的狀元。想來，作爲一個鄉下讀書人，曹鴻勛在潘氏處也見到了世面，獲得了成長的機會。吴大澂是務實的官員，因爲軍職而長期在外。早先是吴大澂幫陳介祺獲得野外的石刻拓本，後來兩人成爲摯友，陳介祺對吴大澂和王懿榮的文字考定功夫都十分認可。金石交談之外，吴大澂也會向陳介祺講述他在各地公幹的情况，使得身在内陸、心繫邊疆的陳介祺獲得了很多消息。

陳介祺的書札呈現出一個豐滿的中國士大夫形象。父親死後，陳介祺本可以成在京城逐漸成爲重臣。但由於在咸豐皇帝勒令大臣們捐獻錢銀的過程中，陳介祺遭到了其他重臣的算計，使他遭到了沉重的心理打擊。陳介祺由此決定離開官場，回到家鄉隱居生活。回到濰縣後的陳介祺，做了很多切實的事情。在捻軍游走山東地區的時候，他組織家族和當地居民組成武裝力量保護一方百姓，在灾荒中他拿出自家的錢財安置粥棚，向百姓施粥賑饑。他在書札中不斷向京城的大臣潘祖蔭、徐會灃述説民情，痛斥吏治的腐敗、巡差官員的敷衍、描繪黄河泛濫帶來的灾患。他『處江湖之遠而憂其君』，擔心洋教的大肆傳播會動摇國家的安全，擔心北京周邊的防務難以抵禦外國侵略者的軍隊大炮，擔心東北邊境和南方邊境被列强蠶食。這些憂國憂民的聲音也不知回音能有幾何。

一方面，陳介祺是審慎而博學的金石學家，而另一方面，他也是一個具有政治影響力的前官員，更是一個有行動力的鄉紳。這些書札是晚清時代山東大地上一個士大夫對時代的口述史。我們由此更好地理解了陳氏的爲人和學問，由他的眼中看見了一個微觀的晚清空間。這個空間是多維的，有普羅大衆的維度，有西洋科技文化的維度，有京城官宦的維度，有金石考證的維度，還有邊疆防務、内憂外患的維度，這些維度的中心，是陳介祺。即便今人看來，心旌也難免一摇。

本書著重發布國家圖書館藏陳介祺書札的手稿影像，并輔以釋文，以便讀者參考。筆者水平有限，還請方家不吝賜教。

國家圖書館藏陳介祺書札的初步考察工作得到了國家圖書館館内科研項目的經費支持。本書爲『古文字與中華文明傳承發展工程』項目『國家圖書館藏古文字研究類稿本整理』研究成果（G1415）。

二〇二三年九月於文津樓

凡例

一、本書所收録的均爲國家圖書館所藏陳介祺書札的手迹原稿。影印本、刻印本，均不在收録範圍之中。

二、陳介祺喜用異體字，如：磚寫作叀，盦寫作厂，簋寫作毁，考寫作攷，鏡寫作竟，囑寫作屬，值寫作直，全份寫作全分，佳寫作隹，叔寫作尗，附寫作坿，許寫作鄦，璽寫作鉥等等。爲了閲讀方便，一般使用規範繁體字，酌情保留文字探討中的異體字、異形字。

三、陳氏寫作的書札，往往一個信封中放入多份書札。本書『一通』的計算以有確切標明落款日期的書札爲準，凡署『又拜』『名前具』等之書札，都與前札合算作一通。如果書札爲散葉，無落款日期，則單葉即算爲一通。

四、書札中涉及的人物，能找到人物生平綫索的均收録於後，其餘俟考。

五、大部分書札原稿無句讀，釋文中之標點均爲筆者所加。

六、注釋中所標明的月日，使用漢字的，均爲農曆。

七、部分書札如有殘缺不可辨識的文字，以『□』代替。

目録

金石學大師的典範　一
自　序　一
凡　例　一
《陳介祺書札》九册本及未編目書札二通　一
致翁大年　二
致蘇兆年、蘇億年　一三
致李福泰　二九
致王孝禹　四〇
致徐會灃　五九
致親友　二五四
《陳介祺致潘祖蔭手札》四册本　二八五
同治十二年　一八七三年　二八七
同治十三年　一八七四年　三五五
陳介祺往來書札的館藏考察　四七五
參考文獻　四九五
附録：書札常見人名字號及人物小傳　四九八

《陳介祺書札》九册本及未編目書札一通

致翁大年[一]

翁大年（一八一一—一八九〇），初名鴻，字叔均，江蘇吴江人，清代篆刻家。清代書畫家翁廣平之子。家中藏書豐富，著有《古官印志》八卷、《古兵符考》八卷、《泥封考》二卷、《陶齋金石考》二卷、《瞿氏印考辨證》一卷、《舊館壇碑考》二卷、《陶齋印譜》二卷等書。事迹可見《蘇州府志》。

[一] 致翁大年的書札爲散葉，現存國家圖書館，未編目。因紀年編次在此。

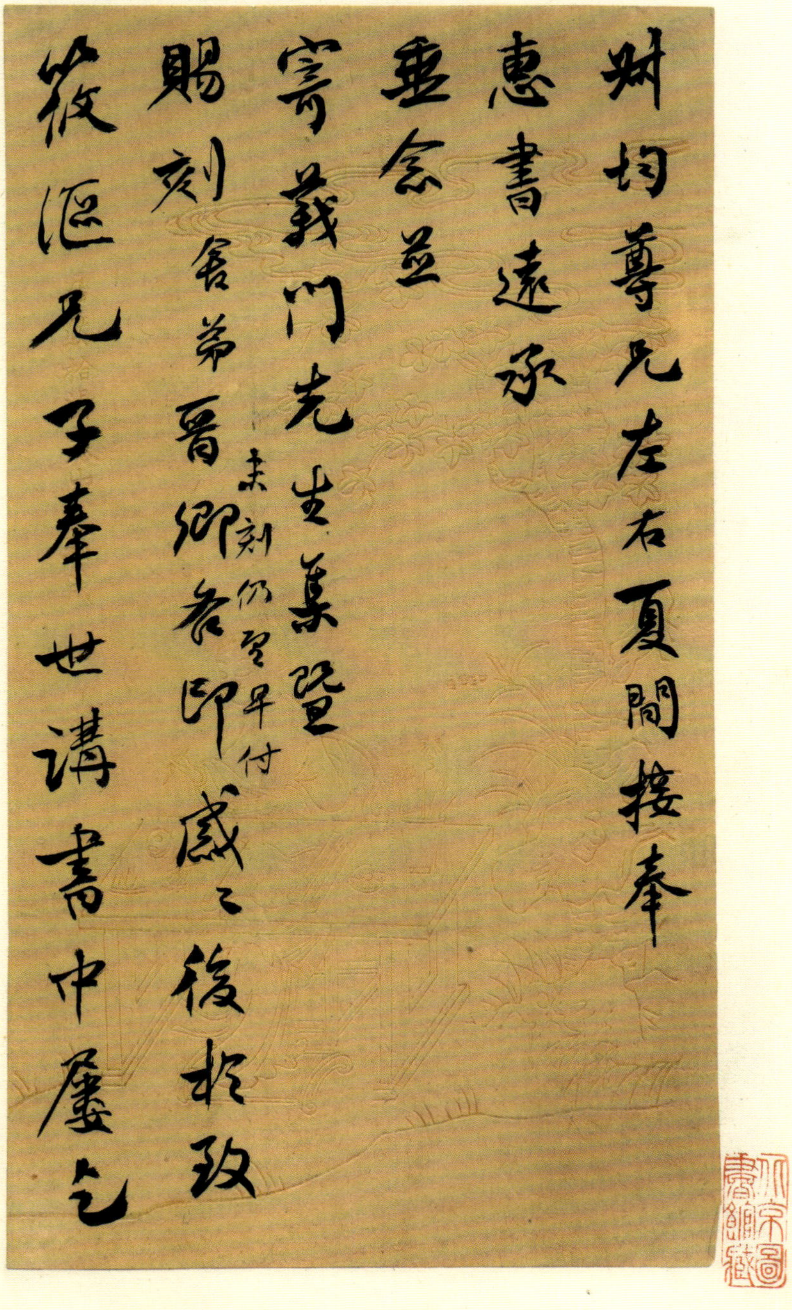

叔均尊兄左右[一]。夏間接奉惠書，遠承垂念，并寄《義門先生集》暨賜刻舍弟晉卿各印，未刻仍望早付。感感。後於致筱漚兄子奉世講書中屢乞

[一]此函作於咸豐八年（一八五八）十一月廿一日。

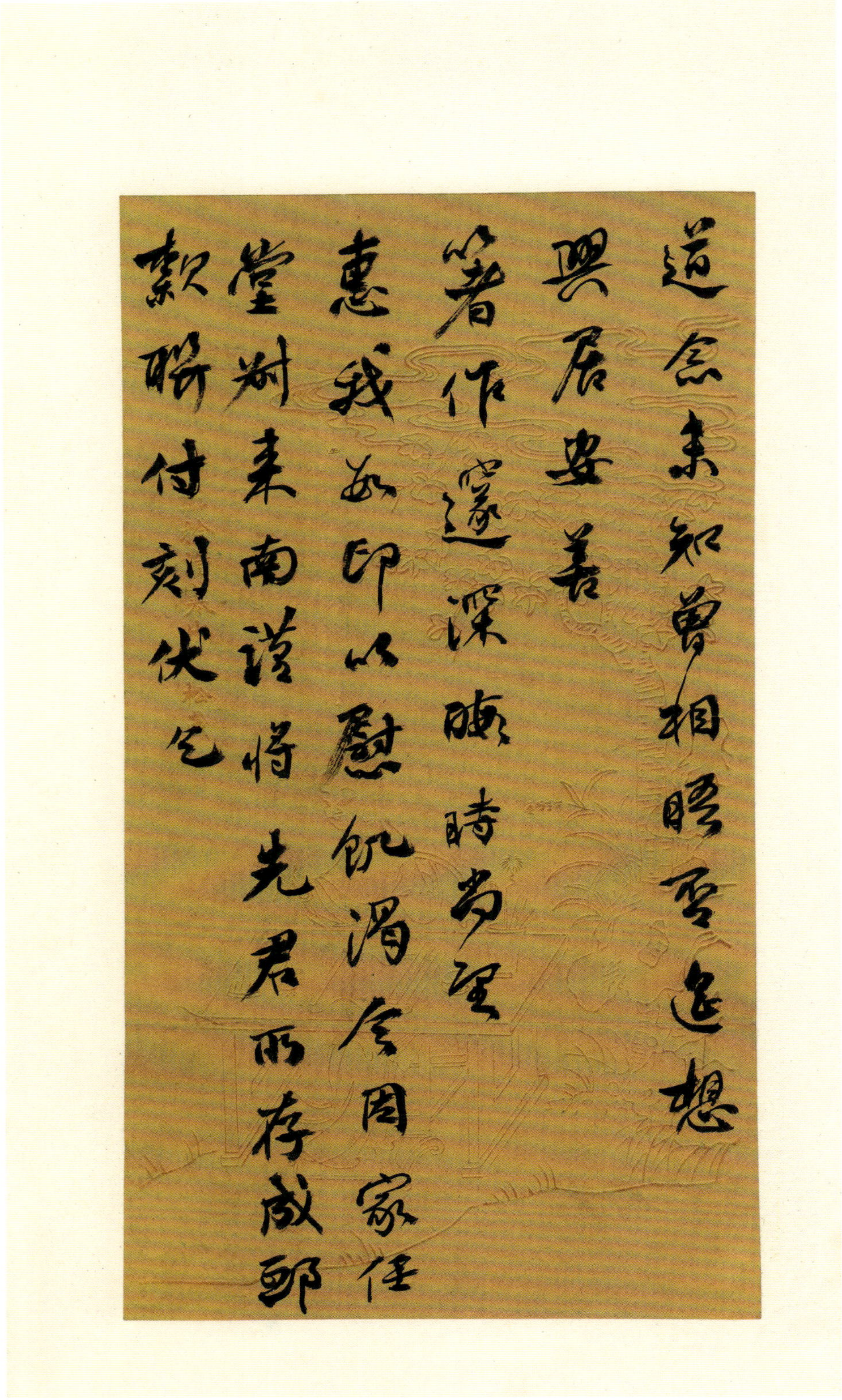

道念，未知曾相晤否？遥想興居安善，著作邃深。暇時尚望惠我數印，以慰飢渴。今因家任堂叔來南，謹將先君所存成邸款聯付刻。伏乞

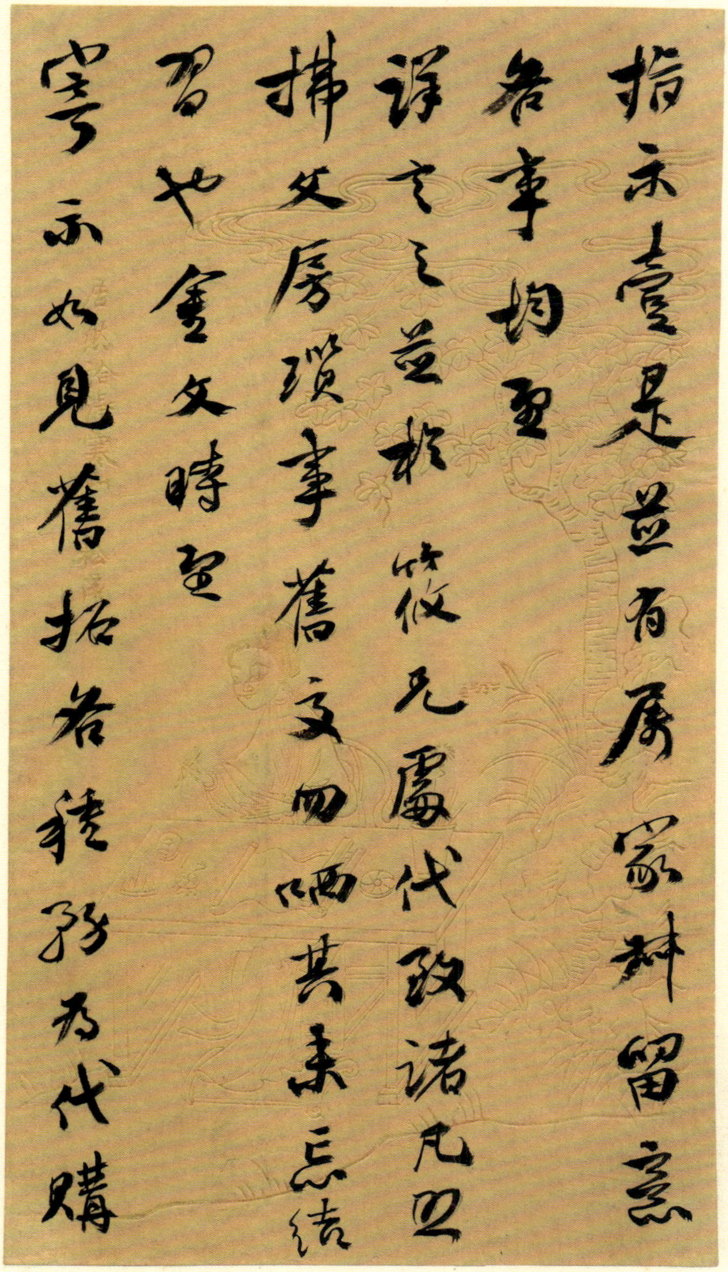
指示壹是并有屬家叔留意
各事均望
詳言之并於筱兄處代致諸凡照
拂文房瑣事舊交勿哂其未忘結
習也金文時望
寄示如見舊拓各種務為代購

指示壹是。并有屬家叔留意各事，均望詳言之，并於筱兄處代致。諸凡照拂文房瑣事，舊交勿哂其未忘結習也。金文時望寄示，如見舊拓各種，務爲代購。

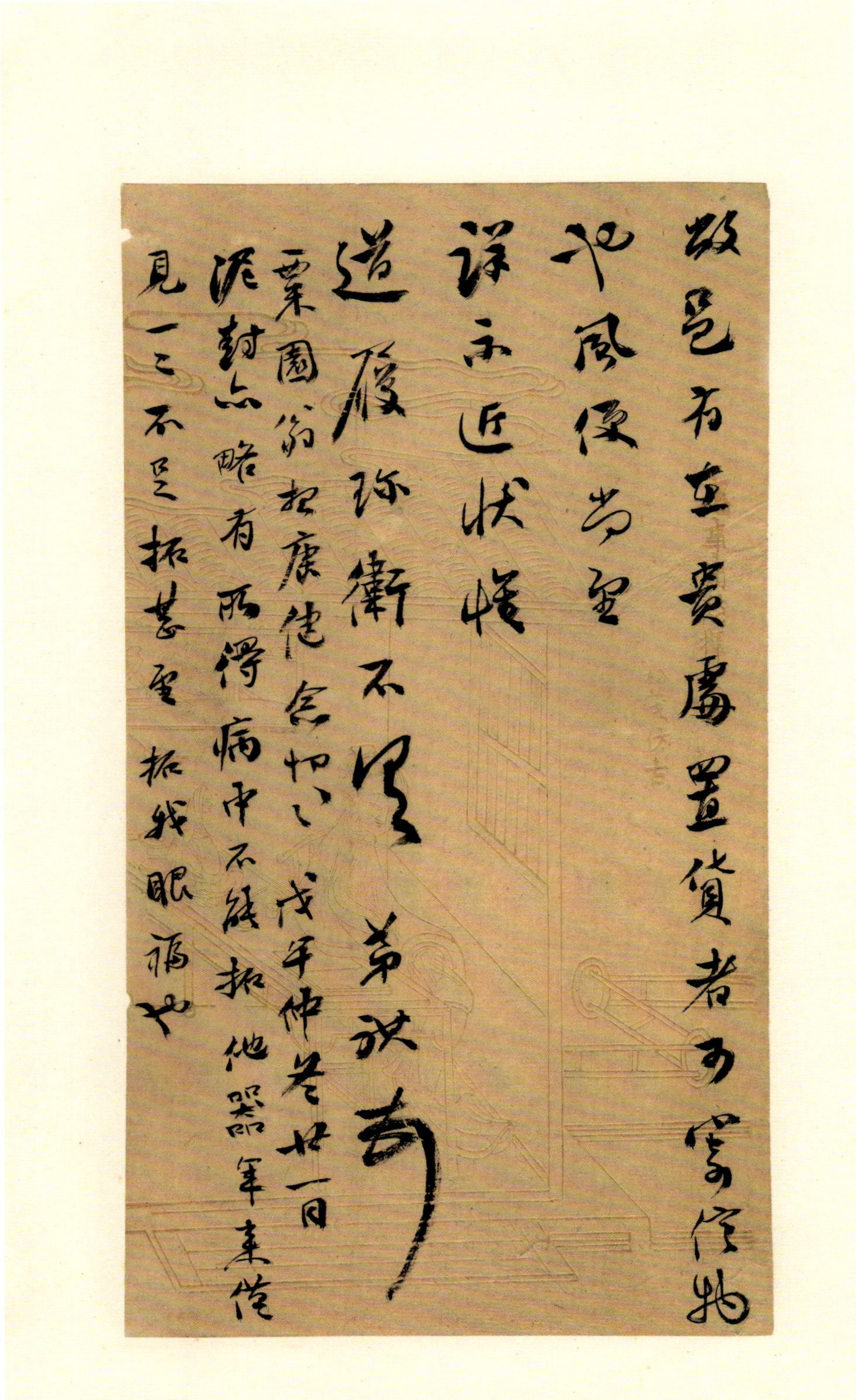

敝邑有在貴處置貨者，可寄信物也。風便尚望詳示近狀。惟道履珍衛不具。

弟祺頓首。戊午仲冬廿一日。

粟園翁想康健，念切切。泥封亦略有所得，病中不能拓，他器年來

僅見一二，不足拓。甚望拓，我眼福也。

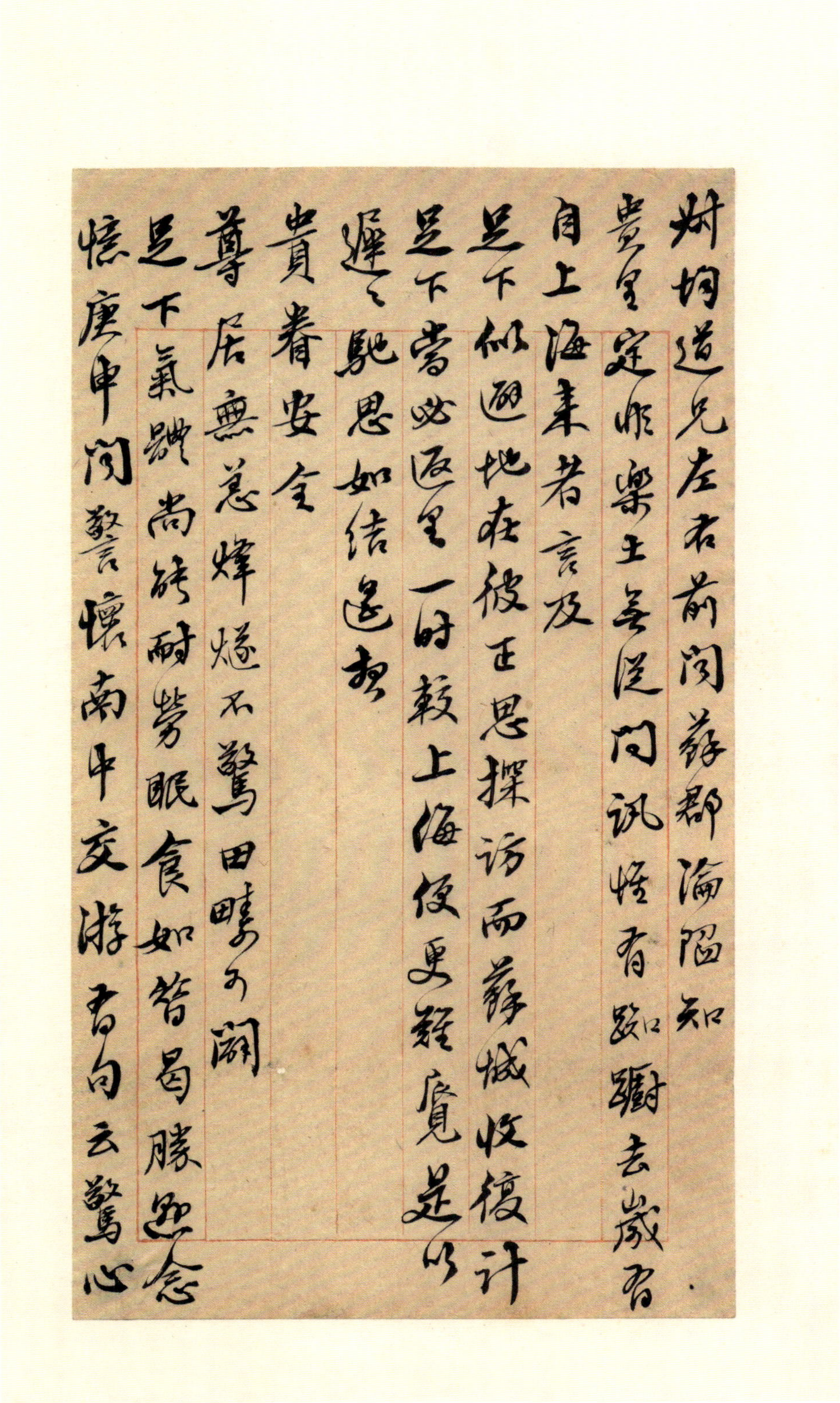

叔均道兄左右[一]。前聞蘇郡淪陷，知貴里定非樂土。無從問訊，惟有躑躅。去歲有自上海來者，言及足下似避地在彼，正思探訪而蘇城收復，計足下當必返里，一時較上海便更難覓，是以遲遲，馳思如結。遥想貴眷安全，尊居無恙，烽燧不驚，田疇可闢，足下氣體尚能耐勞，眠食如昔，曷勝懸念。憶庚申聞警[二]，懷南中交游，有句云：驚心

[一] 此函作於同治三年（一八六四）十一月一日。

[二] 指一八六〇年太平天國軍進軍江南各地，攻占杭州蘇州之事。太平軍進攻蘇州時，江蘇巡撫徐有壬下令焚毀金門、閶門一帶，自毀財富以期打擊太平軍的軍心。大量富貴之人逃至上海外國租界避難。蘇州城破，太平軍又劫掠城内。故而陳氏有南中舊友收藏蕩然的感嘆。

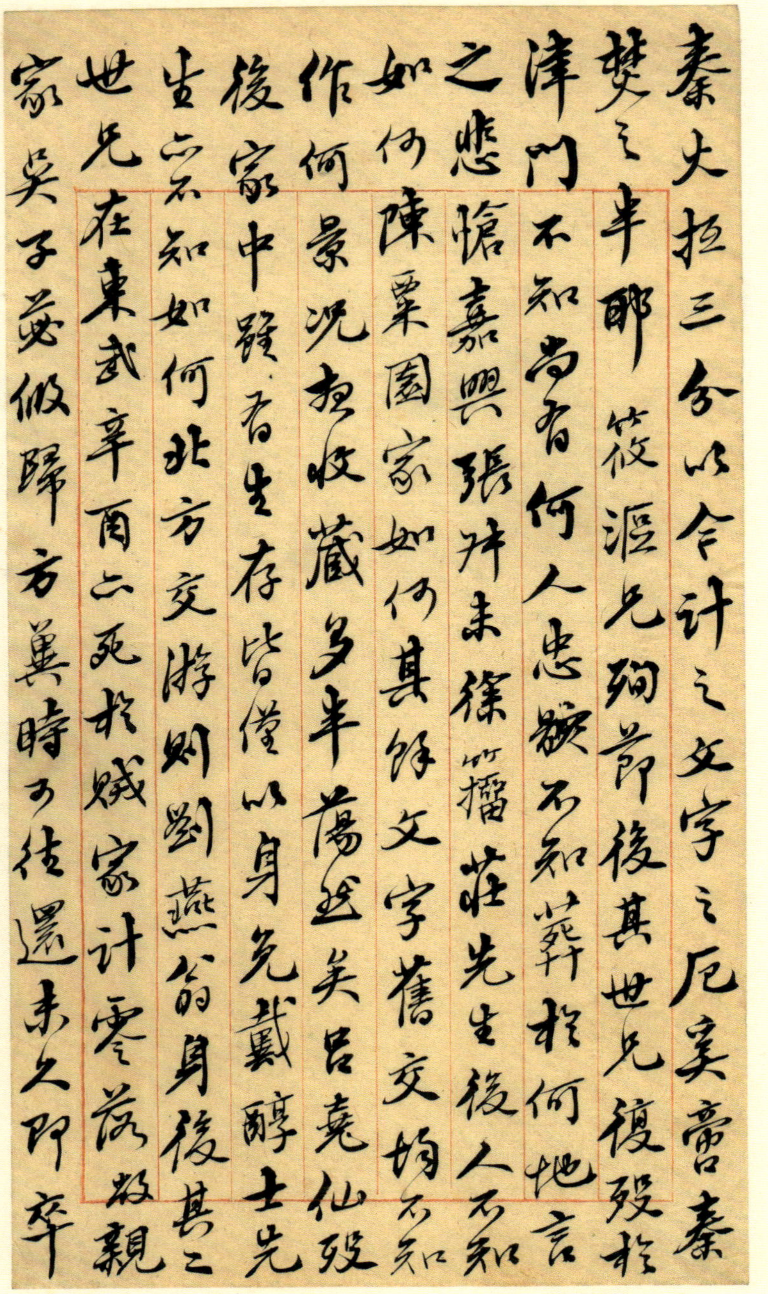

秦火抵三分。以今計之，文字之厄奚啻秦焚之半耶？筱漚兄殉節後，其世兄復殁於津門。不知尚有何人忠骸不知葬於何地，言之悲愴。嘉興張叔未、徐籀莊先生後人不知如何？陳粟園家如何？其餘文字舊交均不知作何景況。想收藏多半蕩然矣。吕堯仙殁後，家中雖有生存，皆僅以身免。戴醇士先生亦不知如何。北方交游，則劉燕翁身後，其二世兄在東武，辛酉亦死於賊，家計零落。[一]敝親家吴子苾假歸，方冀時可往還，未久即卒。

[一] 東武今山東諸城市。辛酉年（一八六一）捻軍在山東巨野、菏澤、汶上等地區與僧格林沁率領的清軍拉鋸作戰，劉氏之死蓋因此亂。

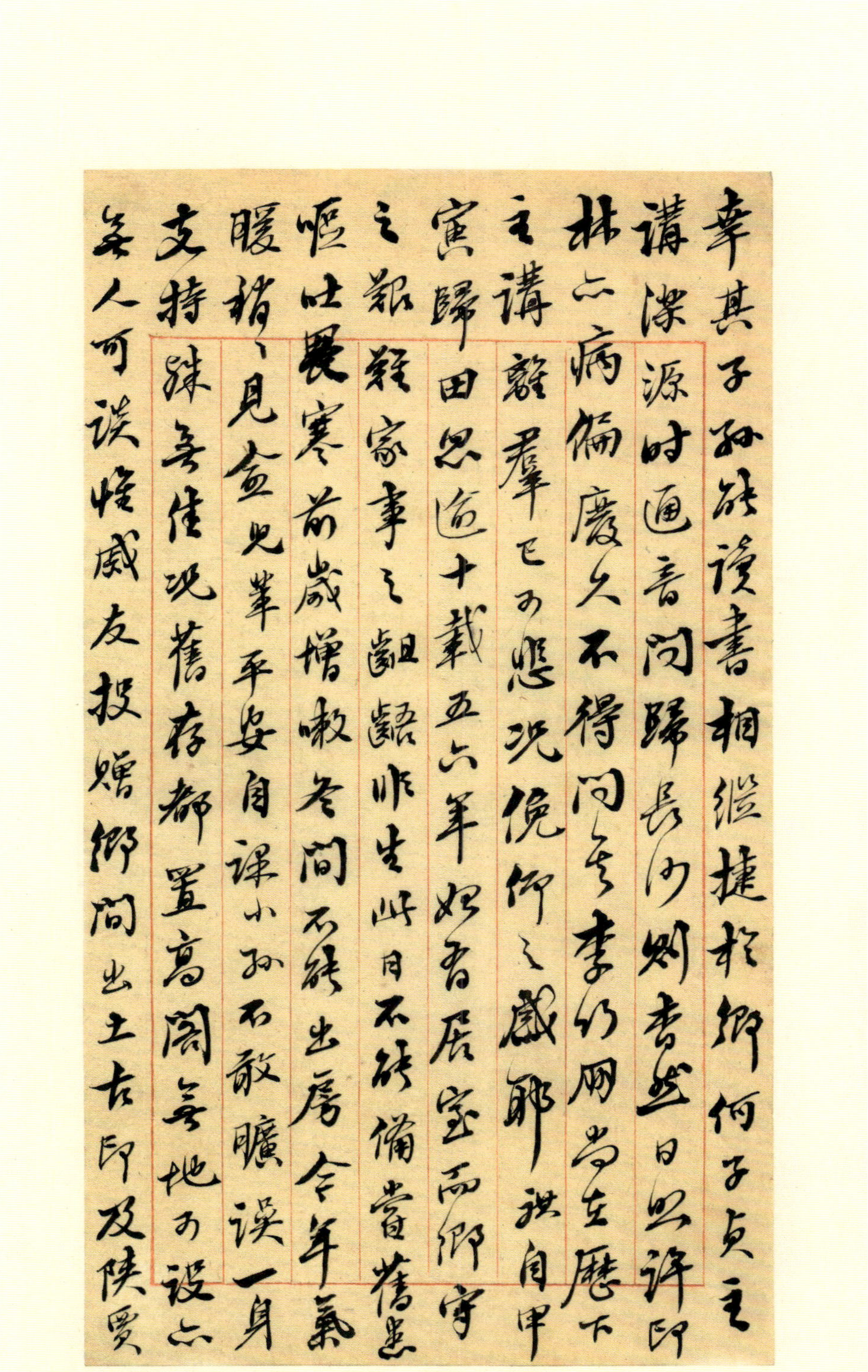

幸其子孫能讀書，相繼捷於鄉。何子貞主講濼源，時通音問，歸長沙則杳然。日照許印林亦病偏廢[一]，久不得問矣。李竹朋尚在歷下主講。離群已可悲，况俛仰之感耶？祺自甲寅歸田，忽逾十載，五六年始有居室。而鄉守之艱難，家事之齟齬，非生此日不能備嘗。舊患嘔吐畏寒，前歲增嗽，冬間不能出房。今年氣暖稍稍見愈。兒輩平安，自課小孫，不敢曠誤。一身支持，殊無佳况，舊存都置高閣，無地可設，亦無人可談。惟戚友投贈鄉間出土古印及陝賈

[一] 許印林即許瀚，同治三年（一八六四），大病不起，至岁暮始勉强起坐。同治五年（一八六六）卒，終年七十。

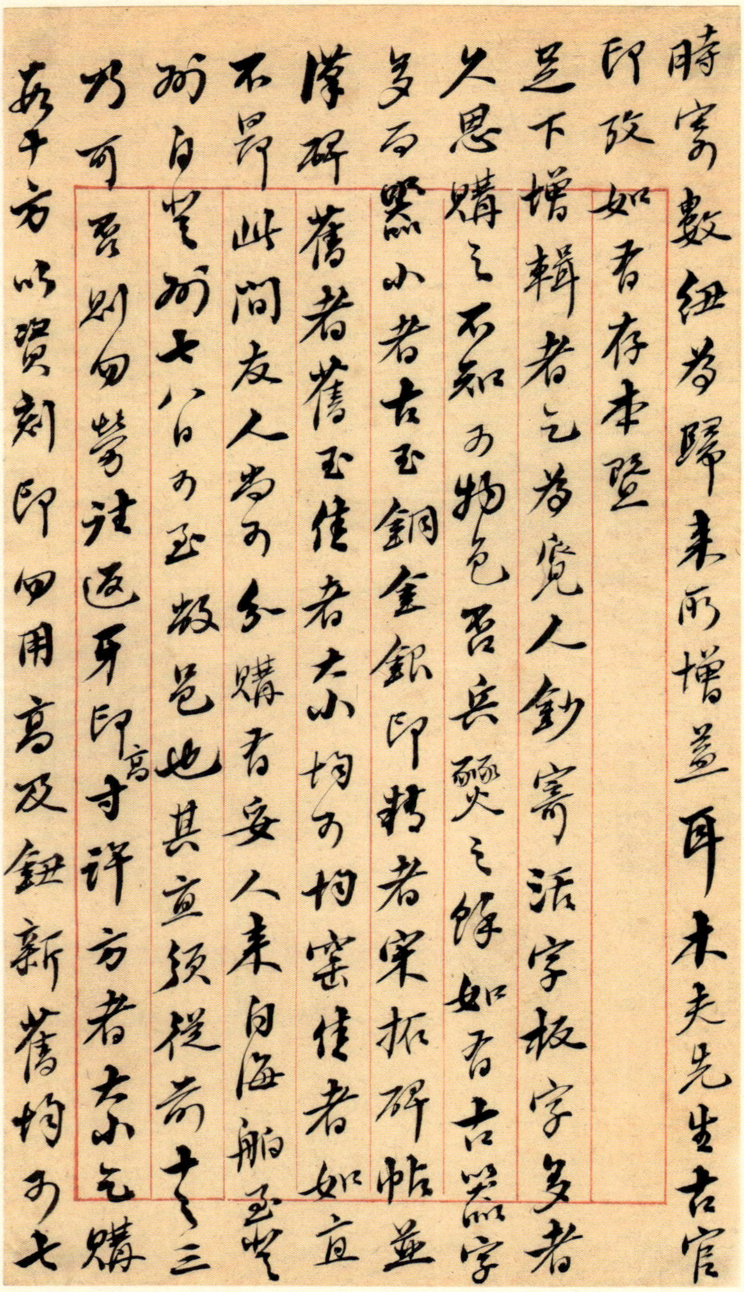

時寄數紐，爲歸來所增益耳。木夫先生《古官印考》如有存本暨足下增輯者，乞爲覓人鈔寄。活字板字多者久思購之，不知可物色否？兵燹之餘如有古器字多而器小者，古玉銅金銀印精者，宋拓碑帖并漢碑舊者、舊玉佳者大小均可。均窑佳者如值不昂，此間友人尚可分購。有妥人來，自海舶至登州，自登州七八日可至敝邑也。其值須從前十之三乃可，否則勿勞往返。牙印高寸許方者，大小乞購數十方，以資刻印，勿用高及紐，新舊均可。七

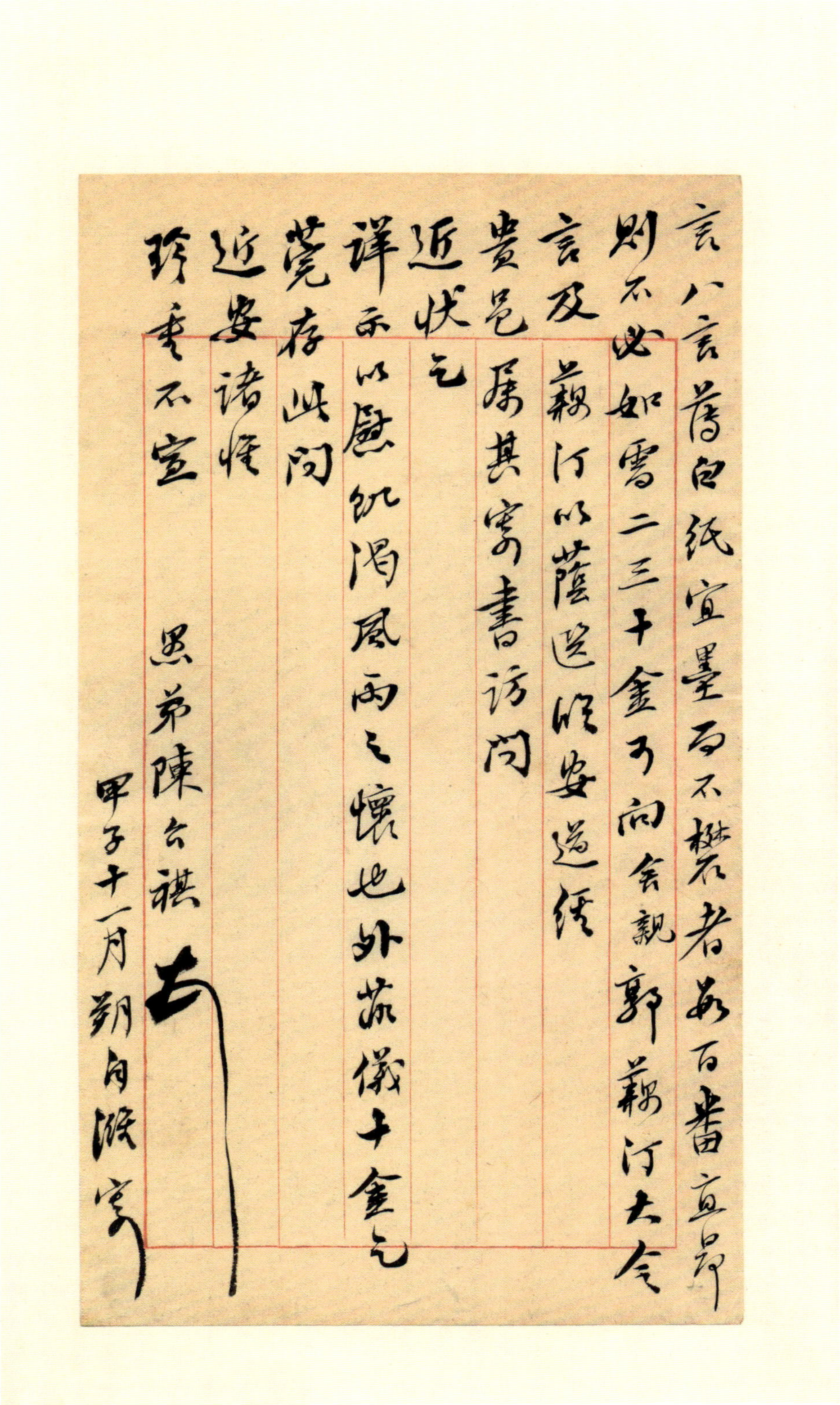

言八言薄白紙宜墨而不礬者數百番，值昂則不必。如需二三十金可向舍親郭藕汀大令言及。藕汀以蔭選臨安，道經貴邑，屬其寄書訪問近狀，乞詳示以慰飢渴風雨之懷也。外菲儀十金乞莞存。此問近安，諸惟珍重不宣。愚弟陳介祺頓首。甲子十一月朔自濰寄。

致蘇兆年、蘇億年〔一〕

蘇兆年，生卒年不詳，排行第六，字豐玉，西安永和齋古玩鋪掌櫃。蘇億年，生卒年不詳，排行第七，字錫時，與哥哥共同經營永和齋。

蘇氏兄弟一直爲陳介祺收購陝西地區的古器物，比如著名的天亡簋、毛公鼎即於陝西岐山出土後由蘇氏兄弟售於陳介祺。此外，蘇氏兄弟也一直爲陳介祺及家人收購古玉、古印璽等物。〔二〕

〔一〕致蘇氏兄弟函札裝幀規整，有『思貽令名』騎縫章、『紹衡審定』『鶴臯書屋』『劉嘯雲印』等印，流傳有可考之據。原定爲此號之第九册，排序蓋以篇幅長短爲次。爲便於閲讀參考，今以時間爲綫重整次序。

〔二〕陳介祺《聃敦釋説》（署同治癸酉八月三日，當爲一八七三年記）：『余得是器於關中蘇兆年三十年矣』。國家圖書館藏《簠齋印集》五册稿本第二册載題記云：『以上官印三十一方，己酉九月得之蘇兆年，其七弟來。』『以上四印，庚戌十一月蘇三來。』此處蘇三當爲蘇兆年的哥哥，排行爲三。國家圖書館藏《簠齋印集》九册稿本第一册題記云『以上三十六印亦己酉九月蘇兆年之弟所售』。可知蘇氏兄弟一直爲陳氏集印。

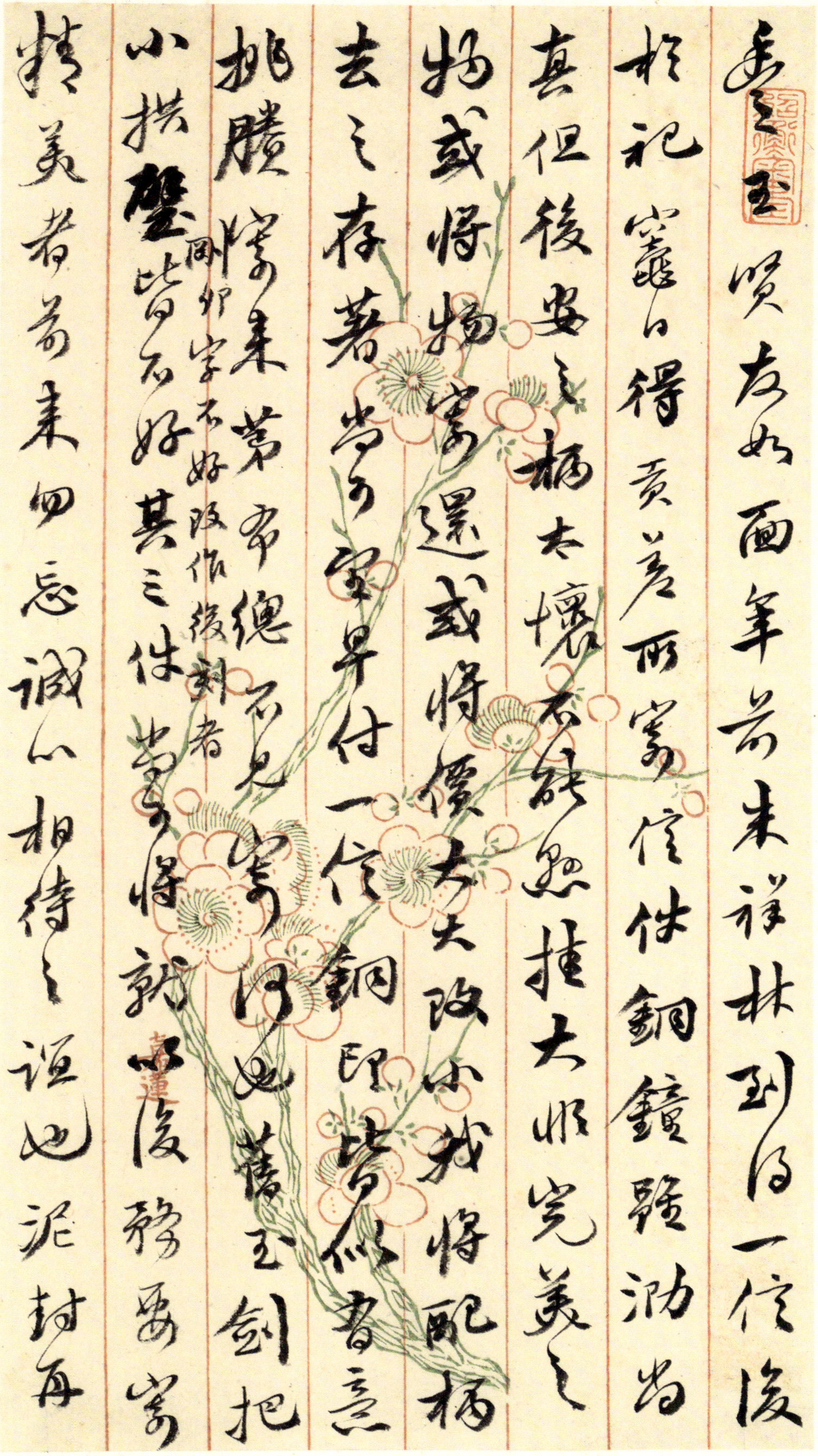

豐玉賢友如面[一]。年前朱祥林到，得一信。後於祀竈日得貢差所寄信件。銅鐘雖泐，尚真，但後安之柄太壞，不能懸挂，大非完美之物。或將物寄還，或將價大大改小，我將配柄去之存著尚可。望早付一信。銅印皆似有意挑剩寄來。第布總不見寄，何也？舊玉劍把、小拱璧皆不好，剛卯字不好改作後刻者。其三件尚可將就。以後務要寄精美者前來。勿忘誠心相待之誼也。泥封再

[一]此函作於咸豐十年（一八六〇）正月十六日。

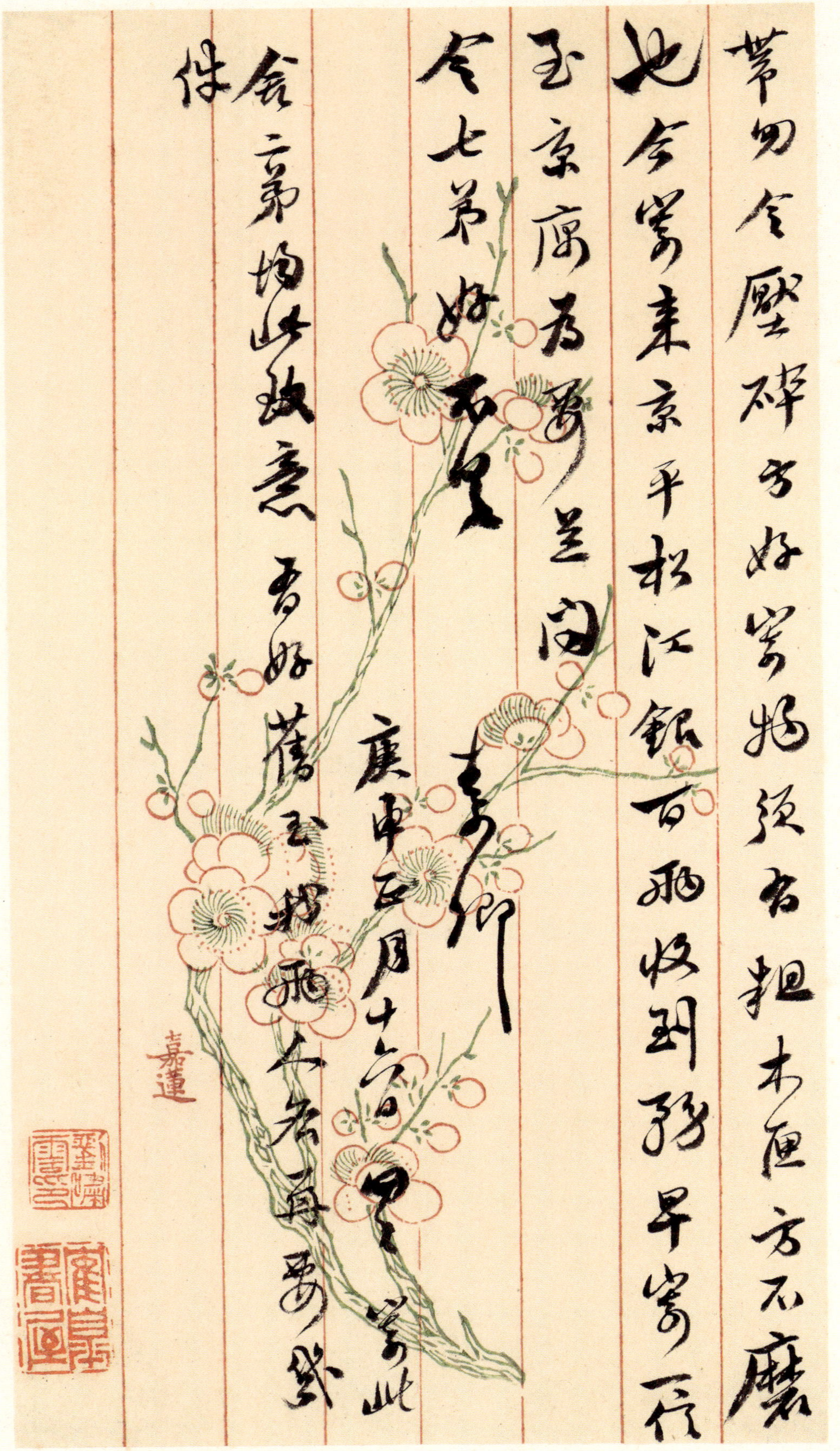

帶，勿令壓碎方好。寄物須有粗木匣，方不磨也。今寄來京平松江銀百
兩，收到務早寄一信至京寓爲要。并問令七弟好，不具。壽卿。庚申正
月十六日匆匆寄此。
舍二弟均此致意，有好舊玉我兩人各再要幾件。

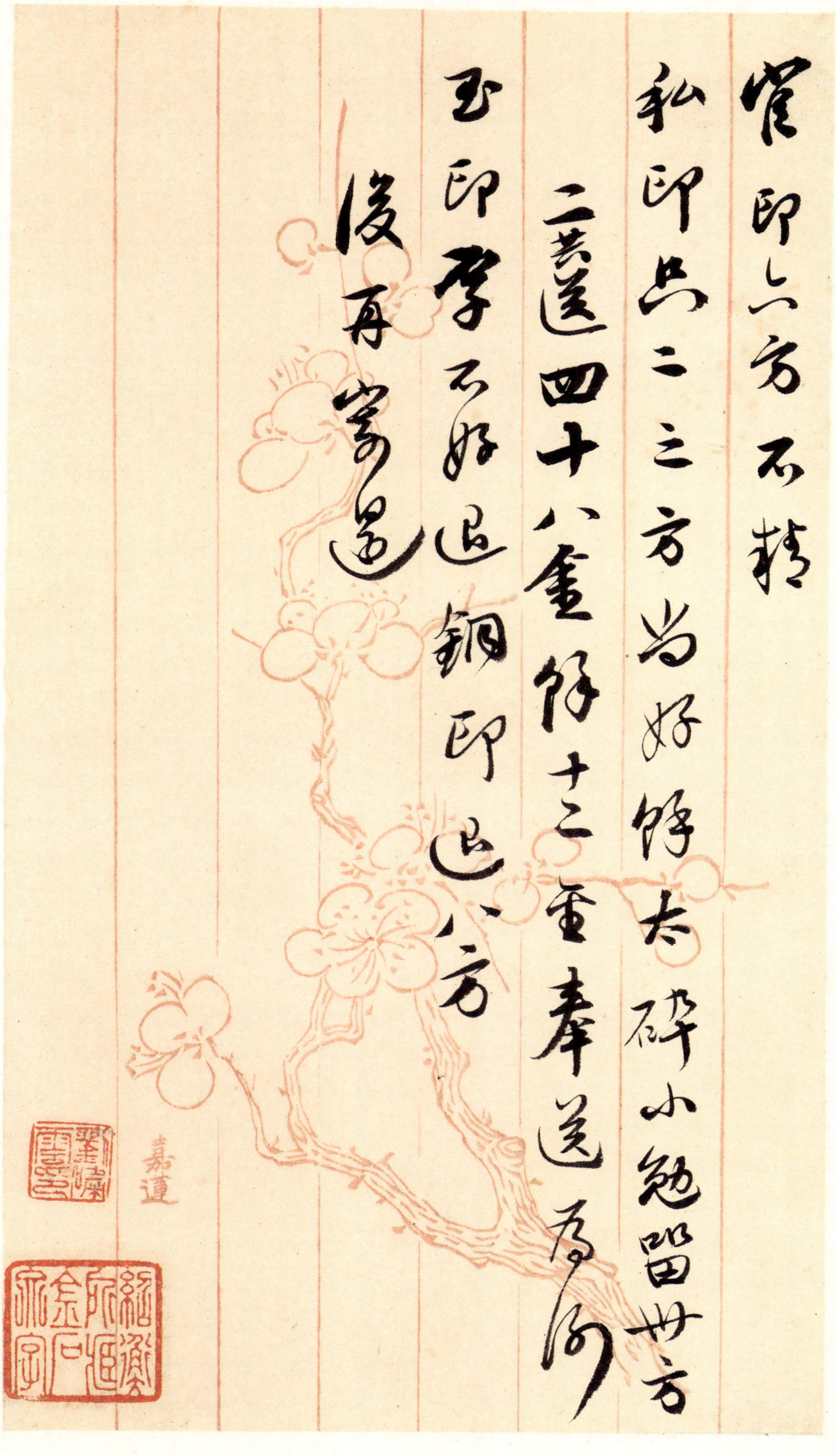
官印六方不精
私印只二三方尚好餘太碎小勉留卅方
二共送四十八金餘十二金奉送爲謝
玉印字不好退銅印退八方
後再寄還

官印六方，不精。私印只二三方尚好，餘太碎小，勉留卅方。二共送四十八金，餘十二金奉送爲謝。玉印字不好，退。銅印退八方，後再寄還。

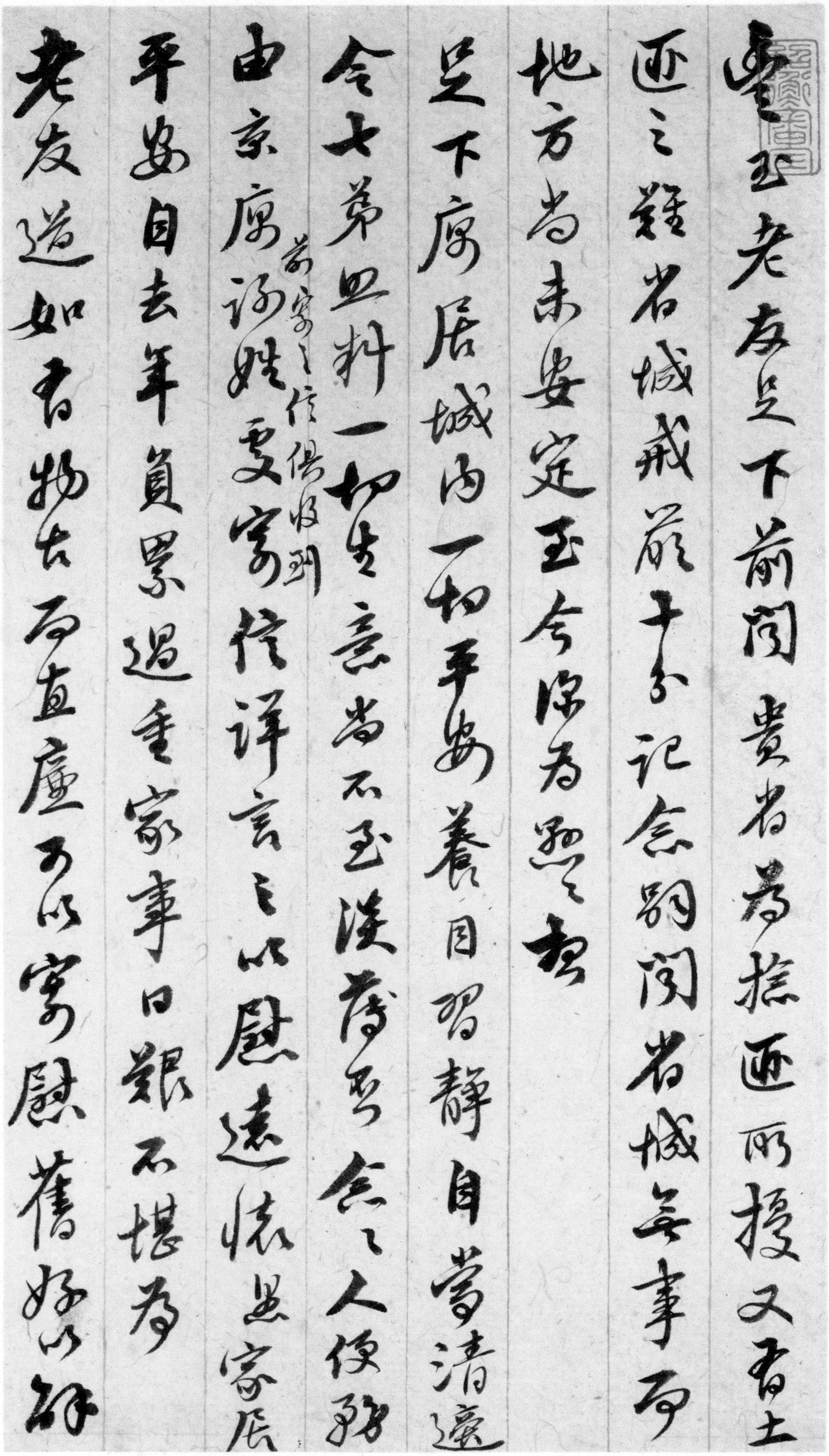

豐玉老友足下[一]。前聞貴省爲捻匪所擾，又有土匪之難，省城戒嚴，十分記念。嗣聞省城無事，而地方尚未安定，至今深爲懸懸。想足下寓居城內，一切平安，養目習静，自當清適。令七弟照料一切生意，尚不至淡薄否？念念。人便務由京寓謝姓處寄信，前寄之信俱收到。詳言之以慰遠懷。愚家居平安，自去年負累過重，家事日艱，不堪爲老友道。如有物古而值廉，可以寄慰舊好以解

[一] 此函作於同治元年（一八六二）十月廿二日。

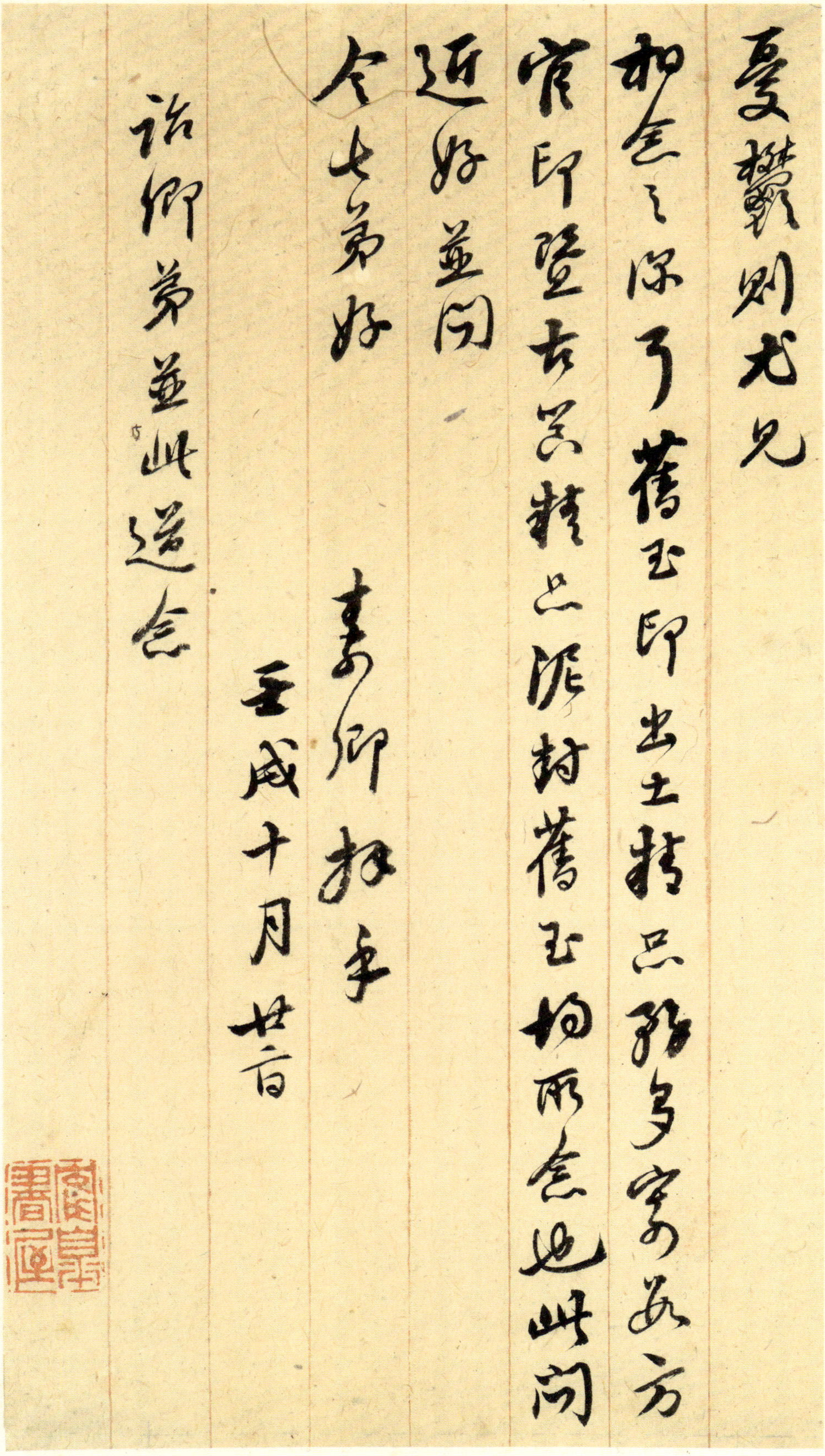
憂鬱則尤見
相念之深耳舊玉印出土精品務多寄數方
官印暨古器精品泥封舊玉均所念也此問
近好并問
令七弟好
壽卿拜手
壬戌十月廿二日
詒卿弟并此道念

憂鬱，則尤見相念之深耳。舊玉印出土精品務多寄數方。官印暨古器精品、泥封、舊玉均所念也。此問近好，并問令七弟好。壽卿拜手。壬戌十月廿二日。詒卿弟并此道念。

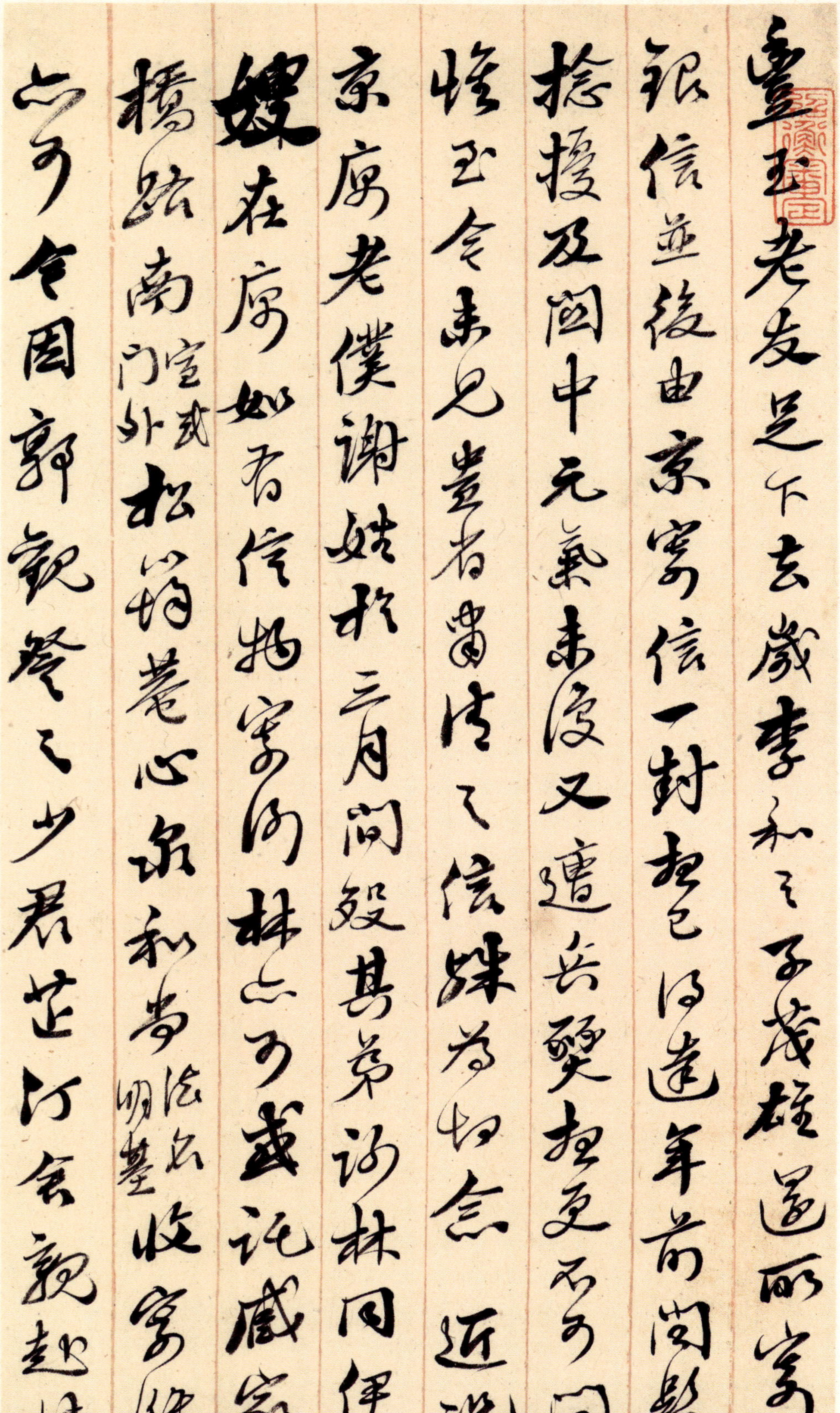

豐玉老友足下[一]。去歲李和之子茂雄還，所寄銀信并後由京寄信一封想已得達。年前聞髮捻擾及關中，元氣未復，又遭兵燹，想更不可問。惟至今未見貴省肅清之信，殊爲切念近况。京寓老僕謝姓於三月間殁，其弟謝林同伊嫂在寓，如有信物，寄謝林亦可。或托臧家橋路南宣武門外。松筠庵心泉和尚法名明基。收寄濰亦可。今因郭觀察之少君芷汀舍親赴甘

[一] 此函作於同治六年（一八六七）四月十七日。

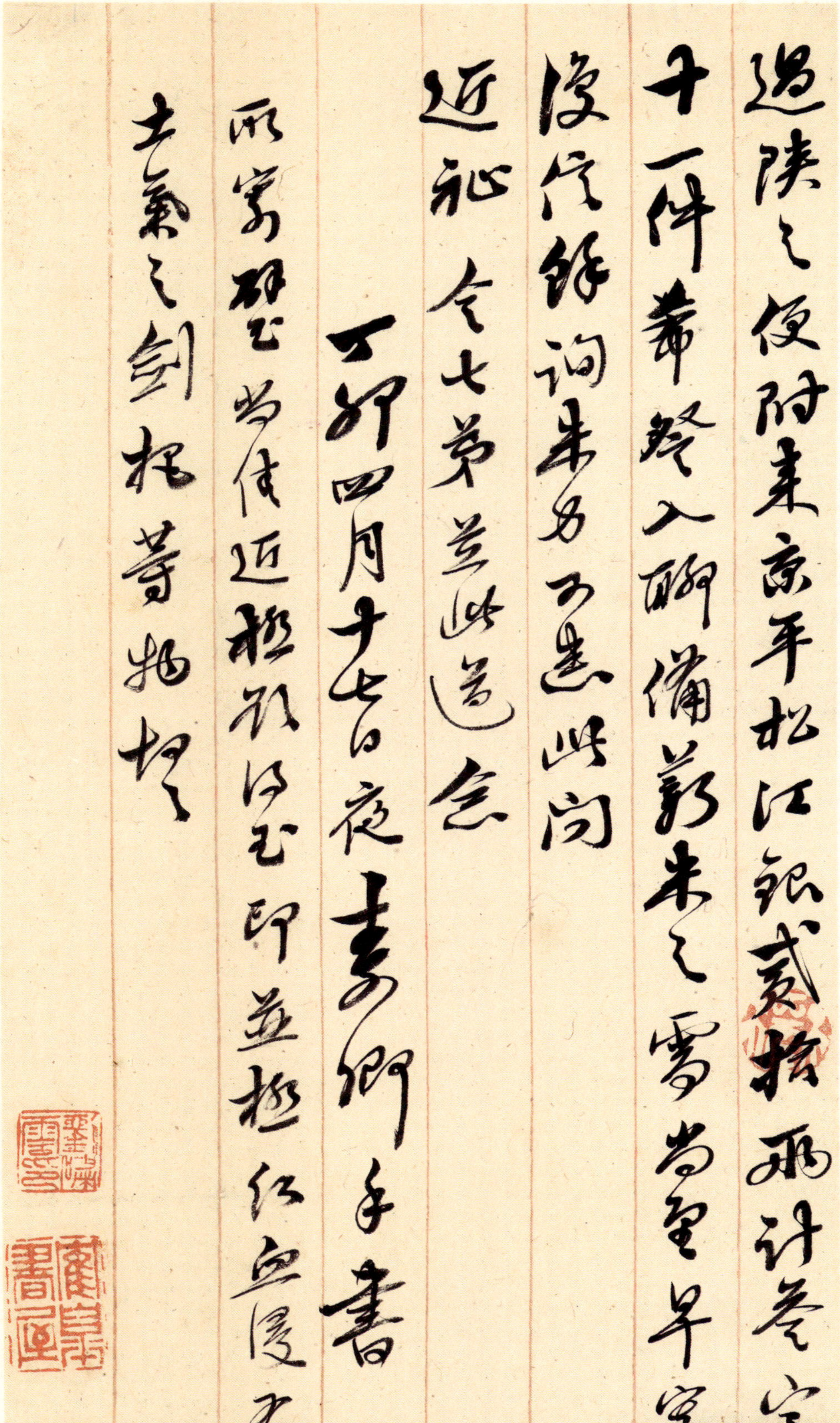

過陝之便，附來京平松江銀貳拾兩計參定十一件，希察入，聊備薪米之需。尚望早寄復信，餘詢朱力可悉。此問近祉，令七弟并此道念。丁卯四月十七日夜壽卿手書。所寄璧尚佳，近極欲得玉印并極紅血浸有土氣之劍把等物。切切。

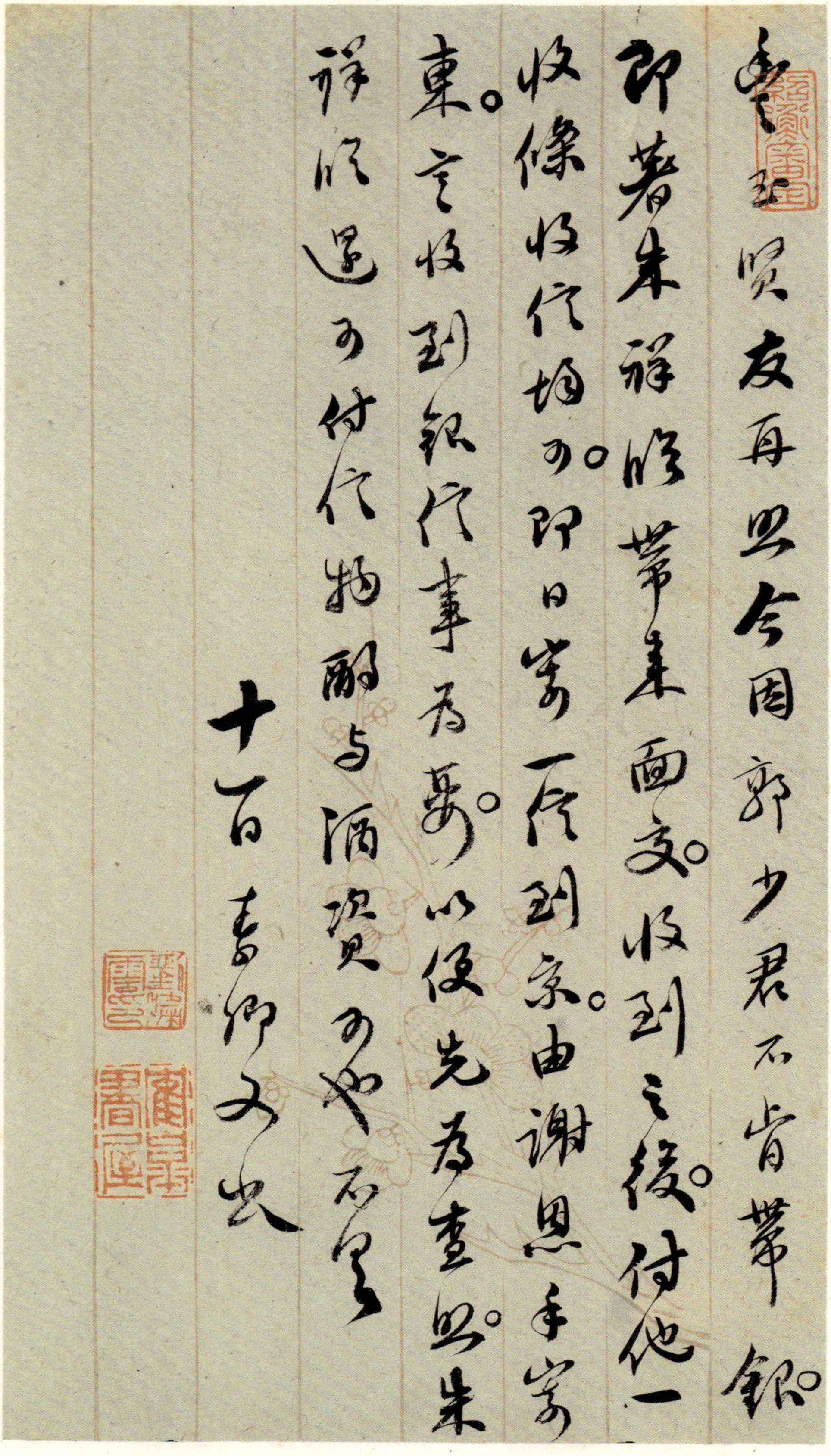

豐玉賢友再照。今因郭少君不肯帶銀，即著朱祥臨帶來面交。收到之後，付他一收條、收信均可。即日寄一信到京，由謝恩手寄東。言收到銀信事爲要。以便先爲查照。朱祥臨還，可付信物，酌與酒資可也。不具。十一日壽卿又書。

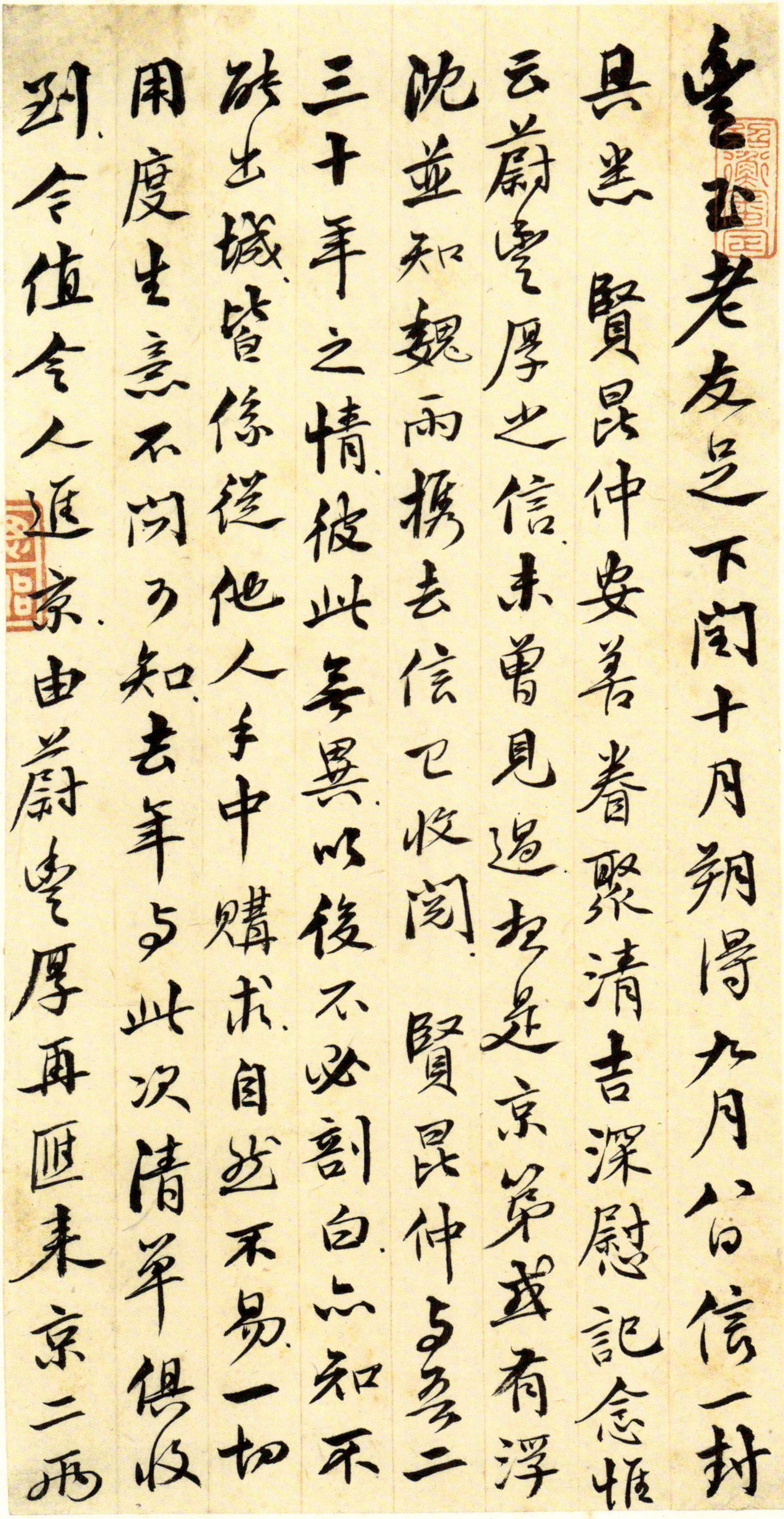
豐玉老友足下閏十月朔得九月八日信一封
具悉 賢昆仲安善眷聚清吉深慰記念惟
云蔚豐厚之信未曾見過想是京第或有浮
沉并知魏雨携去信已收閲 賢昆仲與吾二
三十年之情彼此無異以後不必剖白亦知不
能出城皆係從他人手中購求自然不易一切
用度生意不問可知去年與此次清單俱收
到今值令人進京由蔚豐厚再匯來京二兩

豐玉老友足下[一]。閏十月朔得九月八日信一封，具悉。賢昆仲安善，眷聚清吉，深慰記念。惟云蔚豐厚[二]之信未曾見過，想是京第或有浮沉。并知魏雨携去信已收閲。賢昆仲與吾二三十年之情，彼此無異，以後不必剖白。亦知不能出城，皆係從他人手中購求，自然不易。一切用度生意，不問可知。去年與此次清單俱收到，今值令人進京，由蔚豐厚再匯來京二兩。

[一] 此函作於同治九年（一八七〇）十月八日，談及收購古物以及古物如何轉運等事。

[二] 晉商所創立的票號，在京津地區和陝西甘肅等地都有分號。

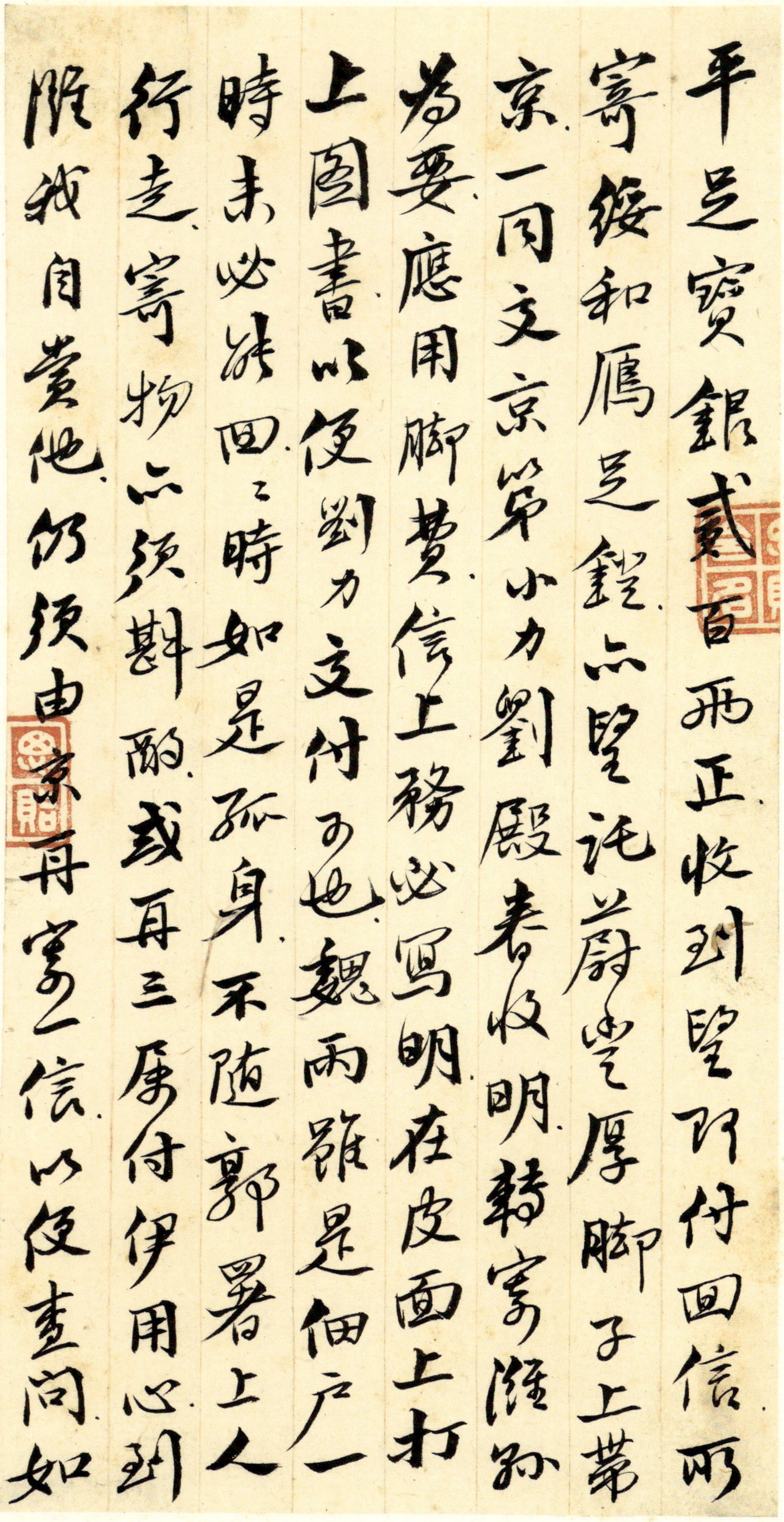

平足寶銀貳百兩正，收到望即付回信。所寄綏和雁足鐙亦望托蔚豐厚脚子上帶京，一同交京第小力劉殿春收明，轉寄濰縣爲要。應用脚費信上務必寫明，在皮面上打上圖書以便劉力交付可也。魏雨雖是佃户，一時未必能回，回時如是孤身，不隨郭署上人行走，寄物亦須斟酌。或再三囑咐伊用心到濰。我自賞他。仍須由京再寄一信以便查問。如

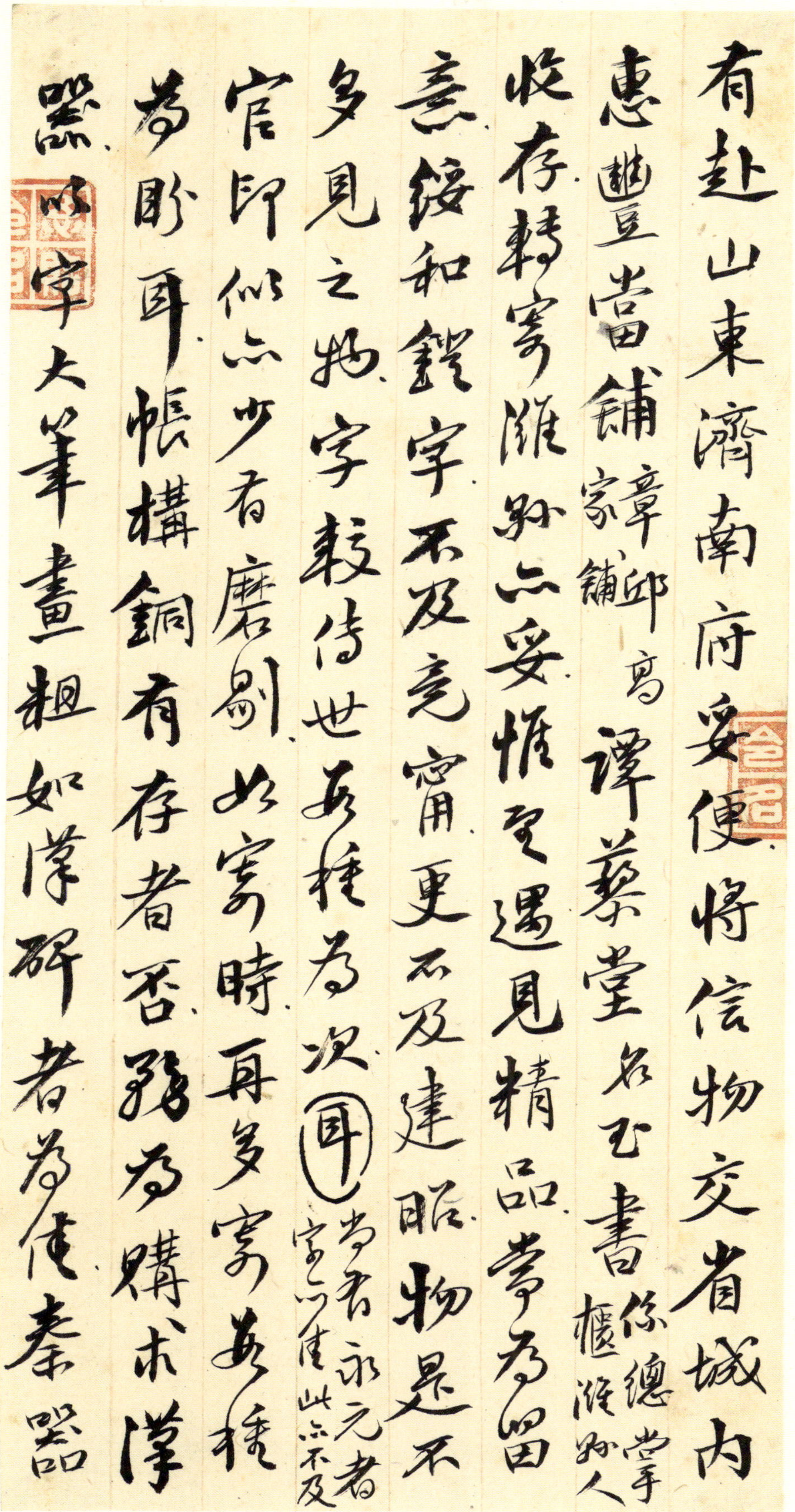

有赴山東濟南府妥便，將信物交省城内惠豐當鋪。章邱高家鋪。譚藜堂名玉書，係總掌櫃，濰縣人。收存轉寄濰縣亦妥。惟望遇見精品常爲留意。綏和鐙字不及竟寧，更不及建昭。物是不多見之物，字較傳世數種爲次。尚有永元者字亦佳，此亦不及。官印似亦少有磨剐，如寄時再多寄數種爲盼耳。帳構銅有存者否？務爲購求漢器，以字大筆畫粗如漢碑者爲佳。秦器

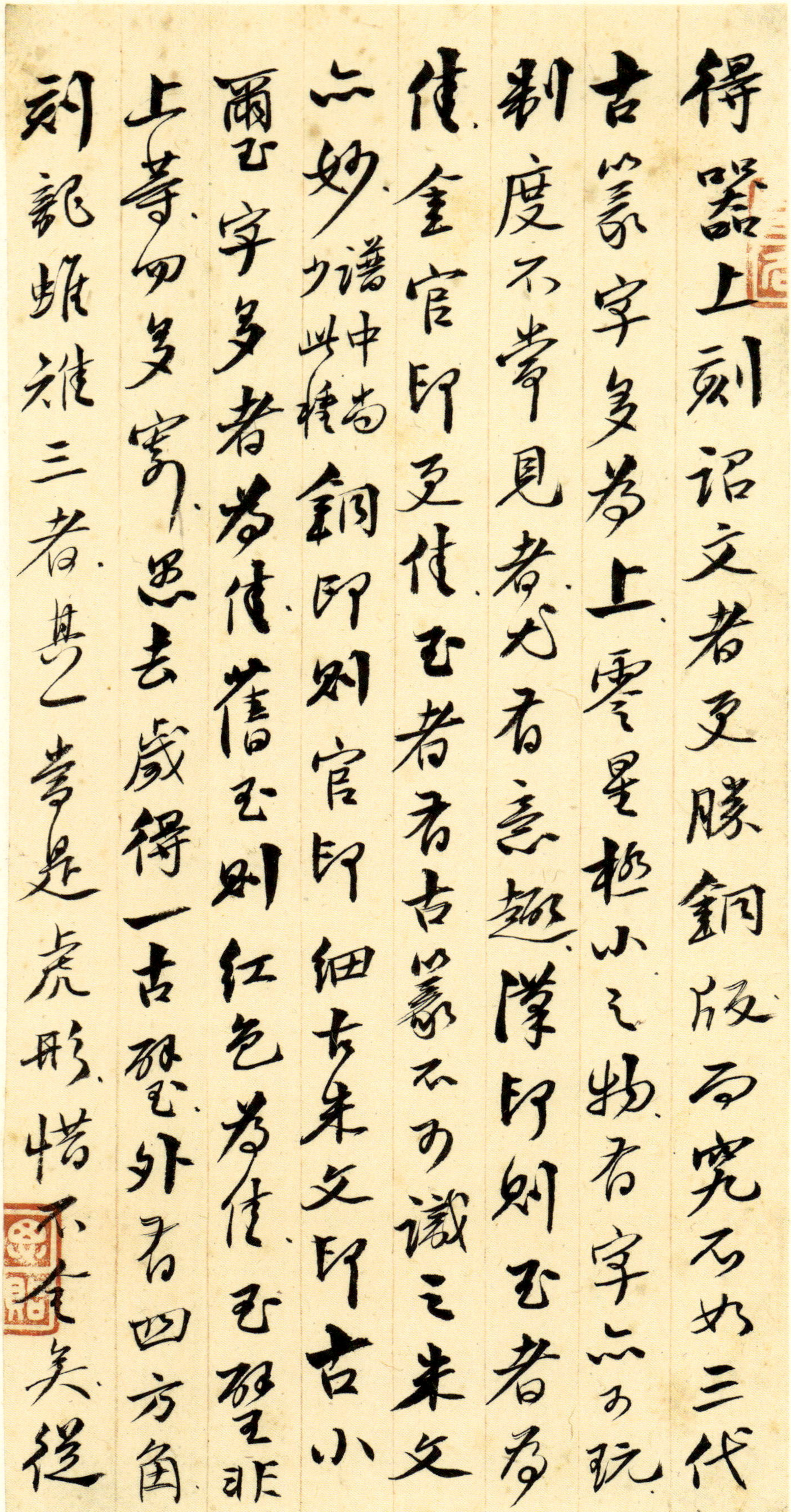

得器上刻詔文者，更勝銅版，而究不如三代古篆。字多爲上，零星極小之物，有字亦可玩。制度不常見者，尤有意趣。漢印則玉者爲佳，金官印更佳，玉者有古篆不可識之朱文亦妙。譜中尚少此種。銅印則官印、細古朱文印、

古小璽字多者爲佳。舊玉則紅色爲佳。玉璧非上等勿多寄。愚去歲得一古璧，外有四方角，刻龍蜼雉三者，其一當是虎形，惜不全矣。從

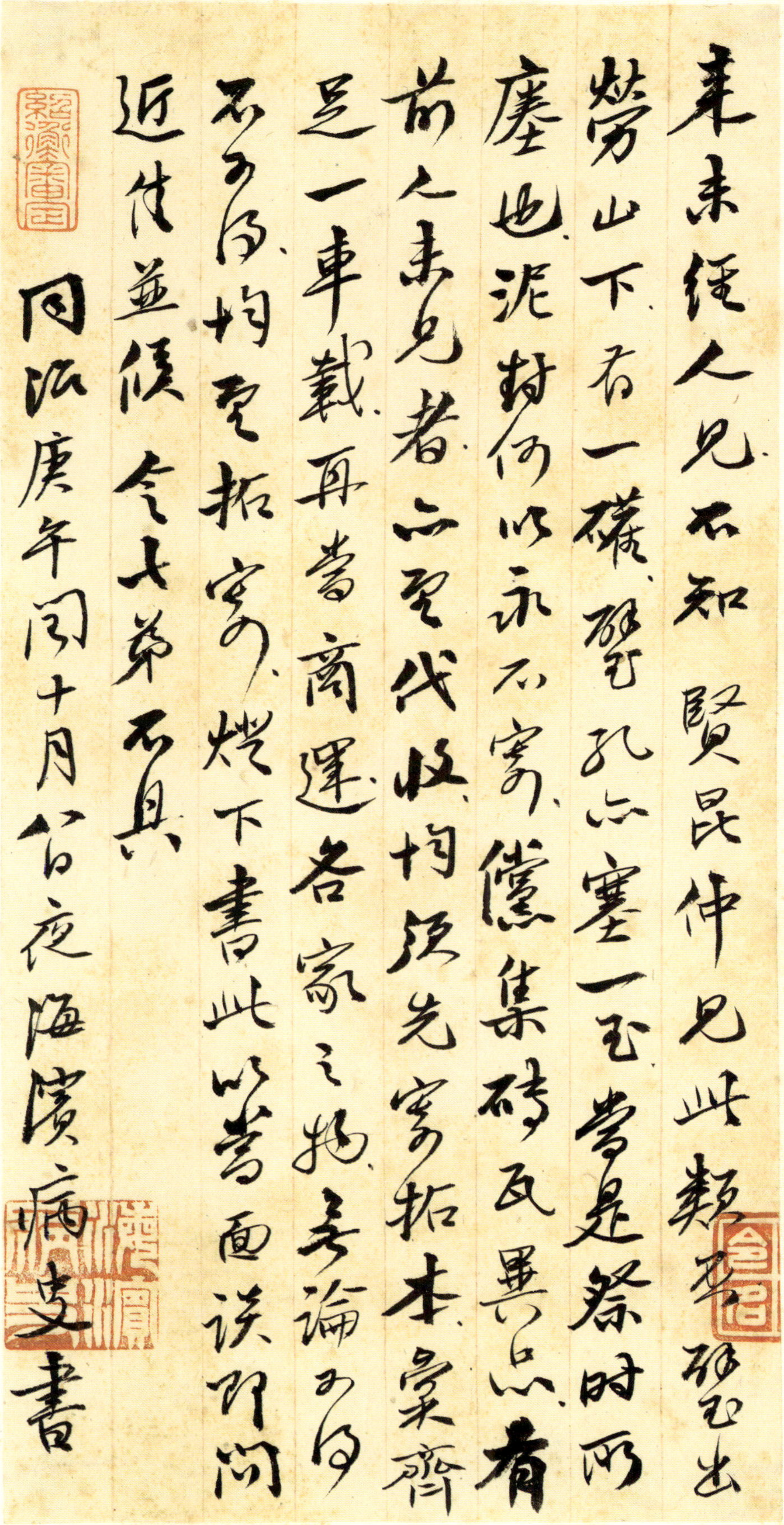

來未經人見，不知賢昆仲見此類否？璧出勞山下，有一罐，璧孔亦塞一玉，當是祭時所瘞也。泥封何以永不寄？倘集磚瓦异品有前人未見者，亦望代收，均須先寄拓本。彙齊足一車載，再當商運。各家之物無論可得不可得，均望拓寄。燈下書此以當面談。即問近佳并候令七弟不具。同治庚午閏十月八日夜海濱病史書。（鈐印『紹衡審定』『海濱病史』）

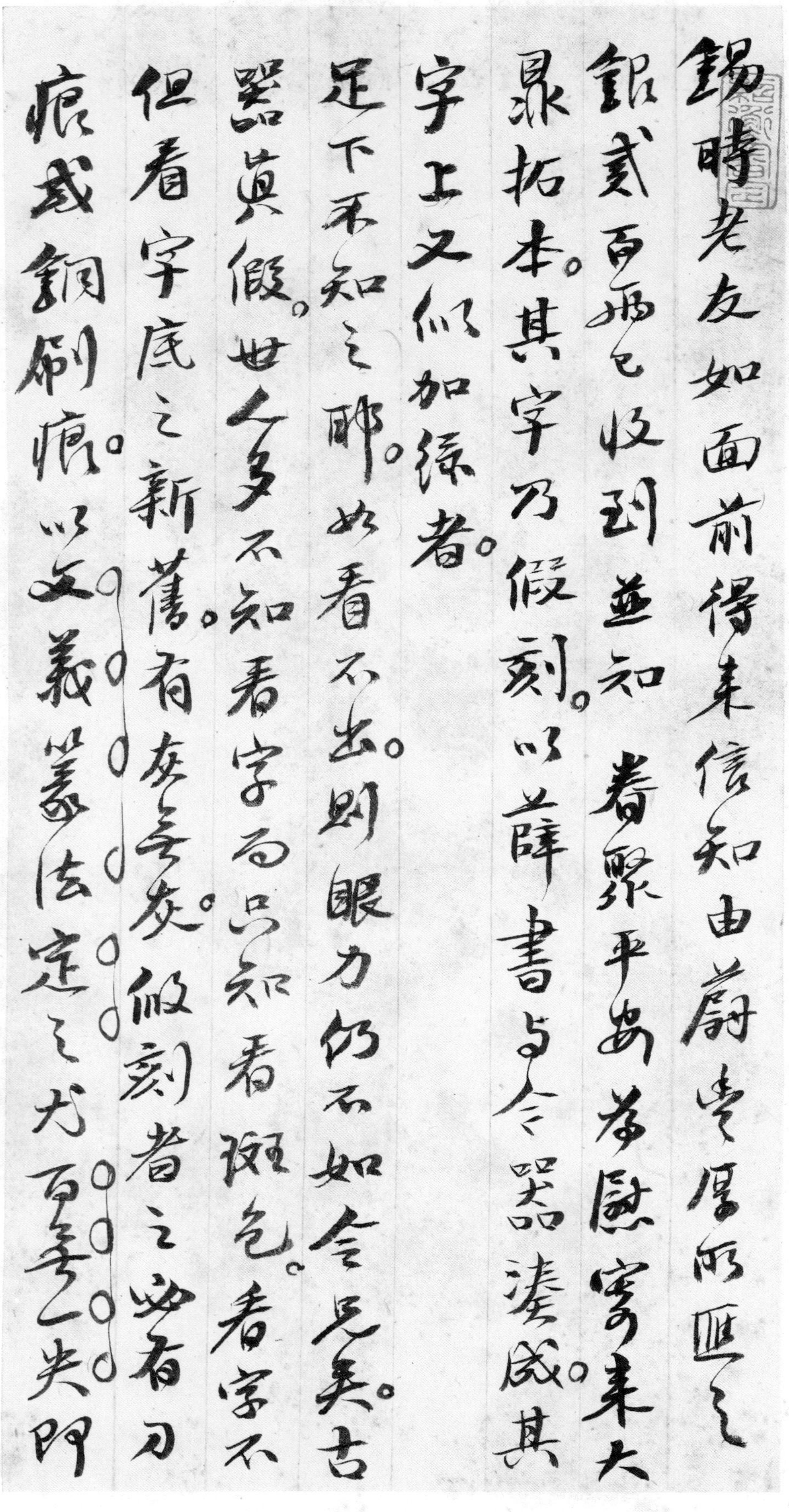

錫時老友如面〔一〕。前得來信，知由蔚豐厚所匯之銀貳百兩已收到。并知眷聚平安爲慰。寄來大鼎拓本，其字乃假刻，以薛書與今器湊成，其字上又似加緑者。足下不知之耶？如看不出，則眼力仍不如令兄矣。古器真假，世人多不知看字，而只知看斑色。看字不但看字底之新舊，有灰無灰，假刻者之必有刀痕或銅刷痕，以文義篆法定之，尤百無一失。即

〔一〕此函作於同治十一年（一八七二）十月廿五日。信中談及鋪子的接續問題，蘇兆年大概在此年去世。

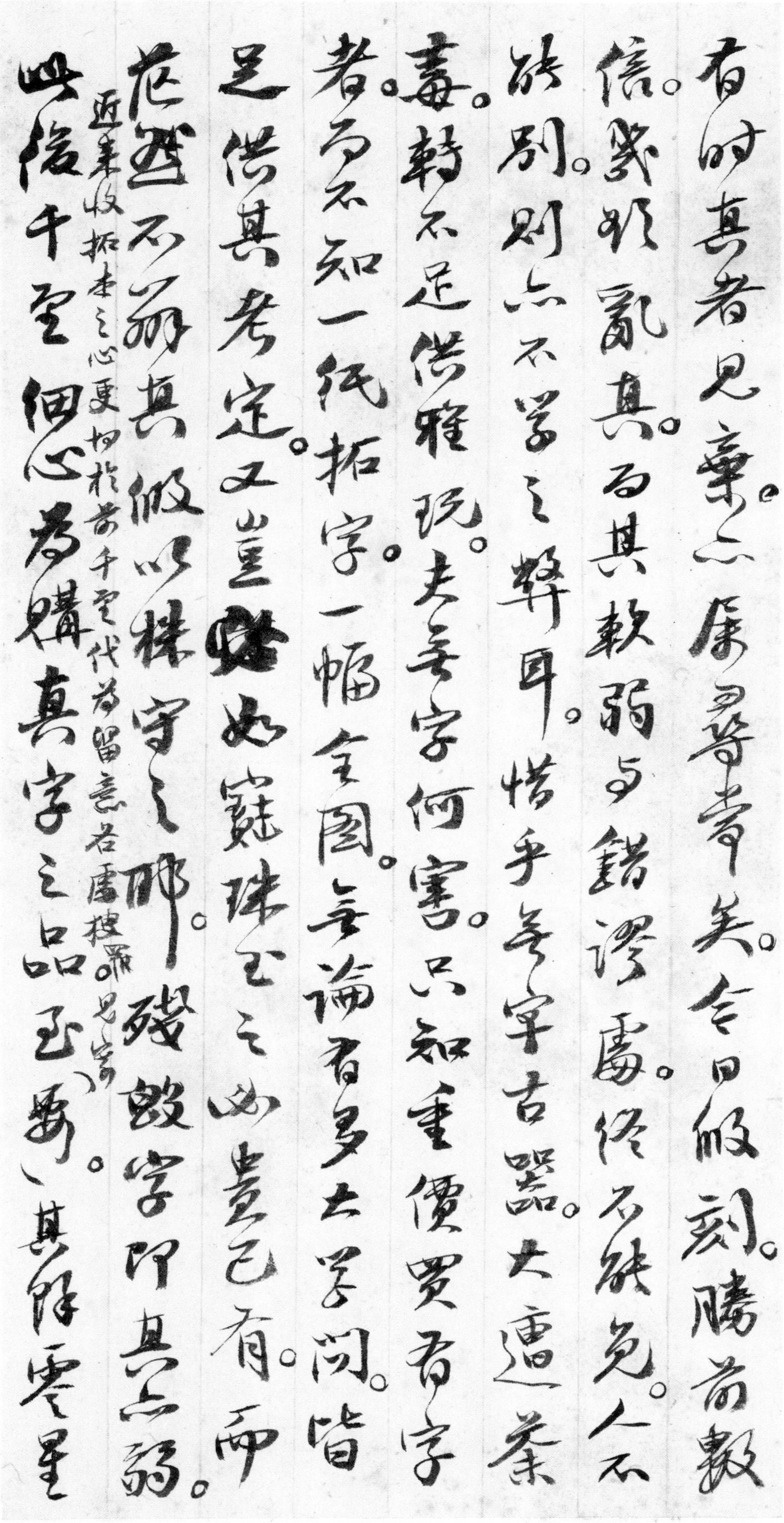

有時真者見弃，亦屬尋常矣。今日假刻，勝前數倍，幾欲亂真，而其軟弱與錯謬處，終不能免。人不能別，則亦不學之弊耳。惜乎無字古器大遭荼毒，轉不足供雅玩。夫無字何害？只知重價買有字者，而不知一紙拓字，一幅全圖，無論有多大學問，皆足供其考定。又豈必如寶珠玉之必貴己有，而茫然不辨真假以株守之耶？殘篆字即真亦弱。近來收拓本之心更切於前，千望代爲留意，各處搜羅見寄。此後千望細心爲購真字之品，至要至要。其餘零星

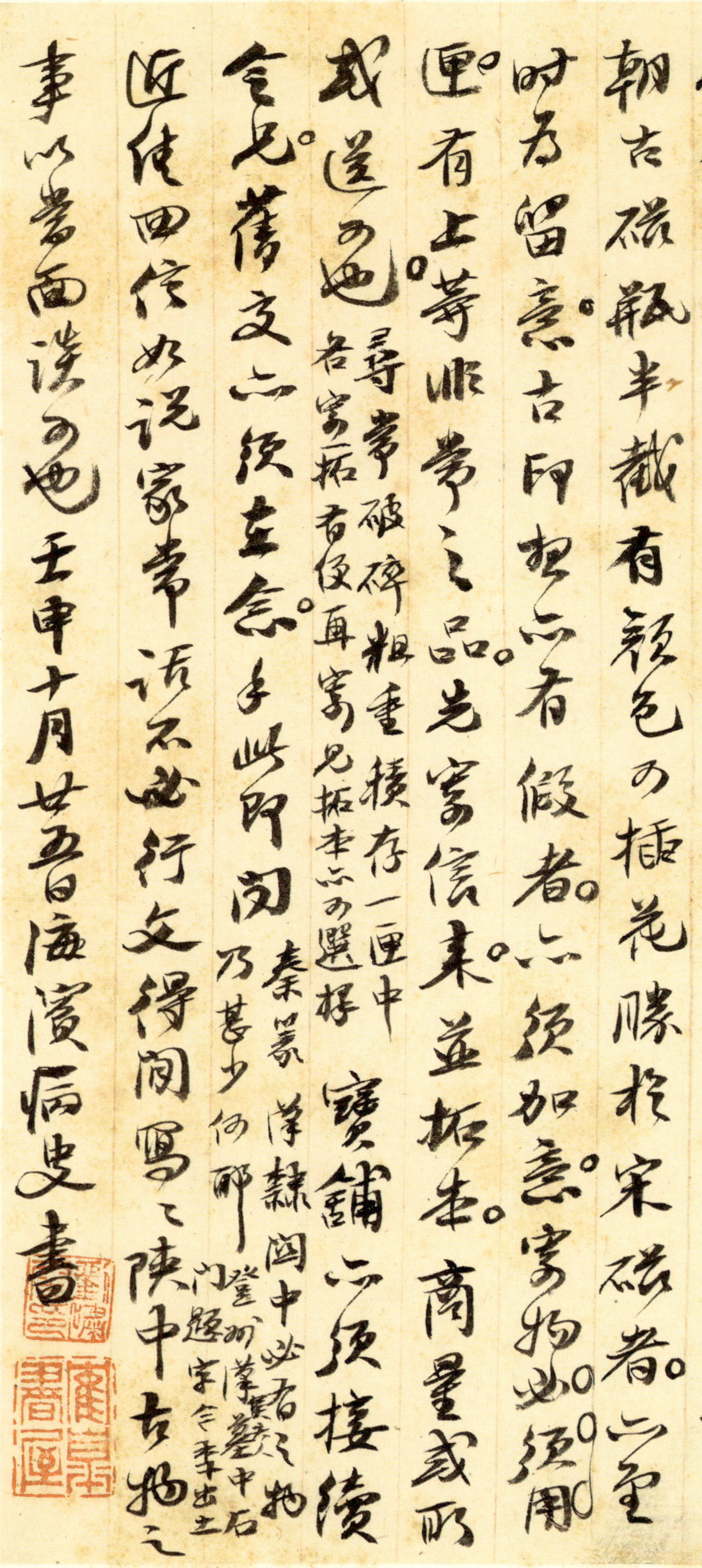

碎銅殘字、殘笵殘瓦字、殘磚字、三代古瓦罐、六朝古瓷瓶半截有顏色可插花勝於宋瓷者，亦望時爲留意。古印想亦有假者，亦須加意。寄物必須用匣。有上等非常之品先寄信來，并拓本，商量或取或送可也。尋常破碎粗重積存一匣中，各寄一拓，有便再寄，見拓本亦可選擇。寶鋪亦須接續，令兄舊交亦須在念。手此即問近佳。回信如說家常話，不必行文。得閑寫寫陝中古物之事，以當面談可也。壬申十月廿五日海濱病史書。秦篆漢隸關中必有之物，乃甚少，何耶？登州漢侯夫人墓中石門題字今年出土。（鈐印『劉嘯雲印』『鶴臯書屋』）

致李福泰[一]

李福泰（一八〇六—一八七一），字星衢，一作浚頤，山東濟寧人，道光二十四年甲辰科進士。歷任廣東饒平、潮陽、番禺知縣，設團練局鎮壓會黨起義。咸豐六年（一八五六），英艦犯廣州，率軍民堵擊敵船。同治三年（一八六四）擢廣東按察使，督辦粤東北軍務。次年擢廣東巡撫，赴潮州鎮壓太平軍。後因軍事不利被查辦，以道員降候補。同治五年（一八六六）復授福建巡撫。同治八年（一八六九）調任廣西巡撫，卒於任上。

[一] 致李氏信札，共四張，未裝裱。原編次爲第六册。

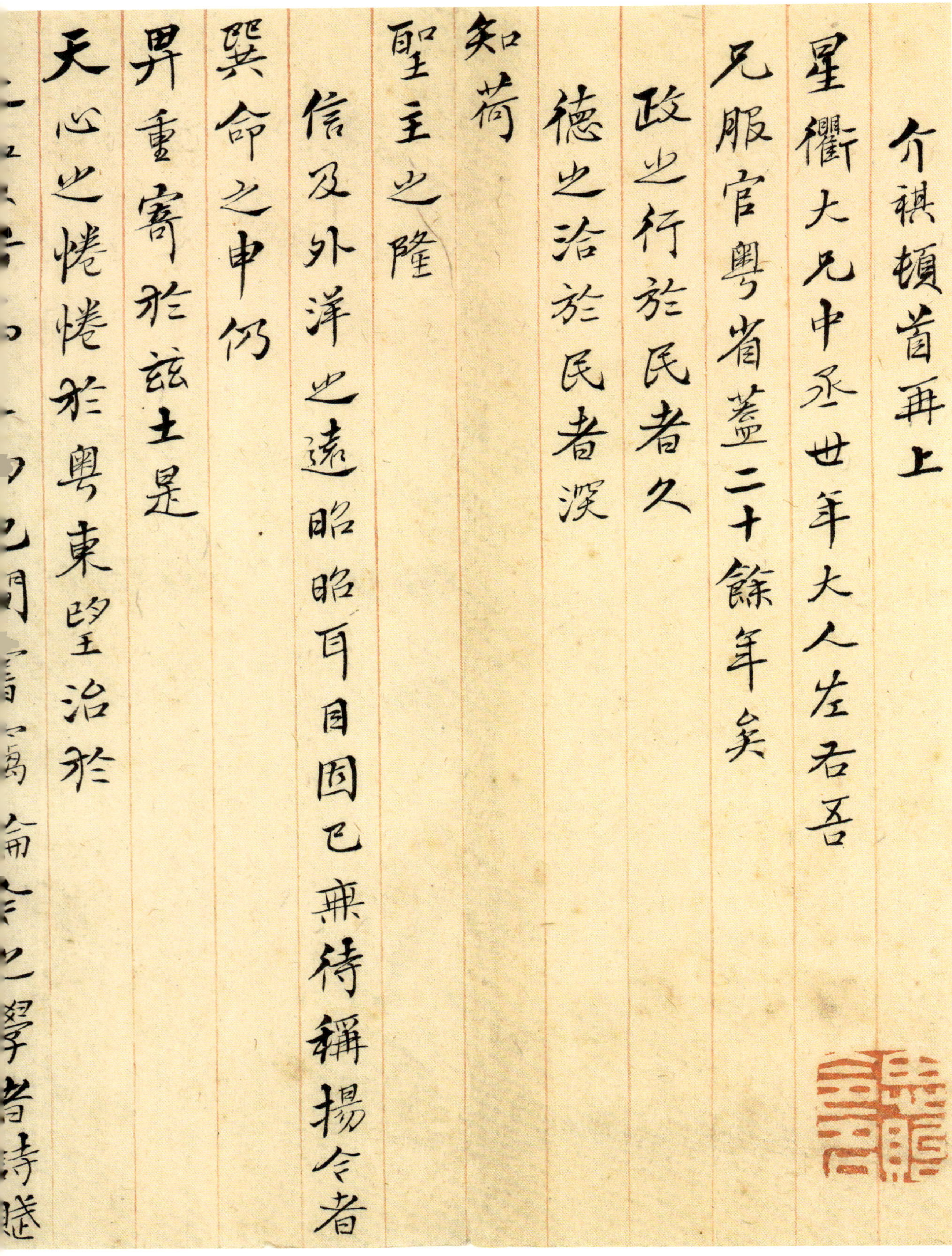
介祺頓首再上
星衢大兄中丞世年大人左右吾
兄服官粵省蓋二十餘年矣
政之行於民者久
德之洽於民者深
知荷
聖主之隆
信及外洋之遠昭昭耳目固已無待稱揚今者
巽命之申仍
畀重寄於茲土是
天心之惓惓於粵東望治於
大賢者爲至切也間嘗竊論今之學者詩賦

介祺頓首再上星衢大兄中丞世年大人左右〔一〕。吾兄服官粵省蓋二十餘年矣，政之行於民者久，德之洽於民者深，知荷聖主之隆，信及外洋之遠，昭昭耳目固已無待稱揚。今者巽命之申，仍畀重寄於茲土，是天心之惓惓於粵東，望治於大賢者爲至切也。間嘗竊論今之學者詩賦

〔一〕此函作於同治七年（一八六八）二月七日。鈐『思貽令名』『退修居士』印。詳細説明了刻朱子之書應該使用何種體例。李福泰當時在粵欲續刻《皇清經解》，陳氏因有此信。李福泰續刻之意，可參見其同治九年（一八七〇）所刻許鴻磐《尚書札記》之序。

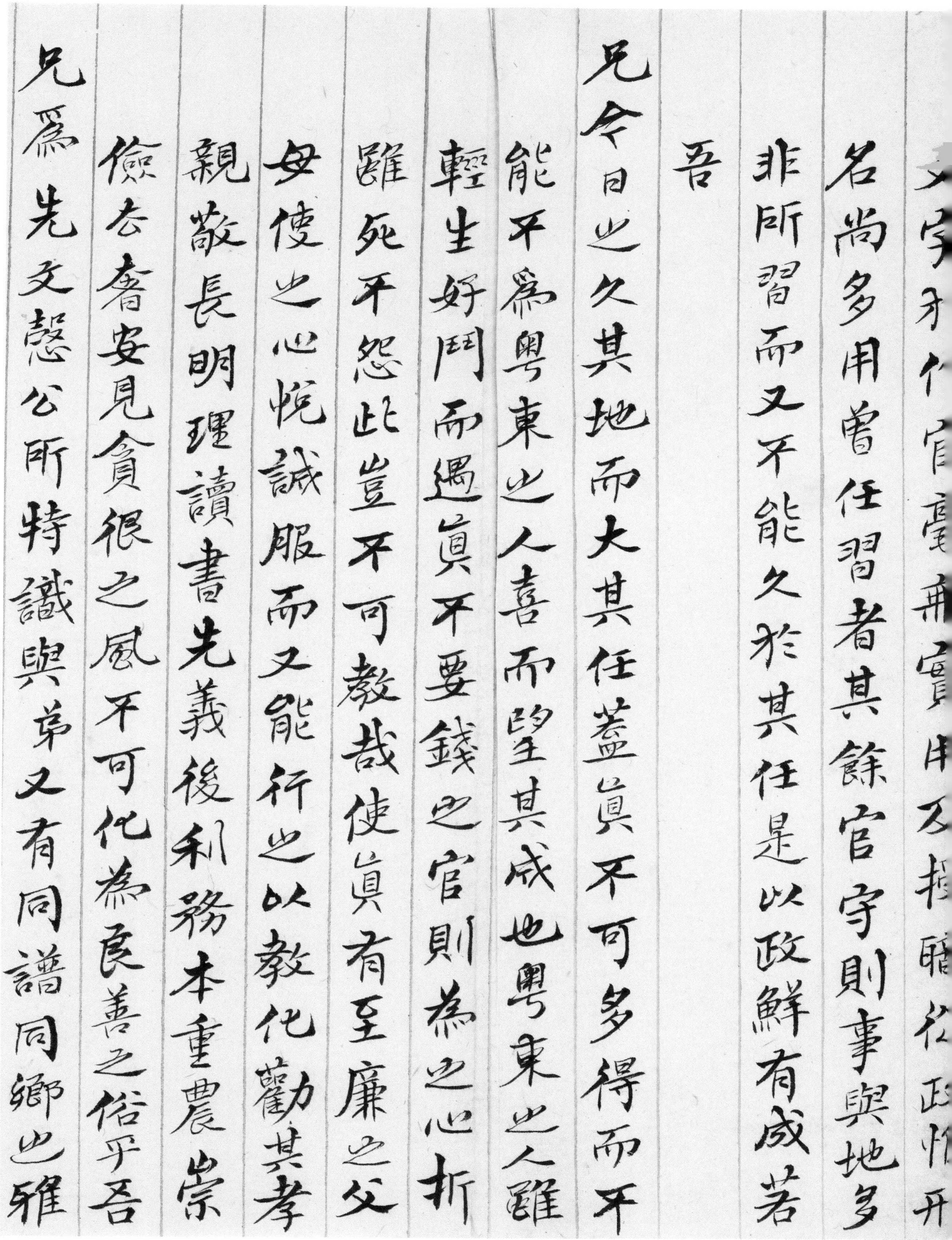
文字於作官毫無實用及授職從政惟刑
名尚多用曾任習者其餘官守則事與地多
非所習而又不能久於其任是以政鮮有成若
吾
兄今日之久其地而大其任蓋真不可多得而不
能不爲粵東之人喜而望其成也粵東之人雖
輕生好鬥而遇真不要錢之官則爲之心折
雖死不怨此豈不可教哉使真有至廉之父
母使之心悅誠服而又能行之以教化勸其孝
親敬長明理讀書先義後利務本重農崇
儉去奢安見貪很之風不可化爲良善之俗乎吾
兄爲先文慤公所特識與弟又有同譜同鄉之雅

文字於作官毫無實用，及授職從政，惟刑名尚多用曾任習者，其餘官守則事與地多非所習，而又不能久於其任，是以政鮮有成。若吾兄今日之久其地而大其任，蓋真不可多得，而不能不爲粵東之人喜而望其成也。粵東之人雖輕生好鬥，而遇真不要錢之官則爲之心折，雖死不怨。此豈不可教哉？使真有至廉之父母，使之心悅誠服而又能行之以教化，勸其孝親、敬長、明理、讀書、先義後利、務本重農、崇儉去奢，安見貪很之風不可化爲良善之俗乎？吾兄爲先文慤公所特識，與弟又有同譜同鄉之雅。

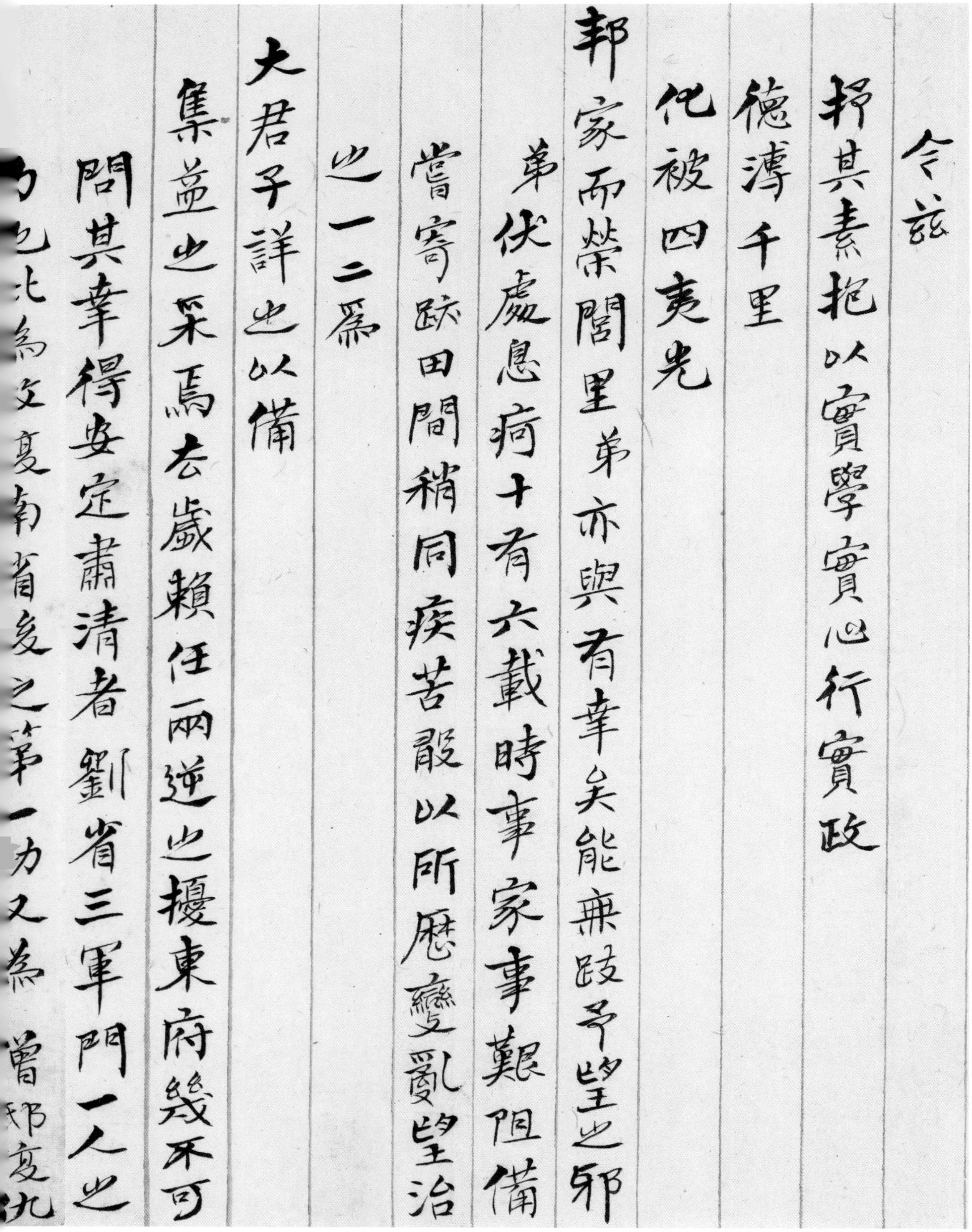

今兹抒其素抱，以實學實心行實政，德溥千里，化被四夷，光邦家而榮閭里，弟亦與有幸矣，能無跂予望之邪？弟伏處息疴十有六載，時事家事艱阻備嘗，寄迹田間，稍同疾苦，敢以所歷變亂望治之一二，爲大君子詳之，以備集益之采焉。去歲賴、任兩逆之擾東府，幾不可問，其幸得安定肅清者，劉省三軍門一人之力也，此爲收復南省後之第一功，又爲僧邸復仇［一］，

［一］僧格林沁率清軍剿捻，在山東、河南等地疲於奔命。同治四年（一八六五）中伏被殺，隨行清軍全軍覆没。清廷震怒，引爲大恥。

寇跡往來敝邑者十次幸有圩避賊有兵追賊尚未過殘兵亦大得堅壁清野之力惟值此變亂之後吏治愈不能飭人心愈不能厚實爲隱憂之所不能已推原其故則皆教化不明小民不知孝弟重利輕義之弊夫鄉愚不知有父者安知有君不知有長者安知有官相習成風視若故然豈復可問爲之上者勿謂小民之不孝弟爲不與己事也此即犯上作亂之所由來也可不於此加之意乎至所以重利輕義者固由於無論賢愚各爲利身家之計亦由於使之至足之道有未盡也欲民之足先在重農農者天下之大

言者似未及之，而東民則不能忘矣。半年之間，寇迹往來敝邑者十次，幸有圩避賊，有兵追賊，尚未過殘兵，亦大得堅壁清野之力。惟值此變亂之後，吏治愈不能飭，人心愈不能厚，實爲隱憂之所不能已。推原其故，則皆教化不明，小民不知孝弟、重利輕義之弊。夫鄉愚不知有父者，安知有君？不知有長者，安知有官？相習成風，視若故然，豈復可問？爲之上者，勿謂小民之不孝弟爲不與己事也。此即犯上作亂之所由來也，可不於此加之意乎？至所以重利輕義者，固由於無論賢愚各爲利身家之計，亦由於使之至足之道有未盡也。欲民之足先在重農，農者天下之大利也，足食先於足衣。金玉珠寶，窮奢極欲，皆既飽既温以後之事，譬使凶荒之極無所得食，雖衣錦繡挾重寶亦將必斃，此可知矣。則講求農事，愛重菽粟，誠爲政者必不可緩之事已。夫重粟則必嚴害粟，今試舉害粟之一事如酒者。以濰一邑推之，統計城鄉酒肆釀白酒者，一歲所損之粟，至少亦須二十七甬之斗三四萬石，通省便須三四百萬石，合官斗[一]將近八九百萬石，誠非細事。知其害而非禮不飲，古人所以正其本。知其害而峻法以禁之，後人所以有釀具之譏也。蓋法之所以不能禁者，以其德之不修也。德不修則官親、幕友、門丁、胥役皆因吾

[一] 根據清代量制，一斗約爲今之十二斤左右。

而害亦終不能除者每每然矣今之百姓誠能
因天時盡地利警游惰謹儲積朱子有社倉法以厚其生
崇節儉黜奢靡禁鴉片戒賭博以節其耗則
菽粟足而興仁倉廩實而知禮亦何至先
利後義不奪不饜而為盜賊乎孟子曰民事
不可緩也豈非為上者先務之急哉朱子奏劄
曰為學之道莫先於窮理窮理之要必在於
讀書朱子進講必先大學以為家國天下之
本今日而言讀書不可不遵朱子遵朱子而
言讀書不可先大學明矣學者既讀大學章句
不可不讀大學或問其所以發明經傳指示進

私欲之蔽而爲玩法之人，是以雖有除害之實心而害亦終不能除者，每每然矣。今之百姓誠能因天時、盡地利、警游惰、謹儲積，朱子有社倉法。以厚其生，崇節儉、黜奢靡、禁鴉片、戒賭博以節其耗，則菽粟足而興仁，倉廩實而知禮，亦何至先利後義、不奪不饜而爲盜賊乎？孟子曰『民事不可緩也』，豈非爲上者先務之急哉？朱子奏札曰『爲學之道莫先於窮理，窮理之要必在於讀書』，朱子進講必先《大學》，以爲家國天下之本。今日而言讀書不可不遵朱子，遵朱子而言讀書，不可不先《大學》，明矣。學者既讀《大學章句》，不可不讀《大學或問》，其所以發明經傳，指示進

德之序、入德之門，至爲著明親切，有志於學者，誠不可以不之講也。朱子《小學》一書，東武李方赤先生既已屢刻之潮郡及粵省矣。愚竊以爲南省兵燹之後，塾中經書幾無善本可讀，則今日朱子之書不可不亟亟廣爲刻布也。刻朱子之《四書》，則必合章句、集注、或問，如《大全》式大略如汪武曹大全本。刻注爲大字，以便於讀。而以朱子《語類》《文集》等書凡言《四書》者，皆雙行小字，附於各段之下，一遵朱子之舊，而他説概不之載焉。刻朱子之《易》，則必先刻《啓蒙》於前，以便初學，授書即先熟讀《啓蒙》，再讀《本義》，以爲象數之本。妄欲從吕氏古本《易》之例而合刻如表式以欽定折中爲本。

以便讀，如今本上層列卦畫卦名爲伏羲之易，第二層上承卦名列彖辭爲文王之易，低一格列孔子彖傳如注，第三層列爻辭，爲周公之易，第四層列孔子象傳，而以大象傳遥承卦畫，以小象傳上承爻辭，統以朱子《本義》分附各段之後，刻爲大字便讀，而較經傳字稍小爲別，再以雙行小字全載朱子各書之言《易》可附於各段之下者，而他說概不之載。或別刻程子《易傳》爲一書附後，如《程子遺書》式版同而字小如呂本，以惠學者。雖以經統傳，以傳附經，使初學讀之略同於監本，而又可少識古本之意。惟於孔子之易，則仍不能辭變亂古本之罪矣。刻朱子之《詩傳》如《四書》例，亦刻傳爲大字便讀，雙行附朱子言詩諸說，而他說概不之載。門人蔡氏作《書

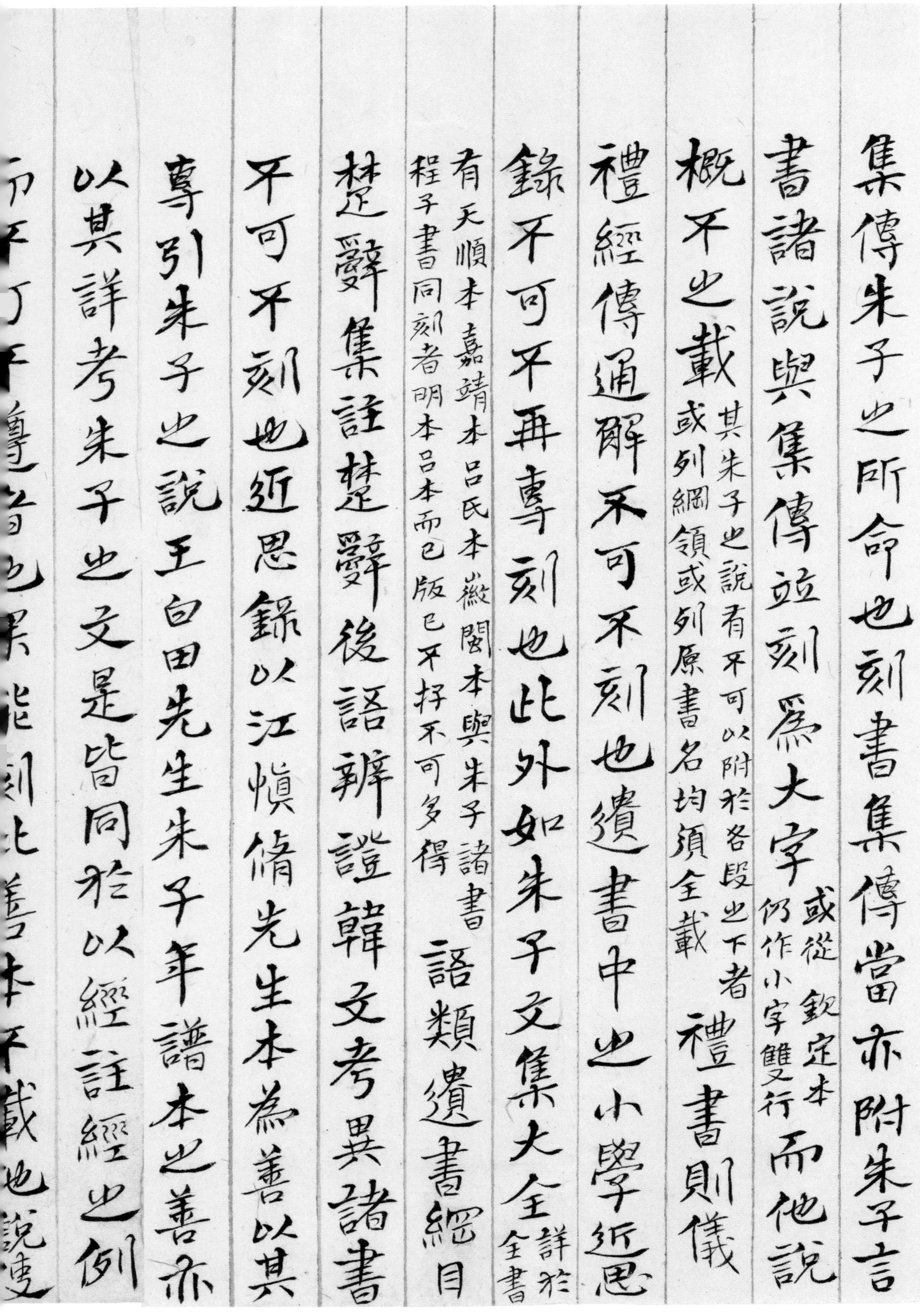

集傳》，朱子之所命也。刻《書集傳》當亦附朱子言《書》諸説與《集傳》并刻爲大字。或從欽定本仍作小字雙行。而他説概不之載。其朱子之説有不可以附於各段之下者，或列綱領，或列原書名，均須全載。禮書則《儀禮經傳通解》不可不刻也。《遺書》中之《小學》《近思録》，不可不再專刻也。此外如《朱子文集大全》詳於全書，有天順本、嘉靖本、吕氏本、徽闔本，與朱子諸書程子書同刻者明本、吕本而已。版已不存，不可多得。《語類》《遺書》《綱目》《楚辭集注》《楚辭後語辯證》《韓文考异》諸書不可不刻也。《近思録》以江慎修先生本爲善，以其專引朱子之説。王白田先生《朱子年譜》本之善，亦以其詳考朱子之文，是皆同於以經注經之例，而不可不遵者也。果能刻此善本，不載他説，使

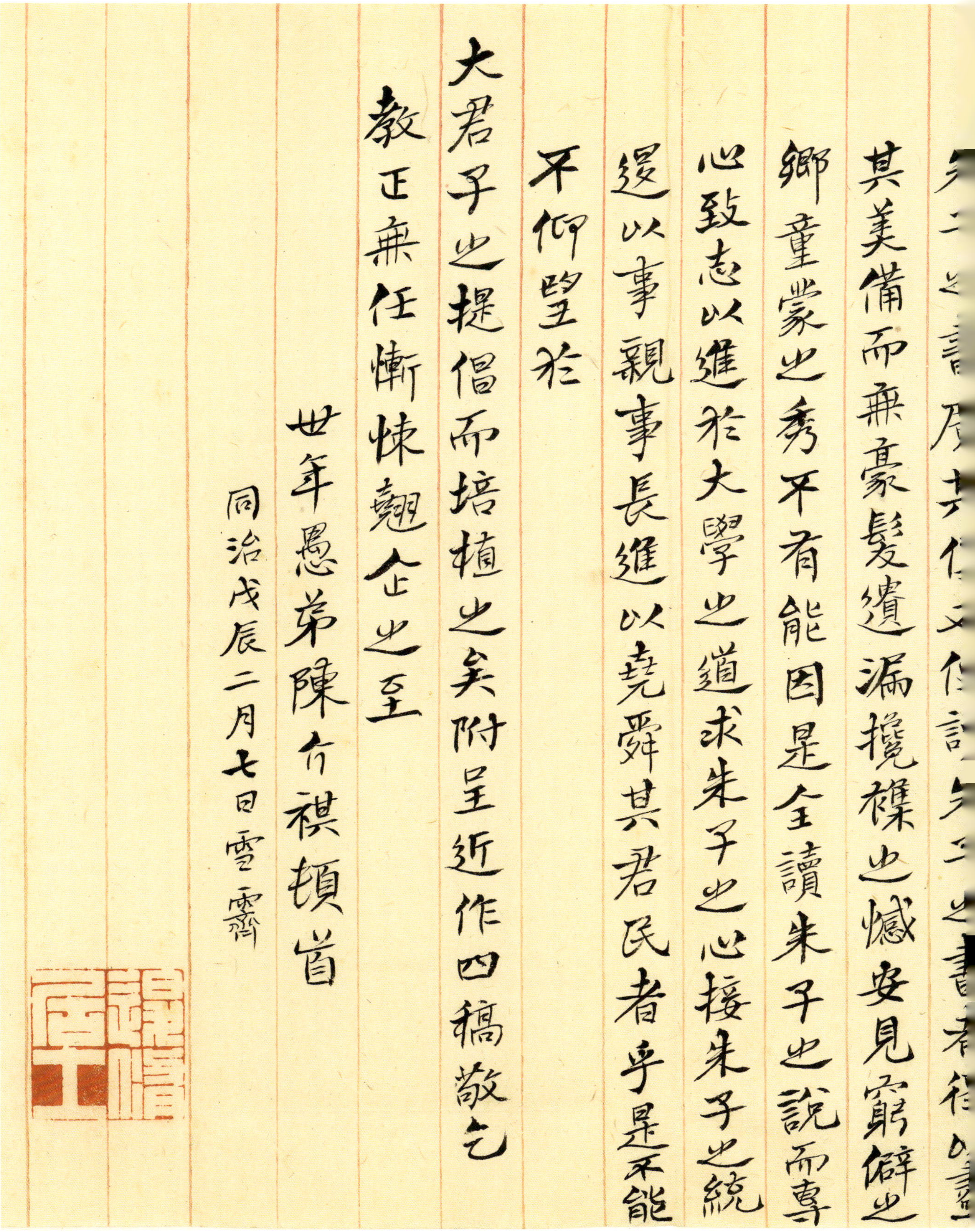

朱子之書廣其傳，又使讀朱子之書者得以盡其美備，而無毫髮遺漏、攙杂之憾，安見窮僻之鄉童蒙之秀不有能因是全讀朱子之説而專心致志以進於大學之道，求朱子之心，接朱子之統，退以事親事長，進以堯舜其君民者乎？是不能不仰望於大君子之提倡而培植之矣。附呈近作四稿，敬乞教正，無任慚悚翹企之至。世年愚弟陳介祺頓首。同治戊辰二月七日雪齋。（鈐印『退修居士』）

致王孝禹[一]

王瓘（一八四七—？），字孝禹，又作孝玉。吴大澂、陳介祺信札中時稱小宇。四川銅梁（今重慶銅梁）人，舉人出身，曾在端方幕府，官至江蘇道員。精於收藏，擅長書法篆刻繪畫，名重一時。著有《清畫家詩史》《益州書畫録》等。

[一]原編次爲第七册，封面題名『劉鐵雲所藏器　各家藏器　漢器款識精品彝器文字』等字樣，有陳介祺致王孝禹書二通以及吴大澂致王孝禹書札二通，今只收録陳介祺之書札二通。

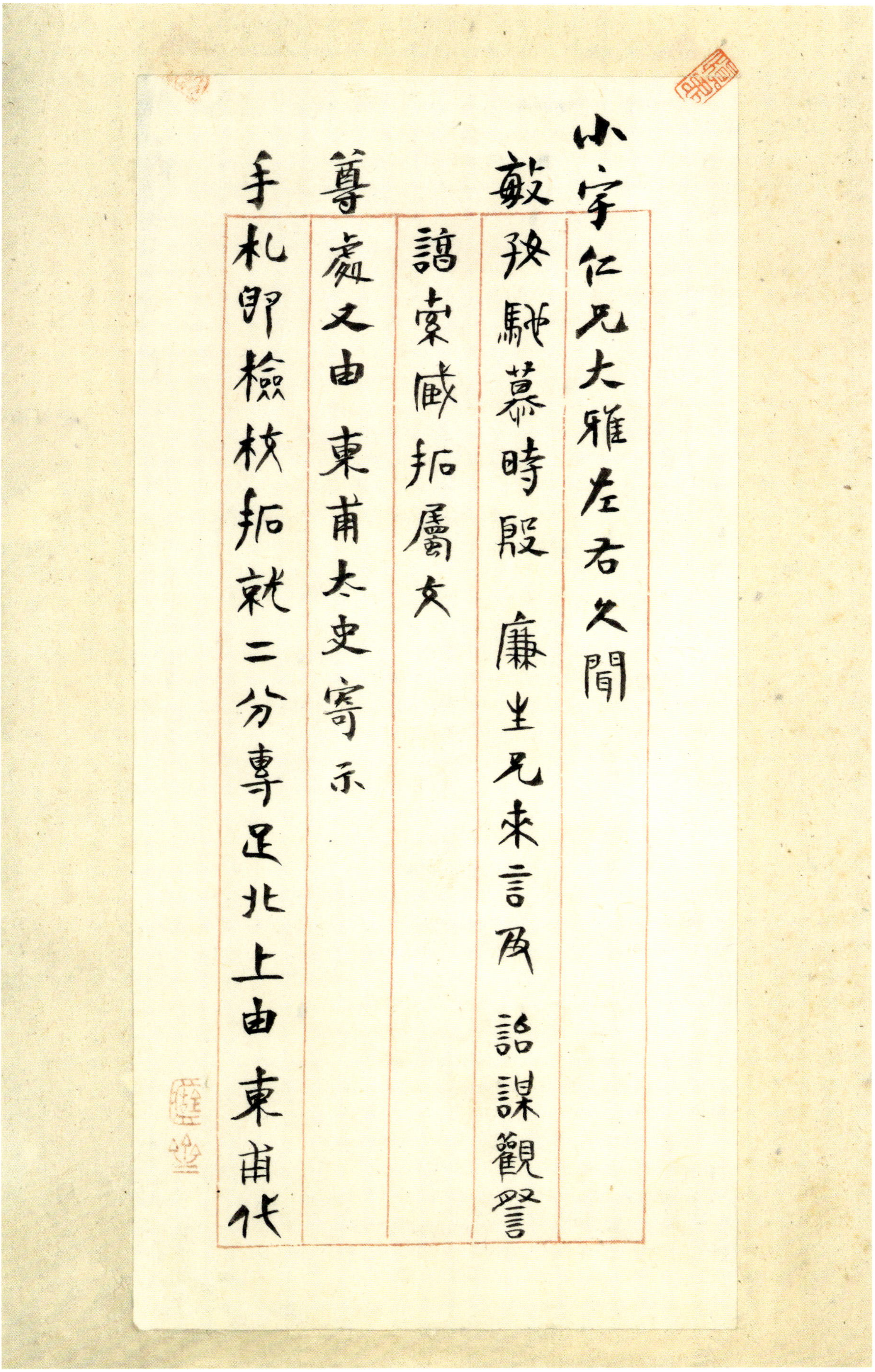
小宇仁兄大雅左右久聞
敏好馳慕時殷 廉生兄來言及 詒謀觀察
諄索藏拓屬交
尊處又由 東甫太史寄示
手札即檢校拓就二分專足北上由東甫代

小宇仁兄大雅左右[一]。久聞敏好，馳慕時殷。廉生兄來，言及詒謀觀察諄索藏拓，屬交尊處，又由東甫太史[二]寄示手札。即檢校拓就二份，專足北上，由東甫代

[一]此函作於光緒七年（一八八一）十一月十三日。

[二]即徐會澧，詳後。

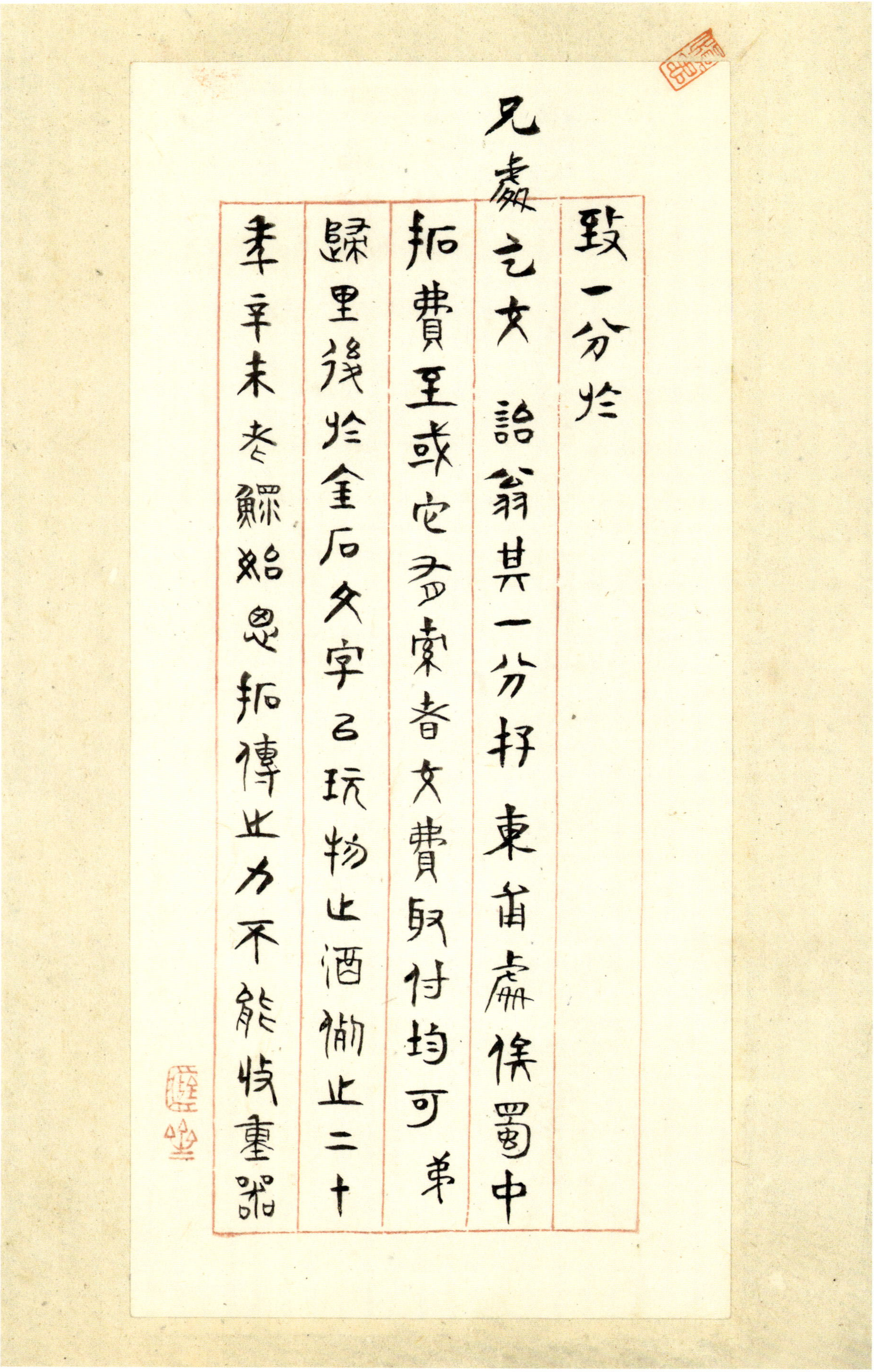

致一份於兄處，乞交詒翁。其一份存東甫處，俟蜀中拓費至或它有索者交費取付均可。弟歸里後於金石文字以玩物止酒例之二十年，辛未老鰥始思拓傳之。力不能收重器，

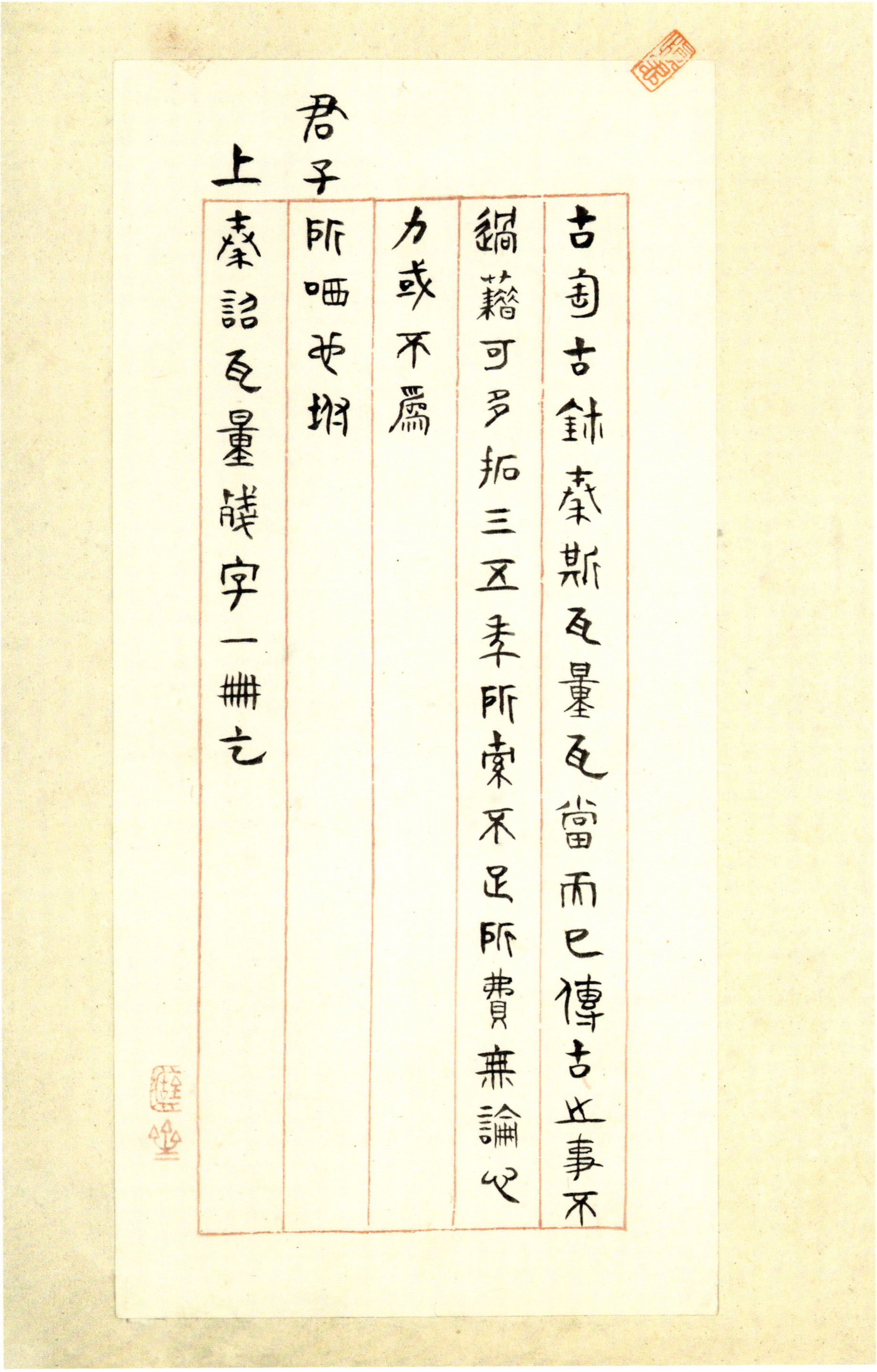
古陶古璽秦斯瓦量瓦當而已傳古之事不
過藉可多拓三五年所索不足所費無論心
力或不爲
君子所哂也附
上秦詔瓦量殘字一冊乞

古陶、古璽、秦斯瓦量瓦當而已。傳古之事不過藉可多拓三五年。所索不足所費，無論心力，或不爲君子所哂也。附上秦詔瓦量殘字一冊，乞

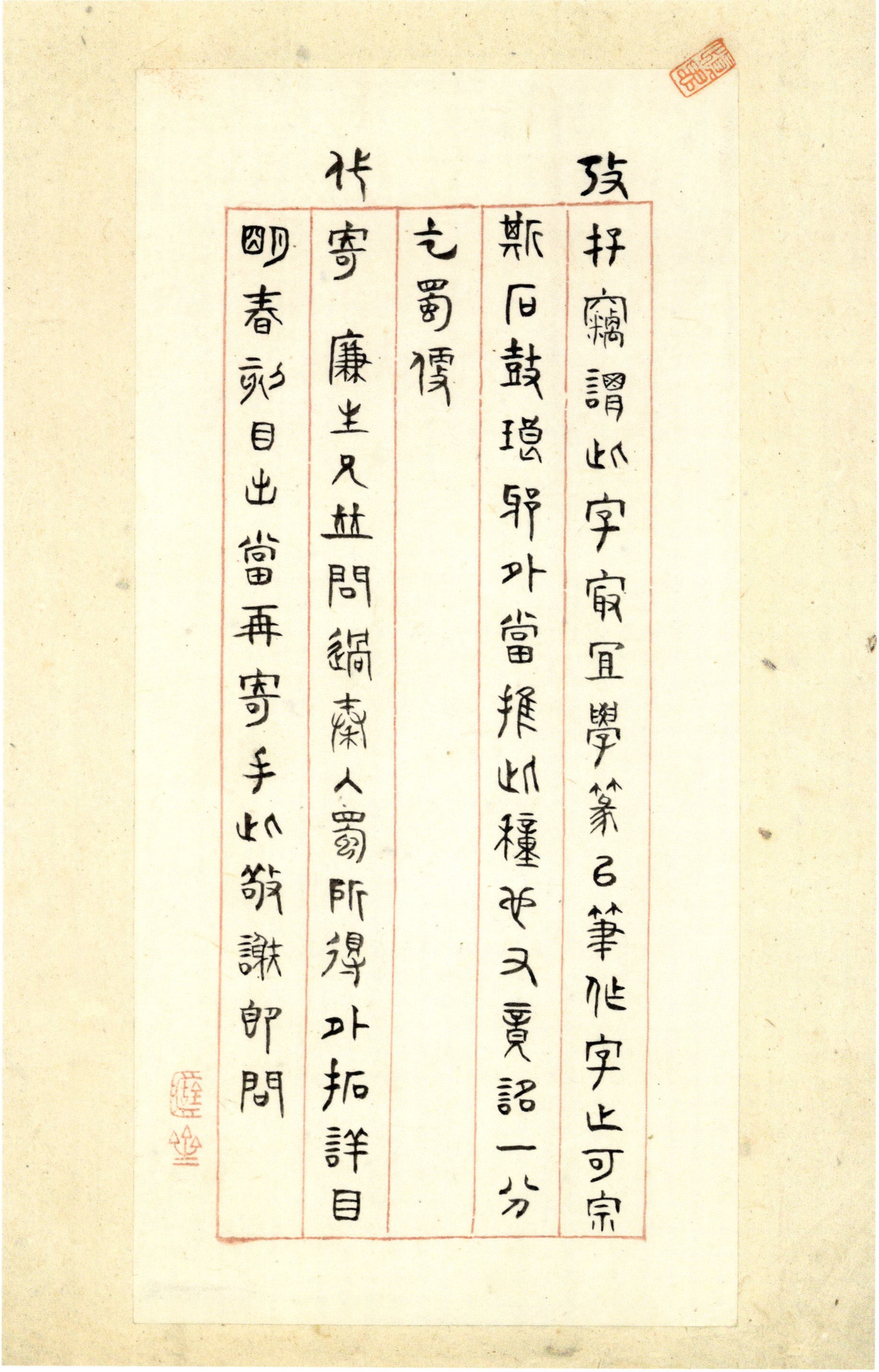

考存。竊謂此字最宜學篆，以筆作字止可宗斯石鼓、琅琊外，當推此種也。又鏡詺一份，乞蜀便代寄廉生兄，并問過秦入蜀所得外拓詳目。明春刻目出當再寄。手此敬謝即問

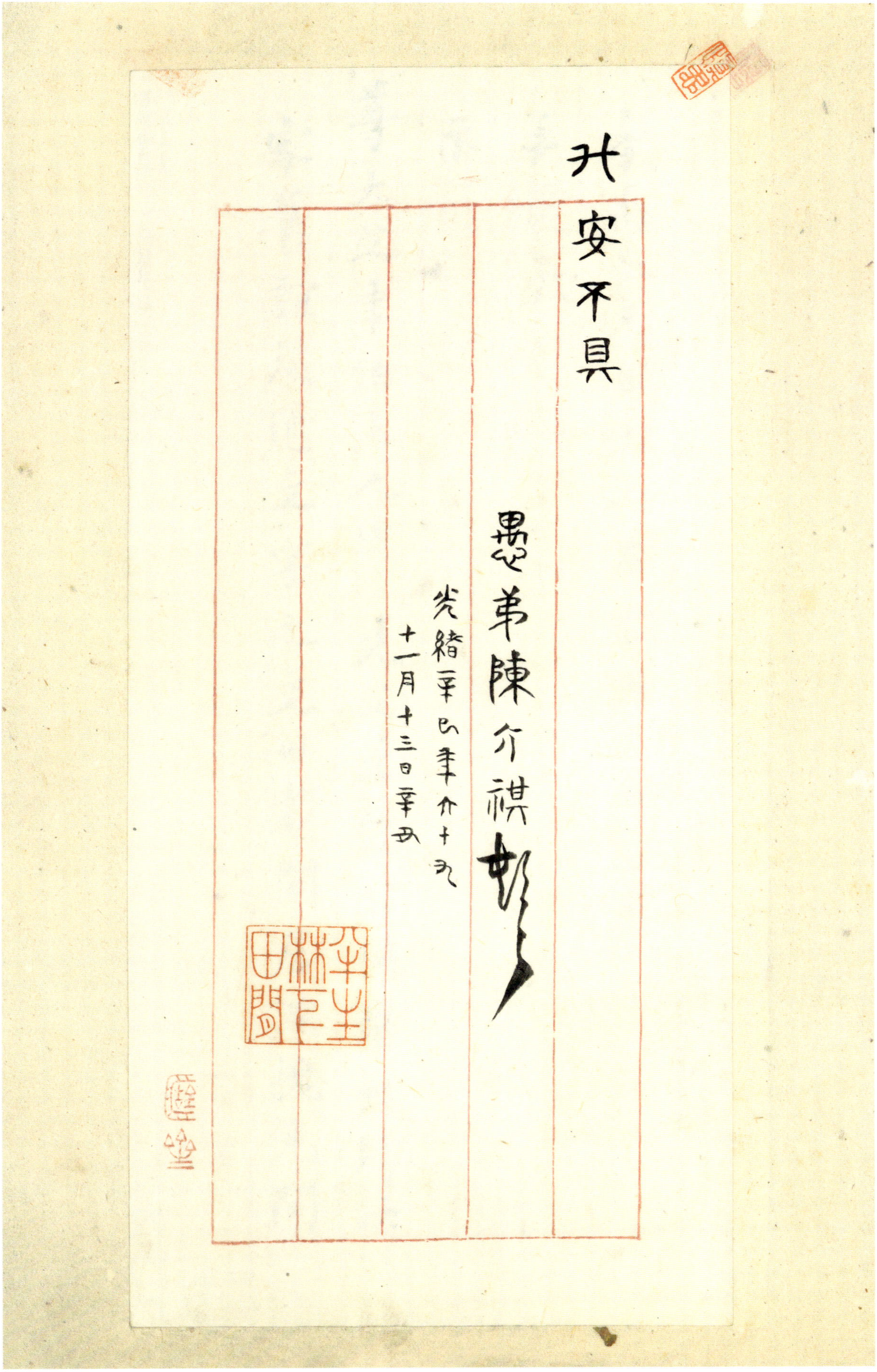

升安不具。愚弟陳介祺頓首。光緒辛巳年六十九。十一月十三日辛丑。

（鈐印『半生林下田間』）

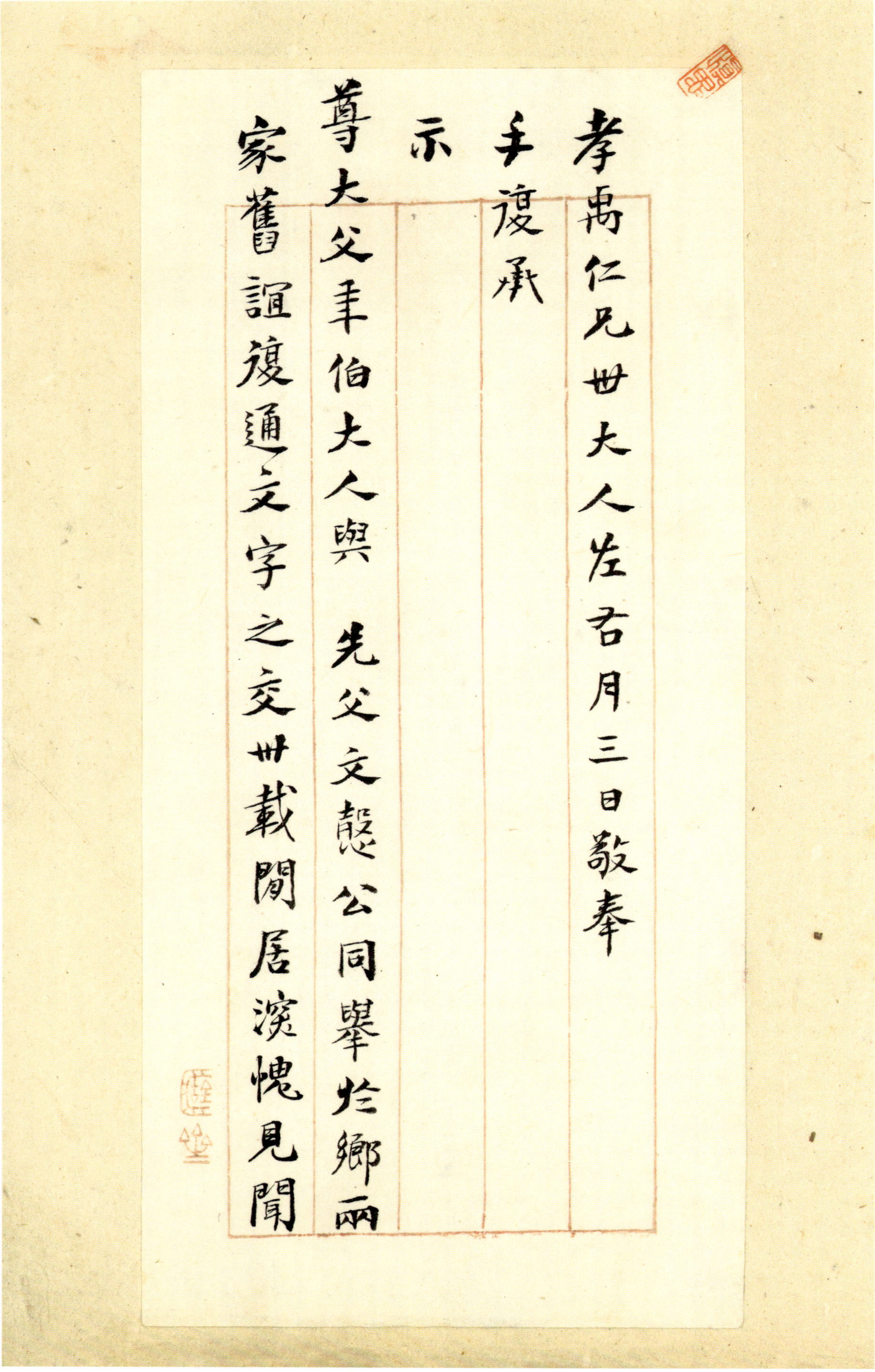
孝禹仁兄世大人左右　月三日敬奉
手復承
示
尊大父年伯大人與　先父文慤公同舉於鄉兩
家舊誼復通文字之交卅載閒居深愧見聞

孝禹仁兄世大人左右[一]。月三日敬奉手復，承示尊大父年伯大人與先父文慤公同舉於鄉，兩家舊誼復通文字之交，卅載閒居，深愧見聞

[一] 此函作於光緒八年（一八八二）三月廿五日。

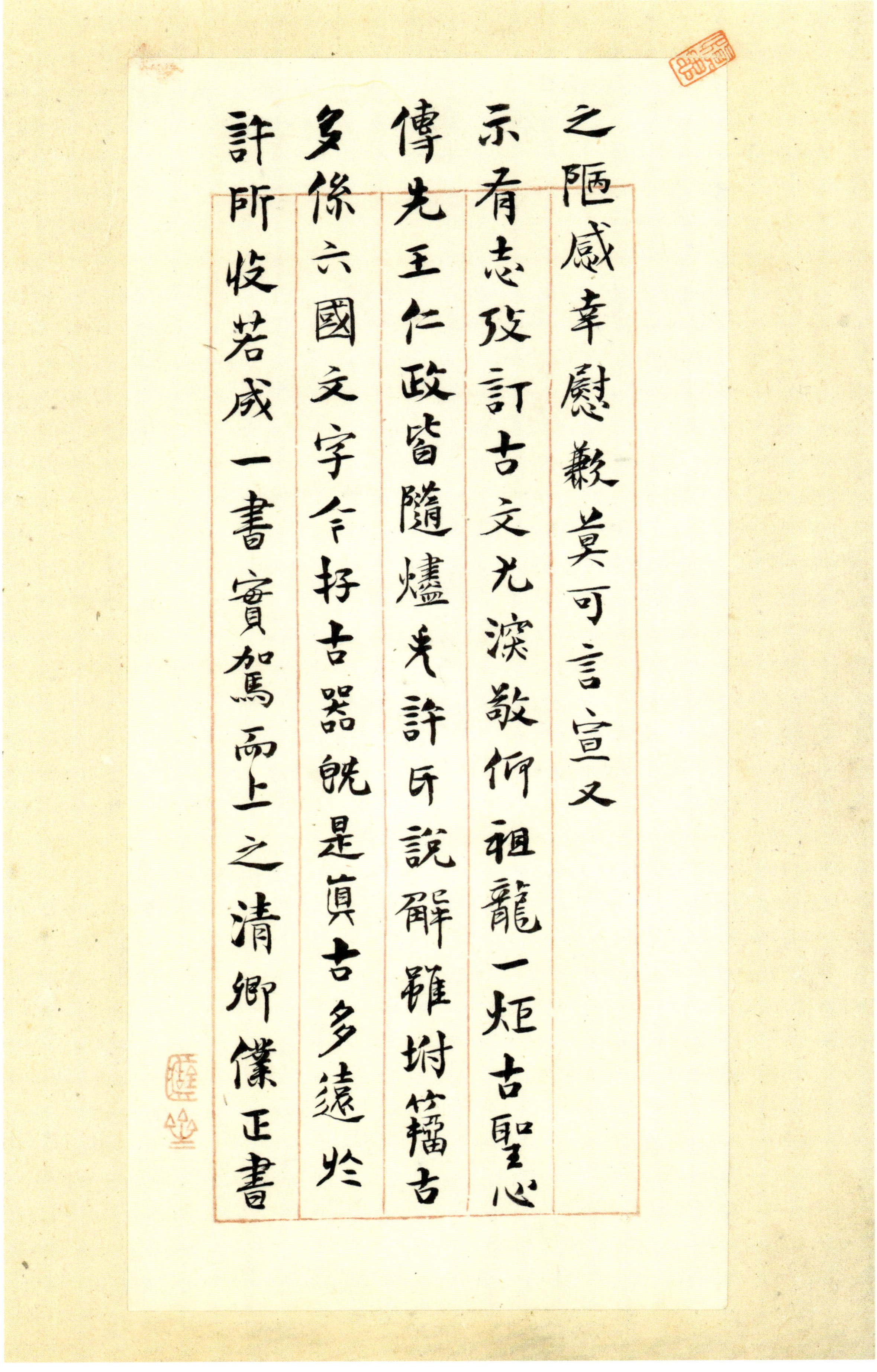
之陋感幸慰歉莫可言宣又
示有志考訂古文尤深敬仰祖龍一炬古聖心
傳先王仁政皆隨爐失許氏説解雖附籀古
多係六國文字今存古器既是真古多遠於
許所收若成一書實駕而上之清卿僕正書

之陋，感幸慰歉，莫可言宣。又示有志考訂古文，尤深敬仰。祖龍一炬，古聖心傳、先王仁政，皆隨爐失。許氏説解雖附籀古，多係六國文字。今存古器既是真古，多遠於許所收，若成一書，實駕而上之。清卿僕正書

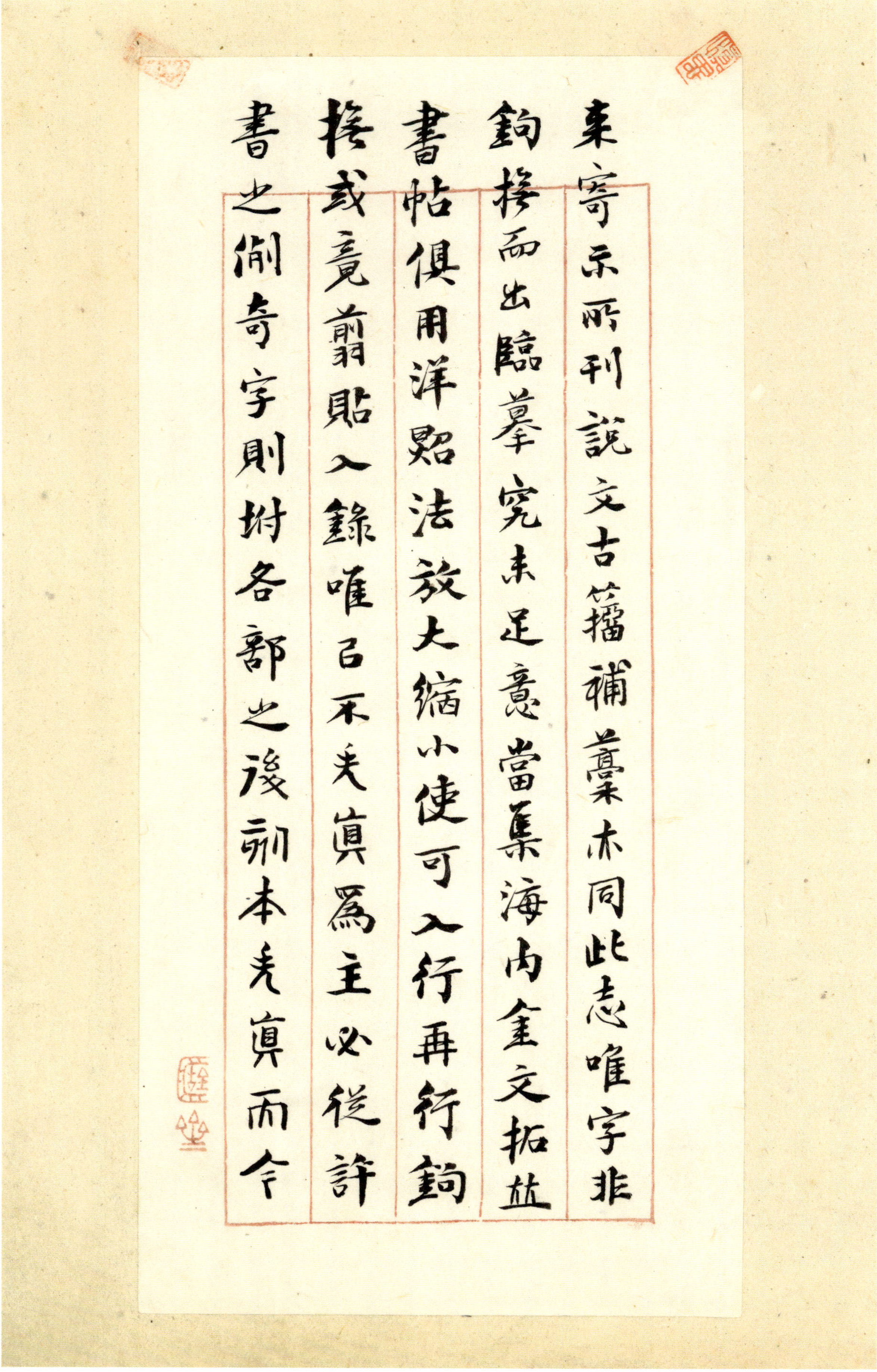

來，寄示所刊《說文古籀補》稿，亦同此志，唯字非鈎橅，而出臨摹，究未足意。當集海内金文拓并書帖，俱用洋照法放大縮小，使可入行，再行鈎橅，或竟剪貼入録，唯以不失真爲主。必從許書之例，奇字則附各部之後，刻本失真而今

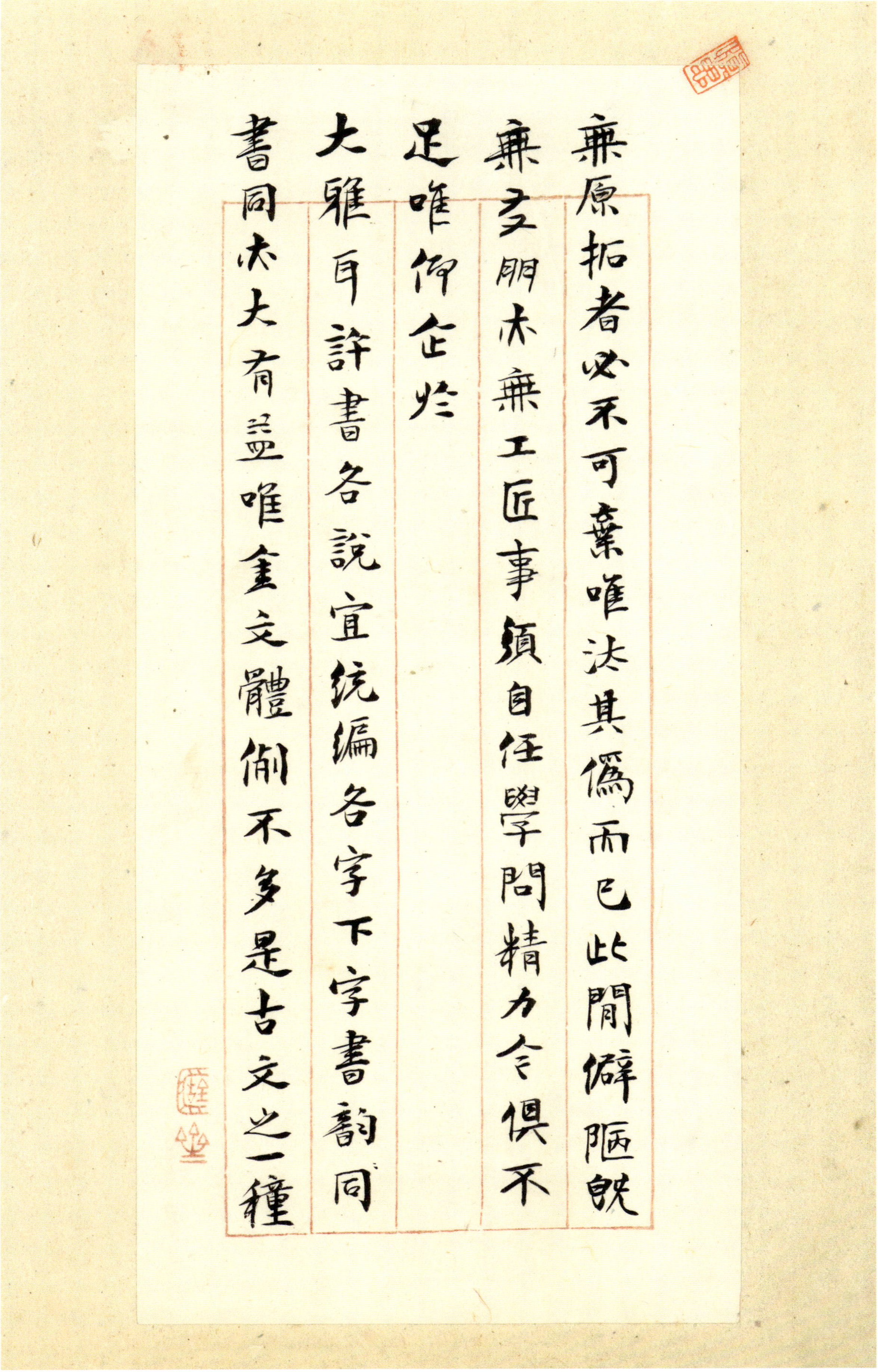

無原拓者必不可弃，唯汰其僞而已。此間僻陋，既無友朋，亦無工匠，事須自任，學問精力今俱不足，唯仰企於大雅耳。許書各說宜統編各字下，字書韵書同，亦大有益，唯金文體例不多，是古文之一種

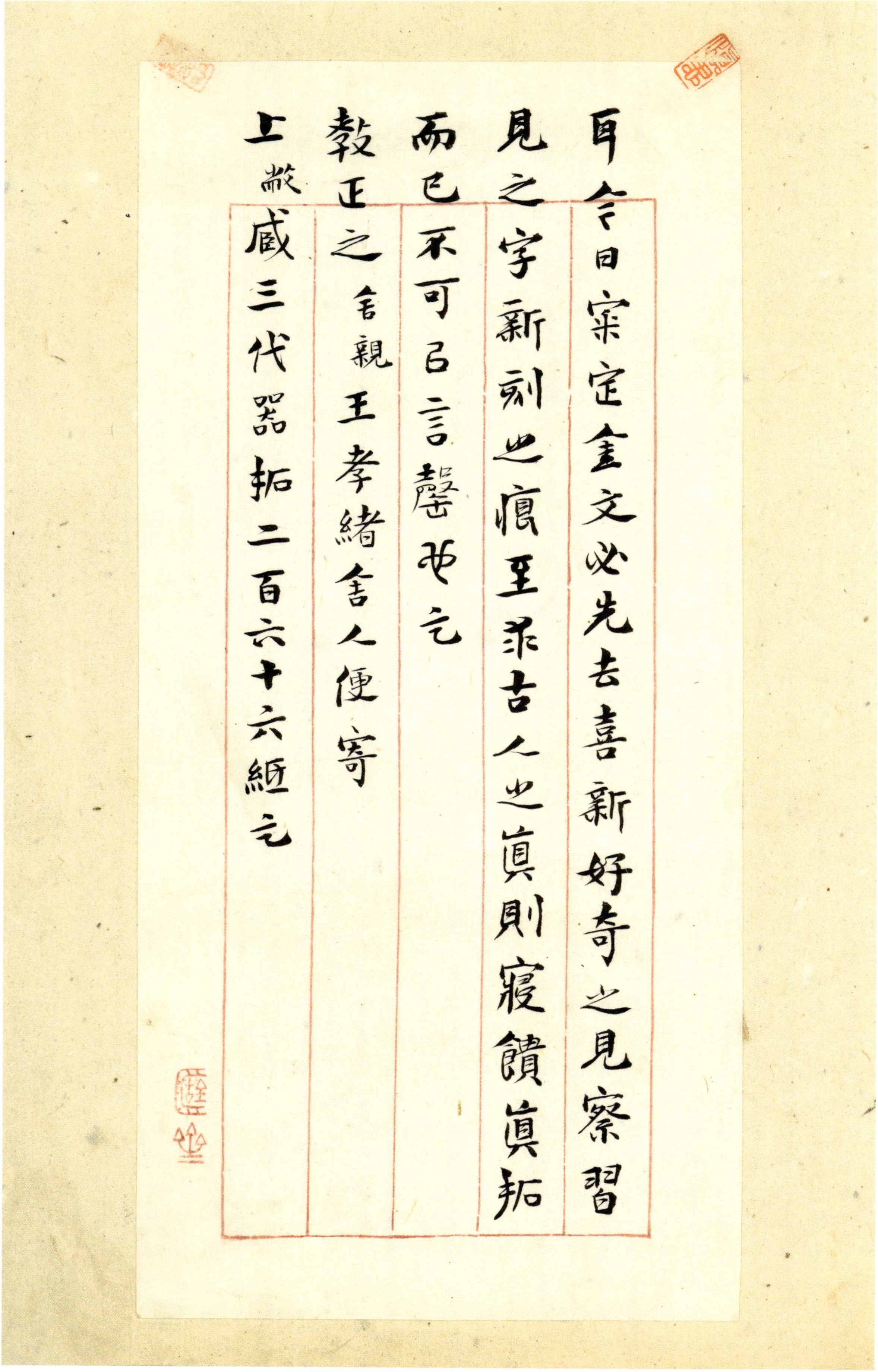

耳。今日審定金文，必先去喜新好奇之見，察習見之字、新刻之痕，至求古人之真，則寢饋真拓而已，不可以言罄也。乞教正之。舍親王孝緒舍人便寄上敝藏三代器拓二百六十六紙，乞

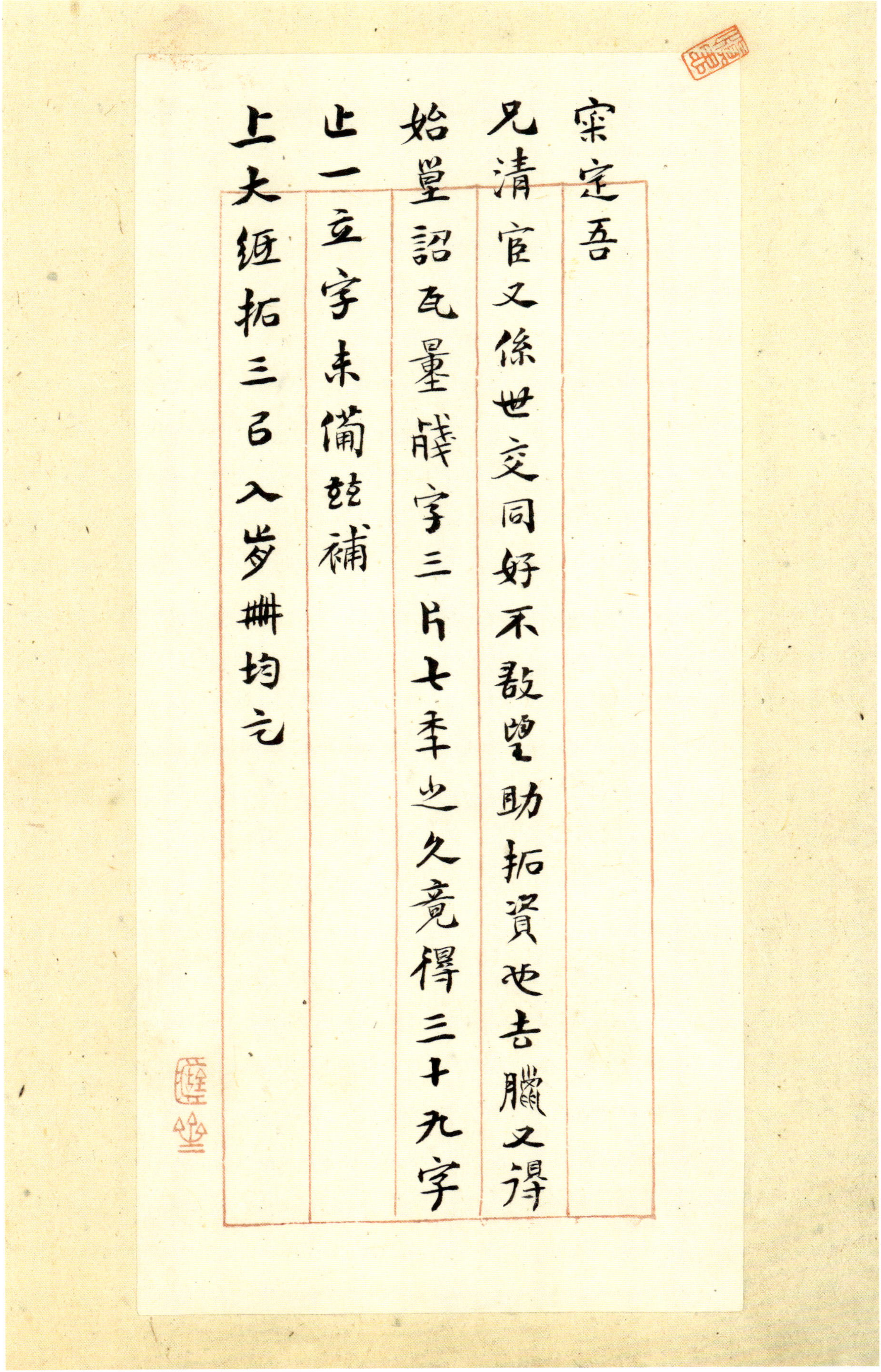

審定。吾兄清宦，又係世交同好，不敢望助拓資也。去臘又得始皇詔瓦量殘字三片，七年之久竟得三十九字，止一『立』字未備，兹補上大紙拓三，以入前册，均乞

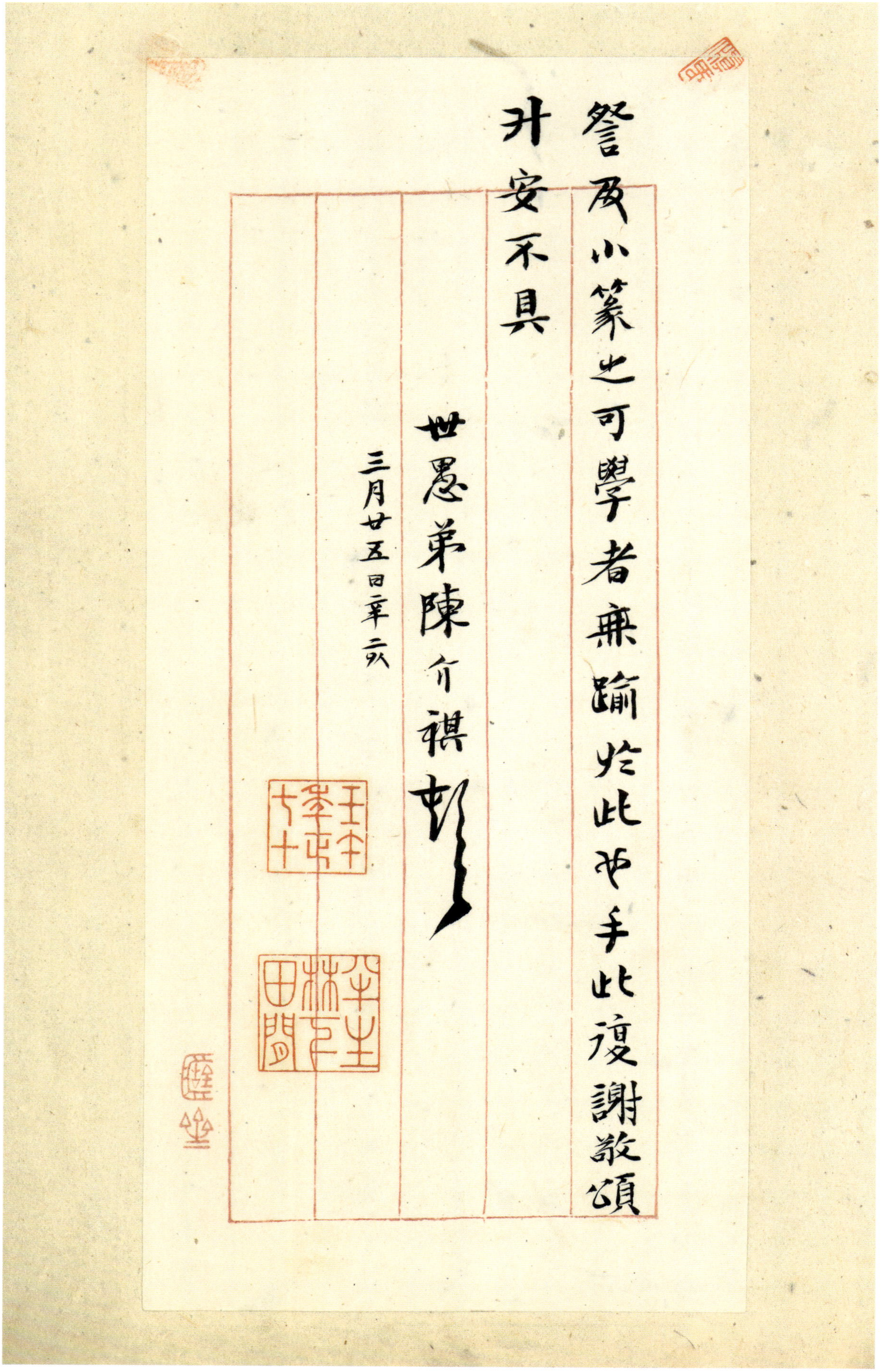
察及小篆之可學者無踰於此也手此復謝敬頌
升安不具
世愚弟陳介祺頓首
三月廿五日辛亥

察及。小篆之可學者無踰於此也。
手此復謝，敬頌升安不具。世愚弟陳介祺頓首。三月廿五日辛亥。

（鈐印『壬午年正七十』『半生林下田間』）

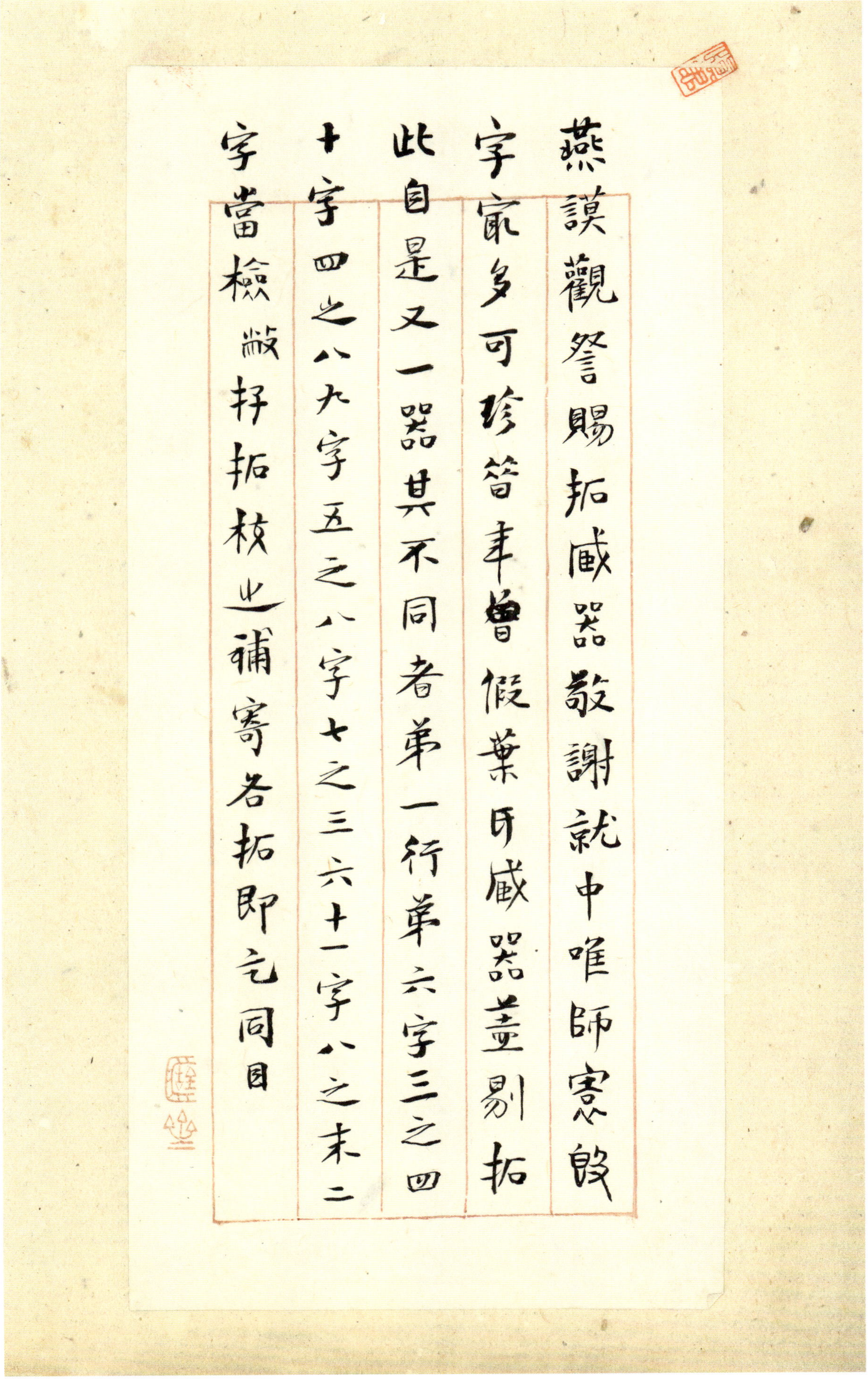

燕謨觀察賜拓藏器，敬謝。就中唯師寰簋字最多，可珍。昔年曾假葉氏藏器蓋剔拓。此自是又一器，其不同者第一行第六字，三之四、十字，四之八、九字，五之八字，七之三、六、十一字，八之末二字。當檢敝存拓校之，補寄各拓，即乞同目

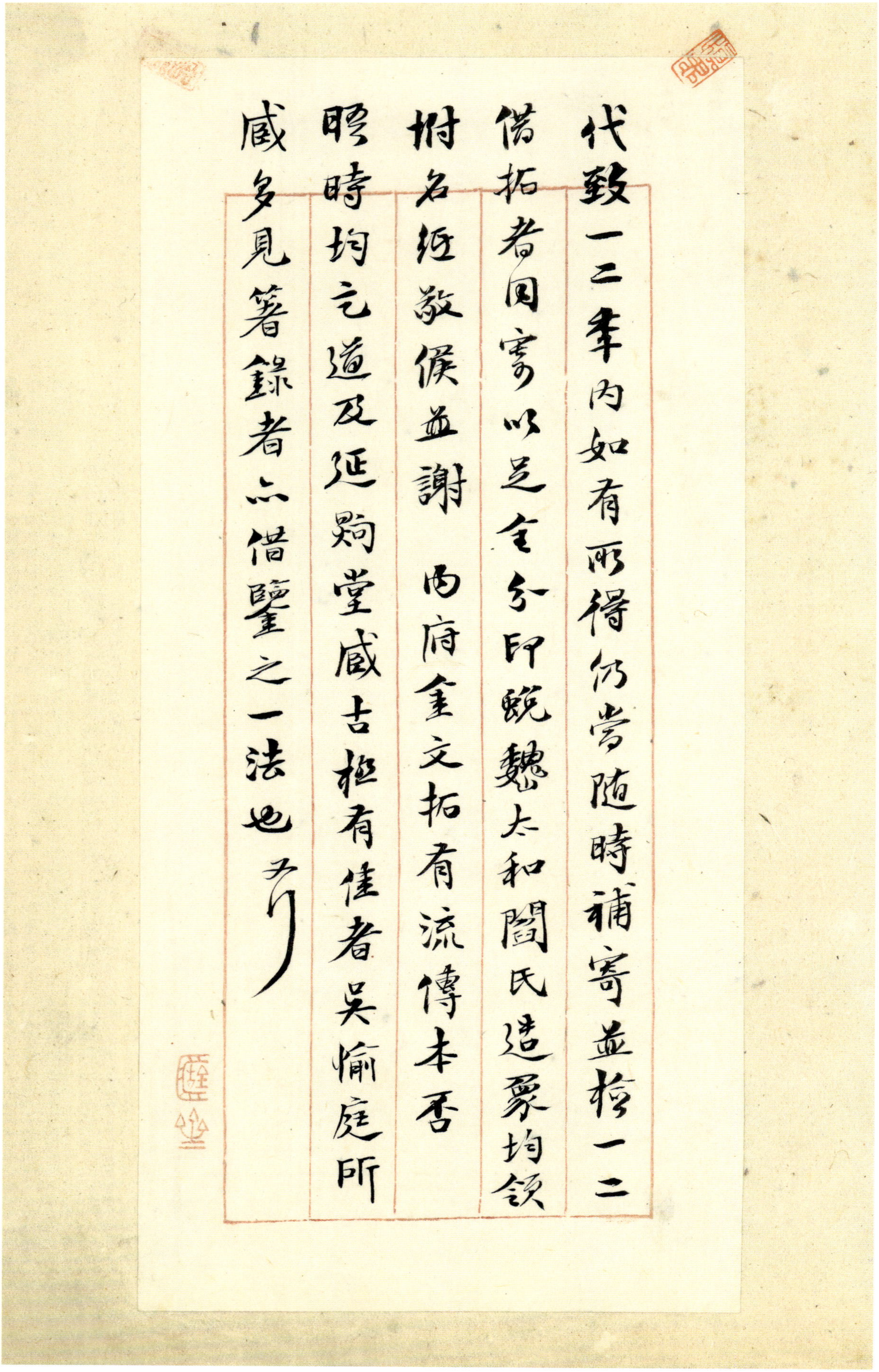

代致一二。年内如有所得，仍當隨時補寄，并檢一二借拓者同寄，以足全份。印蜕、魏太和閻氏造象均領附名紙，敬候并謝。内府金文拓有流傳本否？晤時均乞道及。延煦堂藏古極有佳者，吴愉庭所藏多見著録者亦借鑒之一法也。又拜。

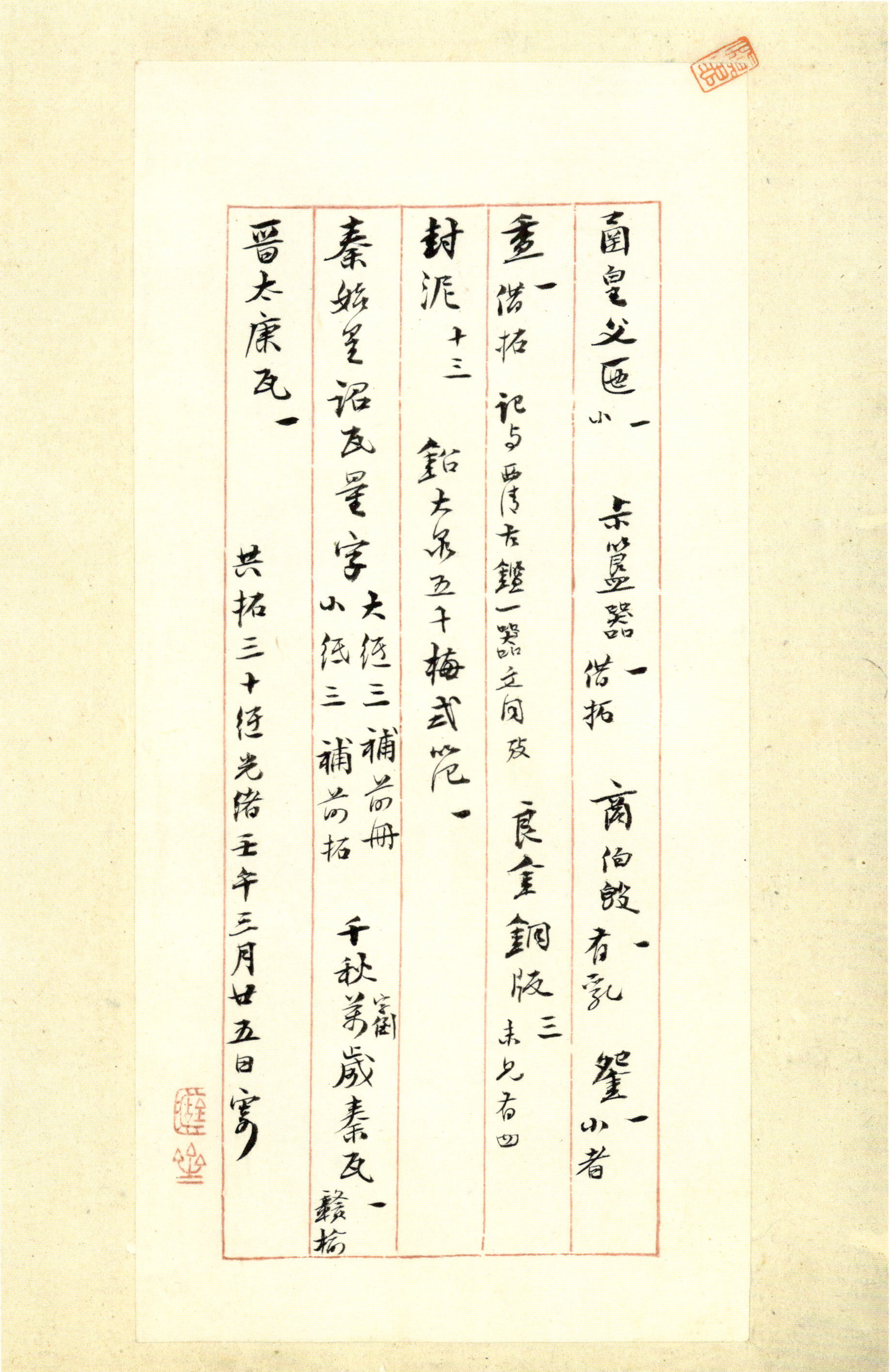
函皇父匜 小 一　叔簋器 借拓 一　商伯簋 有乳 一　鋆 小者 一
盉 一 借拓 記與西清古鑒一器文同考　良金銅版 三 未見有四
封泥 十三　鉛大泉五十梅式范 一
秦始皇詔瓦量字 大紙三 補前册 小紙三 補前拓　千秋萬 字倒 歲秦瓦 一 贛榆
晉太康瓦 一　共拓三十紙光緒壬午三月廿五日寄

函皇父匜。一，小。叔簋器。一，借拓。商伯簋。一，有乳。鋆。一，小者。盉。一，借拓。記與《西清古鑒》一器文同，考。良金銅版。三，未見有四。封泥。十三。鉛大泉五十梅式范。一。秦始皇詔瓦量字。大紙三，補前册。小紙三，補前拓。千秋萬字倒。歲秦瓦。一，贛榆。晉太康瓦。一。

共拓三十紙，光緒壬午三月廿五日寄。

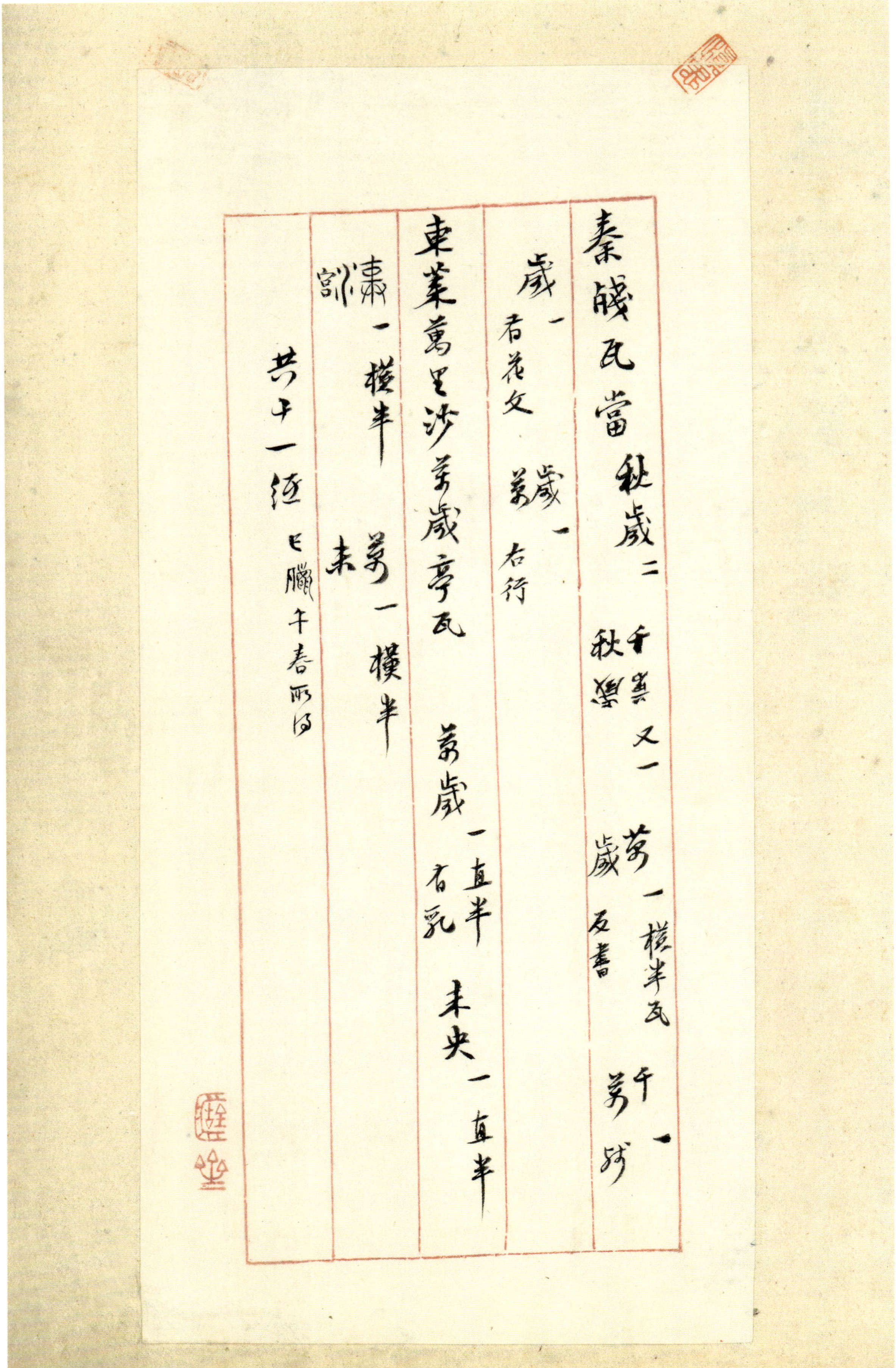

秦殘瓦當。秋歲。二。千秋萬歲。又一。萬歲。一，横半瓦，反書。千萬。　萬末。一，横半。
一，殘。歲。一，有花紋。萬歲。一，右行。
東萊萬里沙萬歲亭瓦。萬歲。一，直半有乳。未央。一，直半。[illegible]一，横半。
共十一紙。巳臘午春所得。

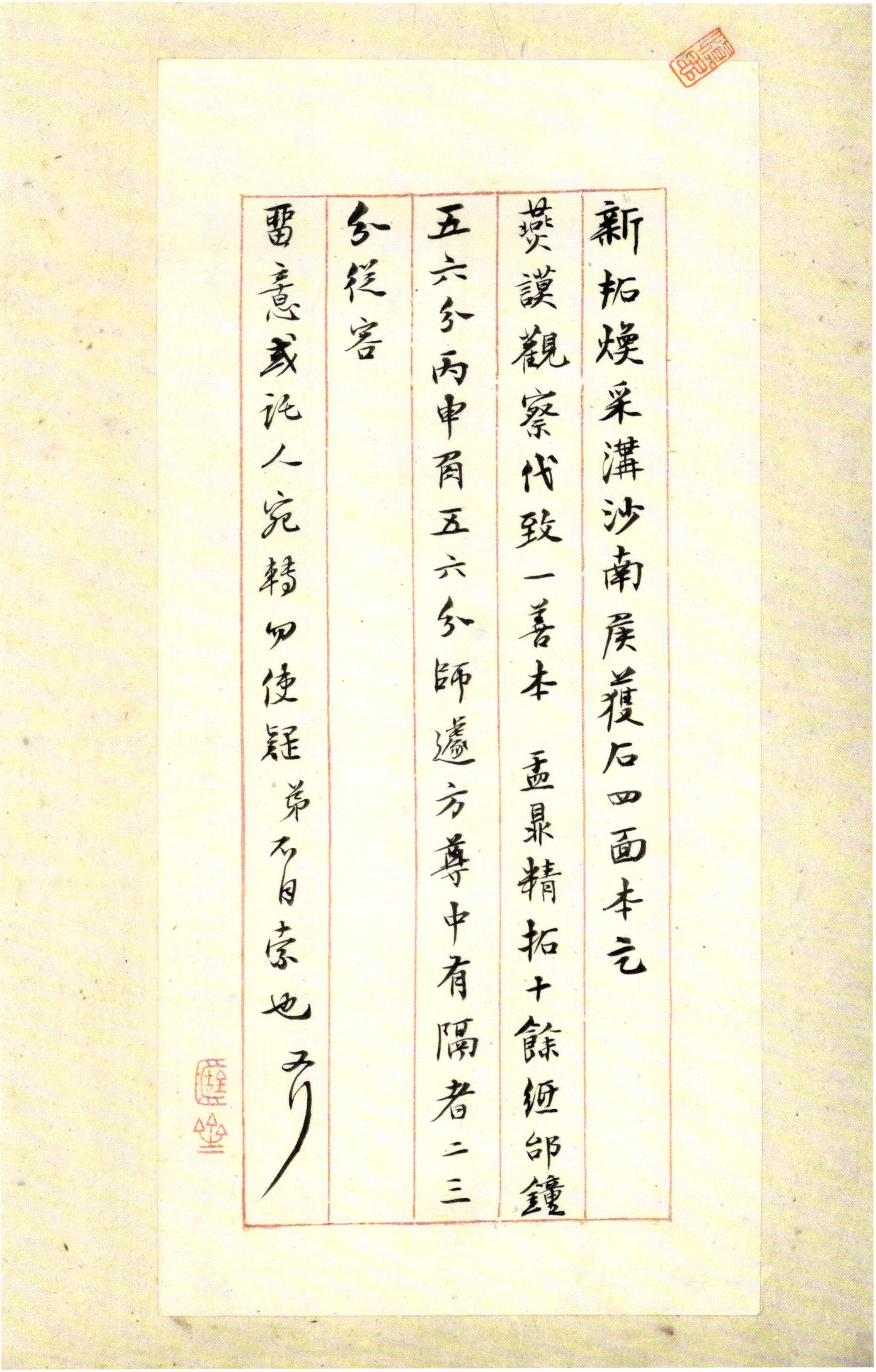

新拓焕采溝沙南侯獲石四面本，乙燕謨觀察代致一善本。盂鼎精拓十餘紙，郘鐘五六份，丙申角五六份，師遽方尊中有隔者二三份，從容留意或托人宛轉，勿使疑弟不自索也。又拜。

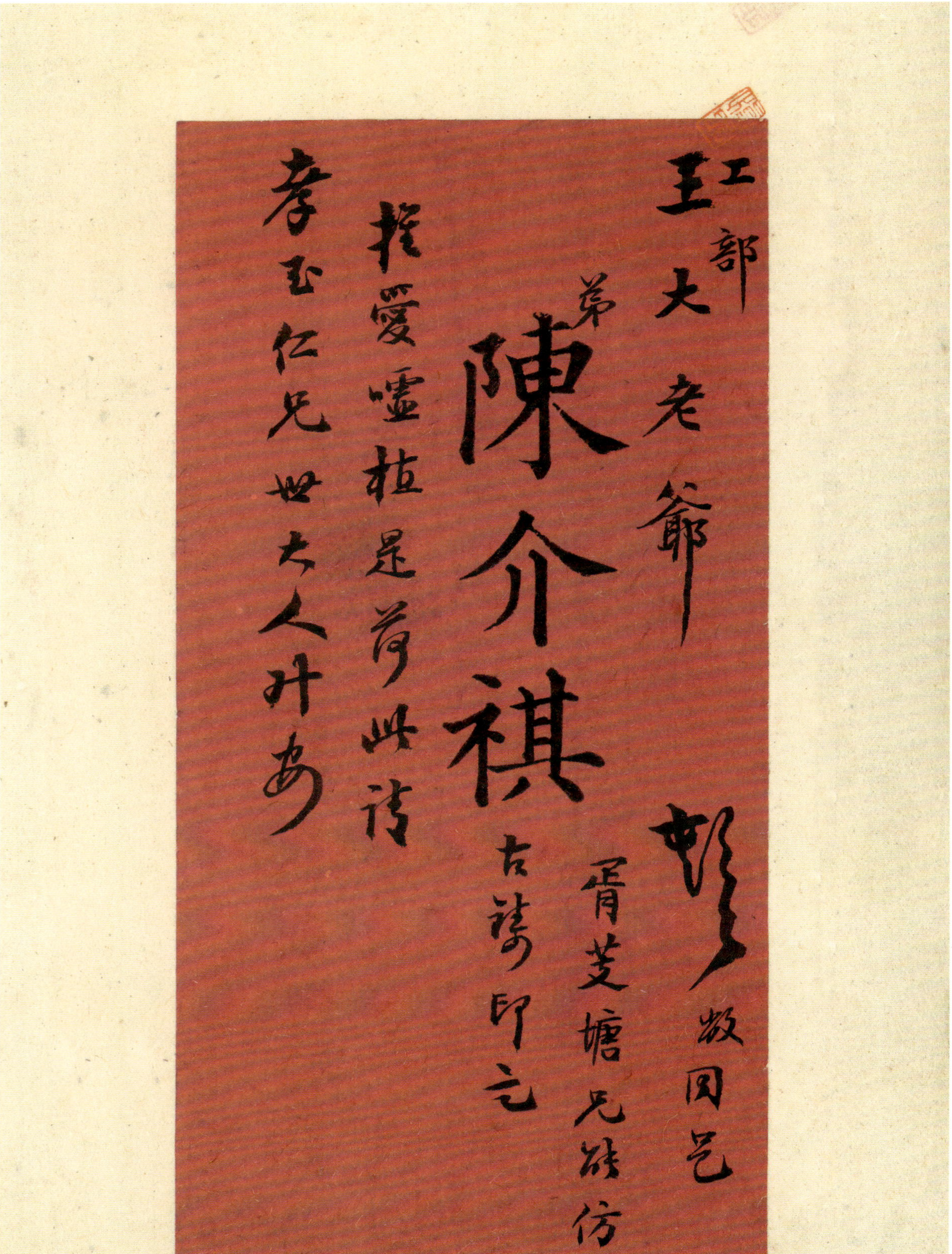

工部王大老爺
弟陳介祺頓首
敬因邑
胥芝塘兄雅仿
古諸印之
擬愛廬植是前此詩
孝玉仁兄世大人升安

致徐會澧[一]

徐會澧（一八三七—一九〇六），字東甫，山東諸城人，清末大臣，曾爲慈禧和光緒近臣之一。清同治七年（一八六八）進士，選爲翰林院庶吉士，同治十年（一八七一）授翰林院編修。光緒三年（一八七七）後，歷任侍讀、侍講學士、侍讀學士、鄉試正考官、會試副考官。光緒九年（一八八三）國子監司業，轉司經局洗馬、翰林院侍講、侍讀。十七年（一八九一）三月升任詹事府詹事。後歷光禄寺卿、順天府府尹、內閣學士、工部右侍郎、禮部右侍郎、禮部左侍郎、吏部右侍郎。光緒二十四年（一八九八）閏三月任國史館副總裁。光緒二十五年（一八九九）十一月，遷都察院左都御史。二十六年（一九〇〇）四月二十六日轉工部尚書，七月改兵部尚書，八月命兼管順天府府尹。光緒三十一年十二月十二日（一九〇六年一月六日）病逝於官邸。

徐會澧娶了陳介祺姐姐的女兒，是其外甥女婿。兩人因姻親而在徐會澧授翰林編修之後多有書信往來。

[一]書札原爲散葉，整理粘貼排次爲第一到第五册。裝訂者蓋不甚知書札之內容，先以箋紙爲類，再順字句爲序，其中多有錯亂。今按書信內容綴聯散葉，并按照時間重新排序。

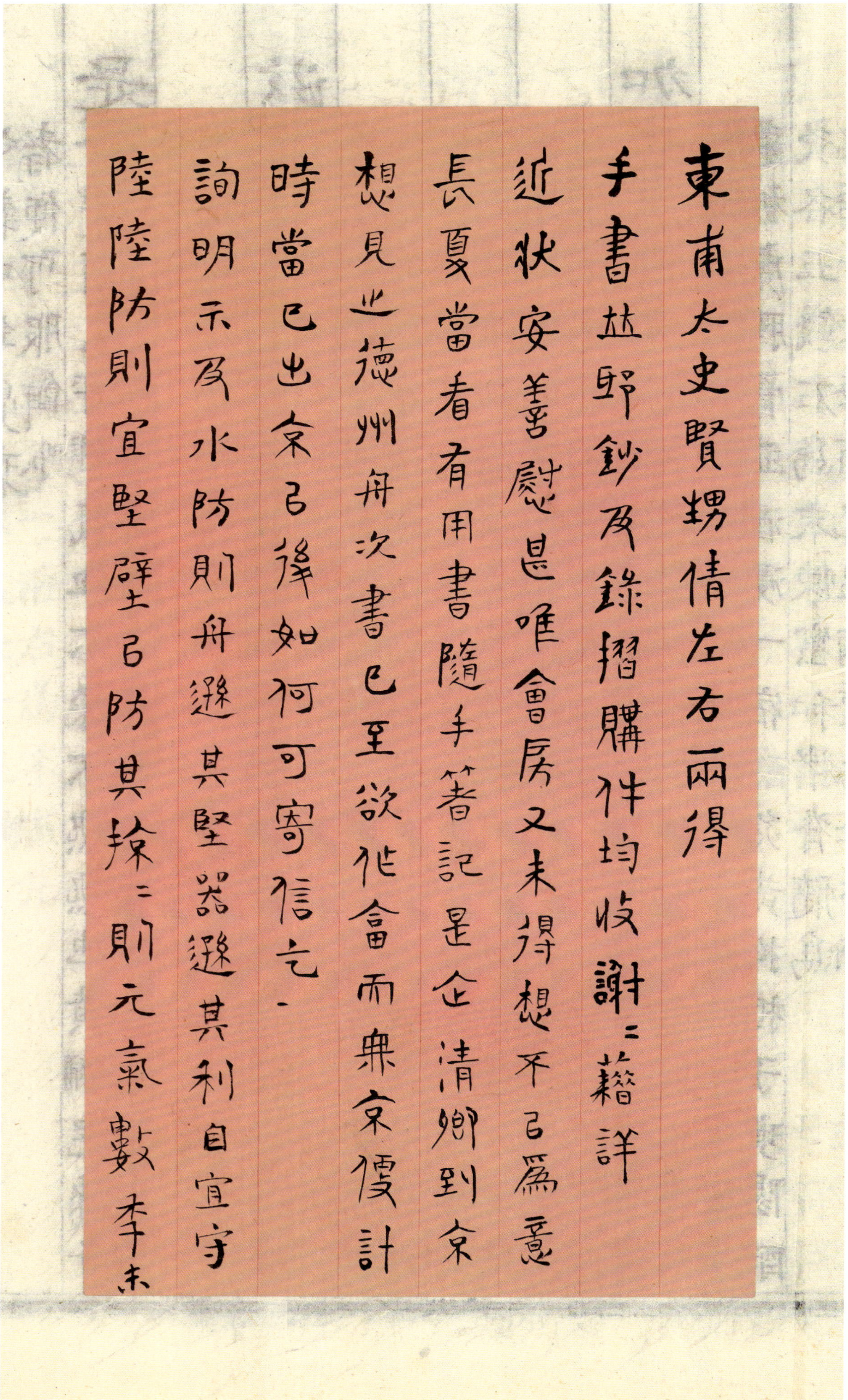
東甫太史賢甥倩左右兩得手書並邸鈔及錄摺購件均收謝謝藉詳近狀安善慰甚唯會房又未得想不以爲意長夏當看有用書隨手箸記是企清卿到京想見之德州舟次書已至欲作荅而無京便計時當已出京以後如何可寄信乞乞詢明示及水防則舟避其堅器避其利自宜守陸陸防則宜堅壁以防其掠掠則元氣數年未

東甫太史賢甥倩左右[一]。兩得手書并邸鈔及録摺購件均收。謝謝。藉詳近狀安善，慰甚。唯會房又未得，想不以爲意。長夏當看有用書，隨手著記是企。清卿到京，想見之，德州舟次書已至，欲作答而無京便，計時當已出京，以後如何可寄信，乞詢明示及。水防則舟遜其堅，器遜其利，自宜守陸。陸防則宜堅壁以防其掠，掠則元氣數年未

[一] 此函未紀年，因陳氏稱徐氏爲『太史』，且陳介祺外甥女尚在世，此函當作於光緒六年（一八八〇）六月之前。信中又提及吴大澂來京，故在一八七三年之後。

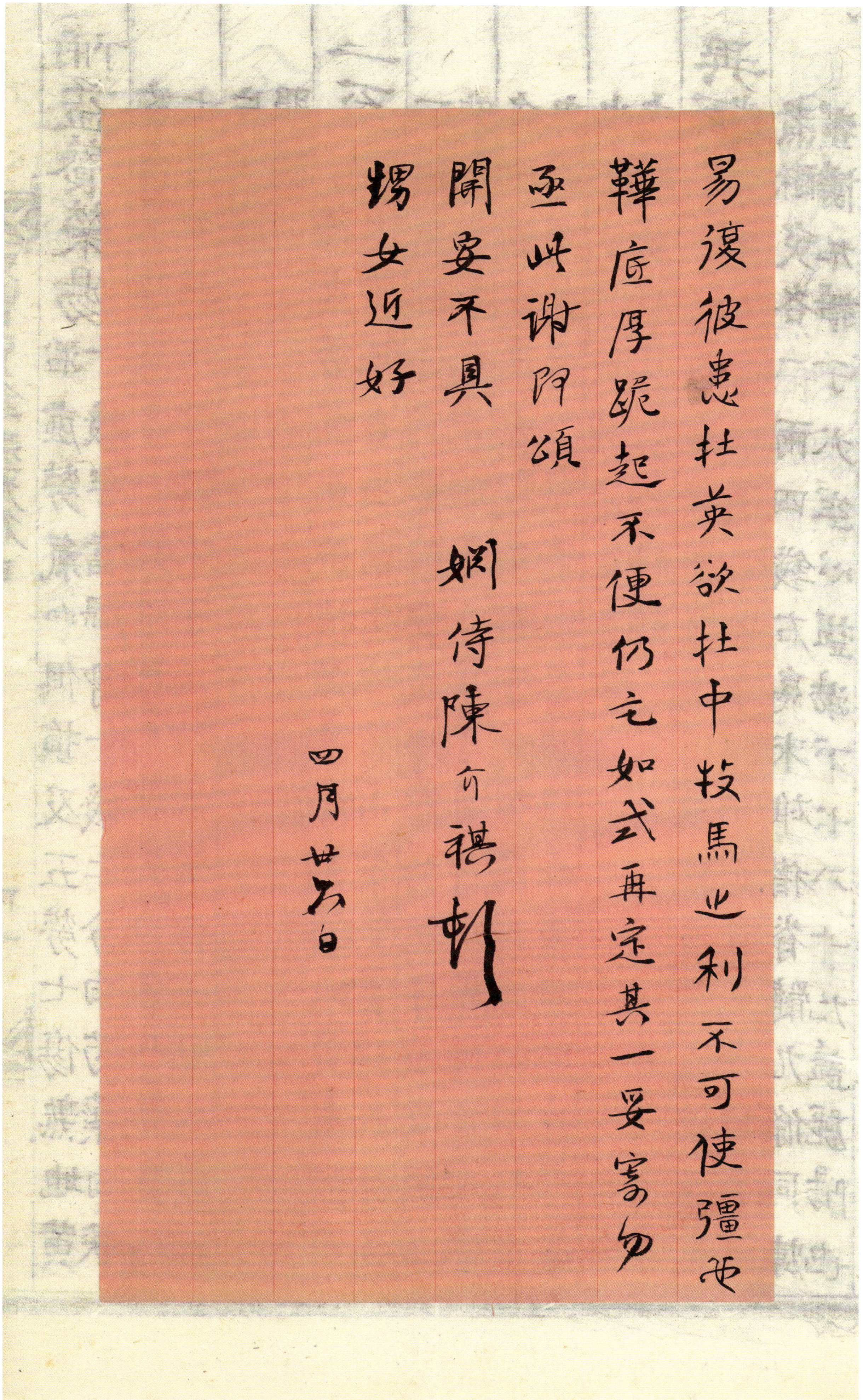
易復彼患在英欲在中牧馬之利不可使彊也
鞾底厚跪起不便仍乞如式再定其一妥寄勿
亟此謝即頌
開安不具　姻侍陳介祺頓首
甥女近好　四月廿六日

易復。彼患在英欲在中牧馬之利，不可使强也。靴底厚，跪起不便，仍乞如式再定其一妥寄，勿亟。此謝即頌開安不具。甥女近好。姻侍陳介祺頓首。四月廿六日。

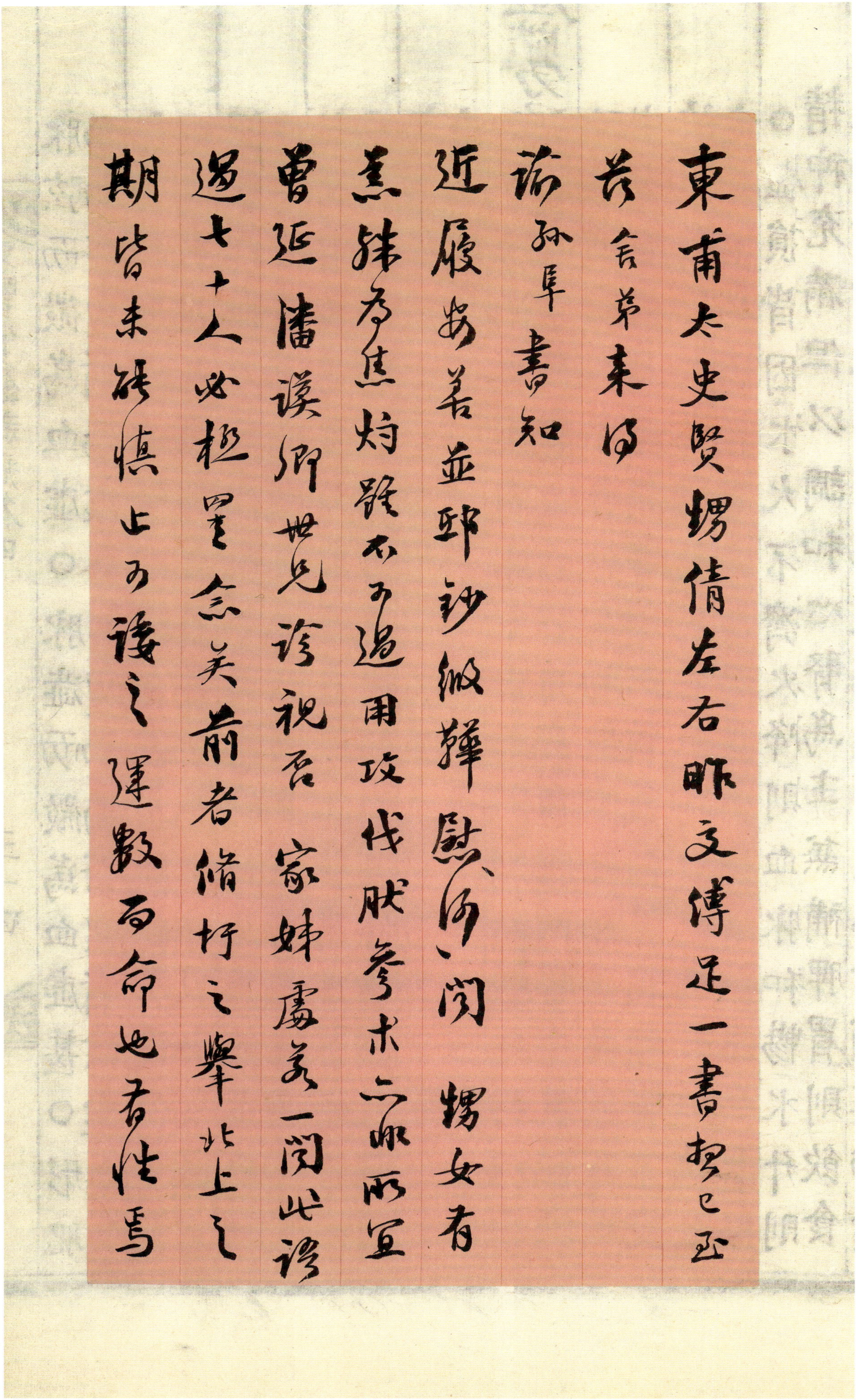

東甫太史賢甥倩左右[一]。昨交傅足一書，想已至。兹舍弟來，得諭孫阜書，知近履安善，并邸鈔、緞靴，慰謝慰謝。聞甥女有恙，殊爲焦灼。雖不可過用攻伐，然參朮亦非所宜。曾延潘謨卿世兄診視否？家姊處若一聞此語，過七十人必極罣念矣。前者修圩之舉，北上之期，皆未能慎，止可諉之運數，而命也有性焉。

[一] 此函作於光緒六年（一八八〇）五月六日。言及甥女病重。

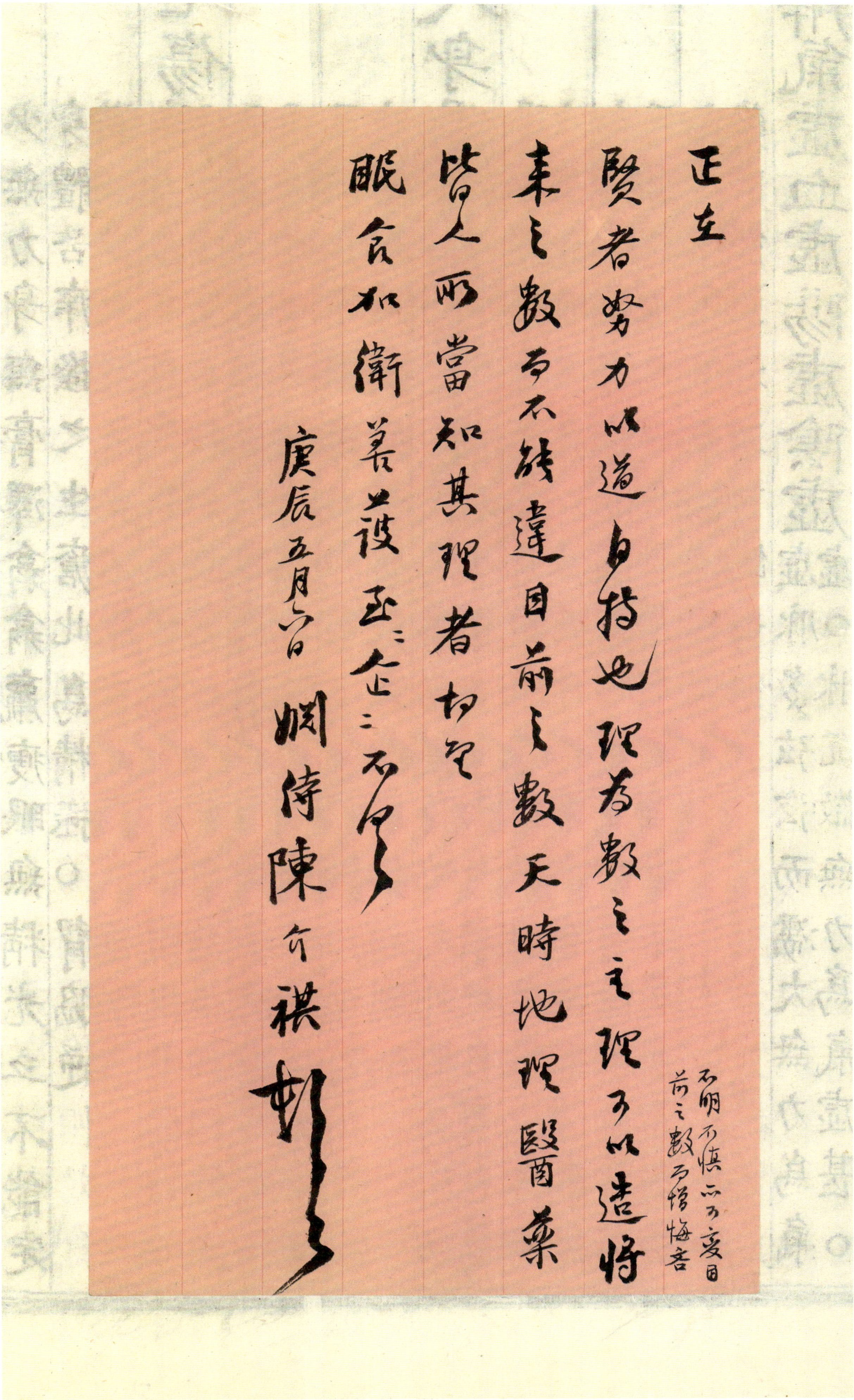

正在賢者努力以道自持也。理爲數之主，理可以造將來之數而不能違目前之數。不明不慎亦可變目前之數而增悔吝。天時地理醫藥，皆人所當知其理者，切望眠食加衛善護，至企至企。不具。庚辰五月六日。姻侍陳介祺頓首。

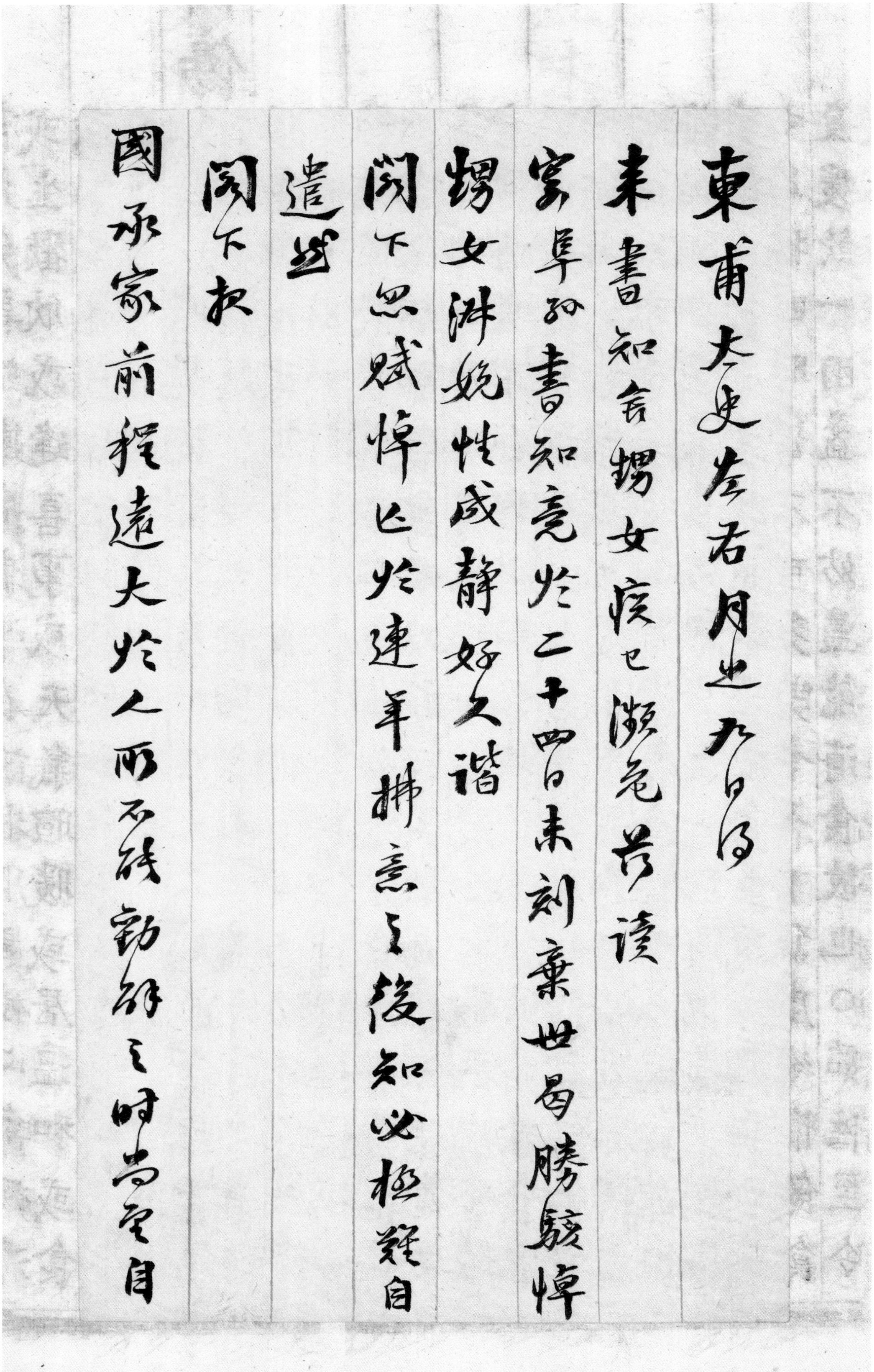

東甫太史左右[一]。月之九日得來書，知舍甥女疾已瀕危，茲讀寄阜孫書，知竟於二十四日未刻弃世，曷勝駭悼！甥女淑婉，性成静好，久諧閣下，忽賦悼亡於連年拂意之後，知必極難自遣。然閣下報國承家，前程遠大，於人所不能勸解之時，尚望自

[一] 此函作於光緒六年（一八八〇）六月二十一日，言及徐氏之妻、陳介祺之甥女於五月二十四日病逝。

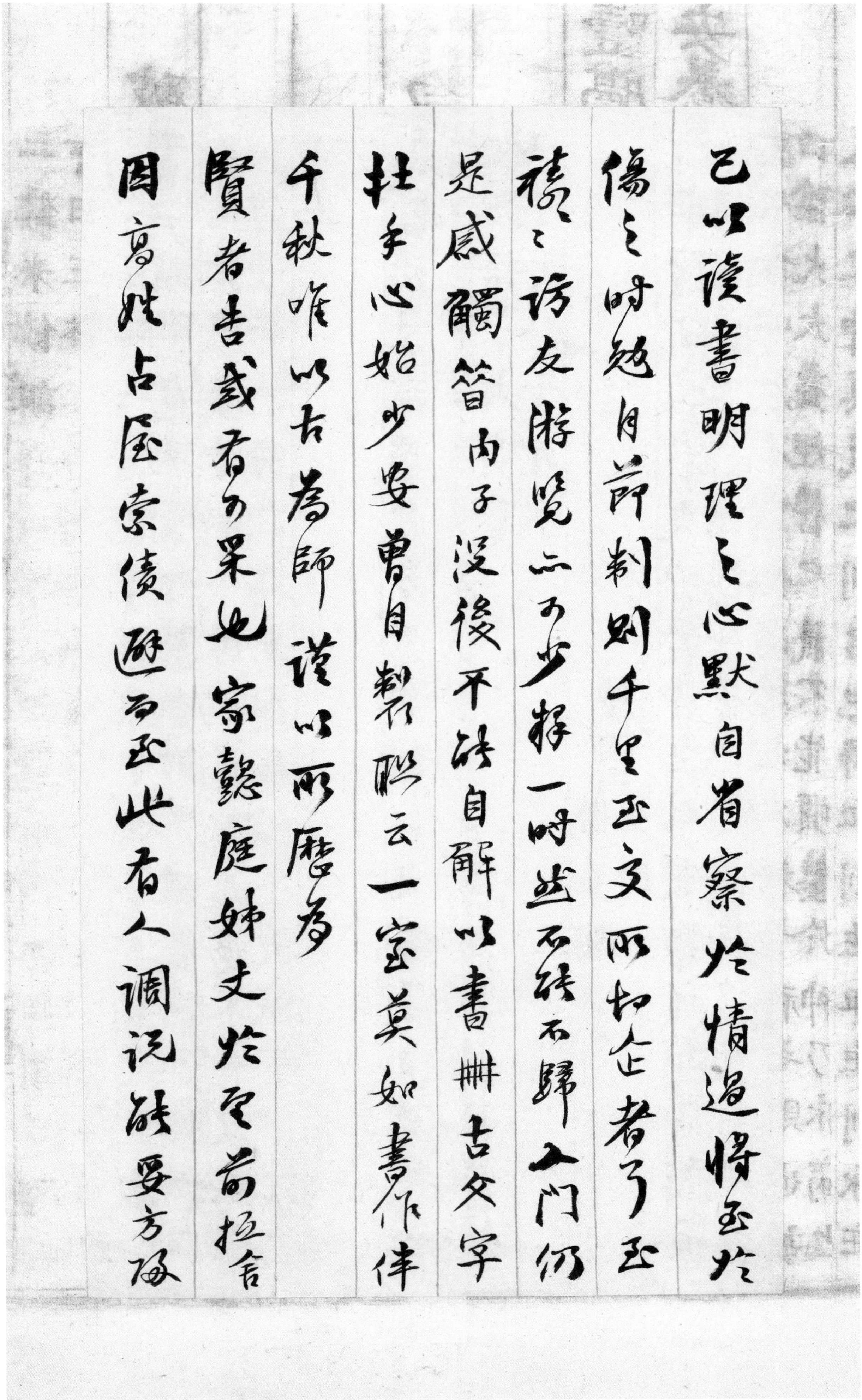

己以讀書明理之心默自省察，於情過將至於傷之時，勉自節制，則千里至交所切企者耳。至禱至禱。訪友游覽亦可少釋一時，然不能不歸，入門仍是感觸。昔内子没後，不能自解，以書册古文字在手，心始少安。曾自製聯云：一室莫如書作伴，千秋唯以古爲師。謹以所歷爲賢者告，或有可采也。家懿庭姊丈於望前抵舍，因高姓占屋索債，避而至此，有人調説能妥方歸。

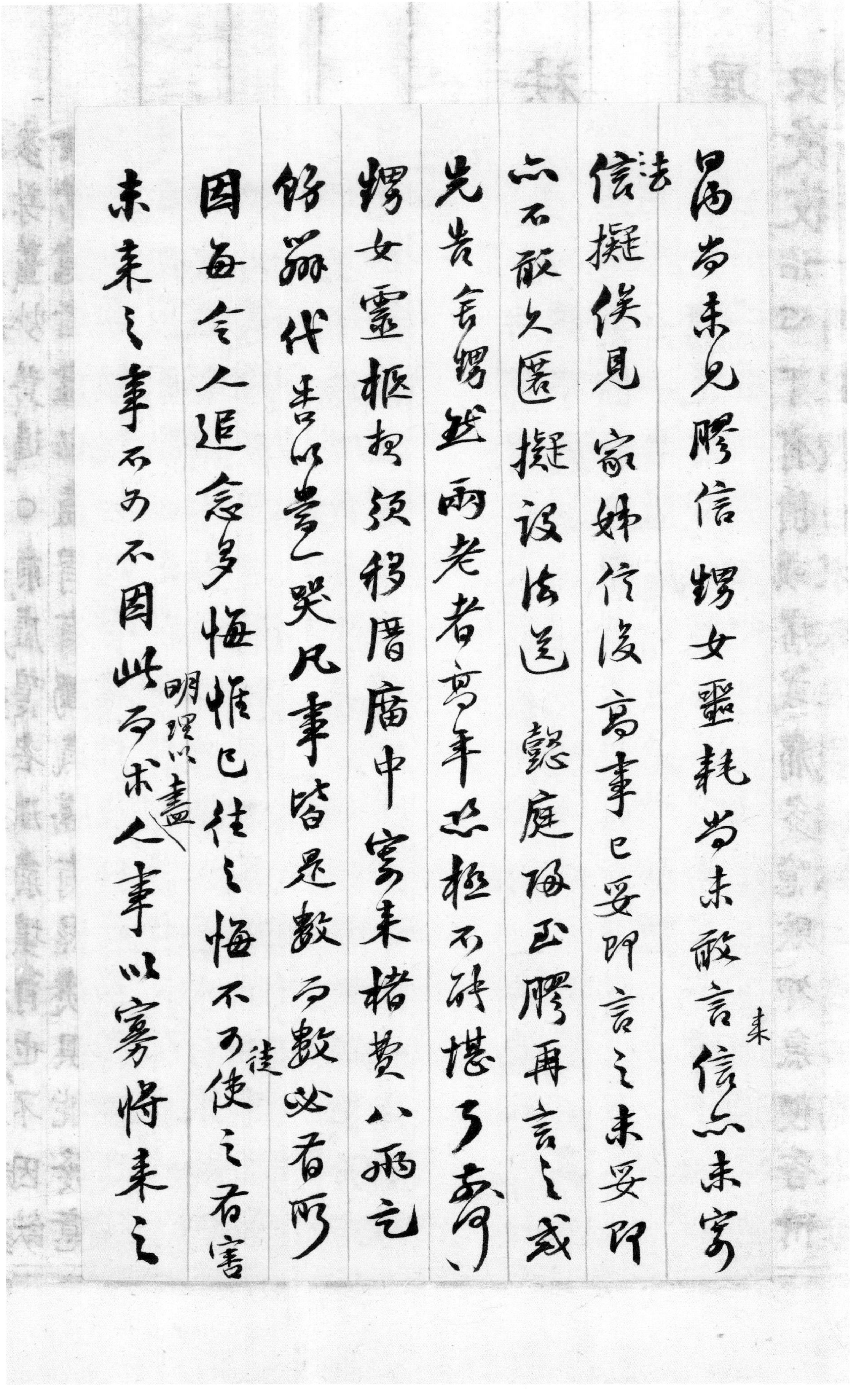

日内尚未見膠信，甥女噩耗尚未敢言，來信亦未寄去。擬俟見家姊信後，高事已妥即言之，未妥即亦不敢久匿，擬設法送懿庭歸至膠再言之，或先告舍甥。然兩老者高年，恐極不能堪耳。奈何奈何。甥女靈柩想須移厝廟中，寄來楮費八兩，乞飭辦代告，以當一哭。凡事皆是數，而數必有所因，每令人追念多悔。惟已往之悔不可徒使之有害未來之事，不可不因此而求明理以盡人事，以寡將來之

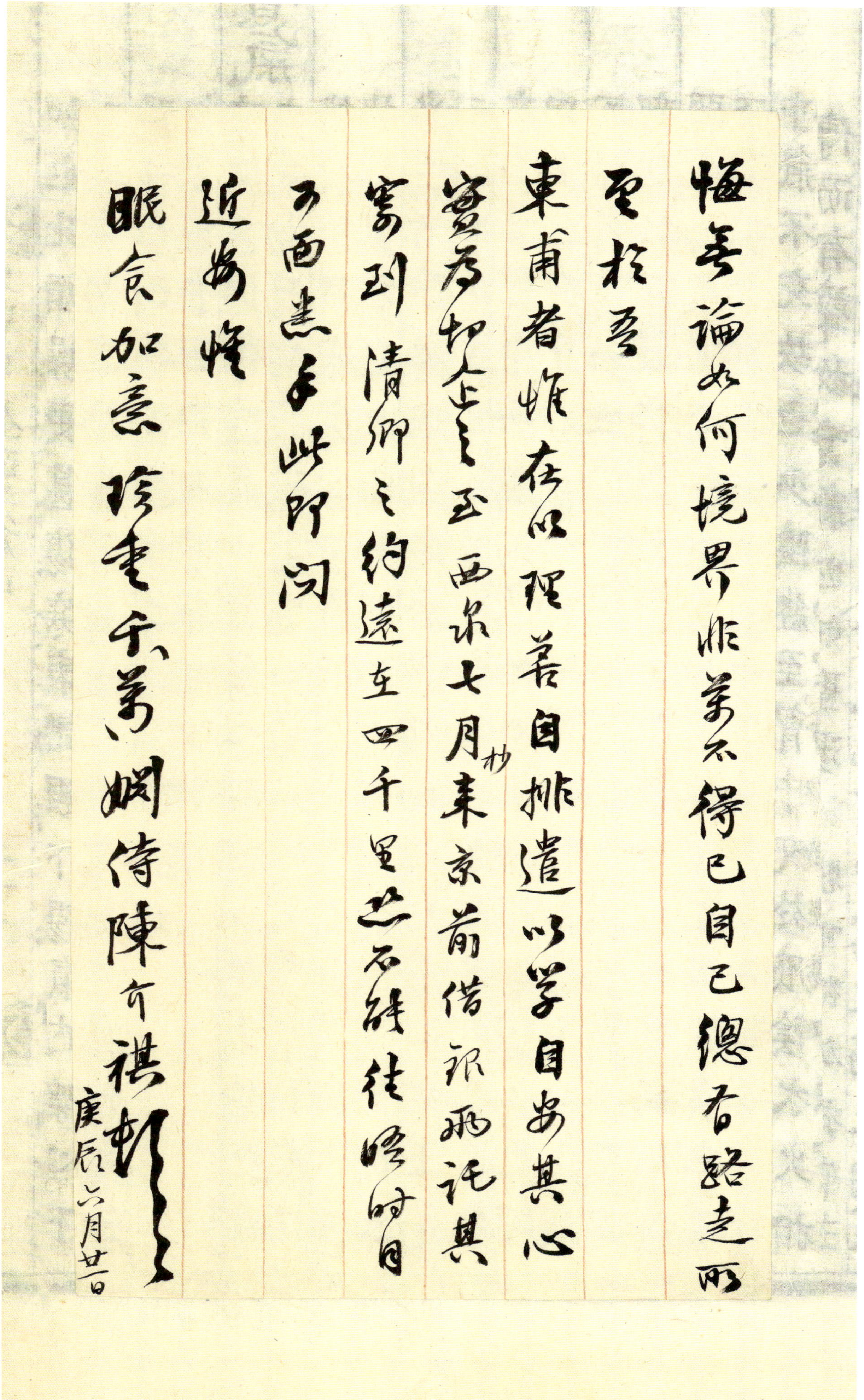

悔。無論如何境界，非萬不得已，自己總有路走。所望於吾東甫者，惟在以理善自排遣，以學自安其心，實爲切企之至。西泉七月杪來京，前借銀兩托其寄到。清卿之約遠在四千里，恐不能往，晤時自可面悉。手此即問近安，惟眠食加意，珍重千萬千萬。姻侍陳介祺頓首。庚辰六月廿一日。

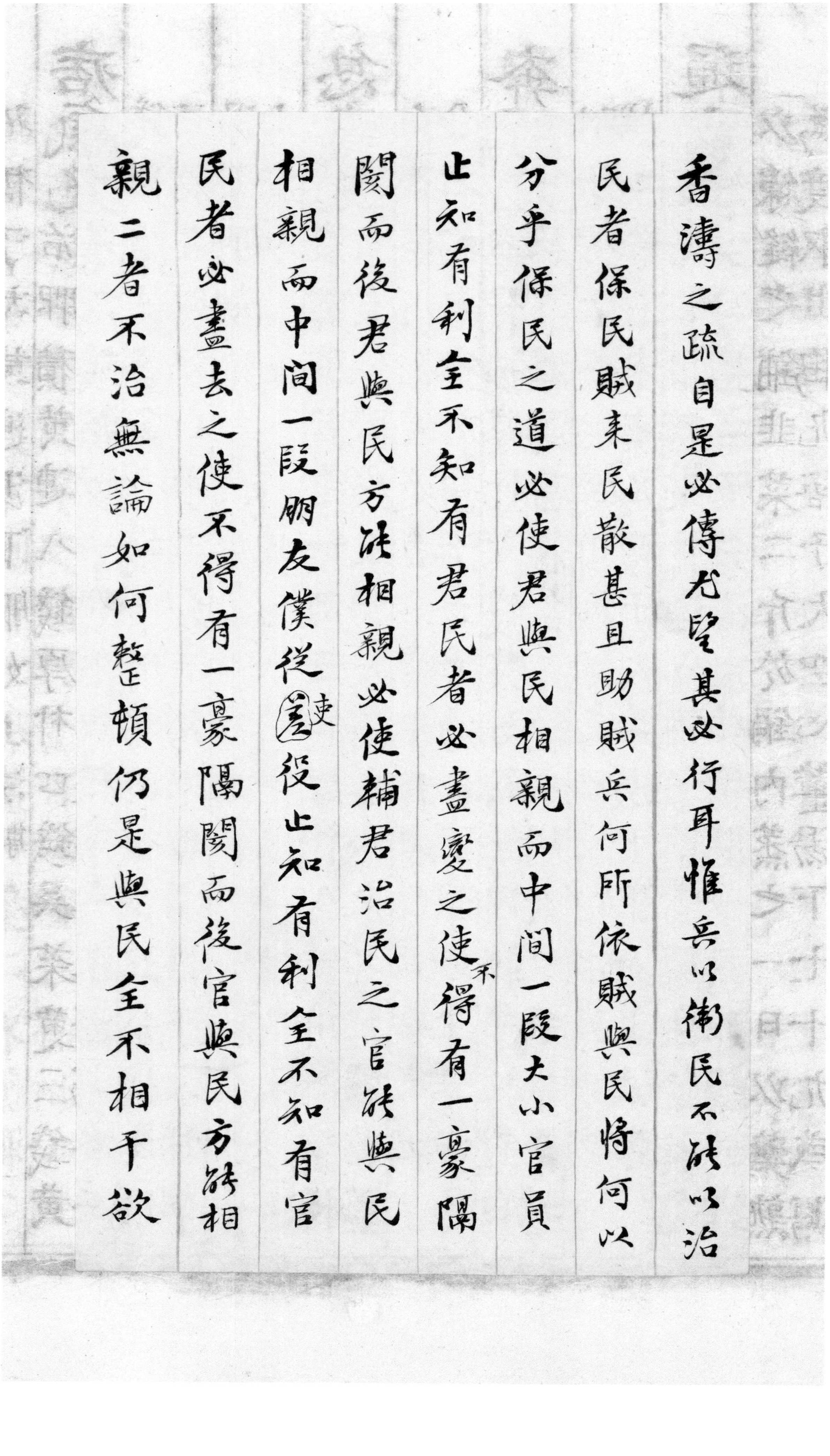
香濤之疏自是必傳尤望其必行耳惟兵以衛民不能以治
民者保民賊來民散甚且助賊兵何所依賊與民將何以
分乎保民之道必使君與民相親而中間一段大小官員
止知有利全不知有君民者必盡變之使不得有一毫隔
閡而後君與民方能相親必使輔君治民之官能與民
相親而中間一段朋友僕從吏役止知有利全不知有官
民者必盡去之使不得有一毫隔閡而後官與民方能相
親二者不治無論如何整頓仍是與民全不相干欲

香濤之疏自是必傳，尤望其必行耳。惟兵以衛民，不能以治民者保民，賊來民散，甚且助賊，兵何所依？賊與民將何以分乎？保民之道必使君與民相親，而中間一段大小官員止知有利，全不知有君民者，必盡變之，使不得有一毫隔閡，而後君與民方能相親。必使輔君治民之官能與民相親，而中間一段朋友、僕從、吏役止知有利，全不知有官民者，必盡去之，使不得有一毫隔閡，而後官與民方能相親。二者不治，無論如何整頓，仍是與民全不相干。欲

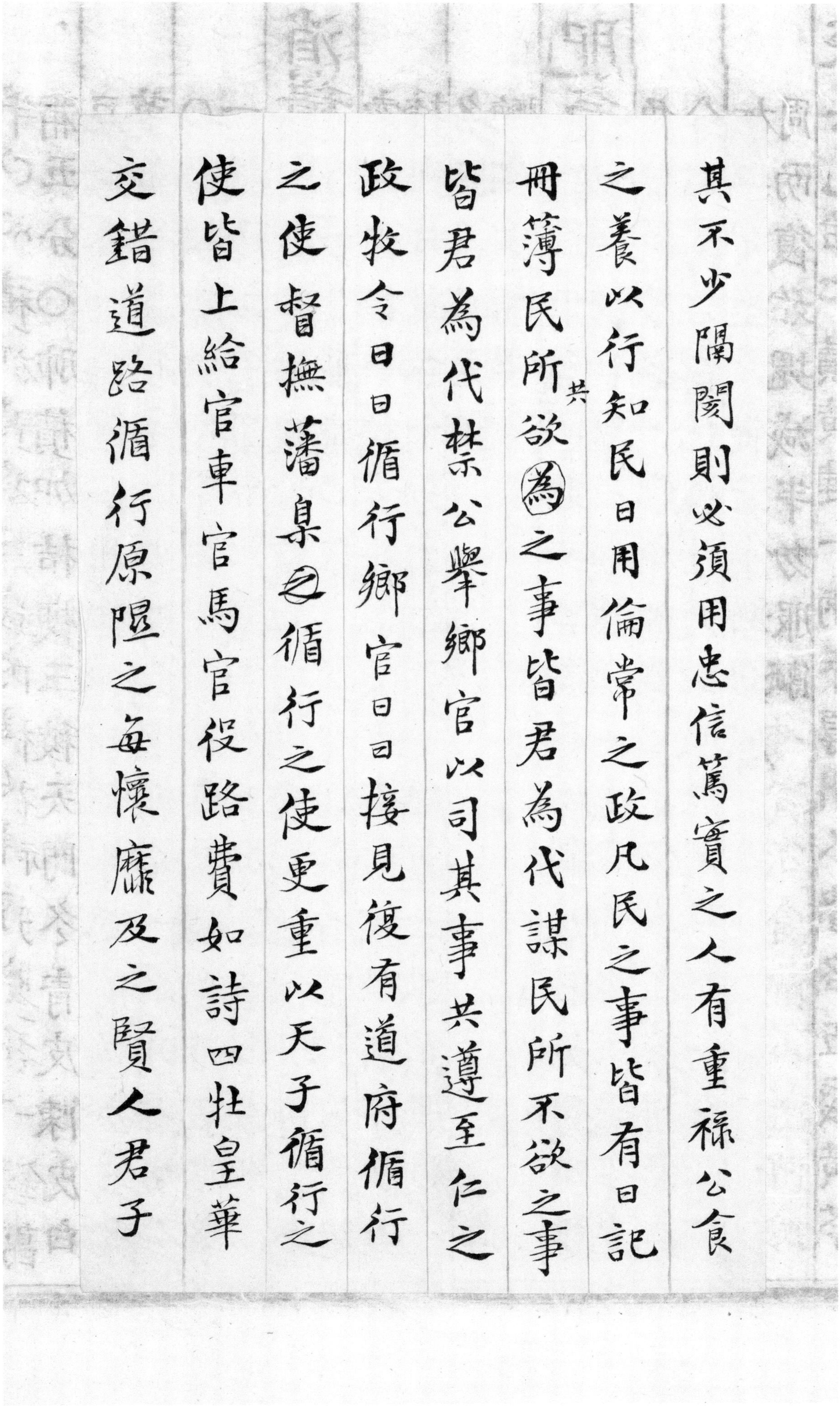
其不少隔閡則必須用忠信篤實之人有重祿公食
之養以行知民日用倫常之政凡民之事皆有日記
冊簿民所共欲為之事皆君為代謀民所不欲之事
皆君為代禁公舉鄉官以司其事共遵至仁之
政牧令日日循行鄉官日日接見復有道府循行
之使督撫藩臬之循行之使更重以天子循行之
使皆上給官車官馬官役路費如詩四牡皇華
交錯道路循行原隰之每懷靡及之賢人君子

其不少隔閡，則必須用忠信篤實之人，有重禄公食之養，以行知民日用倫常之政。凡民之事，皆有日記册簿，民所共欲之事皆君爲代謀，民所不欲之事皆君爲代禁，公舉鄉官以司其事，共遵至仁之政，牧令日日循行，鄉官日日接見，復有道府循行之使，督撫藩臬循行之使，更重以天子循行之使，皆上給官車官馬官役路費，如《詩·四牡》《皇華》[一]，交錯道路、循行原隰之每懷靡及之賢人君子，

[一] 指《詩經》中《四牡》《皇皇者華》兩篇。

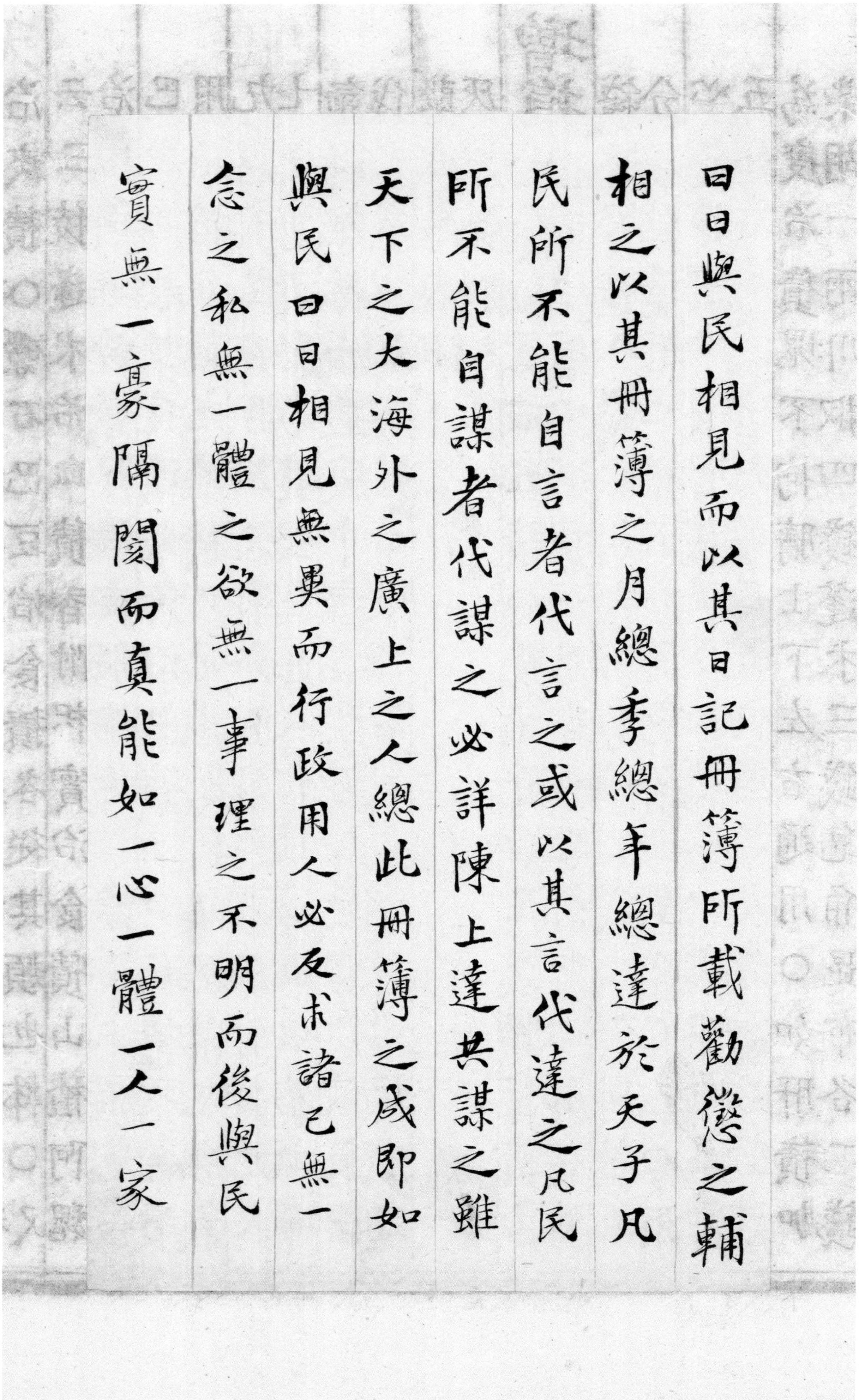

日日與民相見而以其日記冊簿所載勸懲之輔
相之以其冊簿之月總季總年總達於天子凡
民所不能自言者代言之或以其言代達之凡民
所不能自謀者代謀之必詳陳上達共謀之雖
天下之大海外之廣上之人總此冊簿之成即如
與民日日相見無異而行政用人必反求諸己無一
念之私無一體之欲無一事理之不明而後與民
實無一毫隔閡而真能如一心一體一人一家

日日與民相見而以其日記册簿所載勸懲之輔相之，以其册簿之月總、季總、年總達於天子。凡民所不能自言者，代言之，或以其言代達之。凡民所不能自謀者，代謀之，必詳陳上達共謀之。雖天下之大，海外之廣，上之人總此册簿之成即如與民日日相見無异。而行政用人必反求諸己，無一念之私，無一體之欲，無一事理之不明而後與民實無一毫隔閡，而真能如一心一體一人一家

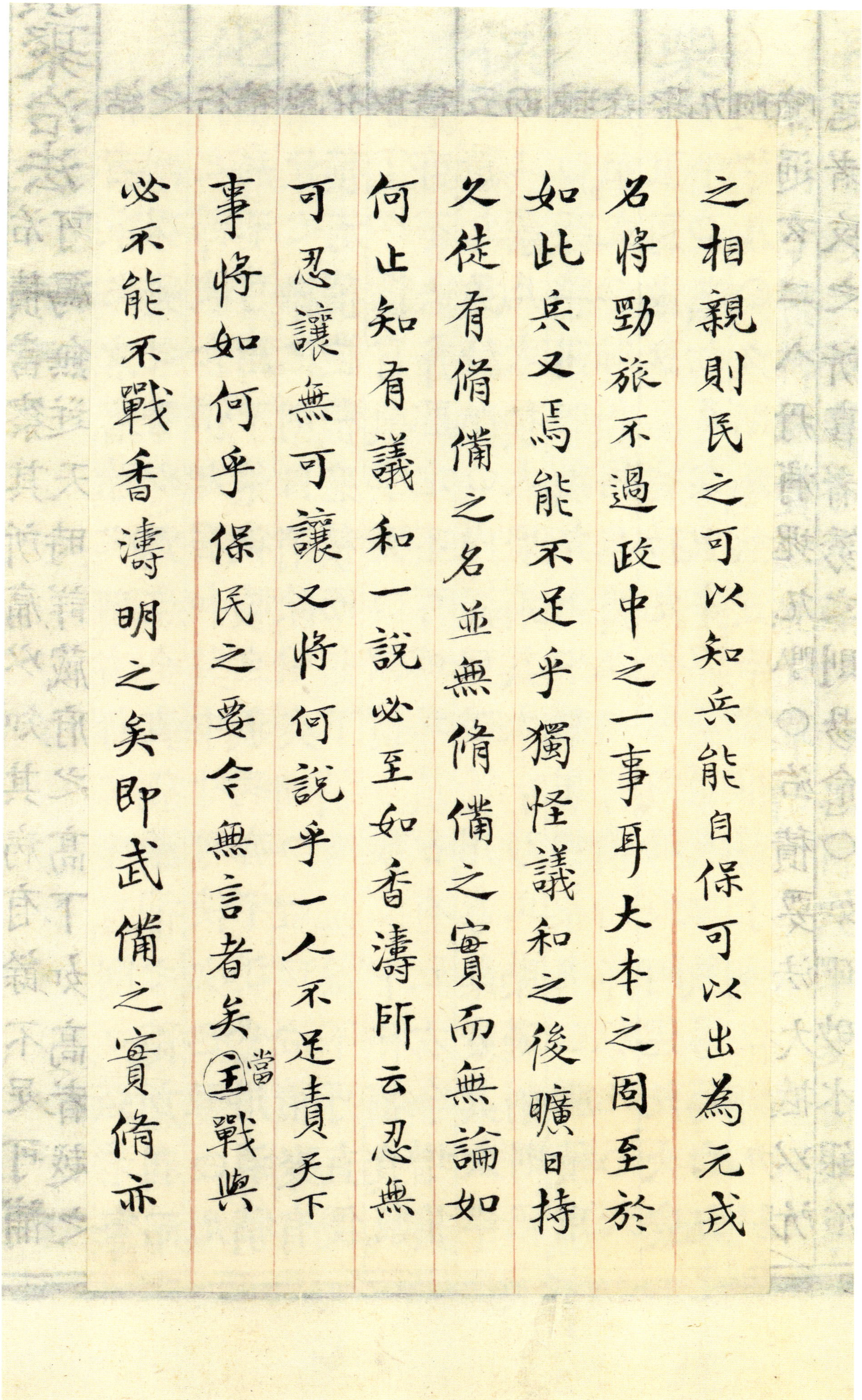

之相親，則民之可以知兵能自保、可以出爲元戎名將勁旅，不過政中之一事耳。大本之固至於如此，兵又焉能不足乎？獨怪議和之後，曠日持久徒有修備之名并無修備之實，而無論如何，止知有議和一說。必至如香濤所云忍無可忍，讓無可讓，又將何説乎？一人不足責天下事，將如何乎？保民之要，今無言者矣。當戰與必不能不戰，香濤明之矣。即武備之實修亦

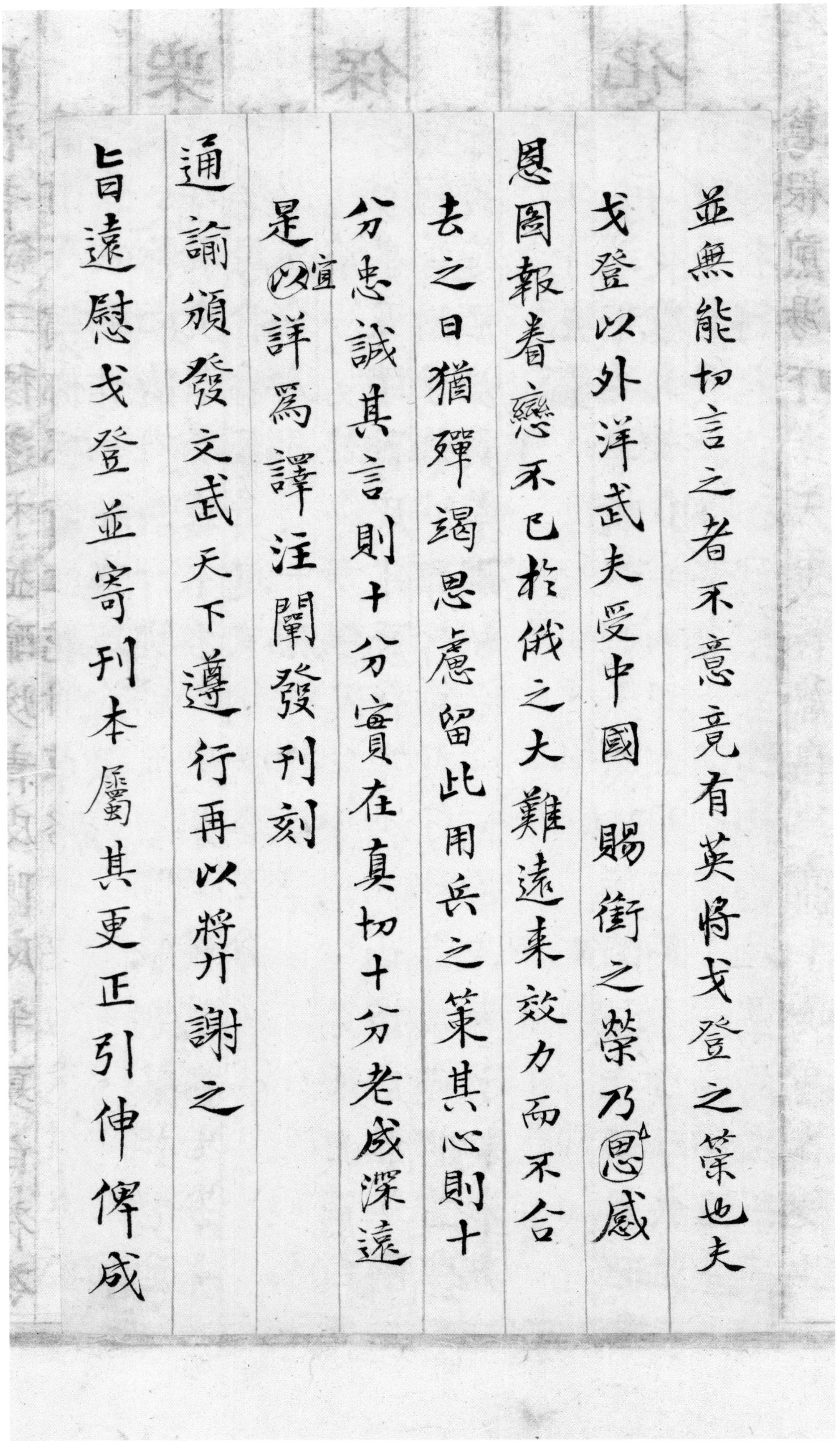

并無能切言之者，不意竟有英將戈登之策也。夫戈登以外洋武夫受中國賜銜之榮，乃感恩圖報，眷戀不已。於俄之大難[一]遠來效力而不合[二]，去之日猶殫竭思慮留此用兵之策，其心則十分忠誠，其言則十分實在真切，十分老成深遠，是宜詳爲譯注闡發刊刻，通諭頒發文武，天下遵行。再以獎謝之旨遠慰戈登，并寄刊本屬其更正引申，俾成

[一] 指一八五三至一八五六年的克羅米亞戰爭。

[二] 指戈登曾因爲是否屠殺蘇州降兵而與李鴻章産生巨大分歧。戈登聯繫太平軍蘇州守將郜永寬，允諾其好處，郜作爲内應殺死慕王譚紹光，蘇州城破。城破之後，李鴻章殺死了郜永寬等人，戈登大怒，與李鴻章起了衝突，最後由清廷通過海關總稅務司赫德給了戈登一萬元，事情才平息。陳介祺此時應當不知衝突之後的事情。

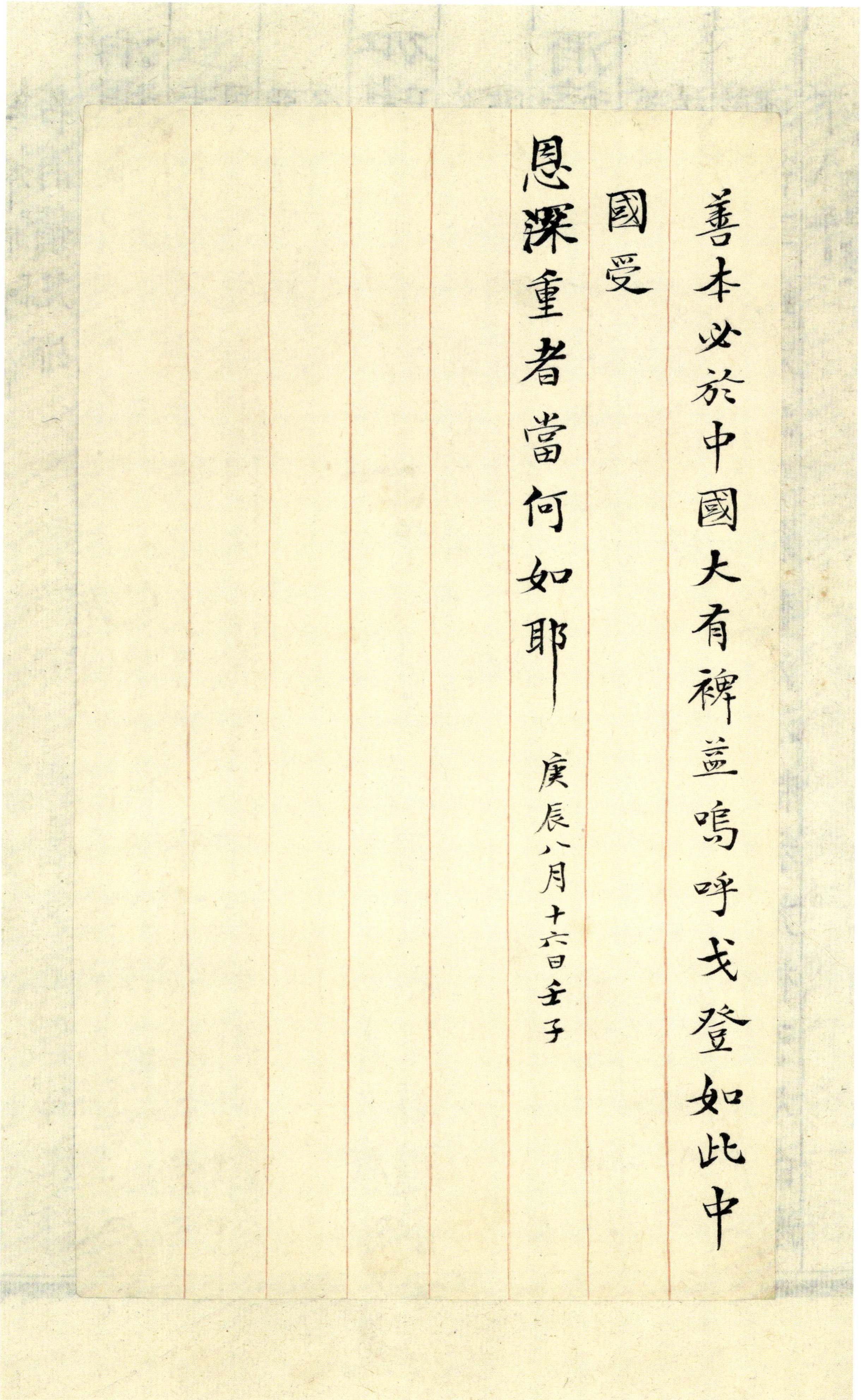
善本必於中國大有裨益嗚呼戈登如此中
國受
恩深重者當何如耶
庚辰八月十六日壬子

善本，必於中國大有裨益。嗚呼！戈登如此，中國受恩深重者當何如耶？

庚辰八月十六日壬子[一]。

[一]此函作於光緒六年（一八八〇）八月十六日。蓋缺失前葉，從内容和文辭看，應當是寫給徐會灃的。陳氏與徐氏來往書札，多論時事。

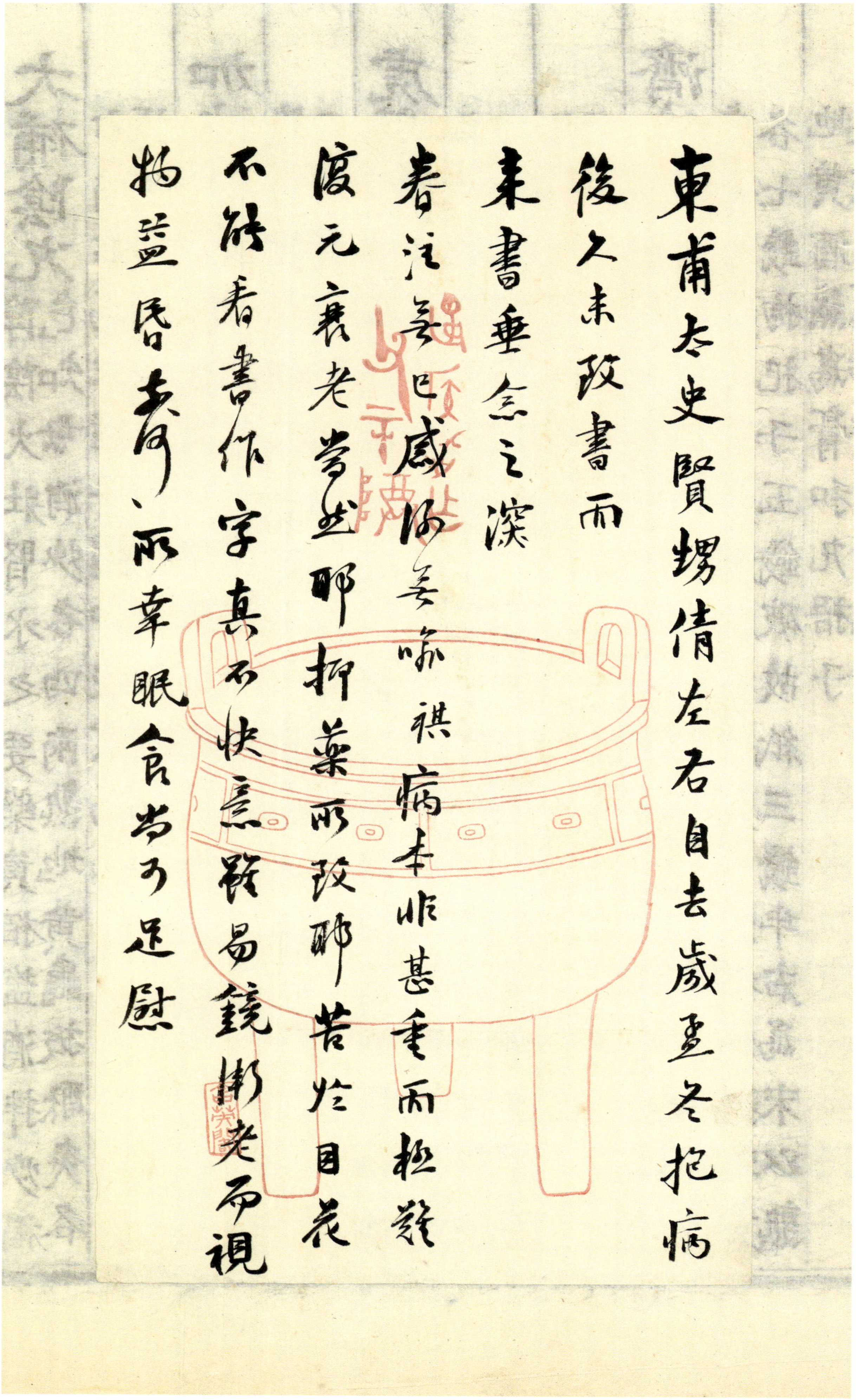

東甫太史賢甥倩左右[一]。自去歲孟冬抱病後久未致書，而來書垂念之深，眷注無已，感謝無喻。祺病本非甚重，而極難復元，衰老當然耶，抑藥所致耶？苦於目花不能看書作字，真不快意。雖易鏡，漸老而視物益昏，奈何奈何。所幸眠食尚可，足慰

[一] 此函作於光緒七年（一八八一）五月廿二日。

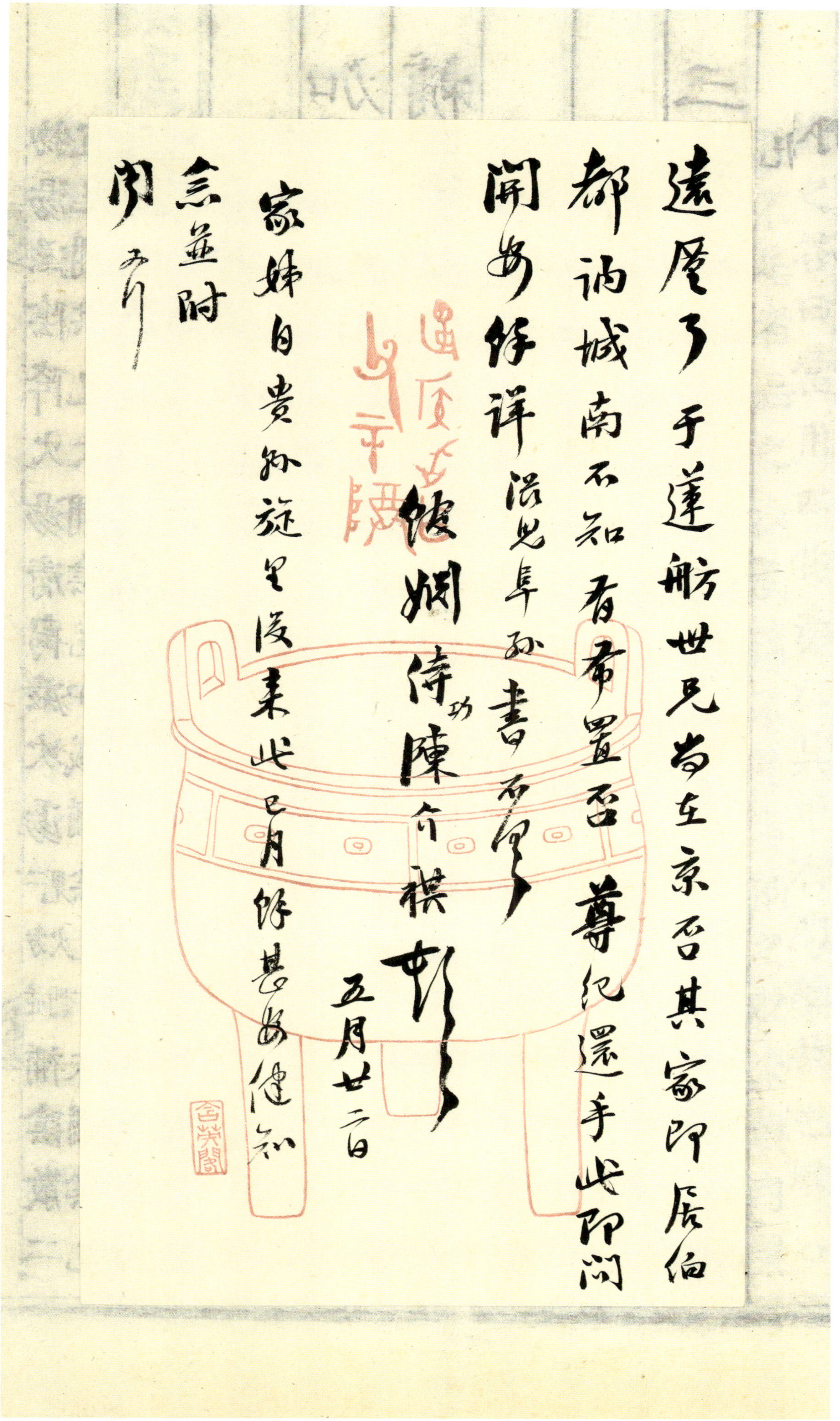

遠廛耳。于蓮舫世兄尚在京否？其家即居伯都訥[一]城南，不知有布置否？

尊紀還，手此即問開安，餘詳滋兒阜孫書不具。館姻侍功陳介祺頓首。

五月廿二日。

家姊自貴縣旋里後，來此已月餘，甚安健，知念并附聞。又拜。

[一]伯都訥廳，嘉慶十五年（一八一〇）置，治所在伯都訥新城（今吉林松原）。光緒八年（一八八二）移治孤榆樹屯（今榆樹）。三十二年升爲新城府，遷還舊治。

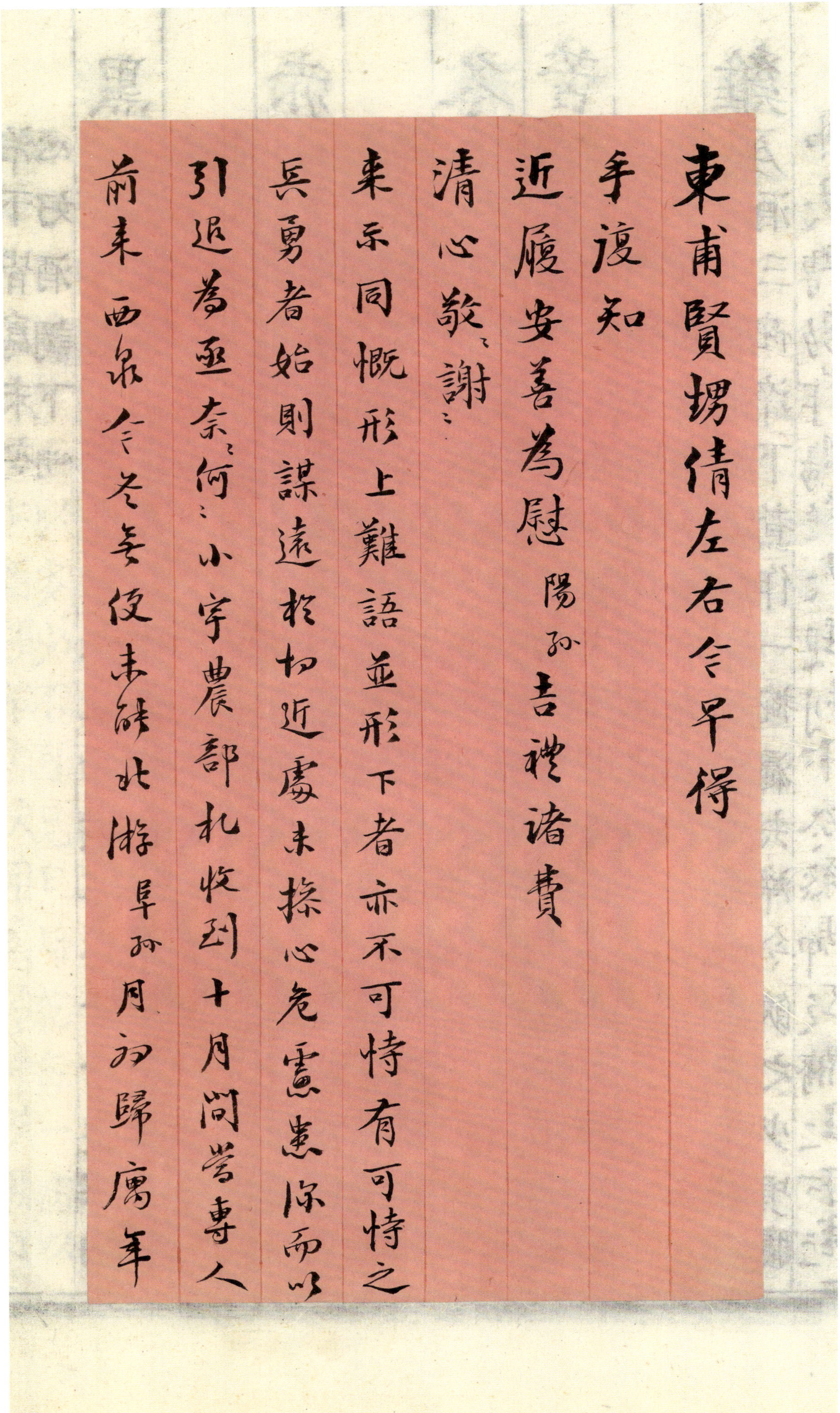

東甫賢甥倩左右[一]。今早得手復，知近履安善爲慰。陽孫吉禮[二]，諸費清心，敬謝敬謝。來示同慨形上難語，并形下者亦不可恃，有可恃之兵勇者。始則謀遠，於切近處未摻心危慮，患深而以引退爲亟，奈何奈何。小宇農部札收到。十月間當專人前來。西泉今冬無便，未能北游。

阜孫月初歸寓，年

[一] 此函作於光緒七年（一八八一）九月十日。

[二] 陳介祺孫陳陽於當年八月中完婚，娶諸城王觀亭太守之孫女。見陸明君《陳介祺年譜》，西泠印社出版社，二〇一五年，第三八一頁。

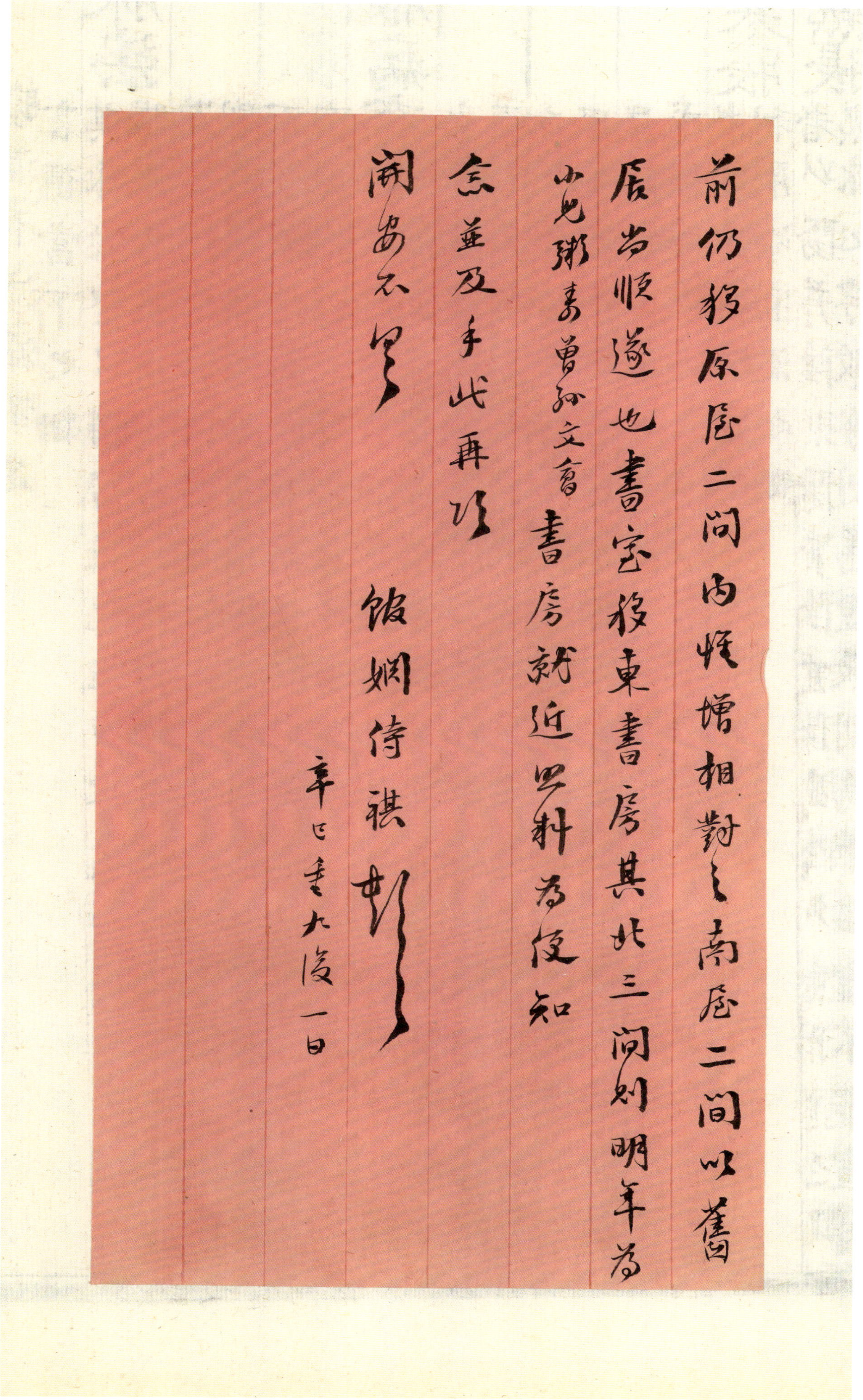
前仍移原屋二間內惟增相對之南屋二間以舊
居尚順遂也書室移東書房其北三間則明年爲
小兒粥壽曾孫文會書房就近照料爲便知
念并及手此再頌
開安不具
館姻侍祺頓首
辛巳重九後一日

前仍移原屋二間內，惟增相對之南屋二間，以舊居尚順遂也。書室移東書房，其北三間則明年爲小兒粥壽、曾孫文會書房，就近照料爲便。知念并及手此，再頌開安不具。館姻侍祺頓首。辛巳重九後一日。

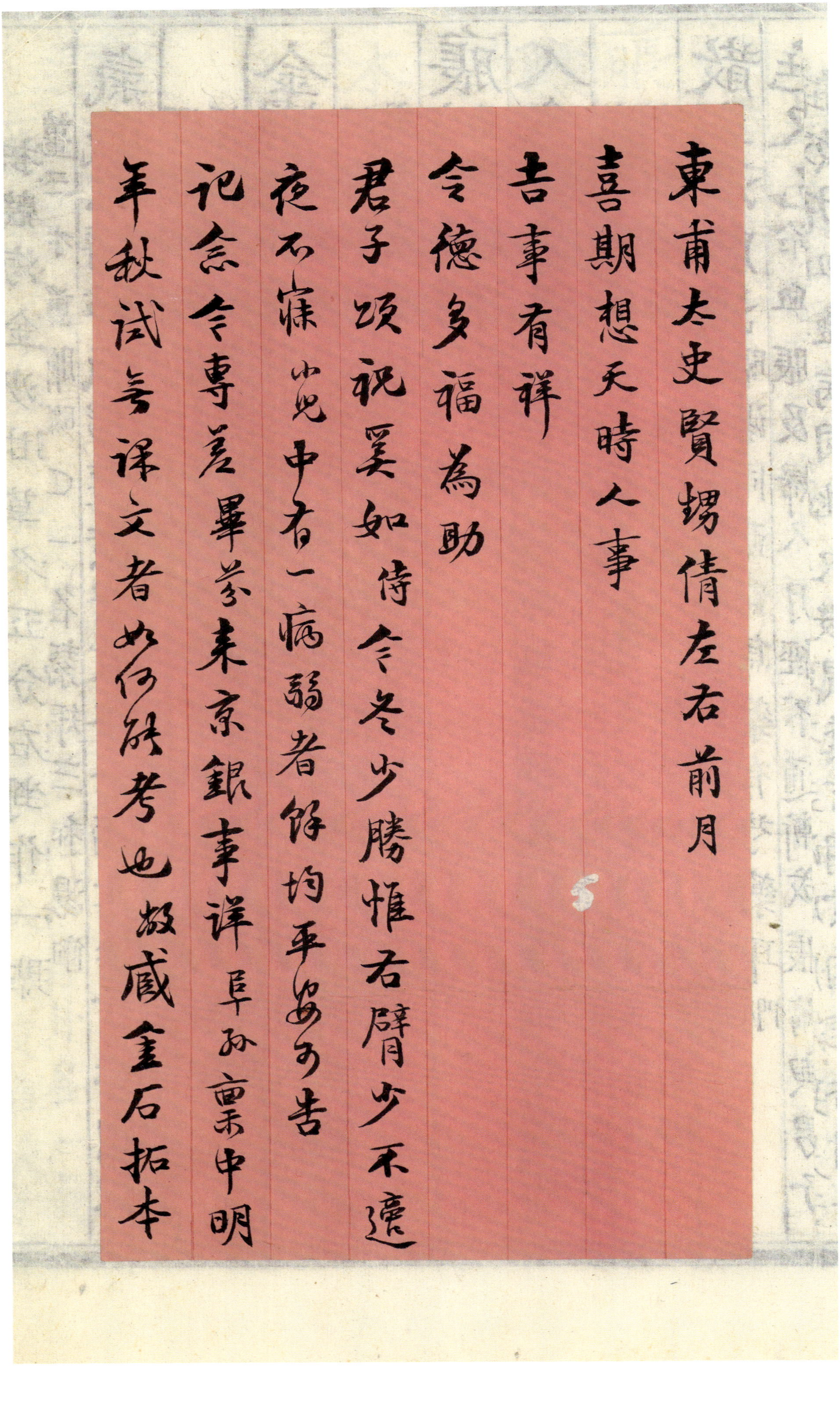

東甫太史賢甥倩左右前月
喜期想天時人事
吉事有祥
令德多福爲助
君子頌祝奚如　侍令冬少勝惟右臂少不適
夜不寐小兒中有一病弱者餘均平安可告
記念令專差畢芬來京銀事詳　阜孫　稟中明
年秋試無課文者如何能考也敝藏金石拓本

東甫太史賢甥倩左右[一]。前月喜期，想天時人事，吉事有祥，令德多福，爲助君子，頌祝奚如。侍今冬少勝，惟右臂少不適，夜不寐，小兒中有一病弱者，餘均平安，可告記念。今專差畢芬來京，銀事詳阜孫稟中。明年秋試，無課文者如何能考也？敝藏金石拓本

[一] 此函作於光緒七年（一八八一）十一月十六日。大概十月徐氏續弦，故有道喜之語。此後陳氏所寫信箋一般都會加上『令夫人坤福』之類問候之語，或可證。

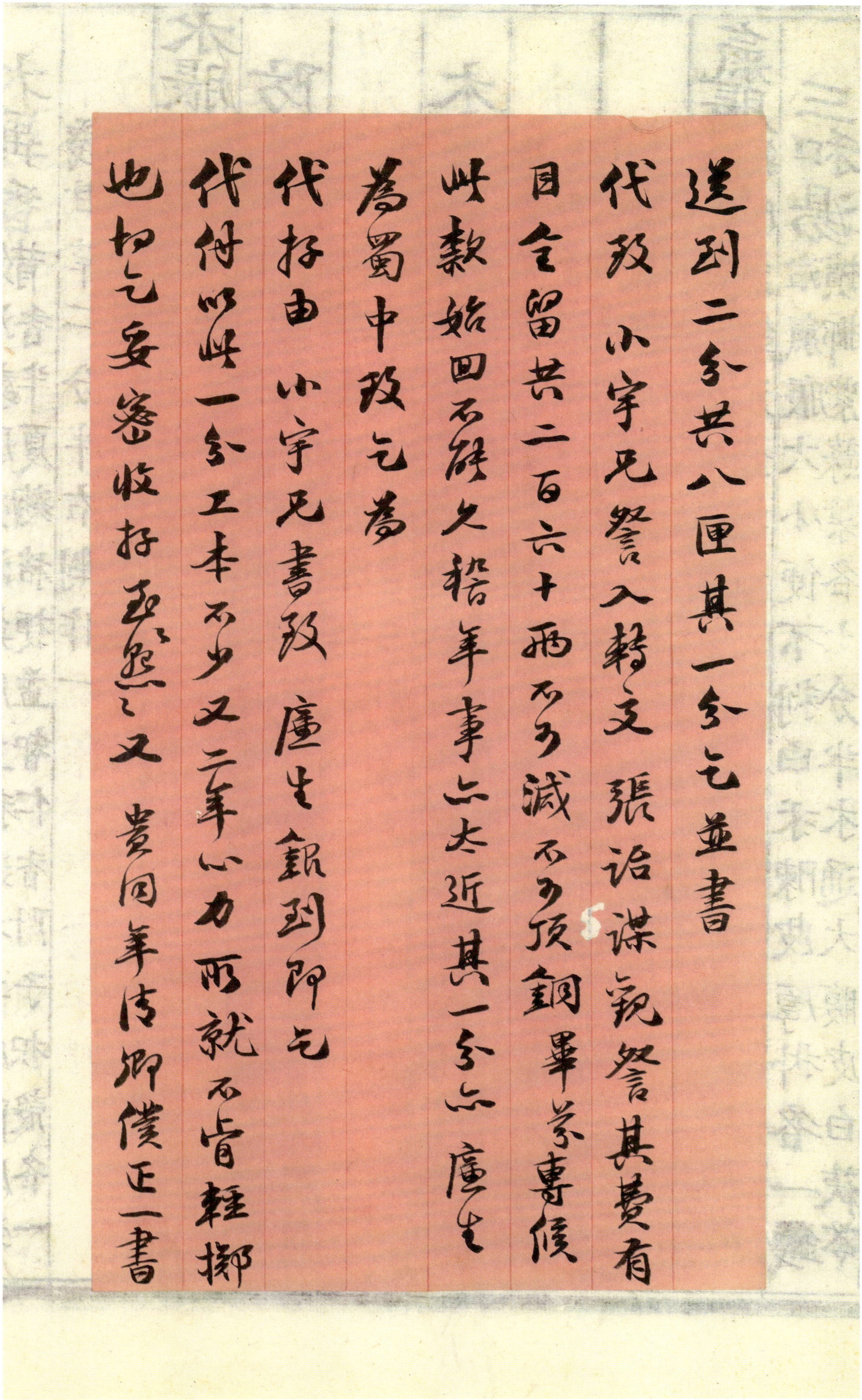

送到二份，共八匣，其一份乞并書代致小宇兄察入，轉交張詒謀觀察，其費有目，全留共二百六十兩，不可減，不可頂銅，畢芬專候此款始回，不能久稽，年事亦太近。其一份亦廉生爲蜀中致，乞爲代存。由小宇兄

書致廉生，銀到即乞代付，以此一份工本不少，又二年心力所就，不肯輕擲也。切乞妥密收存，至懇至懇。又貴同年清卿僕正一書

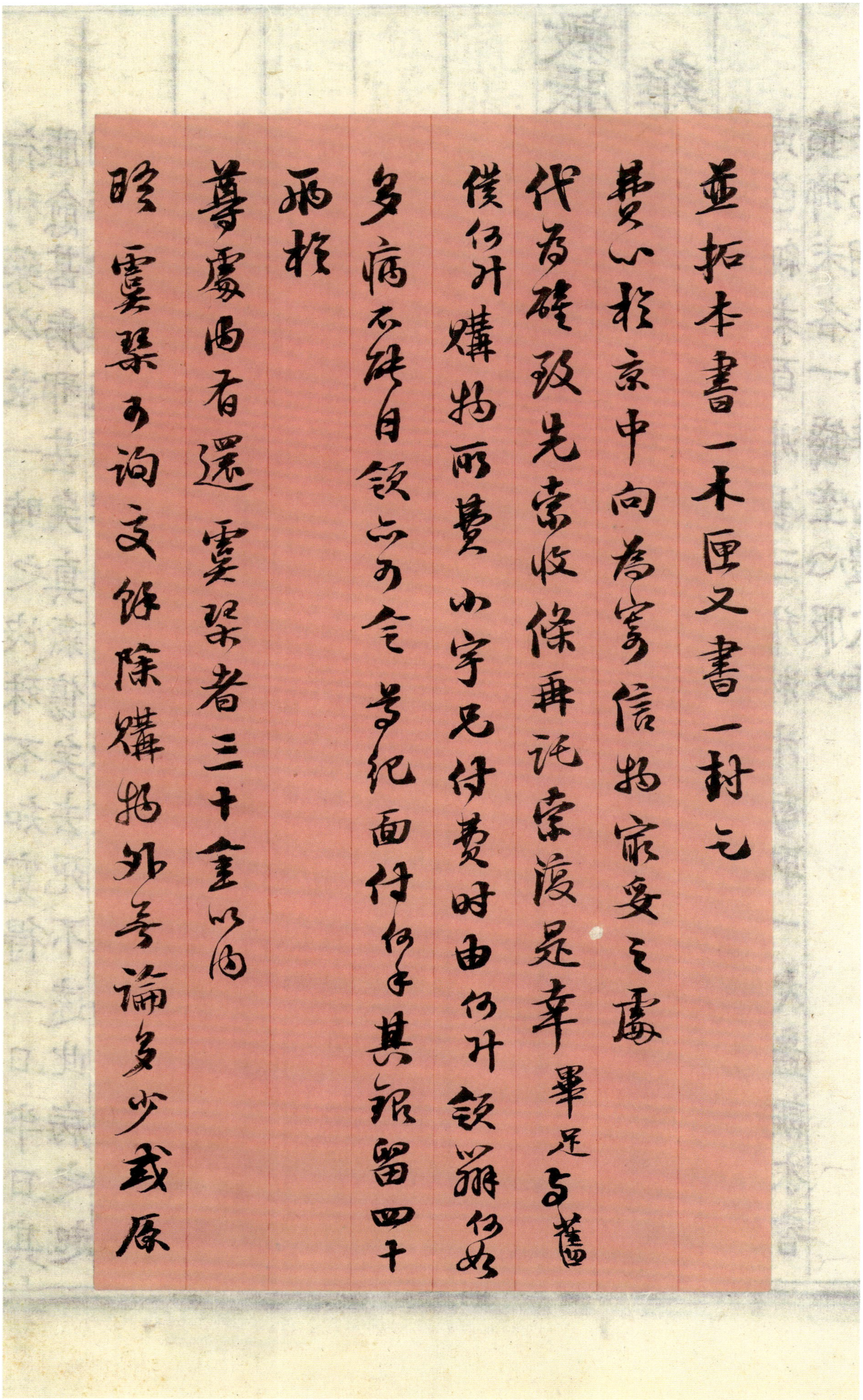

并拓本書一木匣又書一封，乞費心於京中向爲寄信物最妥之處代爲確致，先索收條再托索復是幸。畢足與舊僕何升購物所費，小宇兄付費時由何升領辦，何如多病不能自領，亦可令尊紀面付何手。其銀留四十兩於尊處，內有還虞琴者三十金以內。晤虞琴可詢交，餘除購物外，無論多少，或原

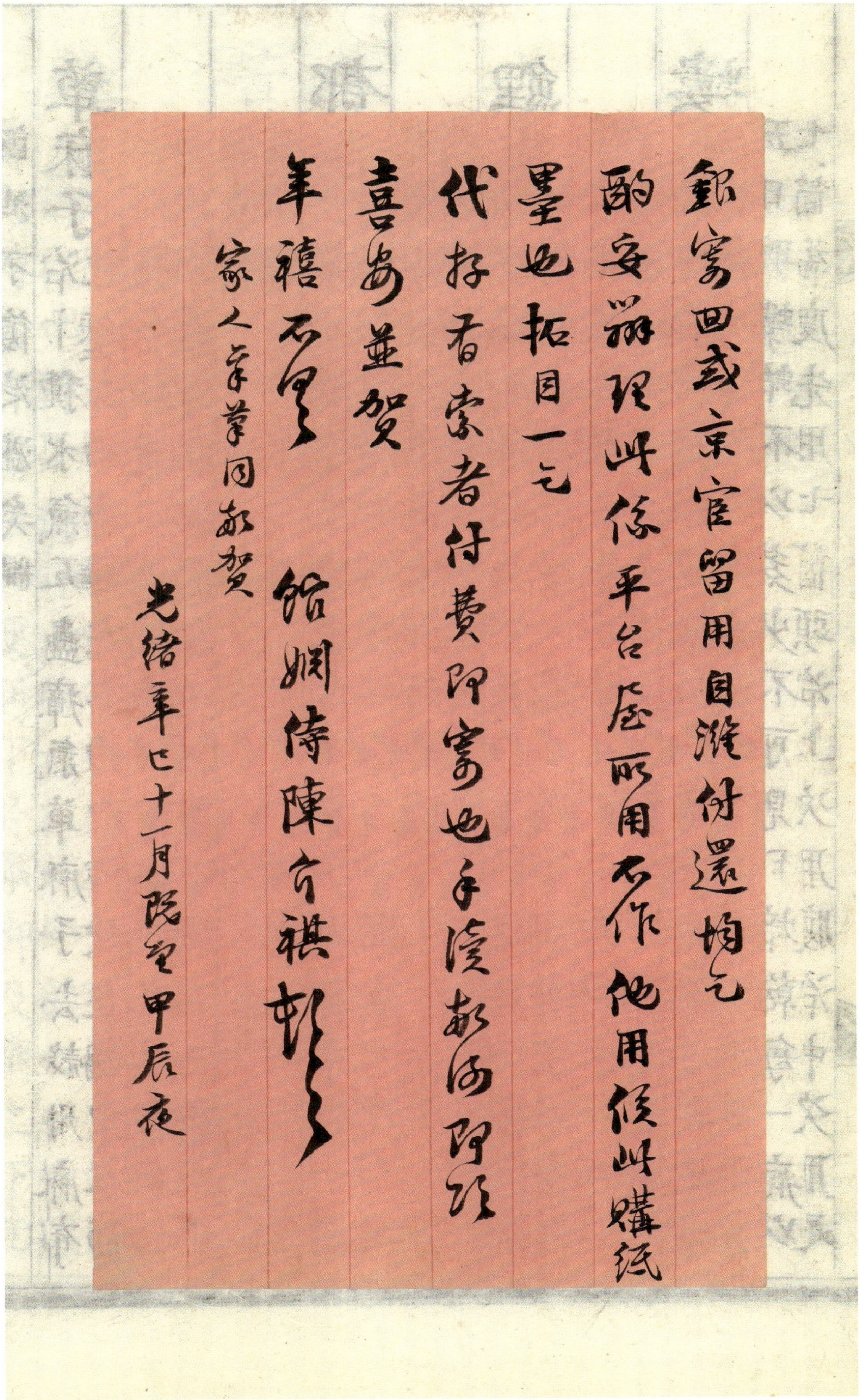
銀寄回或京宦留用自濰付還均乞
酌妥辦理此係平台屋所用不作他用候此購紙
墨也拓目一乞
代存有索者付費即寄也手讀敬謝即頌
喜安並賀
年禧不具　館姻侍陳介祺頓首
家人稟筆同敬賀
光緒辛巳十一月既望甲辰夜

銀寄回，或京宦留用，自濰付還，均乞酌妥辦理，此係平台屋所用，不作他用，候此購紙墨也。拓目一乞代存，有索者付費即寄也。手讀敬謝，即頌喜安并賀年禧不具。館姻侍陳介祺頓首。家人稟筆同敬賀。光緒辛巳十一月既望甲辰夜。

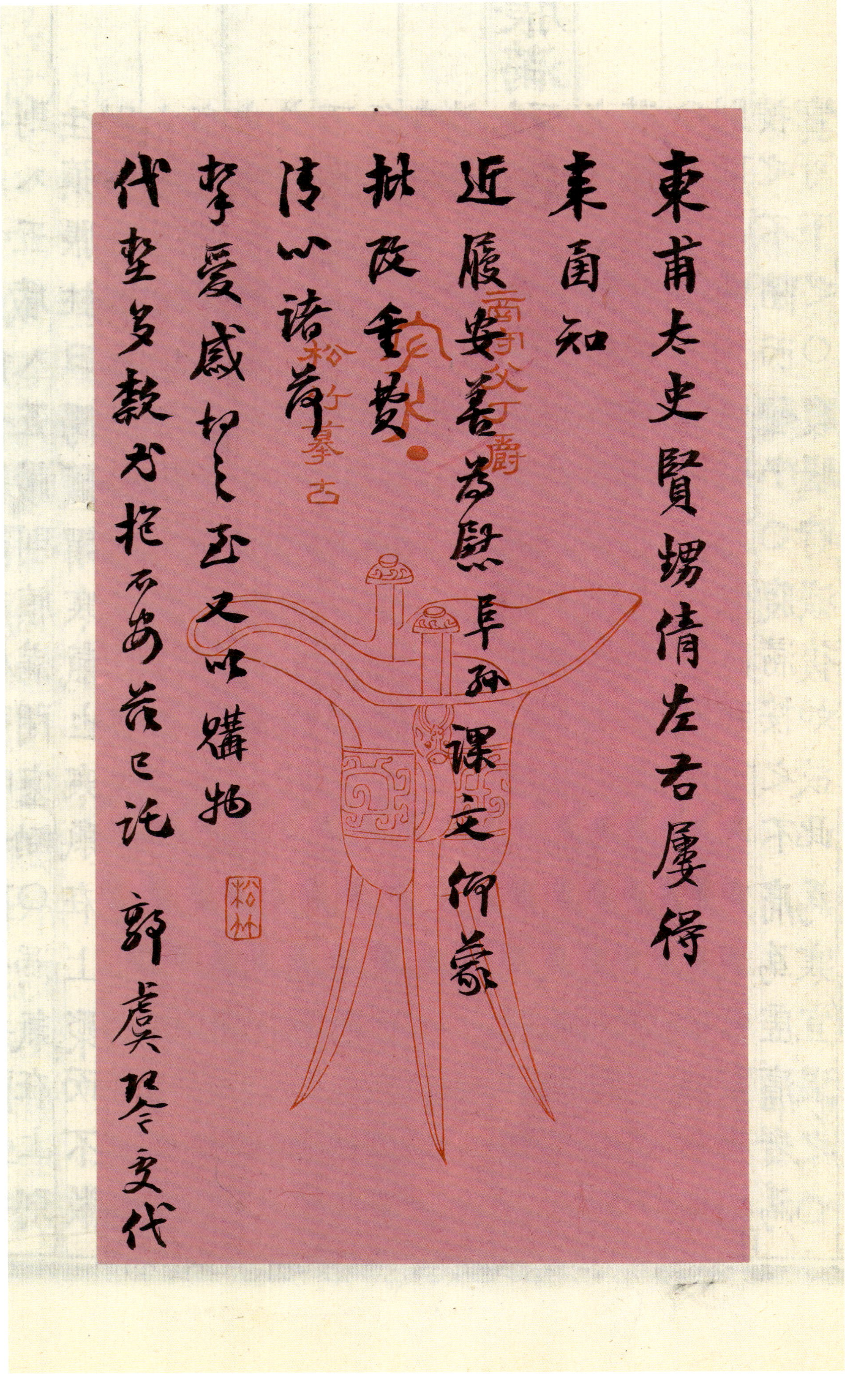

東甫太史賢甥倩左右[一]。屢得來函，知近履安善爲慰。阜孫課文仰蒙批改，重費清心，諸荷摯愛，感切之至。又以購物代墊多款，尤抱不安。茲已托郭虞琴處代

[一]此函有殘缺，不能確定具體日期，因其提及徐氏爲陳阜批改課文，可知在一八八一年十一月十六日信札之後，在陳阜考試落榜之前。故繫於此。

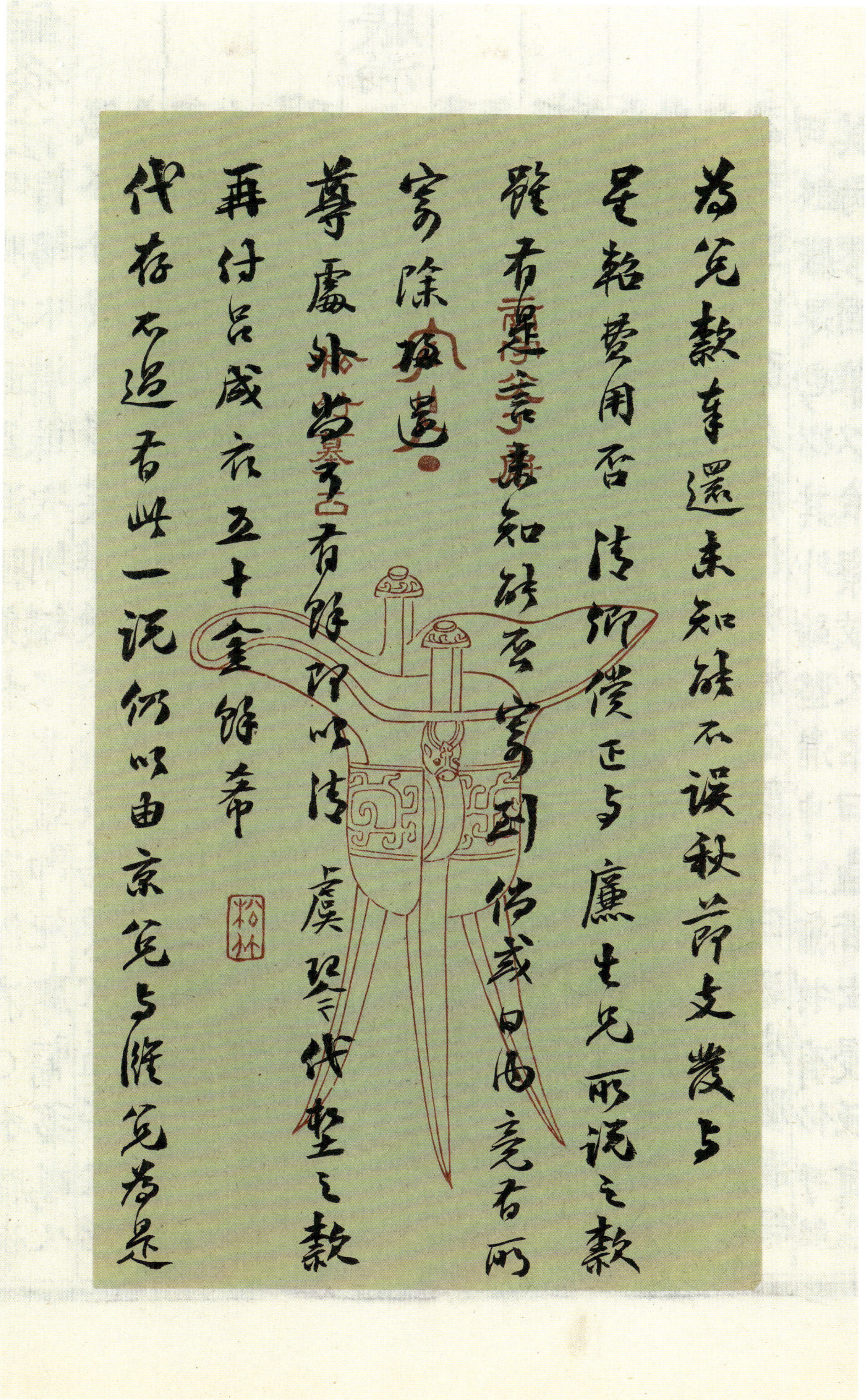

爲兄款奉還，未知能不誤秋節支發與星軺費用否？清卿僕正與廉生兄所説之款雖有是言，未知能否寄到。倘或日内竟有所寄，除歸還尊處外，尚可有餘，即以清虞琴代墊之款，再付吕成衣五十金。餘希代存，不過有此一説，仍以由京兄與濰兄爲是。

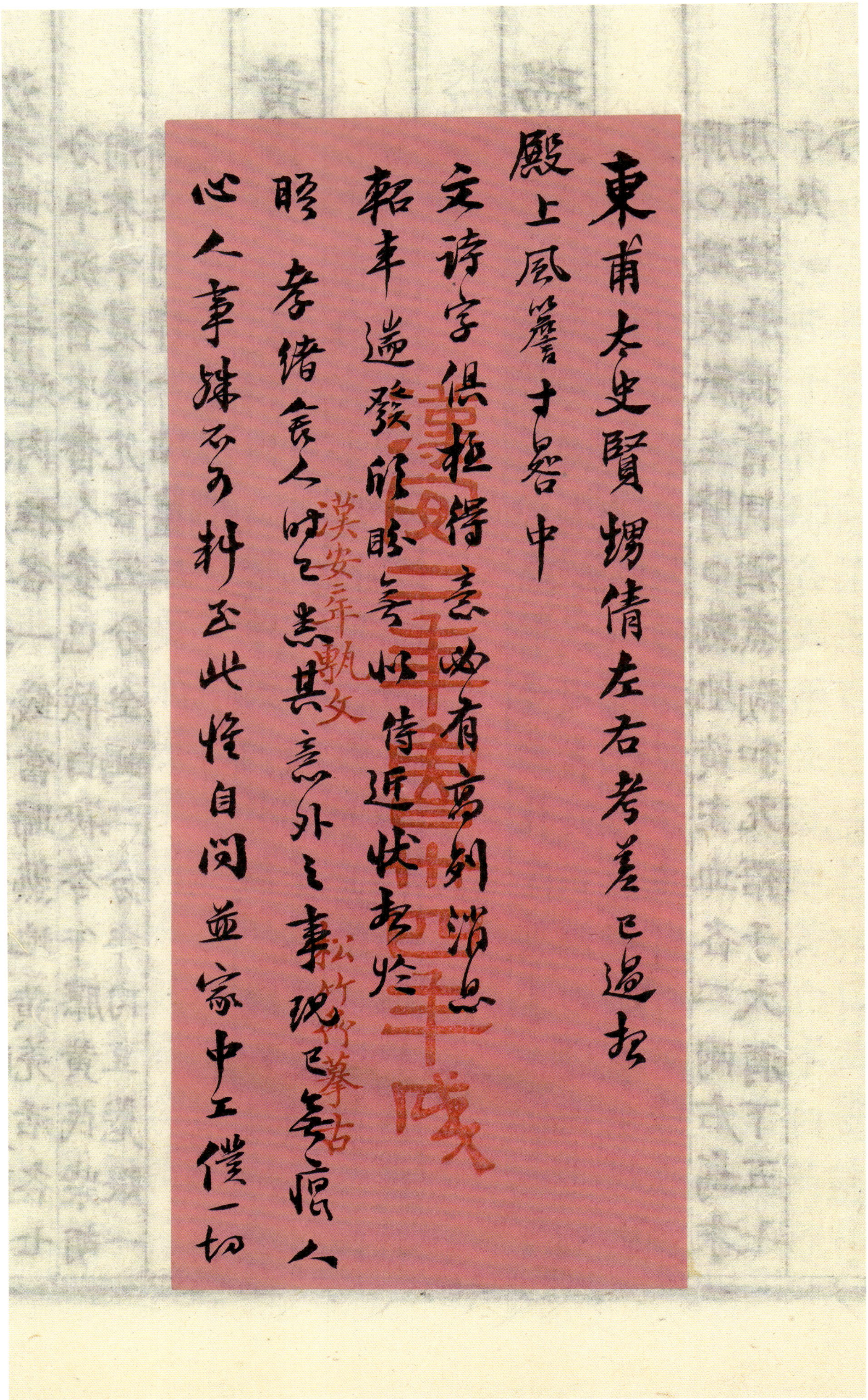
東甫太史賢甥倩左右考差已過想
殿上風簷寸晷中
文詩字俱極得意必有高列消息
軺車遄發欣盼無似侍近狀想於
晤孝緒舍人時已悉其意外之事現已無痕人
心人事殊不可料至此惟自問并家中工僕一切

東甫太史賢甥倩左右[一]。考差已過，想殿上風簷寸晷中文詩字俱極得意，必有高列消息。軺車遄發，欣盼無似。侍近狀想於晤孝緒舍人時已悉。其意外之事現已無痕。人心人事殊不可料至此，惟自問并家中工僕一切

[一] 此函作於光緒八年（一八八二）四月二十日。

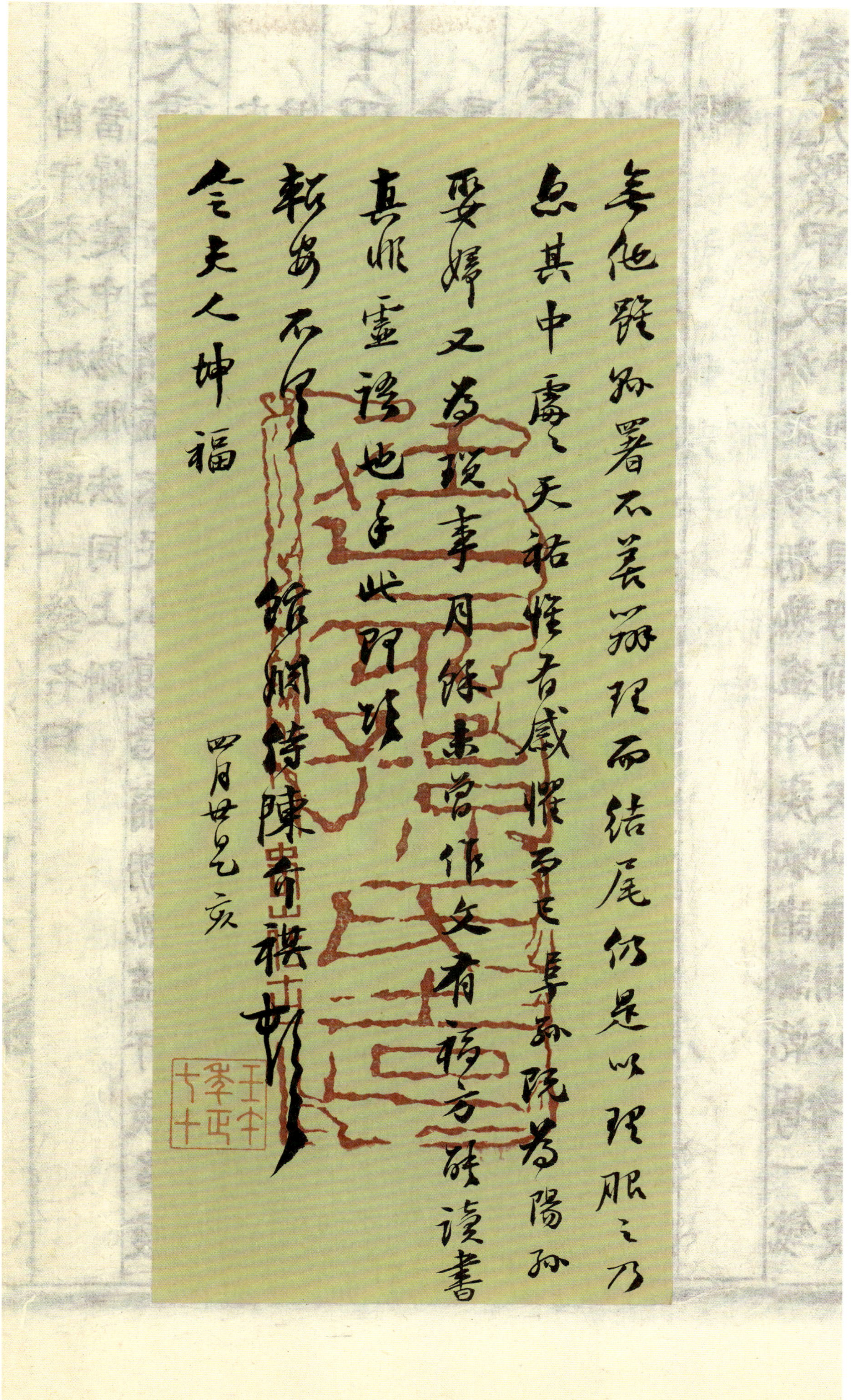

無他。雖縣署不善辦理而結尾仍是以理服之，乃息。其中處處天祐，惟有感懼而已。阜孫既爲陽孫娶婦，又爲瑣事，月餘未曾作文，有福方能讀書，真非虛語也。手此即頌帽安不具。令夫人坤福。館姻侍陳介祺頓首。

四月廿日乙亥。（鈐印『壬午年正七十』）

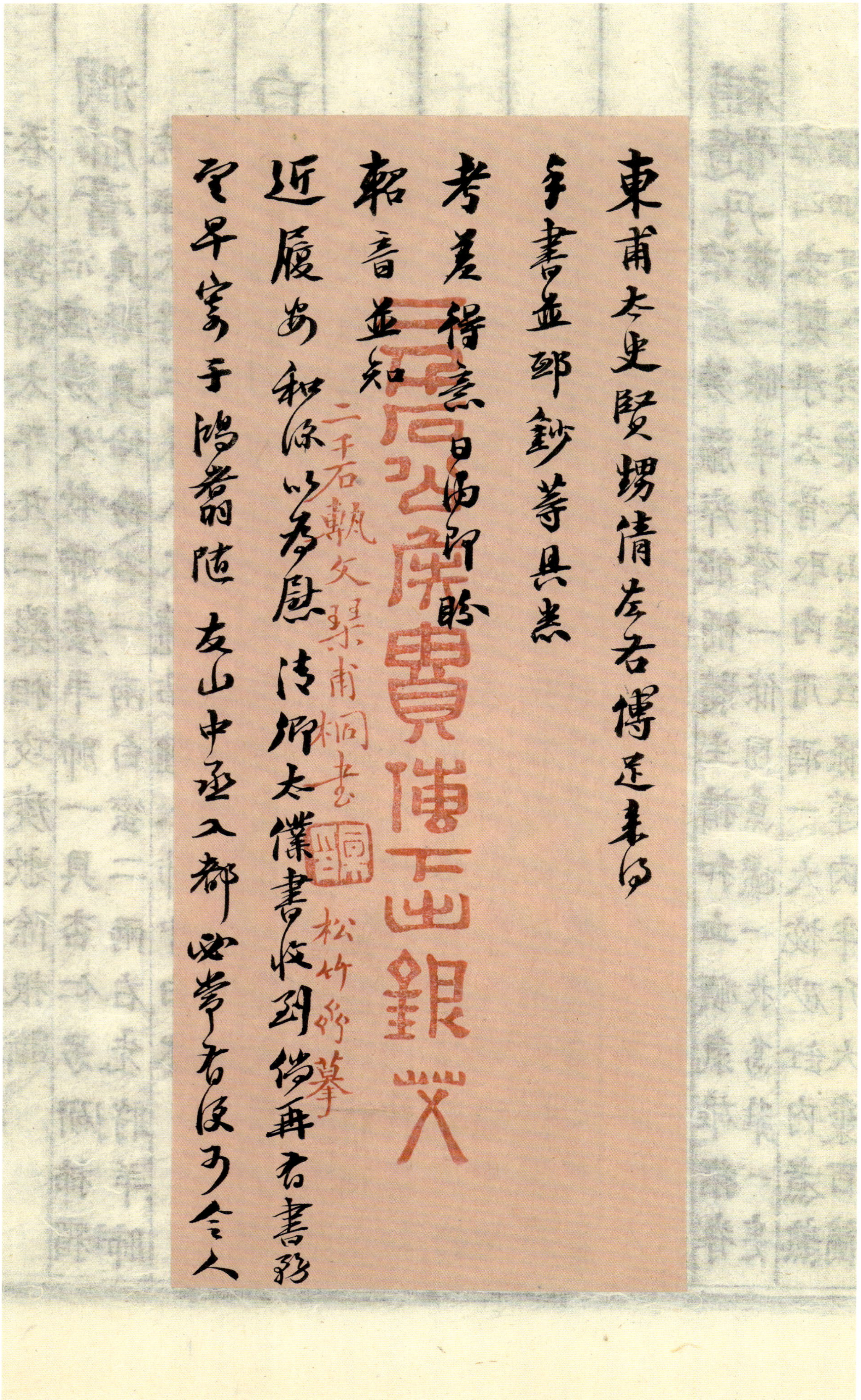

東甫太史賢甥倩左右[一]。傳足來，得手書并邱鈔等具悉。考差得意，日内即盼軺音。并知近履安和，深以爲慰。清卿太僕書收到，倘再有書，務望早寄。于鴻翥隨友山中丞入都，必常有便，可令人

[一] 此函作於光緒八年（一八八二）五月五日。

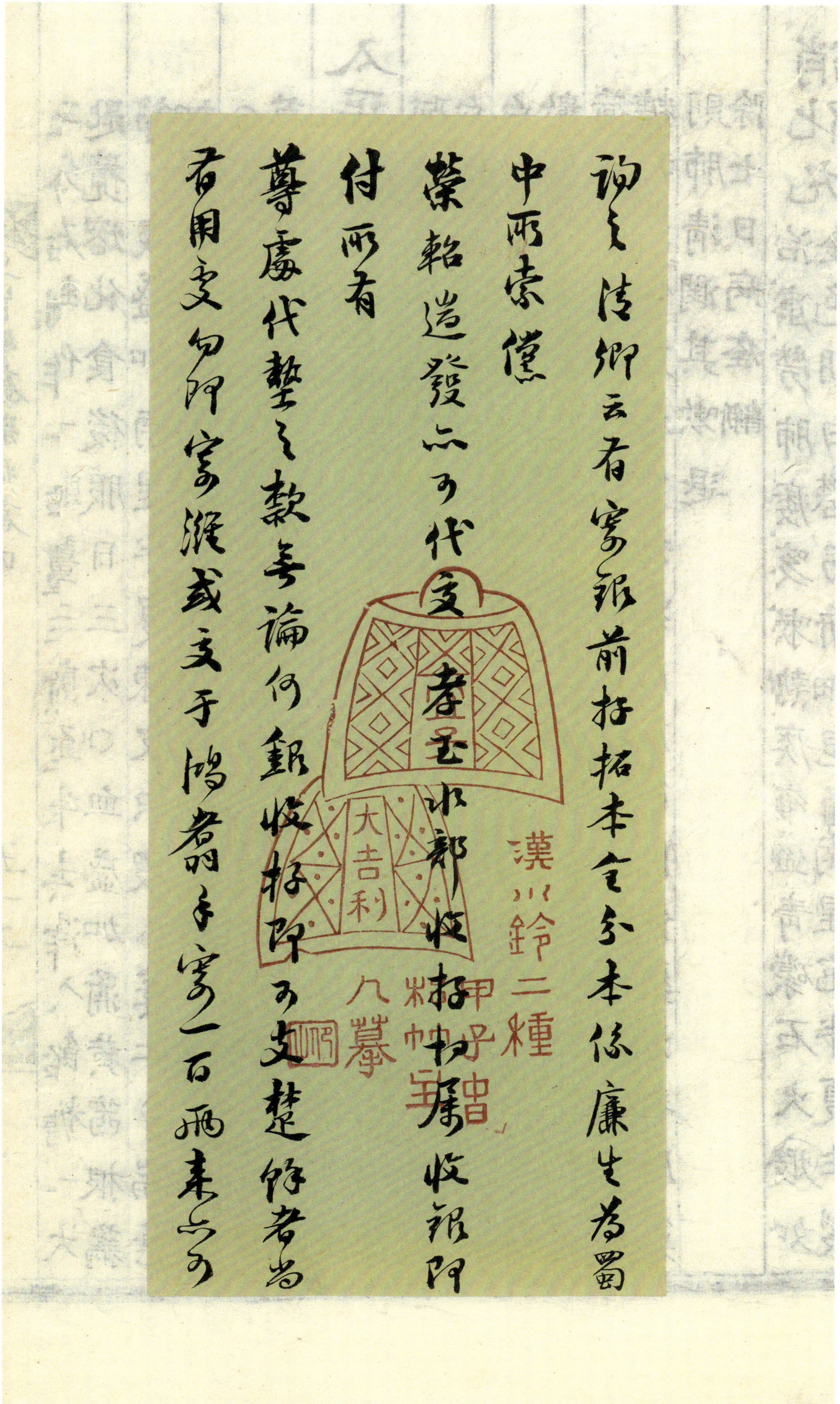

詢之。清卿云有寄銀。前存拓本全份，本係廉生爲蜀中所索，儻榮韜遣發，亦可代交孝玉水部收存，切屬收銀即付所有尊處代墊之款。無論何銀收存即可支楚，餘者尚有用處，勿即寄濰，或交于鴻翥手寄一百兩來亦可。

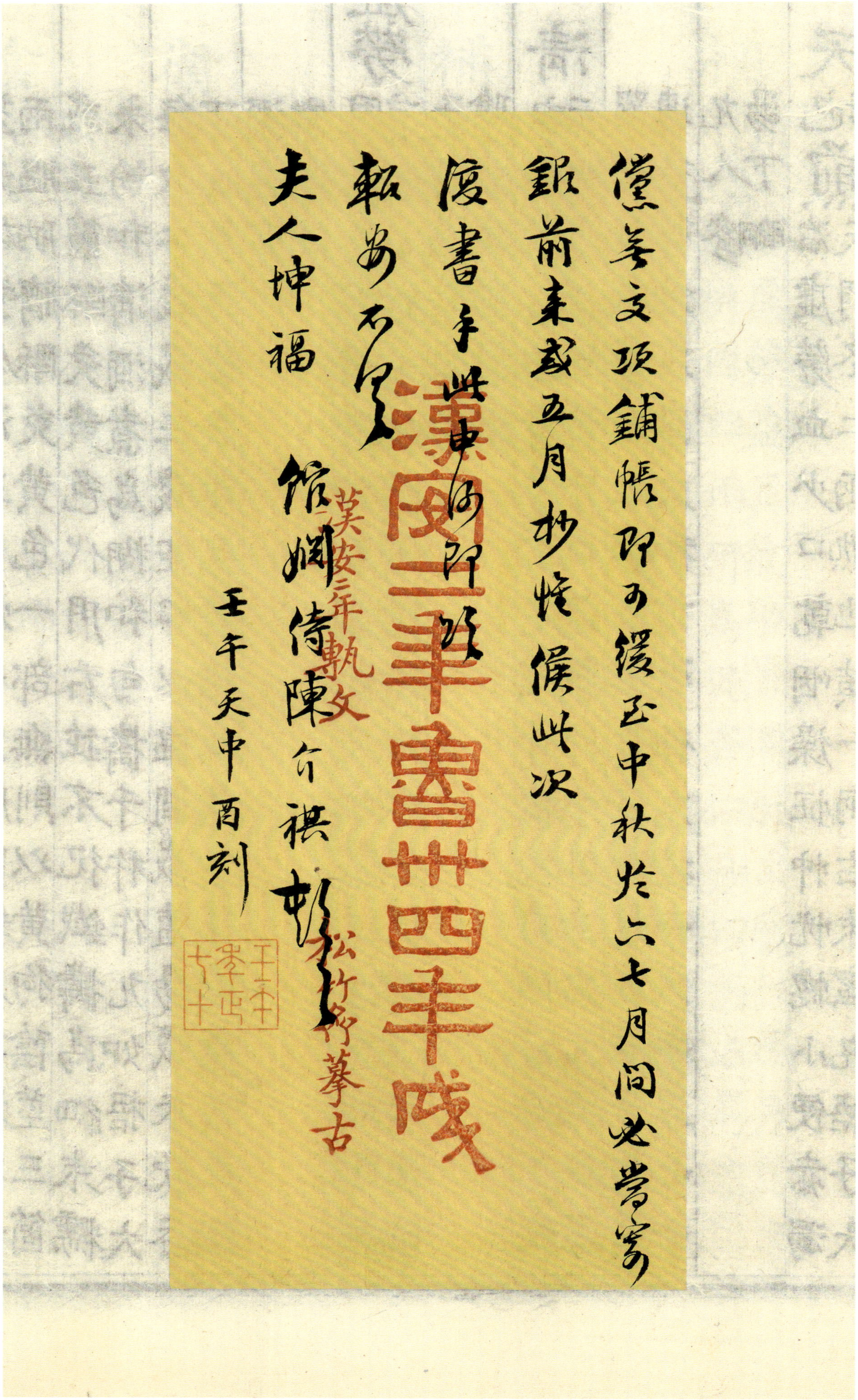

倘無交項，鋪帳即可緩至中秋。於六七月間必當寄銀前來，或五月杪。惟候此次復書。手此由謝即頌輅安不具。夫人坤福。館姻侍陳介祺頓首。
壬午天中酉刻。

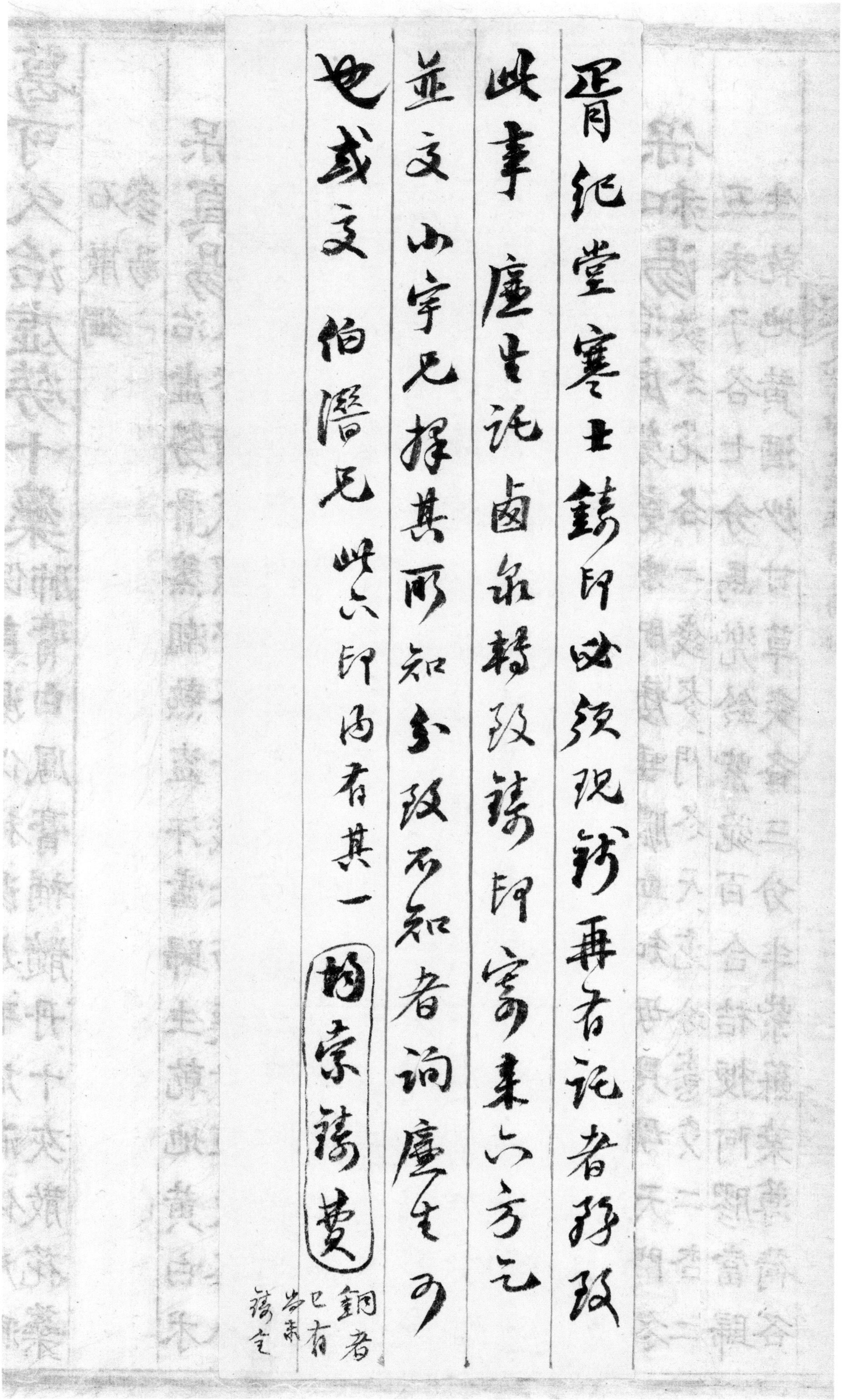

胥紀堂寒士鑄印必須現錢，再有托者務致此事。廉生托西泉轉致鑄印，寄來六方乙并交小字兄，擇其所知分致，不知者詢廉生可也。或交伯潛兄。此六印內有其一。均索鑄費。銅者已有，尚未鑄全。

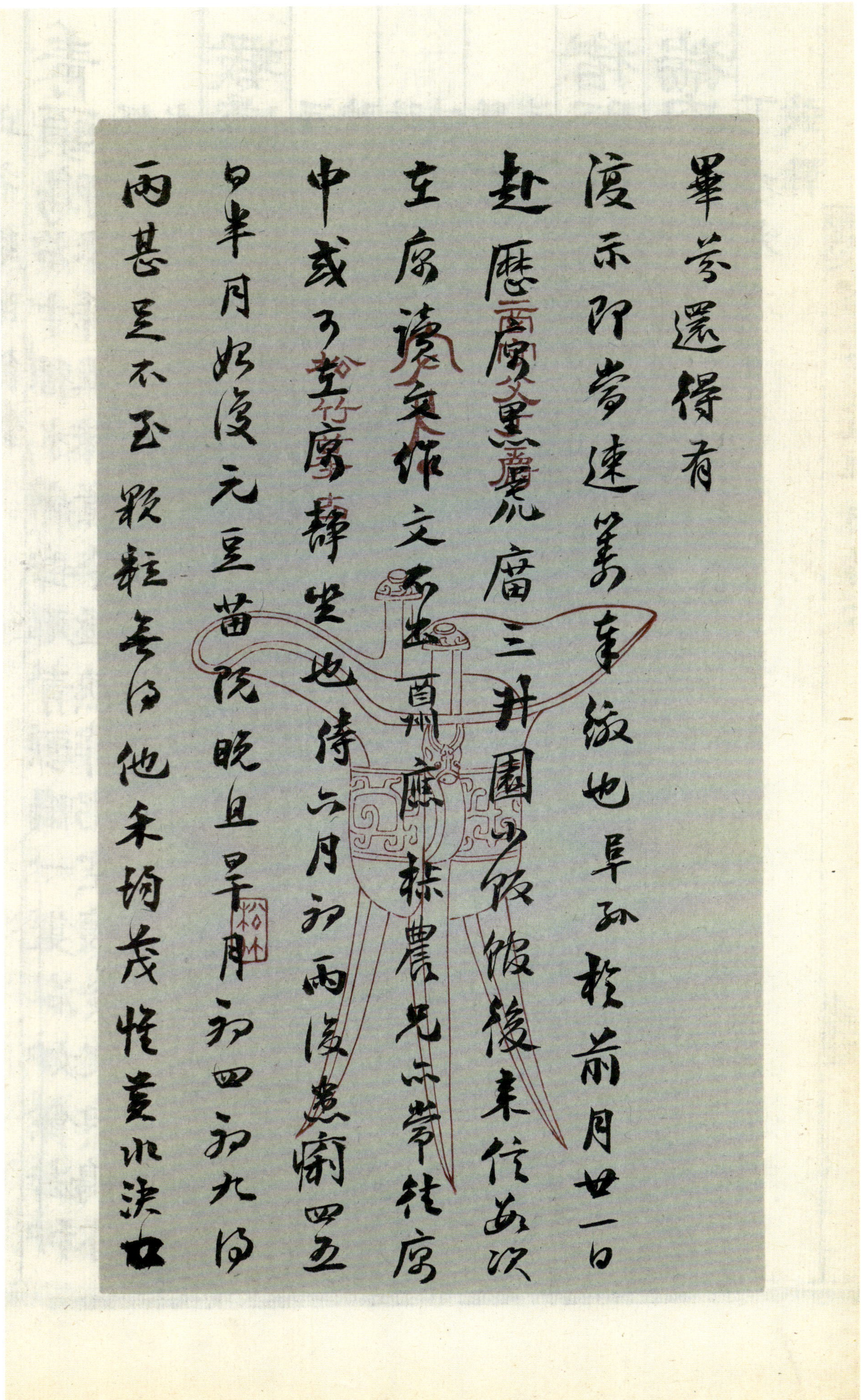

畢芬還，得有復示即當速籌奉繳也[一]。阜孫於前月廿一日赴歷，寓黑虎廟三升園小飯館，後來信數次，在寓讀文作文不出酬應，椒農兄亦常往寓中，或可在寓静坐也。侍六月初雨後患痢四五日，半月始復元。豆苗既晚且旱，月初四初九得雨甚足，不至顆粒無得。他禾均茂。惟黄水决口

[一] 此函恐有殘缺，作於光緒八年（一八八二）七月十一日，提及陳阜前往京城應考事。

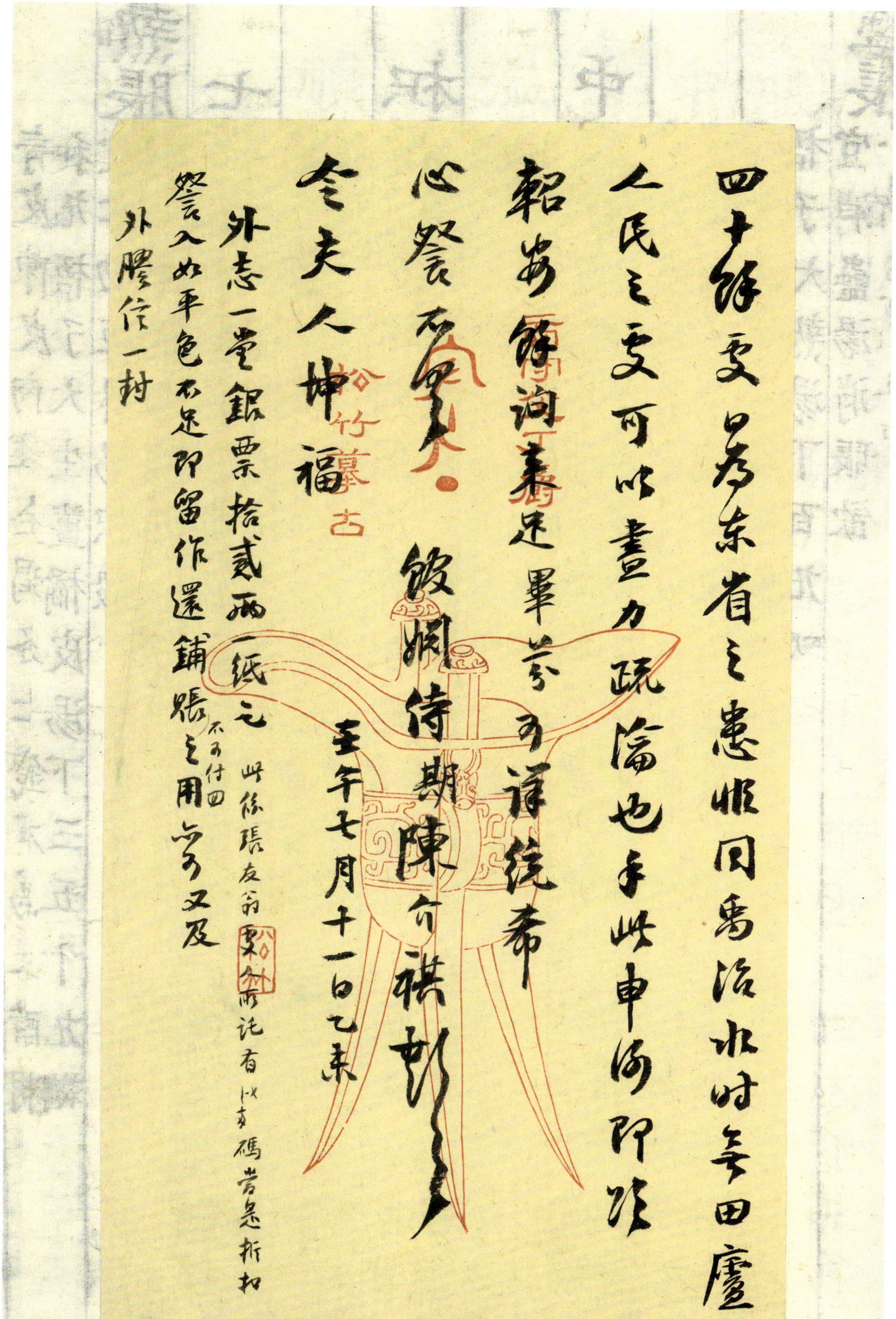

四十餘處，日爲東省之患，非同禹治水時，無田廬人民之處，可以盡力疏瀹也。手此申謝，即頌韜安。餘詢來足畢芬可詳。統希心察不具。令夫人坤福。館姻侍期陳介祺頓首。壬午七月十一日乙未。

外志一堂銀票拾貳兩一紙，此係張友翁處人所托。有以支碼，當是折扣，不可付回。乞察入，如平色不足，即留作還鋪賬之用亦可，又及。外膠信一封。

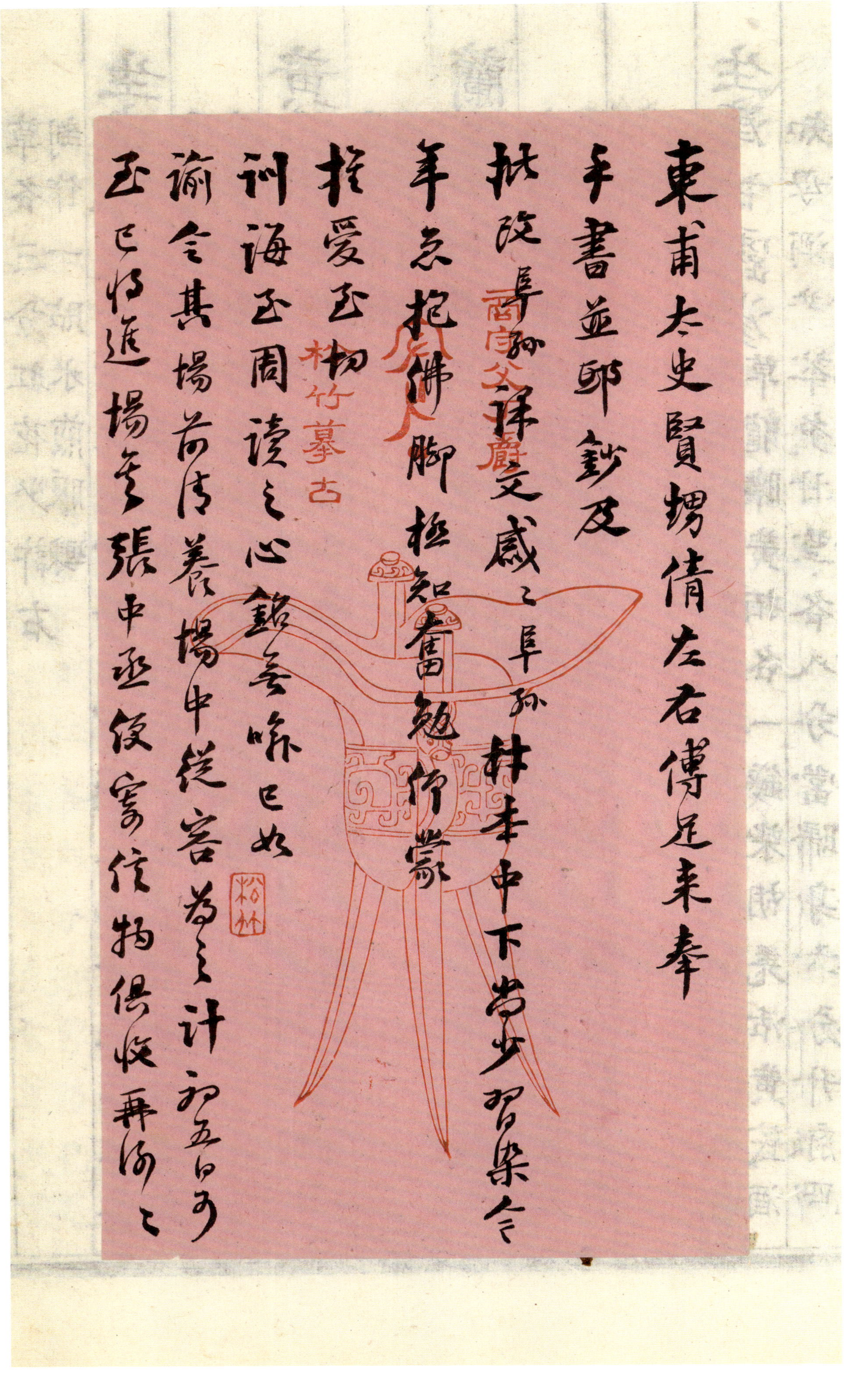

東甫太史賢甥倩左右[一]。傅足來，奉手書并邸鈔及批改阜孫課文，感感。阜孫材本中下，尚少習染，今年急抱佛脚，極知奮勉。仰蒙推愛至切、訓誨至周，讀之心銘無喻，已如諭令其場前清養，場中從容。爲之計初五日可至，已將進場矣。張中丞便寄信物俱收，再謝謝。

[一] 此函作於光緒八年（一八八二）八月四日。

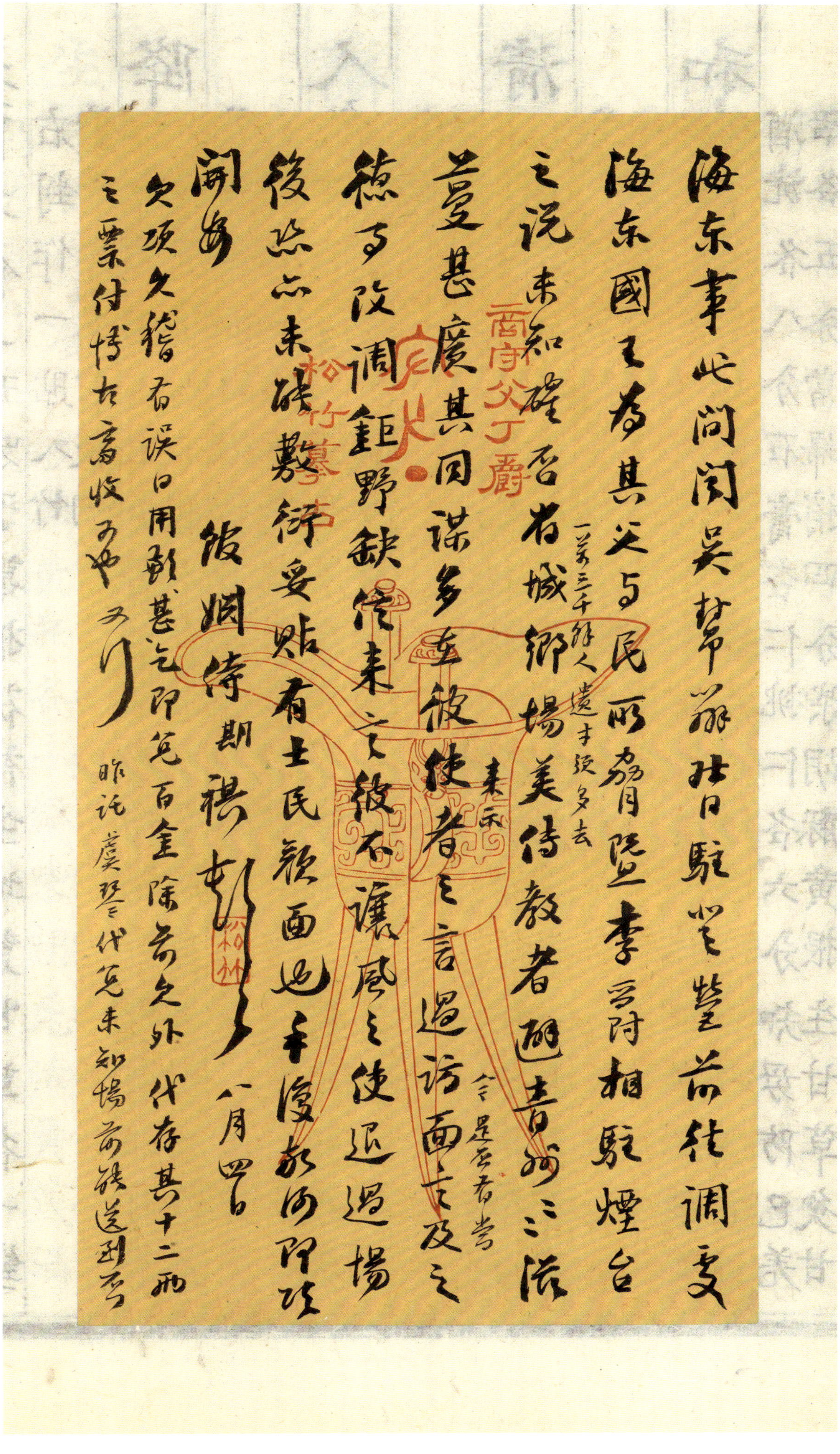

海東事[一]此間聞吳幫辦督駐登營，前往調處。海東國王爲其父與民所脅，暨李爵相駐烟台之說，未知確否？省城鄉場一萬三千餘人，遺才須多去。美傳教者避青州，青州滋蔓甚廣，其同謀多在彼。來示使者之言過訪，今是否有當面言及之。德事改調鉅野缺，信來言彼不讓風之使退過場，後恐亦未能敷衍妥貼有士民顏面也。手復敬謝，即頌開安。

館姻侍期祺頓首。八月四日。

欠項久稽，有誤日用，歉甚歉甚。乞即兑百金，除前欠外，代存其十二兩之票付博古齋收可也。又拜。昨托虞琴代兑，未知場前能送到否？

[一]朝鮮壬午兵變。

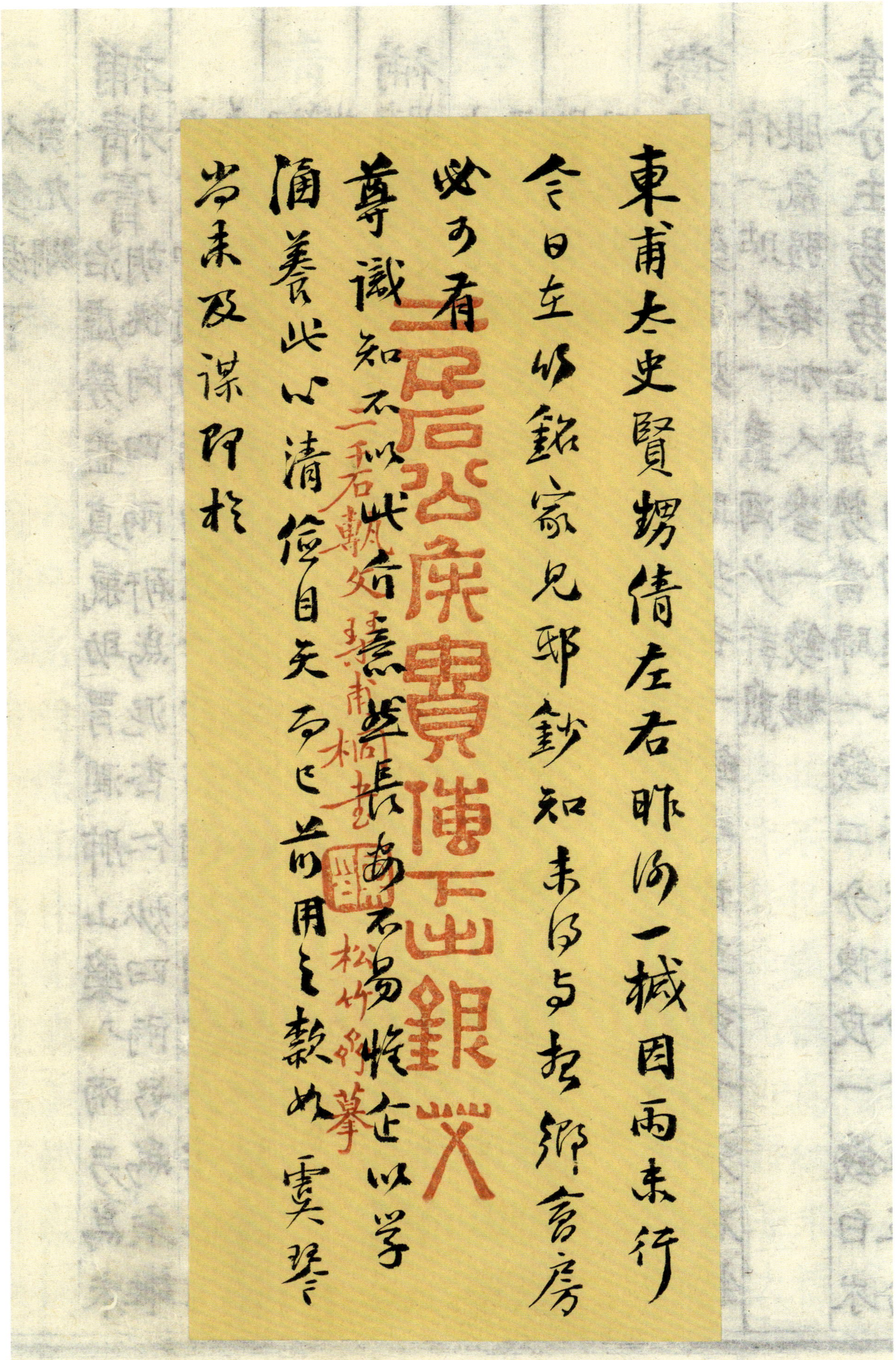

東甫太史賢甥倩左右[一]。昨謝一械因雨未行，今日在竹銘家見邸鈔，知未得與，想鄉會房必可有尊識，知不以此介意，然長安不易，惟乞以學涵養此心，清儉自矢而已。前用之款如虞琴尚未及謀，即於

[一] 此函作於光緒八年（一八八二）八月七日。

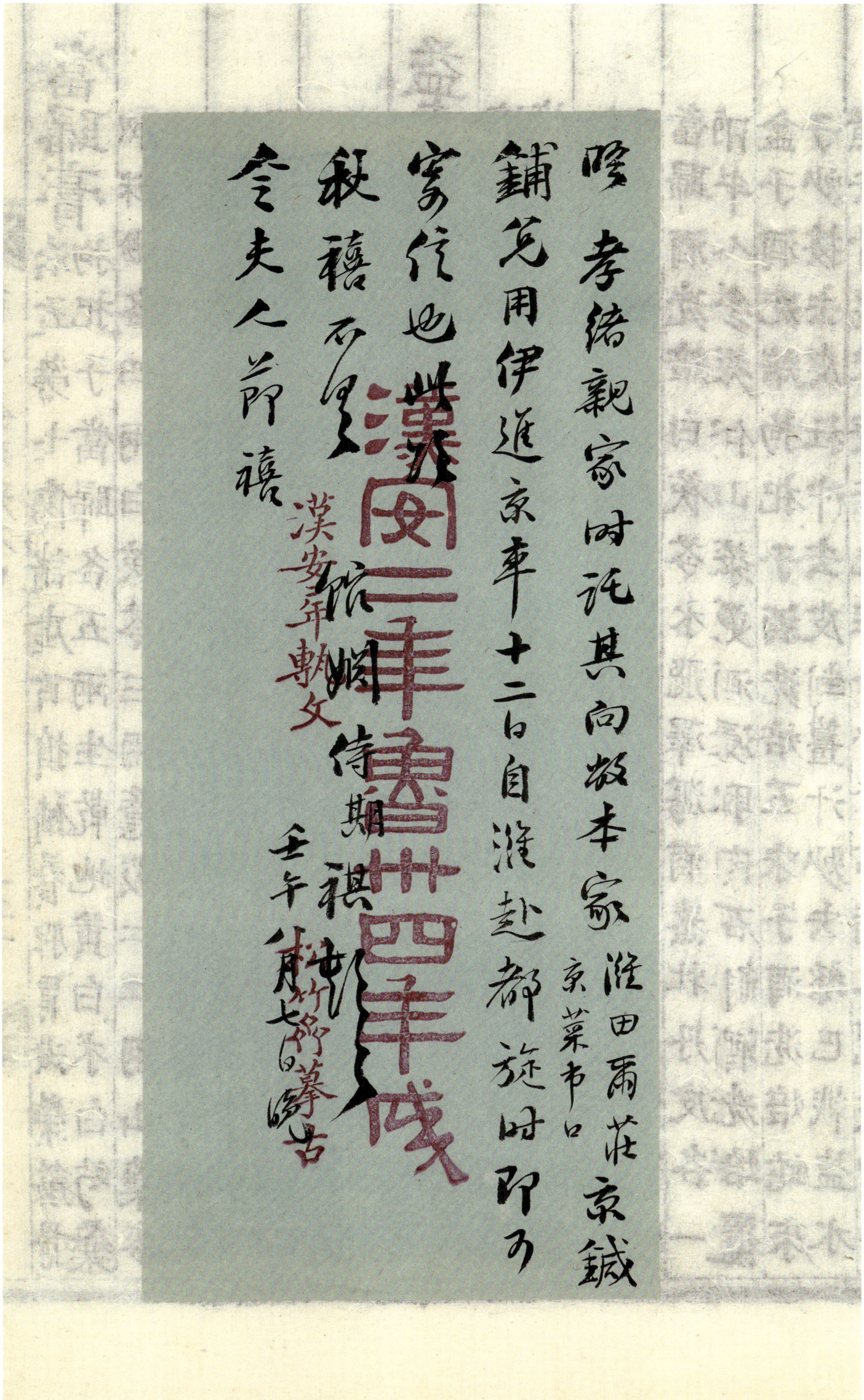

晤孝緒親家時托其向敝本家濰田爾莊、京菜市口。京針鋪兑用。伊進京車十二日自濰赴都，旋時即可寄信也。此頌秋禧不具。令夫人節禧。館姻侍期祺頓首。壬午八月七日晚。

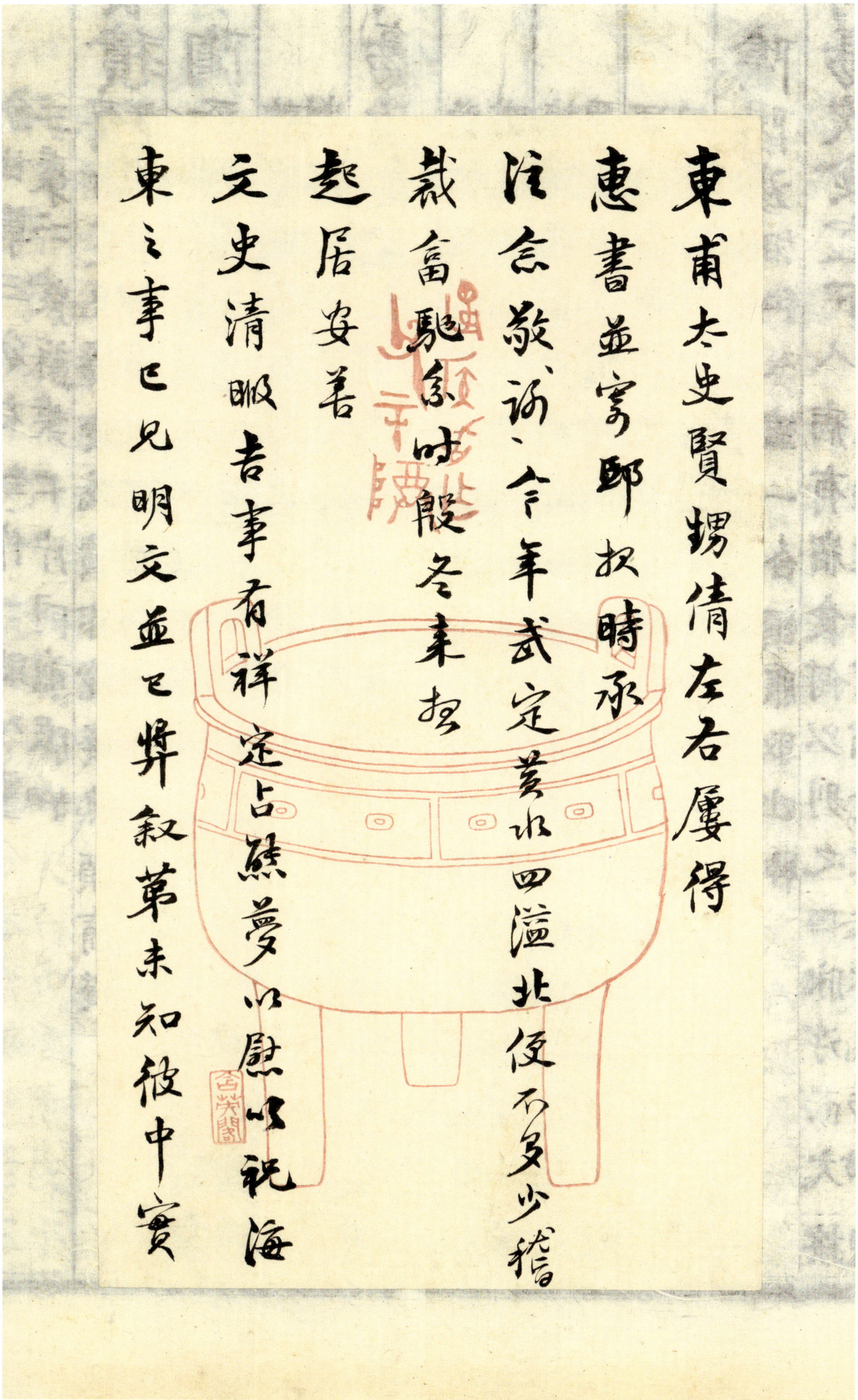

東甫太史賢甥倩左右屢得惠書并寄邸報時承注念敬謝敬謝今年武定黃水四溢北便不多少稽裁答馳系時殷冬來想起居安善文史清暇吉事有祥定占熊夢以慰以祝海東之事已見明文并已獎叙第未知彼中實

東甫太史賢甥倩左右[一]。屢得惠書并寄邸報，時承注念，敬謝敬謝。今年武定黃水四溢，北便不多，少稽裁答，馳系時殷。冬來想起居安善，文史清暇，吉事有祥，定占熊夢，以慰以祝。海東之事已見明文并已獎叙，第未知彼中實

[一] 此函作於光緒八年（一八八二）十月十一日。

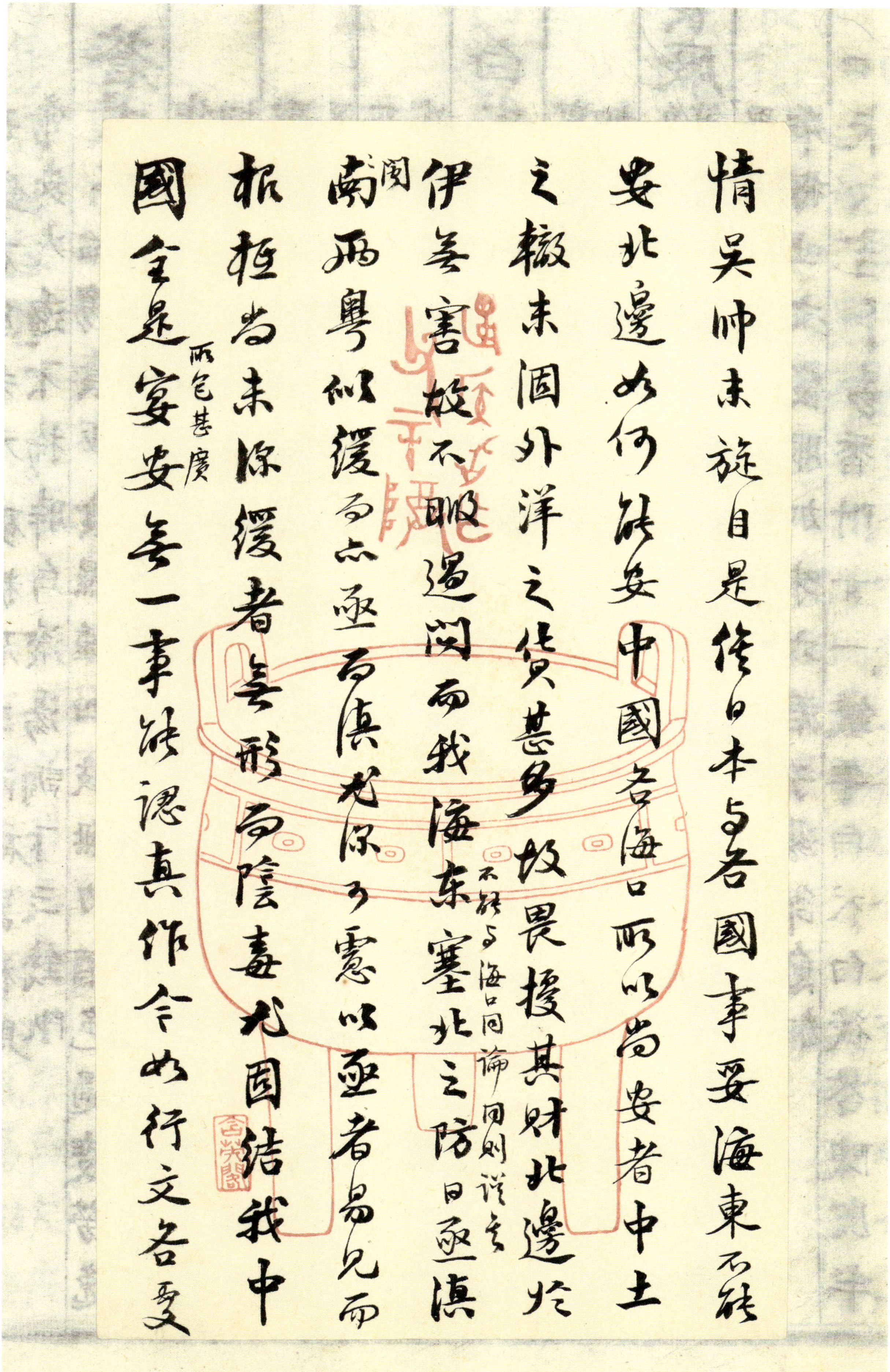

情。吳帥未旋，自是倭日本與各國事妥。海東不能安，北邊如何能安？中國各海口所以尚安者，中土之轍未涸，外洋之貨甚多，故畏擾其財。北邊於伊無害，故不暇過問。而我海東、不能與海口同論，同則誤矣。塞北之防日亟，滇、閩、兩粵似緩而亦亟，而滇尤深可慮。以亟者易見而根柢尚未深，緩者無形而陰毒尤固結。我中國全是宴安，所包甚廣。無一事能認真作。今如行文各處

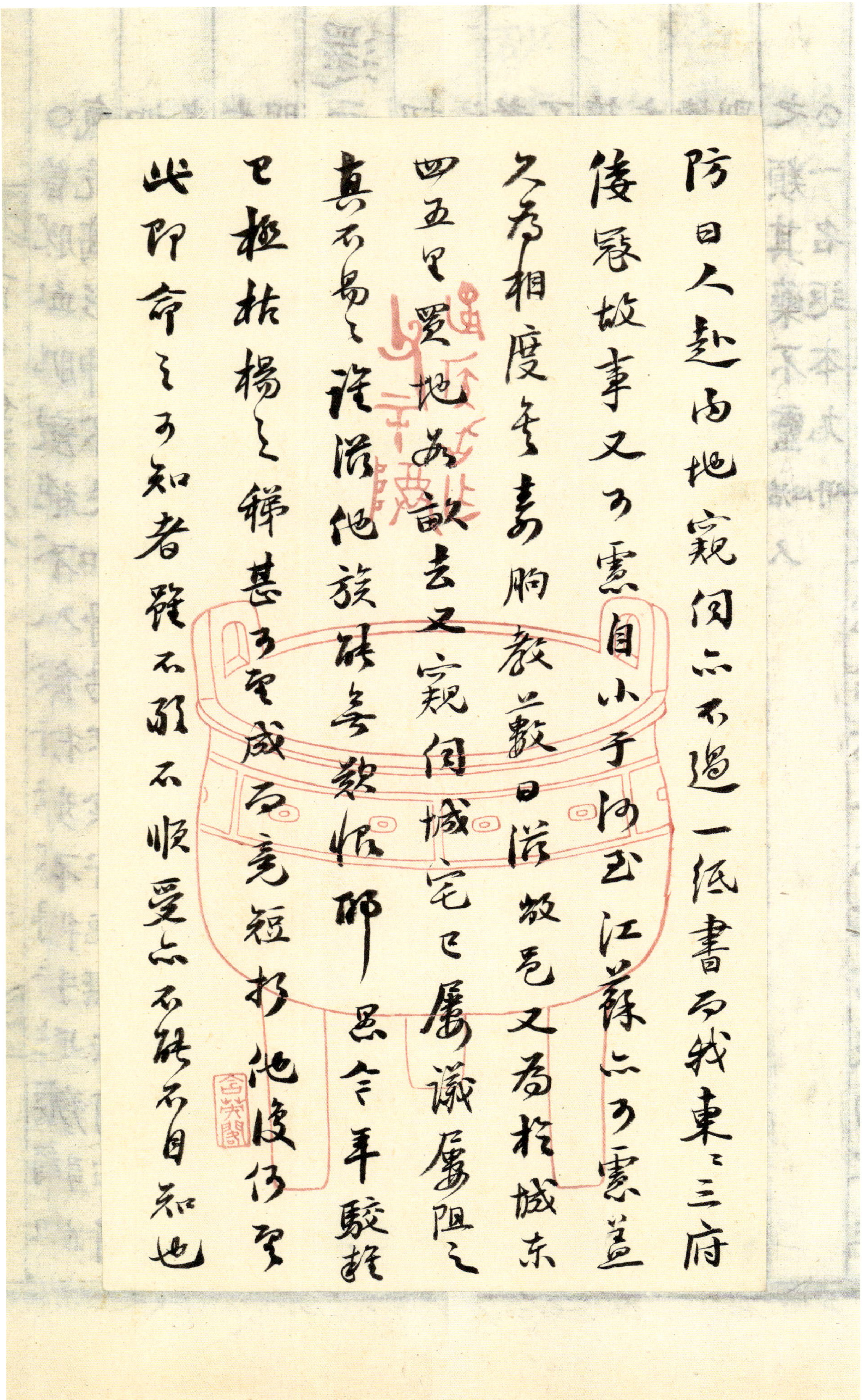

防日人赴内地窺伺亦不過一紙書，而我東東三府倭寇故事又可慮。自小于河至江蘇亦可慮。蓋久爲相度矣。壽、朐教藪日滋，敝邑又爲於城東四五里買地數畝去，又窺伺城宅，已屢議屢阻之，真不易易。詎滋他族能無嘆恨耶？愚今年駁雜已極，枯楊之稊，甚可望成而竟短折，他復何望？此即命之可知者，雖不敢不順受亦不能不自知也。

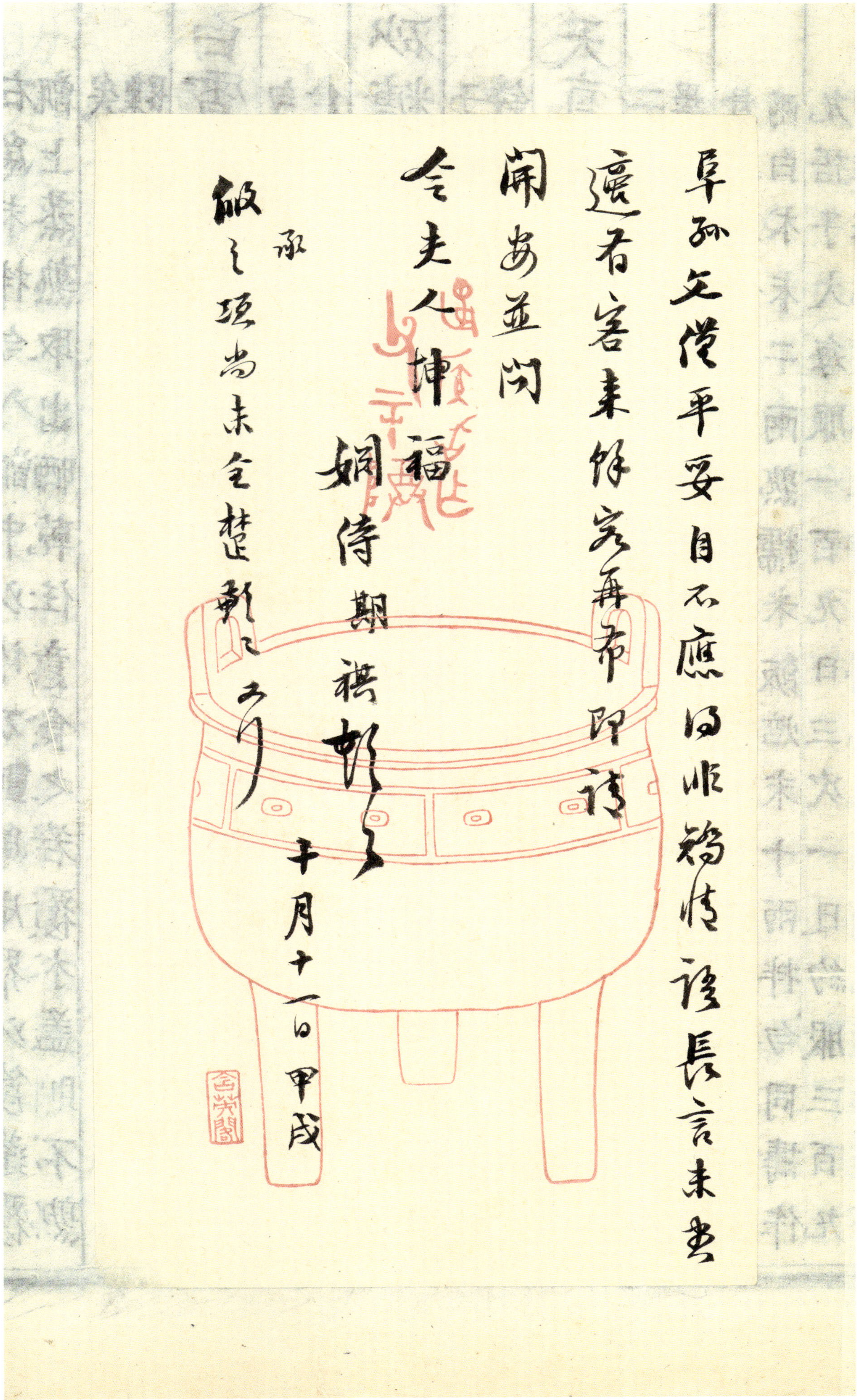
阜孫文僅平妥自不應得非矯情語長言未盡適有客來餘容再布即請開安并問令夫人坤福
姻侍期祺頓首
十月十一日甲戌
承假之項尚未全楚歉歉又拜

阜孫文僅平妥，自不應得。非矯情語。長言未盡，適有客來，餘容再布。即請開安并問令夫人坤福。姻侍期祺頓首。十月十一日甲戌[一]。
承假之項尚未全楚，歉歉。又拜。

[一] 此處天干地支紀日有誤。根據信箋，徐氏已經續弦，且陳阜落榜，當在一八八二年秋試之後。

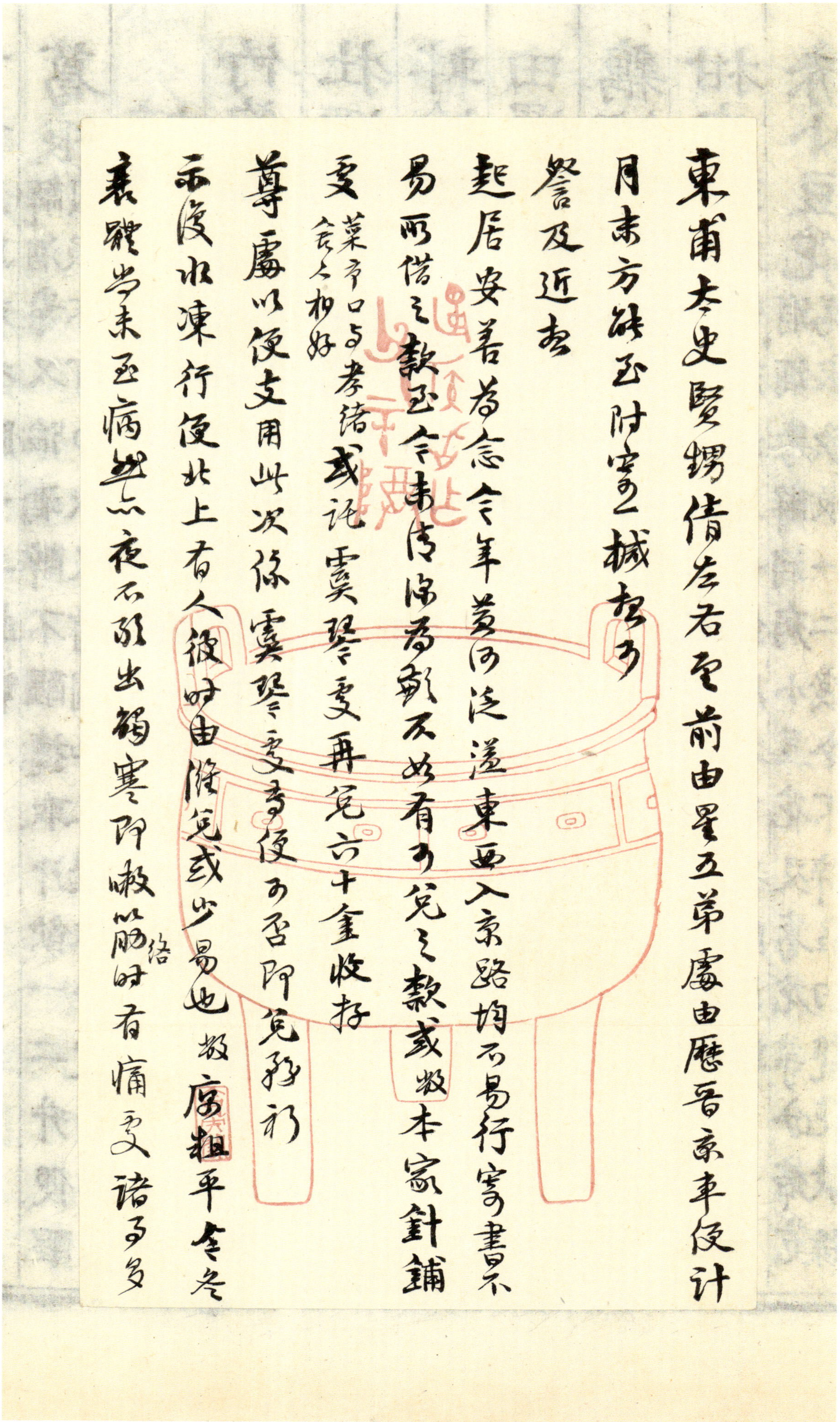
東甫太史賢甥倩左右望前由星五弟處由歷晋京車便計
月末方能至附寄一械想可
察及近想
起居安善爲念今年黄河泛溢東西入京路均不易行寄書不易
所借之款至今未清深爲歉仄如有可兑之款或敝本家針鋪
處菜市口與孝緒舍人相好或托虞琴處再兑六十金收存
尊處以便支用此次係虞琴處專便可否即兑務祈
示復水凍行便北上有人彼時由濰兑或少易也敝寓粗平今冬
衰體尚未至病然亦夜不敢出觸寒即嗽筋絡時有痛處諸事多

東甫太史賢甥倩左右[一]。望前由星五弟處由歷晋京車便，計月末方能至，附寄一械，想可察及。近想起居安善爲念。今年黄河泛溢東西，入京路均不易行，寄書不易。所借之款至今未清，深爲歉仄。如有可兑之款，或敝本家針鋪處，（菜市口，與孝緒舍人相好。）或托虞琴處再兑六十金收存尊處，以便支用。此次係虞琴處專便，可否即兑，務祈示復。水凍行便北上，有人彼時由濰兑或少易也。敝寓粗平，今冬衰體尚未至病，然亦夜不敢出，觸寒即嗽，筋絡時有痛處。諸事多

[一] 此函作於光緒八年（一八八二）十月二十日。

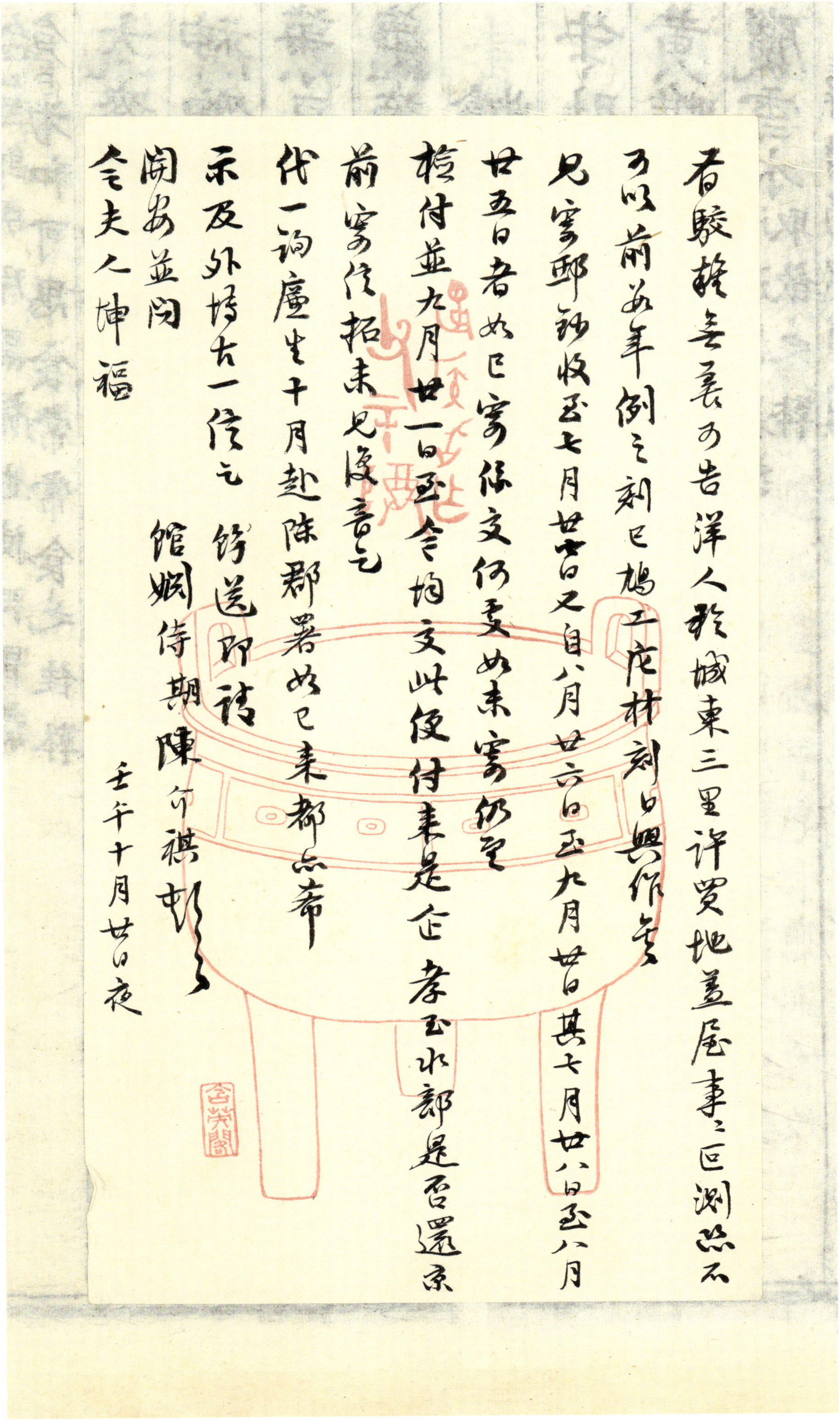

有駁雜，無善可告。洋人於城東三里許買地蓋屋，事事叵測，恐不可以前數年例之。刻已鳩工庀材，刻日興作矣。

見寄邸鈔，收至七月廿七日，又自八月廿六日至九月廿日，其七月廿八日至八月廿五日者如已寄，係交何處？如未寄，仍望檢付，并九月廿一日至今均交此便付來是企。孝玉水部是否還京？前寄信拓未見復音，乞代一詢。廉生十月赴陳郡署，如已來都，亦希示及。外博古一信，乞飭送。即請開安并問令夫人坤福。館姻侍期陳介祺頓首。壬午十月廿日夜。

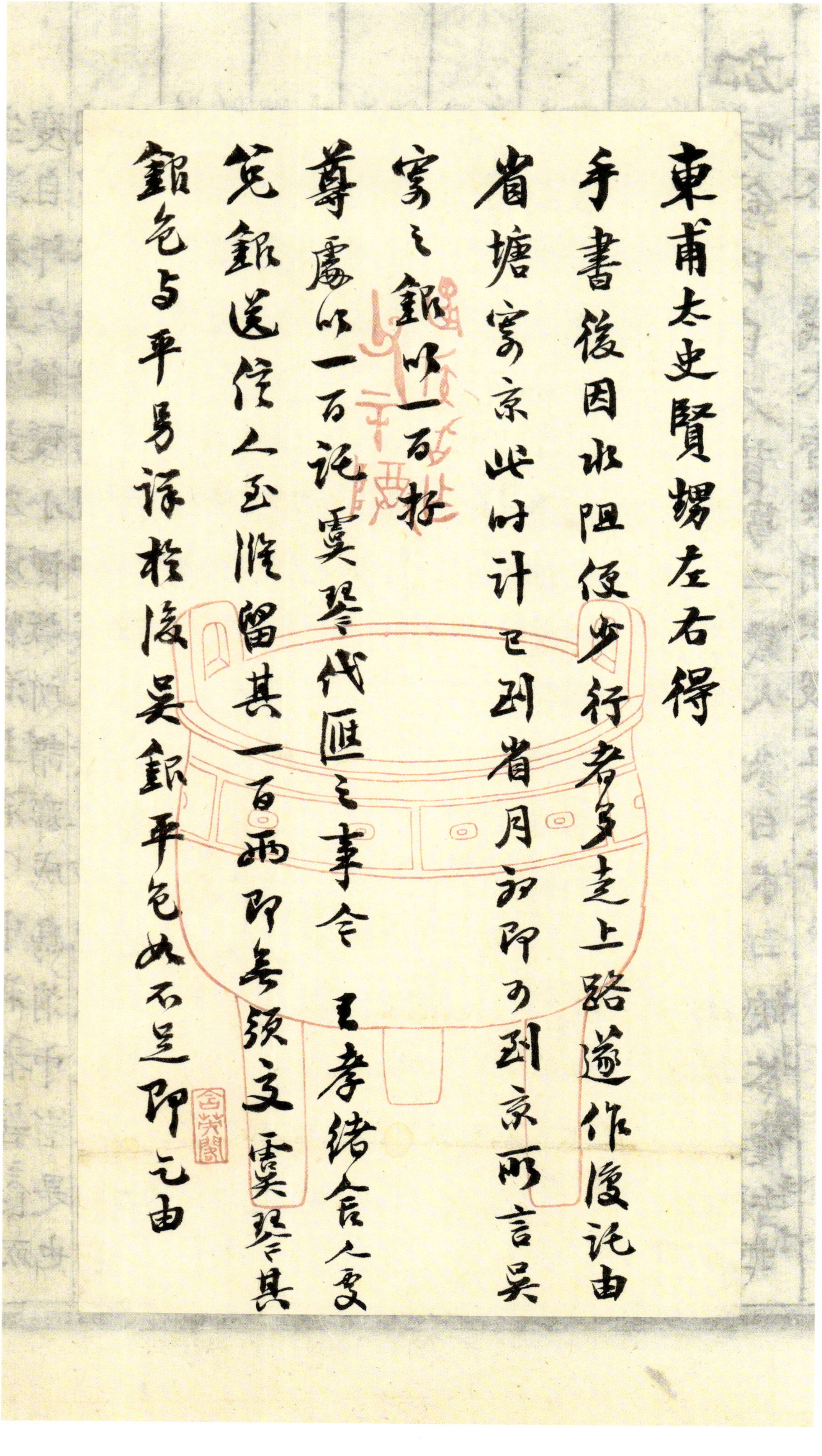

東甫太史賢甥左右[一]。得手書後因水阻便少，行者多走上路，遂作復托由省塘[二]寄京，此時計已到省，月初即可到京。所言吴寄之銀以一百存尊處、以一百托虞琴代匯之事，今王孝緒舍人處兑銀，送信人至濰，留其一百兩，即無須交虞琴，其銀色與平另詳於後。吴銀平色如不足，即乞由

[一] 此函作於光緒八年（一八八二）十月二十八日。

[二] 省塘即省提塘官所轄機構。清代由各省督撫選派專人駐京，職掌傳遞本省來往公文，即各省咨送各部院公文及各部院咨行各省公文、官員之敕、印，又同知、通判、州、縣印信，皆由各該省提塘官遞交。提塘官并應辦理邸抄事宜。故而也可以傳遞信物。

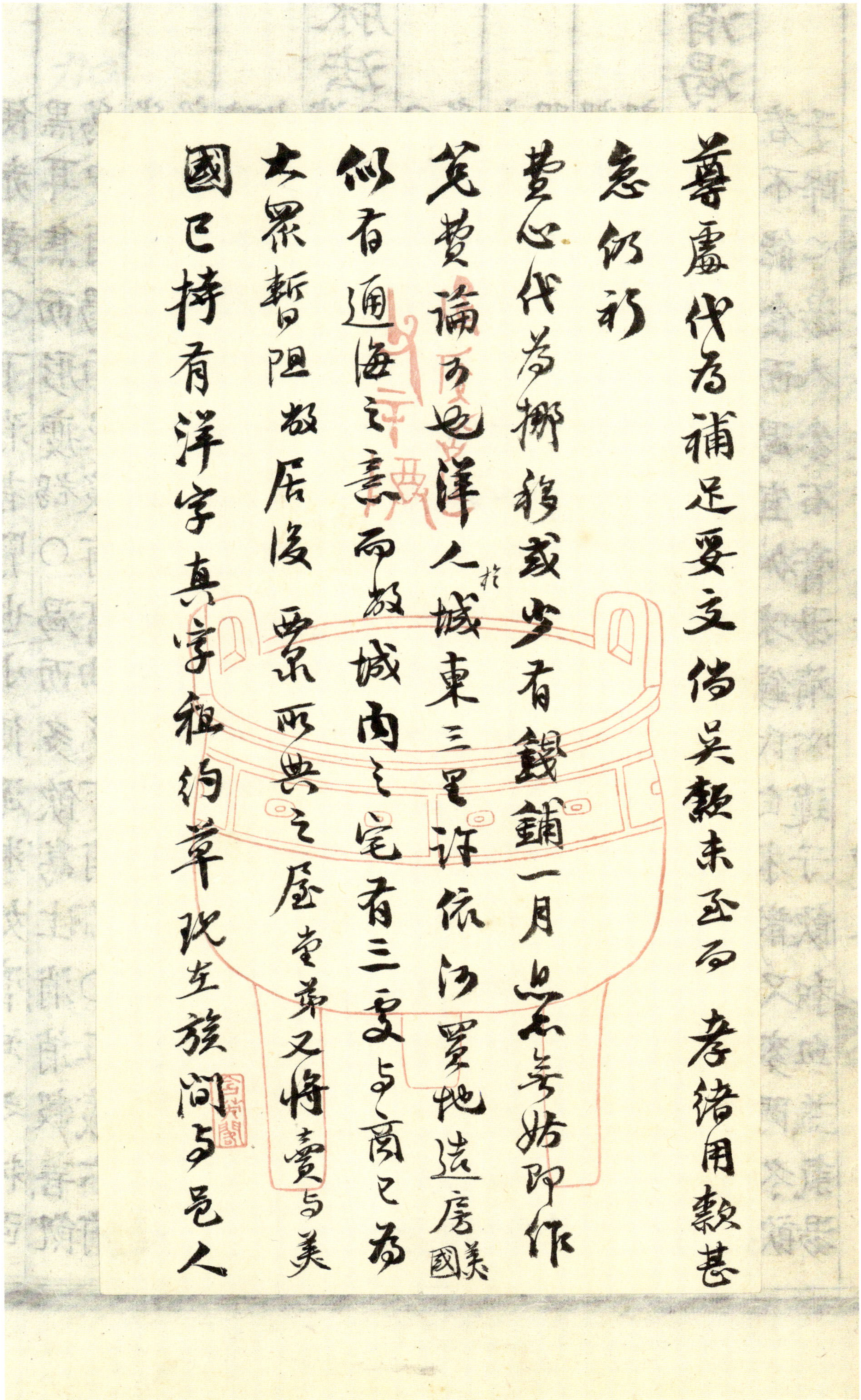

尊處代爲補足妥交。倘吴款未至而孝緒用款甚急，仍祈費心代爲挪移，或少有錢鋪，一月恐亦無妨，即作兑費論可也。洋人於城東三里許依河買地造房，美國。似有通海之意。而敝城内之宅有三處與商，已爲大衆暫阻。敝居後西泉所典之屋，堂弟又將賣與美國，已持有洋字真字租約草，現在族間與邑人

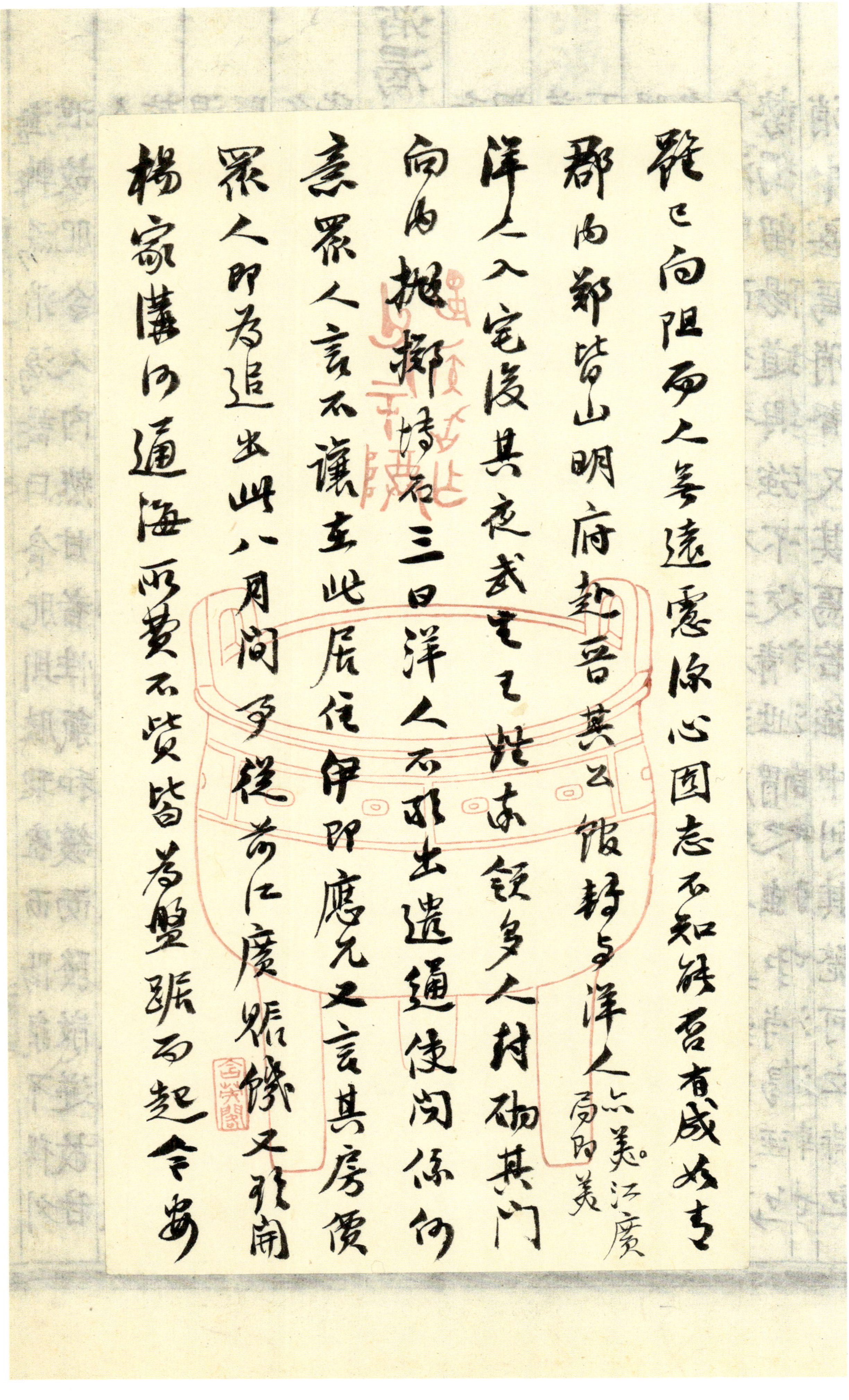

雖已向阻，而人無遠慮，深心固志，不知能否有成。如青郡内鄭皆山明府赴晋，其公館轉與洋人，亦美。江廣局即美。洋人入宅後，其夜武生王姓率領多人封砌其門，向内拋擲磚石三日。洋人不敢出，遣通使問係何意。衆人言不讓在此居住。伊即應允，又言其房價，衆人即爲追出。此八月間事。從前江廣賑饑，又欲開楊家溝河通海，所費不貲，皆爲盤踞而起。今安

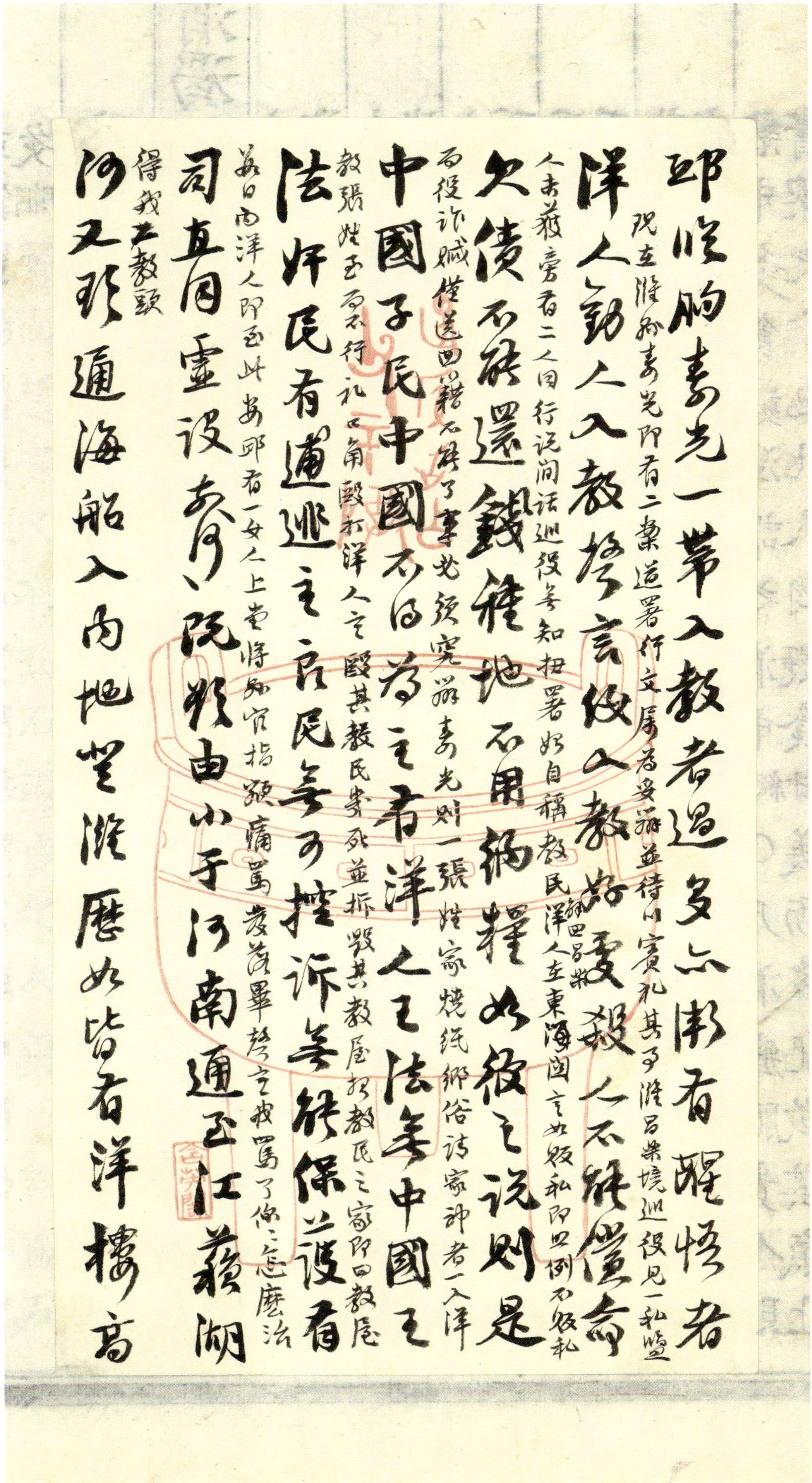

邱、臨朐、壽光一帶入教者過多，亦漸有醒悟者。現在濰縣、壽光即有二案，道署行文屬爲妥辦，并待以賓禮。其事濰昌樂境巡役見一私鹽，人未獲。旁有二人同行，説閑話。巡役無知，扭署，始自稱教民，解回昌樂。洋人在東海關言，如販私即照例，不販私而役詐賊，僅送回籍不能了事，必須究辦。壽光則一張姓家燒紙，鄉俗請家神者。一入洋教張姓至而不行禮，口角毆打。洋人言，毆其教民幾死，并拆毁其教屋，想教民之家即曰教屋。數日内洋人即至此。安邱有一女人上堂，將縣官指額痛罵，發落畢，聲言：『我罵了你，你怎麼治得我之教頭？』洋人勸人入教聲言：『汝入教好處：殺人不能償命，欠債不能還錢，種地不用納糧。』如彼之説，則是中國子民中國不得爲主，有洋人王法無中國王法。奸民有逋逃主，良民無可控訴、無能保護，有司直同虛設，奈何奈何。既欲由小于河南通至江蘇湖河，又欲通海船入内地。登、濰、歷如皆有洋樓，高

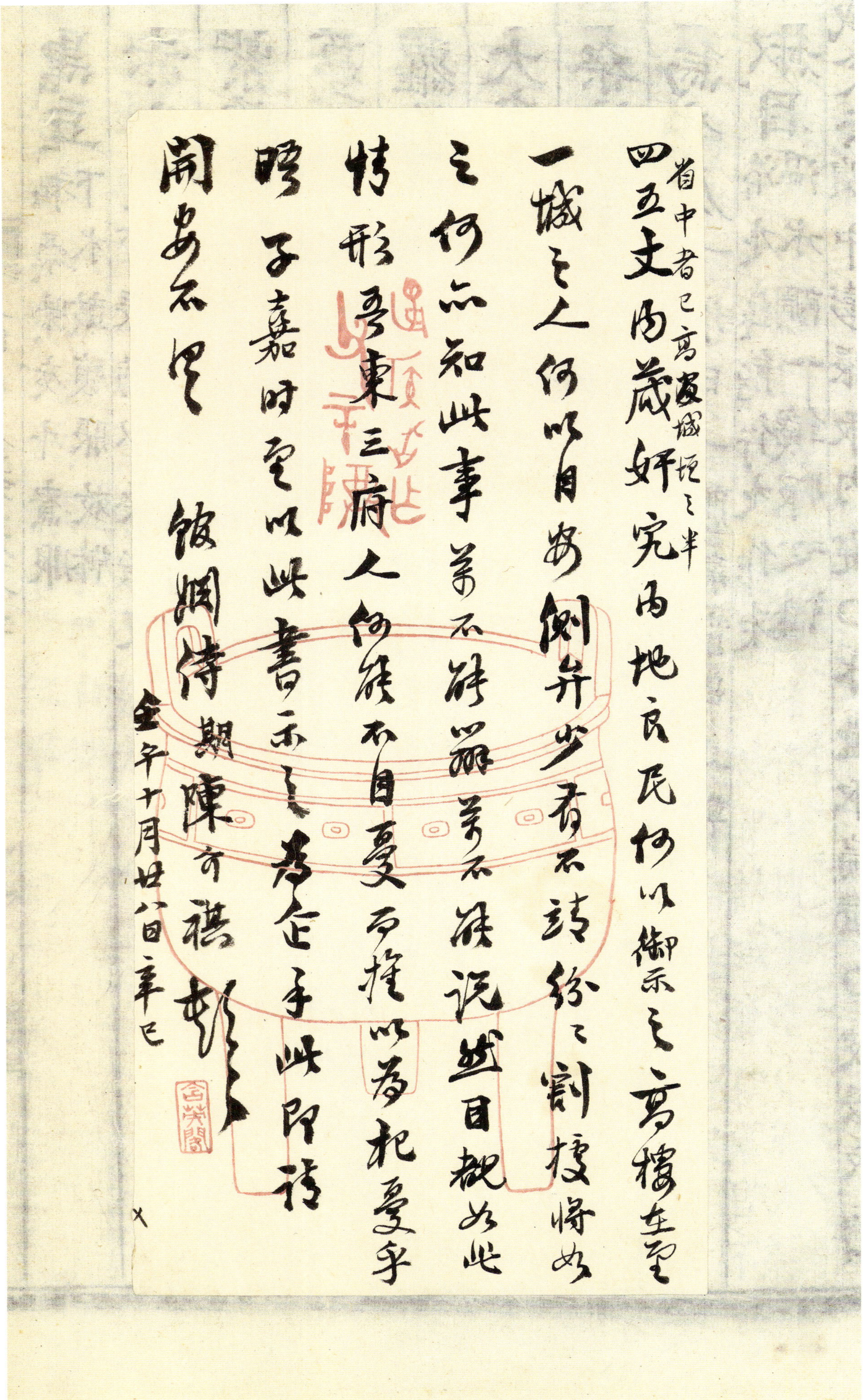

四五丈，内藏奸宄。省中者已高及城垣之半。内地良民何以禦之？高樓在望，一城之人何以自安？側弁少有不靖，紛紛割據，將如之何？亦知此事萬不能辨，萬不能説，然目睹如此情形，吾東三府人何能不自憂而推以爲杞憂乎？晤子嘉[一]時望以此書示之爲企。手此即請開安不具。

館姻侍期陳介祺頓首。壬午十月廿八日辛巳。

[一] 按：即李肇錫。

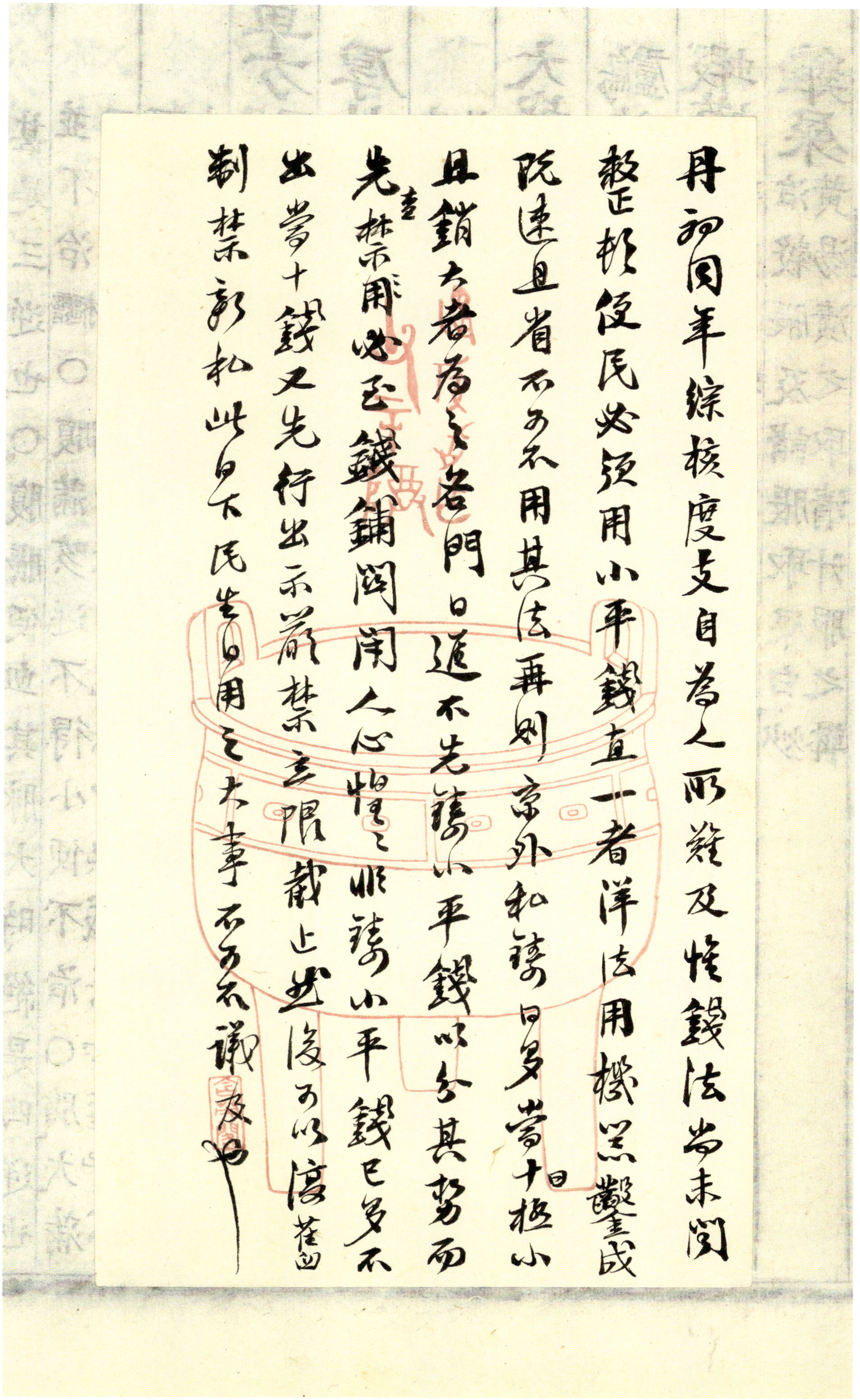

丹初同年綜核度支，自爲人所難及，惟錢法尚未聞整頓。便民必須用小平錢值一者，洋法用機器鑿成，既速且省，不可不用其法。再則，京外私鑄日多，當十曰極小且銷大者爲之，各門日進。不先鑄小平錢以分其勢而先查禁，必至錢鋪關閉、人心惶惶。非鑄小平錢已多、不出當十錢，又先行出示嚴禁，立限截止，然後可以復舊制、禁新私。此日下民生日用之大事，不可不議及也。

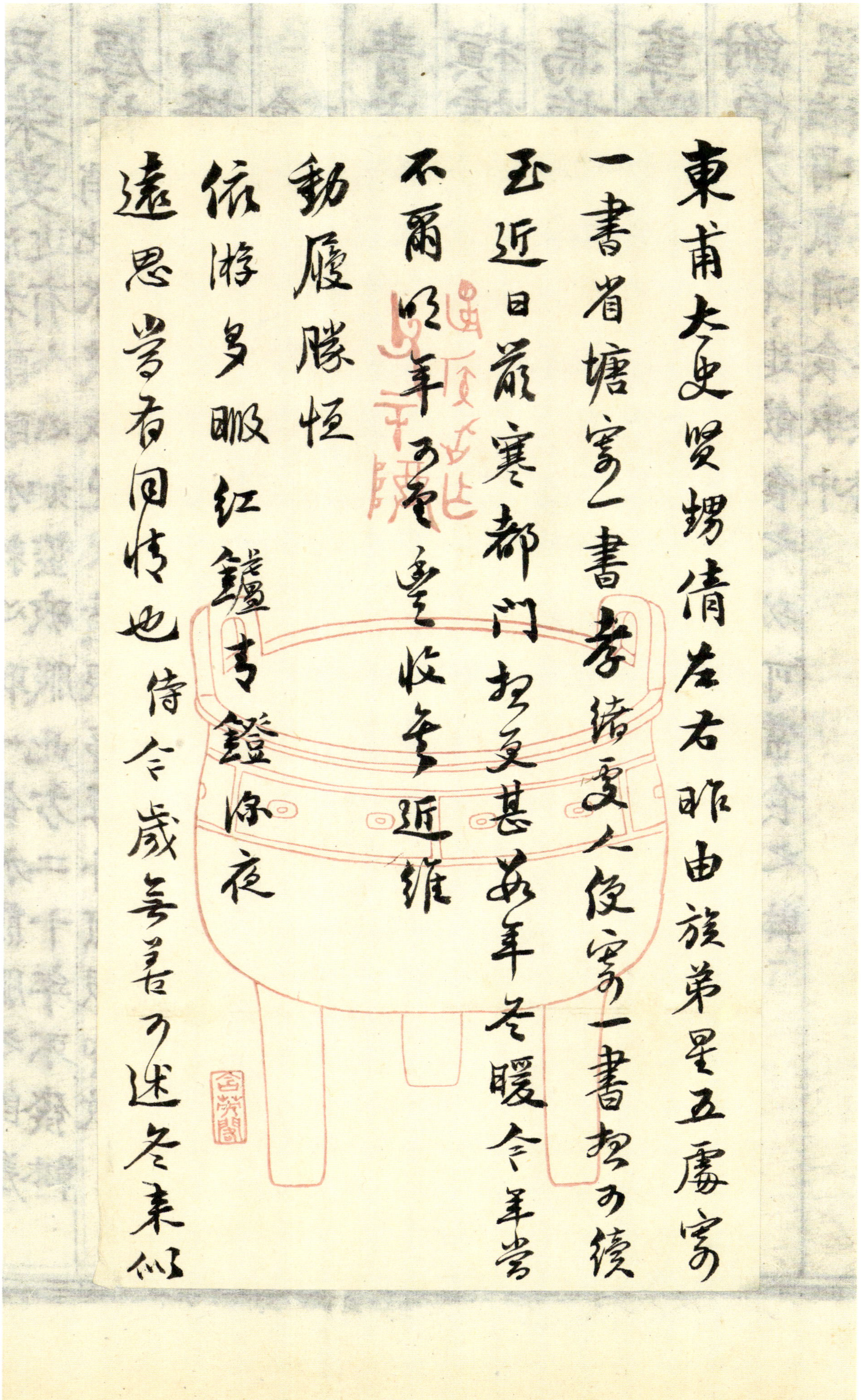
東甫太史賢甥倩左右昨由旋(族)弟星五處寄
一書省塘寄一書孝緒處人便寄一書想可續
至近日嚴寒都門想更甚數年冬暖今年當
不爾明年可望豐收矣近維
動履勝恒
依游多暇紅鑪青鐙深夜
遠思當有同情也侍今歲無善可述冬來似

東甫太史賢甥倩左右[一]。昨由族弟星五處寄一書，省塘寄一書，孝緒處人便寄一書，想可續至。近日嚴寒，都門想更甚。數年冬暖，今年當不爾，明年可望豐收矣。近維動履勝恒，依游多暇，紅鑪青鐙，深夜遠思，當有同情也。侍今歲無善可述，冬來似

[一] 此函作於光緒八年（一八八二）十一月七日。本信無紀年，根據前信所述諸人及信便等繫聯於此。

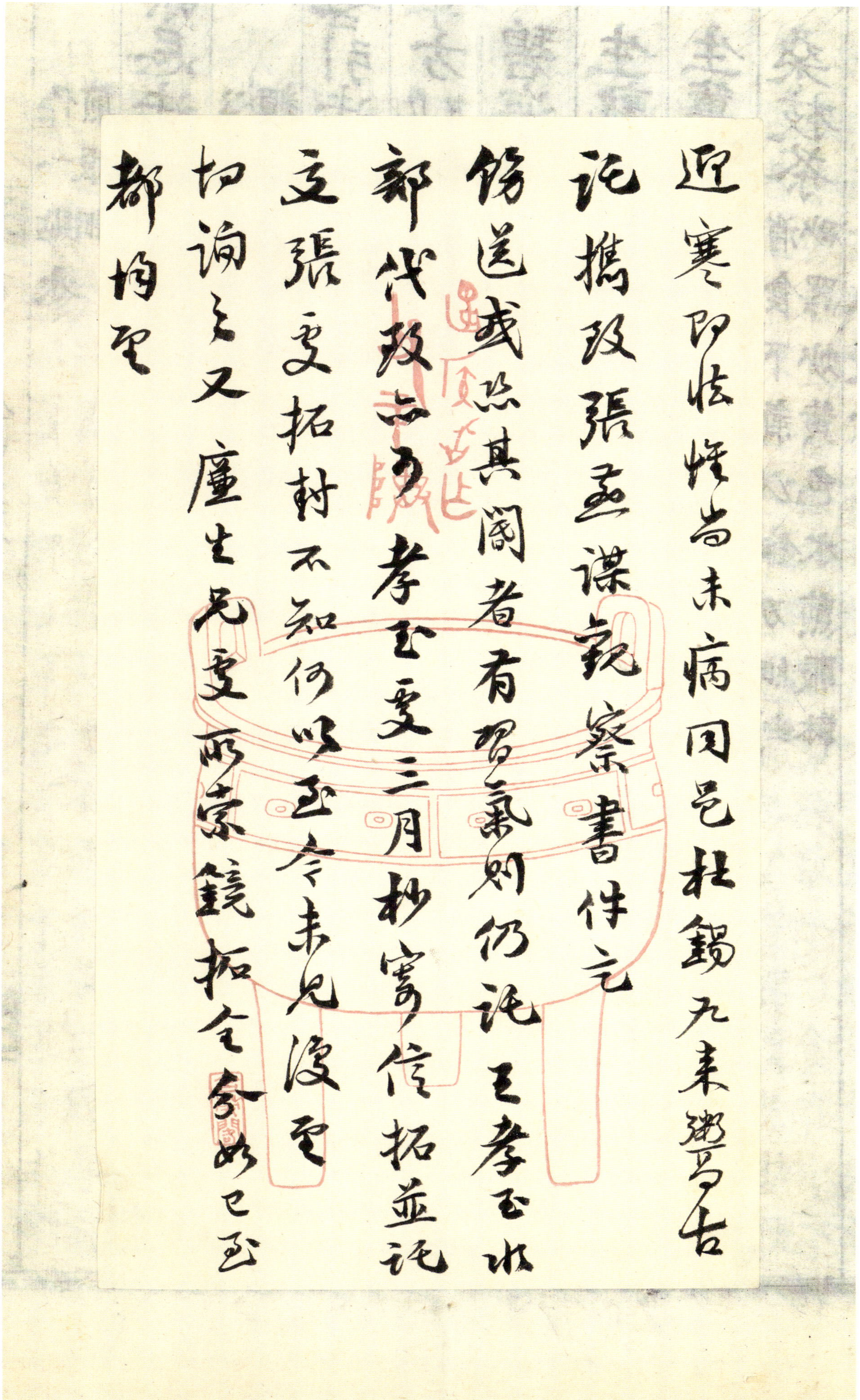

迎寒即怯，惟尚未病。同邑杜錫九[一]來鬻古。托携致張燕謀觀察書件，乞餙送。或恐其闇者有習氣，則仍托王孝玉水部代致亦可。孝玉處三月杪寄信拓并托交張處拓封，不知何以至今未見復，望切詢之。又廉生兄處所索鏡拓全份如已至都，均望

[一] 杜錫九，生平不詳，濰縣古董商。

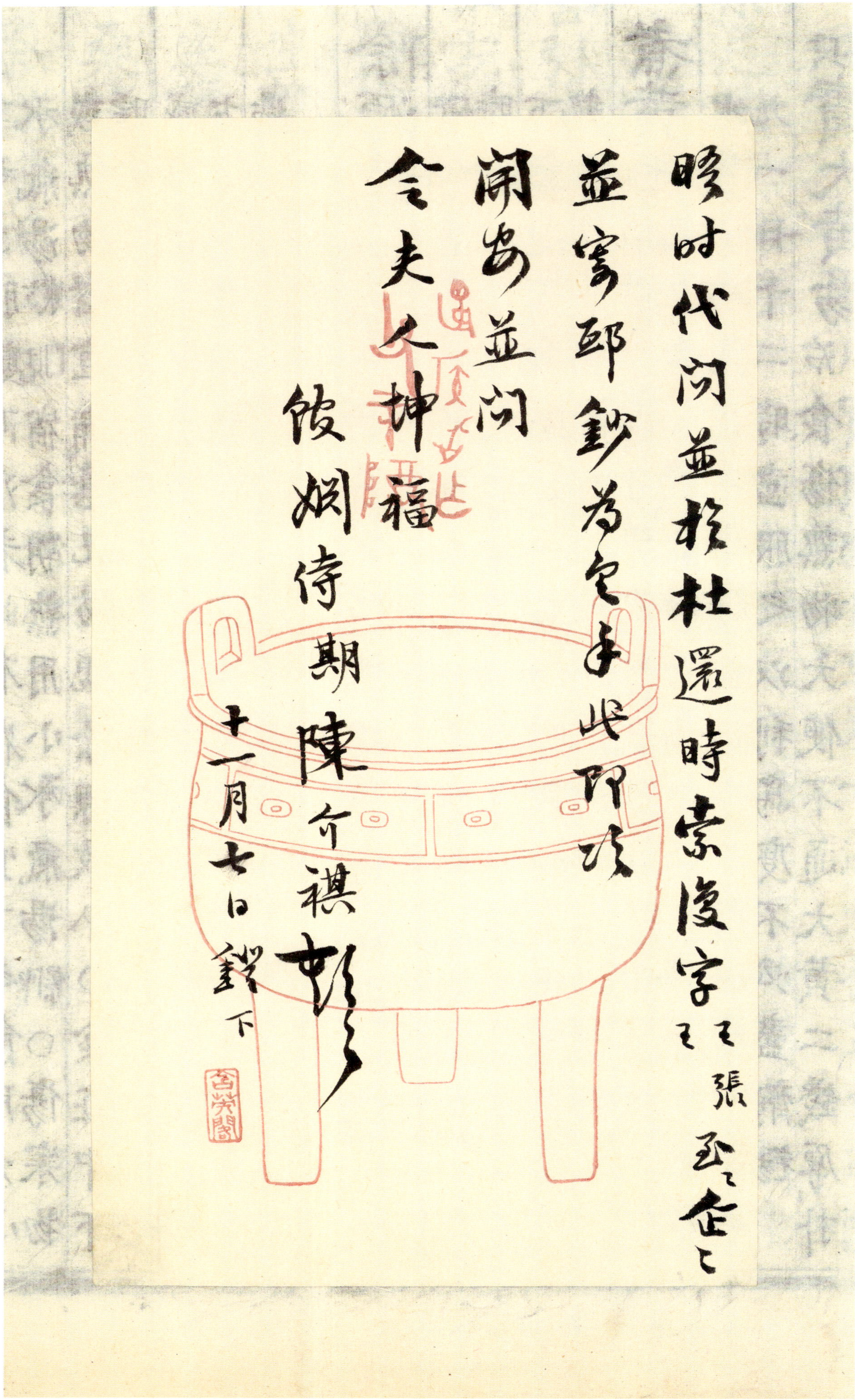

晤時代問，并於杜還時索復字。玉、張、玉。至企至企。并寄邸鈔爲望。
手此即頌開安并問令夫人坤福。館姻侍期陳介祺頓首。十一月七日鐙下。

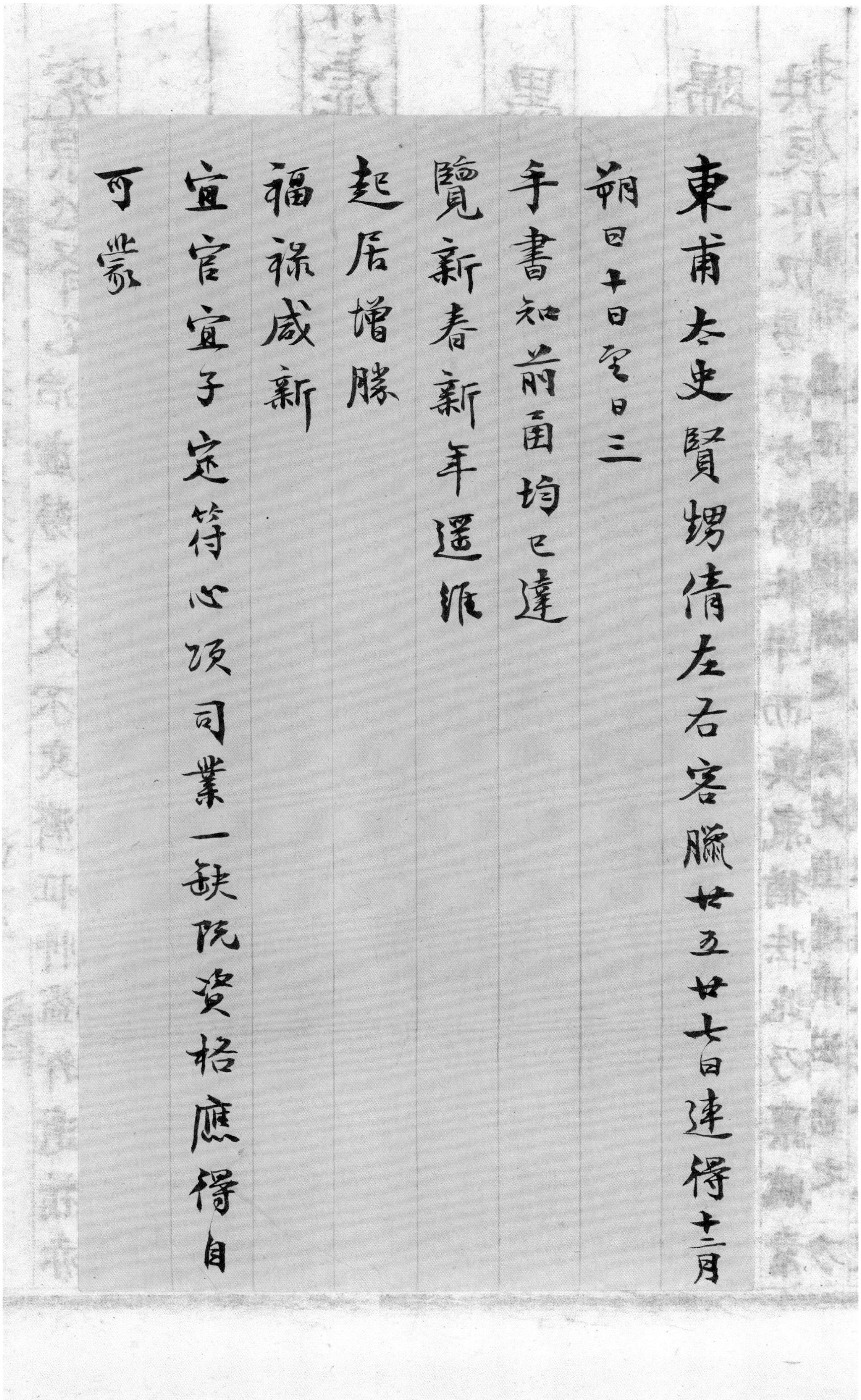
東甫太史賢甥倩左右客臘廿五廿七日連得十二月
朔日十日望日三
手書知前函均已達
覽新春新年遙維
起居增勝
福祿咸新
宜官宜子定符心頌司業一缺既資格應得自
可蒙

東甫太史賢甥倩左右[一]。客臘廿五、廿七日連得十二月朔日、十日、望日三手書，知前函均已達覽。新春新年，遙維起居增勝，福禄咸新，宜官宜子，定符心頌。司業一缺，既資格應得，自可蒙

[一] 此函作於光緒九年（一八八三）正月初二日。

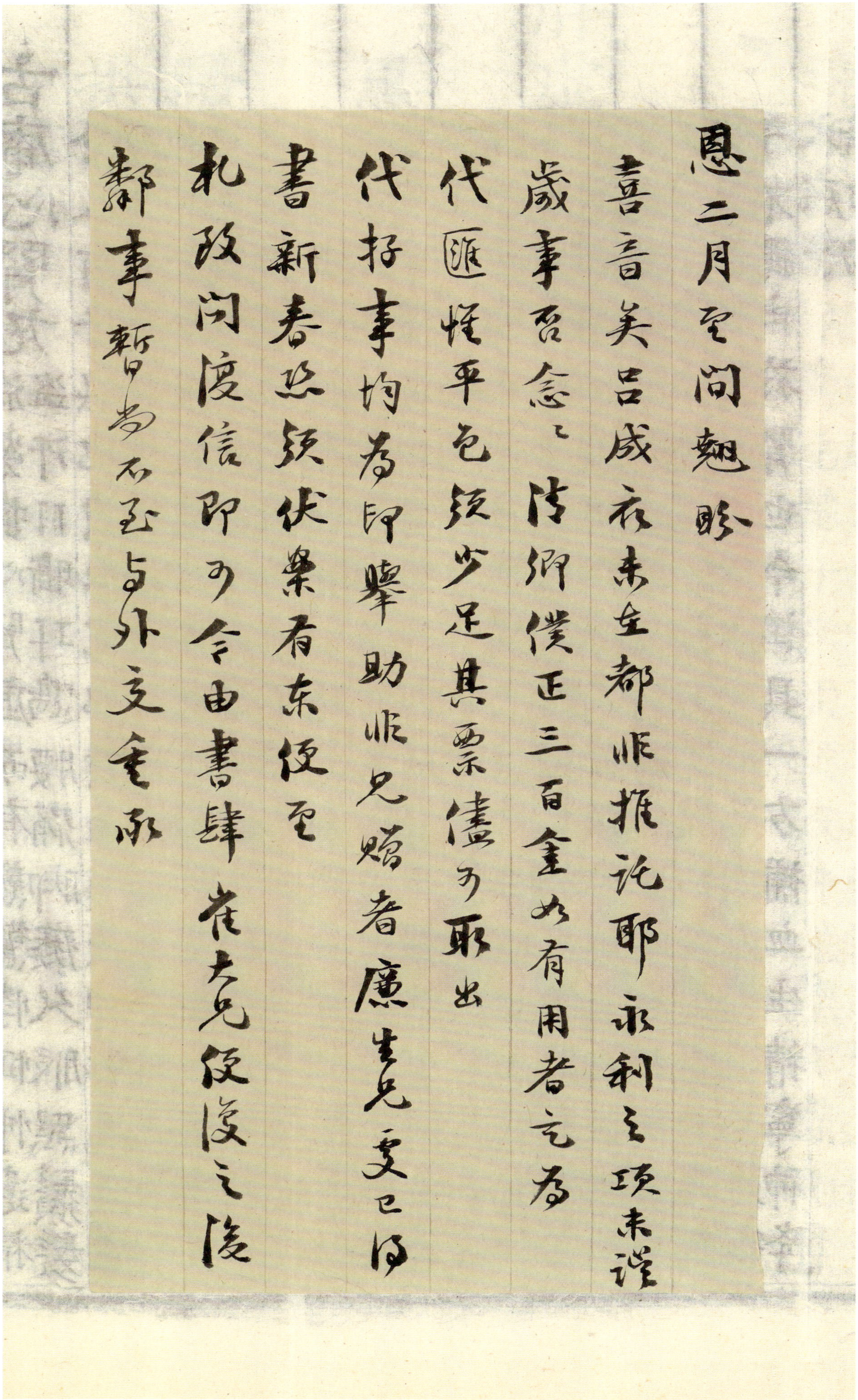

恩，二月望間翹盼喜音矣。呂成衣未在都，非推托耶。永利之項未誤歲事否？念念。清卿僕正三百金如有用者，乞爲代匯。惟平色須少足，其票儘可取出代存。事均爲《印舉》助，非兄贈者。廉生兄處已得書，新春恐須伏案，有東便望札致問，復信即可。今由書肆崔大兄便復之。後鄰事暫尚不至與外交，重承

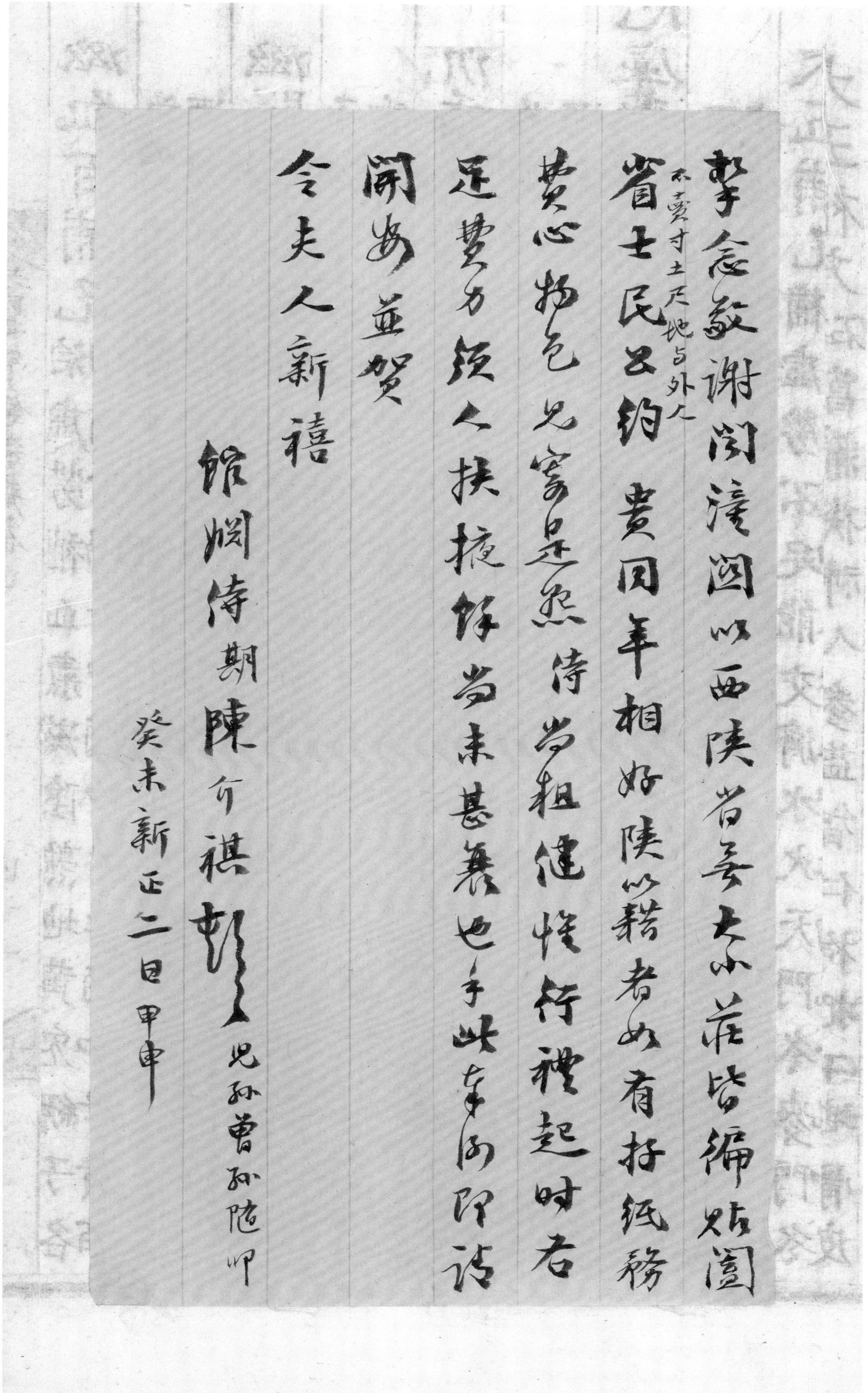

摯念，敬謝。聞潼關以西陝省無大小莊皆遍貼闔省士民公約。不賣寸土尺地與外人。貴同年相好陝籍者，如有存紙，務費心物色見寄是懇。侍尚粗健，惟行禮起時右足費力，須人扶掖，餘尚未甚衰也。手此奉謝。即請開安并賀令夫人新禧。館姻侍期陳介祺頓首。兒孫曾孫隨叩。癸未新正二日甲申。

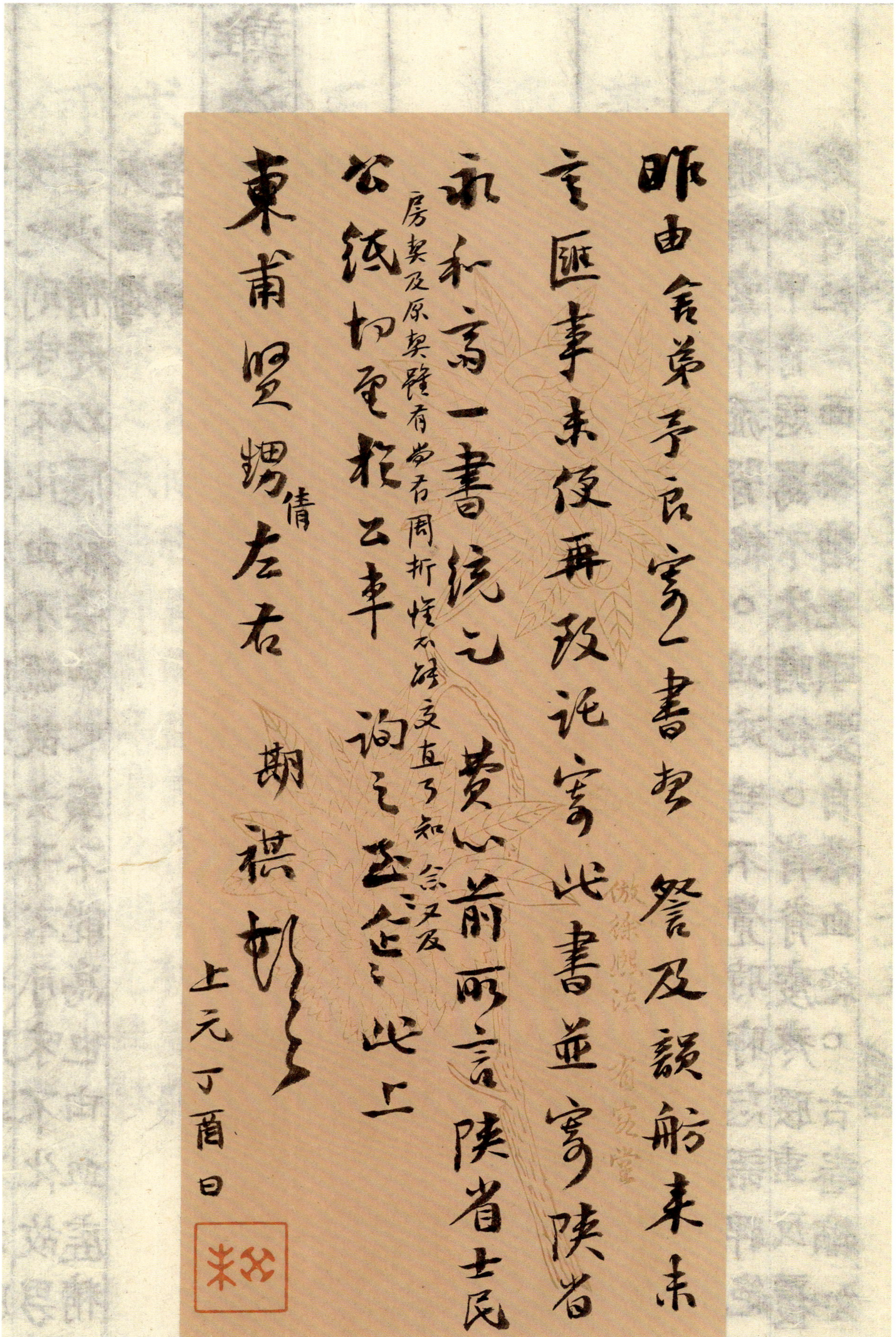

昨由舍弟子良寄一書，想察及。韻舫[一]來未言匯事，未便再致。托寄此書并寄陝省永和齋一書，統乞費心。前所言陝省士民公紙，切望於公車詢之。至企至企。房契及原契雖有，尚有周折，惟不能交直耳。知念又及。此上東甫賢甥倩左右。期祺頓首。上元丁酉日[二]。

[一]即張筠舫，其人俟考。

[二]此函作於光緒九年（一八八三）正月十五日。

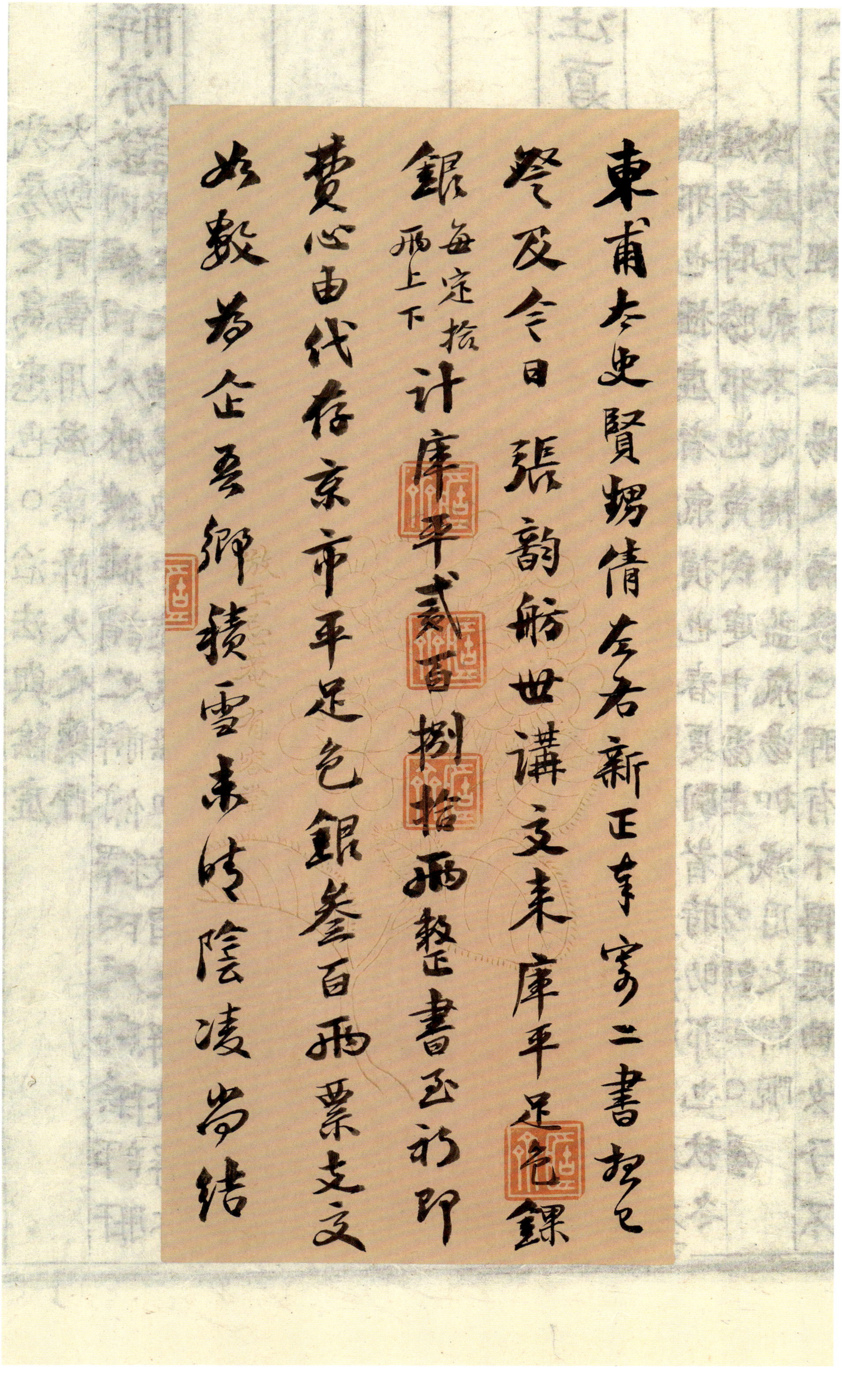

東甫太史賢甥倩左右[一]。新正奉寄二書想已察及。今日張韻舫世講交來庫平足色錁銀，每定拾兩上下。計庫平貳百捌拾兩整。書至祈即費心由代存。京市平足色銀叁百兩票支交如數爲企。吾鄉積雪未晴，陰凌尚結。

[一] 此函作於光緒九年（一八八三）正月十六日。

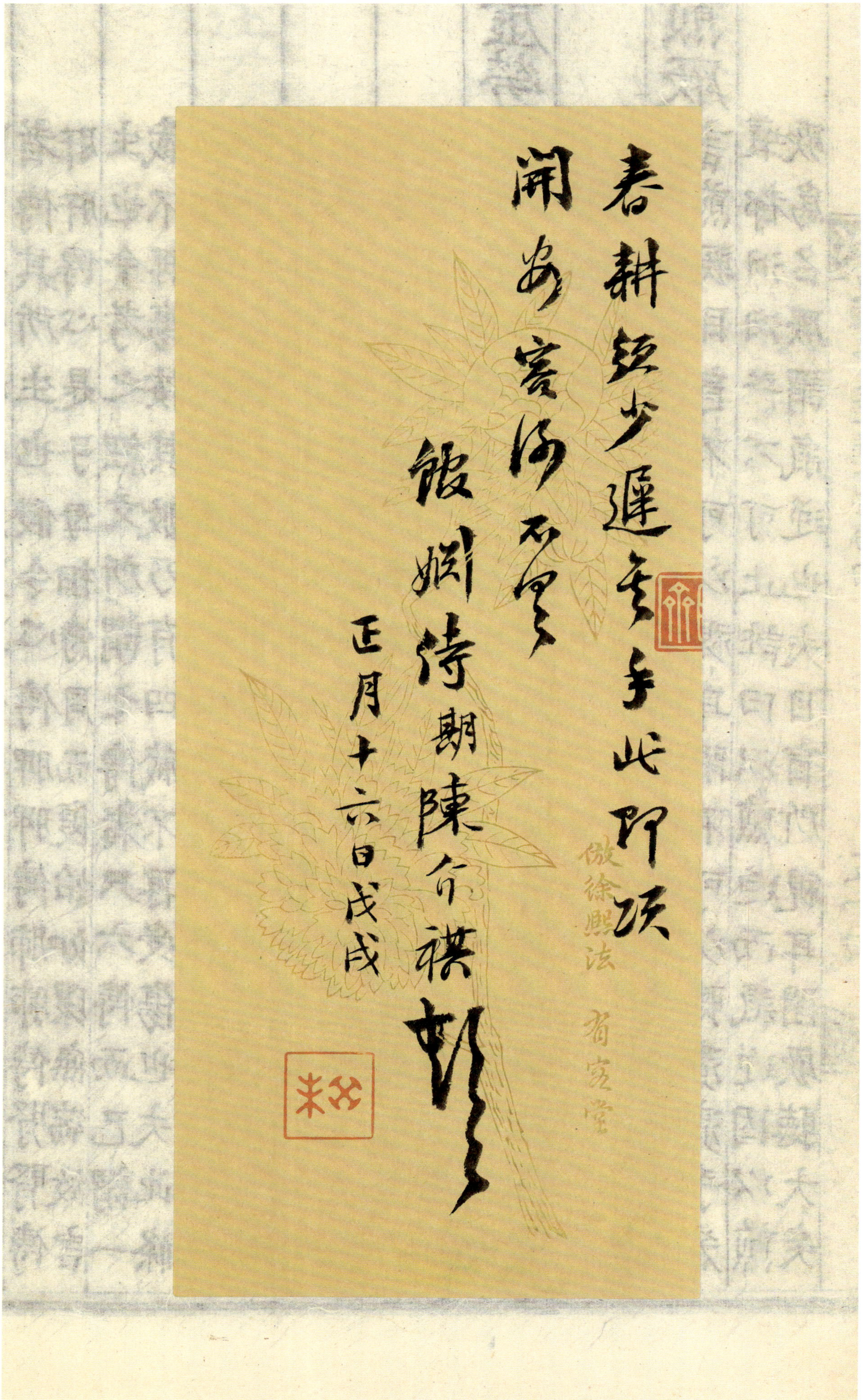

春耕須少遲矣。手此即頌開安，容謝不具。館姻侍期陳介祺頓首。正月十六日戊戌。

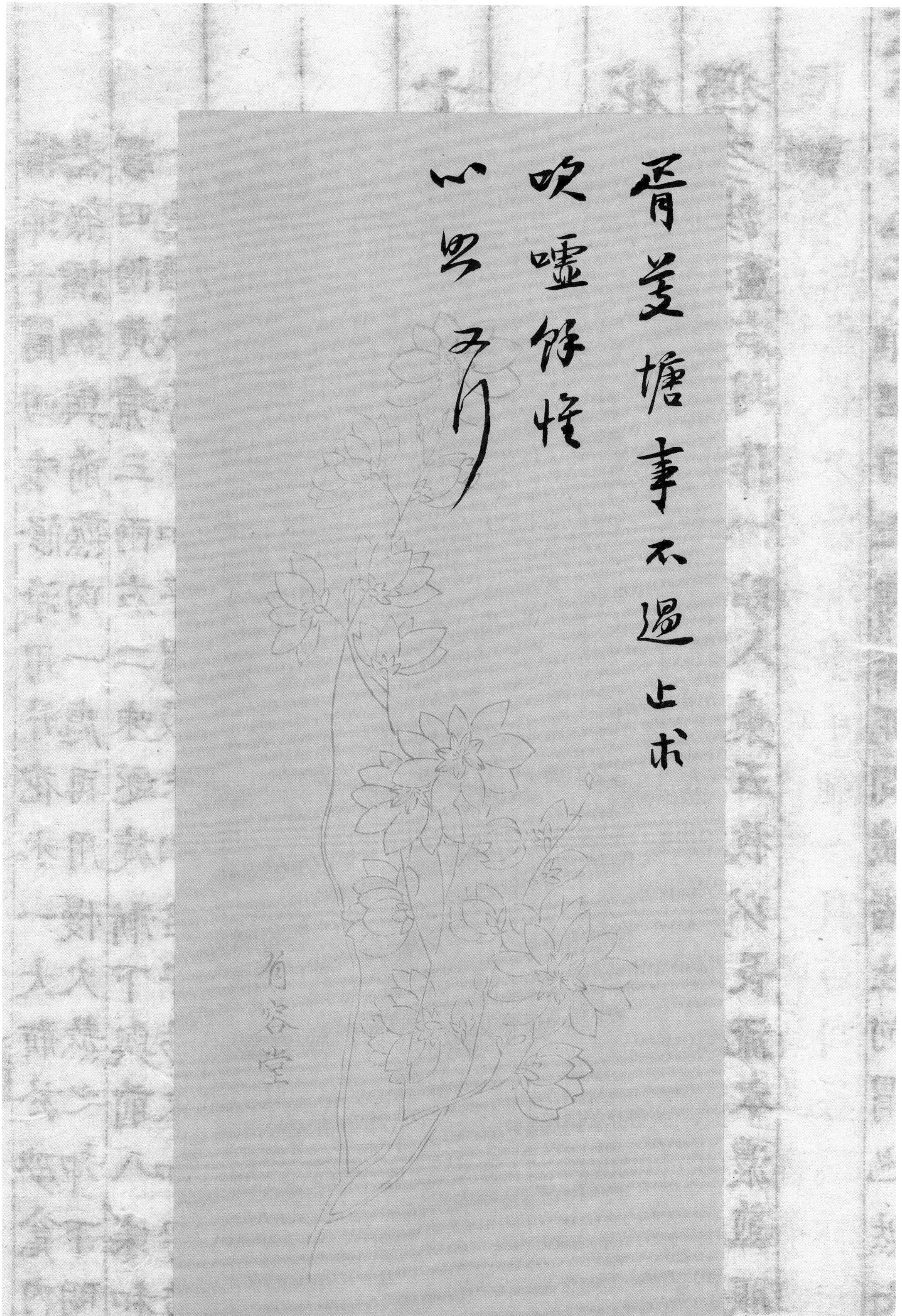

胥芰塘事不過止求吹噓。餘惟心照。又拜。

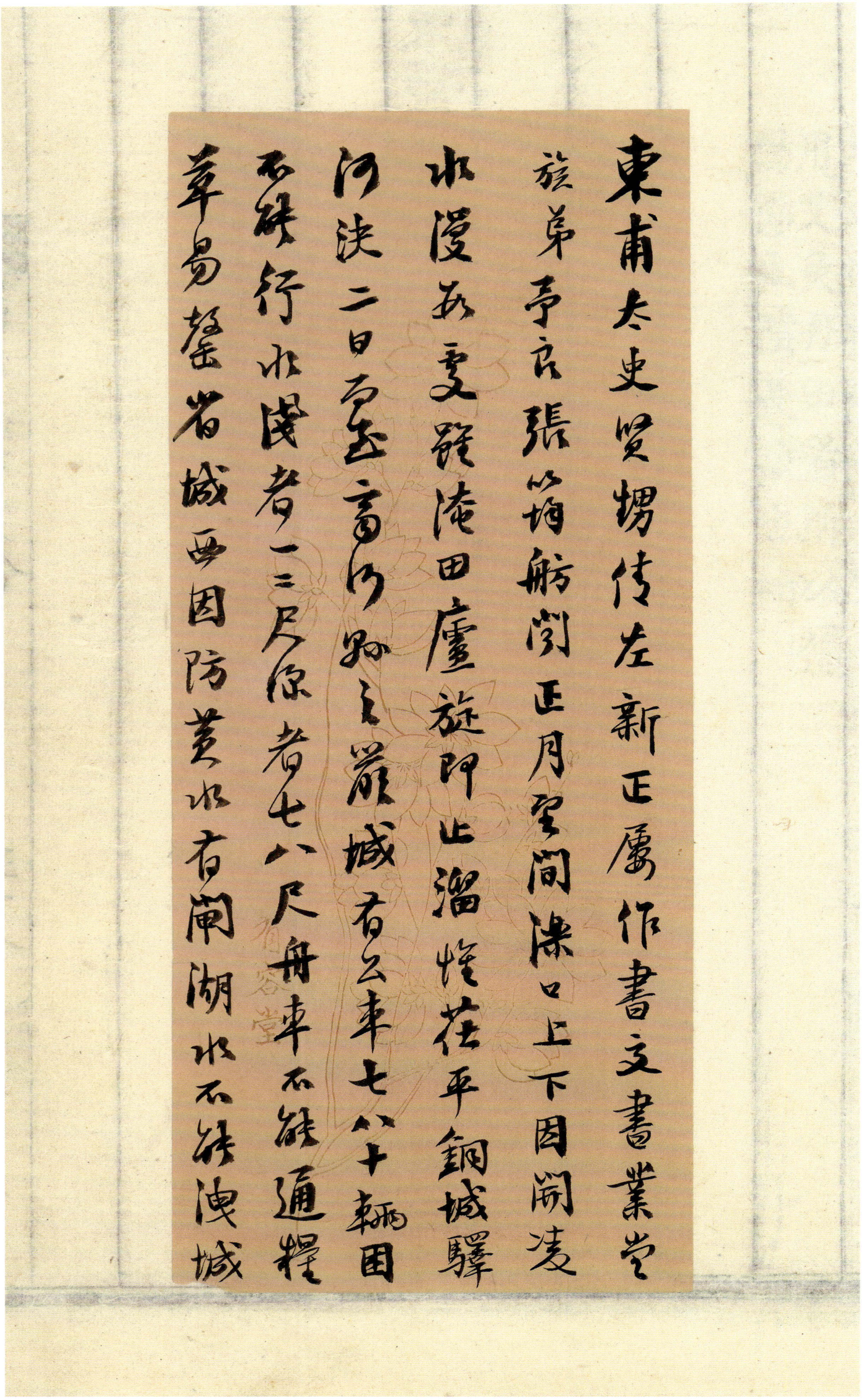

東甫太史賢甥倩左[一]。新正屢作書，交書業堂族弟子良、張筠舫。聞正月望間灤口上下因開凌水漫數處，雖淹田廬，旋即止溜。惟茌平銅城驛河決二日而至齊河縣之嚴城，有公車七八十輛困不能行。水淺者一二尺，深者七八尺，舟車不能通，糧草易罄。省城西因防黃水有閘，湖水不能洩，城

[一] 此函作於光緒九年（一八八三）二月四日。

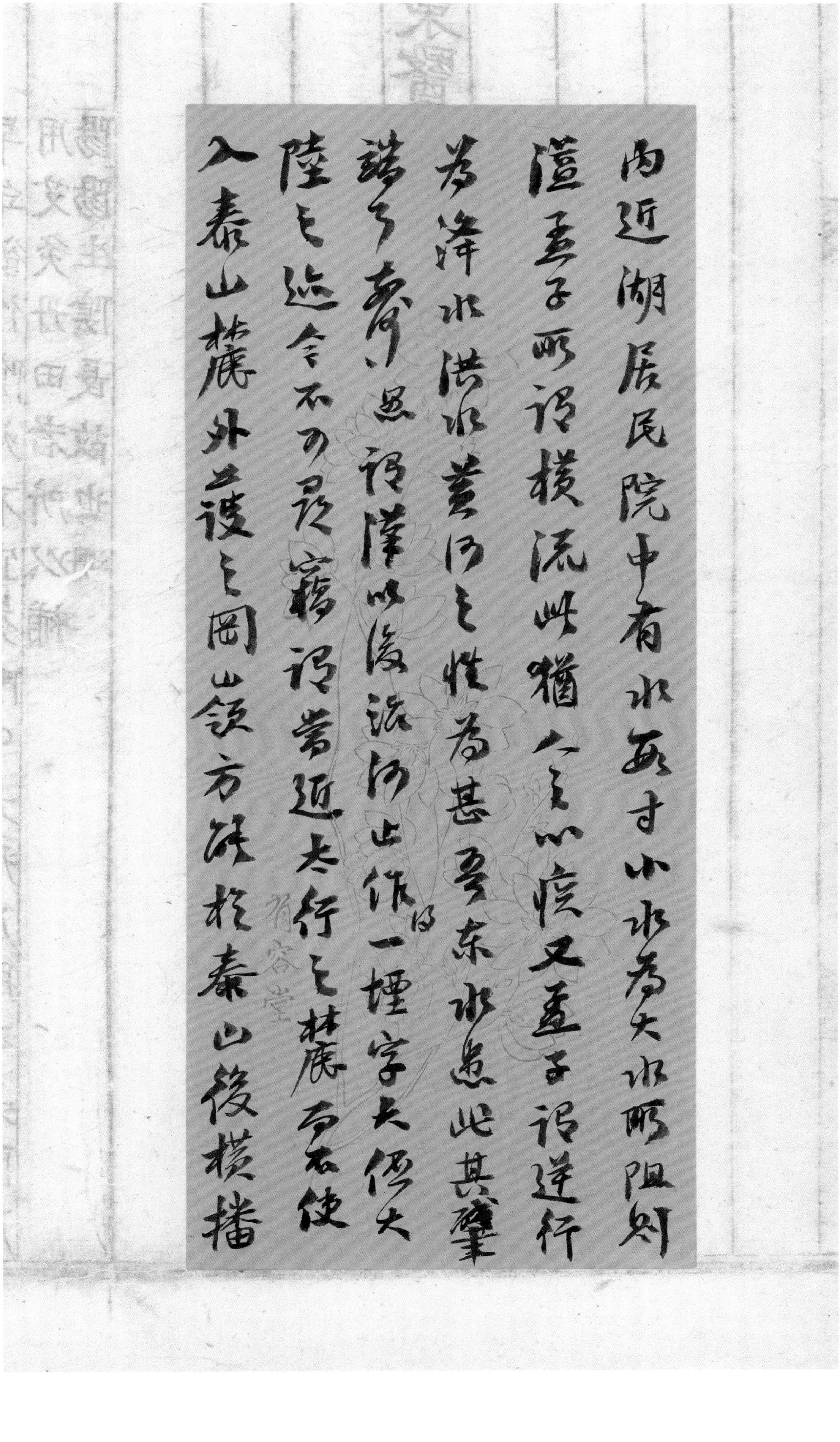

內近湖居民院中有水數寸，小水爲大水所阻則溢，孟子所謂横流，此猶人之心疾。又孟子謂逆行爲洚水、洪水，黄河之性爲甚。吾東水患此其肇端耳，奈何奈何。愚謂漢以後治河止作得一堙字。大伾大陸之迹今不可尋，竊謂當近太行之麓而不使入泰山麓，外護之岡嶺，方能於泰山後横播

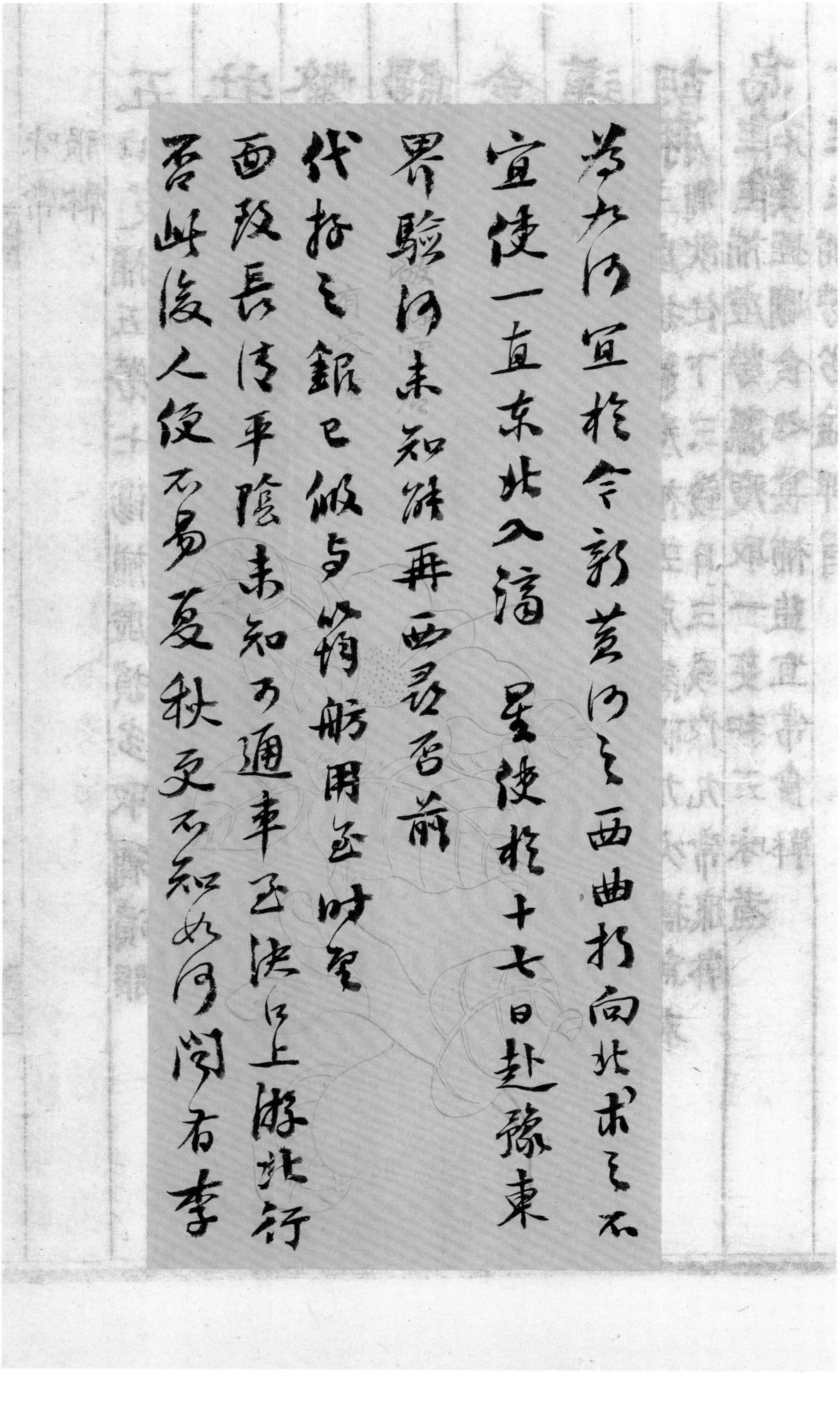

爲九河。宜於今新黄河之西曲折向北求之，不宜使一直東北入濟。星使於十七日赴豫東界驗河，未知能再西尋否。前代存之銀已假與筠舫用，至時望面致。長清、平陰未知可通車至決口上游北行否？此後人便不易，夏秋更不知如何。聞有李

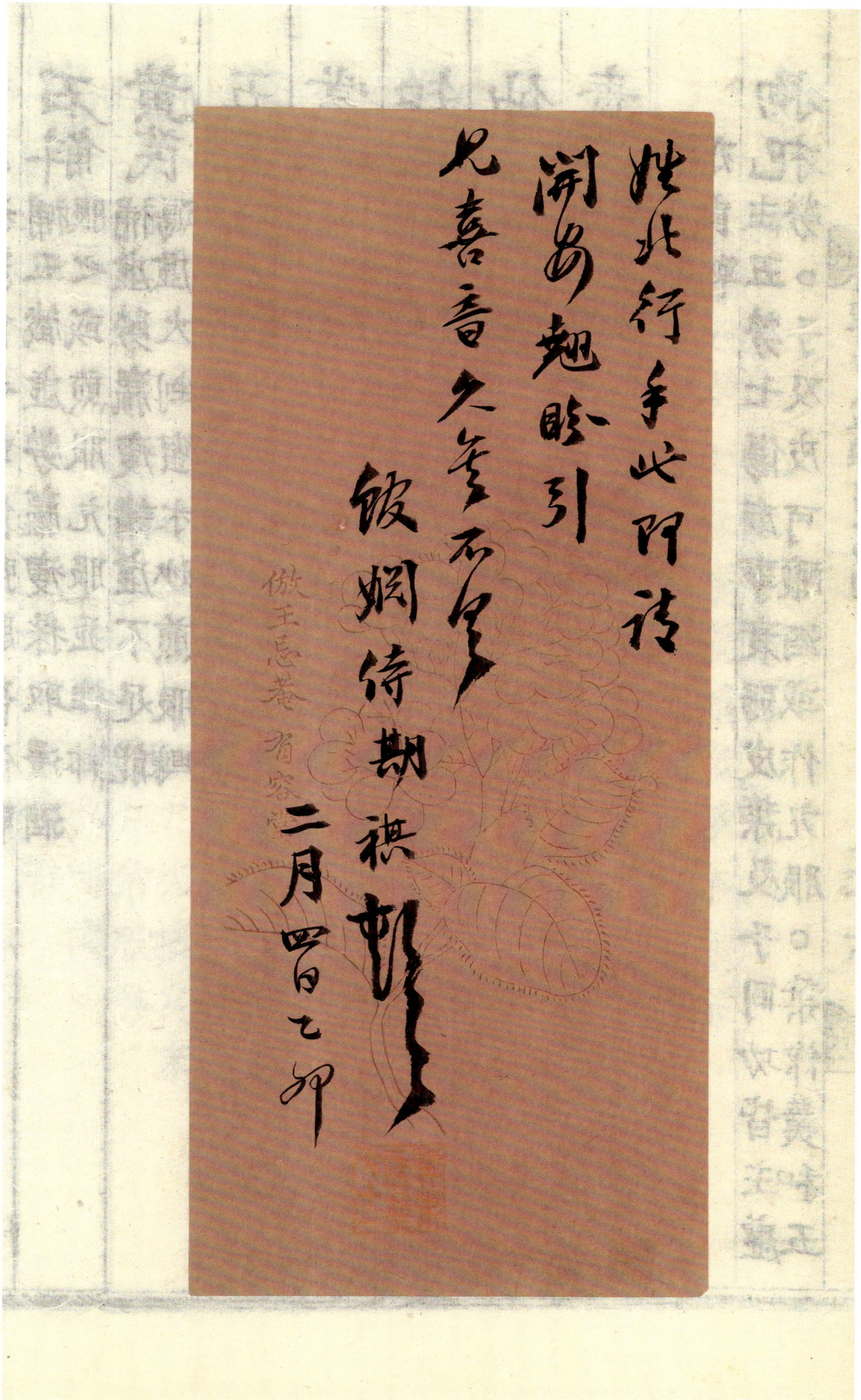

姓北行，手此即請開安，翹盼引見喜音久矣。不具。館姻侍期祺頓首。
二月四日乙卯。

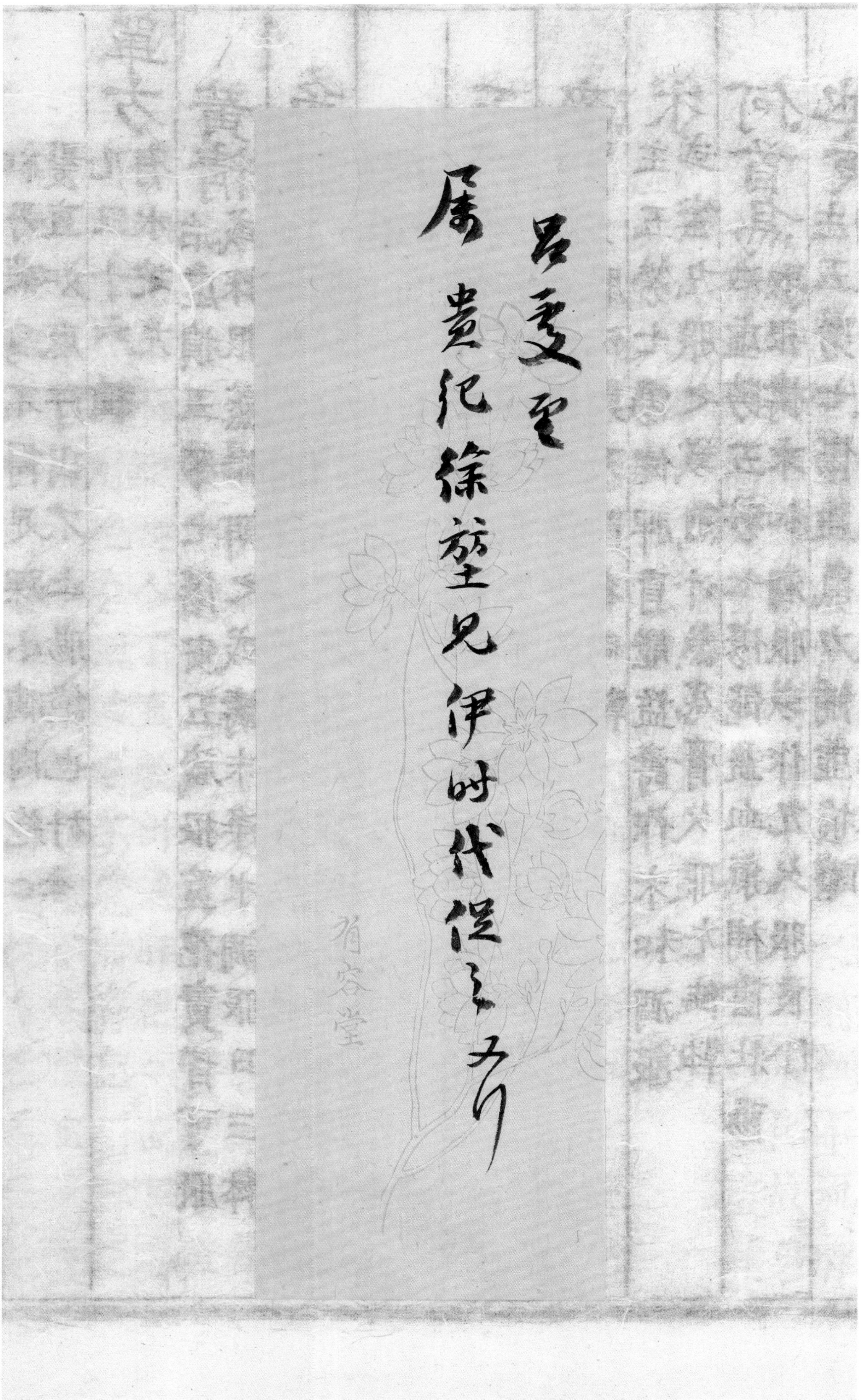

呂處望屬貴紀徐筌見伊時代促之。又拜。

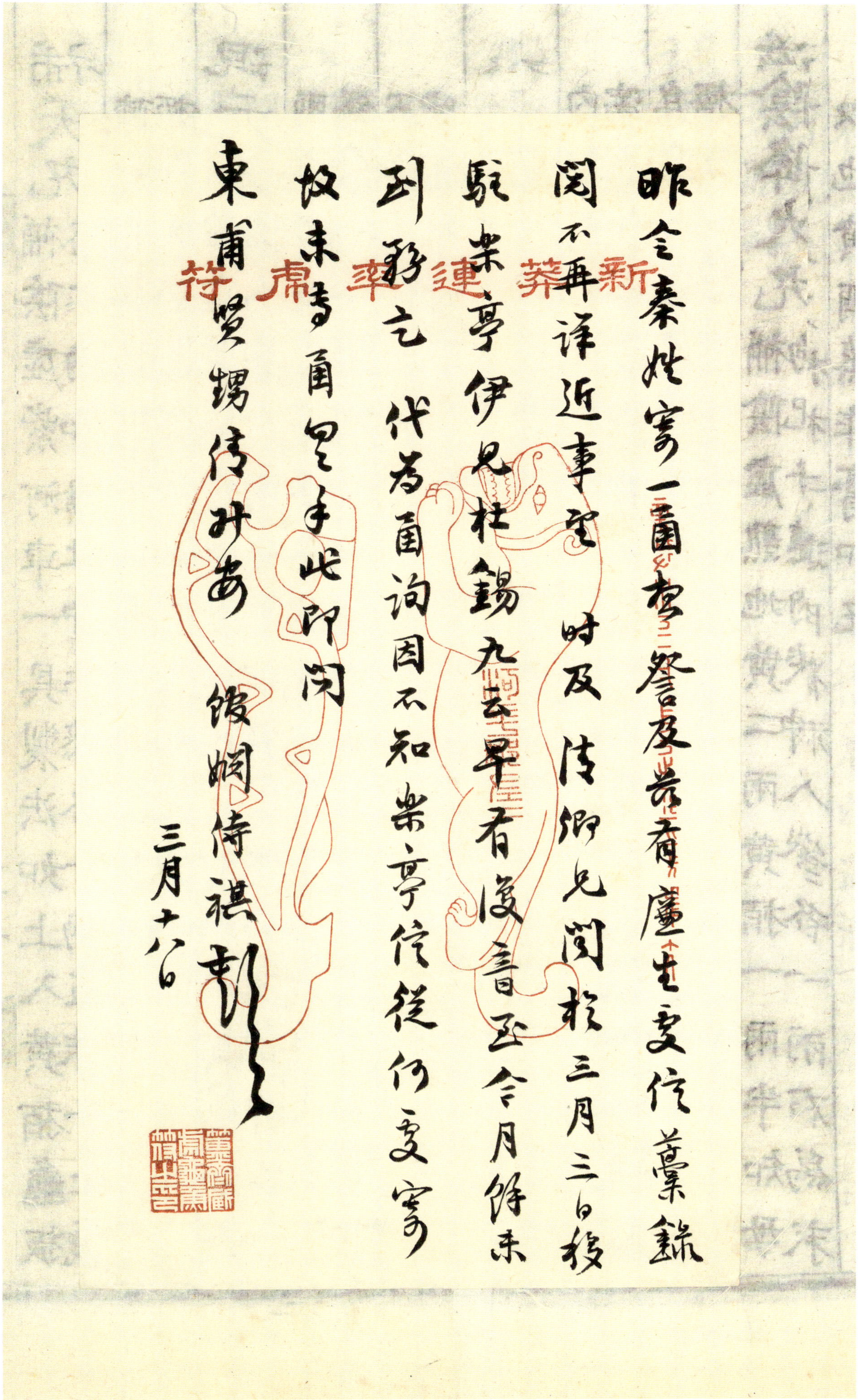

昨令秦姓寄一函，想察及，茲有廉生處信稿録閱，不再詳，近事望時及。清卿兄聞於三月三日移駐樂亭，伊見杜錫九云早有復音。至今月餘未到，務乞代爲函詢。因不知樂亭信從何處寄，故未專函。匆匆手此即問東甫賢甥倩升安。館姻侍祺頓首。三月十八日[一]。

[一]根據信中所述吳大澂移駐樂亭之事，知當在一八八三年，故繫於此。參見吳大澂：《愙齋自訂年譜》，中華書局，二〇〇七年，第一〇四頁。

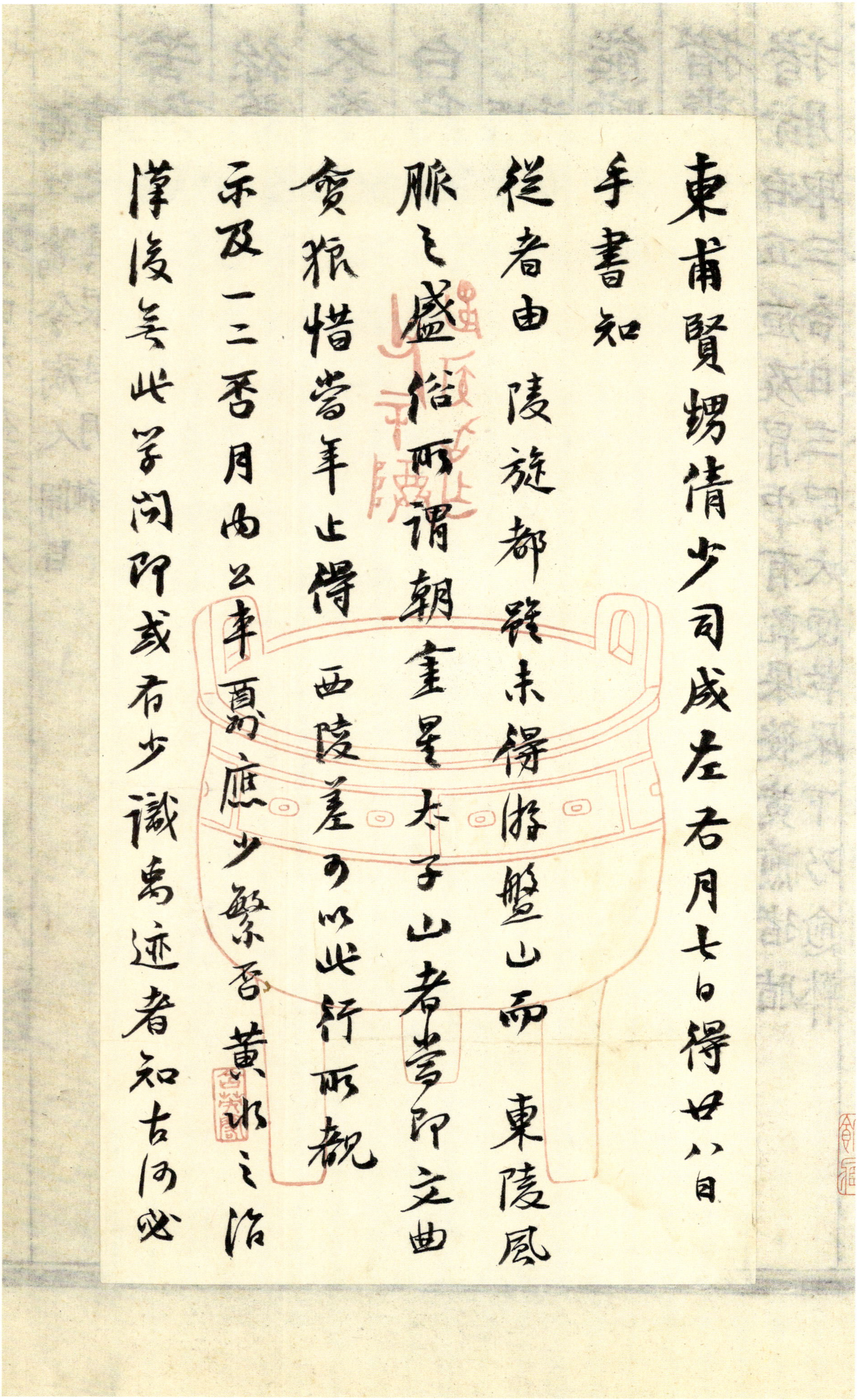

東甫賢甥倩少司成左右[一]。月七日得廿八日手書，知從者由陵旋都，雖未得游盤山，而東陵風脉之盛，俗所謂朝金星太子山者，當即文曲、貪狼。惜當年止得西陵差，可以此行所睹示及一二否？月内公車酬應少繁否？黄水之治，漢後無此學問，即或有少識禹迹者，知古河必

[一] 此函作於光緒九年（一八八三）四月九日。

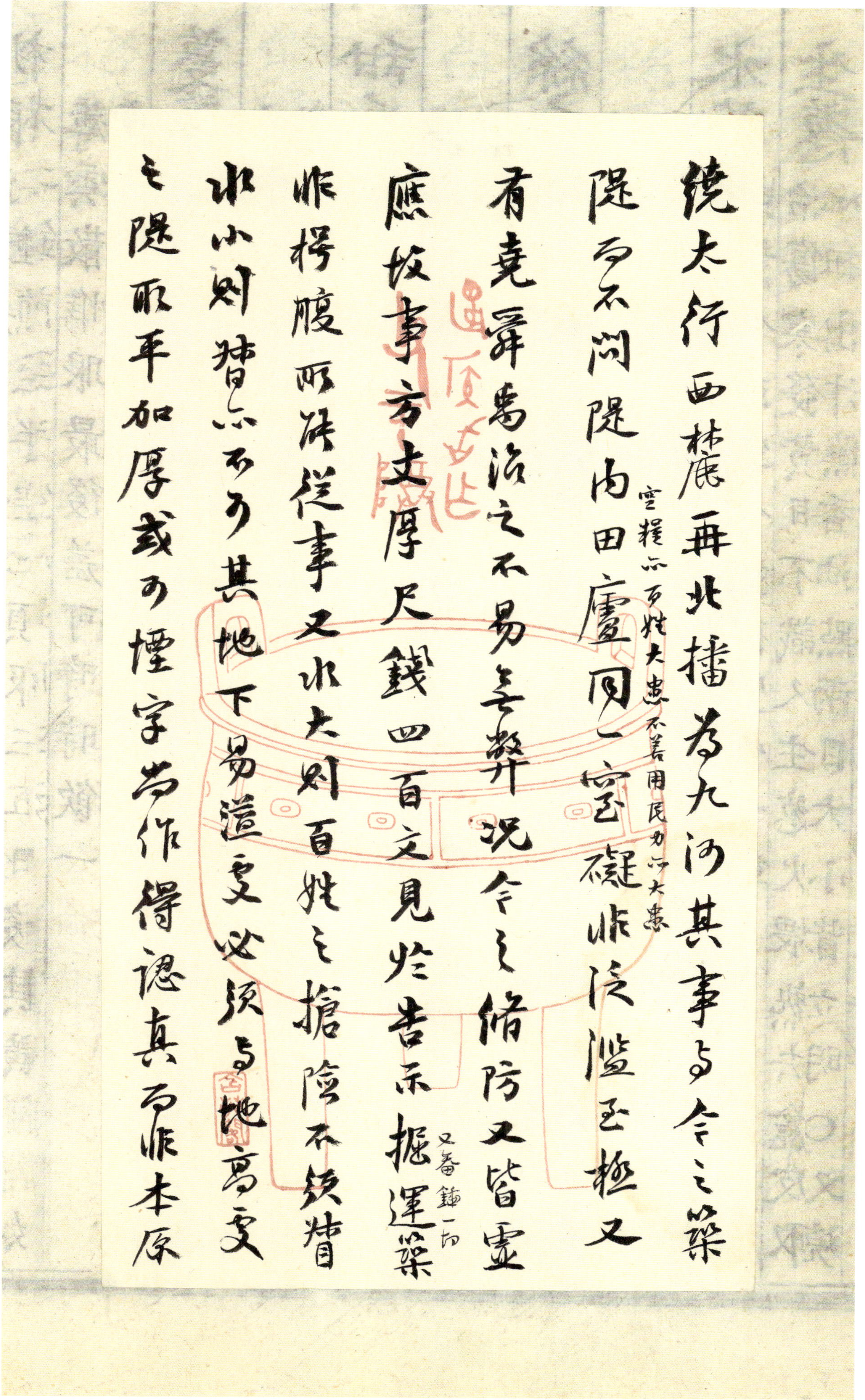

繞太行西麓再北播爲九河，其事與今之築堤而不問堤内田廬同一窒礙。空糧亦百姓大患，不善用民力亦大患。非泛濫至極又有堯舜禹治之，不易無弊。況今之修防又皆虛應故事，方丈厚尺錢四百文，見於告示。掘運築又畚鍤一切。非枵腹所能從事。又水大則百姓之搶險不須督，水小則督亦不可。其地下易溢處，必須與地高處之堤取平加厚，或可埋字尚作得認真，而非本原

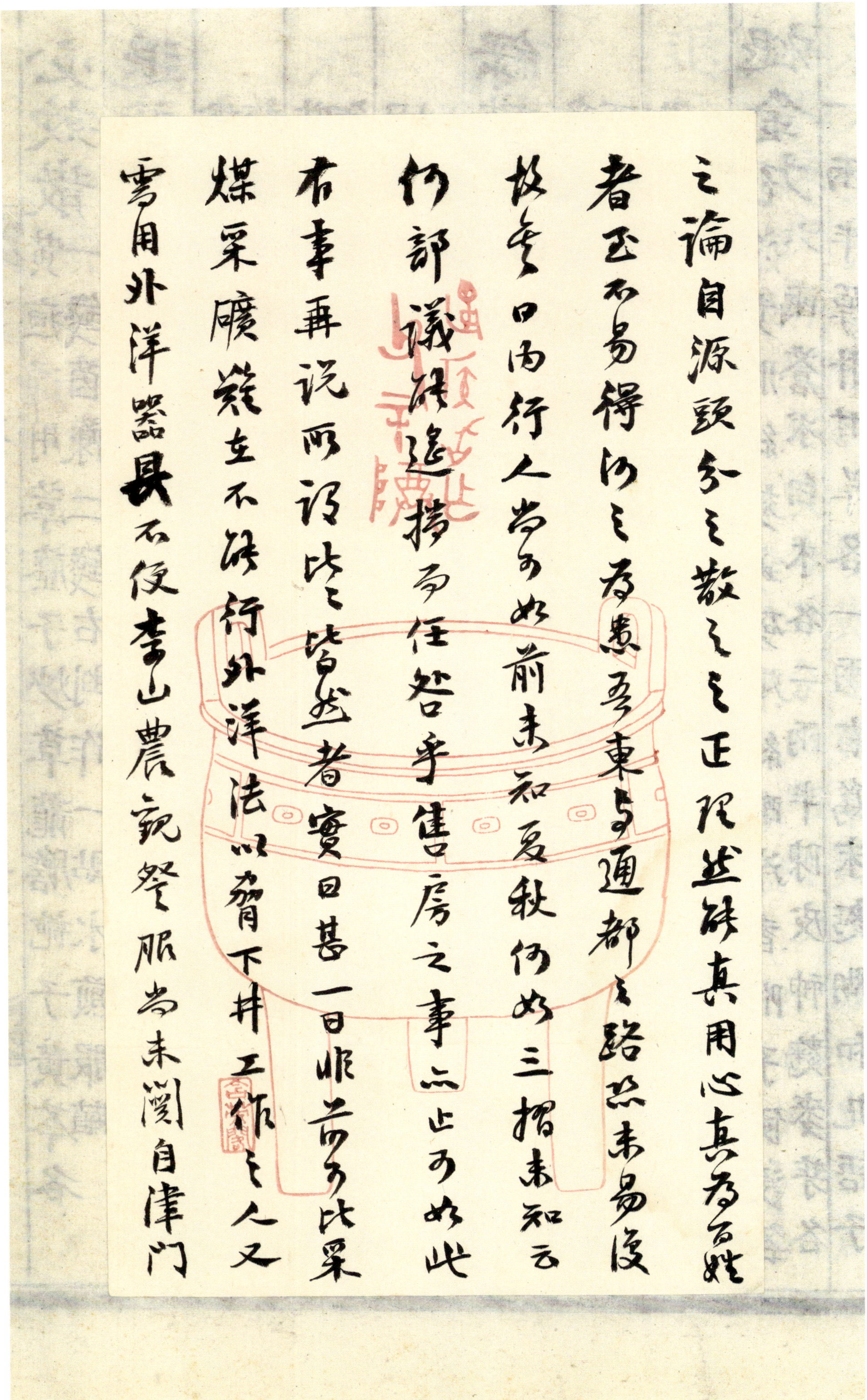

之論自源頭分之散之之正理。然能真用心真爲百姓者至不易得。河之爲患，吾東與通都之路，恐未易復故矣。日内行人尚可如前，未知夏秋何如？三摺未知云何？部議能遥揣而任咎乎？售房之事，亦止可如此。有事再説。所謂比比皆然者，實日甚一日，非前可比。采煤采礦，難在不能行外洋法以脅下井工作之人，又需用外洋器具不便。李山農觀察服尚未闋。自津門

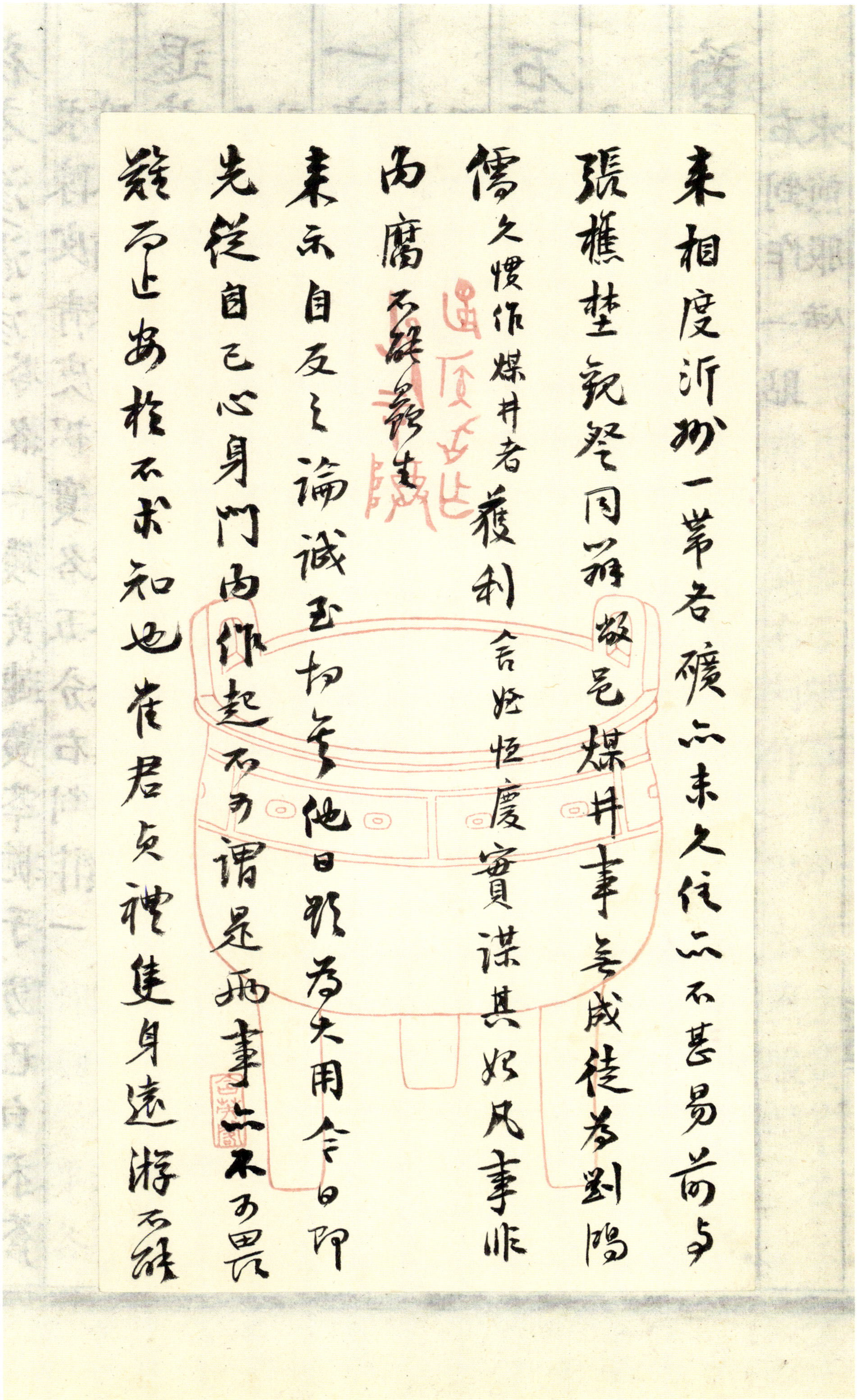

來，相度沂州一帶各礦，亦未久住，亦不甚易。前與張樵埜觀察同辦敝邑煤井事，無成，徒爲劉鴻儒久慣作煤井者。獲利。舍侄恒慶實謀其始，凡事非内腐不能蟲生。來示自反之論，誠至切矣。他日欲爲大用，今日即

先從自己心身門内作起，不可謂是兩事，亦不可畏難而止，安於不求知也。崔君貞禮隻身遠游，不能

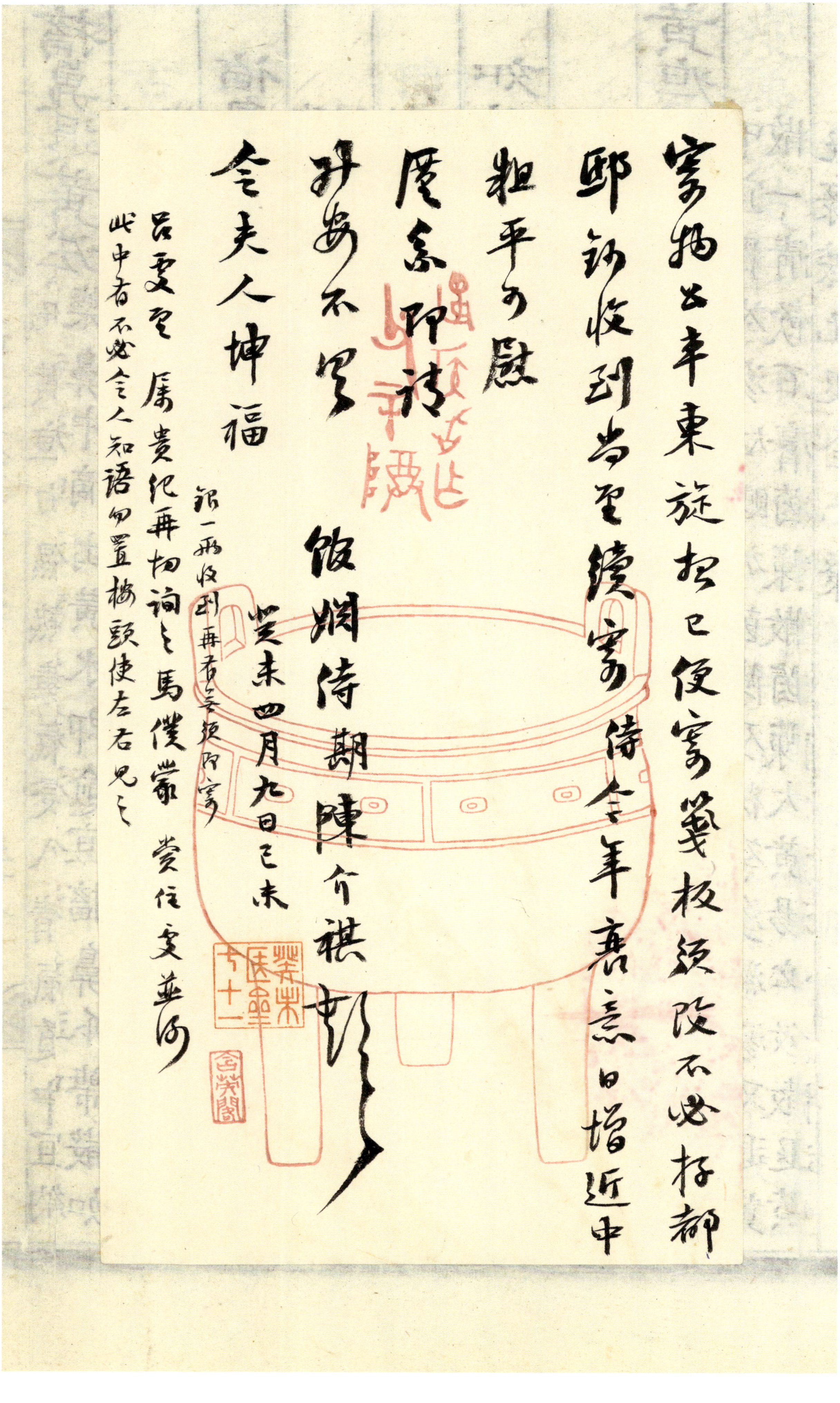

寄物。公車東旋，想已便寄，箋板須改，不必存都。邱鈔收到，尚望續寄。侍今年衰意日增，近中粗平，可慰廑系。即請升安不具。令夫人坤福。館姻侍期陳介祺頓首。癸未四月九日已未。

銀一兩收到，再有無須即寄。呂處望屬貴紀再切詢之，馬僕蒙賞住處并謝。此中有不必令人知語，勿置案頭使左右見之。

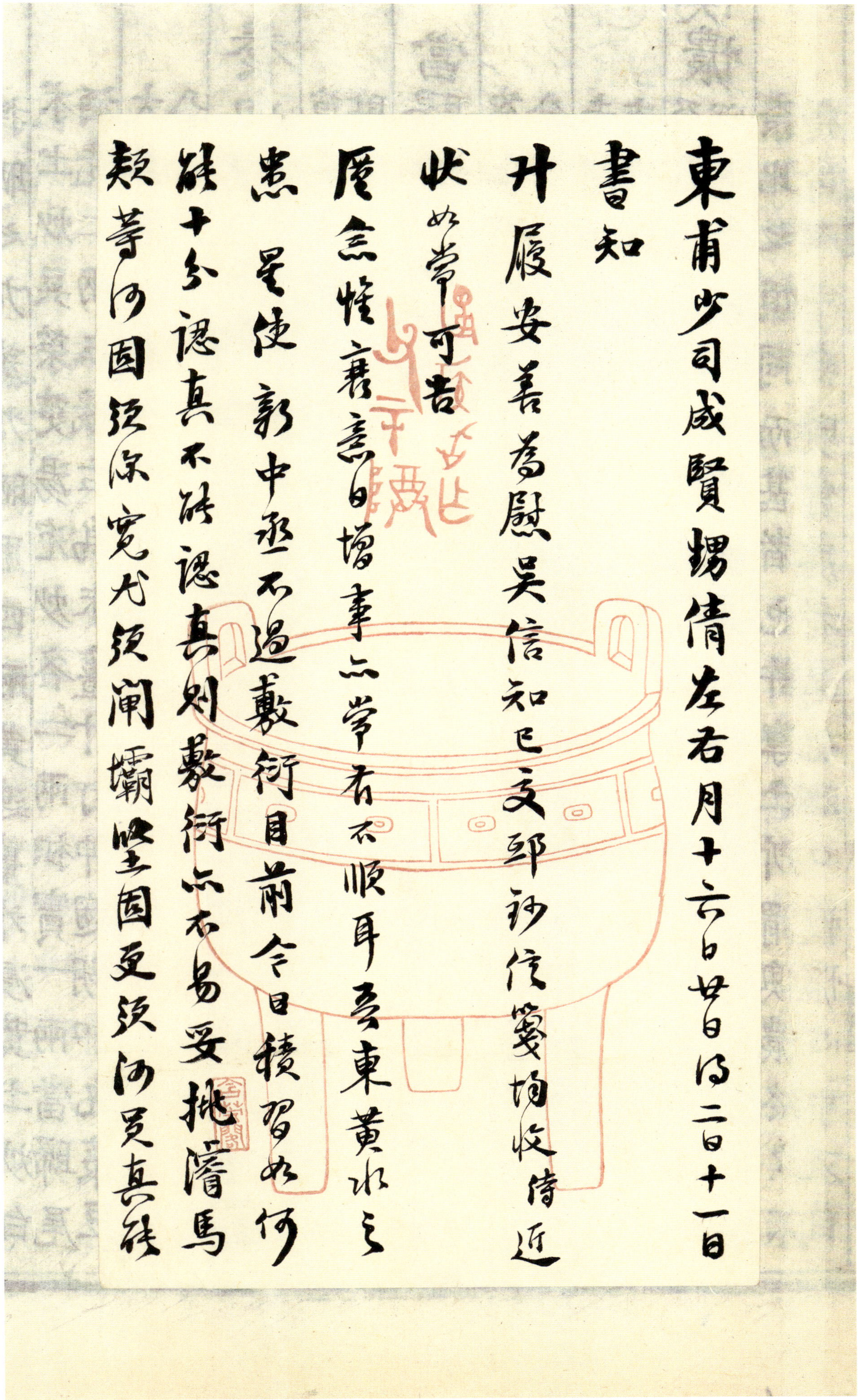

東甫少司成賢甥倩左右〔一〕。月十六日、廿日得二日、十一日書，知升履安善爲慰。吴信知已交。邸鈔、信箋均收。侍近狀如常，可告廑念。惟衰意日增，事亦常有不順耳。吾東黄水之患，星使新中丞不過敷衍目前。今日積習如何能十分認真？不能認真則敷衍，亦不易妥。挑濬馬頰等河，固須深寬，尤須閘壩堅固，更須河員真能

〔一〕此函作於光緒九年（一八八三）四月二十二日。

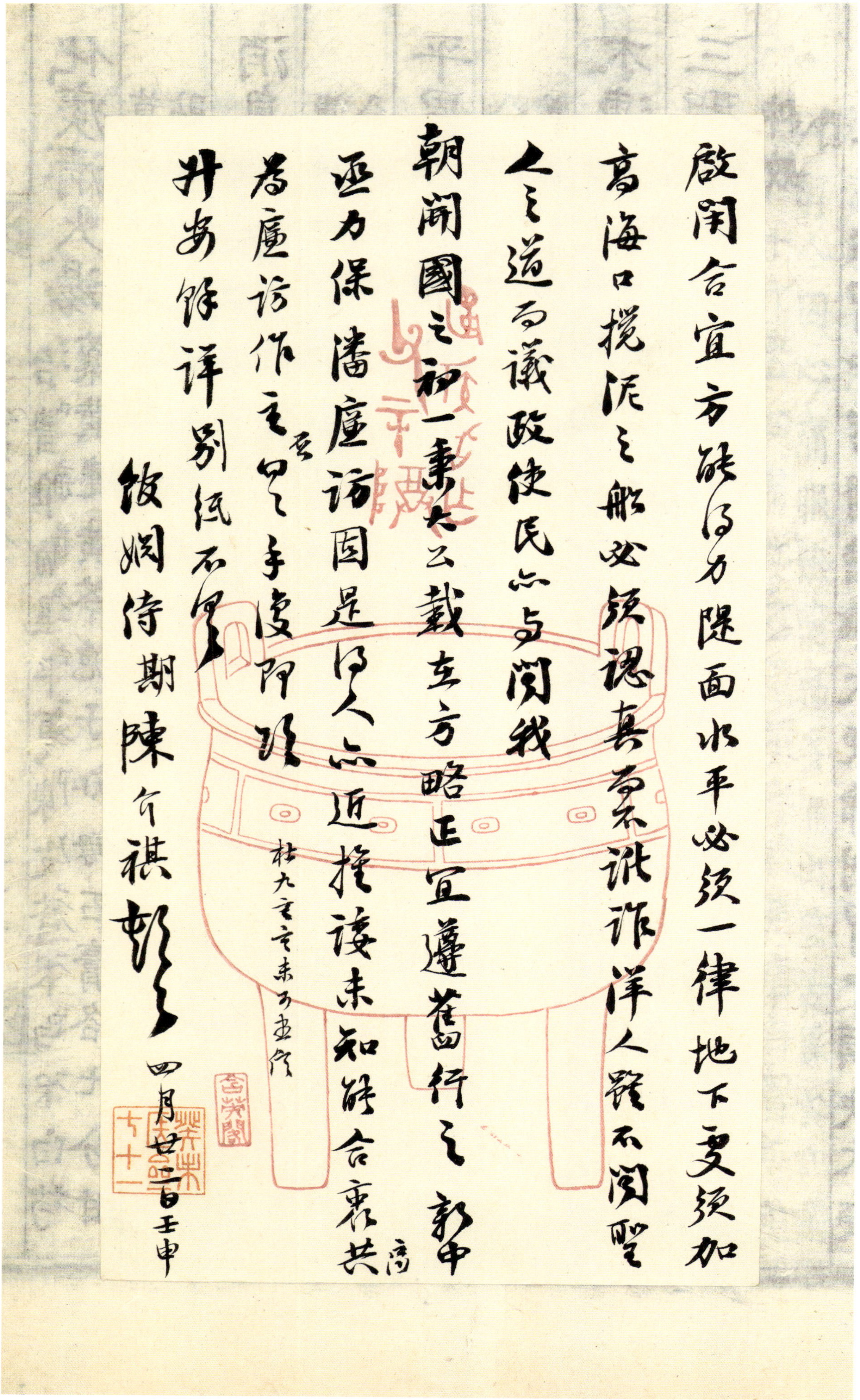

啓閉合宜，方能得力。堤面水平必須一律，地下處須加高，海口攪泥之船必須認真，而不訛詐。洋人雖不聞聖人之道，而議政使民亦與聞。我朝開國之初一秉大公，載在方略，正宜遵舊行之。新中丞力保潘廉訪，固是得人，亦近推諉，未知能合衷共商爲廉訪作主否？匆匆手復，即頌升安，餘詳別紙不具。杜九重言未可盡信。館姻侍期陳介祺頓首。四月廿二日壬申。

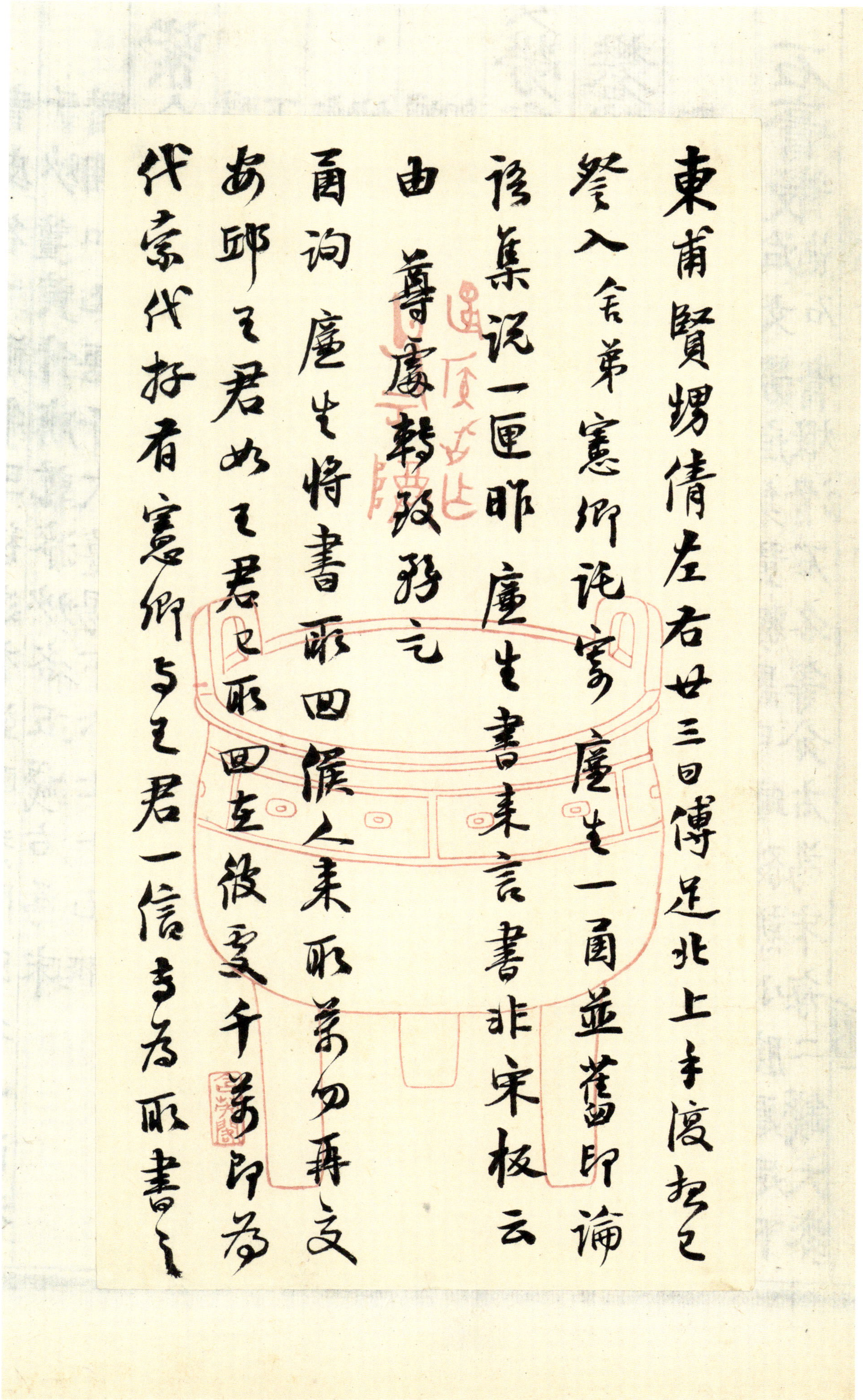

東甫賢甥倩左右[一]。廿三日傅足北上，手復想已察入。舍弟憲卿托寄廉生一函并舊印《論語集説》一匣。昨廉生書來，言書非宋板，云由尊處轉致。務乞函詢廉生將書取回，候人來取，萬勿再交安邱王君。如王君已取回在彼處，千萬即爲代索代存。有憲卿與王君一信，專爲取書之

[一] 此函作於光緒九年（一八八三）五月八日。

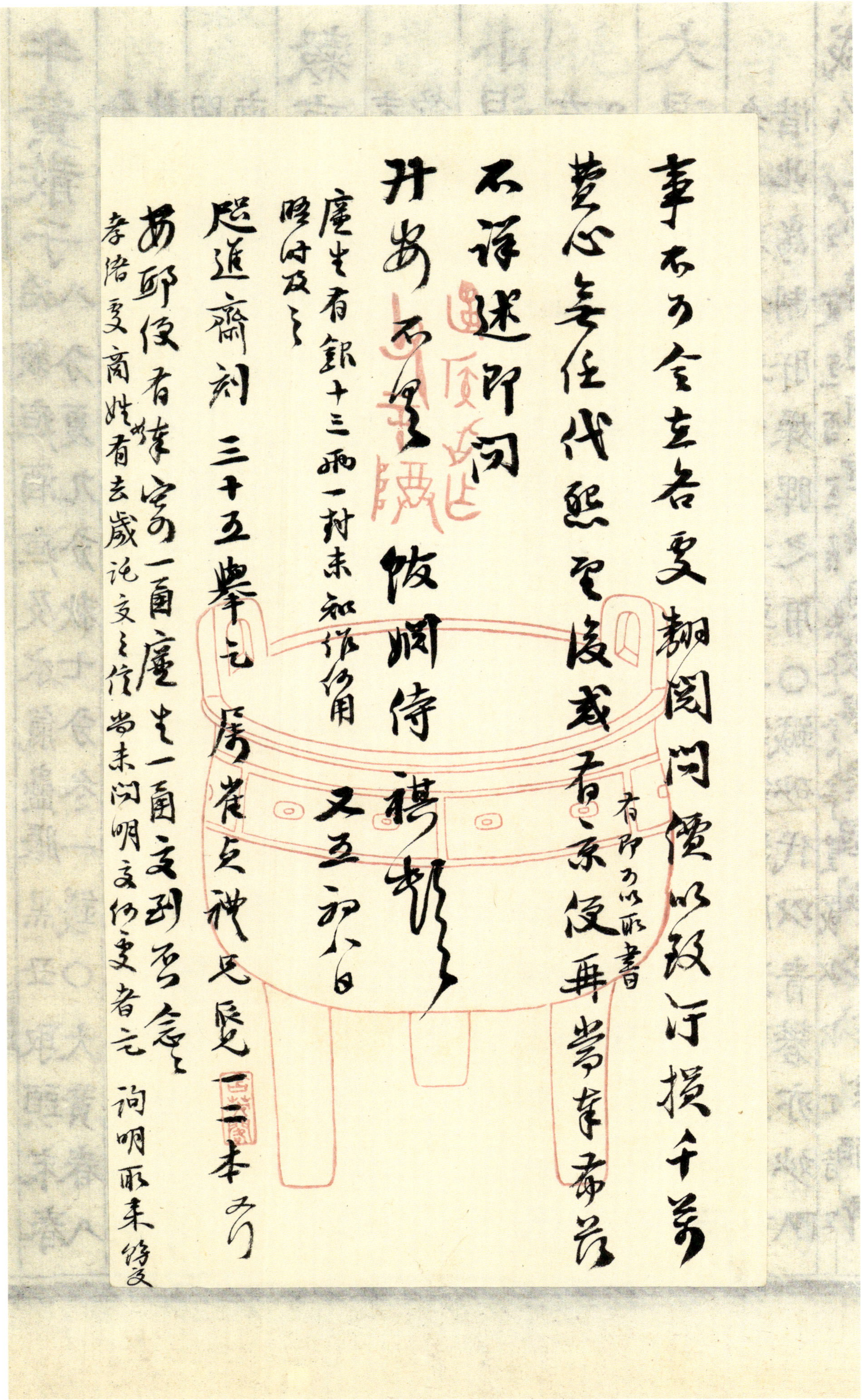

事，不可令在各處翻閱問價以致污損。千萬費心，無任代懇，望後或有京便，有即可以取書。再當奉布。茲不詳述。即問升安不具。館姻侍祺頓首。又五初八日。

廉生有銀十三兩一封，未知作何用。晤時及之。

毖進齋刻《三十五舉》乞屬崔貞禮兄覓一二本。又拜。

安邱便有奉寄一函、廉生一函，交到否？念念。孝緒處商姓如有去歲托交之信，尚未問明交何處者，乞詢明，取來飭交。

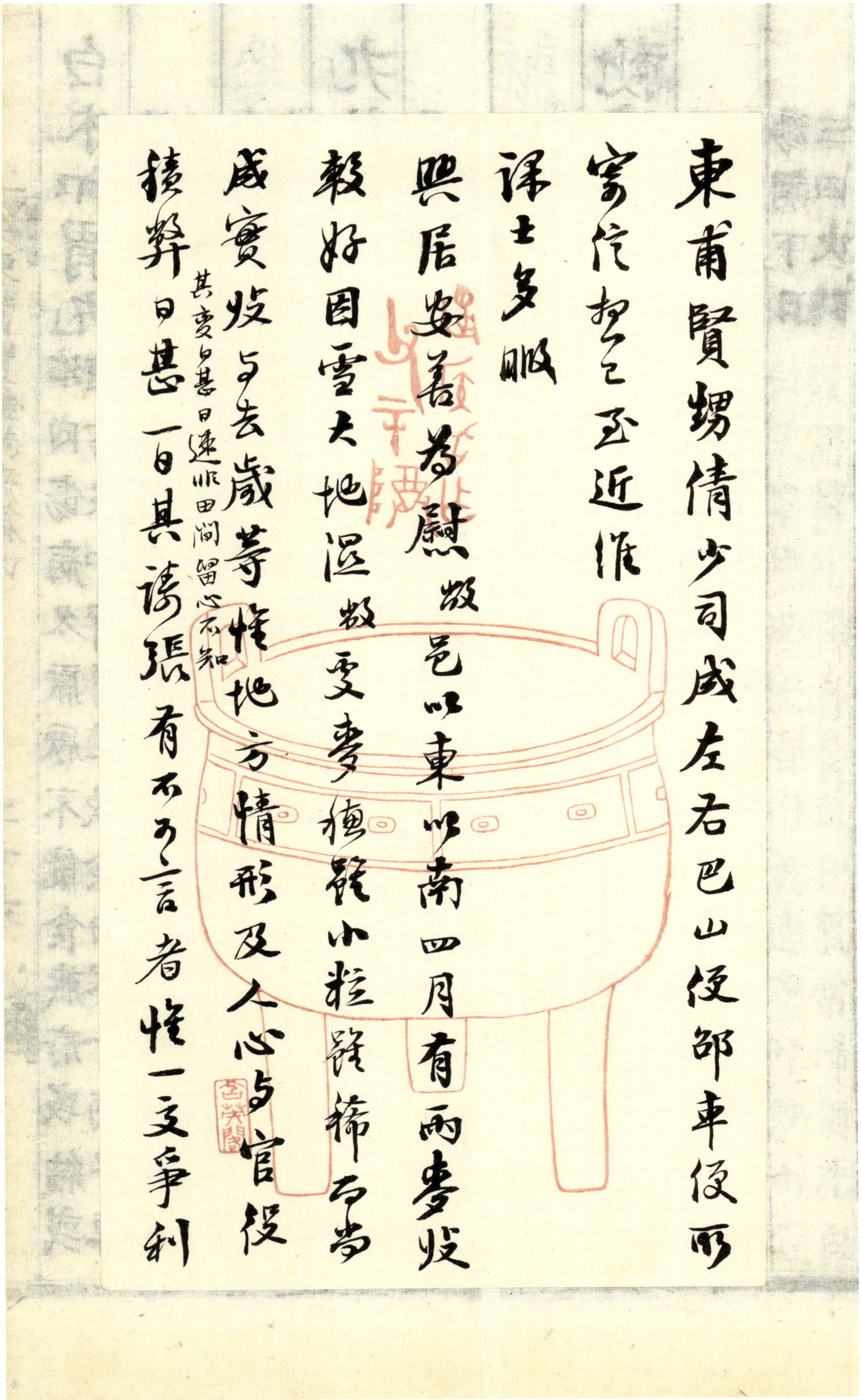

東甫賢甥倩少司成左右巴山便邵車便所寄信想已至近維
課士多暇
興居安善爲慰敝邑以東以南四月有兩麥收較好
因雪大地濕敝處麥穗雖小粒雖稀而尚
成實收與去歲等惟地方情形及人心與官役
其變日甚日速非田間留心不知
積弊日甚一日其譸張有不可言者惟一交爭利

東甫賢甥倩少司成左右[一]。巴山便、邵車便所寄信想已至。近維課士多暇，興居安善爲慰。敝邑以東以南，四月有兩麥收較好，因雪大地濕，敝處麥穗雖小、粒雖稀而尚成實，收與去歲等。惟地方情形及人心與官役，積弊日甚一日，其變日甚日速，非田間留心不知。其譸張有不可言者，惟一交爭利

[一] 此函作於光緒九年（一八八三）五月十二日。

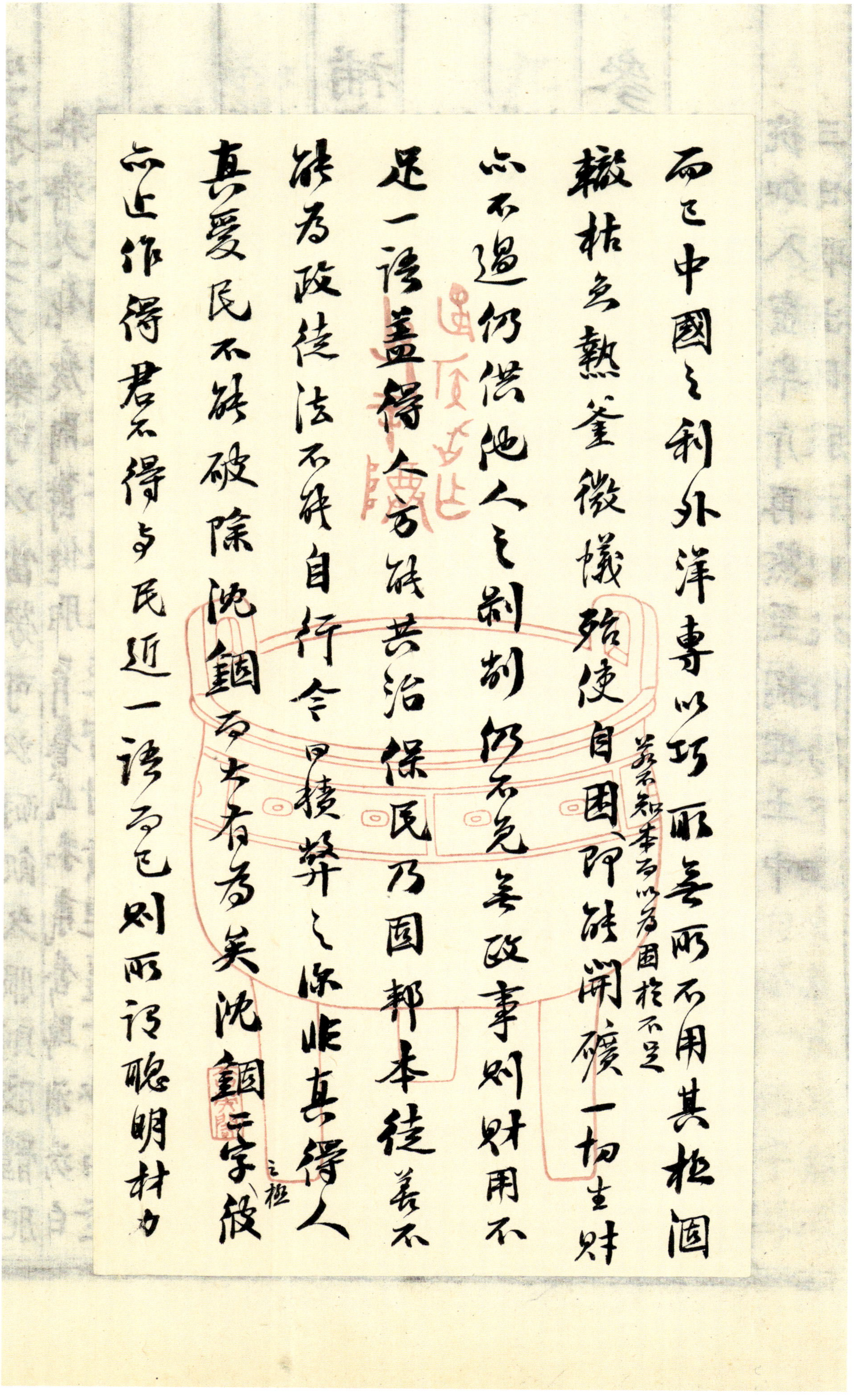

而已。中國之利外洋專以巧取，無所不用其極。涸轍枯魚、熱釜微蟻，殆使自困，若不知本而以爲困於不足。即能開礦一切生財，亦不過仍供他人之剥削，仍不免無政事則財用不足一語。蓋得人方能共治，保民乃固邦本。徒善不能爲政，徒法不能自行。今日積弊之深，非真得人、真愛民，不能破除沉錮而大有爲矣。沉錮二字之極，彼亦止作得君不得與民近一語而已，則所謂聰明材力

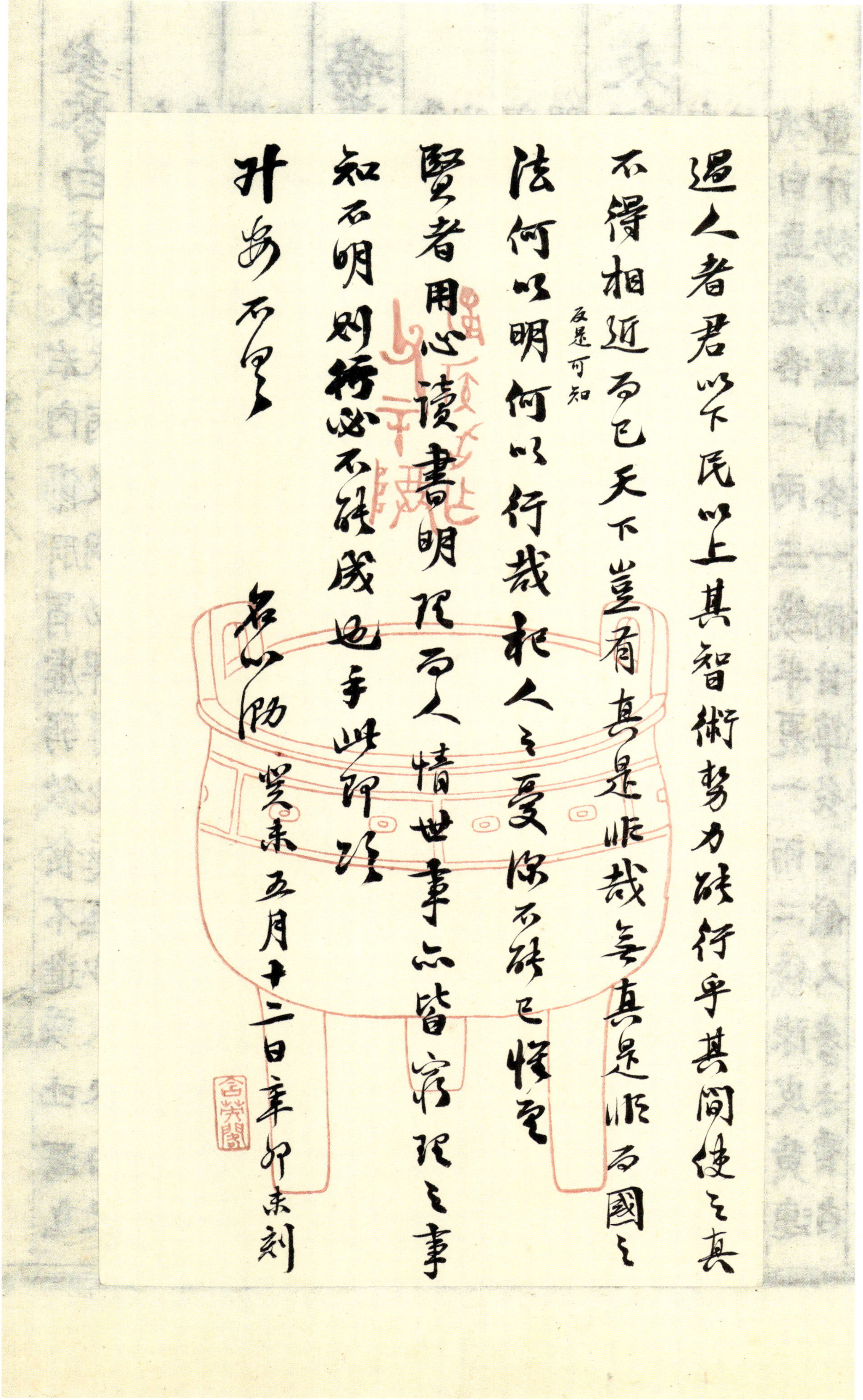

過人者，君以下、民以上，其智術勢力能行乎其間，使之真不得相近而已。天下豈有真是非哉？無真是非而國之法何以明、何以行哉？反是可知。杞人之憂，深不能已。惟望賢者用心讀書明理，而人情世事亦皆窮理之事，知不明則行必不能成也。手此即頌升安不具。名以泐。癸未五月十二日辛卯未刻。

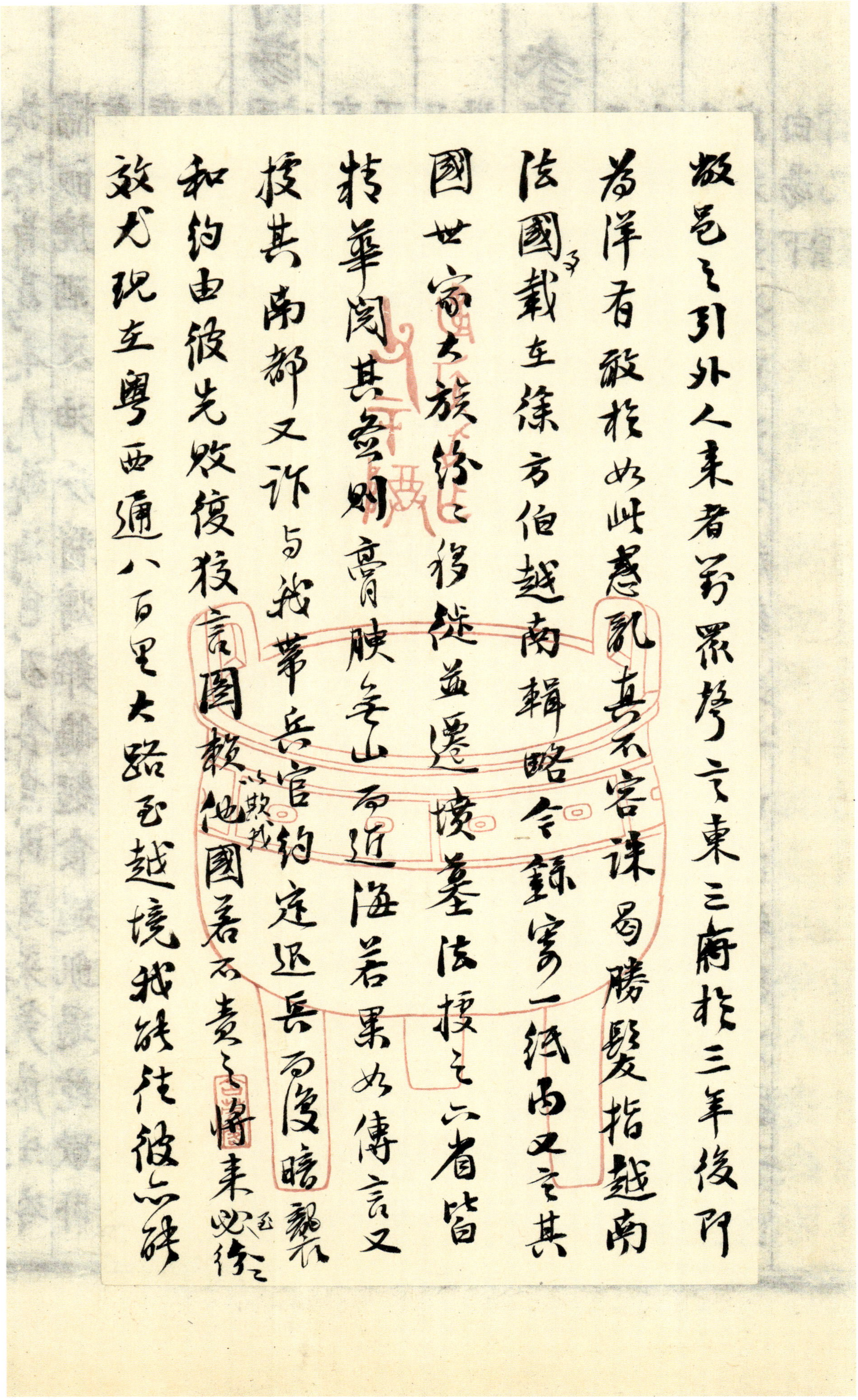

敝邑之引外人來者，對衆聲言東三府於三年後即爲洋有，敢於如此惑亂，真不容誅，曷勝髮指！越南法國事載在徐方伯《越南輯略》，今録寄一紙。內又言其國世家大族紛紛移徙并遷墳墓，法擾之六省皆精華，閱其圖則膏腴無山而近海，若果如傳言，又擾其南部，又詐與我帶兵官約定退兵，而復暗襲，和約由彼先敗，復狡言圖賴以欺我。他國若不責之，將來必至紛紛效尤。現在粵西通八百里大路至越境，我能往，彼亦能

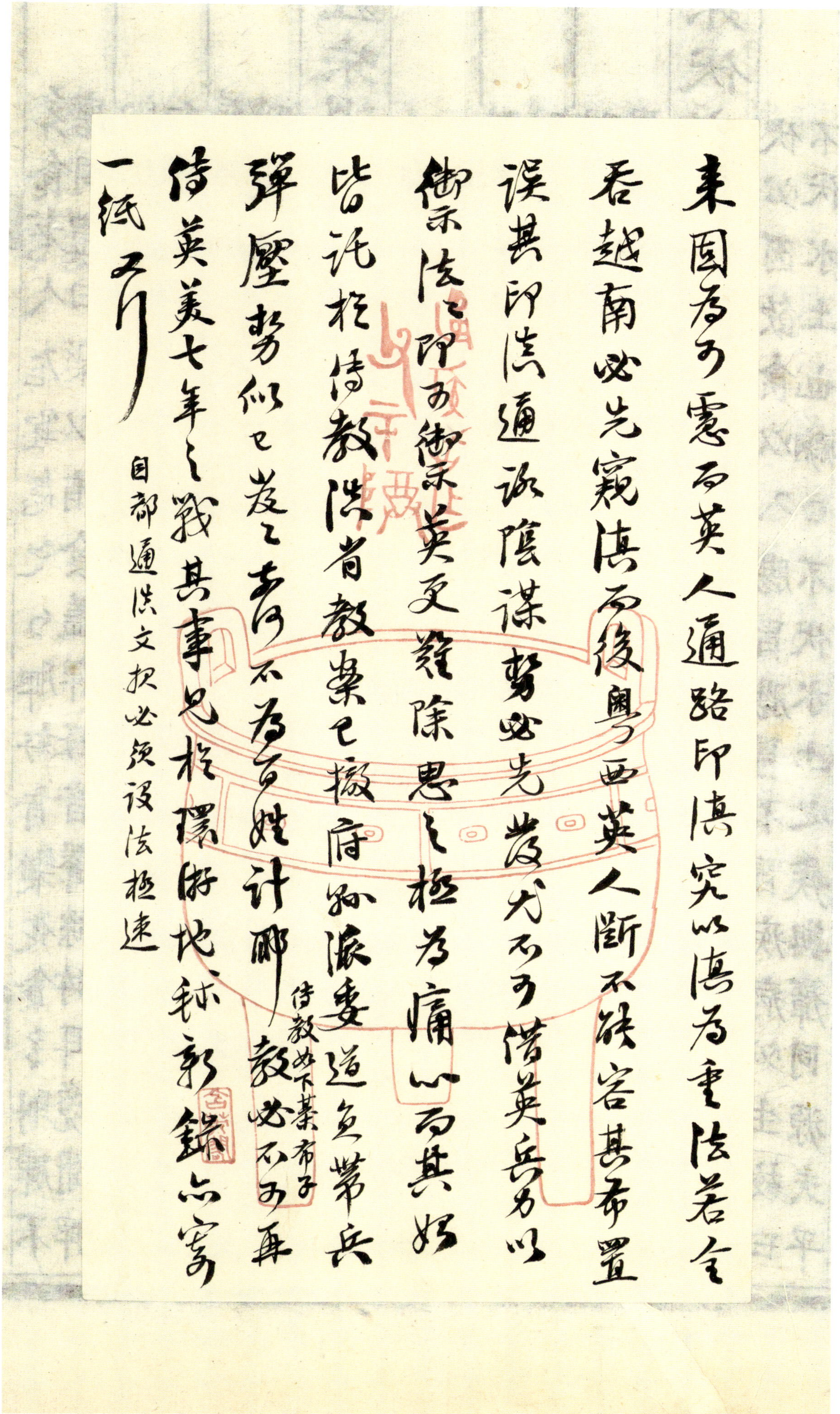

來，固爲可慮。而英人通路印滇，究以滇爲重。法若全吞越南，必先窺滇，而後粤西。英人斷不能容其布置，誤其印滇通路陰謀，勢必先發，尤不可借英兵力以禦法。法即可禦，英更難除。思之極爲痛心，而其始皆托於傳教。滇省教案已撤，府縣派委道員帶兵彈壓，勢似已岌岌，奈何不爲百姓計耶？傳教如下棋布子，教必不可再傳。英美七年之戰，其事見於《環游地球新録》，亦寄一紙。又拜。

自都通滇文報必須設法極速。

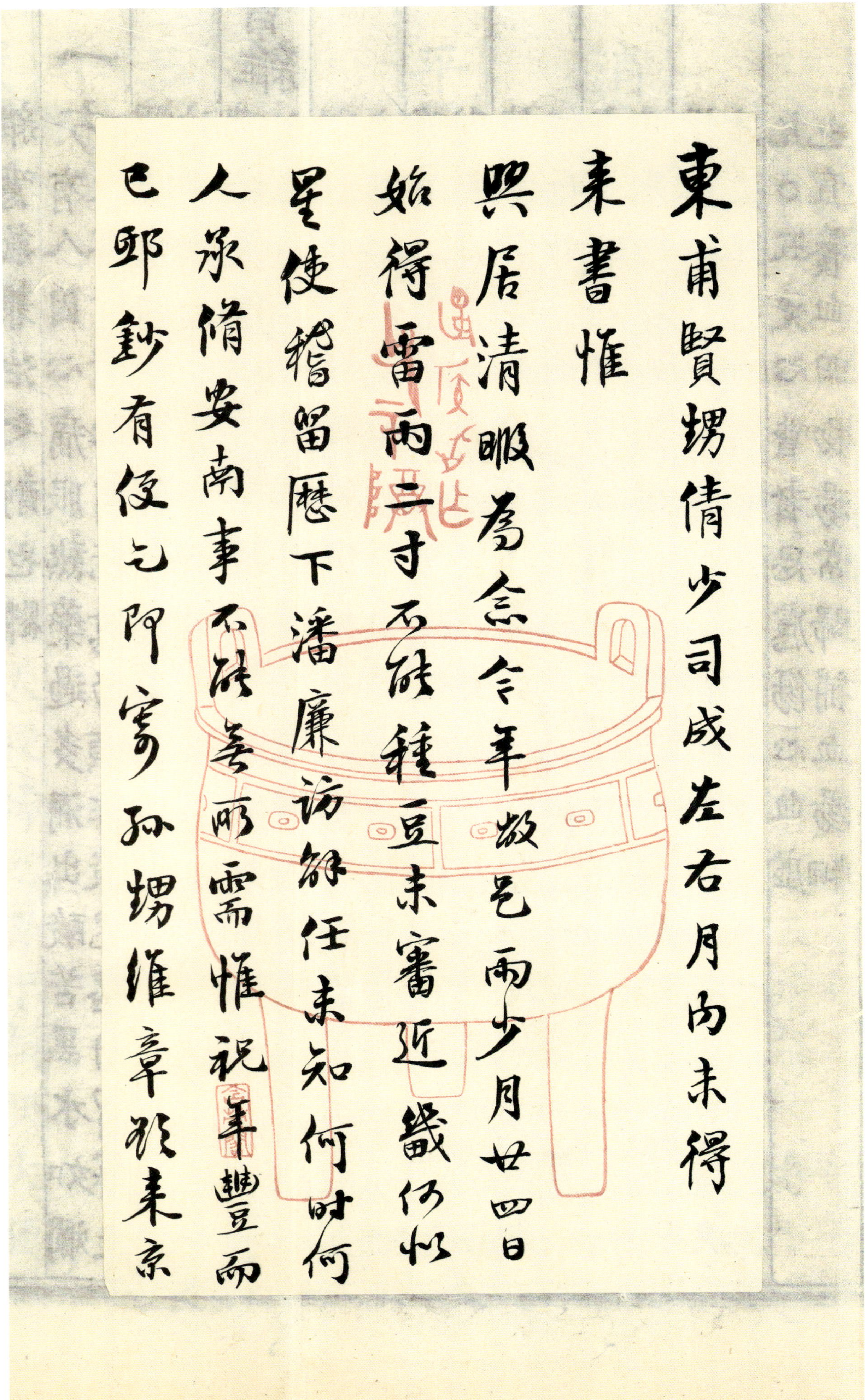
東甫賢甥倩少司成左右月内未得
來書惟
興居清暇爲念今年敝邑雨少月廿四日
始得雷雨二寸不能種豆未審近畿何似
星使稽留歷下潘廉訪解任未知何時何
人承修安南事不能無所需惟祝年豐而
已邸鈔有便乞即寄孫甥維章欲來京

東甫賢甥倩少司成左右[一]。月内未得來書，惟興居清暇爲念。今年敝邑雨少，月廿四日始得雷雨二寸，不能種豆，未審近畿何似。星使稽留歷下，潘廉訪解任，未知何時何人承修。安南事不能無所需。惟祝年豐而已。邸鈔有便乞即寄。孫甥維章欲來京，

[一]此函作於光緒九年（一八八三）五月二十八日。

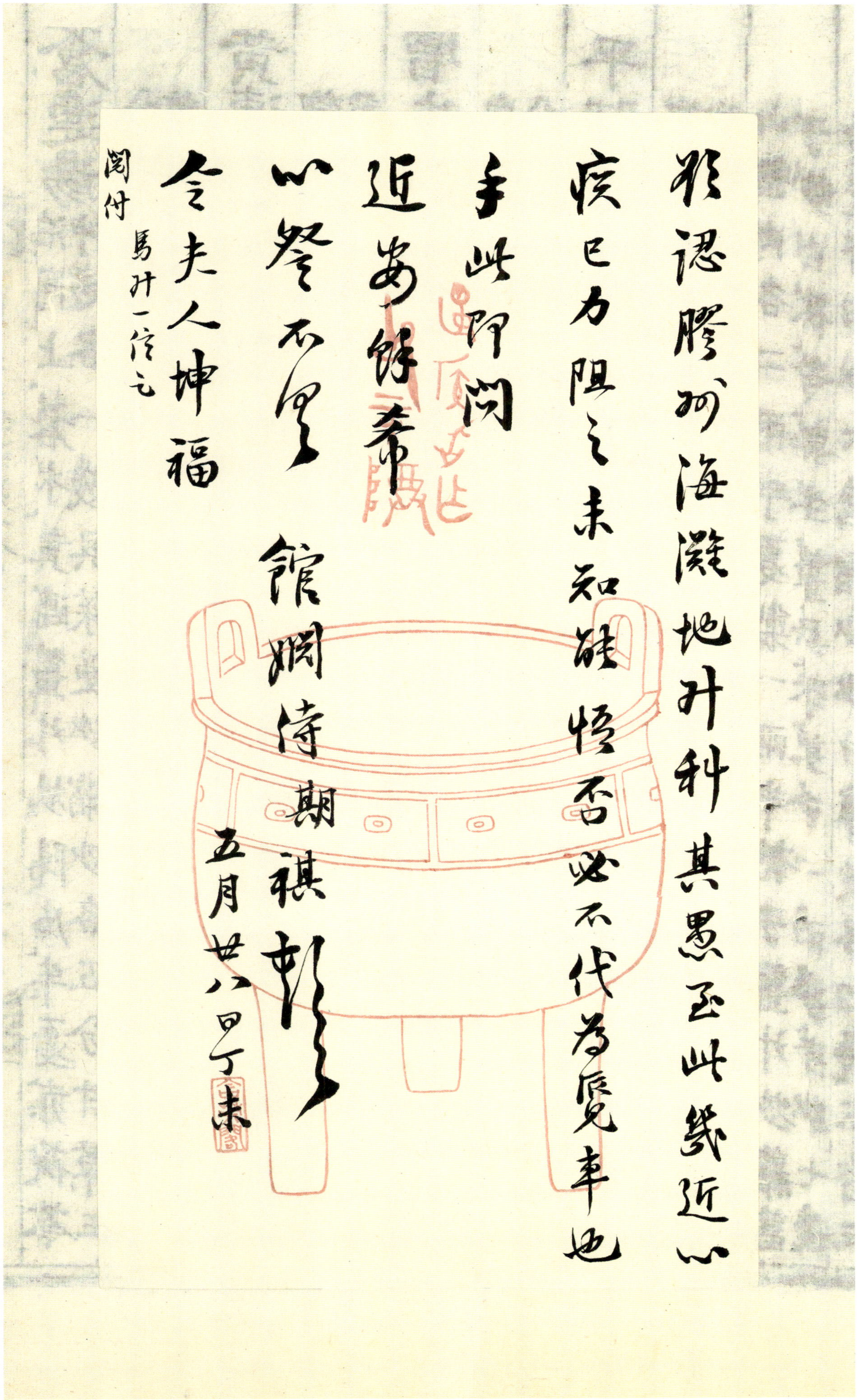

欲認膠州海灘地升科，其愚至此，幾近心疾。已力阻之，未知能悟否。必不代爲覓車也。手此即問近安，餘希心察不具。令夫人坤福。館姻侍期祺頓首。五月廿八日丁未。馬升一信乞閲付。

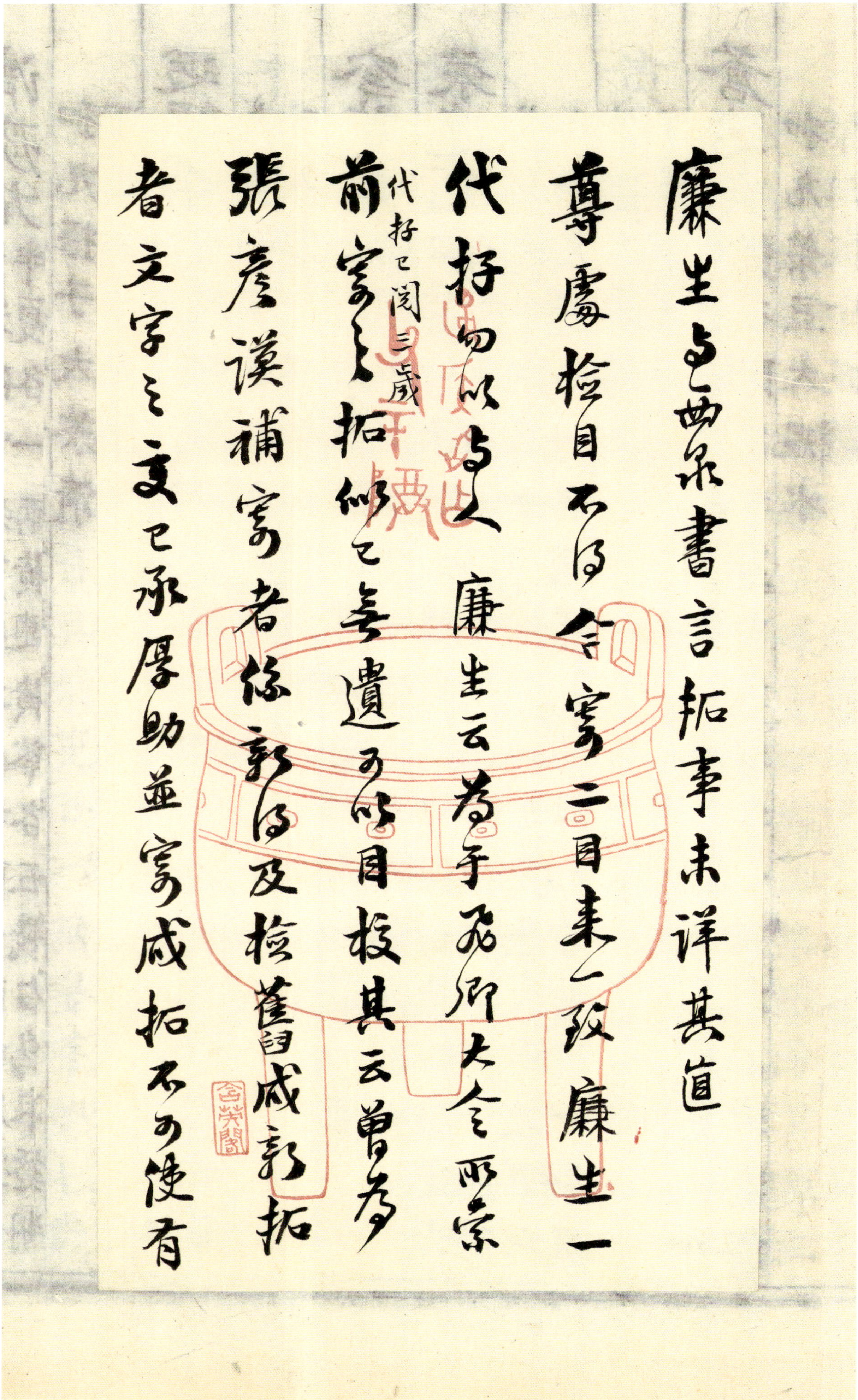

廉生與西泉書言拓事，未詳其值，尊處檢目不得。今寄二目來，一致廉生，一代存，勿以與人。廉生云爲于飛卿大令所索前寄之拓，代存已閱三歲，似已無遺，可以目校。其云曾爲張彥謨補寄者，係新得及檢舊成新拓者。文字之交，已承厚助，并寄成拓，不可使有

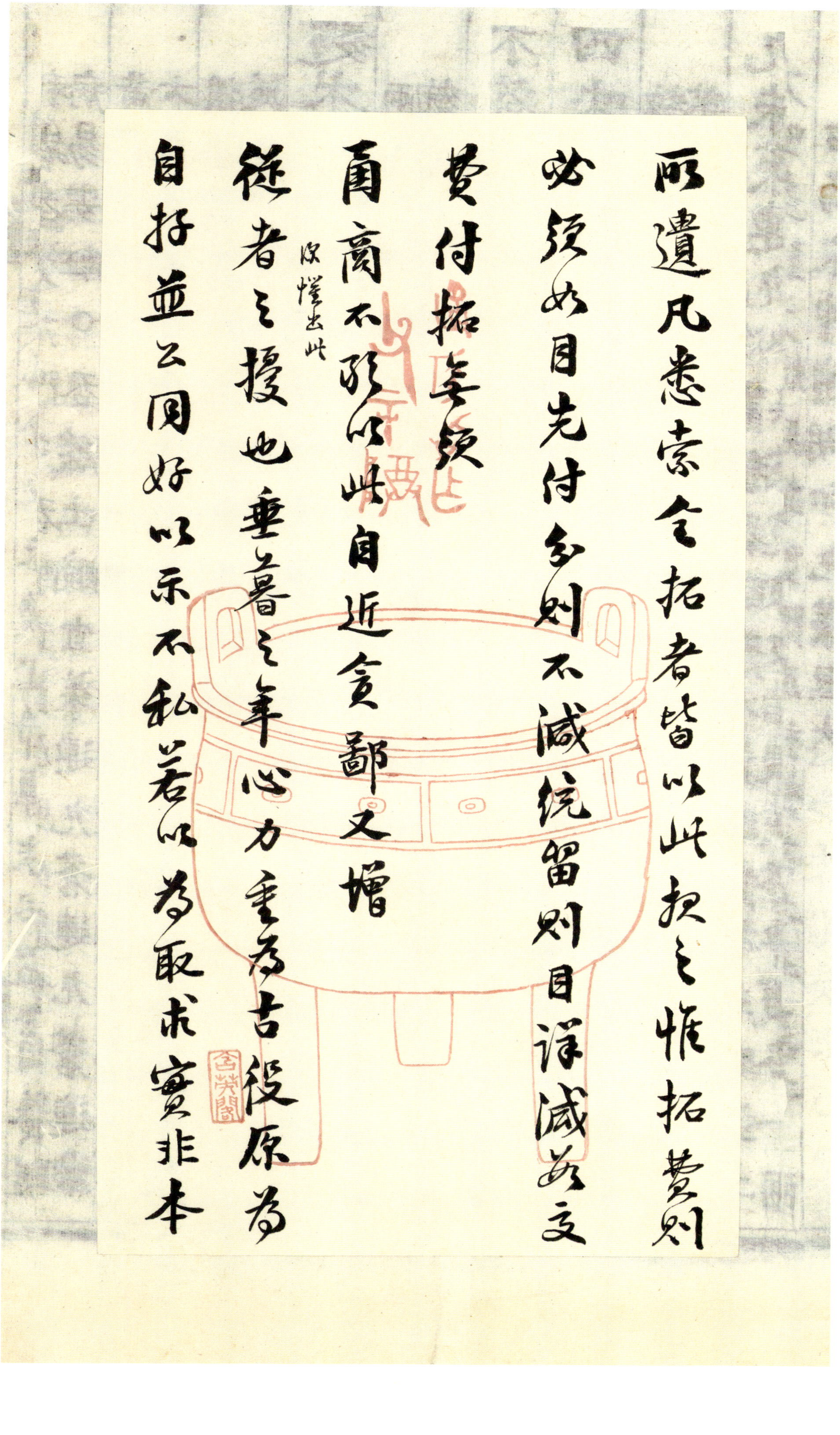

所遺凡悉索全拓者皆以此報之惟拓費則
必須如目先付分則不減統留則目詳減數交
費付拓無須
函商不敢以此自近貪鄙又增
深懼出此
從者之擾也垂暮之年心力重爲古役原爲
自存并公同好以示不私若以爲取求實非本

所遺。凡悉索全拓者，皆以此報之。惟拓費則必須如目先付，分則不減，統留則目詳減數。交費付拓，無須函商。不敢以此自近貪鄙，又增從者之擾也。深懼出此。垂暮之年，心力重爲古役，原爲自存并公同好，以示不私。若以爲取求，實非本

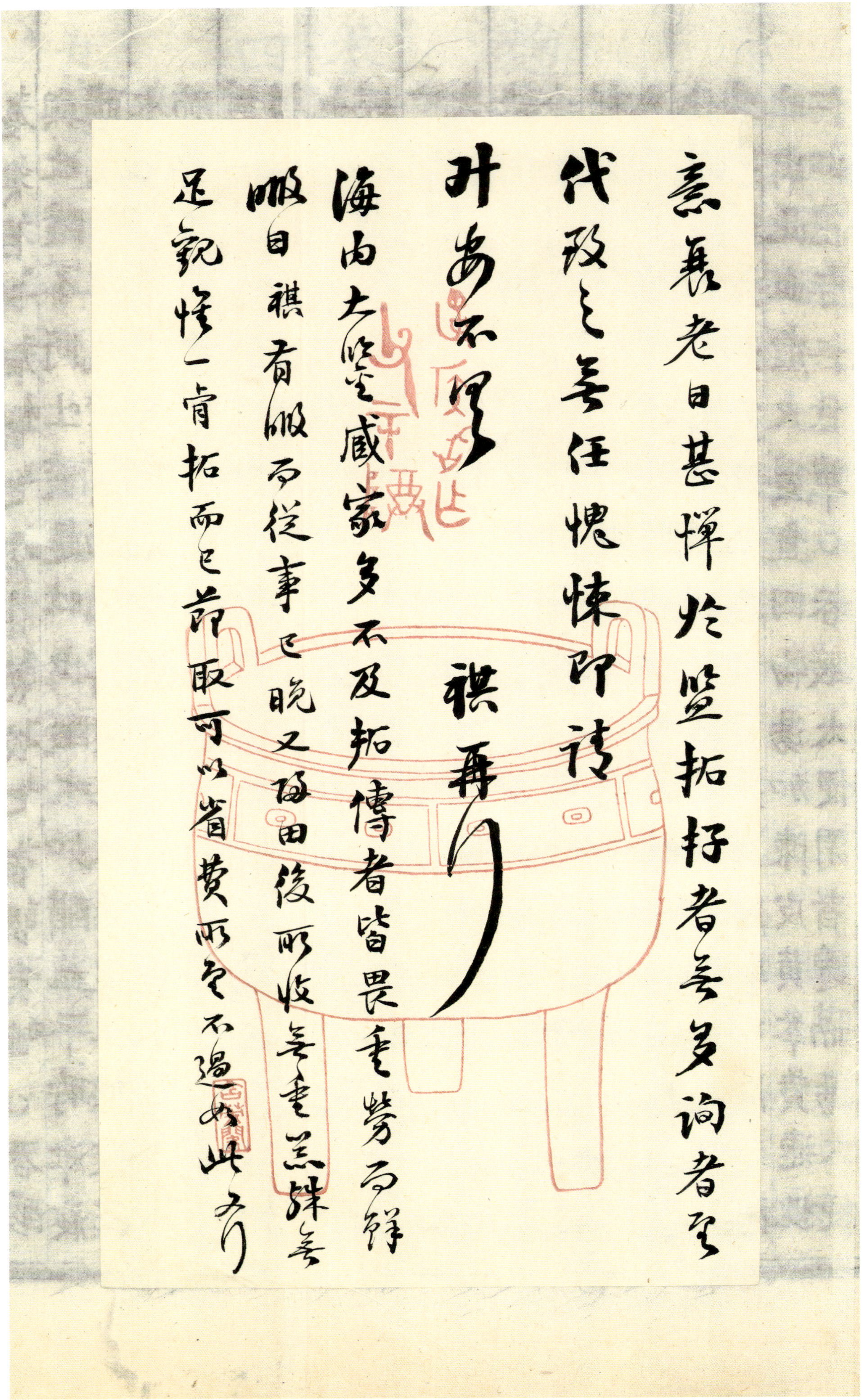

意。衰老日甚，憚於監拓，存者無多，詢者望代致之。無任愧悚。即請
升安不具。祺再拜。

海内大鑒藏家多不及拓傳者，皆畏重勞而鮮暇日。祺有暇而從事已晚，又歸田後所收無重器，殊無足觀，惟一肯拓而已。節取可以省費，所望不過如此。又拜。

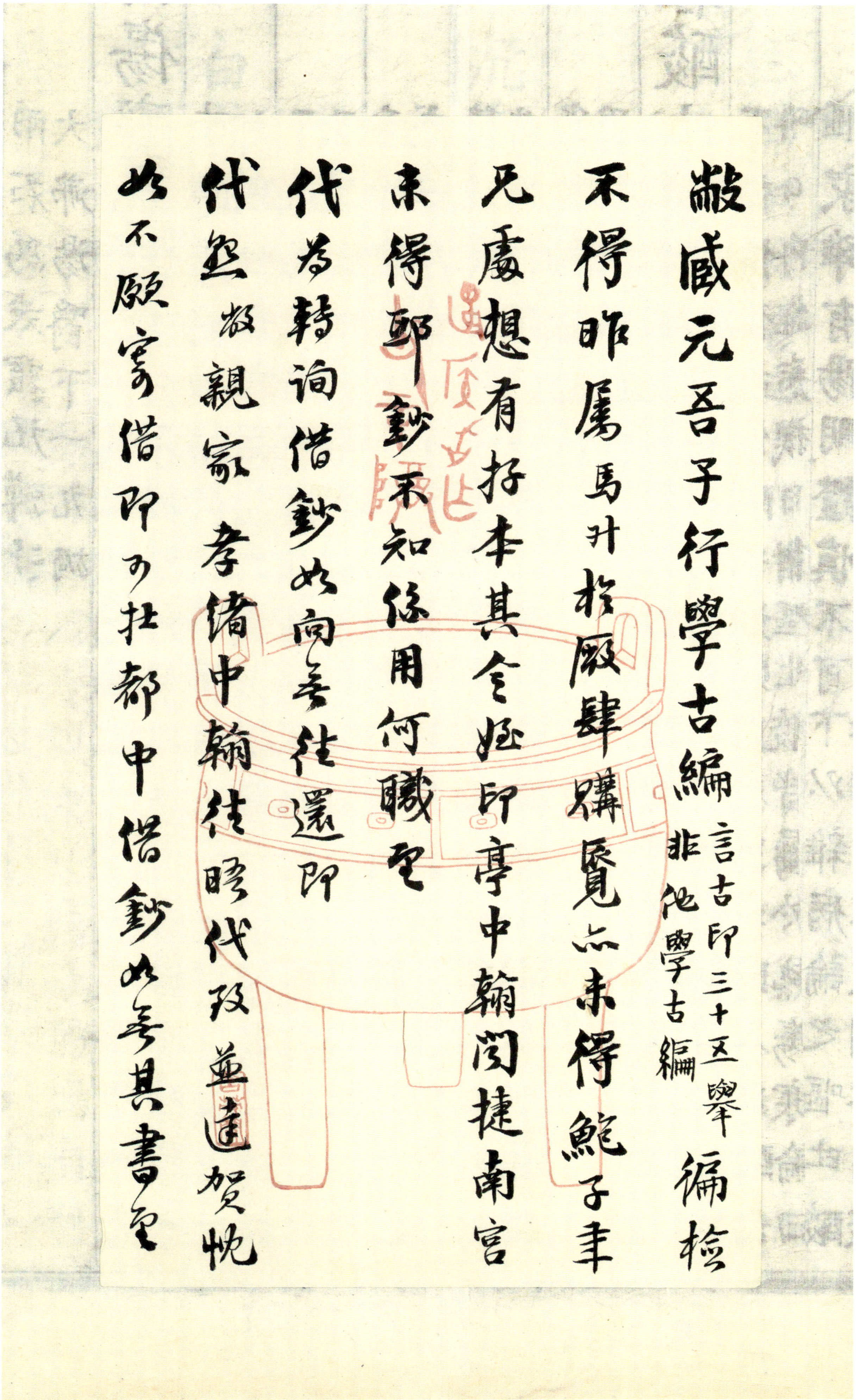

敝藏元吾子行學古編言古印三十五舉非他學古編遍檢不得昨屬馬升於廠肆購覓亦未得鮑子年兄處想有存本其令侄印亭中翰閬捷南宮未得邸鈔不知係用何職望代為轉詢借鈔如向無往還即代懇敝親家孝緒中翰往晤代致并達賀忱如不願寄借即可在都中借鈔如無其書望

敝藏元吾子行《學古編》，言古印《三十五舉》非他學古編。遍檢不得，昨屬馬升於廠肆購覓亦未得，鮑子年兄處想有存本。其令侄印亭中翰閬捷南宮，未得邸鈔，不知係用何職？望代爲轉詢借鈔。如向無往還，即代懇敝親家孝緒中翰往晤代致，并達賀忱。如不願寄借，即可在都中借鈔。如無其書，望

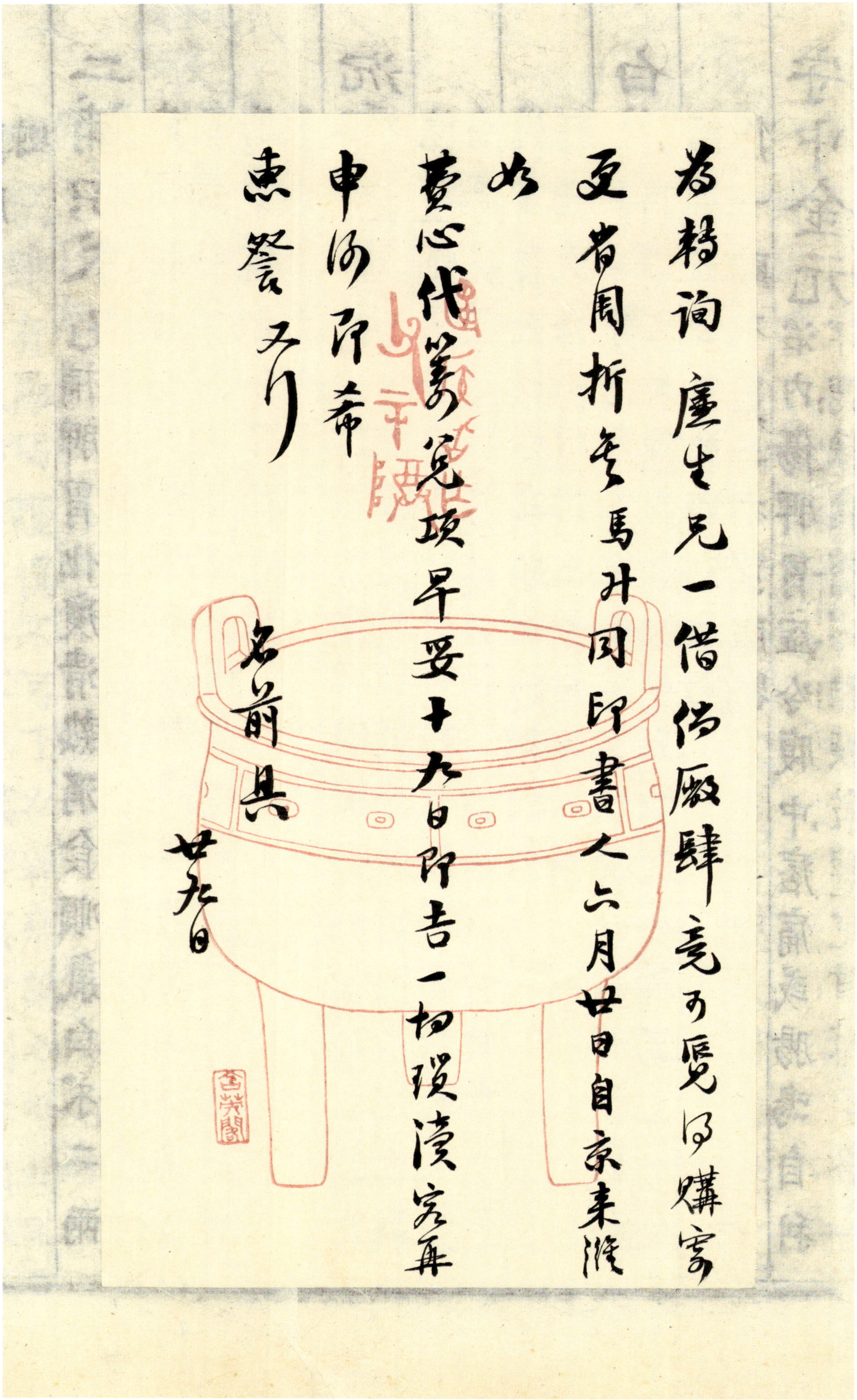

爲轉詢廉生兄一借。倘廠肆竟可覓得，購寄更省周折矣。馬升同印書人六月廿日自京來濰，如費心代籌兑項早妥，十九日即吉。一切瑣瀆，容再申謝，即希惠察。又拜。名前具。廿九日。

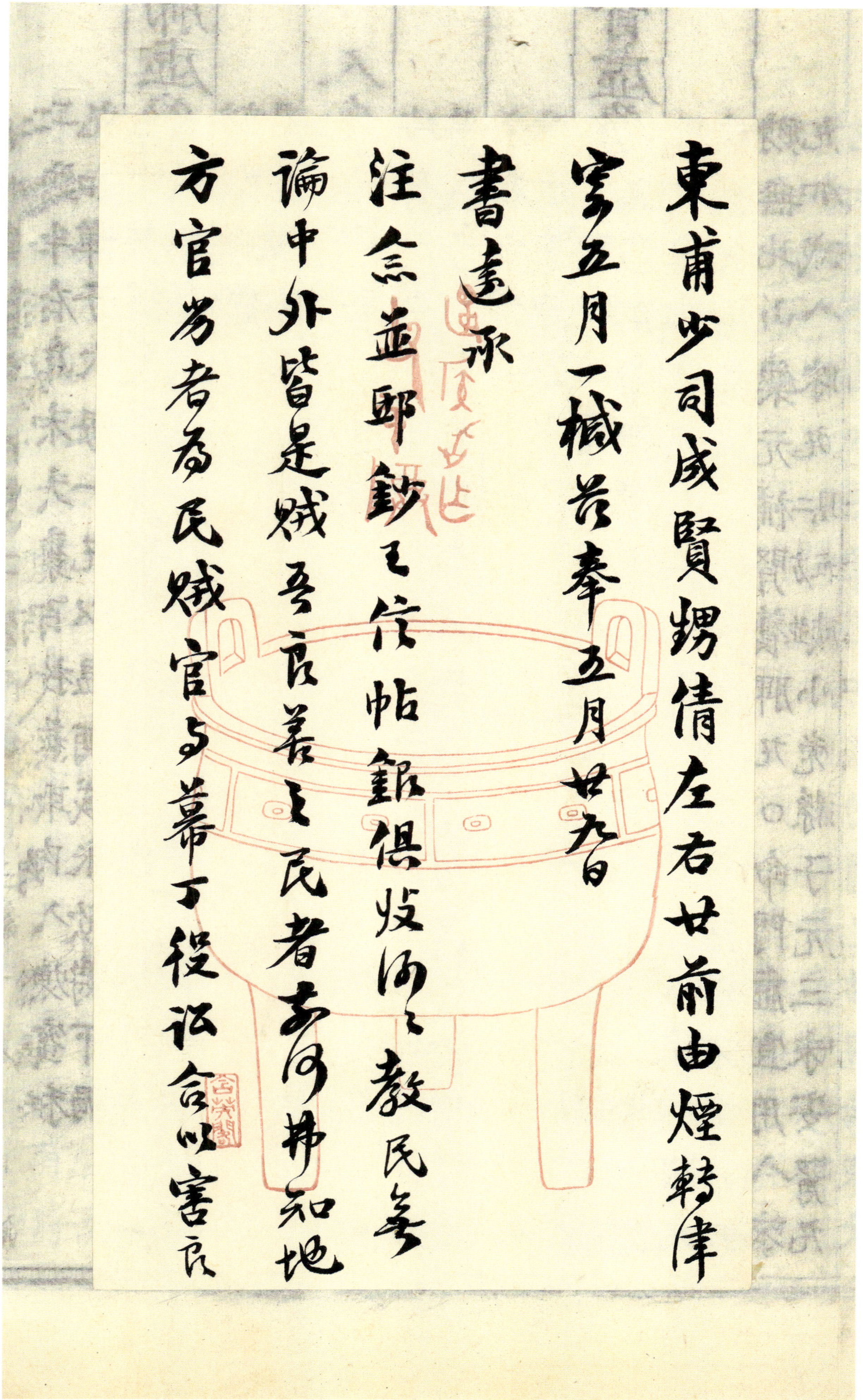

東甫少司成賢甥倩左右[一]。廿前由烟轉津寄五月一械。兹奉五月廿九日書，遠承注念。并邸鈔、王信、帖銀俱收。謝謝。教民無論中外皆是賊，吾良善之民者奈何弗知。地方官劣者爲民賊，官與幕丁役訟合以害良

[一] 此函作於光緒九年（一八八三）六月二十八日。

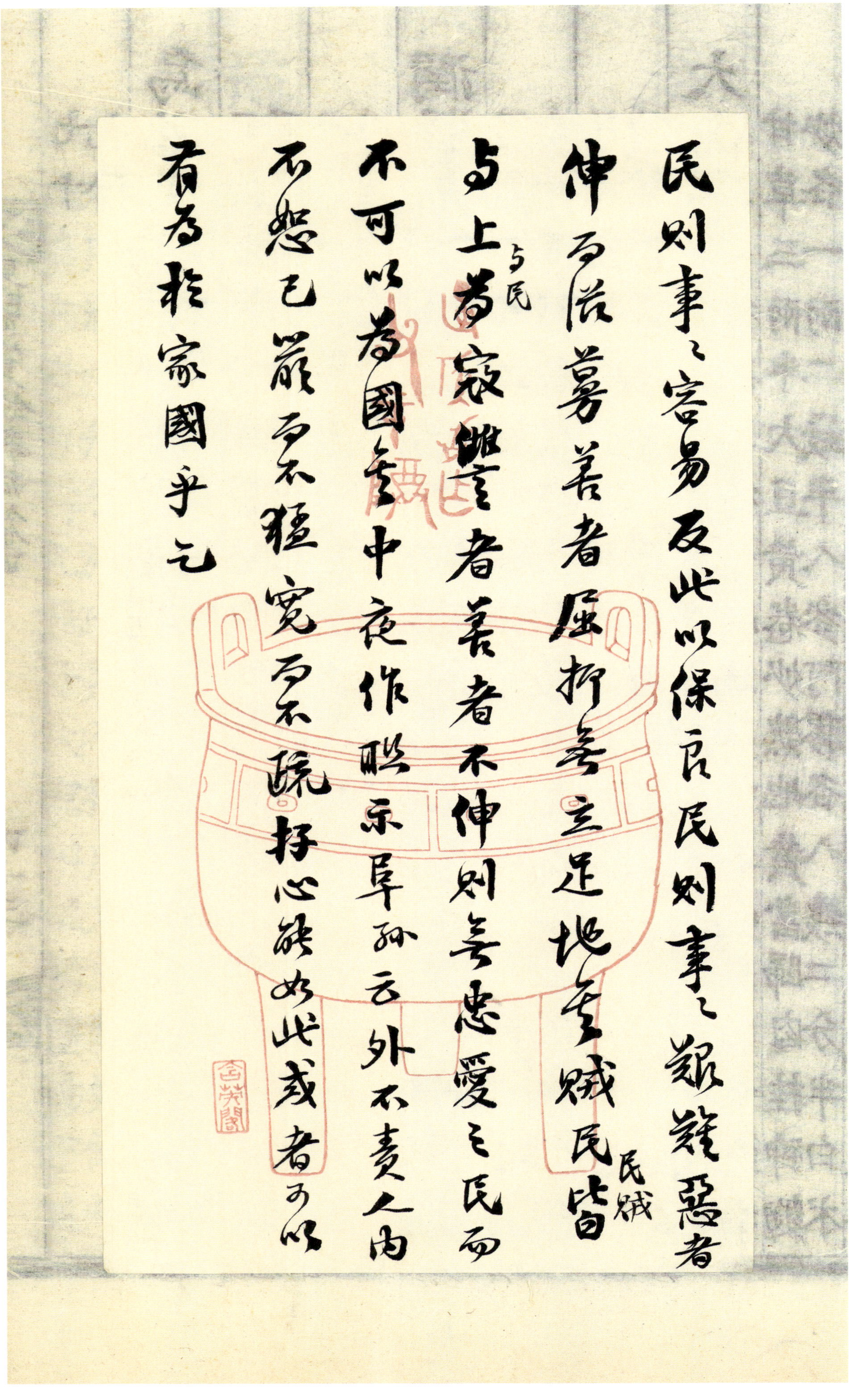

民，則事事容易。反此以保良民則事事艱難。惡者伸而滋蔓，善者屈抑無立足地矣。賊民民賊皆與上與民爲寇仇者，善者不伸，則無忠愛之民，而不可以爲國矣。中夜作聯示阜孫云：『外不責人，內不恕己；嚴而不猛，寬而不疏。』存心能如此，或者可以有爲於家國乎？乞

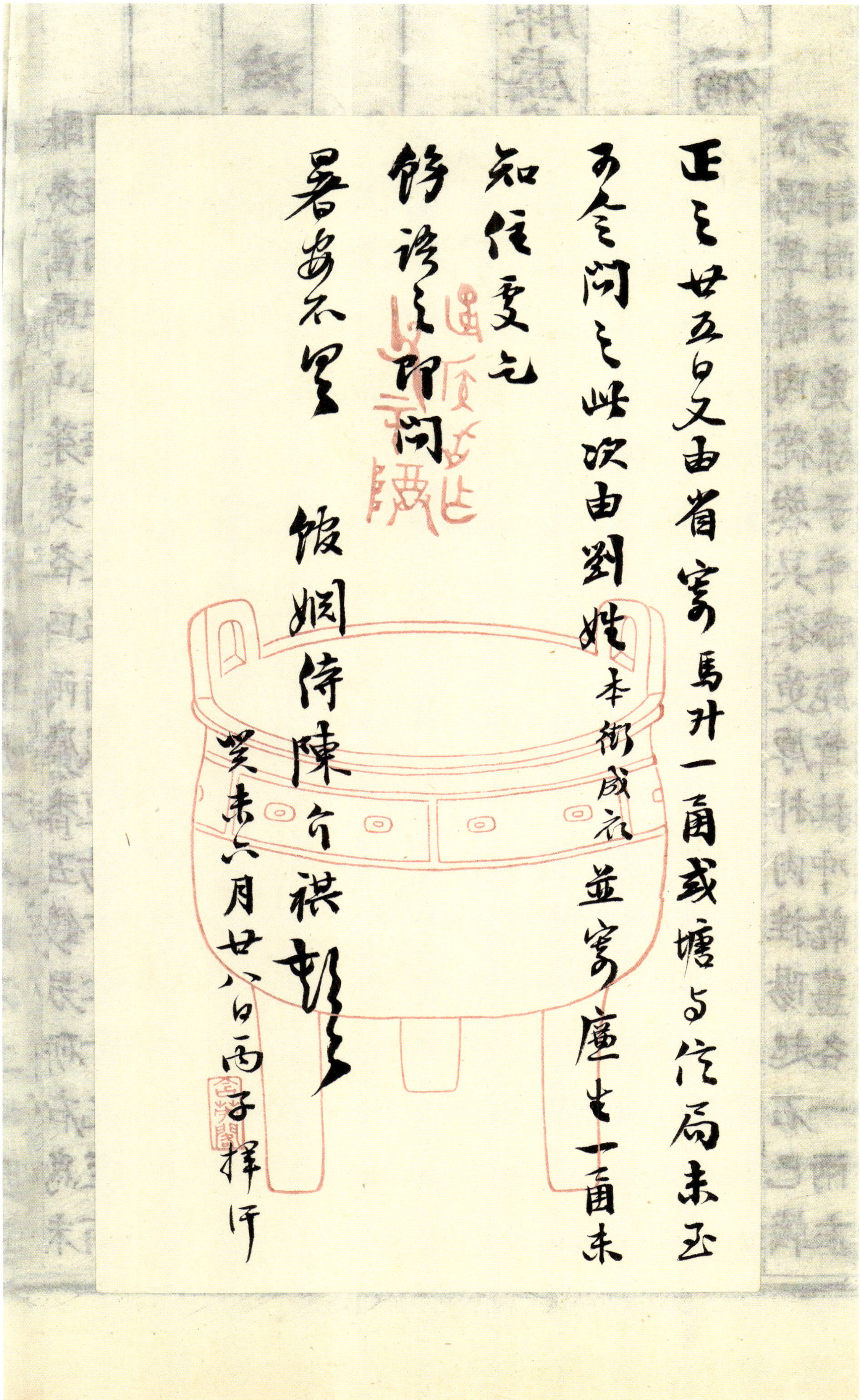
正之廿五日又由省寄馬升一函或塘與信局未至
可令問之此次由劉姓本街成衣并寄廉生一函未
知住處乞
飭語之即問
暑安不具 館姻侍陳介祺頓首
癸未六月廿八日丙子揮汗

正之。

廿五日又由省寄馬升一函，或塘與信局未至，可令問之。此次由劉姓，本街成衣。并寄廉生一函，未知住處，乞飭語之。即問暑安不具。館姻侍陳介祺頓首。癸未六月廿八日丙子揮汗。

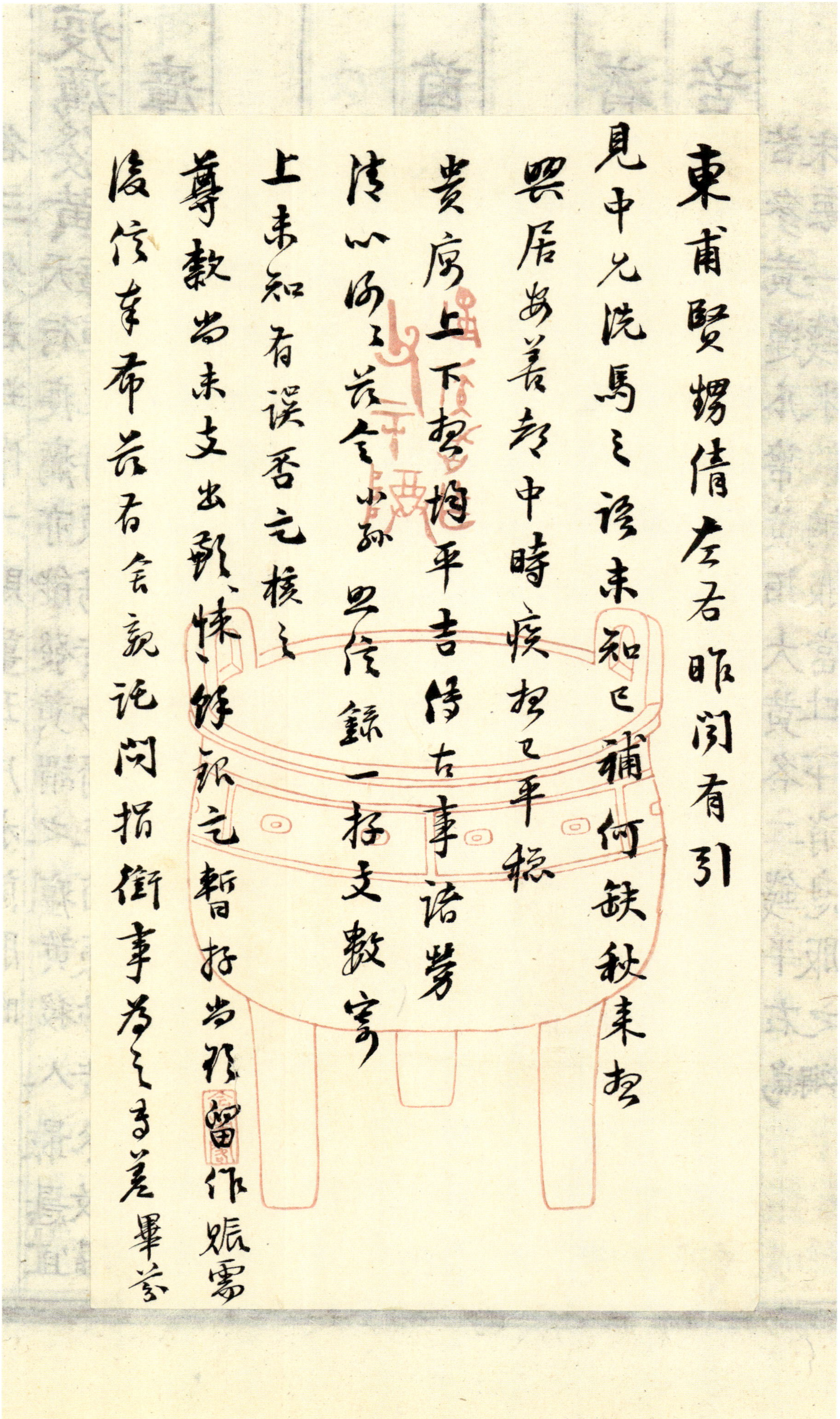

東甫賢甥倩左右昨聞有引
見中允洗馬之語未知已補何缺秋來想
興居安善都中時疾想已平穩
貴寓上下想均平吉傳古事諸勞
清心謝謝茲令小孫照信録一存文數寄
上未知有誤否乞核之
尊款尚未支出歉悚歉悚餘銀乞暫存尚欲留作賑需
後信奉布茲有舍親托問捐銜事爲之專差畢芬

東甫賢甥倩左右[一]。昨聞有引見中允洗馬之語，未知已補何缺？秋來想興居安善，都中時疾想已平穩。貴寓上下想均平吉。傳古事諸勞清心，謝謝。茲令小孫照信録一存文數寄上，未知有誤否？乞核之。尊款尚未支出，歉悚歉悚。餘銀乞暫存，尚欲留作賑需，後信奉布。

茲有舍親托問捐銜事，爲之專差畢芬

[一] 此函無紀年，因信中仍提及《學古編》購覓之事，故繫於此，蓋作於光緒九年（一八八三）九月八日。

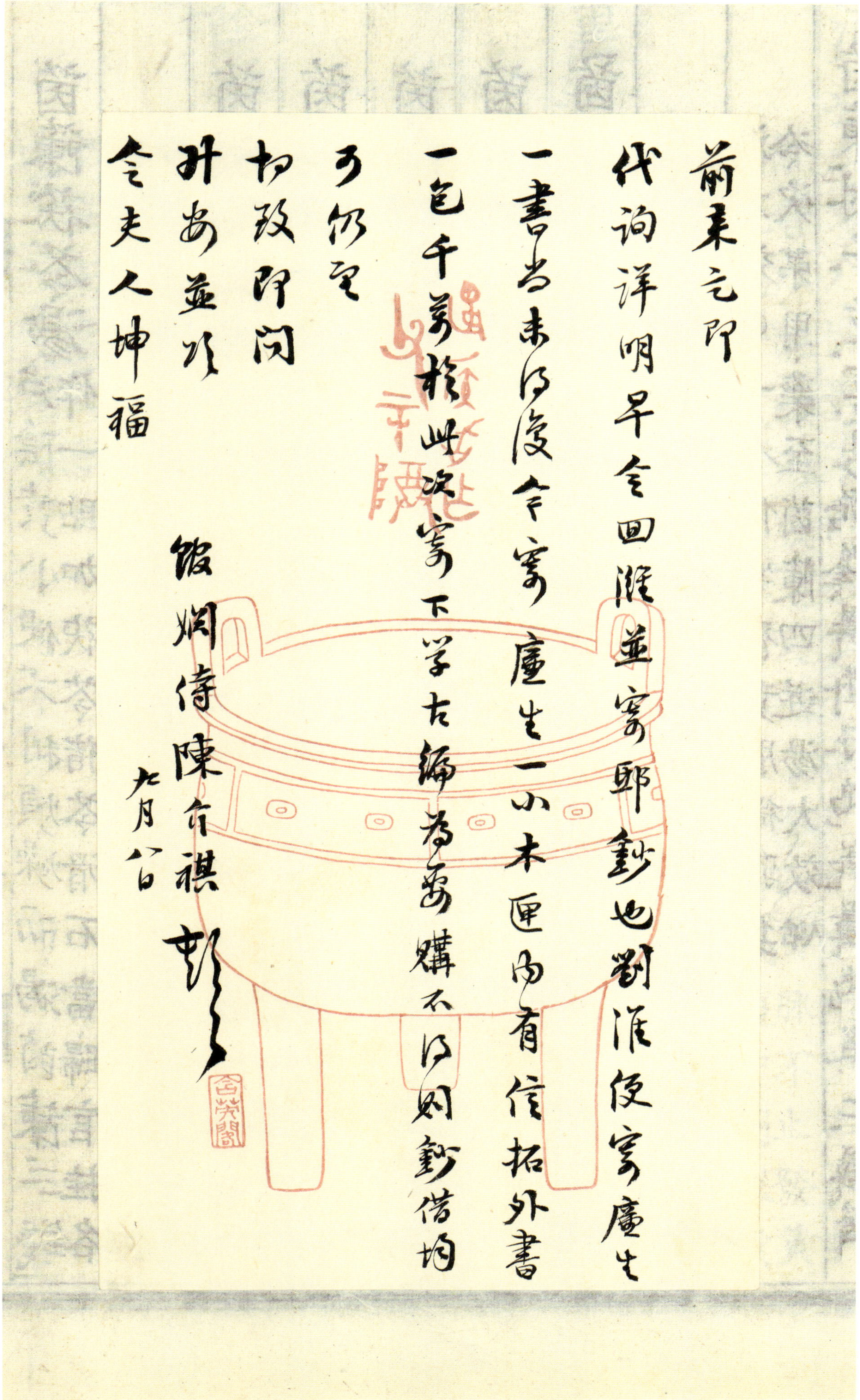

前來，乞即代詢詳明，早令回濰并寄邸鈔也。劉淮便寄廉生一書，尚未得復。今寄廉生一小木匣，內有信拓，外書一包。千萬於此次寄下《學古編》爲要，購不得則鈔借均可。仍望切致。即問升安并頌令夫人坤福。

館姻侍陳介祺頓首。九月八日。

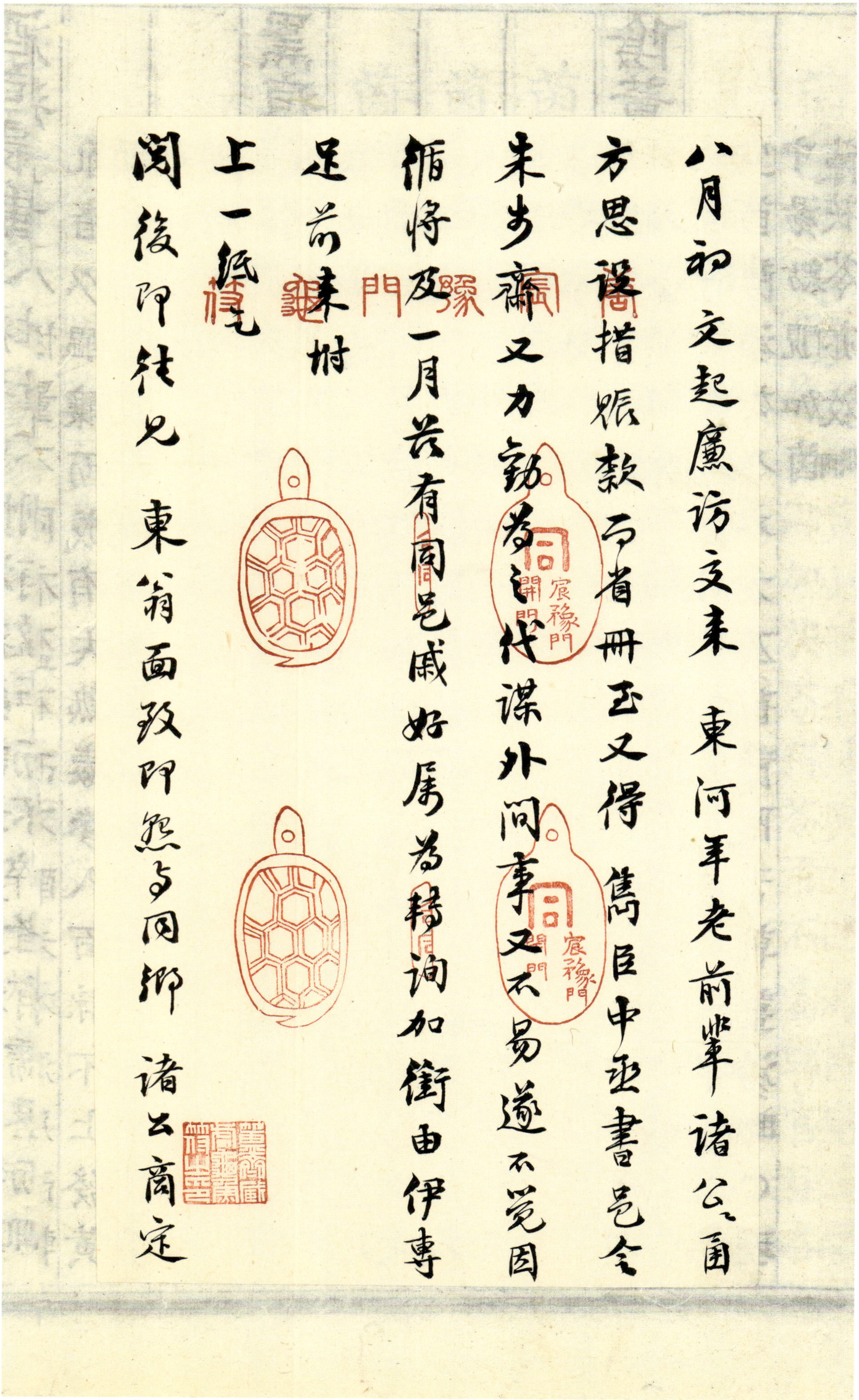
八月初 文起廉訪交來 東河年老前輩諸公函
方思設措賑款而省冊至又得 雋臣中丞書 邑令
朱步齋又力勸為之代謀外間事又不易遂不覺因
循將及一月 茲有同邑戚好屬為轉詢加銜由伊專
足前來附
上一紙乞
閱後即往見 東翁面致即懇與同鄉 諸公商定

八月初文起廉訪交來東河年老前輩諸公函，方思設措賑款而省冊至，又得雋臣中丞書。邑令朱步齋又力勸爲之代謀外間事，又不易遂，不覺因循將及一月。茲有同邑戚好屬爲轉詢加銜。由伊專足前來，附上一紙，乞閱後即往見東翁面致。即懇與同鄉諸公商定

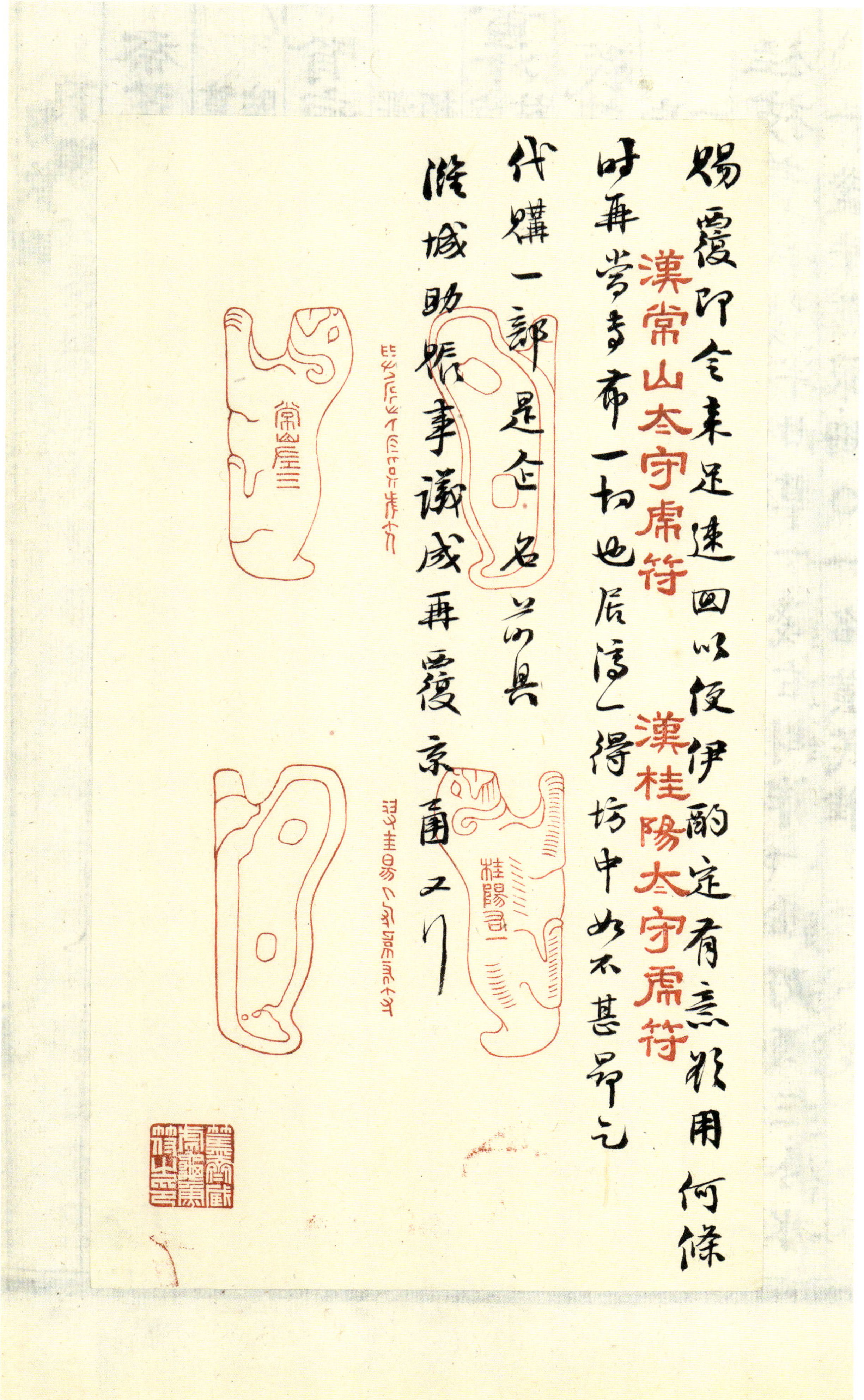

賜覆，即令來足速回，以便伊酌定。有意欲用何條時，再當專布一切也。《居濟一得》[一]坊中如不甚昂，乞代購一部是企。名前具。濰城助賑事議成再覆京函。又拜。

[一]《居濟一得》八卷，清朝張伯行撰。是編乃伯行爲濟寧河道時相度形勢而著之書。前七卷條議東省運河蓄閘堤岸，及修築、疏浚、蓄泄、啓閉之法。於諸水利病，條分縷析，疏證最詳，後附《河漕類纂》一卷。

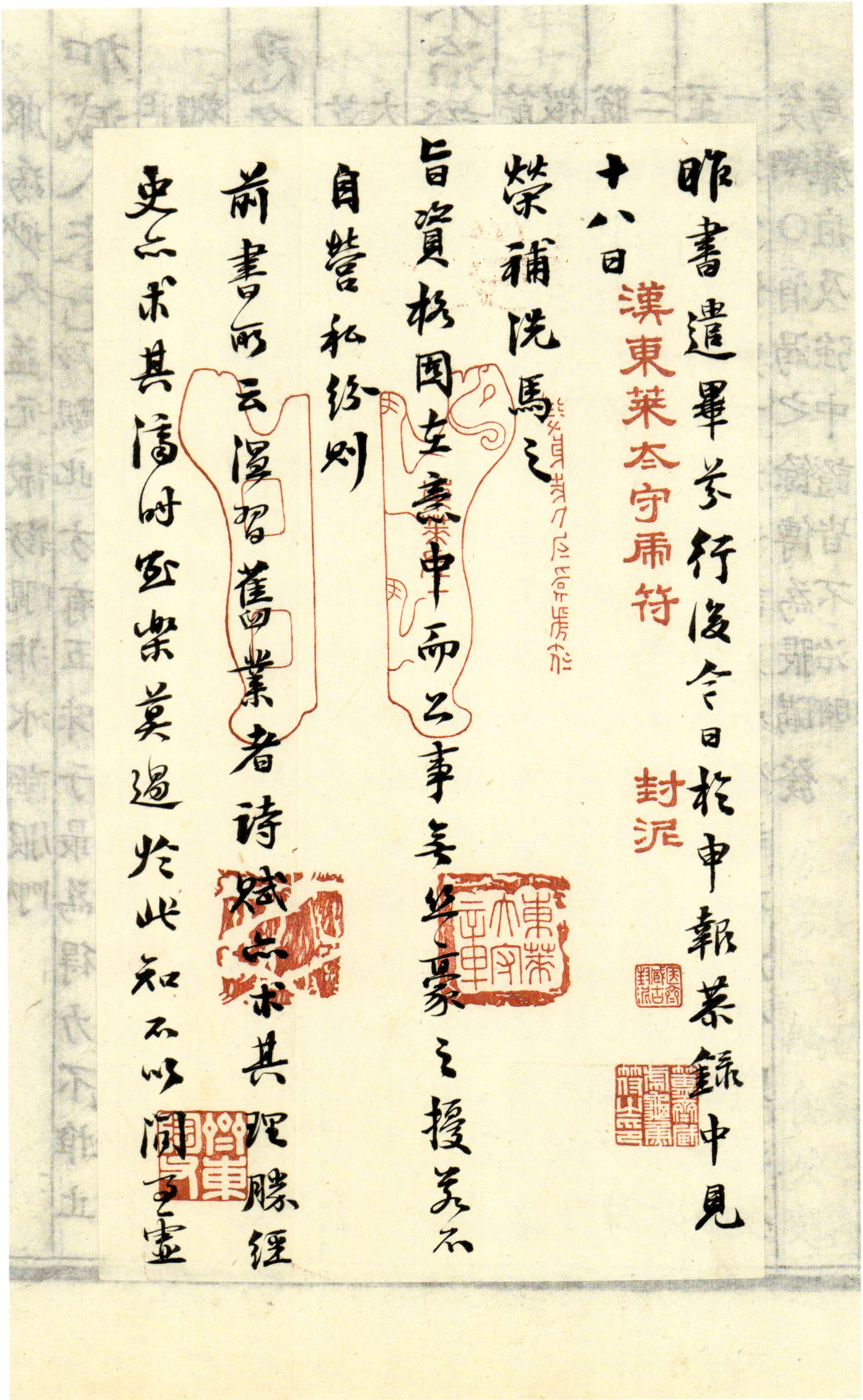
昨書遣畢芬行後今日於申報恭録中見
十八日
榮補洗馬之
旨資格固在意中而公事無絲毫之擾若不
自營私紛則
前書所云温習舊業者詩賦亦求其理勝經
史亦求其濟時至樂莫過於此知不以閑事虚

漢東萊太守鬲符
封泥

昨書遣畢芬行後[一]，今日於申報恭録中見十八日榮補洗馬之旨，資格固在意中，而公事無絲毫之擾。若不自營私紛，則前書所云温習舊業者，詩賦亦求其理勝，經史亦求其濟時，至樂莫過於此，知不以閑事虚

[一]此函作於光緒九年（一八八三）九月九日。

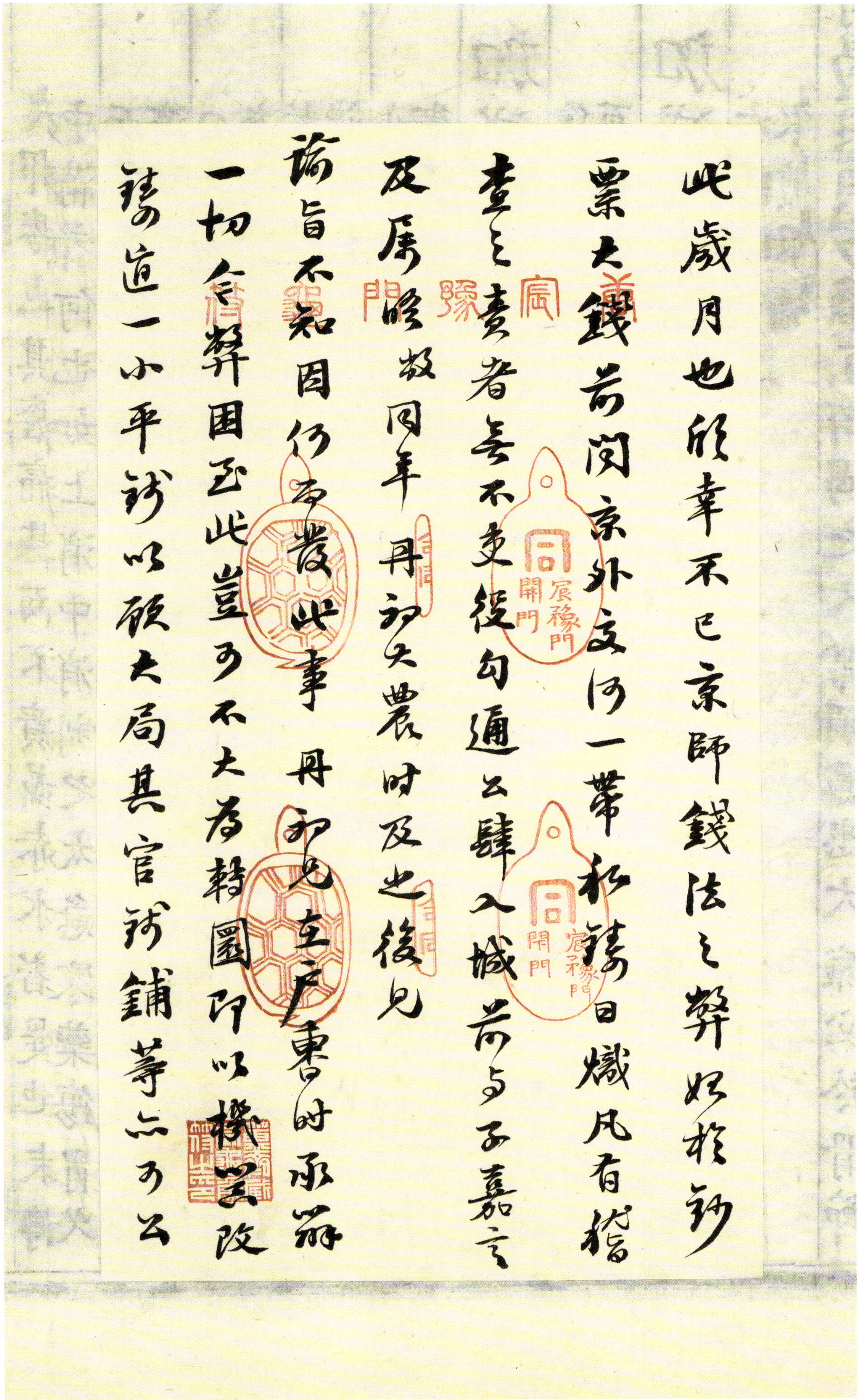
此歲月也欣幸不已京師錢法之弊始於鈔
票大錢前聞京外交河一帶私鑄日熾凡有稽
查之責者無不吏役勾通公肆入城前與子嘉言
及屬晤敉同年丹初大農時及之後見
諭旨不知因何而發此事丹初兄在户曹時承辦
一切今弊困至此豈可不大爲轉圜即以機器改
鑄值一小平錢以顧大局其官錢鋪等亦可公

此歲月也。欣幸不已。京師錢法之弊始於鈔票大錢。前聞京外交河一帶私鑄日熾，凡有稽查之責者，無不吏役勾通公肆入城。前與子嘉[一]言及，屬晤敉同年丹初大農時及之，後見諭旨，不知因何而發此事。丹初兄在户曹時承辦一切，今弊困至此，豈可不大爲轉圜？即以機器改鑄值一小平錢以顧大局，其官錢鋪等亦可公

[一] 按：即李肇錫。

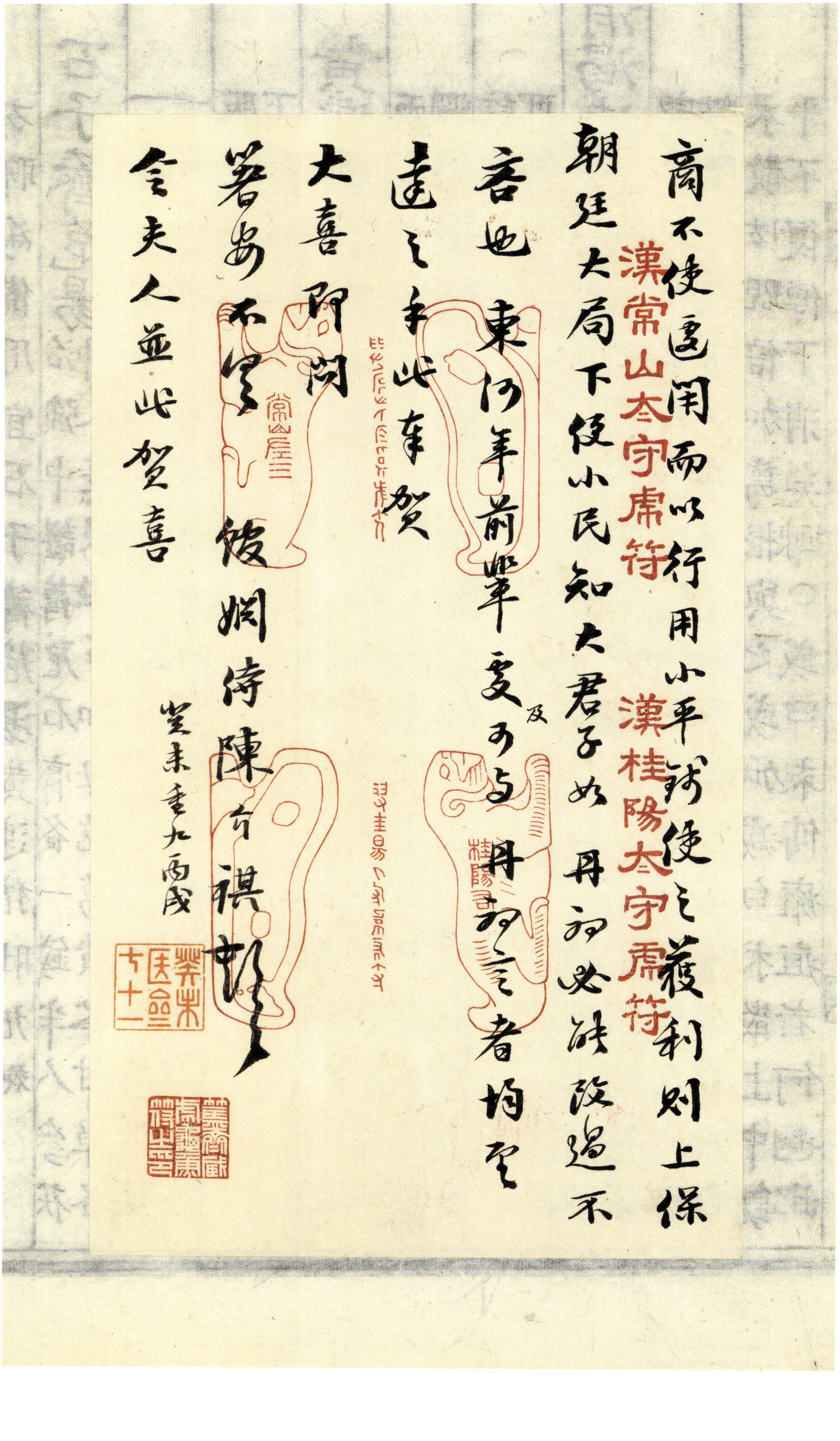

商不使遽用，而以行用小平錢使之獲利，則上保朝廷大局，下便小民。知大君子如丹初必能改過不吝也。東河年前輩處及可與丹初言者，均望達之。手此奉賀大喜。即問著安不具。令夫人并此賀喜。館姻侍陳介祺頓首。癸未重九丙戌。

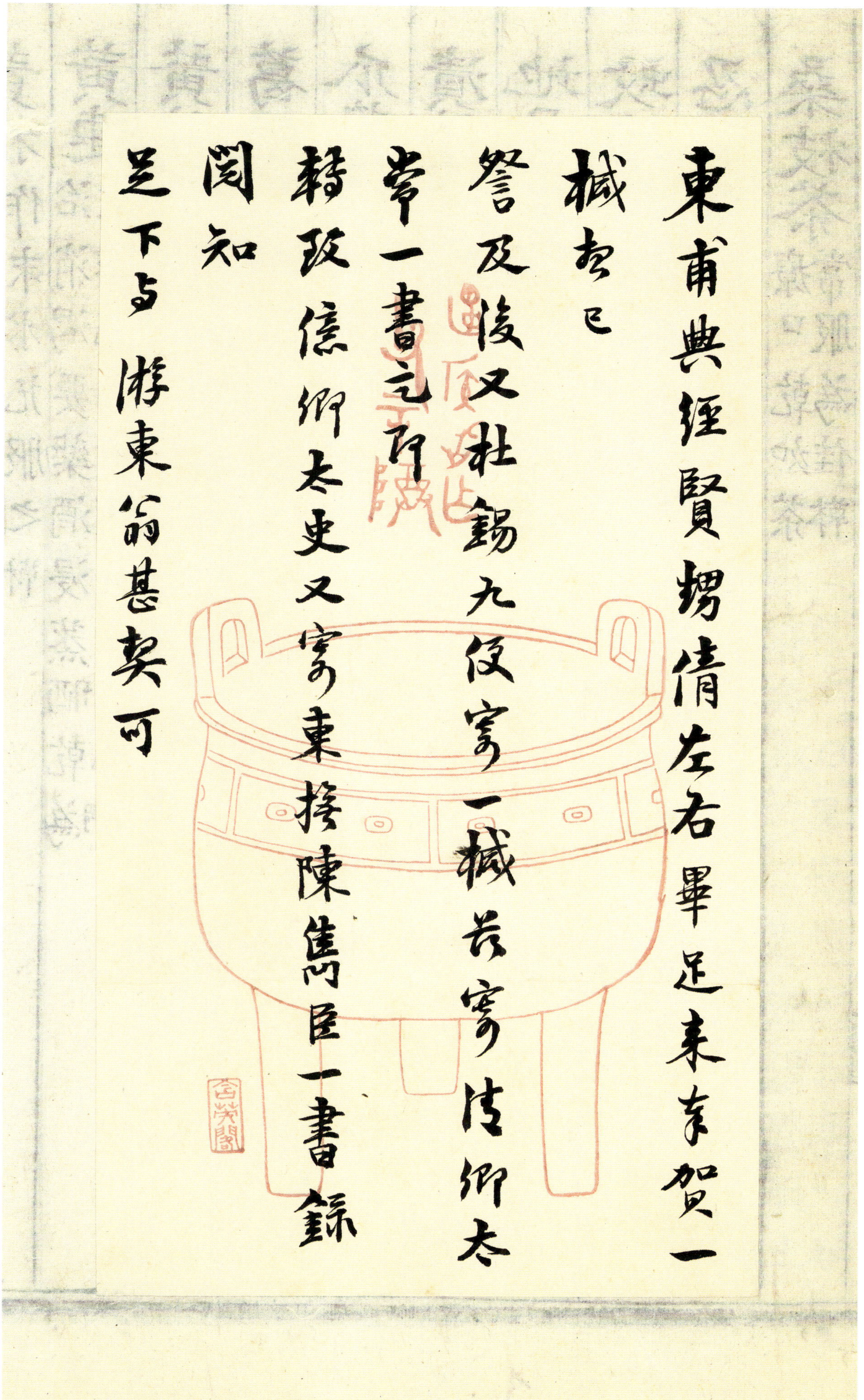

東甫典經賢甥倩左右[一]。畢足來，奉賀一械想已察及，後又杜錫九便寄一械。兹寄清卿太常一書，乞即轉致億卿太史。又寄東撫陳雋臣一書，録閲知足下與游東翁甚契，可

[一]此函作於光緒九年（一八八三）九月十六日。

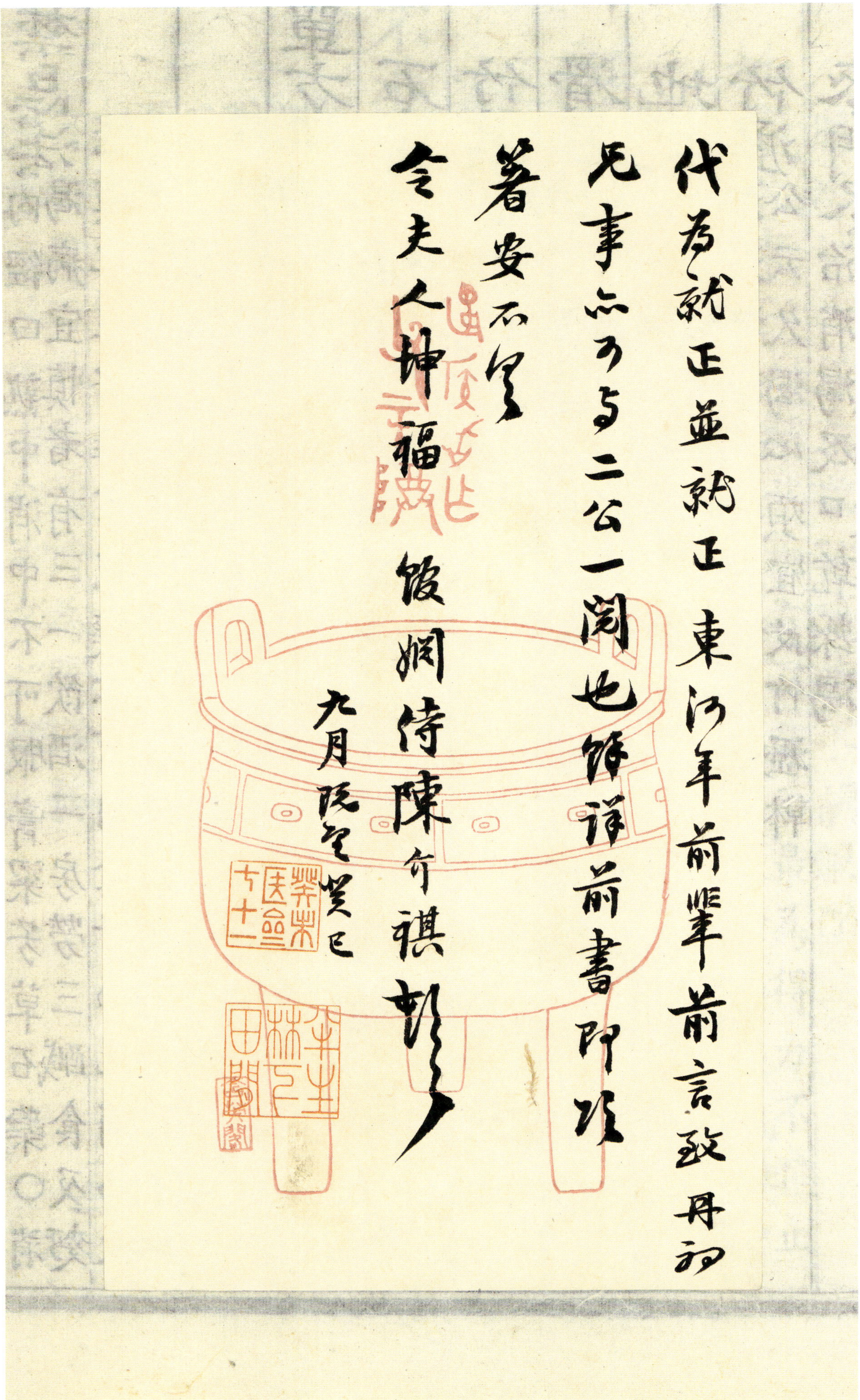

代爲就正，并就正東河年前輩。前言致丹初兄事，亦可與二公一閱也。餘詳前書。即頌著安不具。令夫人坤福。館姻侍陳介祺頓首。九月既望癸巳。

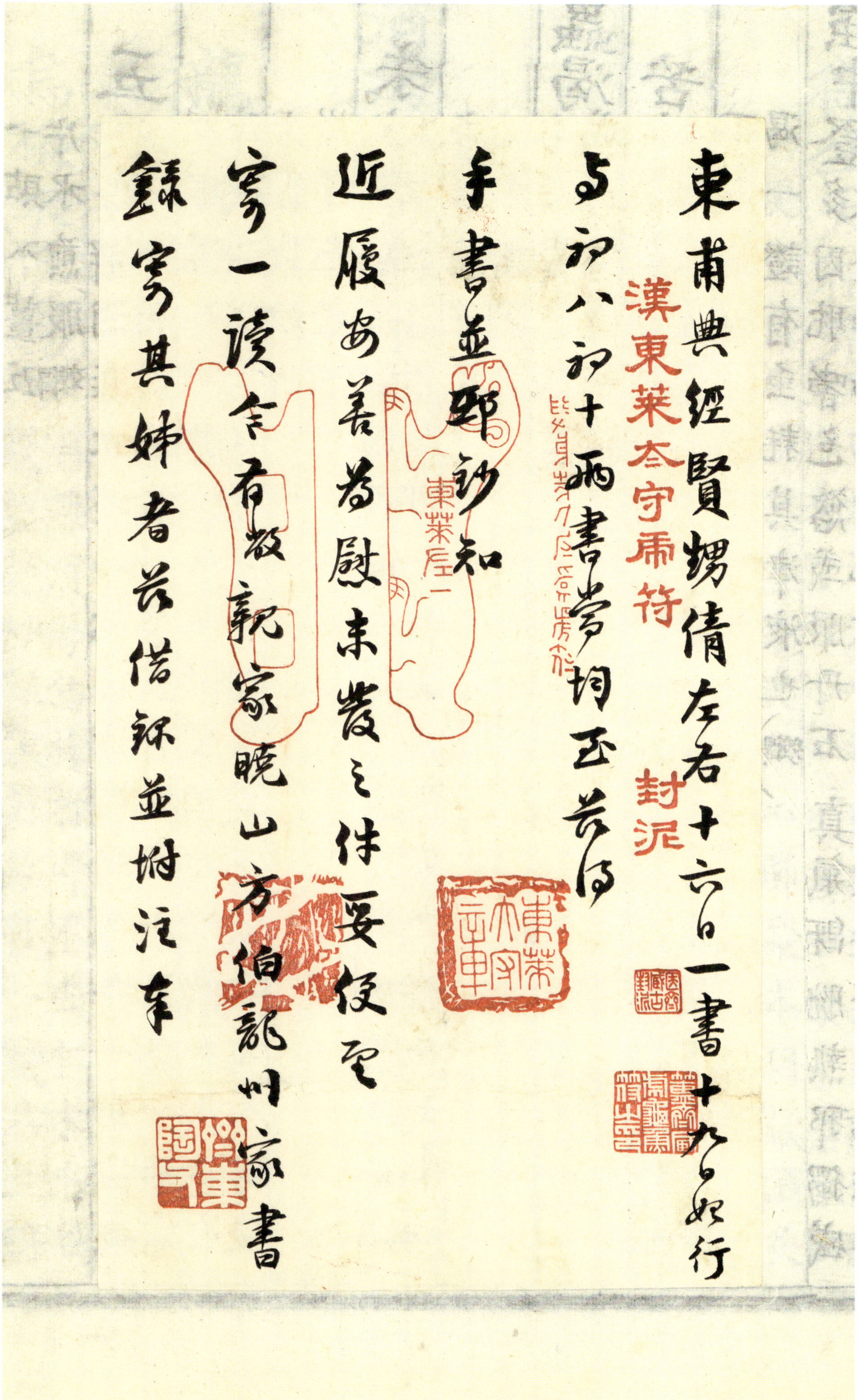

東甫典經賢甥倩左右[一]。十六日一書十九日始行，與初八、初十兩書當均至。兹得手書并邸鈔，知近履安善爲慰。未發之件妥便望寄一讀。

今有敝親家曉山[二]方伯龍州家書録寄其姊者，兹借録并附注奉

[一]此函作於光緒九年（一八八三）九月二十六日。

[二]即徐延旭，時任廣西布政使，家書從廣西龍州（今崇左）來。

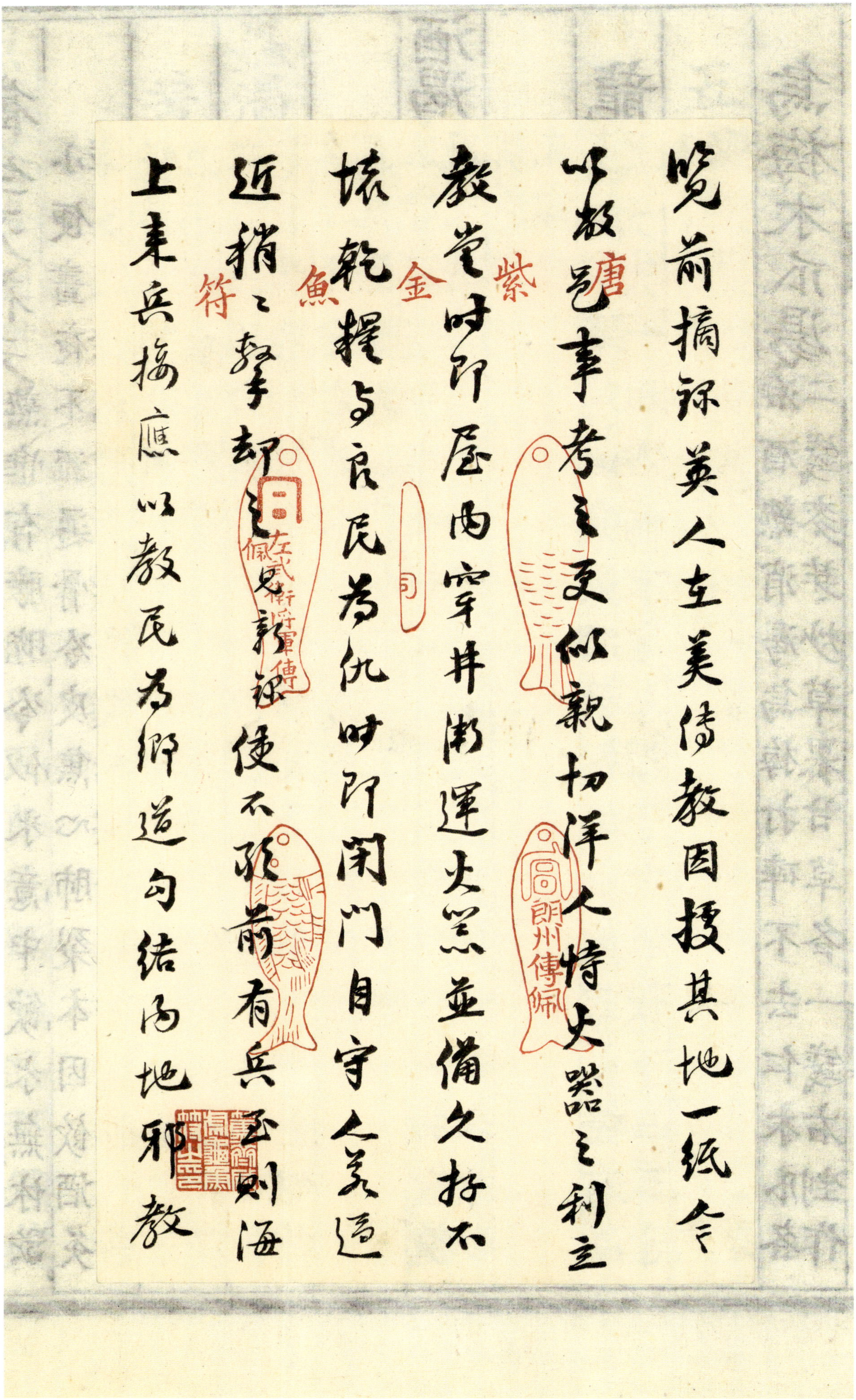

覽。前摘録『英人在美傳教因據其地』一紙，今以敝邑事考之，更似親切。洋人恃火器之利，立教堂時即屋内穿井，漸運火器并備久存不壞乾糧。與良民爲仇時，即閉門自守。人若逼近，稍稍擊却之，見新録。使不敢前。有兵至，則海上來兵接應，以教民爲鄉道，勾結内地邪教，

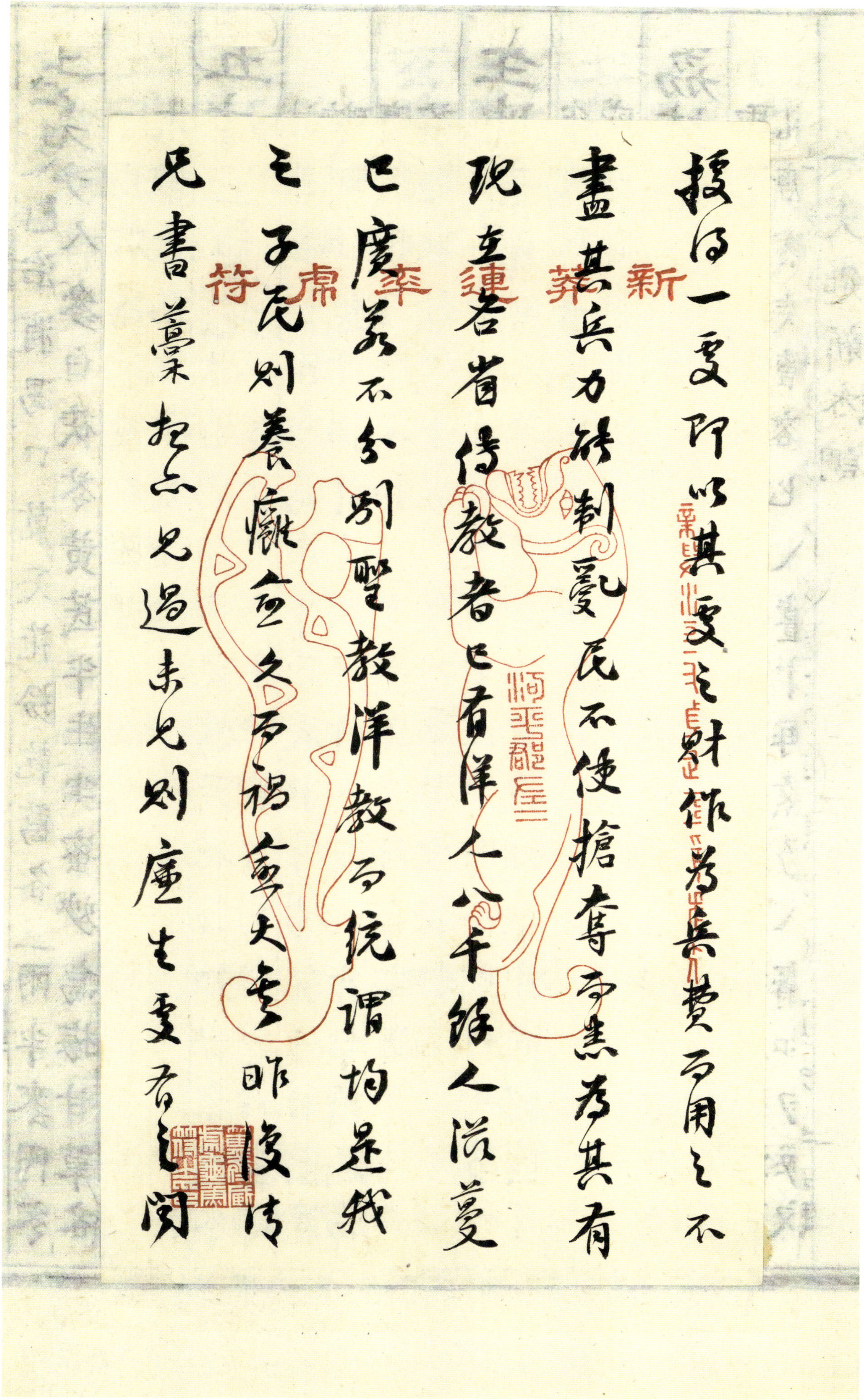

據得一處，即以其處之財作爲兵費，而用之不盡。其兵力能制亂民不使搶奪，而悉爲其有。現在各省傳教者已有洋人八千餘人，滋蔓已廣。若不分別聖教、洋教，而統謂均是我之子民，則養癰愈久而禍愈大矣。昨復清兄書稿，想亦見過。未見則廉生處有之。聞

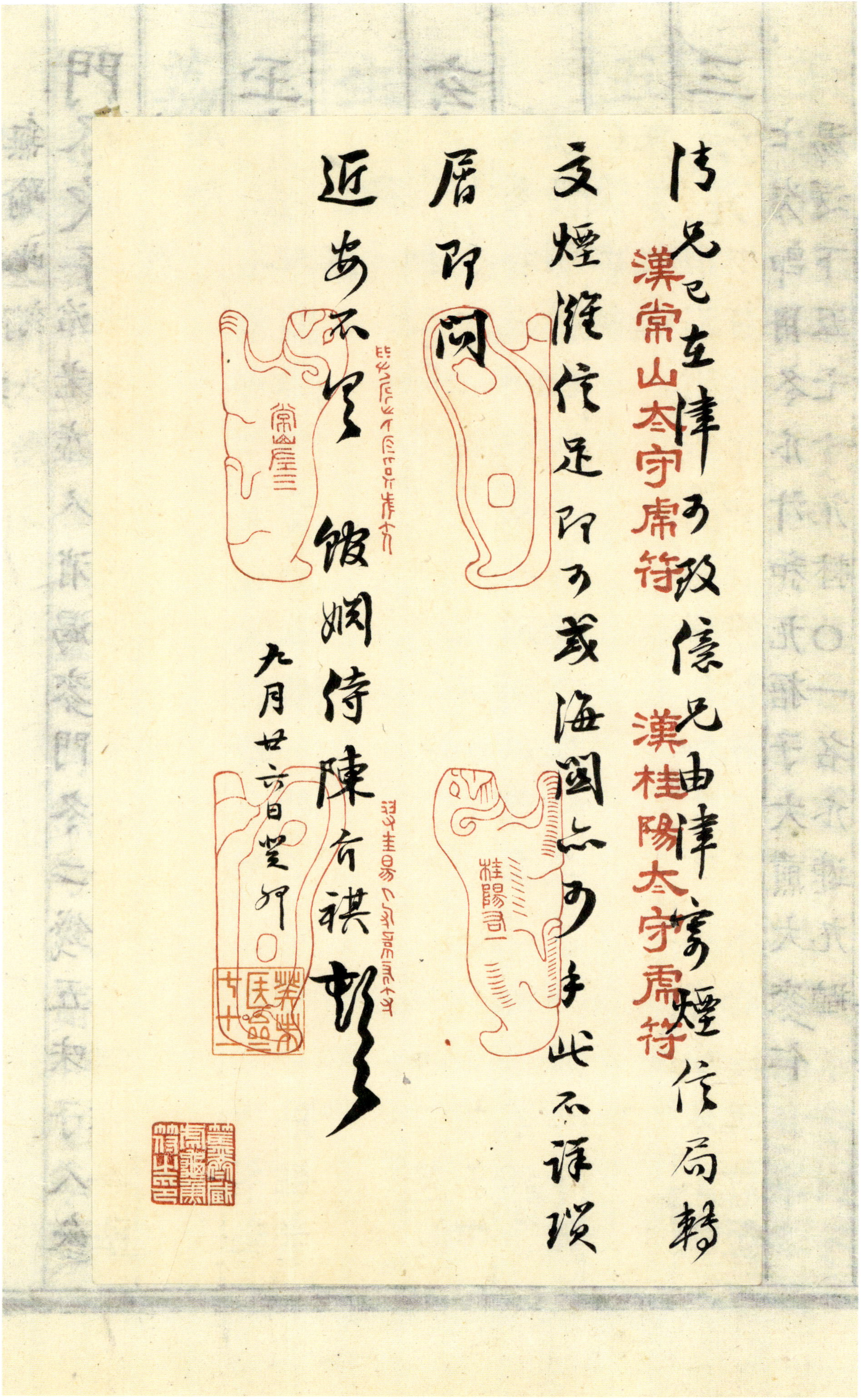

清兄已在津，可致億兄由津寄烟信局轉交烟、濰信足即可，或海關亦可。手此不詳瑣屑。即問近安不具。館姻侍陳介祺頓首。九月廿六日癸卯。

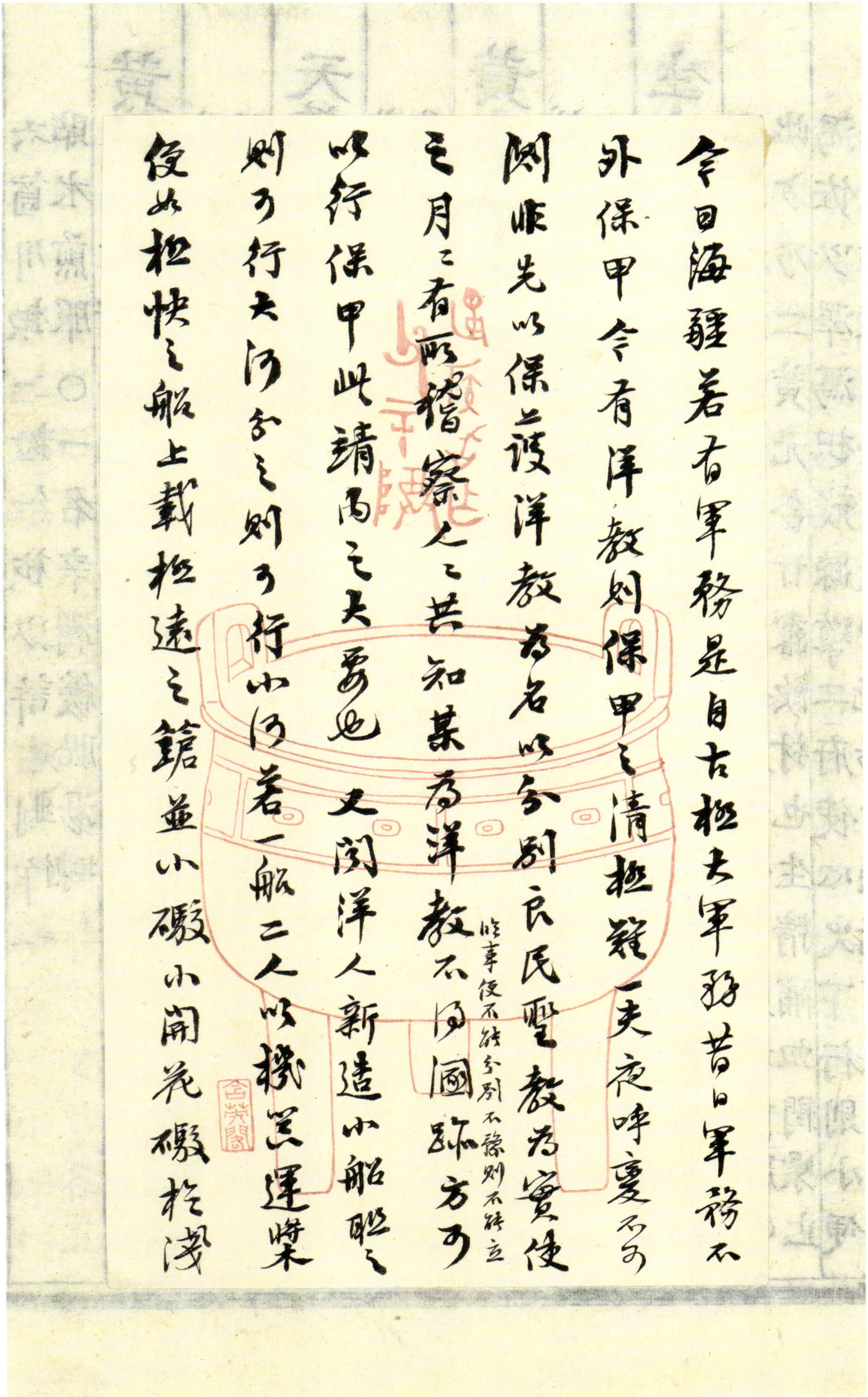

今日海疆若有軍務，是自古極大軍務。昔日軍務不外保甲，今有洋教，則保甲之清極難。一夫夜呼，變不可測。非先以保護洋教爲名，以分別良民聖教爲實，使之月月有所稽察，人人共知某爲洋教，不得溷迹，臨事便不能分別，不豫則不能立。方可以行保甲，此靖内之大要也。又聞洋人新造小船，聯之則可行大河，分之則可行小河。若一船二人，以機器運桨，便如極快之船，上載極遠之鎗并小礮、小開花礮，於淺

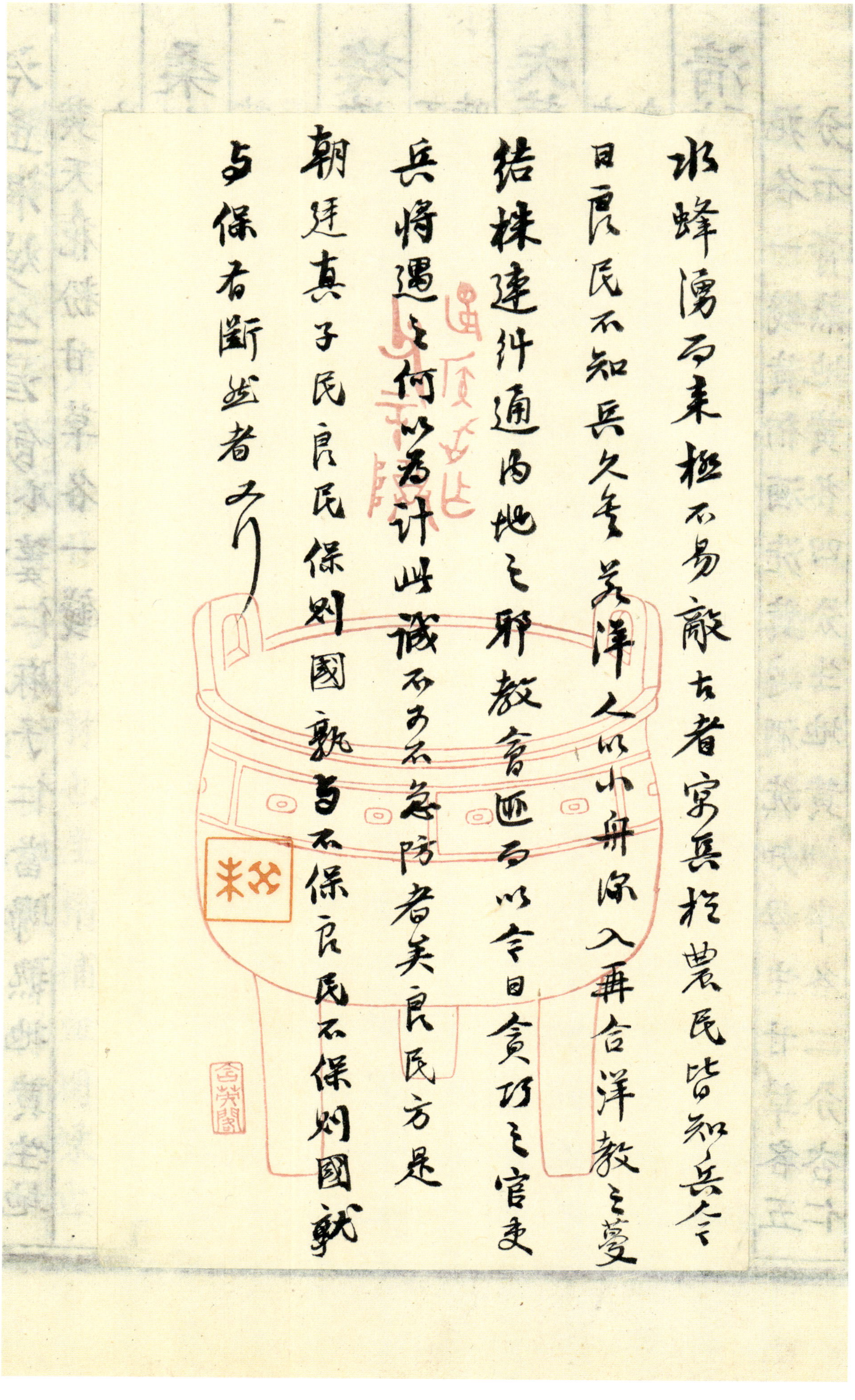

水蜂涌而來，極不易敵。古者寓兵於農，民皆知兵，今日良民不知兵久矣。若洋人以小舟深入，再合洋教之蔓結株連，糾通內地之邪教會匪，而以今日貪巧之官吏兵將遇之，何以爲計？此誠不可不急防者矣。良民方是朝廷真子民，良民保則國孰與不保，民不保則國孰與保？有斷然者！又拜。

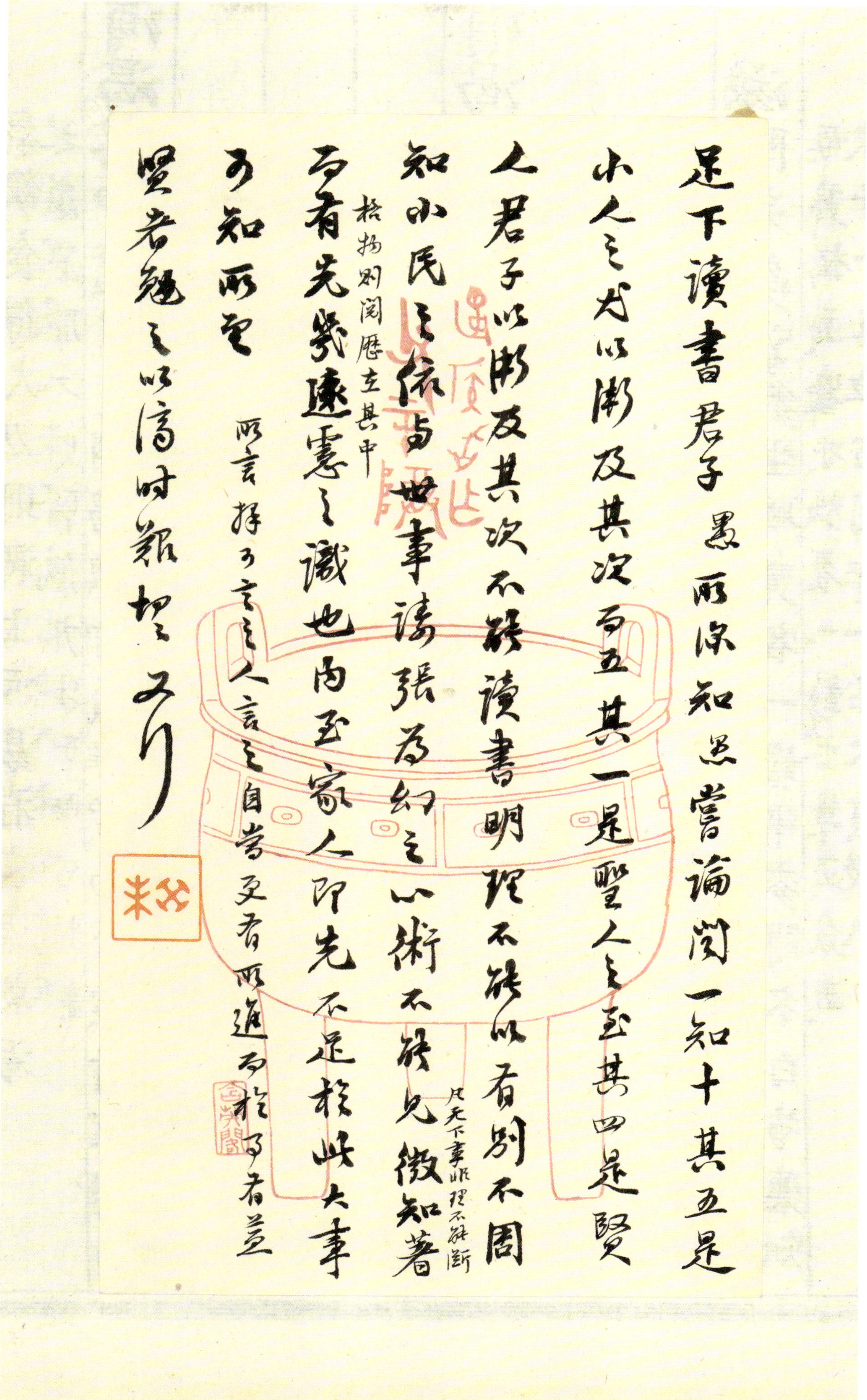

足下讀書君子，愚所深知。愚嘗論聞一知十，其五是小人之尤，以漸及其次，而五其一是聖人之至，其四是賢人君子，以漸及其次。不能讀書明理，不能以有別，不周知小民之依與世事譸張爲幻之心術，不能見微知著而有先幾遠慮之識也。凡天下事非理不能斷，格物則閱歷在其中。內至家人即先不足於此，大事可知。所望賢者勉之，以濟時艱。切切。所言擇可言之人言之，自當更有所進而於事有益。又拜。

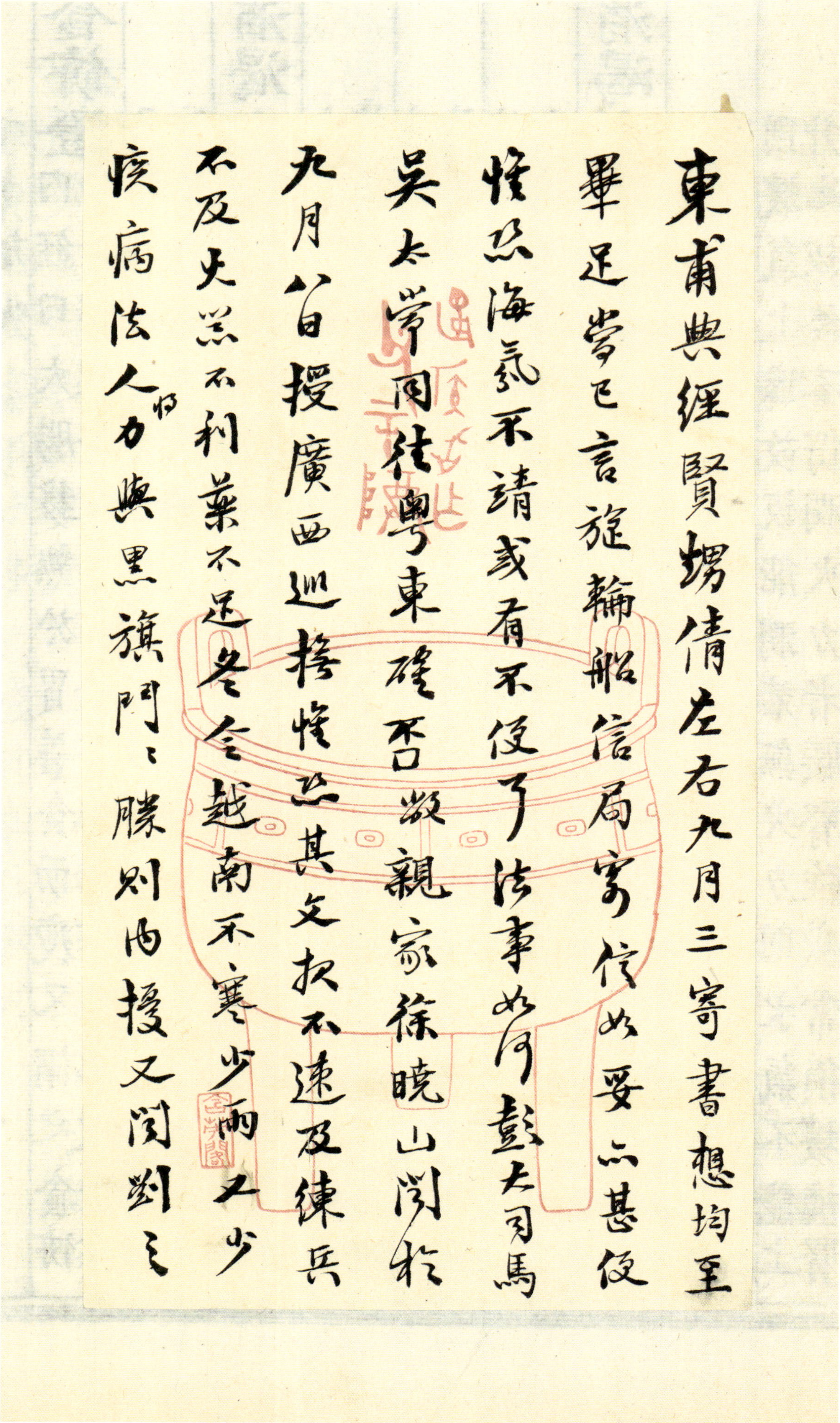

東甫典經賢甥倩左右[一]。九月三寄書想均至。畢足當已言旋，輪船信局寄信如妥亦甚便。惟恐海氛不靖，或有不便耳。法事如何？彭大司馬、吳太常同往粵東確否？敝親家徐曉山聞於九月八日授廣西巡撫。惟恐其文報不速，及練兵不及、火器不利、藥不足。冬令越南不寒，少雨又少疾病。法人將力與黑旗[二]門，門勝則內擾。又聞劉之

[一] 此函作於光緒九年（一八八三）十月五日。

[二] 劉永福領導的黑旗軍。

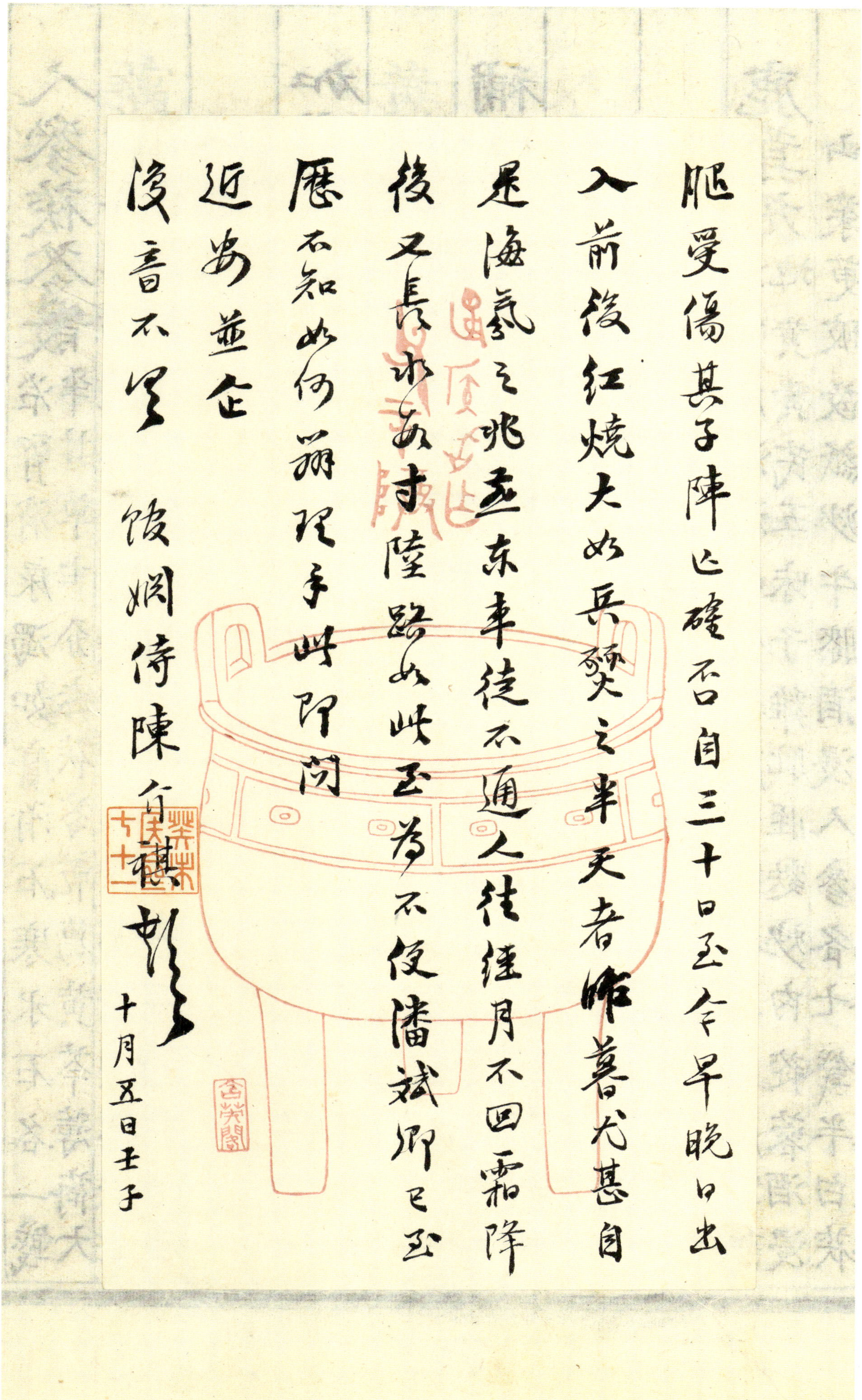

腿受傷其子陣亡確否自三十日至今早晚日出入前後紅燒大如兵燹之半天者昨暮尤甚自是海氛之兆燕東車徒不通人往經月不回霜降後又長水數寸陸路如此至爲不便潘斌卿已至歷不知如何辦理手此即問近安并企復音不具　館姻侍陳介祺頓首　十月五日壬子

腿受傷，其子陣亡，確否？自三十日至今，早晚日出入前後紅燒，大如兵燹之半天者，昨暮尤甚，自是海氛之兆。燕東車徒不通，人往經月不回，霜降後又長水數寸，陸路如此，至爲不便。潘斌卿已至歷，不知如何辦理。手此即問近安并企復音不具。館姻侍陳介祺頓首。十月五日壬子。

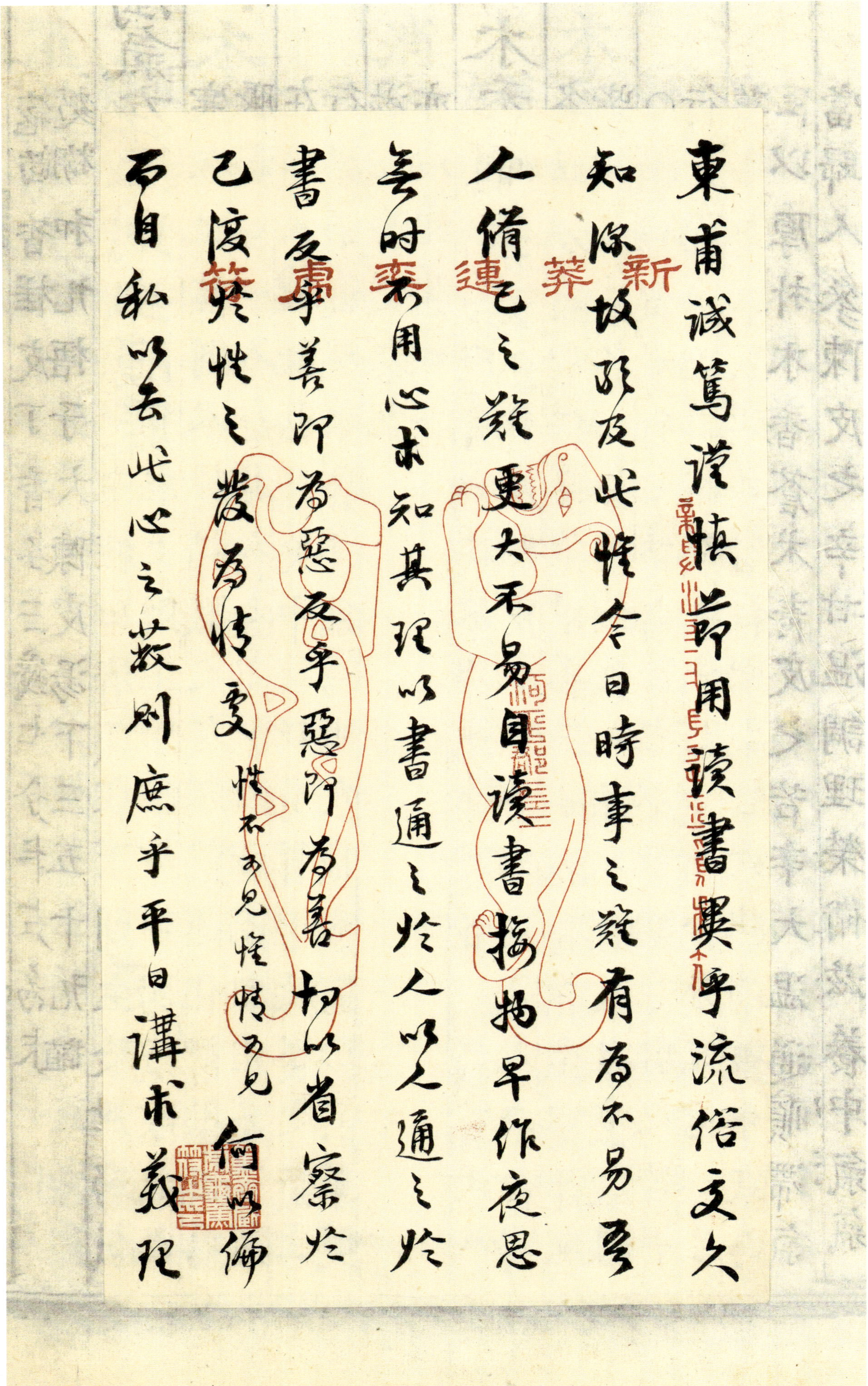

東甫誠篤謹慎[一]，節用讀書，异乎流俗，交久知深，故敢及此。惟今日時事之難，有爲不易。吾人修己之難，更大不易。自讀書接物早作夜思，無時不用心求知其理，以書通之於人，以人通之於書，反乎善即爲惡，反乎惡即爲善，切以省察於己，復於性之發爲情處性不可見，惟情可見，何以偏而自私，以去此心之蔽，則庶乎平日講求義理，

[一] 此函作於光緒九年（一八八三）十月十八日。

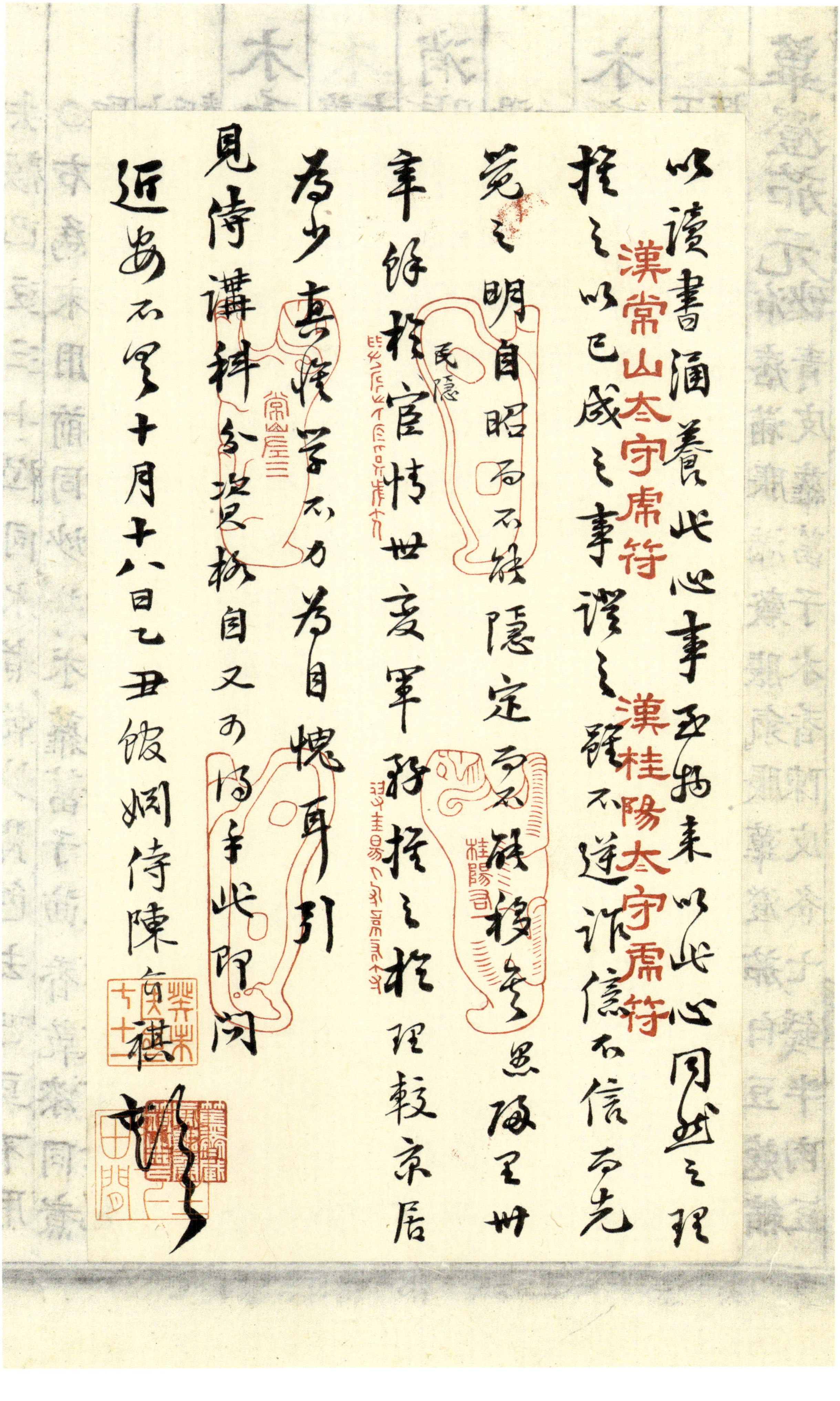

以讀書涵養此心。事至物來，以此心同然之理推之，以已成之事證之，雖不逆詐，（不）億不信，而先覺之明自昭而不能隱，定而不能移矣。愚歸里卅年餘，於民隱宦情世變軍務，推之於理，較京居爲少真，惟學不力爲自愧耳。引見侍講，科分資格，自又可得。手此即問近安不具。

十月十八日乙丑館姻侍陳介祺頓首。

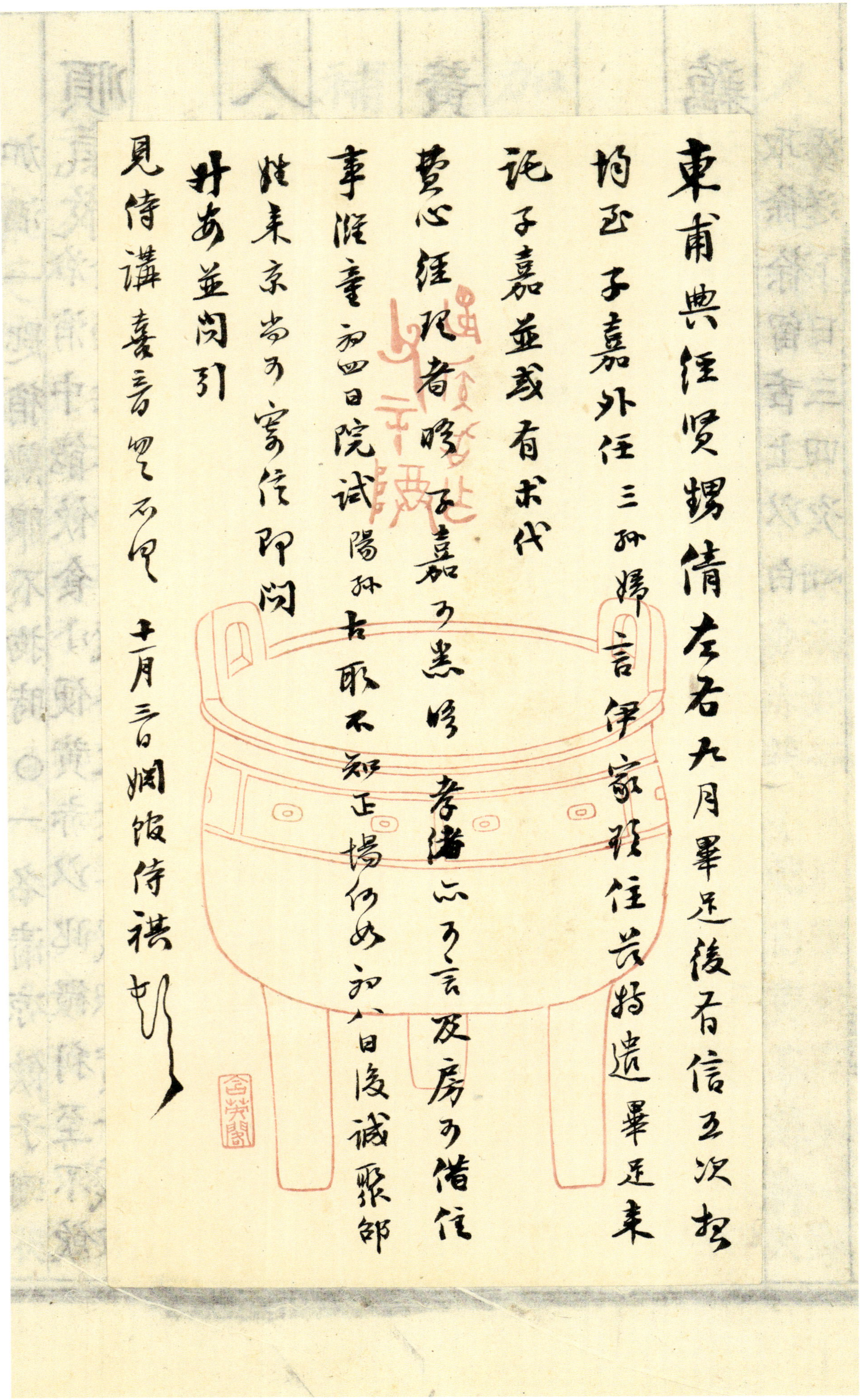

東甫典經賢甥倩左右[一]。九月畢足後有信五次，想均至。子嘉外任。三孫婦言伊家欲住，茲特遣畢足來托子嘉，并或有求代費心經理者，晤子嘉可悉。晤孝緒亦可言及房可借住事。濰童初四日院試，陽孫古取，不知正場何如。初八日後誠聚邵姓來京，尚可寄信。即問升安并問引見侍講喜音，匆匆不具。十一月三日姻館侍祺頓首。

[一] 此函作於光緒九年（一八八三）十一月三日。

陳書札九冊本第一至第五冊〇三六

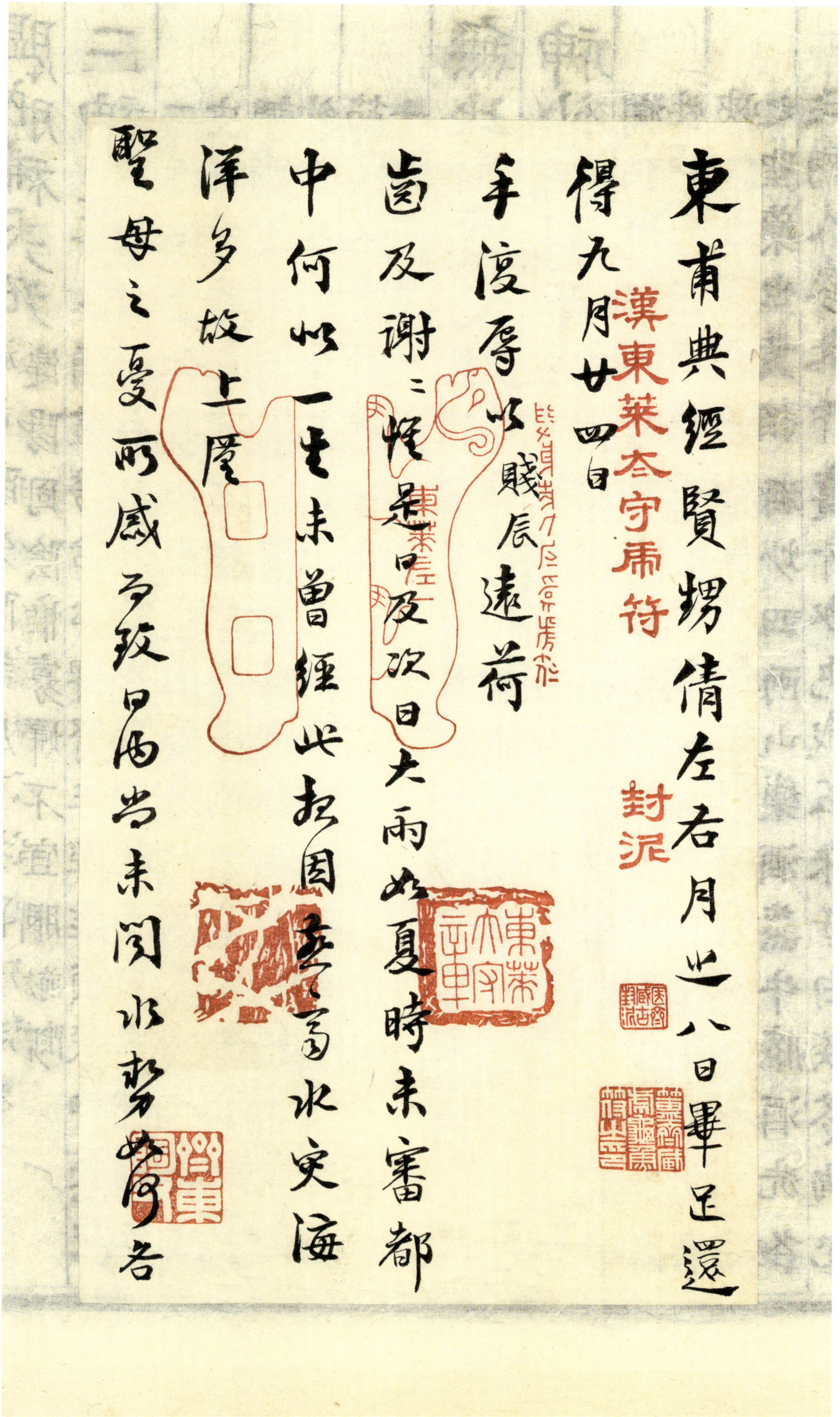

東甫典經賢甥倩左右[一]。月之八日畢足還，得九月廿四日手復，辱以賤辰，遠荷齒及，謝謝。惟是日及次日大雨如夏時，未審都中何似。一生未曾經此，想因燕齊水灾，海洋多故，上廑聖母之憂所感而致。日內尚未聞水勢如何。各

[一] 此函作於光緒十年（一八八三）十一月間。此書信殘，根據信中所提及『清卿兄到京後已奉幫辦北洋旨否？統兵隨行赴津若干，曾得一晤否』，吳大澂自在樂亭駐軍後，直到十月二十五日，才奉十月二十四日上諭隨慶裕經天津赴朝鮮。參見《愙齋自訂年譜》，中華書局，二〇〇七年，第一〇五頁。故推測這封書信寫於十一月之間。

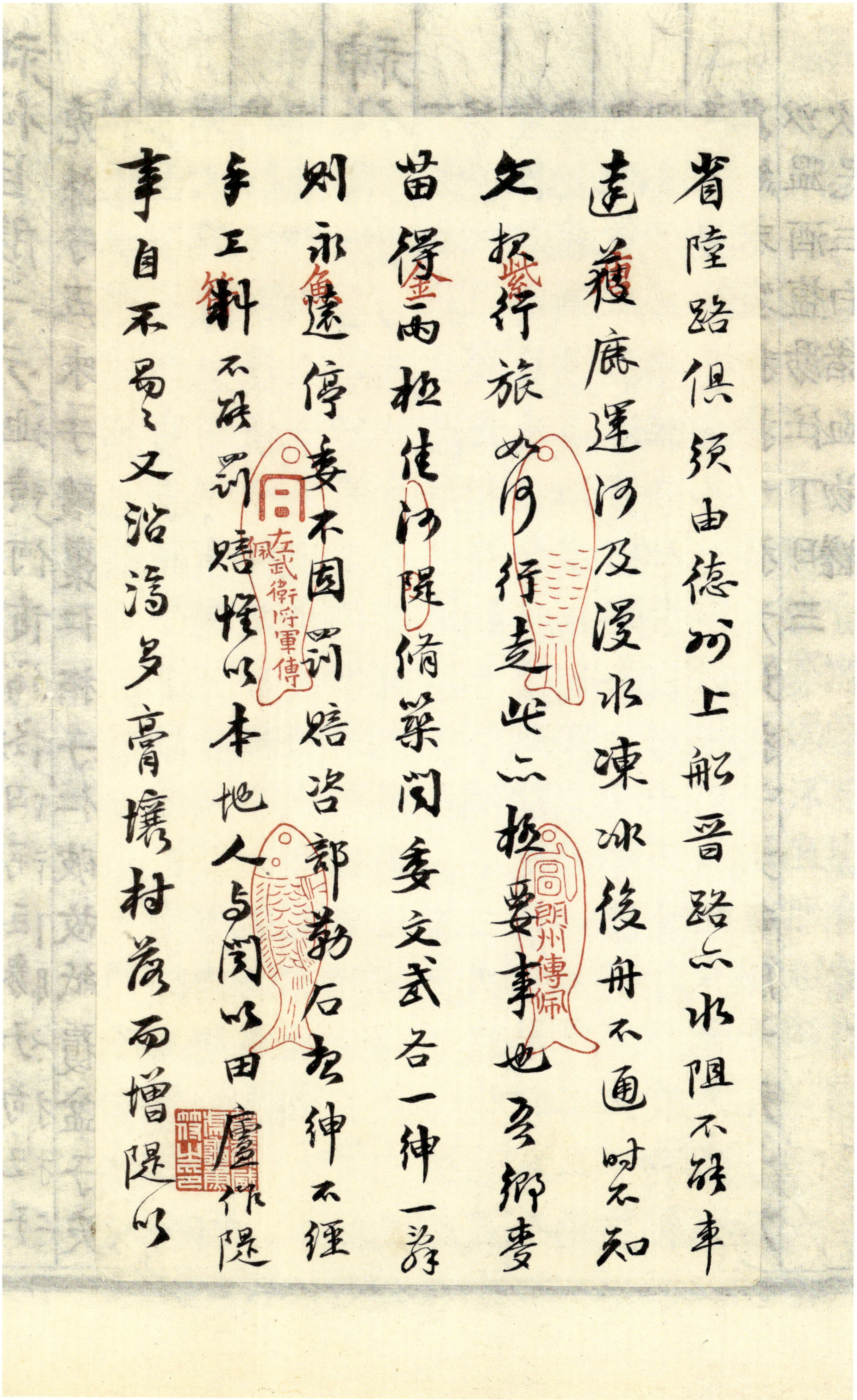

省陸路俱須由德州上船。晉路亦水阻，不能車達獲鹿。運河及漫水凍冰後舟不通時，不知文報行旅如何行走，此亦極要事也。吾鄉麥苗得雨極佳。河堤修築聞委文武各一紳，一辭則永遠停委，不固罰賠，咨部勒石。

想紳不經手工料，不能罰賠，惟以本地人與聞，以田廬作堤事，自不易易。又沿濟多膏壤村落，而增堤以

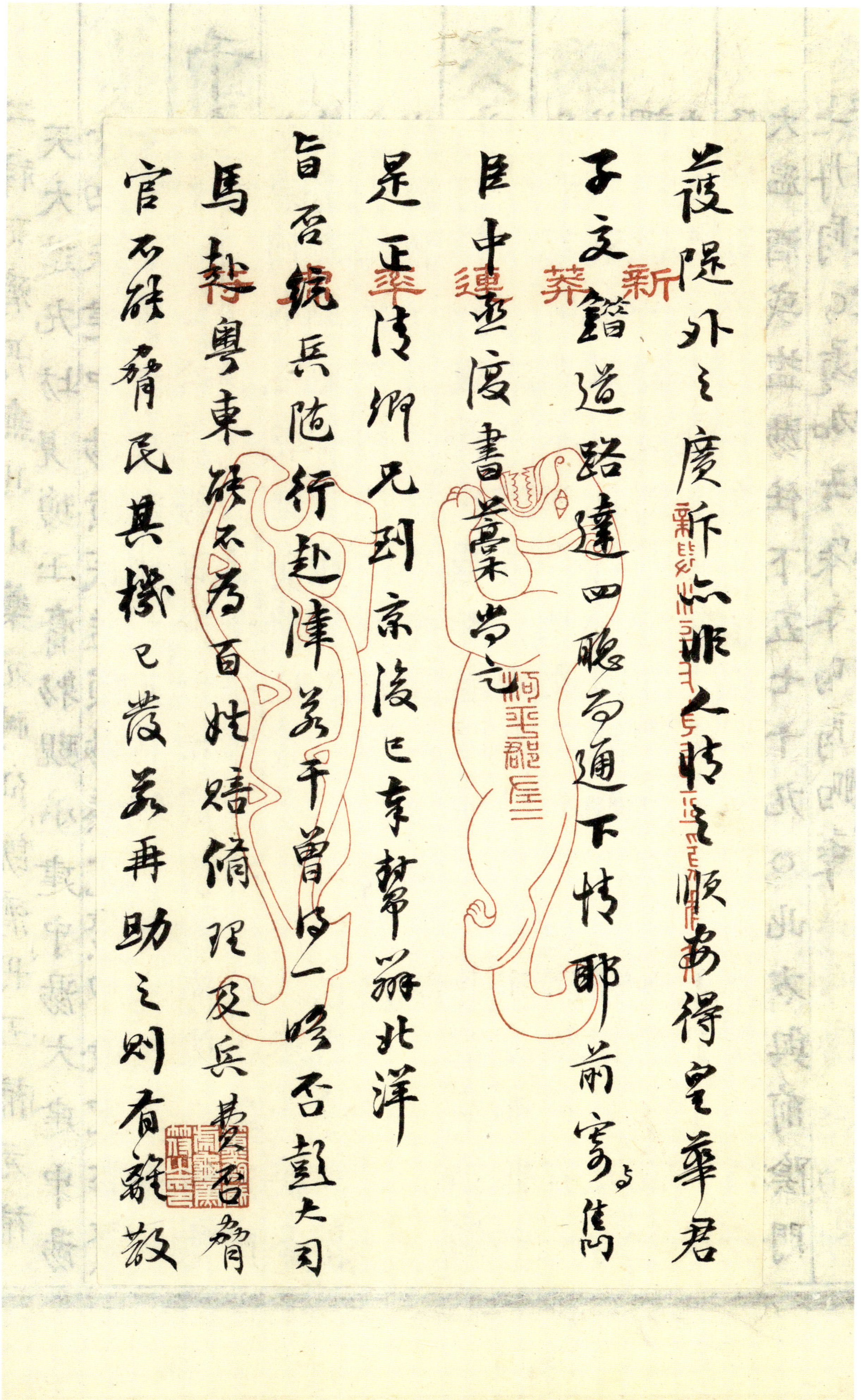

護堤外之廣斥，亦非人情之順。安得皇華君子，交錯道路，達四聽而通下情耶？前寄與雋臣中丞復書稿，尚乞是正。清卿兄到京後已奉幫辦北洋旨否？統兵隨行赴津若干曾得一晤否？彭大司馬赴粵東，能不爲百姓賠修理及兵費否？脅官不能脅民，其機已發，若再助之，則有離散

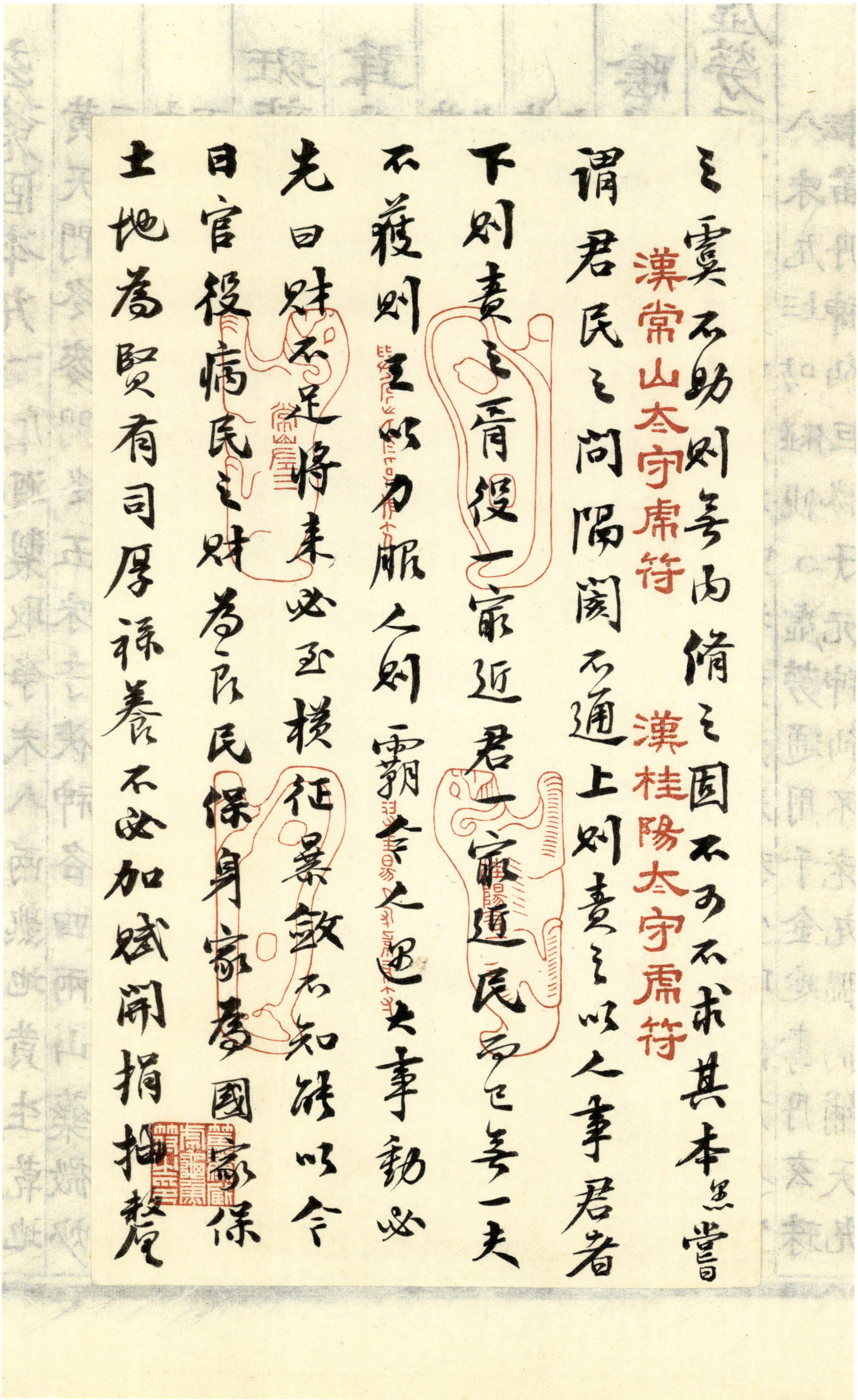

之虞。不助則無内修之固，不可不求其本。愚嘗謂，君民之間隔閡不通，上則責之以人事君者，下則責之胥役。一最近君，一最近民而已。無一夫不獲則王，以力服人則霸。今人遇大事，動必先曰財不足，將來必至横征暴斂。不知能以今日官役病民之財，爲良民保身家，爲國家保土地，爲賢有司厚禄養，不必加賦、開捐、抽厘

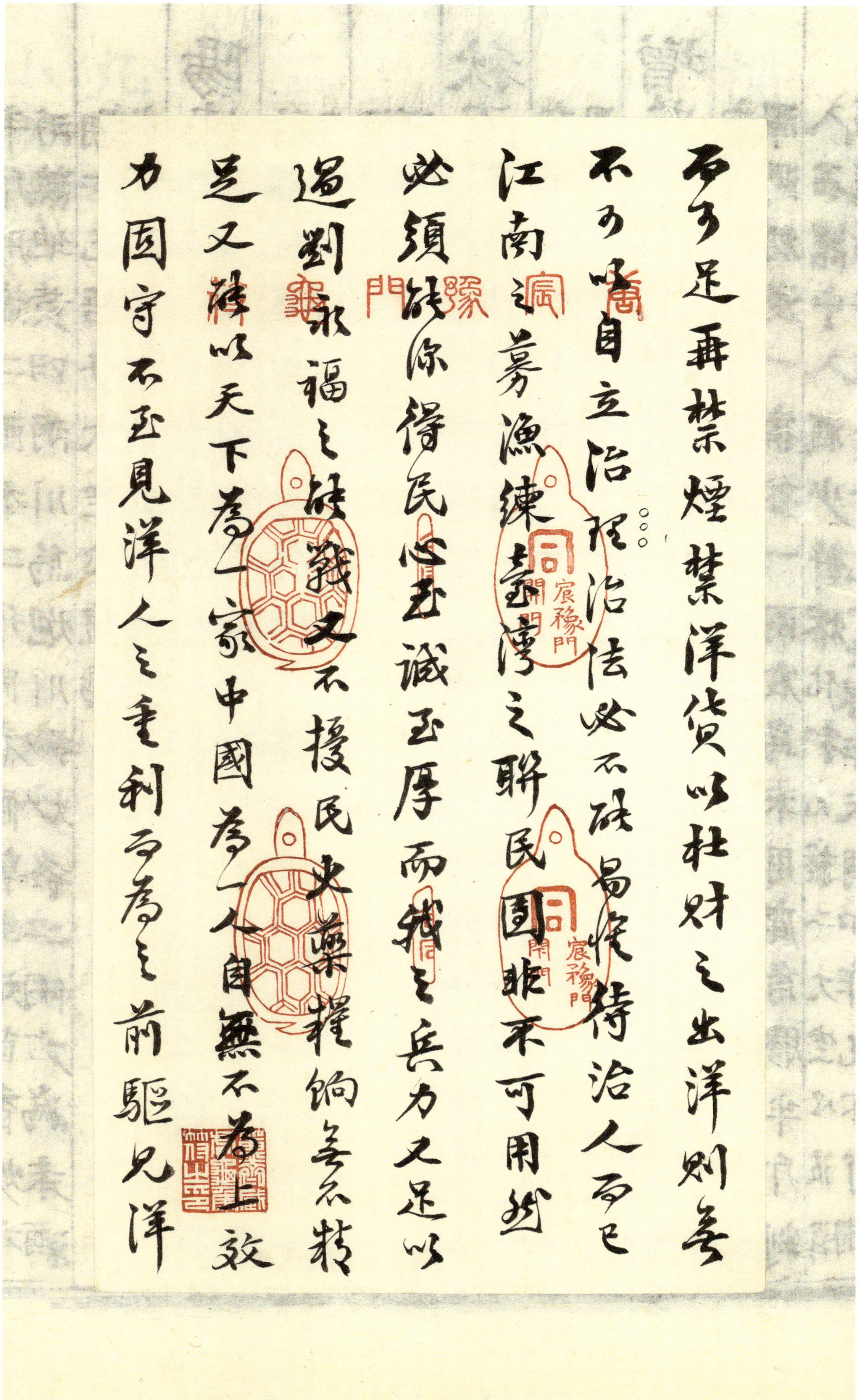

而可足。再禁烟禁洋貨，以杜財之出洋，則無不可以自立治理。治法必不能易，惟待治人而已。江南之募漁練、台灣之聯民團，非不可用，然必須能深得民心，至誠至厚，而我之兵力又足以過劉永福之能戰，又不擾民，火藥糧餉無不精足。又能以天下爲一家，中國爲一人，自無不爲上效力固守，不至見洋人重利而爲之前驅，見洋

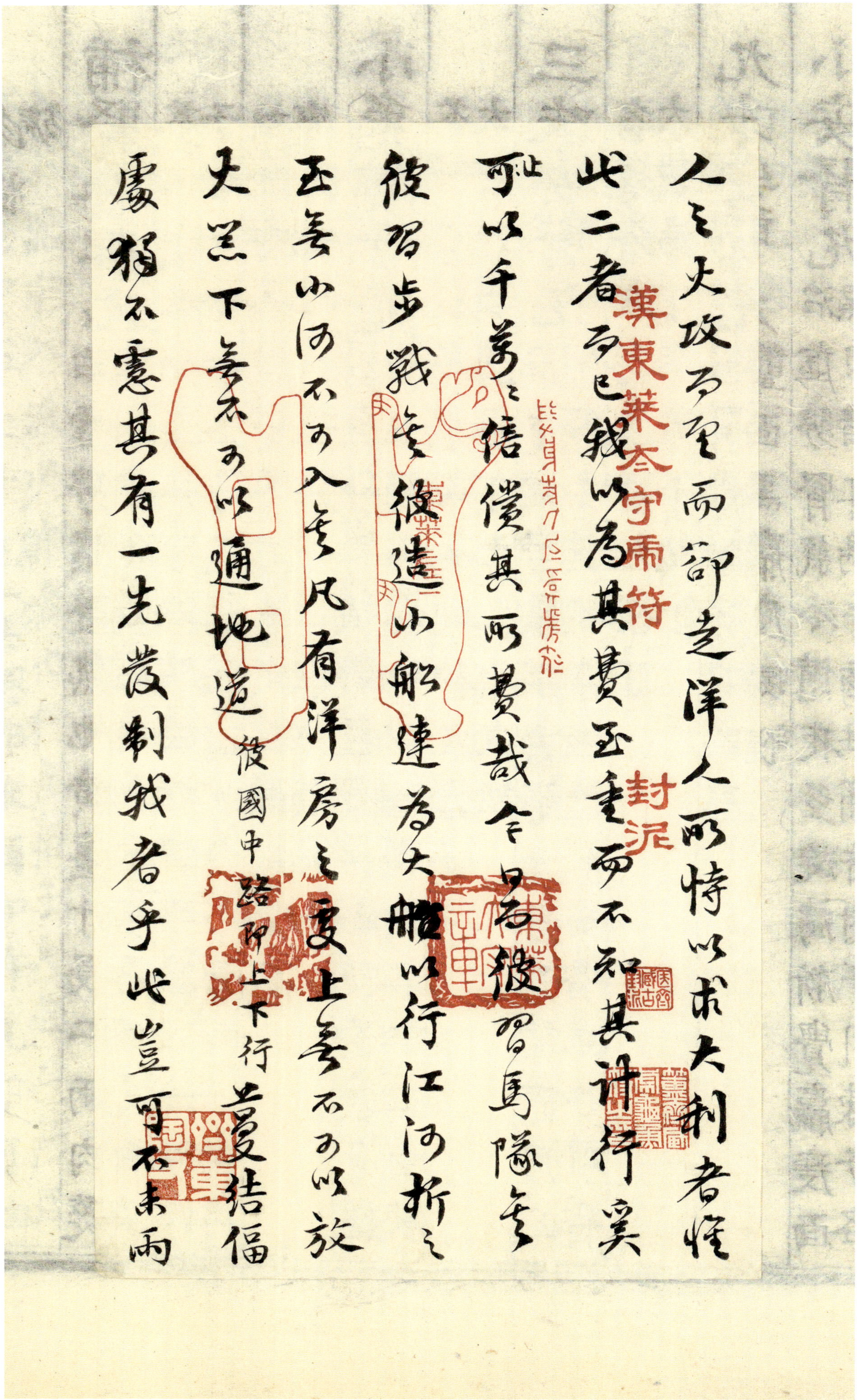

人之火攻而望而却走。洋人所恃以求大利者，惟此二者而已。我以爲其費至重，而不知其計行，奚止以千千萬萬倍償其所費哉？今日而彼習馬隊矣，彼習步戰矣，彼造小船連爲大船以行江河，析之至無小河不可入矣。

凡有洋房之處，上無不可以放火器，下無不可以通地道，彼國中路即上下行。蔓結偪處，獨不慮其有一先發制我者乎？此豈可不未雨

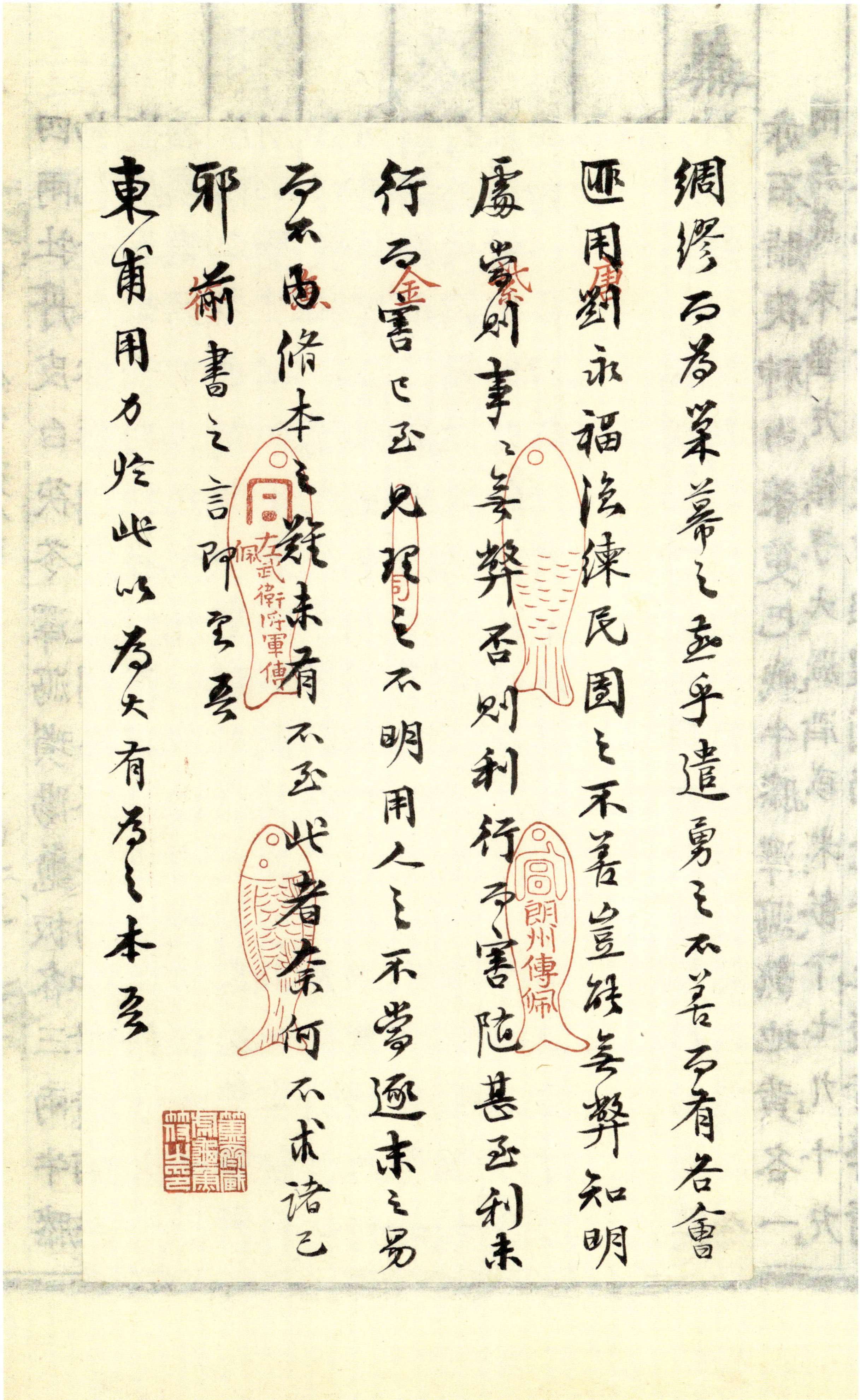

綢繆而爲巢幕之燕乎？遣勇之不善而有各會匪用劉永福漁練民團之不善，豈能無弊？知明處當，則事事無弊。否則利行而害隨，甚至利未行而害已至。見理之不明、用人之不當，逐末之易而不内修本之難，未有不至此者，奈何不求諸己耶？前書之言即望吾東甫用力於此，以爲大有爲之本。吾……

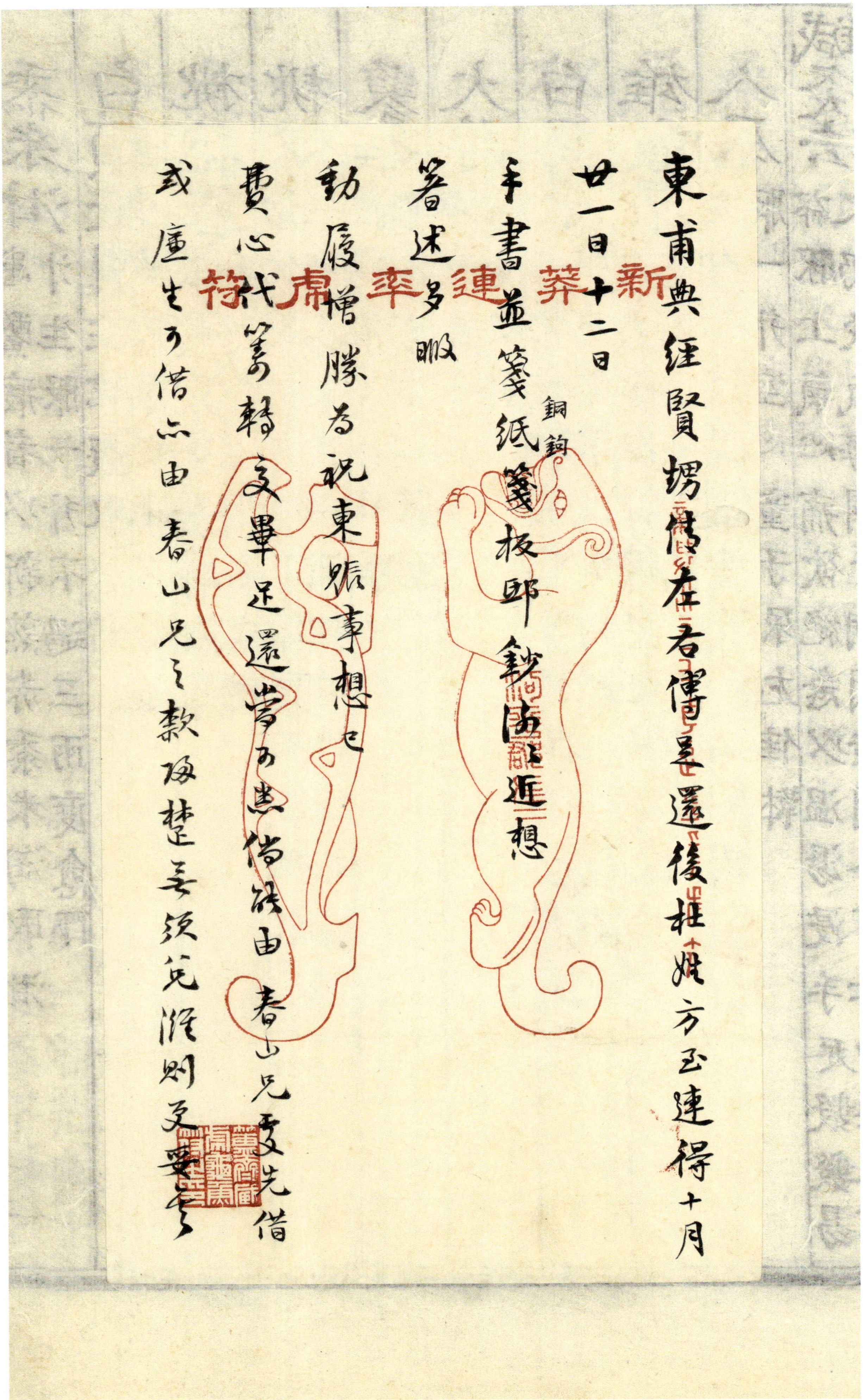

東甫典經賢甥倩左右[一]。傳足還後杜姓方至，連得十月廿一日、十二日手書并箋紙、箋板、銅鈎、邸鈔，謝謝。近想著述多暇、動履增勝爲祝。東賑事想已費心代籌，轉交畢足還當可悉。倘能由春山兄處先借或廉生可借，亦由春山兄之款歸楚，無須兑滙，則更妥矣。

[一] 此函作於光緒九年（一八八三）十一月十九日、二十日，共三通。

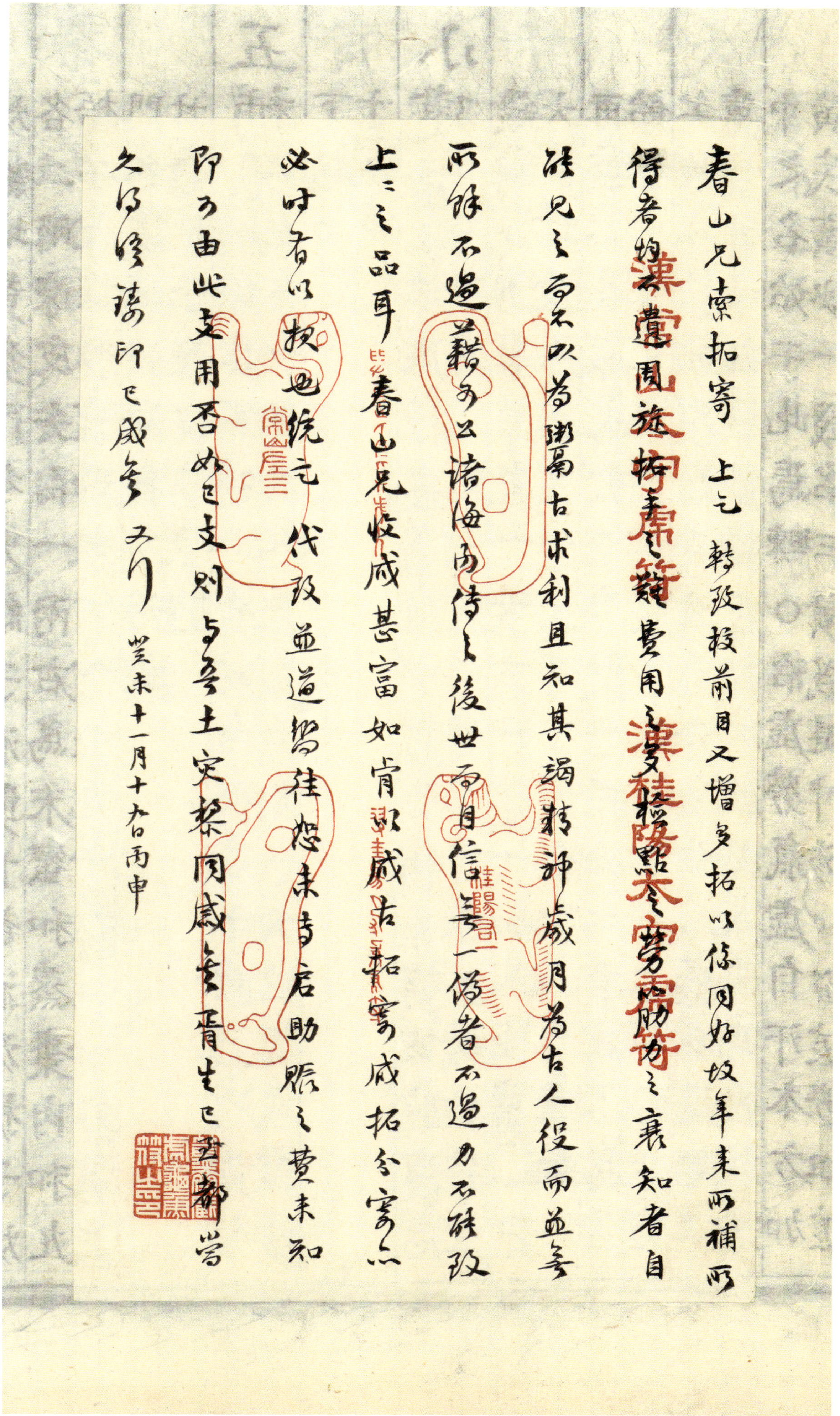

春山兄索拓寄上，乞轉致。較前目又增多拓，以係同好，故年來所補所得者均不遺。周旋拓手之難、費用之多、檢點之勞、筋力之衰，知者自能見之，而不以爲鬻古求利，且知其竭精神歲月爲古人役，而并無所餘，不過藉可公諸海內、傳之後世，而自信無一僞者，不過力不能致上上之品耳。春山兄收藏甚富，如肯以藏古拓寄、藏拓分寄，亦必時有以報也。統乞代致并道嚮往。恕未專啓助賑之費，未知即可由此支用否？如已支則與吾土災黎同感矣。胥生已至都，當久得晤。鑄印已成矣。又拜。

癸未十一月十九日丙申。

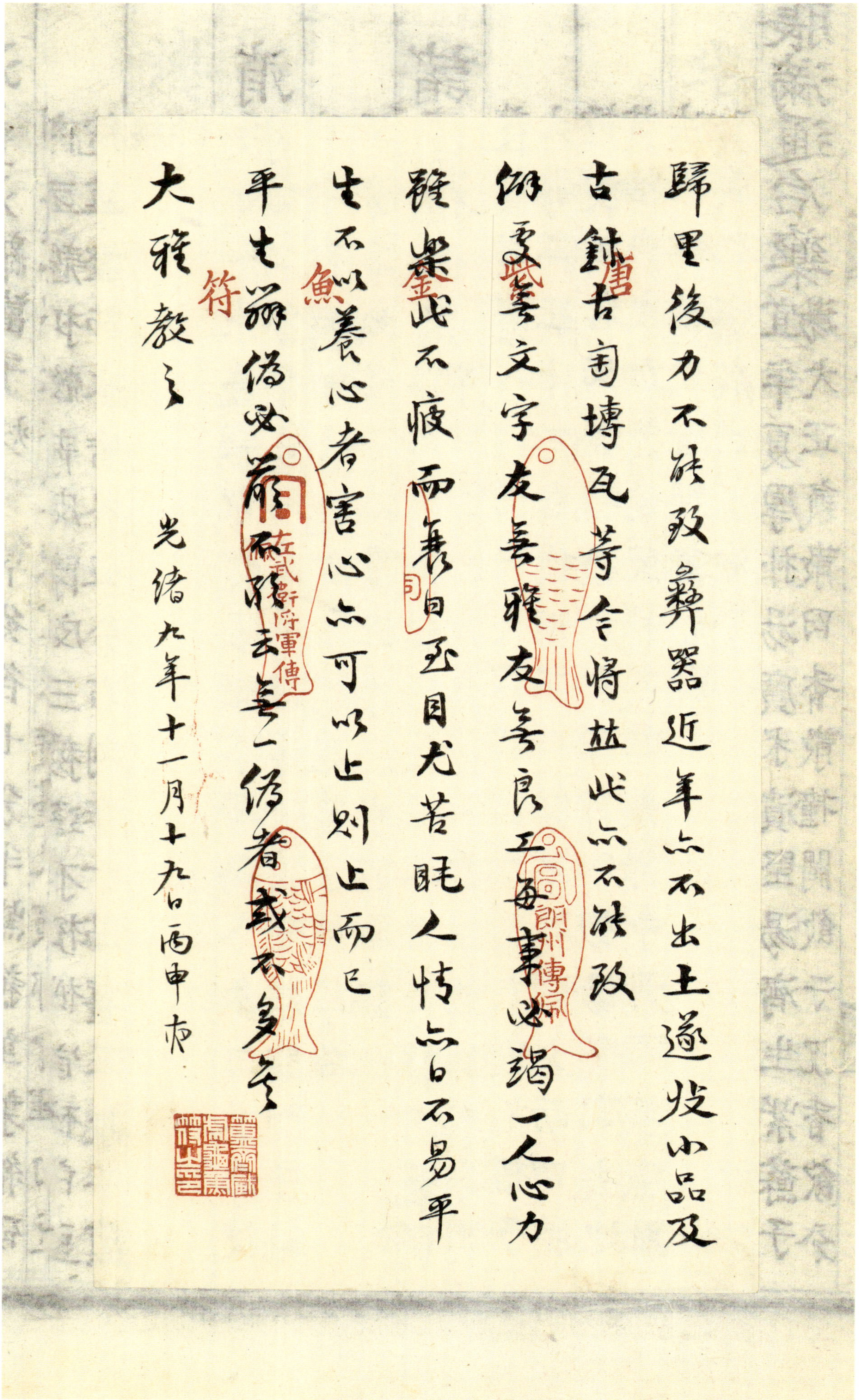

歸里後力不能致，彝器近年亦不出土，遂收小品及古璽古匋磚瓦等。今將并此亦不能致。僻處無文字友，無雅友，無良工，每事必竭一人心力。雖樂此不疲，而衰日至，目尤苦眊，人情亦日不易。平生不以養心者害心，亦可以止則止而已。平生辨僞必嚴，不敢云無一僞者，或不多矣。大雅教之。

光緒九年十一月十九日丙申夜。

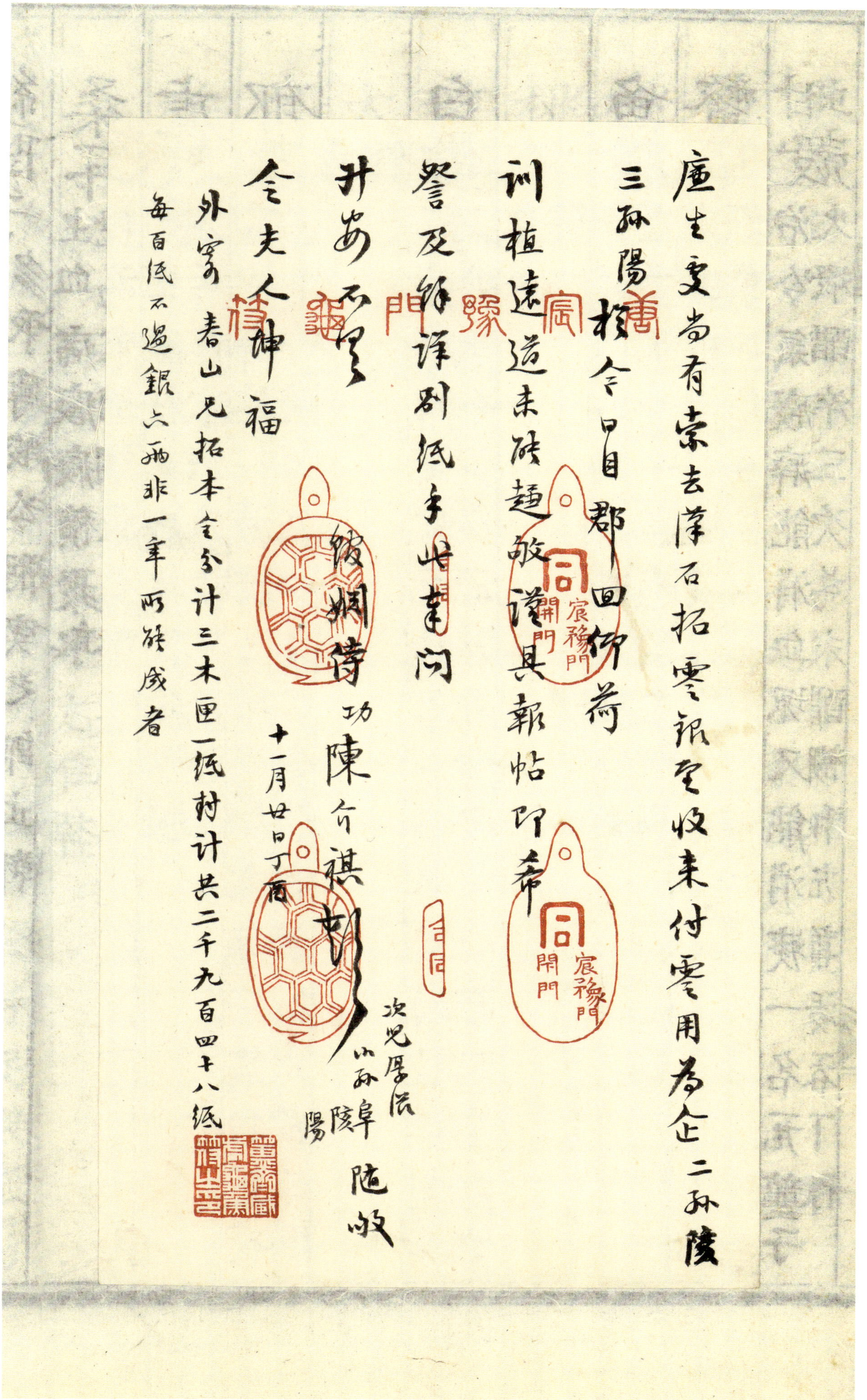

廉生處尚有索去漢石拓零銀，望收來付零用爲企。二孫陔、三孫陽於今日自郡回。仰荷訓植，遠道未能趨敂，謹具報帖，即希察及。餘詳別紙。手此奉問升安不具。令夫人坤福。館姻侍功陳介祺頓首。次兒厚滋、小孫阜、陔、陽隨敂。十一月廿日丁酉。

外寄春山兄拓本全份計三木匣一紙封，計共二千九百四十八紙，每百紙不過銀六兩，非一年所能成者。

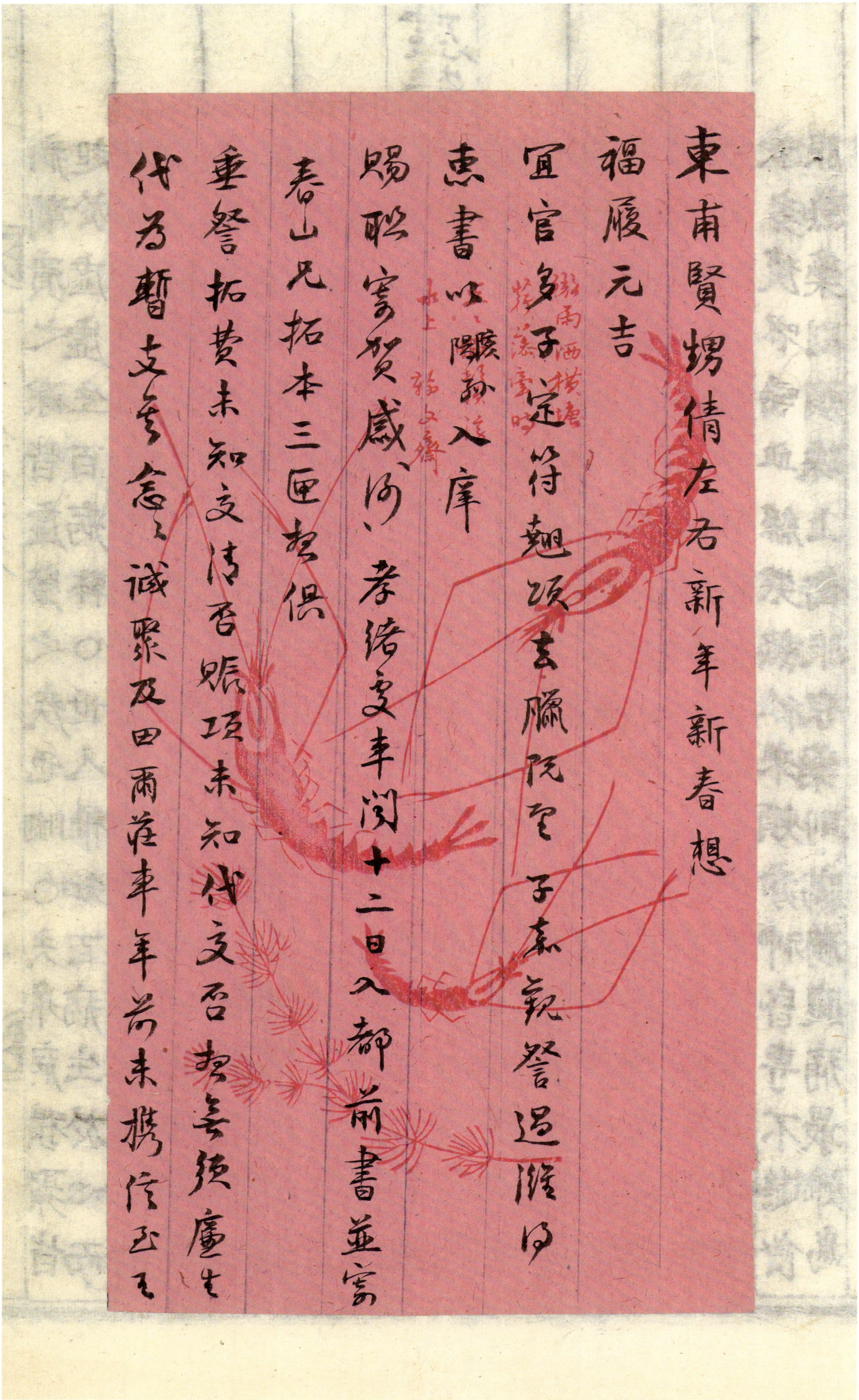
東甫賢甥倩左右新年新春想
福履元吉
宜官多子定符翹頌去臘既望子嘉觀察過潍得
惠書以陔孫陽孫入庠
賜聯寄賀感謝感謝孝緒處車閏十二日入都前書并寄
春山兄拓本三匣想俱
垂察拓費未知交清否賑項未知代交否想無須廉生
代爲暫支矣念念誠聚及田爾莊車年前未携信至王

東甫賢甥倩左右[一]。新年新春想福履元吉，宜官多子，定符翹頌。去臘既望子嘉觀察過潍，得惠書，以陔孫、陽孫入庠，賜聯寄賀，感謝感謝。孝緒處車閏十二日入都，前書并寄春山兄拓本三匣，想俱垂察。拓費未知交清否？賑項未知代交否？想無須廉生代爲暫支矣。念念。誠聚及田爾莊車年前未携信至，王

[一] 此函作於光緒十年（一八八四）正月十日。

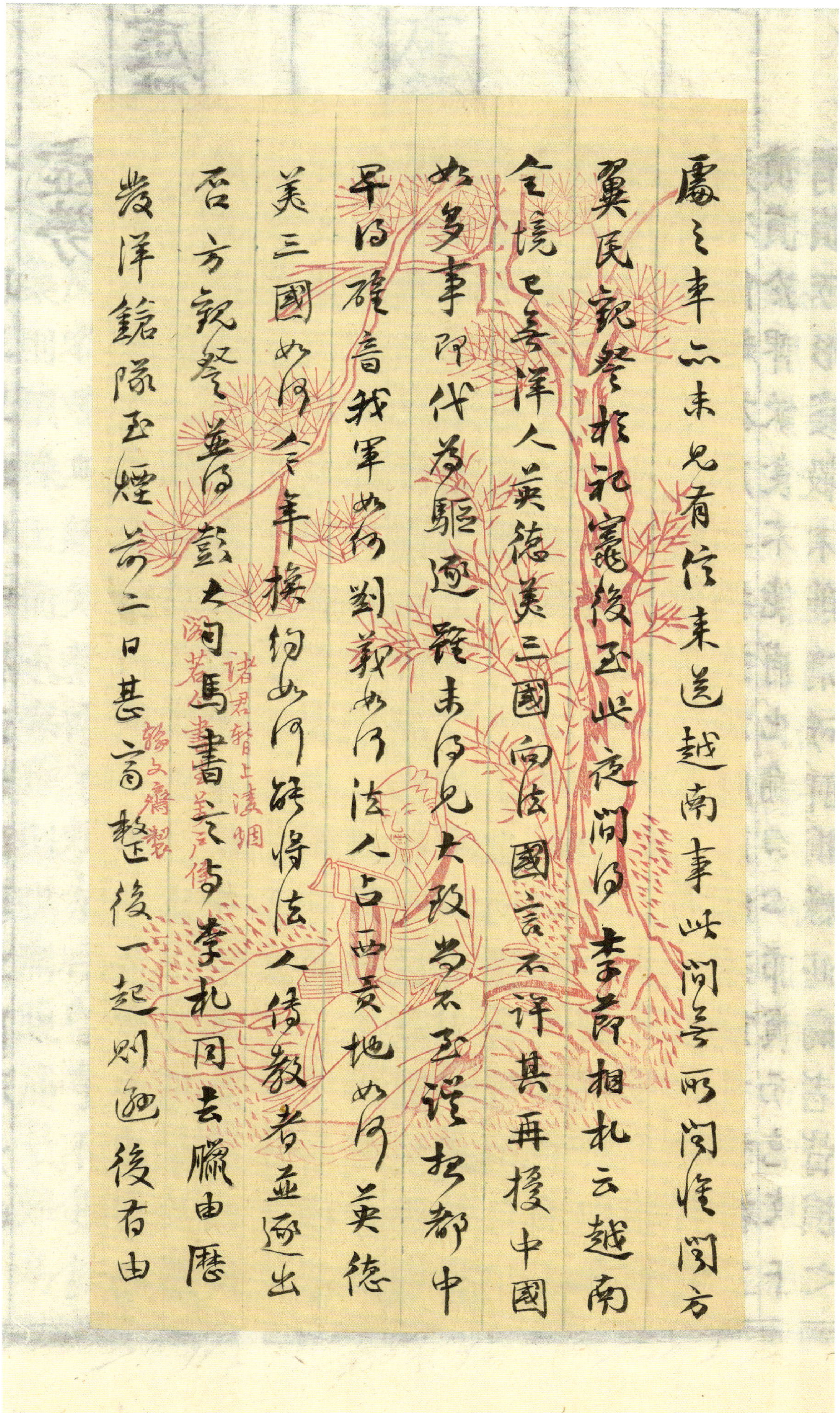

處之車亦未見有信來送。越南事此間無所聞，惟聞方翼民觀察於祀竈後至此，夜間得李節相札云越南全境已無洋人。英德美三國向法國言，不許其再擾中國，如多事即代爲驅逐。雖未得見，大致尚不至誤。想都中早得確音，我軍如何？劉義如何？法人占西貢地如何？英德美三國如何？今年換約如何？能將法人傳教者并逐出否？方觀察并得彭大司馬書，言與李札同。去臘由歷發洋槍隊至烟，前二日甚齊整，後一起則遜。後有由

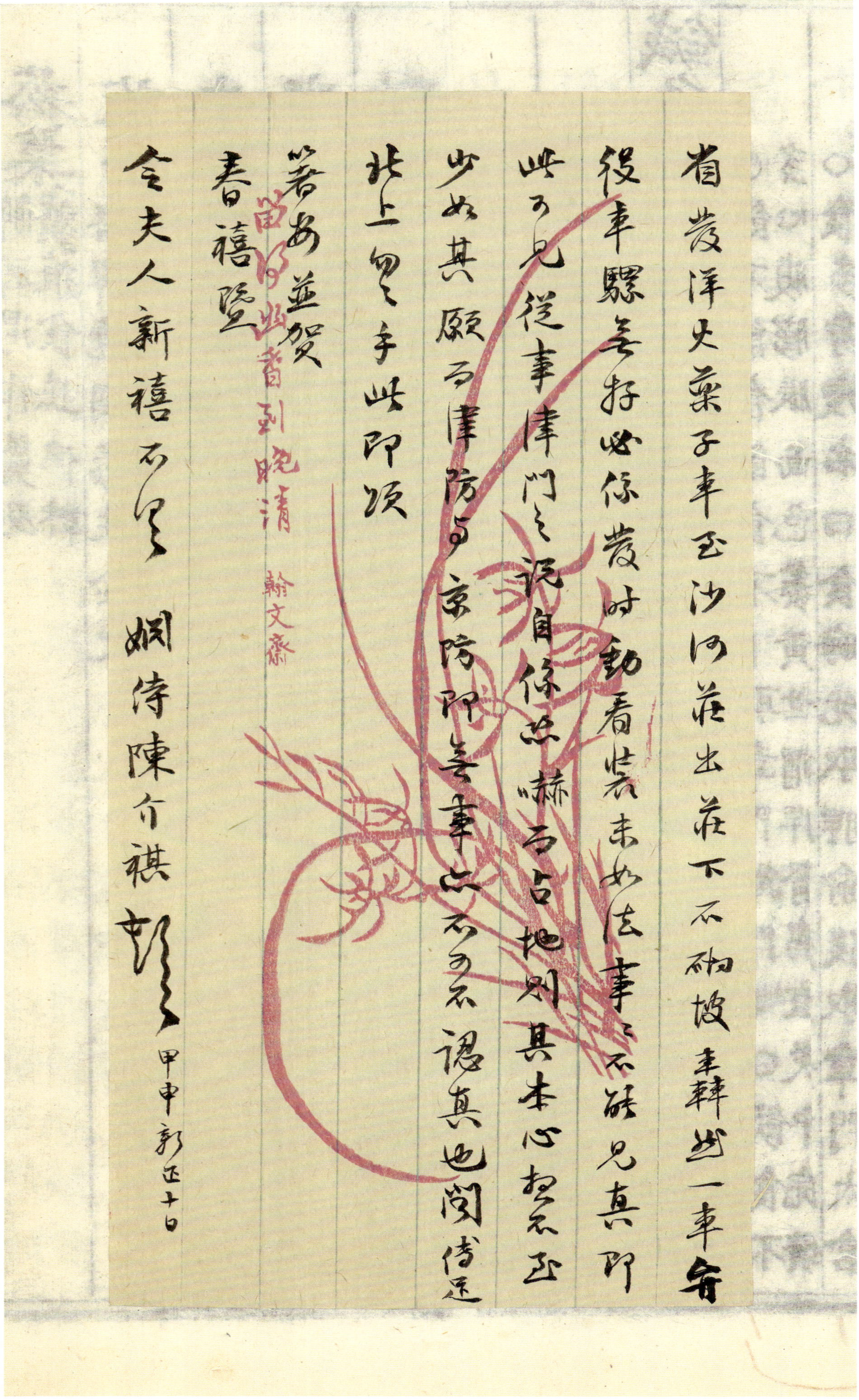

省發洋火藥子車至沙河莊，出莊下不砌坡，轟然一車弁役車騾無存，必係發時動看裝未如法，事事不能見真，即此可見。從事津門之說，自係恐嚇，而占地則其本心。想不至少如其願，而津防與京防即無事亦不可不認真也。聞傅足北上，匆匆手此，即頌著安，并賀春禧暨令夫人新禧不具。姻侍陳介祺頓首。甲申新正十日。

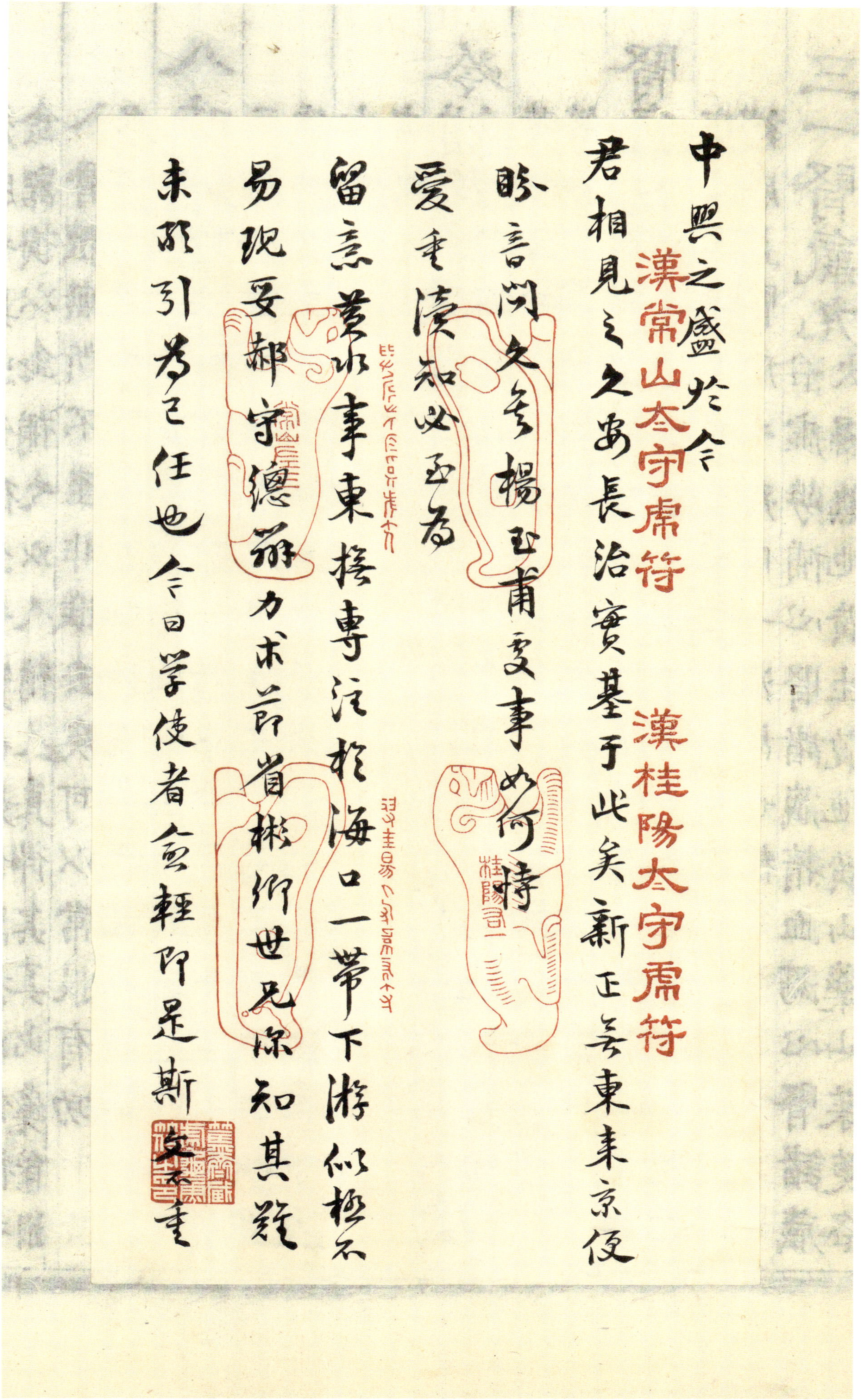

中興之盛，於今君相見之久安長治，實基於此矣。新正無東來京使，盼音問久矣。楊玉甫處事如何？恃愛重瀆，知必至爲留意黄水事。東撫專注於海口一帶下游，似極不易現妥。郙守總辦力求節省，彬卿世兄深知其難，未敢引爲己任也。今日學使者愈輕，即是斯文不重

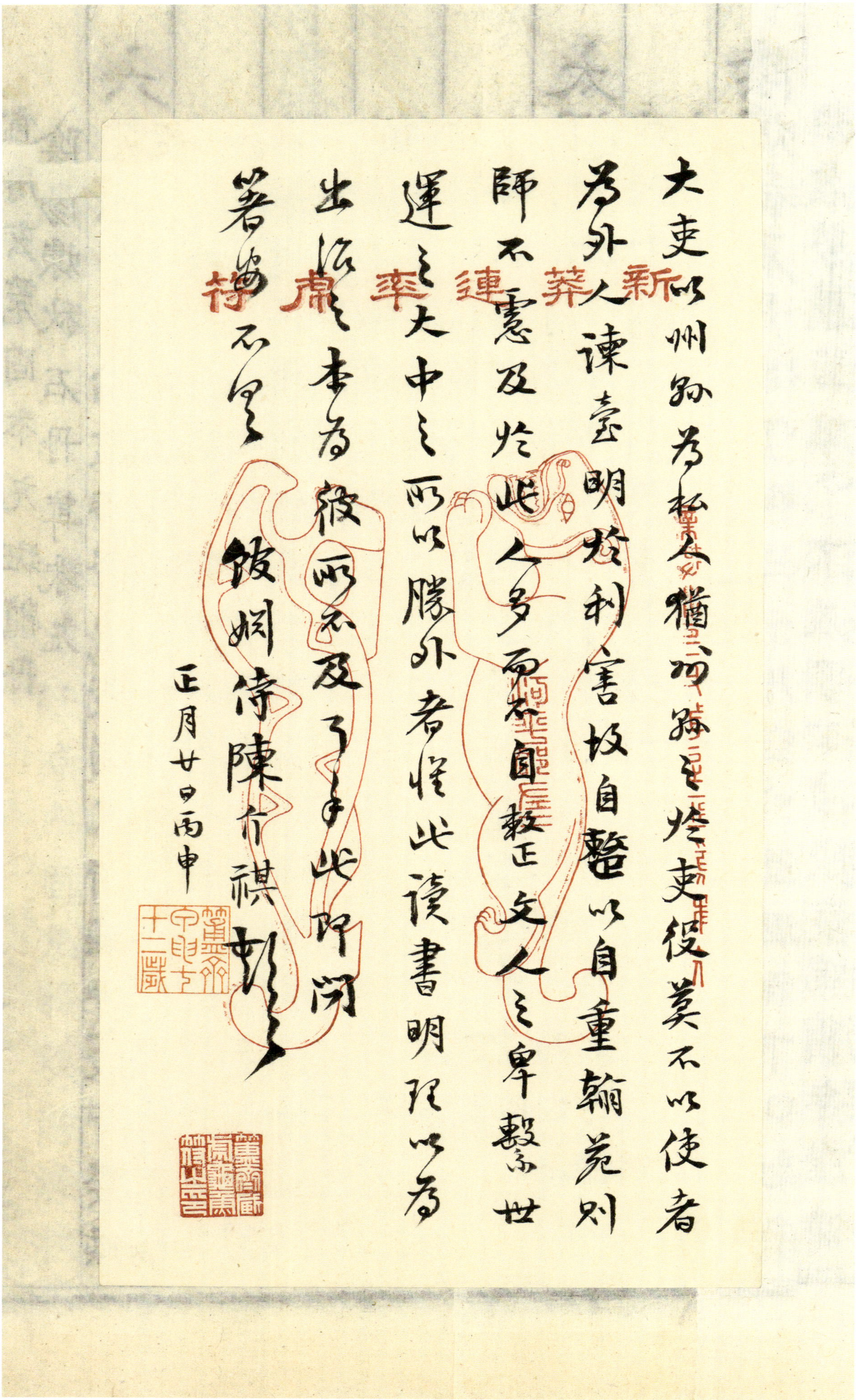

大吏，以州縣爲私人，猶州縣之於吏役，莫不以使者爲外人。諫臺明於利害，故自整以自重。翰苑則師不慮及於此，人多而不自整。文人之卑，繫世運之大，中之所以勝外者，惟此讀書明理以爲出治之本，爲彼所不及耳。手此即問著安不具。館姻侍陳介祺頓首。正月廿日丙申[一]。

[一] 此函存末兩頁，作於光緒十年（一八八四）正月二十日。

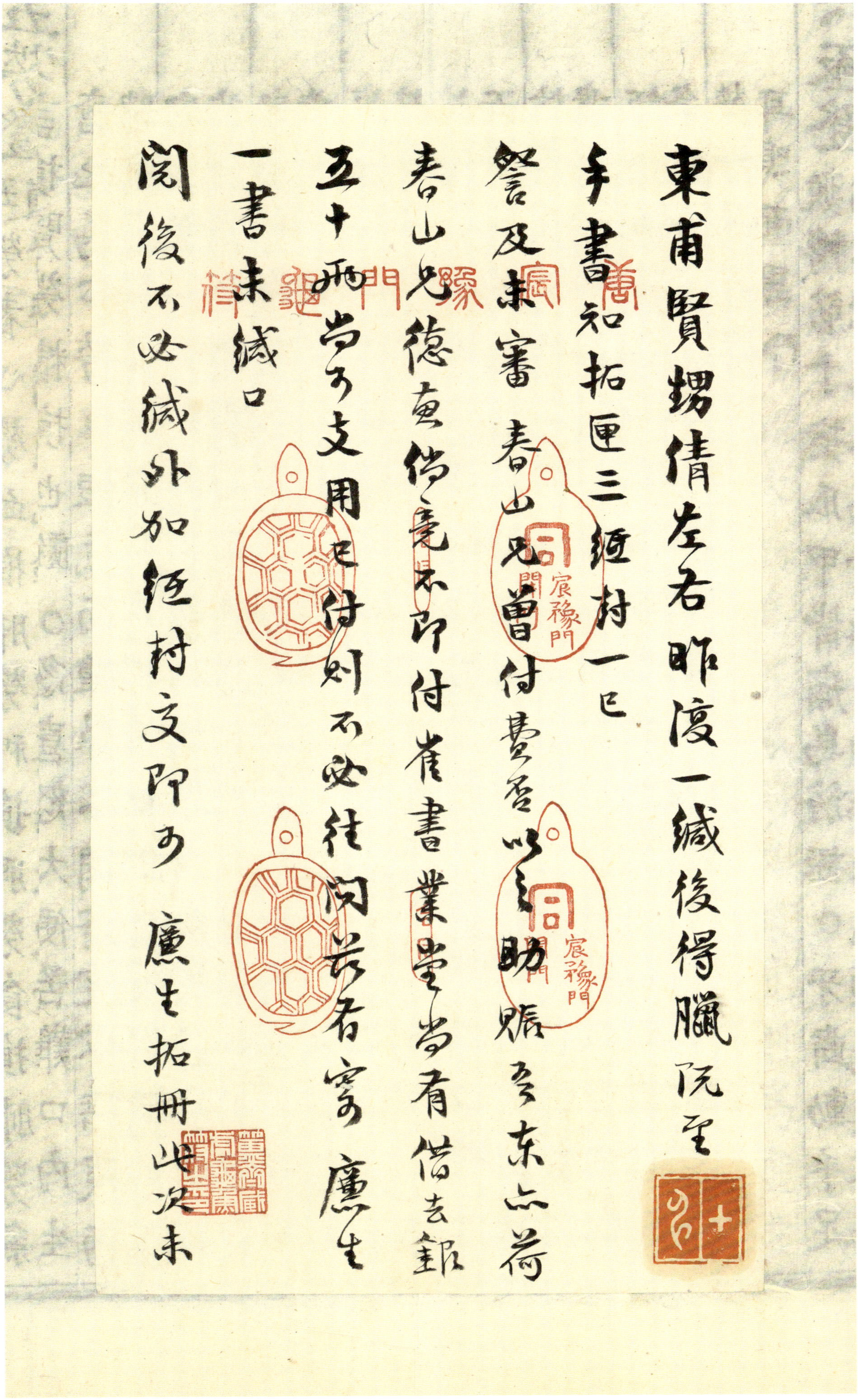

東甫賢甥倩左右[一]。昨復一緘後得臘既望手書，知拓匣三紙封一已察及。未審春山兄曾付費否？以之助賑，吾東亦荷春山兄德惠。倘竟不即付，崔書業堂尚有借去銀五十兩尚可支用，已付則不必往問。兹有寄廉生一書，未緘口，閲後不必緘，外加紙封交即可。廉生拓册此次未

[一] 此函作於光緒十年（一八八四）正月二十三日。

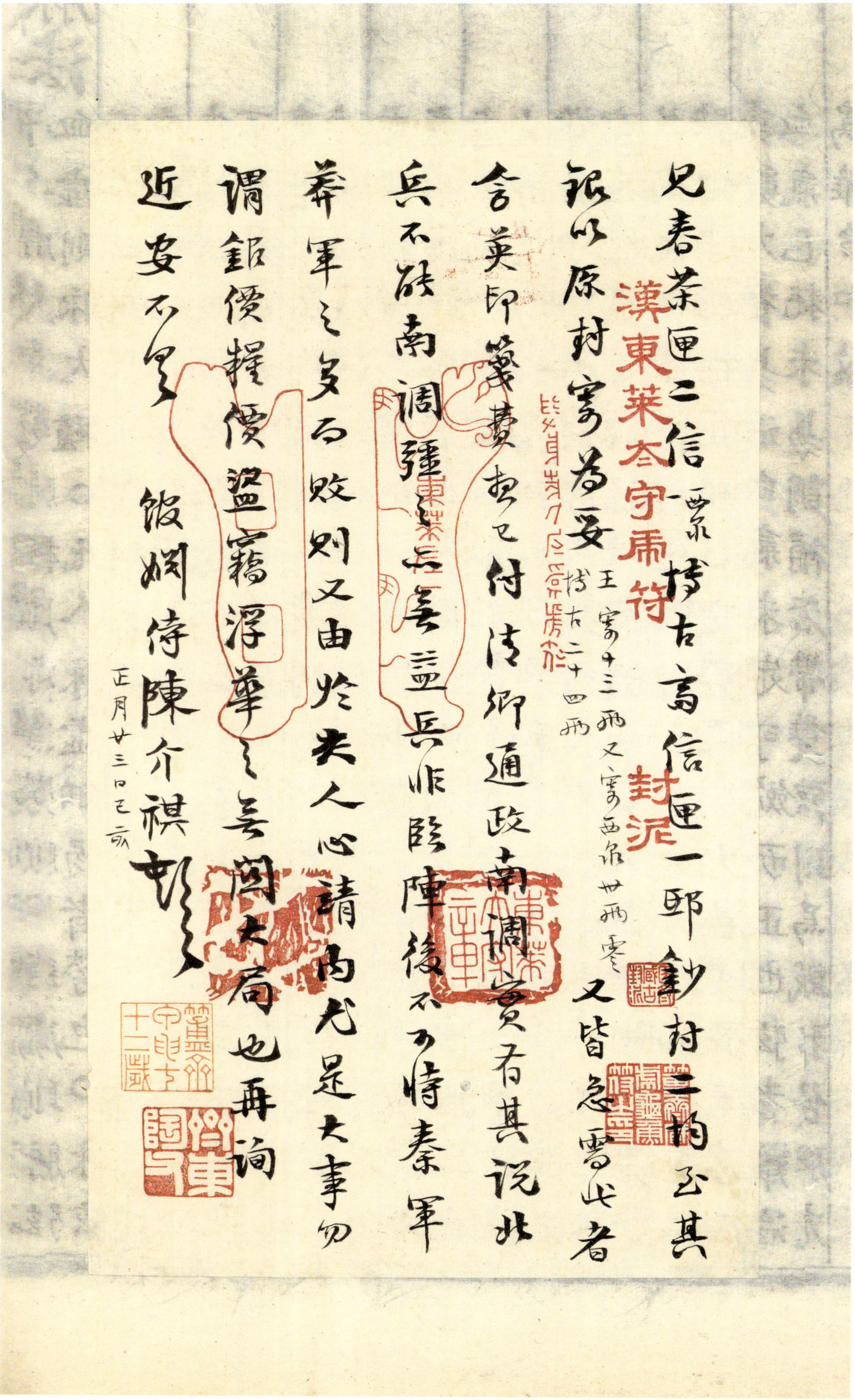

見。春茶匣二、信、西泉一。博古齋信匣一、邸鈔封二均至，其銀以原封寄爲妥。王寄十三兩，又寄西泉卅兩零，博古二十四兩。又皆急需此者，含英印箋費，想已付清卿。通政南調，實有其説。北兵不能南調，强之亦無益。兵非臨陣後不可恃。秦軍、莽軍之多而敗，則又由於失人心。靖内尤是大事，勿謂銀價、糧價、盗竊、浮華之無關大局也。再詢近安不具。館姻侍陳介祺頓首。正月廿三日己亥。

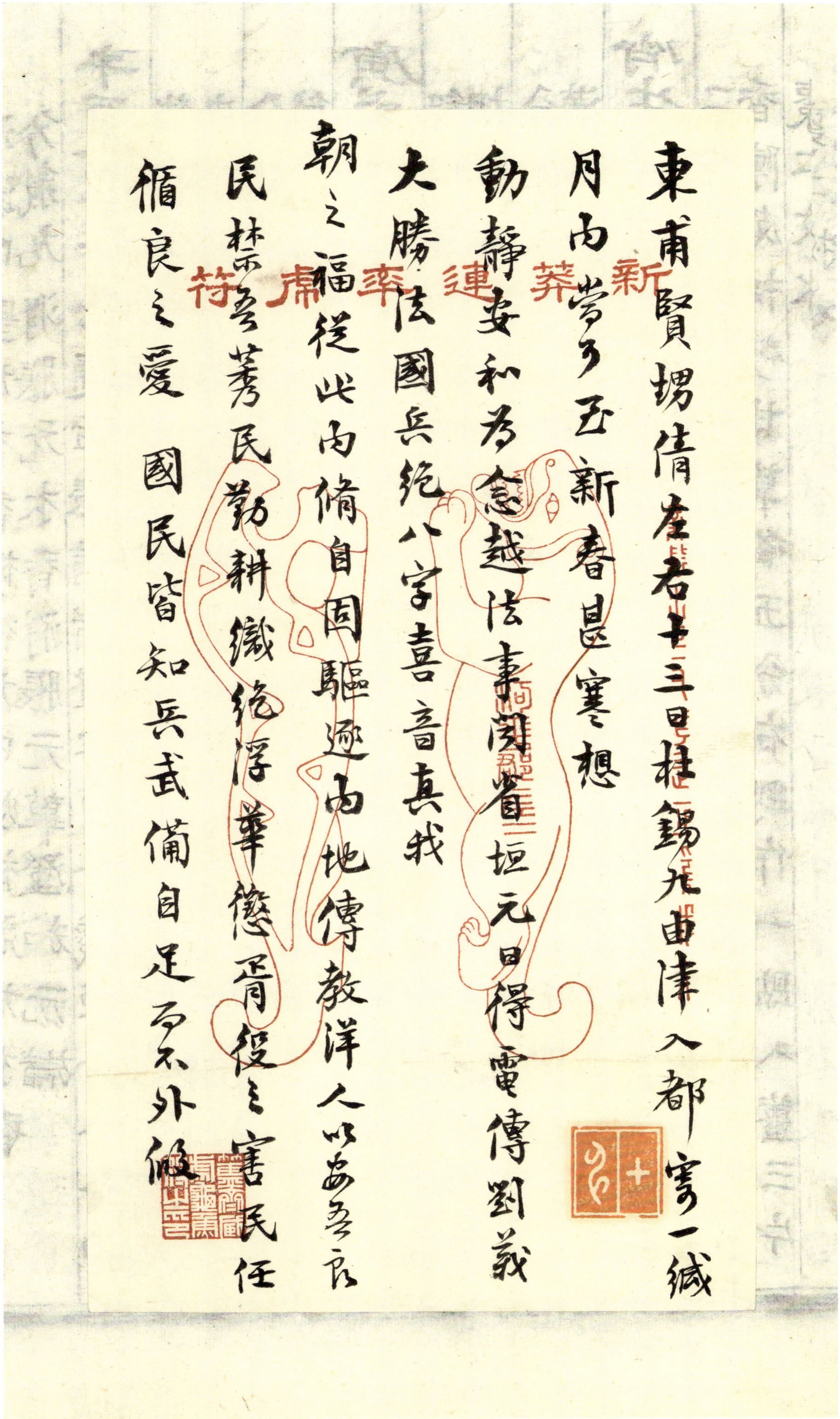
東甫賢甥倩左右十三日杜錫九由津入都寄一緘
月内當可至新春甚寒想
動静安和爲念越法事聞省垣元日得電傳劉義
大勝法國兵絶八字喜音真我
朝之福從此内修自固驅逐内地傳教洋人以安吾良
民禁吾莠民勤耕織絶浮華懲胥役之害民任
循良之愛國民皆知兵武備自足而不外假

東甫賢甥倩左右[一]。十三日杜錫九由津入都，寄一緘，月内當可至。新春甚寒，想動静安和爲念。

越法事聞省垣元日得電傳，劉義大勝法國兵絶，八字喜音，真我朝之福，從此内修自固，驅逐内地傳教洋人以安吾良民，禁吾莠民，勤耕織，絶浮華，懲胥役之害民，任循良之愛國。民皆知兵，武備自足，而不外假。

[一]此函作於光緒十年（一八八四）正月十三日之後至二月間。因箋紙同類，且鈐印『甲申』可定爲光緒十年之信札，信中言及新春，故而繫聯於此。

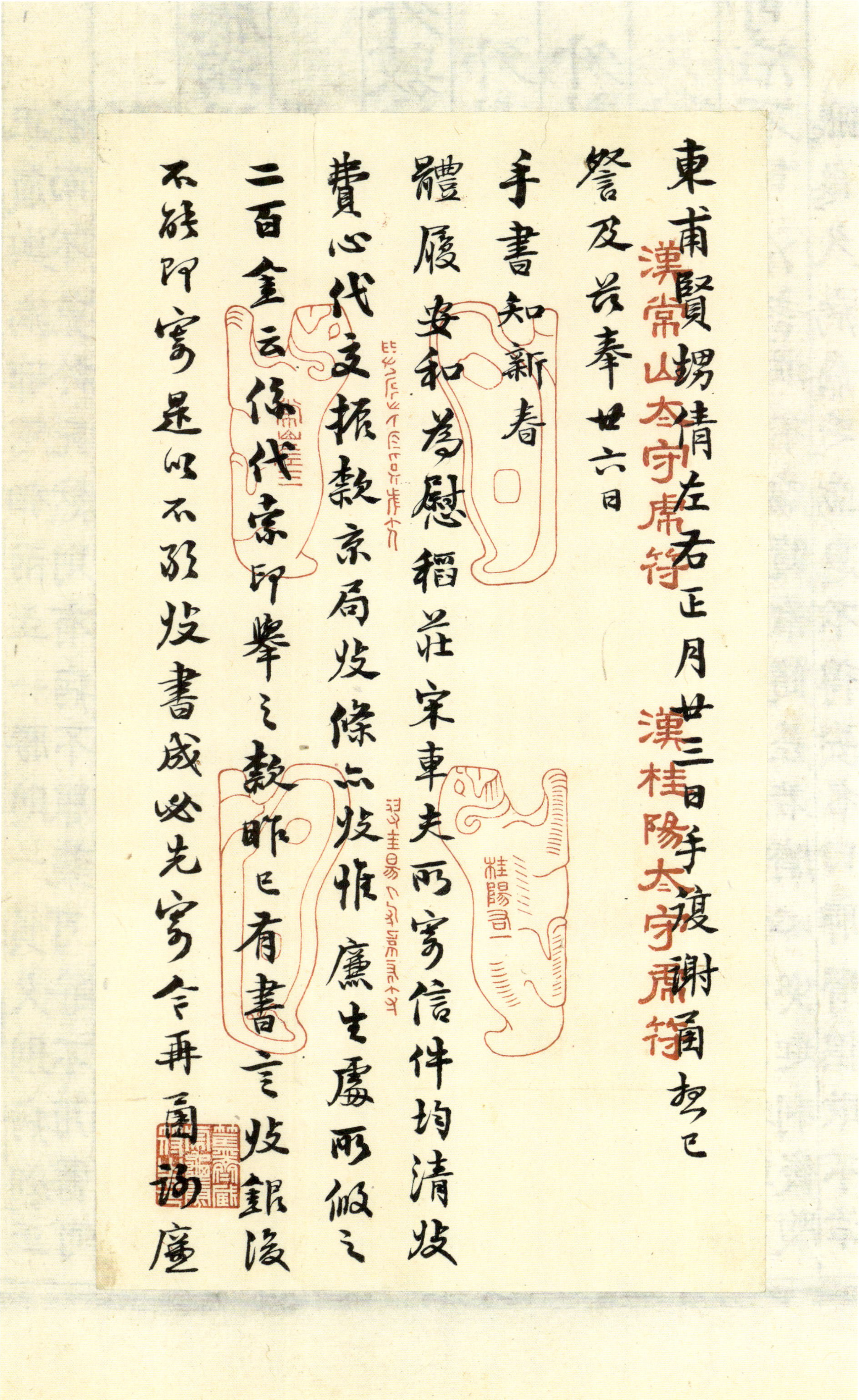
東甫賢甥倩左右正月廿三日手復謝函想已
察及茲奉廿六日
手書知新春
體履安和爲慰稻莊宋車夫所寄信件均清收
費心代交振款京局收條亦收惟廉生處所假之
二百金云係代索印舉之款昨已有書言收銀後
不能即寄是以不敢收書成必先寄今再函謝廉

陳書札九册本第一至第五册〇四二

東甫賢甥倩左右[一]。正月廿三日手復謝函想已察及。茲奉廿六日手書，知新春體履安和爲慰。稻莊宋車夫所寄信件均清收，費心代交振款，京局收條亦收，惟廉生處所假之二百金，云係代索印舉之款，昨已有書言收銀後不能即寄，是以不敢收，書成必先寄。今再函謝廉

[一] 此函作於光緒十年（一八八四）二月十八日。

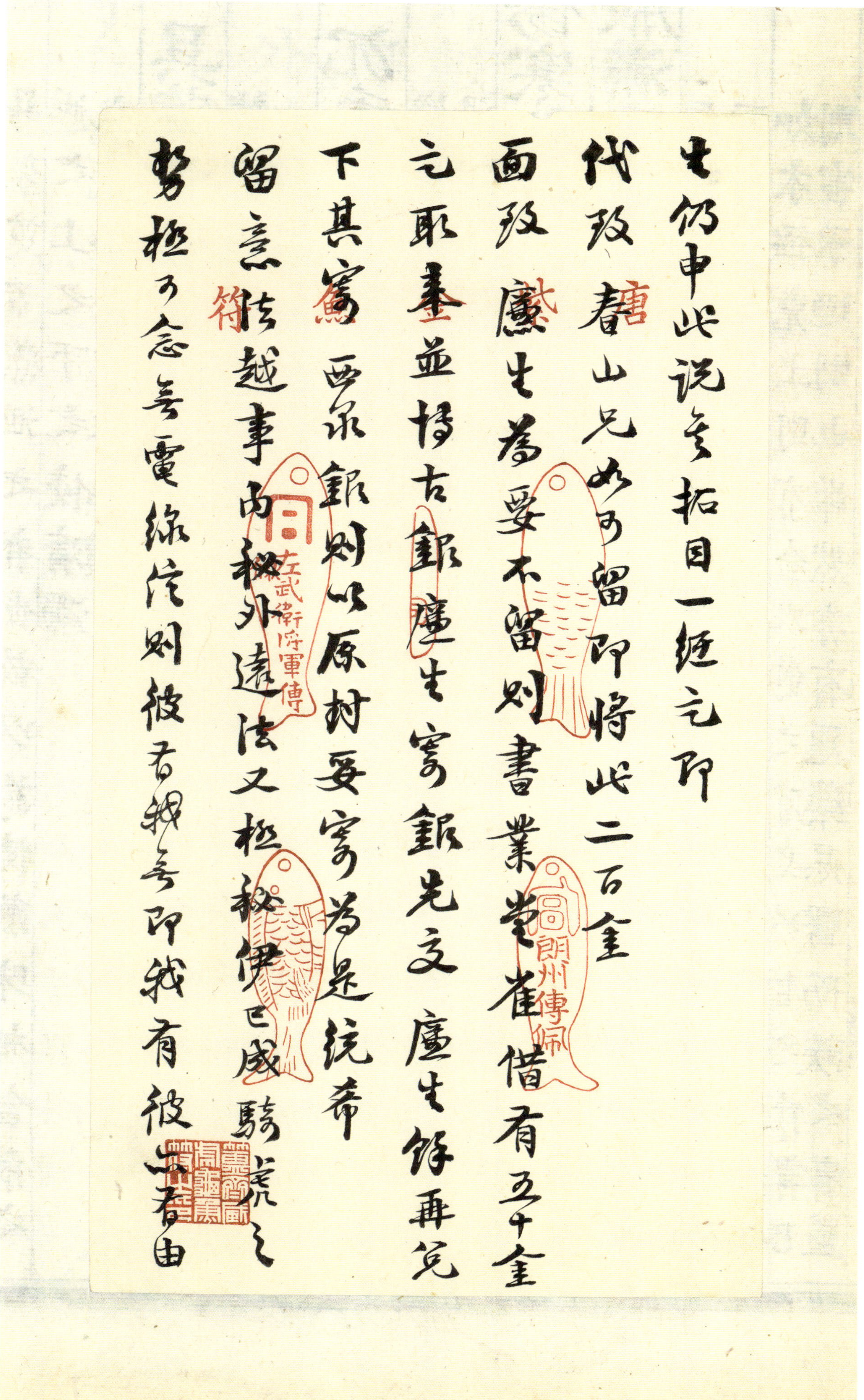

生，仍申此説矣。拓目一紙，乞即代致春山兄。如可留，即將此二百金面致廉生爲要，不留則書業堂崔借有五十金，乞取來并博古銀、廉生寄銀先交廉生，餘再兑下。其寄西泉銀則以原封妥寄爲是。統希留意。法越事内秘外遠，法又極秘，伊已成騎虎之勢，極可念。無電綫，信則彼有我無，即我有彼亦有。由

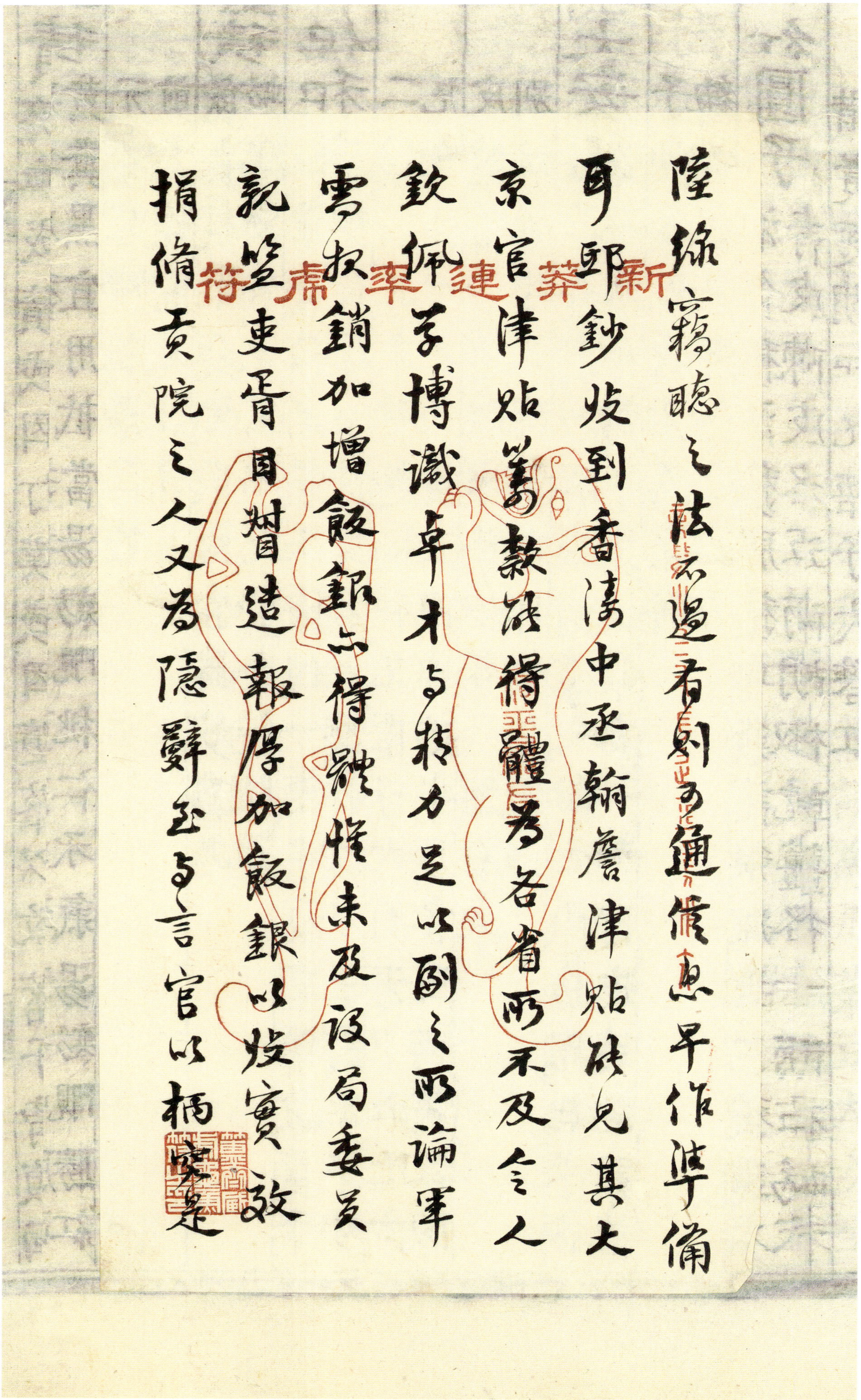

陸綫竊聽之法不過有則可通信息，早作準備而耳。邸鈔收到，香濤中丞翰詹津貼，能見其大京官津貼籌款能得體，爲各省所不及，令人欽佩。學博識卓，才與精力足以副之。所論軍需報銷、加增飯銀，亦得體。惟未及設局委員，親監吏胥，目督造報，厚加飯銀，以收實效。捐修貢院之人又爲隱辭，至與言官以柄，究是

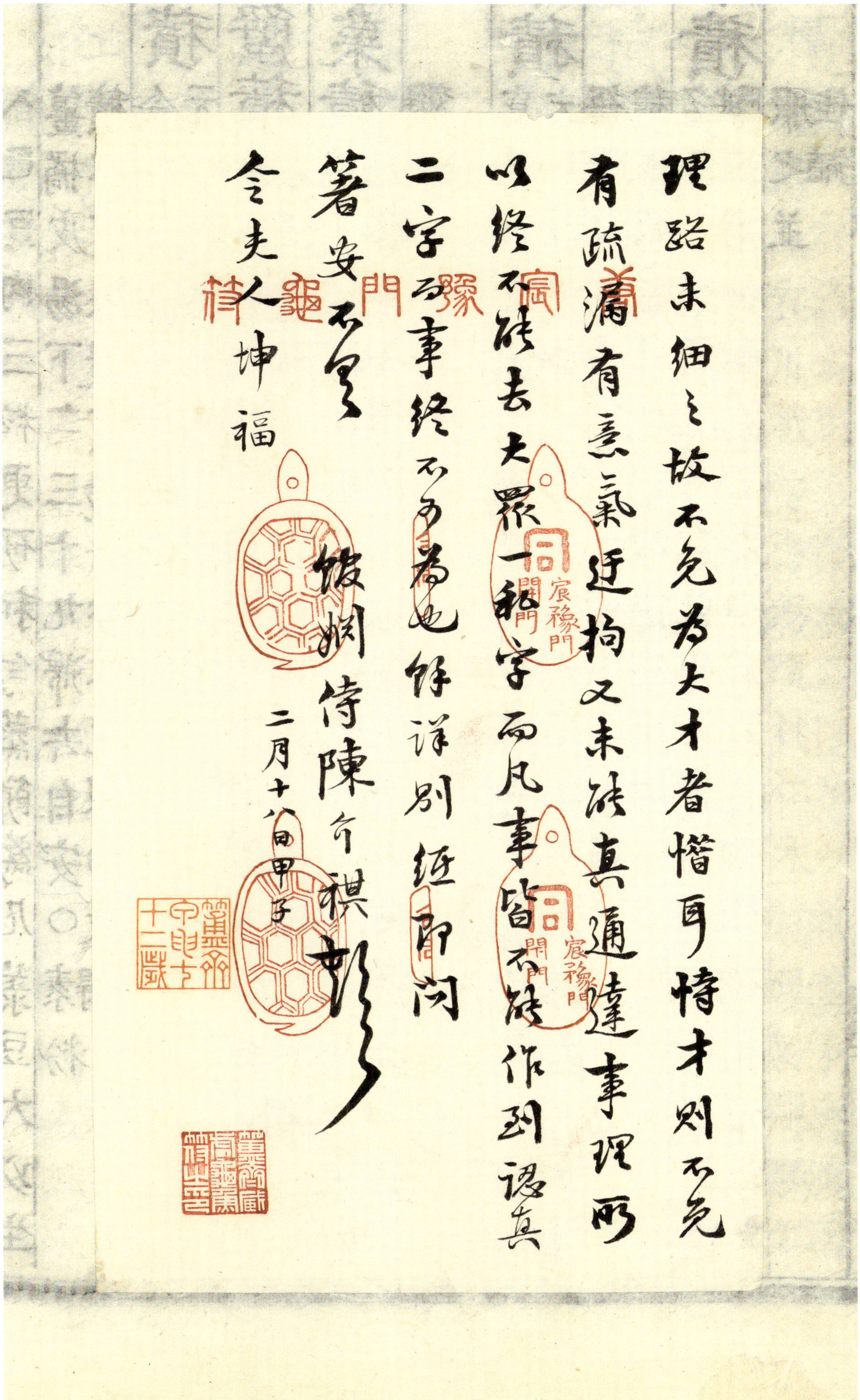

理路未細之故，不免爲大才者惜耳。恃才則不免有疏漏，有意氣迂拘又未能真通達事理，所以終不能去大衆一私字，而凡事皆不能作到認真二字，而事終不可爲也。餘詳别紙，即問著安不具。令夫人坤福。館姻侍陳介祺頓首。二月十八日甲子。

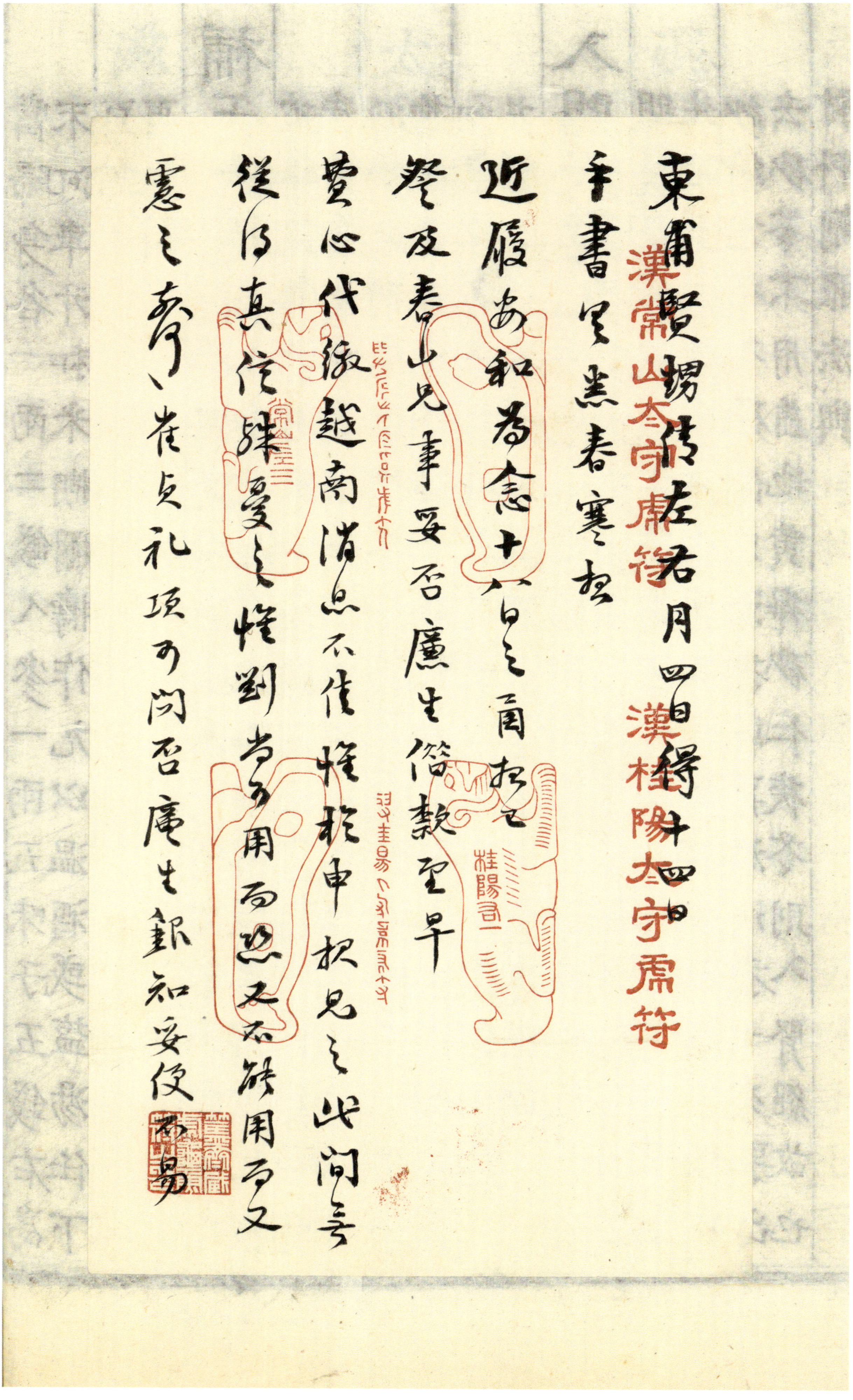

東甫賢甥倩左右[一]。月四日得十四日手書具悉。春寒，想近履安和爲念。十八日之函想已察及。春山兄事妥否？廉生借款望早費心代繳。越南消息不佳。惟於《申報》見之。此間無從得真信，殊憂之。惟劉尚可用而恐又不能用，而又慮之，奈何奈何。崔貞禮項可問否？廉生銀知妥便不易，

[一] 此函作於光緒十年（一八八四）三月十二日。

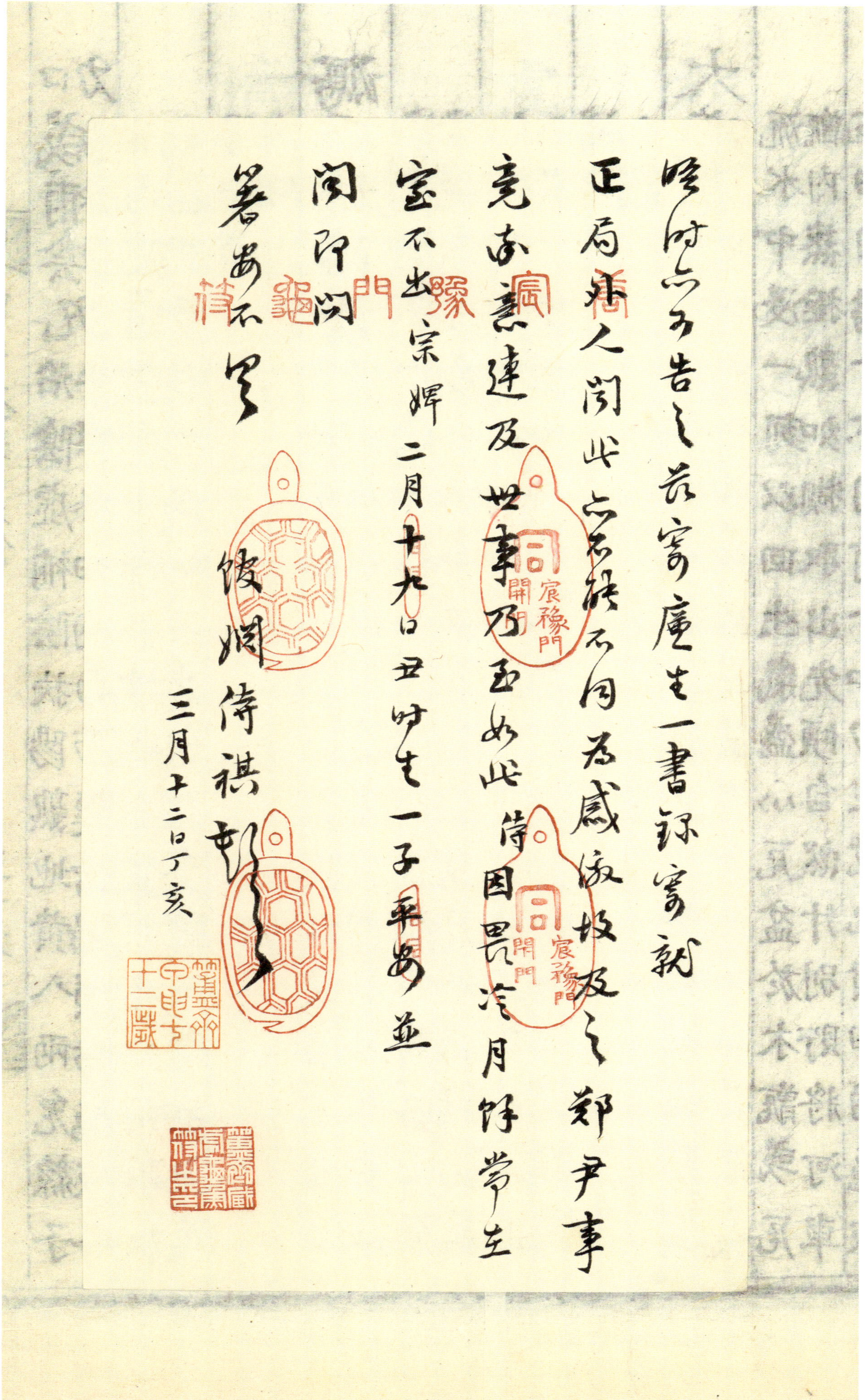

晤時亦可告之。兹寄廉生一書，録寄就正。局外人聞此亦不能不同爲感激，故及之。鄭尹事竟率意連及，世事乃至如此。侍因畏冷，月餘常在室不出，宗婢二月十九日丑時生一子，平安。并聞即問著安不具。館姻侍祺頓首。
三月十二日丁亥。

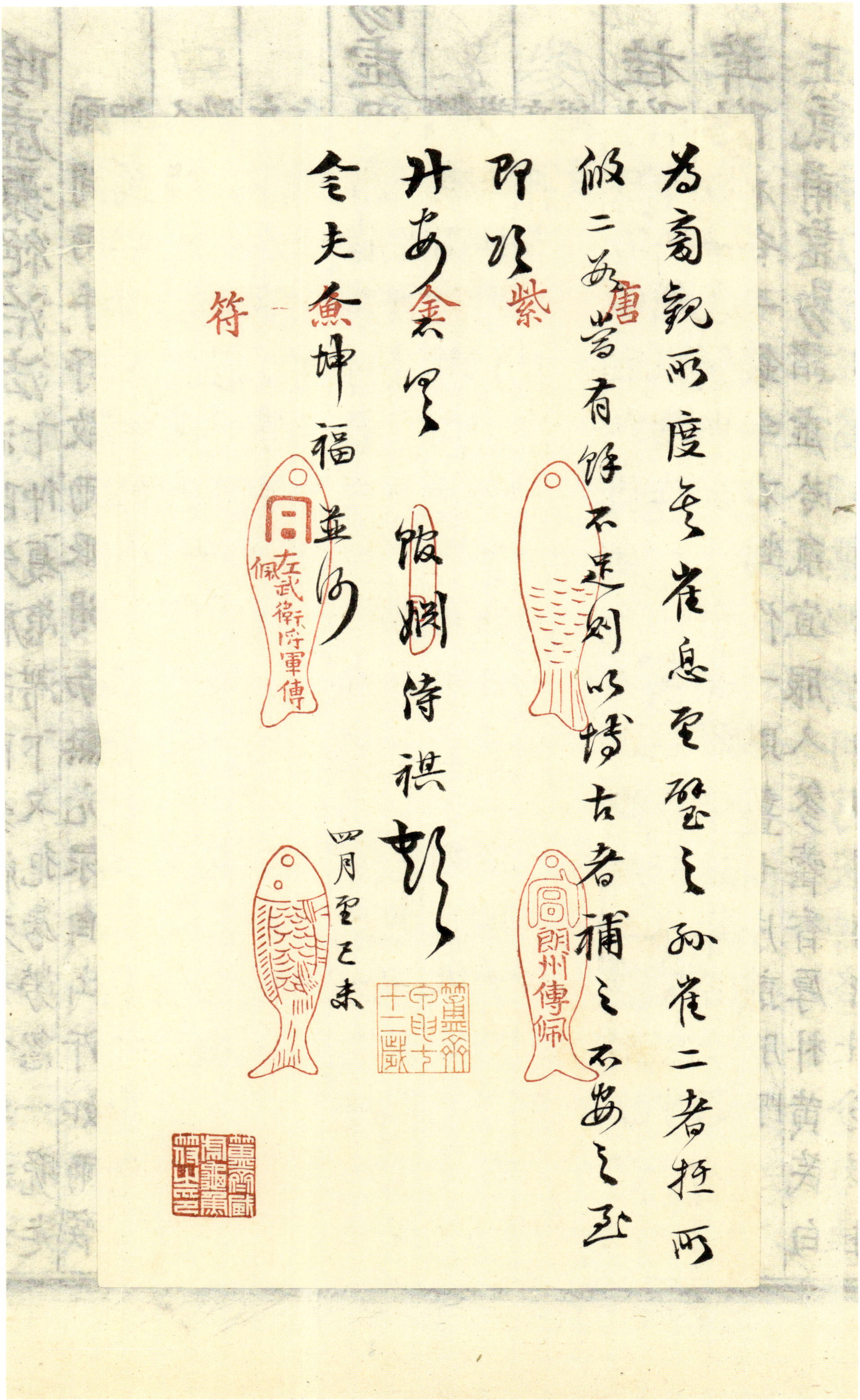
為旁觀所度矣。崔息望璧之孫崔二者，抵所假二數當有餘，不足則博古者補之。不安之至。即頌升安不具。令夫人坤福并謝。館姻侍祺頓首。四月望己未。

爲旁觀所度矣。〔一〕崔息望璧之孫崔二者，抵所假二數當有餘，不足則博古者補之。不安之至。即頌升安不具。令夫人坤福并謝。館姻侍祺頓首。四月望己未。

〔一〕此函僅存末頁，作於光緒十年（一八八四）四月十五日。

東甫賢甥倩左右[一]。十六日杜便寄一函，想察及。夏來想興居安適，念念。自清明間有風，至今未已。省垣禱雨，淄河以東麥苗尚可。自莒州以南秋麥多未種。朱子詩『憂國願年豐』，真至切矣。京中風如何？有雨否？風雖蒙徵而十餘年來西南風與東北風相搏，每驟暖寒，坤方駁雜，艮方終

[一] 此函作於光緒十年（一八八四）四月二十一日。

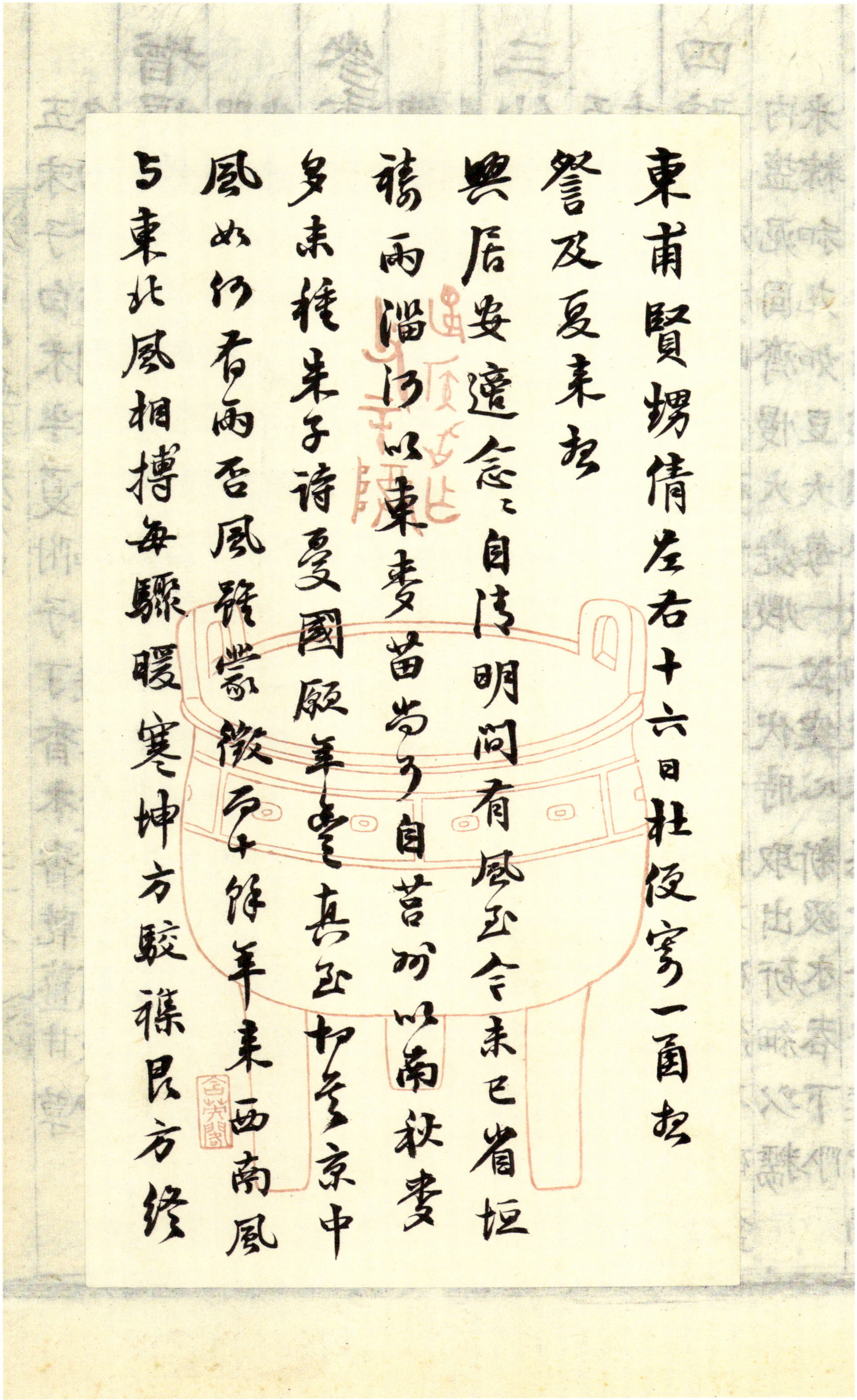

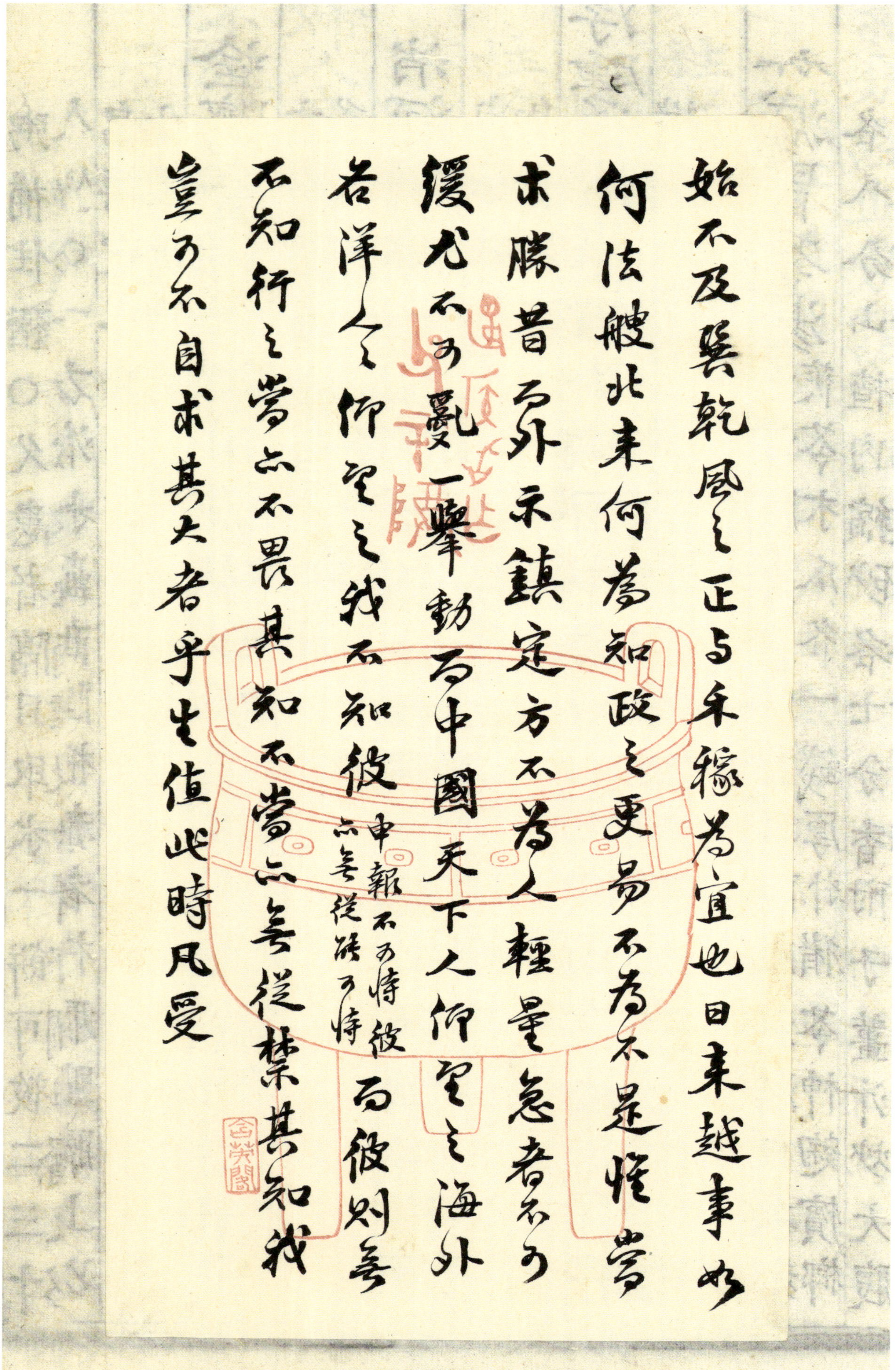

始，不及巽乾風之正與禾稼爲宜也。日來越事如何？法艘北來何爲？知政之更易不爲不是。惟當求勝。昔而外示鎮定，方不爲人輕量，急者不可緩，尤不可亂，一舉動而中國天下人仰望之，海外各洋人之仰望之。

我不知彼，《申報》不可恃，彼亦無從能可恃。而彼則無不知。行之當亦不畏其知，不當亦無從禁其知我，豈可不自求其大者乎？生值此時，凡受

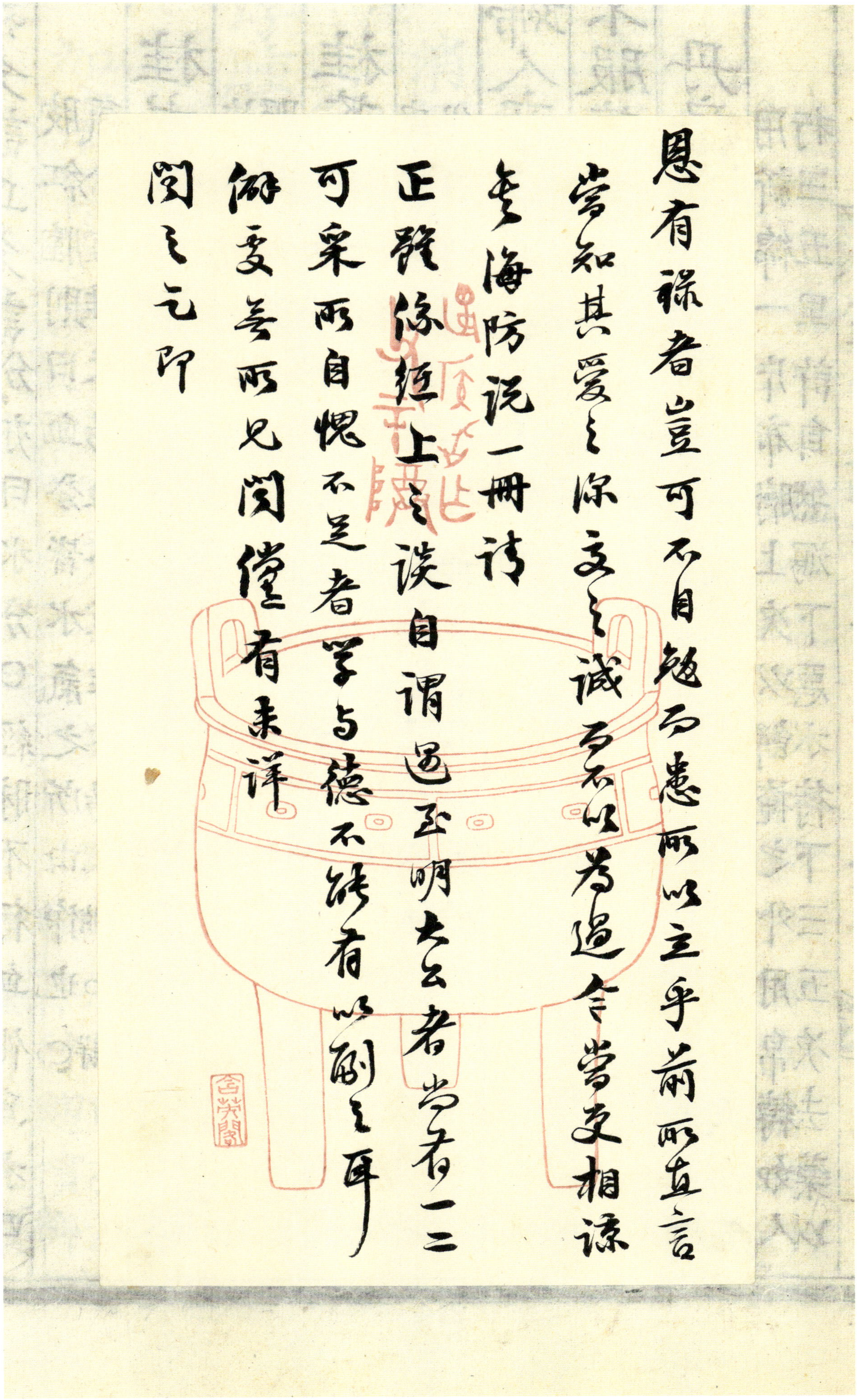

恩有禄者，豈可不自勉而患所以立乎？前所直言，當知其愛之深交之誠，而不以爲過，今當更相諒矣。《海防説》一册請正，雖係紙上之談，自謂遇至明大公者尚有一二可采，所自愧不足者，學與德不能有以副之耳。僻處無所見聞，儻有未詳，聞之乞即

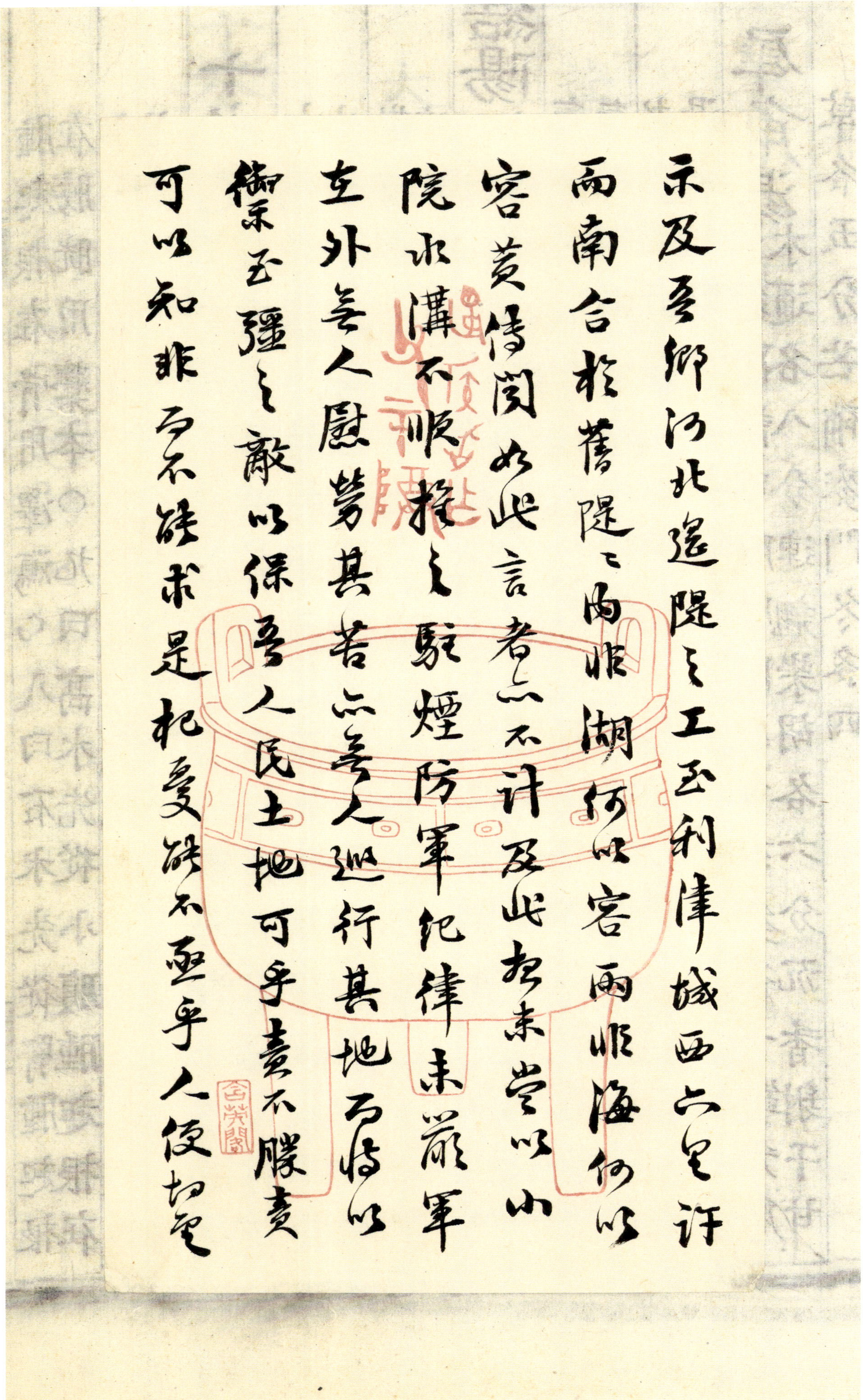

示及。吾鄉河北遥堤之工，至利津城西六里許而南合於舊堤。堤内非湖何以容雨，非海何以容黄？傳聞如此，言者亦不計及此。想未嘗以小院水溝不順推之。駐烟防軍紀律未嚴，軍在外無人慰勞其苦，亦無人巡行其地，而將以禦至强之敵以保吾人民土地，可乎？責不勝責，可以知非，而不能求是，杞憂能不亟乎？人便切望

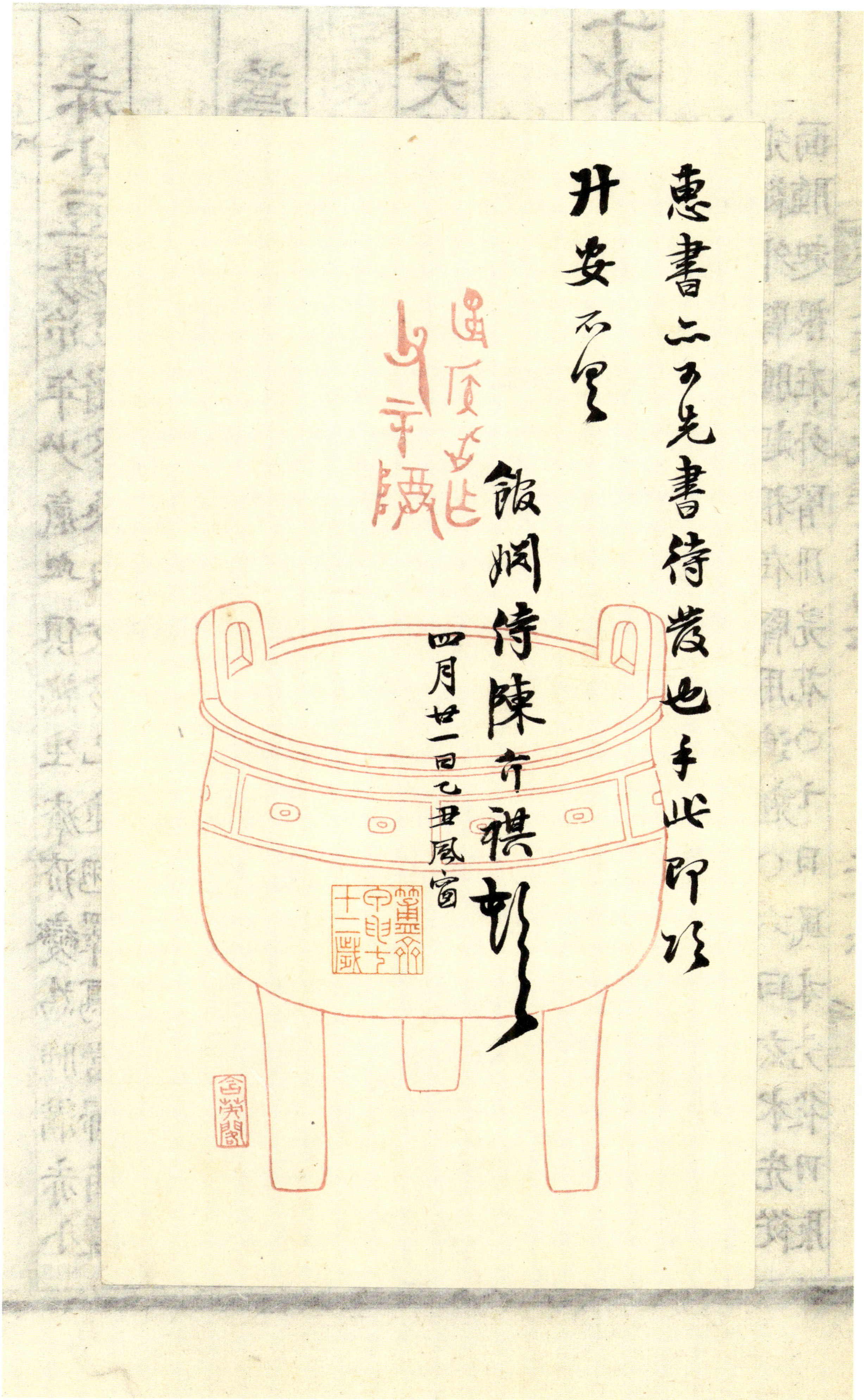
惠書亦可先書待發也手此即頌
升安不具
館姻侍陳介祺頓首
四月廿一日乙丑風窗

惠書，亦可先書待發也。手此即頌升安不具。館姻侍陳介祺頓首。四月廿一日乙丑風窗。

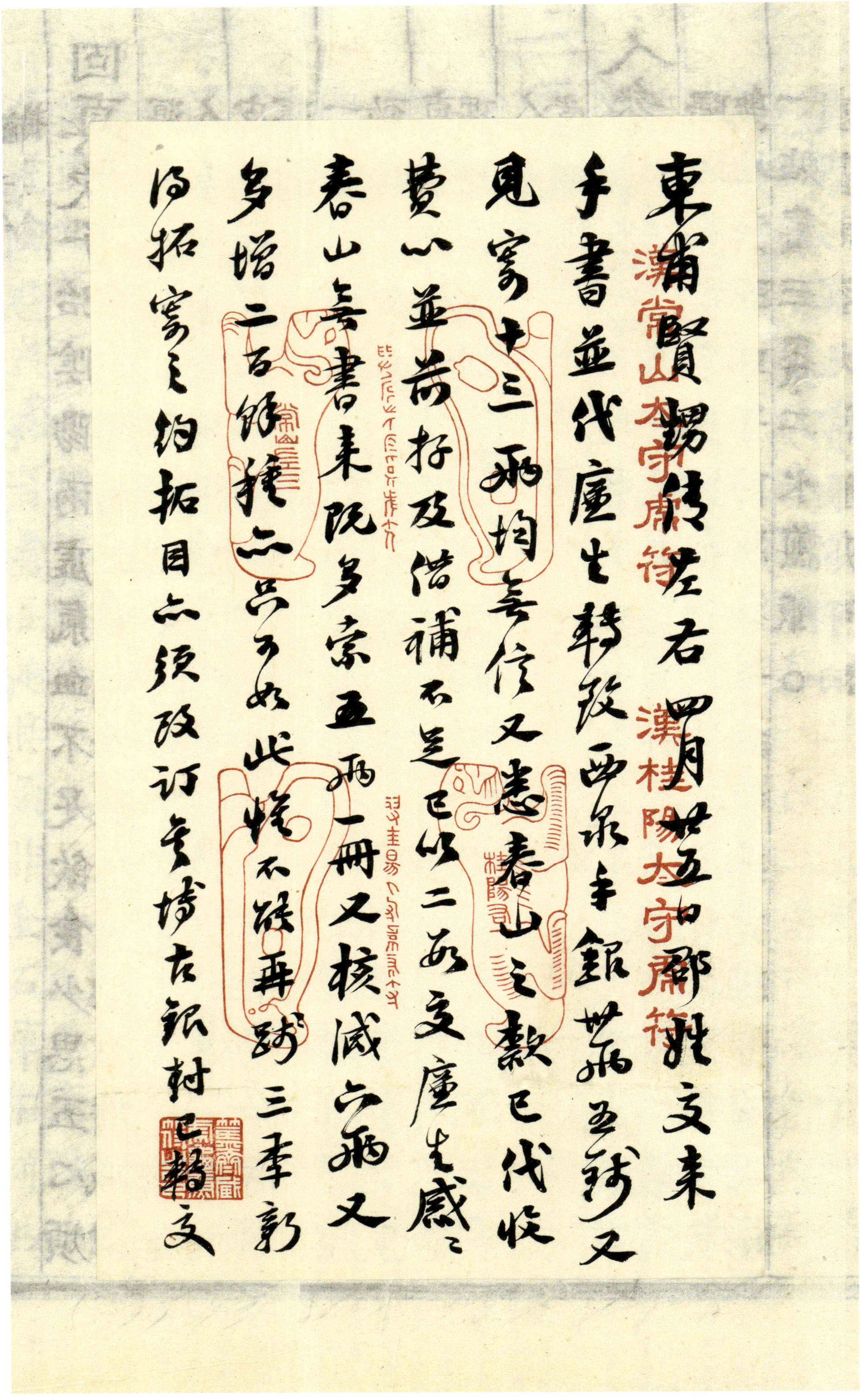

東甫賢甥倩左右[一]。四月廿五日邵姓交來手書并代廉生轉致西泉手銀卅兩五錢，又見寄十三兩，均無信。又悉春山之款已代收，費心。并前存及借補不足已以二數交廉生，感感。春山無書來，既多索五兩一册，又核減六兩，又多增二百餘種，亦只可如此。惟不能再踐三年新得拓寄之約，拓目亦須改訂矣。博古銀封已轉交，

[一] 此函作於光緒十年（一八八四）五月十七日。

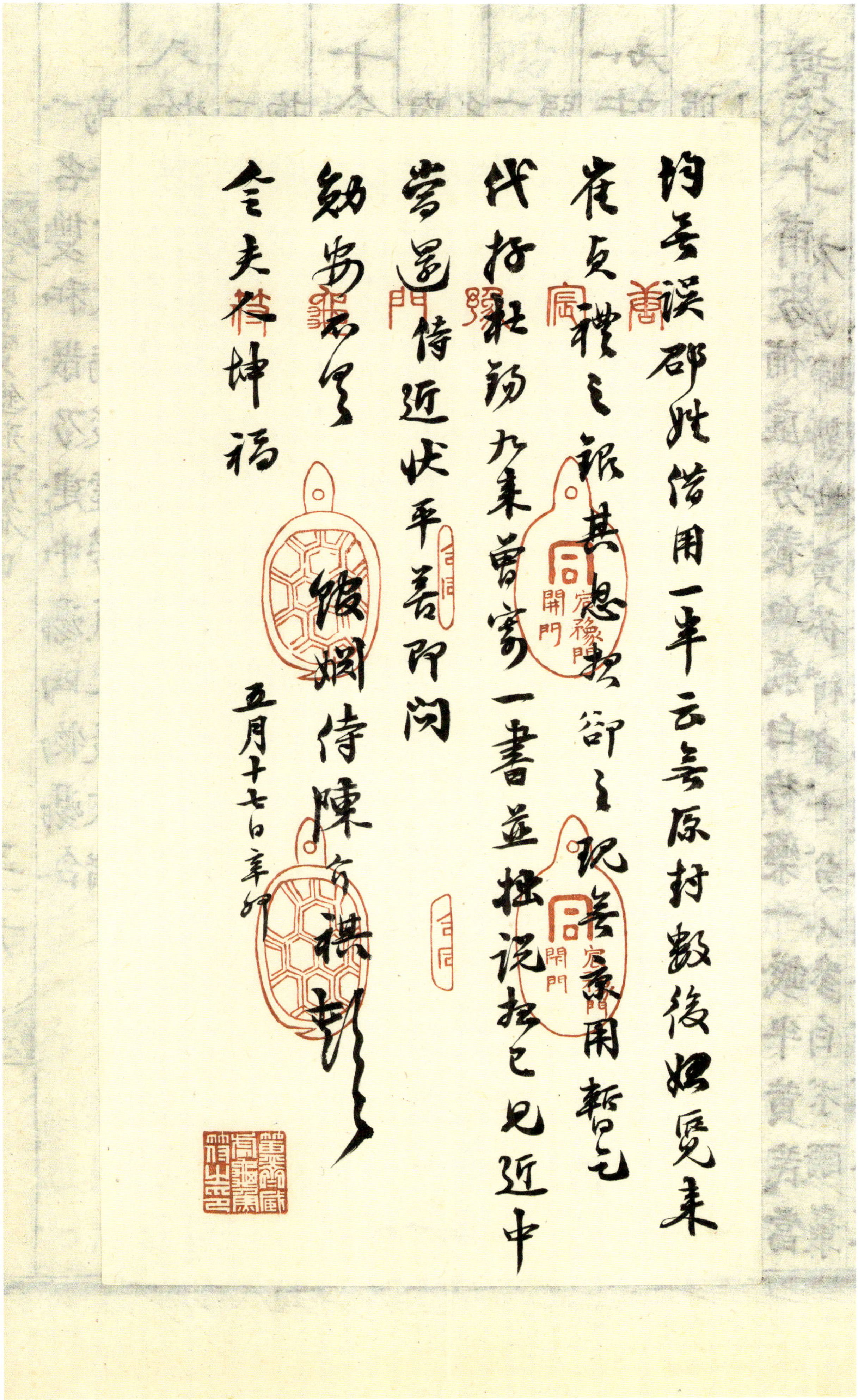

均無誤。邵姓借用一半，云無原封數，後始覓來。崔貞禮之銀，其息想却之。現無京用，暫乞代存。杜錫九來，曾寄一書并拙説想已見，近中當還。侍近狀平善。即問勛安不具。令夫人坤福。館姻侍陳介祺頓首。

五月十七日辛卯。

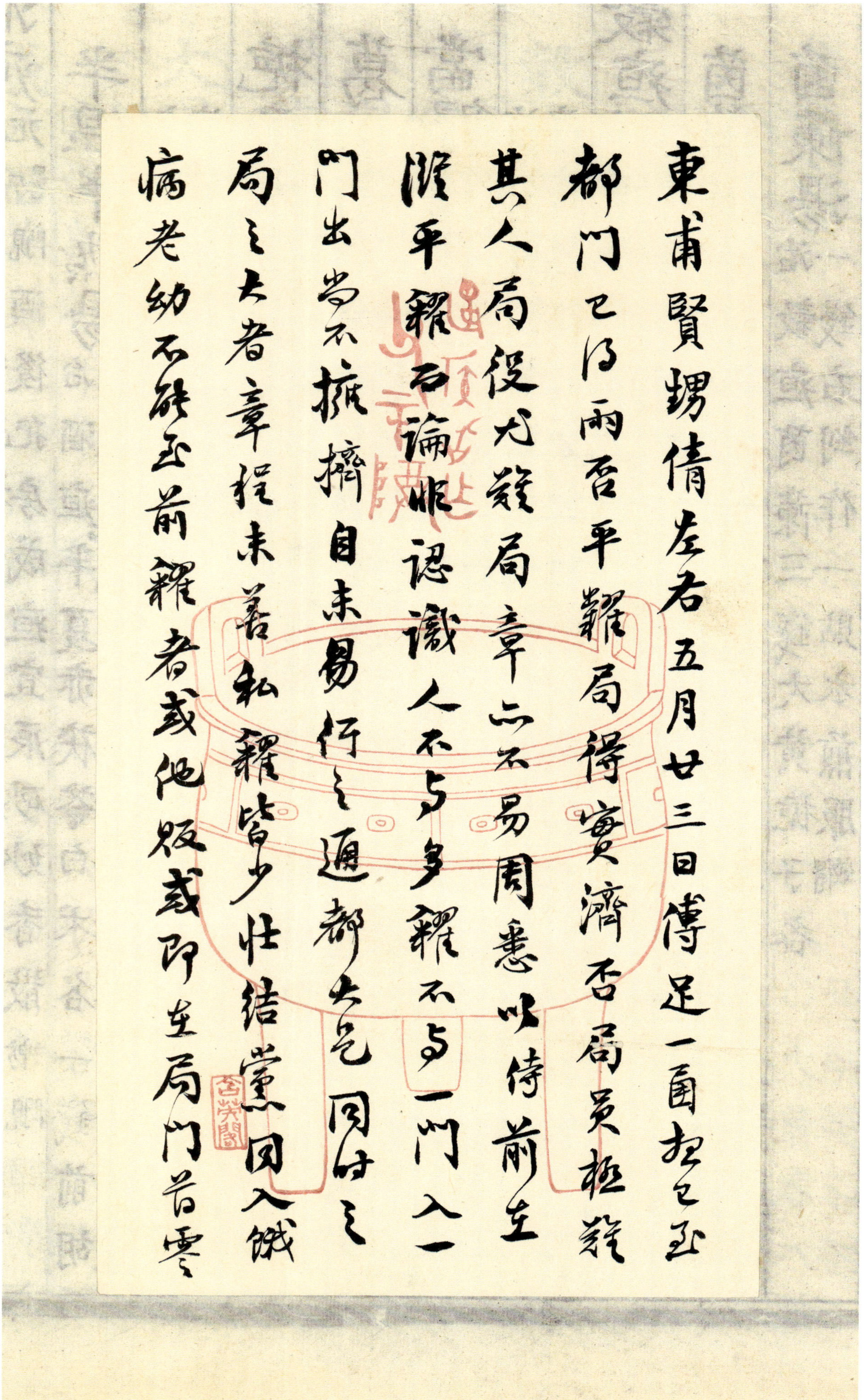

東甫賢甥倩左右[一]。五月廿三日傅足一函想已至。都門已得雨否？平糶局得實濟否？局員極難其人，局役尤難，局章亦不易周悉。以侍前在濰平糶而論，非認識人不與，多糶不與，一門入一門出，尚不擁擠，自未易行之。通都大邑同時之局之大者，章程未善，私糶皆少壯結黨同入，餓病老幼不能至前。糶者或他販，或即在局門首零

[一] 此函作於光緒十年（一八八四）閏五月二十一日至二十二日，共兩通。

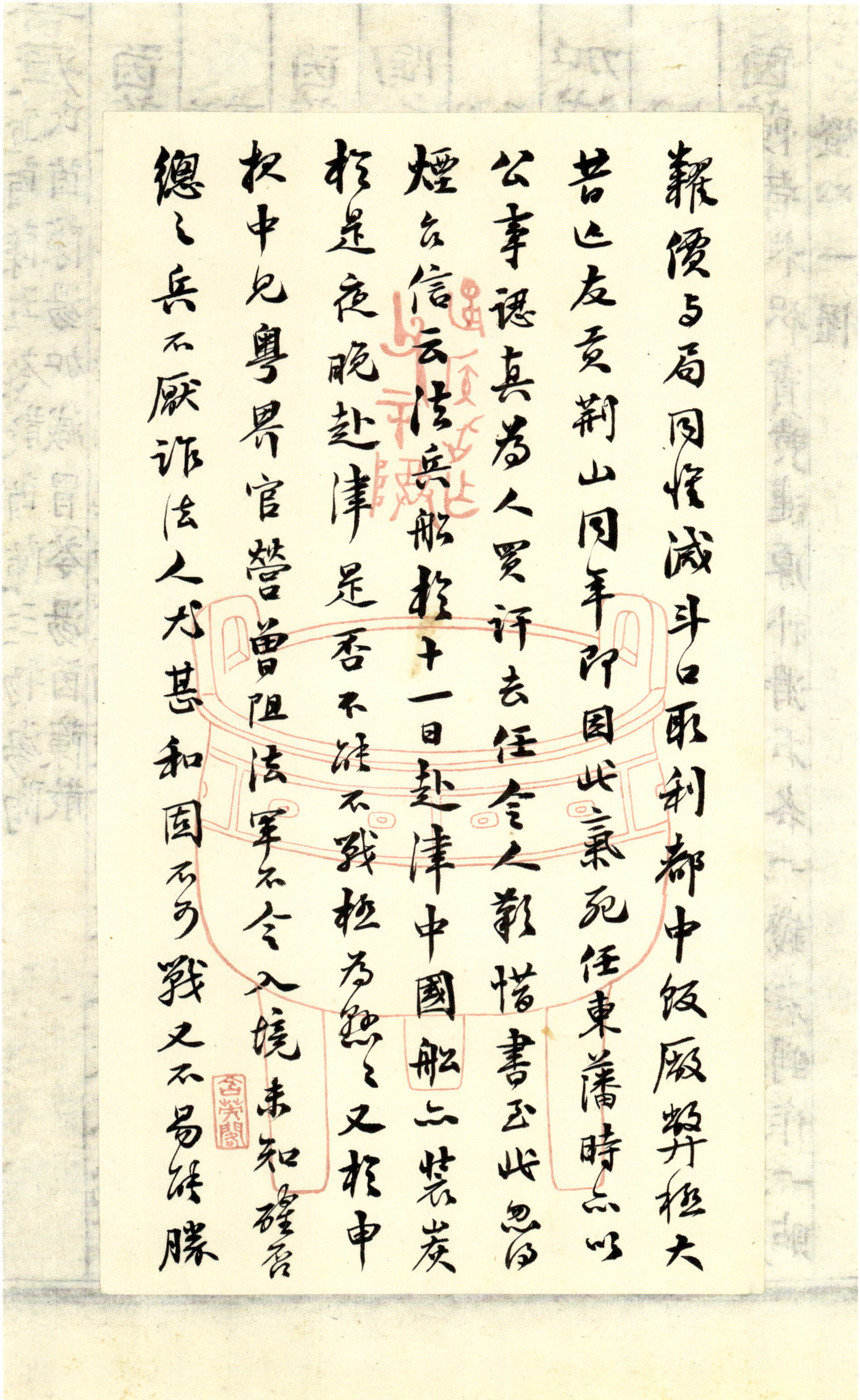

糶，價與局同，惟減斗口取利。都中飯廠弊極大。昔亡友貢荊山同年即因此氣死。任東藩時亦以公事認真，爲人買訐去任，令人嘆息。書至此，忽得烟台信，云法兵船於十一日赴津。中國船亦裝炭於是夜晚赴津。是否不能不戰？極爲懸懸。又於《申報》中見粵界官營曾阻法軍不令入境，未知確否？總之兵不厭詐，法人尤甚。和固不可，戰又不易能勝，

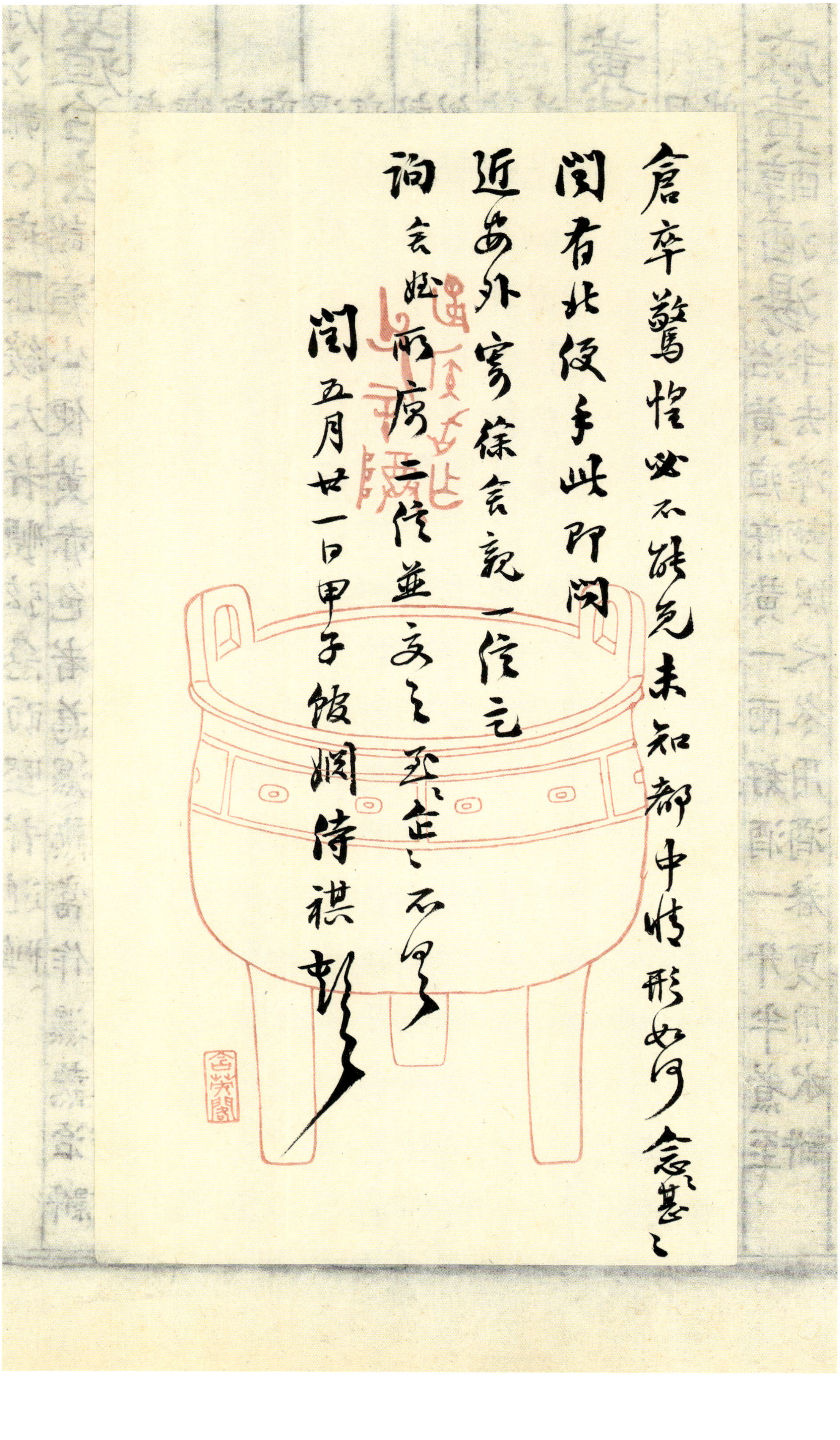

倉卒驚惶，必不能免。未知都中情形如何？念甚念甚。聞有北便，手此即問近安。外寄徐舍親一信，乞詢舍侄所寓二信并交之。至企至企。不具。

閏五月廿一日甲子。館姻侍祺頓首。

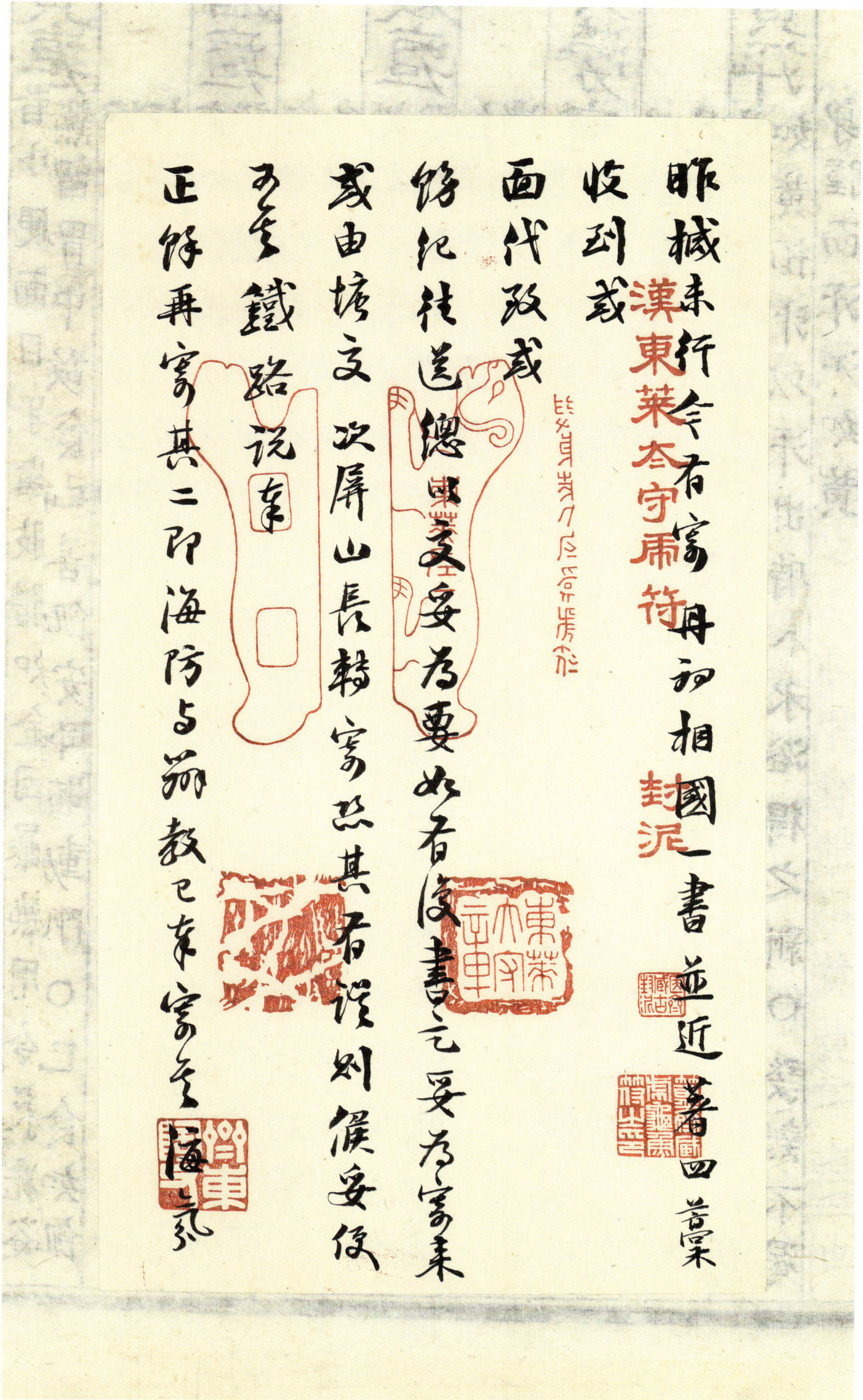

昨械未行，今有寄丹初相國一書并近著四稿，收到或面代致，或飭紀往送，總以交妥爲要。如有復書，乞妥爲寄來，或由塘交次屏山長轉寄，恐其有誤，則候妥便可矣。《鐵路説》奉正，餘再寄。其二即海防與辦教，已奉寄矣。海氛

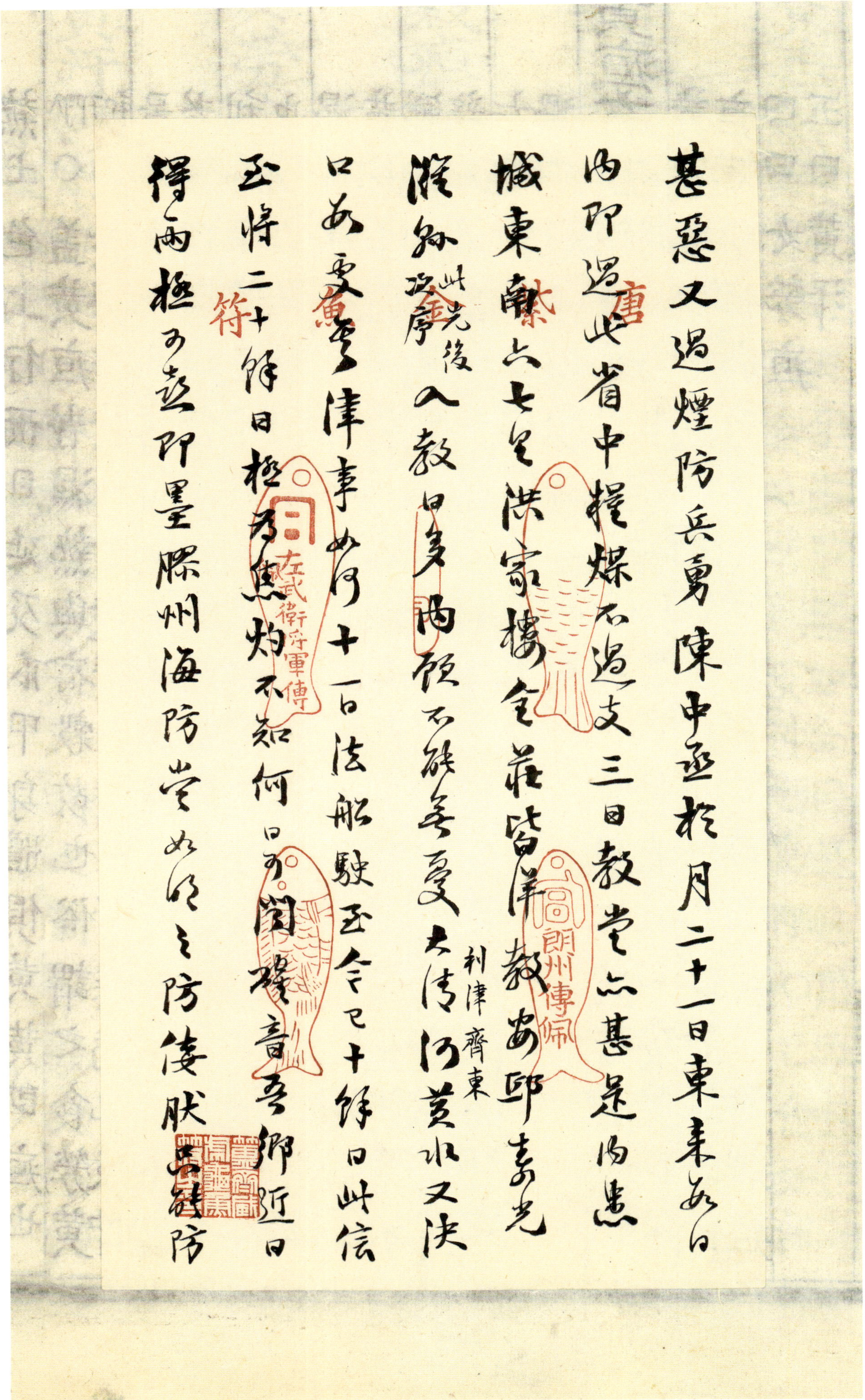

甚惡，又遇烟防兵勇。陳中丞於月二十一日東來，數日内即過此。省中糧煤不過支三日，教堂亦甚是内患。城東南六七里洪家樓全莊皆洋教。安邱、壽光、濰縣此先後次序。入教日多，内顧不能無憂。大清河利津、齊東。

黄水又决口數處矣。津事如何？十一日法船駛至，今已十餘日。此信至將二十餘日，極爲焦灼，不知何日可聞確音。吾鄉近日得雨，極可喜。即墨、膠州海防當如明之防倭，然只能防

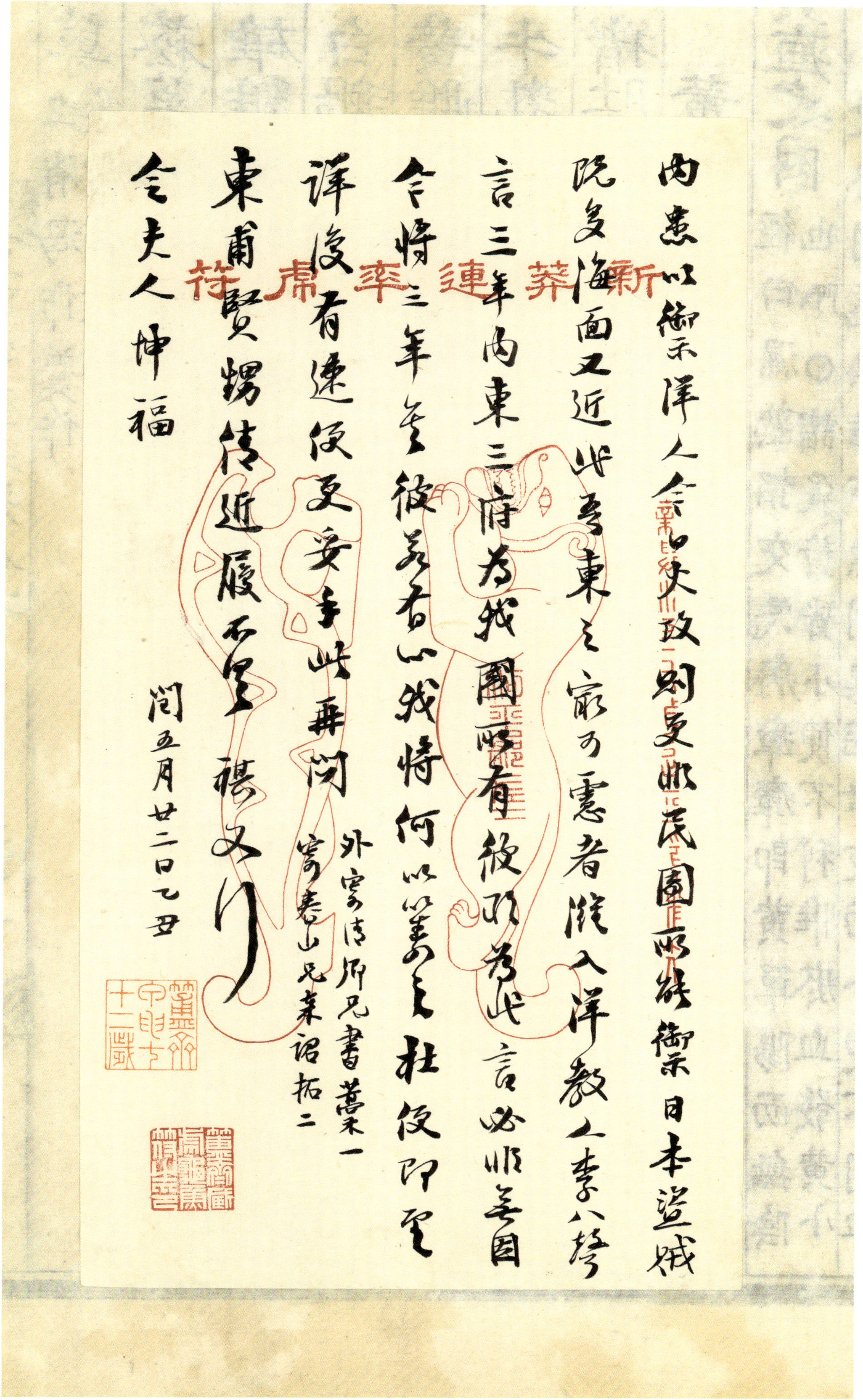

内患以禦洋人。今日火攻則更非民團所能禦。日本盜賊既多，海面又近，此吾東之最可慮者。濰入洋教人李八聲言：『三年内東三府爲我國所有。』彼敢爲此言，必非無因。今將三年矣，彼若有心，我將何以籌之？杜便即望詳復。有速便更妥。手此再問東甫賢甥倩近履。不具。令夫人坤福。

外寄清卿兄書稿一，寄春山兄秦詔拓二。祺又拜。閏五月廿二日乙丑。

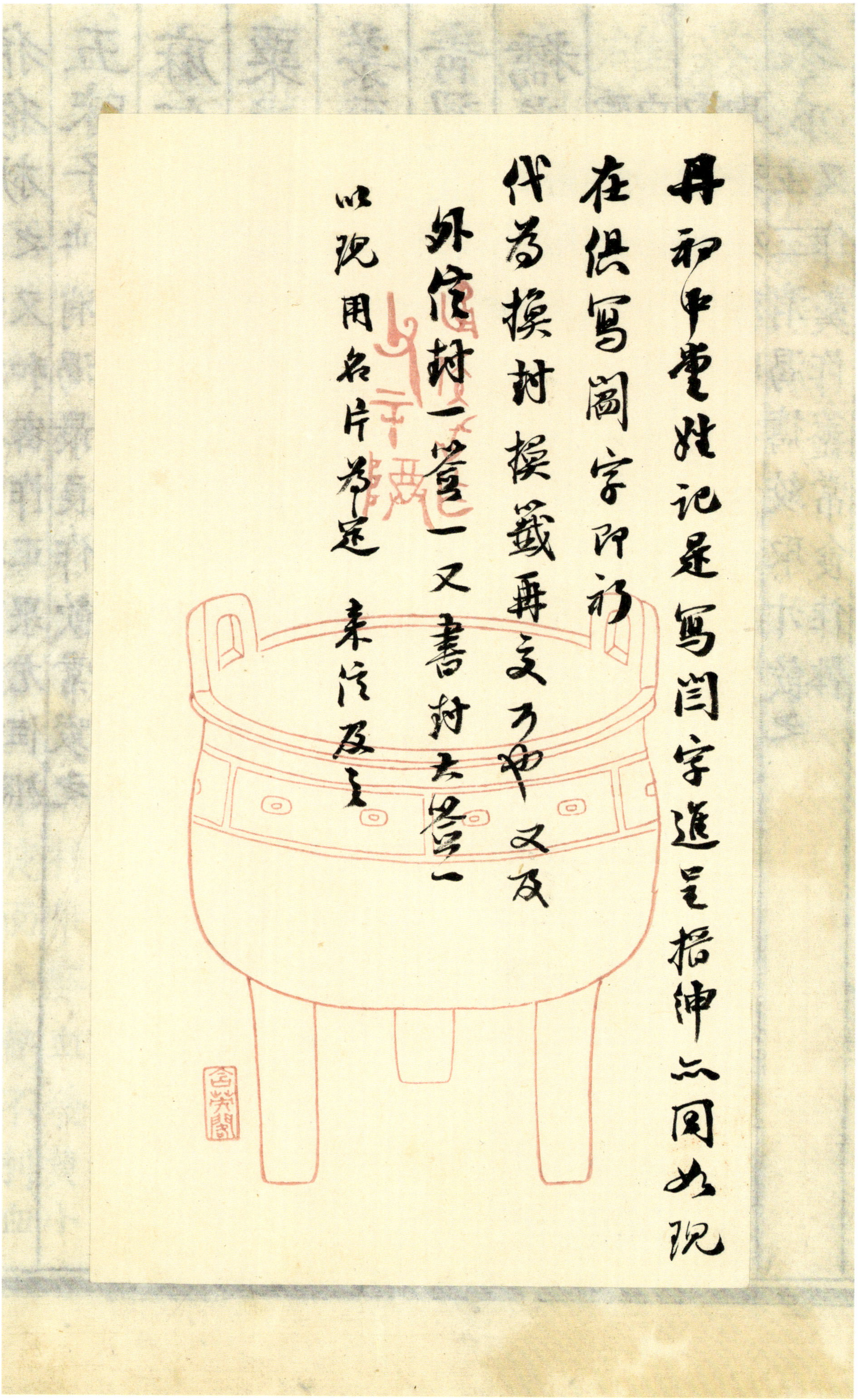
丹初中堂姓記是寫閆字進呈搢紳亦同如現在俱寫閻字即祈代爲換封換籤再交可也又及外信封一簽一又書封大簽一以現用名片爲定來信及之

丹初中堂姓，記是寫閆字進呈，搢紳亦同，如現在俱寫閻字，即祈代爲換封換籤再交可也，又及。外信封一簽一，又書封大簽一，以現用名片爲定。來信及之。

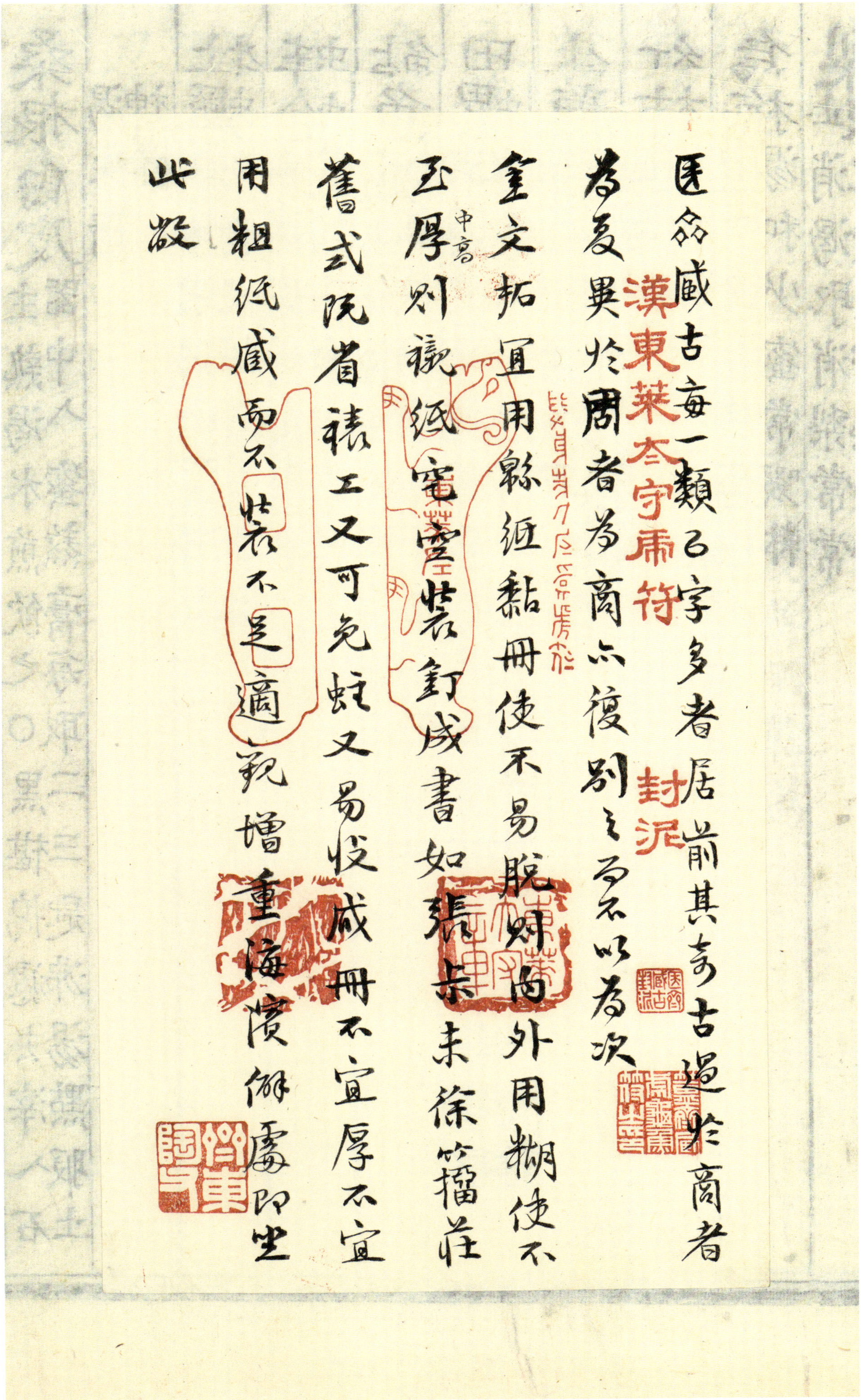

《簠齋藏古》每一類以字多者居前，其奇古過於商者爲夏，异於周者爲商，亦復别之而不以爲次。金文拓宜用綿紙黏册，使不易脱，則内外用糊使不至厚，中高則襯紙挖空，裝訂成書，如張叔未、徐籀莊舊式，既省裱工，又可免蛀，又易收成册。不宜厚，不宜用粗紙。藏而不裝，不足適觀增重。海濱僻處，即坐此敝。

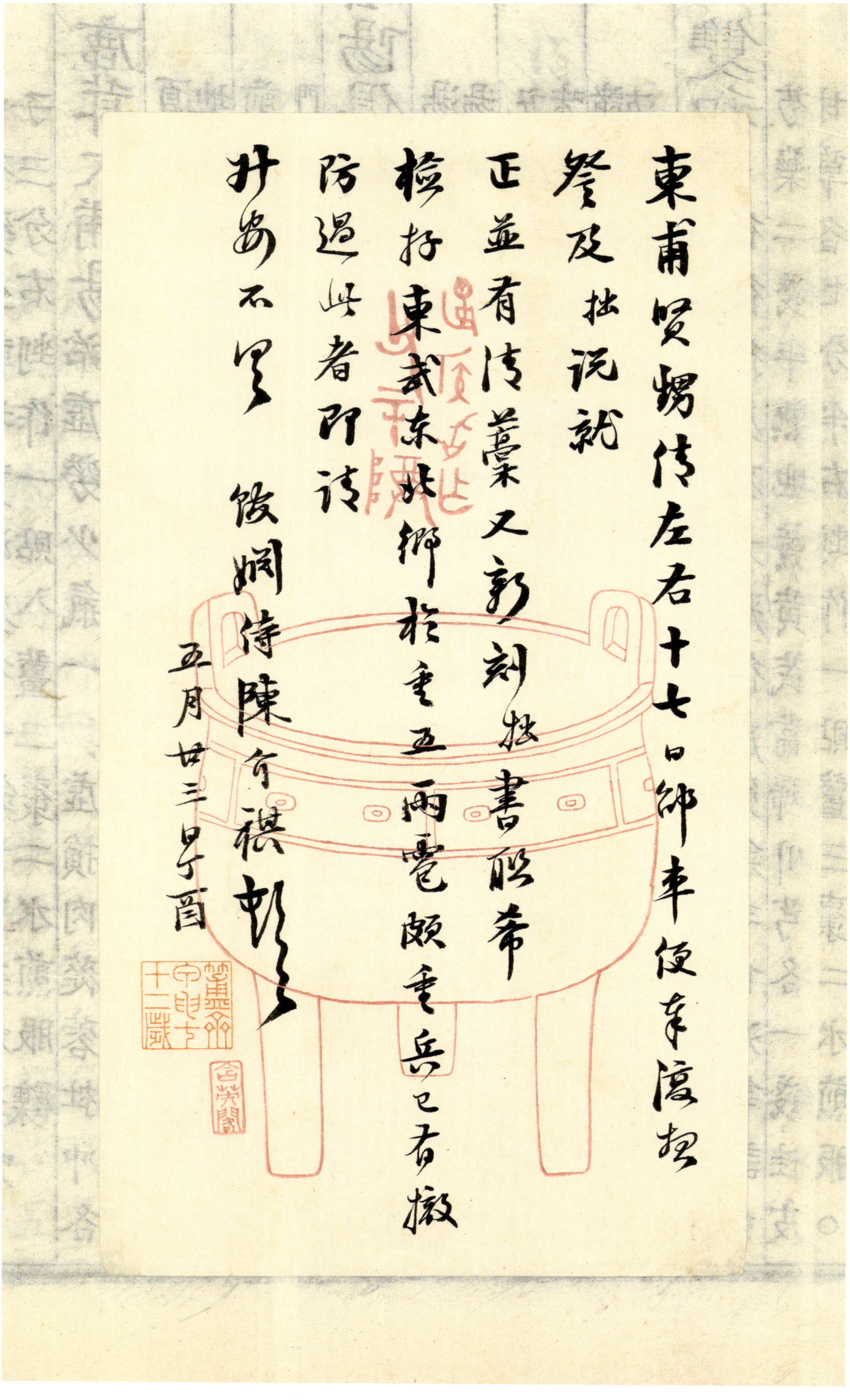

東甫賢甥倩左右[一]。十七日邵車便奉復，想察及。拙説就正并有清稿，又新刻拙書聯，希檢存。東武東北鄉於重五雨雹頗重，兵已有撤防過此者。即請升安不具。館姻侍陳介祺頓首。五月廿三日丁酉。

[一] 此函作於光緒十年（一八八四）閏五月二十三日。

前信想俱達覽[一]。復清卿一書，乞即於年前代交其令弟爲企。博古銀如未交尹車夫，可使人一問，令畢芬携回。畢芬由虞琴處買少物，如可付即代交，否則遲歸虞琴處可也。匆匆手此，即請年安。館姻侍期祺頓首。十二月九日。

[一] 此函僅存末頁，無紀年。從用箋情况來看，當在一八八二年之前，附此以俟考。

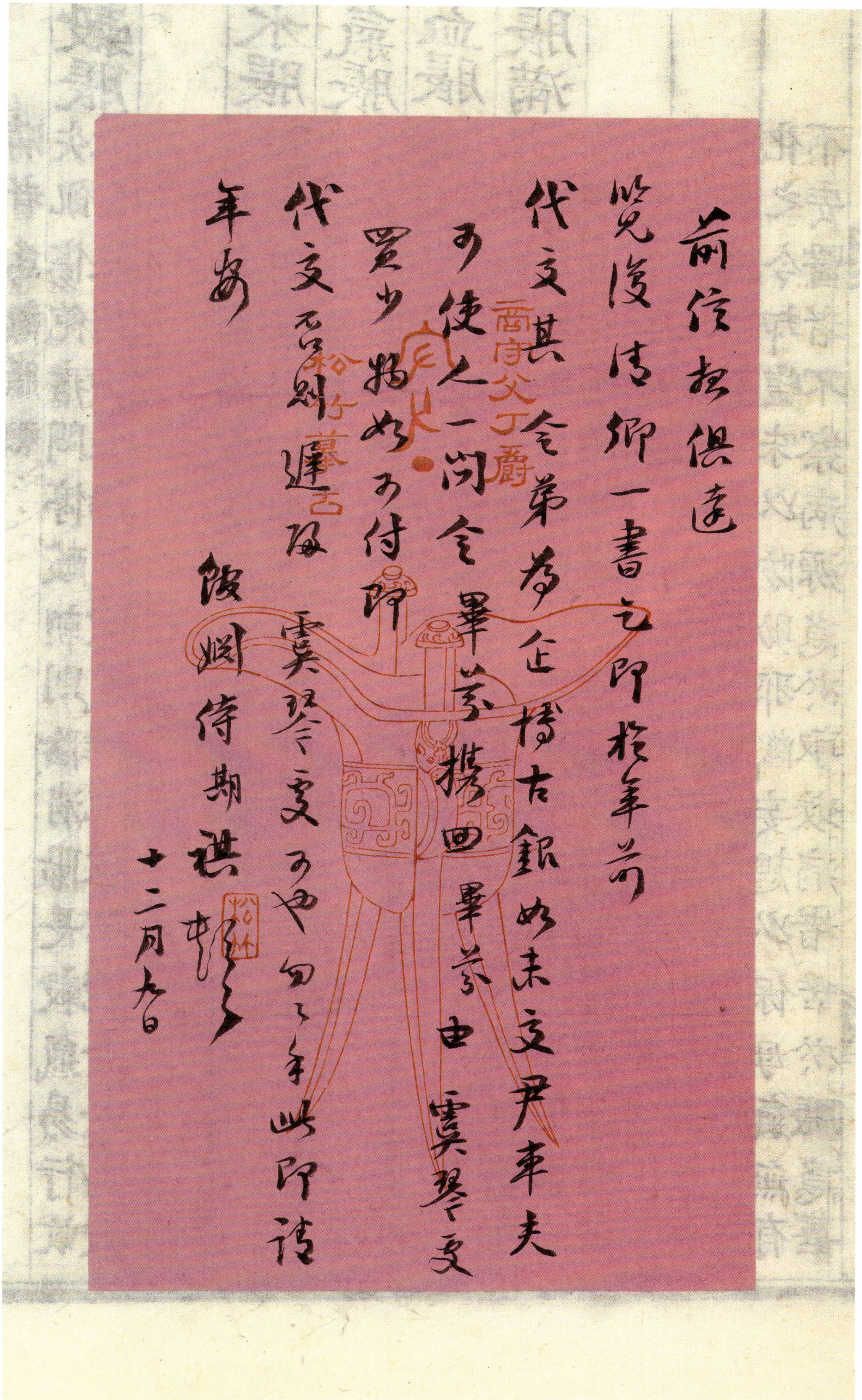
前信想俱達
覽復清卿一書乞即於年前
代交其令弟爲企博古銀如未交尹車夫
可使人一問令畢芬携回畢芬由虞琴處
買少物如可付即
代交否則遲歸虞琴處可也匆匆手此即請
年安
館姻侍期祺頓首
十二月九日

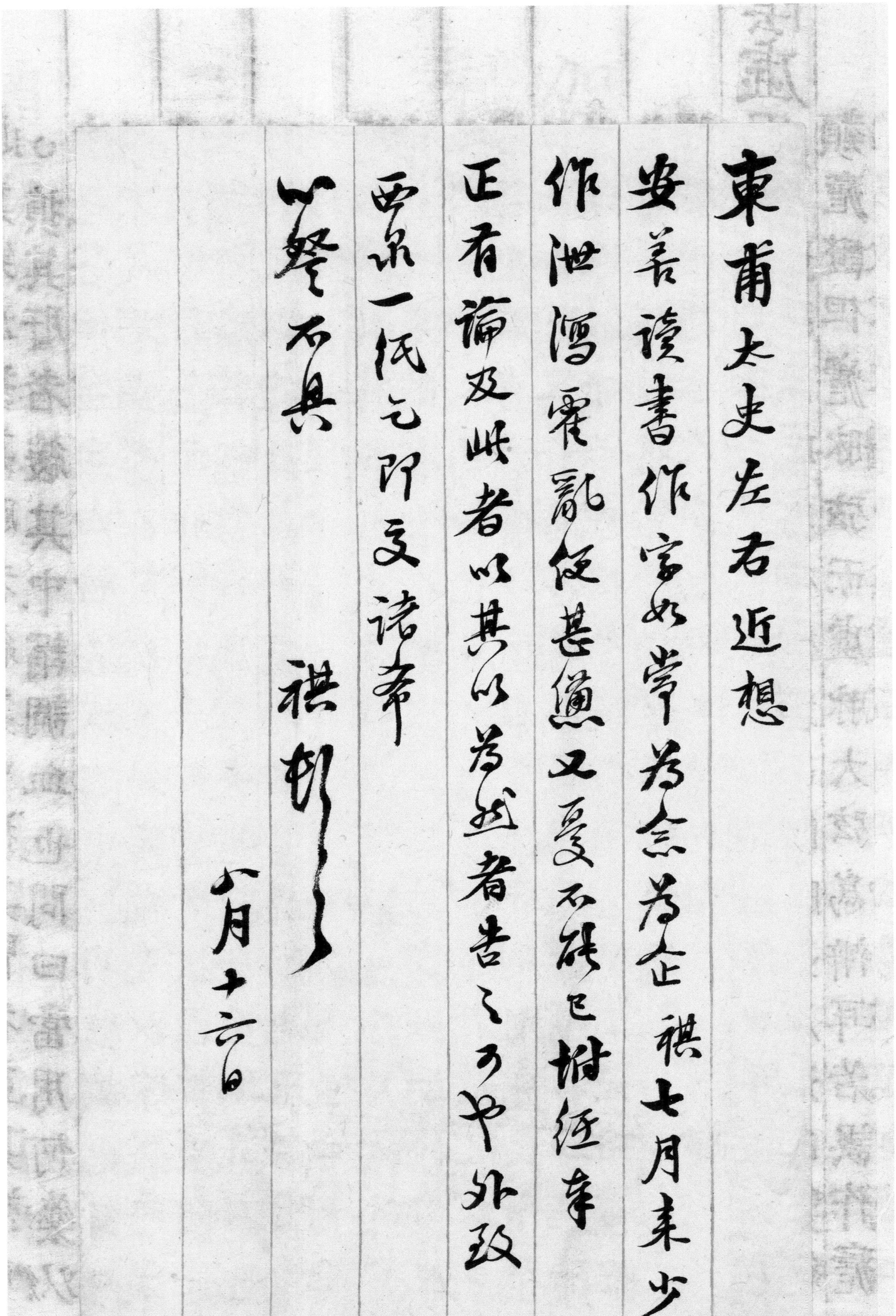

陳書札九册本第一至第五册〇五〇

東甫太史左右。近想安善，讀書作字如常，爲念爲企。祺七月來少作泄瀉霍亂便甚憊，又憂不能已。附紙奉正，有論及此者，以其以爲然者告之可也。外致西泉一紙，乞即交諸，希心察不具。祺頓首。八月十六日[一]。

[一] 此函不具年，未知何時。附此以俟考。

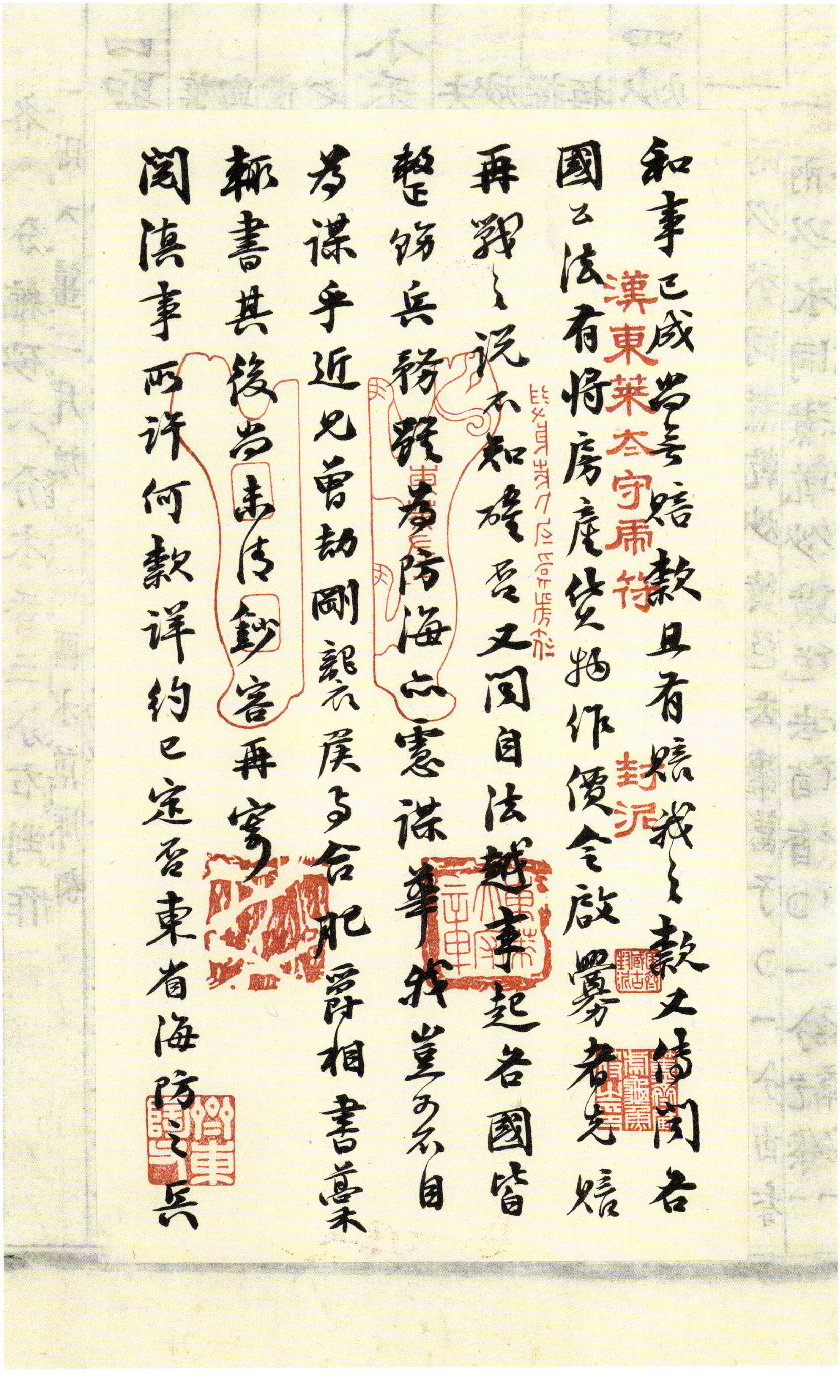

和事已成[一]，尚無賠款，且有賠我之款。又傳聞各國公法有將房産貨物作價，令啓釁者先賠再戰之説。不知確否？又聞自法越事起，各國皆整飭兵務，雖爲防海，亦慮謀華。我豈可不自爲謀乎？近見曾劼剛襲侯與合肥爵相書稿，輒書其後，尚未清鈔，容再寄。閲滇事，所許何款，詳約已定否？東省海防之兵

[一] 此函不具年月，未知與前之何函相聯屬。從談及中法戰争、閻敬銘入京擔任户部之職務，且張之洞入京諸事，可推知在一八八四年四月間。附此俟考。

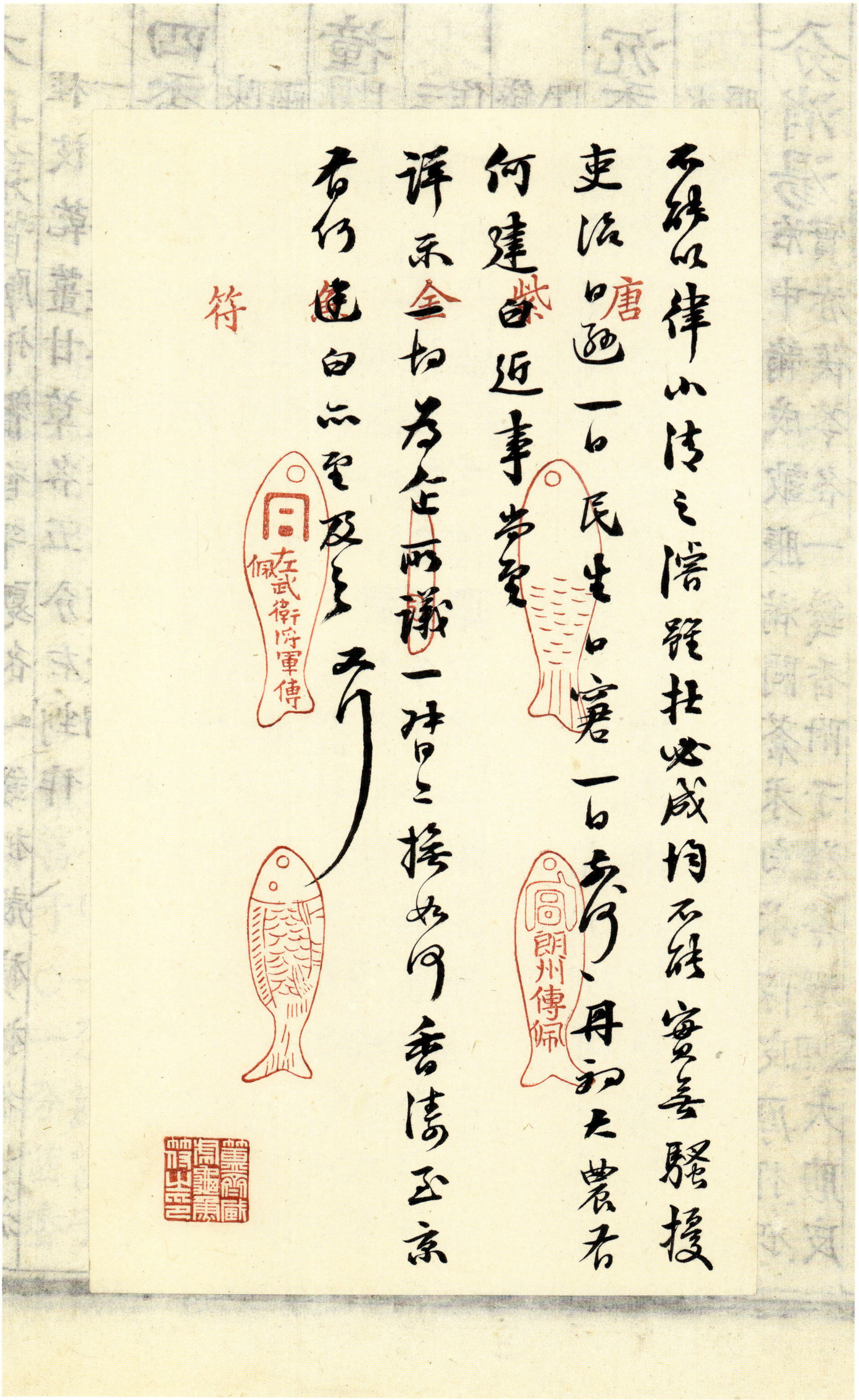

不能以律小清之濬，雖在必成，均不能實無騷擾。吏治日遜一日，民生日窘一日，奈何奈何。丹初大農有何建白？近事尚望詳示一切爲企。所議一督二撫如何？香濤至京，有何建白，亦望及之。又拜。

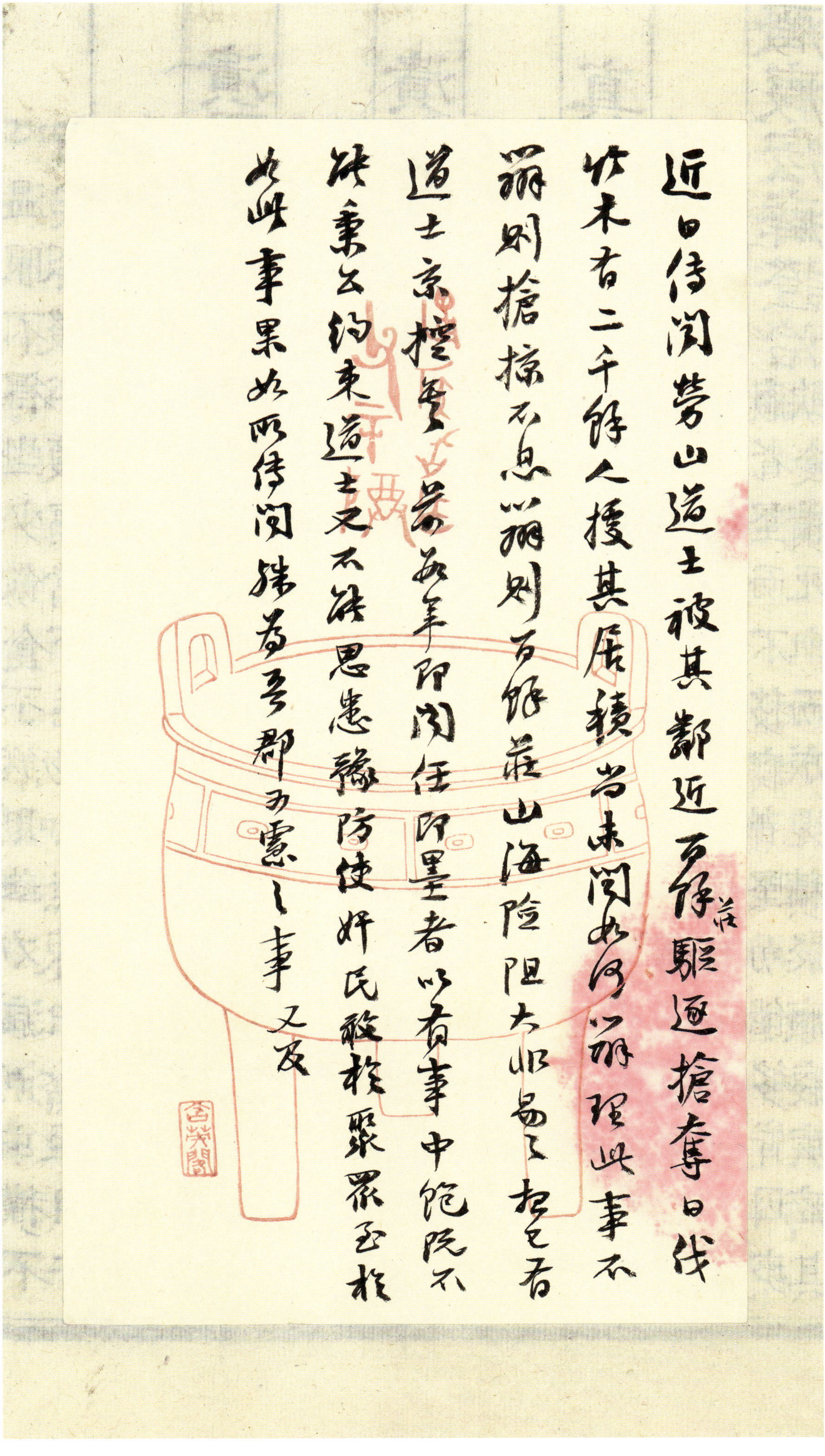

近日傳聞勞山道士被其鄰近百餘莊驅逐搶奪日伐竹木有二千餘人擾其居積尚未聞如何辦理此事不辦則搶掠不息辦則百餘莊山海險阻大非易易想已有道士京控矣前數年即聞任即墨者以有事中飽既不能秉公約束道士又不能思患豫防使奸民敢於聚衆至於如此事果如所傳聞殊爲吾郡可慮之事 又及

近日傳聞勞山道士被其鄰近百餘莊驅逐搶奪，日伐竹木，有二千餘人擾其居積。尚未聞如何辦理此事，不辦則搶掠不息，辦則百餘莊山海險阻，大非易易。想已有道士京控矣。前數年即聞任即墨者以有事中飽，既不能秉公約束道士，又不能思患豫防，使奸民敢於聚衆，至於如此。事果如所傳聞，殊爲吾郡可慮之事。又及。[一]

[一]此函當以閑話附於某函之中。清同治九年（一八七〇）秋，于哥莊一宋姓村民進山拾草，被一白姓道士以矛刺傷，引起山民衆怒。數千民衆直奔太清宫，索還民衆進山拾草伐木的權益。太清宫道人聞訊逃跑。雙方訴訟至即墨縣，經審案後，山民勝訴。事見《嶗山縣志》。函中所述之事當爲此。然這批信札中，致徐會灃之書札并未有早至一八七〇年者。此函所致之人或另有其人，存此俟考。

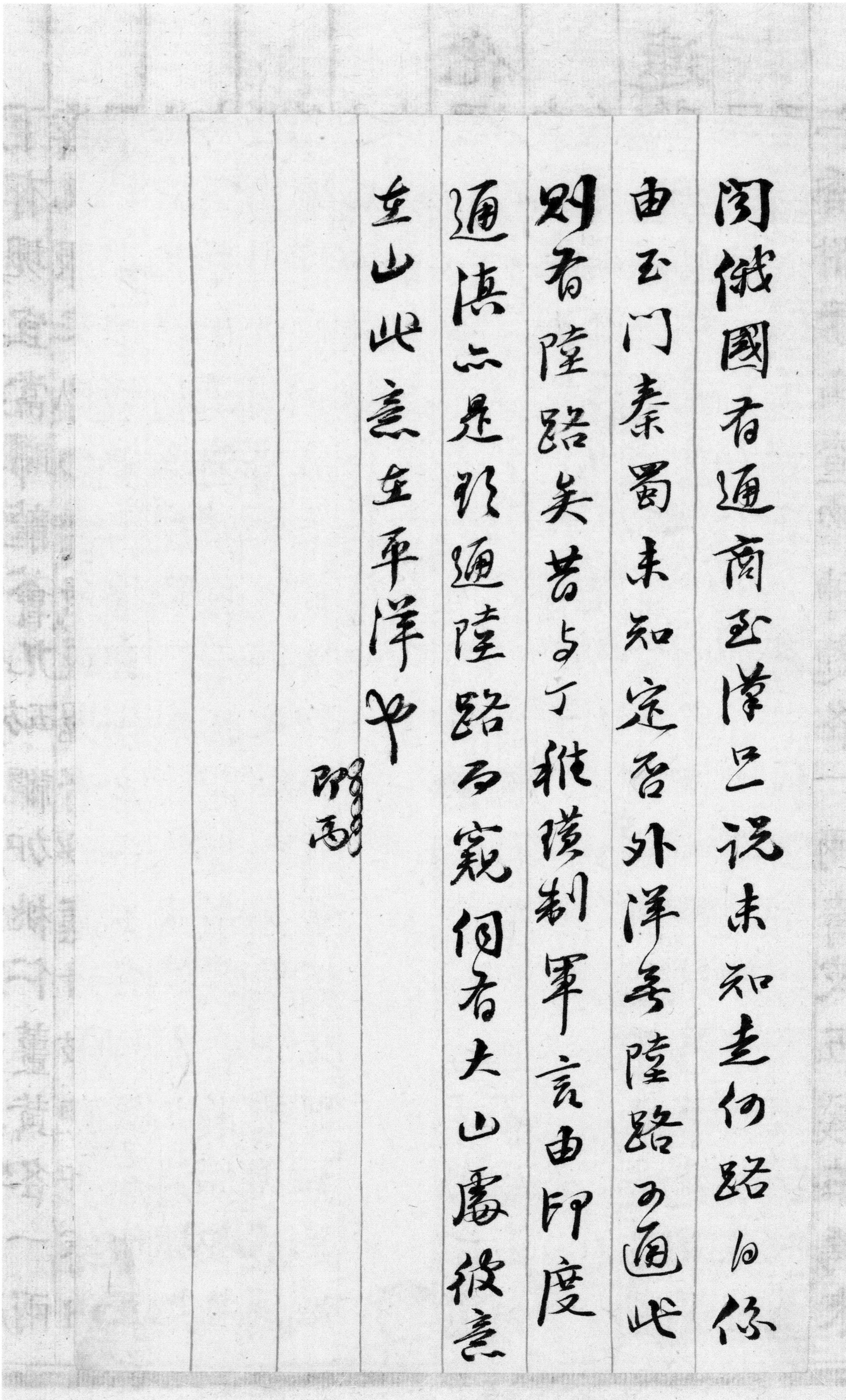
聞俄國有通商至漢口一說未知走何路自係由玉門秦蜀未知定否外洋無陸路可通此則有陸路矣昔與丁稚璜制軍言由印度通滇亦是欲通陸路而窺伺有大山處彼意在山此意在平洋也
即丙

聞俄國有通商至漢口一說，未知走何路？[一]自係由玉門秦蜀，未知定否？外洋無陸路可通，此則有陸路矣。昔與丁稚璜制軍言由印度通滇，亦是欲通陸路而窺伺有大山處，彼意在山，此意在平洋也。即丙[二]。

[一] 此函不具年月，稱呼丁寶楨爲制軍，蓋在一八七六年丁氏任四川總督之後。

[二] 丙乃火之代稱。『即丙』指將書信燒掉之意。談及敏感的時事時，陳介祺都會標注『即丙』的字樣。然而從目前保存的書札來看，收信人并全未遵從陳氏的囑咐。

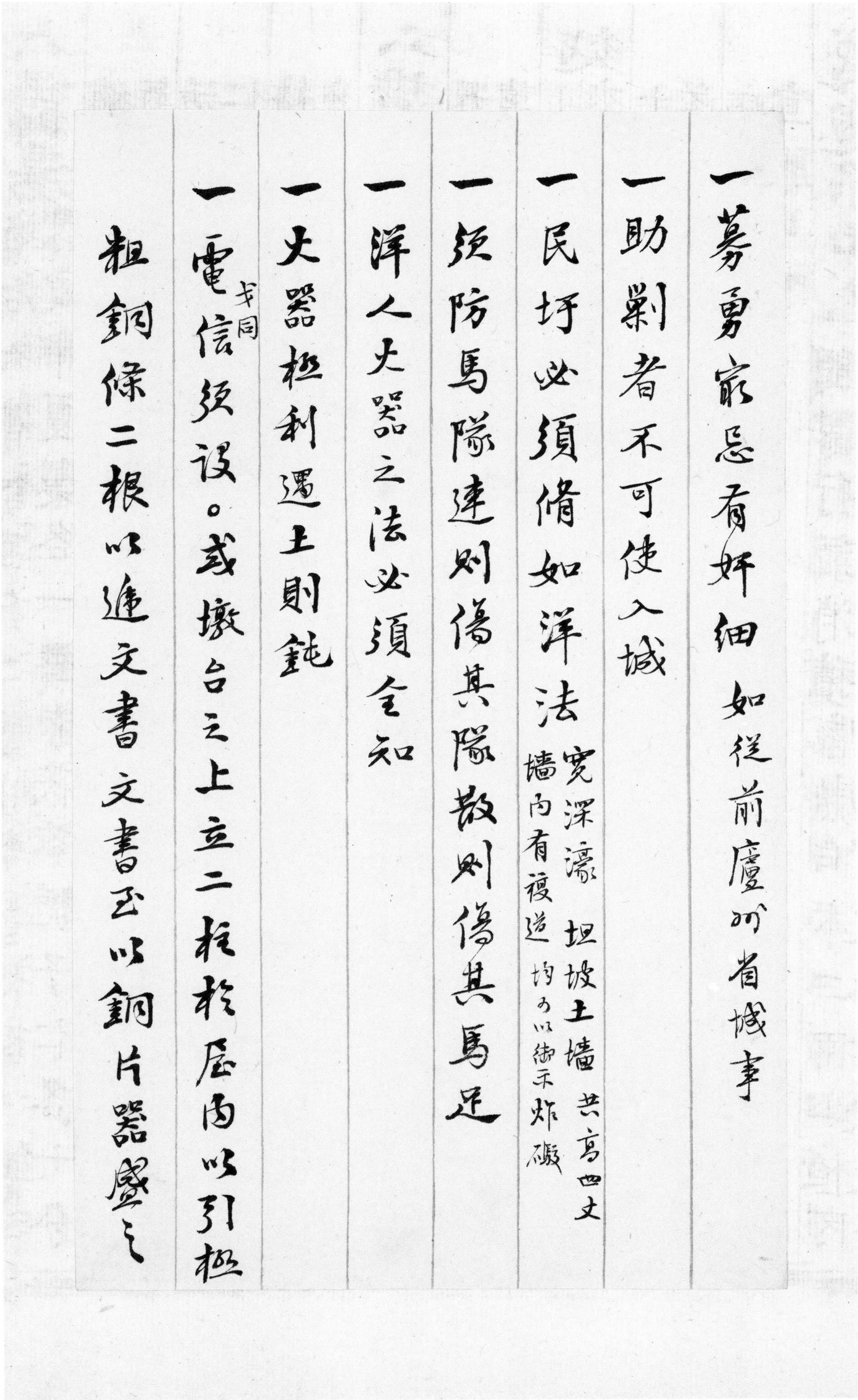

一、募勇最忌有奸細。如從前廬州省城事。一、助剿者不可使入城。一、民圩必須修如洋法。寬深壕，坦坡土牆，共高四丈，牆内有複道，均可以禦炸礮。一、須防馬隊，連則傷其隊，散則傷其馬足。一、洋人火器之法必須全知。

一、火器極利，遇土則鈍。一、電信弋同。須設。或墩台之上立二柱，於屋内以引極粗銅條二根以遞文書，文書至以銅片器盛之。

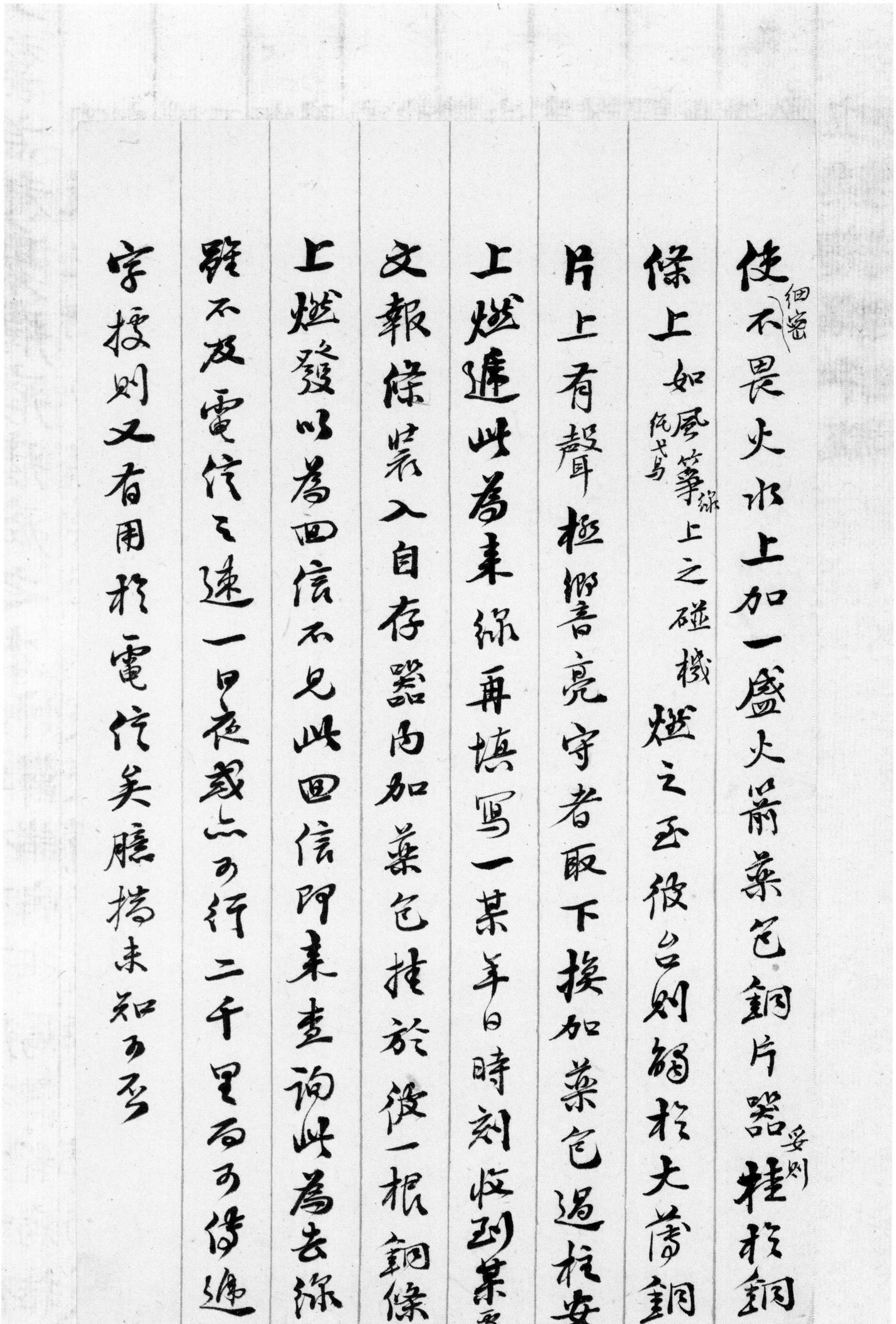

使細密不畏火水，上加一盛，火箭藥包銅片器妥，則掛於銅條上如風筝紙鳶綫上之碰機。燃之，至彼台則觸於大薄銅片上，有聲極響亮，守者取下換加藥包，過柱安上燃遞，此爲來綫。再填寫一某年日時刻收到某處文報條裝入，自存器内，加藥包掛於彼一根銅條上燃發，以爲回信。不見此回信，即來查詢，此爲去綫。雖不及電信之速，一日夜或亦可行二千里，而可傳遞字據，則又有用於電信矣。臆揣未知可否。

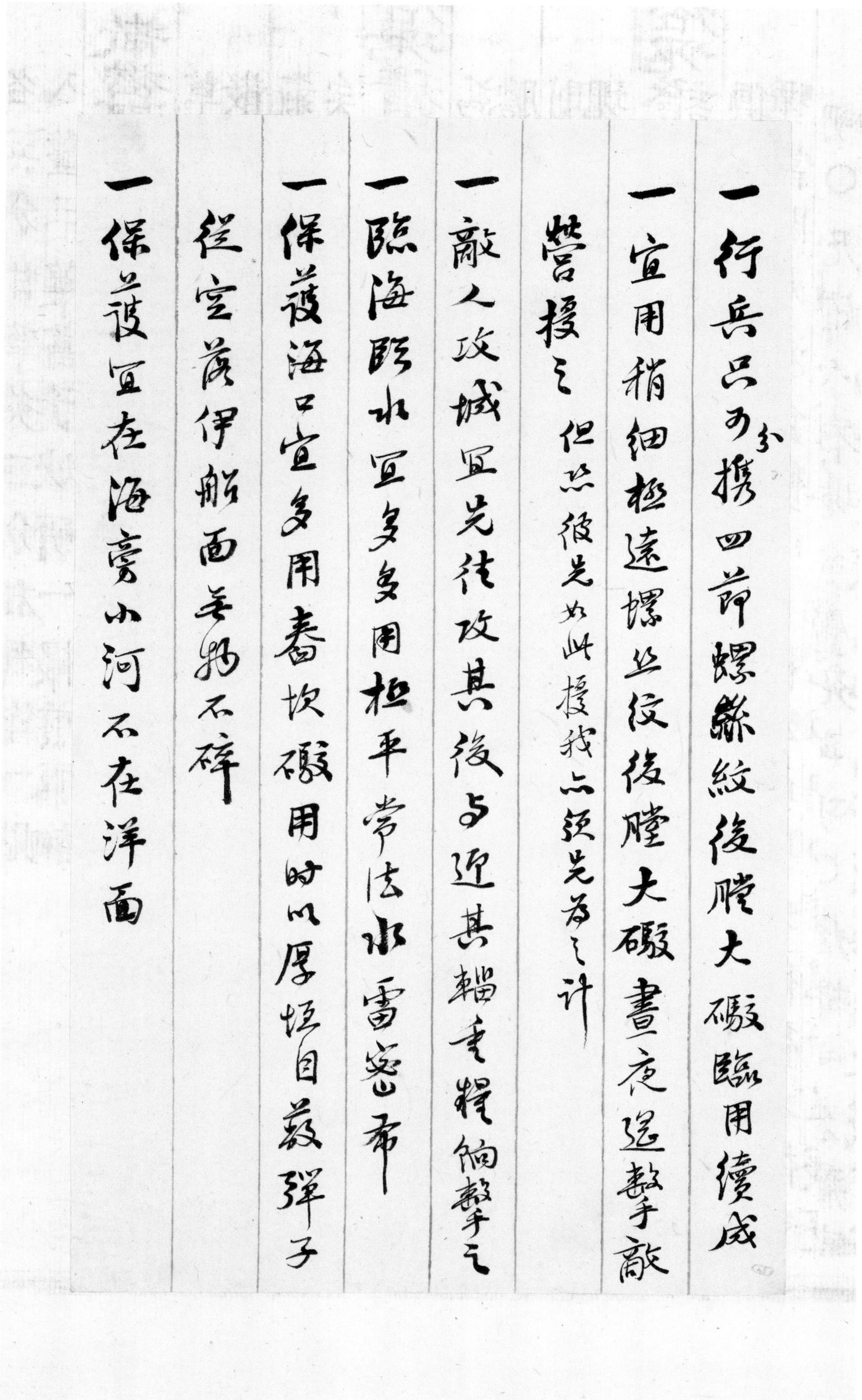

一、行兵只可分携四節螺絲紋後膛大礮，臨用續成。一、宜用稍細極遠螺絲紋後膛大礮，晝夜遥擊敵營擾之。但恐彼先如此擾我，亦須先爲之計。一、敵人攻城，宜先往攻其後，與迎其輜重糧餉擊之。一、臨海臨水，宜多多用極平常法水雷密布。一、保護海口宜多用春坎礮，用時以厚垣自蔽。彈子從空落伊船面，無物不碎。一、保護宜在海旁小河，不在洋面。

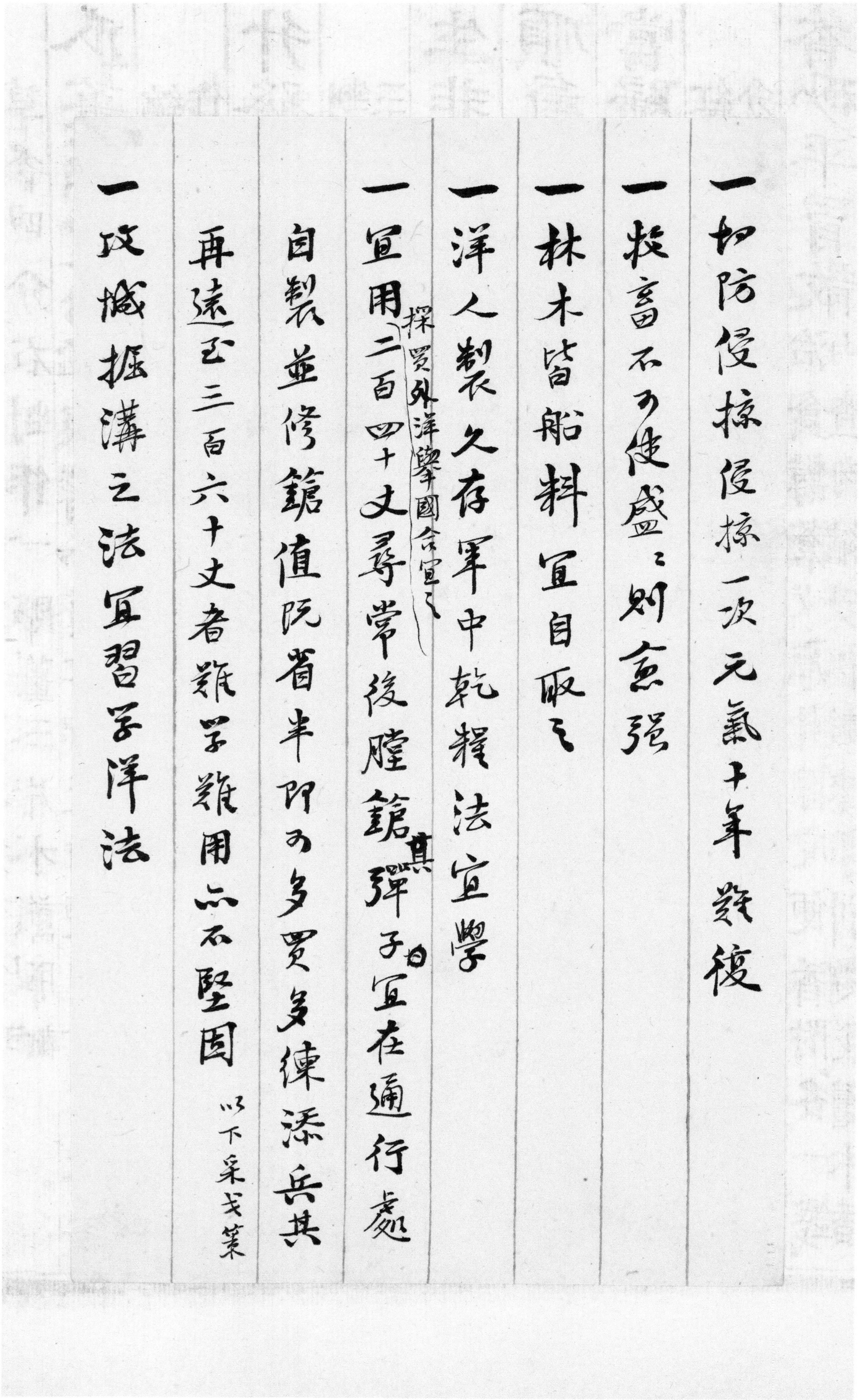

一、切防侵掠。侵掠一次，元氣十年難復。一、牧畜不可使盛，盛則愈強。一、林木皆船料，宜自取之。一、洋人製久存軍中乾糧法，宜學。一、宜用采買外洋舉國合宜之二百四十丈尋常後膛鎗，其彈子宜在通行處自製，并修鎗。值既省半，即可多買多練添兵。其再遠至三百六十丈者，難學難用，亦不堅固。以下采戈策。一、攻城掘溝之法，宜習學洋法。

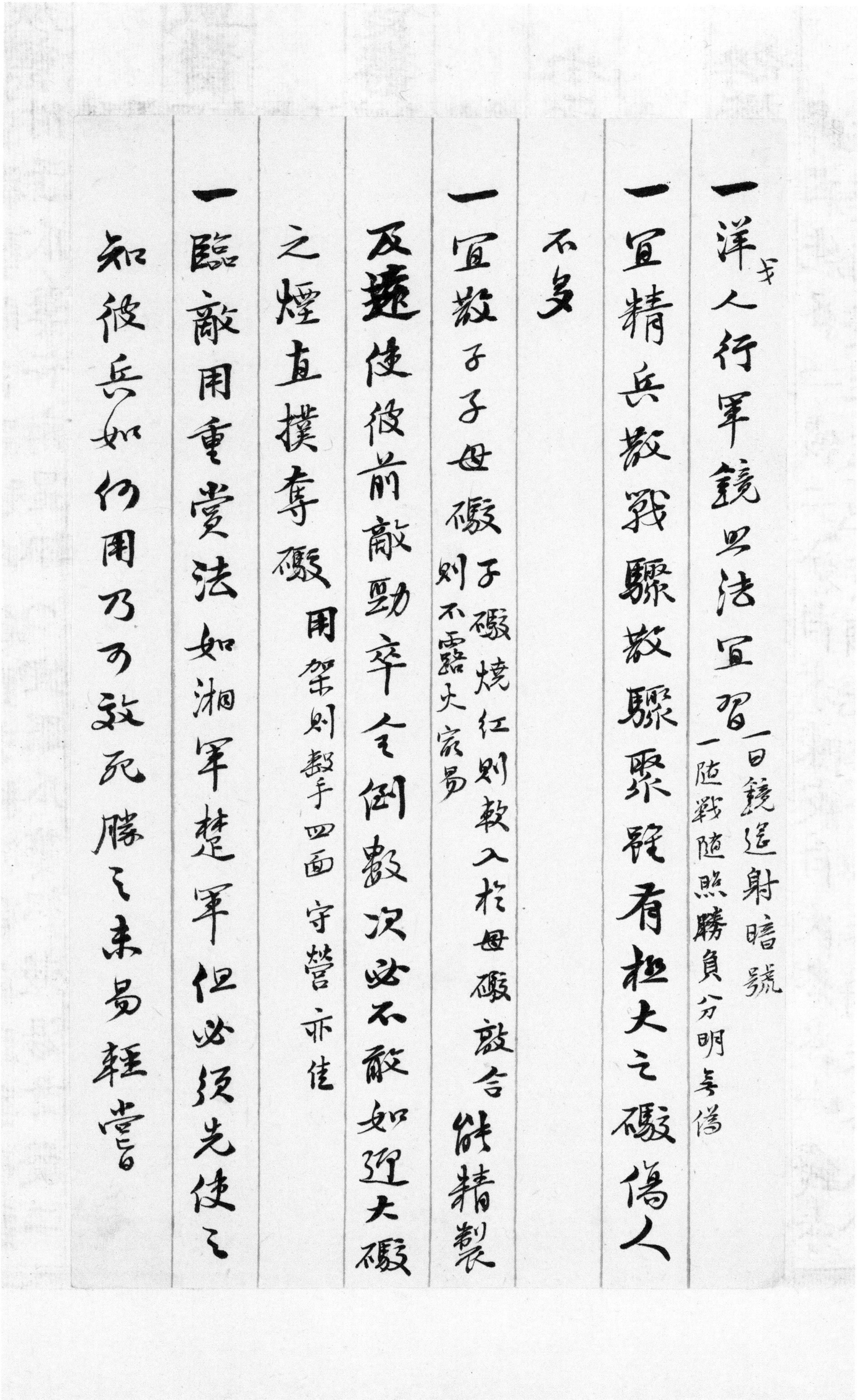
一洋人戈行軍鏡照法宜習一日鏡遥射暗號一随戰随照勝負分明無僞
一宜精兵散戰驟散驟聚雖有極大之礮傷人不多
一宜散子子母礮子礮燒紅則軟入於母礮敲合則不露火最易能精製及遠使彼前敵勁卒全倒數次必不敢如迎大礮之煙直撲奪礮用架則擊四面守營亦佳
一臨敵用重賞法如湘軍楚軍但必須先使之知彼兵如何用乃可效死勝之未易輕嘗

一、洋人戈。行軍鏡照法宜習。一日鏡遥射暗號，一隨戰隨照，勝負分明無僞。
一、宜精兵散戰，驟散驟聚，雖有極大之礮，傷人不多。一、宜散子子母礮。子礮燒紅則軟，入於母礮敲合，則不露火，最易。能精製及遠，使彼前敵勁卒全倒，數次必不敢。如迎大礮之烟，直撲奪礮。用架則擊四面守營亦佳。
一、臨敵用重賞法，如湘軍、楚軍，但必須先使之知彼兵如何用乃可效死，勝之未易輕嘗。

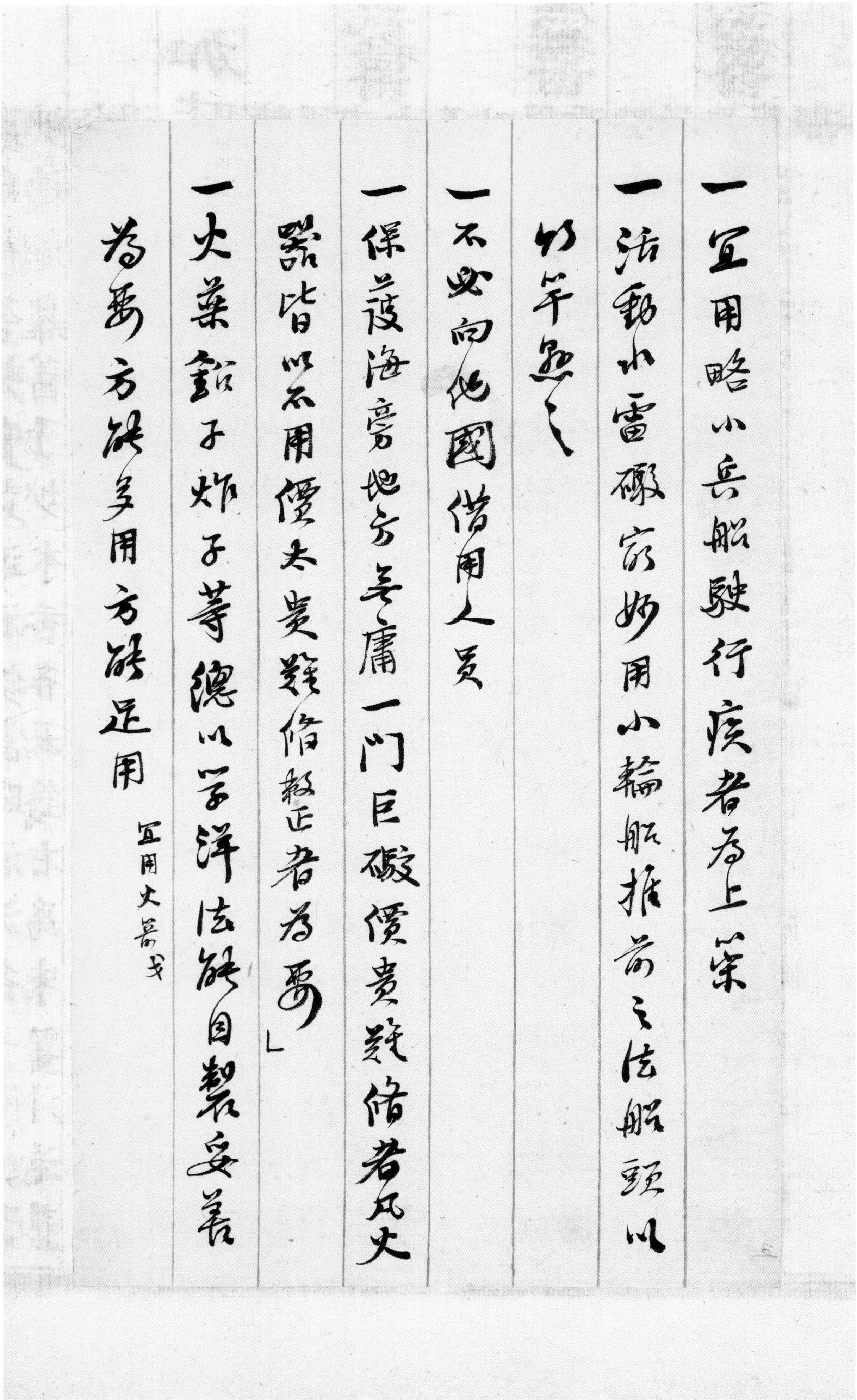

一、宜用略小兵船駛行疾者爲上策。一、活動水雷礮最妙，用小輪船推前之法，船頭以竹竿懸之。一、不必向他國借用人員。一、保護海旁地方，無庸一門巨礮，價貴難修者。凡火器皆以不用價太貴、難修整者爲要。

一、火藥、鉛子、炸子等，總以學洋法能自製妥善爲要，方能多用，方能足用。宜用火箭戈。

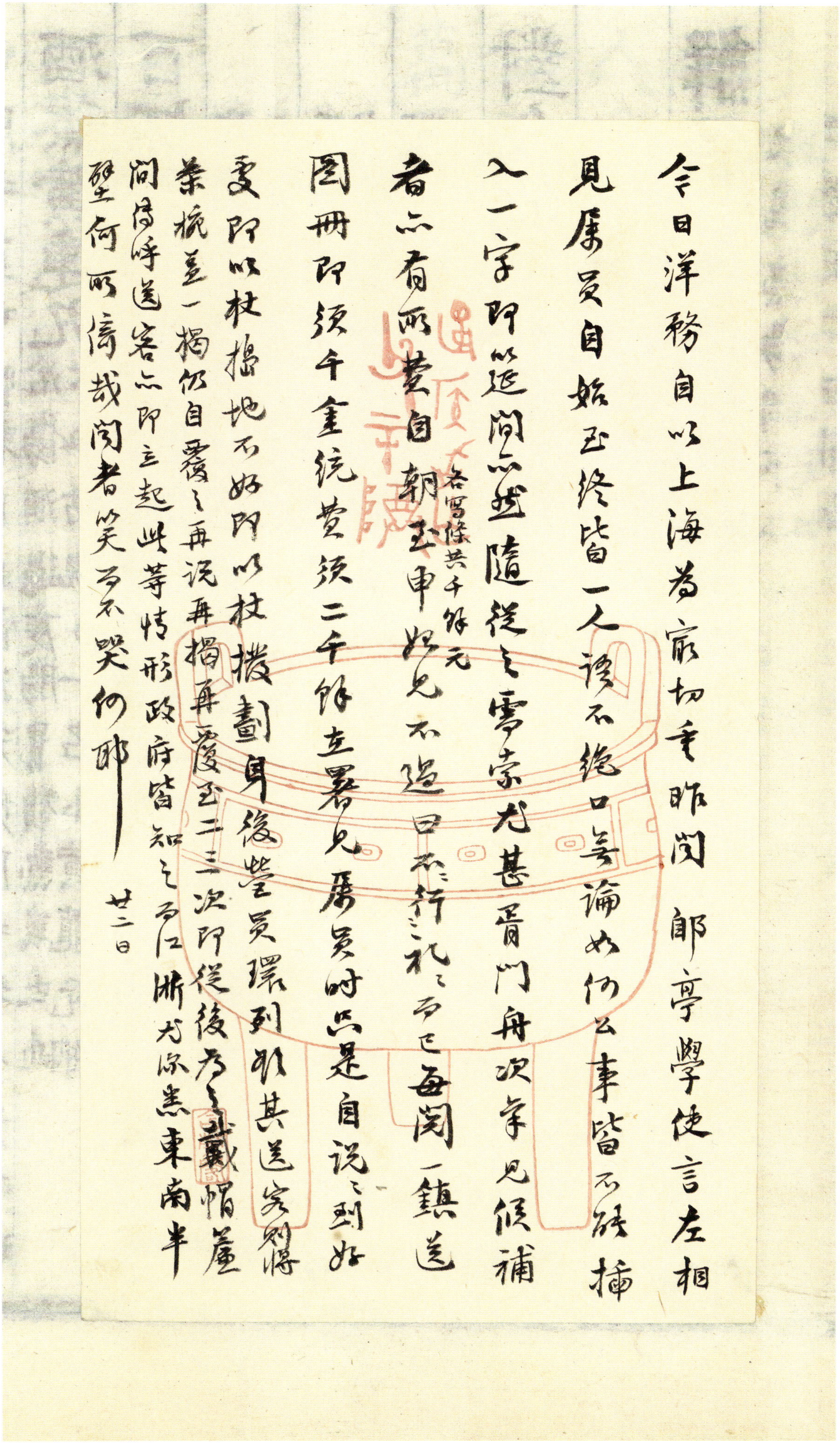

今日洋務自以上海爲最切重，昨聞郎亭學使言，左相見屬員，自始至終皆一人語不絕口。[一]無論如何公事，皆不能插入一字，即筵間亦然。此隨從之需索尤甚。胥門舟次稟見候補者亦有所費各寫條共千餘元。自朝至申始見，不過曰『不行禮，不行禮』而已。每閱一鎮送圖册，即須千金，統費須二千餘。在署見屬員時只是自説，説到好處即以杖搗地，不好即以杖撥劃身後。營員環列，欲其送客，則將茶碗蓋一揭，仍自覆之，再説再揭再覆，至二三次即從後爲之戴帽，簾間傳呼送客，亦即立起。此等情形政府皆知之，而江浙尤深悉。東南半壁何所倚哉？聞者笑而不哭，何耶？廿二日。

[一] 此頁書札不知年月，俟考。

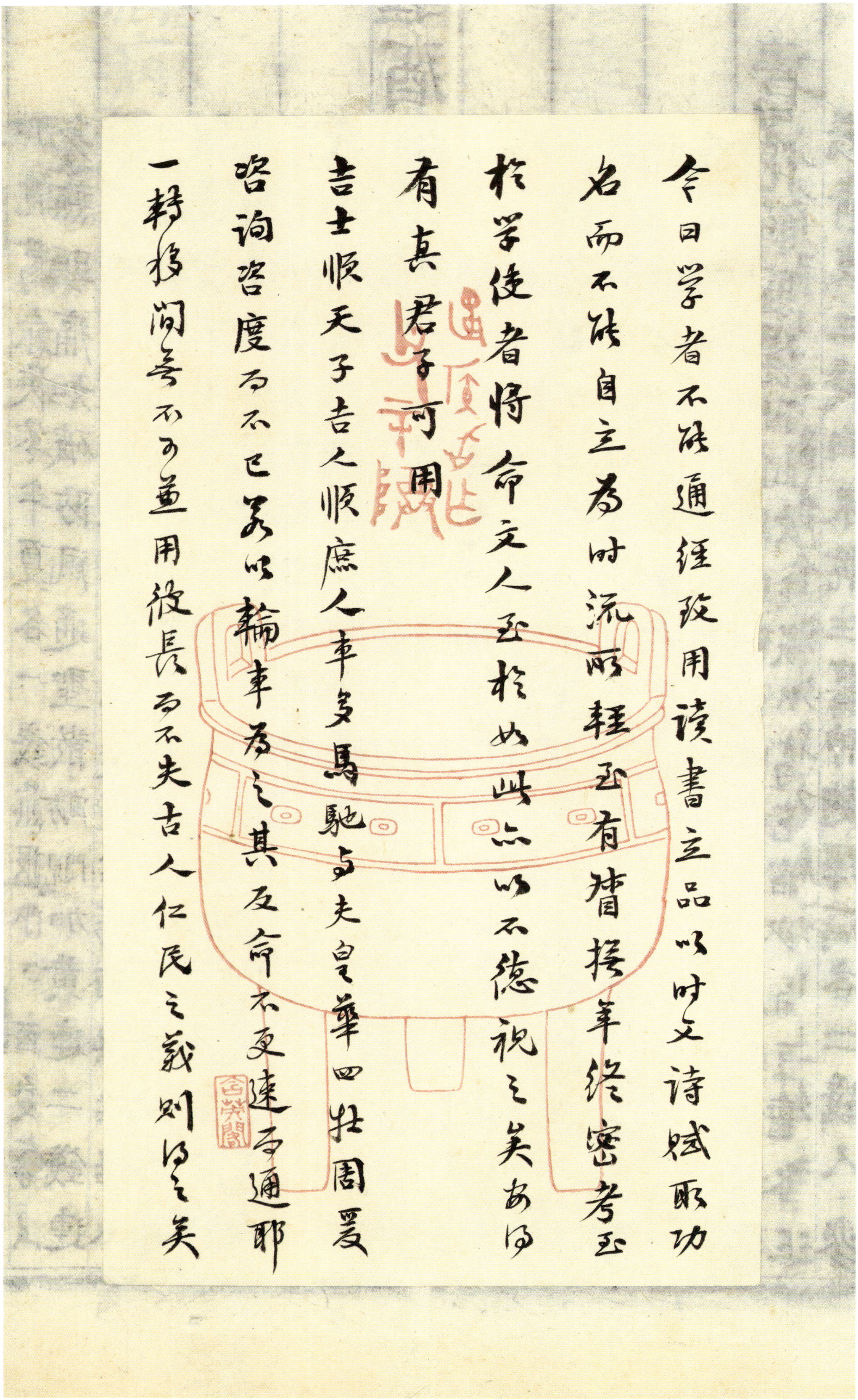

今日學者不能通經致用、讀書立品，以時文詩賦取功名而不能自立，爲時流所輕。至有督撫年終密考至於學使者，將命文人至於如此，亦以不德視之矣。安得有真君子可用？吉士順天子、吉人順庶人，車多馬馳，與夫皇華四牡周爰咨詢咨度而不已。若以輪車爲之，其反命不更速而通耶？一轉移間無不可兼用彼長，而不失古人仁民之義，則得之矣。[一]

[一] 此頁書札不知年月，俟考。

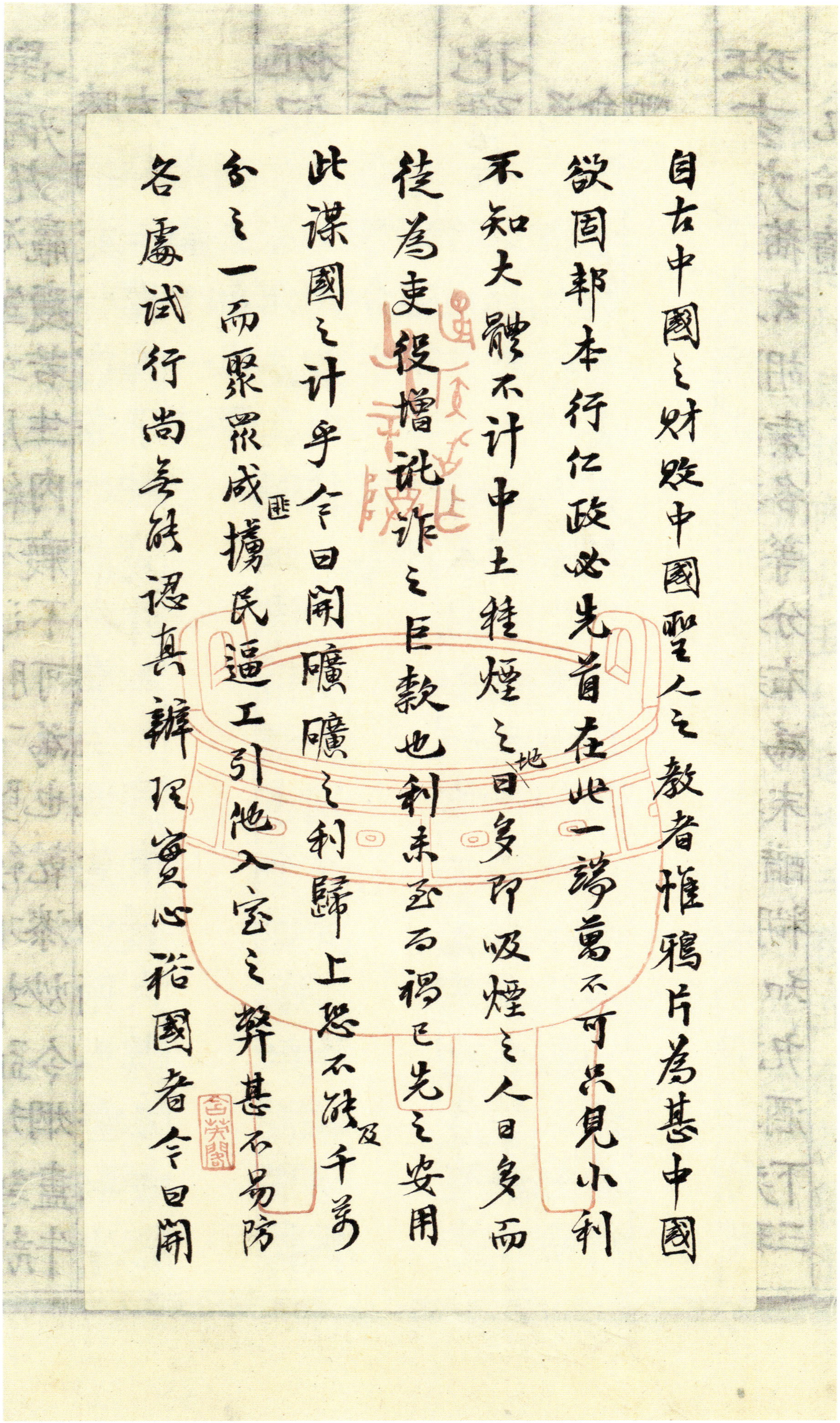

自古中國之財敗中國聖人之教者，惟鴉片爲甚。[一]中國欲固邦本、行仁政，必先首在此一端，萬不可只見小利不知大體。不計中土種烟之地日多，即吸烟之人日多，而徒爲吏役增訛詐之巨款也。利未至而禍已先之，安用此謀國之計乎？今曰開礦，礦之利歸上，恐不能及千萬分之一，而聚衆成匪，擄民逼工，引他入室之弊，甚不易防。各處試行，尚無能認真辦理、實心裕國者。今曰開

[一] 此頁書札不知年月，俟考。

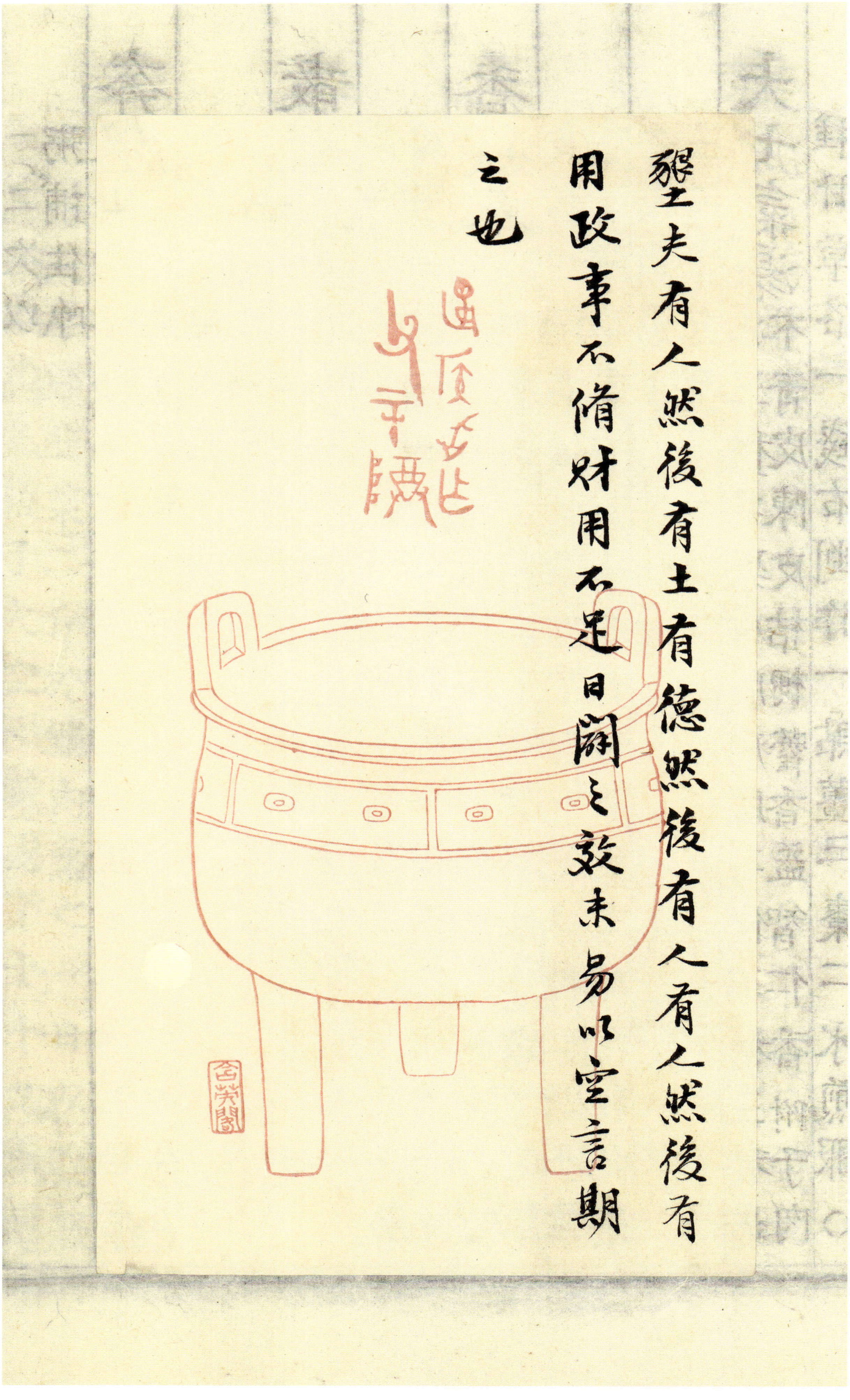

墾，夫有人然後有土，有德然後有人，有人然後有用。政事不修，財用不足，日闢之效未易以空言期之也。

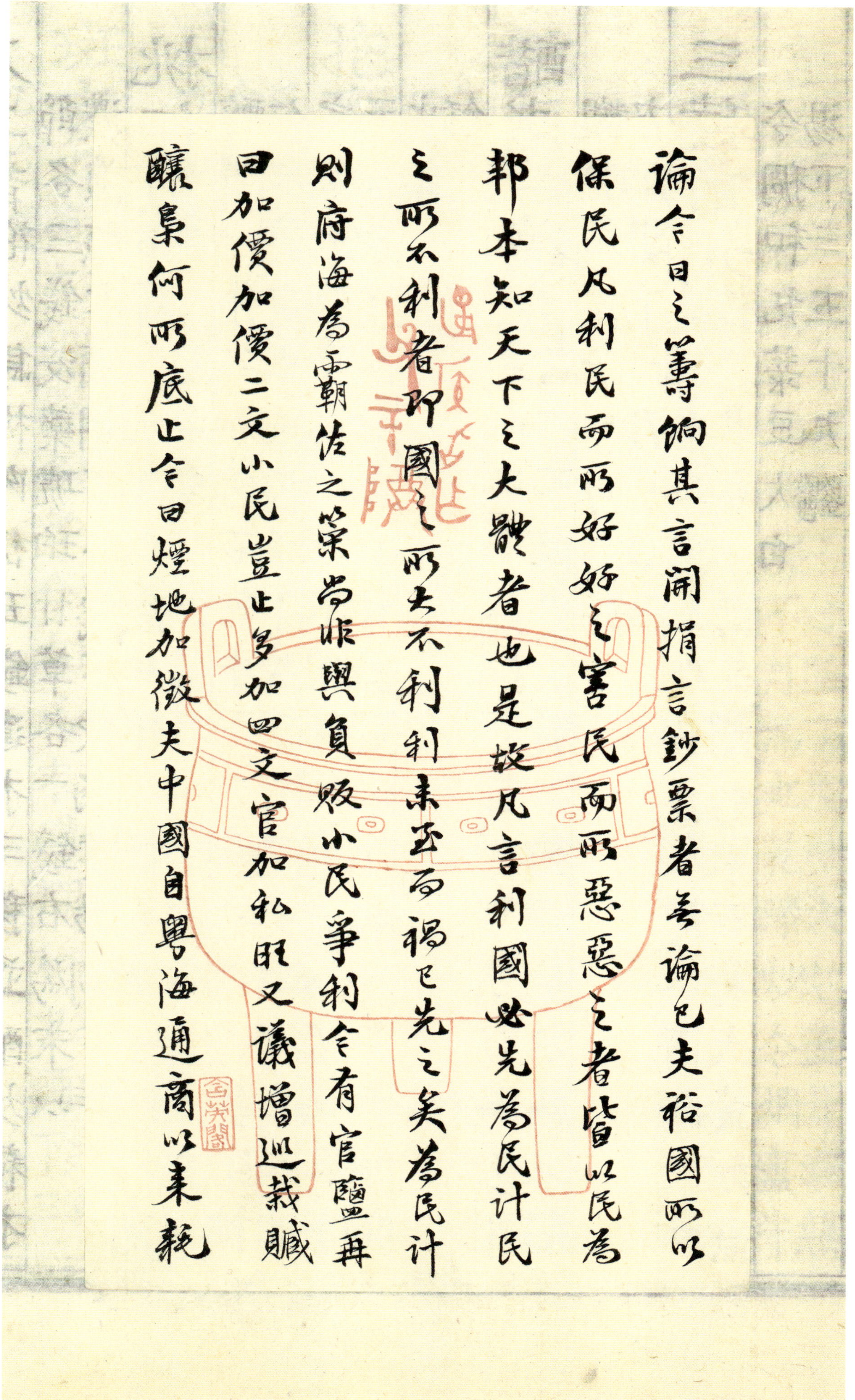
論今日之籌餉其言開捐言鈔票者無論已夫裕國所以保民凡利民而所好好之害民而所惡惡之者皆以民爲邦本知天下之大體者也是故凡言利國必先爲民計民之所不利者即國之所大不利利未至而禍已先之矣爲民計則府海爲霸佐之策尚非與負販小民争利今有官鹽再曰加價加價二文小民豈止多加四文官加私旺又議增巡栽臟釀梟何所底止今曰煙地加徵夫中國自粤海通商以來耗

論今日之籌餉[一]，其言開捐、言鈔票者無論已。夫裕國所以保民，凡利民而所好好之，害民而所惡惡之者，皆以民爲邦本，知天下之大體者也。是故凡言利國，必先爲民計，民之所不利者，即國自所大不利，利未至而禍已先之矣。爲民計，則府海爲霸佐之策，尚非與負販小民争利。今有官鹽，再曰加價，加價二文，小民豈止多加四文，官加私旺，又議增巡，栽臟釀梟，何所底止？今曰烟地加徵，夫中國自粤海通商以來，耗……

[一] 此頁書札不知年月，俟考。

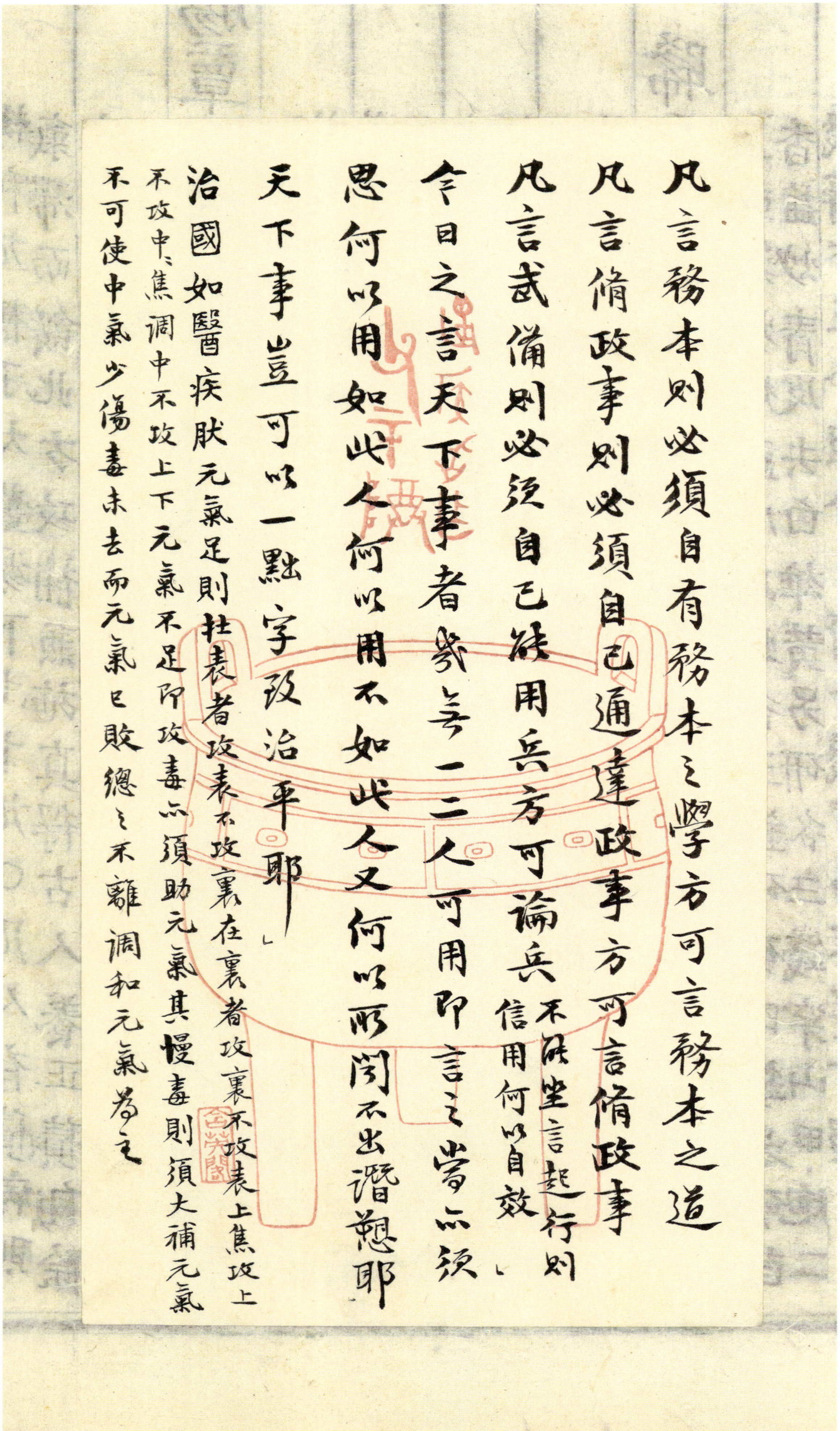

凡言務本，則必須自有務本之學，方可言務本之道[一]。

凡言修政事，則必須自己通達政事，方可言修政事。

凡言武備，則必須自己能用兵，方可論兵。不能坐言起行，則信用何以自效。

今日之言天下事者，幾無一二人可用，即言之當亦須思何以用如此人，何以用不如此人，又何以所聞不出譖訴耶？天下事豈可以一點字致治平耶？

治國如醫疾然，元氣足則在表者攻表，不攻裏；在裏者攻裏，不攻表；上焦攻上不攻中，中焦調中不攻上下。元氣不足，即攻毒亦須助元氣。其慢毒則須大補元氣，不可使中氣少傷，毒未去而元氣已敗。總之不離調和元氣爲主。

[一] 此頁書札不知年月，俟考。

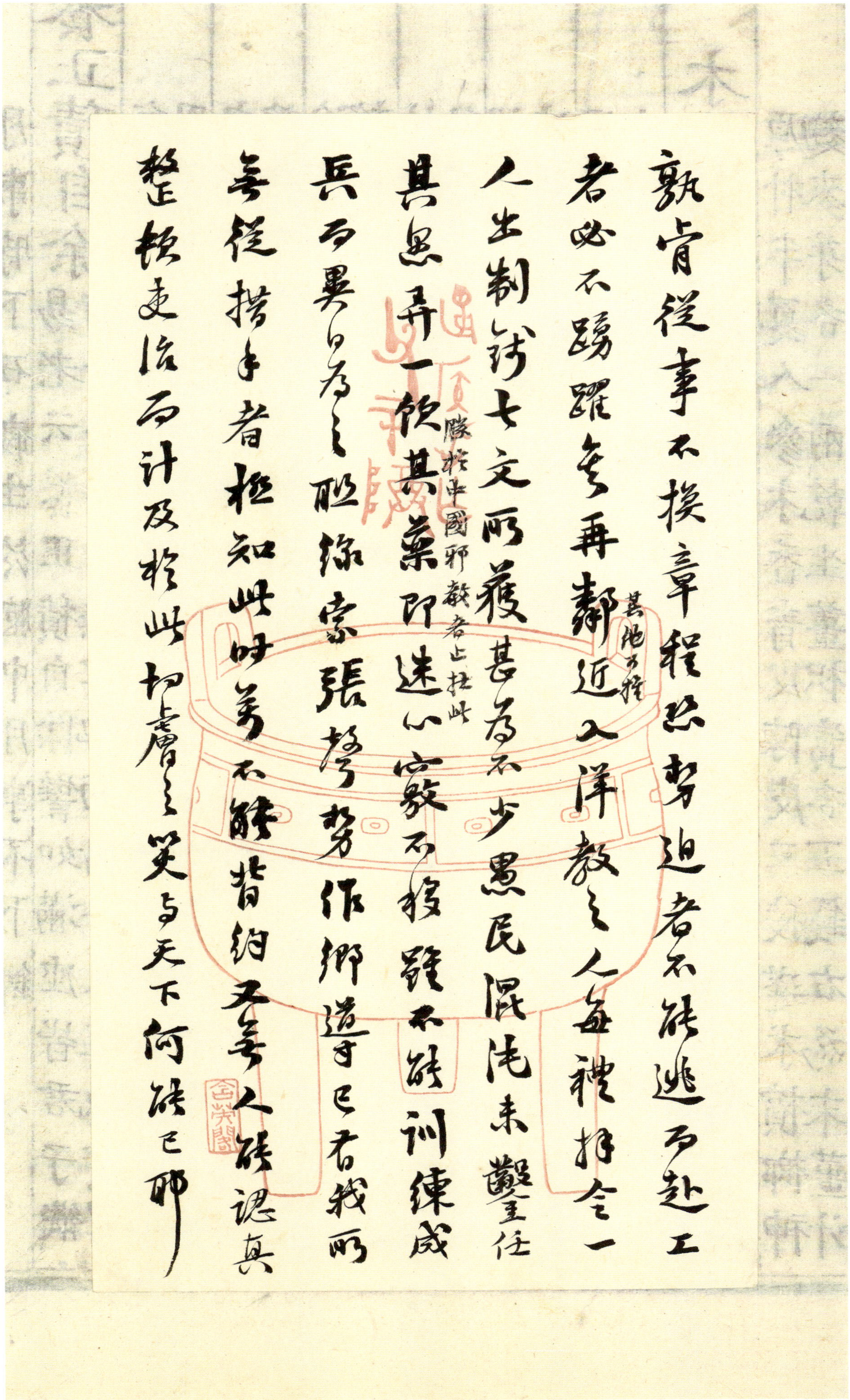

孰肯從事？[一]不换章程，恐勢迫者不能逃，而赴工者必不踴躍矣。其他可推。再鄰近入洋教之人，每禮拜令一人出制錢七文，所獲甚爲不少，愚民混沌未鑿，任其愚弄，一飲其藥即迷心竅不移。勝於中國邪教者止在此。雖不能訓練成兵，而异日爲之聯綫索、張聲勢、作鄉導，已有我所無從措手者。極知此時萬不能背約，又無人能認真整頓吏治。而計及於此，切膚之哭，與天下何能已耶？

[一]此頁書札不知年月，俟考。

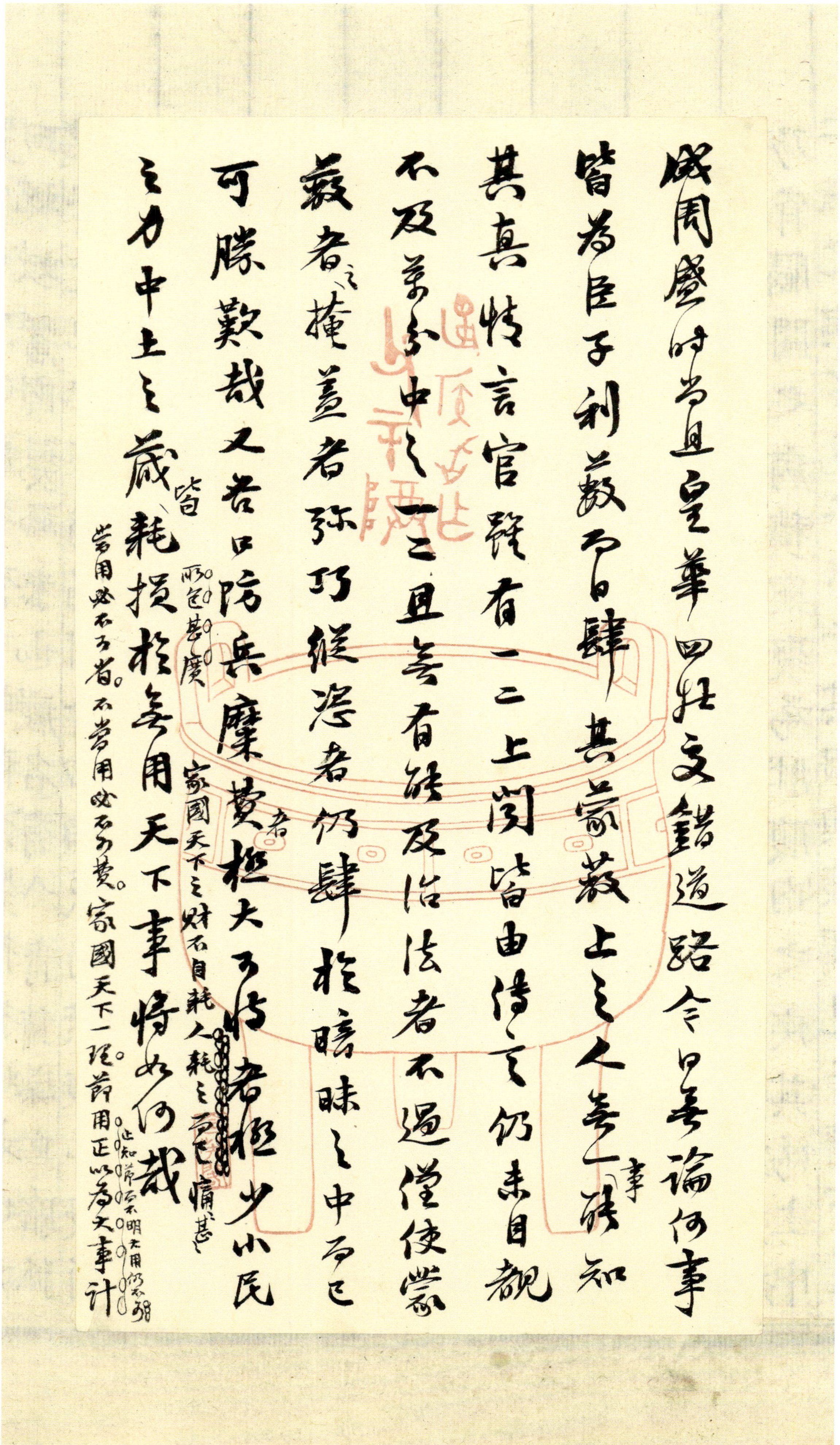

成周盛時，尚且皇華四牡，交錯道路。[一]今日無論何事，皆爲臣子利藪，而日肆其蒙蔽。上之人無一事能知其真情，言官雖有一二上聞，皆由傳言，仍未目睹，不及萬分中之一二。且無有能及治法者，不過僅使蒙蔽者之掩蓋者彌巧，縱恣者仍肆於暗昧之中而已。可勝嘆哉！又各口防兵糜費者極大，可恃者極少。小民之力，中土之藏，皆耗損於無用，所包甚廣，天下事將如何哉？家國天下之財不自耗，人耗之而已，痛甚痛甚。當用必不可省，不當用必不可費，家國天下一理。節用正以爲大事計，止知節用而不明大用仍不可。

[一]此頁書札不知年月，俟考。

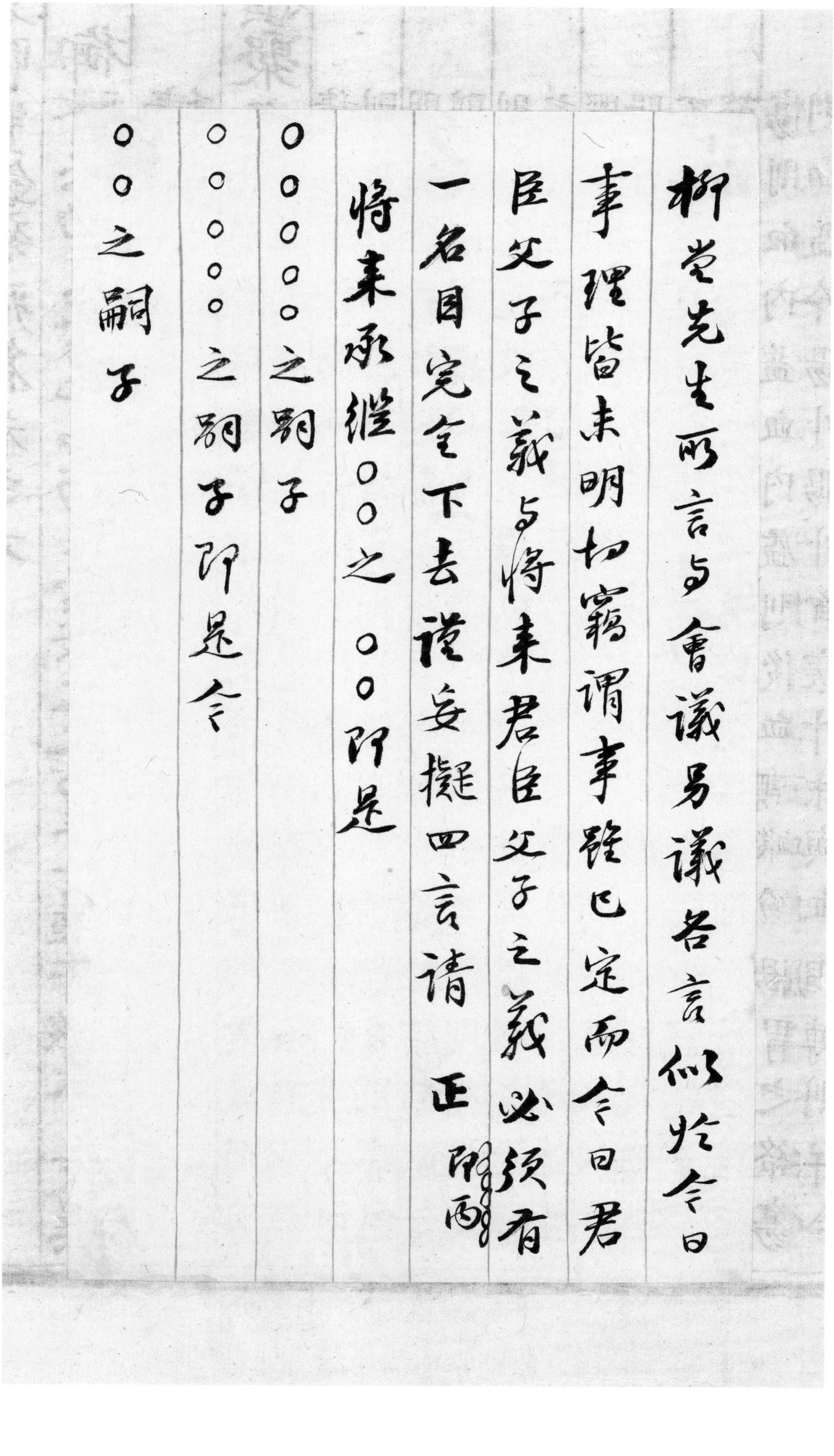

柳堂先生所言与會議另議各言似於今日事理皆未明切竊謂事雖已定而今日君臣父子之義与將來君臣父子之義必須有一名目完全下去謹妥擬四言請正 即丙
將來承繼〇〇之〇〇即是
〇〇〇〇〇之嗣子
〇〇〇〇〇之嗣子即是今
〇〇之嗣子

柳堂先生所言與會議另議各言，似於今日事理皆未明切。[一]竊謂事雖已定，而今日君臣父子之義與將來君臣父子之義，必須有一名目完全下去。謹妥擬四言請正。即丙。

將來承繼〇〇之〇〇即是　〇〇〇〇〇之嗣子　〇〇〇〇〇之嗣子即是今〇〇之嗣子

[一] 吴可讀曾於光緒二年（一八七六）討論過同治帝與光緒帝及其後繼者的關係問題，但遭到慈禧太后的壓制。光緒五年（一八七九），吴可讀死諫爲同治帝立嗣事。清廷議之後决定以光緒帝的繼任者爲同治帝的嗣子。根據書札内容，此函論及之事，當在光緒五年（一八七九）。

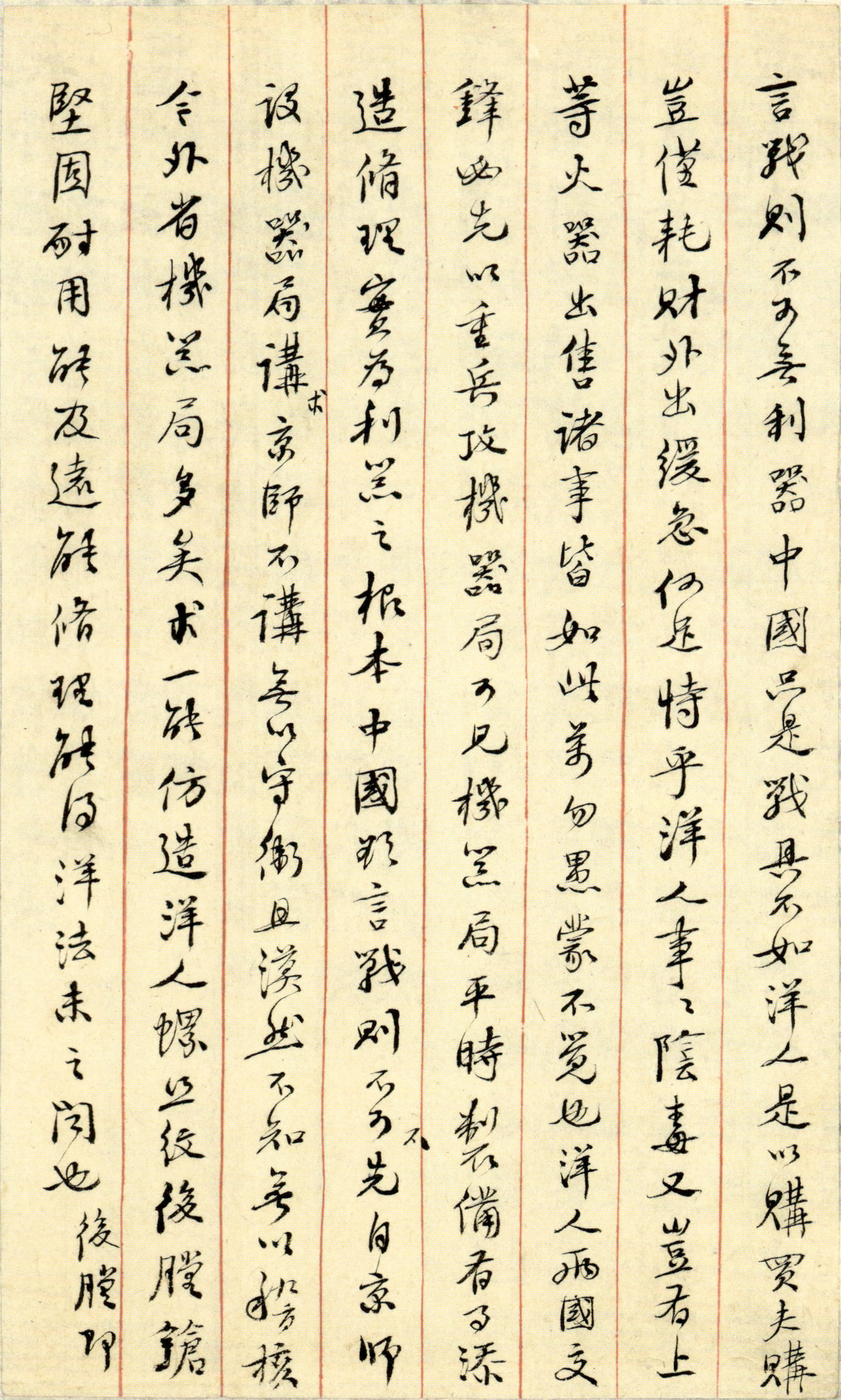

言戰則不可無利器，中國只是戰具不如洋人，是以購買。[一]夫購豈僅耗材外出，緩急何足恃乎？洋人事事陰毒，又豈有上等火器出售？諸事皆如此。萬勿愚蒙不覺也。洋人兩國交鋒，必先以重兵攻機器局。可見機器局平時製備，有事添造修理，實爲利器之根本。中國欲言戰，則不可不先自京師設機器局講求。京師不講，無以守衛，且漠然不知，無以稽核。今外省機器局多矣，求一能仿造洋人螺絲紋後膛鎗，堅固耐用、能及遠、能修理、能得洋法，未之聞也。後膛即

[一] 此函涉及京城防務，不知年月，俟考。

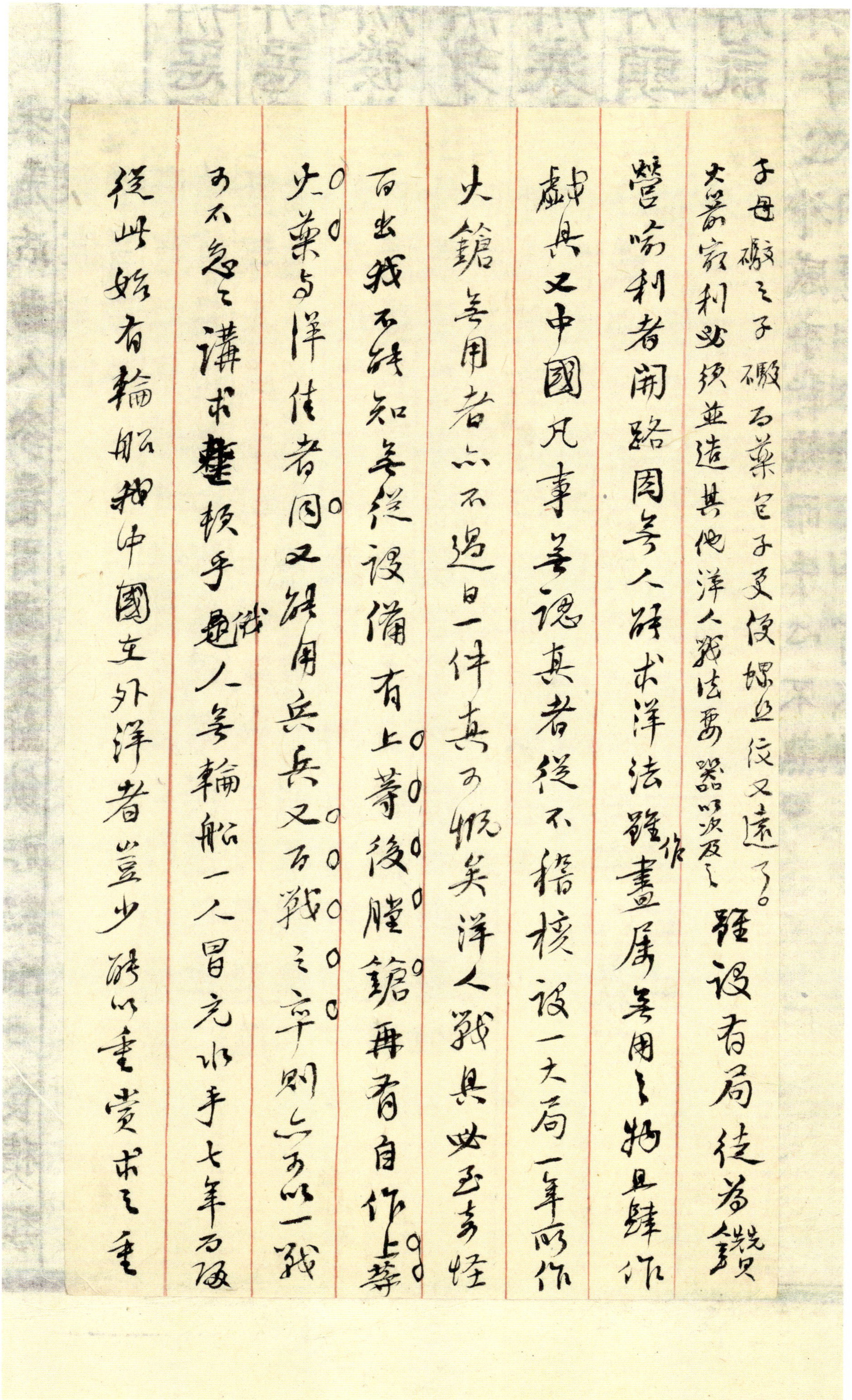

子母礮之子礮，而藥包子更便。螺絲紋又遠了。火箭最利，必須并造。其他洋人戰法要器以次及之。雖設有局，徒爲鑽營喻利者開路。因無人能求洋法，雖作盡屬無用之物，且肆作戲具。又中國凡事無認真者，從不稽核。設一大局，一年所作火鎗無用者亦不過日一件，真可慨矣！洋人戰具必至奇怪百出，我不能知，無從設備。有上等後膛鎗，再有自作上等火藥與洋佳者同，又能用兵，兵又百戰之卒，則亦可以一戰。可不急急講求整頓乎？俄人無輪船，一人冒充水手，七年而歸，從此始有輪船。我中國在外洋者豈少？能以重賞求之，重

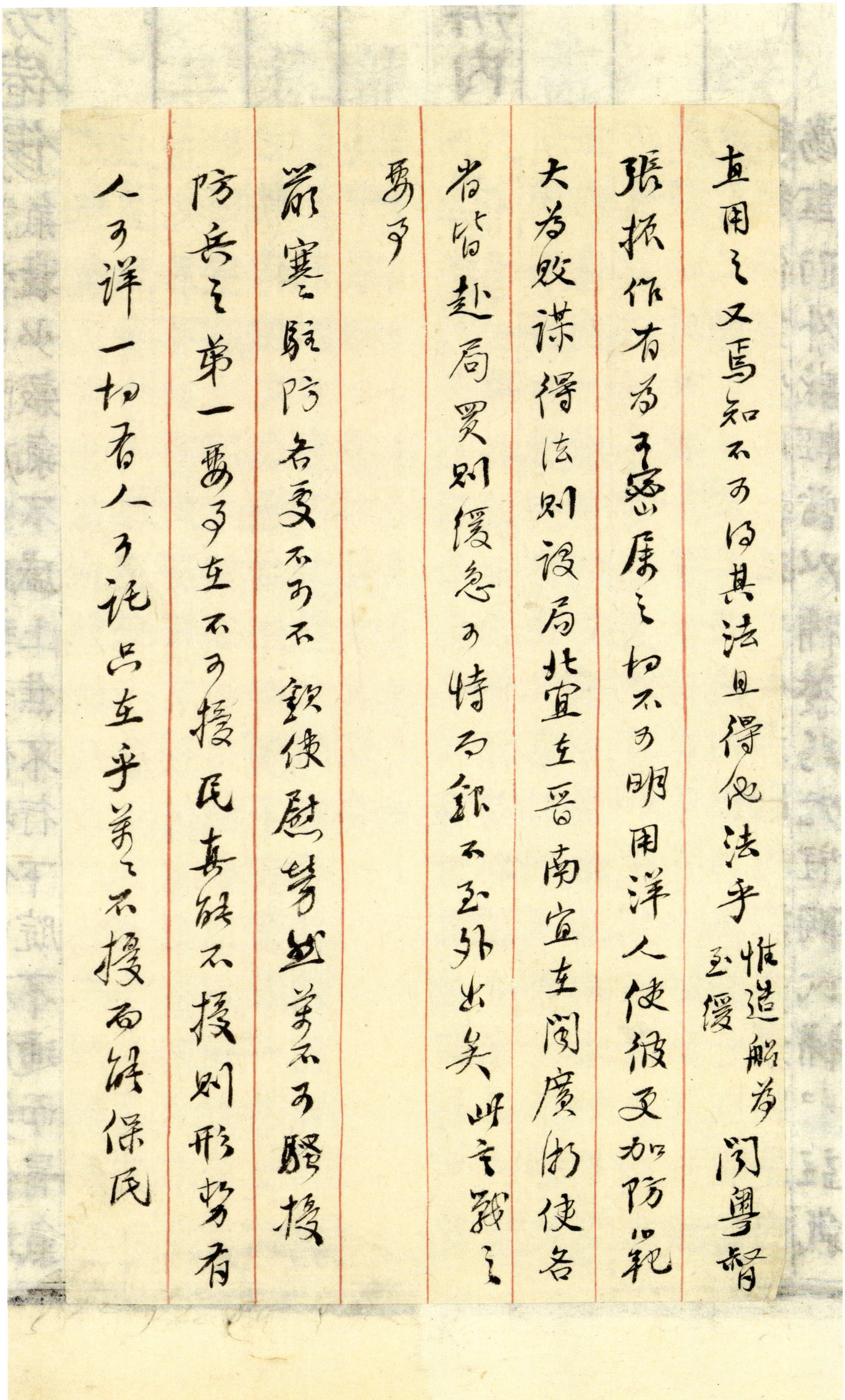

值用之，又焉知不可得其法且得他法乎？惟造船爲至緩。

聞粵督張振作有爲，可密屬之，切不可明用洋人，使彼更加防範，大爲敗謀。得法則設局，北宜在晉，南宜在閩、廣、浙。使各省皆赴局買，則緩急可恃而銀不至外出矣。此言戰之要事。

嚴寒駐防，各處不可不欽使慰勞，然萬不可騷擾。防兵之第一要事，在不可擾民。真能不擾，則形勢有人可詳，一切有人可托，只在乎萬萬不擾而能保民。

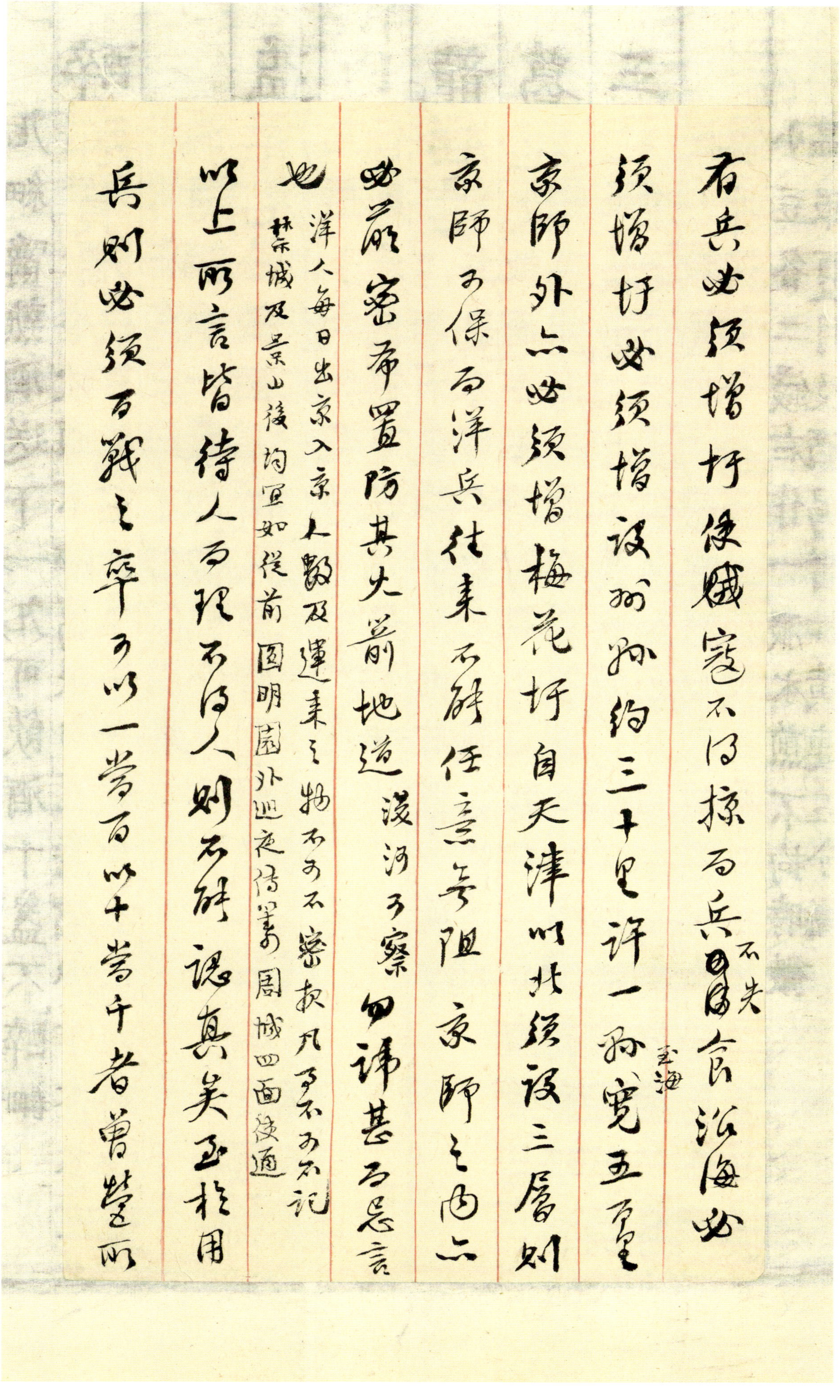

有兵必須增圩，使寇不得掠而兵不失食。沿海必須增圩、必須增設州縣。約三十里許一縣，至海寬五百里。京師外亦必須增梅花圩，自天津以北，須設三層，則京師可保，而洋兵往來不能任意無阻。京師之内亦必嚴密布置，防其火箭地道，淺河可察。勿諱甚而忌言也。洋人每日出京入京人數及運來之物，不可不密報，凡事不可不記。禁城及景山後均宜如從前圓明園外巡夜，傳籌周城，四面使通。

以上所言皆待人而理，不得人則不能認真矣。至於用兵則必須百戰之卒可以一當百、以十當千者，曾營所

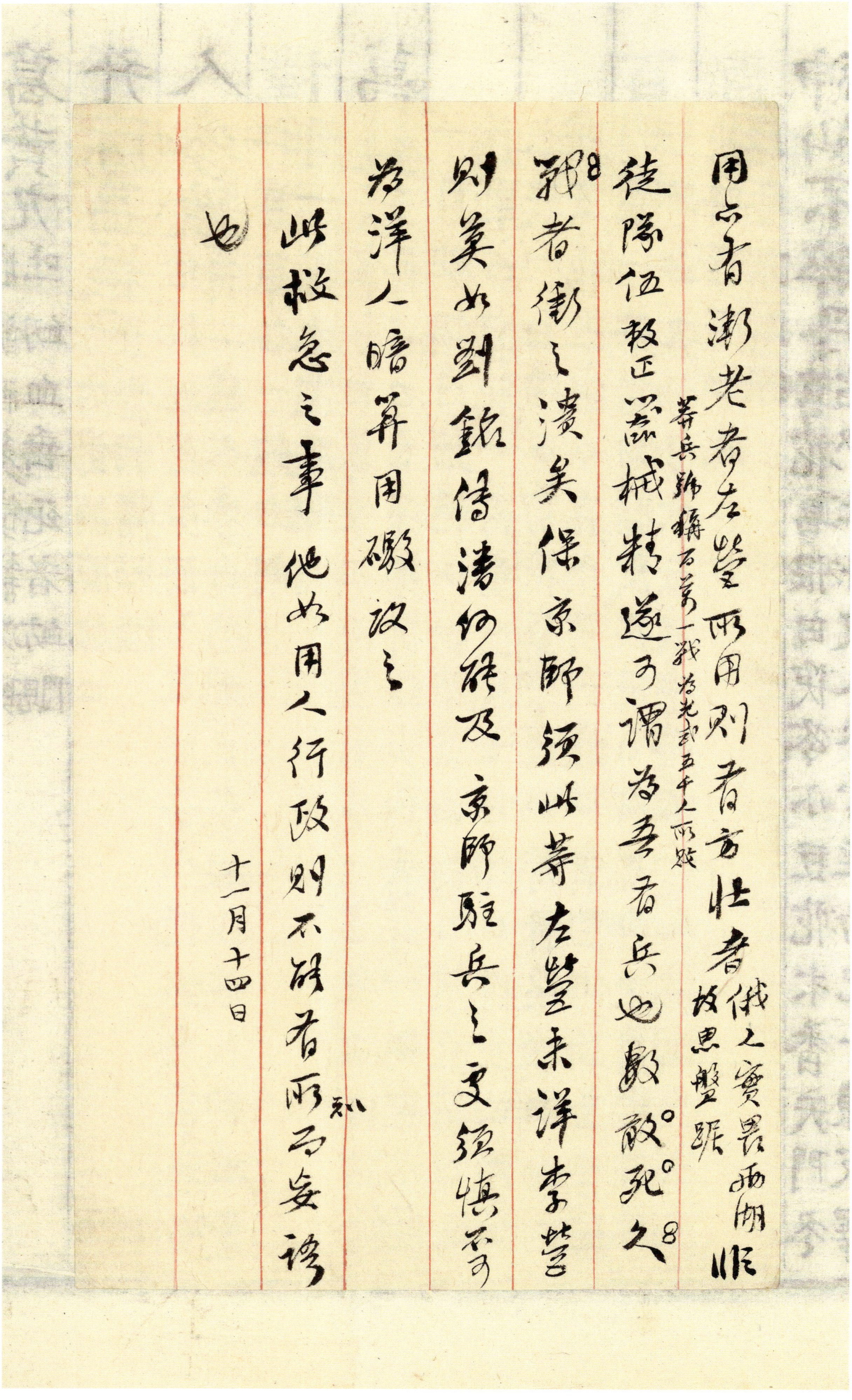

用亦有漸老者，左營所用則有方壯者。俄人實畏兩湖，故思盤踞。非徒隊伍整、器械精，遂可謂吾有兵也。莽兵號稱百萬，一戰爲光武五千人所敗。數敢死久戰者，衝之潰矣。保京師須此等。左營未詳，李營則莫如劉銘傳，潘何能及？京師駐兵之處須慎，不可爲洋人暗算，用礮攻之。此救急之事，他如用人行政，則不能有所知而妄語也。十一月十四日。

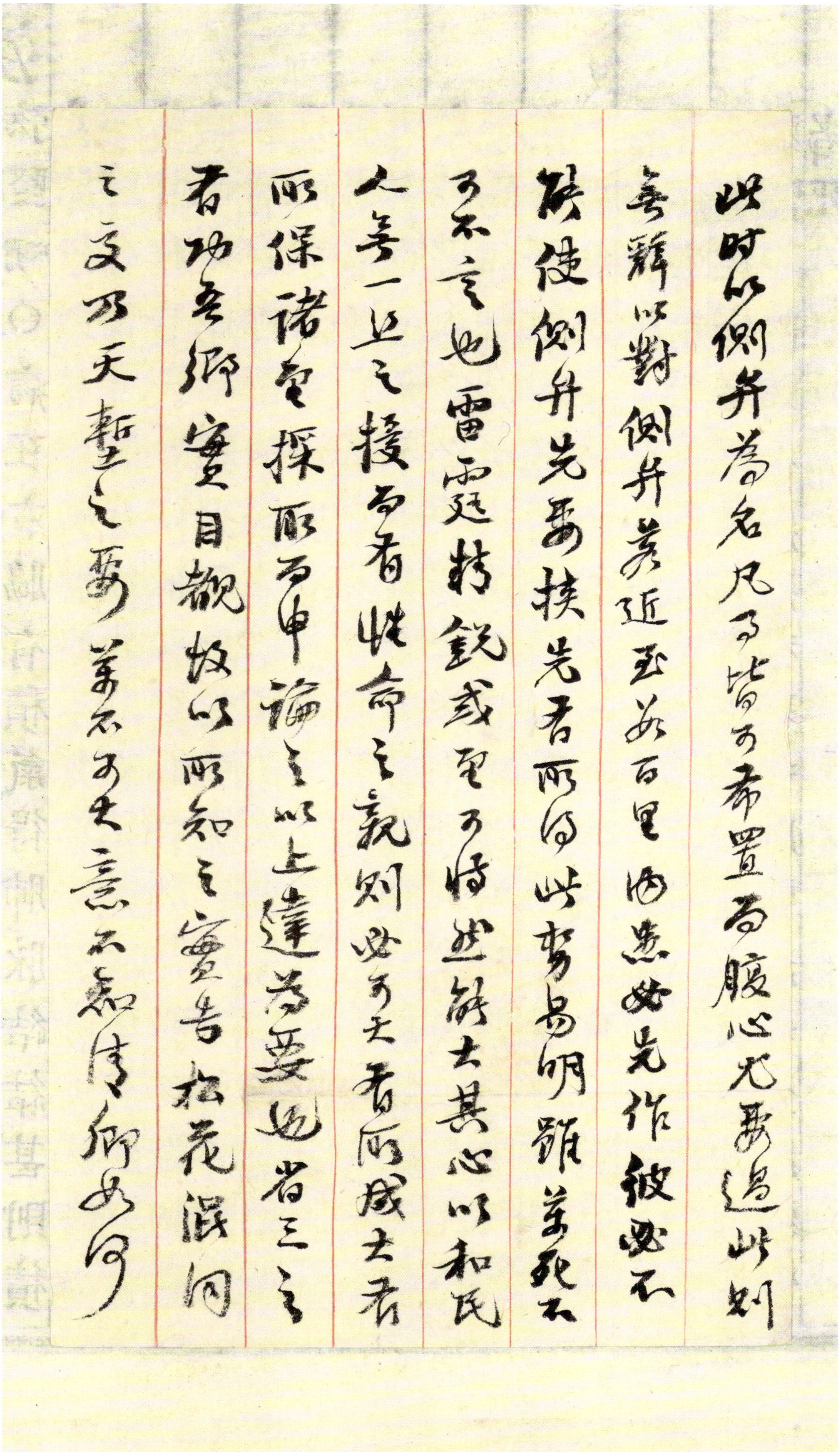

此時以側弁爲名，凡事皆可布置，而腹心尤要。[一]過此則無辭以對，側弁若近至數百里，內患必先作。彼必不能使側弁先要挾先有所得。此勢易明，雖萬死不可不言也。雷霆精鋭，或望可恃，然能大其心，以和民人，無一絲之援而有性命之親，則必可大有所成、大有所保，諸望采取而申論之，以上達爲要也。省三之有功，吾鄉實目睹，故以所知之實告。松花、混同之交[二]乃天塹之要，萬不可大意，不知清卿如何……

[一]此函不知年月。提及吳大澂防守黑龍江，并與俄國相交涉，蓋在光緒六年（一八八〇）。

[二]指今松花江與黑龍江合流後之黑龍江流段。《松漢紀聞》以黑龍江爲混同江。

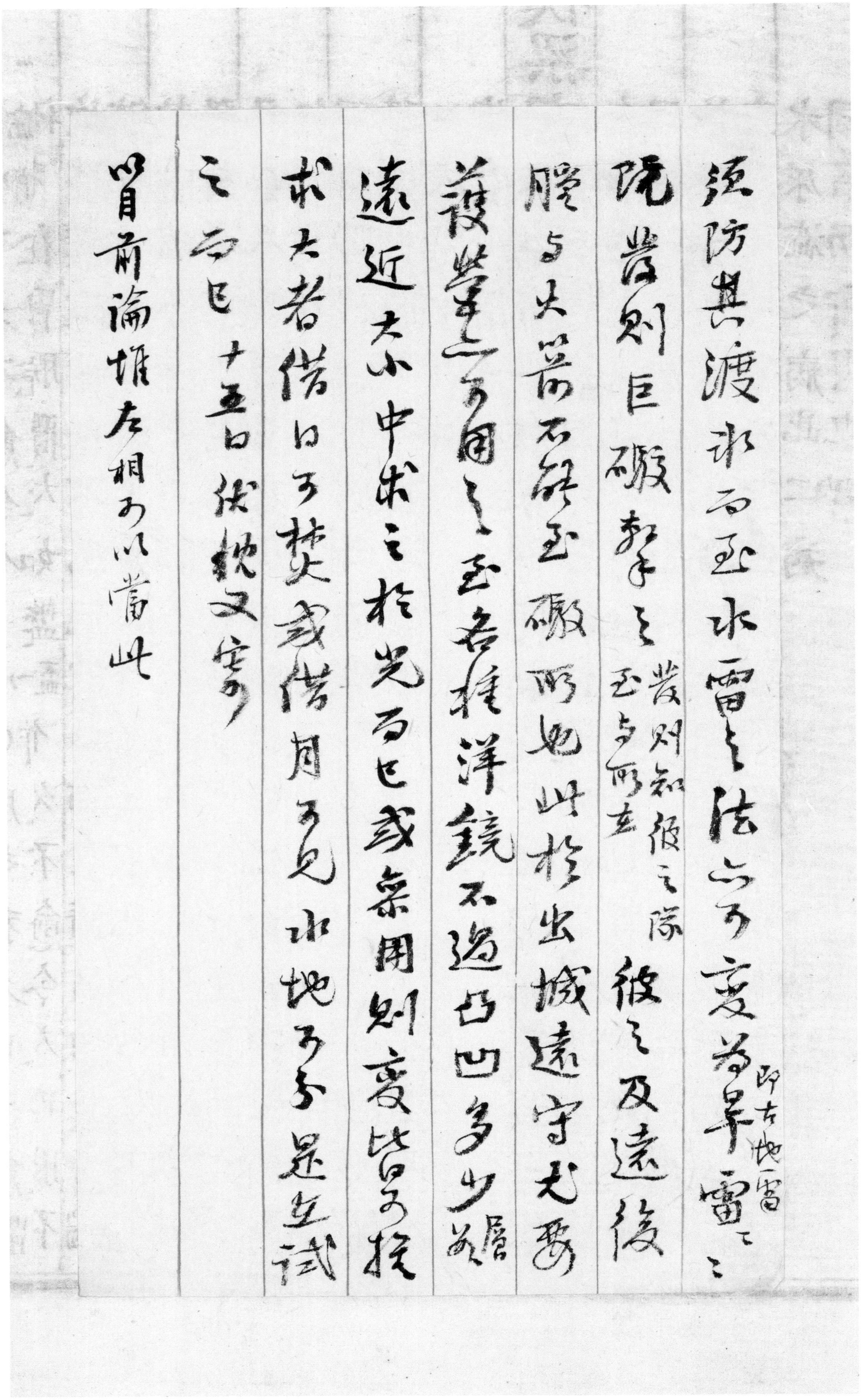

……須防其渡冰，而至水雷之法亦可變爲旱雷。即古地雷。旱雷既發，則巨礮擊之。發則知彼之隊至與所在。彼之及遠後膛與火箭不能至礮所也。此於出城遠守尤要，護營亦可用之。至各種洋鏡，不過凹凸多少、層數。遠近大小中求之於光而已，或參用則變，皆可推求。大者借日可焚，或借月可見，水地可分，是在試之而已。十五日伏枕又寄。以目前論，惟左相可以當此。

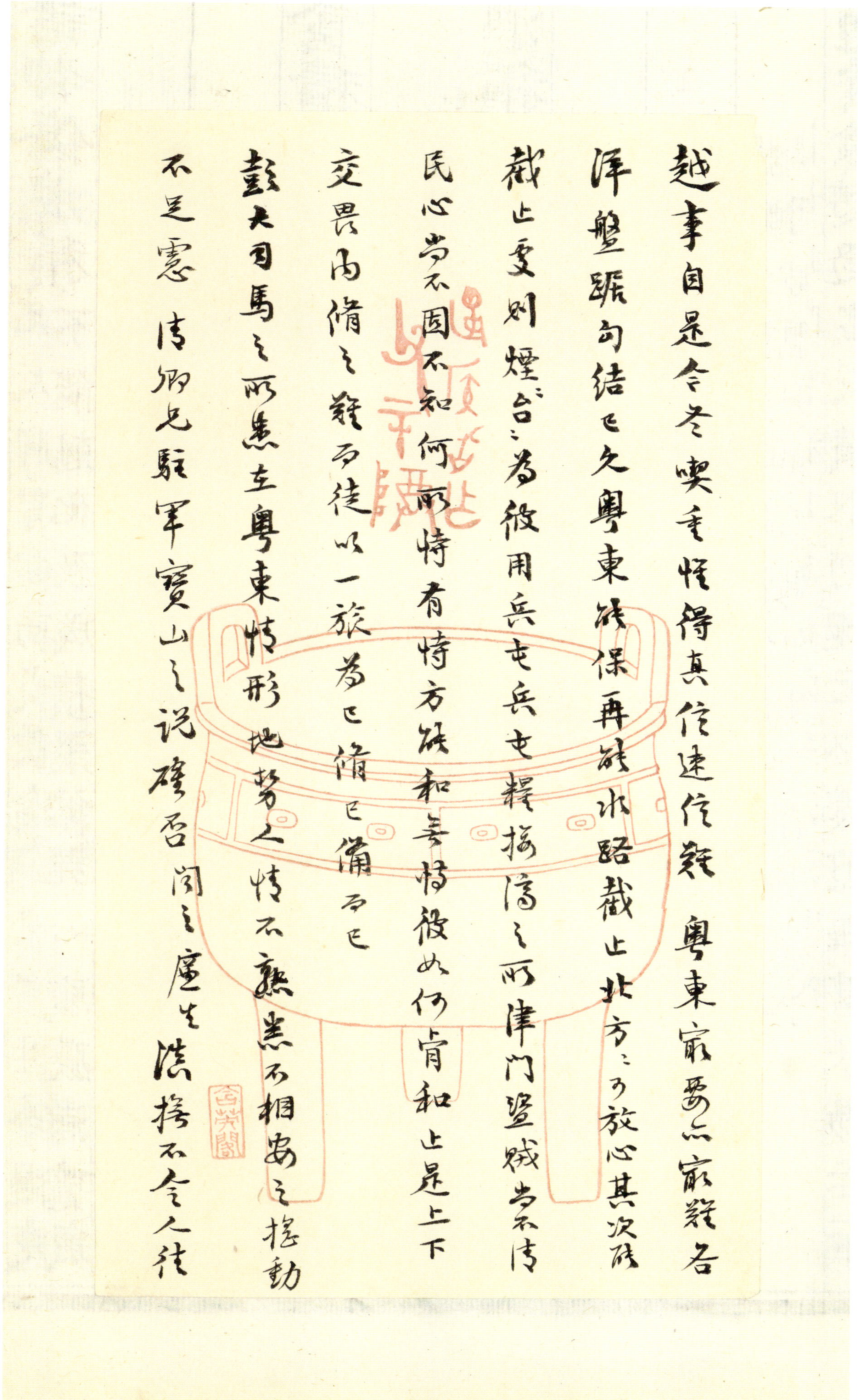
越事自是今冬吃重惟得真信速信難 粤東最要亦最難各
洋盤踞勾結已久粤東能保再能水路截止北方方可放心其次能
截止處則烟台烟台爲彼用兵屯兵屯糧接濟之所津門盗賊尚不清
民心尚不固不知何所恃有恃方能和無恃彼如何肯和止是上下
交畏内修之難而徒以一旅爲已修已備而已
彭大司馬之所患在粤東情形地勢人情不熟悉不相安之摇動
不足慮 清卿兄駐軍寶山之説確否聞之廉生 滇撫不令人往

陳書札九册本第一至第五册〇六四

越事自是今冬吃重，惟得真信速信難。[一]粤東最要亦最難，各洋盤踞勾結已久。粤東能保，再能水路截止北方，方可放心。其次能截止處則烟台。烟台爲彼用兵屯兵屯糧接濟之所。津門盗賊尚不清，民心尚不固，不知何所恃，有恃方能和。無恃，彼如何肯和？止是上下交畏，内修之難，而徒以一旅爲已修已備而已。

彭大司馬之所患在粤東，情形地勢人情不熟悉，不相安之摇動不足慮。清卿兄駐軍寶山之説確否？聞之廉生，滇撫不令人往……

[一] 此函不具年月。提及中法戰争，蓋在一八八三年。

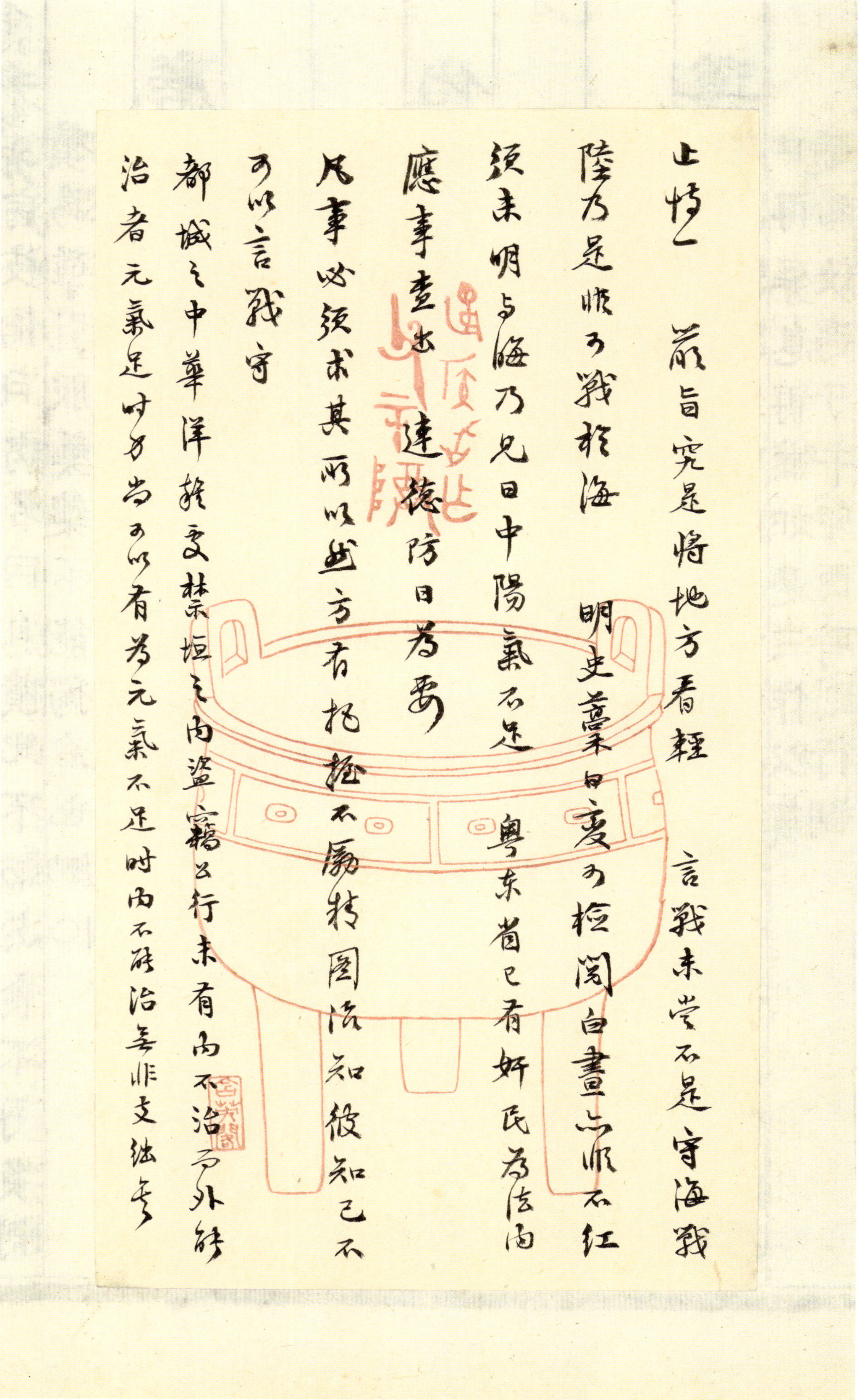

……止恃一嚴旨究是將地方看輕。言戰未嘗不是，守海戰陸乃是，非可戰於海。《明史稿》：『日變可檢閱，白晝亦非不紅，須未明與晦，乃見日中陽氣不足。』粵東省已有奸民爲法内應事查出，連德防日爲要。

凡事必須求其所以然，方有把握，不勵精圖治，知彼知己，不可以言戰守。

都城之中華洋雜處，禁垣之内盜竊公行，未有内不治而外能治者。元氣足時，力尚可以有爲；元氣不足時，内不能治，無非支絀矣。

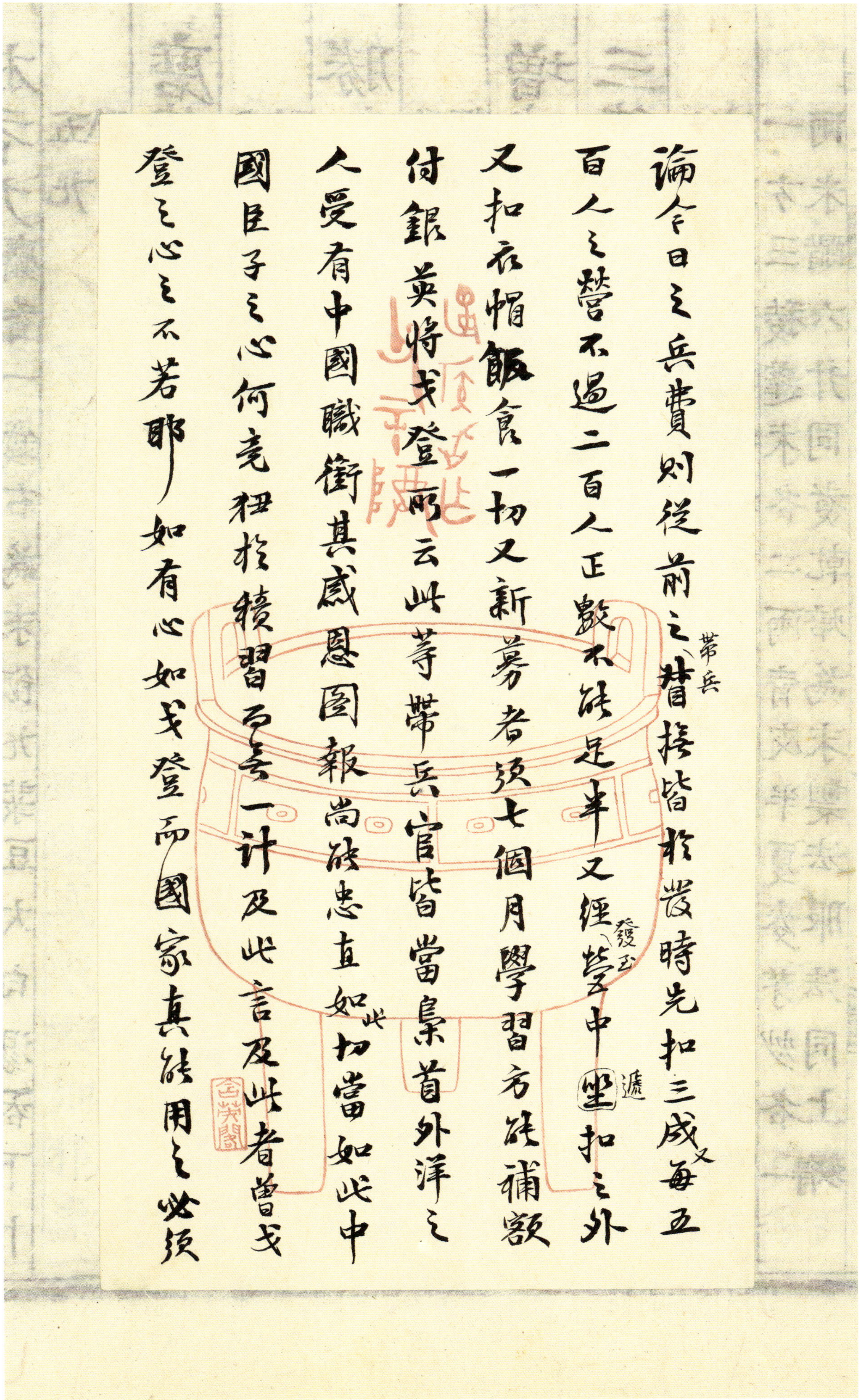
論今日之兵費，則從前之帶兵督撫皆於發時先扣三成，又每五百人之營不過二百人，正數不能足半。又經發至營中，遞扣之外又扣衣帽飯食一切。又新募者須七個月學習，方能補額付銀。英將戈登所云，此等帶兵官皆當梟首。外洋之人受有中國職銜，其感恩圖報尚能忠直如此，切當如此。中國臣子之心，何竟狃於積習而無一計及此、言及此者？曾戈登之心不若耶？如有心如戈登而國家真能用之，必須

論今日之兵費，則從前之帶兵督撫皆於發時先扣三成，又每五百人之營不過二百人，正數不能足半。[一]又經發至營中，遞扣之外又扣衣帽飯食一切。又新募者須七個月學習，方能補額付銀。英將戈登所云，此等帶兵官皆當梟首。外洋之人受有中國職銜，其感恩圖報尚能忠直如此，切當如此。中國臣子之心，何竟狃於積習而無一計及此、言及此者？曾戈登之心不若耶？如有心如戈登而國家真能用之，必須

[一] 此函不知年月，附此俟考。

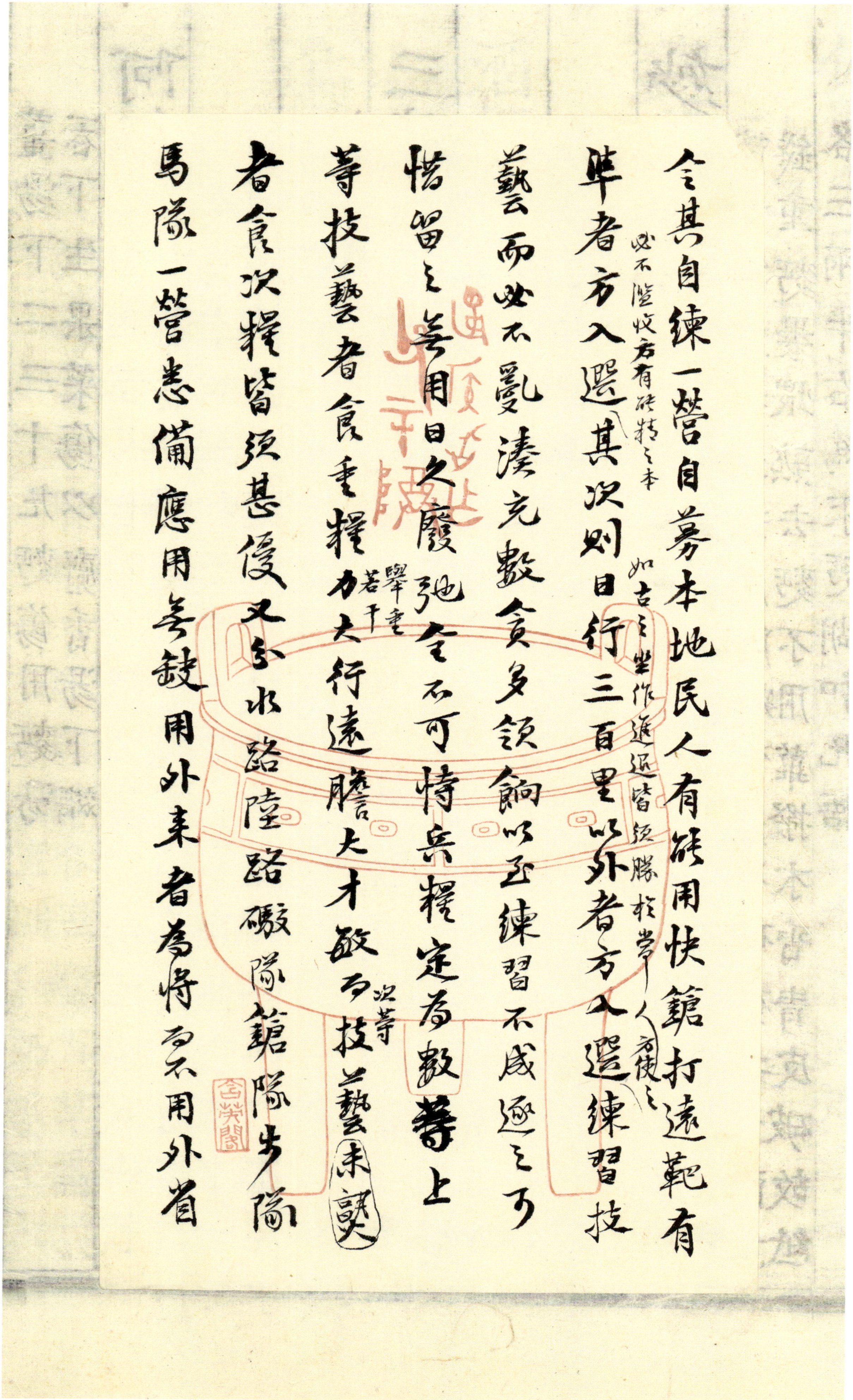

令其自練一營，自募本地民人，有能用快槍、打遠靶有準者方入選，必不濫收方有能精之本。其次則日行三百里以外者方入選，如古之坐作進退皆須勝於常人，方使之練習技藝。而必不亂凑充數，貪多領餉，以致練習不成，逐之可惜，留之無用，日久廢弛，全不可恃。兵糧定爲數等。

上等技藝者食重糧。力大舉重若干。行遠，膽大才敏，而次等技藝者食次糧。皆須甚優。又分水路、陸路、礟隊、槍隊、步隊、馬隊，一營悉備，應用無缺。用外來者爲將而不用外省

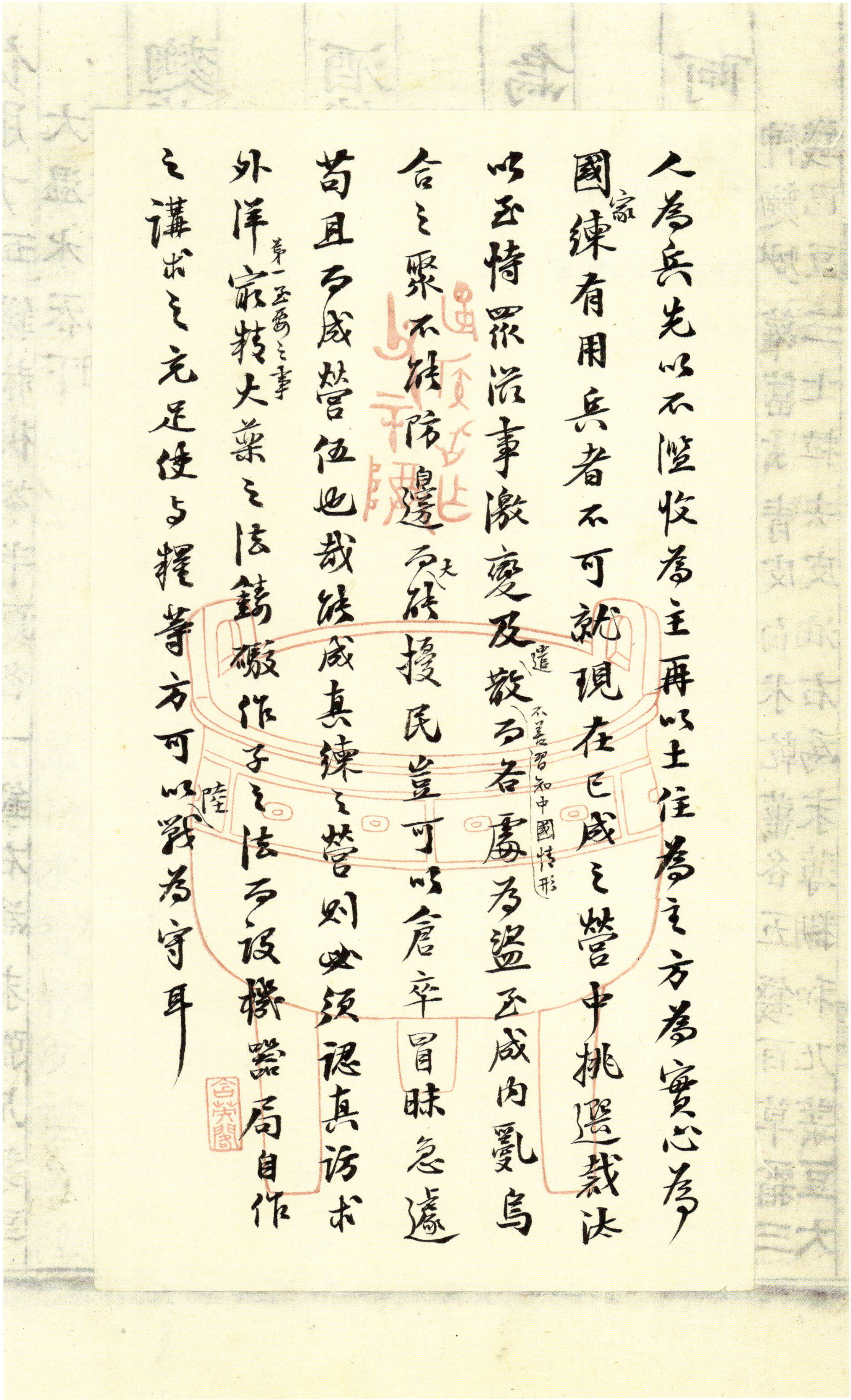

人爲兵，先以不濫收爲主，再以土住爲主，方爲實心爲國家練有用兵者。不可就現在已成之營中挑選裁汰，以至恃衆滋事激變，及遣散不善，習知中國情形，而各處爲盜，至成内亂烏合之衆，不能防邊而大能擾民。

豈可以倉卒冒昧、急遽苟且而成營伍也哉？能成真練之營，第一至要之事，則必須認真訪求外洋最精火藥之法、鑄礮作子之法，而設機器局自作之、講求之，充足使與糧等，方可以陸戰爲守耳。

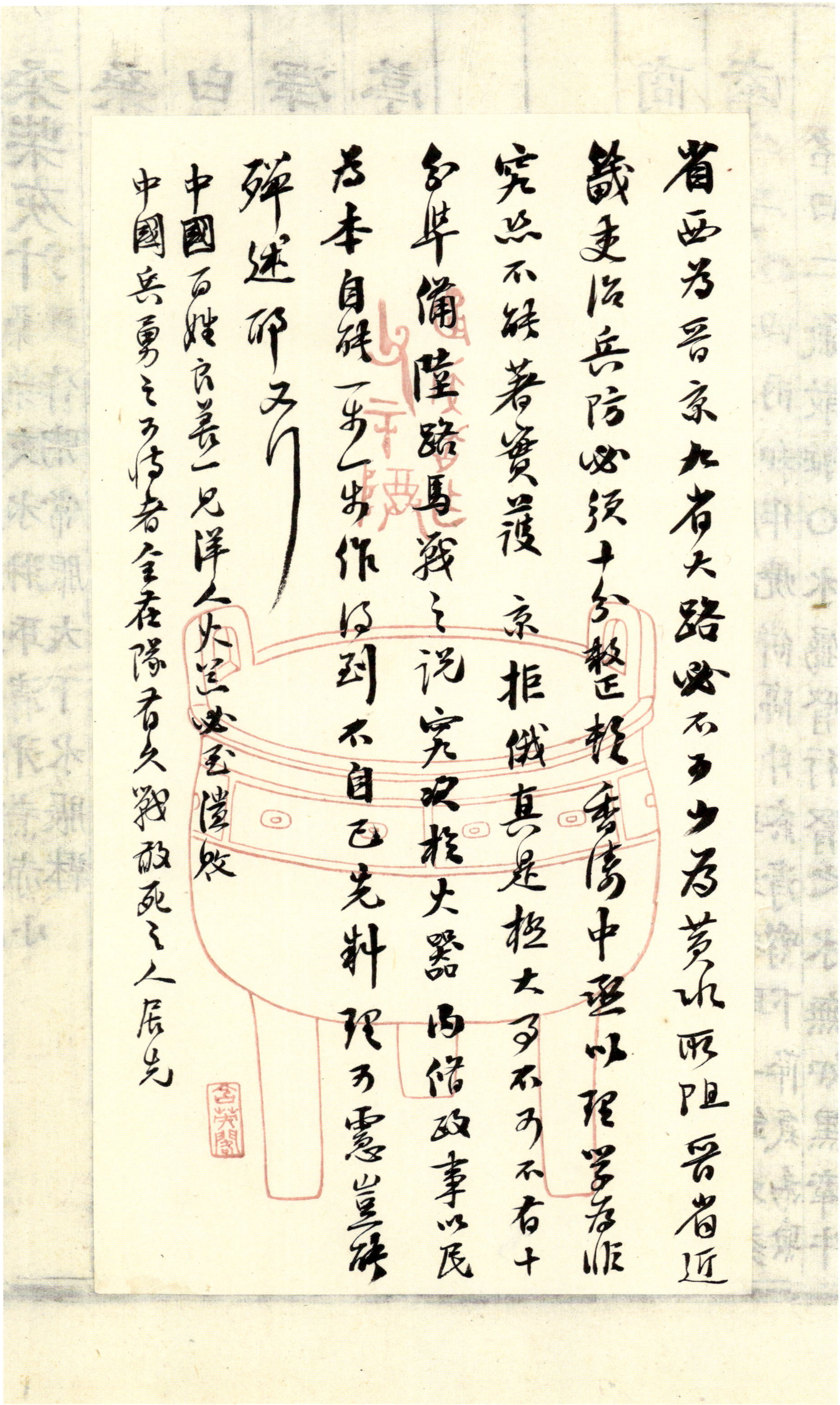

省西爲晉京九省大路必不可少，爲黄水所阻。[一]晉省近畿吏治兵防必須十分整頓。香濤中丞以理學爲非，究恐不能著實護京拒俄，真是極大事，不可不有十分準備。陸路馬戰之説究次於火器。内修政事，以民爲本，自能一步一步作得到。不自己先料理可慮，豈能殫述耶？又拜。

中國百姓良善，一見洋人火器，必至潰敗。中國兵勇之可恃者，全在隊有久戰敢死之人居先。

[一]此函不知年月，附此俟考。

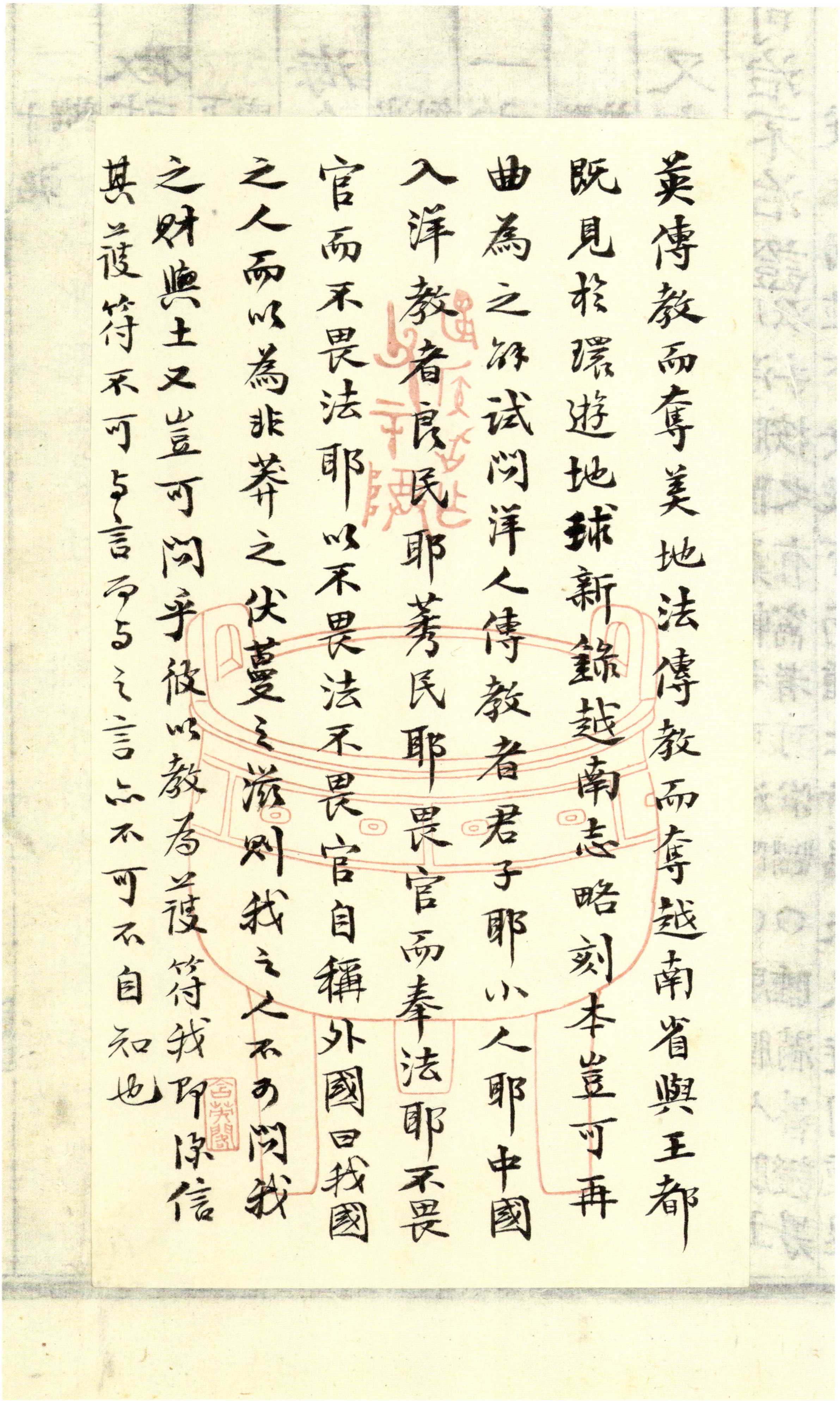
英傳教而奪美地法傳教而奪越南省與王都
既見於環遊地球新録越南志略刻本豈可再
曲爲之解試問洋人傳教者君子耶小人耶中國
入洋教者良民耶莠民耶畏官而奉法耶不畏
官而不畏法耶以不畏法不畏官自稱外國曰我國
之人而以爲非莠之伏蔓之滋則我之人不可問我
之財與土豈可問乎彼以教爲護符我即深信
其護符不可與言而與之言亦不可不自知也

英傳教而奪美地，法傳教而奪越南省與王都，[一] 既見於《環游地球新録》《越南志略》刻本，豈可再曲爲之解？試問洋人傳教者，君子耶，小人耶？中國入洋教者，良民耶，莠民耶？畏官而奉法耶，不畏官而不畏法耶？以不畏法、不畏官，自稱外國曰『我國』之人，而以爲非莠之伏、蔓之滋，則我之人不可問，我之財與土豈可問乎？彼以教爲護符，我即深信其護符，不可與言而與之言，亦不可不自知也。

[一] 此函不具年月，所述爲傳教之事。

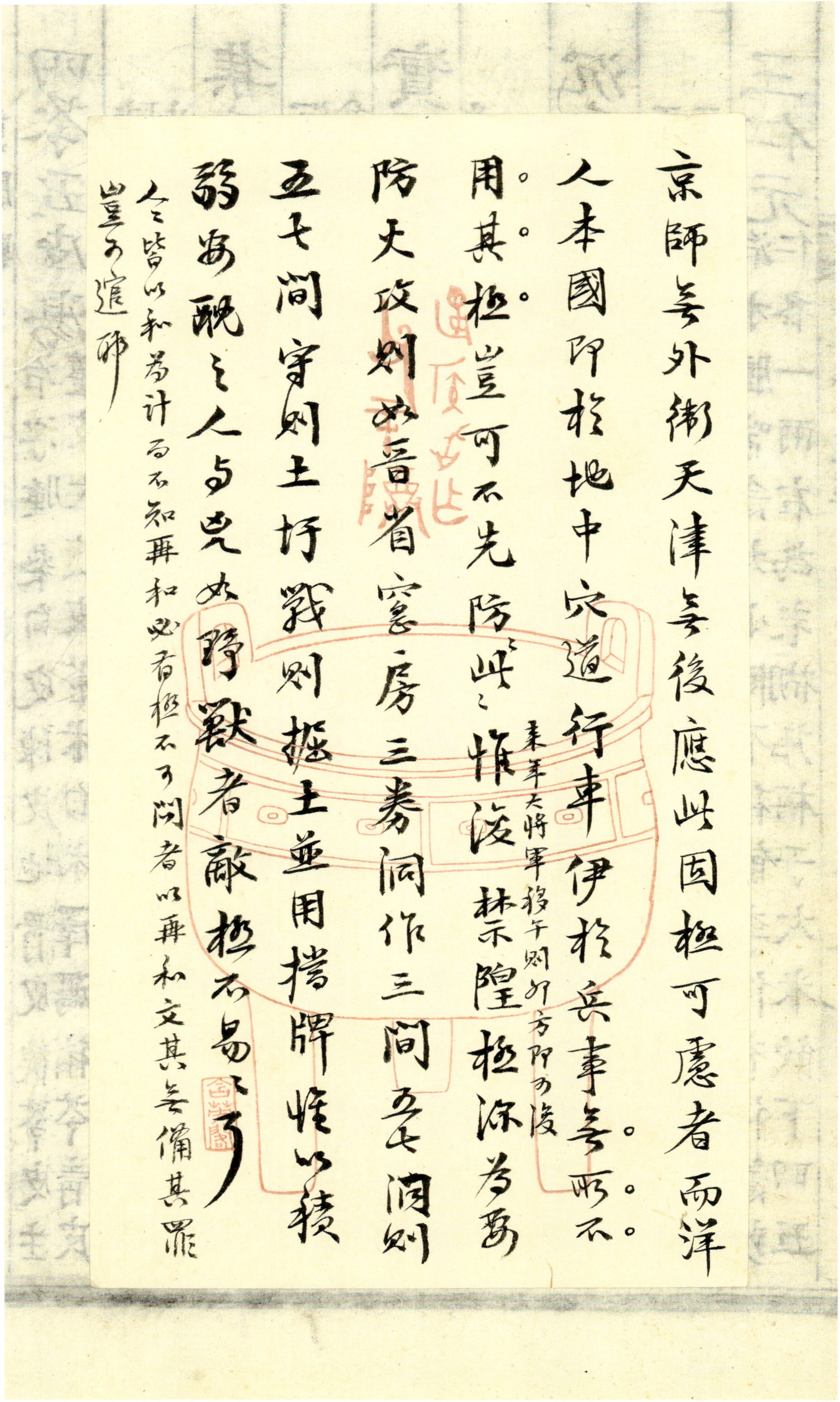

京師無外衛，天津無後應，此固極可慮者。〔一〕而洋人本國即於地中穴道行車，伊於兵事無所不用其極。豈可不先防此？防此惟浚禁隍極深爲要。來年大將軍移午，則卯方即可浚。防火攻則如晉省，窨房三券，洞作三間，五七洞則五七間。守則土圩，戰則掘土，并用擋牌。惟以積弱安酖之人，與兇如野獸者敵，極不易易耳。

人人皆以和爲計，而不知再和必有極不可問者。以再和文其無備，其罪豈可逭耶？

〔一〕此函不具年月，附此俟考。

一、河工向有水報。潼關以東，陜豫地方，必須東省於春汛至霜降派員前往督查，報水不誤[一]。一、水淹之處可如南河之有遥堤。遥堤亦恐河水散漫掣動，大溜未淹之處尚須慎酌。一、有堅固近堤然後可以開引河，引河所以洩堅堤所不能容漫之水。漫口不同決口。

[一]此函不具年月，所述爲治理河道及賑撫人民之事。

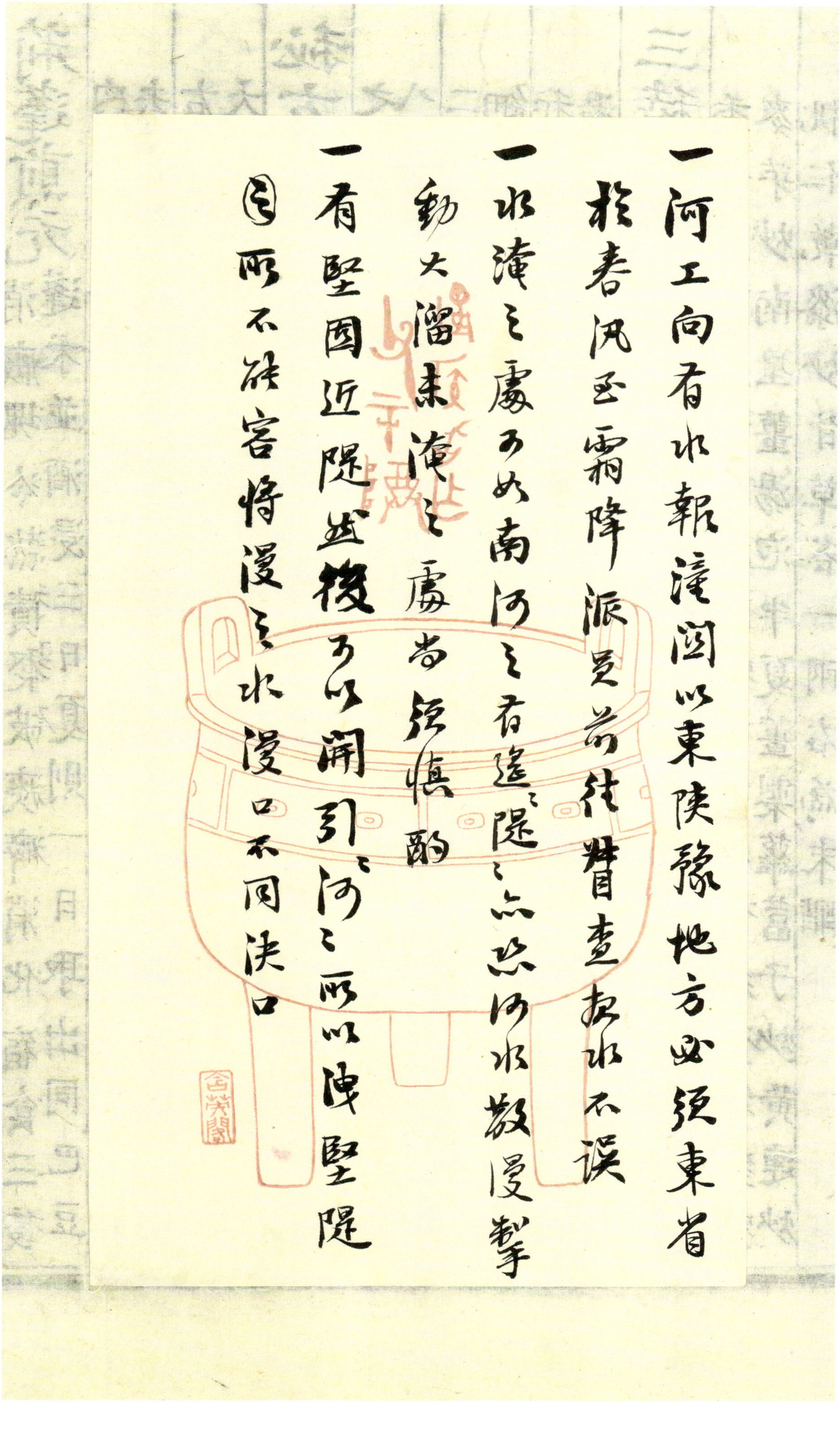
一河工向有水報潼關以東陜豫地方必須東省
於春汛至霜降派員前往督查報水不誤
一水淹之處可如南河之有遥堤遥堤亦恐河水散漫掣
動大溜未淹之處尚須慎酌
一有堅固近堤然後可以開引河引河所以洩堅堤
所不能容漫之水漫口不同決口

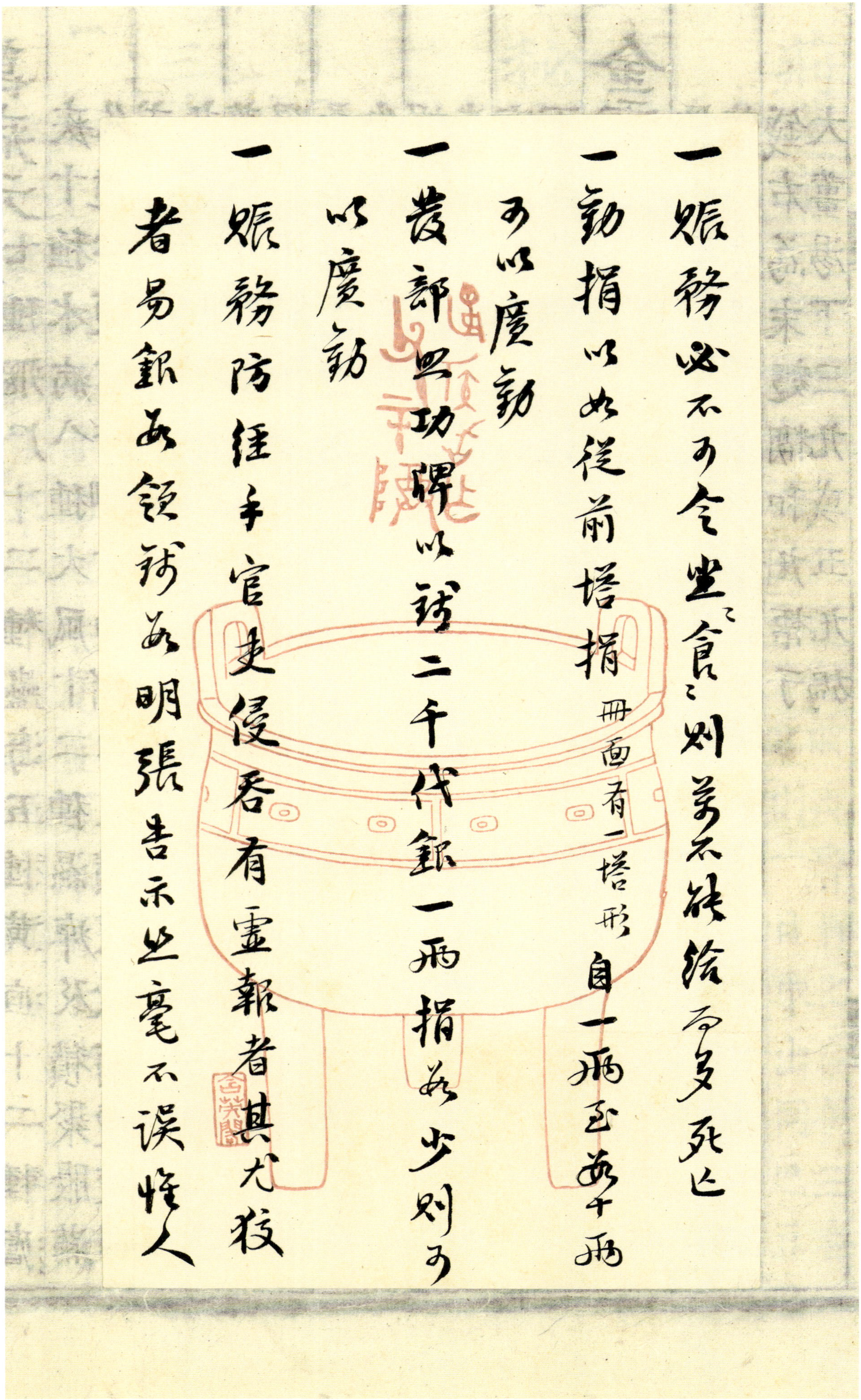

一、賑務必不可令坐食，坐食則萬不能給而多死亡。一、勸捐以如從前塔捐，冊面有一塔形。自一兩至數十兩，可以廣勸。一、發部照功牌以錢二千代銀一兩，捐數少則可以廣勸。一、賑務防經手官吏侵吞，有虛報者。其尤狡者，易銀數領錢數，明張告示，絲毫不誤。惟人

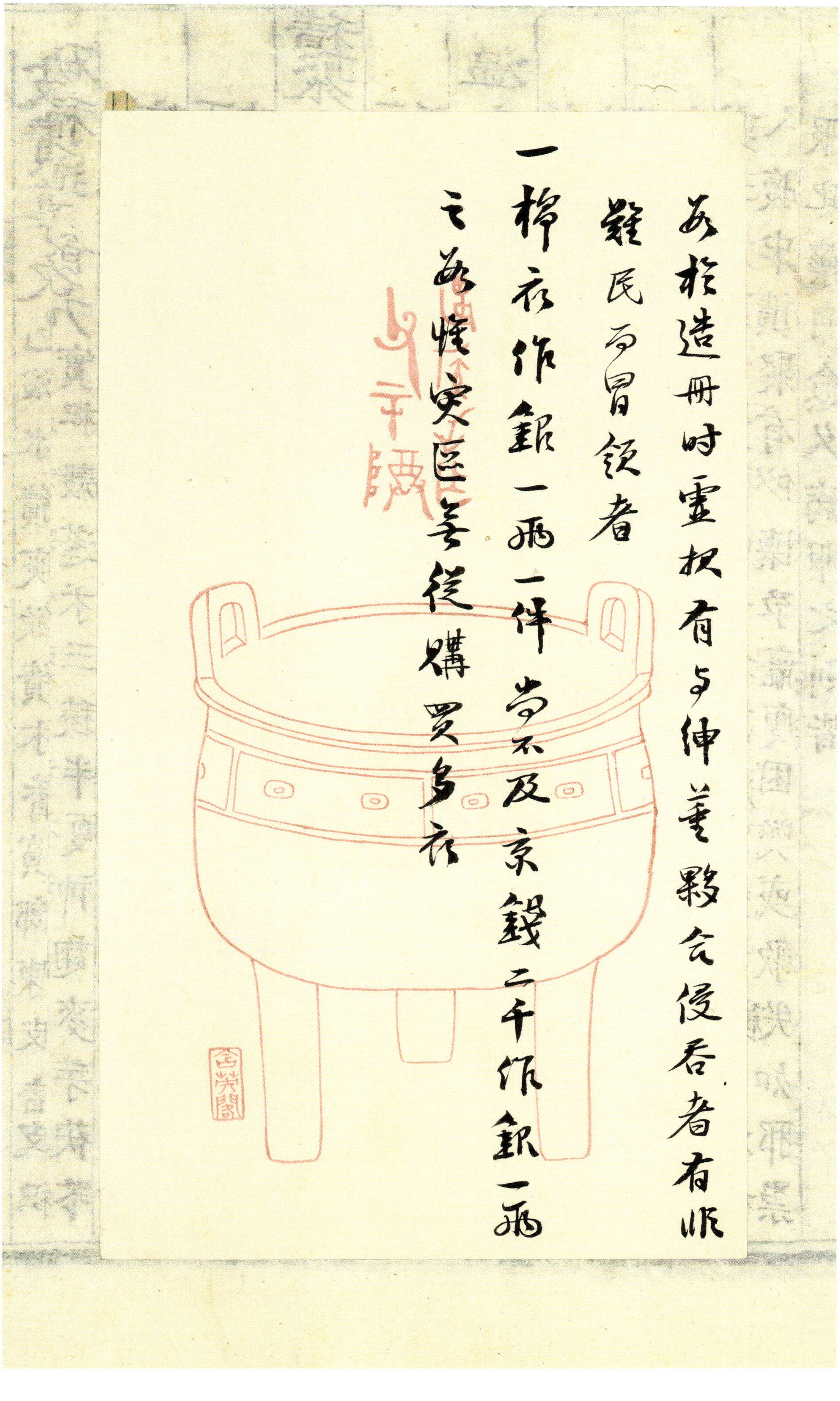
數於造册時虛報有與紳董夥合侵吞者有非難民而冒領者
一棉衣作銀一兩一件尚不及京錢二千作銀一兩
之數惟災區無從購買多衣

數於造册時虛報，有與紳董夥合侵吞者，有非難民而冒領者。一、棉衣作銀一兩一件，尚不及京錢二千作銀一兩之數。惟災區無從購買多衣。

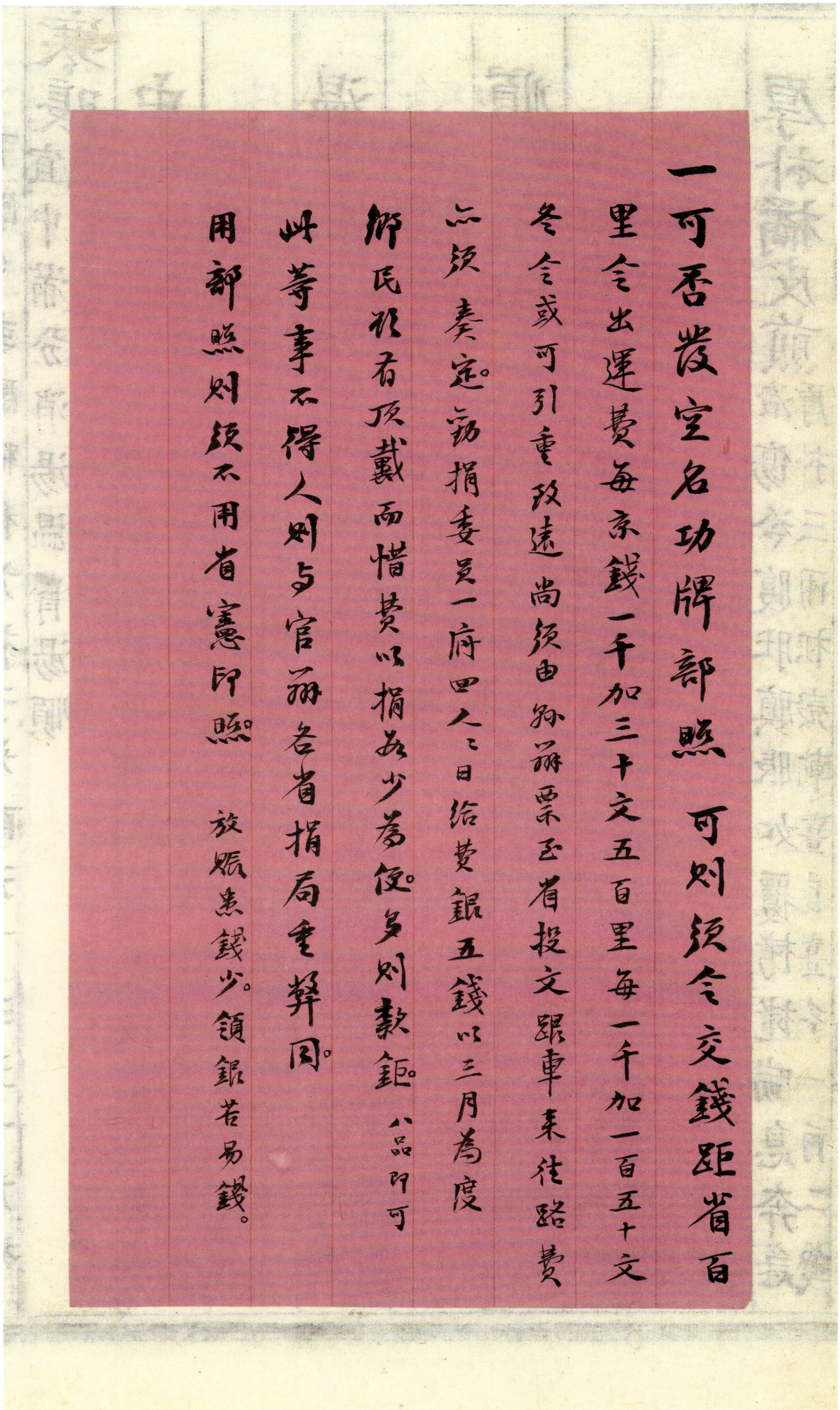

一、可否發空名功牌部照？可則須令交錢。距省百里，令出運費，每京錢一千加三十文，五百里每一千加一百五十文。冬令或可引重致遠，尚須由縣辦票，至省投文，跟車來往路費亦須奏定。勸捐委員一府四人，人日給費銀五錢，以三月爲度。鄉民欲有頂戴而惜費，以捐數少爲便。多則款鉅。八品即可。此等事不得人，則與官辦各省捐局重弊同。用部照則須不用省憲印照。放賑患錢少，領銀苦易錢。

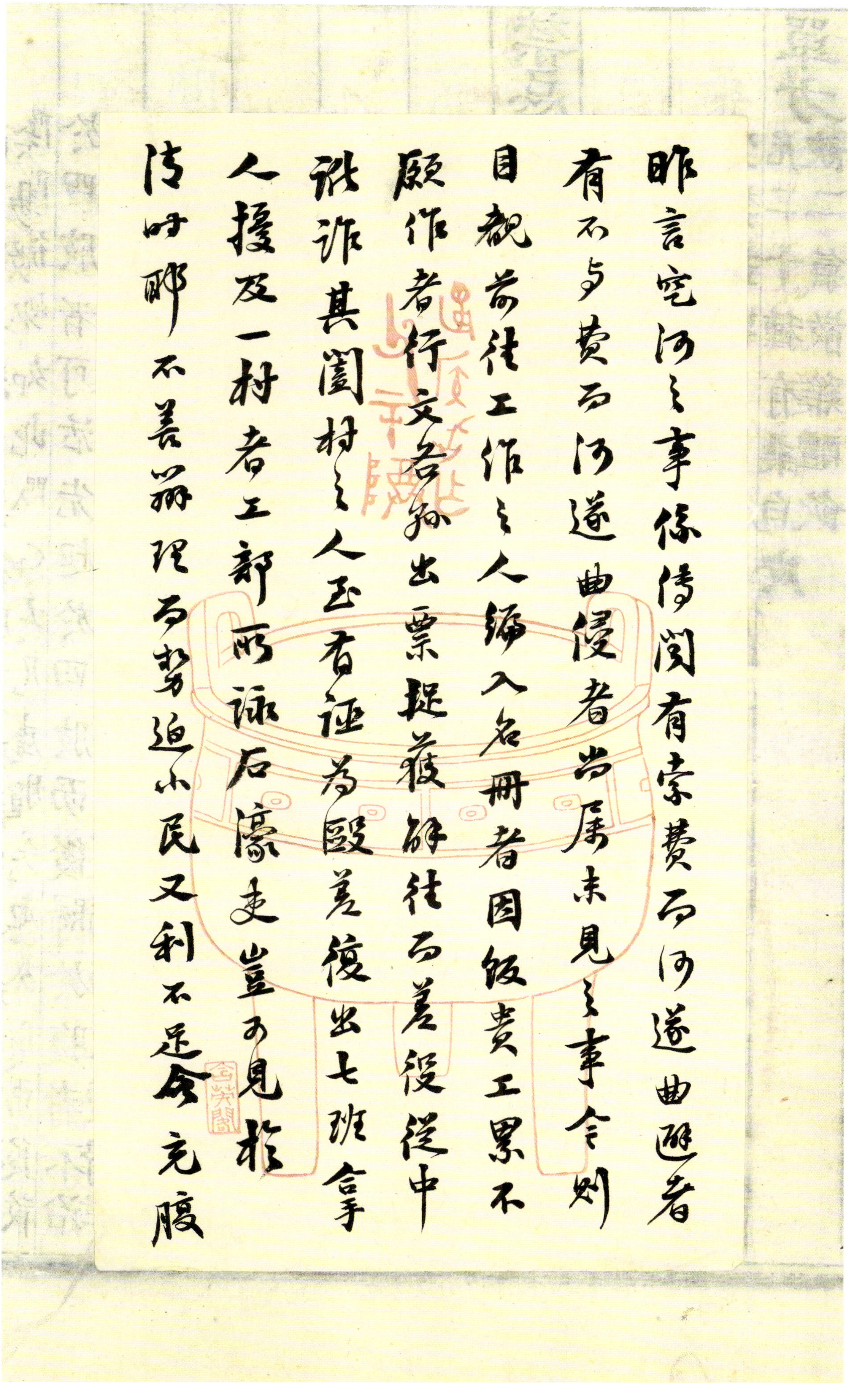

昨言挖河之事，係傳聞有索費而河遂曲避者，有不與費而河遂曲侵者，尚屬未見之事。[一]今則目睹前往工作之人編入名册者，因飯貴工累不願作者，行文各縣出票捉獲解往，而差役從中訛詐，其闔村之人，至有誣爲毆差，復出七班拿人，擾及一村者。工部所咏《石壕吏》，豈可見於清時耶？不善辦理而勢迫小民，又利不足令充腹。

[一] 此函不具年月，所述爲河工之事或與前兩頁書札同函。

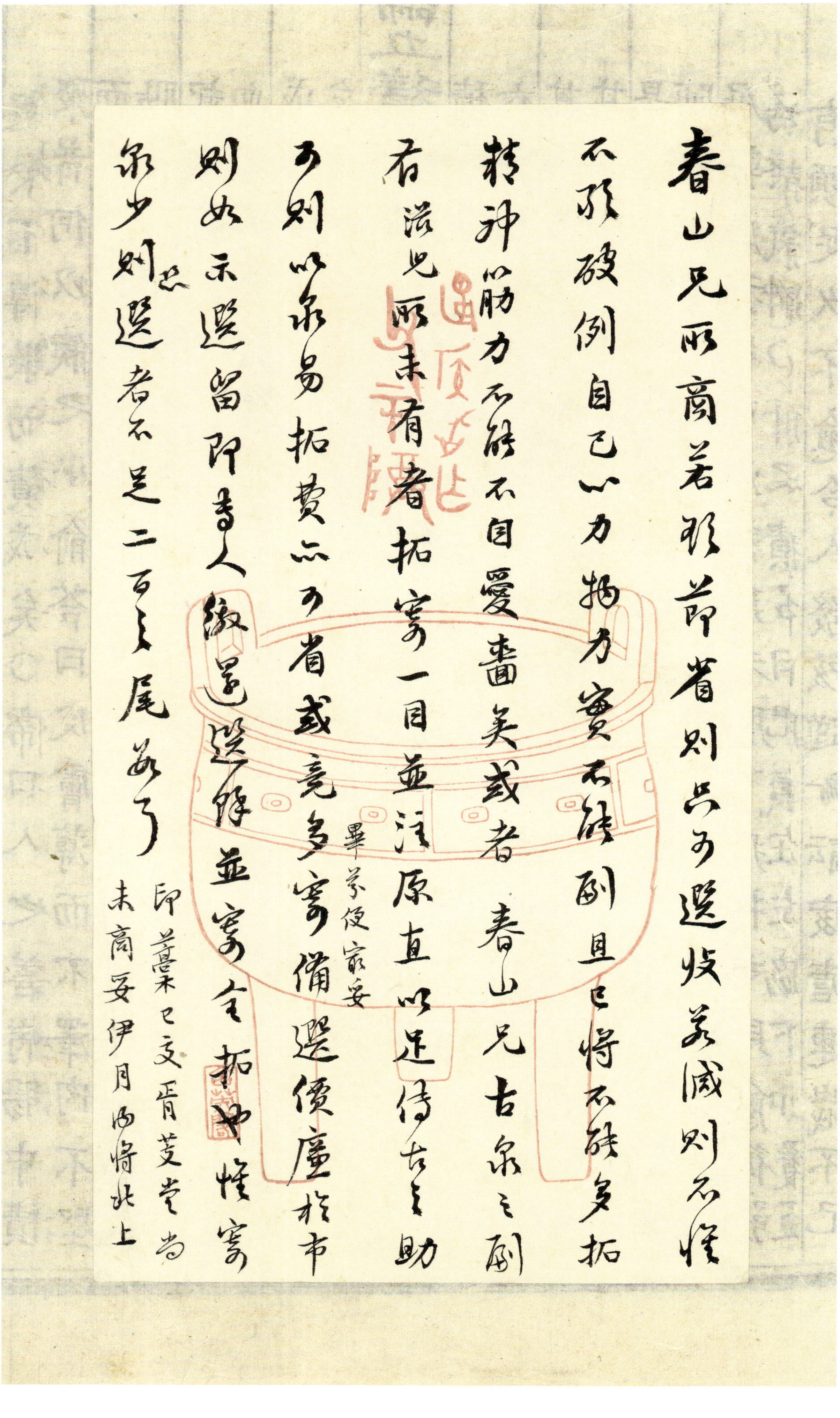

春山兄所商[一]，若欲節省，則只可選收，若減則不惟不敢破例，自己心力物力實不能副，且已將不能多拓，精神筋力不能不自愛嗇矣。或者春山兄古泉之副有滋兒所未有者，拓寄一目并注原值，以足傳古之助。可則以泉易拓，費亦可省。或竟多寄畢芬便最妥。備選，價廉於市則如示選留，即專人繳還選餘并寄全拓也。惟寄泉少則恐選者不足二百之尾數耳。印稿已交胥芝堂，尚未商妥，伊月内將北上。

[一]此函不具年月，所論春山尾款不足之事，與光緒十年（一八八四）五月十七日信所述之事似關聯，或在當年四月、五月間。

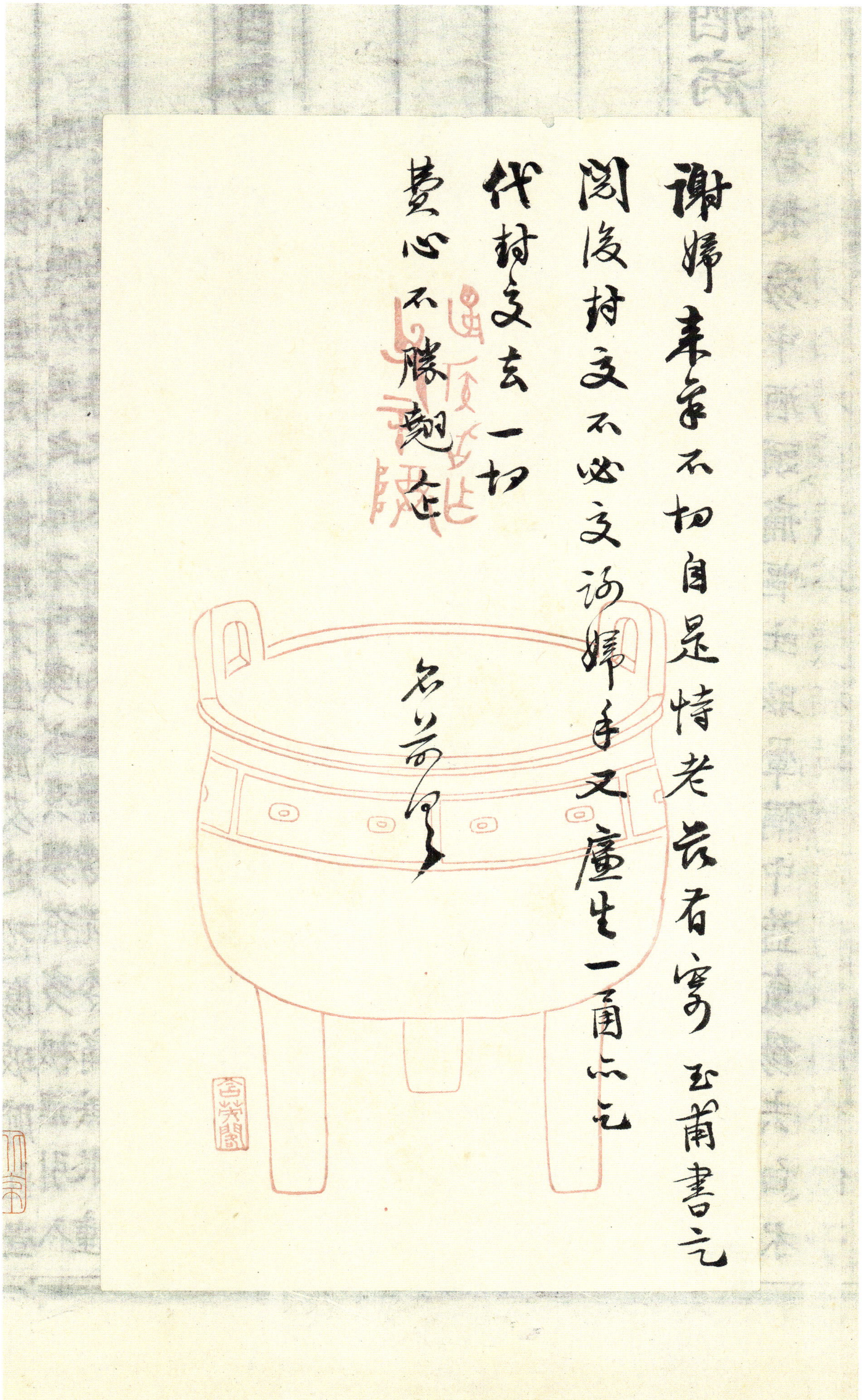
謝婦來禀不切自是恃老茲有寄玉甫書乞閲後封交不必交謝婦手又廉生一函亦乞代封交去一切費心不勝翹企
名前具

謝婦來禀不切，自是恃老。茲有寄玉甫書，乞閲後封交，不必交謝婦手。又廉生一函亦乞代封交去。一切費心，不勝翹企。名前具。

致親友[一]

[一]此册書札亦本爲散葉，後編次裝訂。蓋爲親族間書信往來，行文較爲隨意。今在原册編次基礎上略有調整。

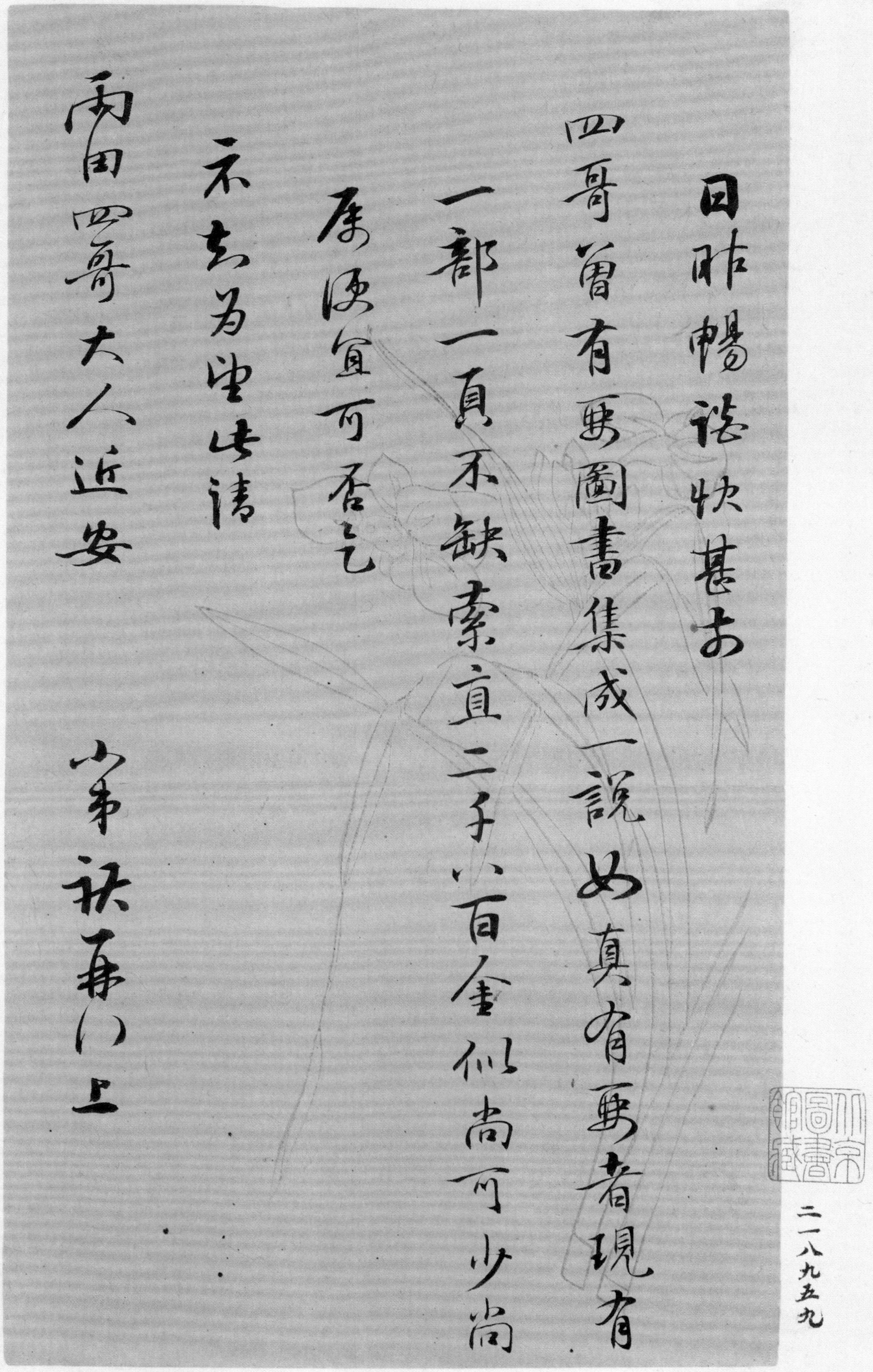
日昨暢談快甚
四哥曾有要圖書集成一說如真有要者現有
一部一頁不缺索值二千八百金似尚可少尚
屬便宜可否乞
示知爲望此請
雨田四哥大人近安
小弟祺再拜上

二一八九五九

日昨暢談快甚。前四哥曾有要《圖書集成》一說，如真有要者，現有一部一頁不缺，索值二千八百金，似尚可少，尚屬便宜。可否？乞示知爲望。此請雨田四哥〔一〕大人近安。小弟祺再拜上。

〔一〕雨田四哥或爲陳氏族親，信封上題『柏四老爺』，俟考。

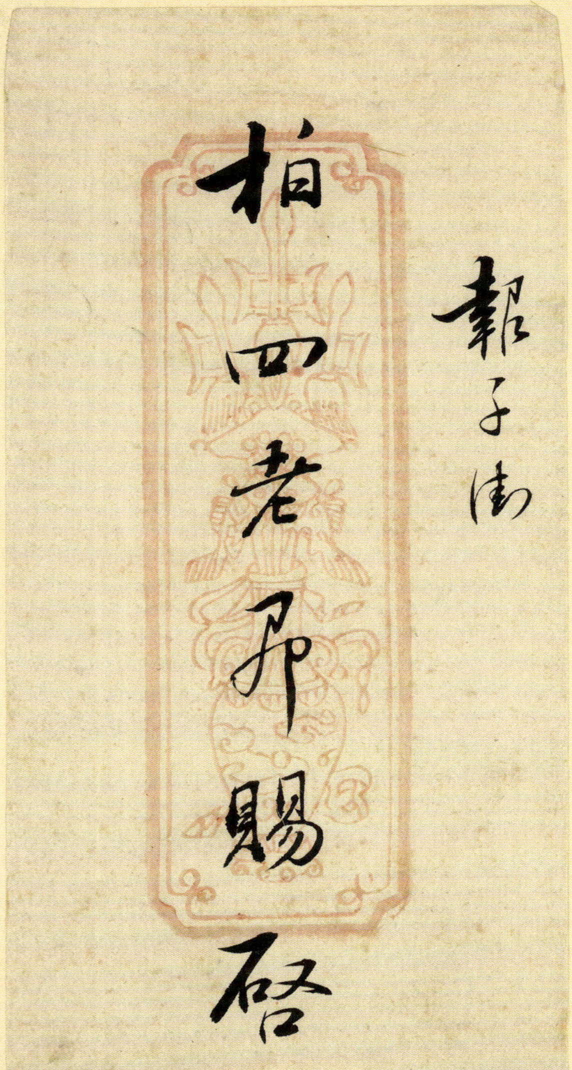
柏四老爺賜啓
韜子緘

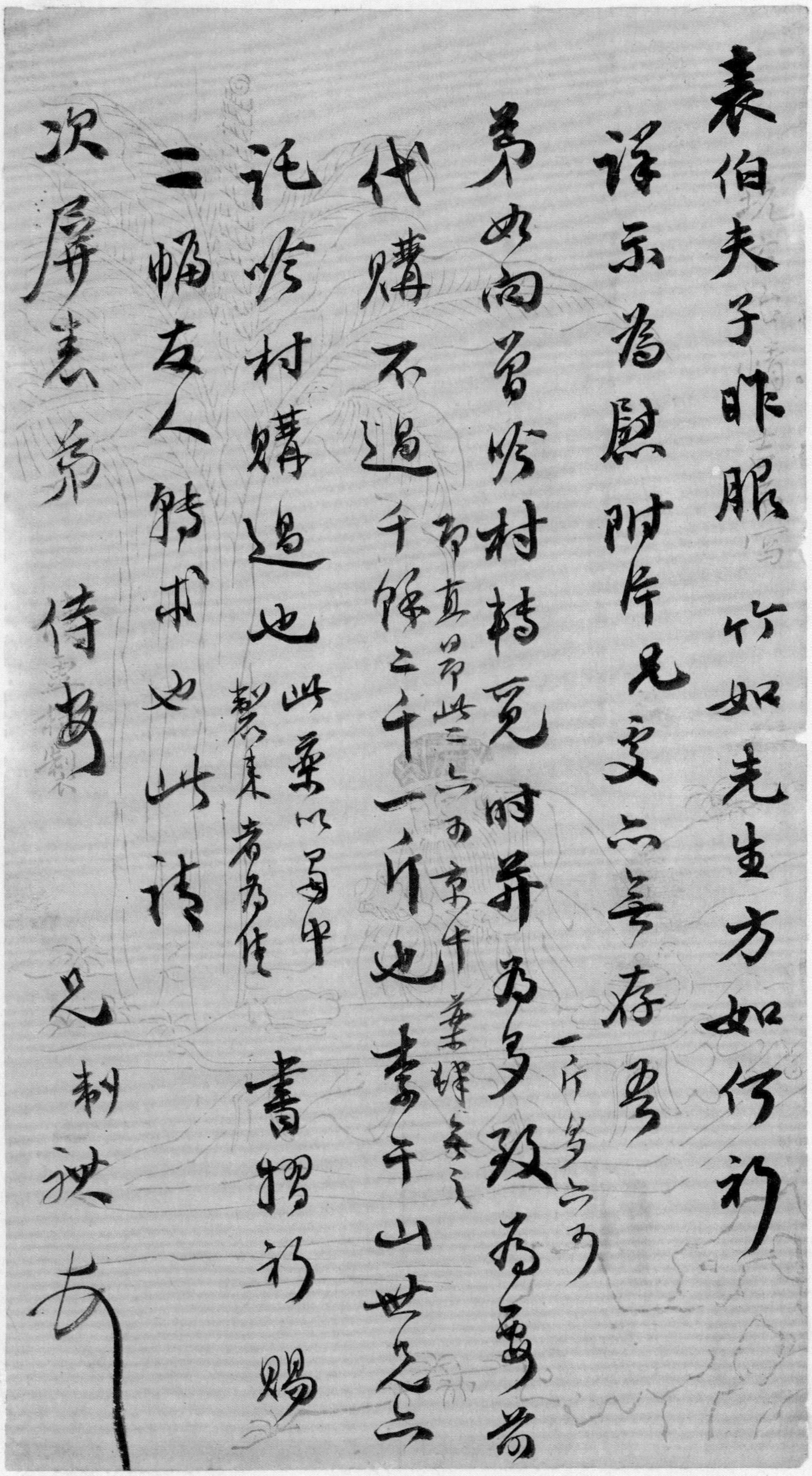

表伯夫子，昨服竹如先生方，如何？[一]祈詳示爲慰。附片兄處亦無存，吾弟如向曾吟村轉覓時，并爲多致爲要。一斤多亦可。前代購不過千餘，二千一斤也。即值昂些亦可，京中藥肆無之。李千山世兄亦托吟村購過也。此藥以蜀中製來者爲佳。書摺祈賜二幅，友人轉求也。此請次屏表弟侍安。兄制祺頓首。

[一] 此函不具年月，當寫於一八六二年之前。

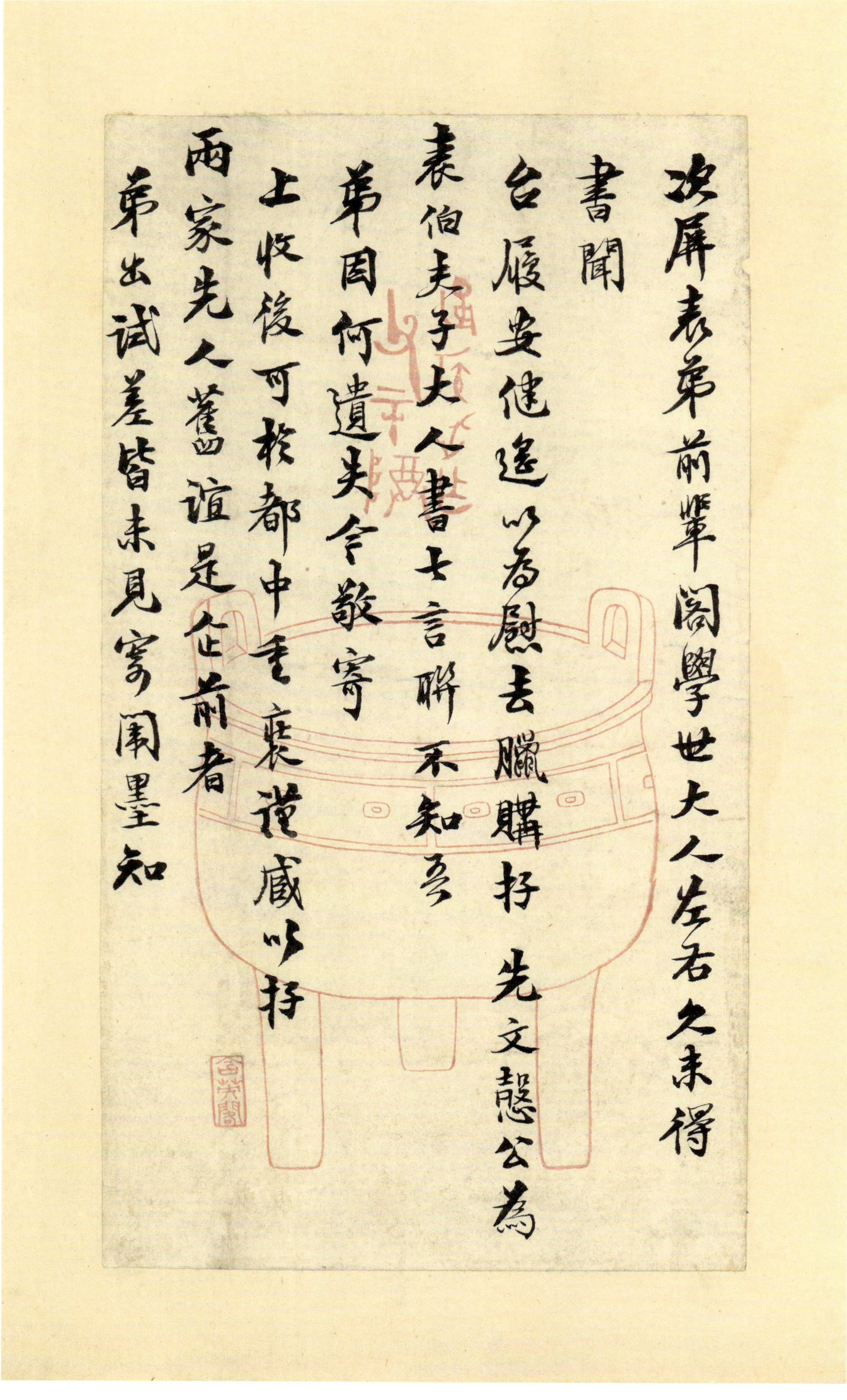
次屏表弟前輩閣學世大人左右久未得
書聞
台履安健遙以為慰去臘購存先文慤公為
表伯夫子大人書七言聯不知吾
弟因何遺失今敬寄
上收後可於都中重裝謹藏以存
兩家先人舊誼是企前者
弟出試差皆未見寄闈墨知

次屏表弟前輩閣學世大人左右[一]。久未得書，聞台履安健，遥以爲慰。去臘購存先文愨公爲表伯夫子大人書七言聯，不知吾弟因何遺失？今敬寄上，收後可於都中重裝，謹藏以存兩家先人舊誼是企。前者弟出試差，皆未見寄闈墨，知

[一] 此函作於光緒八年（一八八二）正月十六日。王之翰任職館閣，陳介祺托他拓印内府藏器。

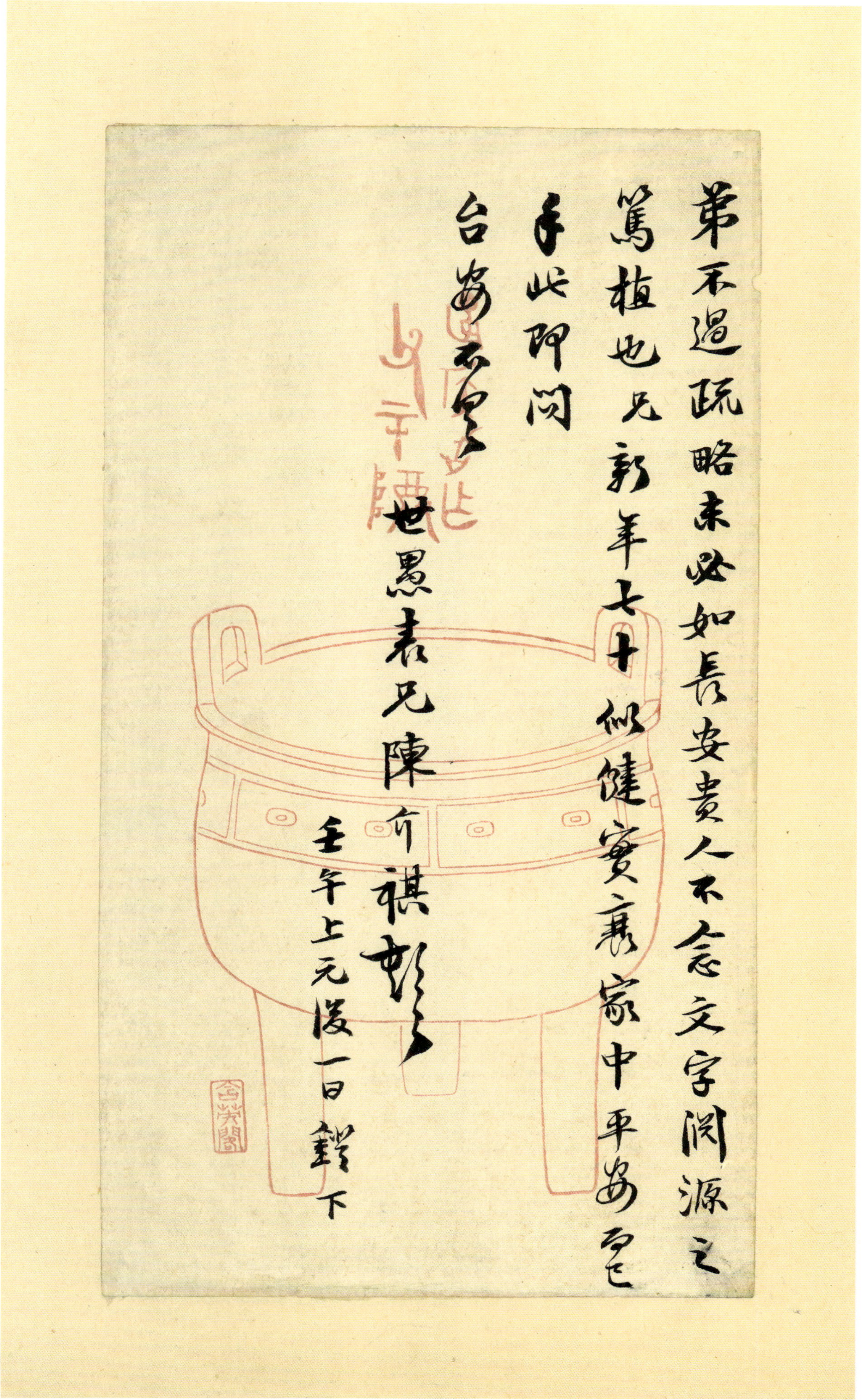

弟不過疏略，未必如長安貴人不念文字淵源之篤植也。兄新年七十，似健實衰，家中平安而已。手此即問台安不具。世愚表兄陳介祺頓首。壬午上元後一日鐙下。

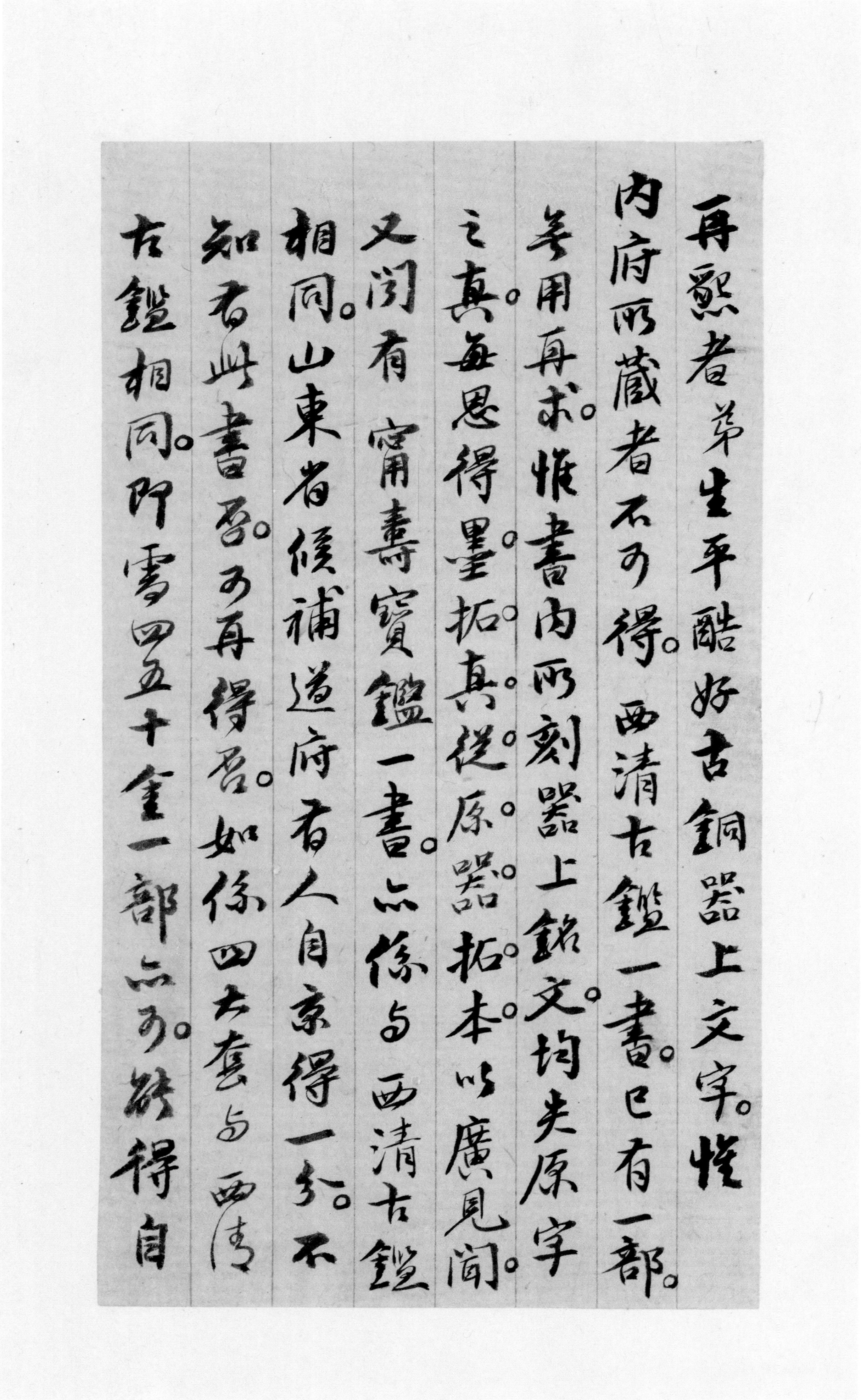

再懇者。弟生平酷好古銅器上文字，惟内府所藏者不可得。《西清古鑑》一書，已有一部，無用再求。惟書内所刻器上銘文，均失原字之真，每思得墨拓真從原器拓本，以廣見聞。又聞有《寧壽寶鑑》一書，亦係與《西清古鑑》相同，山東省候補道府有人自京得一份。不知有此書否？可再得否？如係四大套與《西清古鑑》相同，即需四五十金一部亦可。能得自

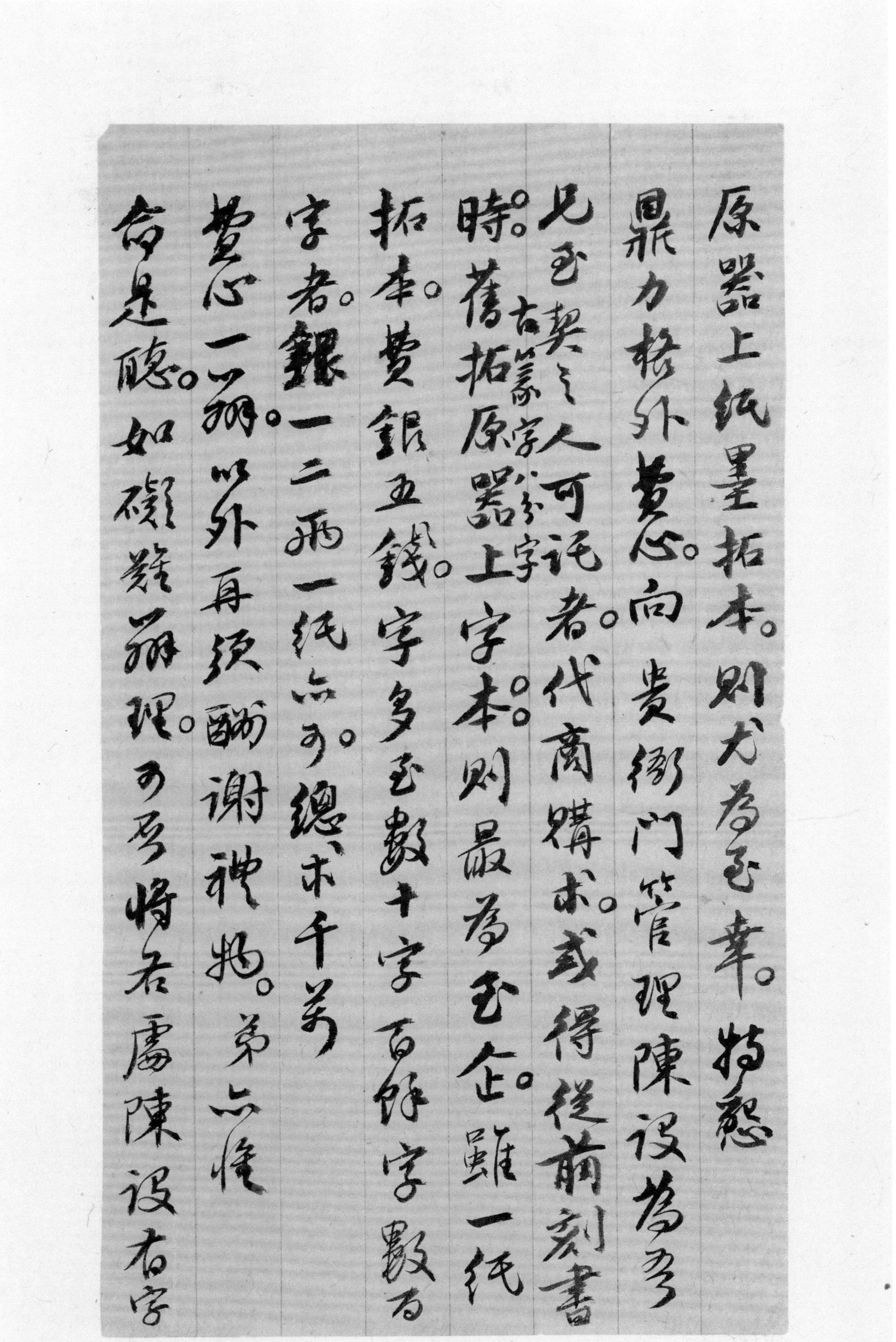

原器上紙墨拓本，則尤爲至幸。特懇鼎力格外費心。向貴衙門管理陳設、
爲吾兄至契之人可托者，代商購求。或得從前刻書時舊拓原器上字本，古篆字、八分字。則最爲至企。雖一紙拓本費銀五錢，字多至數十字、百餘字、
數百字者，銀一二兩一紙，亦可。總求千萬費心一辦。以外再須酬謝禮物，
弟亦惟命是聽。如礙難辦理，可否將各處陳設有字

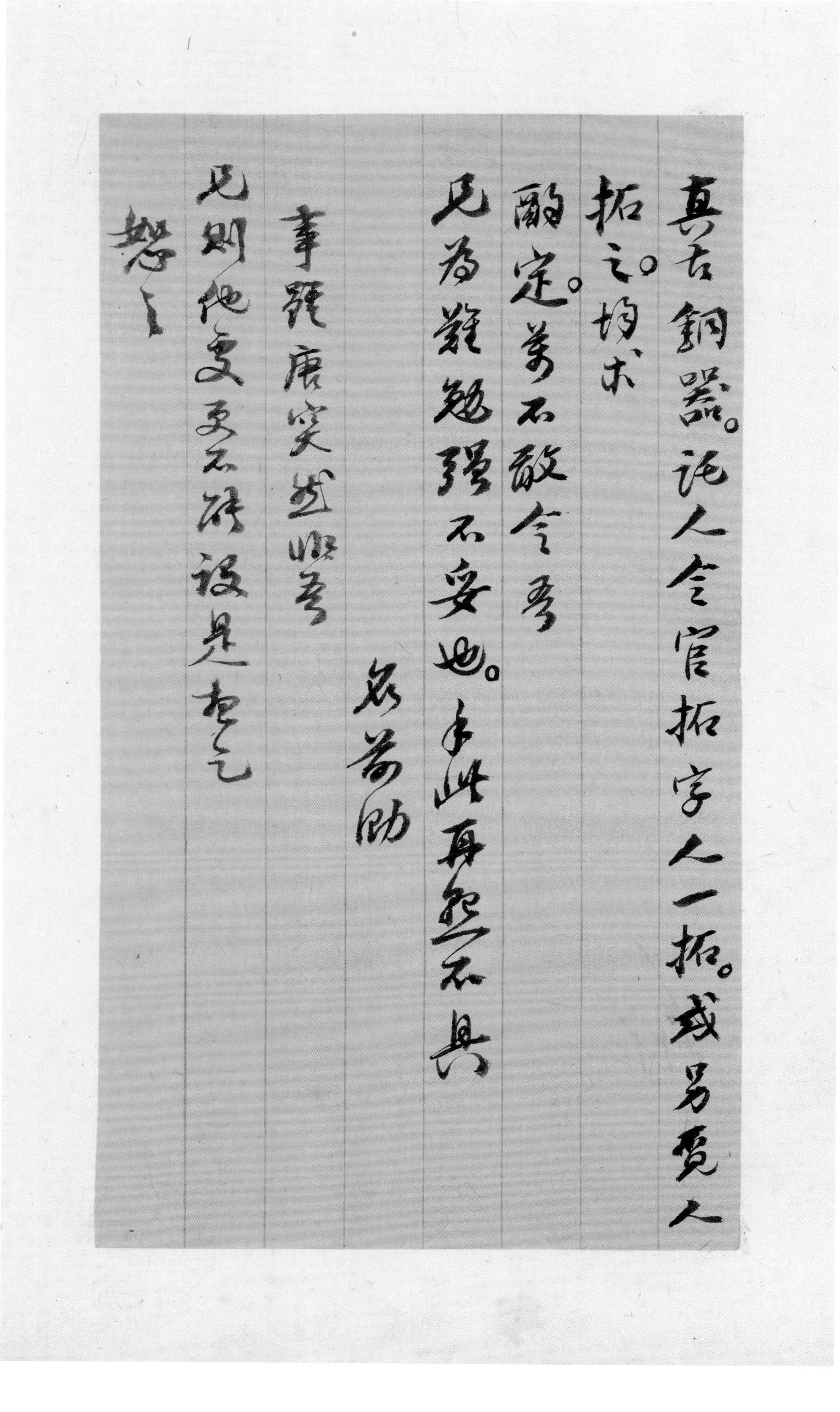

真古銅器，托人令官拓字人一拓，或另覓人拓之？均求酌定。萬不敢令吾兄爲難勉强，不妥也。手此再懇不具。名前泐。事雖唐突，然非吾兄則他處更不能設是想，乞恕之。

陳書札九册本第八册〇〇四

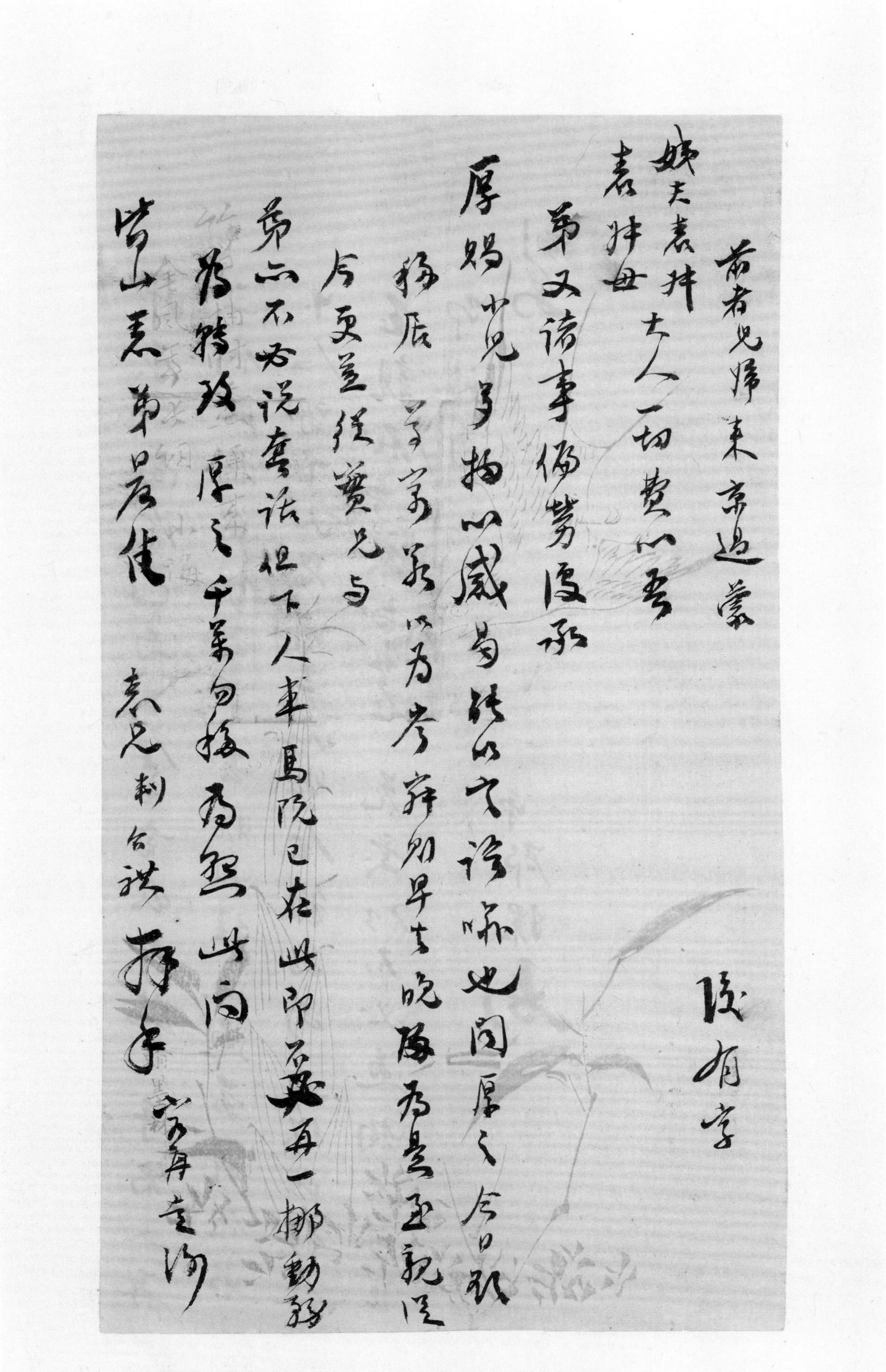

前者兒婦來京，過蒙姨夫、表叔、表叔母大人一切費心，吾弟又諸事偏勞，復承厚賜小兒多物，心感曷能以言語喻也。聞厚之今日欲移居前寓，若以爲岑寂，則早去晚歸爲是。至親從今更益從實。兒與弟亦不必說套話，但下人車馬既已在此，即不必再一挪動，務爲轉致厚之千萬勿移爲懇。此問皆山表弟[一]晨佳。表兄制介祺拜手。容再走謝。

[一] 此函不具年月，皆山表弟亦俟考。

荆山仁兄同年大公祖大人台座[一]。初四日，年伯母大人板輿過濰，敬敂起居安穩，計初九日當安抵省垣。伏想就養承歡，悦豫增健，賢者之慰可知。而引企福慶，能無羨而自感耶？世兄美質温粹，具見德培。匆匆一晤，未能少爲款留，歉甚歉甚。弟日來粗適鄉間，因樂、博鹽梟不靖，壽光、昌樂、益都皆有梟，青郡未能安謐。人心少覺惺惺。敝邑現食昌邑鹽

[一]此函不具年月。陳介祺自稱『粗適鄉間』。蓋其剛剛返回濰縣，家宅尚未妥置。咸豐十一年（一八六一）年二月前，陳介祺方還居濰縣城內增福堂街。參見陸明君《陳介祺年譜》，西泠印社出版社，二〇一五年，第一二五、一三六頁。而貢璜來山東任道員則在咸豐十年十月二日之後。此函又未及新春之語，故此函作於咸豐十年十月至咸豐十年十二月之間，蓋爲貢璜初到山東省城上任之時。

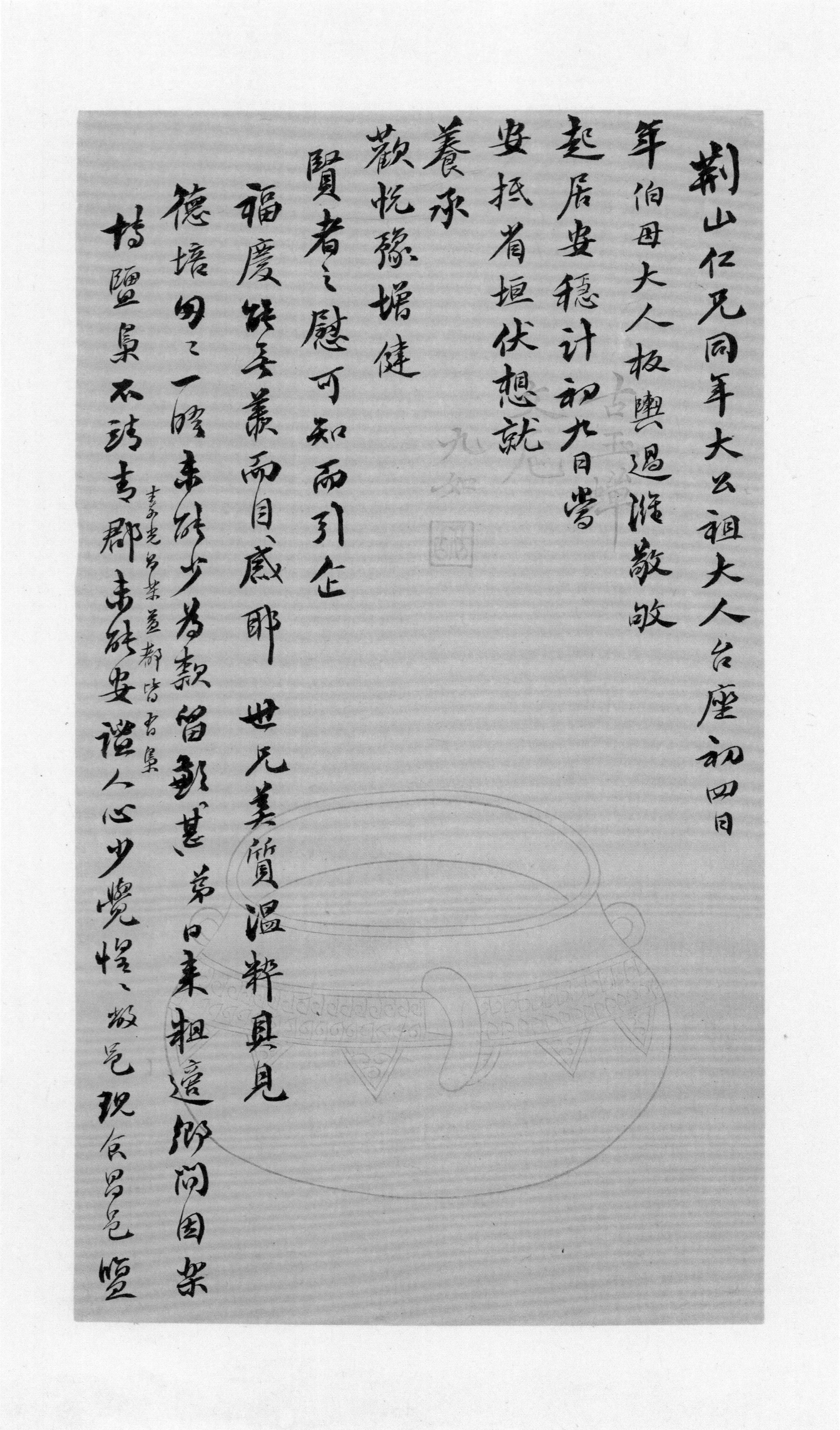
荆山仁兄同年大公祖大人台座初四日
年伯母大人板輿過濰敬敂
起居安穩計初九日當
安抵省垣伏想就
養承
歡悦豫增健
賢者之慰可知而引企
福慶能無羨而自感耶 世兄美質温粹具見
德培匆匆一晤未能少爲款留歉甚歉甚弟日來粗適鄉間因樂
博鹽梟不靖壽光昌樂益都皆有梟青郡未能安謐人心少覺惺惺敝邑現食昌邑鹽

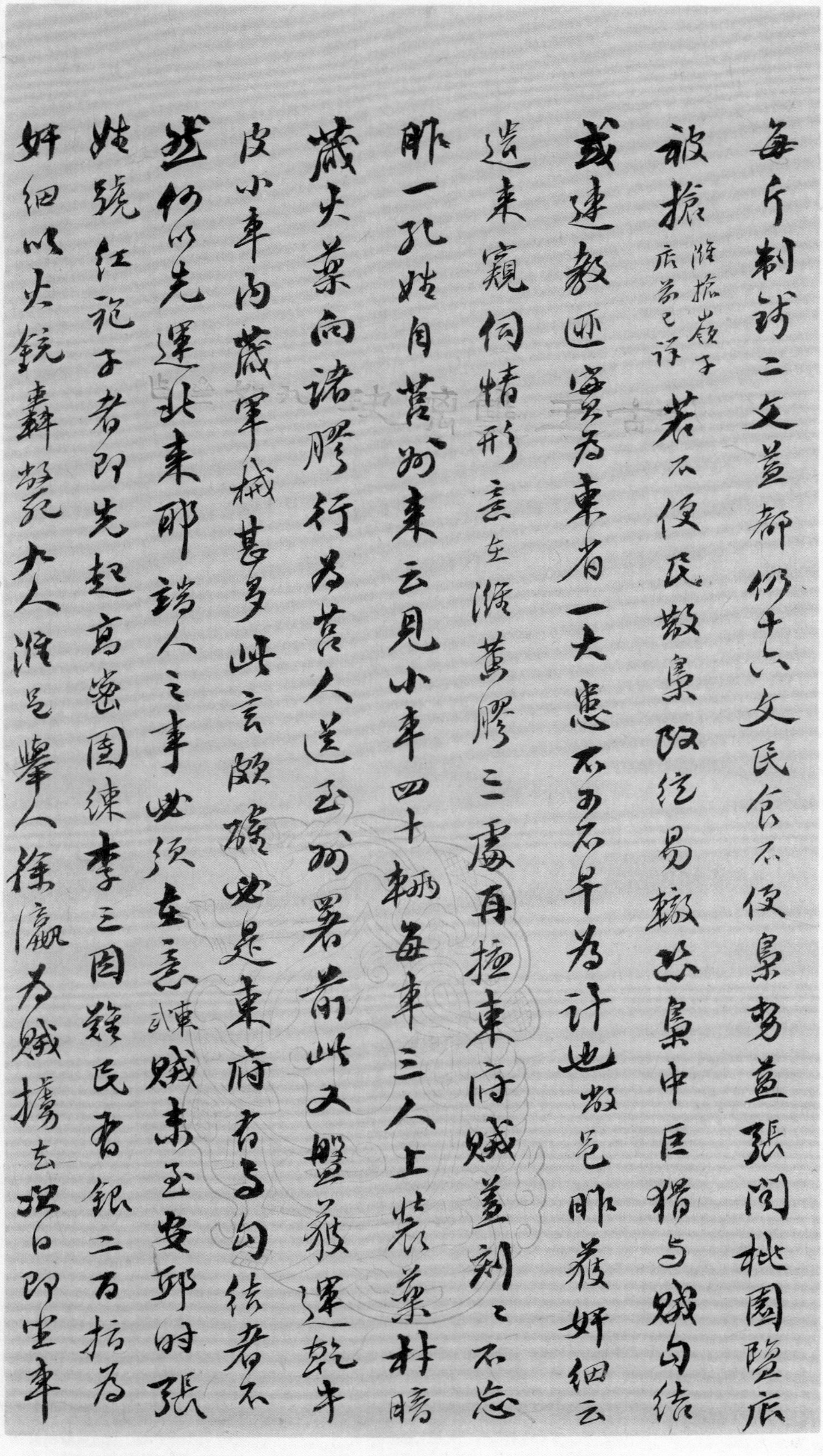

每斤制錢二文，益都仍十六文。民食不便，梟勢益張。聞桃園鹽店被搶，濰搶嶺子店前已詳。若不便民，散梟改弦易轍，恐梟中巨滑與賊勾結，或連教匪，實爲東省一大患，不可不早爲計也。敝邑昨獲奸細云，遣來窺伺情形，意在濰、黃、膠三處。再擾東府，賊蓋刻刻不忘。昨一孔姓自莒州來，云見小車四十輛，每車三人，上裝藥材，暗藏火藥，向諸膠行，爲莒人送至州署。前此又盤獲運乾牛皮小車，內藏軍械甚多，此言頗確。必是東府有與勾結者，不然何以先運北來耶？端人之事，必須在意。東武。賊未至安邱時，張姓號紅袍子者即先起。高密團練李三因難民有銀二百，指爲奸細，以火銃轟斃九人。濰邑舉人徐瀛爲賊擄去，次日即坐車。

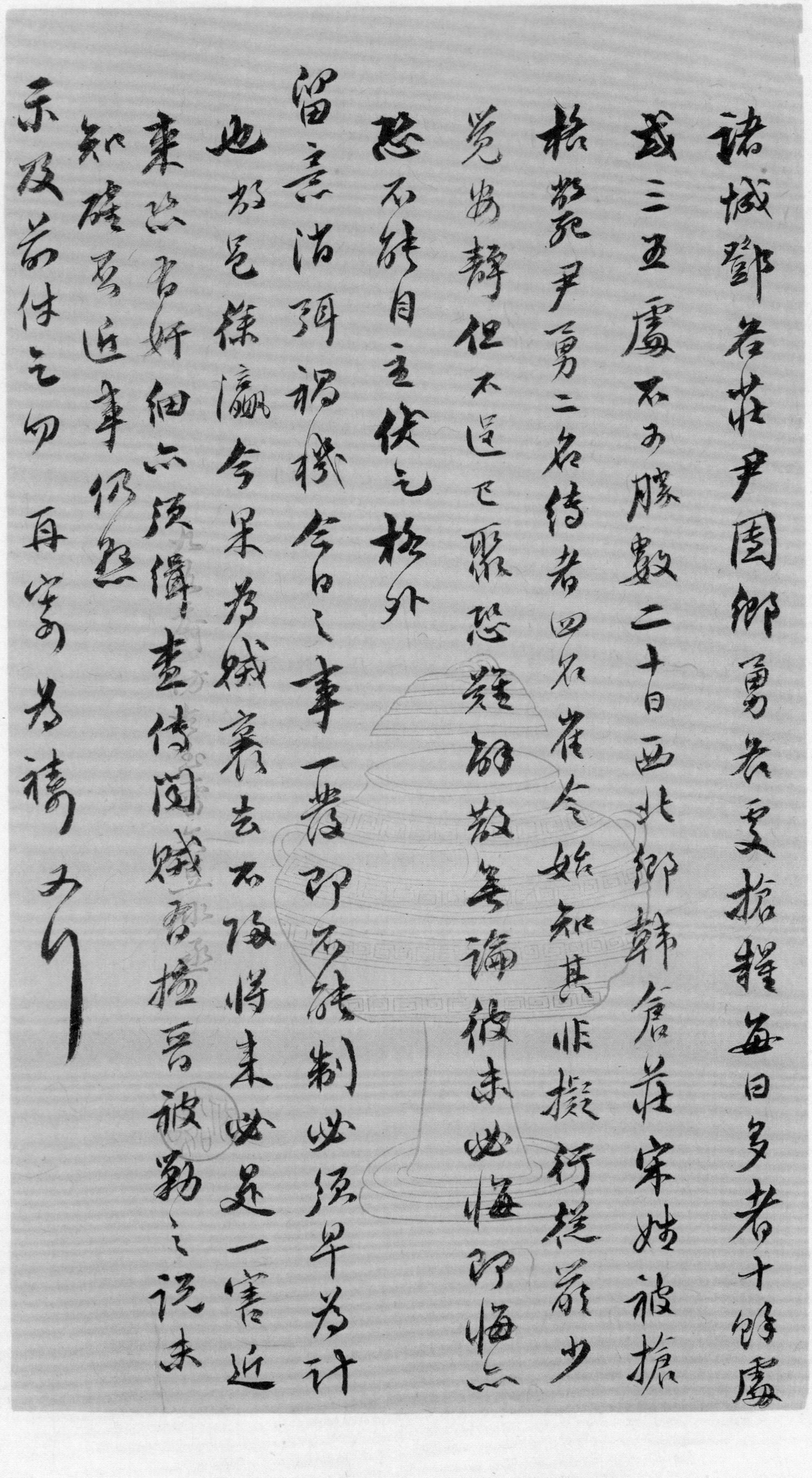

諸城鄧各莊尹團鄉勇各處搶糧，每日多者十餘處，或三五處，不可勝數。二十日西北鄉韓倉莊宋姓被搶，格斃尹勇二名，縛者四名。崔令始知其非，擬行從罷，少覺安靜，但不退已聚，恐難解散。無論彼未必悔，即悔亦恐不能自主。伏乞格外留意消弭禍機。今日之事一發即不能制，必須早爲計也。敝邑徐瀛今果爲賊裹去不歸，將來必是一害。近來恐有奸細，亦須緝查，傳聞賊有擾晉被剿之説，未知確否？近事仍懇示及。前件乞勿再寄爲禱。又拜。

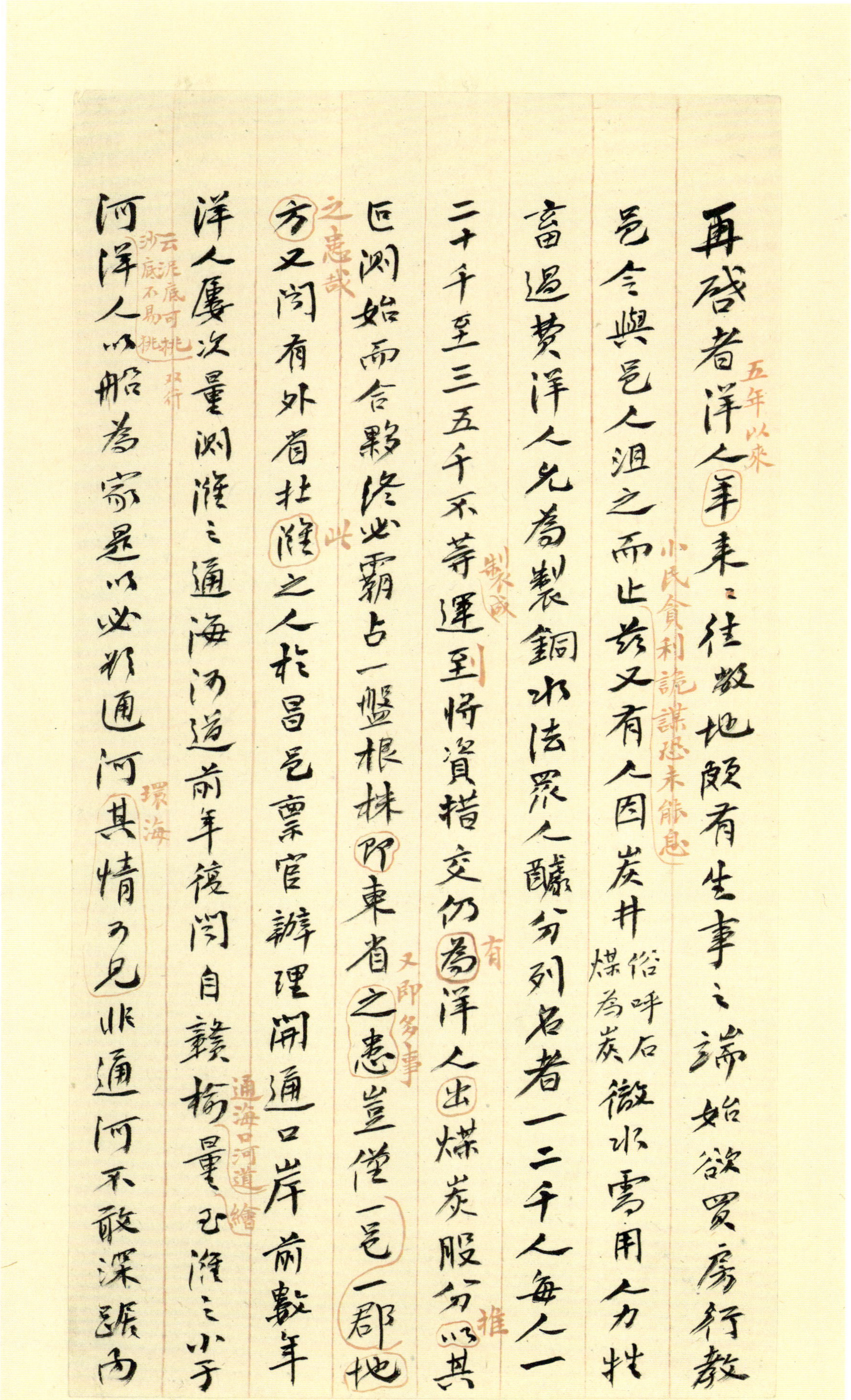

再啓者。洋人五年以來，來往敝地，頗有生事之端，始欲買房行教，邑令與邑人阻之而止。[一]小民貪利，詭謀恐未能息。茲又有人因炭井俗呼石煤爲炭。徹水需用人力牲畜過費，洋人允爲製銅水法。衆人醵分列名者一二千人，每人一二十千至三五千不等。製成運到，將資措交，仍有洋人煤炭股份。推其叵測，始而合夥，終必霸占，一盤根株，東省又即多事，豈僅一郡一邑之患哉。又聞有外省在此之人，於昌邑稟官辦理開通口岸。前數年，洋人屢次量測濰之通海河道，前年復聞自贛榆通海口河道量繪。至濰之小于河，云泥底可挑，沙底不易挑。洋人以船爲家，是以必欲通河；環海非通河不敢深踞内

[一]此函不具年月，編次散亂在册中。然論及治河與民生，或爲致貢璜函札，與前札相聯屬。

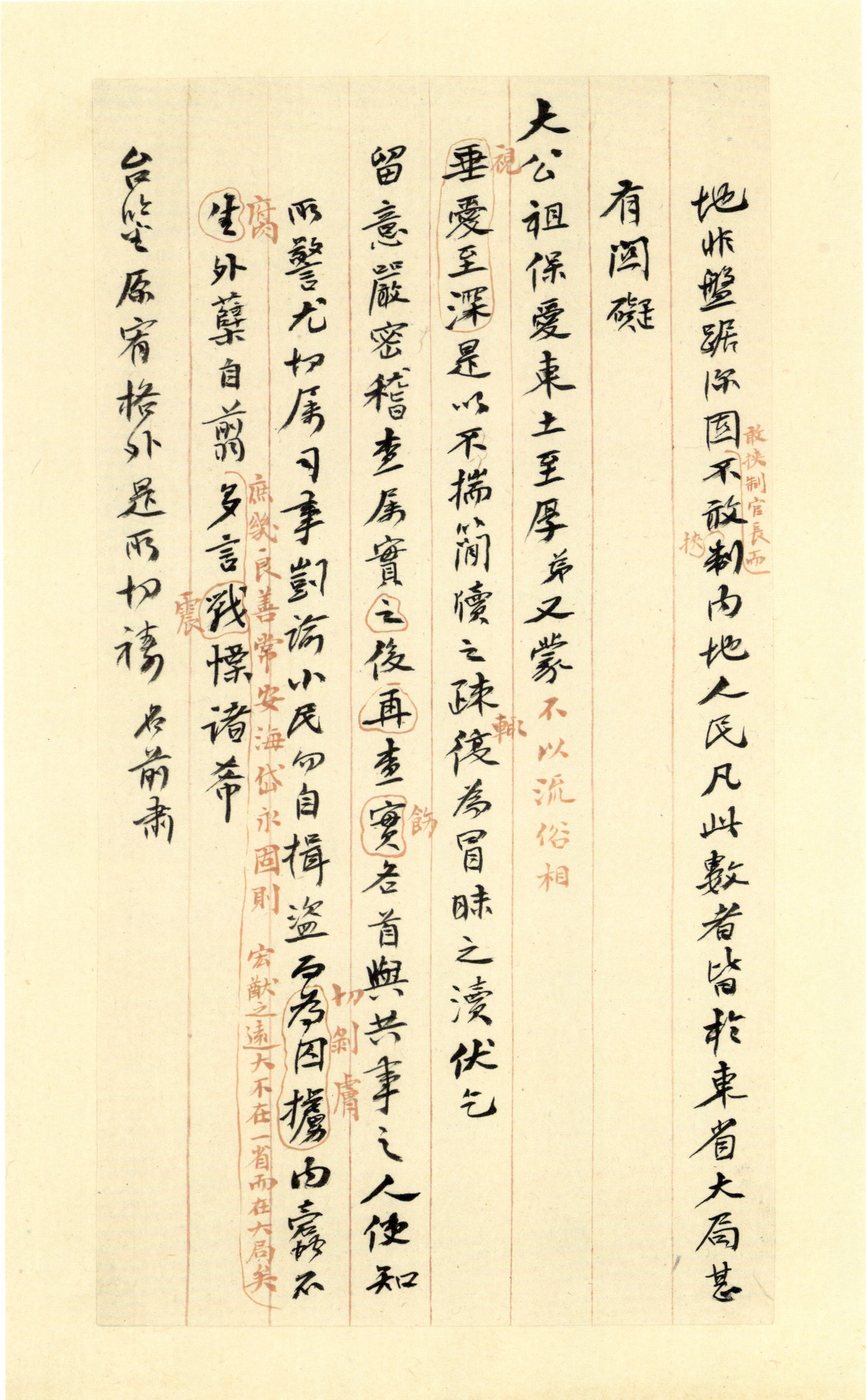

地；非盤踞深固，敢挾制官長而不敢挾制内地人民。凡此數者皆於東省大局甚有關礙。大公祖保愛東土至厚，弟又蒙不以流俗相視，是以不揣簡牘之疏，輒復爲冒昧之瀆。伏乞留意，嚴密稽查，屬實後查飭各首與共事之人，使知所警，尤切屬司事剴諭小民，勿自相盜而切剥膚。内蠹不腐，外蘖自翦。庶幾良善常安、海岱永固，則宏猷之遠大不在一省而在大局矣。多言震慄，諸希台鑒，原宥格外，是所切禱。名前肅。

膠萊河至下營（新河）元運道也龍脊杜平度（以分水故河易斷流）贛榆玉濰泰山大龍之東也脊杜莒州以南（濰水以北）（利津）鐵門閞玉運河南可東通海處泰山大龍之西也脊（之）杜東阿以南（三者以理論之通）凡此皆不可通則水失常性而世不治以形勢論之通則中原之屏障不守矣恃愛妄瀆想蓋懷必不責其愚妄而宣洩之也又啓

即丙

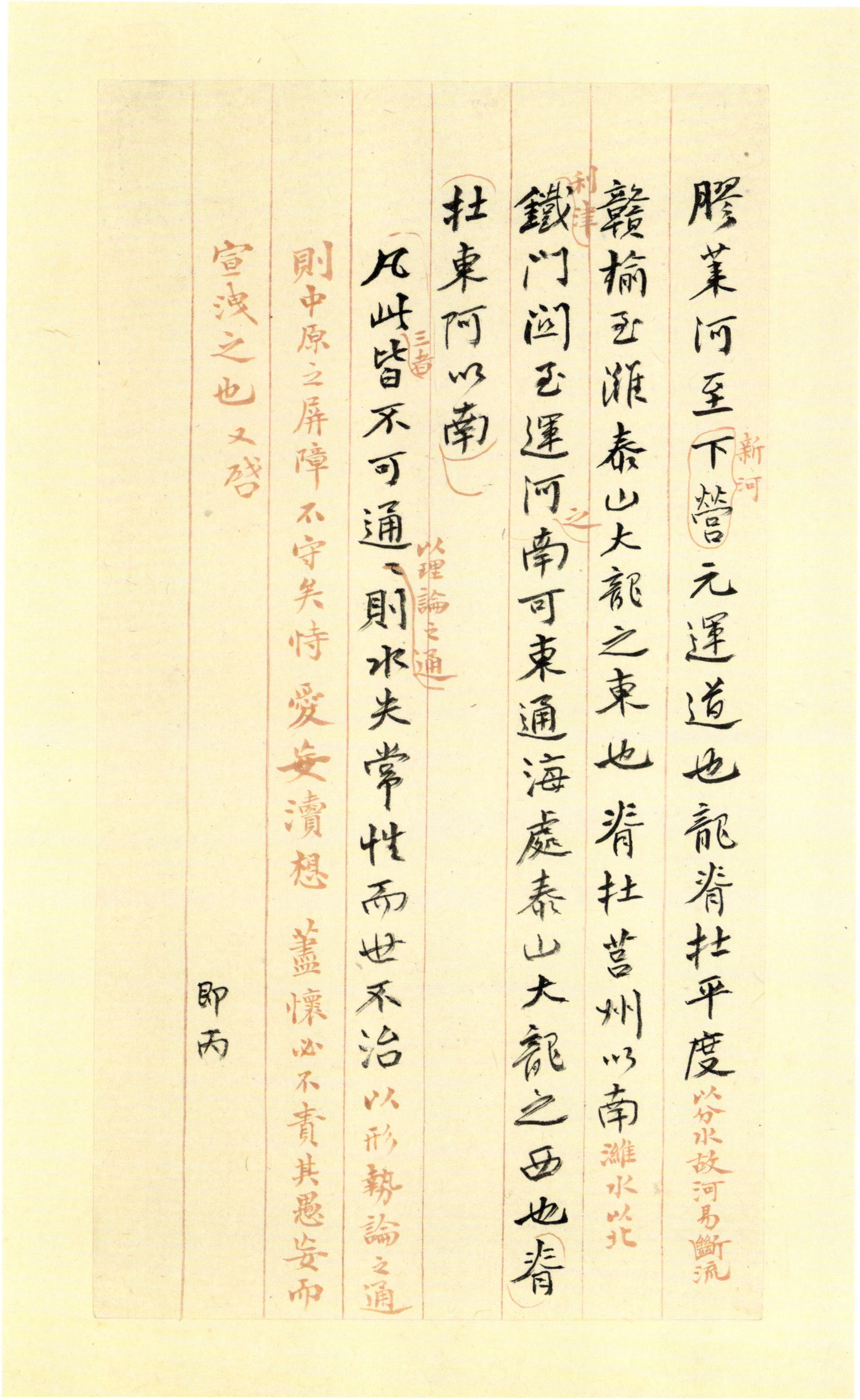

膠萊河至新河元運道也，龍脊在平度，以分水故河易斷流。贛榆至濰，脊在莒州以南，濰水以北。利津鐵門閞至運河之南可東通海處，泰山大龍之西也。凡此三者皆不可通。以理論之，通則水失常性而世不治。以形勢論之，通則中原之屏障不守矣。恃愛妄瀆，想蓋懷必不責其愚妄而宣洩之也。又啓。即丙。

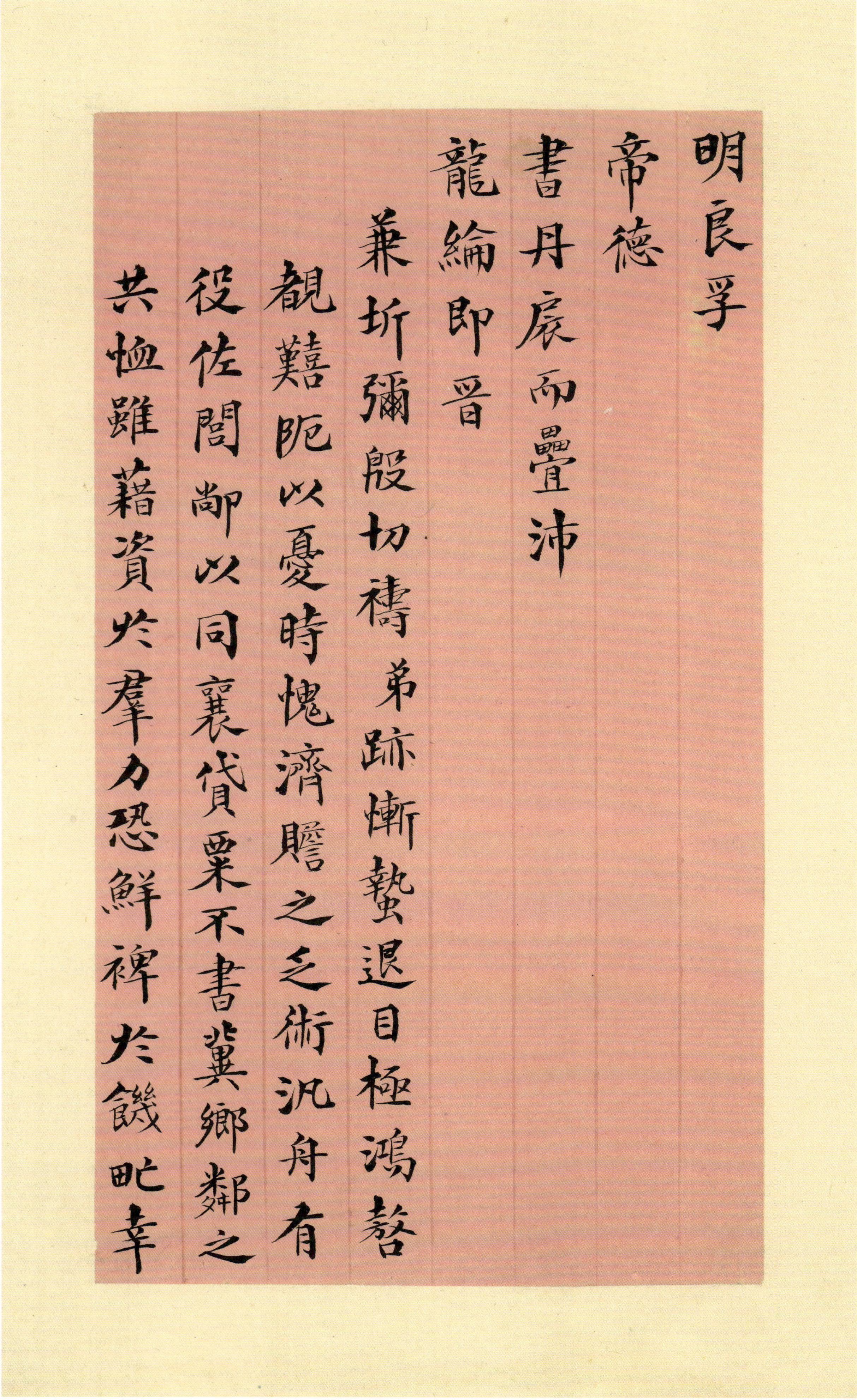

明良孚帝德，書丹扆而疊沛龍綸，即晋兼圻，彌殷切禱[一]。弟迹慚蟄退，目極鴻嗸，睹艱阨以憂時，愧濟贍之乏術。泛舟有役，佐閭鄮以同襄，貸粟不書，冀鄉鄰之共恤。雖藉資於群力，恐鮮裨於饑甿。幸

[一]此函不具年月，或有殘缺，蓋作於光緒二年（一八七六）至三年（一八七七）間。《濰縣志稿》云：『光緒丙子（一八七六）大饑，捐資設廠於城隍廟，率孫阜日往施粥，……從來少見，所活萬計。疆吏又爲奏請，賞加二品頂戴。』從此函的内容來看，陳介祺所辭讓的便是因施粥而將要蒙受封賞之事。

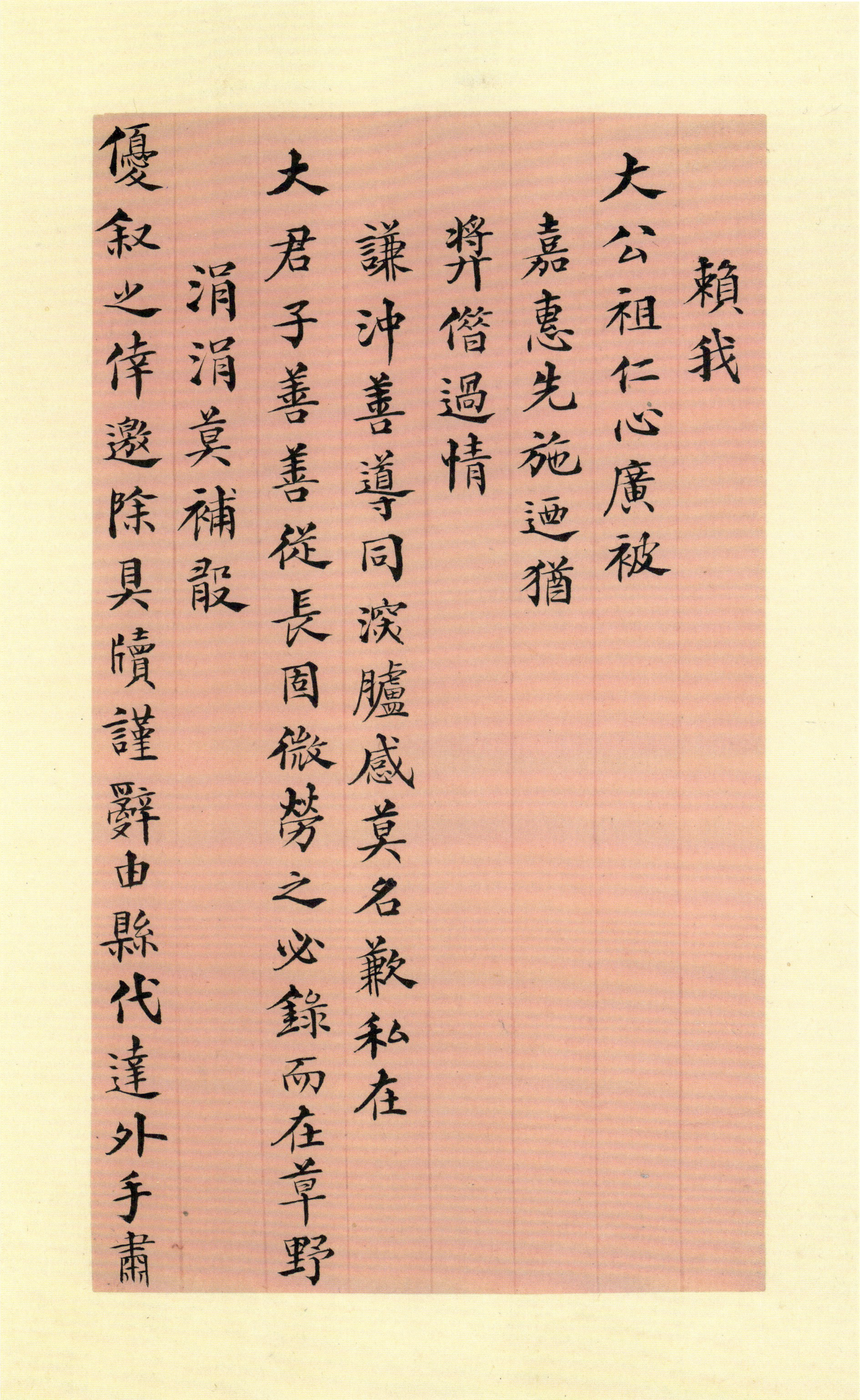
賴我
大公祖仁心廣被
嘉惠先施迺猶
奬借過情
謙沖善導同深臚感莫名歉私在
大君子善善從長固微勞之必録而在草野
涓涓莫補敢
優叙之倖邀除具牘謹辭由縣代達外手肅

賴我大公祖仁心廣被，嘉惠先施，迺猶奬借過情，謙沖善導，同深臚感，莫名歉私，在大君子善善從長，固微勞之必録，而在草野涓涓莫補，敢優叙之倖邀除？具牘謹辭，由縣代達，外手肅

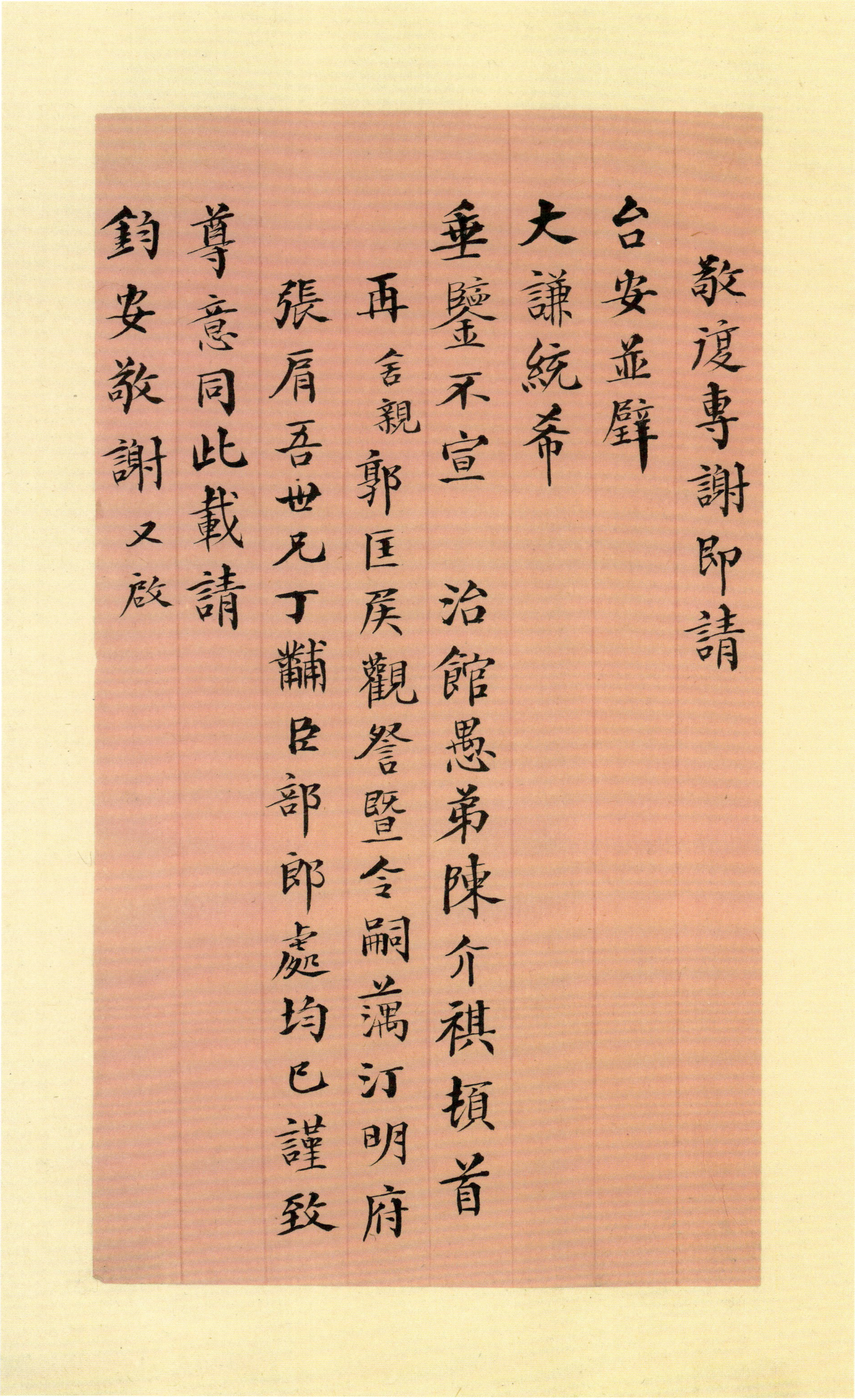
敬復專謝即請
台安並璧
大謙統希
垂鑒不宣　治館愚弟陳介祺頓首
再舍親郭匡侯觀察暨令嗣藕汀明府
張肩吾世兄丁黼臣部郎處均已謹致
尊意同此載請
鈞安敬謝又啟

敬復專謝，即請台安并璧大謙，統希垂鑒不宣。治館愚弟陳介祺頓首。

再舍親郭匡侯觀察暨令嗣藕汀明府、張肩吾世兄、丁黼臣部郎處均已謹致尊意，同此載請鈞安，敬謝。又啓。

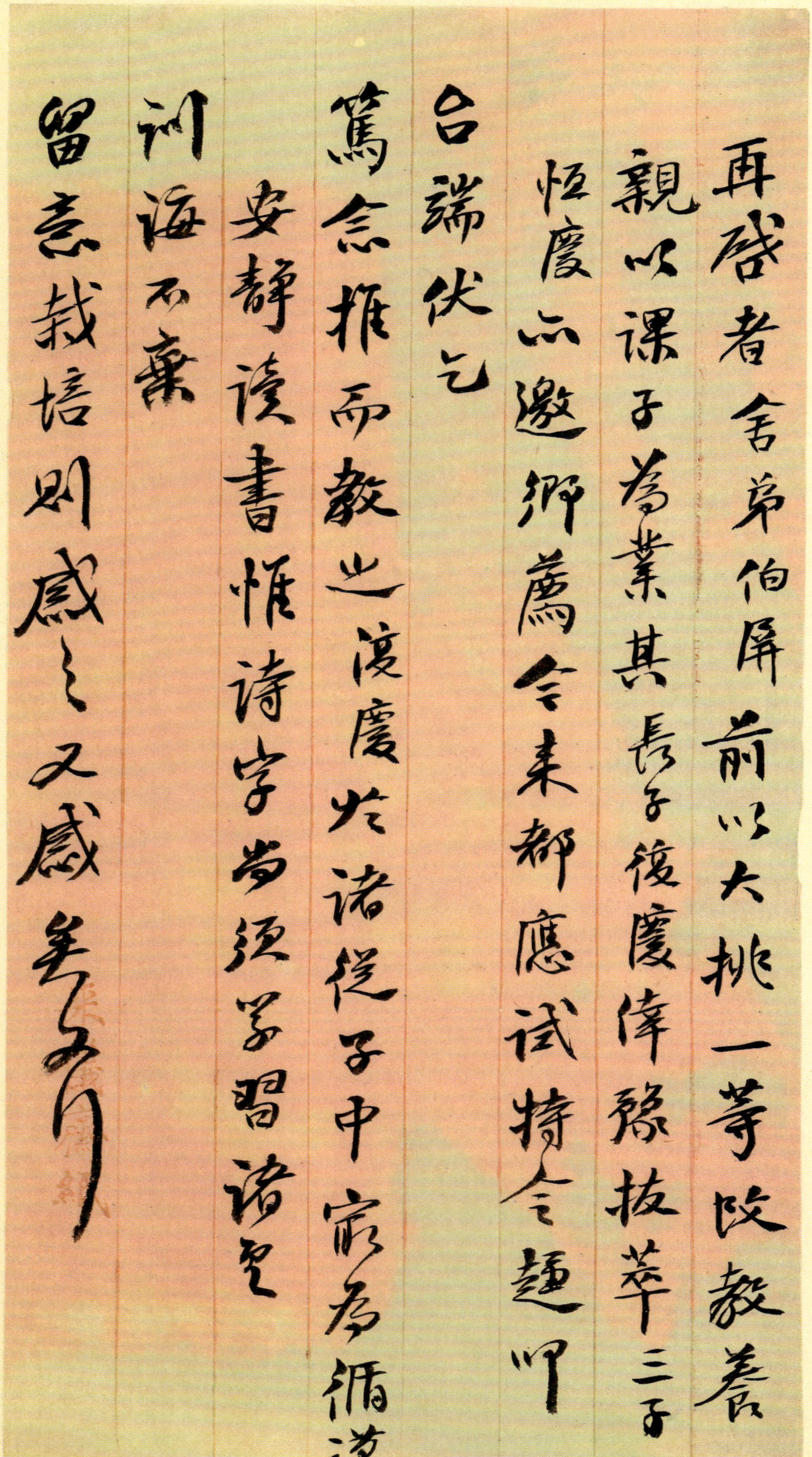

再啓者。舍弟伯屏前以大挑一等改教養親，以課子爲業，其長子復慶，倖豫拔萃，三子恒慶，亦邀鄉薦。今來都應試，特令趨叩台端，伏乞篤念，推而教之。復慶於諸從子中最爲循謹，安静讀書，惟詩字尚須學習，諸望訓誨不弃，留意栽培，則感之又感矣。又拜。

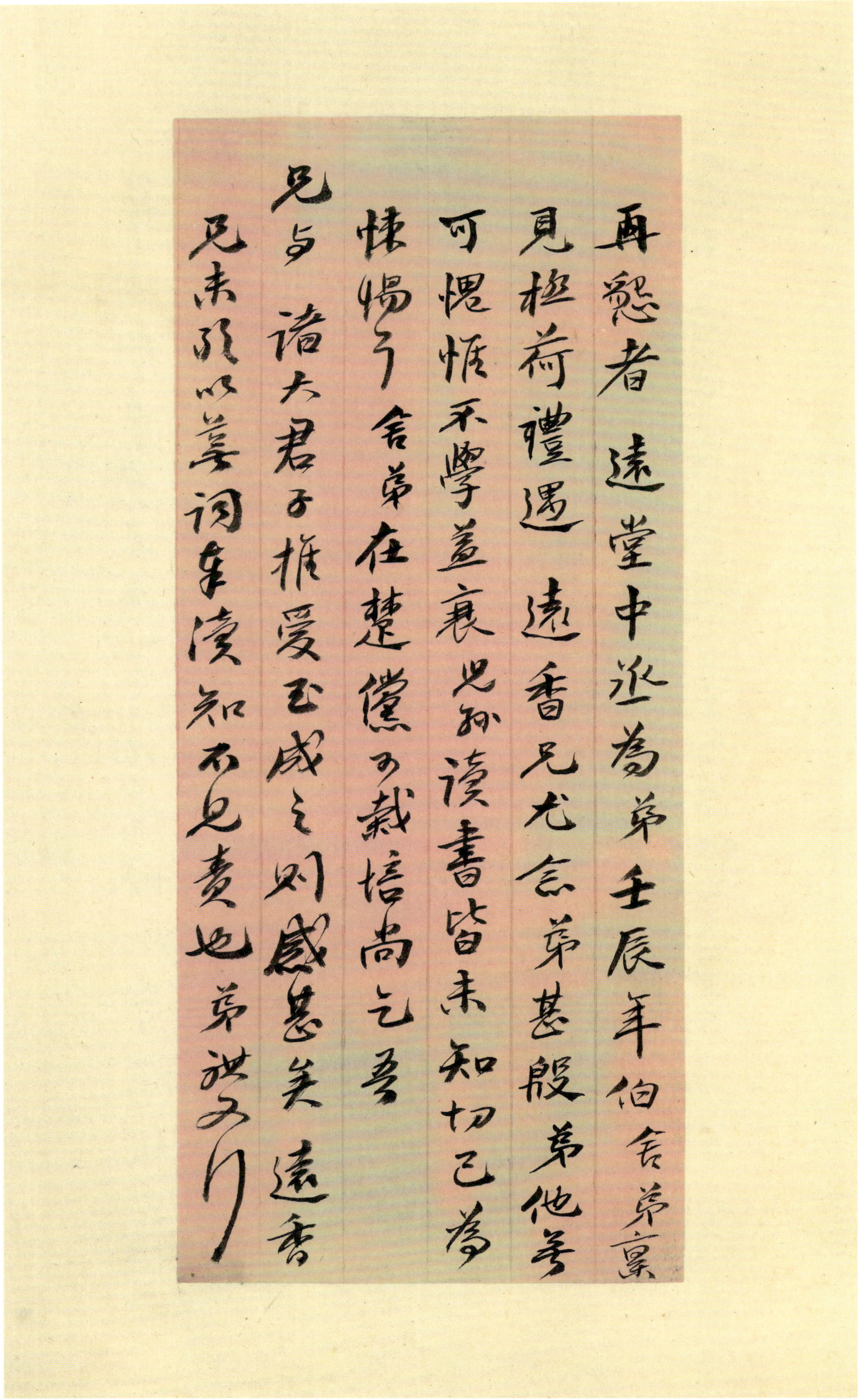

再懇者。遠堂中丞爲弟壬辰年伯，舍弟稟見，極荷禮遇。遠香兄[一]尤念弟甚殷。弟他無可愧，惟不學益衰，兒孫讀書皆未知切己爲悚惕耳。舍弟在楚，倘可栽培，尚乞吾兄與諸大君子推愛玉成之。則感甚矣。遠香兄未敢以蕪詞奉瀆，知不見責也。弟祺又拜。

[一]根據『即晋兼圻』可以判斷此人官階應該在總督的品階。遠香當爲其號，然在文獻中尚未對應到合適的人物。此處俟考。

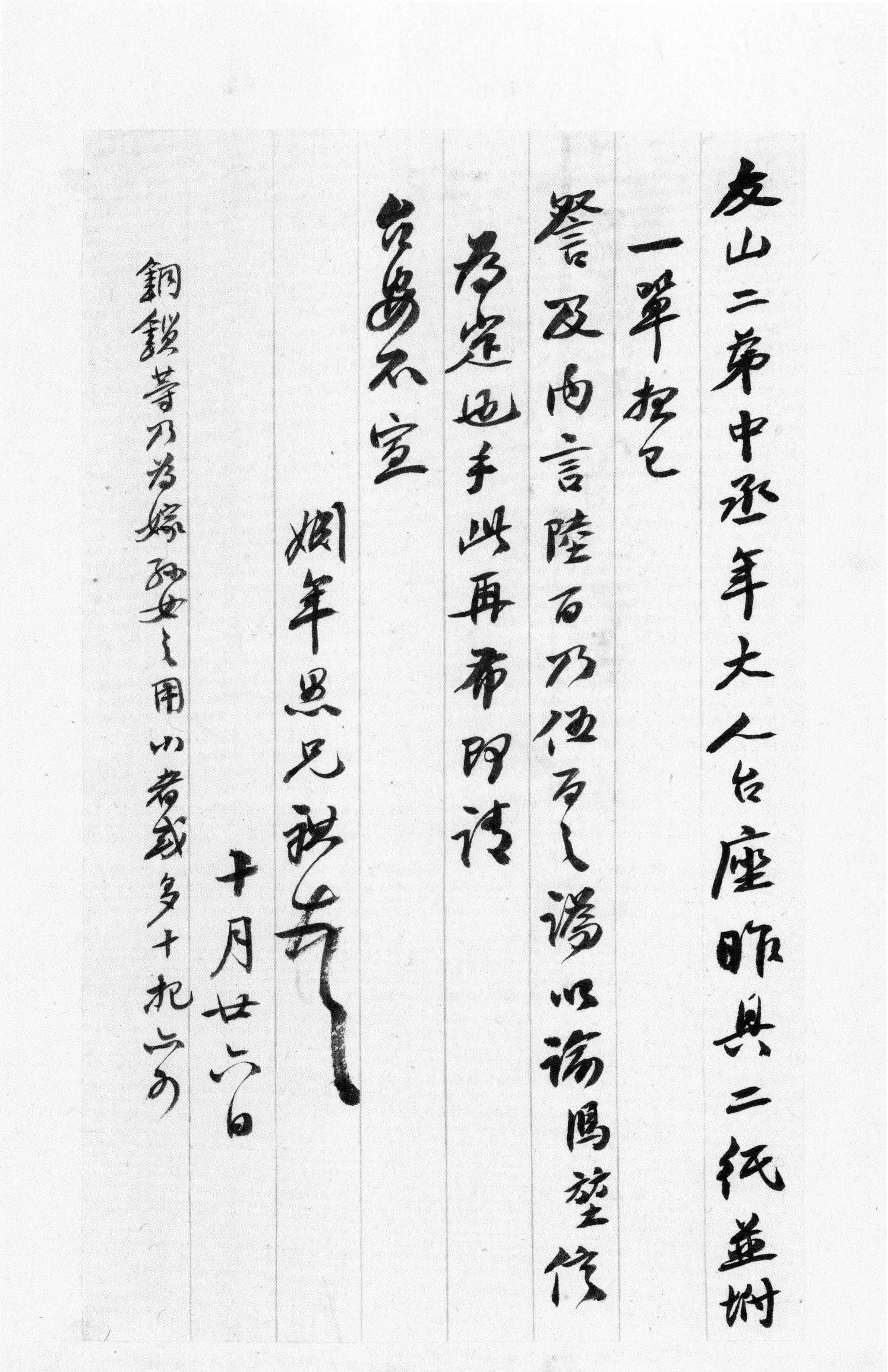
友山二弟中丞年大人台座昨具二紙並附
一單想已
察及內言陸百乃伍百之訛以諭馮塑信
為定也手此再布即請
台安不宣
姻年愚兄祺頓首
十月廿六日
銅鎖等乃為嫁孫女之用小者或多十把亦可

友山二弟中丞年大人台座[一]。昨具二紙并附一單想已察及。內言陸百乃伍百之訛，以諭馮塑信爲定也。手此再布即請台安不宣。姻年愚兄祺頓首。十月廿六日。銅鎖等乃爲嫁孫女之用，小者或多十把亦可。

[一]此函作於十月二十六日。因信封上題『廣東撫台大人』，故當在一八七一至一八七八年之間。信中論及嫁孫女之事，陳氏咸豐二年（一八五二）始有長孫，孫女出閣時間最早也不過一八七一年。

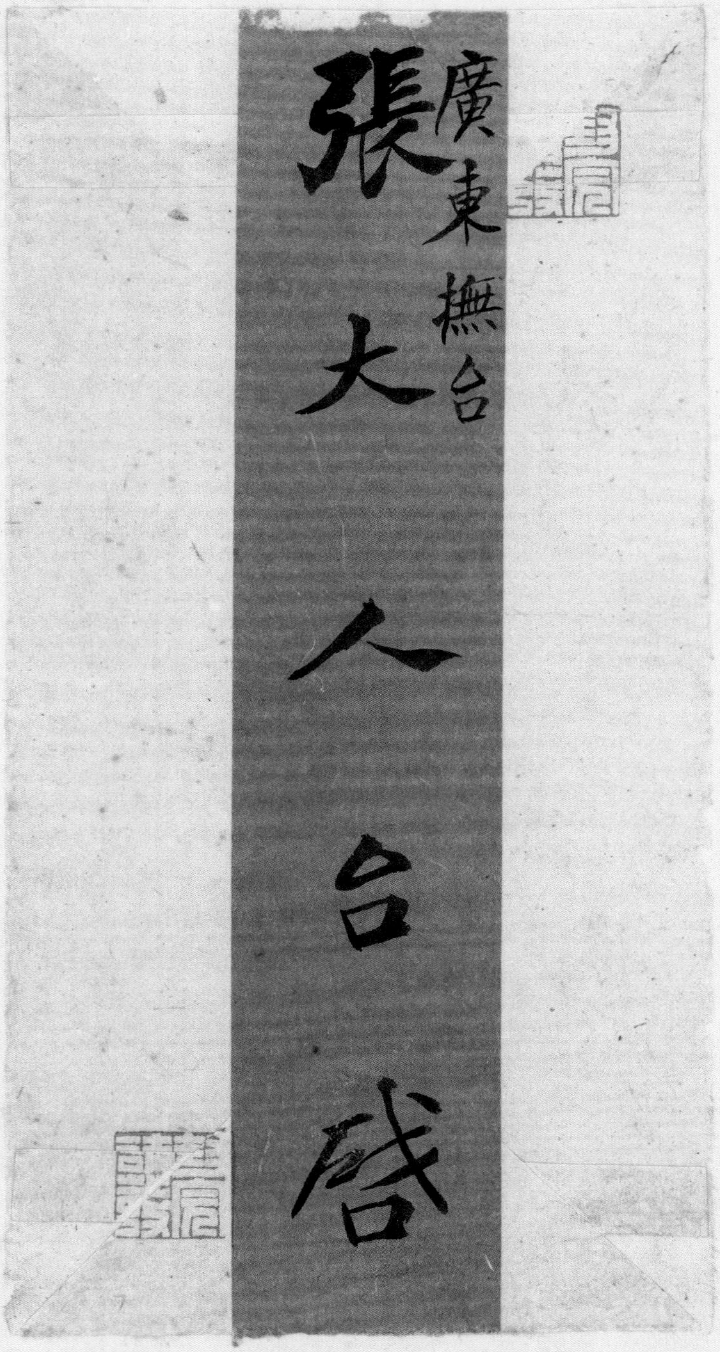
廣東撫台
張大人台啓

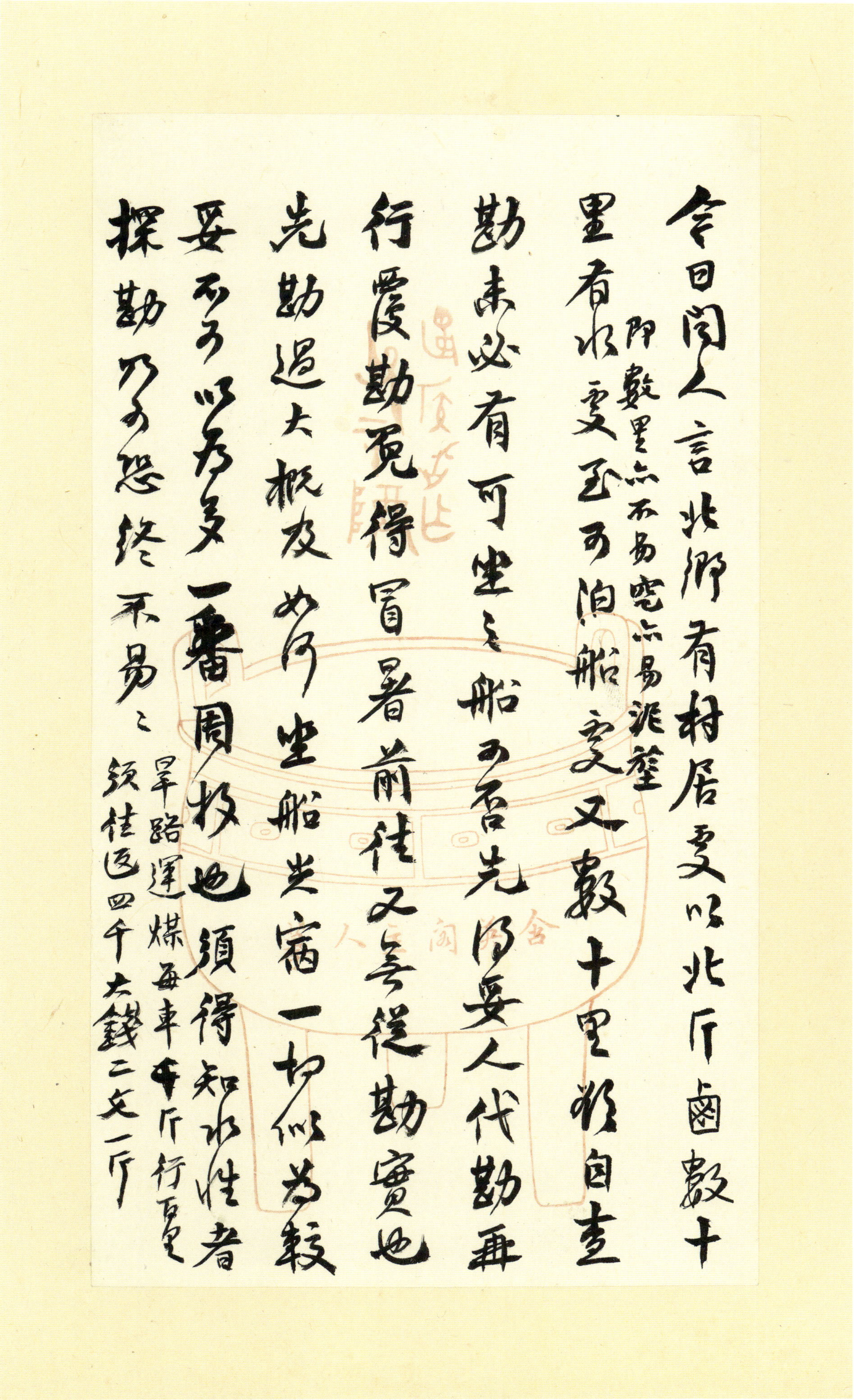

今日聞人言北鄉有村居處以北斤鹵數十里有水處至可泊船處又數十里[一]，即數里亦不易挖亦易泥淤。欲自查勘，未必有可坐之船。可否先得妥人代勘再行覆勘，免得冒暑前往，又無從勘實也。先勘過大概及如何坐船尖宿，一切似爲較妥，不可以爲多一番周折也。須得知水性者探勘乃可，恐終不易易。旱路運煤每車千斤、行百里需往返四千大錢二文一斤。

[一] 此函不具年月，附此俟考。

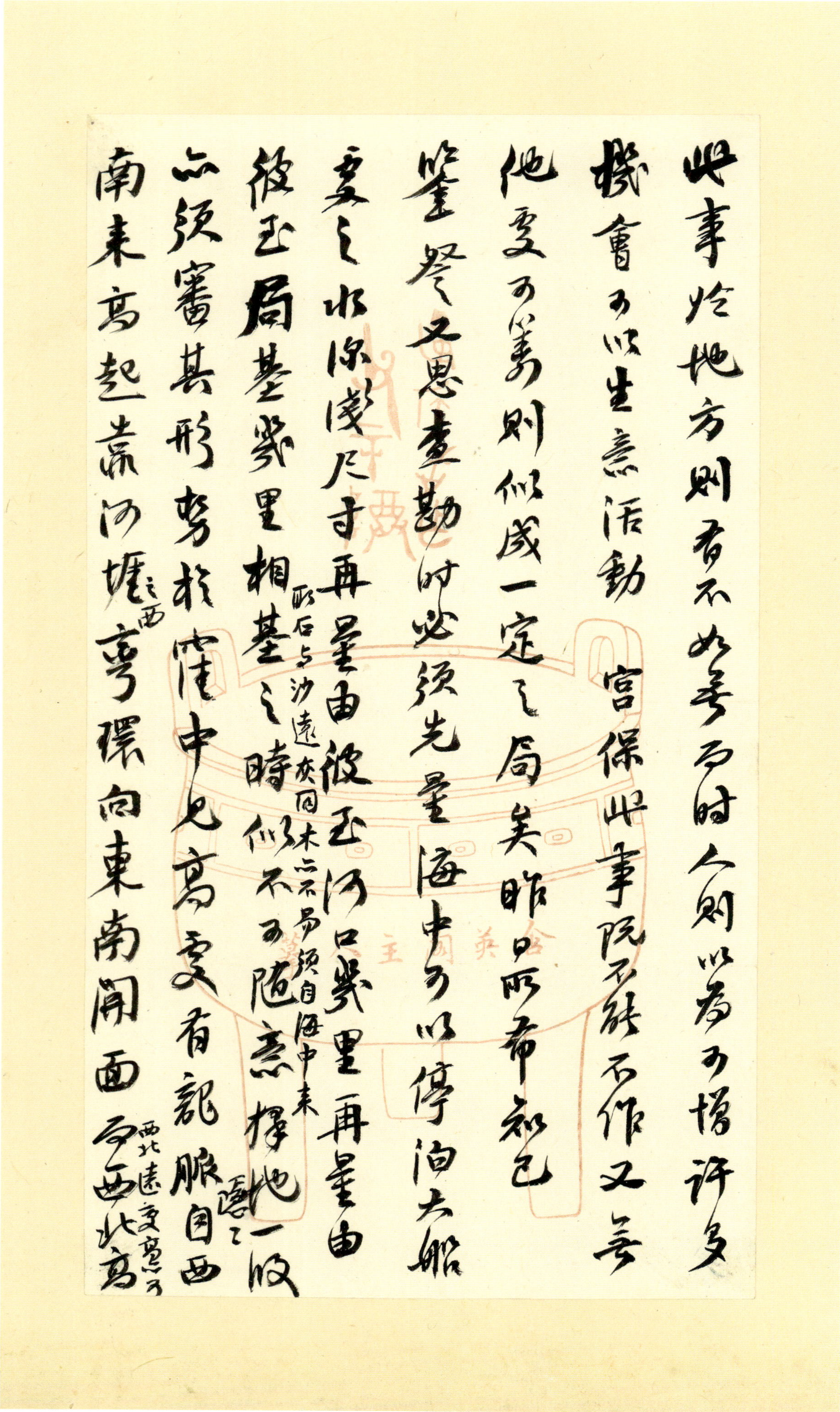

此事於地方則有不如無，而時人則以爲可憎。許多機會可以生意活動。宫保此事既不能不作，又無他處可籌，則似成一定之局矣。昨日所布，知己鑒察，又思查勘時必須先量海中可以停泊大船處之水深淺尺寸，再量由彼至河口幾里，再量由彼至局基幾里。取石與沙遠，灰同木亦不易，須自海中來。

相基之時，似不可隨意擇地一段，亦須審其形勢，於窪中見高處有龍脉隱隱自西南來，高起靠河堧之西彎環，向東南開面，而西北高西北遠處高亦可。

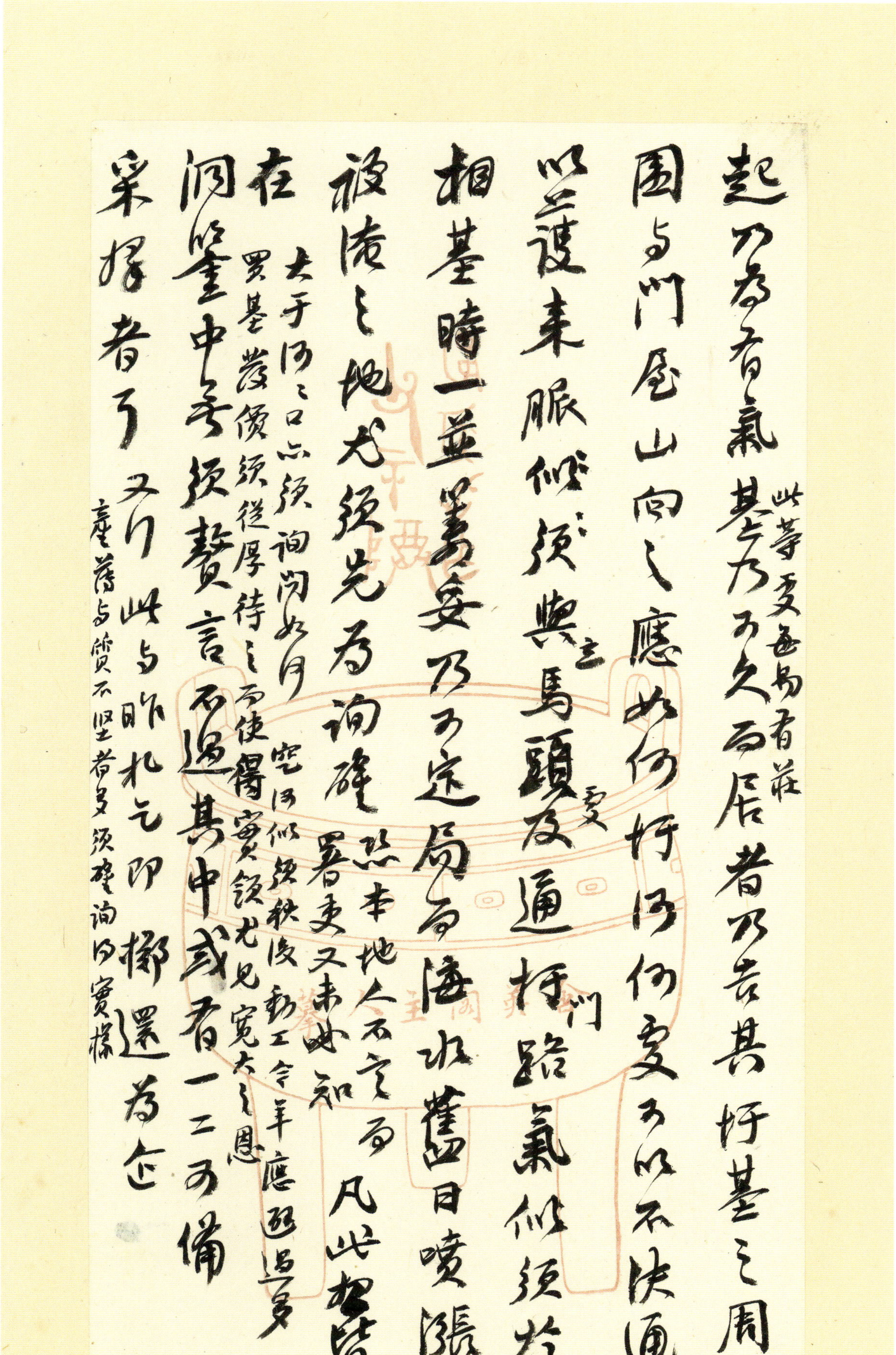

起，乃爲有氣。此等處每易有莊，基乃可久。而居者乃告其圩基之周圍與門屋山向之應如何圩，河何處可以不决通，以護來脉，與立碼頭處及通圩門路氣，似須於相基時一并籌安，乃可定局，而海水舊日噴漲被淹之地，尤須先爲詢確。恐本地人不言而署吏又未必知。凡此想皆在大于河河口亦須詢問如何挖河，似須秋後動工，今年應避過多。買基發價須從厚待之而使得實領，尤見寬大之恩。洞鑒中，無須贅言，不過其中或有一二可備采擇者耳。又拜。此與昨札乞即擲還爲企。産簿與質不堅者多須確詢得實樣。

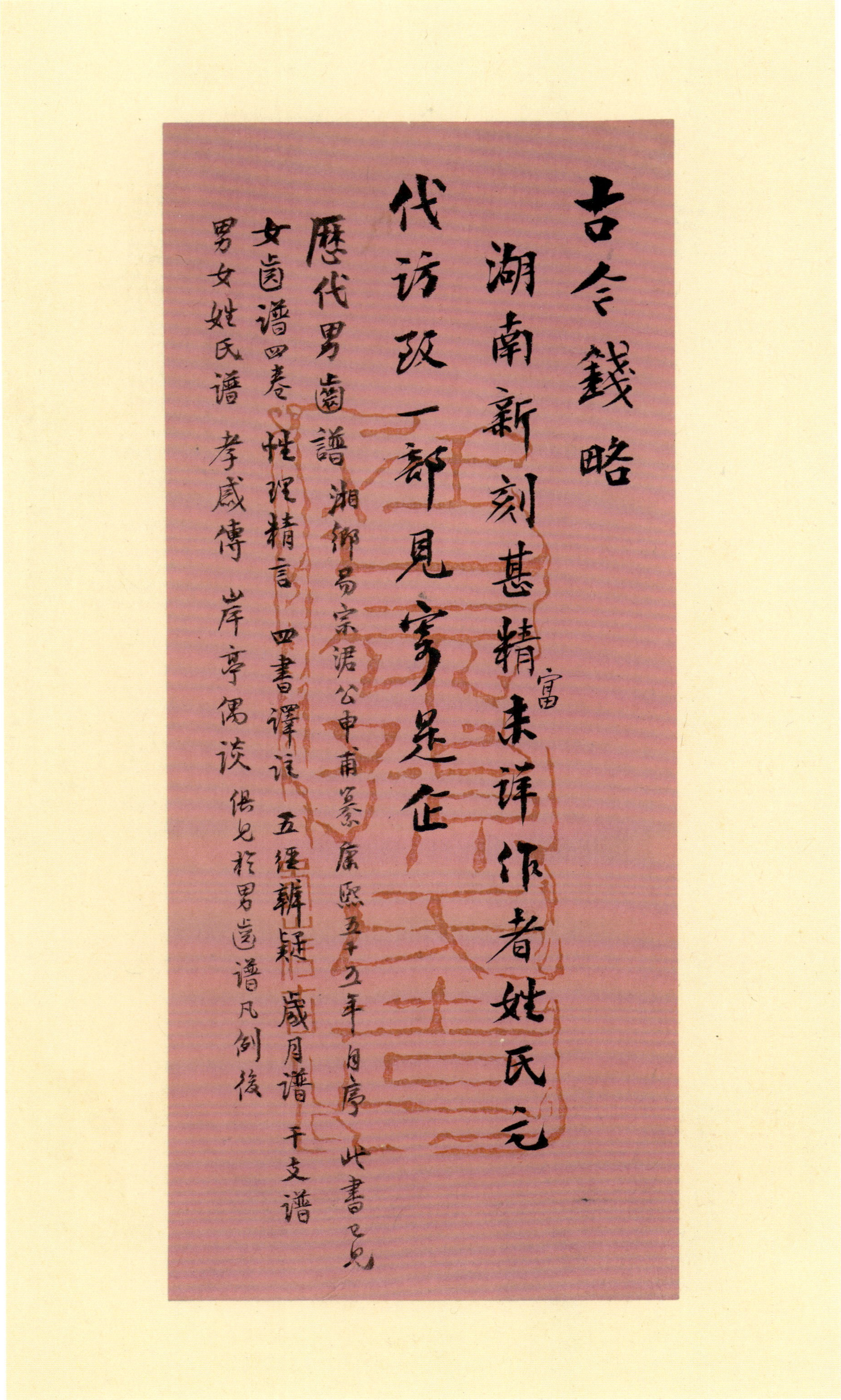
古今錢略
湖南新刻甚精富未詳作者姓氏乞
代訪致一部見寄是企
歷代男齒譜　湘鄉易宗涒公申甫纂　康熙五十五年自序　此書已見
女齒譜四卷　性理精言　四書譯注　五經辨疑　歲月譜　干支譜
男女姓氏譜　孝感傳　岸亭偶談　俱見於男齒譜凡例後

《古今錢略》[一]湖南新刻甚精富，未詳作者姓氏，乞代訪致一部見寄是企。

《歷代男齒譜》。湘鄉易宗涒公申甫纂，康熙五十五年自序。此書已見。《女齒譜》四卷，《性理精言》《四書譯注》《五經辨疑》《歲月譜》《干支譜》《男女姓氏譜》《孝感傳》《岸亭偶談》，俱見於《男齒譜》凡例後。

[一] 倪模《古今錢略》於光緒三年至五年（一八七七—一八七九）刊刻而成。此函蓋在光緒六年（一八八〇）前後。國家圖書館藏有此書。

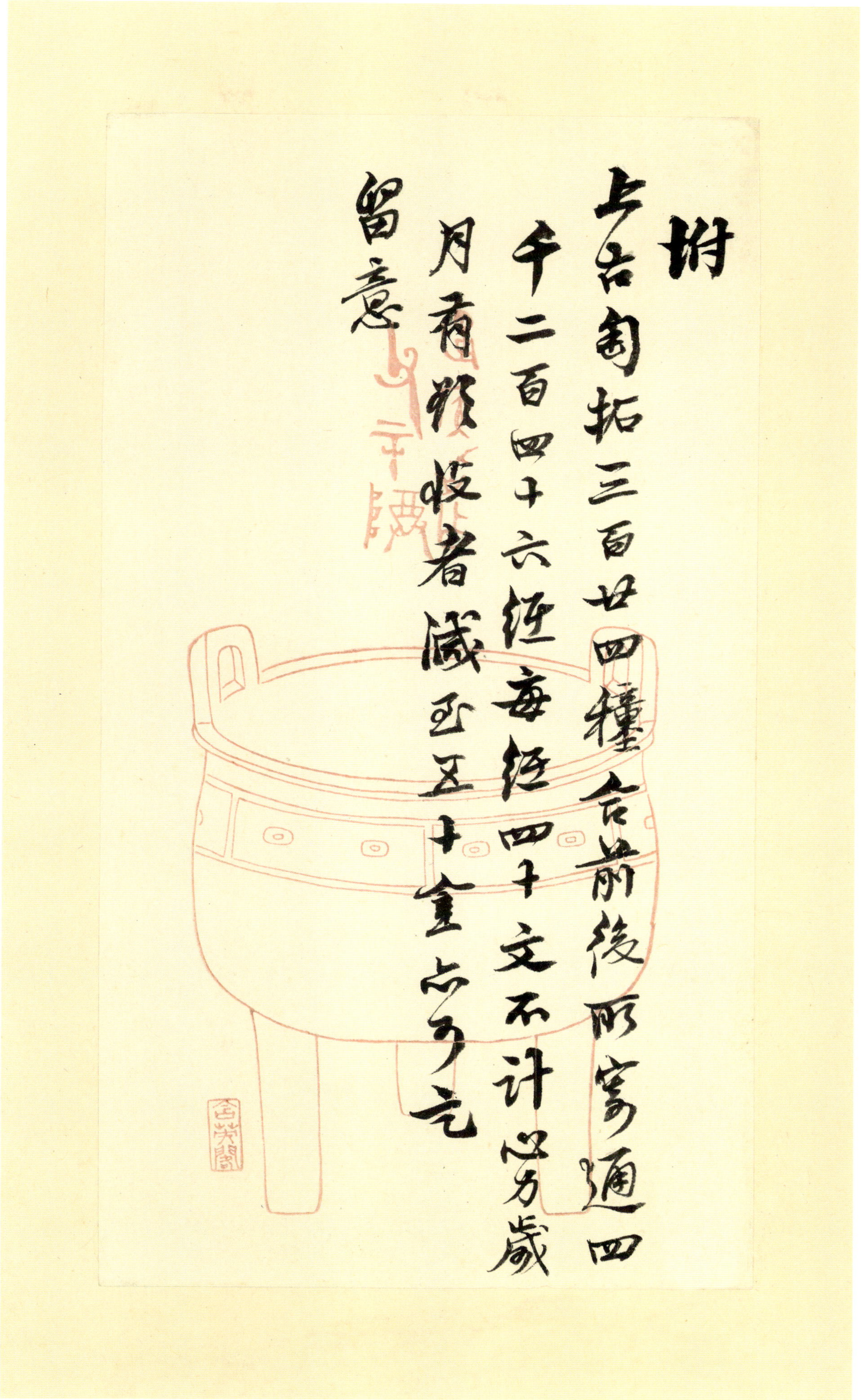

附
上古匋拓三百廿四種合前後所寄通四
千二百四十六紙每紙四十文不计心力歲
月有欲收者減至五十金亦可乞
留意

附上古匋拓三百廿四種，合前後所寄通四千二百四十六紙，每紙四十文，不計心力歲月，有欲收者減至五十金亦可。乞留意。[一]

[一] 此函不具年月，附此俟考。

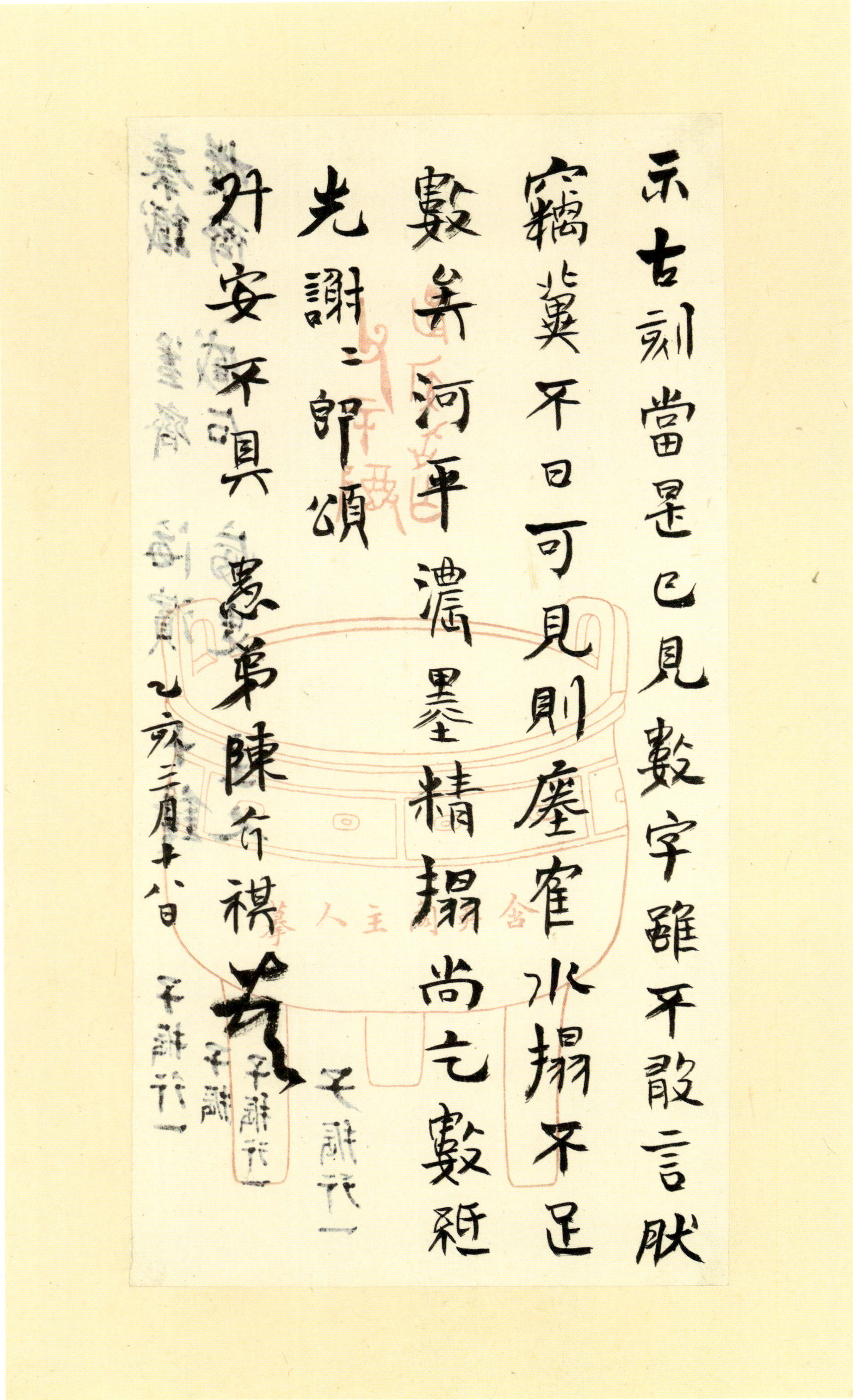

示古刻，當是已見數字，雖不敢言，然竊冀不日可見，則《瘞鶴》水拓不足數矣。《河平》濃墨精拓尚乞數紙。先謝謝。即頌升安不具。

愚弟陳介祺頓首。乙亥三月十八日[一]。

[一]此函存末頁，作於清光緒元年（一八七五）三月十八日。

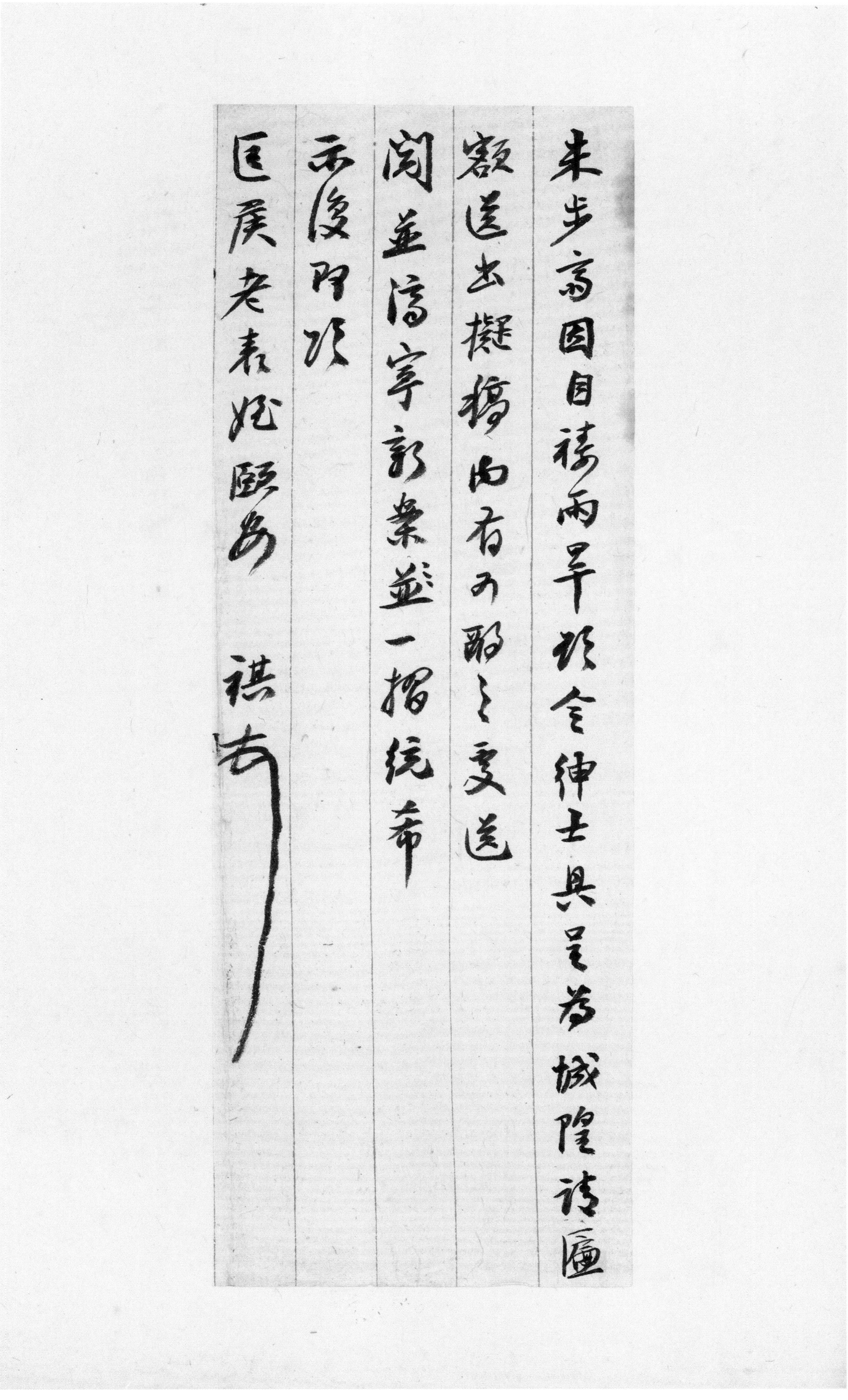

朱步齋因自禱雨旱，欲令紳士具呈爲城隍請匾額送出，擬稿内有可酌之處，送閲，并濟寧新案一摺，統希示復。即頌匡侯老表侄頤安[一]。祺頓首。

[一] 此函致郭襄之，不具年月，俟考。

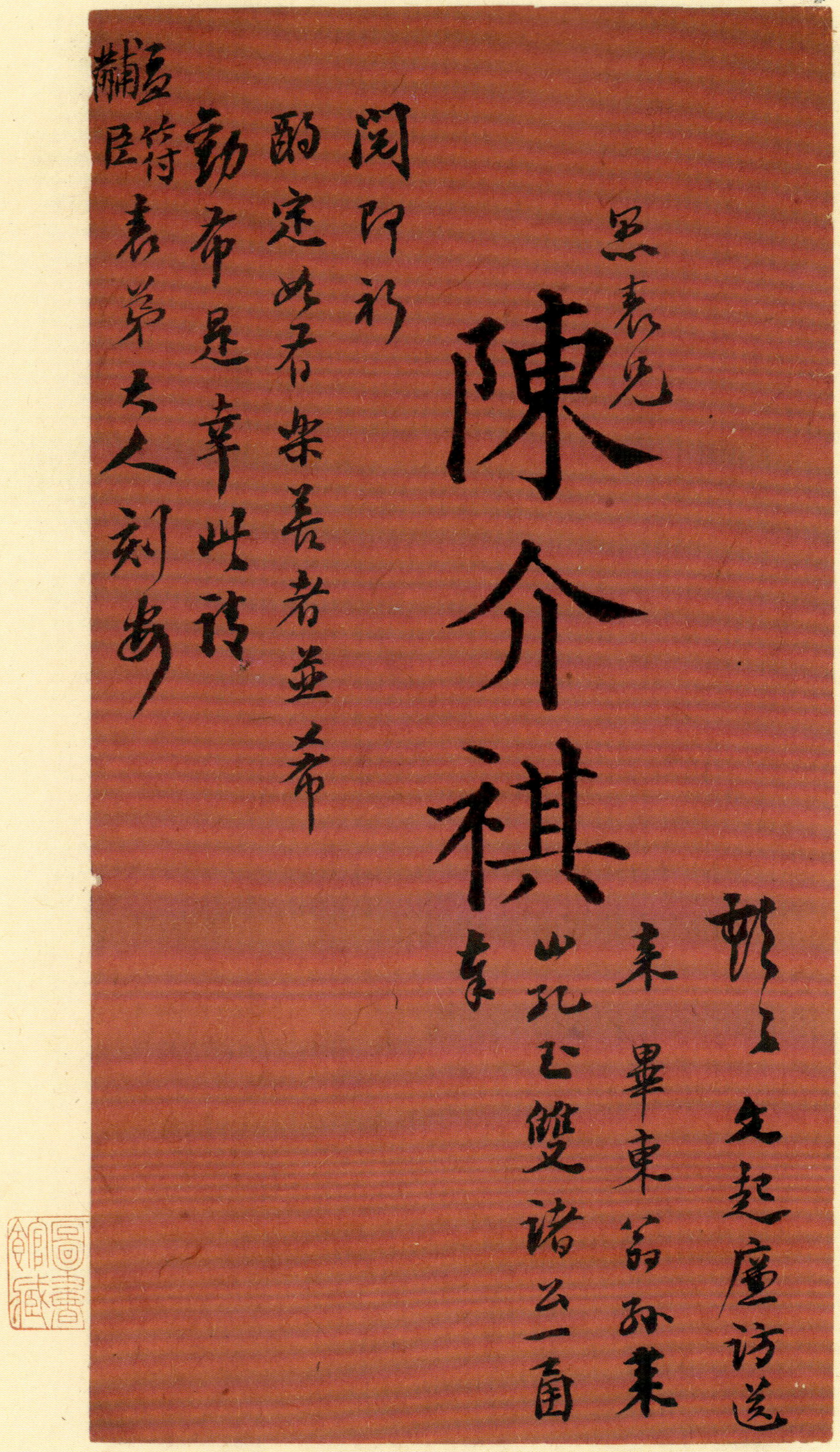
先起廬訪送
來 畢東翁所菓
山孔玉雙諸公一函
思表兄
陳介祺
閱即行
酌定此冊樂善者並希
勤布是幸此請
補臣表弟大人刻安

《陳介祺致潘祖蔭手札》四册本

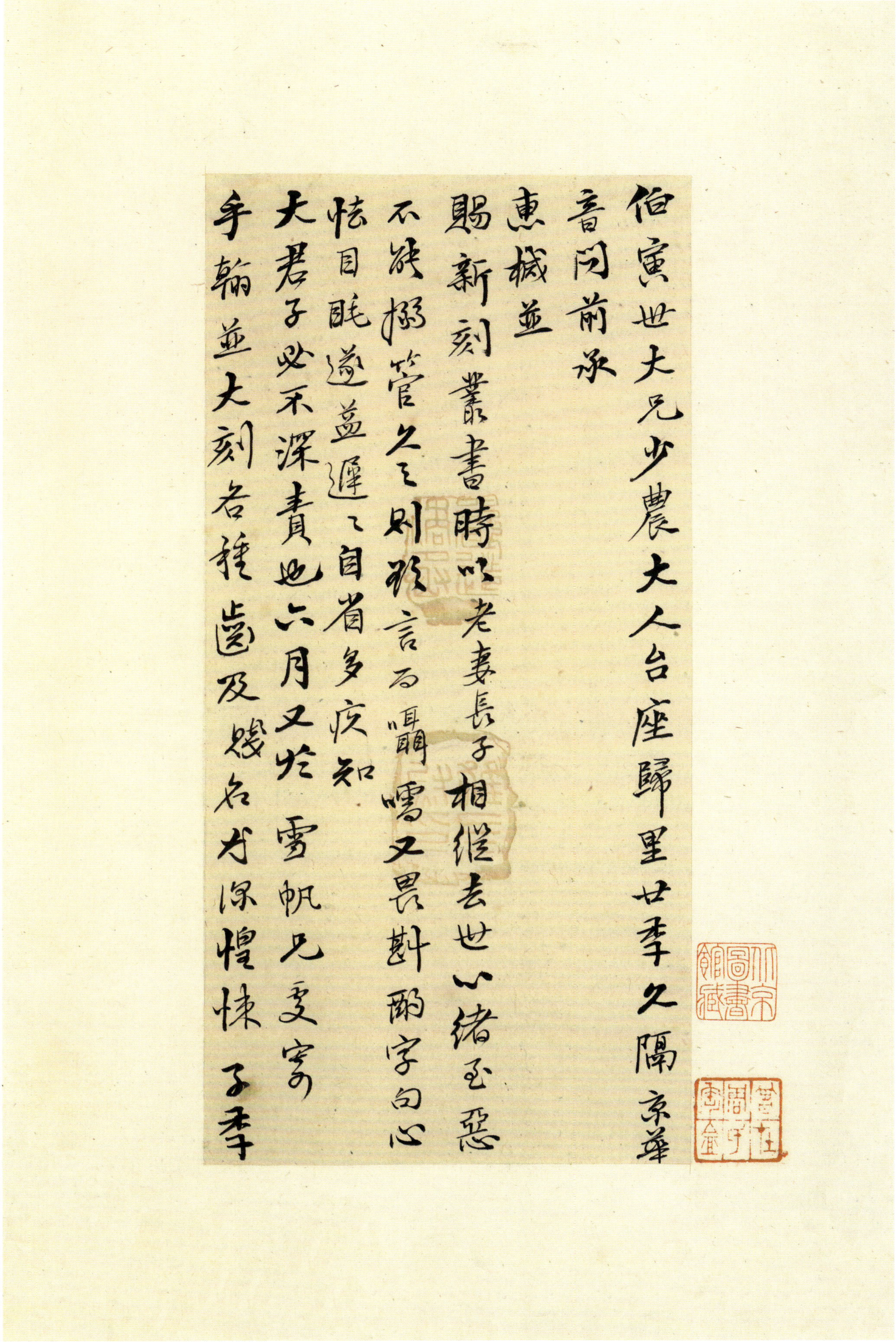

伯寅世大兄少農大人台座。歸里廿年，久隔京華音問。前承惠械并賜新刻叢書，時以老妻長子相繼去世，心緒至惡，不能搦管。久之則欲言而囁嚅，又畏斟酌字句，心怯目眊，遂益遲遲。自省多疚，知大君子必不深責也。六月又於雪帆兄處寄手翰并大刻各種，齒及賤名，尤深惶悚。子年（鈐印『曾在周氏匋盦』）

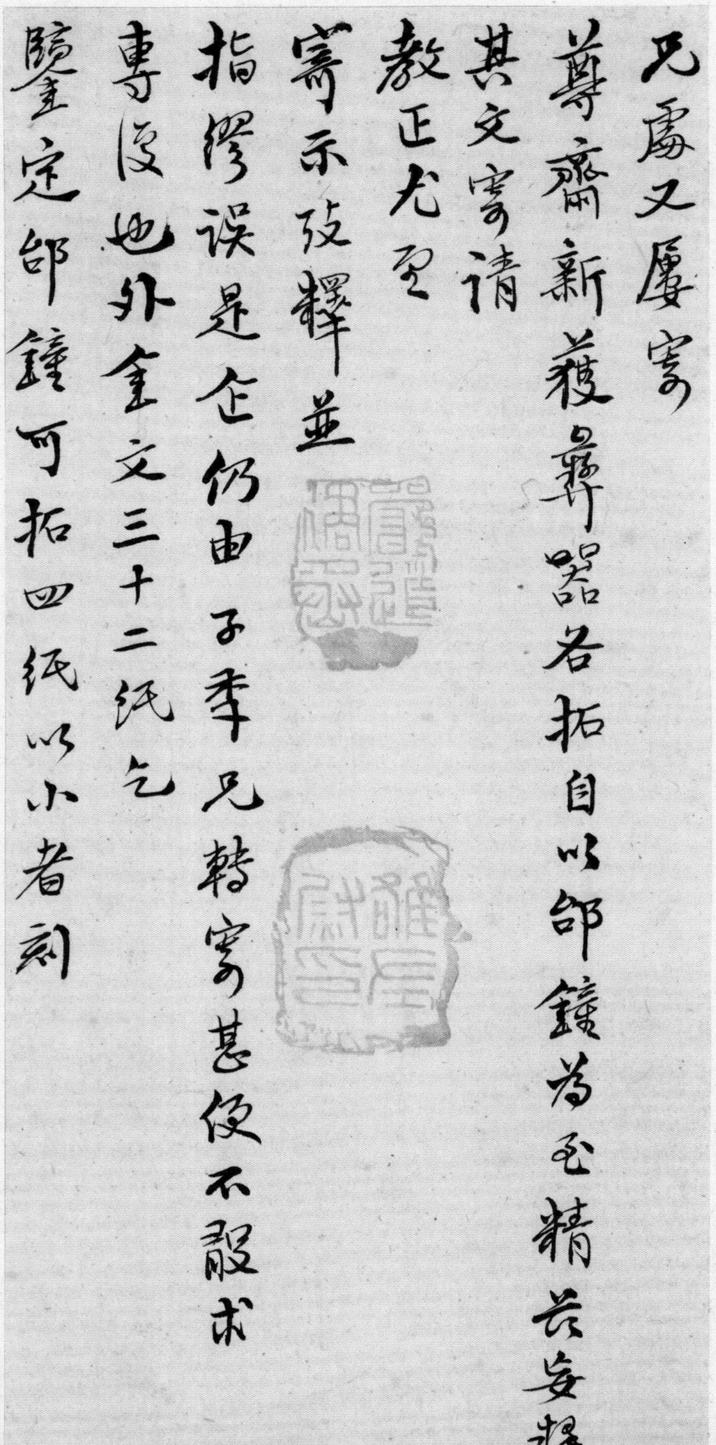

兄處又屢寄尊齋新獲彝器各拓，自以郘鐘爲至精，兹妄釋其文，寄請教正，尤望寄示考釋并指謬誤是企。仍由子年兄轉寄甚便，不敢求專復也。

外金文三十二紙乞鑒定。郘鐘可拓四紙，以小者刻

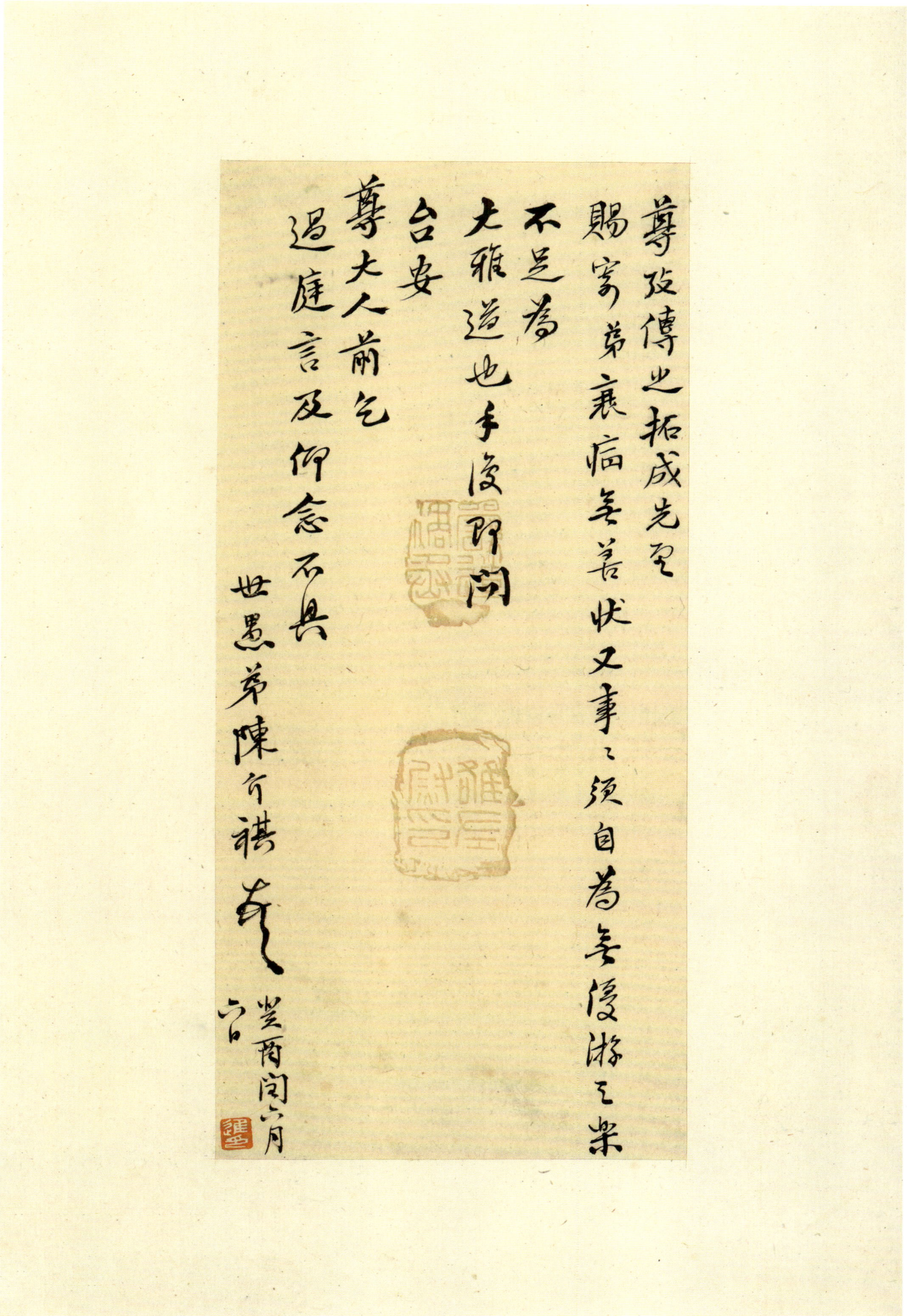

尊考傳之，拓成先望賜寄。弟衰病無善狀，又事事須自爲，無優游之樂，不足爲大雅道也。手復即問台安。尊大人前乞過庭言及仰念不具。世愚弟陳介祺頓首。癸酉閏六月六日。（鈐印『進印』）

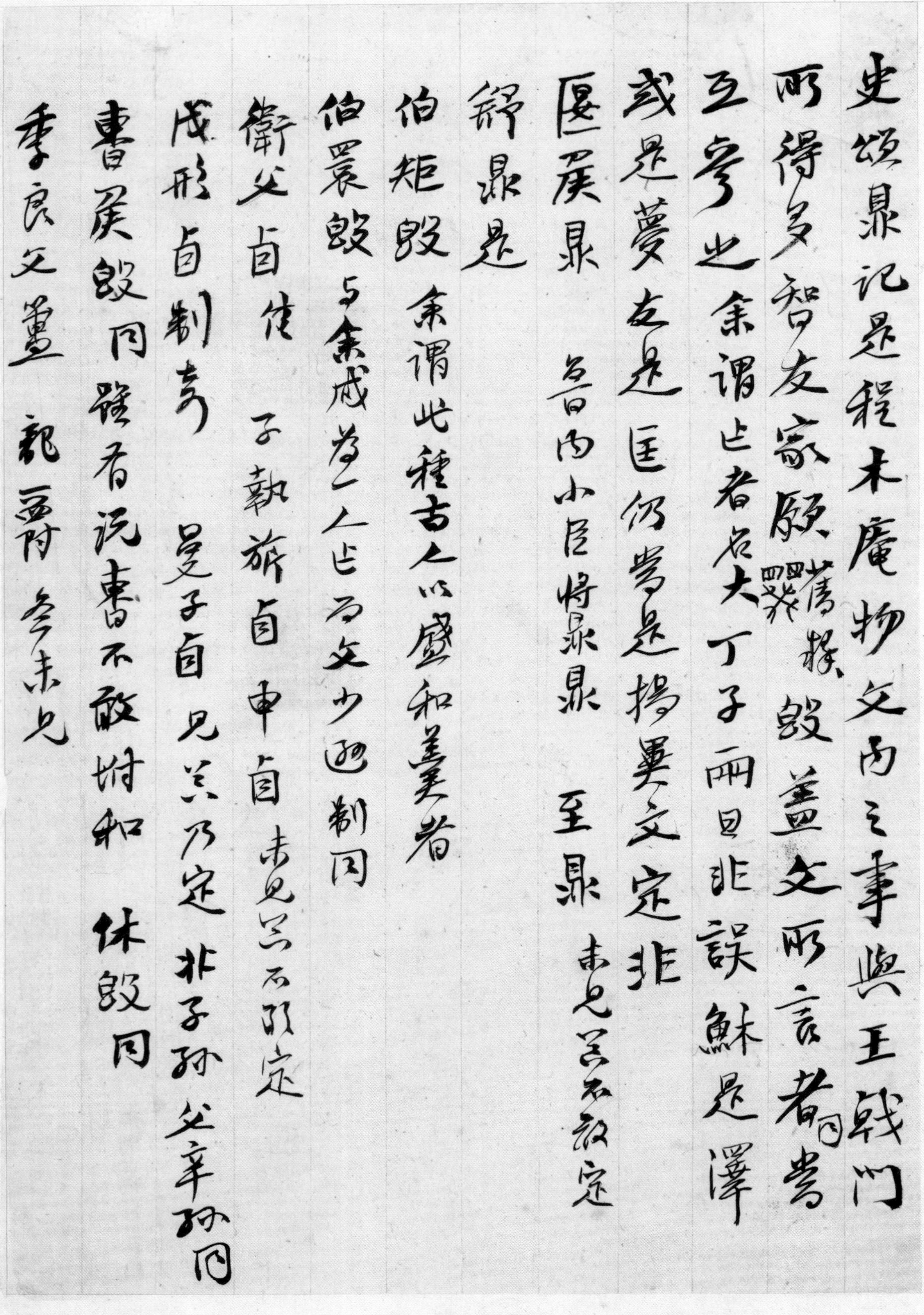

史頌鼎記是程木庵物，文内之事與王戟門所得多智友家頋舊釋嬰。簋蓋〔一〕文所言者同，當互參之。余謂作者名大。丁子兩日非誤，穌是澤或是夢，友是。匡仍當是揚异文。定非。匽侯鼎，魯内小臣鼎鼎，至鼎。未見器不敢定。舒鼎是。伯矩簋。余謂此種古人以盛和羹者。伯睘簋。與余藏爲一人作而文少遜，制同。衛父卣，佳。子執旂卣，申卣。未見器不敢定。戊形卣制奇，曼子卣。見器乃定，非子孫父辛孫同。曹侯簋，同。雖有説曹，不敢附和。休簋。同。季良父簠。龍爵。器未見。

〔一〕按：即大簋蓋，孫星衍、多智友舊藏（《攈古録》），後歸故宫，今藏國家博物館，西周晚期器，銘文一〇六字（又重文二）。

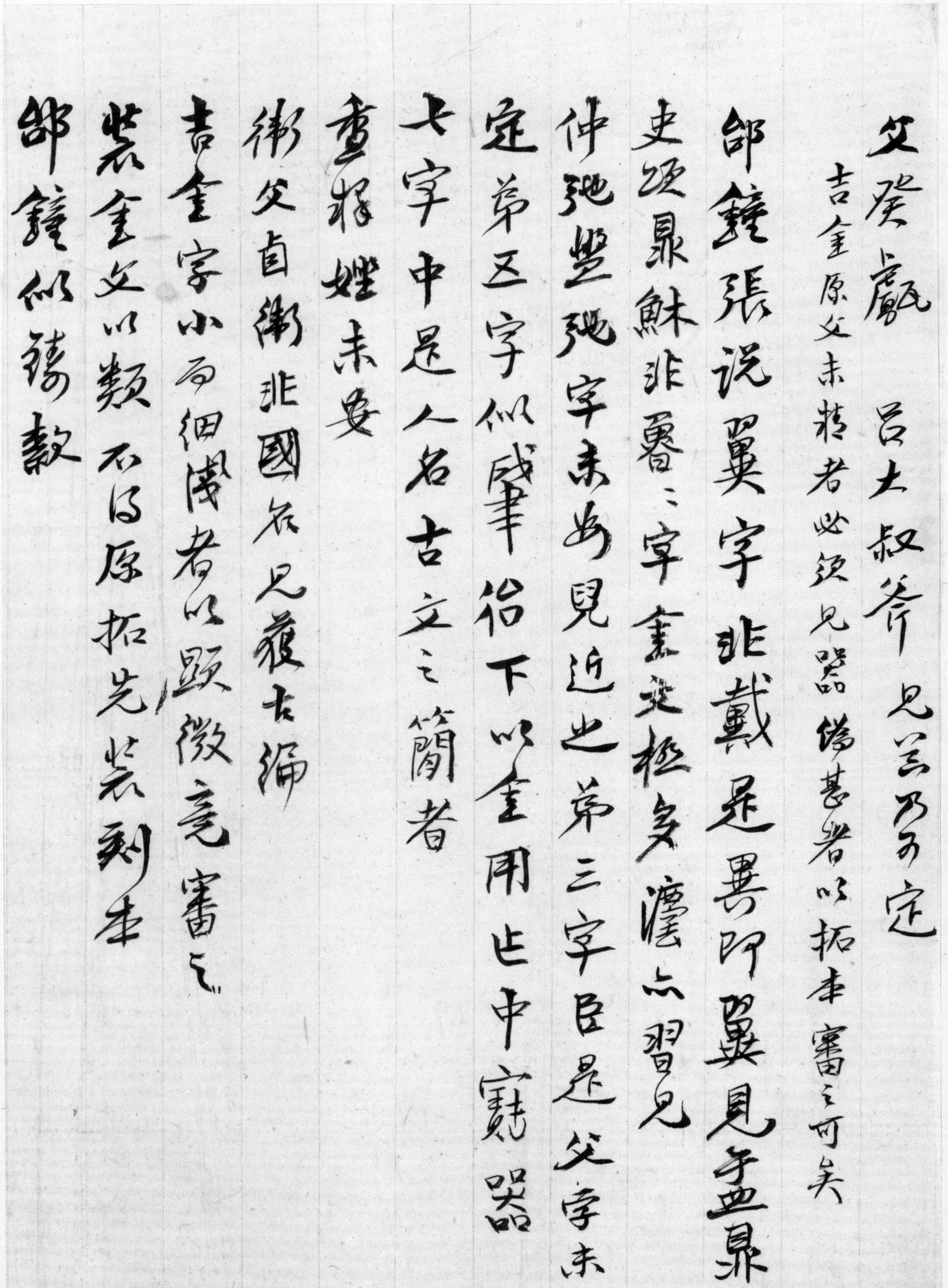

父癸甗，吕大叔斧。見器乃可定。[一]吉金原文未精者必須見器，僞甚者以拓本審之可矣。郘鐘張説翼字非戴，是。異即翼，見盂鼎。史頌鼎穌非魯，魯字金文極多，瀍亦習見。仲弛盤，弛字未安，兒近之。第三字臣是父字未定，第五字似肇。佁下『以金用作中寶器』七字，中是人名，古文之簡者。重釋姪未安。衛父卣，衛非國名，見《獲古編》。吉金字小而細淺者以顯微鏡審之。裝金文以類，不得原拓先裝刻本。郘鐘似鑄款。

[一] 以上各器可參見潘氏《攀古樓彝器款識》。

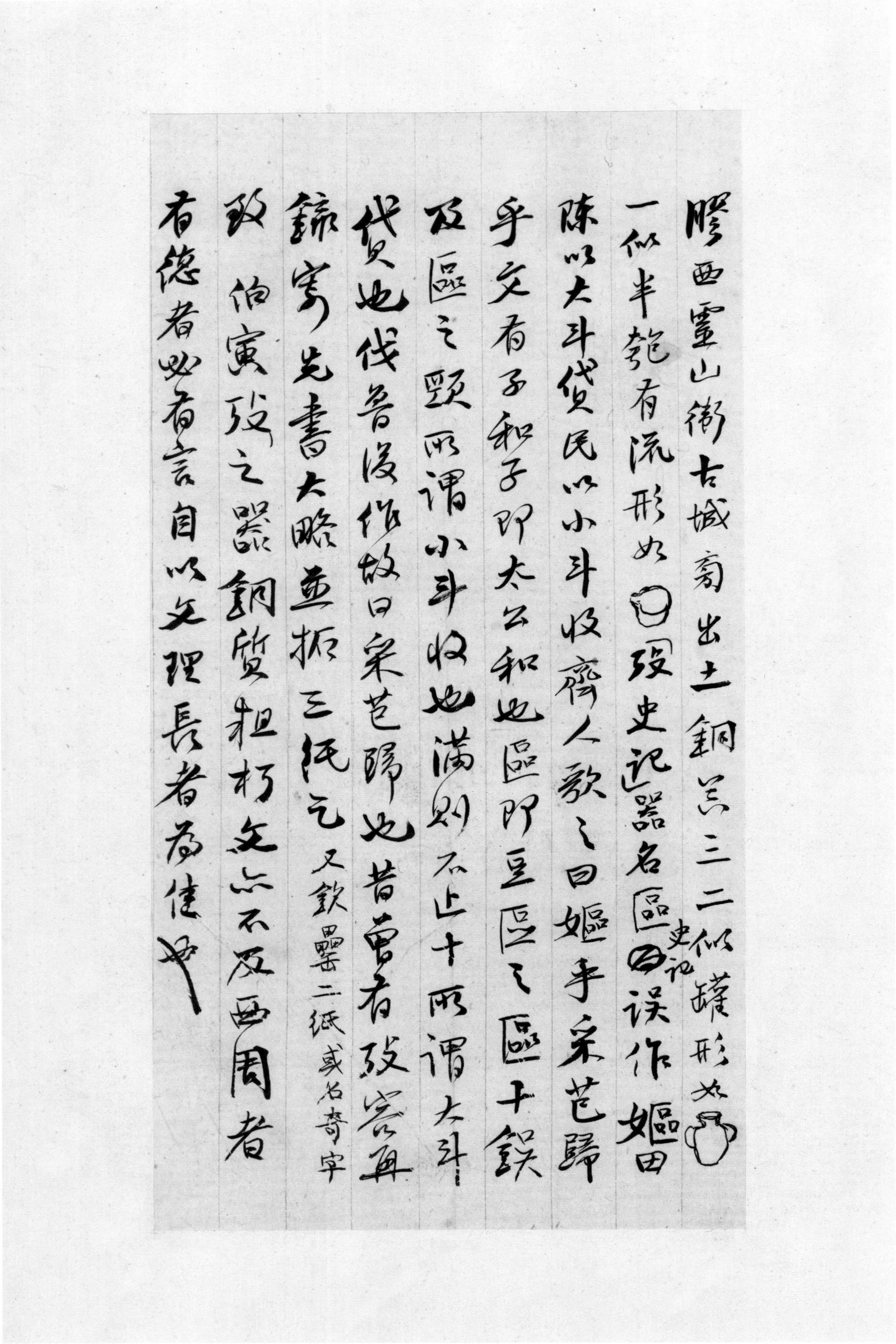

膠西靈山衛古城旁出土銅器三。二似罐，形如，一似半匏，有流，形如，器名『區』，《史記》誤作『嫗』。田陳以大斗貸民，以小斗收。齊人歌之曰：『嫗乎，采芑歸乎！』文有『子和子』，即『太公和』也。『區』即『豆區』之區。十鍥及區之頸，所謂小斗收也。

滿則不止十，所謂大斗貸也。伐魯後作，故曰采芑歸也。昔曾有考，容再録寄。先書大略，并拓三紙乞又欽罍二紙或名奇字。致伯寅考之。器銅質粗朽，文亦不及西周者，有德者必有言，自以文理長者爲佳也。

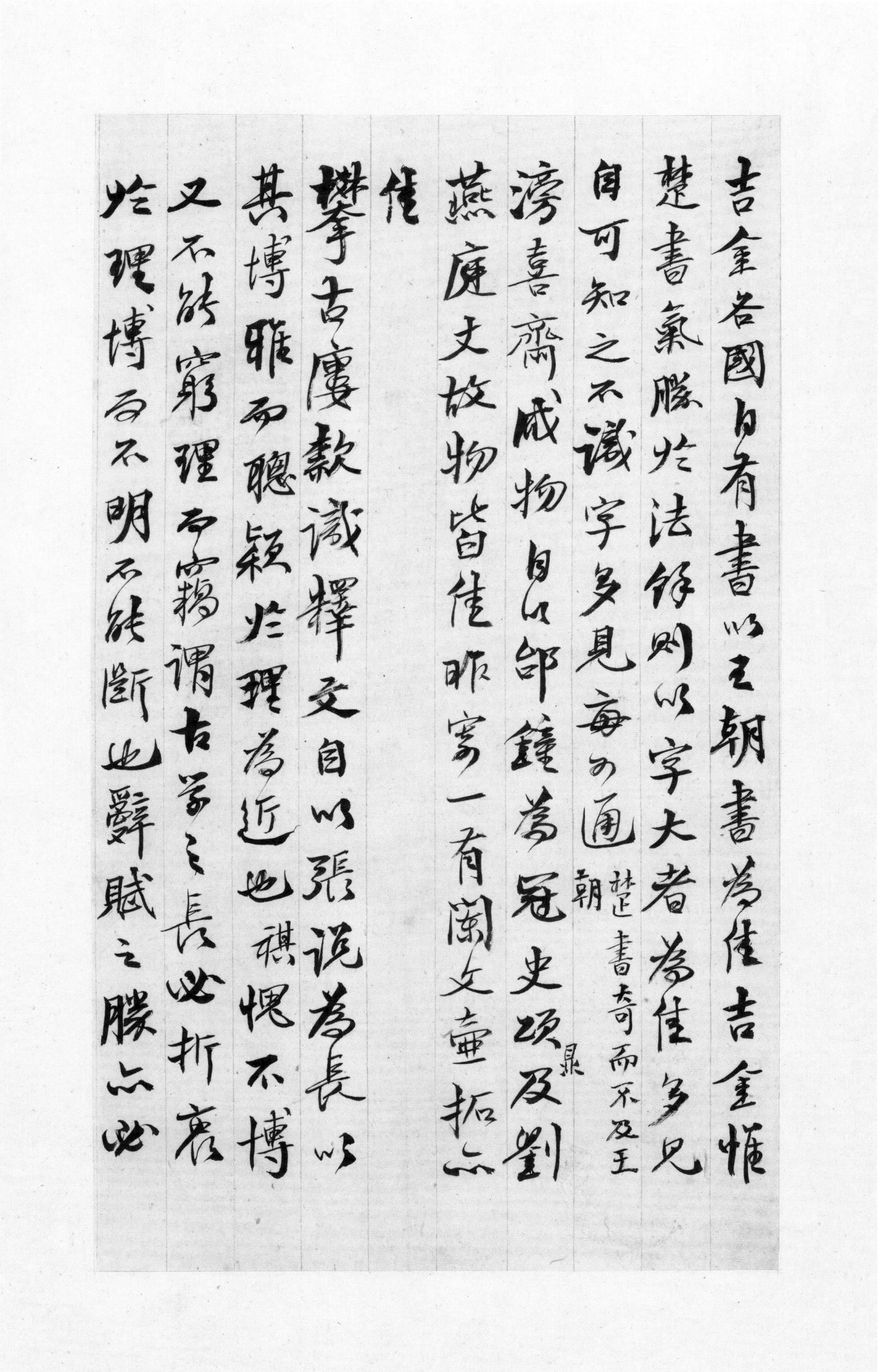

吉金各國自有書，以王朝書爲佳。吉金惟楚書氣勝於法，餘則以字大者爲佳。多見自可知之。不識字，多見每可通。楚書奇而不及王朝。滂喜齋藏物，自以邰鐘爲冠。史頌鼎及劉燕庭文故物皆佳，昨寄一有闌文壺拓亦佳。

《攀古樓款識》釋文自以張説爲長[一]，以其博雅而聰穎，於理爲近也。祺愧不博，又不能窮理，而竊謂古學之長必折衷於理，博而不明，不能斷也。辭賦之勝，亦必

[一]按：即《攀古樓彝器款識》，是书收潘祖蔭所藏商周青銅器五十件，每器都由金石学家吳大澂繪出全器圖形，附以銘文拓迹，周悦讓、張之洞、王懿榮、吳大澂、潘祖蔭分别考釋，最后由王懿榮手書上板。此張説，即指張之洞之考釋。

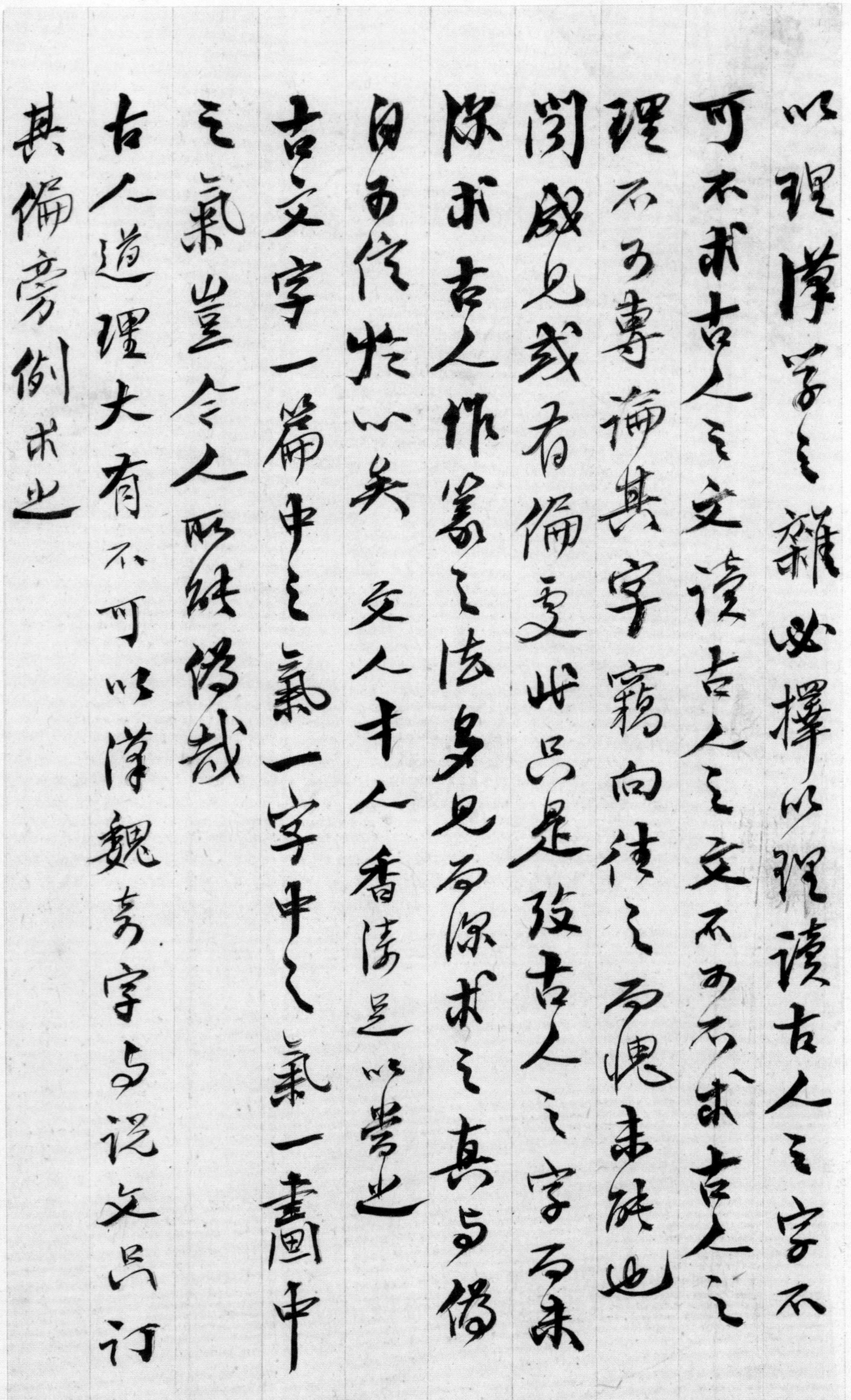

以理，漢學之雜，必擇以理。讀古人之字，不可不求古人之文。讀古人之文，不可不求古人之理，不可專論其字。竊嚮往之，而愧未能也。聞成見或有偏處，此只是考古人之字，而未深求古人作篆之法。多見而深求之，真與僞，自可信於心矣。文人才人，香濤足以當之。

古文字，一篇中之氣，一字中之氣，一畫中之氣，豈今人所能僞哉？古人道理，大有不可以漢魏奇字與《説文》只訂其偏旁例求之。

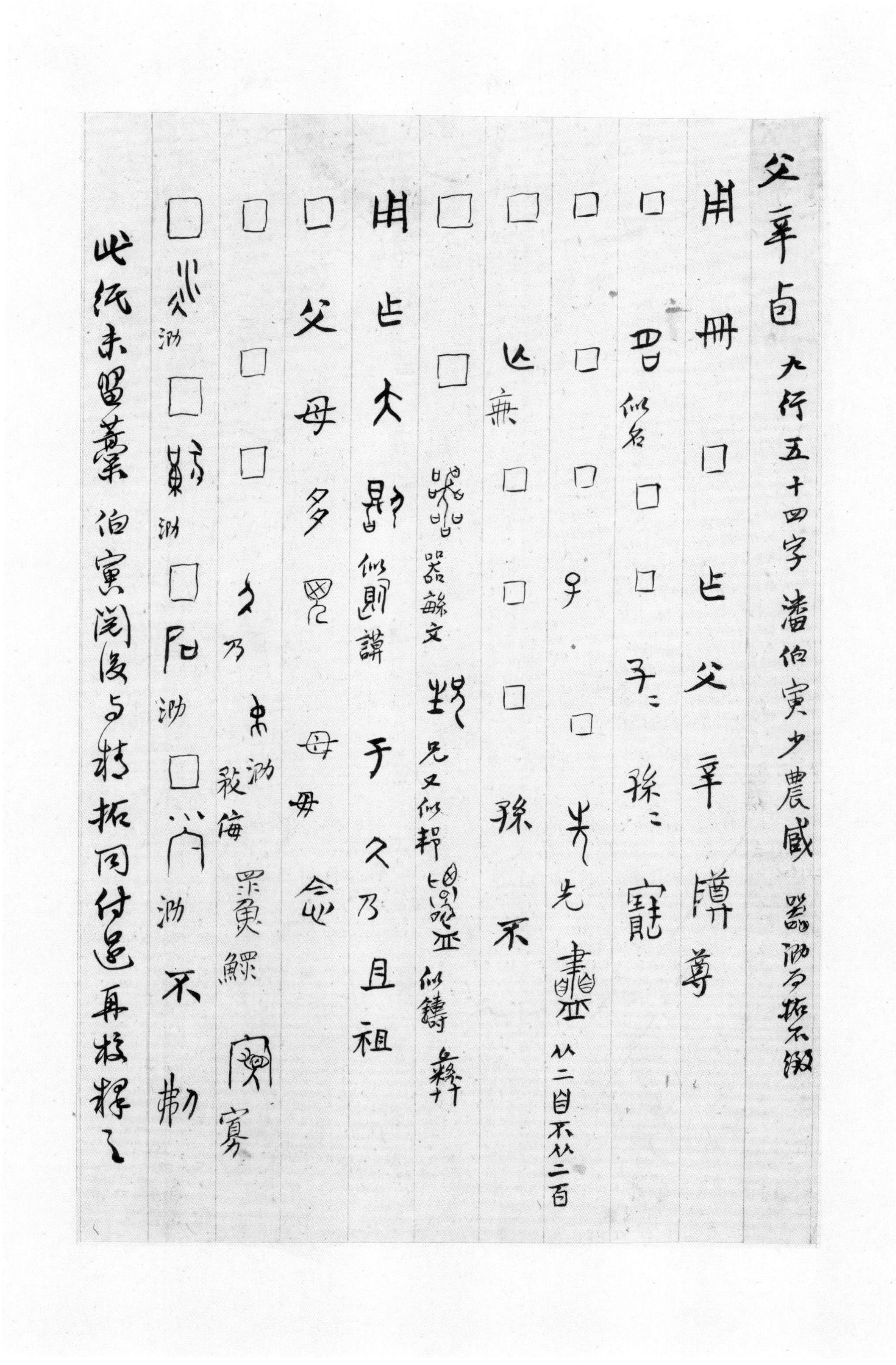

父辛卣。九行五十四字，潘伯寅少農藏，器泐而拓不緻。用册□作父辛障尊。□𠮩似名。□□子子孫孫寶□□□子□𡘲先。盡從二百不從二百。□亡無□□□孫不□□器器緐文。𢼸兄又似邦。鬲鑄似鑄。彝用作大鼎似「則」謨。于久乃。且祖。□父母多罒毋毋。

念□□□久乃。𠦝泐，務（侮）。罤鰥。寡寡。□𠔁泐。□𩇦泐。□𠃜泐。□𠆢泐。不剬

此紙未留稿，伯寅閱後與精拓同付還再校釋之。

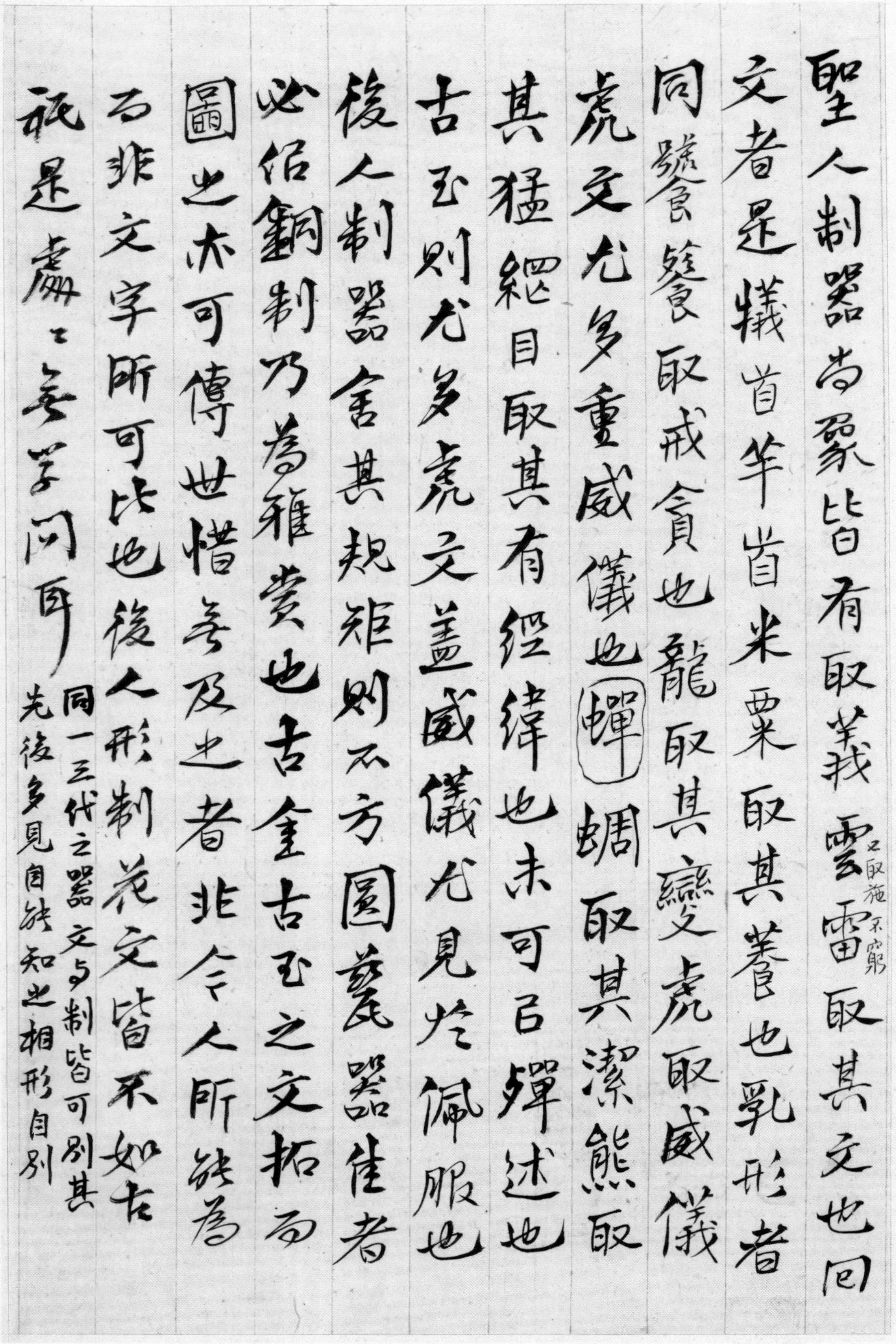

聖人制器尚象，皆有取義，又取施不窮。雲雷取其文也，回文者是犧首、羊首。米粟取其養也。乳形者同饕餮，取戒貪也。龍取其變，虎取威儀。虎文尤多重威儀也。蜩取其潔，熊取其猛，網目取其有經緯也。未可以殫述也。古玉則尤多虎文，蓋威儀尤見於佩服也。

後人制器，捨其規矩則不方圓。瓷器佳者，必似銅制乃爲雅賞也。古金古玉之文拓而圖之，亦可傳世，惜無及之者，非今人所能爲而非文字所可比也，後人形制花文皆不如古，祇是處處無學問耳。同一三代之器，文與制皆可別其先後，多見自能知之。相形自別。

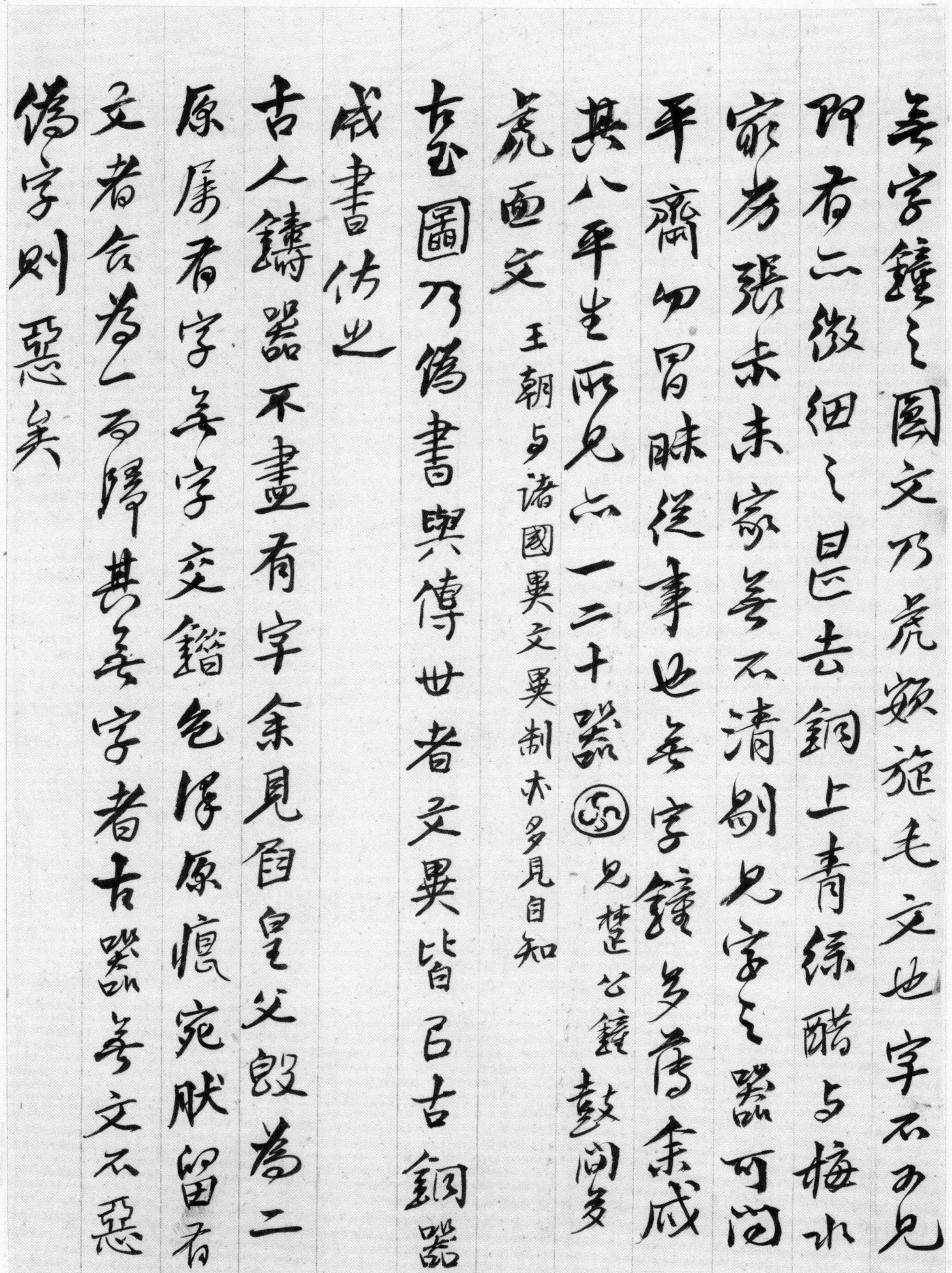

無字鐘之圓文，乃虎額旋毛文也。字不可見，即有亦微細之甚。去銅上青緑，醋與梅水最劣，張叔未家無不清剔見字之器，可問平齋，勿冒昧從事也。無字鐘多薄，余藏其八。平生所見亦一二十器。見楚公鐘。鼓間多虎面文。王朝與諸國异文异制，亦多見自知。

《古玉圖》乃僞書，與傳世者文异，皆以古銅器成書仿之。古人鑄器不盡有字。余見函皇父簋爲二，原屬有字無字交錯，色澤原痕宛然，留有文者合爲一，而歸其無字者。古器無文不惡，僞字則惡矣。

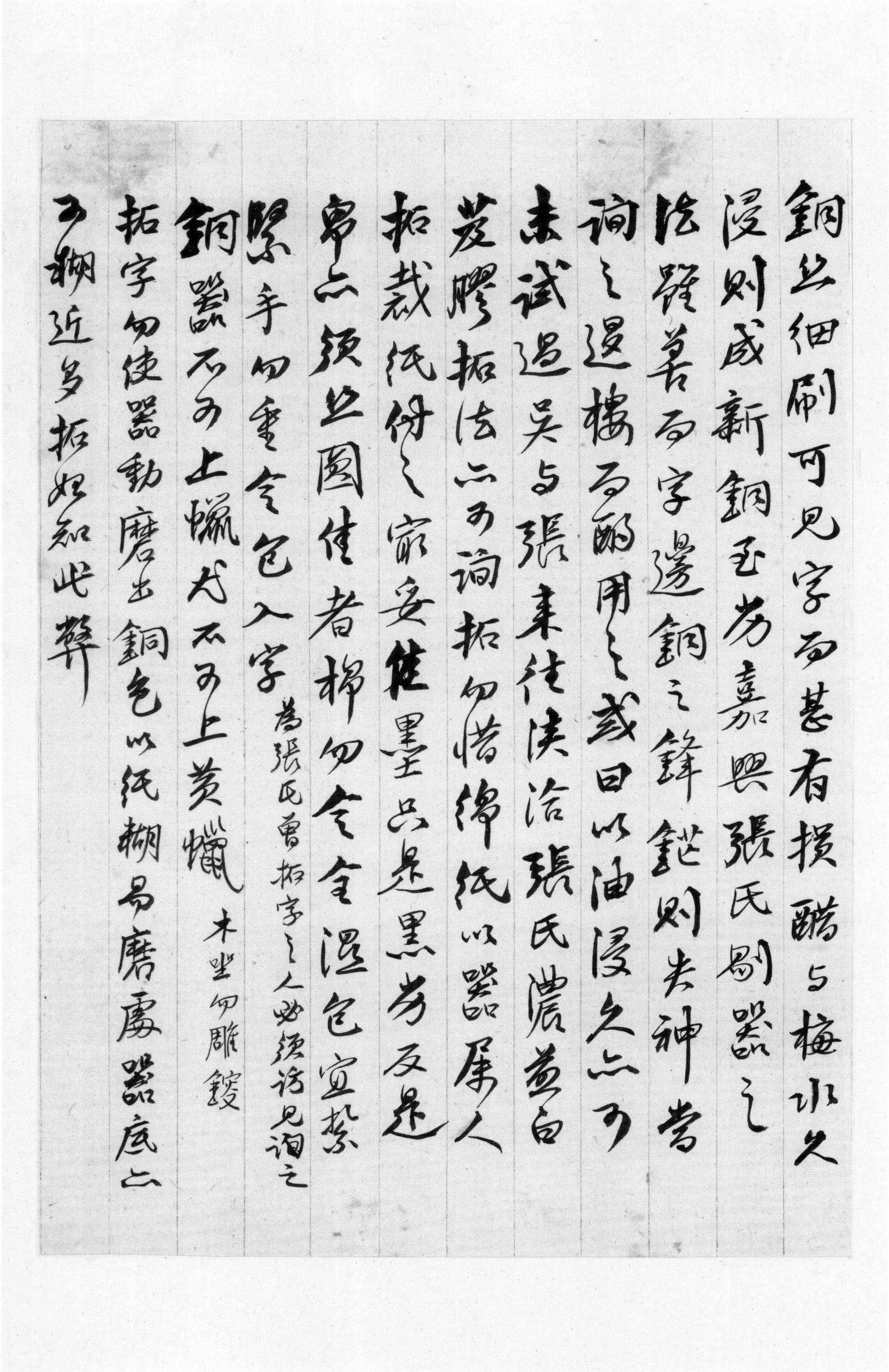

銅絲細刷，可見字而甚有損；醋與梅水久浸，則成新銅，至劣。嘉興張氏剔器之法雖善，而字邊銅之鋒芒則失神，當詢之退樓而酌用之。或曰以油浸久亦可。未試過。吳與張來往浹洽，張氏濃煎白芨膠拓法，亦可詢。拓勿惜綿紙。以器屬人拓，裁紙付之，最妥。佳墨只是黑，劣反是。帛亦須絲圓佳者。棉勿令全濕，包宜扎緊，手勿重，令包入字。爲張氏曾拓字之人，必須訪見詢之。

銅器不可上蠟，尤不可上黄蠟。木座勿雕鏤。

拓字勿使器動，磨出銅色，以紙糊易磨處，器底亦可糊，近多拓，始知此弊。

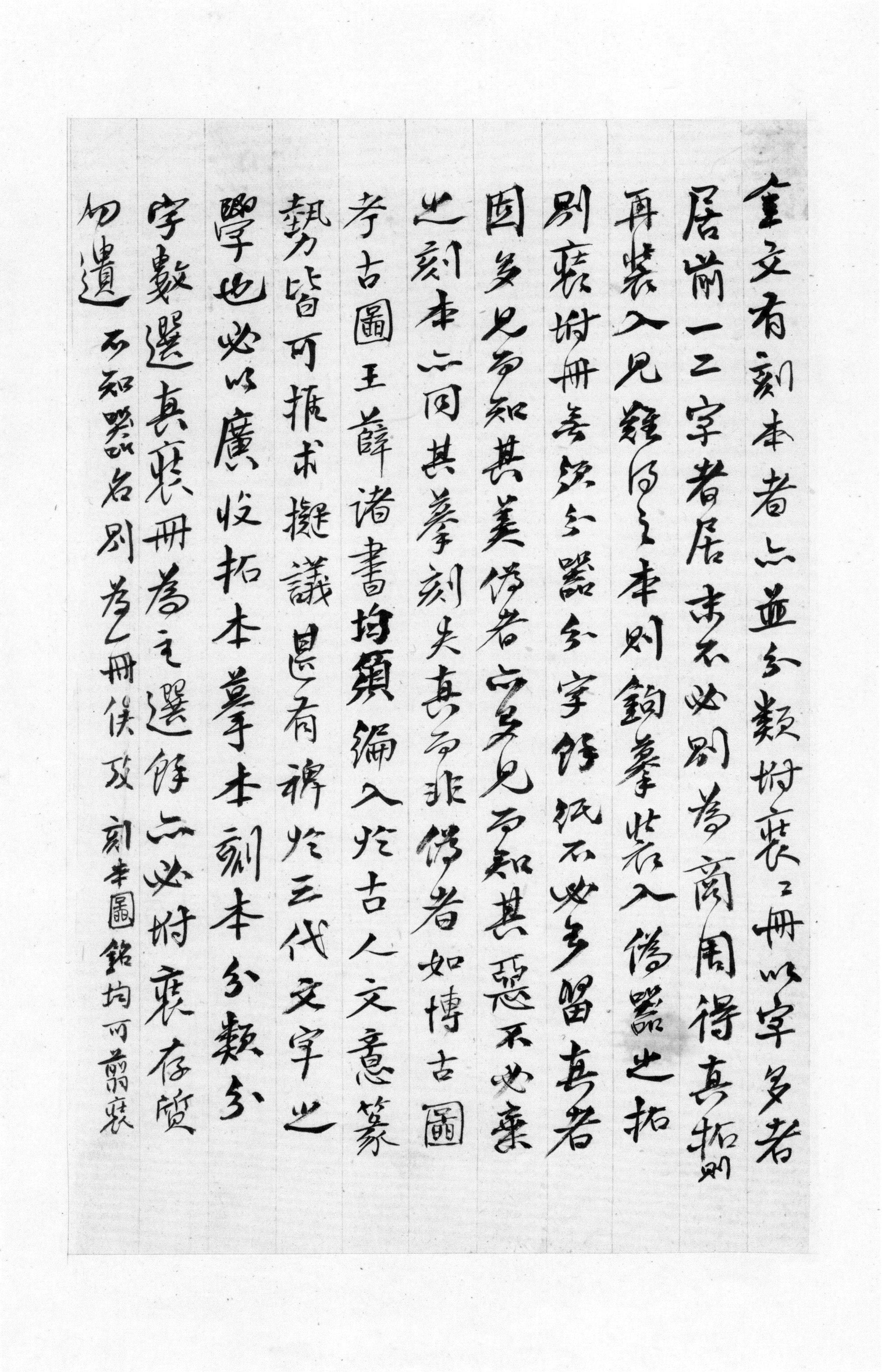

金文有刻本者亦並分類裝冊以字多者居前一二字者居末不必別爲商周得真拓則再裝入見難得之本則鈎摹裝入僞器之拓別裝附冊無須分器分字餘紙不必多留真者固多見而知其美僞者亦多見而知其惡不必棄之刻本亦同其摹刻失真而非僞者如博古圖考古圖王薛諸書均須編入於古人文意篆勢皆可推求擬議甚有裨於三代文字之學也必以廣收拓本摹本刻本分類分字數選真裝冊爲主選餘亦必附裝存質勿遺 不知器名別爲一冊俟考 刻本圖銘均可翦裝

金文有刻本者，亦并分類附裝。裝册以字多者居前，一二字者居末，不必别爲商周。得真拓則再裝入，見難得之本，則鈎摹裝入，僞器之拓，别裝附册，無須分器分字。餘紙不必多留。真者固多見而知其美，僞者亦多見而知其惡，不必弃之。刻本亦同。其摹刻失真而非僞者，如《博古圖》《考古圖》。王、薛諸書[一]均須編入，於古人文意篆勢皆可推求擬議，甚有裨於三代文字之學也。必以廣收拓本、摹本、刻本，分類分字數選真裝册爲主。選餘亦必附裝存質勿遺。不知器名别爲一册俟考，刻本圖銘均可翦裝。

[一] 按：即王俅《嘯堂集古録》、薛尚功《歷代鐘鼎彝器款識法帖》兩書。

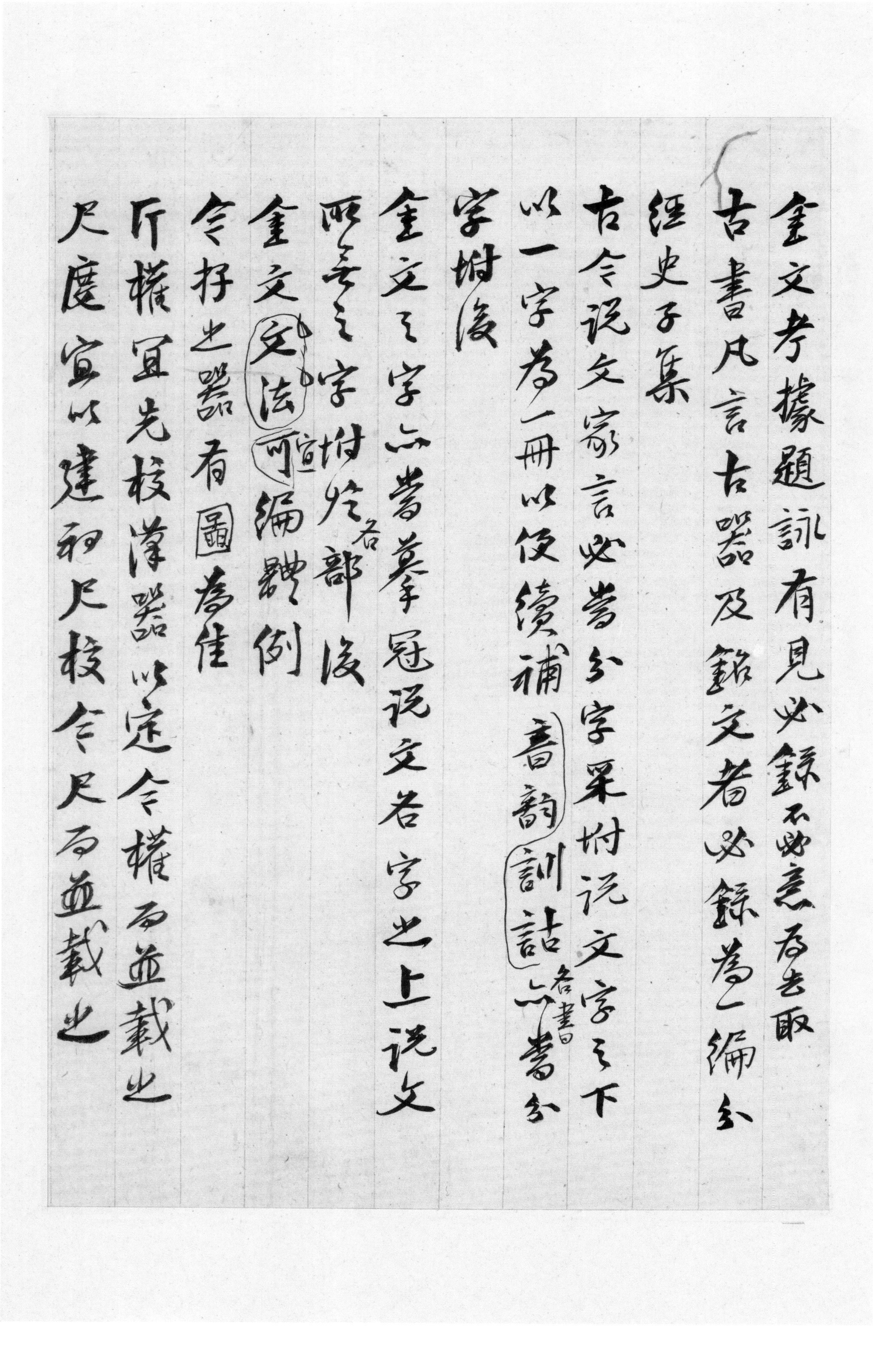

金文考據題咏有見必録，不必意爲去取。　古書凡言古器及銘文者必録爲一編，分經史子集。　古今説文家言，必當分字采附《説文》字之下。以一字爲一册，以便續補。　訓詁、音韻各書，亦當分字附後。　金文之字亦當摹冠《説文》各字之上。《説文》所無之字，附於各部後。　金文文法宜編體例。　今存之器，有圖爲佳。　斤權宜先校漢器以定今權而并載之。　尺度宜以建初尺校今尺而并載之。

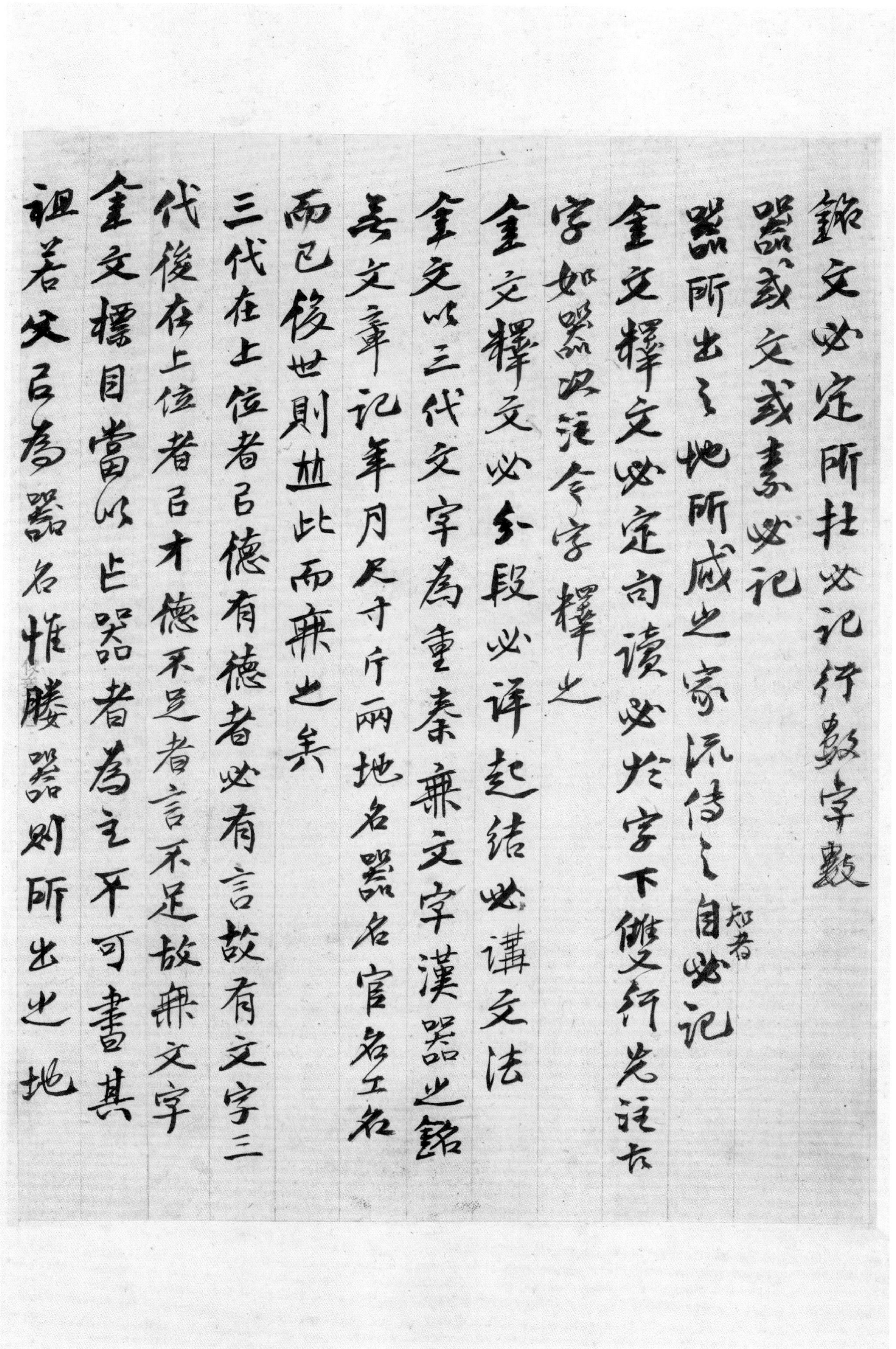

銘文必定所在必記行數字數
器或文或素必記
器所出之地所藏之家流傳之自知者必記
金文釋文必定句讀必於字下雙行先注古
字如器必注今字釋之
金文釋文必分段必詳起結必講文法
金文以三代文字爲重秦無文字漢器之銘
無文章記年月尺寸斤兩地名器名官名工名
而已後世則并此而無之矣
三代在上位者以德有德者必有言故有文字三
代後在上位者以才德不足者言不足故無文字
金文標目當以作器者爲主不可書其
祖若父以爲器名惟滕器則所出之地

銘文必定所在，必記行數字數。　器或文或素必記。　器所出之地、所藏之家、流傳之自，知者必記。　金文釋文必定句讀，必於字下雙行先注古字如器，次注今字釋之。　金文釋文必分段，必詳起結，必講文法。　金文以三代文字爲重。秦無文字。漢器之銘無文章，記年月、尺寸、斤兩、地名、器名、官名、工名而已。後世則并此而無之矣。　三代在上位者以德。有德者必有言，故有文字。三代後在上位者以才，德不足者言不足，故無文字。　金文標目當以作器者爲主，不可書其祖若父以爲器名。惟滕器則所出之地

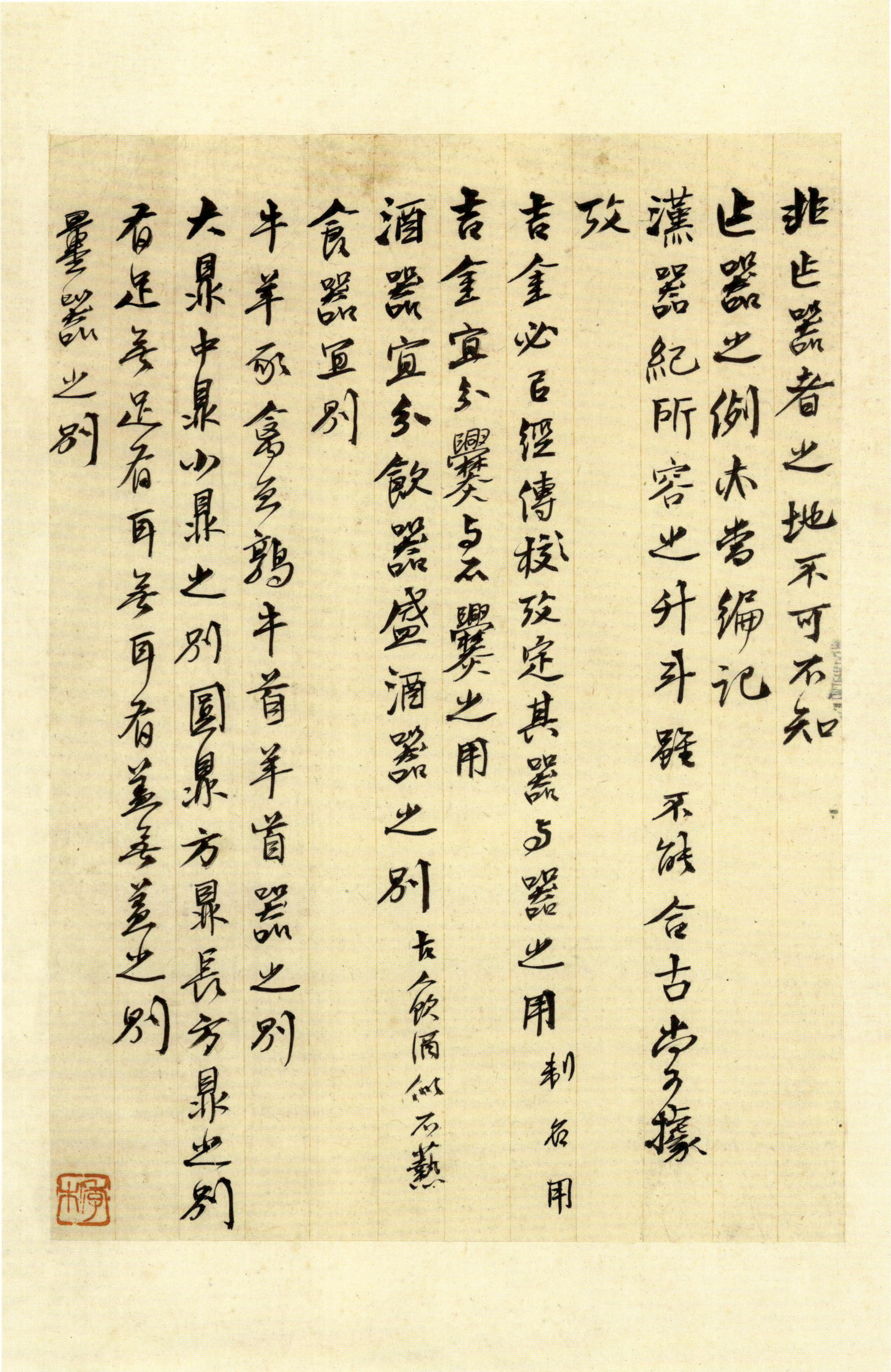

非作器者之地，不可不知。作器之例亦當編記。漢器紀所容之升斗，雖不能合古，尚可據考。吉金必以經傳考定其器與器之用。制、名、用。吉金宜分彝與不彝之用。酒器宜分飲器、盛酒器之別。古人飲酒似不熱。食器宜別。牛、羊、豕、禽、鱼、鶉、牛首、羊首器之別。大鼎、中鼎、小鼎之別，圓鼎、方鼎、長方鼎之別。有足、無足，有耳、無耳，有蓋、無蓋之別。量器之別。[一]（鈐印『季木』）

[一] 此時潘祖蔭在編纂《攀古樓彝器款識》，陳氏指出了編纂青銅器銘文拓本及圖像目録在體例上需要注意的各種事項。

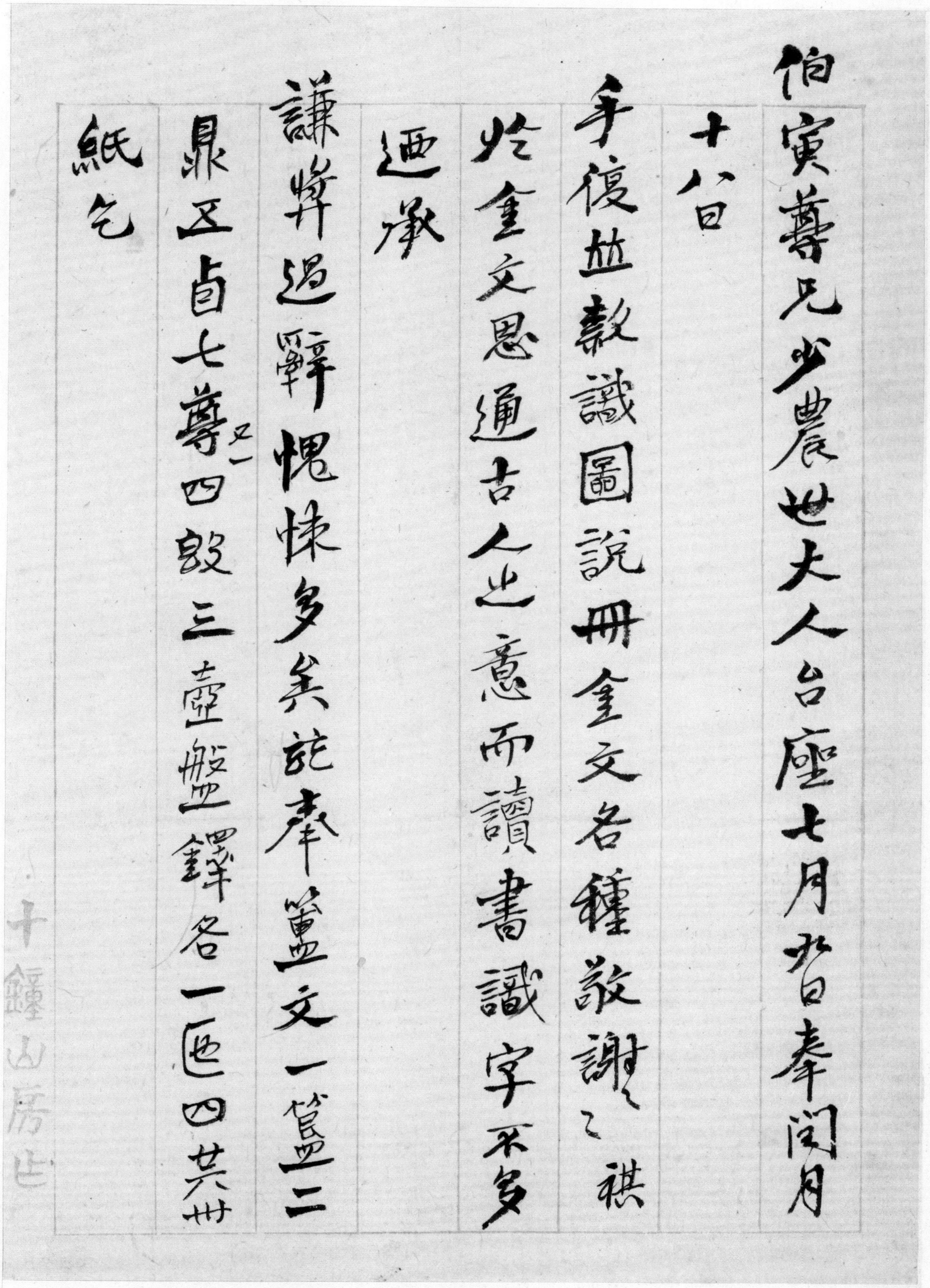
伯寅尊兄少農世大人台座七月九日奉閏月
十八日
手復并款識圖說册金文各種敬謝〻祺
於金文思通古人之意而讀書識字不多
迺承
謙獎過辭愧悚多矣茲奉簠文一簋二
鼎五卣七尊四又一敦三壺盤鐸各一匜四共卌
紙乞

伯寅尊兄少農世大人台座。七月九日奉閏月十八日手復并款識圖説册[一]金文各種，敬謝敬謝。祺於金文思通古人之意，而讀書識字不多。迺承謙獎過辭，愧悚多矣。茲奉簠文一、簋二、鼎五、卣七、尊四（又一）、簋三、壺盤鐸各一、匜四，共卌紙，乞

[一] 按：即《攀古樓彝器款識》的圖像與釋文解說。

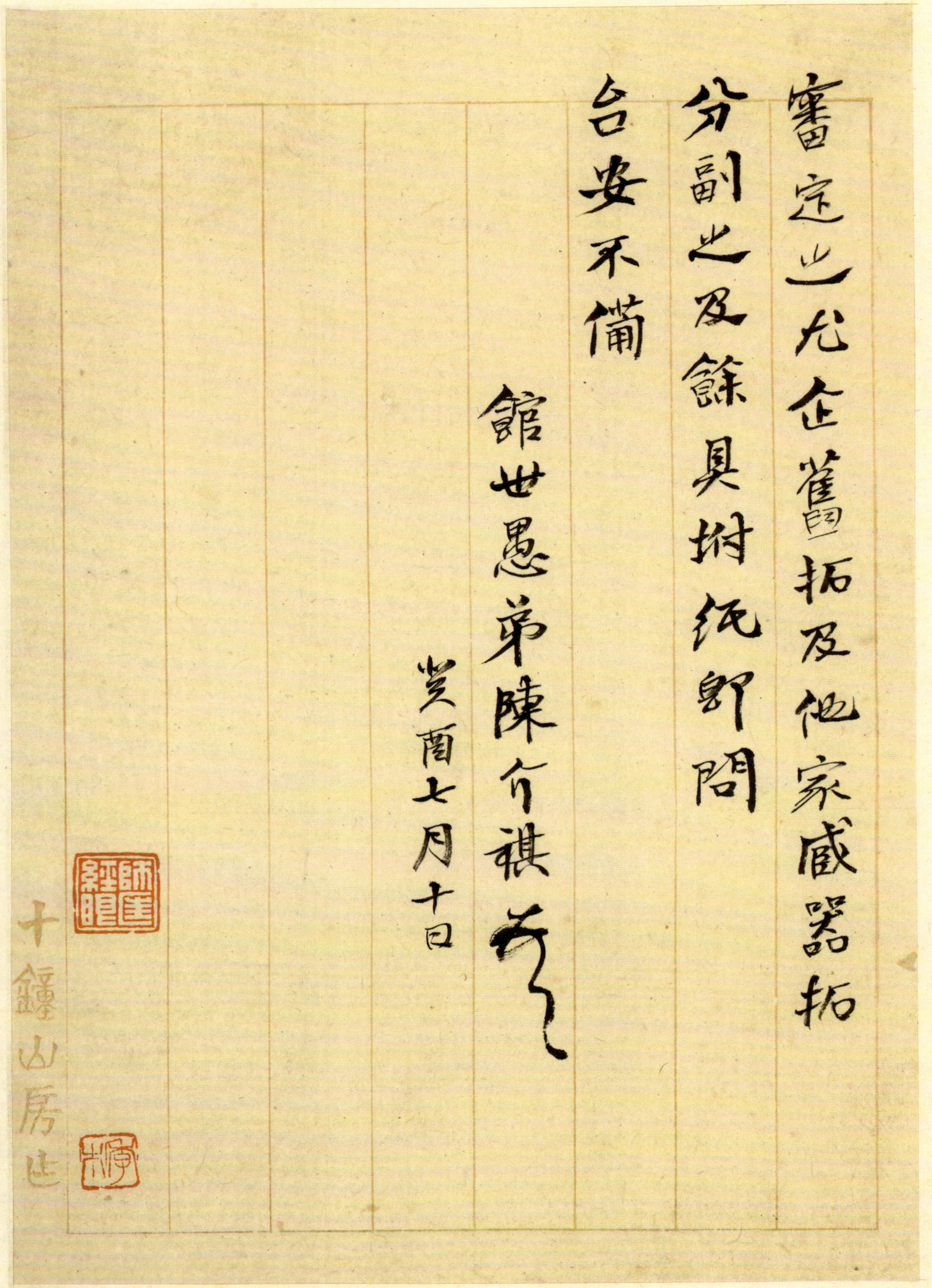
審定之尤企舊拓及他家藏器拓
分副之及餘具附紙即問
台安不備
館世愚弟陳介祺頓首
癸酉七月十日
十鐘山房

審定之。尤企舊拓及他家藏器拓分副之及。餘具附紙。即問台安不備。
館世愚弟陳介祺頓首。癸酉七月十日。（鈐印『師匡經眼』『季木』）

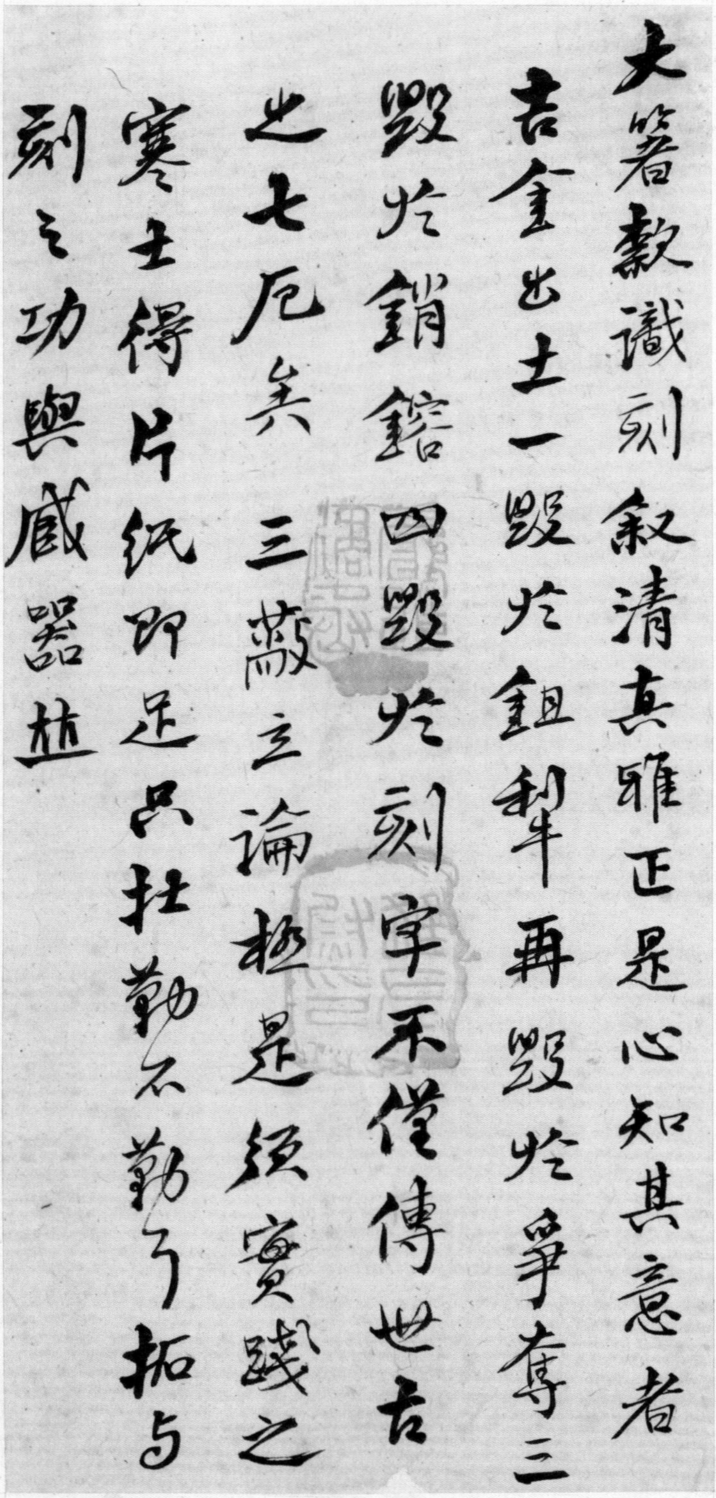
大著款識刻叙清真雅正是心知其意者
吉金出土一毁於鉏犁再毁於争奪三
毁於銷鎔四毁於刻字不僅傳世古
之七厄矣 三蔵立論極是須實踐之
寒士得片紙即足只在勤不勤耳拓与
刻之功與藏器并

大著款識刻叙清真雅正，是心知其意者。吉金出土，一毀於鉏犁，再毀於争奪，三毀於銷鎔，四毀於刻字，不僅傳世古之七厄矣。〔一〕三蔽立論極是，須實踐之。寒士得片紙即足，只在勤不勤耳。拓與刻之功，與藏器并。

〔一〕按：潘祖蔭在《攀古樓彝器款識》自序中將古青銅器之消亡總結爲「七厄」，是最早歸納我國古代銅質文物消亡歷史的學者。

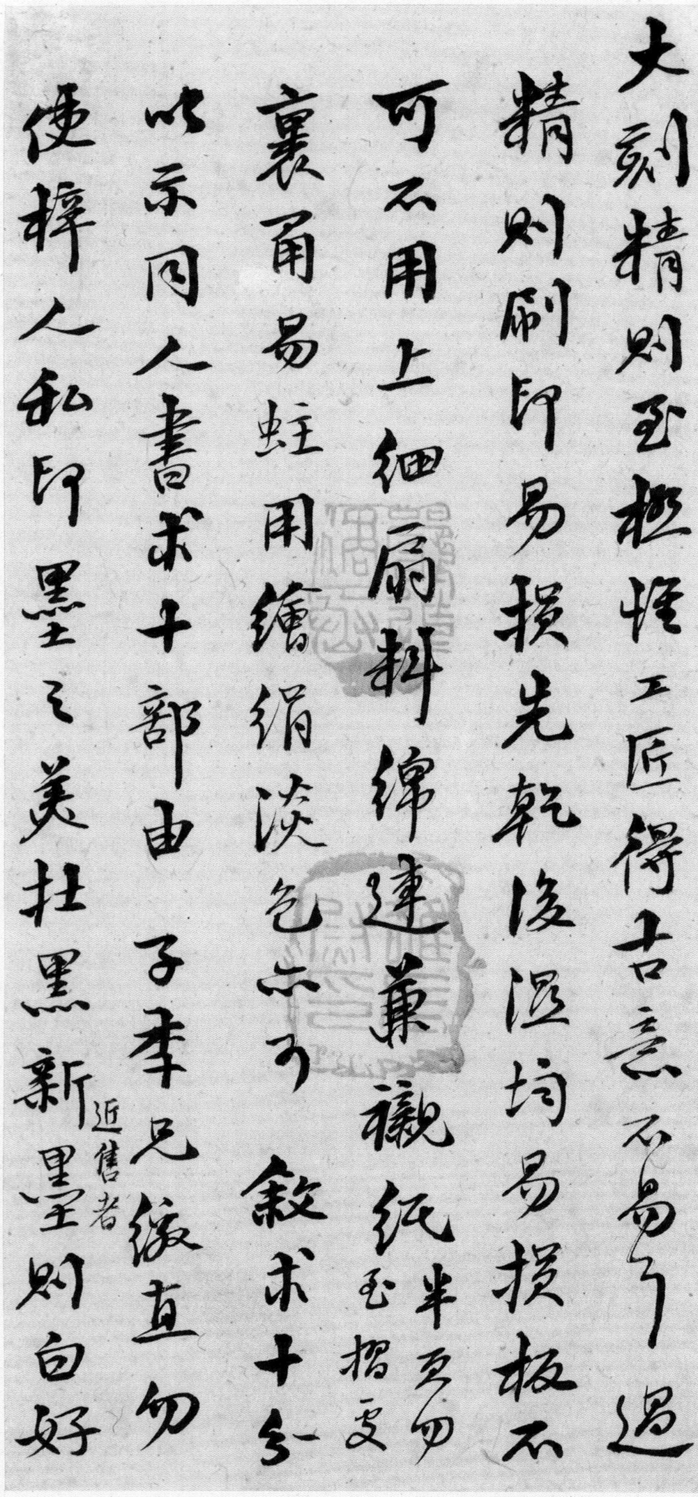

大刻精則至極。惟工匠得古意不易耳。過精則刷印易損，先乾後濕，均易損板。不可不用上細扇料綿連兼襯紙。半頁勿至摺處。裹角易蛀，用繪絹淡色亦可。叙求十份以示同人。書求十部，由子年兄繳值，勿使梓人私印。墨之美在黑。新墨近售者，則白。好

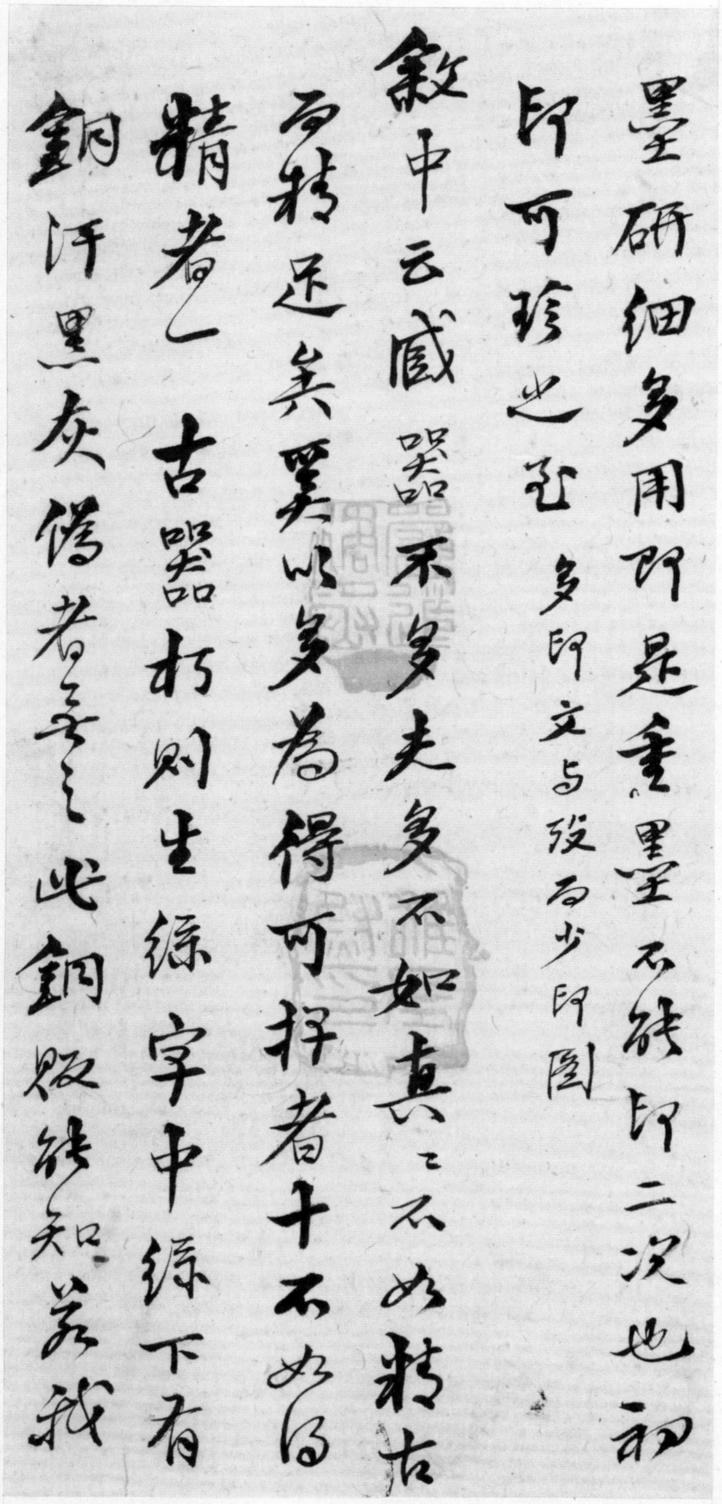

墨研細多用，即是重墨，不能印二次也。初印可珍之至。多印文與考，而少印圖。

叙中云藏器不多。夫多不如真，真不如精，古而精足矣。奚以多爲？

得可存者十，不如得精者一。古器朽則生緑，字中緑下有銅汚黑灰，僞

者無之。此銅販能知。若我

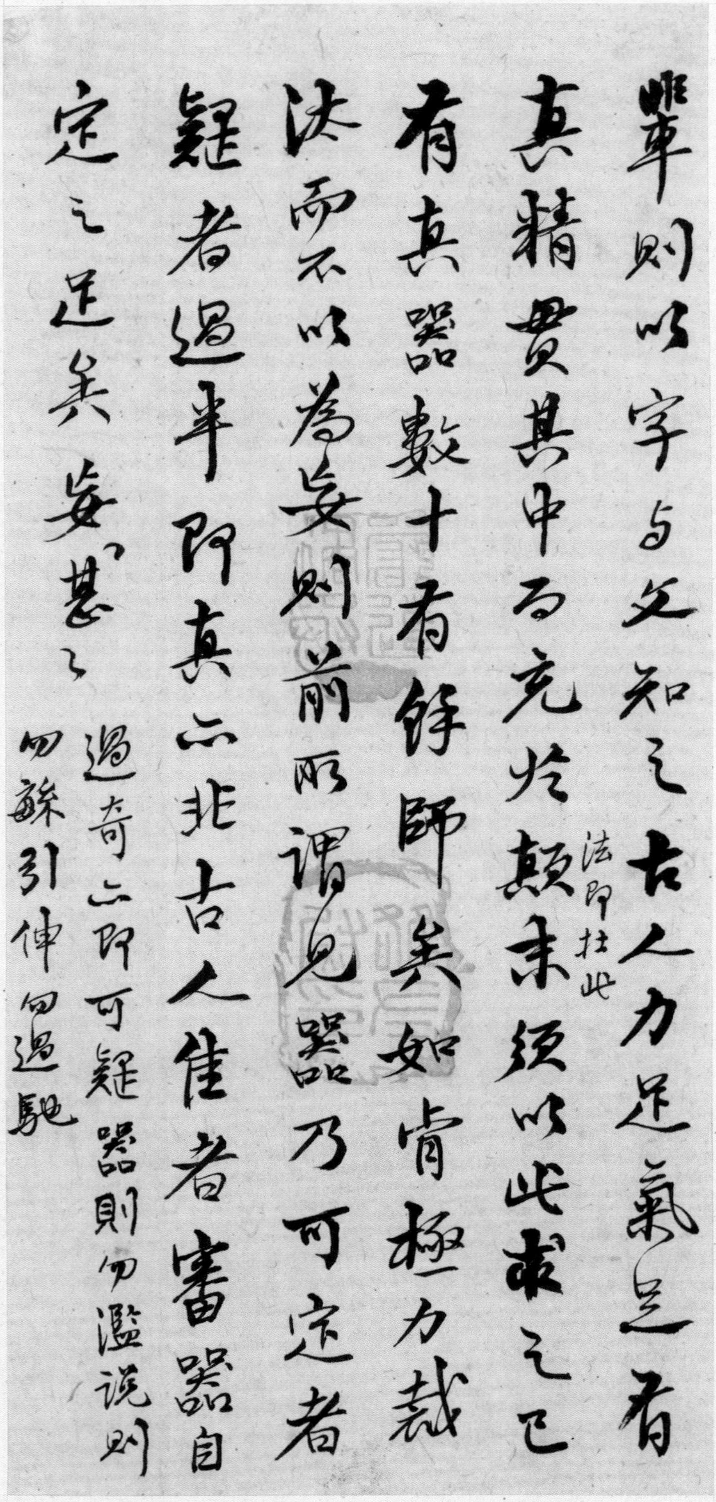

輩則以字與文知之，古人力足氣足，有真精貫其中，而充於顛末，法即在此。須以此求之，已有真器數十有餘師矣。如肯極力裁汰而不以爲妄，則前所謂見器乃可定者，疑者過半，即真亦非古人佳者。審器自定之足矣。妄甚，妄甚。過奇亦即可疑，器則勿濫，説則勿緐，引申勿過馳。

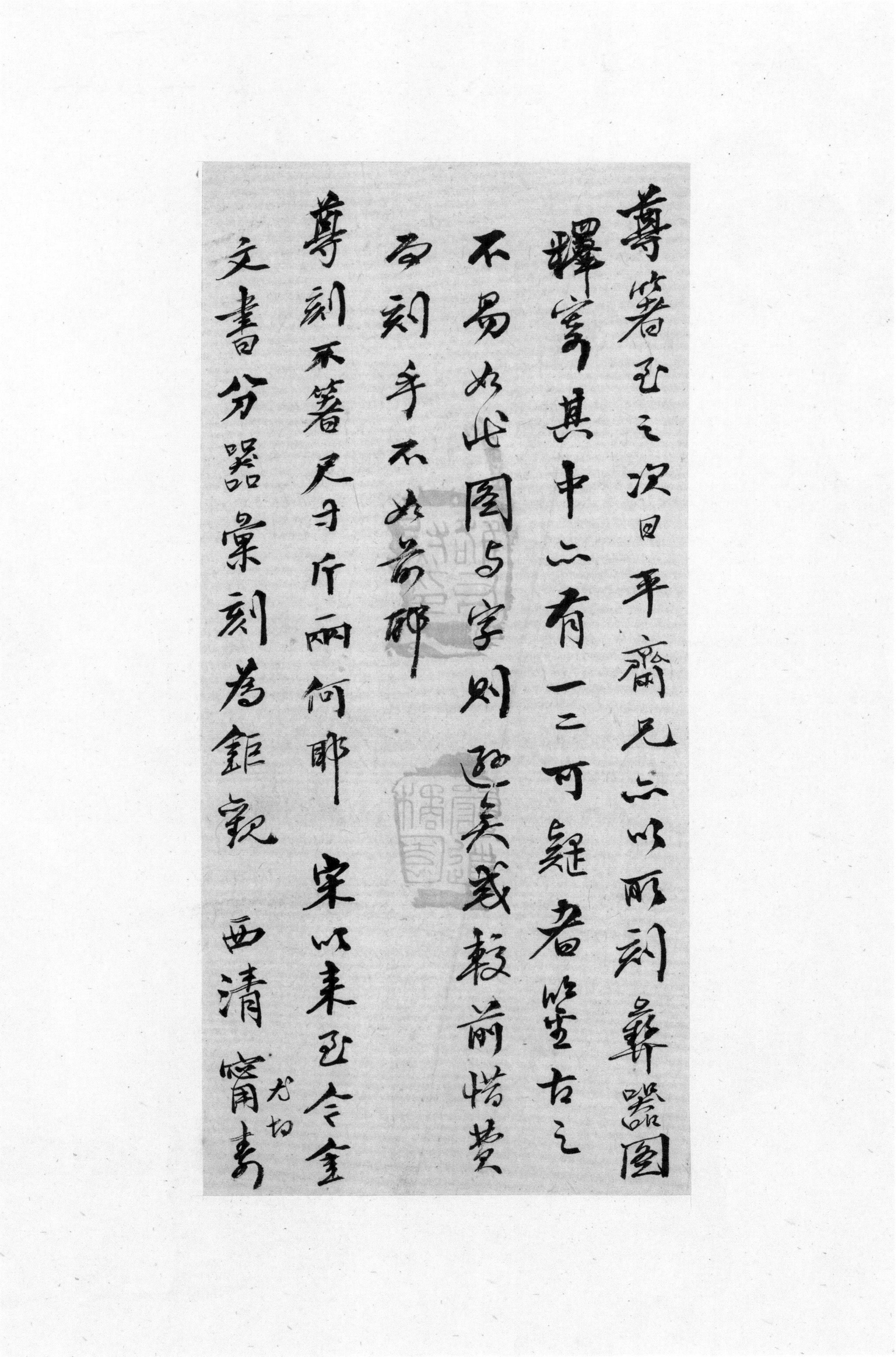

尊著至之次日，平齋兄亦以所刻彝器圖釋寄。其中亦有一二可疑者。鑒古之不易如此！圖與字則遜矣。或較前惜費而刻手不如前耶？尊刻不著尺寸斤兩，何耶？宋以來至今，金文書分器彙刻爲鉅觀。《西清》《寧壽》[一]尤切。

[一] 指清代乾隆年間内府編纂的清宮所藏青銅器圖録：《西清古鑒》《西清續鑒》《寧壽鑒古》。

二書尤要，不必咎其摹文之失。阮氏以後書，摹文不失者，亦分器彙刻之，更爲鉅製。不必以待考不成不摹文而有說，甚無謂。摹文善而說不備，亦大惠於後來，不必有圖也。

季玉世叔收藏自甚富，想已成書稿。盂鼎拙釋只缺數字，以每行下三字得善

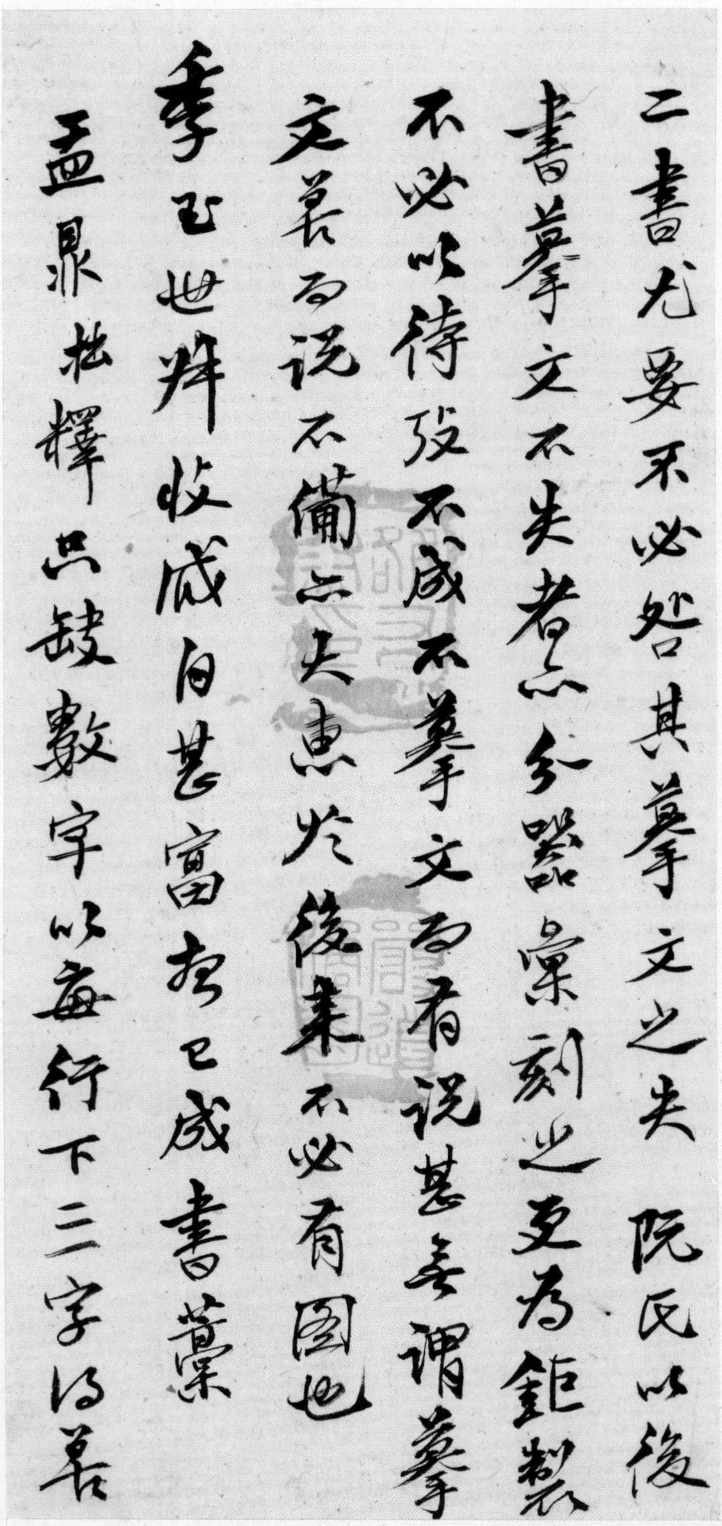
二書尤要不必咎其摹文之失阮氏以後
書摹文不失者亦分器彙刻之更爲鉅製
不必以待考不成不摹文而有說甚無謂摹
文善而說不備亦大惠於後來不必有圖也
季玉世叔收藏自甚富想已成書稿
盂鼎拙釋只缺數字以每行下三字得善

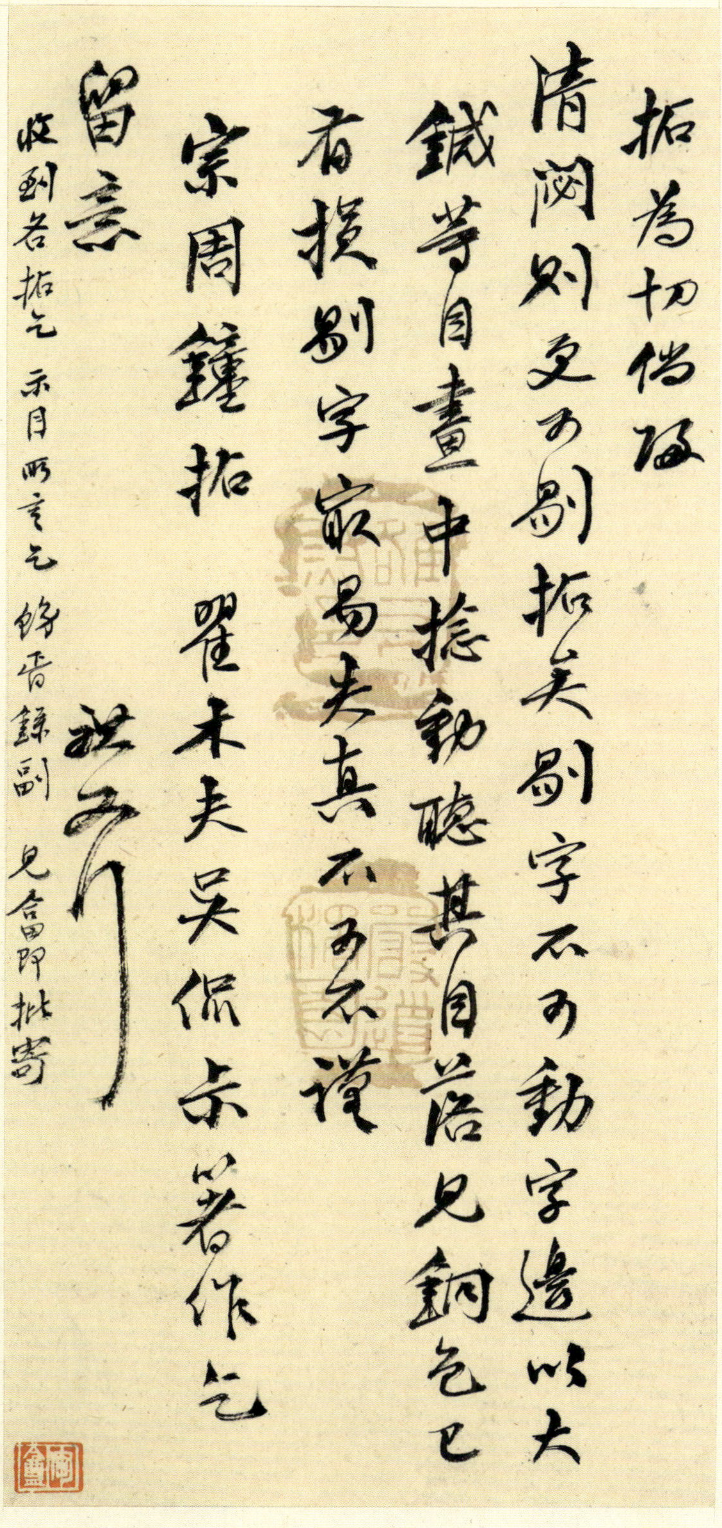

拓爲切。倘歸清閟，則更可剔拓矣。剔字不可動字邊，以大鋮等自畫中捻動，聽其自落，見銅色已有損，剔字最易失真，不可不謹。宗周鐘拓，瞿木夫、吴侃叔著作乞留意。祺又拜。收到各拓，乞示目，所言乞飭胥録副，見答即批寄。（鈐印『匋盦』）

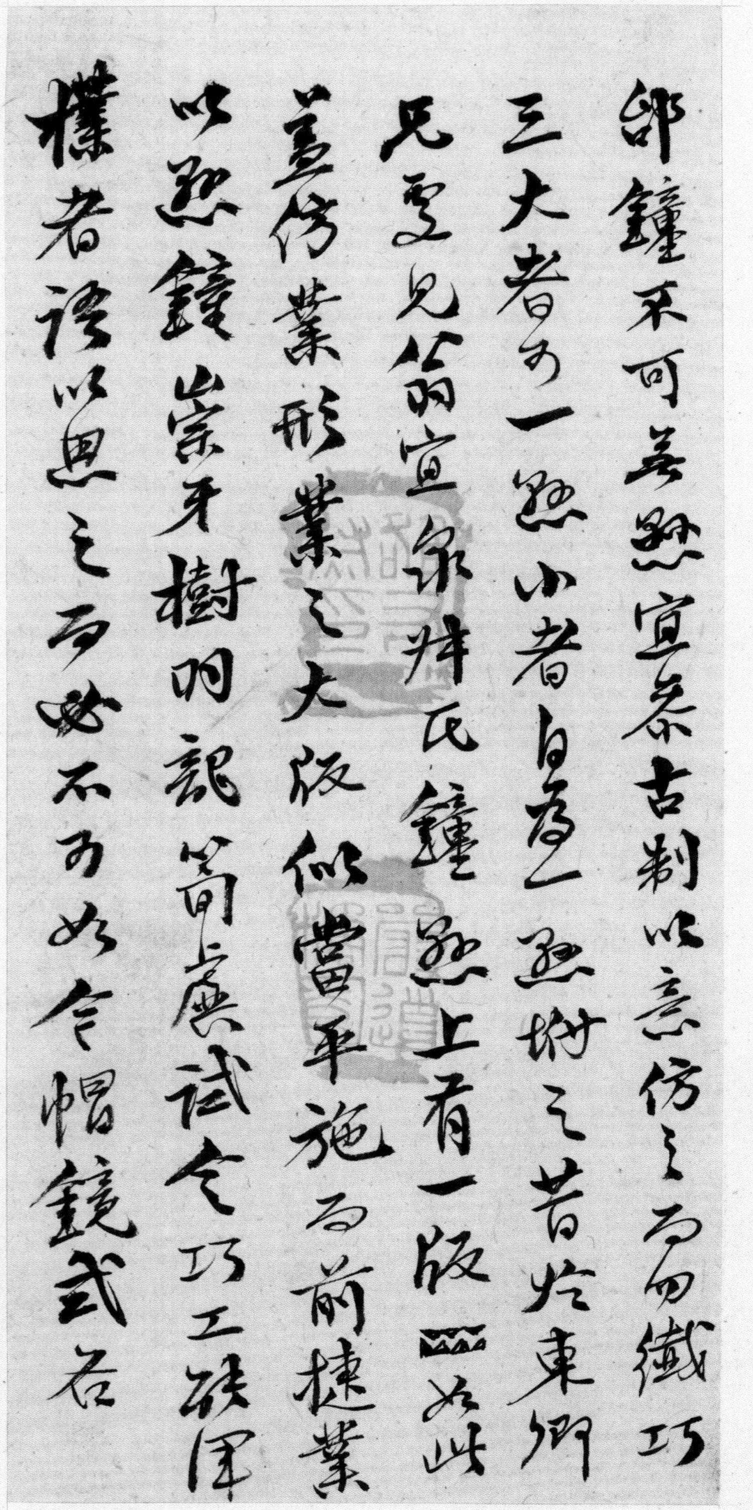

郘鐘不可無懸，宜參古制，以意仿之，而勿纖巧。三大者可一懸，小者自爲一懸附之。昔於東卿兄處見翁宜泉叔氏鐘，懸上有一版，如此蓋仿業形，業之大版，似當平施而前捷，業以懸鐘，崇牙樹羽龍簡虡，試令巧工能渾樸者語以思之，而必不可如今帽鏡式，各

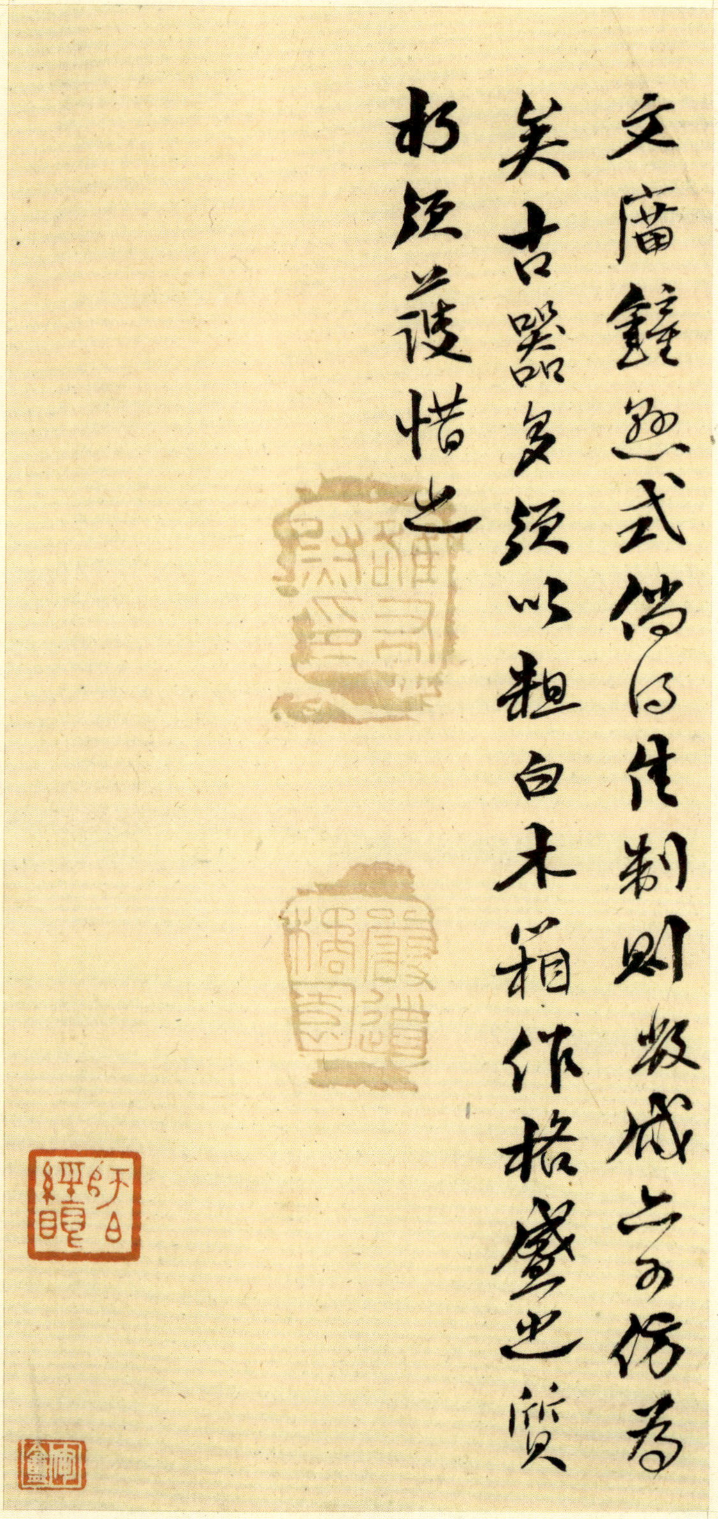

文廟鐘懸式。倘得佳制，則敝藏亦可仿爲矣。古器多須以粗白木箱作格盛之，質朽須護惜之。（鈐印『師白經眼』『匋盦』）

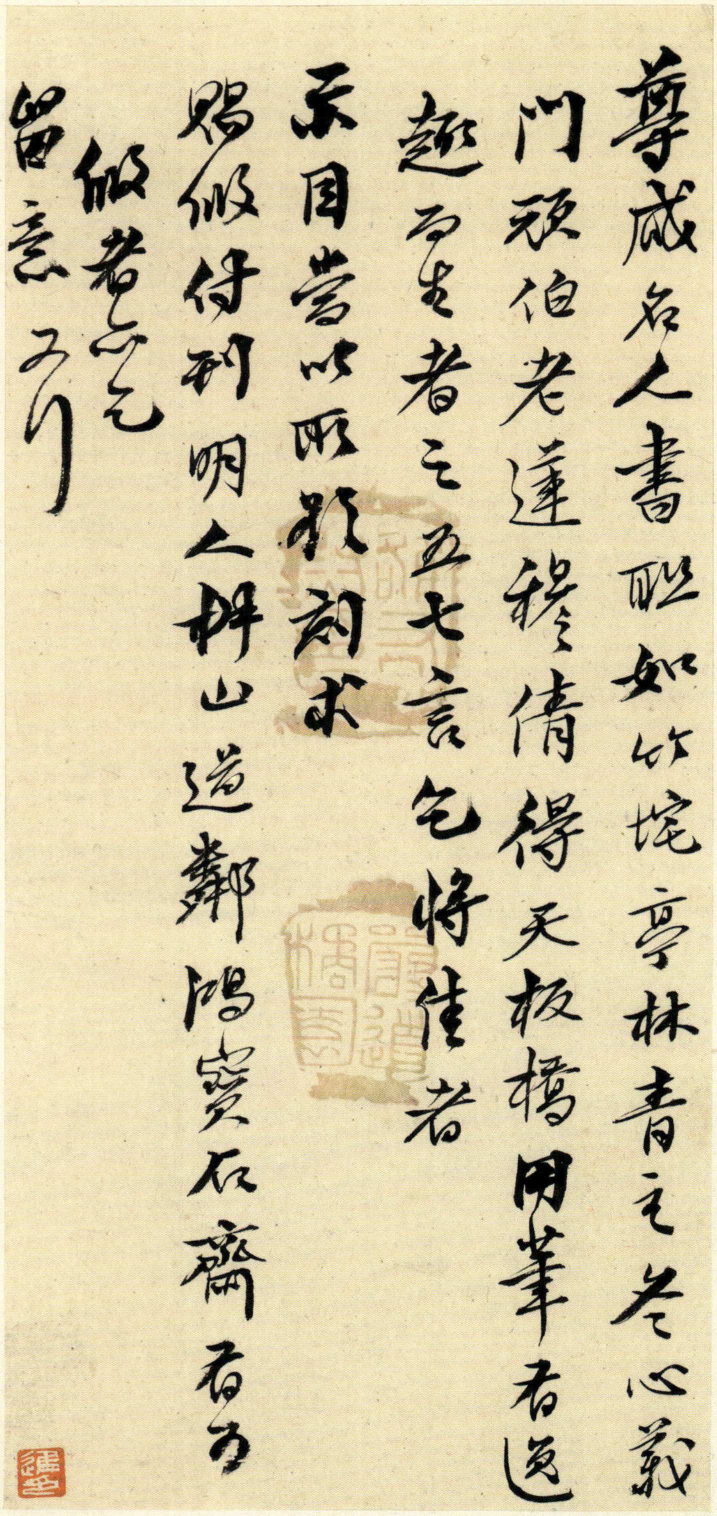

尊藏名人書聯，如竹垞、亭林、青主、冬心、義門、頑伯、老蓮、穆倩、得天、板橋[一]，用筆有逸趣而生者之五七言，乞將佳者示目，當以所欲刻求賜假付刊。明人椒山、道鄰、鴻寶、石齋[二]，有可假者，亦乞留意。又拜。（鈐印『進印』）

[一]即指朱彝尊、顧炎武、傅山、金農、何焯、鄧石如、陳洪綬、程邃、張照、鄭燮等人。

[二]即指明代楊繼盛、史可法、倪元璐、黄道周，他們都既是名臣又是書法家。

致潘祖蔭四册本第一册〇〇三

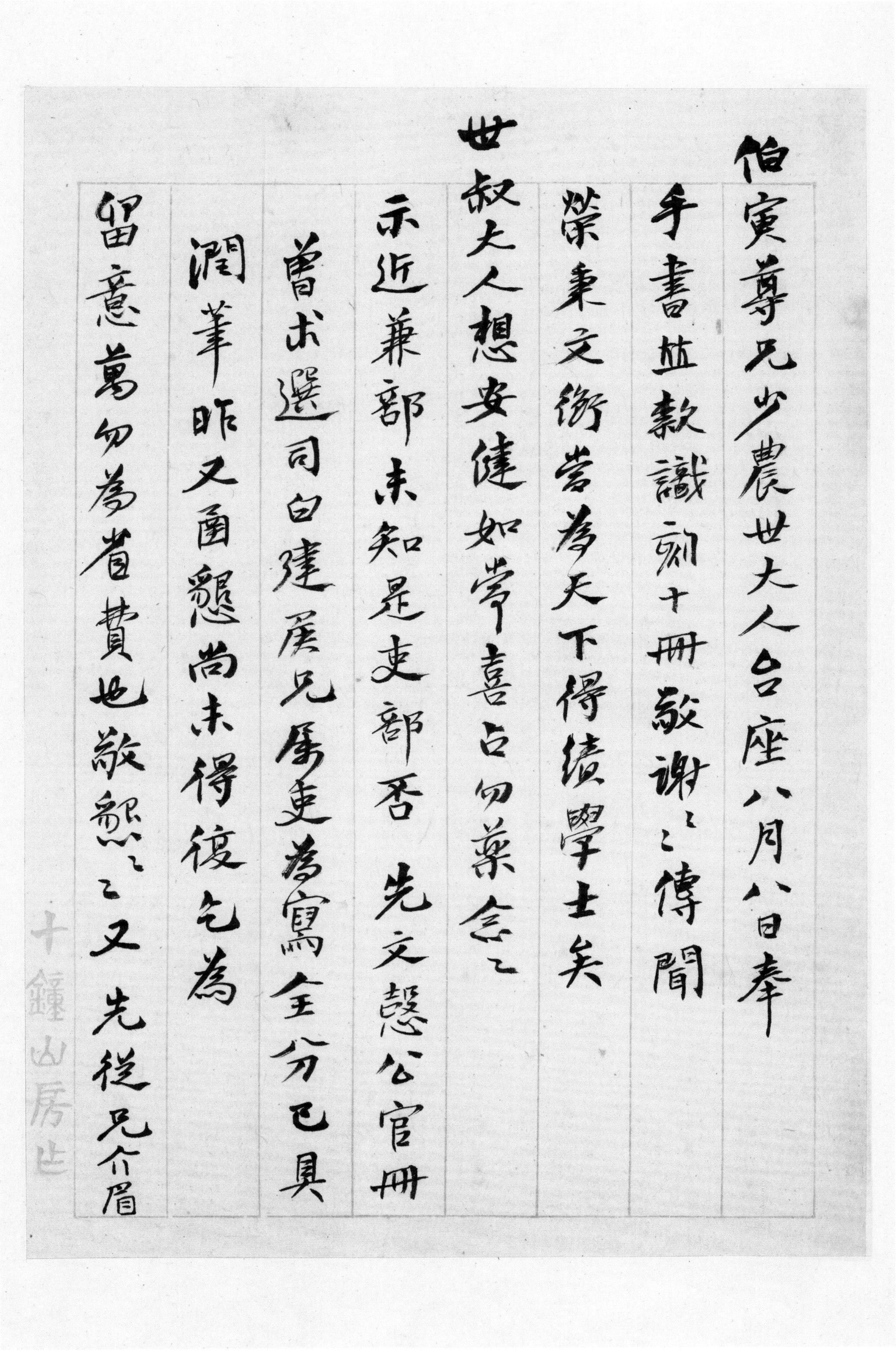

伯寅尊兄少農世大人台座。八月八日奉手書并款識刻十册，敬謝敬謝。傳聞榮秉文衡，當爲天下得績學士矣。世叔大人想安健如常，喜占勿藥，念念。示近兼部，未知是吏部否？先文慤公官册，曾求選司白建侯兄屬吏爲寫全份，已具潤筆。昨又函懇，尚未得復，乞爲留意，萬勿爲省費也。敬懇敬懇。又先從兄介眉

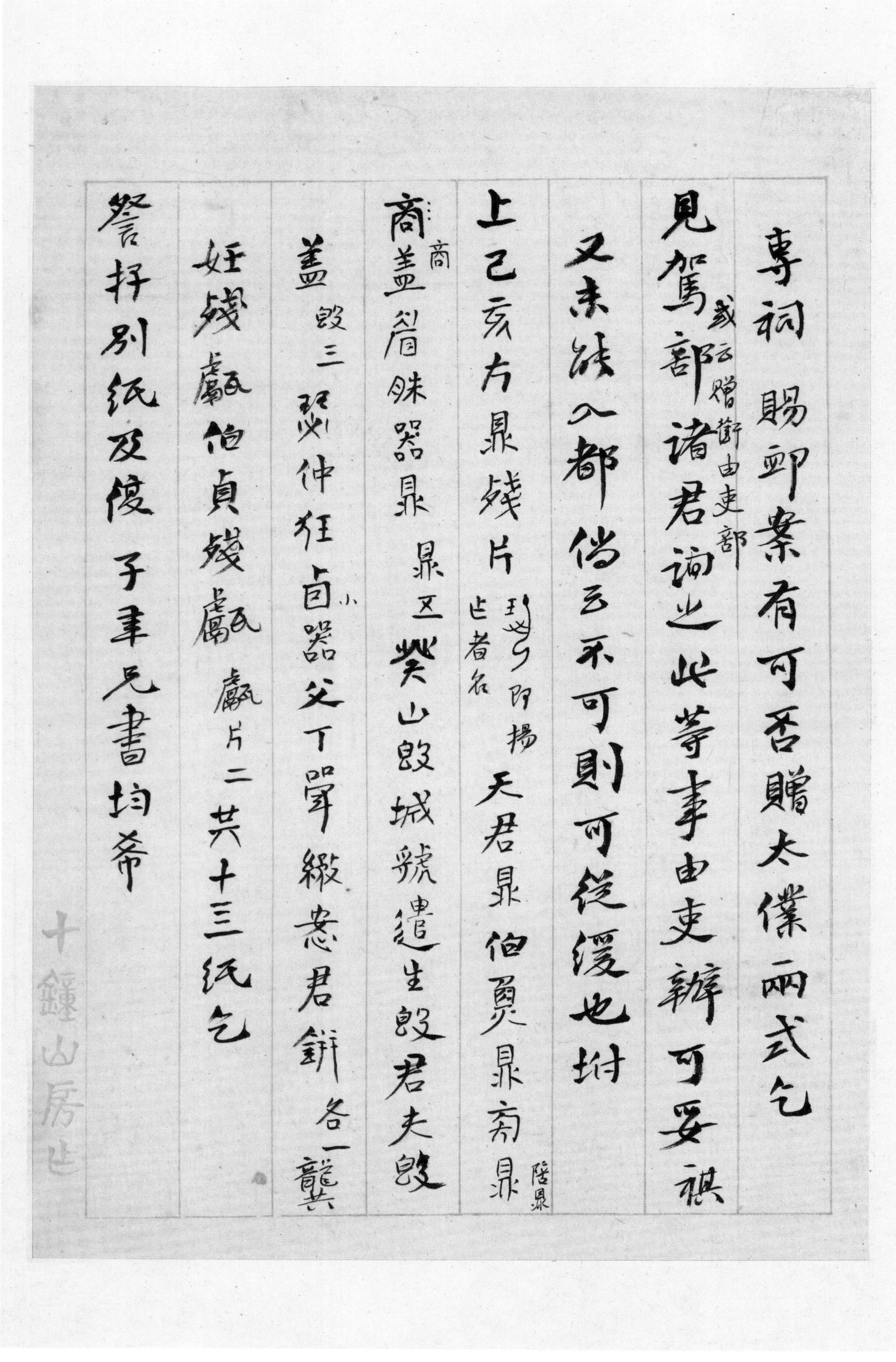

專祠賜卹案有可否？贈太僕兩式，或云贈銜由吏部，乞見駕部諸君詢之。此等事由吏辦可妥。祺又未能入都，倘云不可，則可從緩也。附上己亥方鼎殘片、[illegible]即揚，作者名。天君鼎、伯魚鼎、旁鼎、陪鼎。

商蓋眉脒器鼎、鼎五。癸山簋、城虢遣生簋、君夫簋蓋、簋三。瑟仲狂卣小器、父丁斝、緻宓君鉼、各一。龔妊殘甗、伯貞殘甗，甗片二。共十四紙，乞察存。別紙及復子年兄書均希

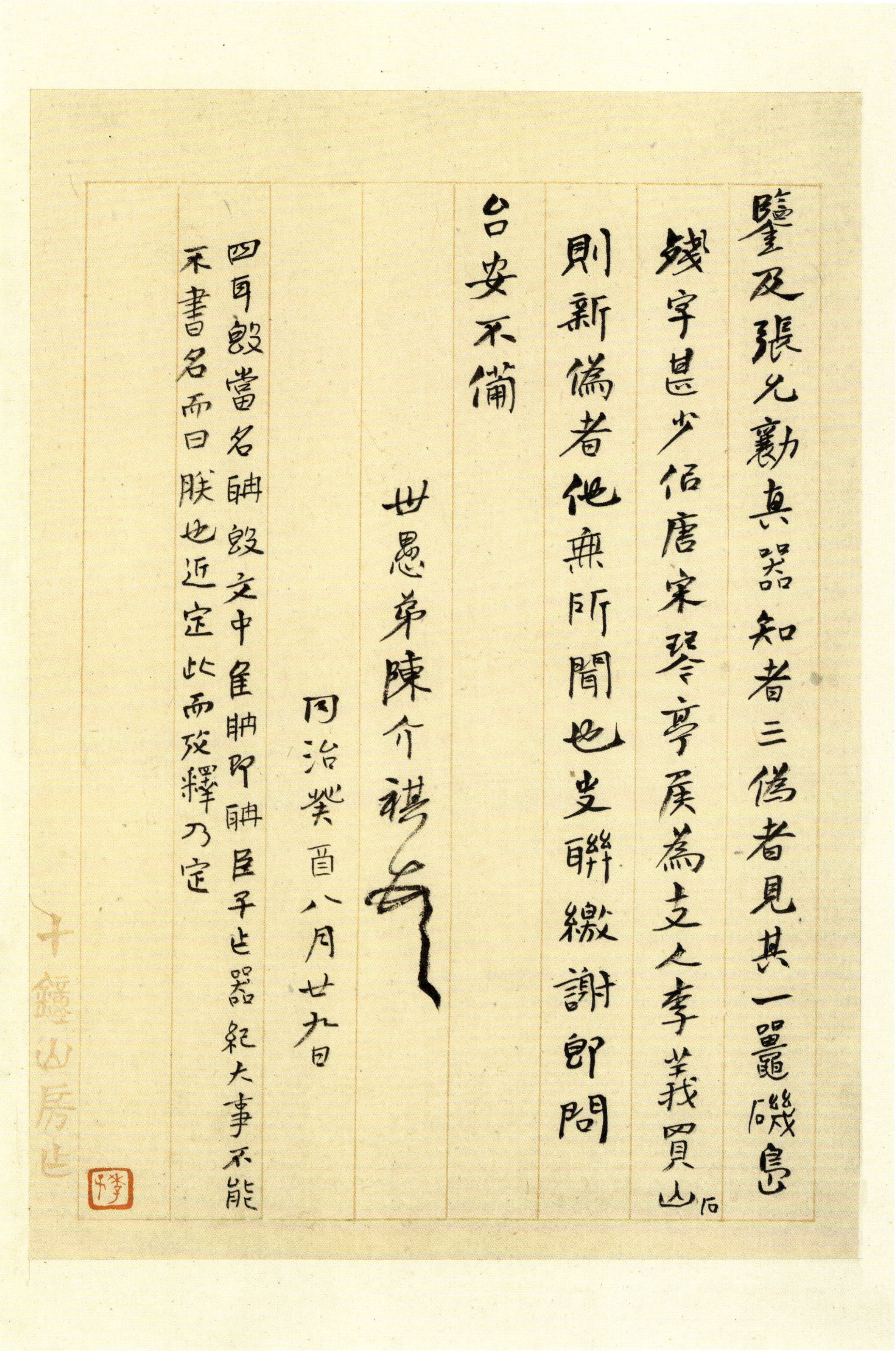
鑒及張允勤真器知者三僞者見其一鼂磯島殘字甚少似唐宋琴亭侯爲友人李義買山石則新僞者他無所聞也史聯繳謝即問
台安不備
世愚弟陳介祺頓首
同治癸酉八月廿九日
四耳簋當名聃簋文中隹聃即聃臣子作器紀大事不能不書名而曰朕也近定此而考釋乃定

四耳簋當名聃簋，文中隹聃即聃。臣子作器，紀大事不能不書名而曰朕也，近定此而考釋乃定。

鑒及。張允勤真器知者三，僞者見其一。鼂磯島殘字甚少，似唐宋。琴亭侯爲友人李義買山石則新僞者，他無所聞也。史聯繳謝。即問台安不備。

世愚弟陳介祺頓首。同治癸酉八月廿九日。

（鈐印『季子』）

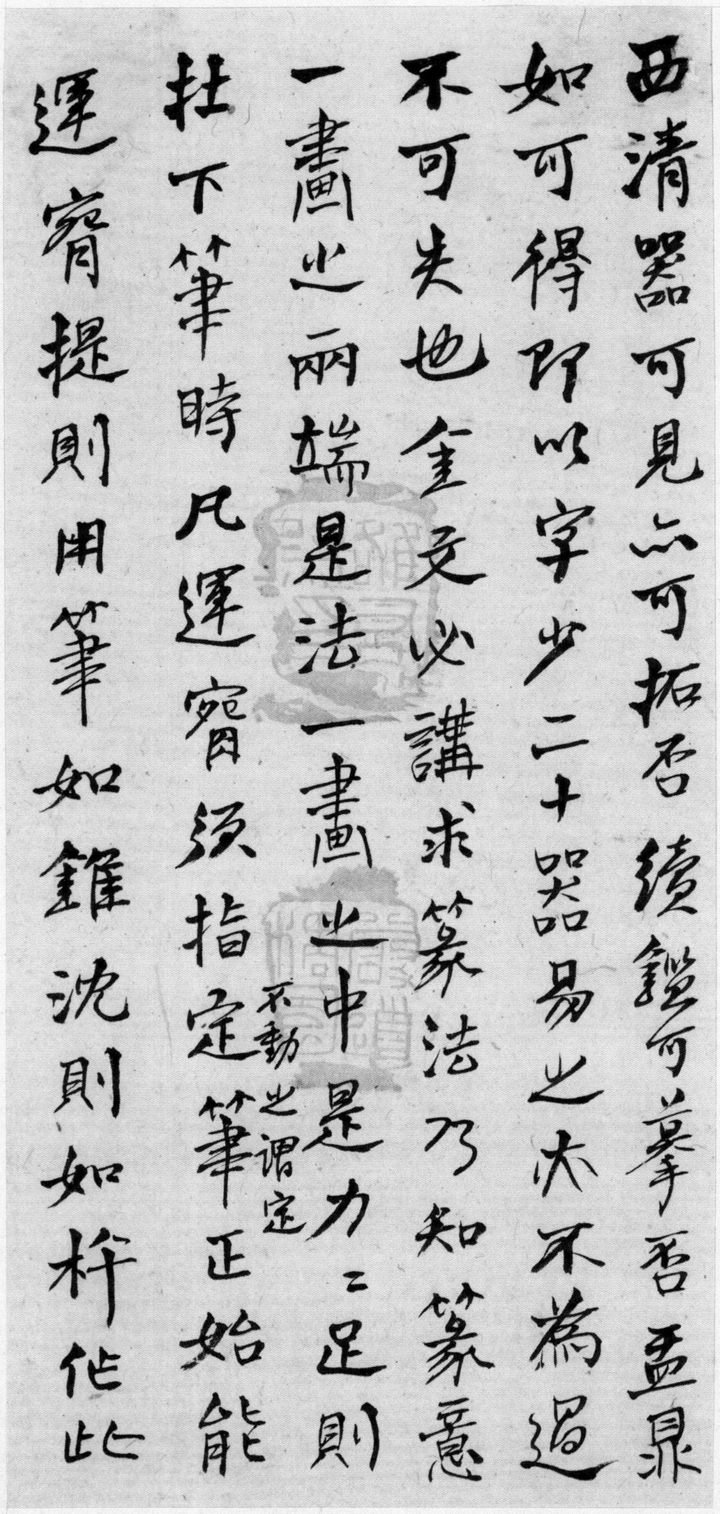

《西清》器可見亦可拓否？《續鑒》可摹否？盂鼎如可得，即以字少二十器易之，亦不爲過，不可失也。金文必講求篆法乃知篆意，一畫之兩端是法，一畫之中是力，力足則在下筆時。凡運腕須指定，不動之謂定。筆正始能運腕，提則用筆如錐，沉則如杵。作此

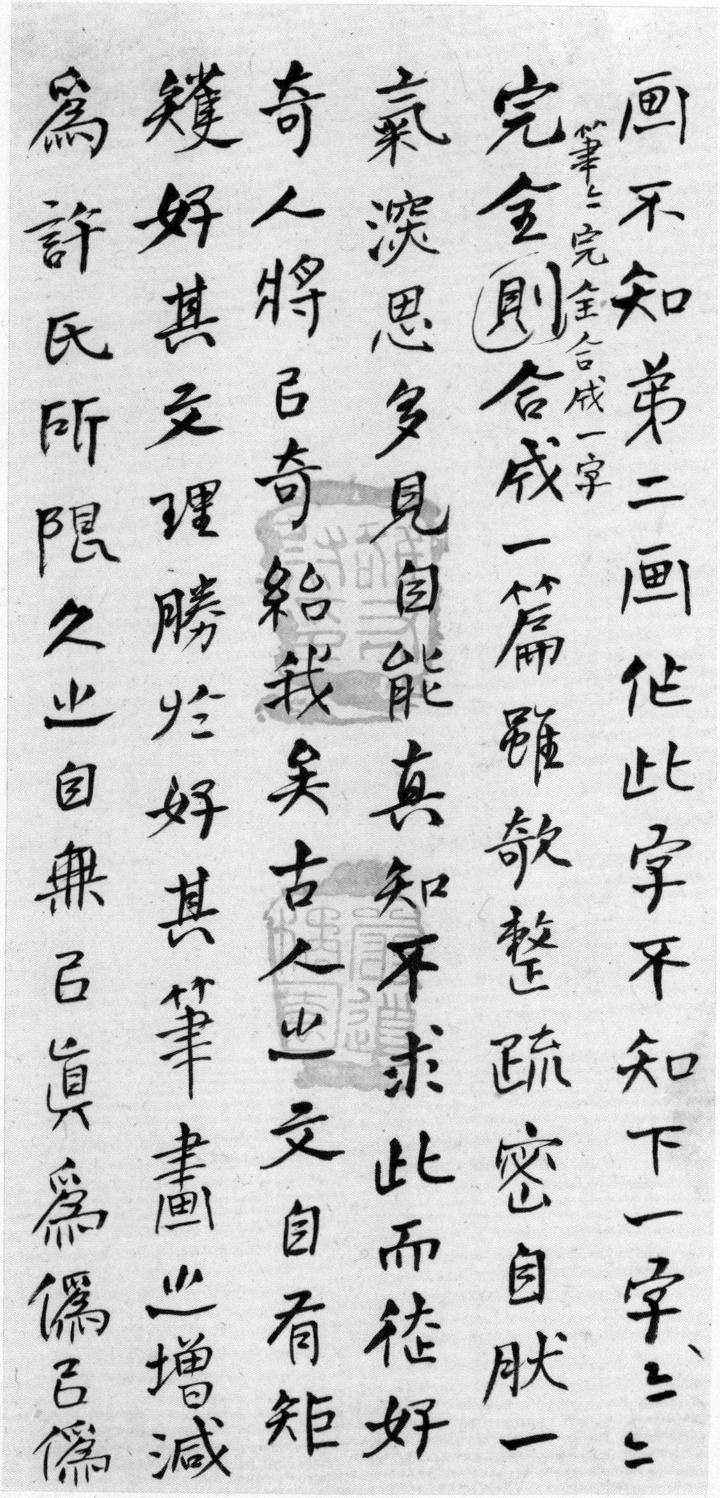

畫不知第二畫，作此字不知下一字。筆筆完全，合成一字，字字完全；合成一篇。雖欹整疏密，自然一氣，深思多見，自能真知。不求此而徒好奇，人將以奇紿我矣。古人之文，自有矩矱，好其文理勝於好其筆畫之增減。爲許氏所限，久之自無以真爲僞、以僞

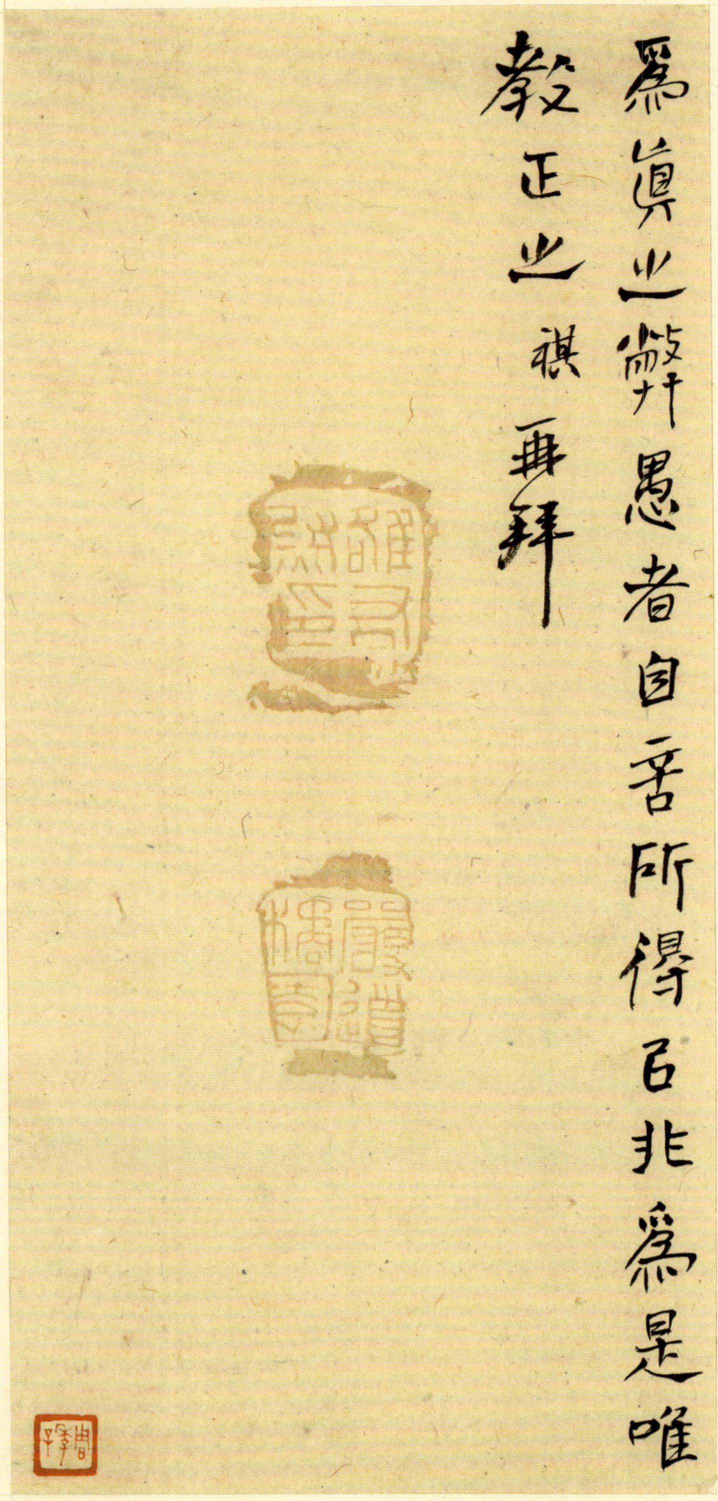

爲真之弊。愚者自言所得，以非爲是，唯教正之。祺再拜。（鈐印『周季子』）

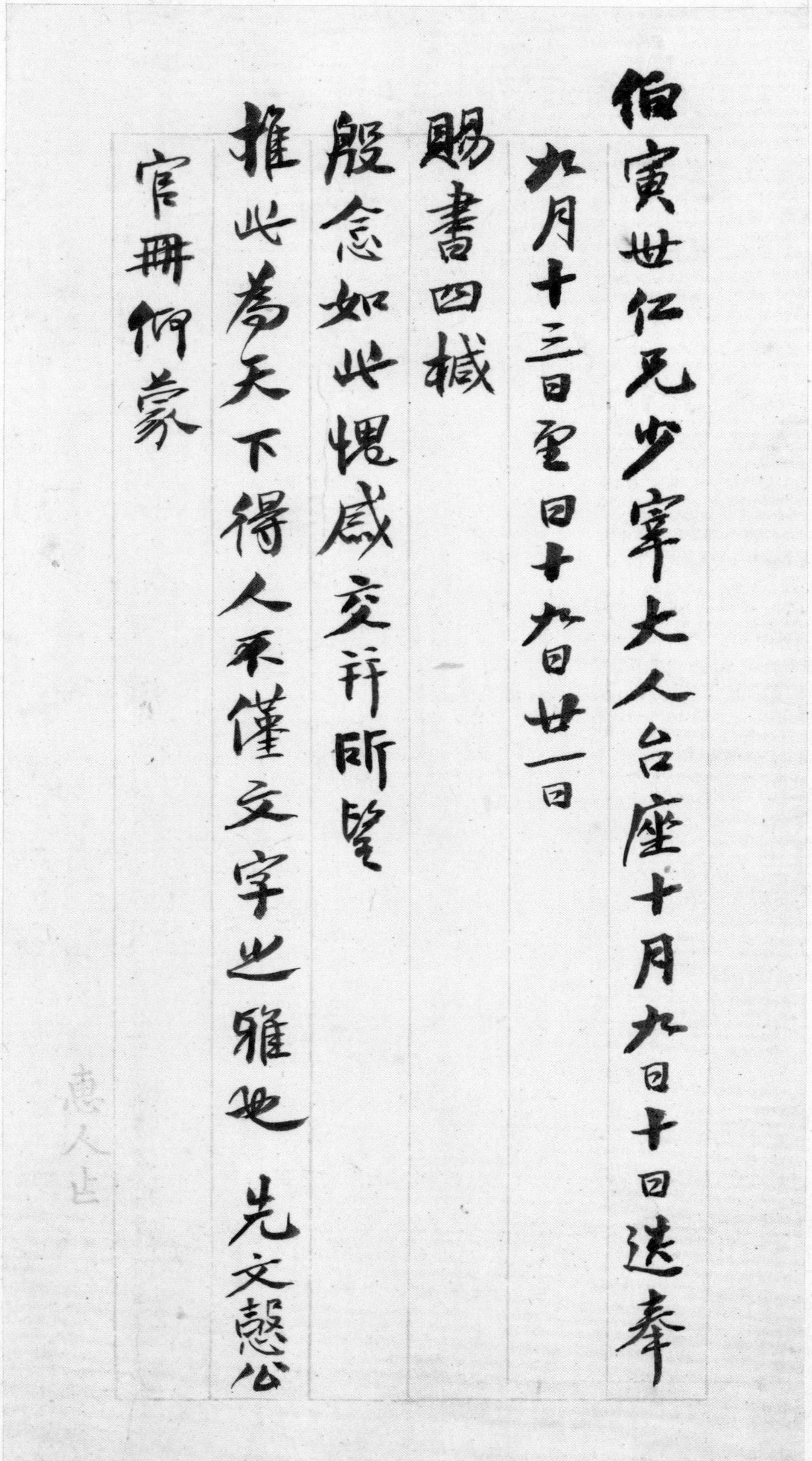

伯寅世仁兄少宰大人台座。十月九日、十日迭奉九月十三日、望日、十九日、廿一日賜書四緘。殷念如此，愧感交并。所望推此爲天下得人，不僅文字之雅也。先文慤公官册仰蒙

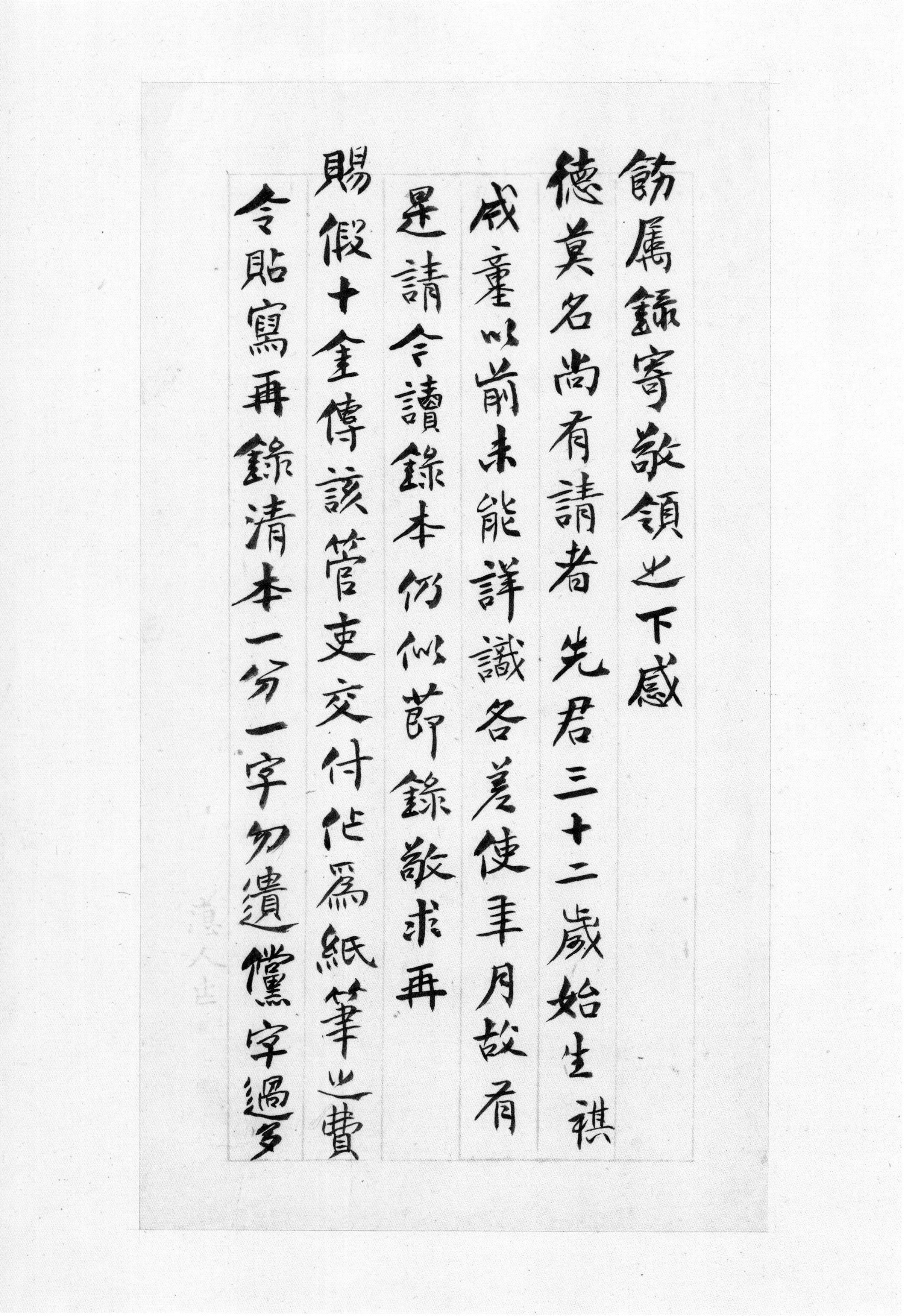
飭屬録寄敬領之下感
德莫名尚有請者先君三十二歲始生祺
成童以前未能詳識各差使年月故有
是請今讀録本仍似節録敬求再
賜假十金傳該管吏交付作爲紙筆之費
令貼寫再録清本一份一字勿遺儻字過多

飭屬録寄，敬領之下，感德莫名。尚有請者，先君三十二歲始生祺，成童以前未能詳識各差使年月，故有是請。今讀録本，仍似節録，敬求再

賜假十金傳該管吏，交付作爲紙筆之費。令貼寫再録清本一份，一字勿遺。倘字過多，

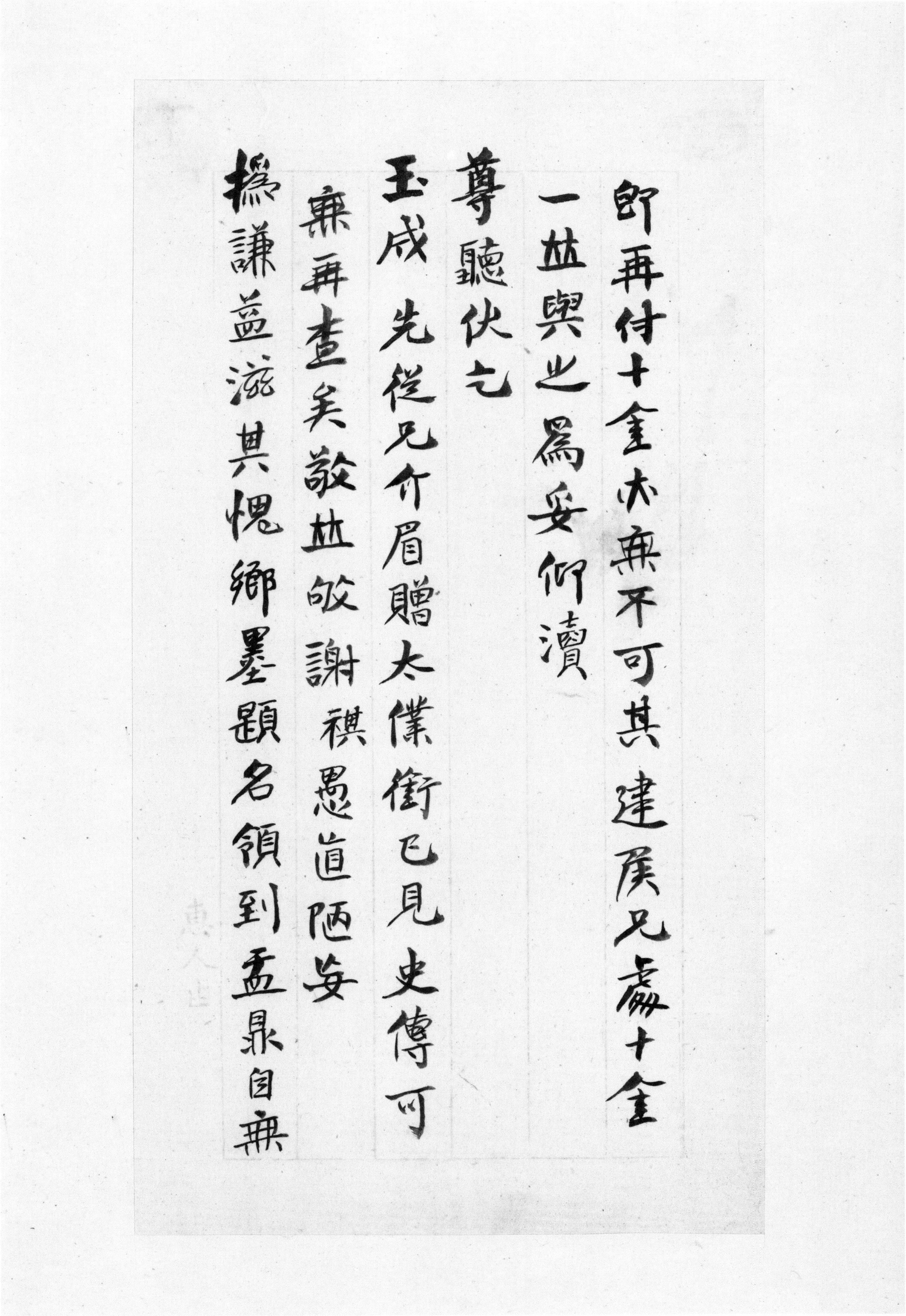

即再付十金，亦無不可。其建侯兄處，十金一并與之爲妥。仰瀆尊聽，伏乞玉成。先從兄介眉贈太僕銜，已見史傳，可無再查矣。敬并攽謝。祺愚直陋妄，撝謙益滋其愧。鄉墨題名領到。孟鼎自無

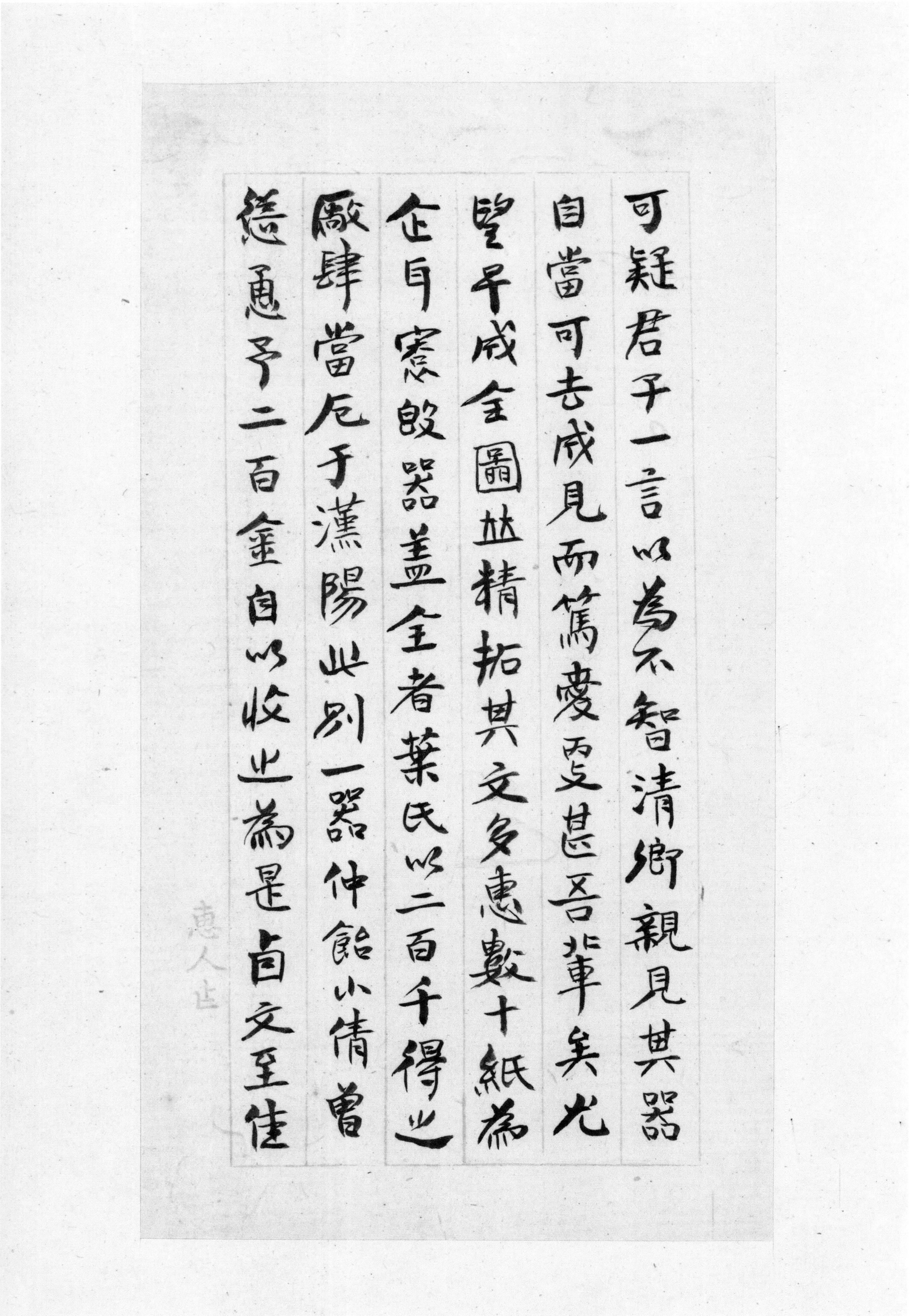

可疑。君子一言，以爲不智。清卿親見其器，自當可去成見，而篤愛更甚吾輩矣。尤望早成全圖并精拓其文，多惠數十紙爲企耳。褱簋器蓋全者，葉氏以二百千得之廠肆，當厄於漢陽。此別一器，仲飴小倩曾慫惠予二百金自以收之爲是。卣文至佳，

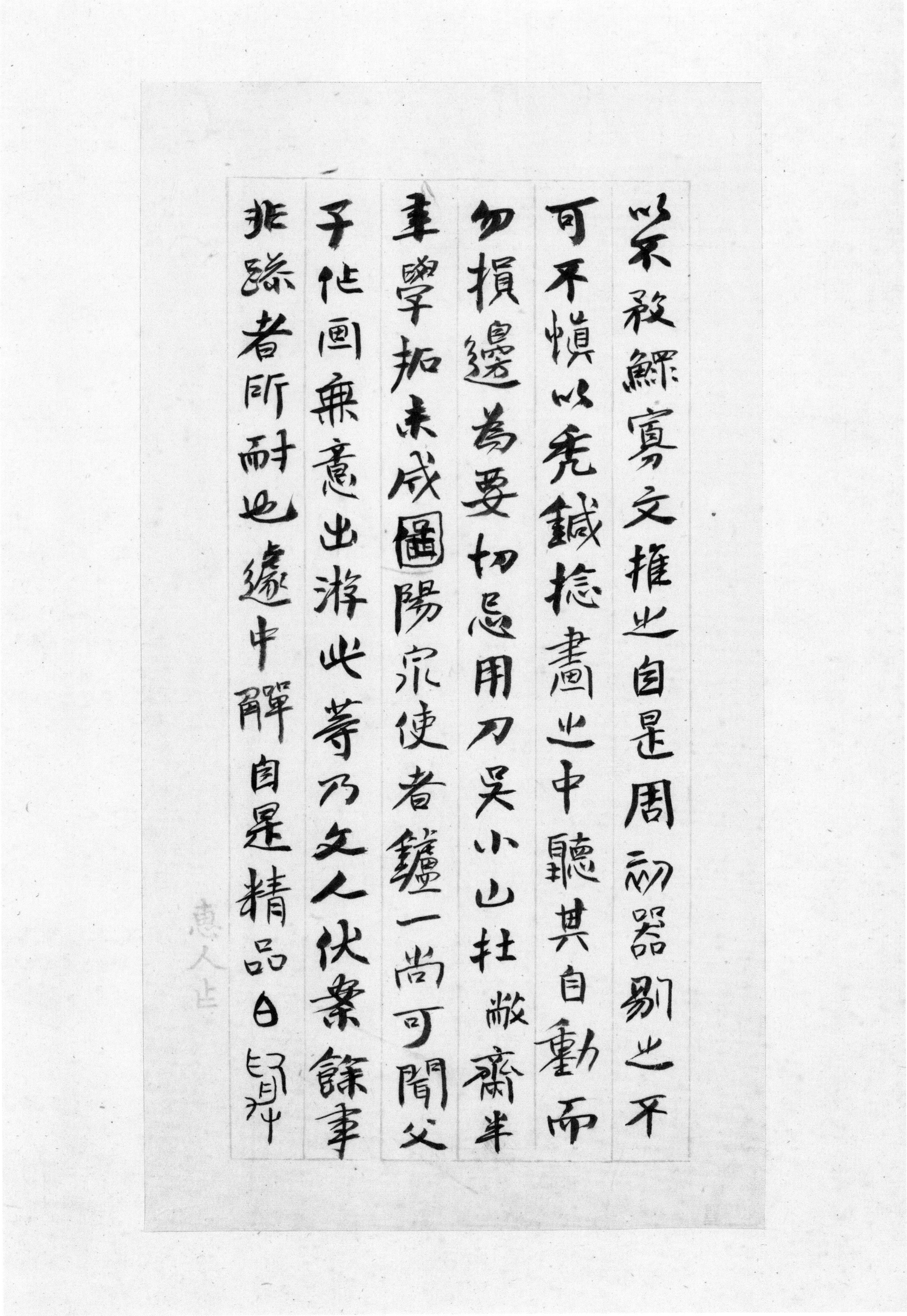

以『不敍鰥寡』文推之，自是周初器，剔之不可不慎。以秃鍼捻畫之中，聽其自動而勿損邊爲要，切忌用刀。吴小山在敝齋半年，學拓未成，圖陽泉使者爐一尚可。聞父子作畫，無意出游。此等乃文人伏案餘事，非躁者所耐也。遽中觶自是精品，伯羲

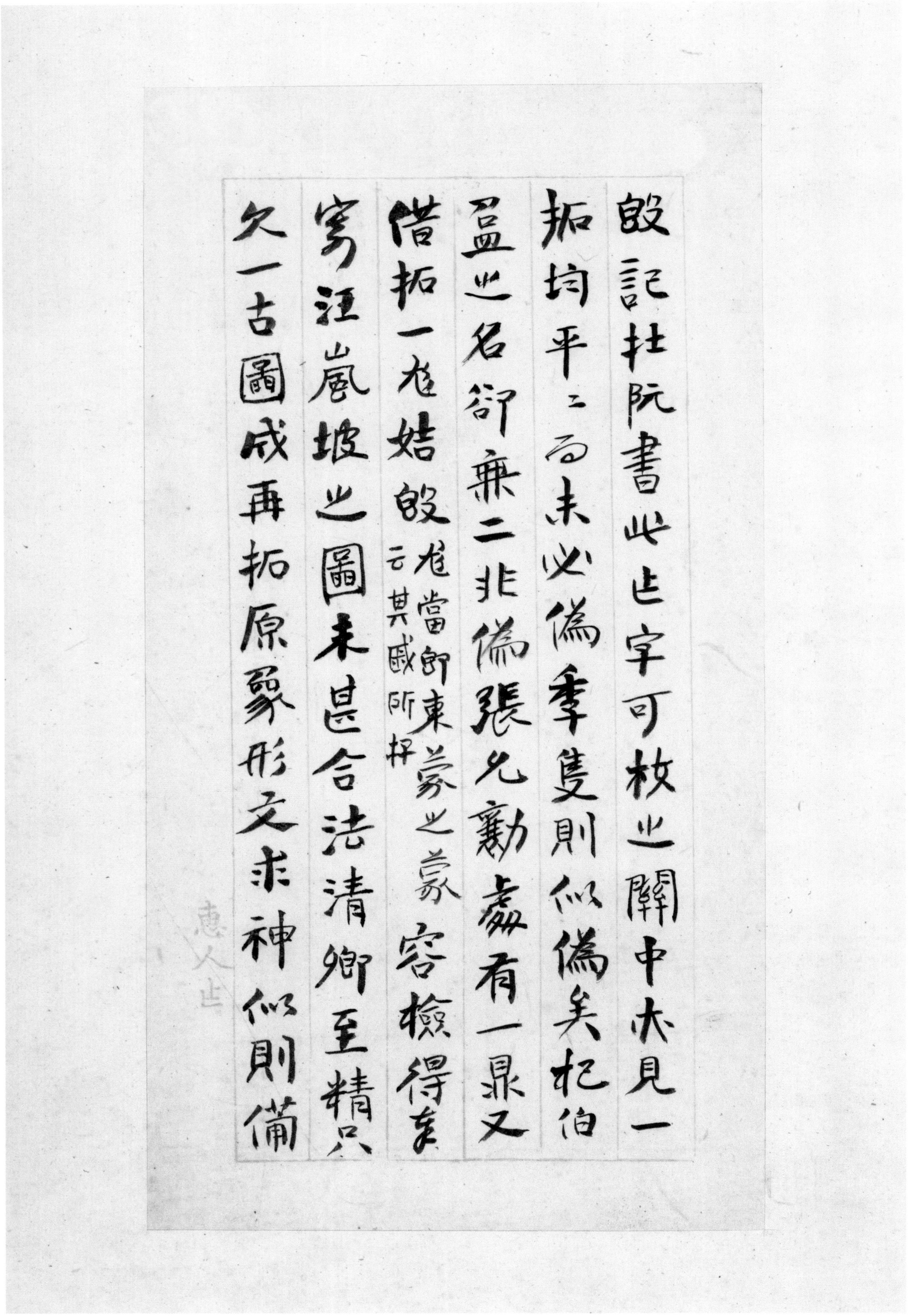

簋記在阮書，此作字可校之。關中亦見一拓，均平平，而未必僞。季隻則似僞矣。杞伯盈之名却無二，非僞。張允勷處有一鼎，又借拓一尨姞簋，尨當即東蒙之蒙，云其戚所存。容檢得奉寄。汪嵐坡之圖未甚合法，清卿至精，只欠一古。圖成，再拓原象形文，求神似則備

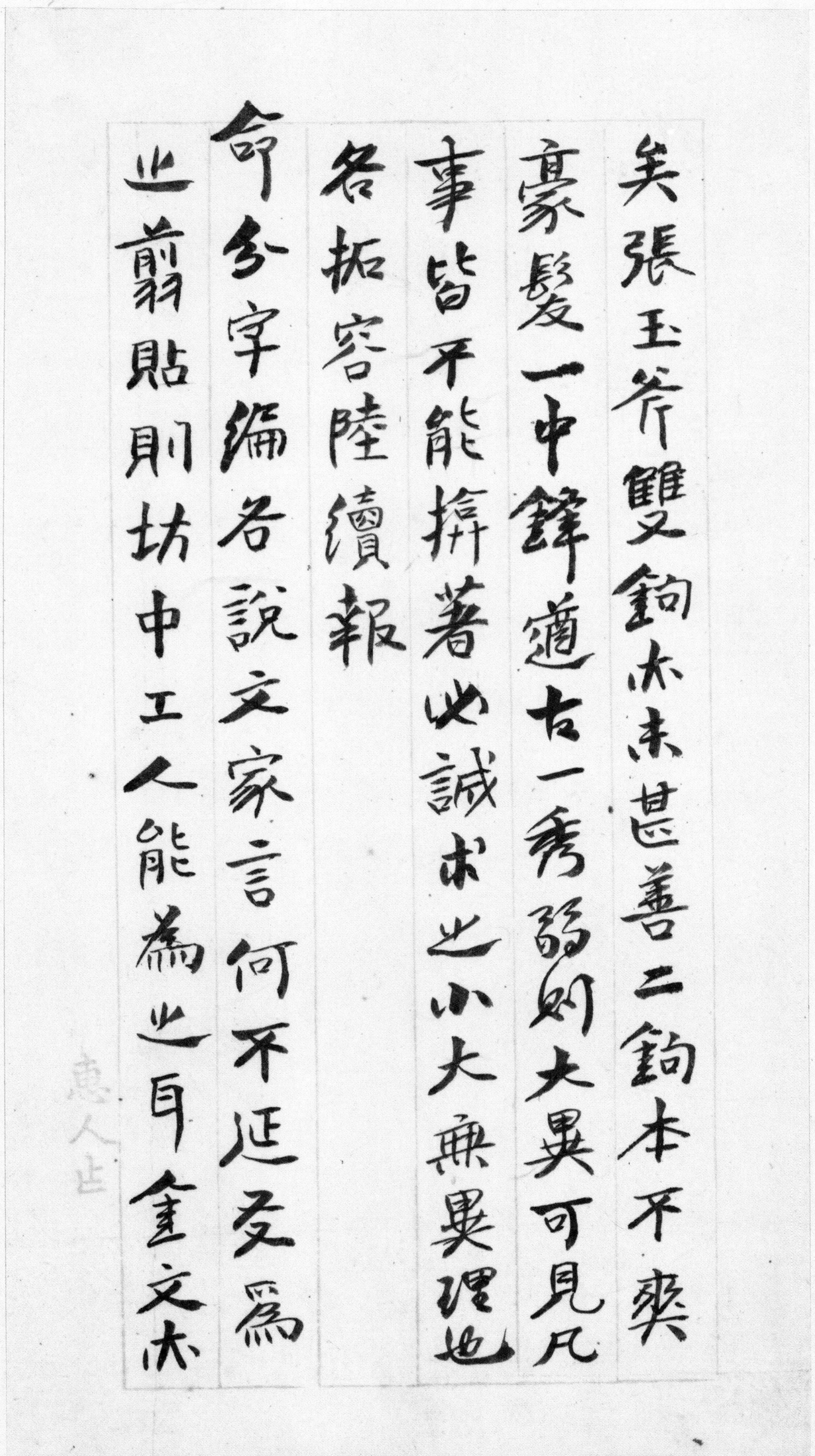
矣張玉斧雙鉤亦未甚善二鉤本不爽
毫髮一中鋒遒古一秀弱則大異可見凡
事皆不能揜著必誠求之小大無異理也
各拓容陸續報
命分字編各說文家言何不延友爲
之翦貼則坊中工人能爲之耳金文亦

矣。張玉斧雙鈎亦未甚善，二鈎本不爽毫髮。一中鋒遒古，一秀弱，則大异。可見凡事皆不能掩著，必誠求之，小大無异理也。[一]各拓容陸續報命。分字編各《說文》家言，何不延友爲之？翦貼則坊中工人能爲之耳。金文亦

[一] 汪嵐坡、張玉斧爲吳雲友人，專圖摹、雙鈎之事。

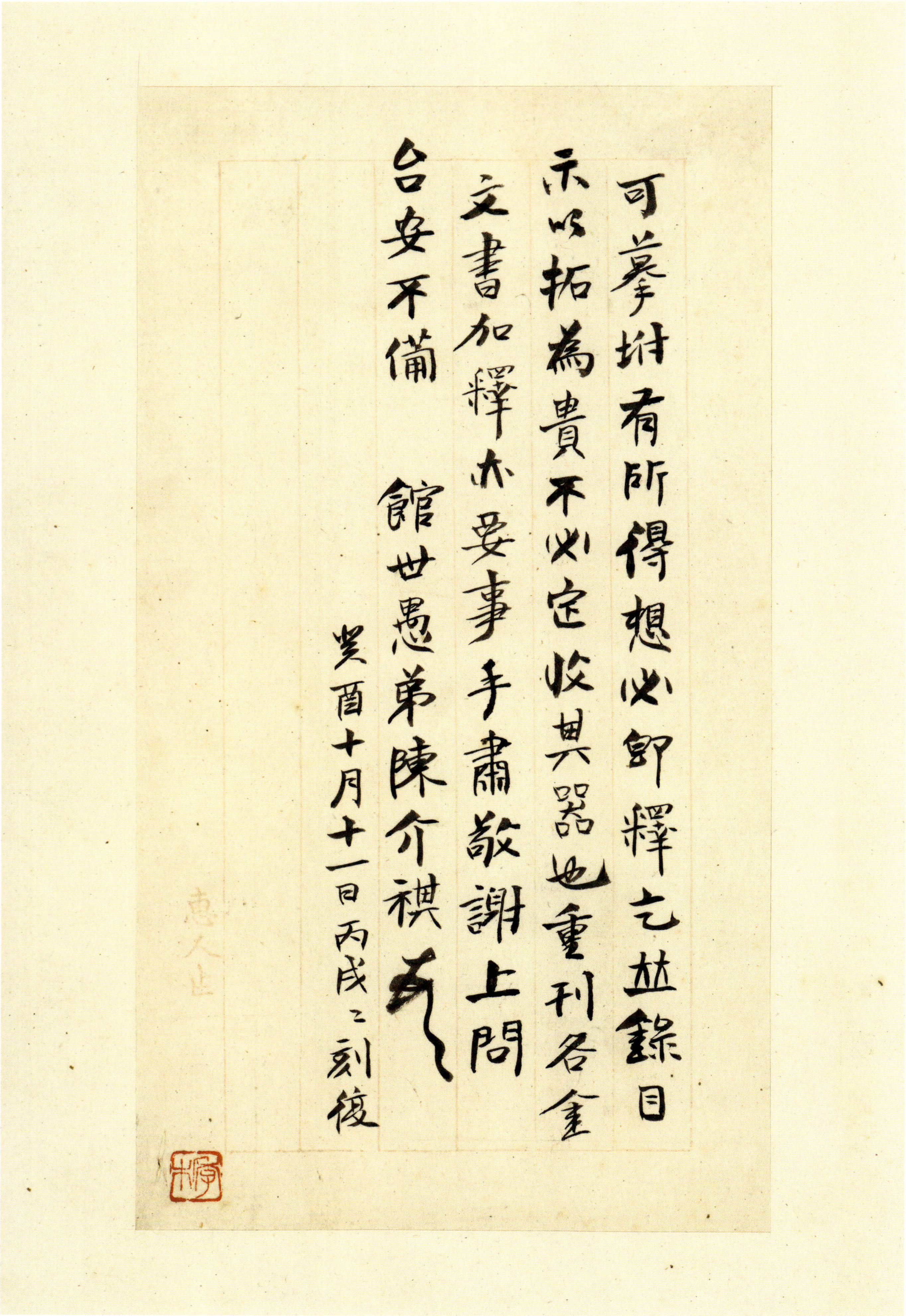

可摹附，有所得想必即釋。乞并録目，示以拓爲貴，不必定收其器也。重刊各金文書，加釋亦要事。手肅敬謝，上問台安不備。館世愚弟陳介祺頓首。癸酉十月十一日丙戌戌刻復。（鈐印『季木』）

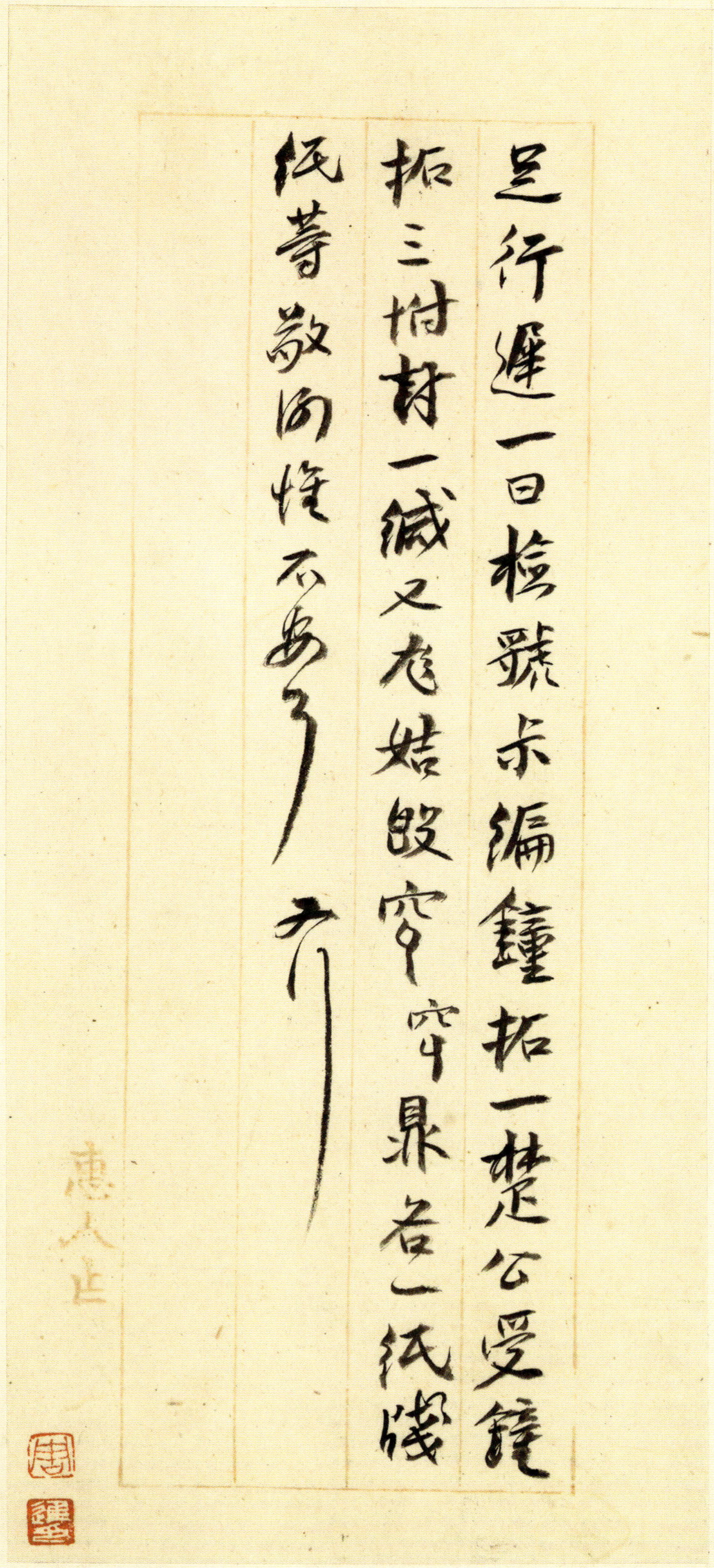

足行遲一日，檢虢叔編鐘拓一、楚公受鐘拓三，附封一緘，又龙姑簋、□穿。鼎各一紙。箋紙等敬謝，惟不安耳。又拜。（鈐印『周』『進印』）

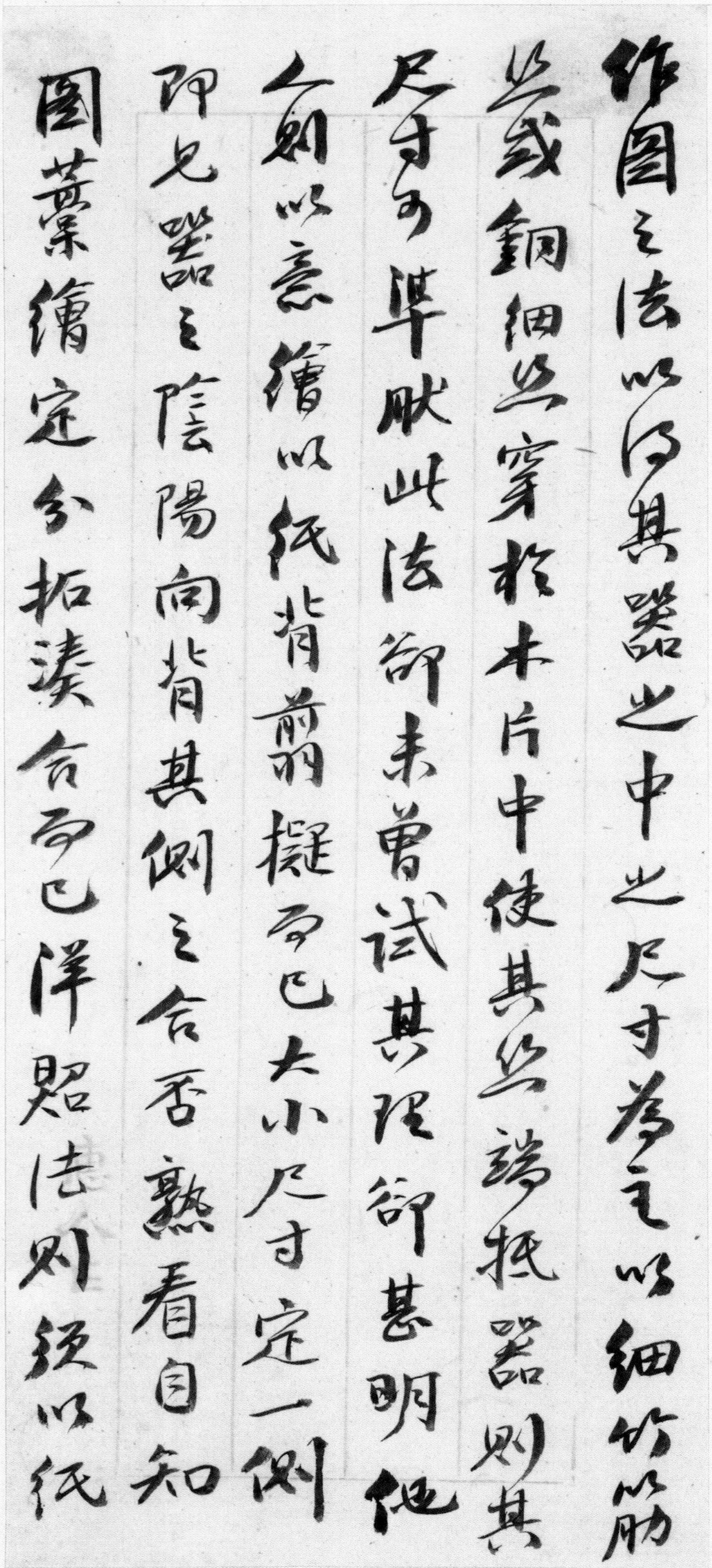

作圖之法，以得其器之中之尺寸爲之爲主，以細竹筋絲或銅細絲穿於木片中，使其絲端抵器，則其尺寸可準。然此法却未曾試，其理却甚明，他人則以意繪，以紙背翦擬而已。大小尺寸定，一側即見器之陰陽向背，其側之合否，熟看自知。圖稿繪定，分拓湊合而已。洋照法則須以紙

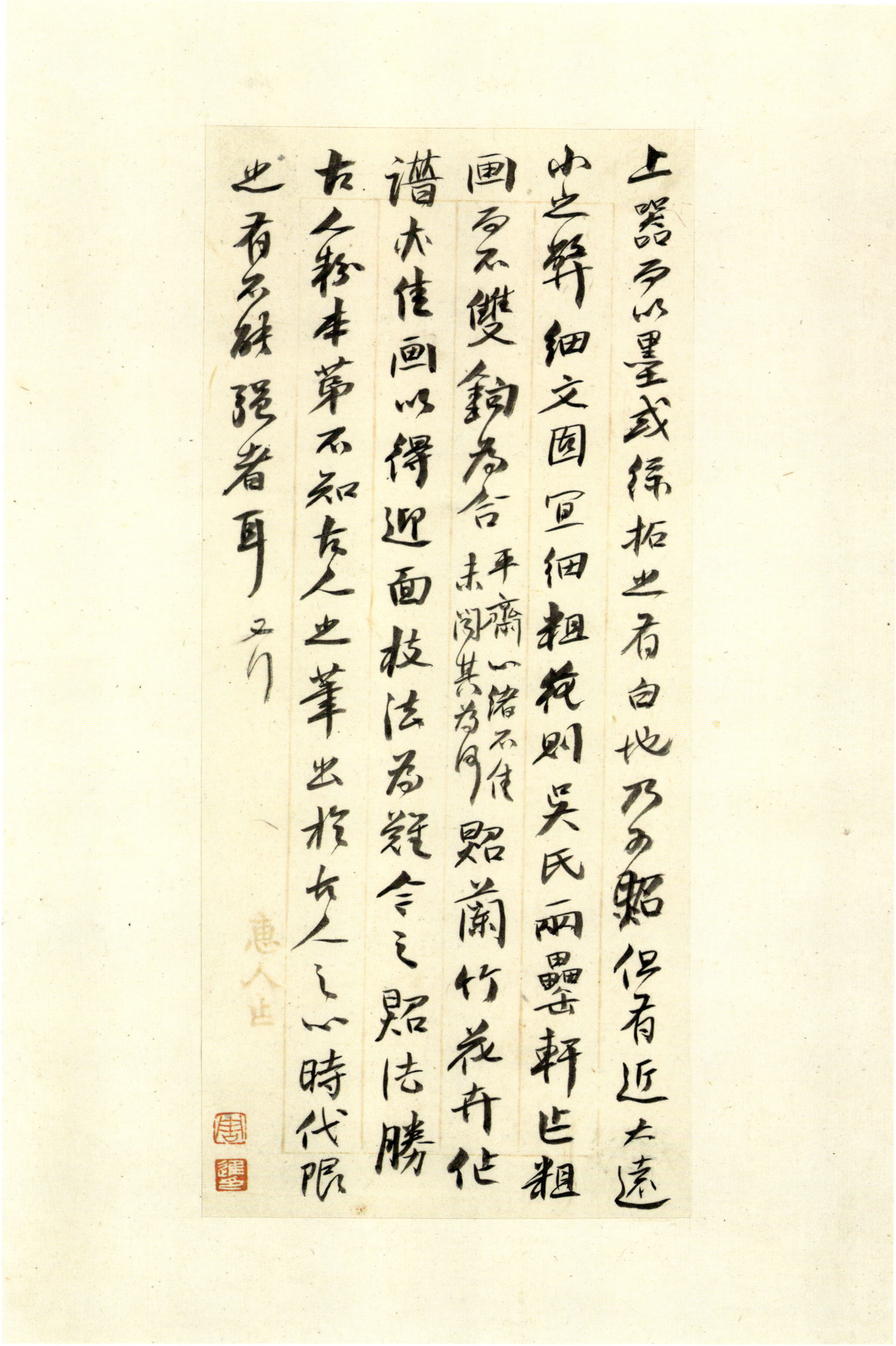

上器，而以墨或綵拓之，有白地乃可照。但有近大遠小之弊，細文固宜細，粗花則吴氏兩罍軒作粗畫而不雙鈎爲合。平齋心緒不佳，未聞其爲何。照蘭竹花卉作譜亦佳，畫以得迎面枝法爲難，今之照法，勝古人粉本。第不知古人之筆出於古人之心，時代限之，有不能强者耳。又拜。（鈐印『周』『進印』）

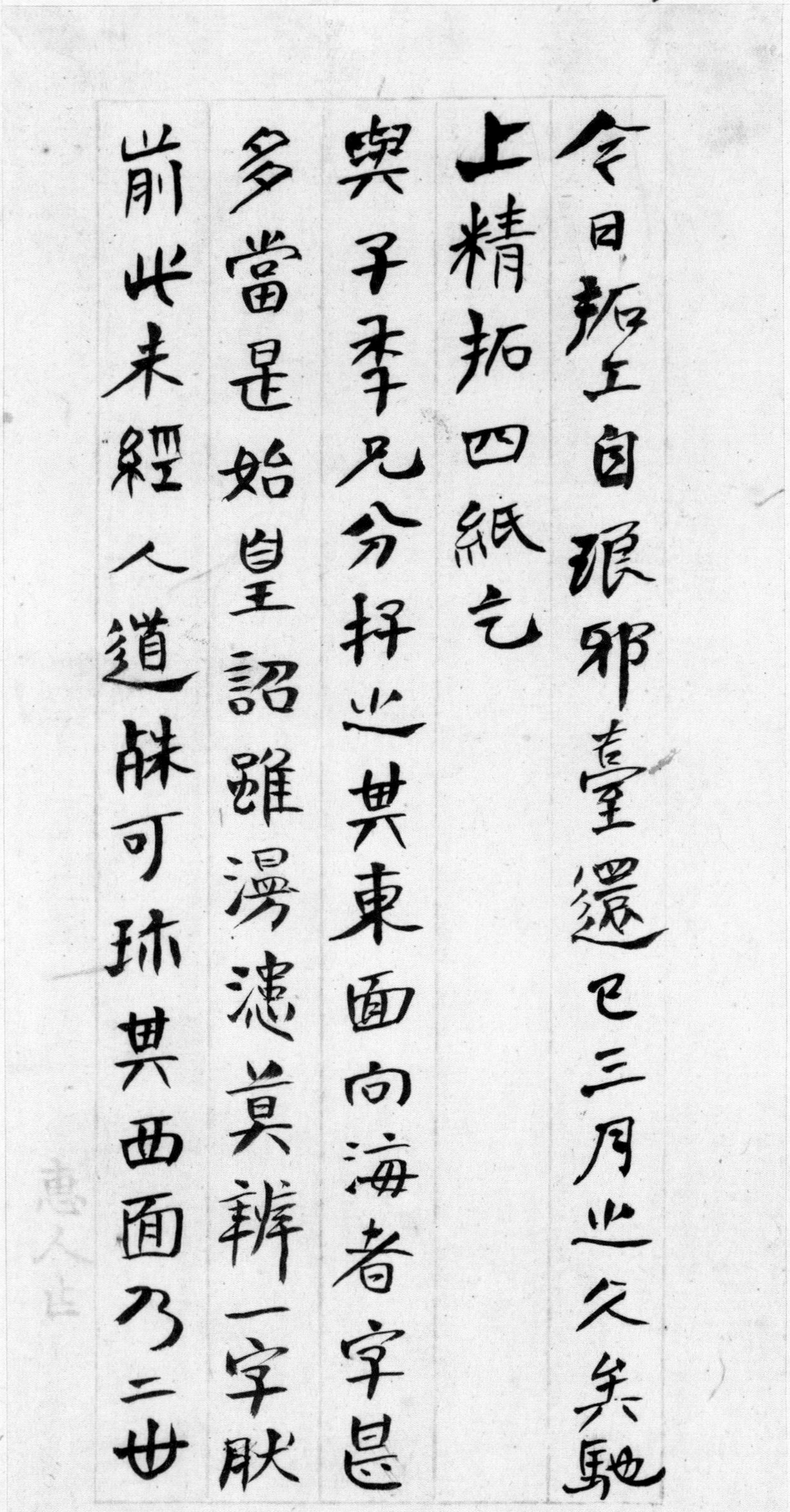

今日拓工自瑯琊臺還，已三月之久矣。馳上精拓四紙，乞與子年兄分存之。其東面向海者，字甚多，當是始皇詔。雖漫漶莫辨一字，然前此未經人道，殊可珍。其西面乃二世

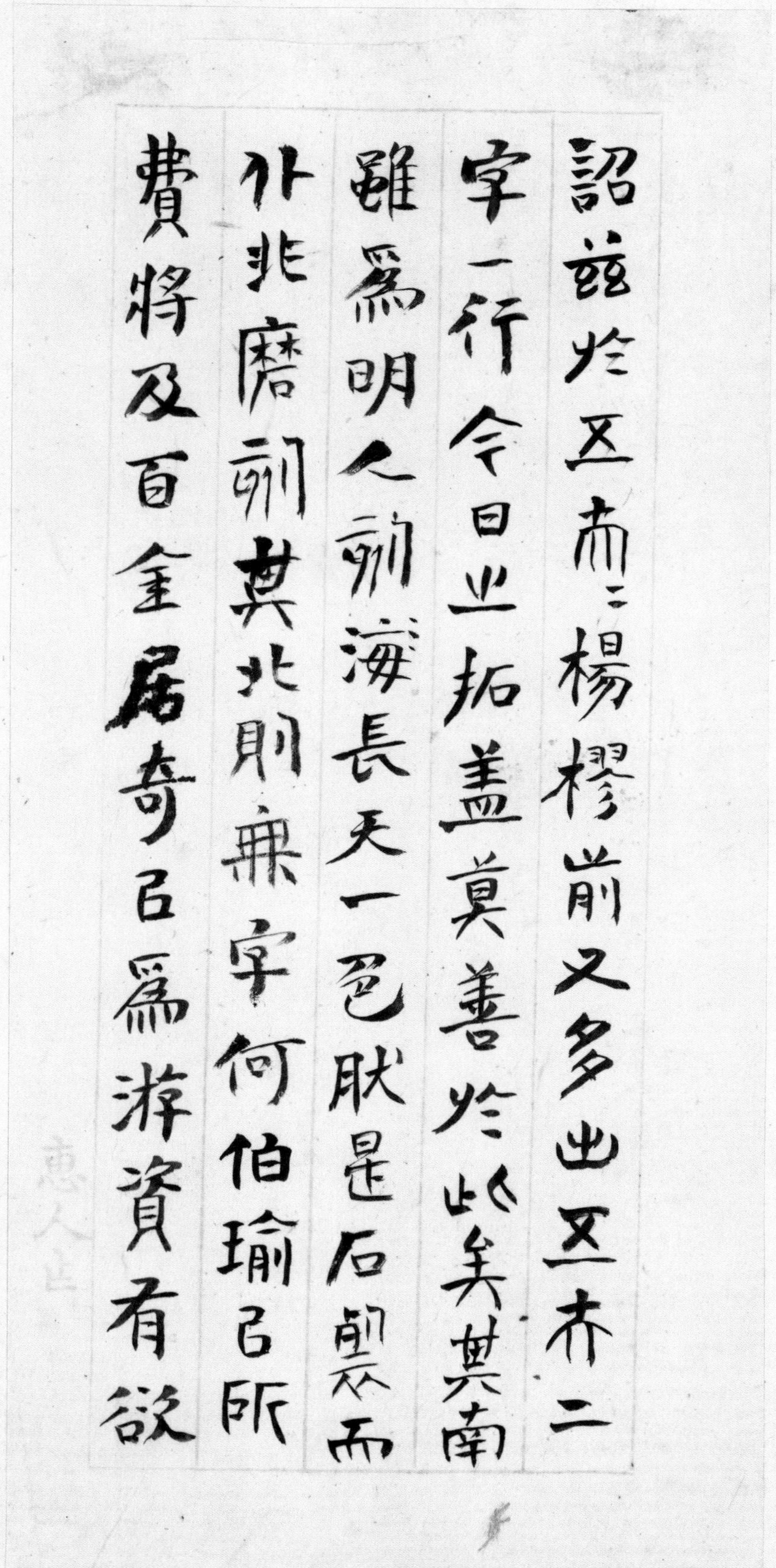
詔，兹於五大夫楊樛前又多出五夫二字一行。今日之拓，蓋莫善於此矣。其南雖爲明人刻長天一色，然是石裂而仆，非磨刻。其北則無字。何伯瑜以所費將及百金居奇，以爲游資有欲

詔，兹於『五大夫楊樛』前又多出『五夫』二字一行。今日之拓，蓋莫善於此矣。其南雖爲明人刻『長天一色』，然是石裂而仆，非磨刻。其北則無字。何伯瑜以所費將及百金居奇，以爲游資有欲

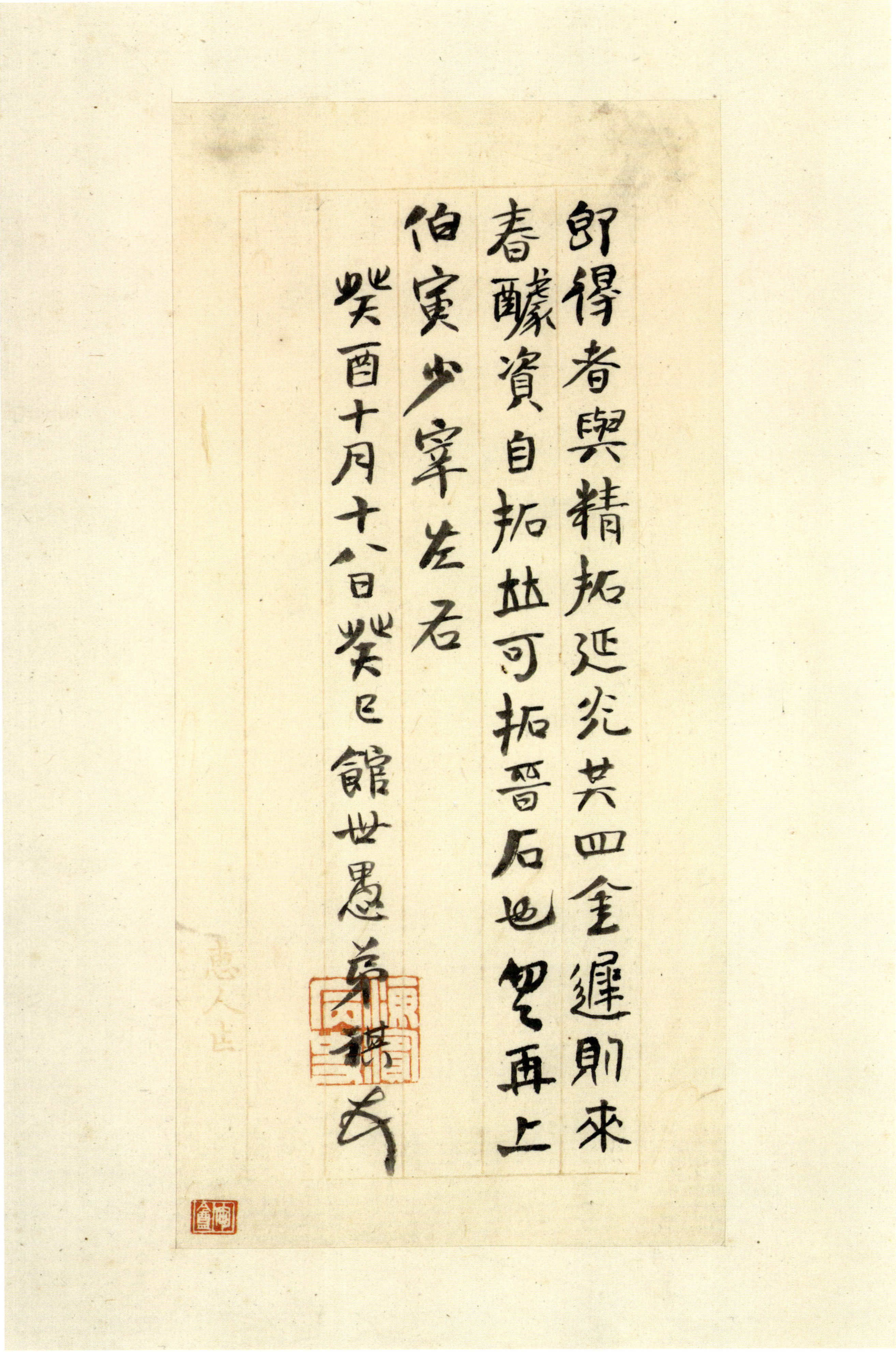
即得者與精拓延光共四金遲則來
春醵資自拓并可拓晉石也匆再上
伯寅少宰左右
癸酉十月十八日癸巳館世愚弟祺頓首

即得者，與精拓延光[一]共四金，遲則來春醵資自拓，并可拓晉石也。匆匆再上伯寅少宰左右。癸酉十月十八日癸巳館世愚弟祺頓首。

（鈐印『海濱病史』『匋盦』）

[一] 按：延光即東漢《延光》殘碑，東漢延光四年刻，康熙六十年（一七二一）於山東諸城超然臺故址出土。

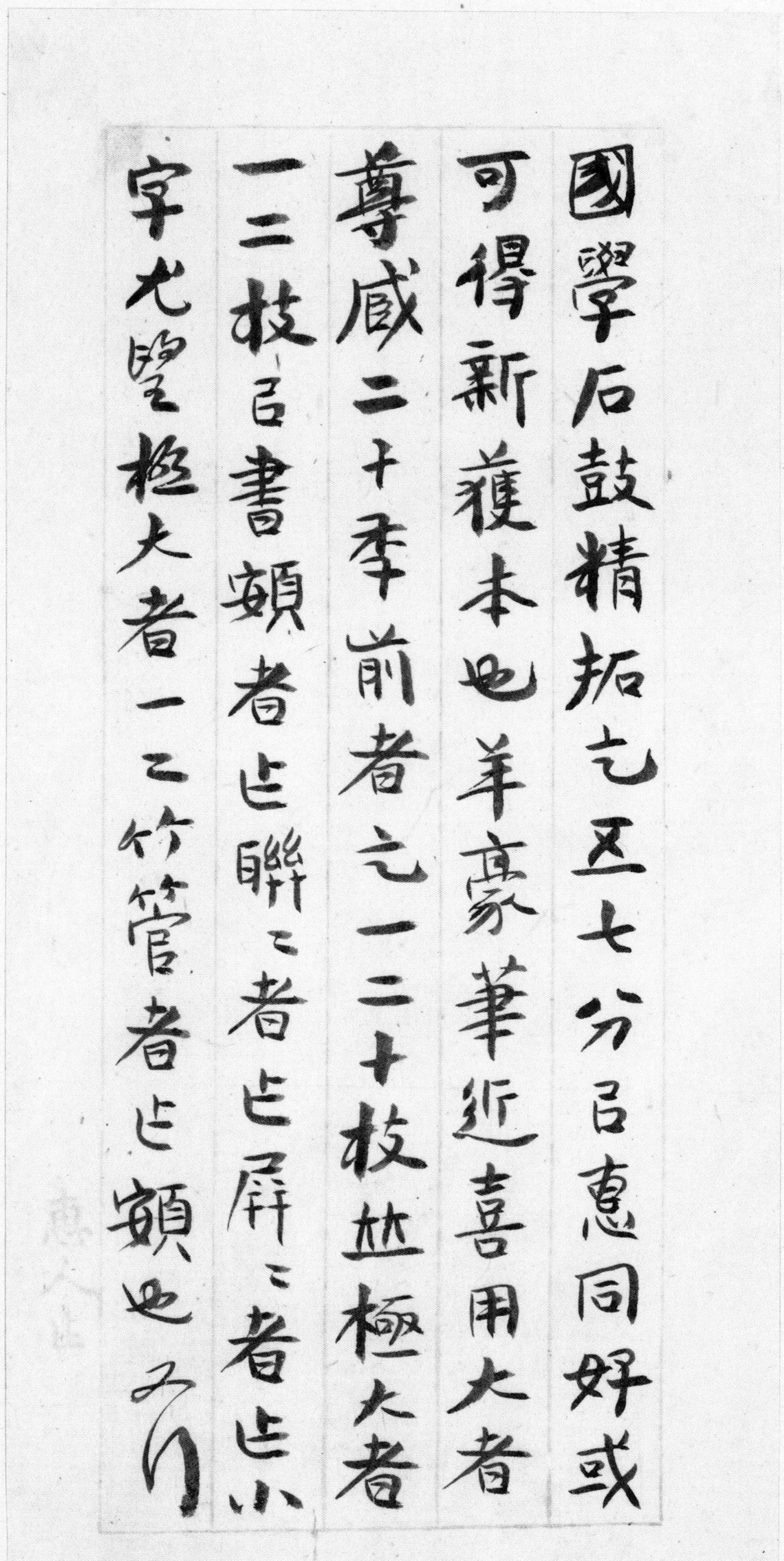

國學石鼓精拓乞五七份以惠同好，或可得新獲本也。羊毫筆近喜用大者，尊藏二十年前者，乞一二十枝，并極大者一二枝。以書額者作聯，聯者作屏，屏者作小字。尤望極大者一二竹管者作額也。又拜。

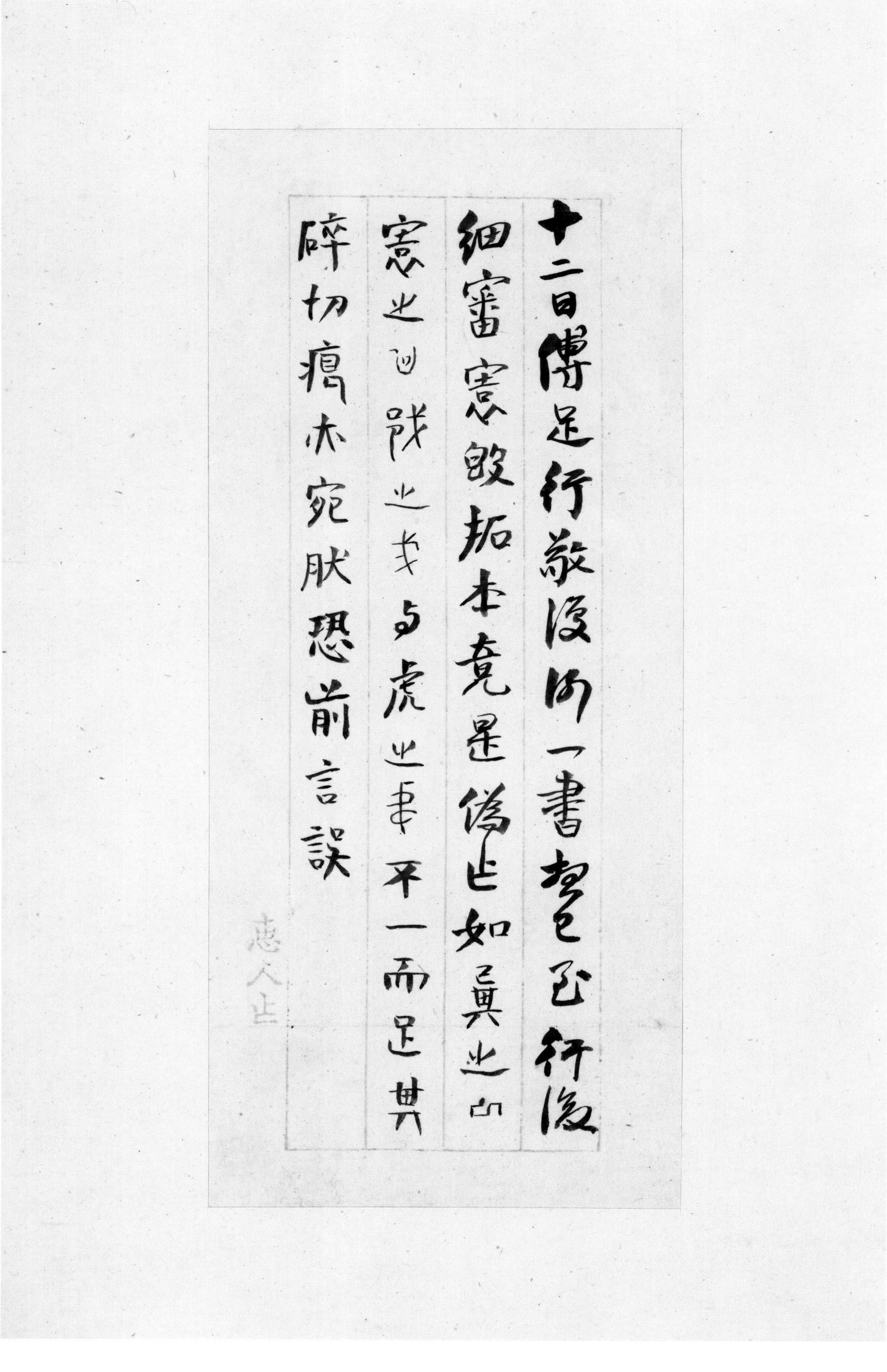

十二日傅足行敬復謝一書，想已至。行後細審裒簋拓本竟是僞作。如㠱之𠙵，裒之㘰，戕之戈，與虎之手，不一而足。其碎切痕亦宛然，恐前言誤

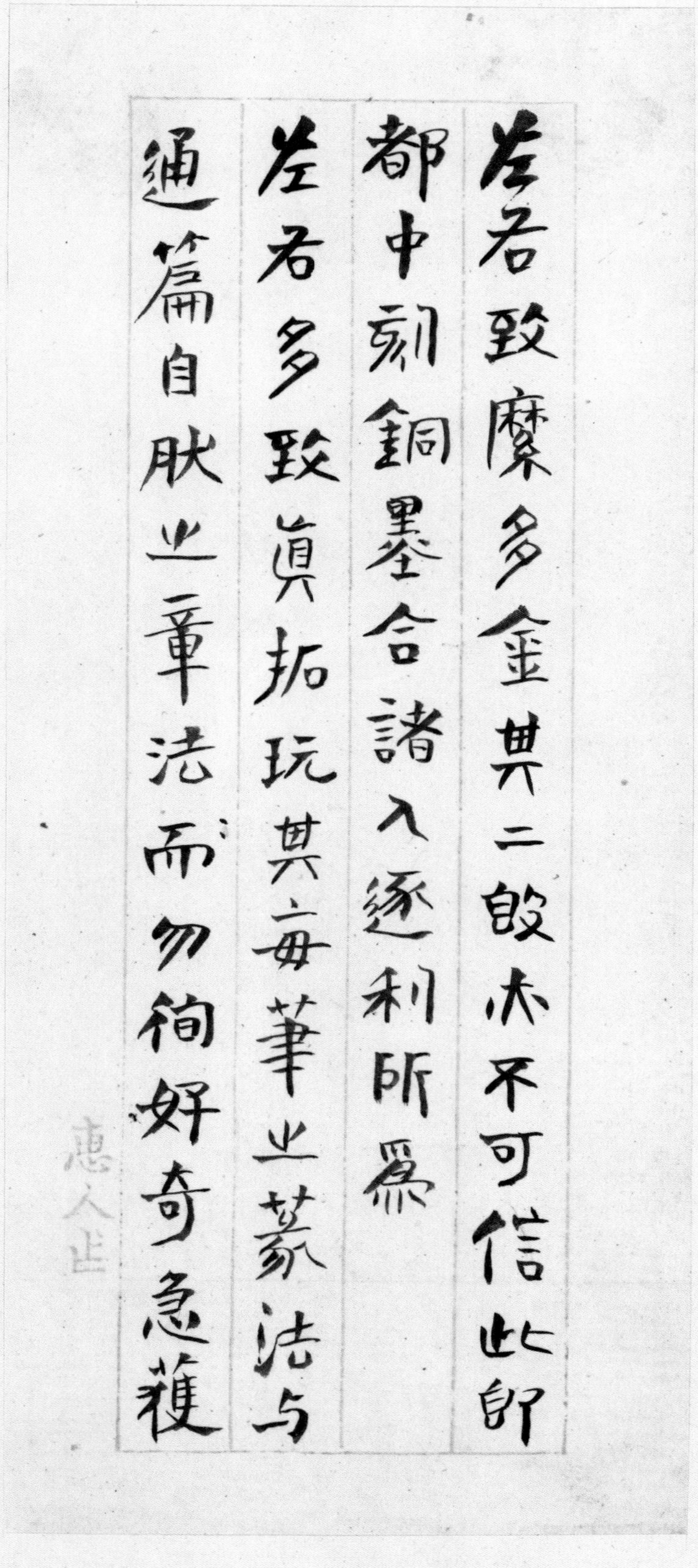

左右，致麼多金。其二篇亦不可信。此即都中刻銅墨合諸人逐利所爲。左右多致真拓，玩其每筆之篆法與通篇自然之章法，勿徇好奇急獲

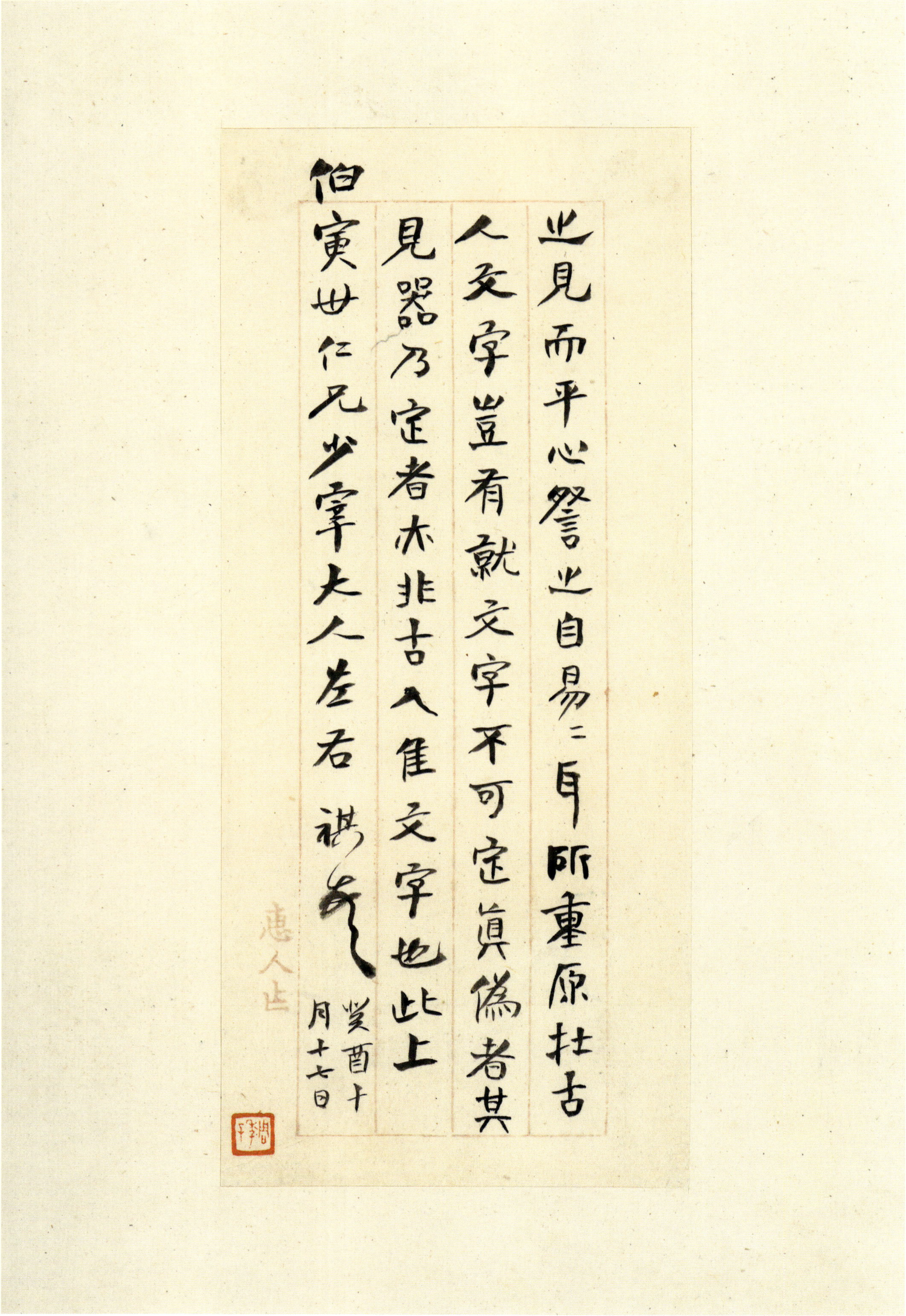
之見而平心察之自易易耳所重原在古人文字豈有就文字不可定真偽者其見器乃定者亦非古人佳文字也此上伯寅世仁兄少宰大人左右 祺頓首 癸酉十月十七日

之見而平心察之，自易易耳。所重原在古人文字，豈有就文字不可定真僞者？其見器乃定者，亦非古人佳文字也。此上伯寅世仁兄少宰大人左右。祺頓首。癸酉十月十七日。（鈐印『周季子』）

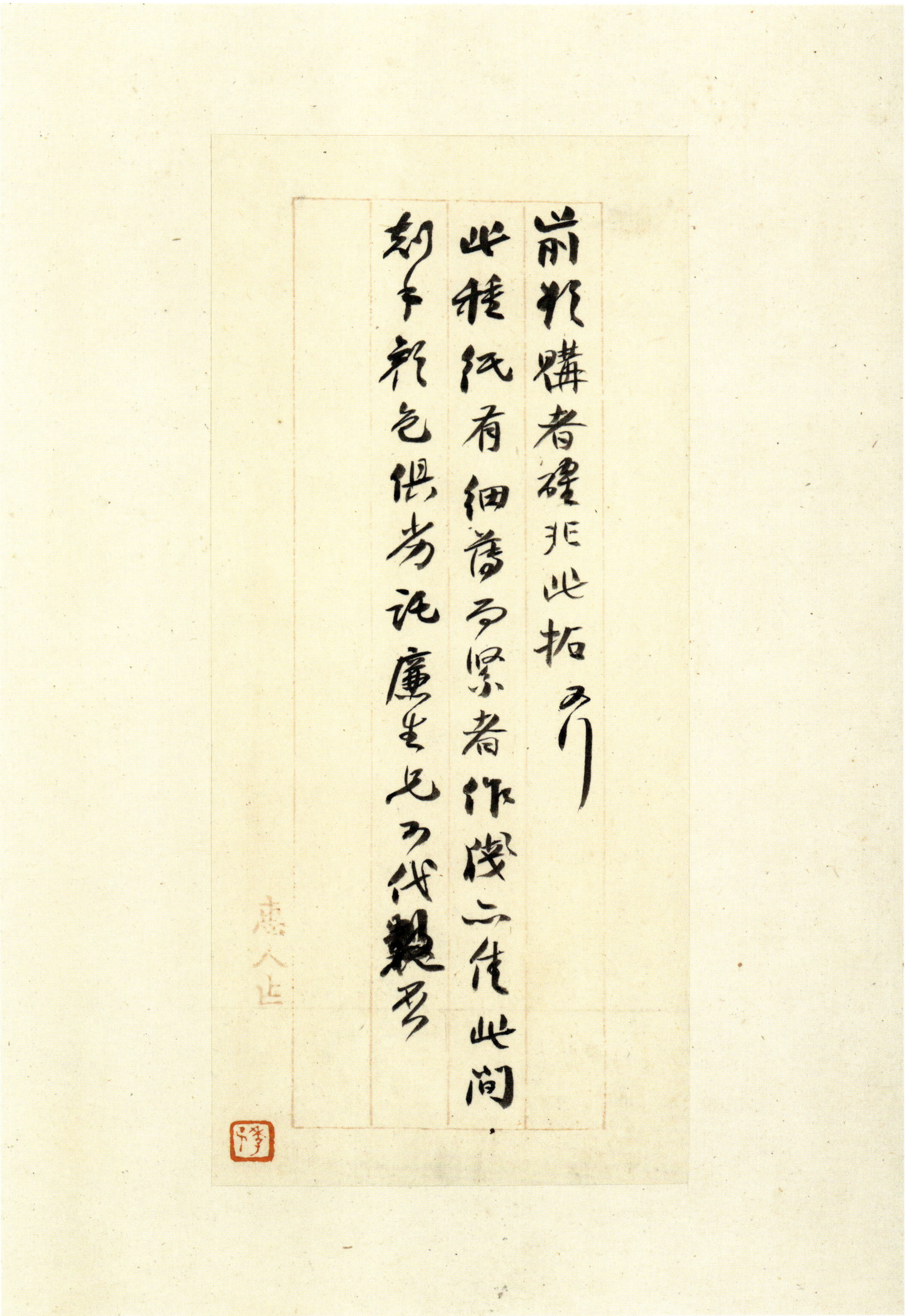

前欲購者確非此拓，又拜。此種紙有細薄而緊者，作箋亦佳。此間刻手、顔色俱劣，托廉生兄可代製否？（鈐印『季子』）

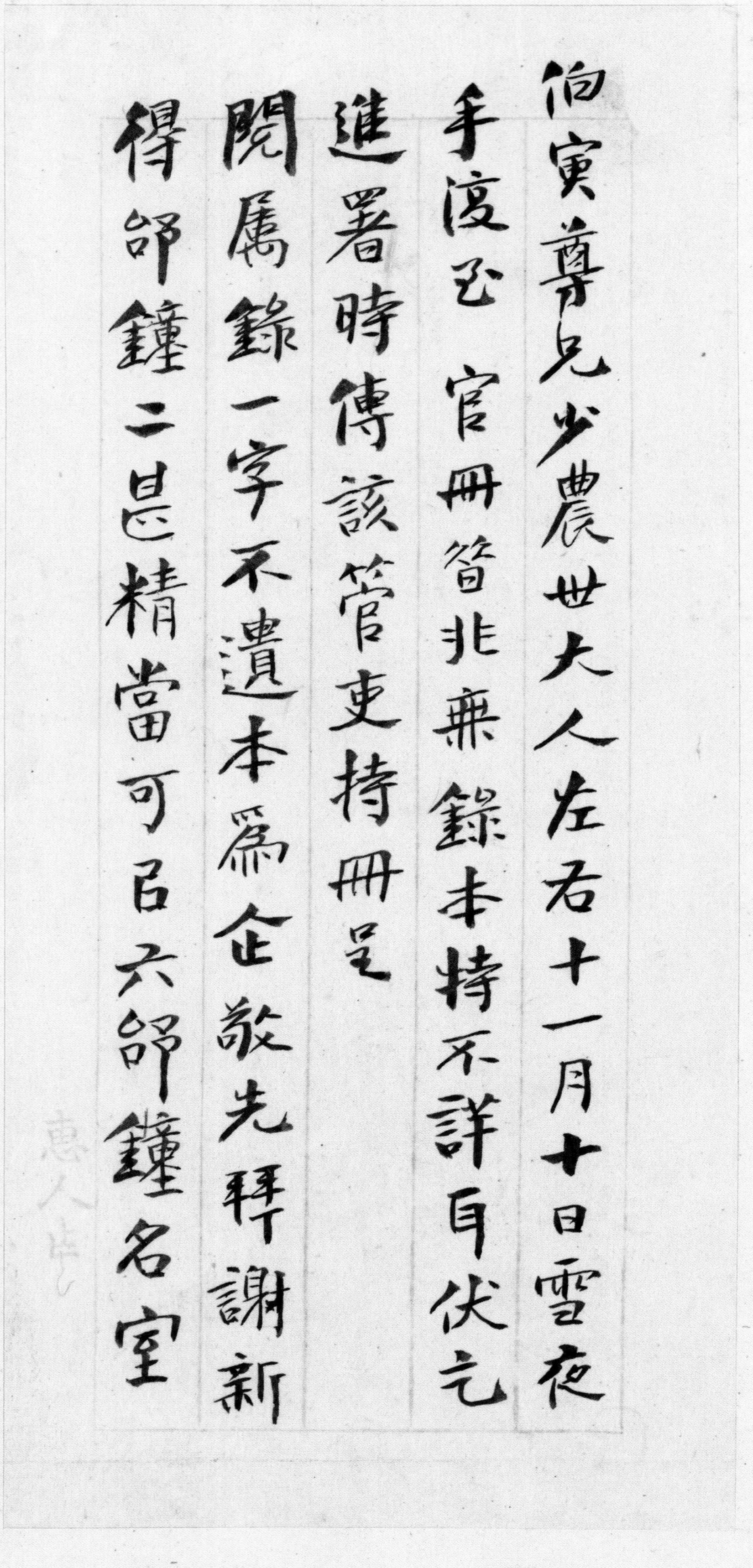

伯寅尊兄少農世大人左右十一月十日雪夜
手復丞　官冊昔非無錄本特不詳耳伏乞
進署時傳該管吏持冊呈
閱屬錄一字不遺本爲企敬先拜謝新
得部鐘二甚精當可以六部鐘名室

伯寅尊兄少農世大人左右。十一月十日雪夜手復至。官册昔非無録本，特不詳耳。伏乞進署時傳該管吏持册呈閲，屬録一字不遺本爲企。敬先拜謝。新得部鐘二，甚精，當可以六部鐘名室

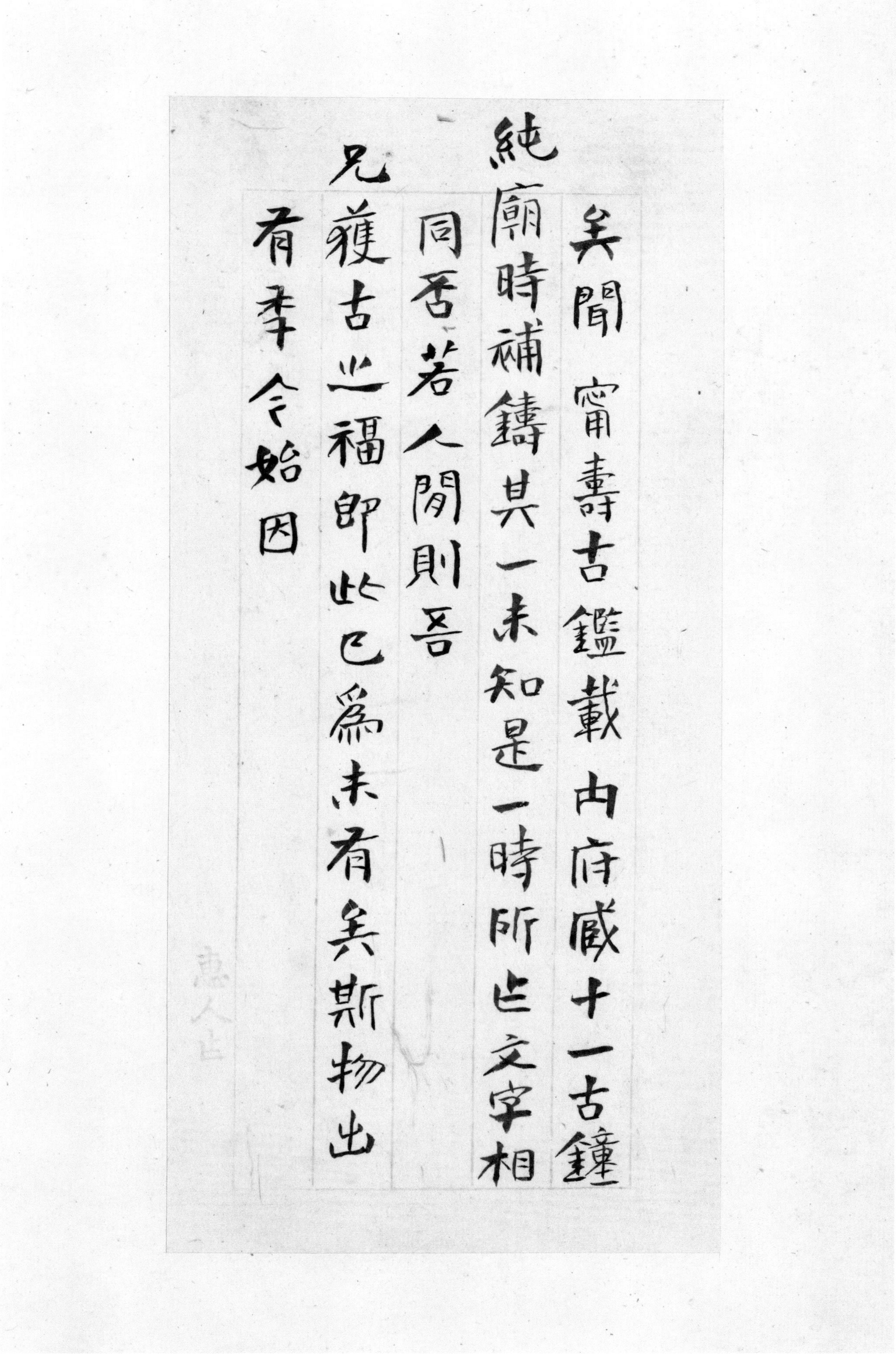

矣。聞《寧壽古鑒》載内府藏十一古鐘。純廟時補鑄其一，未知是一
時所作，文字相同否？若人間則吾兄獲古之福即此已爲未有矣。斯物
出有年，今始因

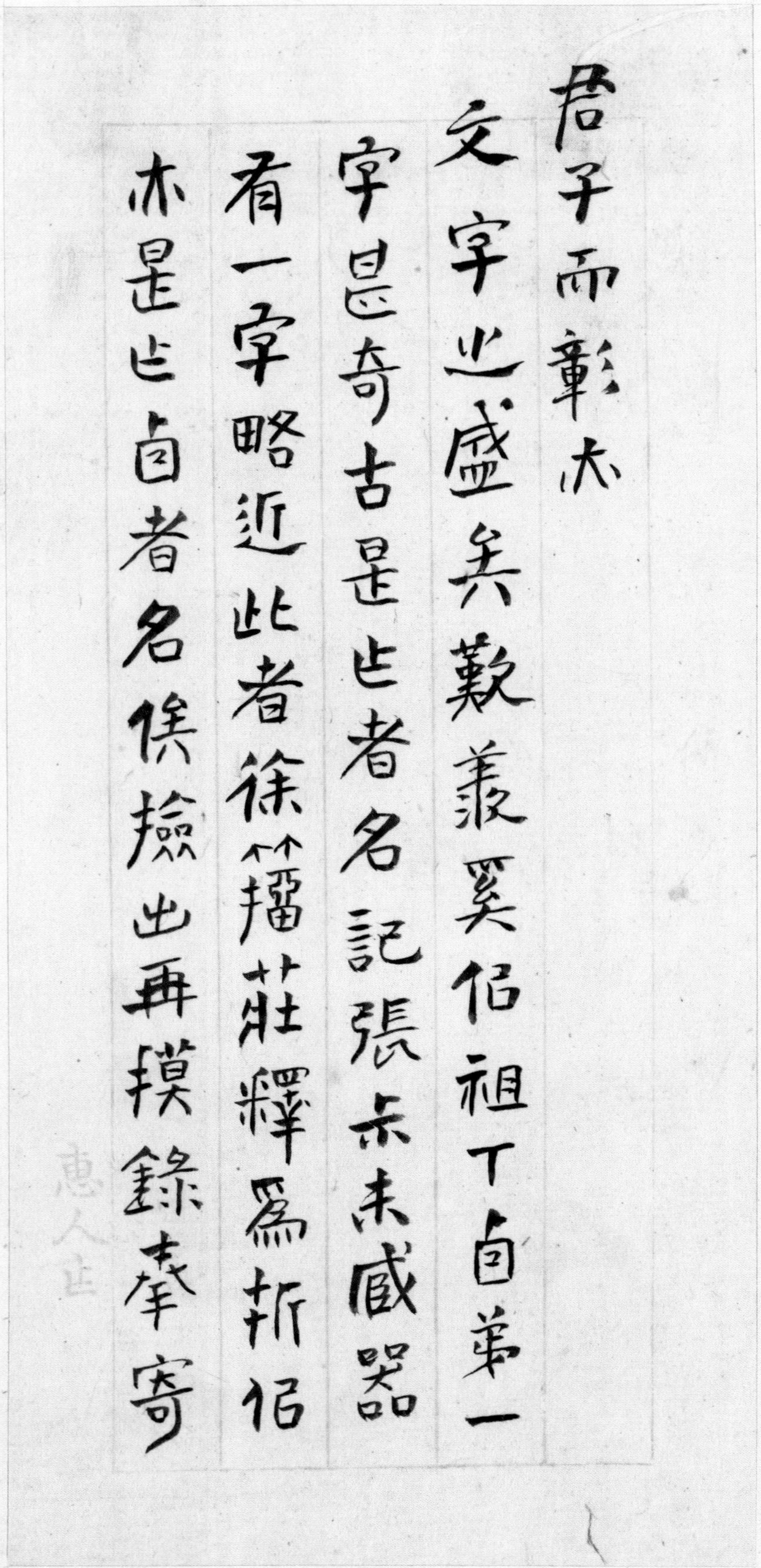
君子而彰亦
文字之盛矣歎羨奚似祖丁卣第一
字甚奇古是作者名記張叔未藏器
有一字略近此者徐籀莊釋爲折似
亦是作卣者名俟撿出再模録奉寄
惠人正

君子而彰，亦文字之盛矣。嘆羨奚似！祖丁卣第一字甚奇古，是作者名記。張叔未藏器有一字略近此者，徐籀莊釋爲折，似亦是作卣者名。俟撿出再模録奉寄。

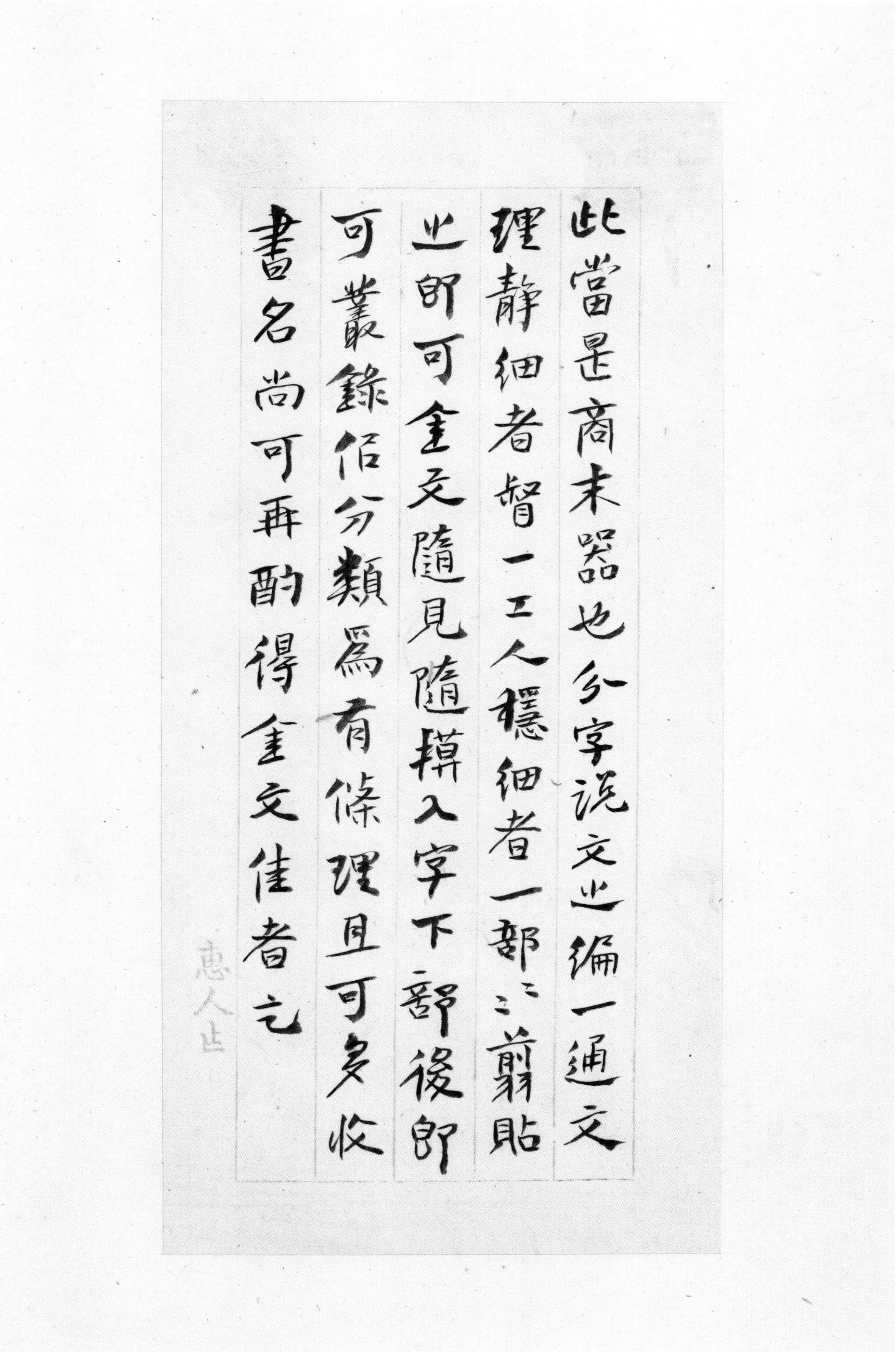

此當是商末器也。分字《説文》之編，一通文理静細者督一工人穩細者，一部一部翦貼之即可。金文隨見隨模入字下部後即可。叢録似分類爲有條理，且可多收書名，尚可再酌。得金文佳者，乞

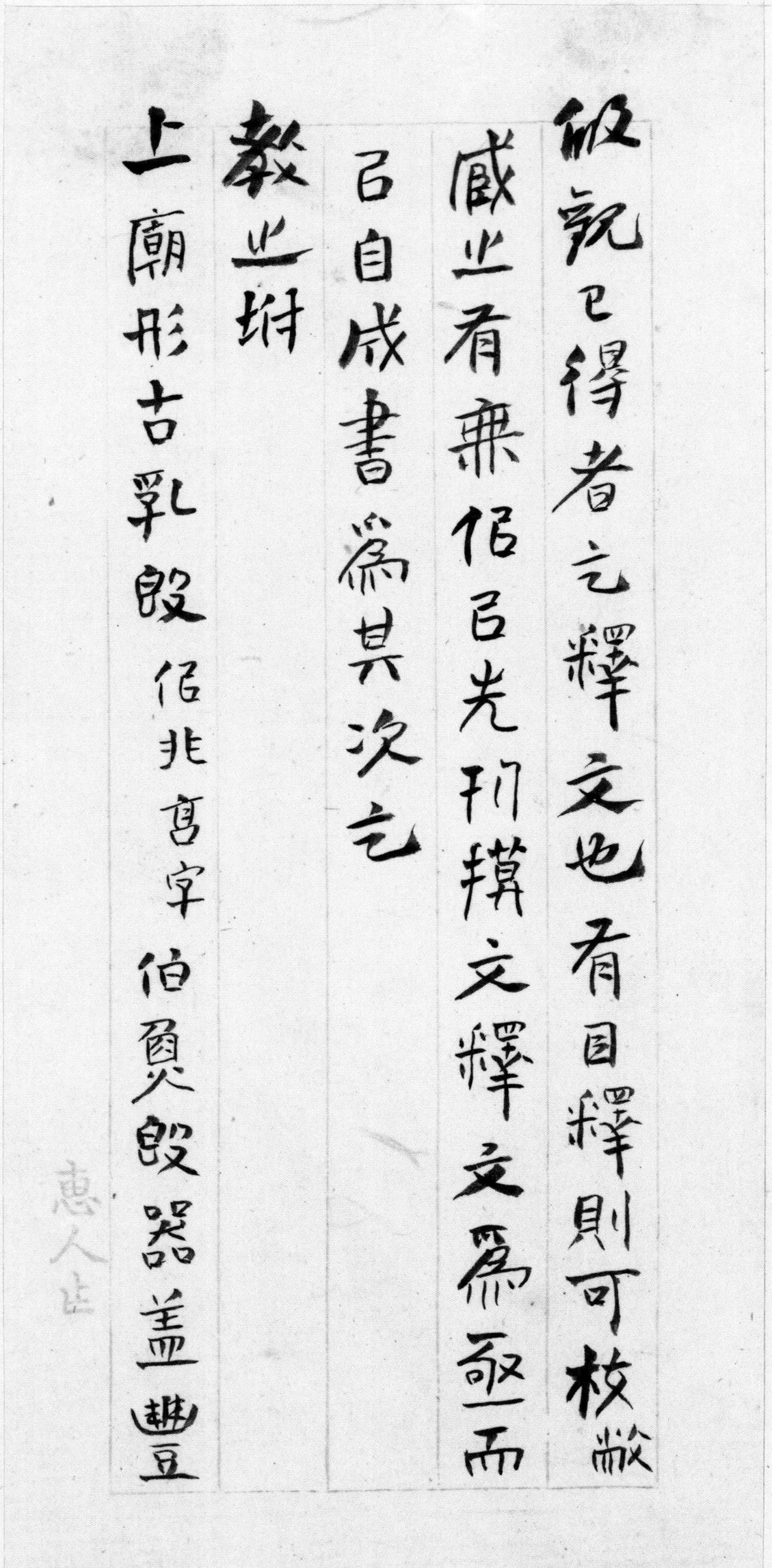

假觀。已得者，乞釋文也。有目釋則可校敝藏之有無，似以先刊模文釋文爲亟，而以自成書爲其次。乞教之。附上廟形古乳簋、似非亯字。伯魚簋器蓋、豊

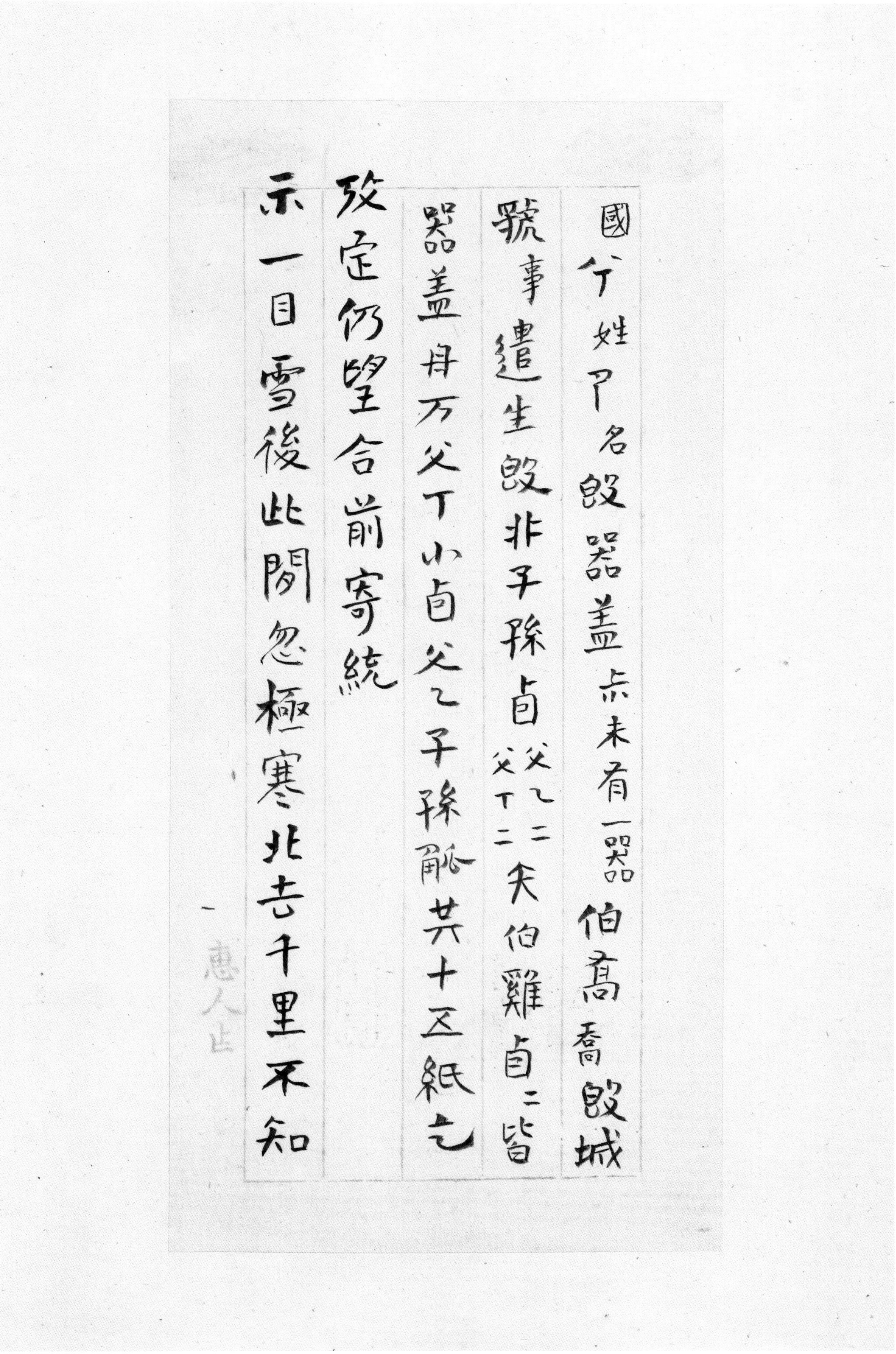

國。兮姓。卩名。簋器蓋、叔未有一器。伯高喬。簋、城號事。遣生簋、非子孫卣、父乙二父丁二。矢伯雞卣、二，皆器蓋。舟万父丁小卣、父乙子孫觚共十五紙，乞考定，仍望合前寄統示一目。雪後此間忽極寒，北去千里，不知

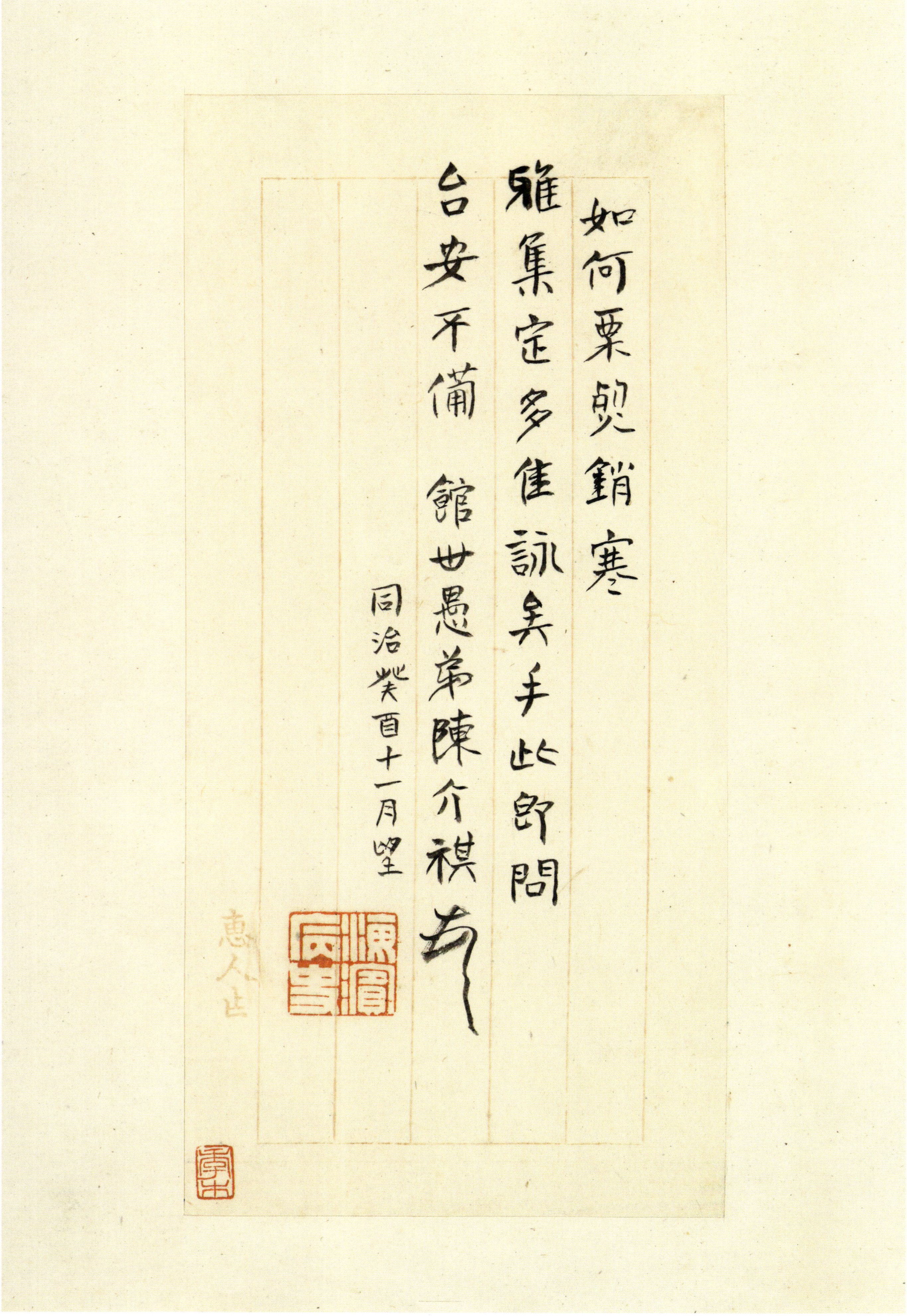
如何栗烈銷寒
雅集定多佳詠矣手此即問
台安不備 館世愚弟陳介祺頓
同治癸酉十一月望

如何栗烈。銷寒雅集定多佳咏矣。手此即問台安不備。館世愚弟陳介祺頓首。同治癸酉十一月望。（鈐印『海濱病史』『季木』）

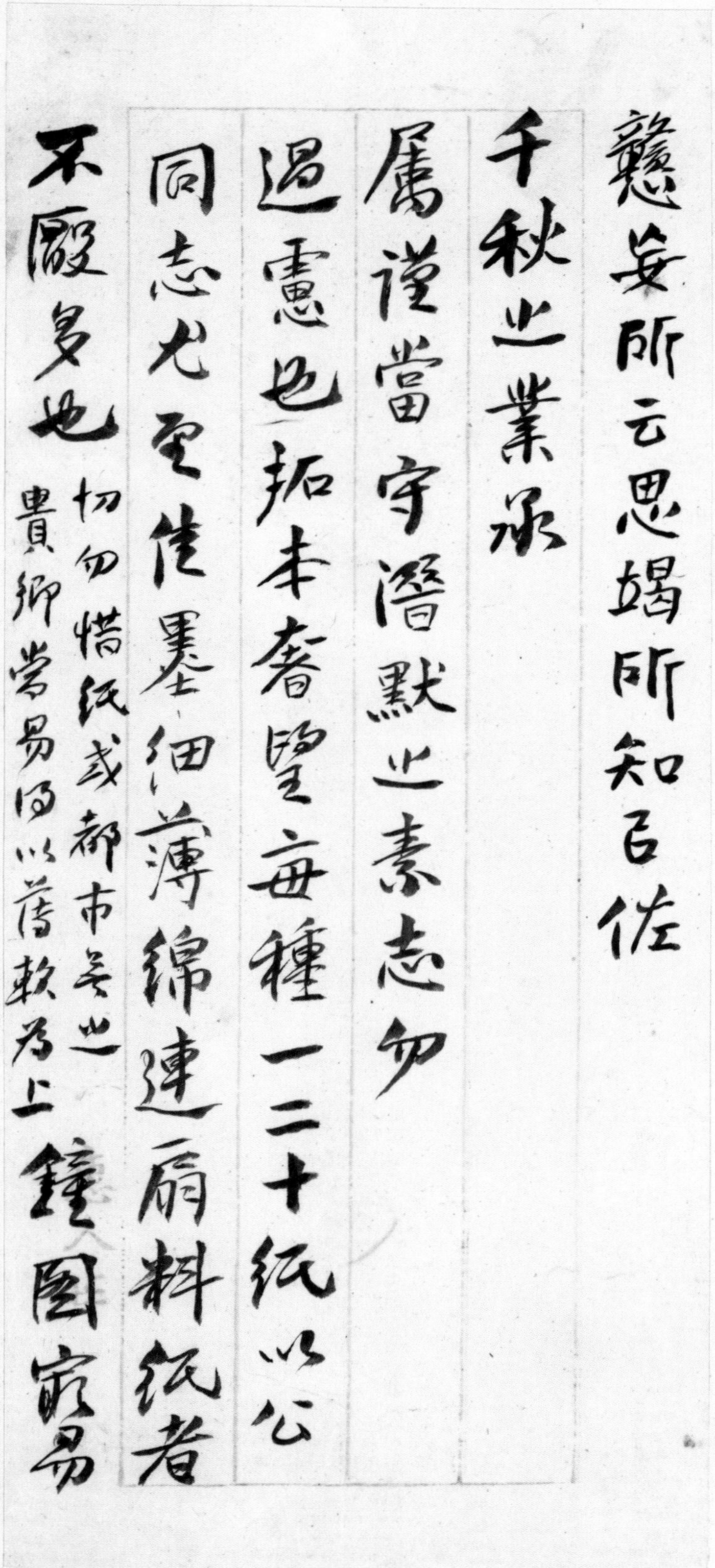

懿安所云思竭所知以佐千秋之業承屬謹當守潛默之素志勿過慮也拓本奢望每種一二十紙以公同志尤望佳墨細薄綿連扇料紙者不厭多也　切勿惜紙或都市無之貴鄉當易得以薄軟為上　鍾園最易

懿安所云思竭所知，以佐千秋之業。承屬謹當守潛默之素志，勿過慮也。拓本奢望每種一二十紙以公同志，尤望佳墨細薄綿連扇料紙者，不厭多也。切勿惜紙，或都市無之，貴鄉當易得，以薄軟爲上。鍾園最易

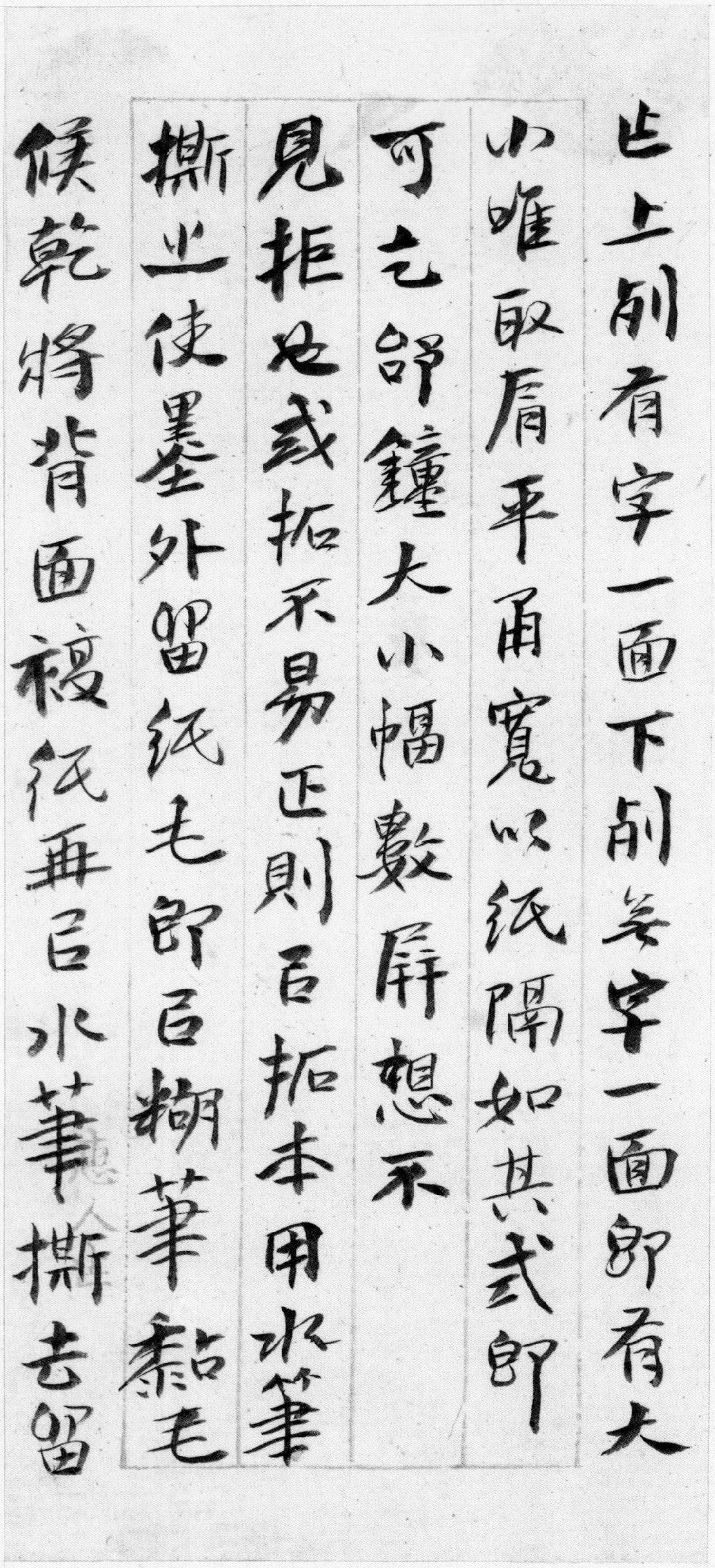

作，上列有字一面，下列無字一面，即有大小，唯取肩平甬寬，以紙隔如其式即可。乞部鐘大小幅數屏，想不見拒也。或拓不易正，則以拓本用水筆撕之，使墨外留。紙毛即以糊筆黏毛，候乾，將背面複紙，再以水筆撕去，留

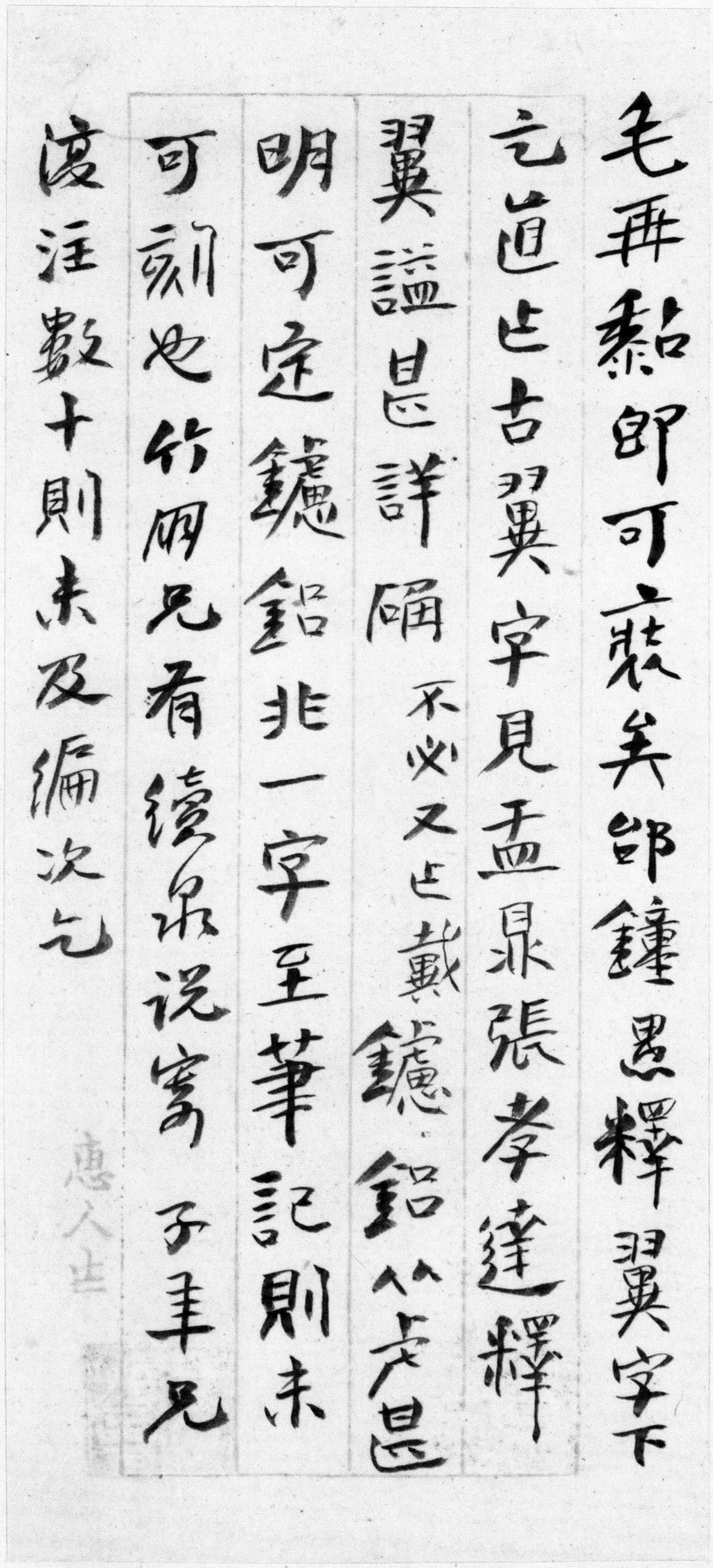

毛再黏，即可裝矣。郘鐘愚釋翼字下乞直，作古翼字，見盂鼎。張孝達釋翼謚甚詳確。不必又作戴。鐪鋁从虍甚明，可定鐪鋁非一字，至筆記則未可刻也。竹朋兄有《續泉説》寄子年兄，復注數十則，未及編次，乞

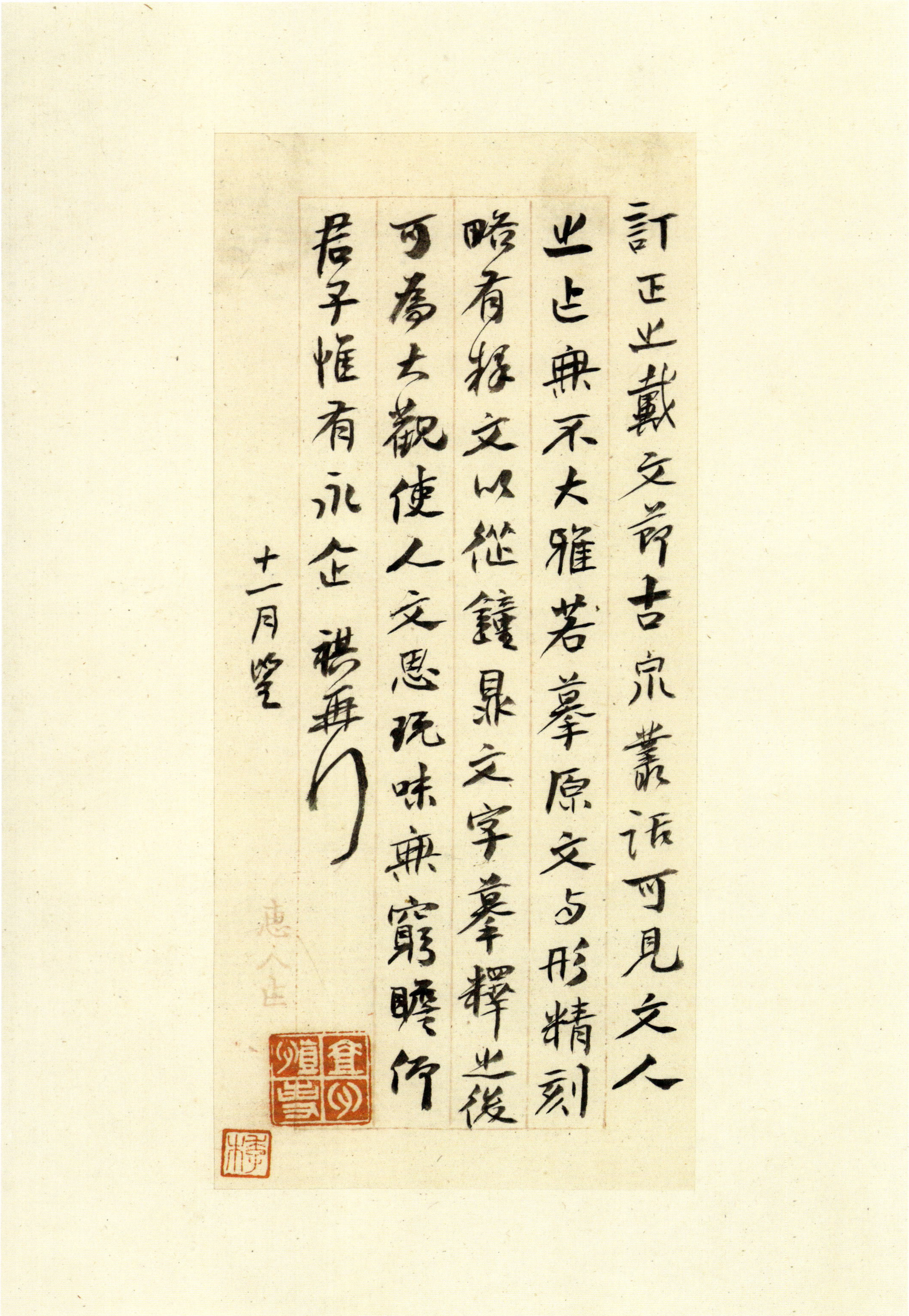

訂正之。戴文節《古泉叢話》，可見文人之作無不大雅，若摹原文與形精刻，略有釋文，以從鐘鼎文字摹釋之後，可爲大觀，使人文思玩味無窮。

瞻仰君子，惟有永企。祺再拜。十一月望。（鈐印『壹心慎事』『季木』）

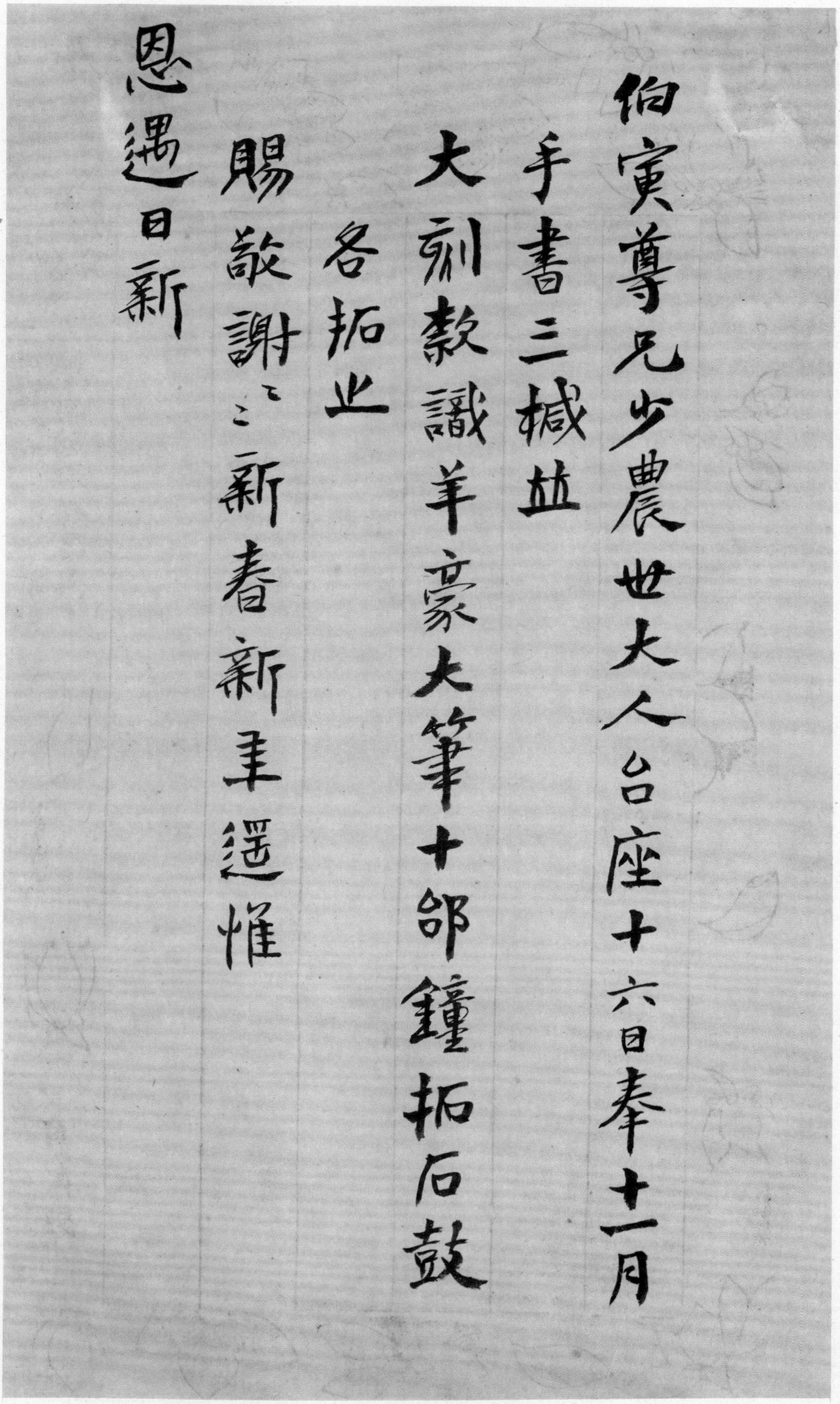

伯寅尊兄少農世大人台座十六日奉十一月
手書三椷并
大刻款識羊豪大筆十部鐘拓石鼓
各拓之
賜敬謝〻〻新春新年遥惟
恩遇日新

伯寅尊兄少農世大人台座。十六日奉十一月手書三椷并大刻款識、羊毫大筆十、部鐘拓、石鼓各拓之賜，敬謝敬謝。新春新年，遥惟恩遇日新，

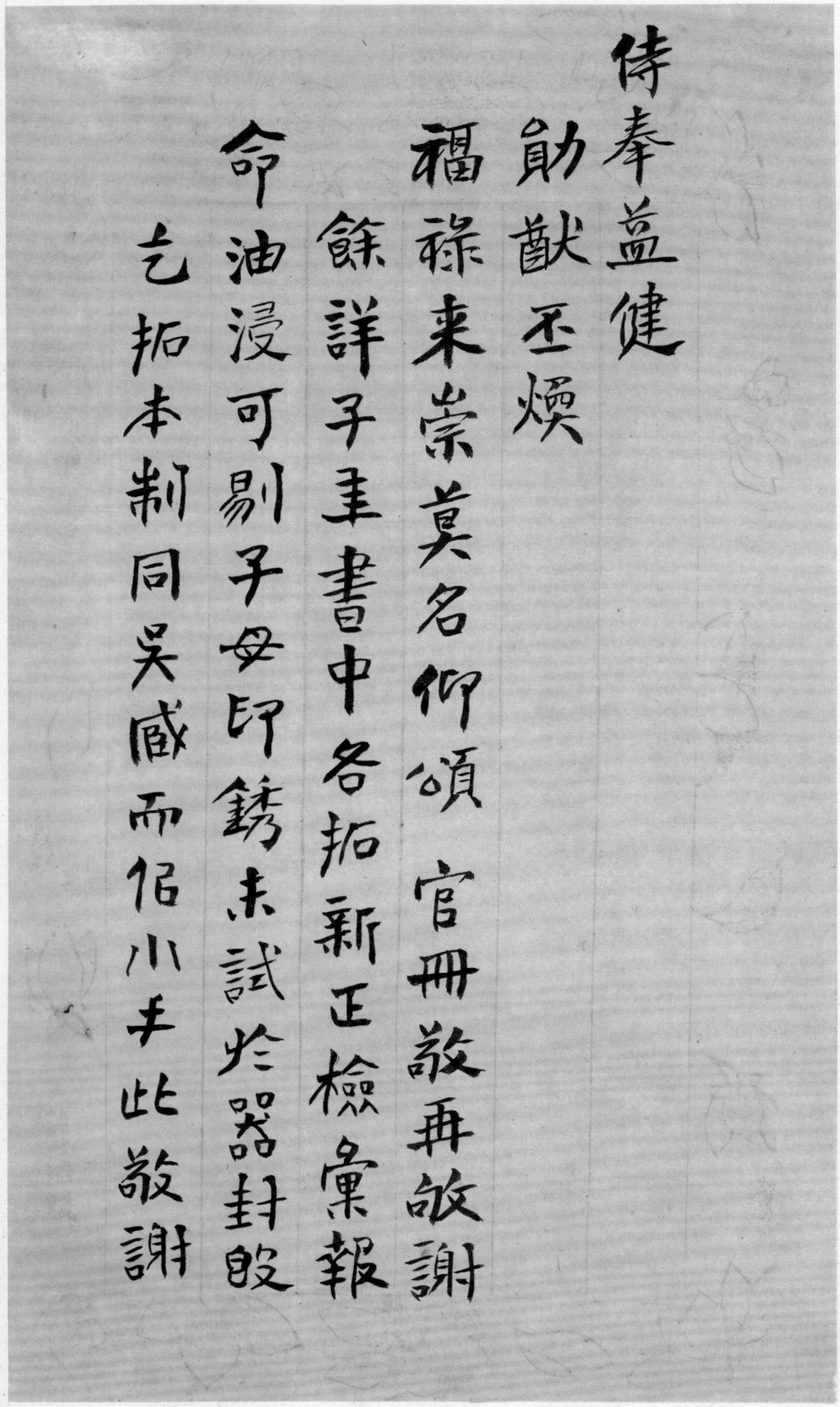

侍奉益健，勛猷丕煥，福禄來崇，莫名仰頌。官冊敬再敂謝，餘詳子年書中。各拓新正檢彙報命，油浸可剔子母印銹，未試於器。封簋乙拓本，制同吳藏而似小。手此敬謝

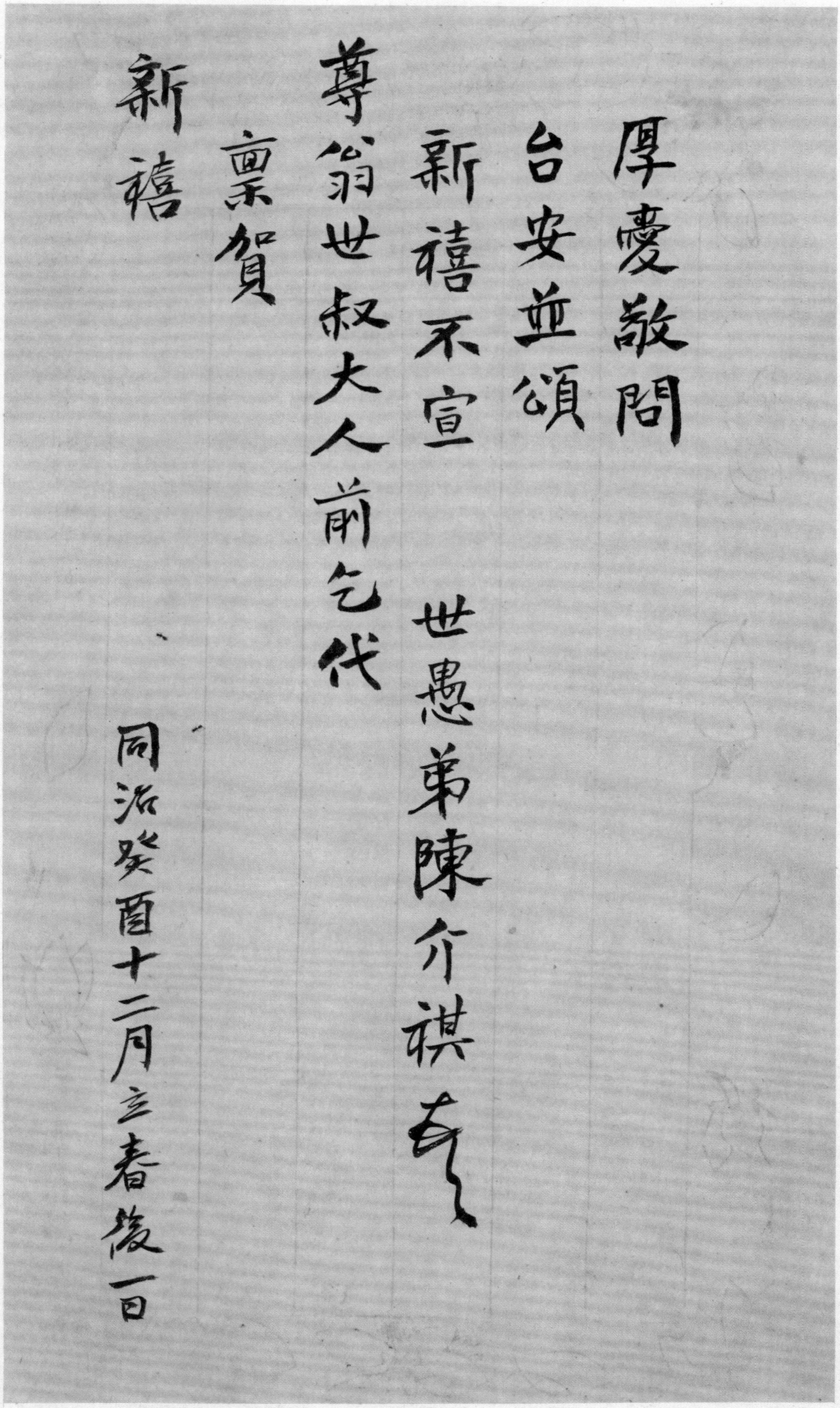
厚愛敬問
台安並頌
新禧不宣 世愚弟陳介祺頓首
尊翁世叔大人前乞代
稟賀
新禧
同治癸酉十二月立春後一日

厚愛。敬問台安并頌新禧不宣。世愚弟陳介祺頓首。尊翁世叔大人前乞代稟賀新禧。同治癸酉十二月立春後一日。

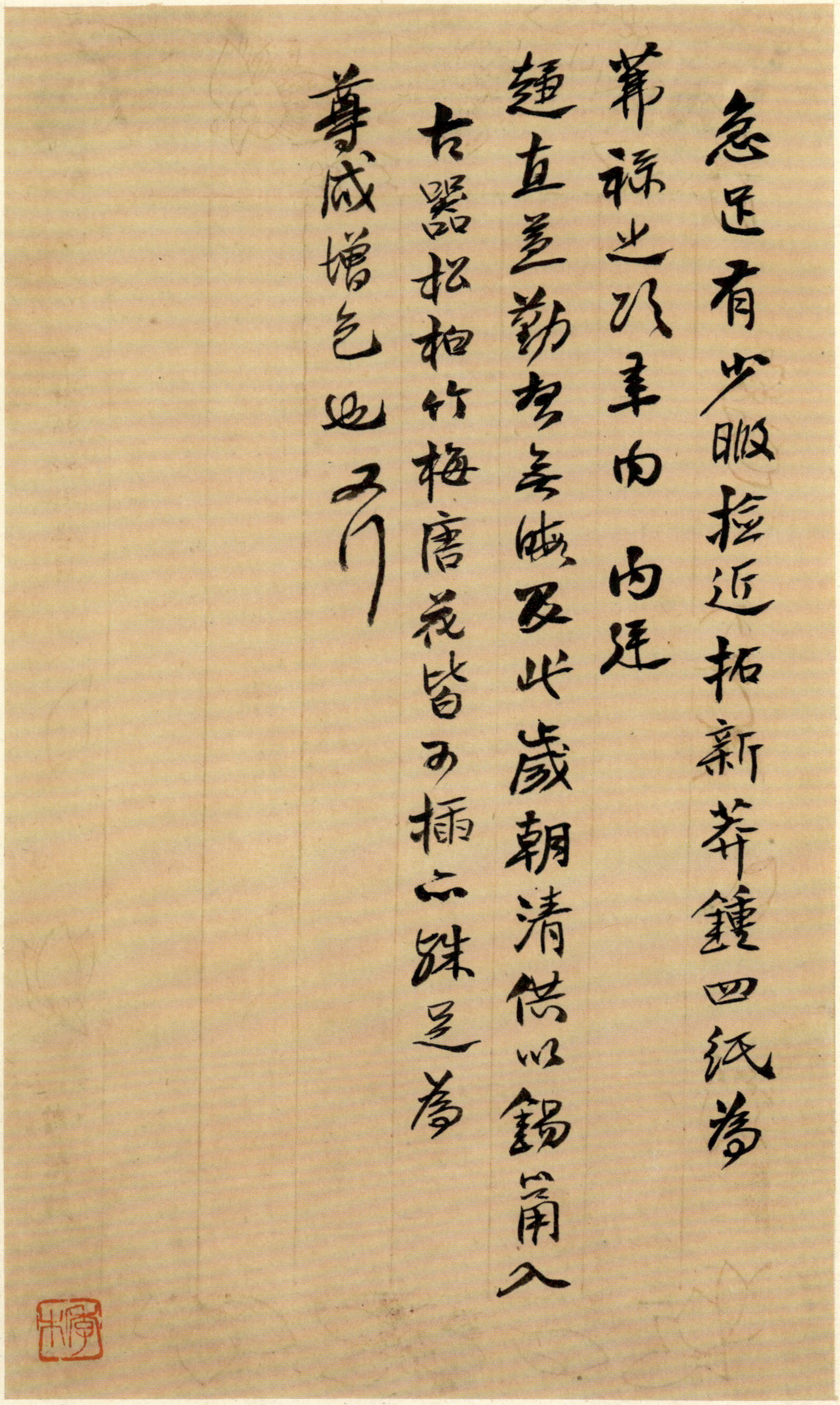

急足有少暇，撿近拓新莽鍾四紙爲茀禄之頌。年内内廷趨直益勤，
想無暇及此。歲朝清供以錫筩入古器，松柏竹梅唐花皆可插，亦殊足爲
尊藏增色也。又拜。（鈐印『季木』）

同治十三年　一八七四年

致潘祖蔭四冊本第二冊〇〇四

伯寅尊兄世大人台座。僻處未見邸鈔，忽傳以科場磨勘被議。大臣之去，以士子策中二語，亦可以告無罪矣。即日光復，定在意中。執事當不以暫退悻悻，不敢以多辭

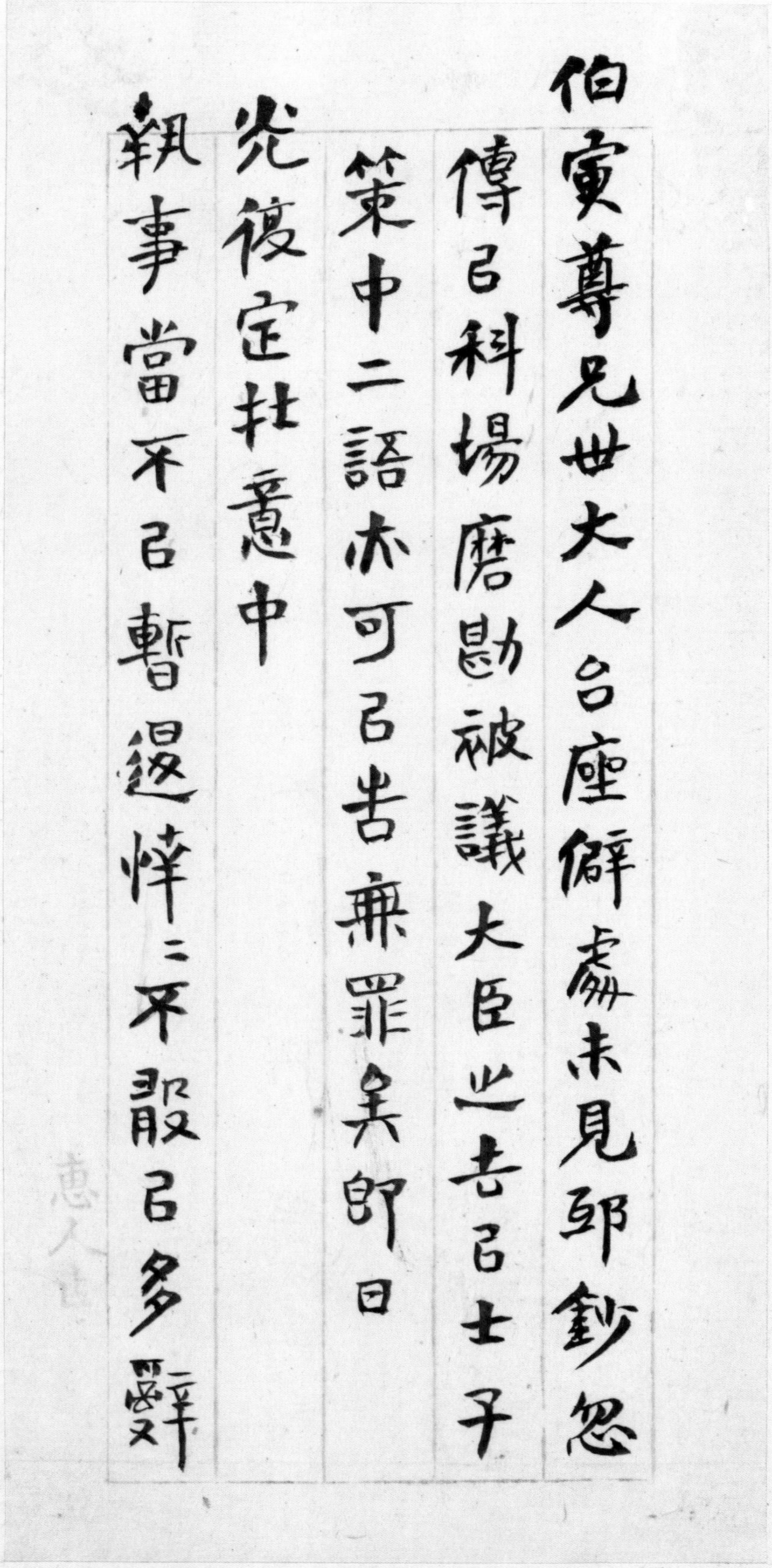
伯寅尊兄世大人台座僻處未見邸鈔忽傳以科場磨勘被議大臣之去以士子策中二語亦可以告無罪矣即日光復定在意中執事當不以暫退悻悻不敢以多辭

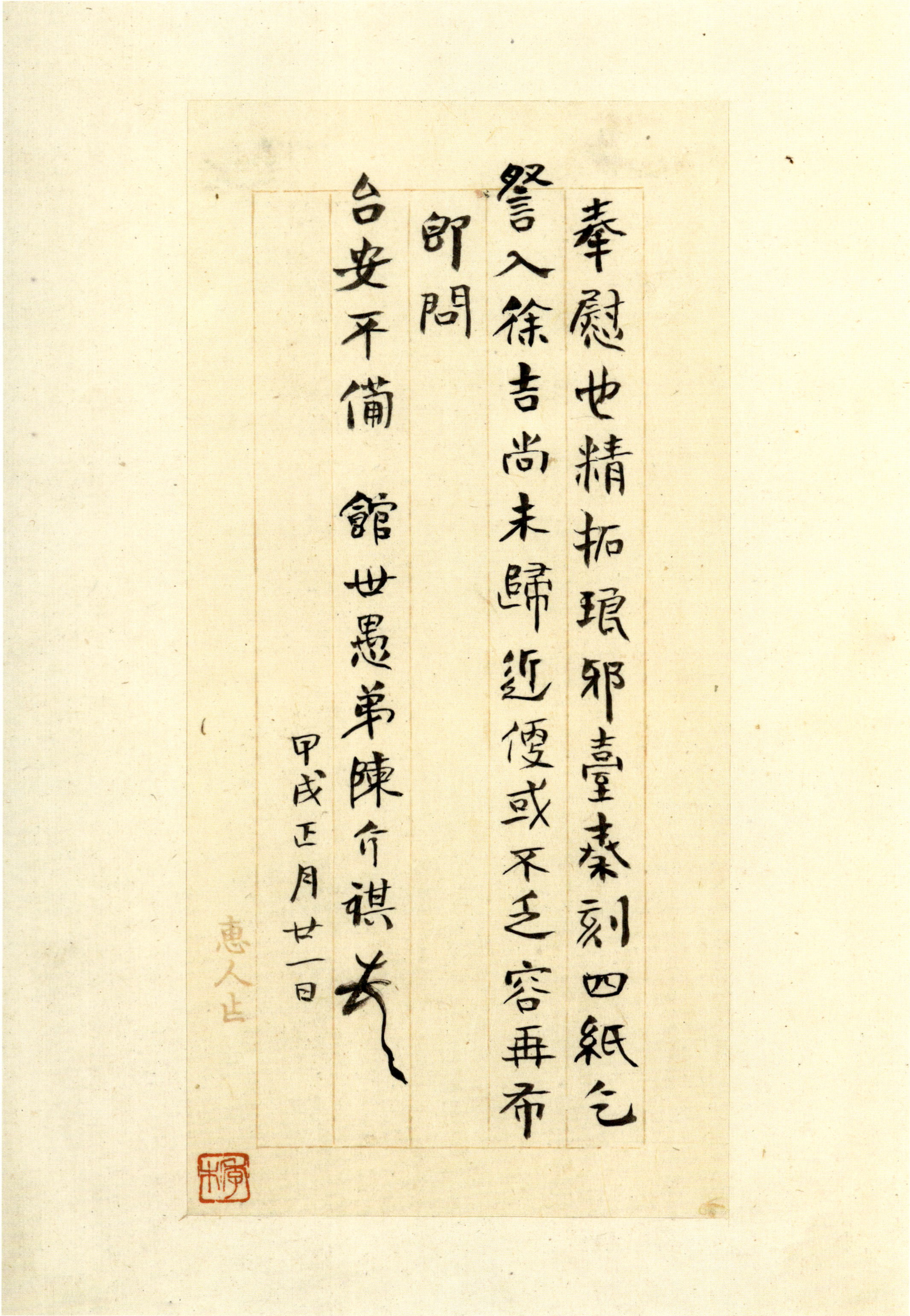
奉慰也精拓瑯琊臺秦刻四紙乞
察入徐吉尚未歸近便或不乏容再布
即問
台安不備　館世愚弟陳介祺頓首
甲戌正月廿一日

奉慰也。精拓瑯琊臺秦刻四紙，乞察入。徐吉尚未歸，近便或不乏，容再布。即問台安不備。館世愚弟陳介祺頓首。甲戌正月廿一日。（鈐印『季木』）

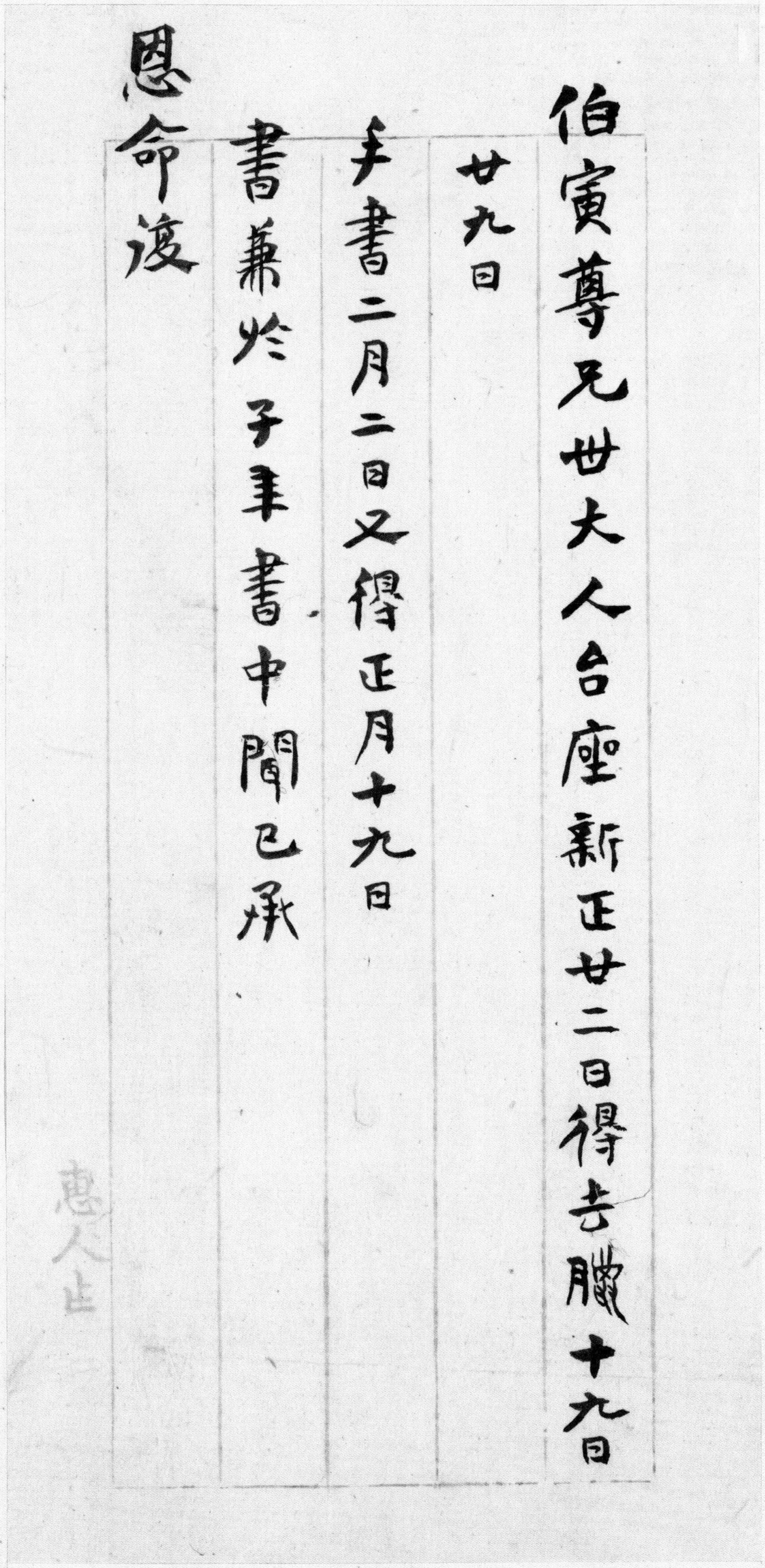
伯寅尊兄世大人台座新正廿二日得去臘十九日
廿九日
手書二月二日又得正月十九日
書兼於子年書中聞已承
恩命復

伯寅尊兄世大人台座。新正廿二日得去臘十九日、廿九日手書，二月二日又得正月十九日書，兼於子年書中聞已承恩命復

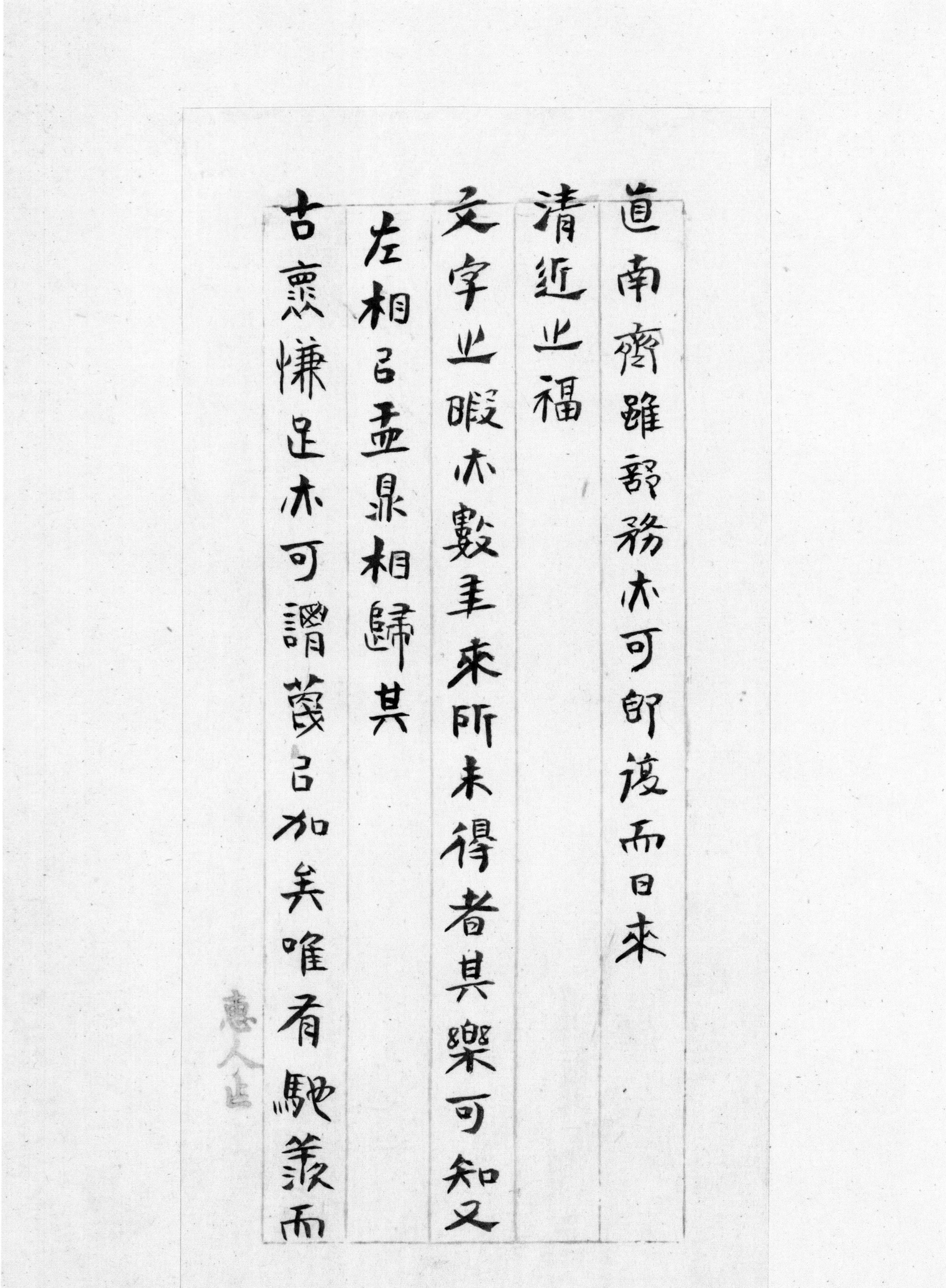
值南齋雖部務亦可即復而日來
清近之福
文字之暇亦數年來所未得者其樂可知又
左相以盂鼎相歸其
古懷慊足亦可謂蔑以加矣唯有馳羨而

值南齋，雖部務亦可即復。而日來清近之福、文字之暇，亦數年來所未得者，其樂可知。又左相以盂鼎相歸，其古懷慊足亦可謂蔑以加矣。唯有馳羨而

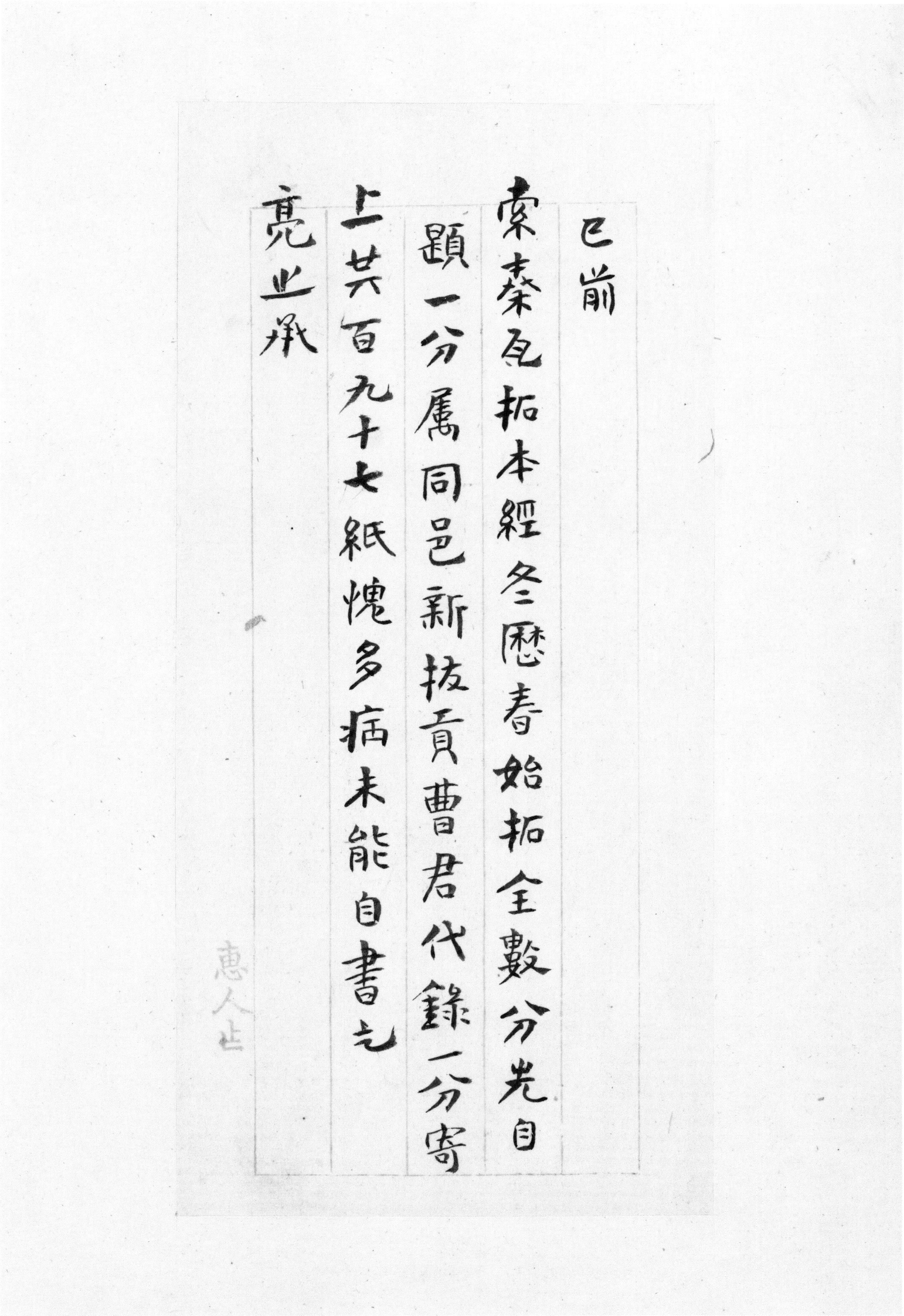

已。前索秦瓦拓本，經冬歷春始拓全數份，先自題一份，屬同邑新拔貢曹君代録一份寄上，共百九十七紙，愧多病未能自書，乞亮之。承

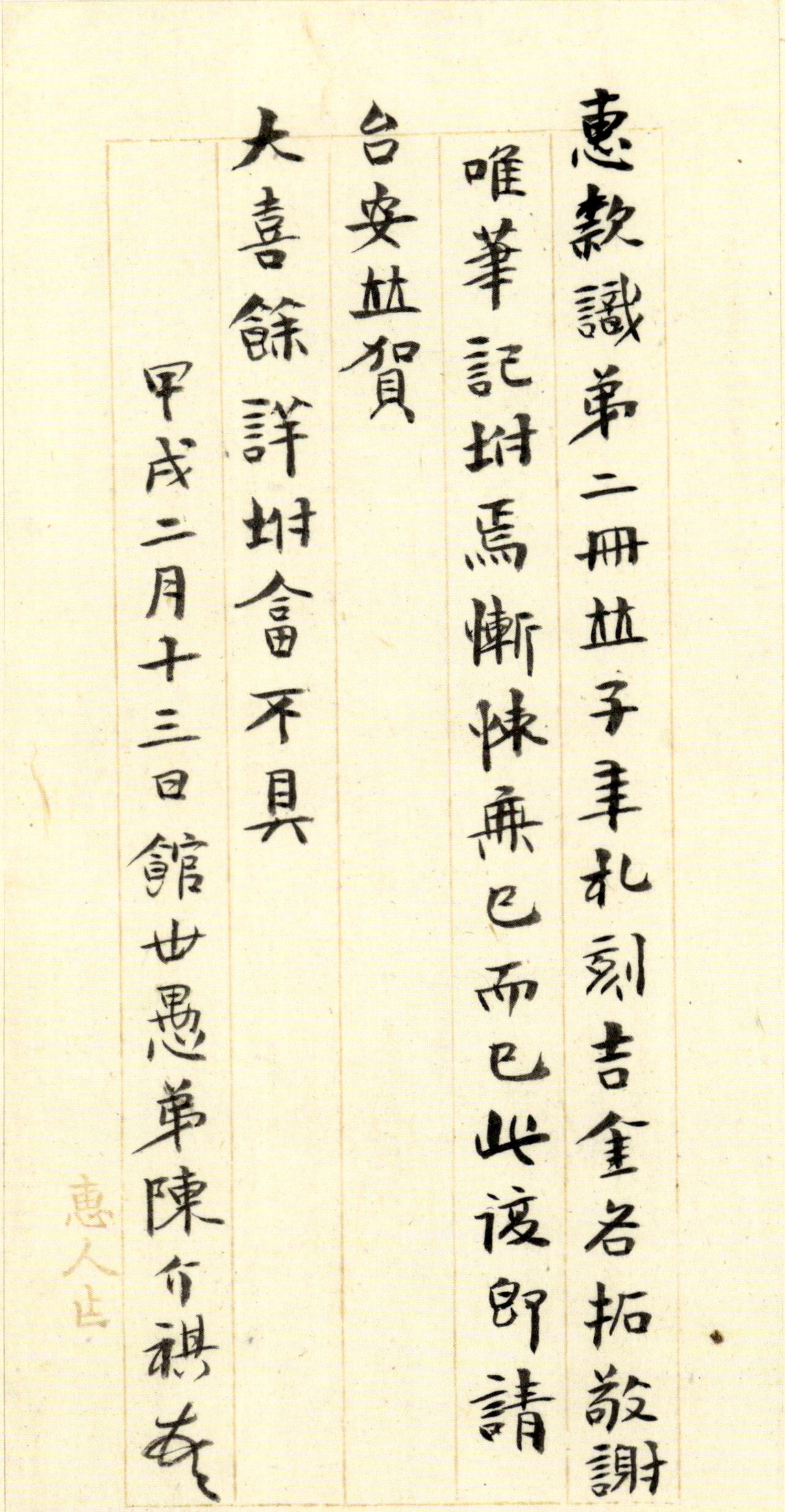
惠款識第二冊并子年札刻吉金各拓敬謝
唯筆記坿焉慚悚無已而已此復即請
台安并賀
大喜餘詳坿函不具
甲戌二月十三日館世愚弟陳介祺頓首

惠《款識》第二册并子年札刻吉金各拓，敬謝。唯筆記附焉，慚悚無已而已。此復，即請台安并賀大喜。餘詳附答不具。甲戌二月十三日館世愚弟陳介祺頓首。（鈐印『周季子』）

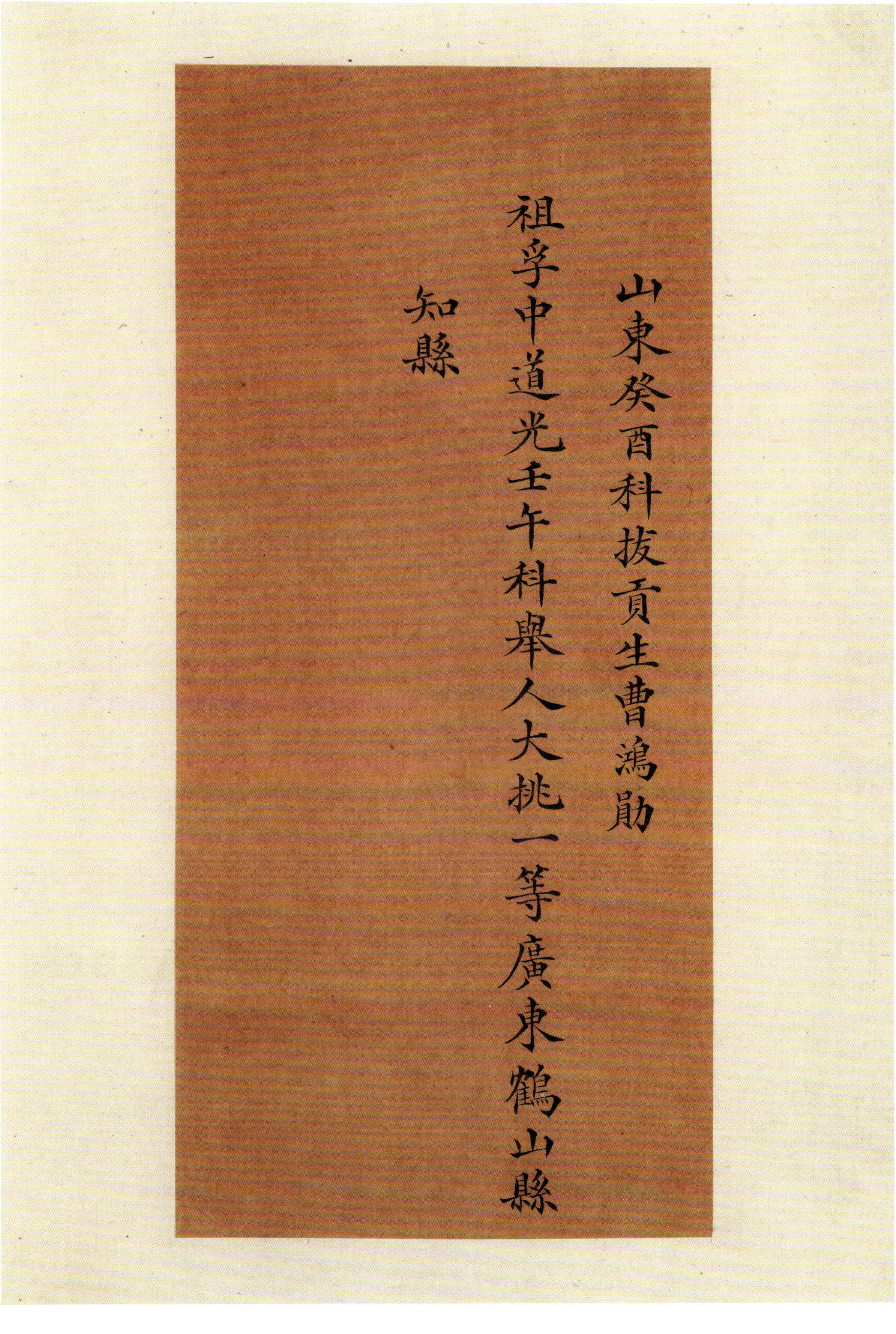
山東癸酉科拔貢生曹鴻勛
祖孚中道光壬午科舉人大挑一等廣東鶴山縣
知縣

山東癸酉科拔貢生曹鴻勛
祖孚中道光壬午科舉人大挑一等廣東鶴山縣知縣

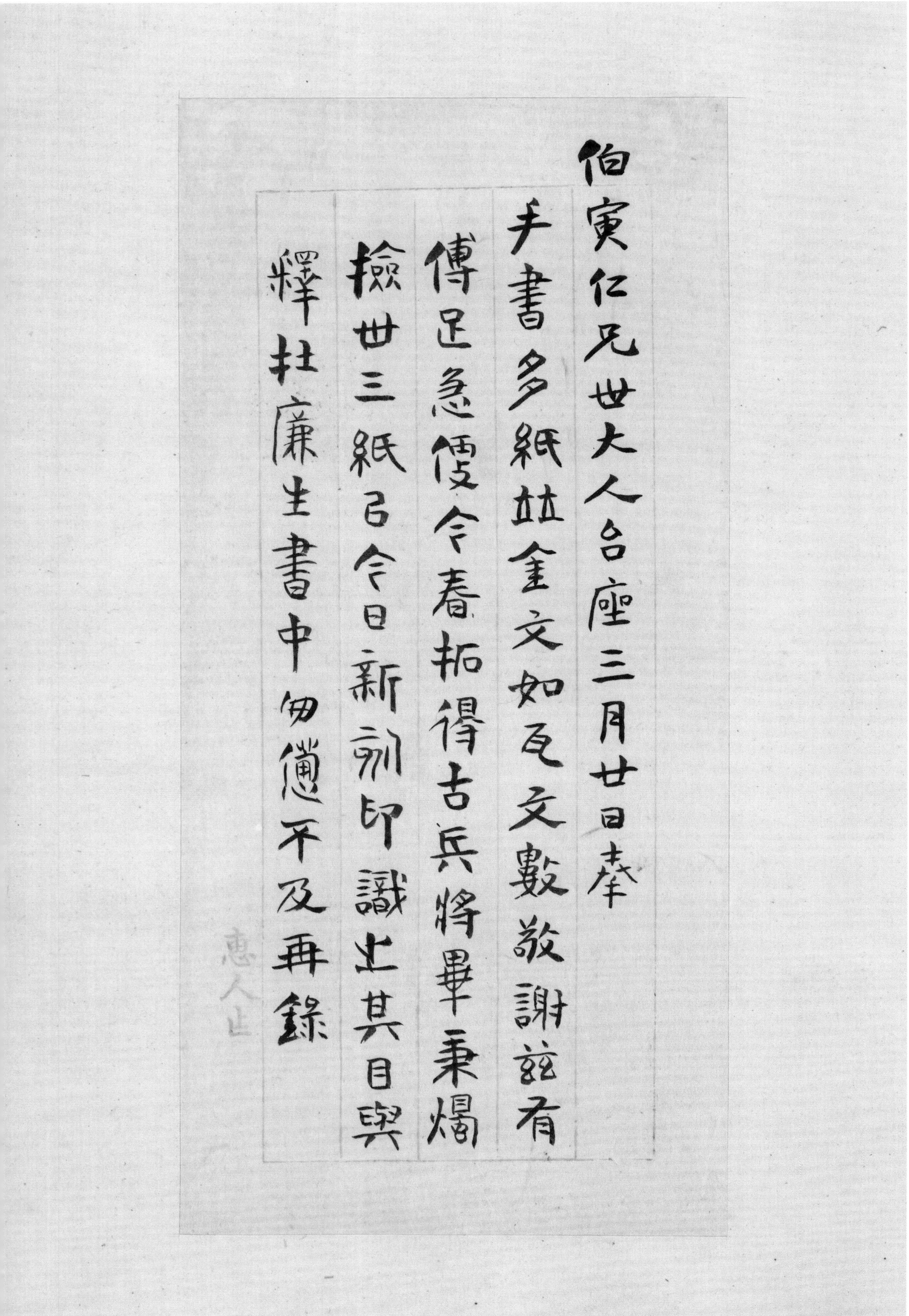
伯寅仁兄世大人台座三月廿日奉手書多紙並金文如瓦文數敬謝兹有傳足急便令春拓得古兵將畢秉燭檢卅三紙已今日新刻印識之其目與釋杜廉生書中匆遽不及再錄

伯寅仁兄世大人台座。三月廿日奉手書多紙，并金文如瓦文數，敬謝。兹有傳足急便，今春拓得古兵將畢，秉燭檢卅三紙，以今日新刻印識之。其目與釋在廉生書中，匆遽不及再録，

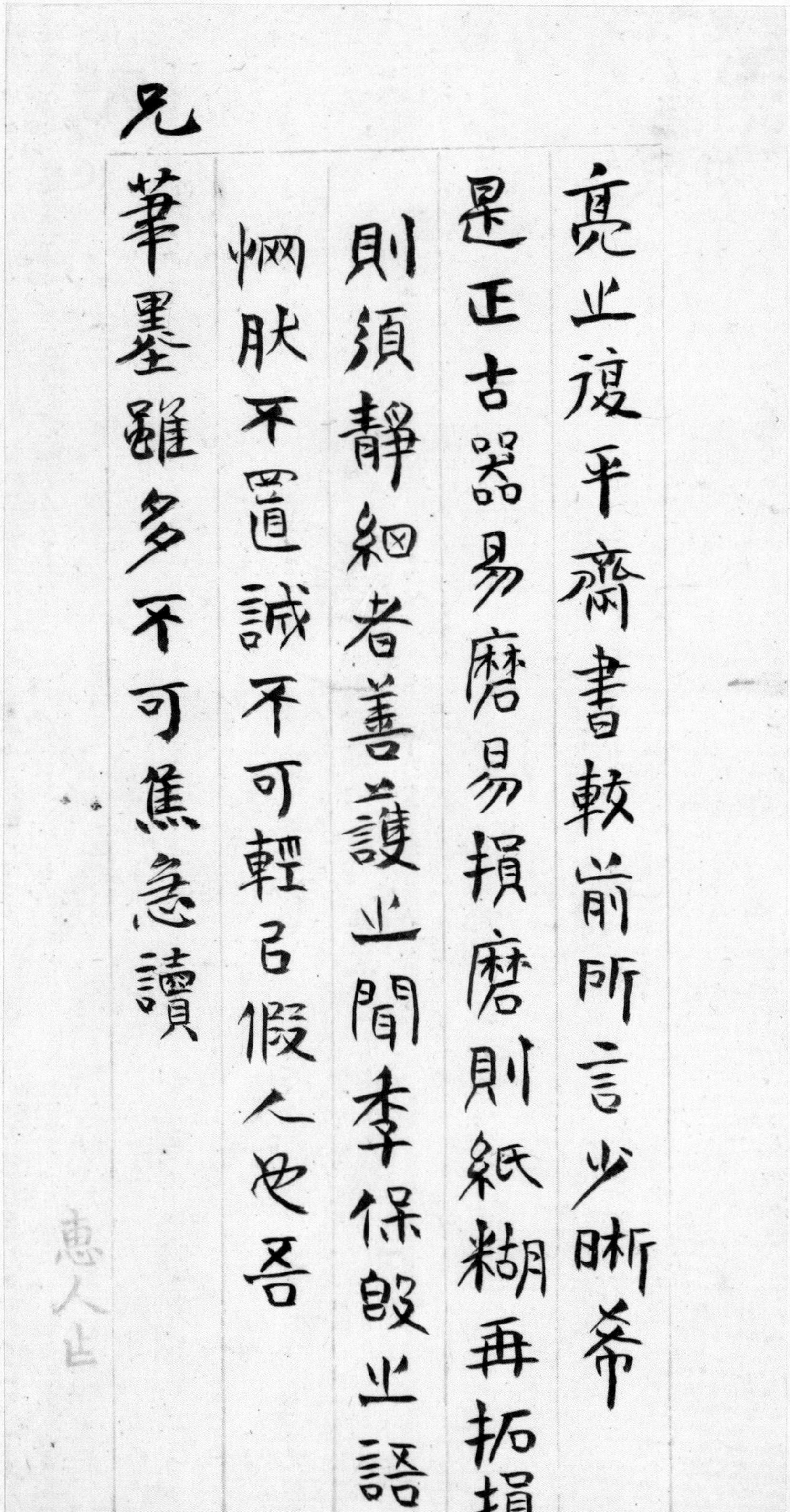
亮之復平齋書較前所言少晰希
是正古器易磨易損磨則紙糊再拓損
則須靜細者善護之聞季保簋之語
惘然不置誠不可輕以假人也吾
兄
筆墨雖多不可焦急讀

亮之。復平齋書，較前所言少晰，希是正。古器易磨易損，磨則紙糊再拓，損則須靜細者善護之。聞季保簋之語，惘然不置，誠不可輕以假人也。吾兄筆墨雖多，不可焦急。讀

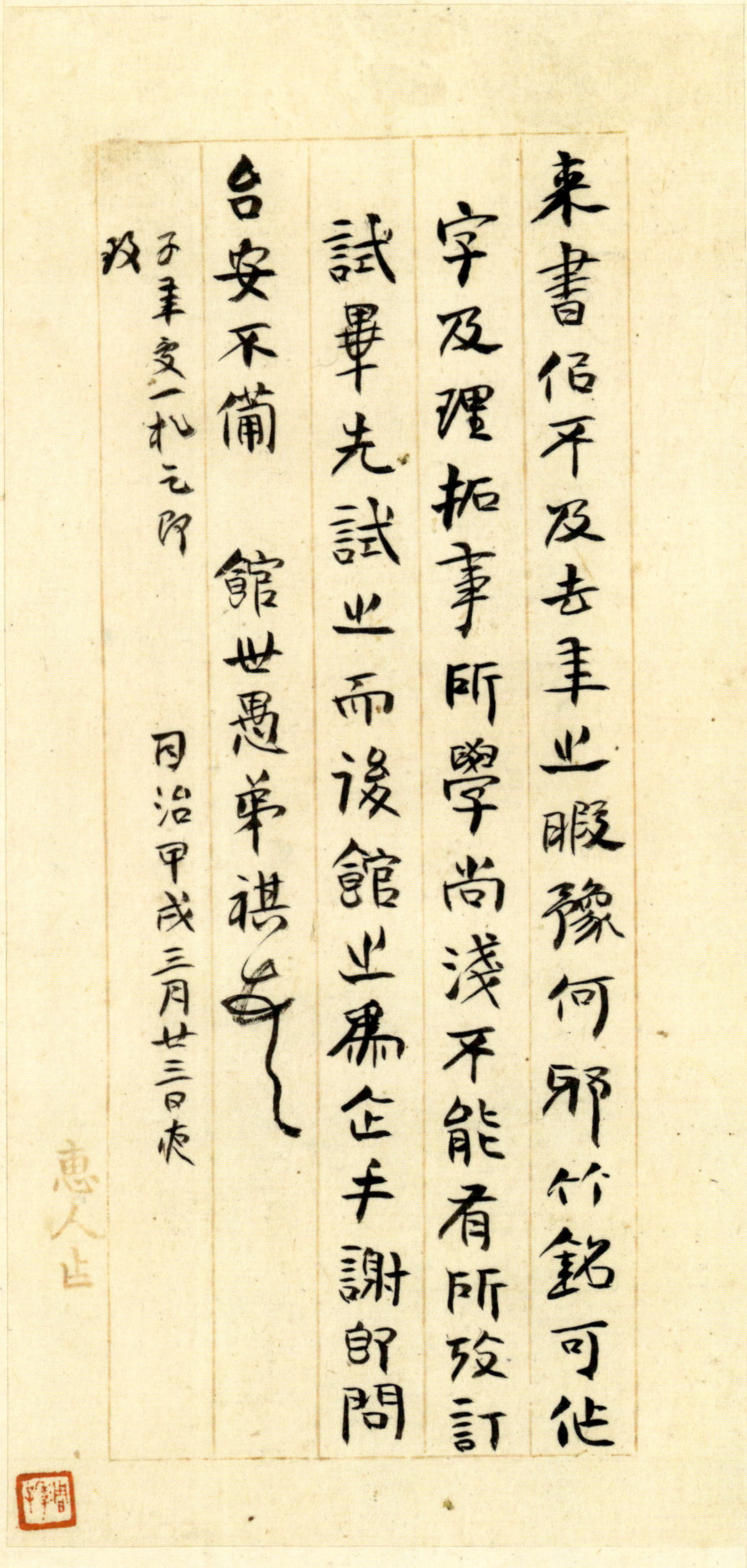

來書，似不及去年之暇豫，何耶？竹銘可作字，及理拓事，所學尚淺，不能有所考訂，試畢先試之，而後館之爲企。手謝即問台安不備。館世

愚弟祺頓首。子年處一札乞即致。同治甲戌三月廿三日夜。

（鈐印『周季子』）

致潘祖蔭四册本第二册〇〇七

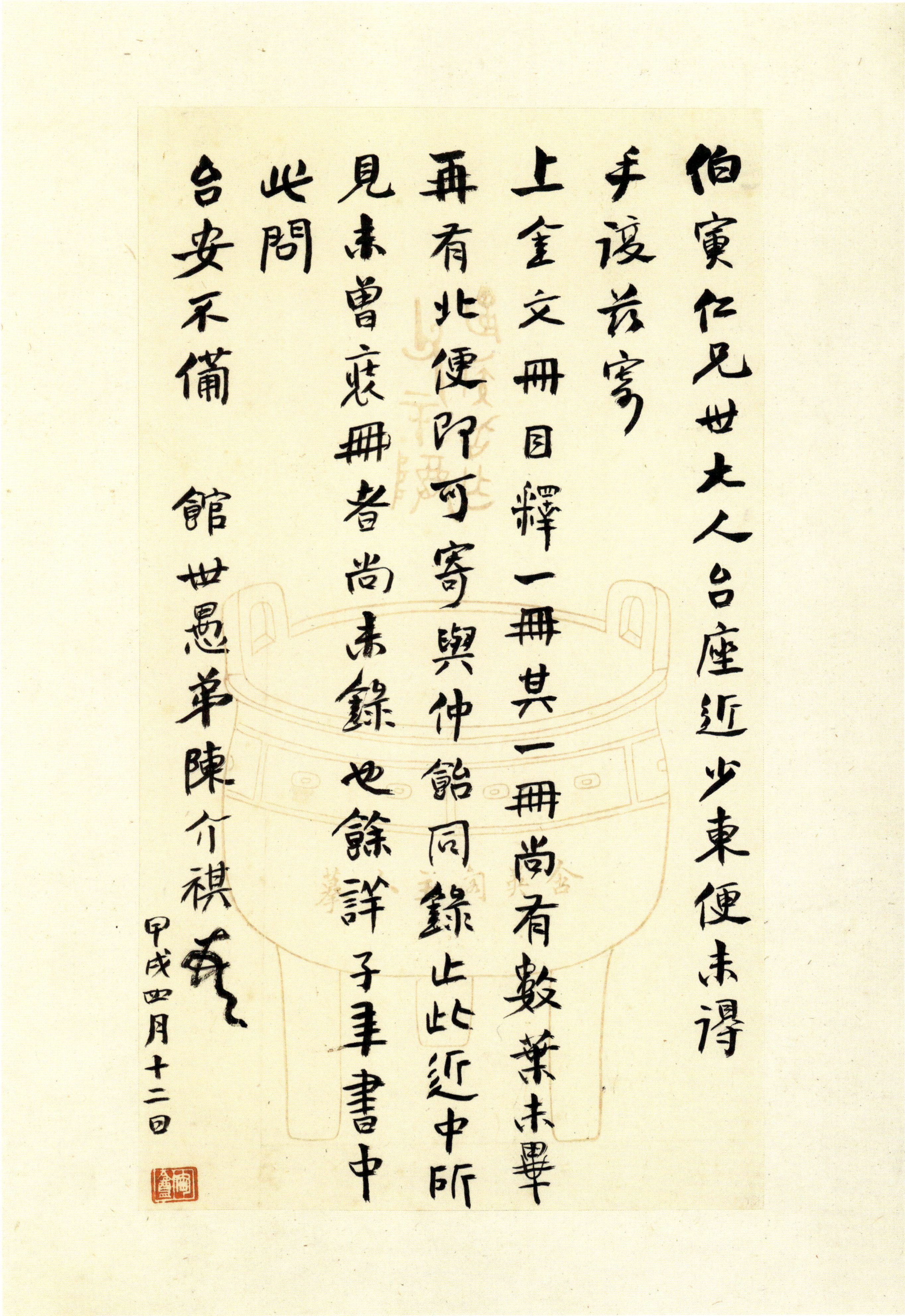
伯寅仁兄世大人台座近少東便未得手復兹寄上金文册目釋一册其一册尚有數葉未畢再有北便即可寄與仲飴同録止此近中所見未曾裝册者尚未録也餘詳子年書中此問
台安不備
館世愚弟陳介祺頓首
甲戌四月十二日

伯寅仁兄世大人台座。近少東便，未得手復。兹寄上《金文册目釋》一册，其一册尚有數葉未畢。再有北便即可寄與仲飴同録止此，近中所見未曾裝册者，尚未録也。餘詳子年書中。此問台安不備。館世愚弟陳介祺頓首。甲戌四月十二日。（鈐印『匋盦』）

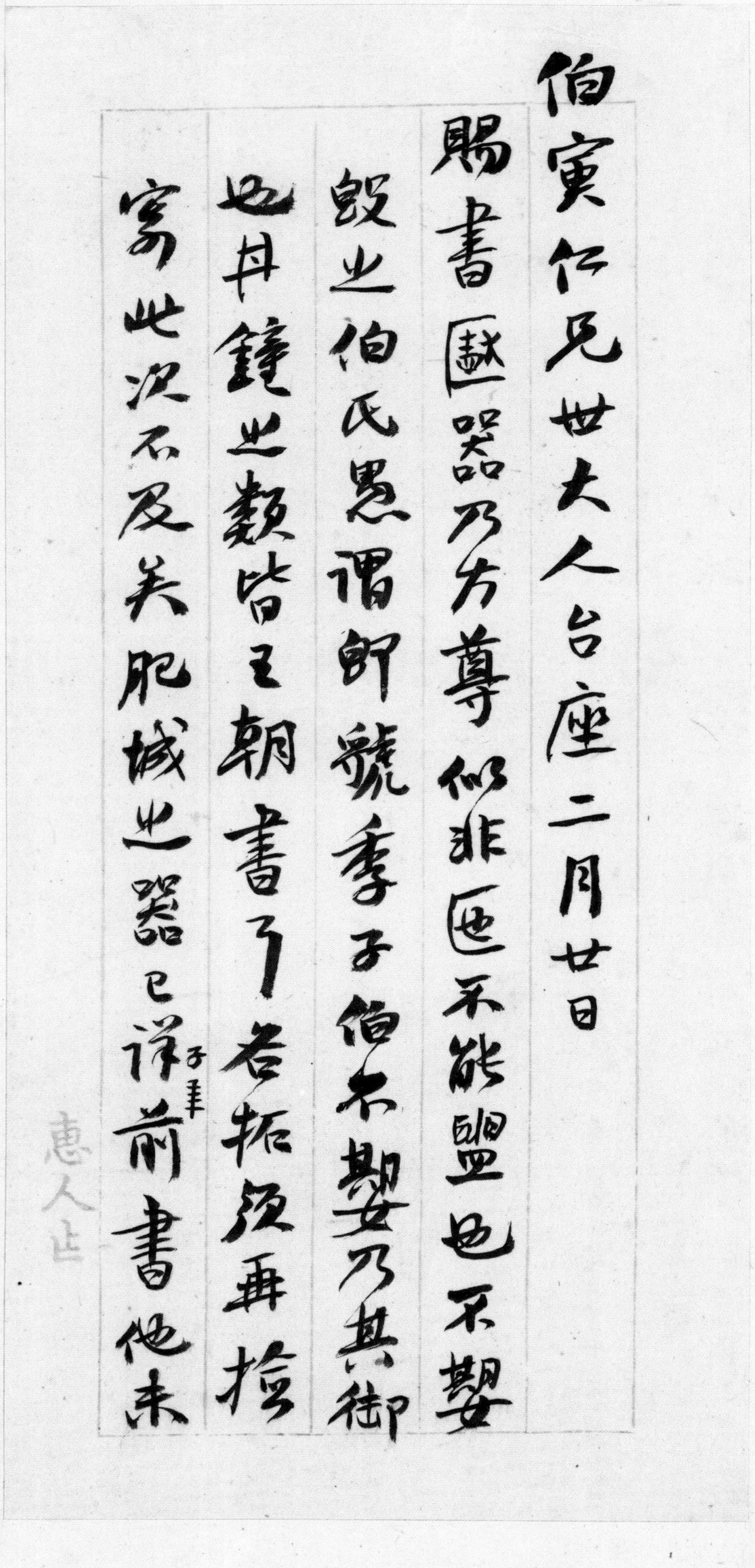

伯寅仁兄世大人台座。二月廿日賜書，𠥓器乃方尊，似非匜，不能盟也。不嬰𣪘之伯氏，愚謂即號季子。伯不嬰乃其御也。井鐘之類皆王朝書耳。各拓須再撿寄，此次不及矣。肥城之器，已詳子年前書，他未

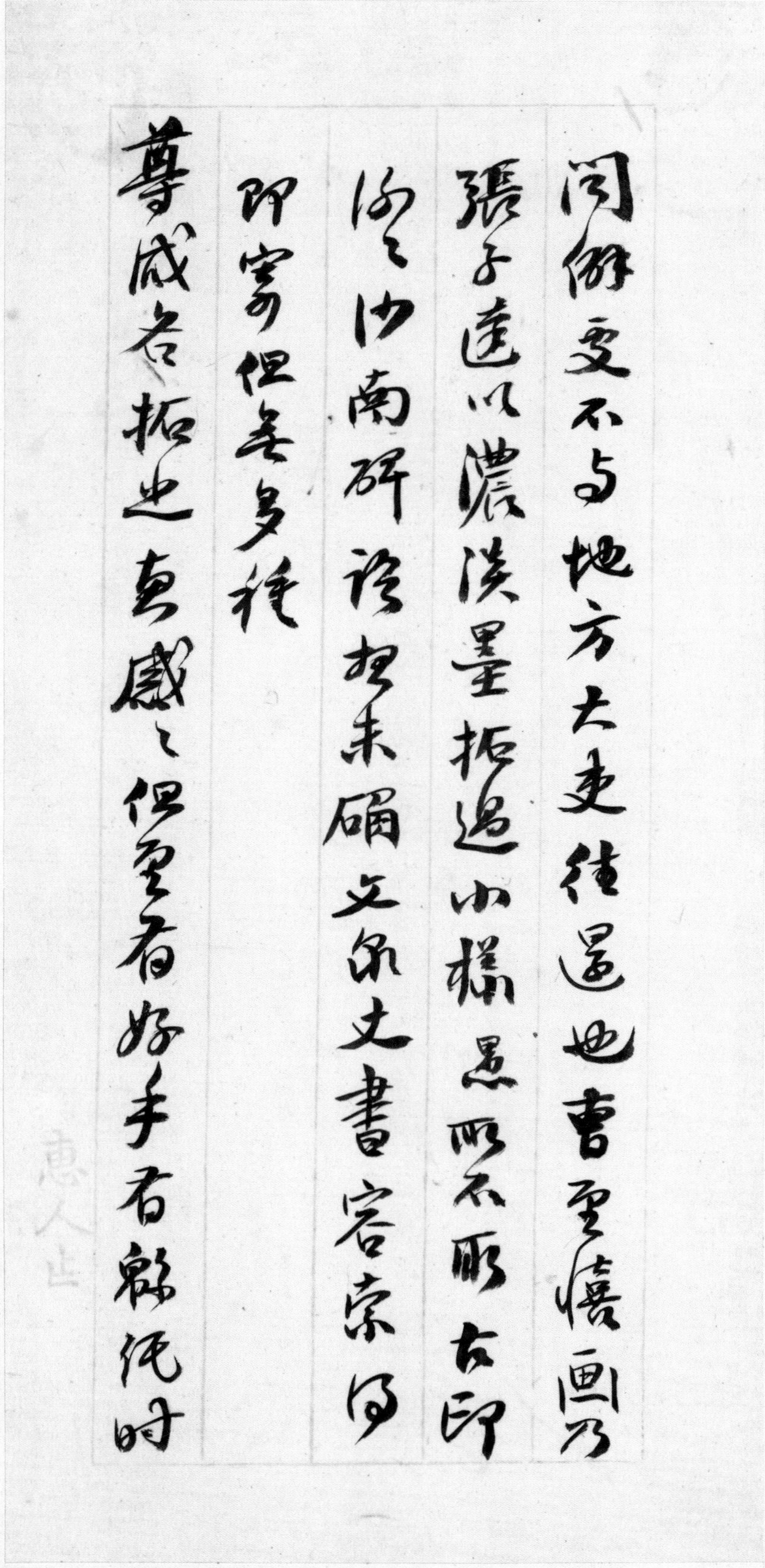

聞僻處不與地方大吏往還也曹望憘畫乃
張子達以濃淡墨拓過小樣愚所不取古印
謝謝沙南碑語想未確文泉丈書容索得即
印寄但無多種
尊藏各拓之惠感感但望有好手有好綿紙時

聞。僻處不與地方大吏往還也。曹望憘畫乃張子達以濃淡墨拓，過小樣，愚所不取。古印謝謝。沙南碑語想未確。文泉丈書，容索得即寄，但無多種。

尊藏各拓之惠，感感。但望有好手有好綿紙時，

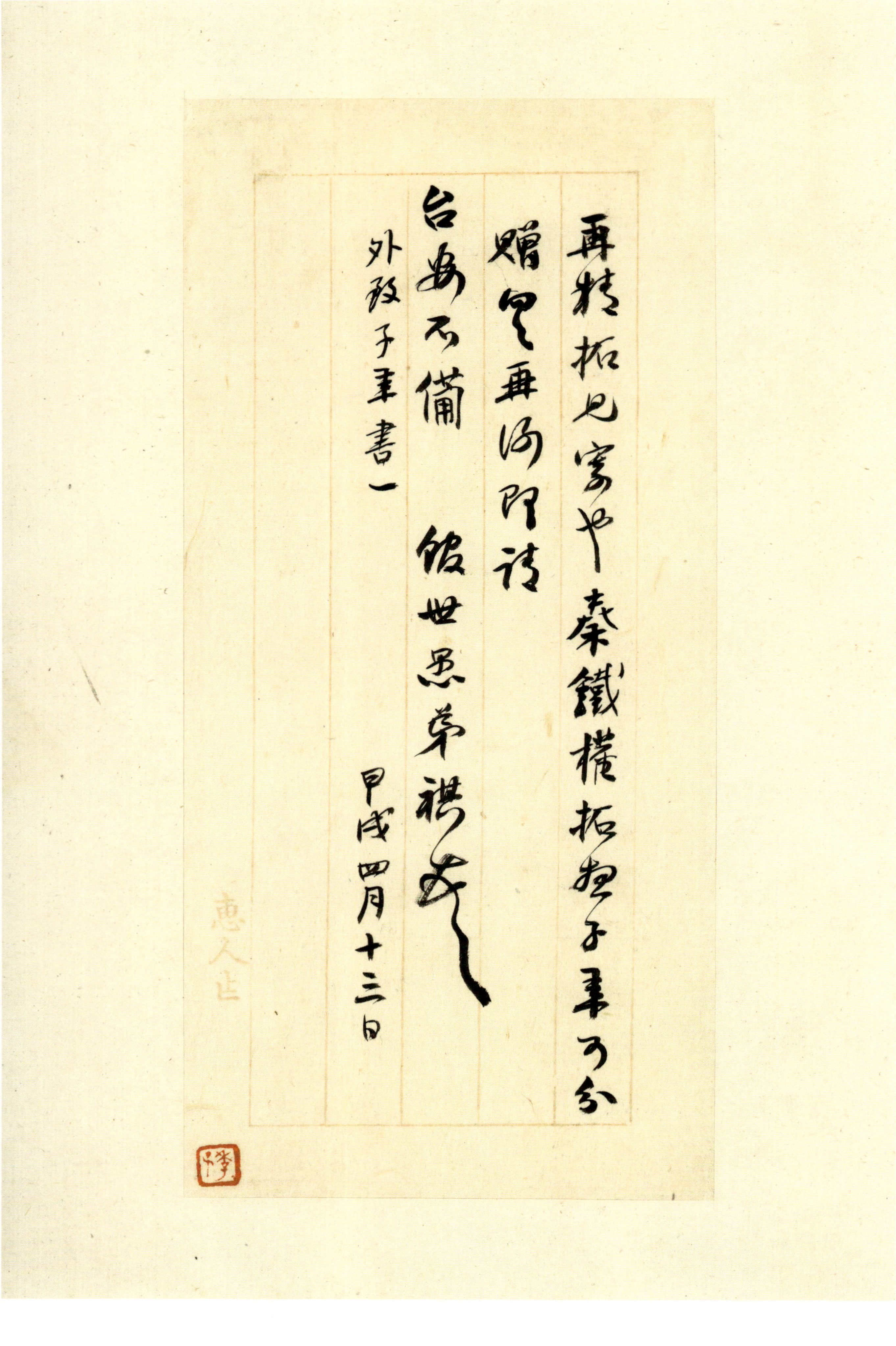
再精拓見寄也秦鐵權拓想子年可分
贈留再謝即請
台安不備　館世愚弟祺頓首
外致子年書一
甲戌四月十三日

再精拓見寄也。秦鐵權拓，想子年可分贈。匆匆再謝。即請台安不備。
館世愚弟祺頓首。外致子年書一。甲戌四月十三日。（鈐印『季子』）

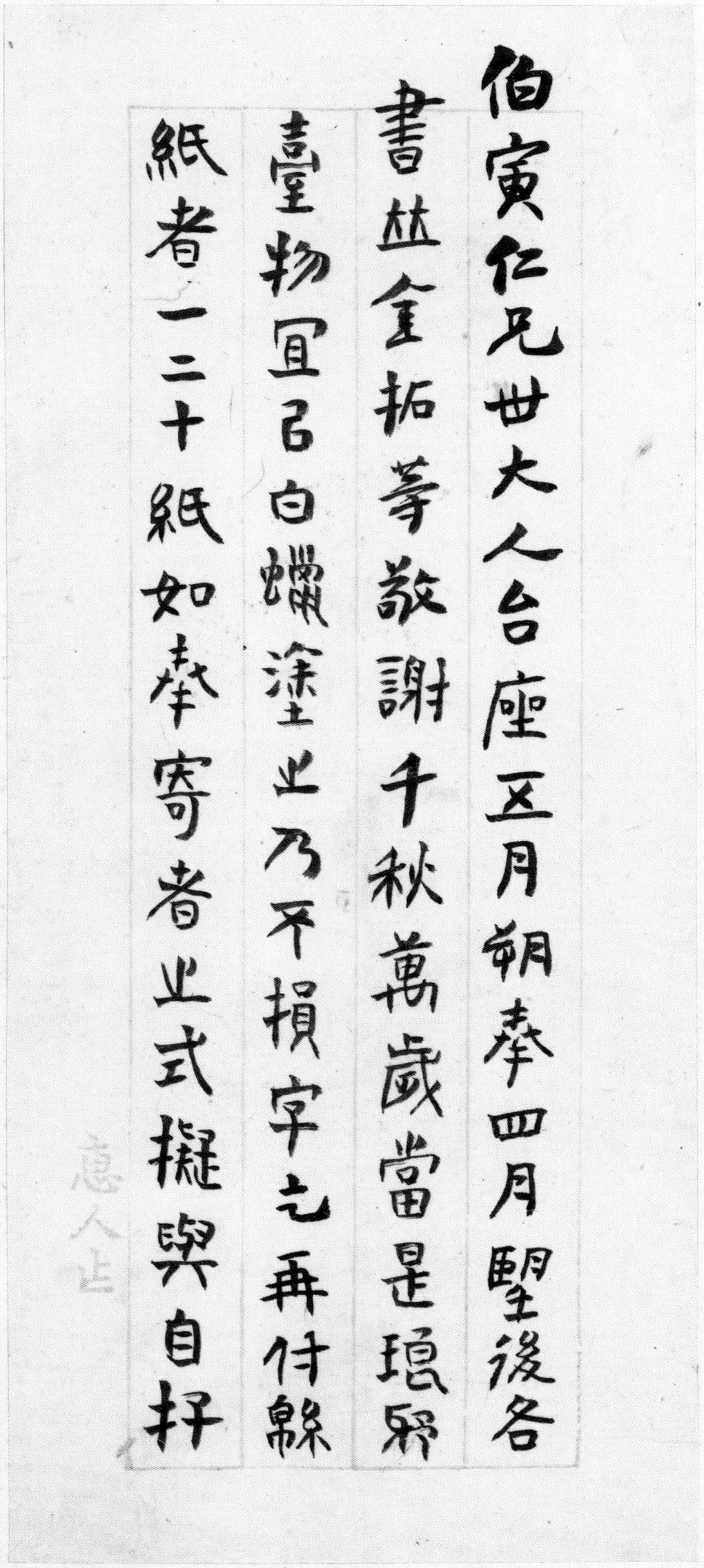

伯寅仁兄世大人台座。五月朔奉四月望後各書并金拓等，敬謝。千秋萬歲，當是瑯琊臺物，宜以白蠟塗之，乃不損字。乞再付綿紙者一二十紙，如奉寄者之式，擬與自存

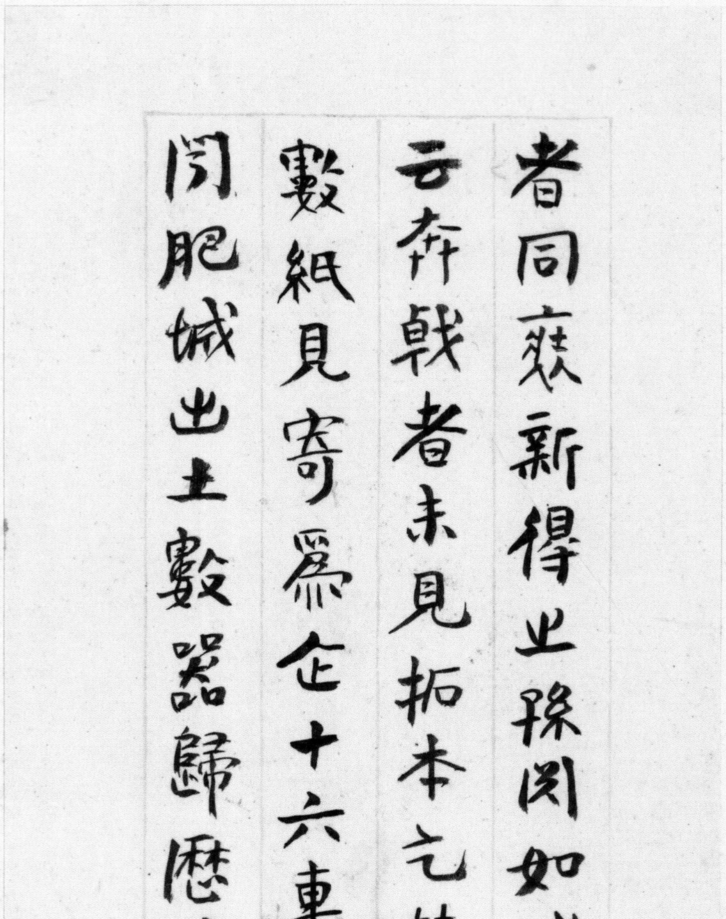

者同裝。新得之孫淵如藏古兵，小松題篋云『奔戟』者，未見拓本。乞
并篋字、器字各拓數紙見寄爲企。十六車之語未聞。前所聞肥城出土數
器歸歷肆語，已奉告延煦

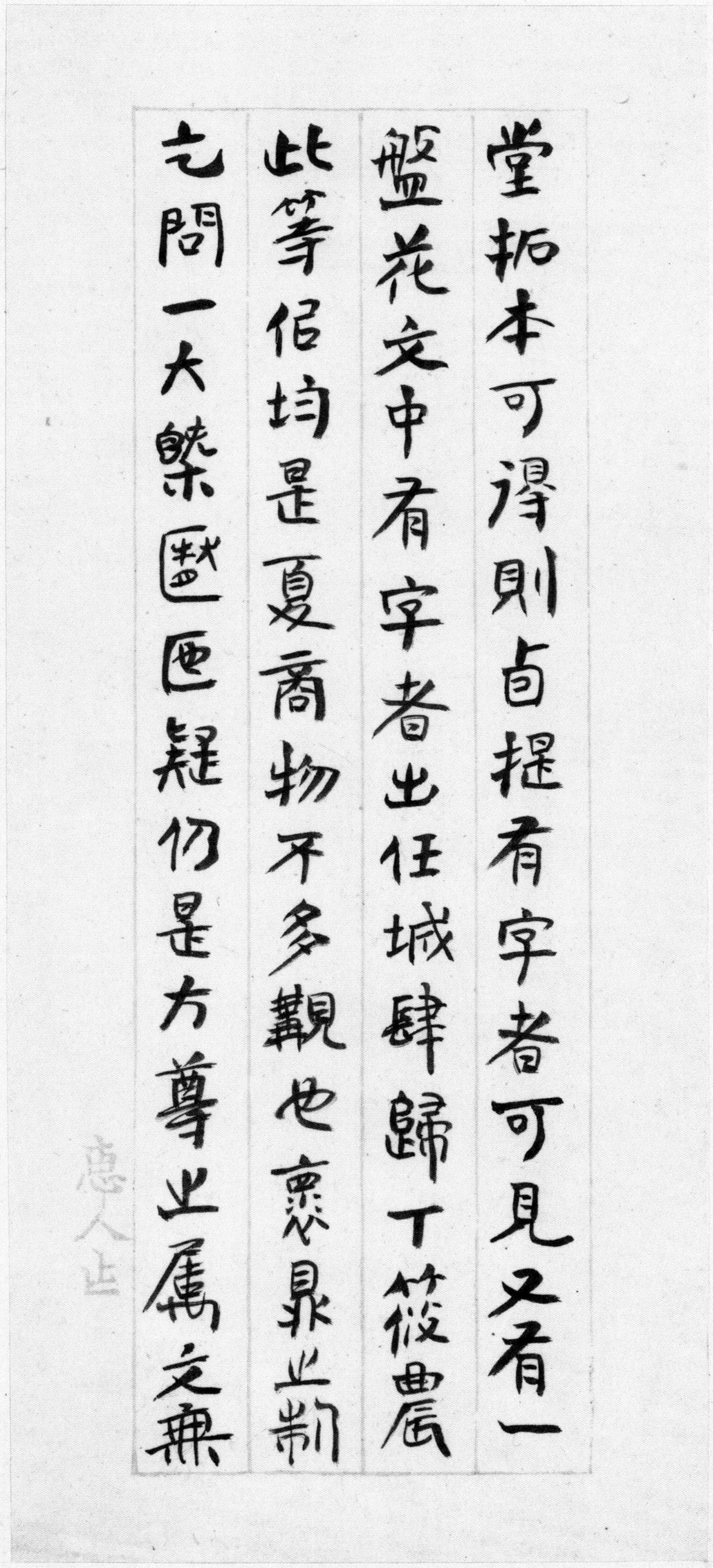

堂。拓本可得，則卣提有字者可見。又有一盤，花文中有字者，出任城肆，歸丁筱農。此等似均是夏商物，不多覯也。褱鼎之制，乞問一大概。匜疑仍是方尊之屬。文無

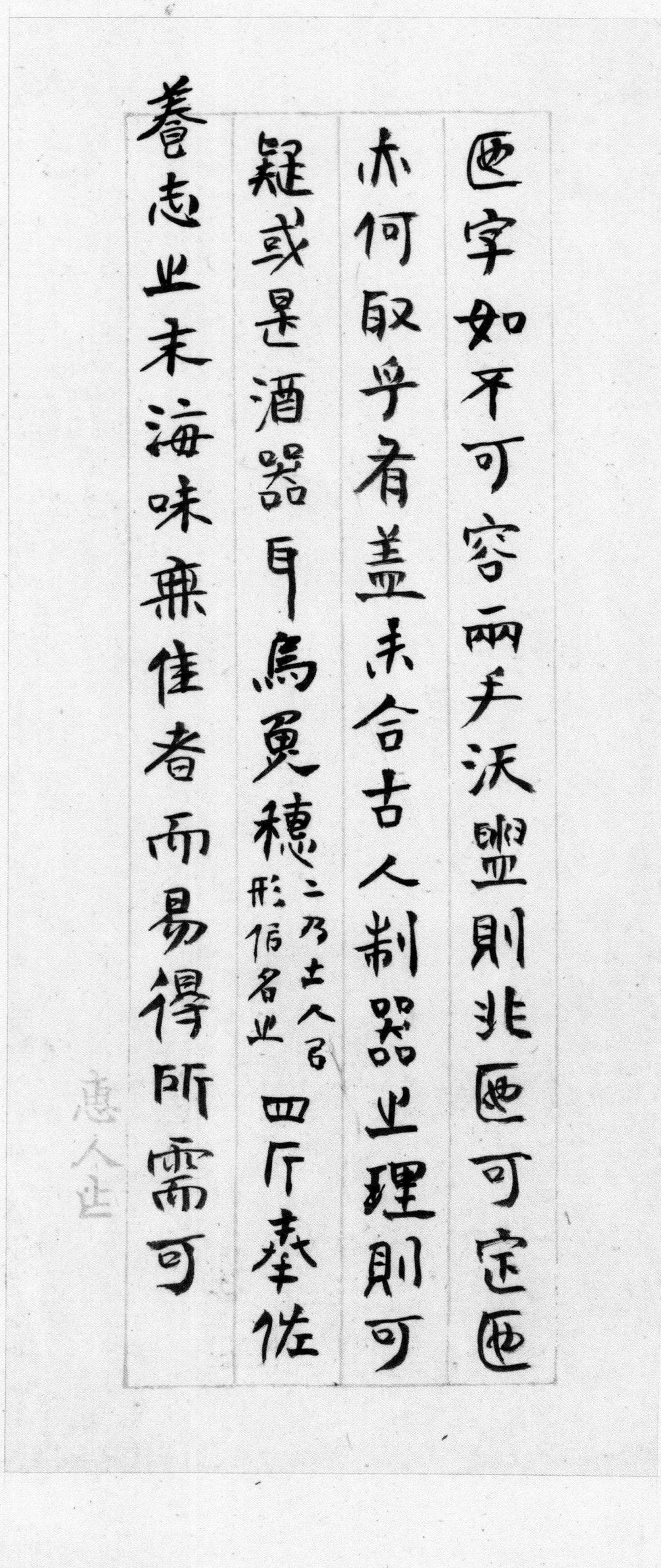

匜字。如不可容兩手沃盥，則非匜可定。匜亦何取乎有蓋，未合古人制器之理，則可疑。或是酒器耳。烏魚穗二，乃土人以形似名之。四斤奉佐養志之末。海味無佳者而易得，所需可

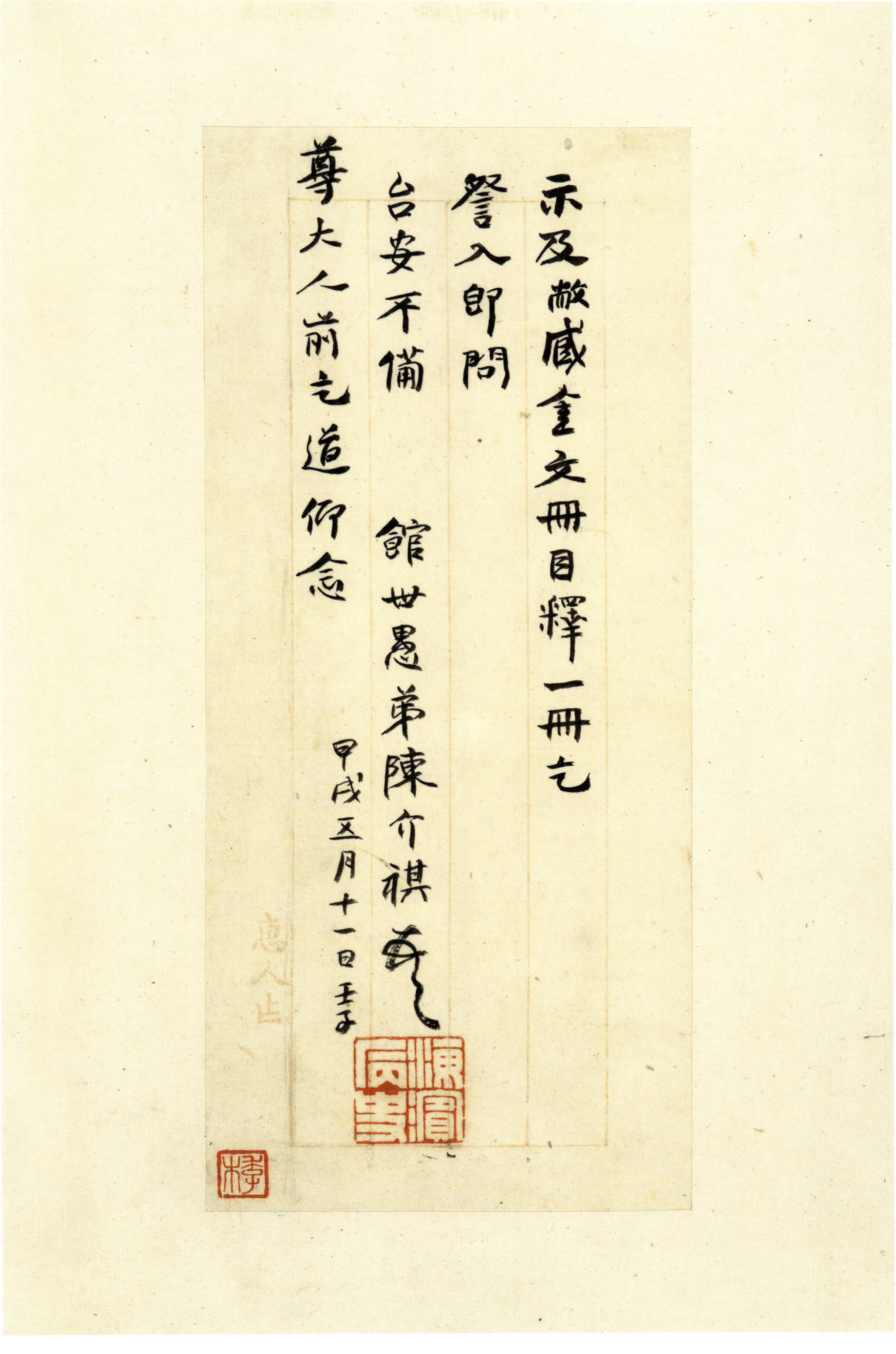

示及。敝藏《金文册目釋》一册，乞察入。即問台安不備。館世愚弟陳介祺頓首。尊大人前乞道仰念。甲戌五月十一日壬子。

（鈐印『海濱病史』『季木』）

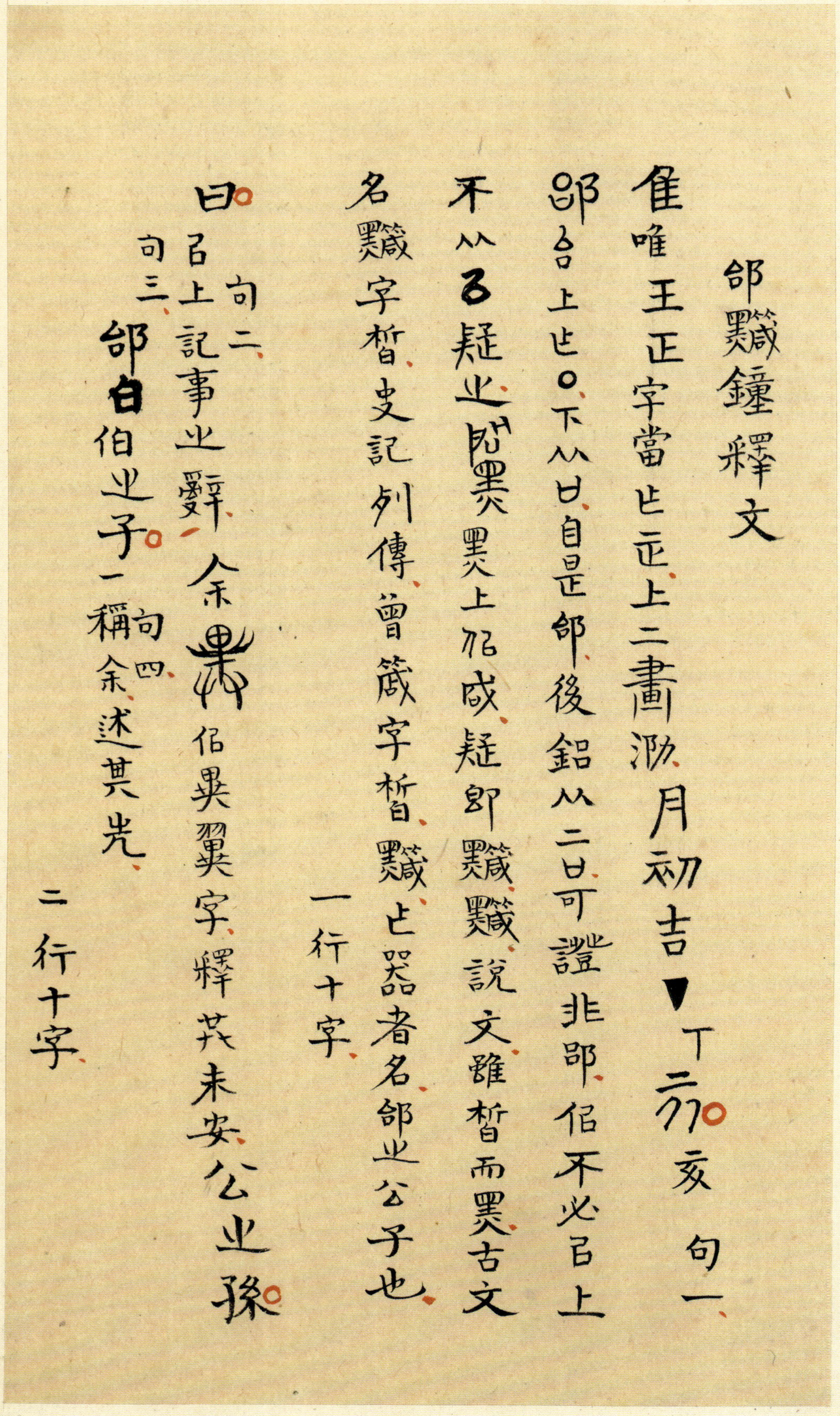

郘䵻鐘釋文

隹唯王正字當𤴓正上二畫泐月初吉▼丁亥亥 句一

郘台上𠂤○下从日自是郘後鋁从二日可證非郘佀不必㠯上

不从㠯疑之䵻黑上佀咸疑即䵻䵻說文雖皙而黑古文

名䵻字皙史記列傳曾蒧字皙䵻乍器者名郘之公子也

一行十字

曰 句二 㠯上記事之辭余畢佀異翼字釋共未安公之孫

句三 郘白伯之子 句四 一稱余述其先

二行十字

郘䵻鐘釋文

隹唯。王正字當作𤴓，上二畫泐。月初吉▼丁。亥。亥。句一。䵻，作器者名，郘之公子也。（一行十字。）曰：句二。以上記事之辭。『余畢似異翼字，釋共未安。公之孫、句三。郘白伯。之子。句四。一稱余述其先。（二行十字。）

郘台上作○，下從口，自是郘。後鋁從二口，可證非郘，似不必以上不從㠯疑之。䵻黑上似咸，疑即䵻。䵻，《說文》：『雖皙而黑。古文（人）名䵻字皙。』《史記·列傳》：『曾蒧字皙。』

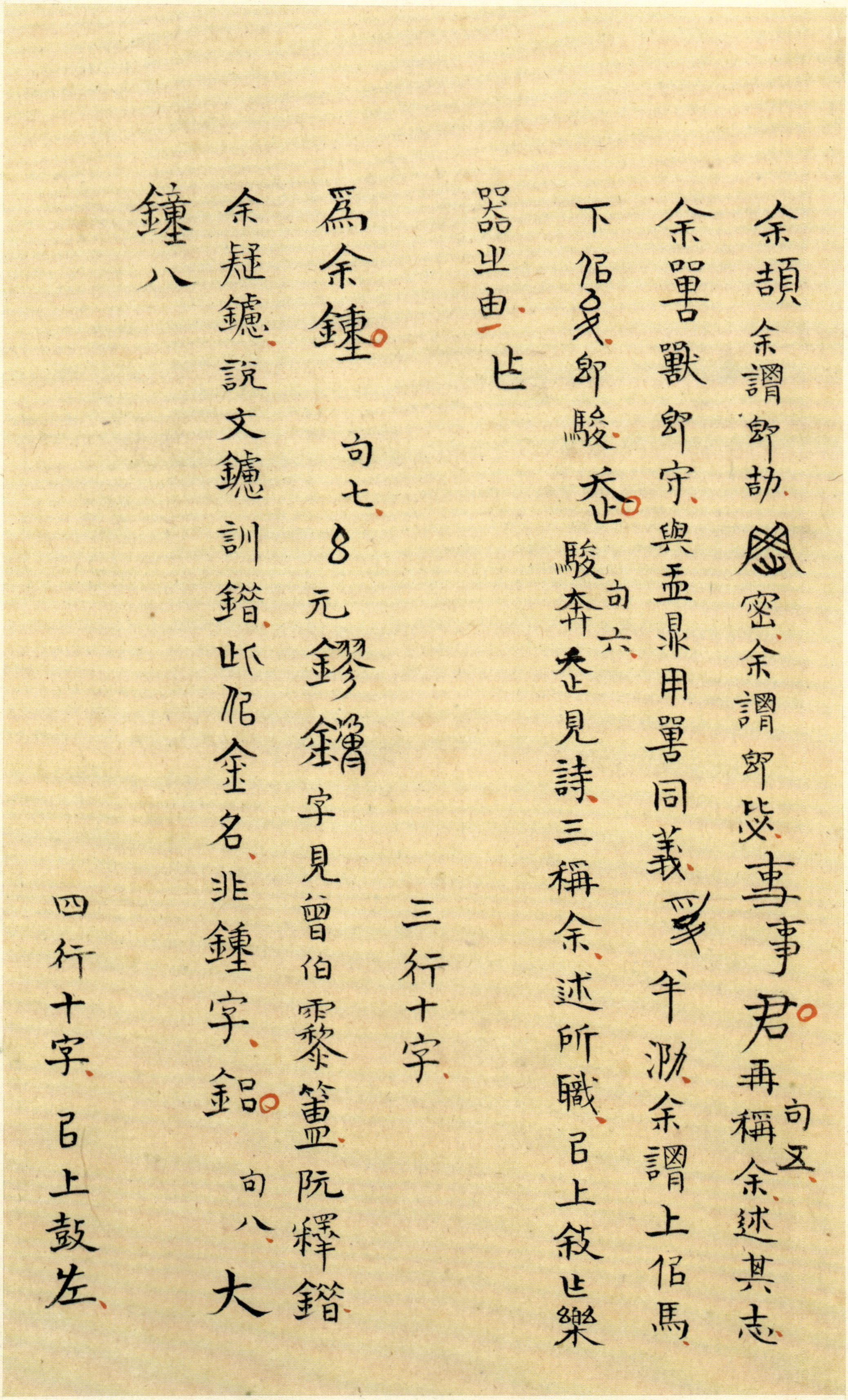

余頡余謂即劼。㥶密。余謂即毖。叀事君，句五。再稱余述其志余畢獸即守，與盂鼎用獸同義。䮾半泐，余謂上似馬下似夋，即駿。走。句六。『駿奔走』見《詩》。三稱余述其職。

以上叙作樂器之由。作（三行十字。）爲余鐘，句七。吕元鏐鑢字見曾伯霥簠，阮釋錯，余疑鑢。《説文》鑢訓錯，此似金名，非鐘字。鋁。句八。大鐘八（四行十字，以上鼓左。）

□，聿，肆。句九。《款識》作□，此省□，齊侯罍鼓鐘一□與此同而從金。《晉語》歌鐘二肆，注，列也。其□縣，□下繫龍黽，古象形字。□四。䤗。堵。籒文。句十。《周禮·小胥》：『凡懸鐘磬，半爲堵，全爲肆。』注：『鐘一堵、磬一堵謂之肆。』上四字中加一横畫，與囧文异，又异于古文三、說文□。以半爲堵通之，自是四字。□=喬喬，矯矯省。高上作□，天矯之象也。其龍，句十一。既壽久也。（五行，合重文十一字。）□古同暢。《廣雅·釋詁》：『暢，長也。』麌。句十二。麌即虡。《後漢書·董卓傳》虡，鹿頭神身獸也。《文選》薛注：『麌麌形貌二

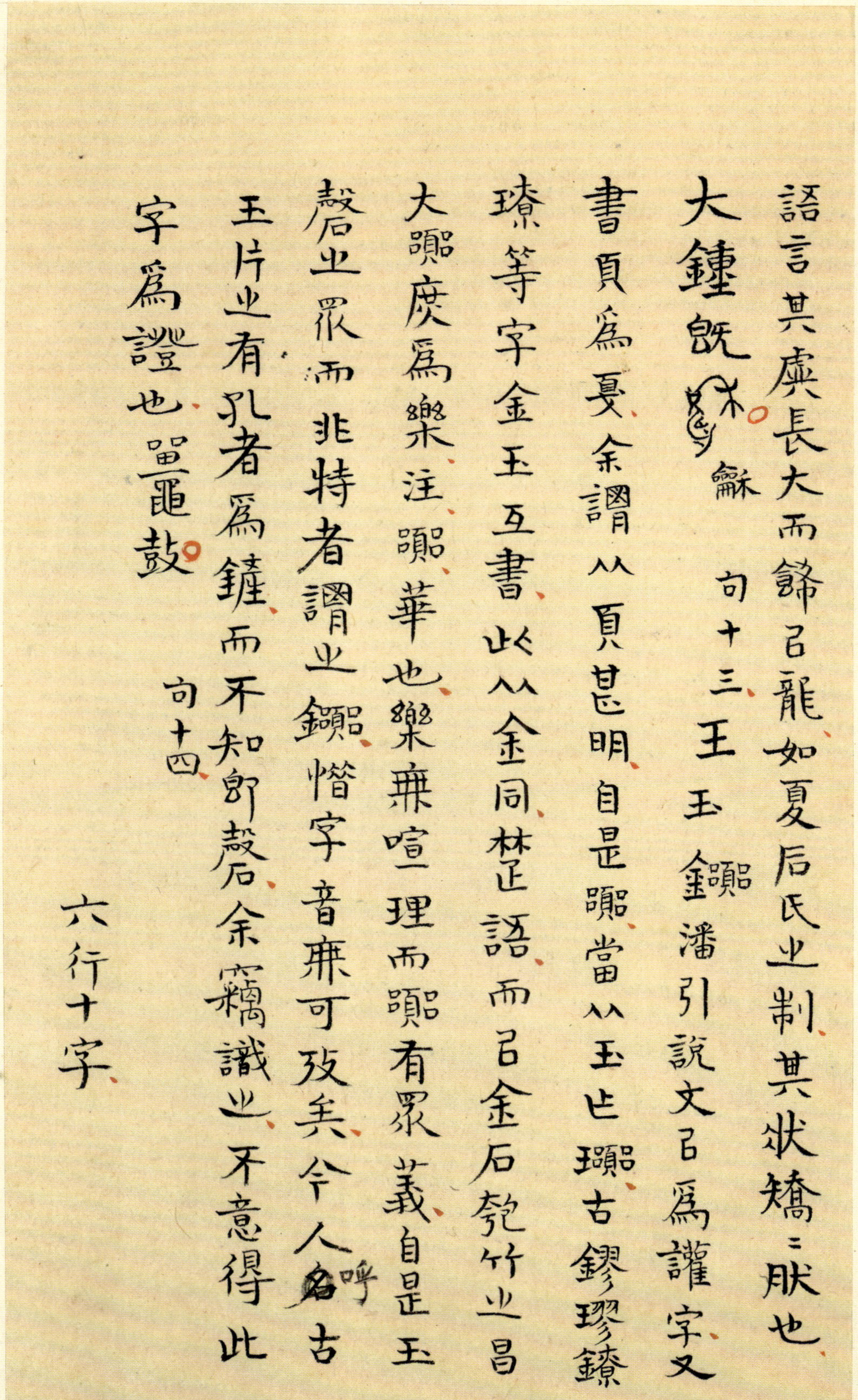

語言其虡長大而飾以龍，如夏后氏之制，其狀矯矯然也。』大鐘既龢，句十三，王玉。⿰金囂潘引《説文》以爲讙字，又書頁爲戛，余謂從頁甚明。自是囂，當從玉作⿰王囂，古鏐璆鐐璙等字金玉互書，此從金，同。《楚語》『而以金石匏竹之昌大、囂庶爲樂』，注：囂，華也。樂無喧理而囂有眾義，自是玉磬之眾而非特者謂之⿰金囂。惜字音無可考矣。今人呼古玉片之有孔者爲鐘，而不知即磬。余竊識之，不意得此字爲證也。鼉鼓。句十四。（六行十字。）

余不敢爲喬 句十五 驕省言爲此鐘非驕侈也 高上作山气上出之象也 我以享孝樂 七行十字
我先且祖 句十六 以上叙作鐘之事正文止此 鋁堵虡鼓
祖韵以蘄祈眉壽 句十七 韵與寶叶 世=子孫 八行合重文十一字
永以爲寶 句十八 文末自頌作結金文例也 九行四字以上鼓右左 右以鐘在縣言之
右鐘銘九行八行=十字重文二字末行四字爲字八十

余不敢爲喬。句十五。驕省，言爲此鐘非驕侈也。高上作山，氣上出之象也。我以享孝樂（七行十字。）我先且，祖。句十六。以上叙作鐘之事，正文止此。鋁、堵、虡、鼓、祖韻。以蘄祈。眉壽。句十七。韵與寶叶。世=子孫，（八行合重文十一字）

永以爲寶。』句十八。文末自頌作結，金文例也。（九行四字，以上鼓右。左右以鐘在縣言之。）

右鐘銘九行八行，行十字，重文二字，末行四字。爲字八十

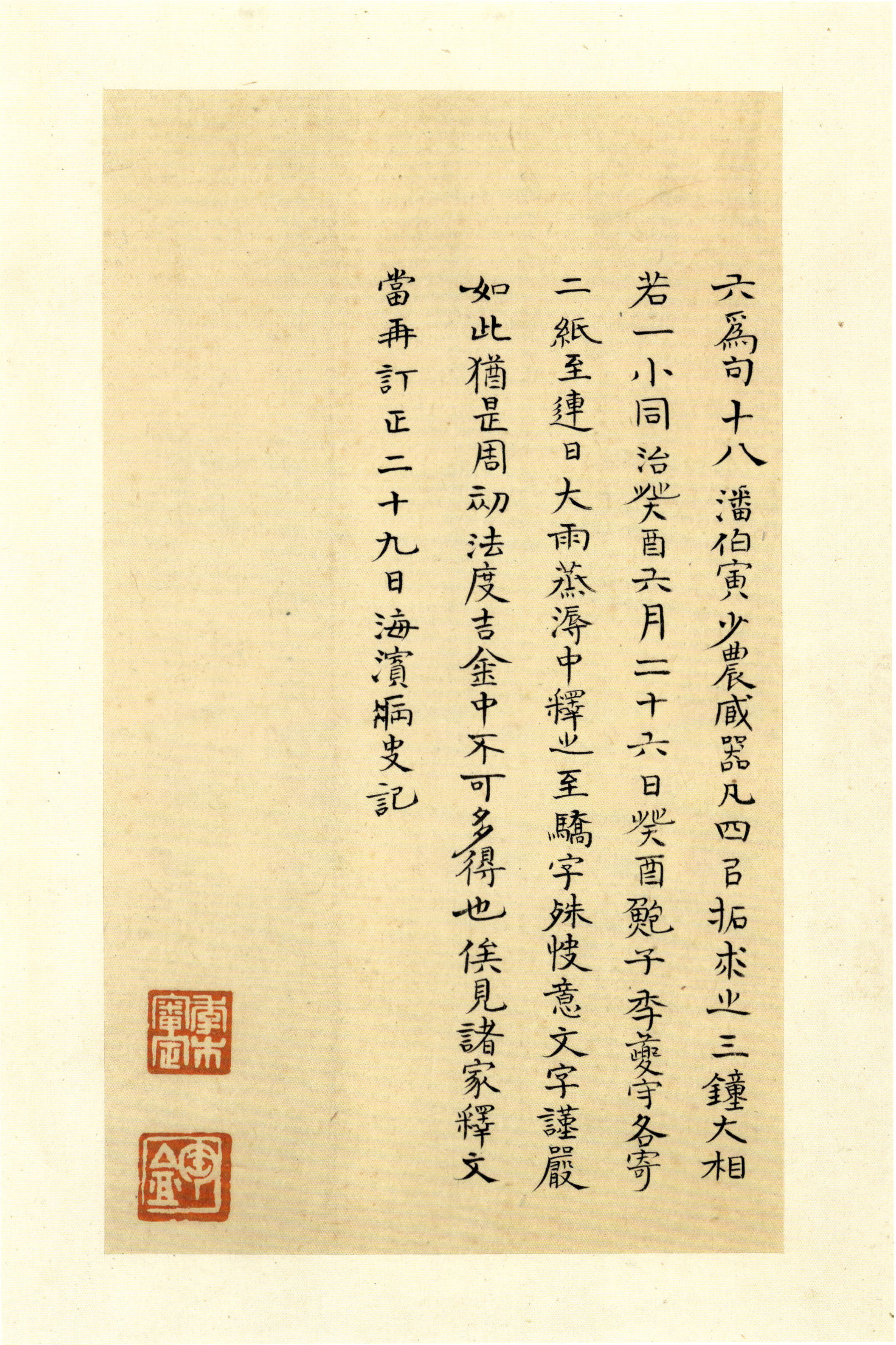

六，爲句十八。潘伯寅少農藏器凡四，以拓求之，三鐘大相若，一小。同治癸酉六月二十六日癸酉，鮑子年夔守各寄二紙至，連日大雨，蒸溽中釋之，至驕字殊快意。文字謹嚴如此，猶是周初法度。吉金中不可多得也。俟見諸家釋文當再訂正，二十九日海濱病史記。（鈐印『季木審定』『匋盦』）

致潘祖蔭四册本第二册〇一〇

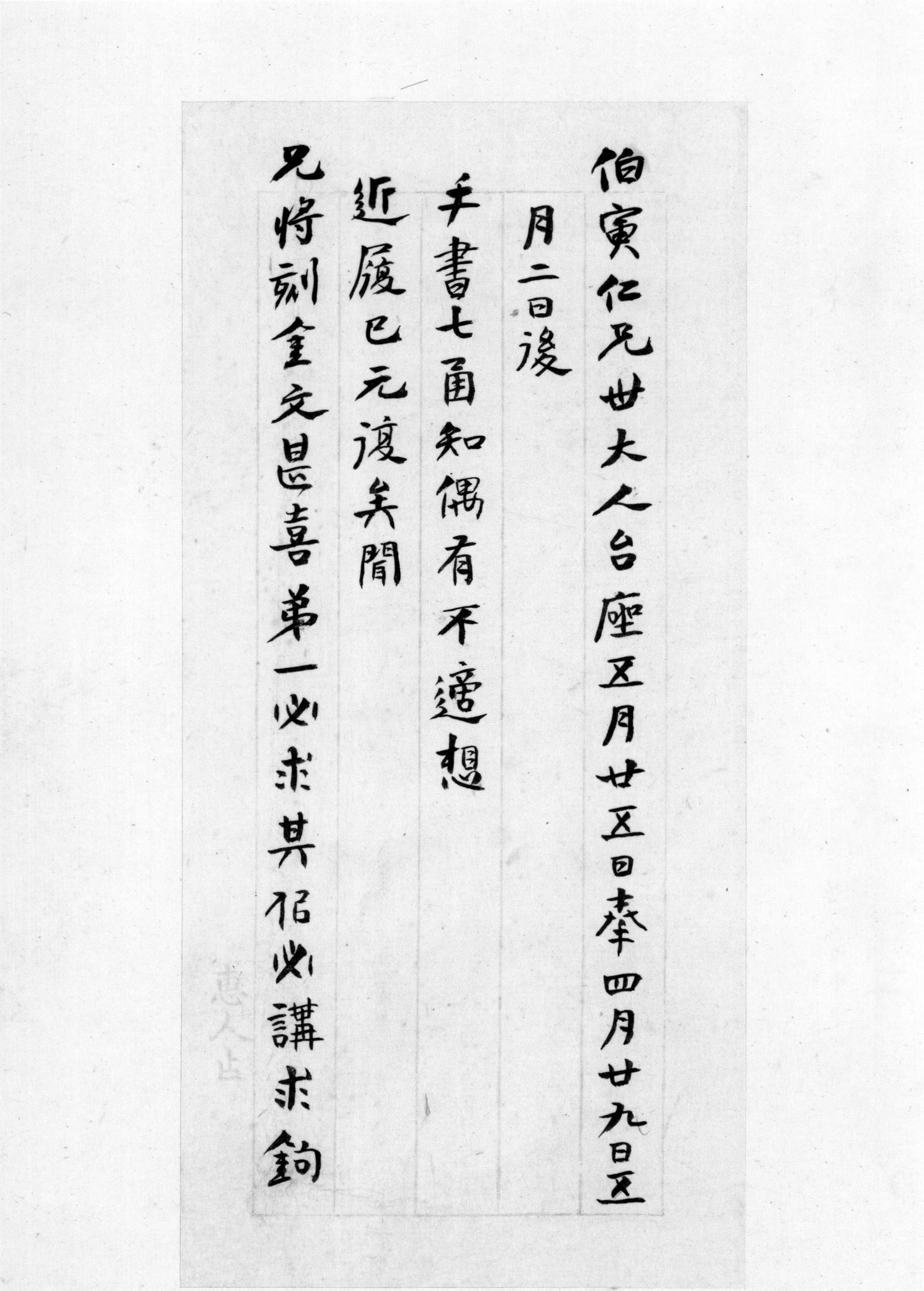

伯寅仁兄世大人台座。五月廿五日奉四月廿九日、五月二日後手書七函，知偶有不適，想近履已元復矣。聞兄將刻金文，甚喜。第一必求其似，必講求鈎

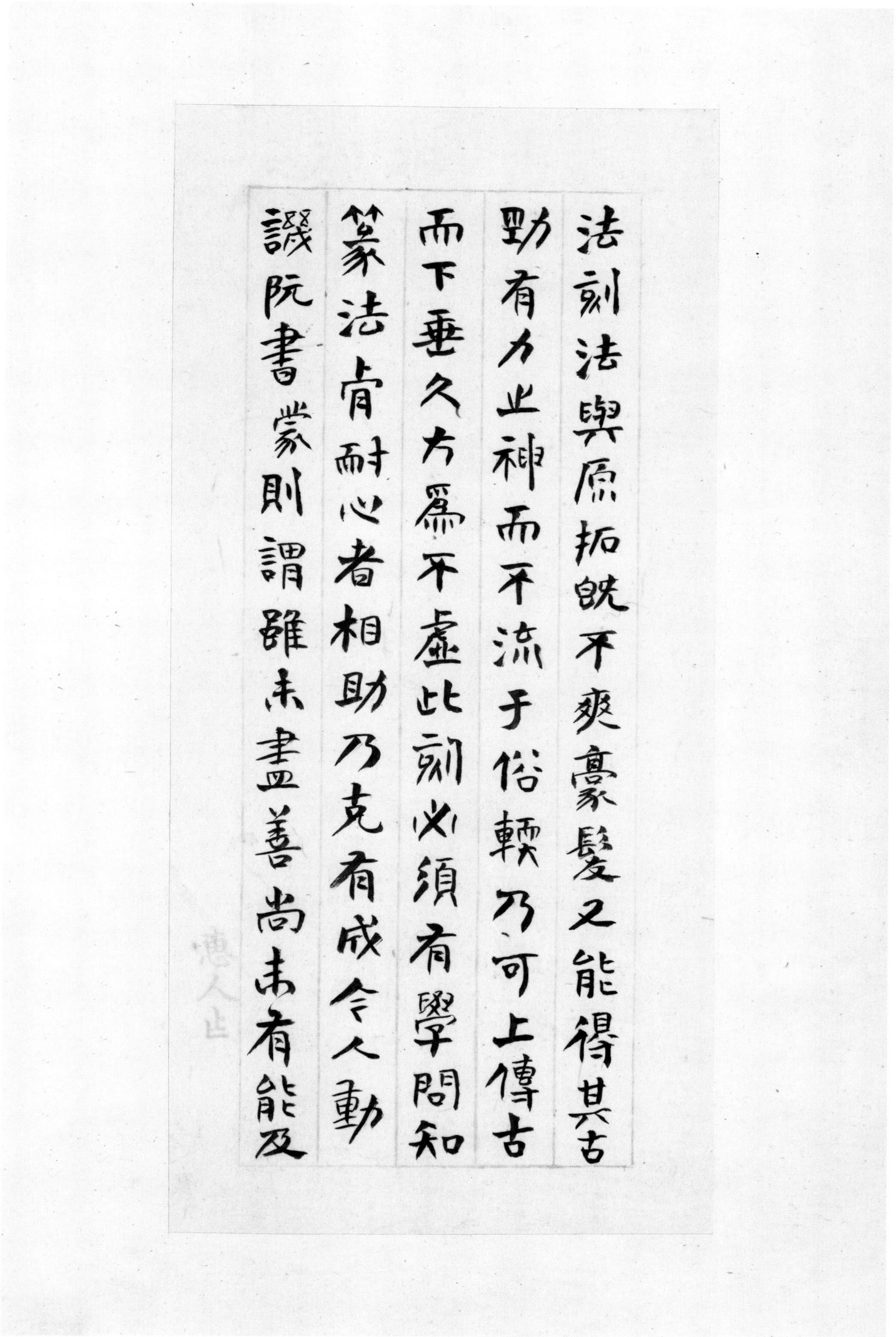
法刻法與原拓既不爽豪髮又能得其古
勁有力之神而不流于俗輭乃可上傳古
而下垂久方爲不虛此刻必須有學問知
篆法肯耐心者相助乃克有成今人動
譏阮書蒙則謂雖未盡善尚未有能及

法、刻法，與原拓既不爽毫髮，又能得其古勁有力之神，而不流于俗軟乃可。上傳古而下垂久，方爲不虛此刻。必須有學問、知篆法、肯耐心者相助，乃克有成。今人動譏阮書〔一〕，蒙則謂雖未盡善，尚未有能及

〔一〕即阮元所著《積古齋鐘鼎彝器款識》，共著録商周秦漢晋銅器五百五十一件。其體例，先摹録文字，再行考釋，規模較大，考釋也較爲詳細，是清代銅器收藏及著録的重要著作。

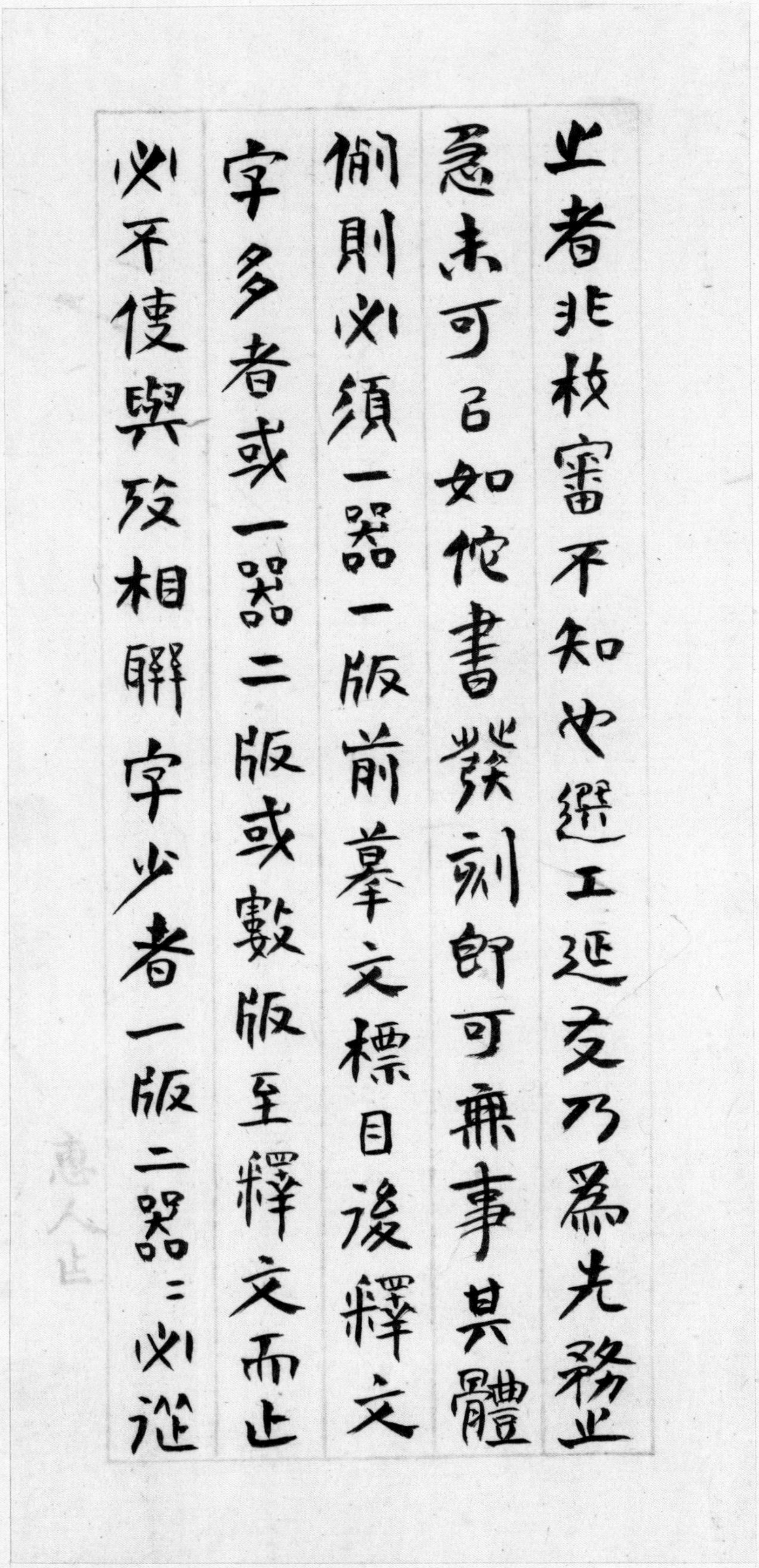

之者非校審不知也選工延友乃爲先務之
急未可以如他書發刻即可無事其體
例則必須一器一版前摹文標目後釋文
字多者或一器二版或數版至釋文而止
必不使與考相聯字少者一版二器二必從

之者，非校審不知也。選工延友乃爲先務之急，未可以如他書發刻即可無事。其體例則必須一器一版，前摹文標目，後釋文字。多者或一器二版，或數版，至釋文而止，必不使與考相聯。字少者一版二器，器必從

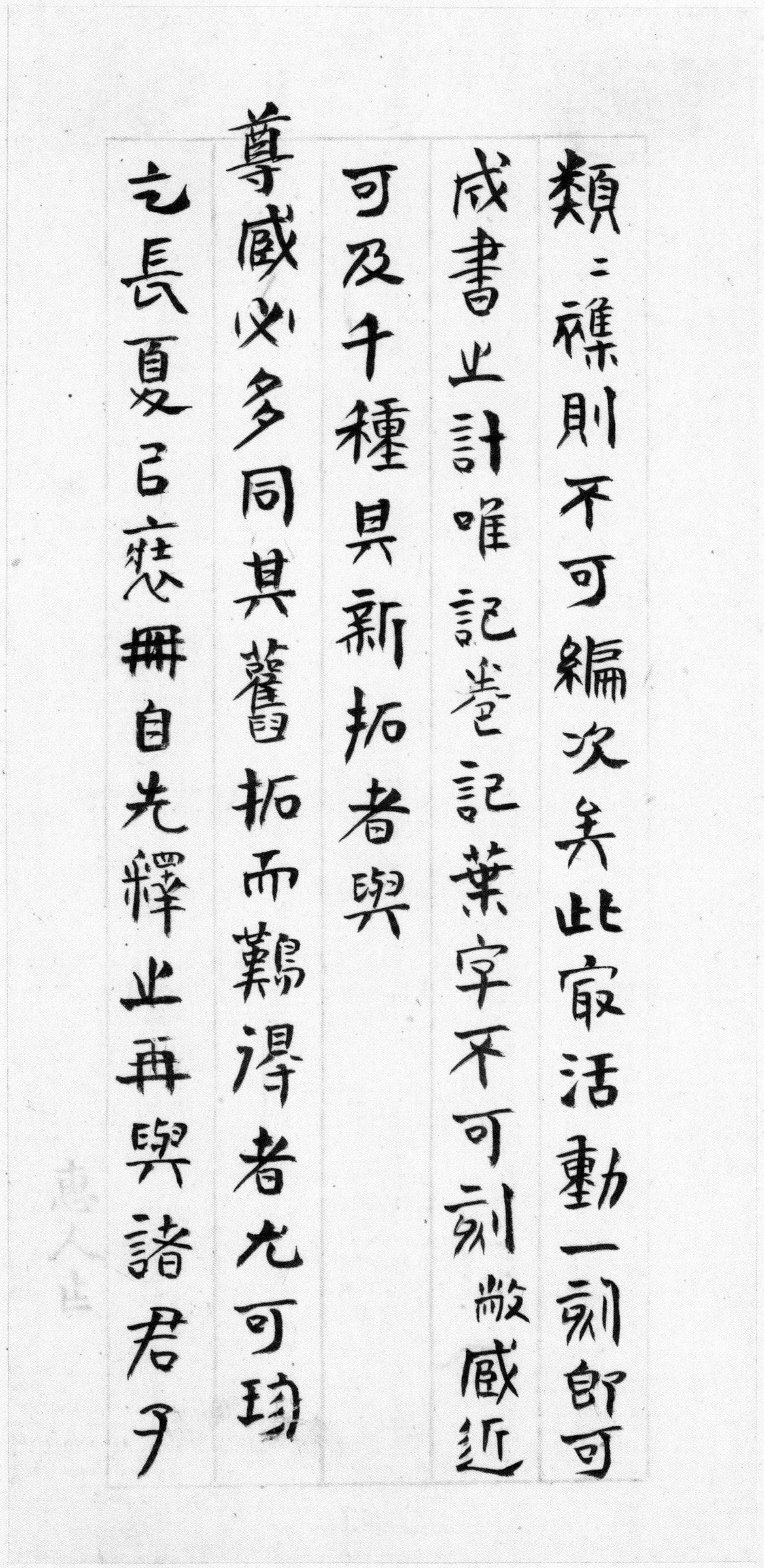

類，類雜則不可編次矣。此最活動。一刻即可成書之計，唯記卷記葉字不可刻。敝藏近可及千種，其新拓者與尊藏必多同，其舊拓而難得者尤可珍。乞長夏以裝册，自先釋之，再與諸君子

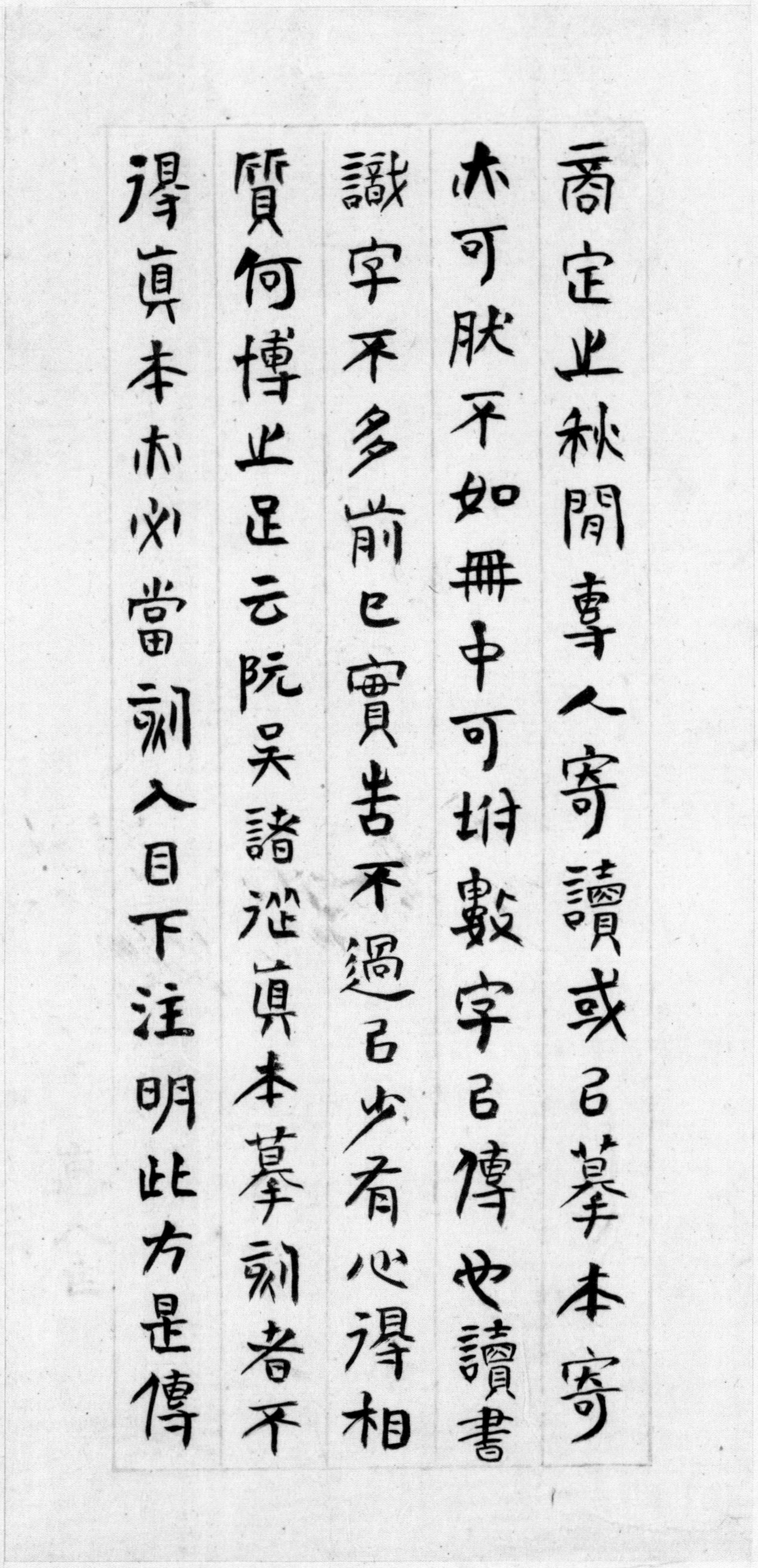

商定之。秋間專人寄讀，或以摹本寄，亦可。然不如册中可附數字以傳也。讀書識字不多，前已實告。不過以少有心得相質，何博之足云？阮、吳諸從真本摹刻者，不得真本亦必當刻入，目下注明，此方是傳

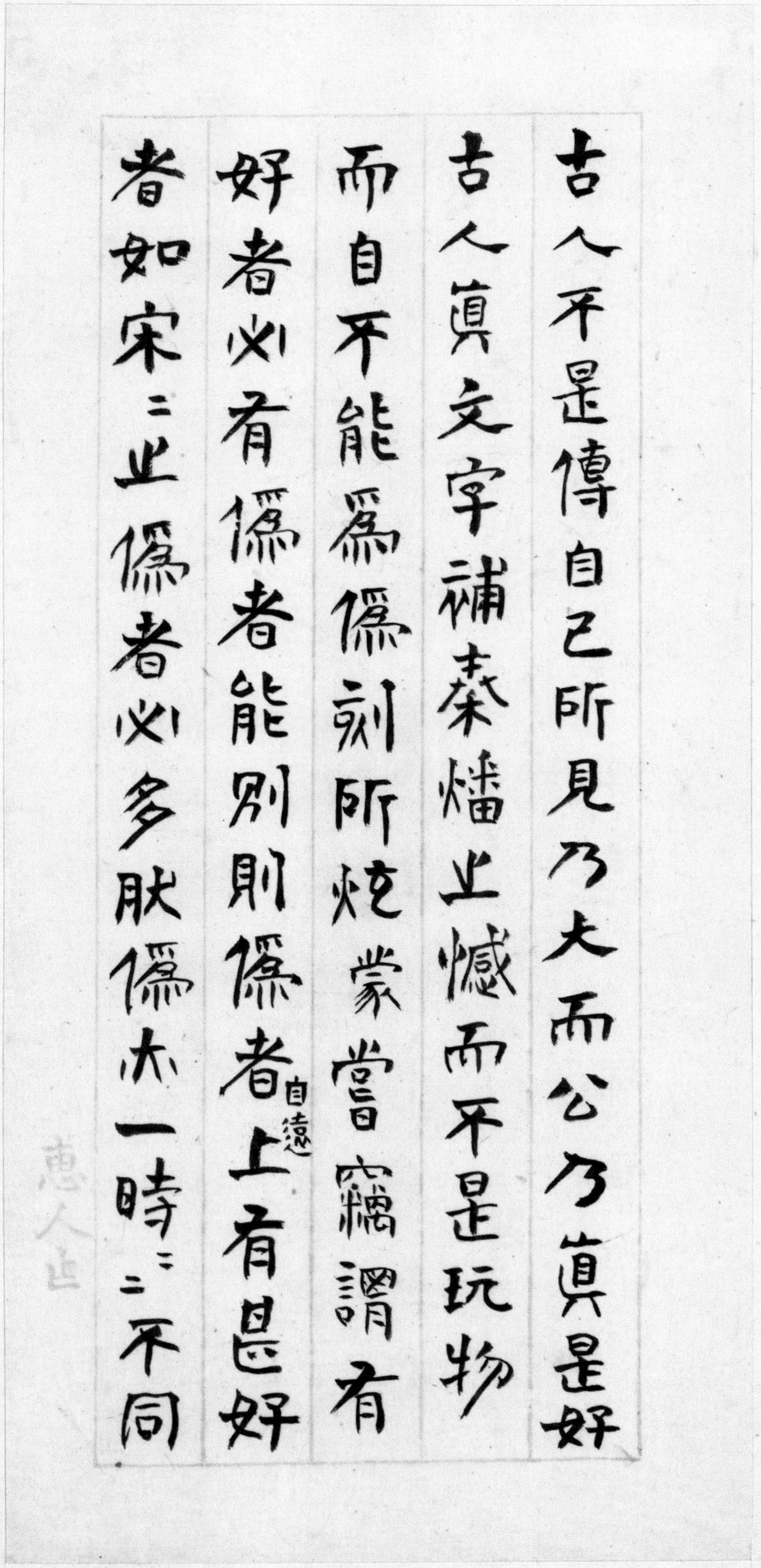

古人，不是傳自己所見，乃大而公，乃真是好古人真文字，補秦燔之憾，而不是玩物，而自不能爲僞刻所炫。蒙嘗竊謂有好者必有僞者，能別則僞者自遠。上有甚好者如宋，宋之僞者必多，然僞亦一時，一時不同，

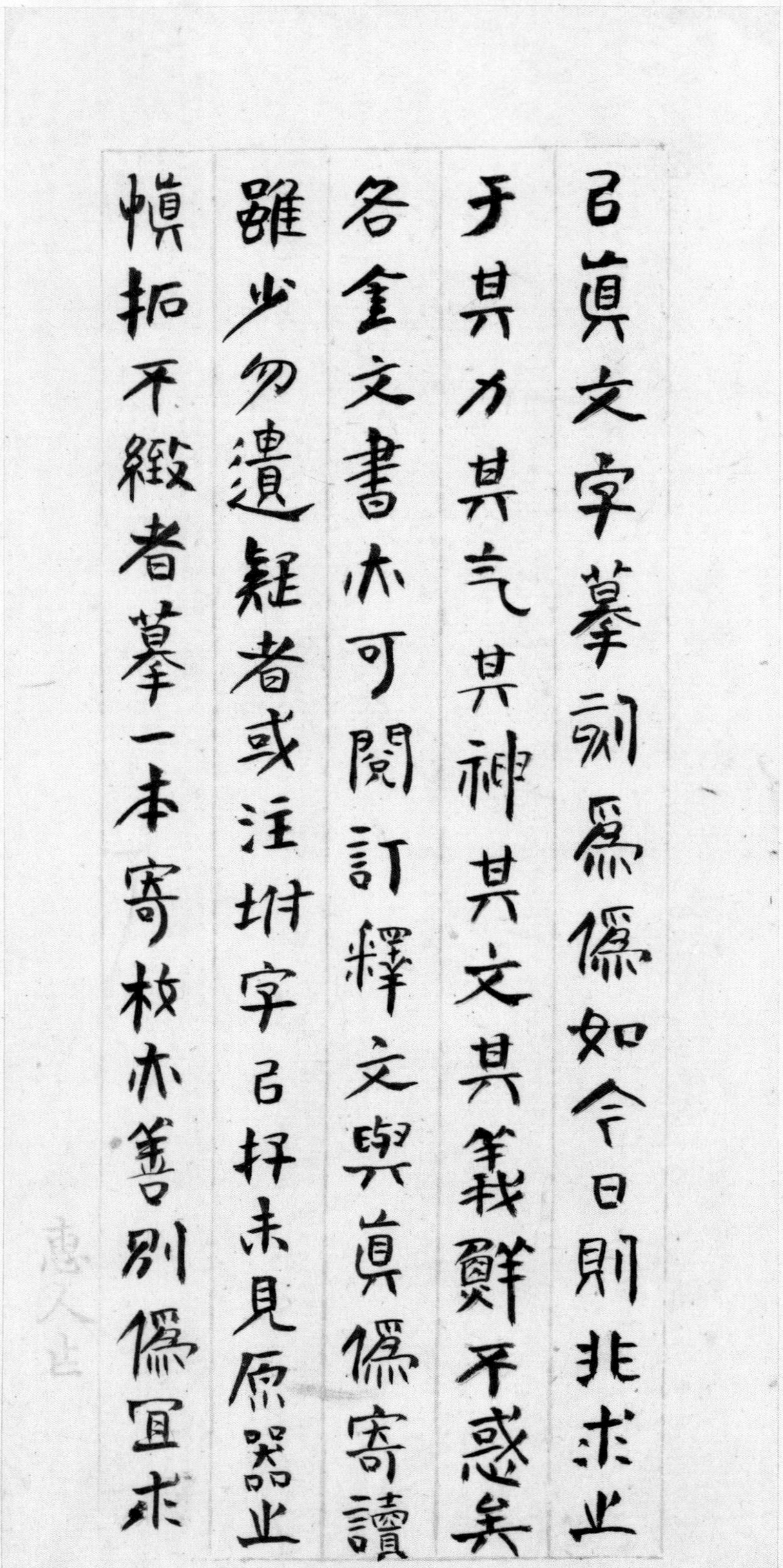

以真文字摹刻爲僞。如今日則非求之于其力、其氣、其神、其文、其義，鮮不惑矣。各金文書亦可閱訂釋文與真僞寄讀，雖少勿遺。疑者或注附字，以存未見原器之慎。拓不緻者摹一本寄校亦善。別僞宜求

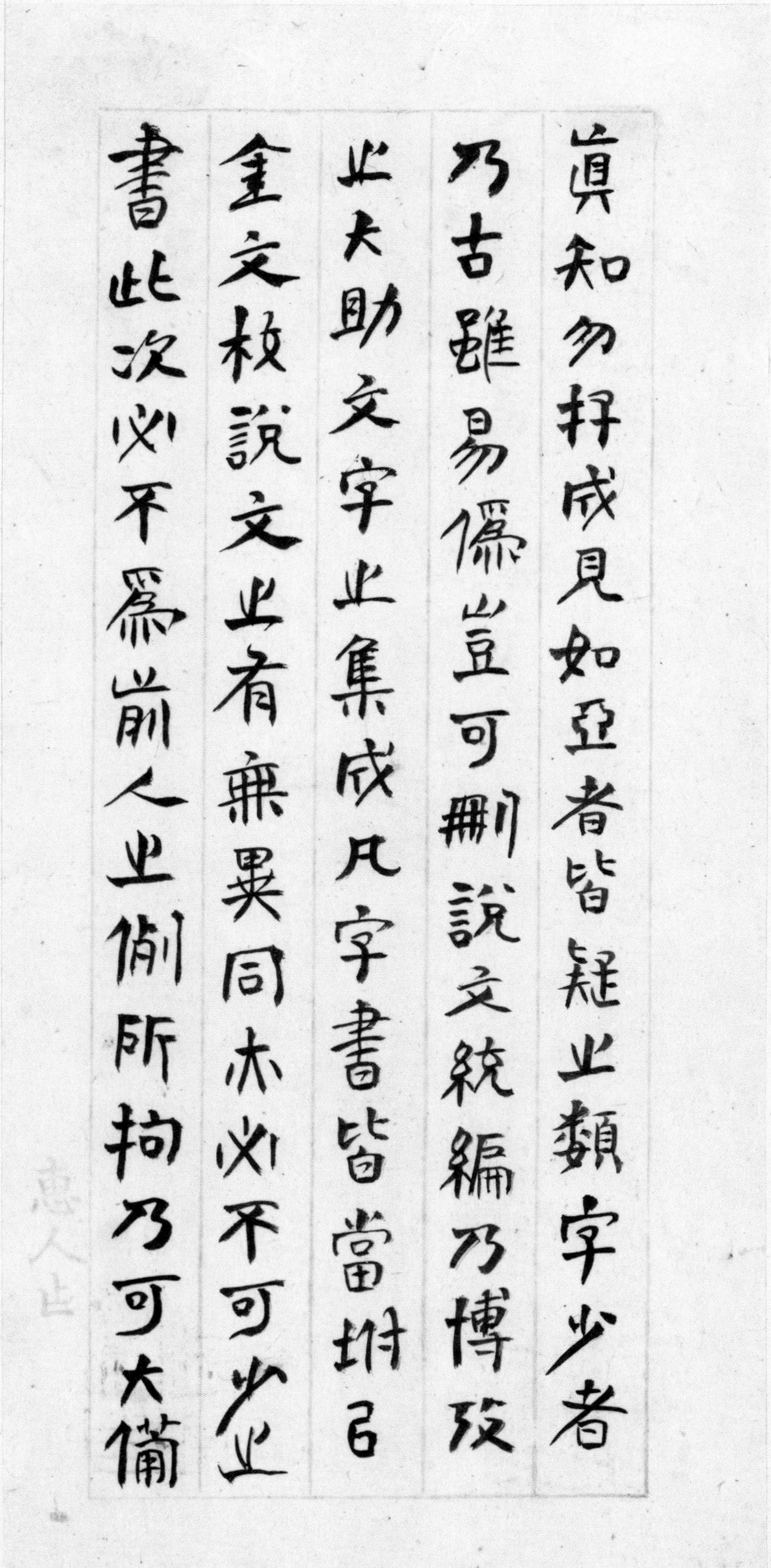
真知勿存成見如亞者皆疑之類字少者
乃古雖易僞豈可删說文統編乃博考
之大助文字之集成凡字書皆當附以
金文校說文之有無異同亦必不可少之
書此次必不爲前人之例所拘乃可大備

真知，勿存成見，如亞者皆疑之類。字少者乃古，雖易僞豈可删？《説文》統編乃博考之，大助文字之集成。凡字書皆當附以金文，校《説文》之有無异同，亦必不可少之書。此次必不爲前人之例所拘，乃可大備。

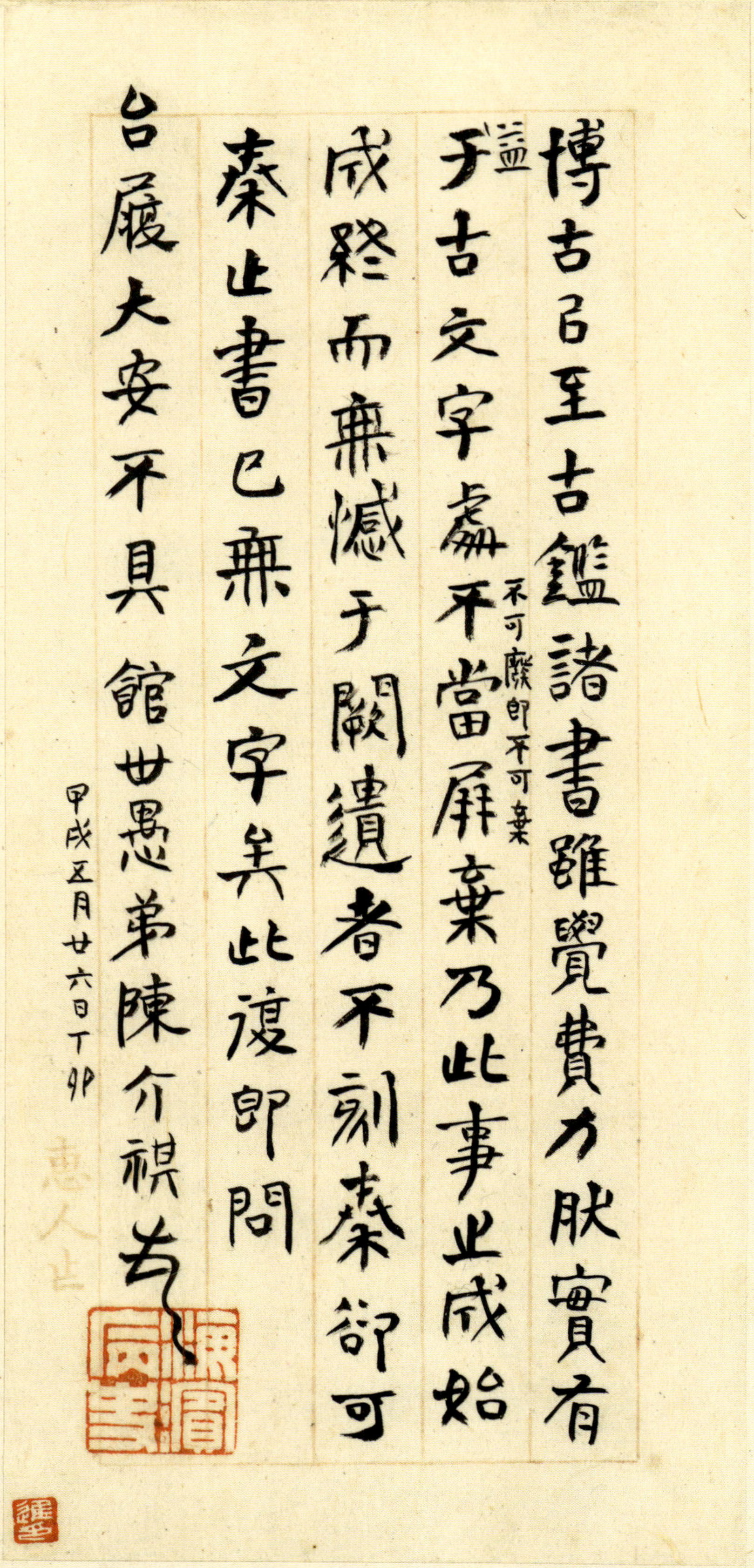

《博古》以至《古鑑》諸書，雖覺費力，然實有益于古文字處，不可廢即不可弃，不當摒弃，乃此事之成始成終，而無憾于闕遺者。不刻秦却可，秦止書已無文字矣。此復即問台履大安不具。館世愚弟陳介祺頓首。

甲戌五月廿六日丁卯。（鈐印『海濱病史』『進印』）

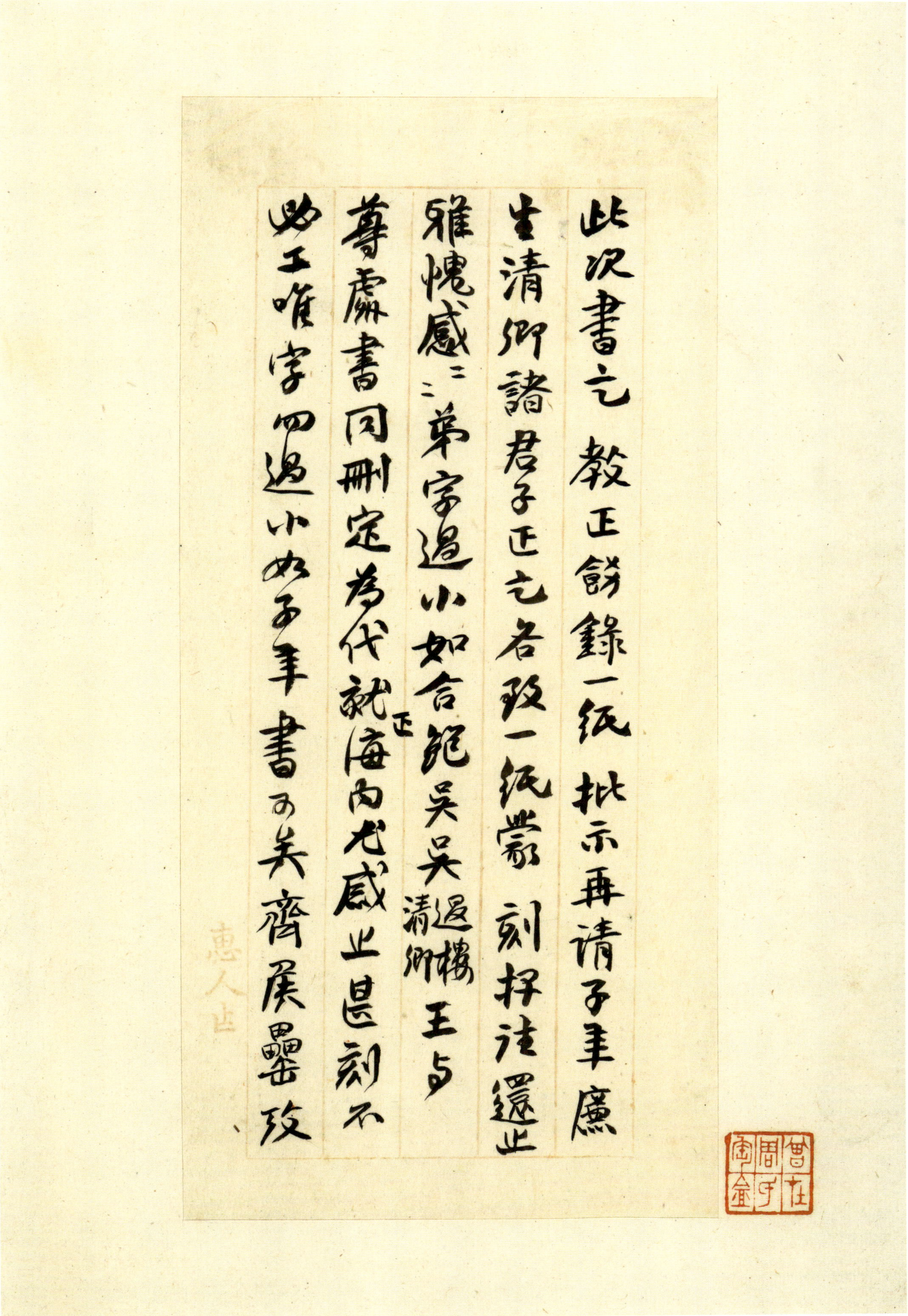

此次書乞教正，飭録一紙批示，再請子年、廉生、清卿諸君子正。吳清卿、王與尊處書同删定，爲代就正海内，尤感之甚。刻不

乞各致一紙。蒙刻存往還之雅，愧感愧感。弟字過小，如合鮑、吳退樓、勿過小，如子年書可矣。齊侯罍考（鈐印『曾

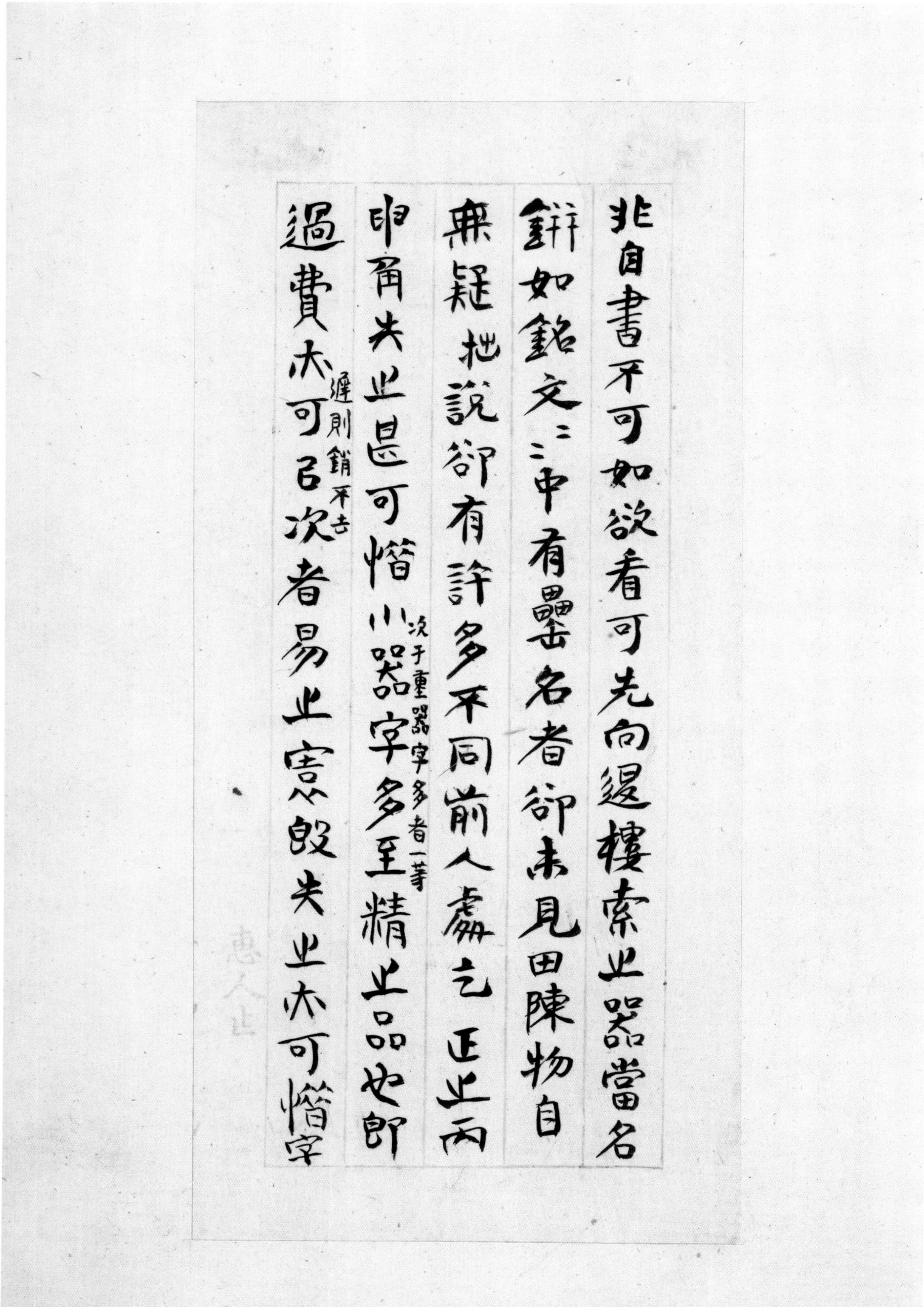

非自書，不可。如欲看，可先向退樓索之。器當名鉼，如銘文。銘文中有罍名者却未見。田陳物自無疑。拙説却有許多不同前人處，乞正之。

丙申角失之，甚可惜。小器字多，至精之品也，次于重器字多者一等即過費亦可。遲則銷不去，以次者易之。寰簋失之亦可惜。字

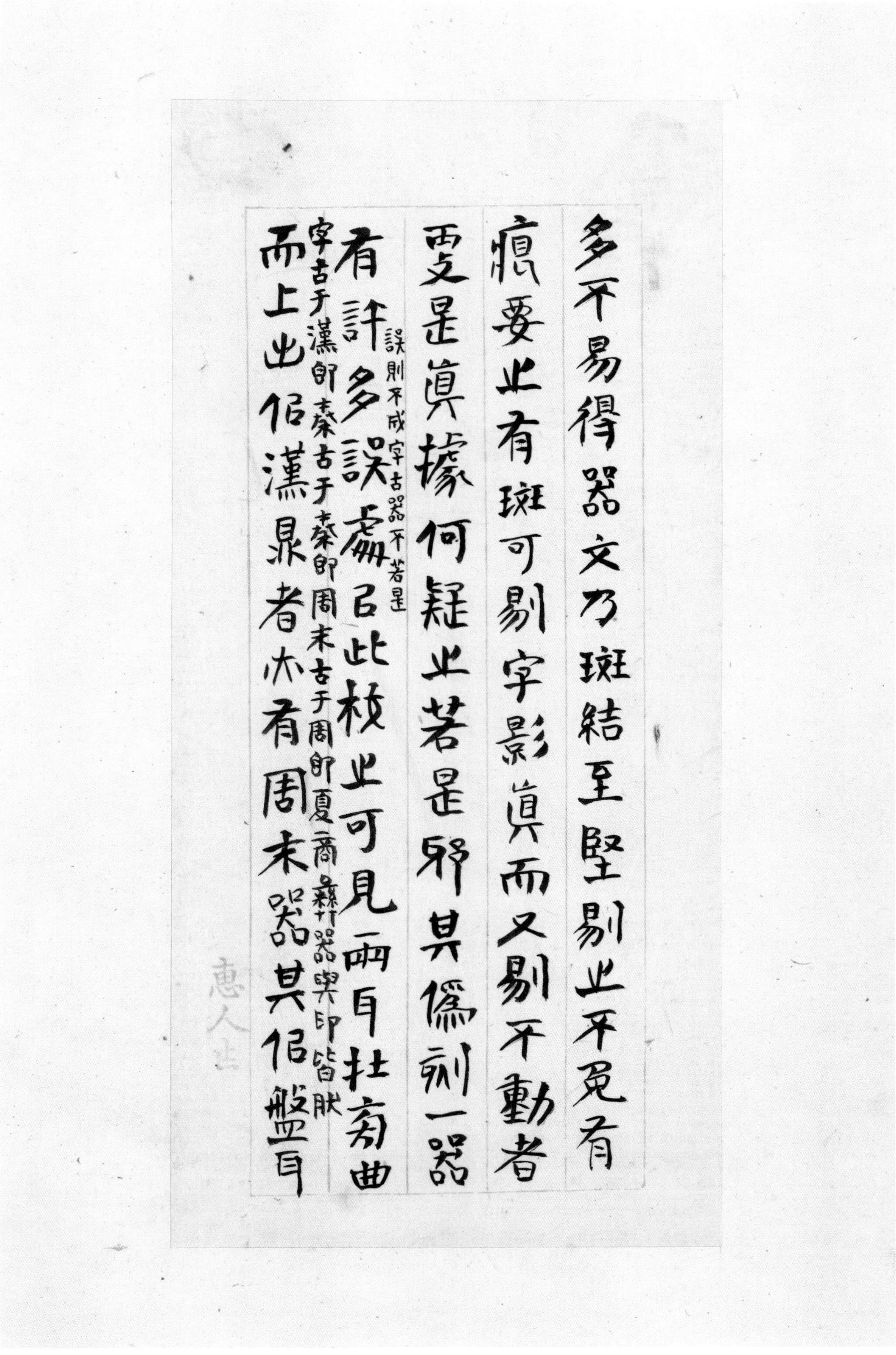
多不易得器文乃斑結至堅剔之不免有痕要之有斑可剔字影真而又剔不動者更是真據何疑之若是耶其僞刻一器有許多誤誤則不成字古器不若是處以此校之可見兩耳在旁曲字古于漢即秦古于秦即周末古于周即夏商彝器與印皆然而上出似漢鼎者亦有周末器其似盤耳

惠人

多不易得，器文乃斑結至堅，剔之不免有痕，要之有斑可剔字影真，
而又剔不動者更是真，據何疑之若是耶？其僞刻一器，有許多誤處，
誤則不成字，古器不若是，以此校之，字古于漢即秦，古于秦即周末，
古于周即夏商，彝器與印皆然。可見兩耳在旁曲而上出，似漢鼎者，
亦有周末器其似盤耳

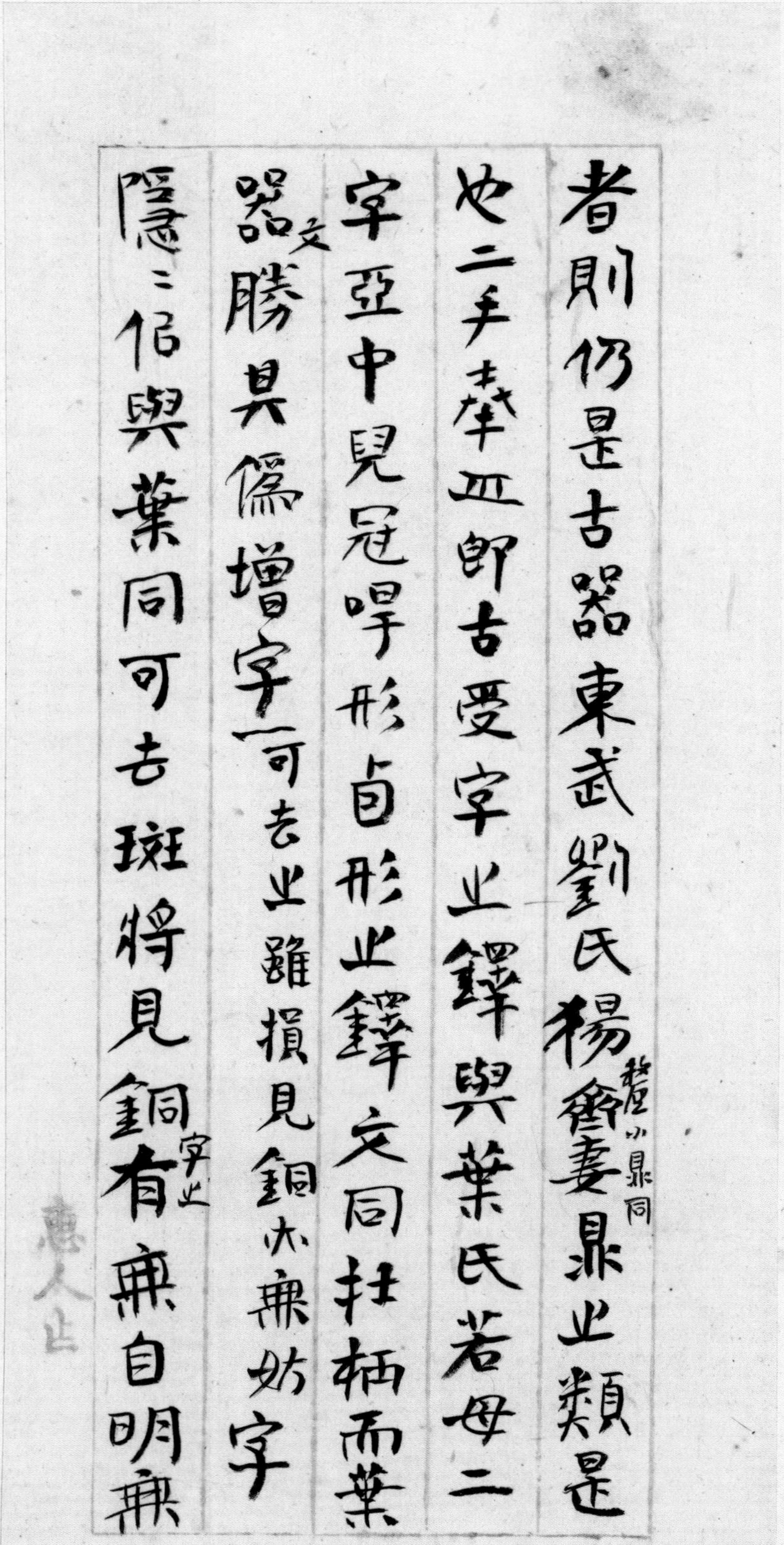

者則仍是古器東武劉氏敡饔鼎之類是䵼小鼎同
也二手奉舟卽古受字之鐸與葉氏若母二
字亞中兒冠㝵形卣形之鐸文同在柄而葉
器文勝其僞增字一可去之雖損見銅亦無妨字
隱隱似與葉同可去斑將見銅字之有無自明無

者則仍是古器，東武劉氏敡饔鼎之類是也，䵼小鼎[一]同。二手奉舟，即古受字之鐸，與葉氏若母二字亞中兒冠㝵形卣形之鐸，文同在柄而葉器文勝。其僞增字一，可去之，雖損見銅，亦無妨。字隱隱似與葉同，可去斑，將見銅，字之有無自明，無

[一] 按：即䵼作寶齋鼎，陳介祺舊藏，現藏上海博物館。

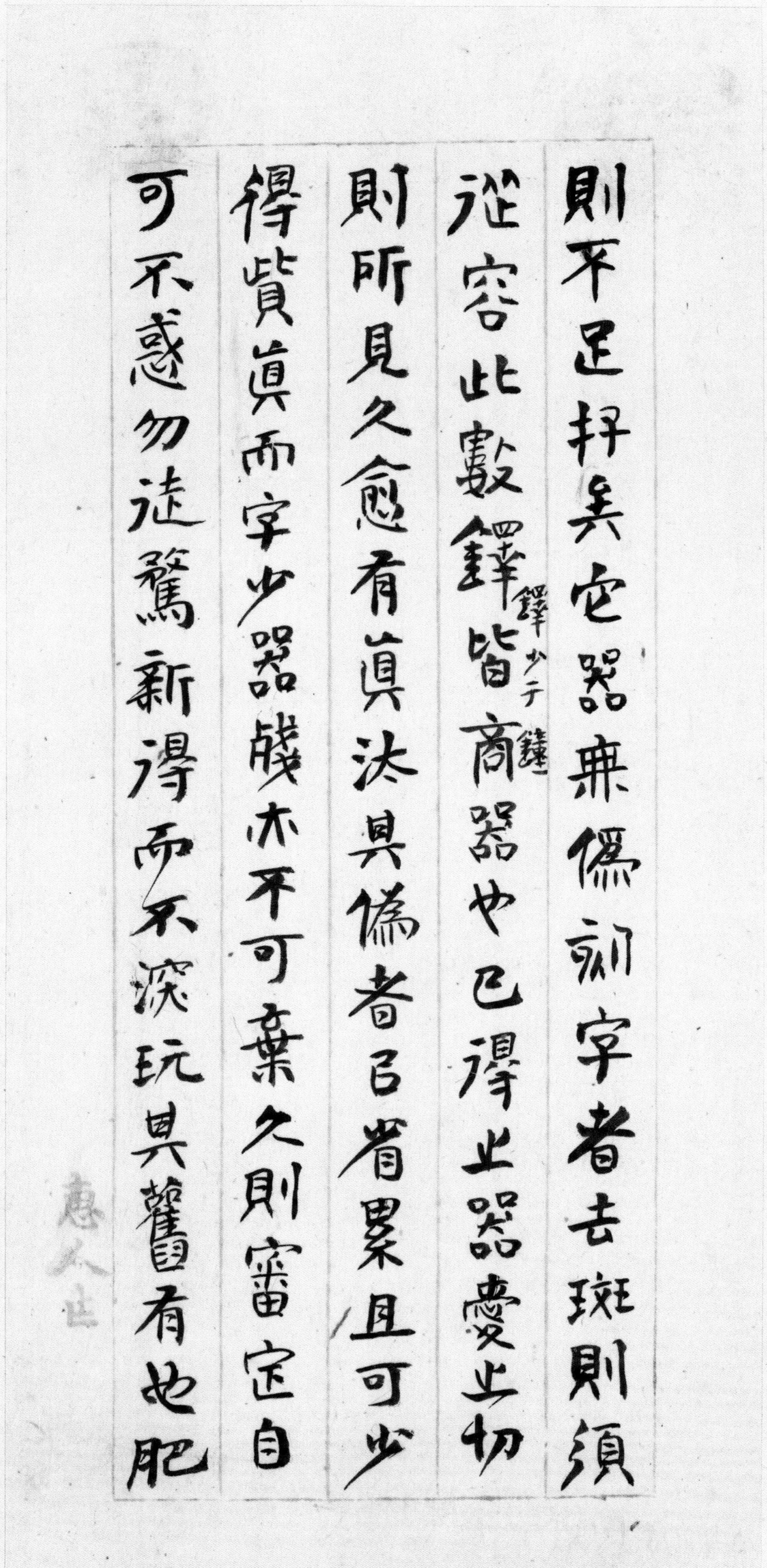

則不足存矣。它器無僞刻字者，去斑則須從容。此數鐸，鐸少于鐘。皆商器也。已得之器愛之切，則所見久愈有真，汰其僞者，以省累且可少得貲。真而字少，器殘亦不可弃，久則審定，自可不惑。勿徒騖新得而不深玩其舊有也。肥

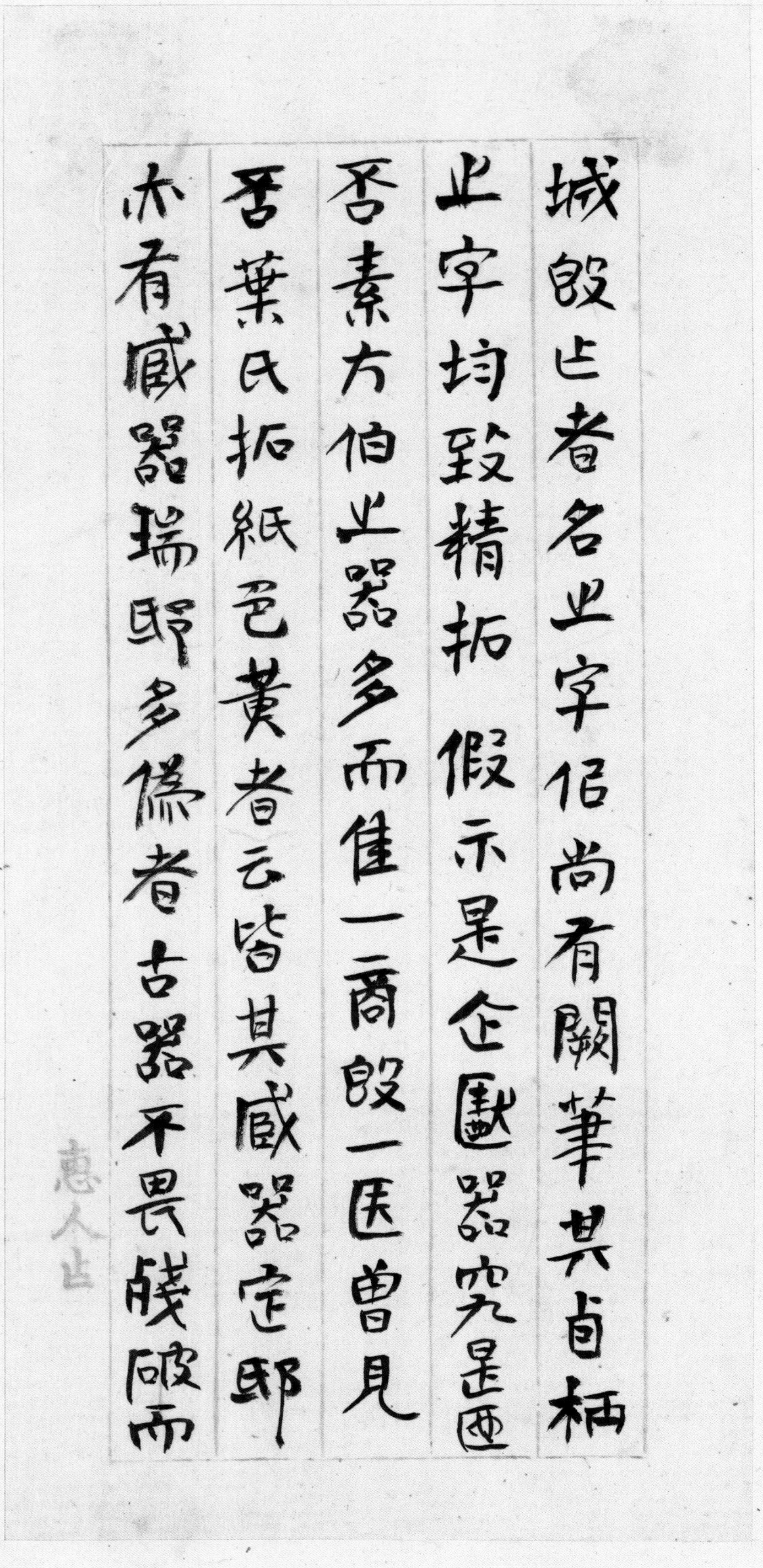

城簋，作者名之字，似尚有闕筆。其卣柄之字均致精拓假示是企。⿷匚𣪘器究是匜否？素方伯之器多而佳，一商簋一簠曾見否？葉氏拓紙色黃者，云皆其藏器。定邸亦有藏器，瑞邸多僞者。古器不畏殘破，而

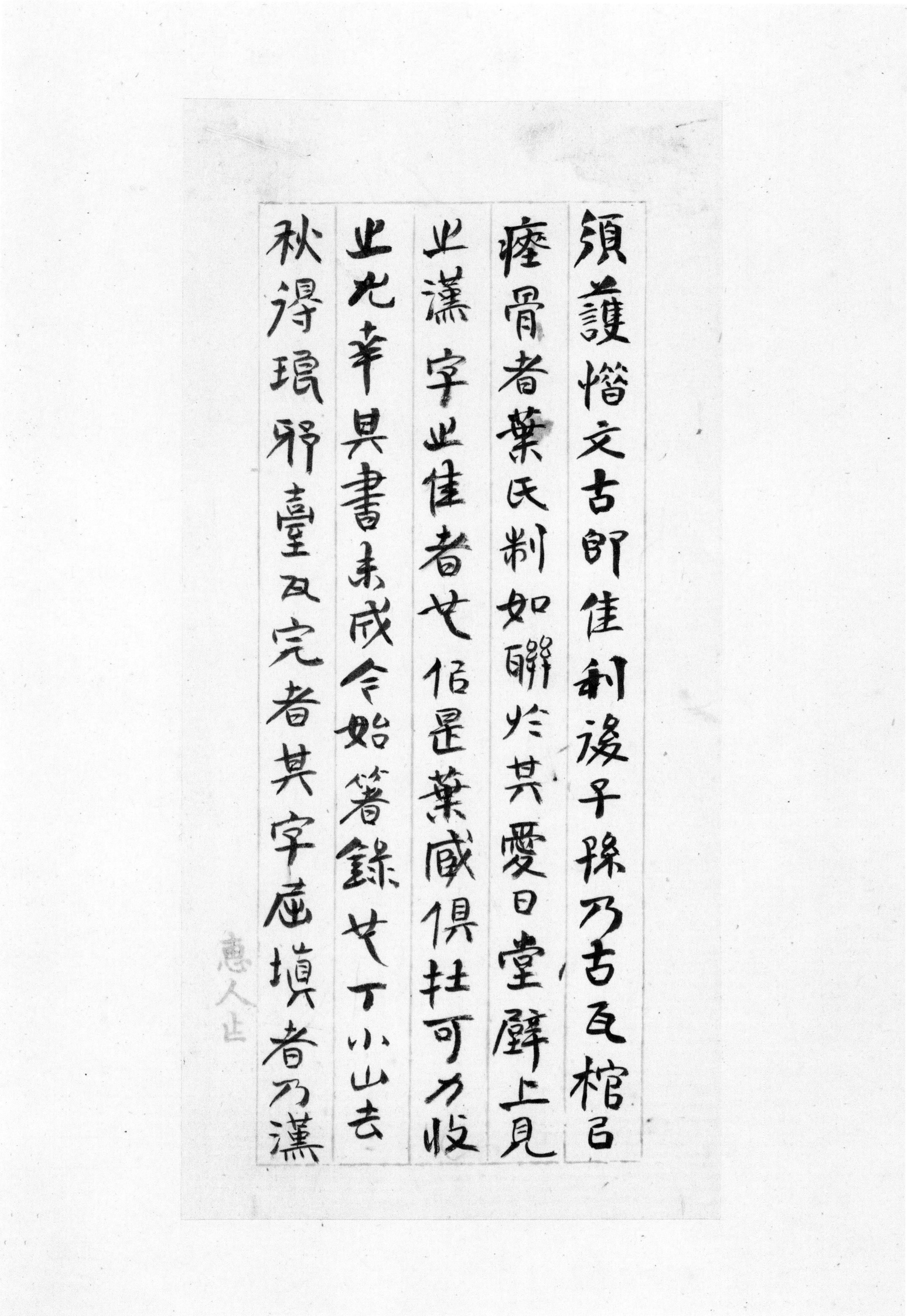
須護惜文古即佳利後子孫乃古瓦棺以瘗骨者葉氏制如聯於其愛日堂壁上見之漢字之佳者也似是葉藏俱在可力收之尤幸其書未成今始著録也丁小山去秋得瑯琊臺瓦完者其字屈填者乃漢

須護惜，文古即佳。『利後子孫』乃古瓦棺以瘗骨者，葉氏制如聯，於其愛日堂壁上見之，漢字之佳者也。似是葉藏俱在，可力收之。尤幸其書未成，今始著録也。丁小山去秋得瑯琊臺瓦完者，其字屈填者乃漢

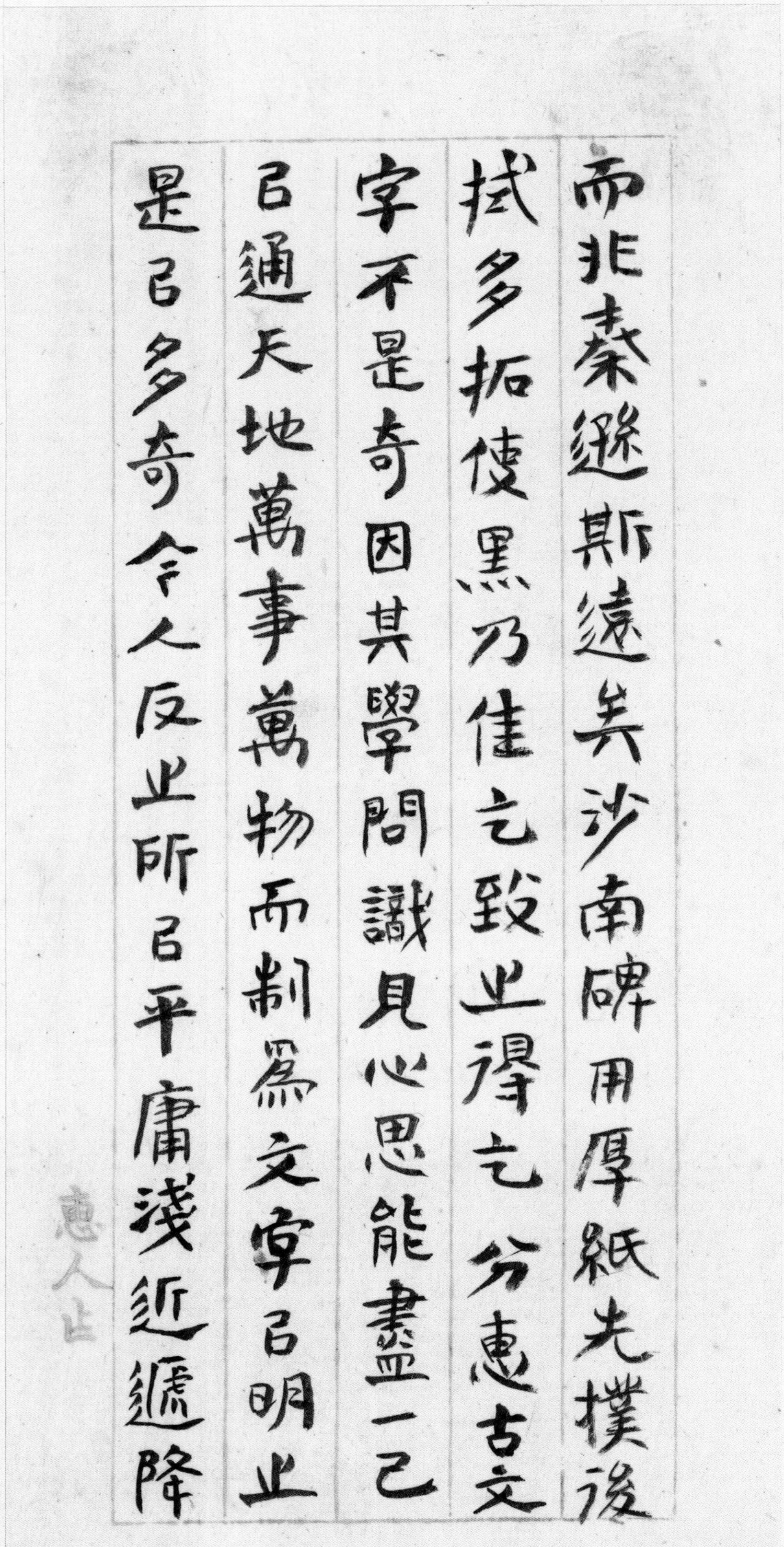

而非秦，遜斯遠矣。沙南碑用厚紙先撲後拭，多拓使黑乃佳。乞致之，得乞分惠。古文字不是奇，因其學問、識見、心思，能盡一己以通天地萬事萬物而制爲文字以明之，是以多奇。今人反之，所以平庸淺近，遞降

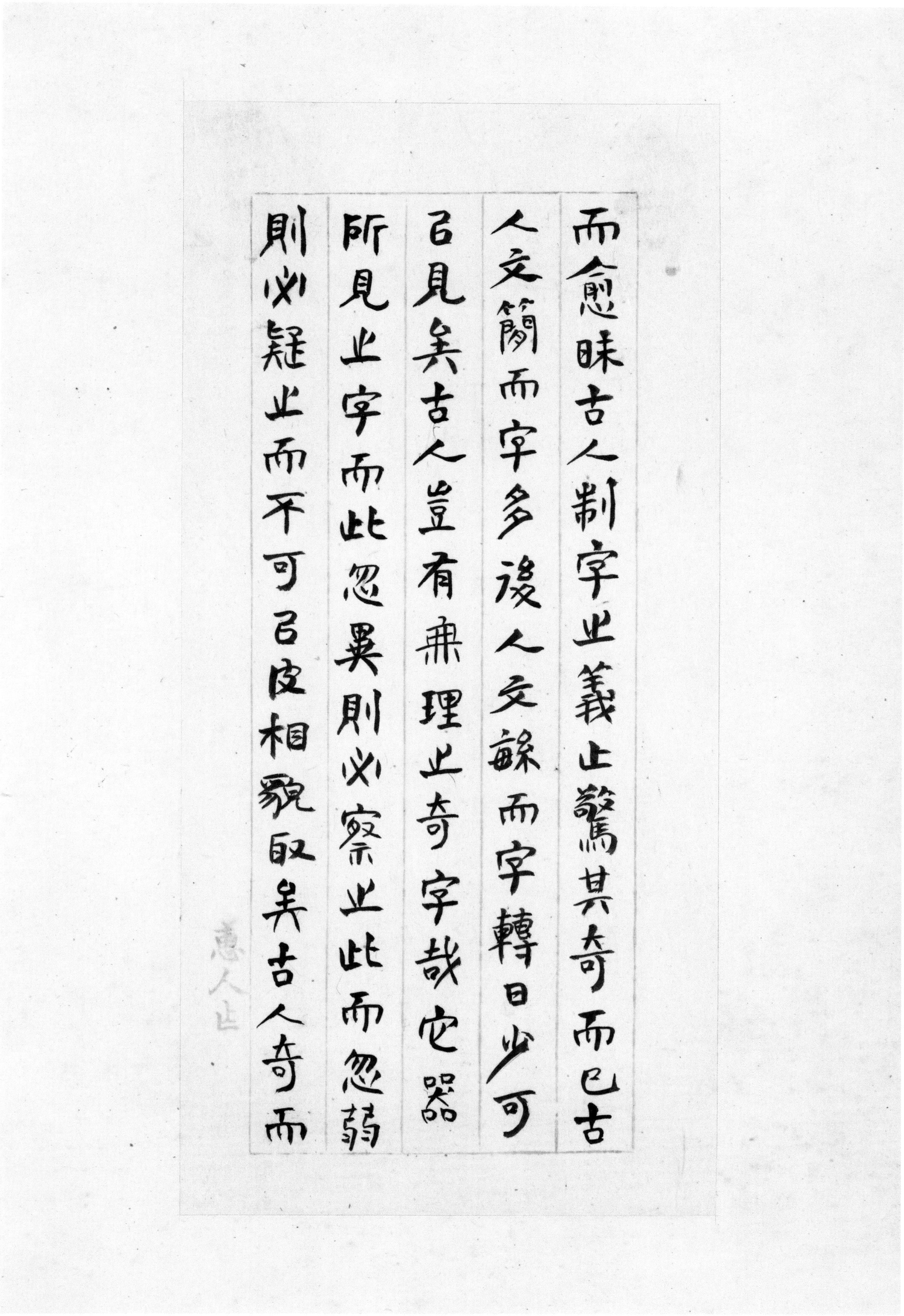

而愈昧古人制字之義，止驚其奇而已。古人文簡而字多，後人文繁而字轉日少，可以見矣。古人豈有無理之奇字哉？它器所見之字而此忽异，則必察之，此而忽弱則必疑之，而不可以皮相貌取矣。古人奇而

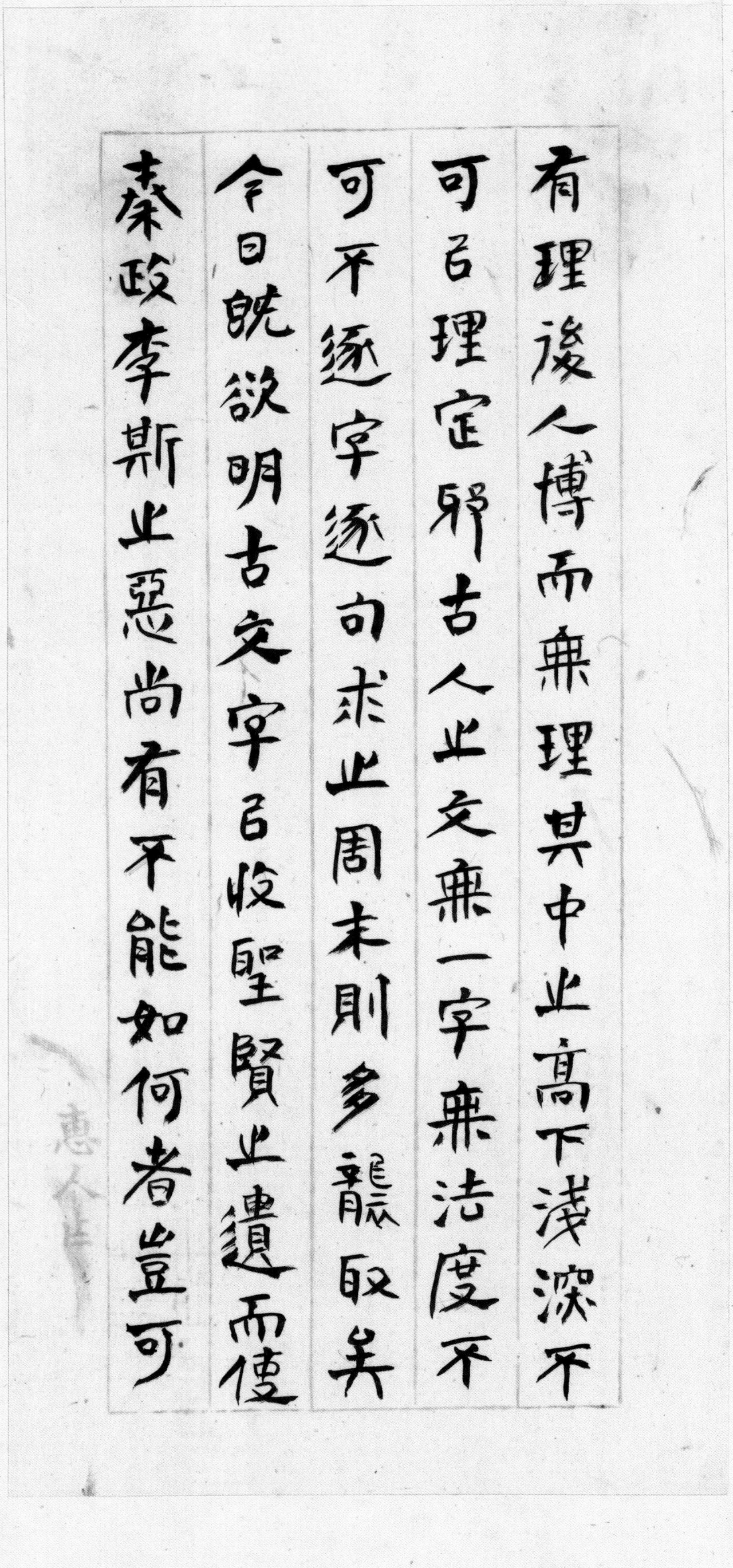

有理，後人博而無理，其中之高下淺深不可以理定邪？古人之文無一字無法度，不可不逐字逐句求之。周末則多襲取矣。今日既欲明古文字，以收聖賢之遺，而使秦政李斯之惡尚有不能如何者，豈可

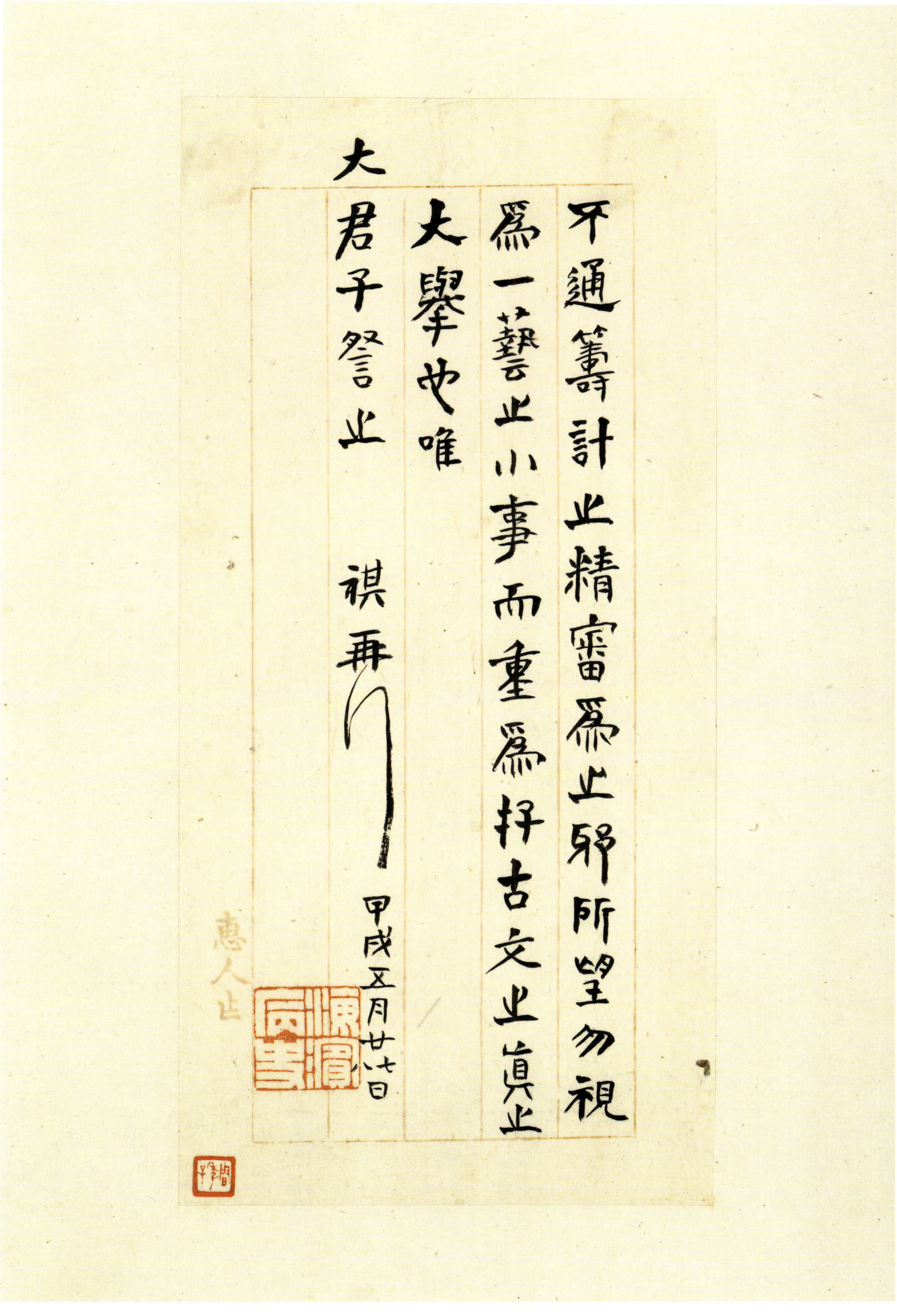
不通籌計之精審爲之邪所望勿視
爲一藝之小事而重爲存古文之真之
大舉也唯
大君子察之 祺再拜
甲戌五月廿七日

不通籌計之，精審爲之邪？所望勿視爲一藝之小事，而重爲存古文之真之大舉也。唯大君子察之。祺再拜。甲戌五月廿七、廿八日。

（鈐印『海濱病史』『周季子』）

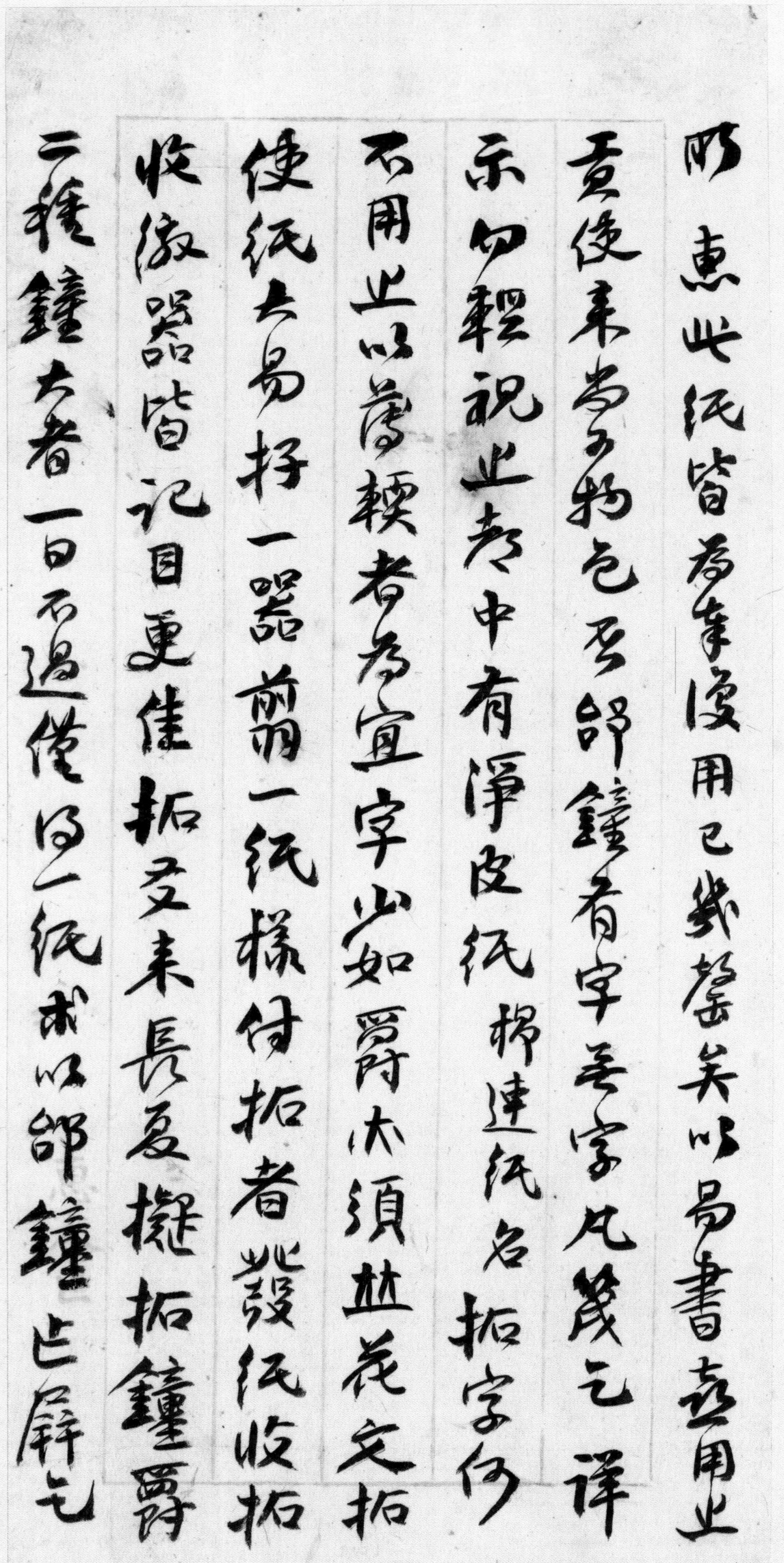

所惠此紙皆爲奉復用，已幾罄矣。以易書喜用之。貢使來，尚可物色否？部鐘有字無字凡幾，乞詳示，勿輕視之。都中有净皮紙，棉連紙名。拓字何不用之？以薄軟者爲宜。字少如爵，亦須并花文拓，使紙大易存。一器翦一紙樣付拓者，發紙、收拓、收繳器，皆記目更佳。拓友來，長夏擬拓鐘、爵二種。鐘大者一日不過僅得一紙。求以部鐘作屏，乞

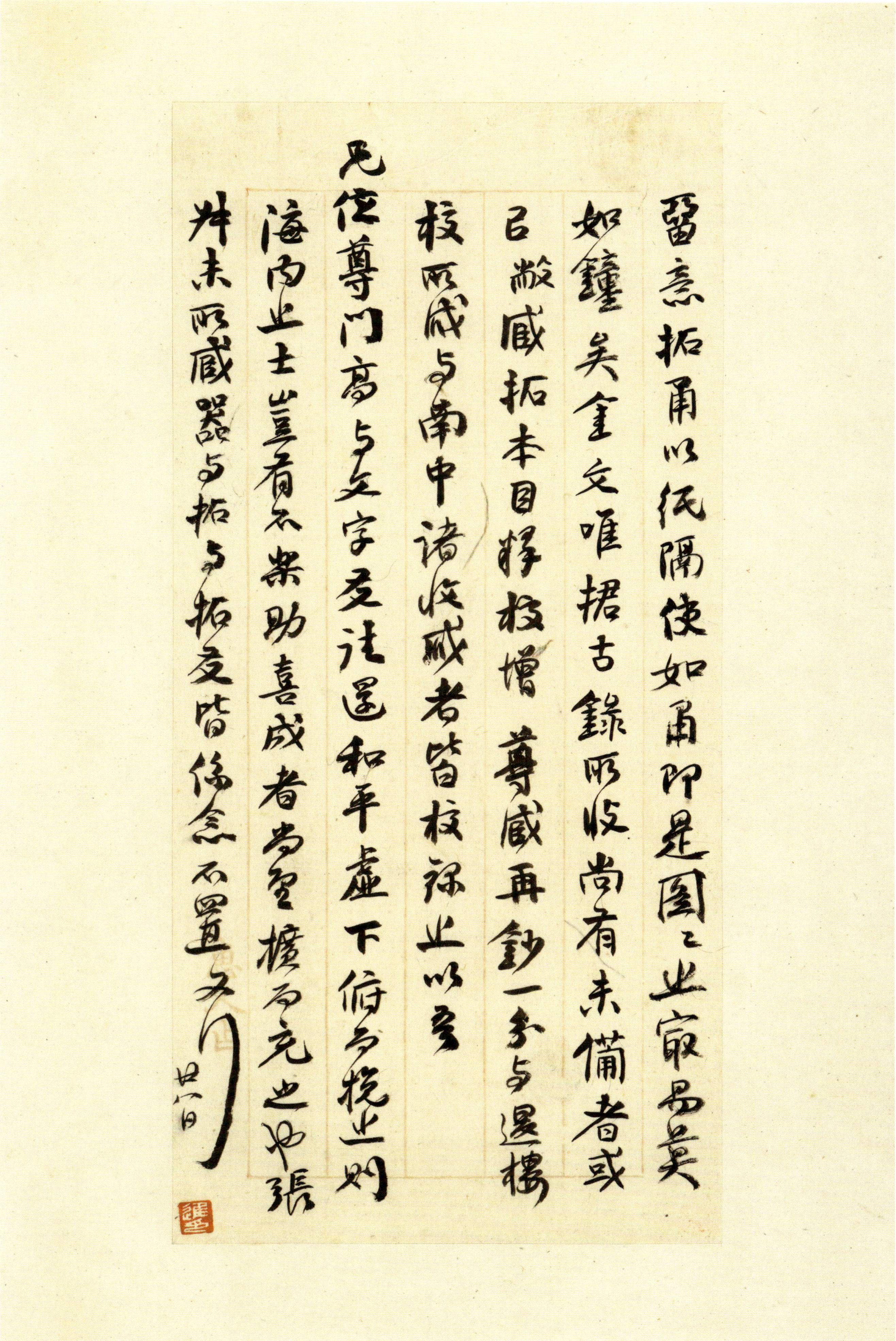

留意拓甬，以紙隔使如甬即是圖，圖之最易莫如鐘矣。金文唯《捃古録》所收尚有未備者，或以敝藏拓本目釋校增尊藏，再鈔一份與退樓校所藏與南中諸收藏者皆校録之。以吾兄位尊門高，與文字友往還，和平虛下，俯而挽之，則海內之士豈有不樂助喜成者？尚望擴而充之也。張叔未所藏器與拓，與拓友皆係念不置。又拜。廿八日。（鈐印『進印』）

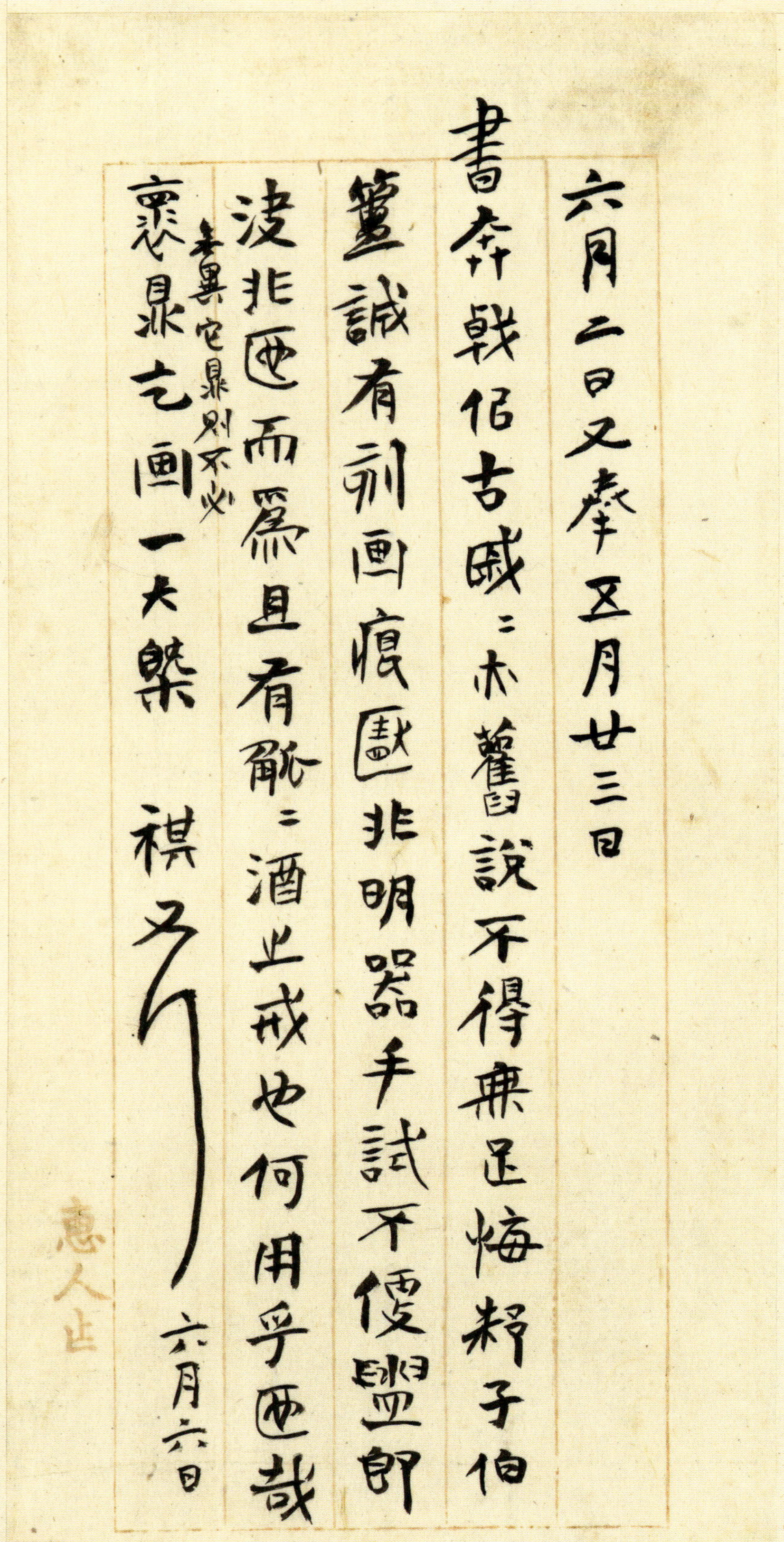

六月二日又奉五月廿三日書。奔戟似古戚，戚亦舊説，不得無足悔，鄦子伯簠誠有刻畫痕，𫙵非明器，手試不便盥，即决非匜而爲。且有觚，觚，酒之戒也，何用乎匜哉？褰鼎乞畫一大概，無异他鼎則不必。祺又拜。六月六日。（鈐印『進印』）

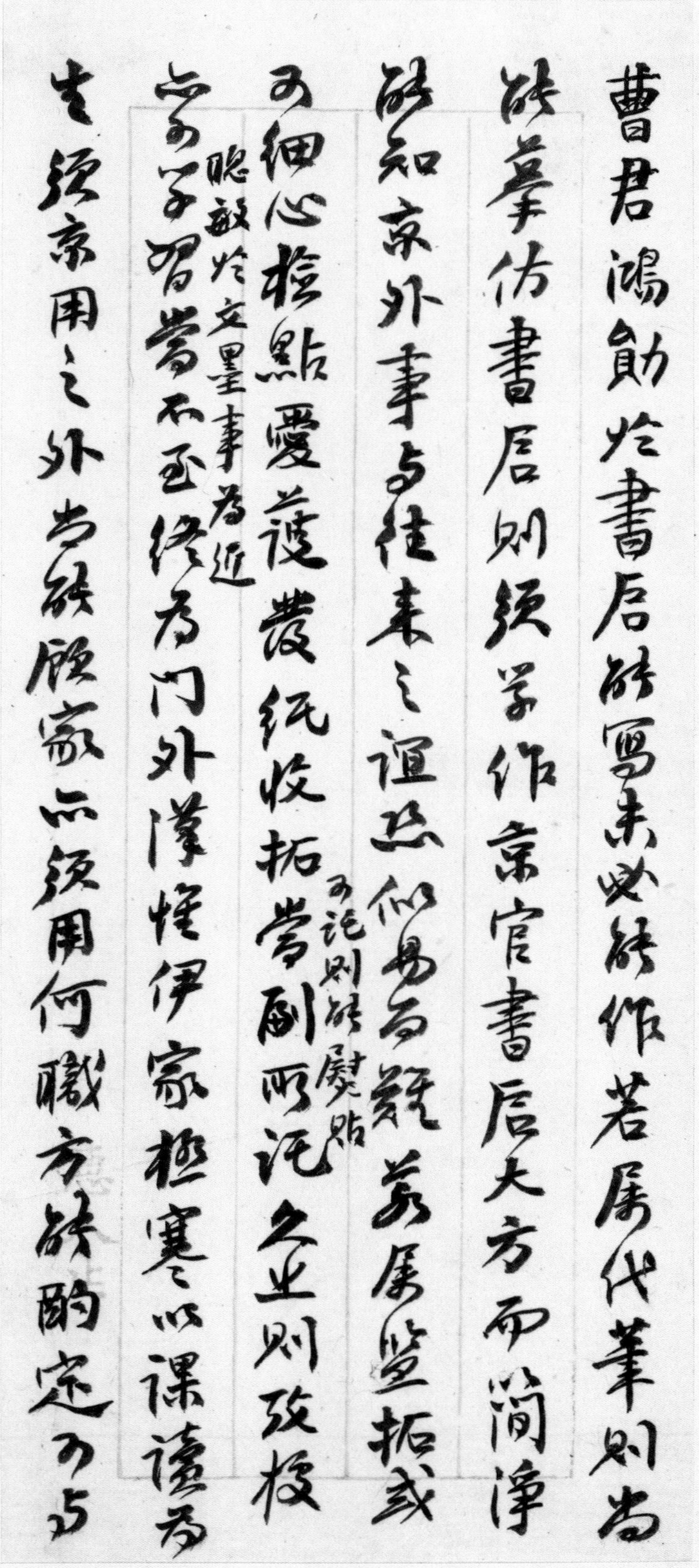

曹君鴻勛於書启能寫未必能作若屬代筆則尚能摹仿書启則須學作京官書启大方而簡淨能知京外事與往來之誼恐似易而難若屬監拓或可細心檢點愛護發紙收拓可托則能熨帖當副所托久之則考校亦可學習聰敏於文墨事爲近當不至終爲門外漢惟伊家極寒以課讀爲生須京用之外尚能顧家亦須用何職方能酌定可與

曹君鴻勛於書啓能寫，未必能作。若屬代筆則尚能模仿。書啓則須學作京官書啓，大方而簡净，能知京外事與往來之誼，恐似易而難。若屬監拓，或可細心檢點愛護，發紙收拓，可托則能熨帖，當副所托。久之則考校亦可學習，聰敏於文墨事爲近，當不至終爲門外漢。惟伊家極寒，以課讀爲生，須京用之外尚能顧家，亦須用何職方能酌定，可與

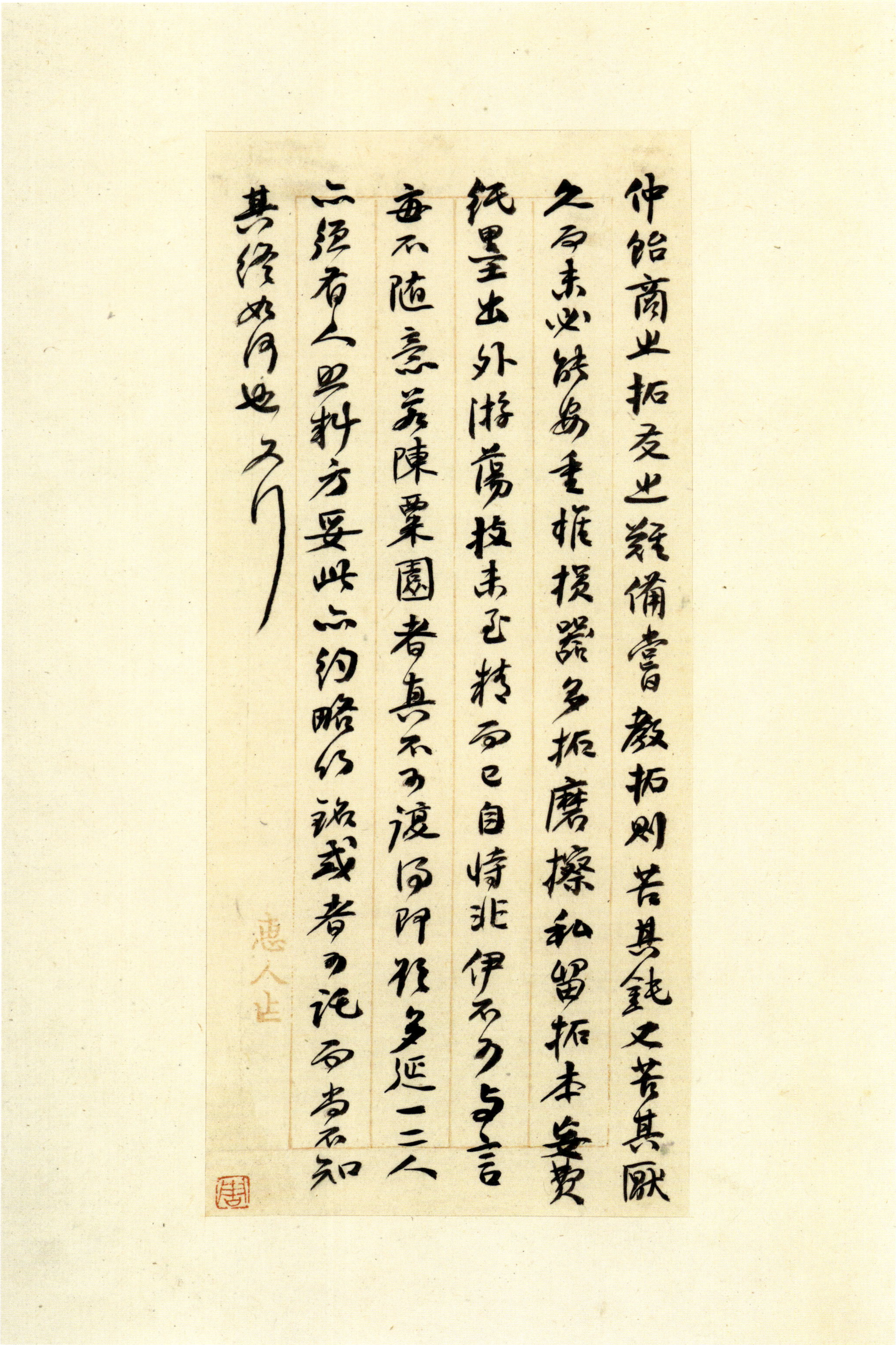

仲飴商之。拓友之難備嘗：教拓則苦其鈍，又苦其厭，久而未必能安。重椎損器，多拓磨擦，私留拓本，妄費紙墨，出外游蕩，技未至精而已自恃非伊不可，與言每不隨意。若陳粟園者，真不可復得。即欲多延一二人，亦須有人照料方妥。此亦約略。竹銘或者可托，而尚不知其終如何也。又拜。（鈐印『周』）

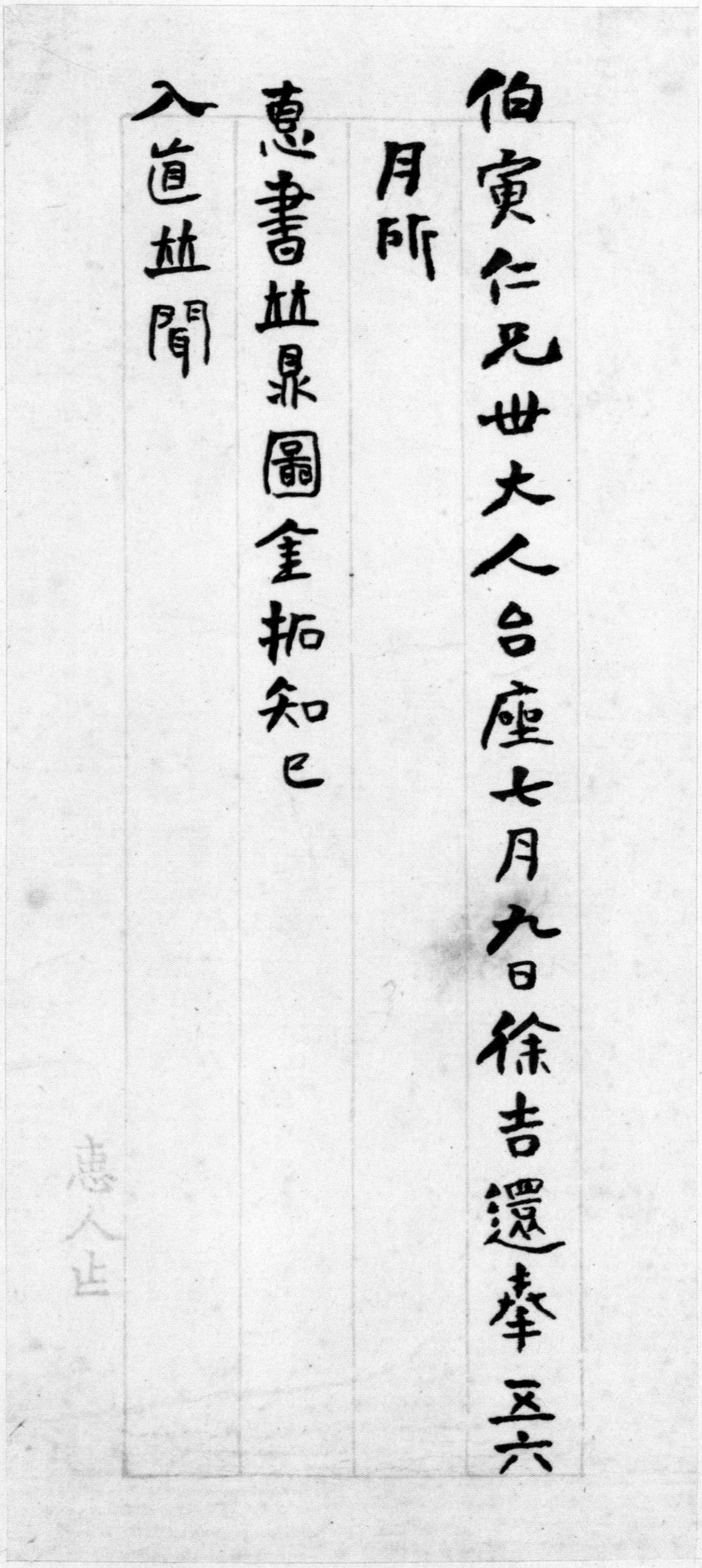
伯寅仁兄世大人台座七月九日徐吉還奉五六
月所
惠書并鼎圖金拓知已
入值并聞

伯寅仁兄世大人台座。七月九日徐吉還，奉五六月所惠書并鼎圖金拓，知已入值，并聞

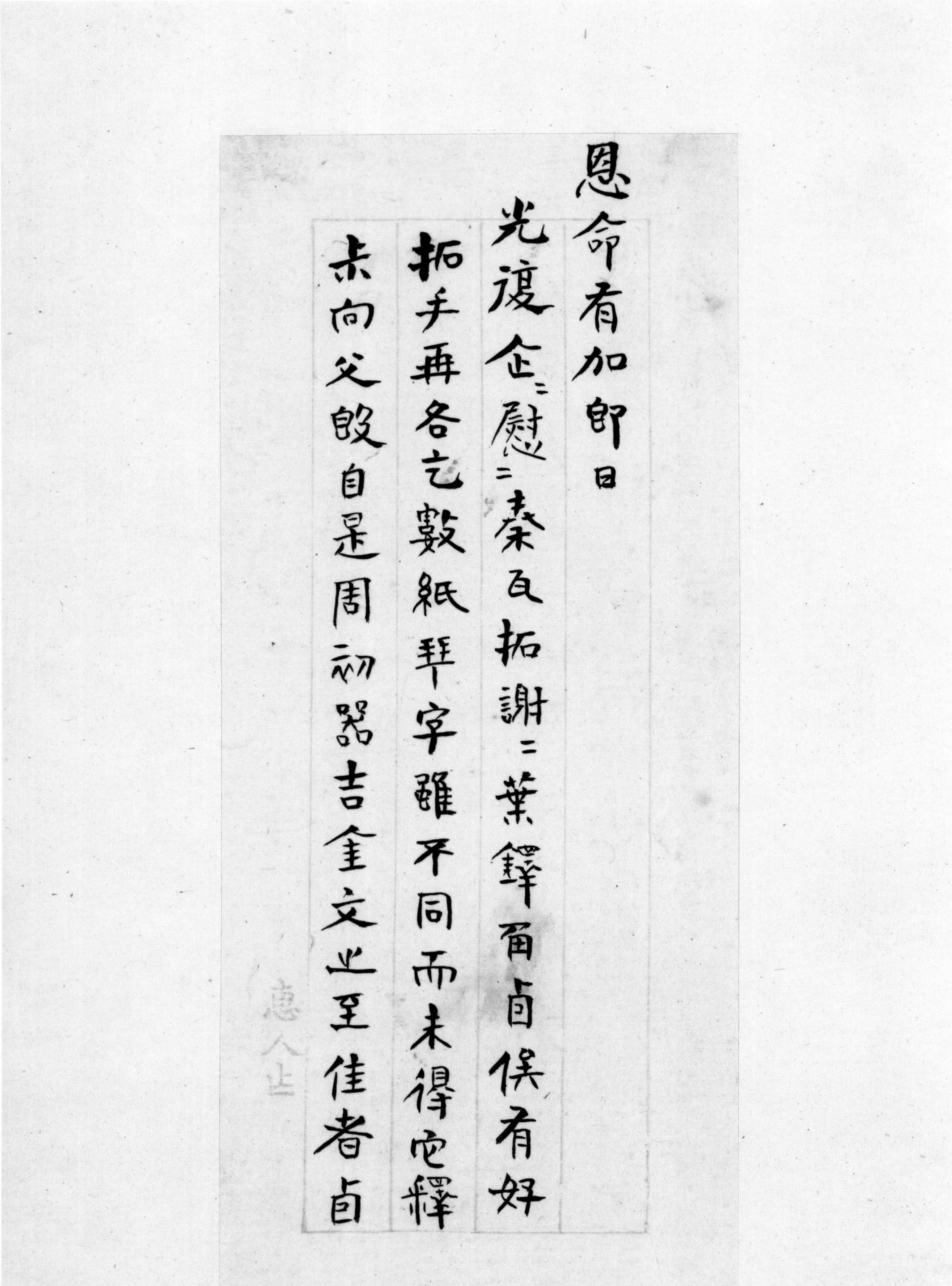

恩命有加，即日光復，企慰企慰。秦瓦拓，謝謝。葉鐸、角、卣，侯有好拓手再各乞數紙，[illegible]字雖不同而未得它釋。叔向父簋自是周初器吉金文之至佳者，卣

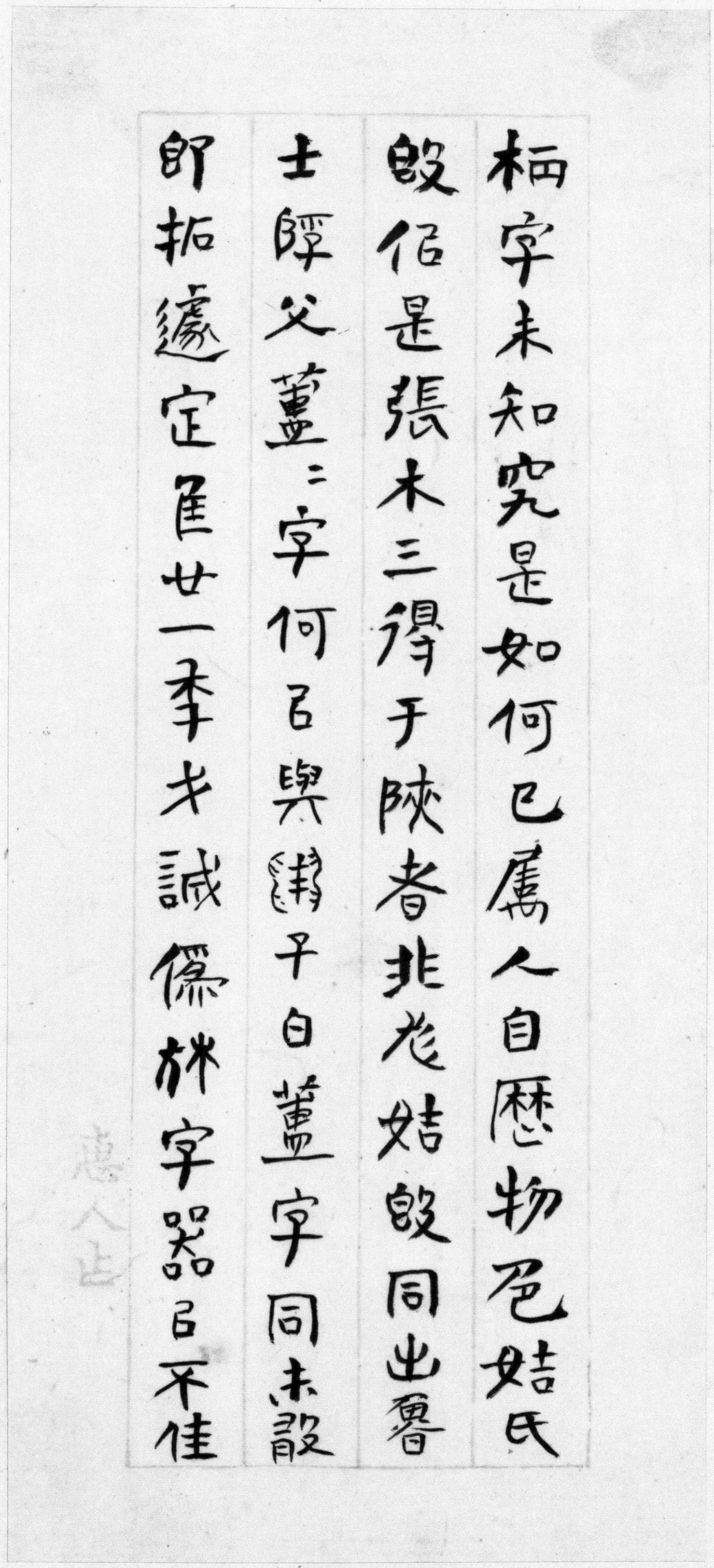

柄字未知究是如何。已屬人自歷物色姑氏簋，似是張木三得于陝者。非尨姑簋同出。魯士𨽍父簋，簋字何以與郳子白簋字同？未敢即拓遽定。隹廿一年戈，誠僞。林字器以不佳

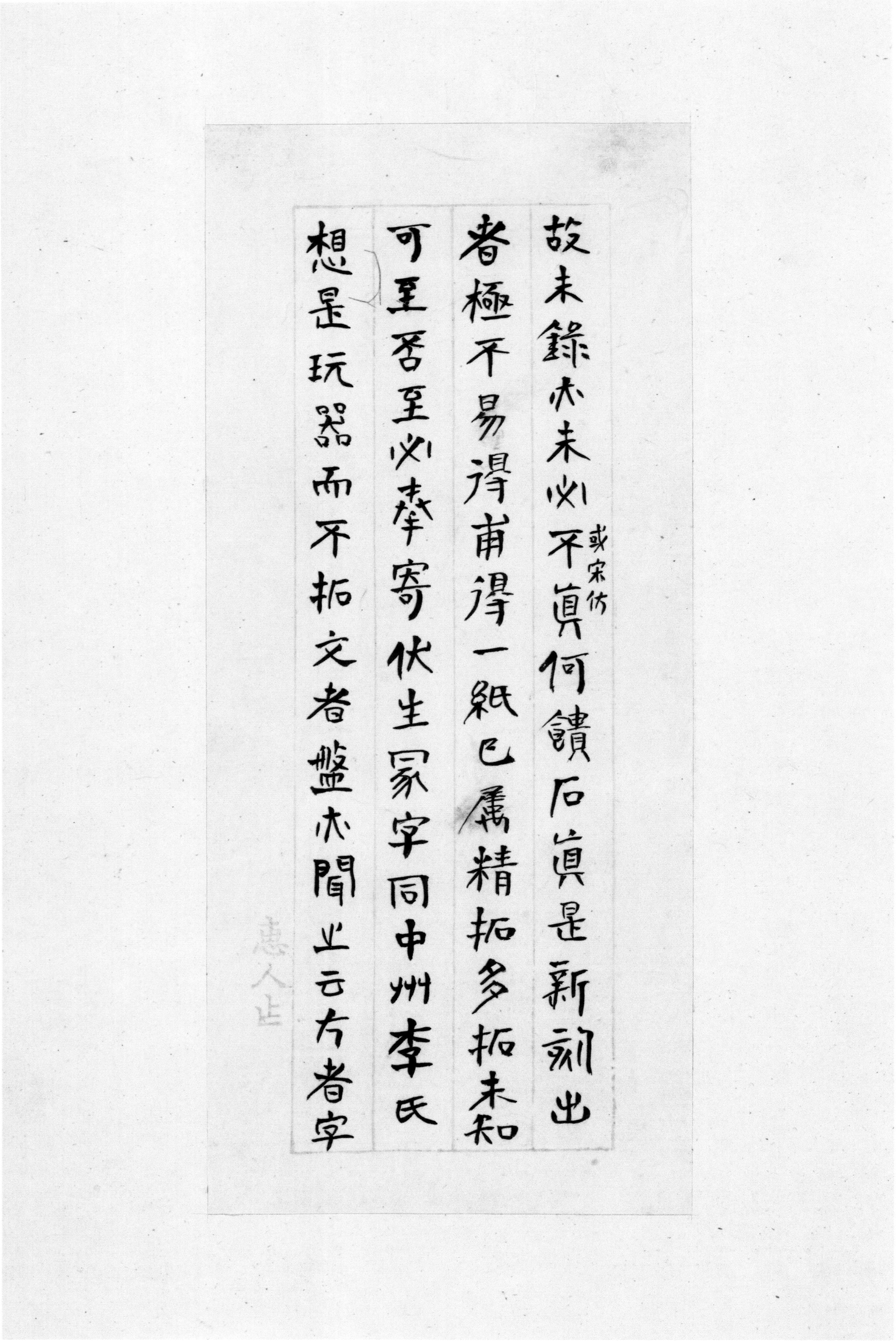
故未録亦未必不眞或宋仿何饋石眞是新刻出
者極不易得甫得一紙已屬精拓多拓未知
可至否至必奉寄伏生冢字同中州李氏
想是玩器而不拓文者盤亦聞之云方者字

故未録，亦未必不真，或宋仿。何饋石真是新刻出者，極不易得。甫得一紙，已屬精拓，多拓，未知可至否？至必奉寄。伏生冢字同。中州李氏，想是玩器而不拓文者。盤亦聞之。云方者字

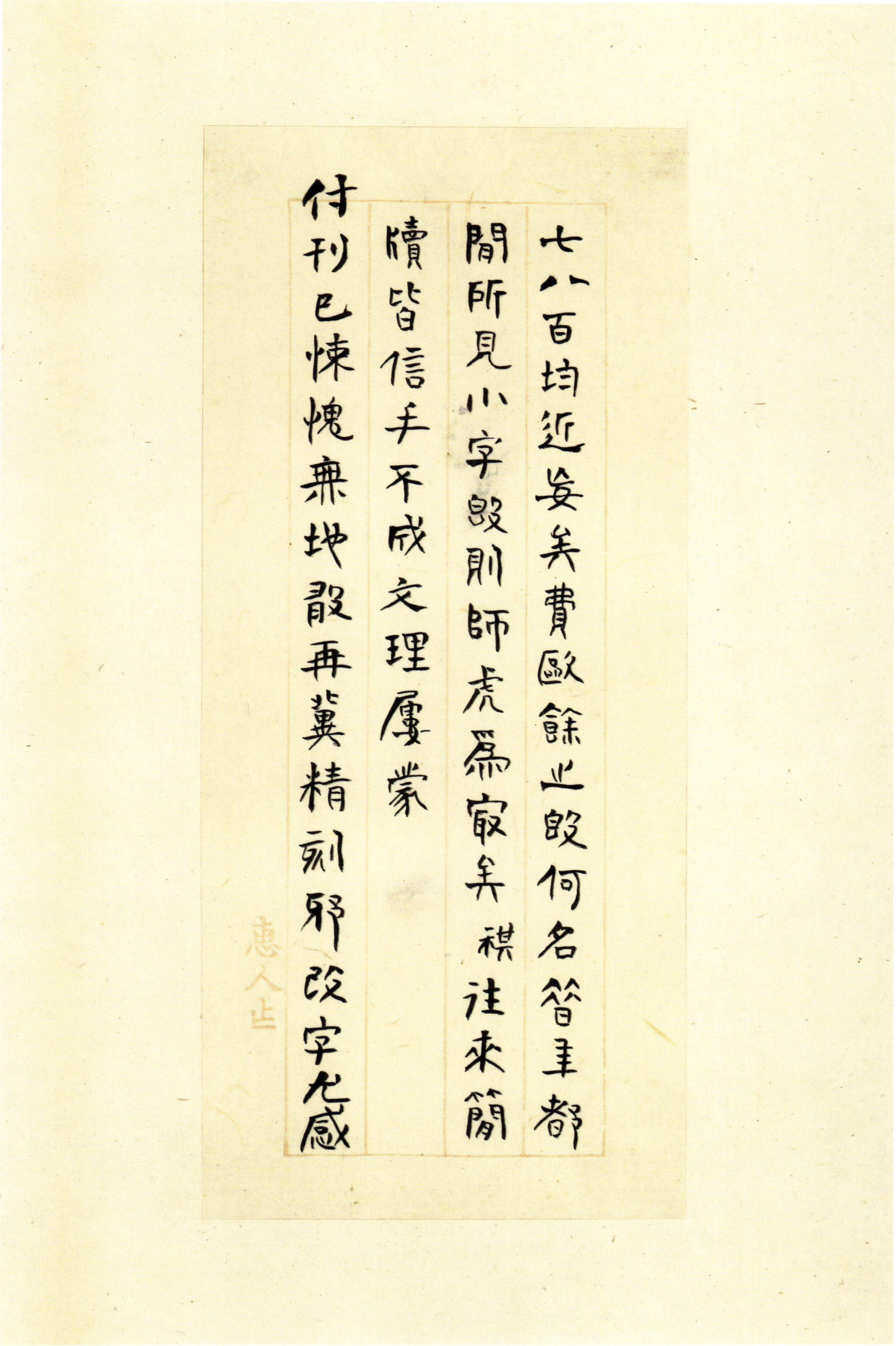
七八百均近妄矣費歐餘之篋何名昔年都
閒所見小字篋則師虎爲最矣祺往來簡
牘皆信手不成文理屢蒙
付刊已悚愧無地敢再冀精刻邪改字尤感

七八百，均近妄矣。費歐餘之篋，何名？昔年都閒所見小字篋則師虎爲最矣。祺往來簡牘皆信手，不成文理。屢蒙付刊，已悚愧無地。敢再冀精刻邪？改字尤感，

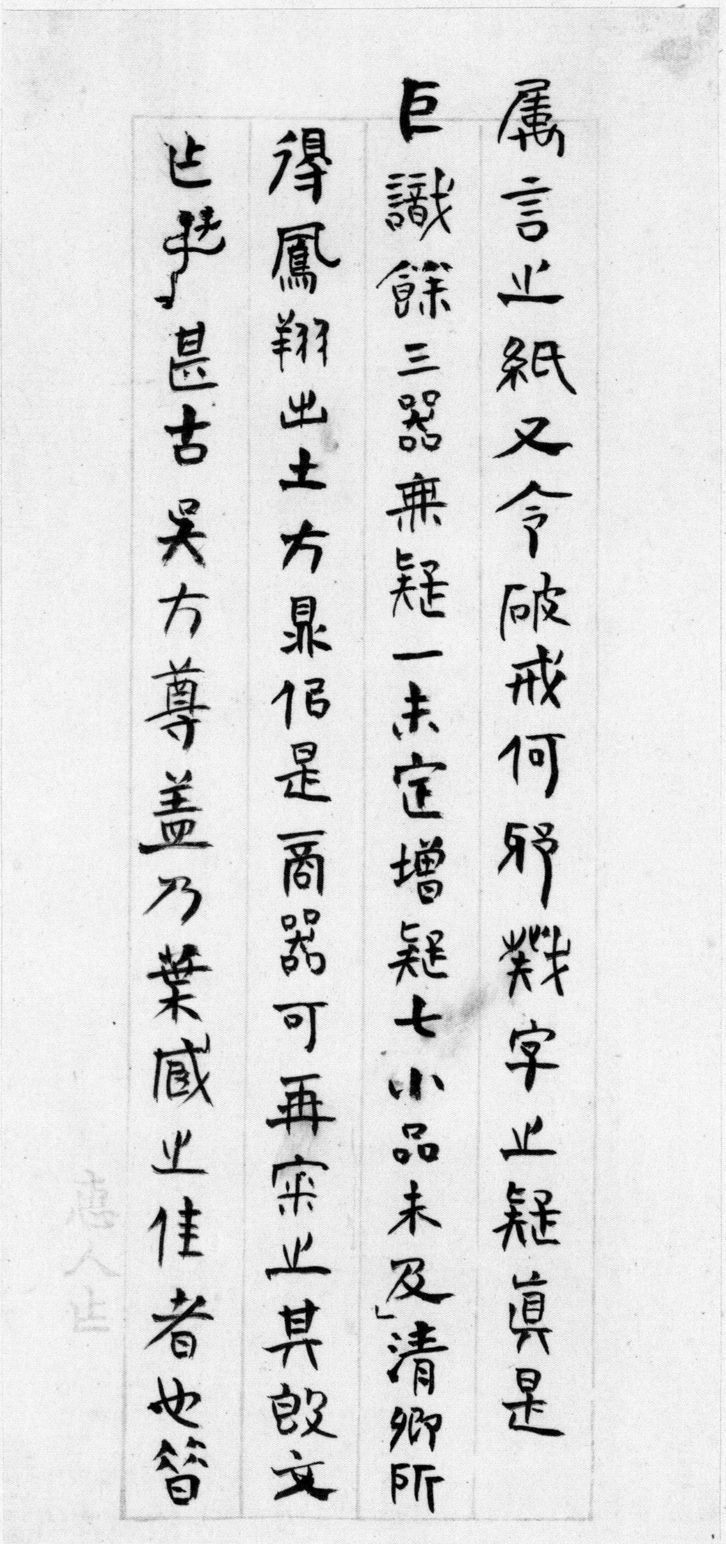

屬言之紙又令破戒，何邪？戮字之疑真是巨識，餘三器無疑，一未定，增疑七小品，未及。清卿所得鳳翔出土方鼎似是商器，可再審之。其篋

文作，甚古。吴方尊蓋乃葉藏之佳者也。昔

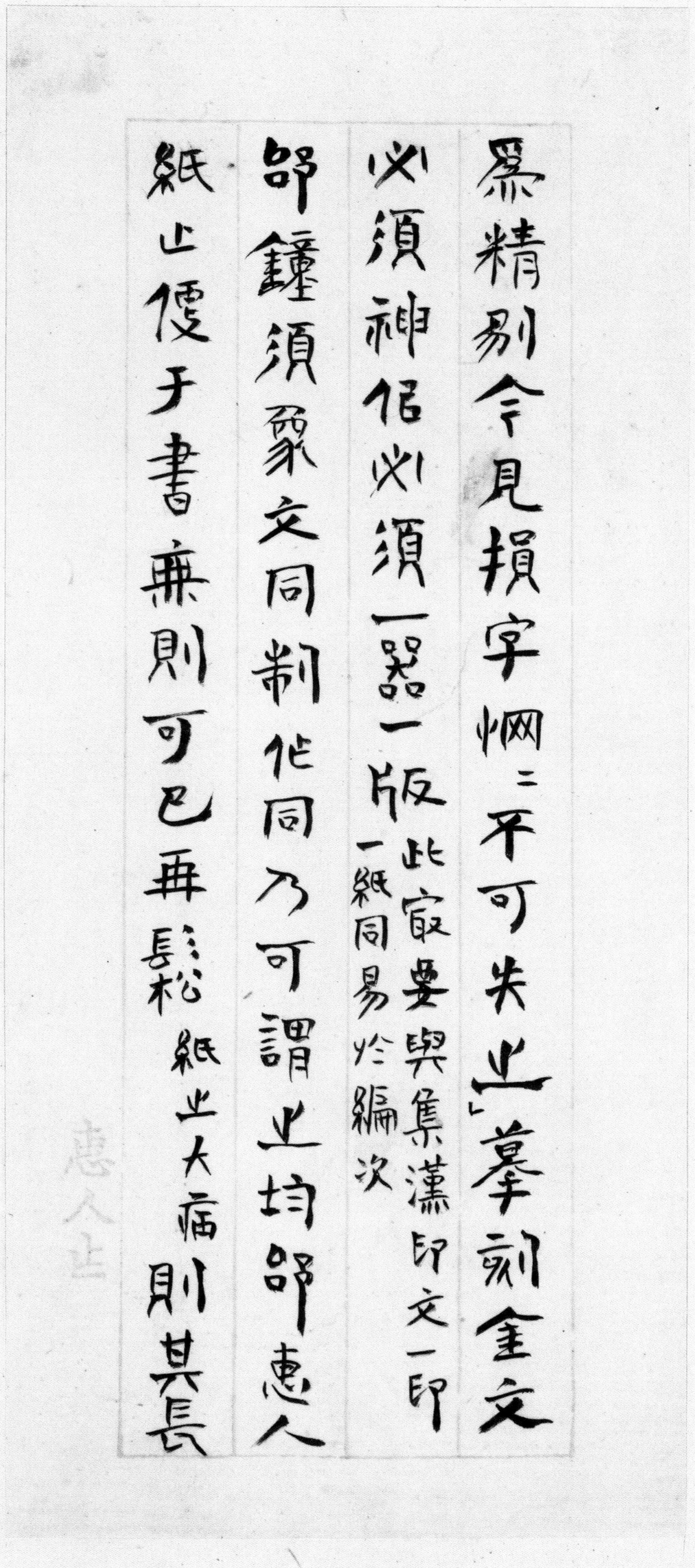

爲精剔，今見損字，惘惘。不可失之。摹刻金文，必須神似，必須一器一版。此最要，與集漢印文一印一紙同，易於編次。

郘鐘須象文同、制作同，乃可謂之均郘。惠人紙止便于書，無則可已，再鬆紙之大病。則其長

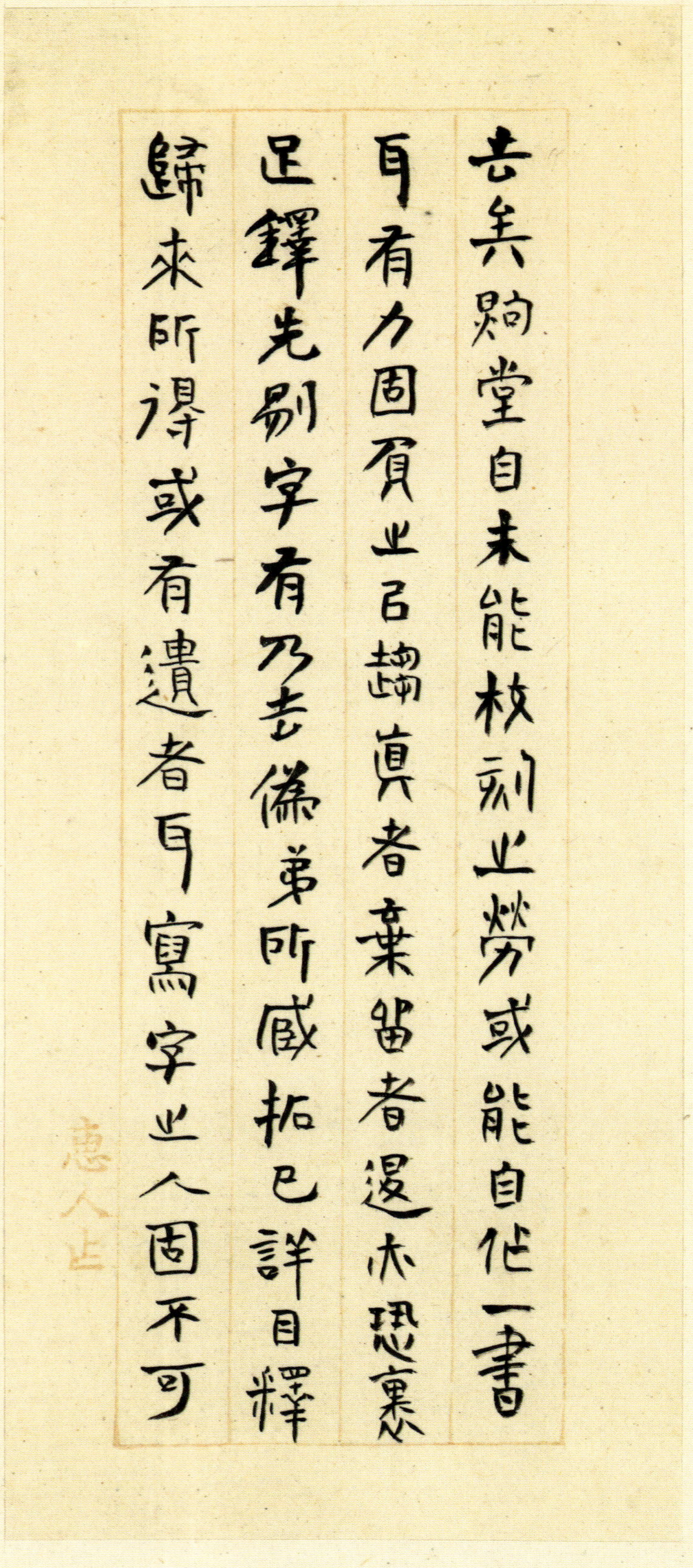

去矣。朐堂自未能校刻之勞，或能自作一書耳。有力固負之，以趨真者、弃留者退，亦恐裹足。鐸先剔字，有乃去僞。弟所藏拓已詳目釋，歸來所得或有遺者耳，寫字之人固不可

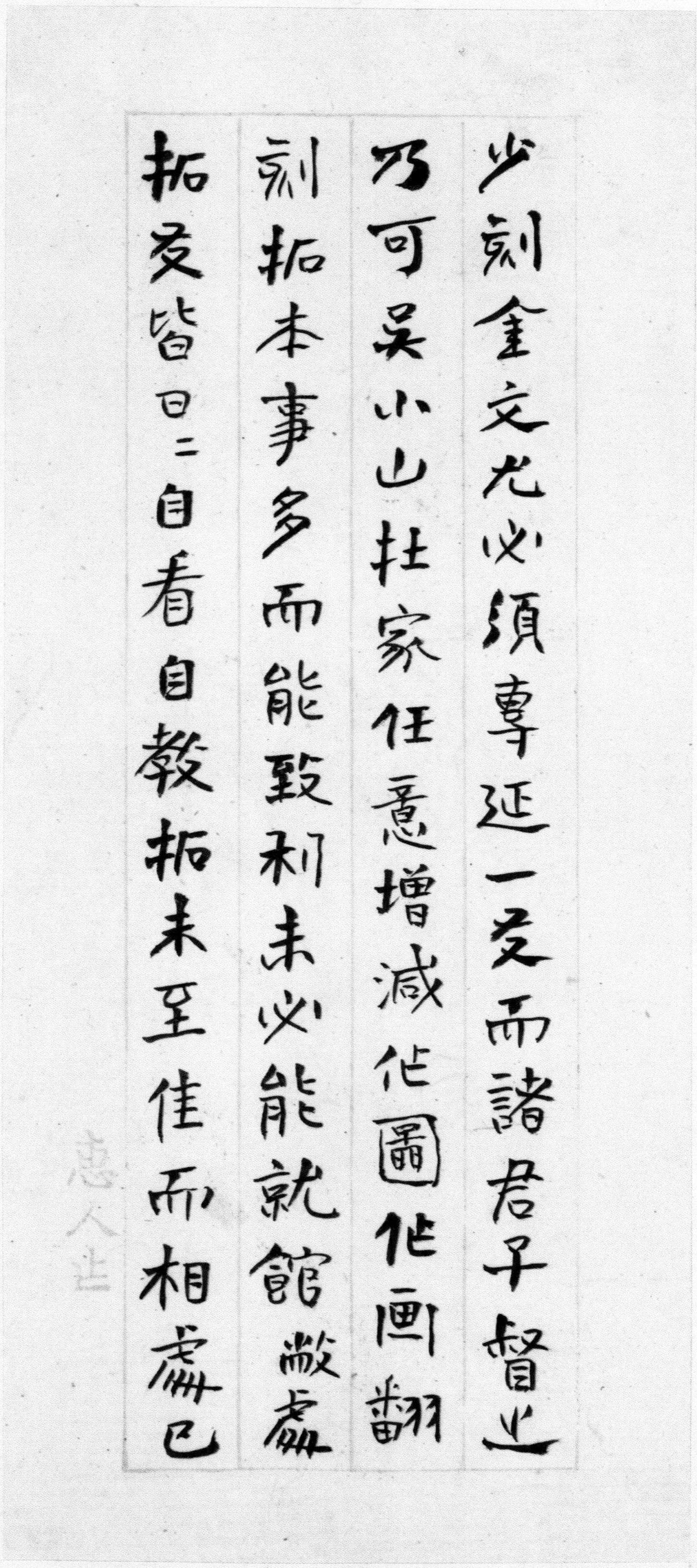

少。刻金文尤必須專延一友，而諸君子督之乃可。吴小山在家任意增減，作圖作畫，翻刻拓本，事多而能致利，未必能就館。敝處拓友皆日日自看自教，拓未至佳而相處已

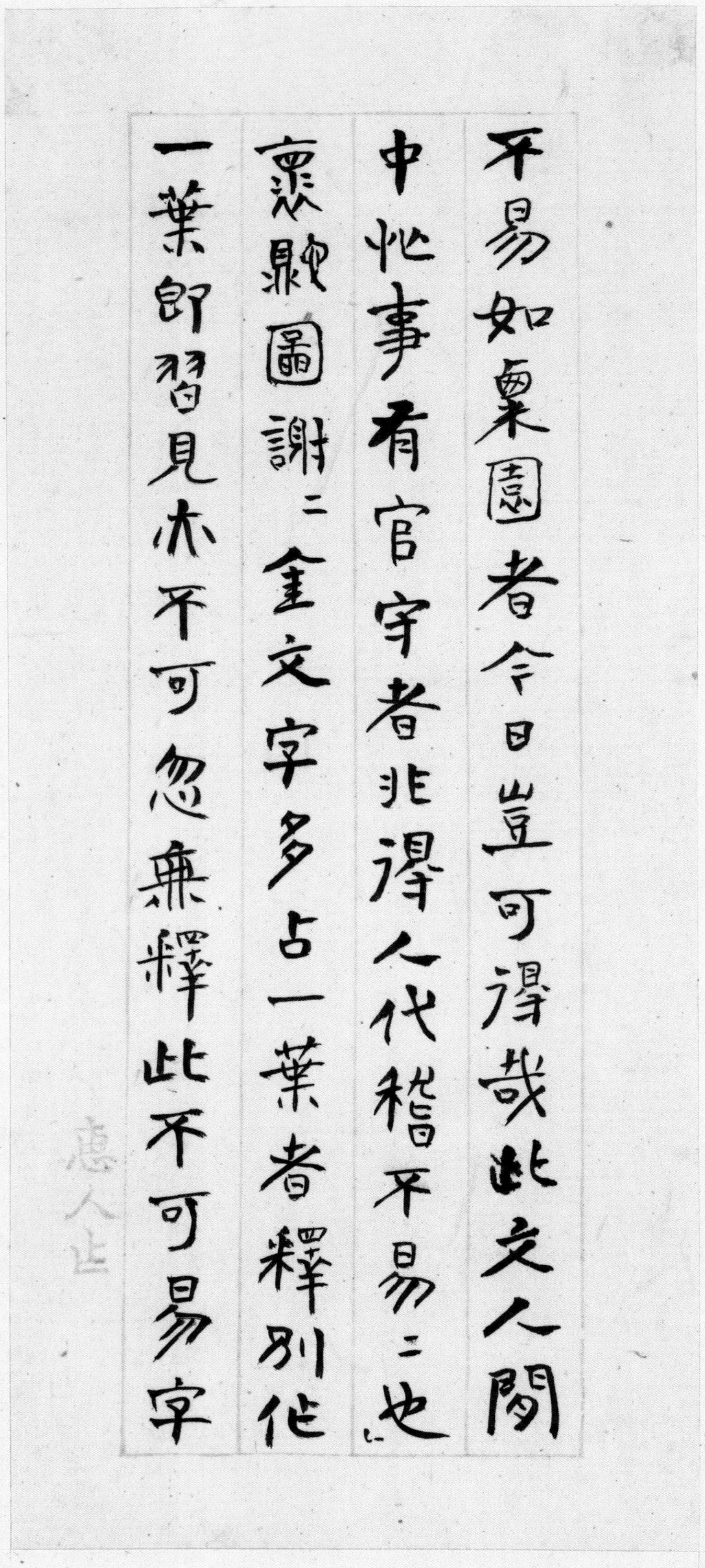

不易。如粟園者，今日豈可得哉？此文人閑中忙事。有官守者，非得人代稽，不易易也。褱鼎圖謝謝。金文字多占一葉者，釋別作一葉，即習見亦不可忽無釋，此不可易。字

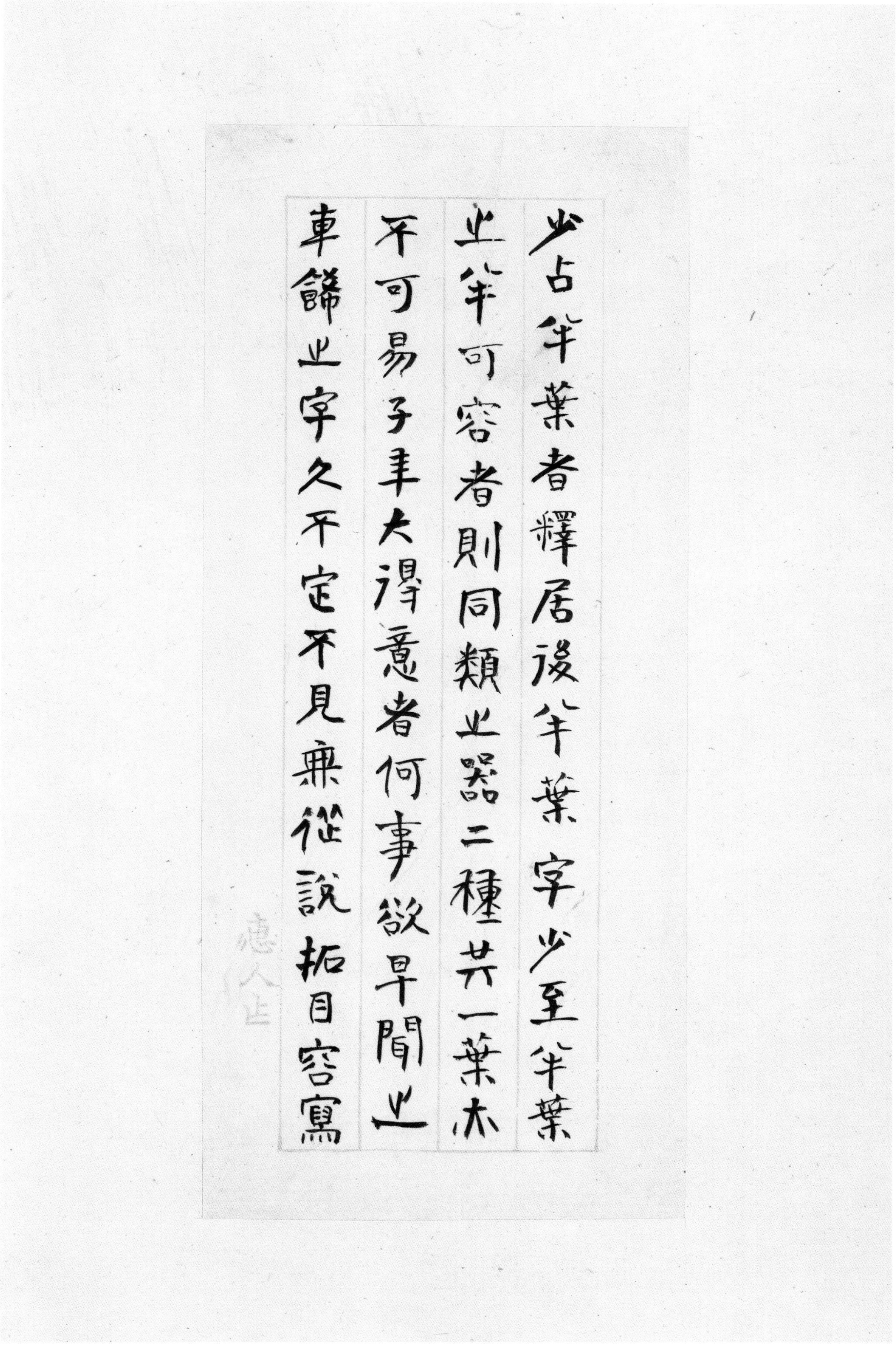

少占半葉者，釋居後半葉。字少至半葉之半可容者，則同類之器二種共一葉，亦不可易。子年大得意者何事？欲早聞之。車餙之字久不定，不見無從説。拓目容寫

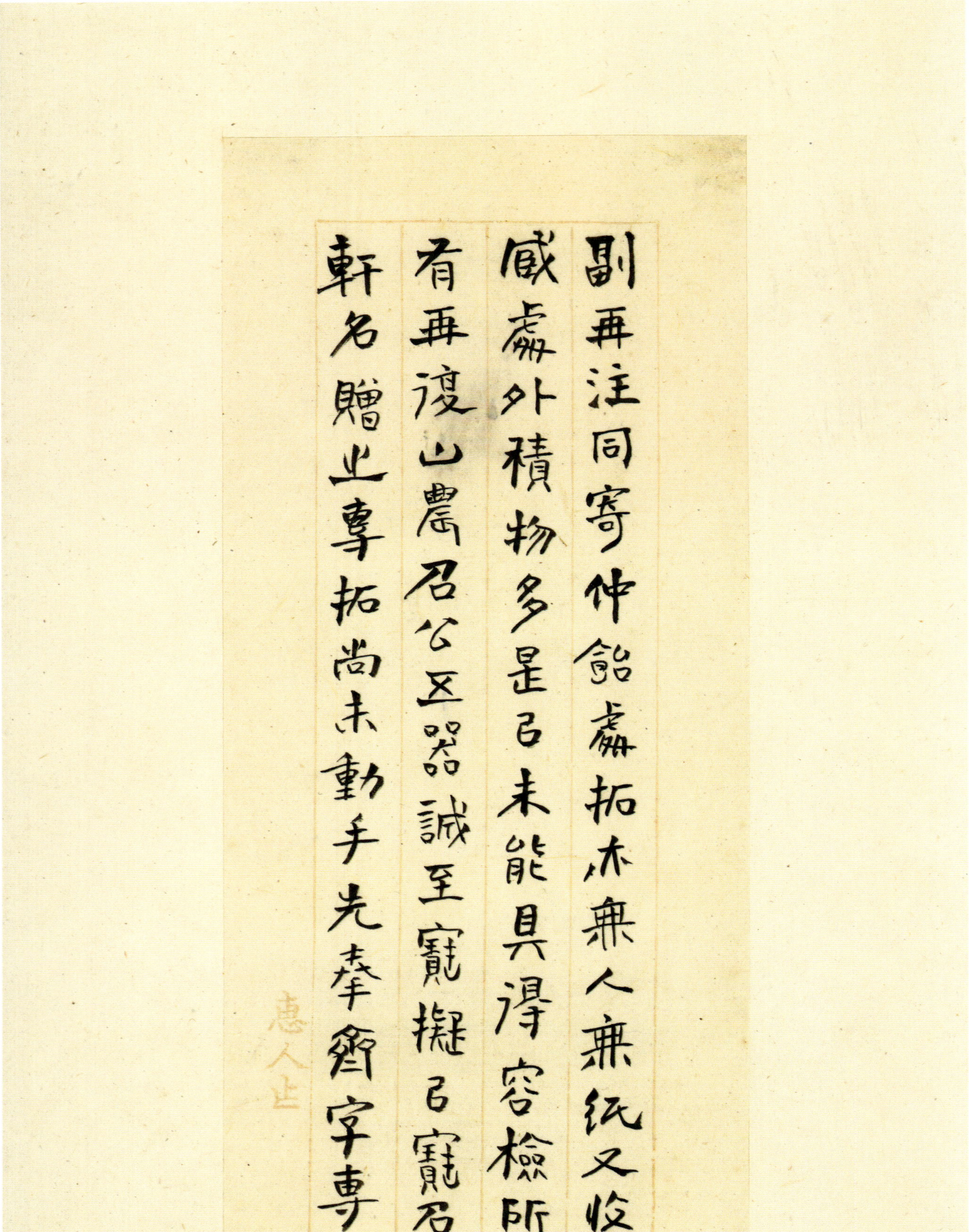

副再注，同寄仲飴處。拓亦無人無紙，又收藏處外積物多，是以未能具得。容檢所有再復。山農召公五器誠至寶，擬以『寶召軒』名贈之。磚拓尚未動手，先奉齊字磚

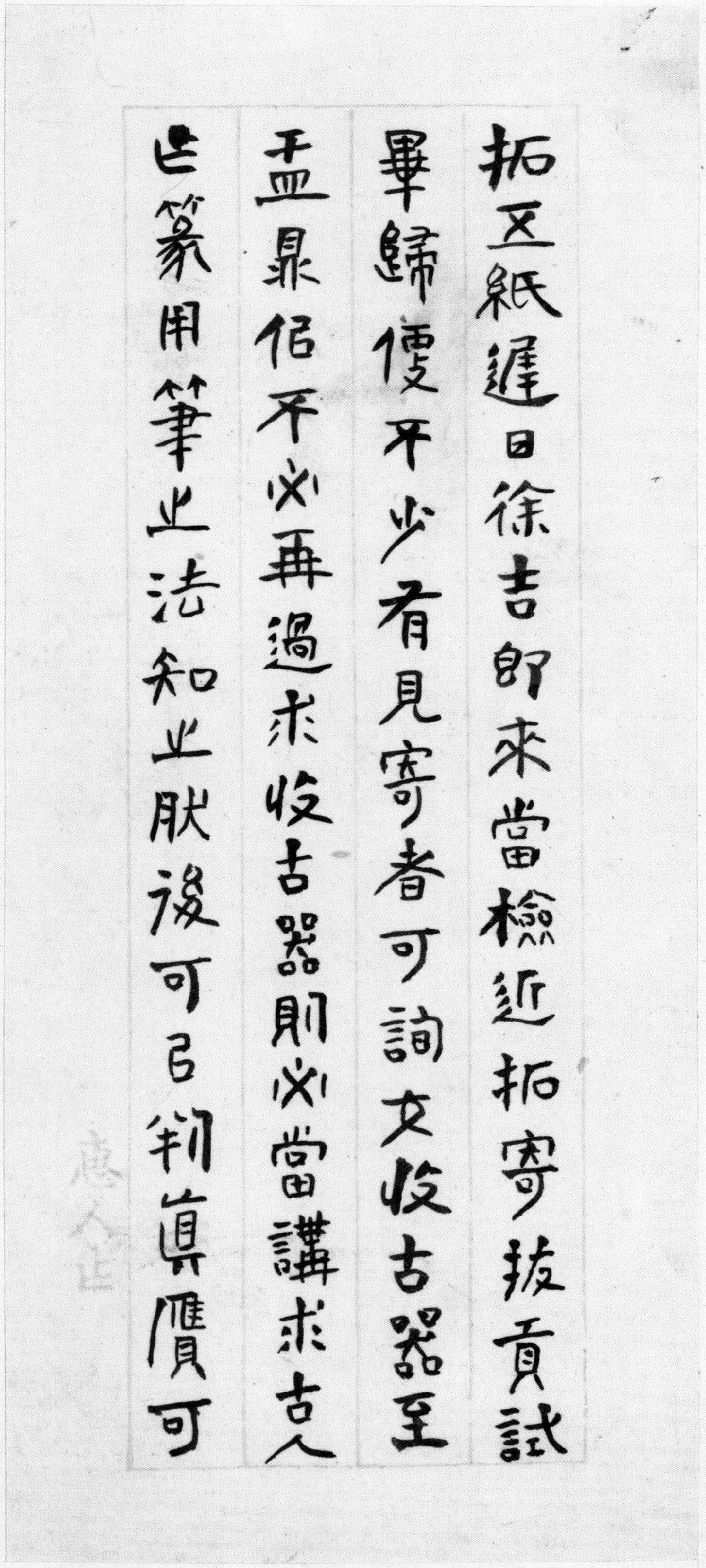

拓五紙。遲日徐吉即來，當檢近拓寄。拔貢試畢，歸便不少，有見寄者，可詢交。收古器至盂鼎，似不必再過求。收古器則必當講求古人作篆用筆之法，知之然後可以判真贗，可

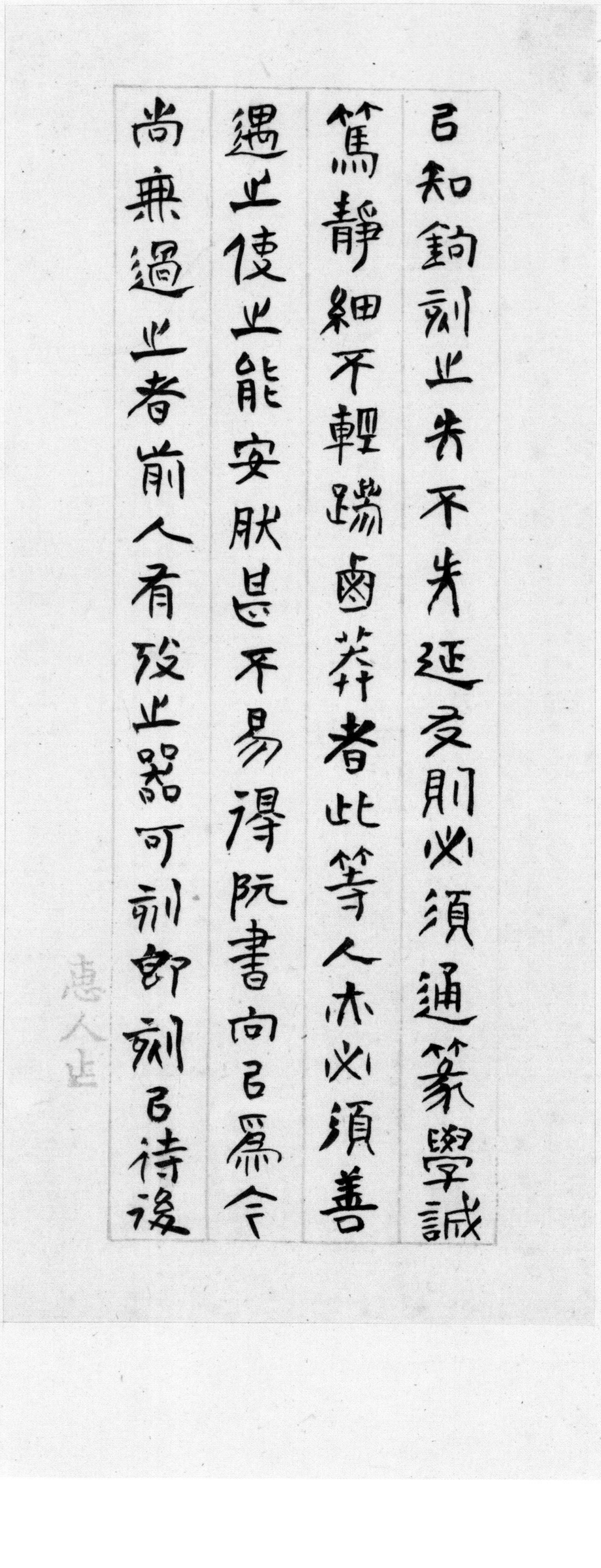

以知鈎刻之失不失。延友則必須通篆學，誠篤静細，不輕蹸鹵莽者，此等人亦必須善過之，使之能安。然甚不易得。阮書向以爲今尚無過之者，前人有考之器，可刻即刻，以待後

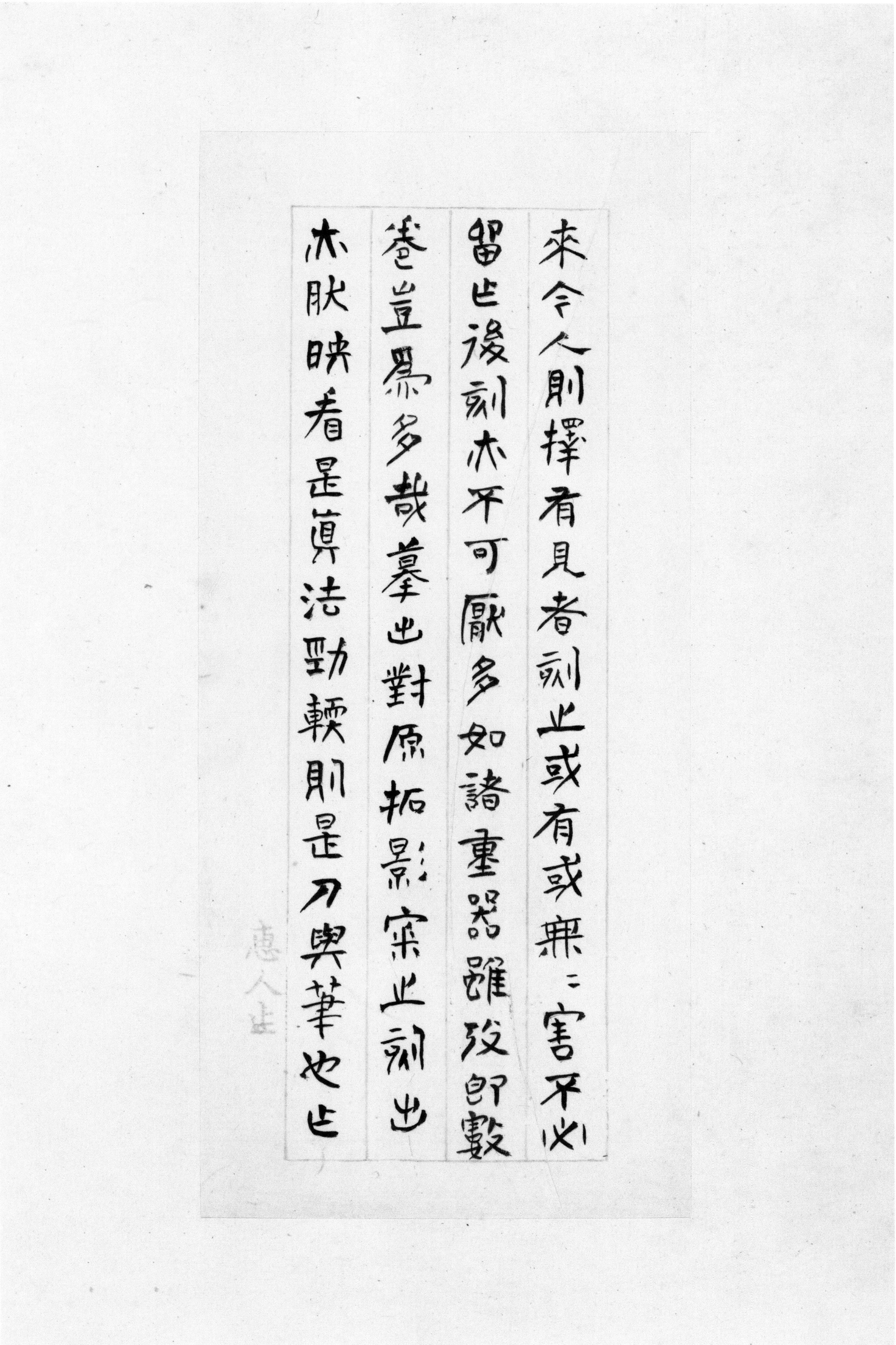

來。今人則擇有見者刻之，或有或無，無害，不必留作後刻，亦不可厭多。如諸重器雖考即數卷，豈爲多哉？摹出對原拓影審之，刻出亦然。映看是真法，勁軟則是刀與筆也。作

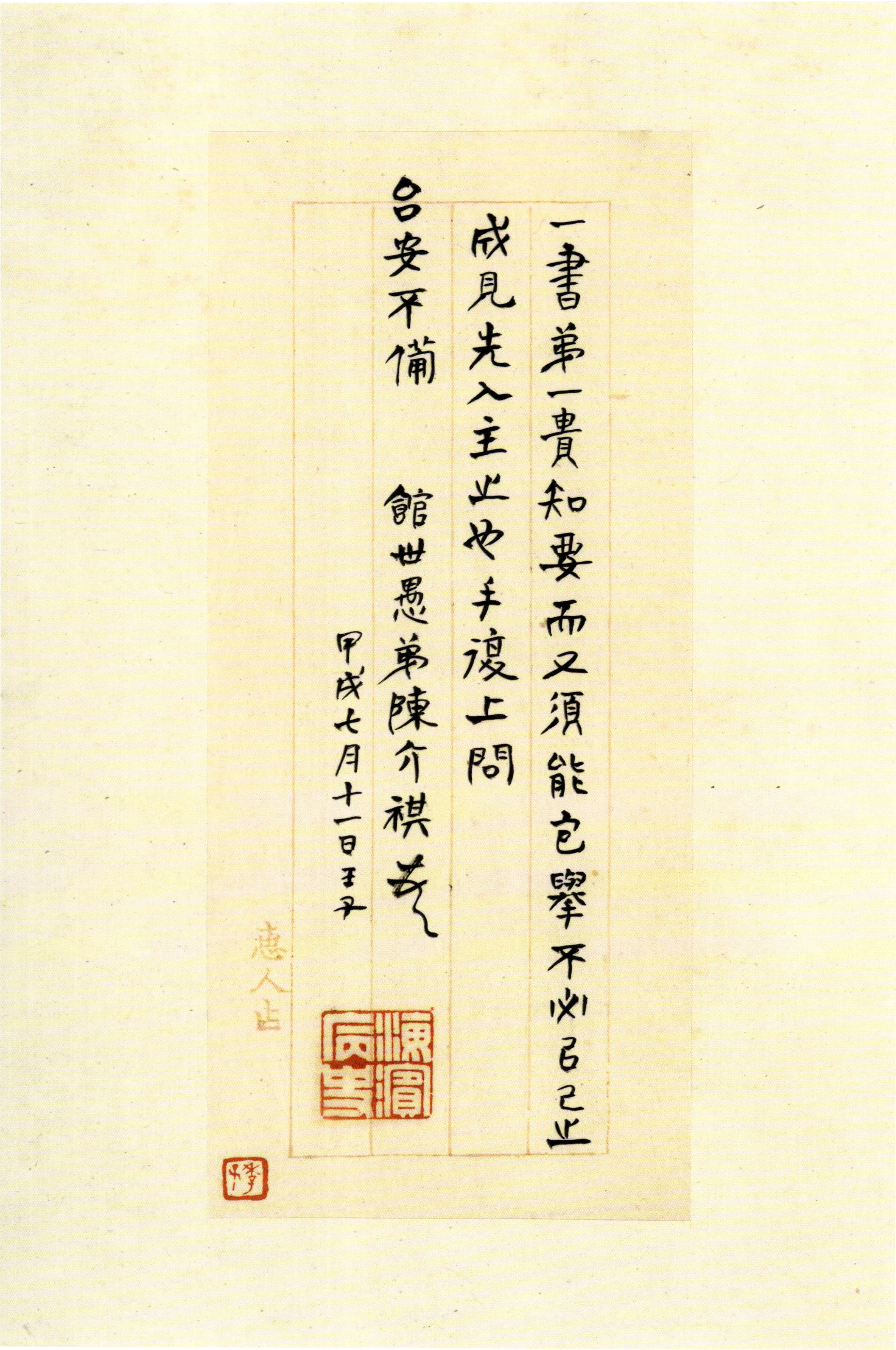

一書，第一貴知要，而又須能包舉，不必以己之成見先入主之也。手復
上問台安不備。館世愚弟陳介祺頓首。甲戌七月十一日壬子。
（鈐印『海濱病史』『季子』）

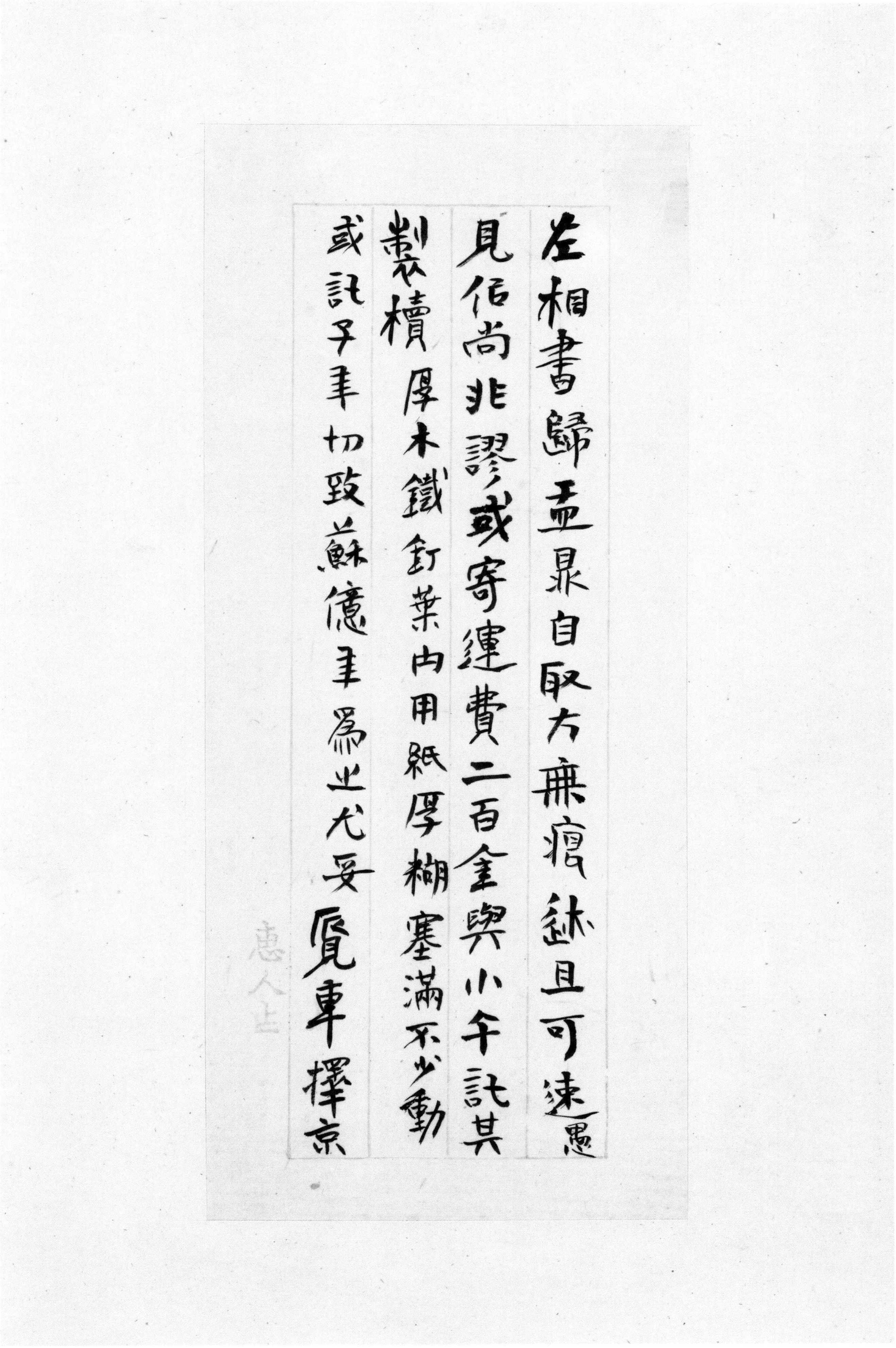

左相書歸盂鼎，自取方無痕迹，且可速。愚見似尚非謬。或寄運費二百金與小午，托其製櫝，厚木鐵釘葉，内用紙厚糊，塞滿不少動。或托子年切致蘇億年爲之，尤妥。覓車擇京

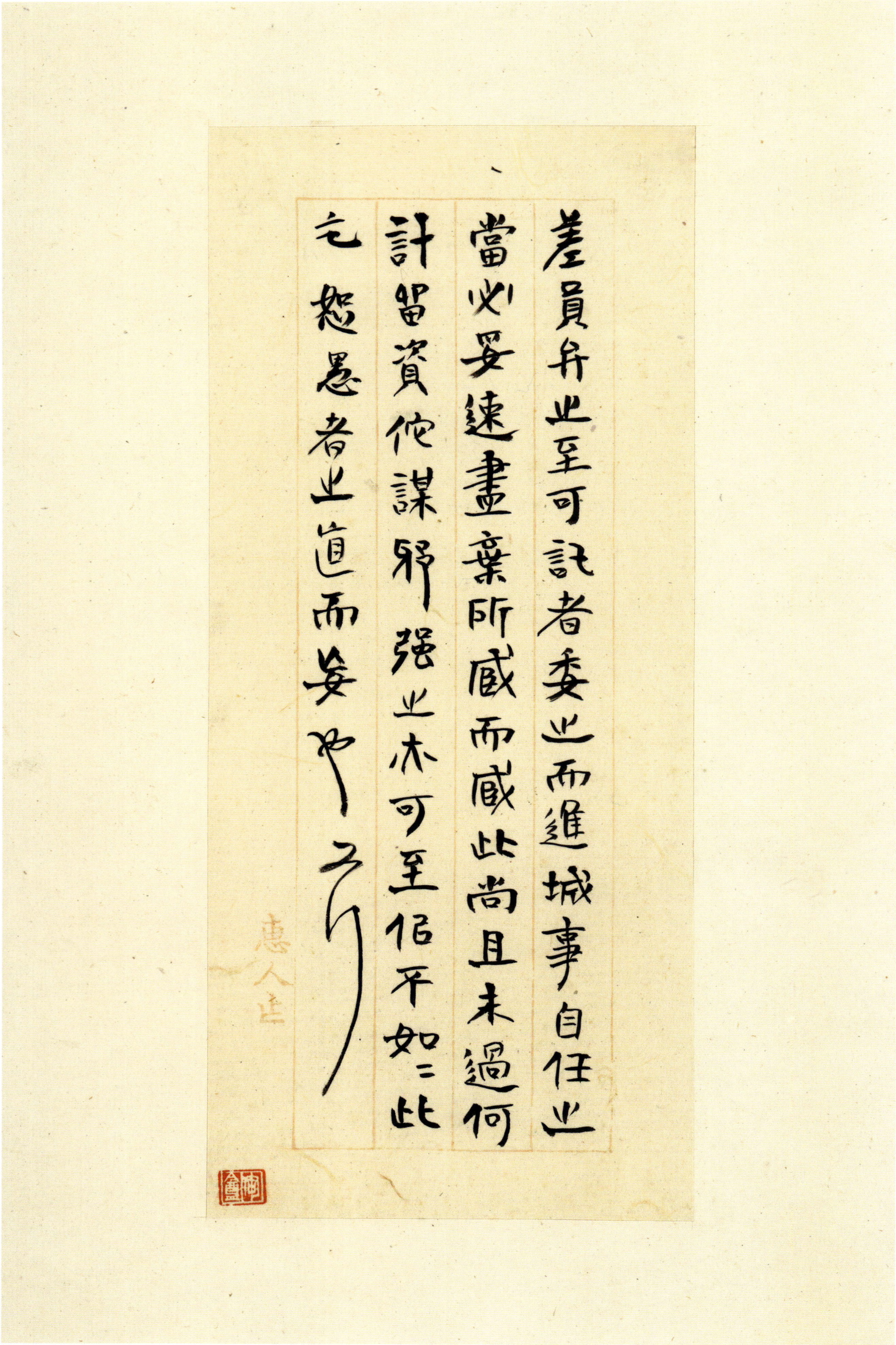

差員弁之至可托者委之，而進城事自任之，當必妥速。盡弃所藏而藏此，尚且未過，何計留資他謀邪？强之亦可至，似不如如此。乞恕愚者之直而妄也。又拜。（鈐印『匋盦』）

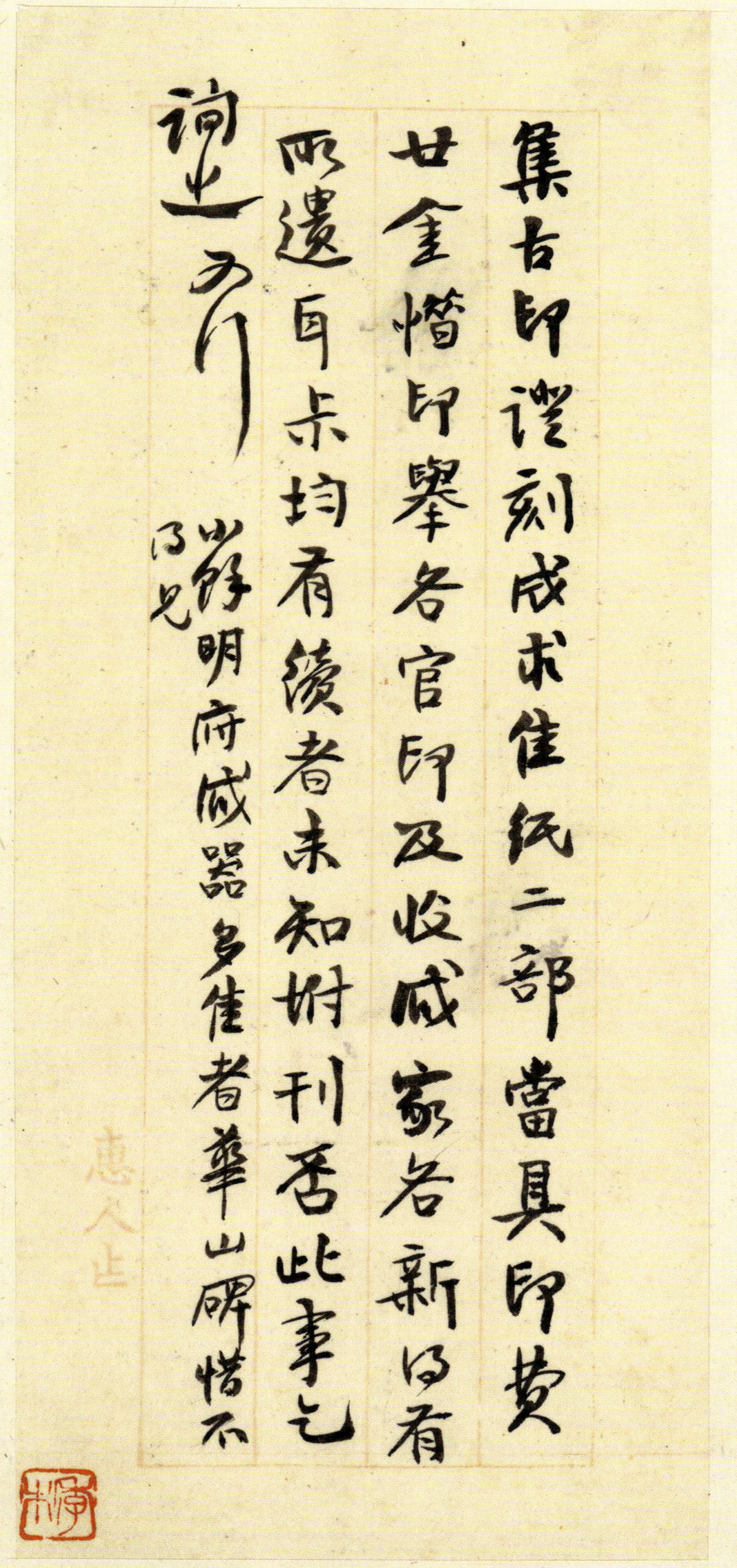
集古印證刻成求佳紙二部當具印費廿金惜印舉各官印及收藏家各新得有所遺耳叔均有續者未知附刊否此事乞詢之又拜
少餘明府藏器多佳者華山碑惜不得見

《集古印證》刻成，求佳紙二部，當具印費廿金。惜《印舉》[一]各官印及收藏家各新得有所遺耳。叔均有續者，未知附刊否，此事乞詢之。又拜。少餘明府藏器多佳者，《華山碑》惜不得見。（鈐印『季木』）

[一]印《十鐘山房印舉》，陳介祺所輯録之古璽印譜録。同治十一年（一八七二）成書者爲五十冊本，光緒九年（一八八三）又得以合并李璋煜、吴雲、吴式芬、吴大澂、李佐賢、鮑康等諸藏家所藏之古印印蜕，輯成一百九十一冊本《印舉》，收一零二八四方印，蔚爲大觀。

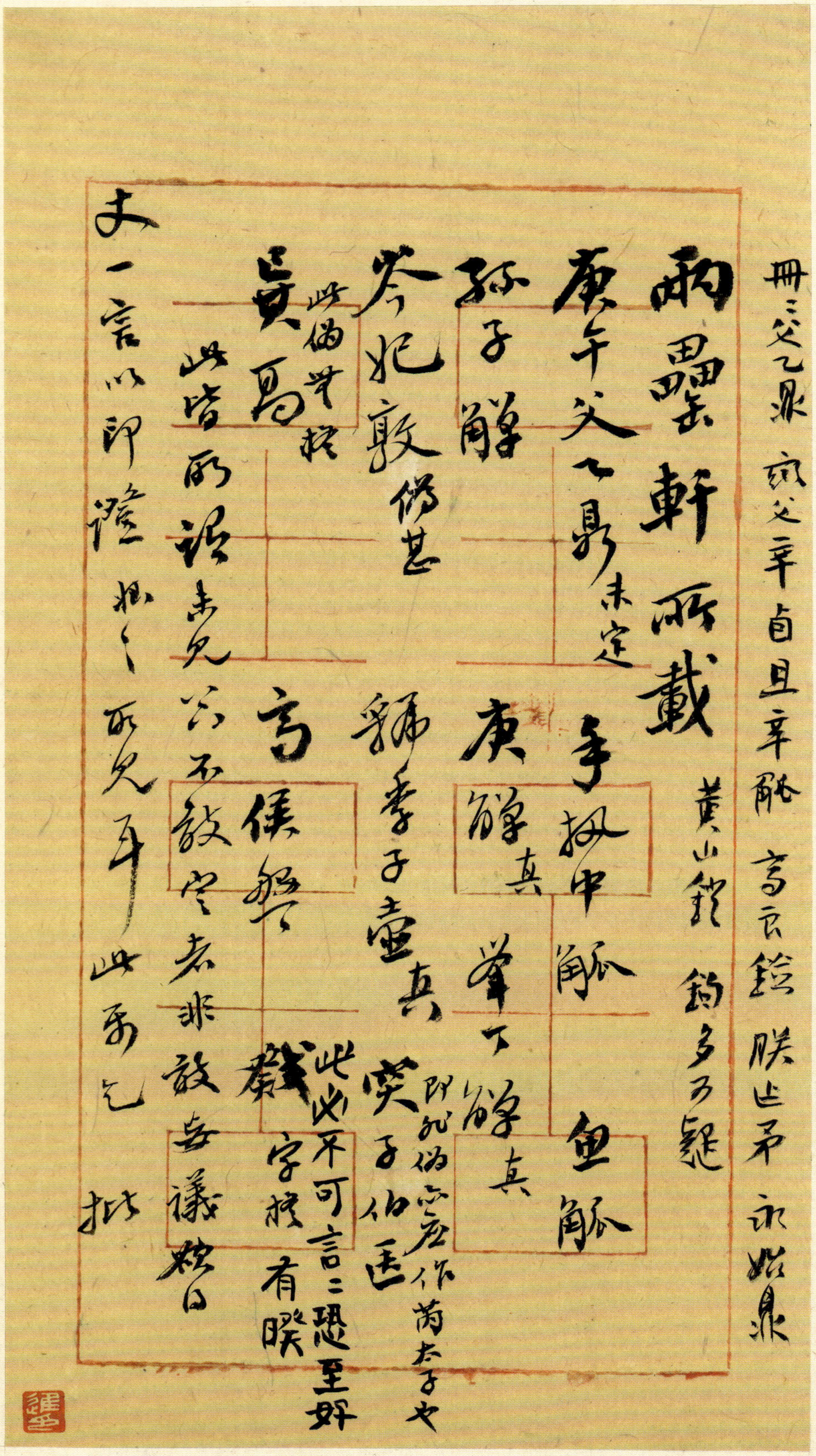

兩罍軒所載。冊冊父乙鼎、□父辛卣、且辛觚、齊良鍰、朕作矛、永始鼎、黄山鐙、鈞多可疑。庚午父乙鼎。未定。手執中觚、魚觚、孫子觶、庚觶。真。舉丁觶。真。岑妃敦。僞甚。虢季子壺。真。突子伯簠。即非僞亦應作芮太子也。□鬲。此僞無疑。

齊侯盤。殘。此必不可言恐至好。字疑有睽。

此皆所謂未見器，不敢定者，非敢妄議，欲得丈一言以印證侄之所見耳。此屬乞批。（鈐印『進印』）

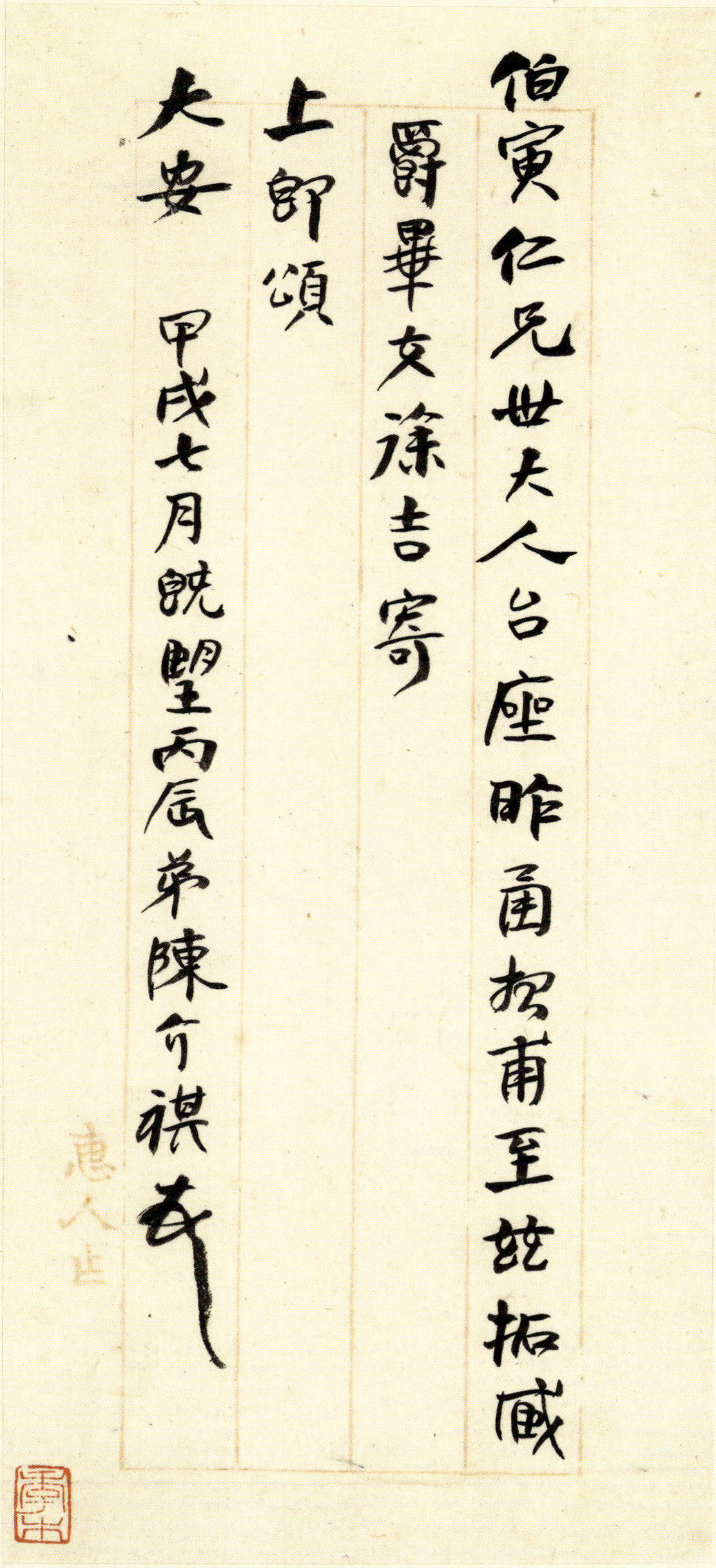
伯寅仁兄世大人台座昨函想甫至玆拓臧
爵畢交徐吉寄
上即頌
大安 甲戌七月既望丙辰弟陳介祺頓首

伯寅仁兄世大人台座。昨函想甫至，兹拓藏爵畢，交徐吉寄上。即頌大安。甲戌七月既望丙辰，弟陳介祺頓首。（鈐印『季木』）

致潘祖蔭四冊本第三冊〇〇五

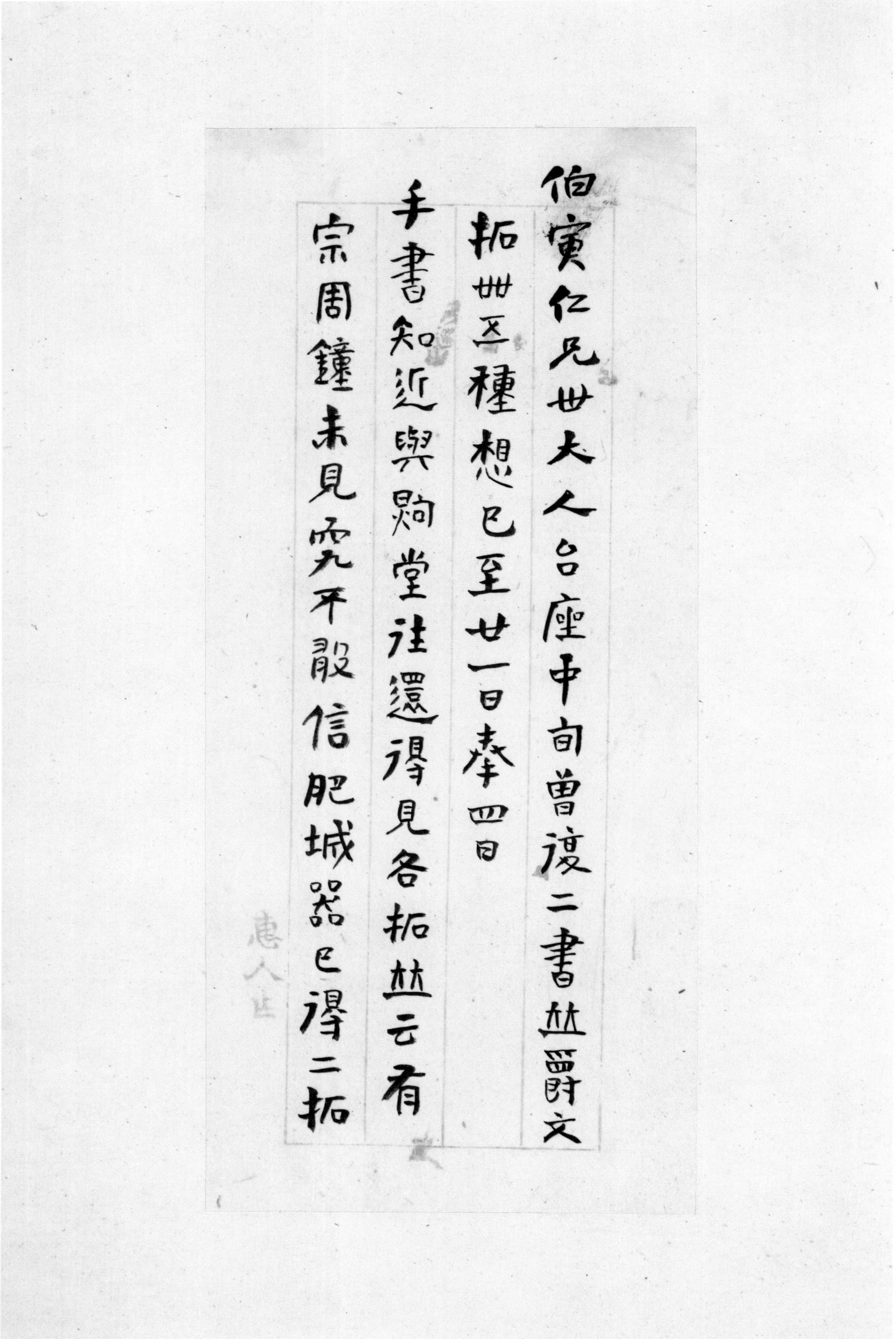
伯寅仁兄世大人台座中旬曾復二書并爵文拓冊五種想已至廿一日奉四日手書知近與煦堂往還得見各拓并云有宗周鐘未見究不敢信肥城器已得二拓

伯寅仁兄世大人台座。中旬曾復二書并爵文拓冊五種，想已至。廿一日奉四日手書，知近與煦堂往還，得見各拓，并云有宗周鐘，未見究不敢信。肥城器已得二拓。

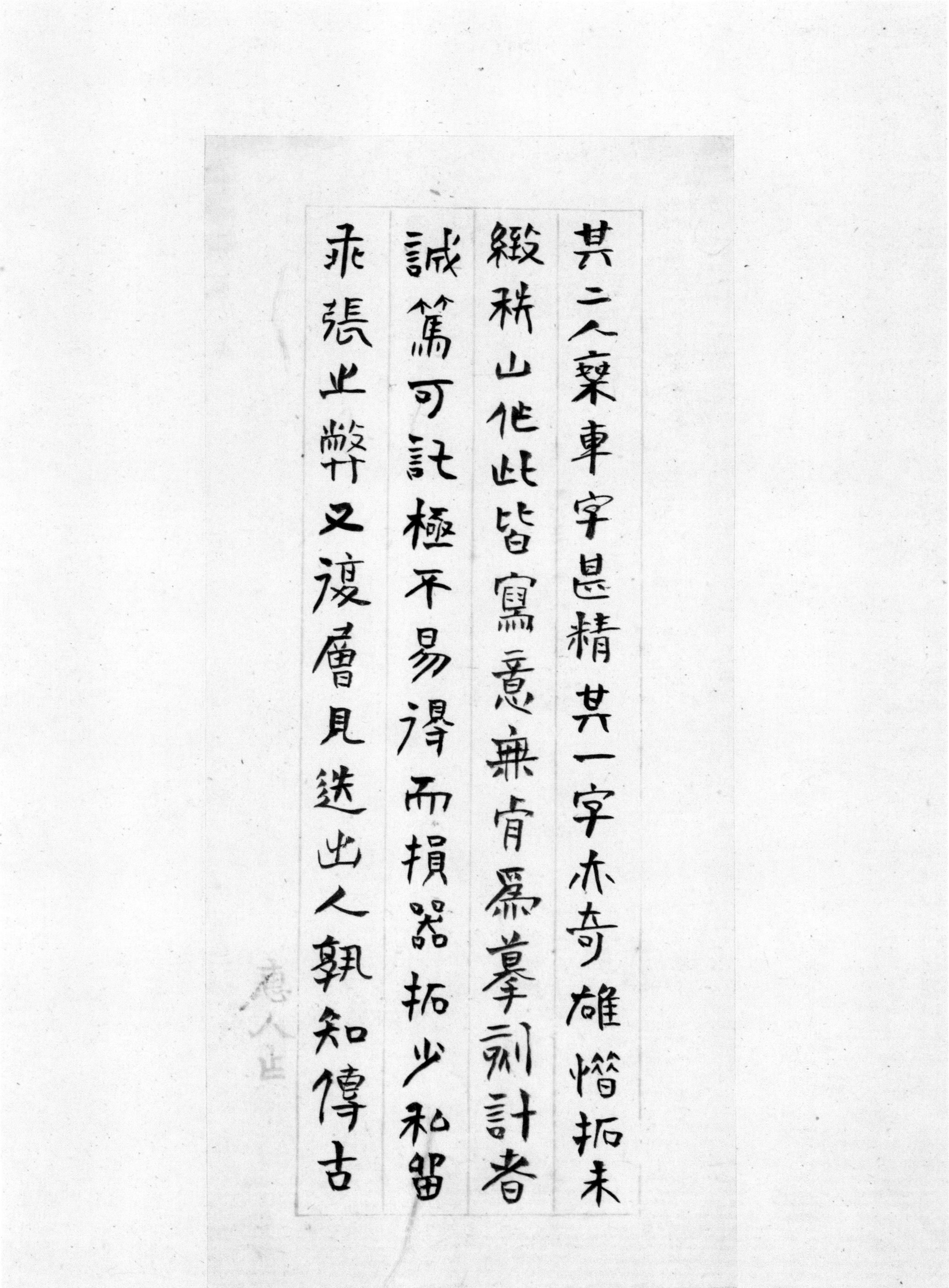

其『二人乘車』字甚精，其一字亦奇雄，惜拓未緻。秩山作此皆寫意，無肯爲摹刻計者，誠篤可托，極不易得，而損器、拓少、私留、乖張之弊又復層見迭出，人孰知傳古

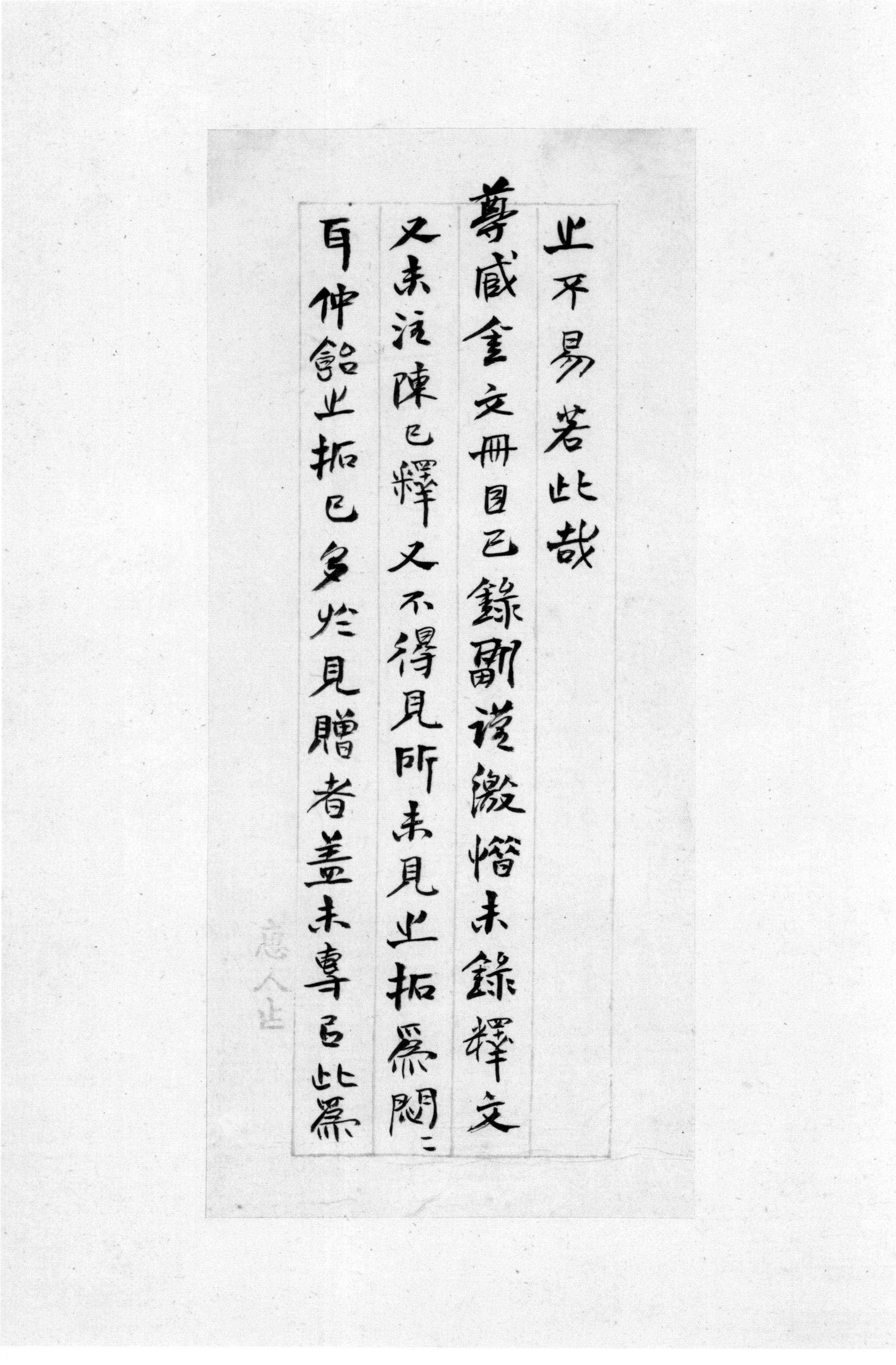

之不易若此哉。

尊藏金文册目已録副，謹繳。惜未録釋文，又未注陳已釋，又不得見所未見之拓，爲悶悶耳。仲飴之拓已多於見贈者，蓋未專以此爲

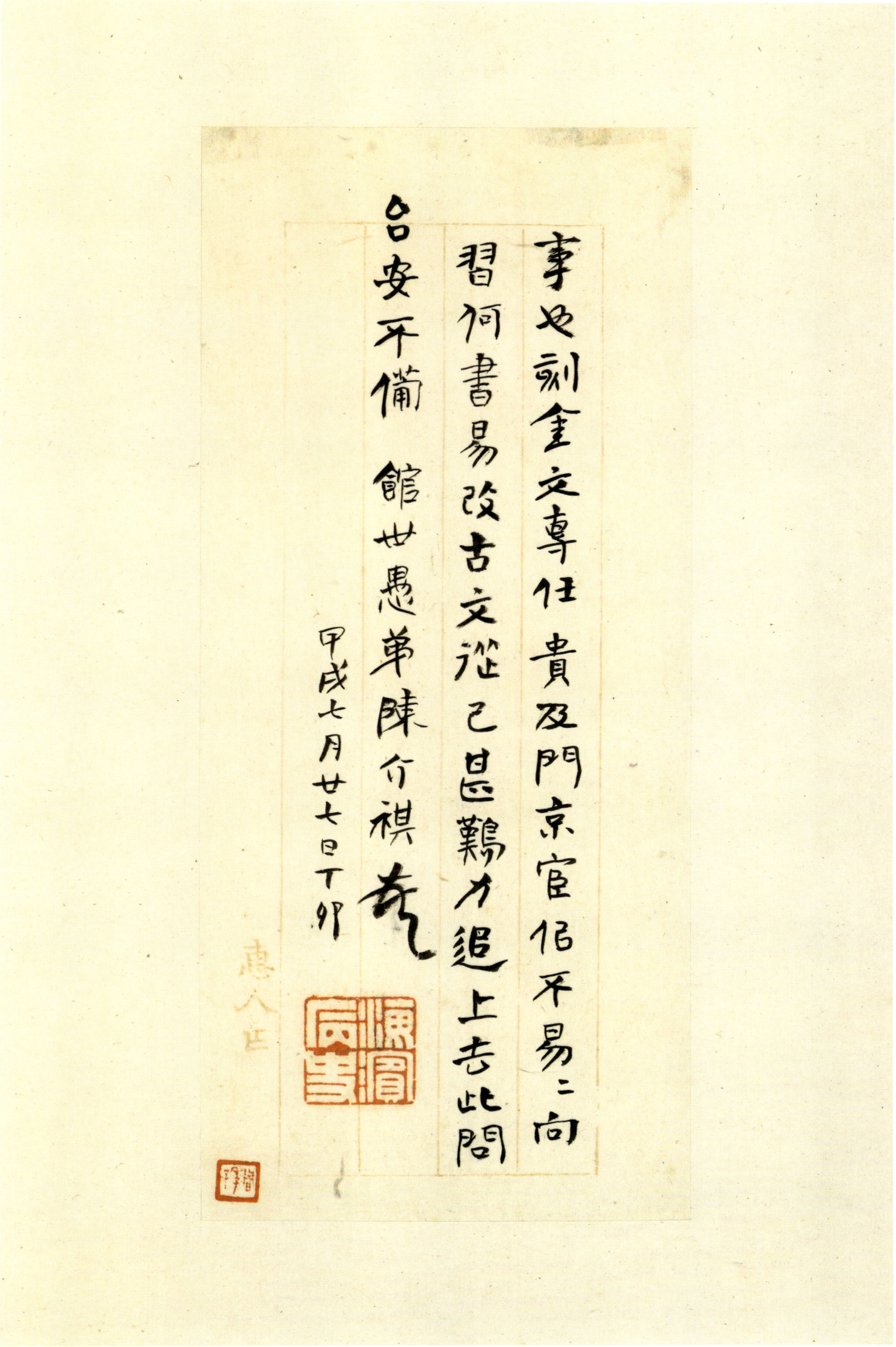

事也。刻金文專任貴及門，京宦似不易易。向習何書，易改古文，從已甚難，
力追上去。此問台安不備。館世愚弟陳介祺頓首。甲戌七月廿七日丁卯。
（鈐印『海濱病史』『周季子』）

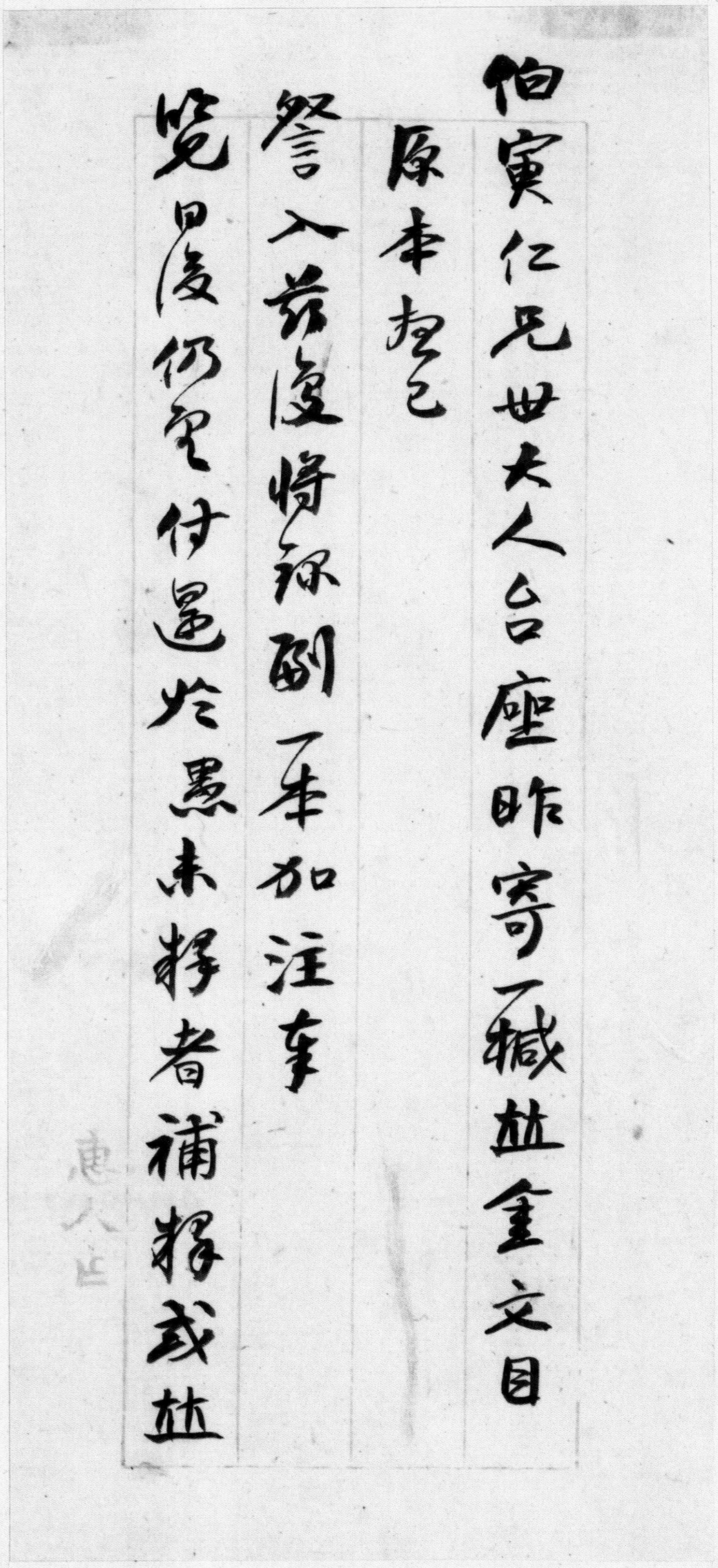
伯寅仁兄世大人台座昨寄一械并金文目
原本想已
察入兹復將録副一本加注奉
覽日後仍望付還於愚未釋者補釋或并

伯寅仁兄世大人台座。昨寄一械并金文目原本，想已察入，兹復將録副一本加注奉覽。日後仍望付還於愚，未釋者補釋，或并

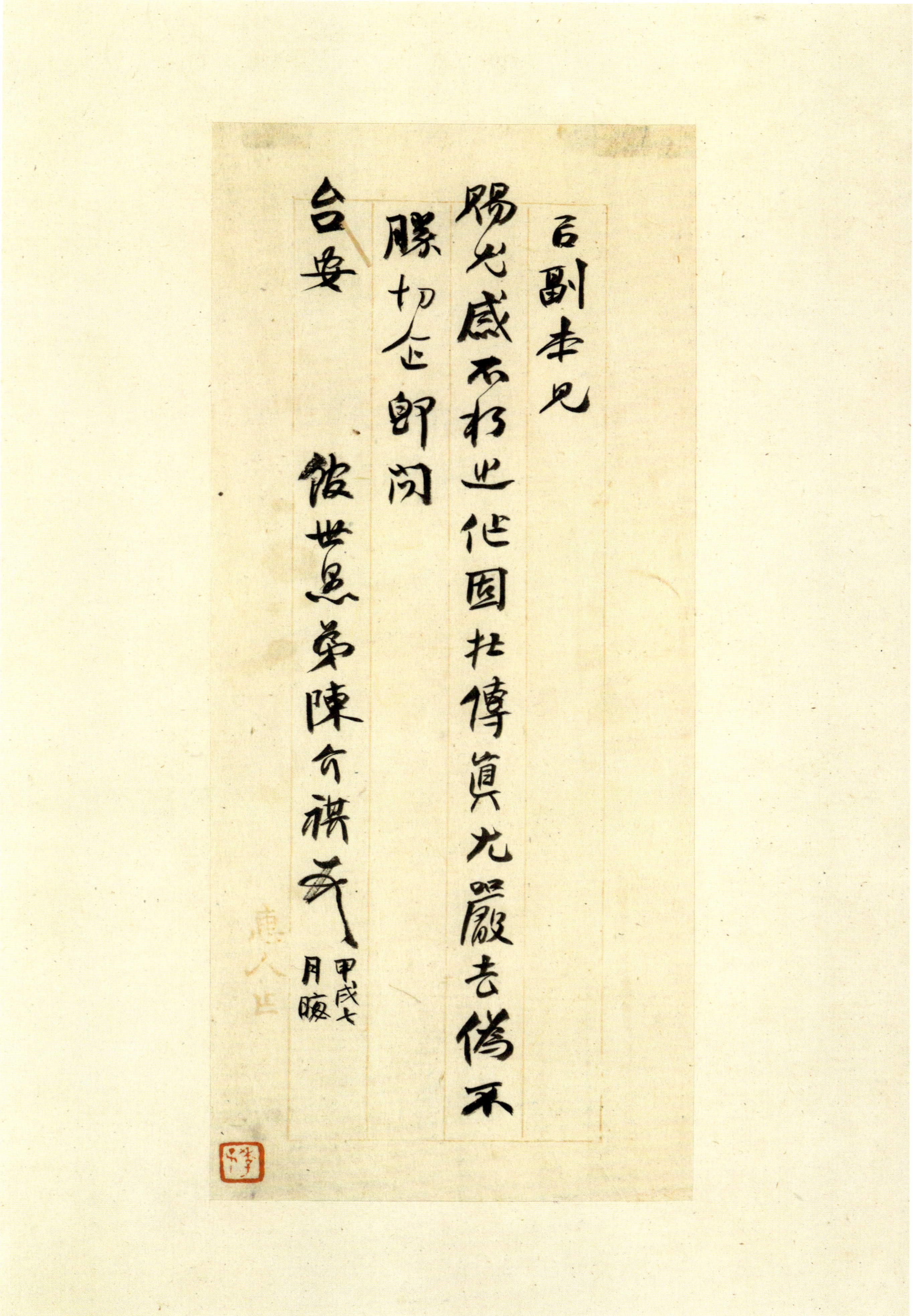
以副本見
賜尤感不朽之作固在傳真尤嚴去僞不
勝切企即問
台安
館世愚弟陳介祺頓首
甲戌七月晦

以副本見賜，尤感！不朽之作，固在傳真，尤嚴去僞，不勝切企。即問台安。
館世愚弟陳介祺頓首。甲戌七月晦。（鈐印『季子』）

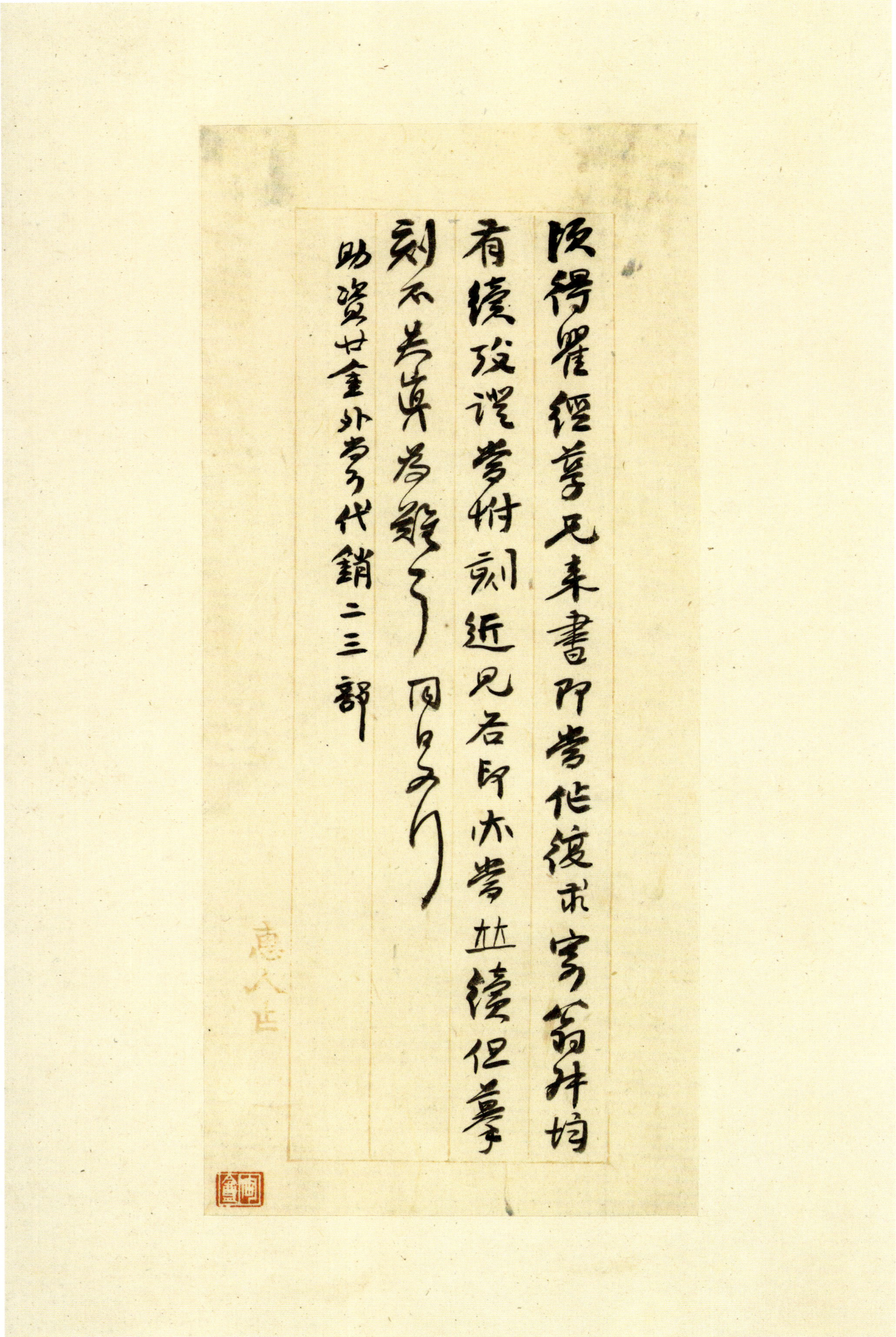

頃得瞿經孳兄來書，即當作復，求寄翁叔均。有續考證，當附刻。近見各印，亦當并續。但摹刻不失真爲難耳。同日又拜。助資廿金外，尚可代銷二三部。（鈐印『匋盦』）

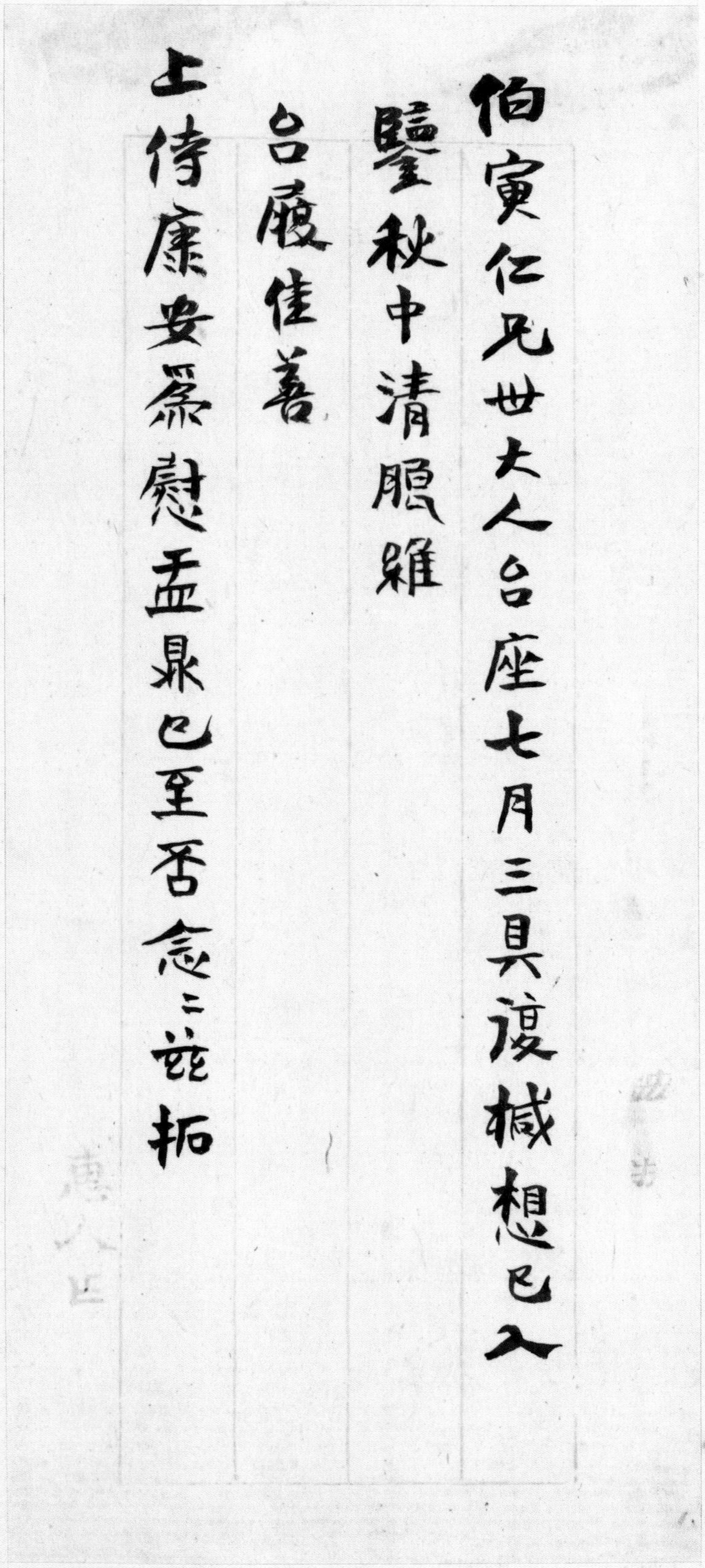
伯寅仁兄世大人台座七月三具復椷想已入
鑒秋中清朗維
台履佳善
上侍康安爲慰盂鼎已至否念〻兹拓

伯寅仁兄世大人台座。七月三具復椷，想已入鑒。秋中清朗，維台履佳善、上侍康安爲慰。盂鼎已至否？念念。兹拓

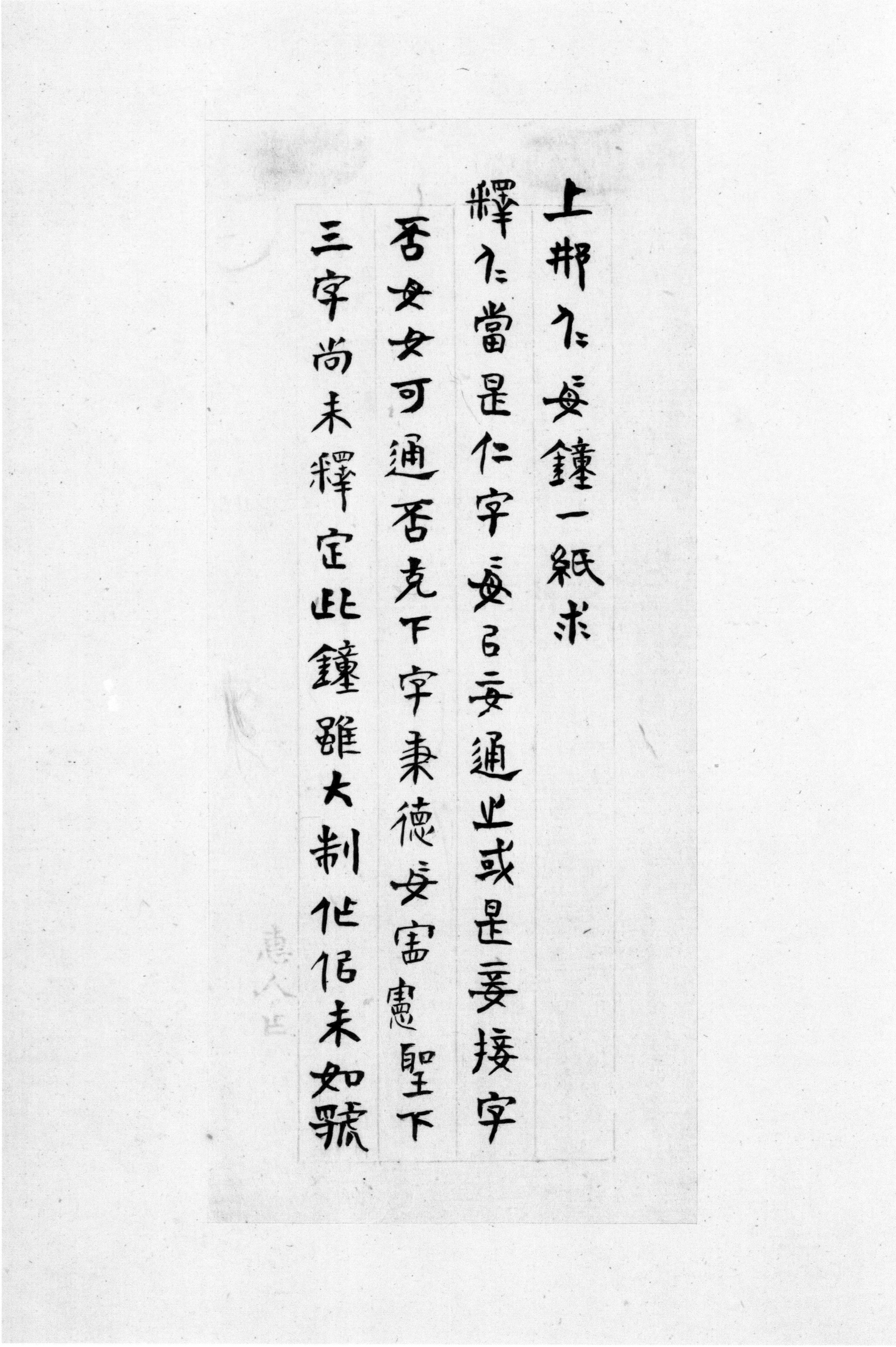

上邢𡰥安鐘一紙，求釋𡰥，當是仁字，安，以妄通之。或是妾、接字否？母、女可通否？克下字秉德安害憲。聖下三字尚未釋定。此鐘雖大制作，似未如號

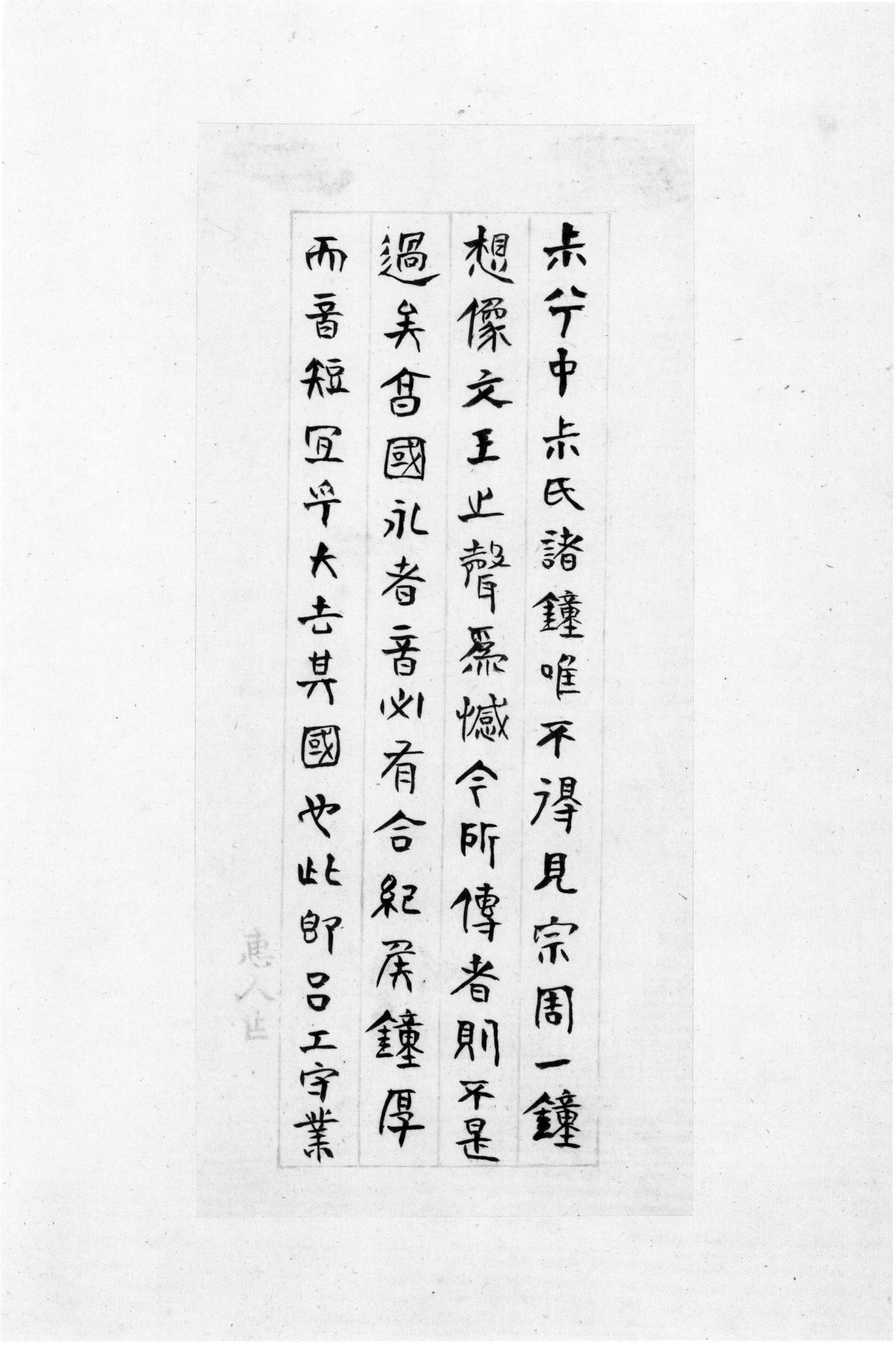

叔、兮中、叔氏諸鐘。唯不得見宗周一鐘，想象文王之聲爲憾。今所傳者則不是過矣。享國永者，音必有合。紀侯鐘厚而音短，宜乎大去其國也。此即呂工守業

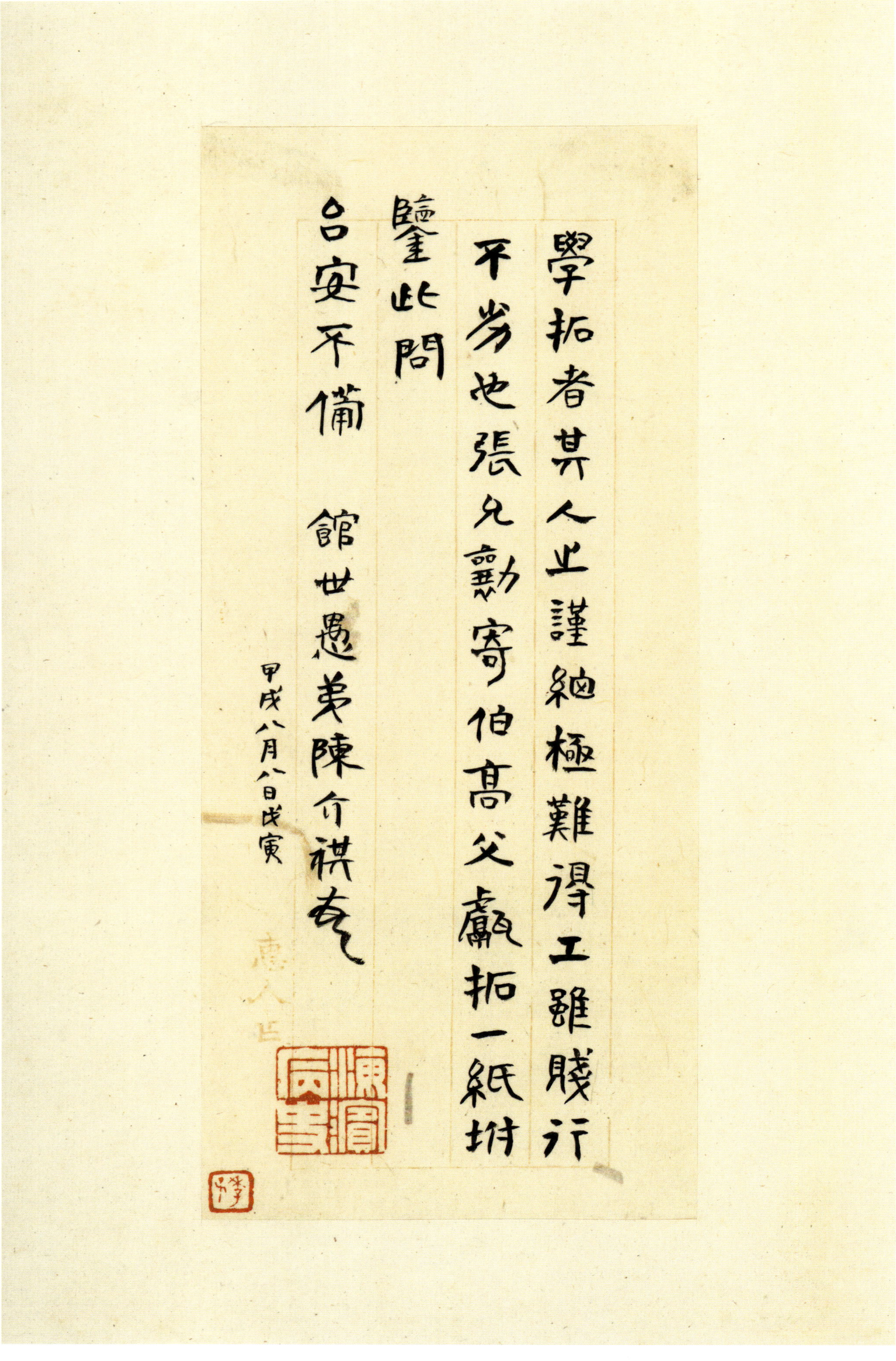
學拓者其人之謹細極難得工雖賤行不劣也張允勷寄伯高父甗拓一紙附
鑒此問
台安不備　館世愚弟陳介祺頓首
甲戌八月八日戊寅

學拓者，其人之謹細，極難得。工雖賤，行不劣也。張允勷寄伯高父甗拓一紙，附鑒。此問台安不備。館世愚弟陳介祺頓首。甲戌八月八日戊寅。

（鈐印『海濱病史』『季子』）

致潘祖蔭四冊本第四冊〇〇一

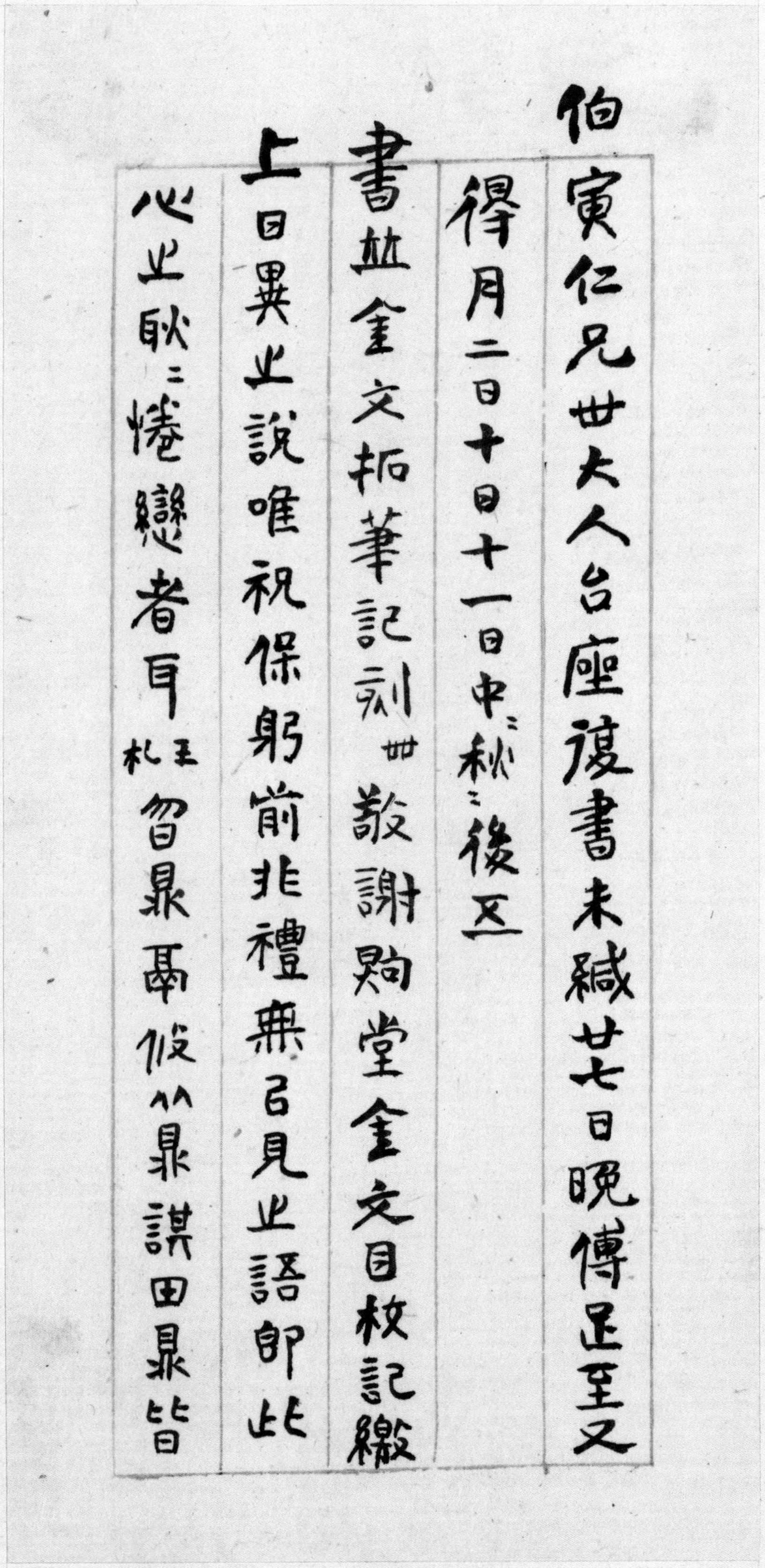

伯寅仁兄世大人台座。復書未緘，廿七日晚傅足至，又得月二日、十日、十一日、中秋、中秋後五書并金文拓筆記刻冊。敬謝。煦堂金文目校記繳上，日异之說唯祝保躬前非禮無以見之語，即此心之耿耿惓戀者耳。王札。習鼎、鬲攸從鼎、諆田鼎皆

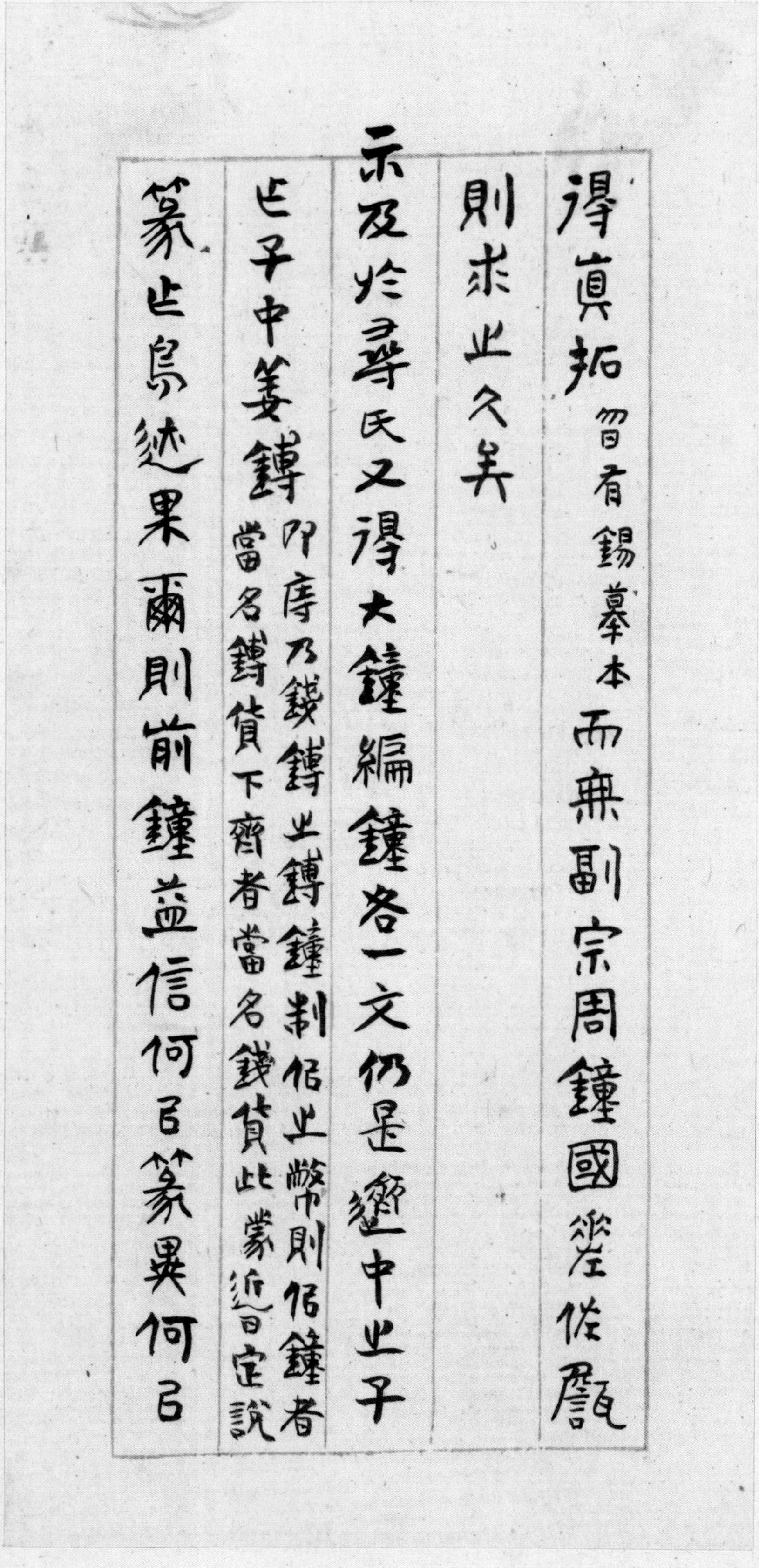

得真拓留有錫摹本。而無副。宗周鐘、國差佐甗則求之久矣。

示及於尋氏又得大鐘、編鐘各一。文仍是『𨗨中之子作子中姜鎛』，

即庴乃錢鎛之鎛，鐘制似之幣，則似鐘者，當名鎛貨，下齊者當名錢貨。此蒙近日定說。篆作鳥迹，

果爾則前鐘益信。何以篆异？何以

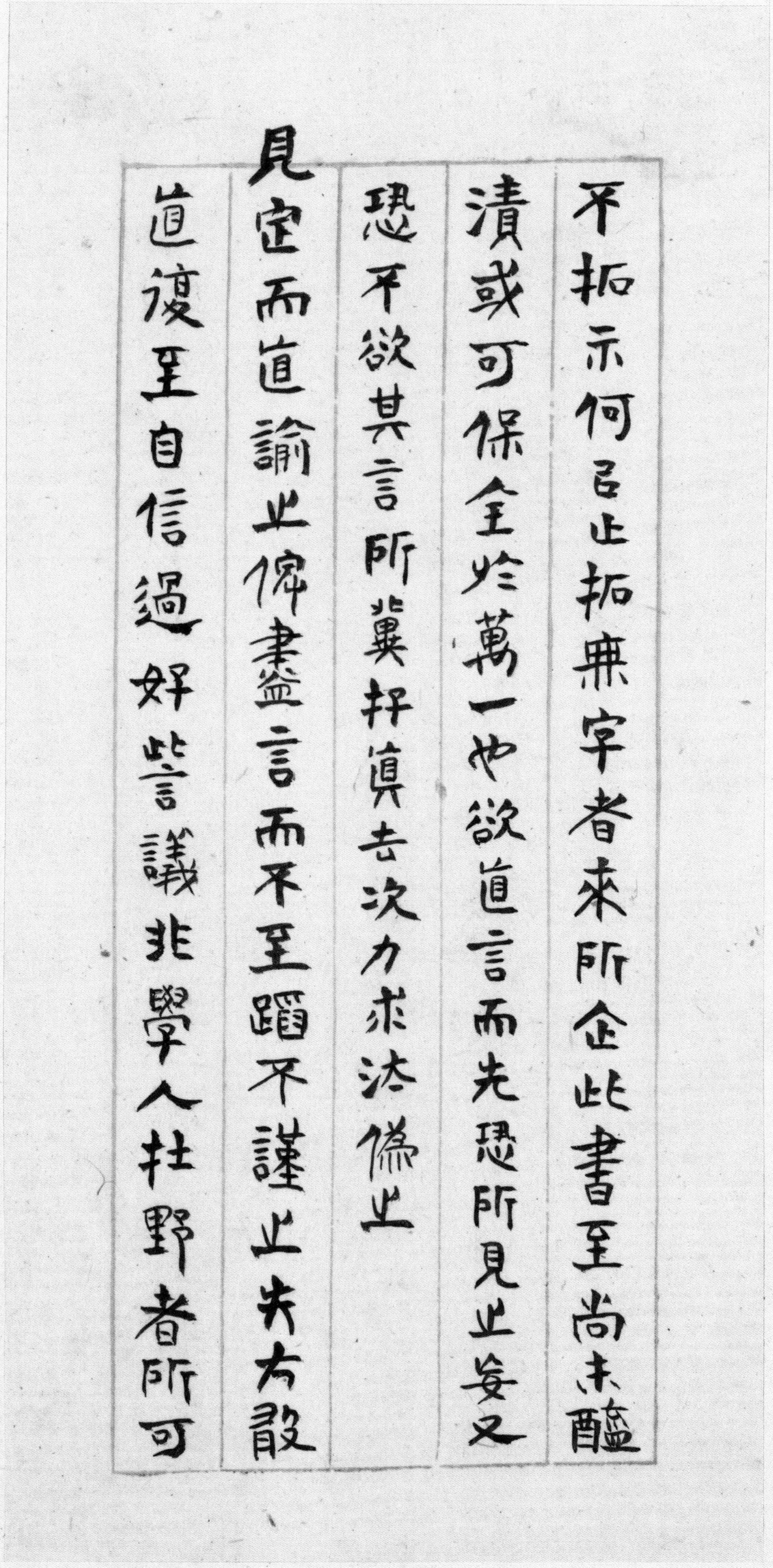
不拓示何以止拓無字者來所企此書至尚未醯
漬或可保全於萬一也欲直言而先恐所見之妄又
恐不欲其言所冀存真去次力求汰僞之
見定而直諭之俾盡言而不至蹈不謹之失方敢
直復至自信過好訾議非學人在野者所可

不拓示？何以止拓無字者來？所企此書至尚未醯漬，或可保全於萬一也。欲直言而先恐所見之妄，又恐不欲其言，所冀存真去次，力求汰僞之見，定而直諭之，俾盡言而不至蹈不謹之失，方敢直復。至自信過好訾議，非學人在野者所可

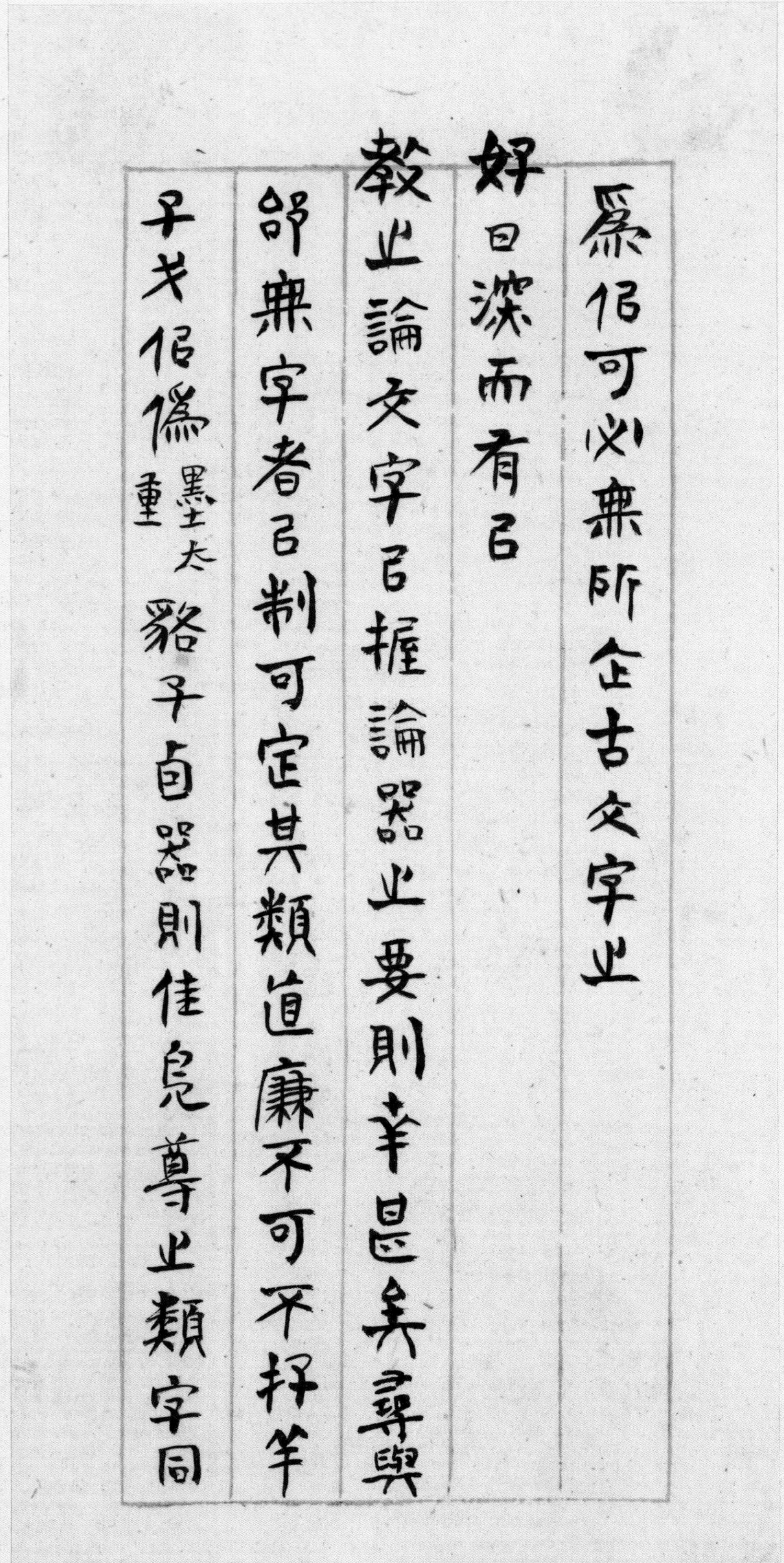
爲似可必無所企古文字之
好日深而有以
教之論文字以握論器之要則幸甚矣尋與
部無字者以制可定其類值廉不可不存羊
子戈似僞墨太重貉子卣器則佳皃尊之類字同

爲，似可必無。所企古文字之好日深而有以教之，論文字以握論器之要，則幸甚矣。尋與部無字者，以制可定其類，值廉不可不存。羊子戈似僞，墨太重。貉子卣，器則佳。皃尊之類字同

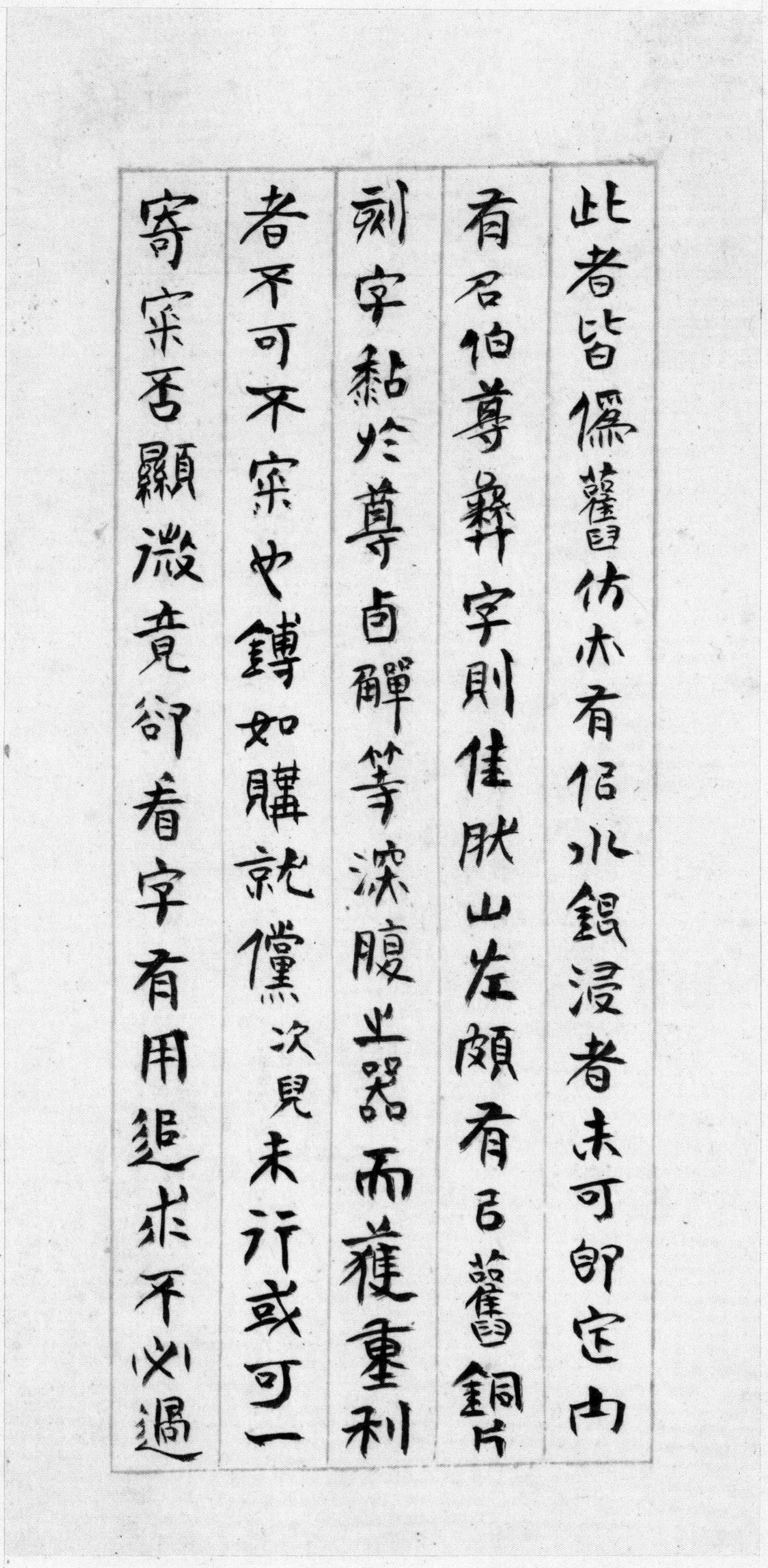
此者皆僞舊仿亦有似水銀浸者未可即定内
有召伯尊彝字則佳然山左頗有舊銅片
刻字黏於尊卣觶等深腹之器而獲重利
者不可不審也鑄如購就儻次兒未行或可一
寄審否顯微鏡却看字有用追求不必過

此者皆僞。舊仿亦有似水銀浸者，未可即定。内有召伯尊彝，字則佳，然山左頗有以舊銅片刻字黏於尊卣觶等深腹之器而獲重利者，不可不審也。鑄如購就，儻次兒未行，或可一寄審否。顯微鏡却看字有用，追求不必過

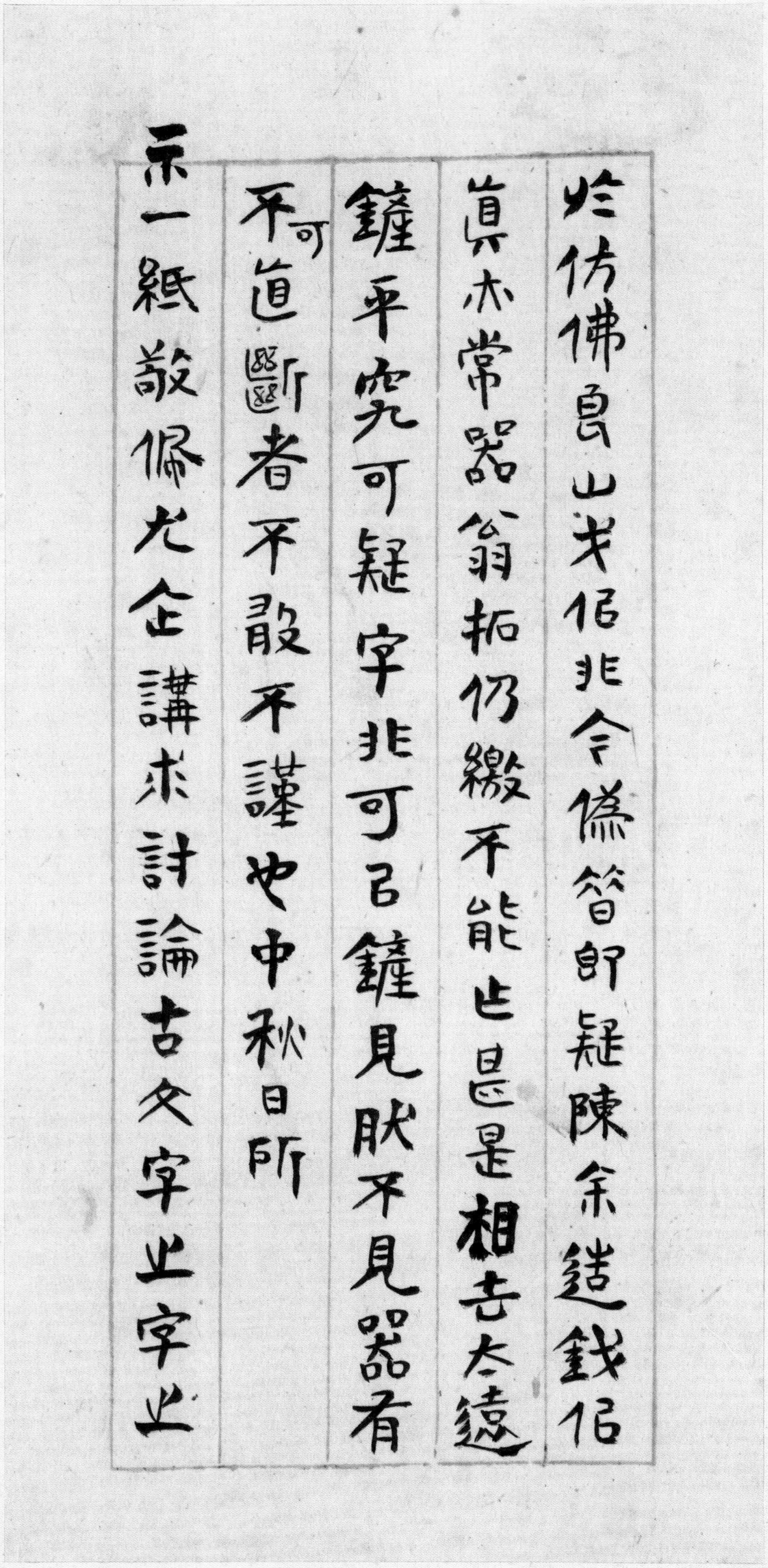

於仿佛。良山戈似非今僞，昔即疑陳余造戔，似真亦常器。翁拓仍繳，不能作甚是相去太遠。鏟平究可疑，字非可以鏟見。然不見器，有不可直斷者，不敢不謹也。中秋日所示一紙，敬佩。尤企講求討論古文字之字、之

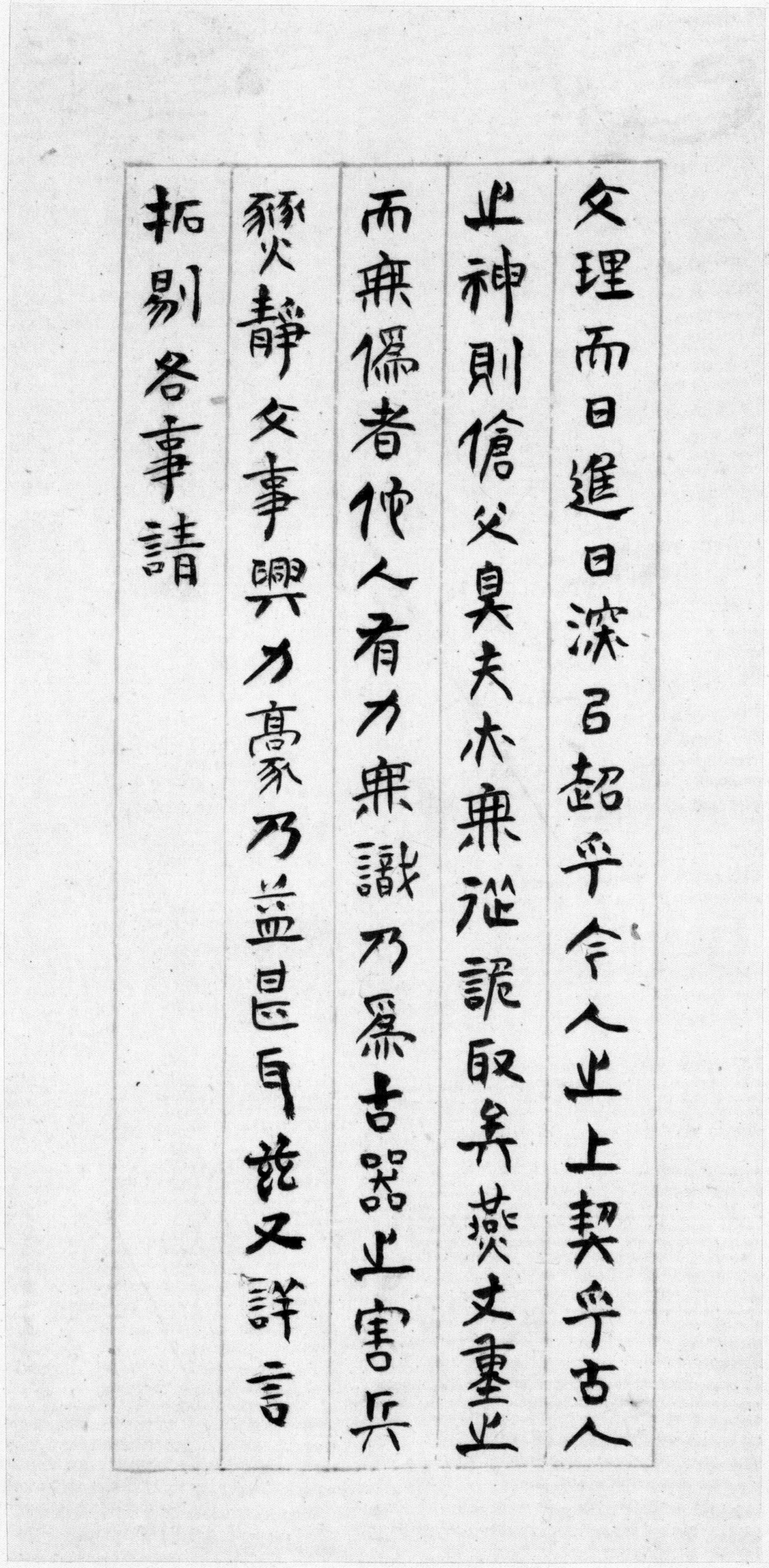

文理而日進日深，以超乎今人之上，契乎古人之神，則傖父臭夫亦無從詭取矣。燕丈重之而無僞者。他人有力無識，乃爲古器之害。兵燹靜，文事興，力豪乃益甚耳。茲又詳言拓剔各事，請

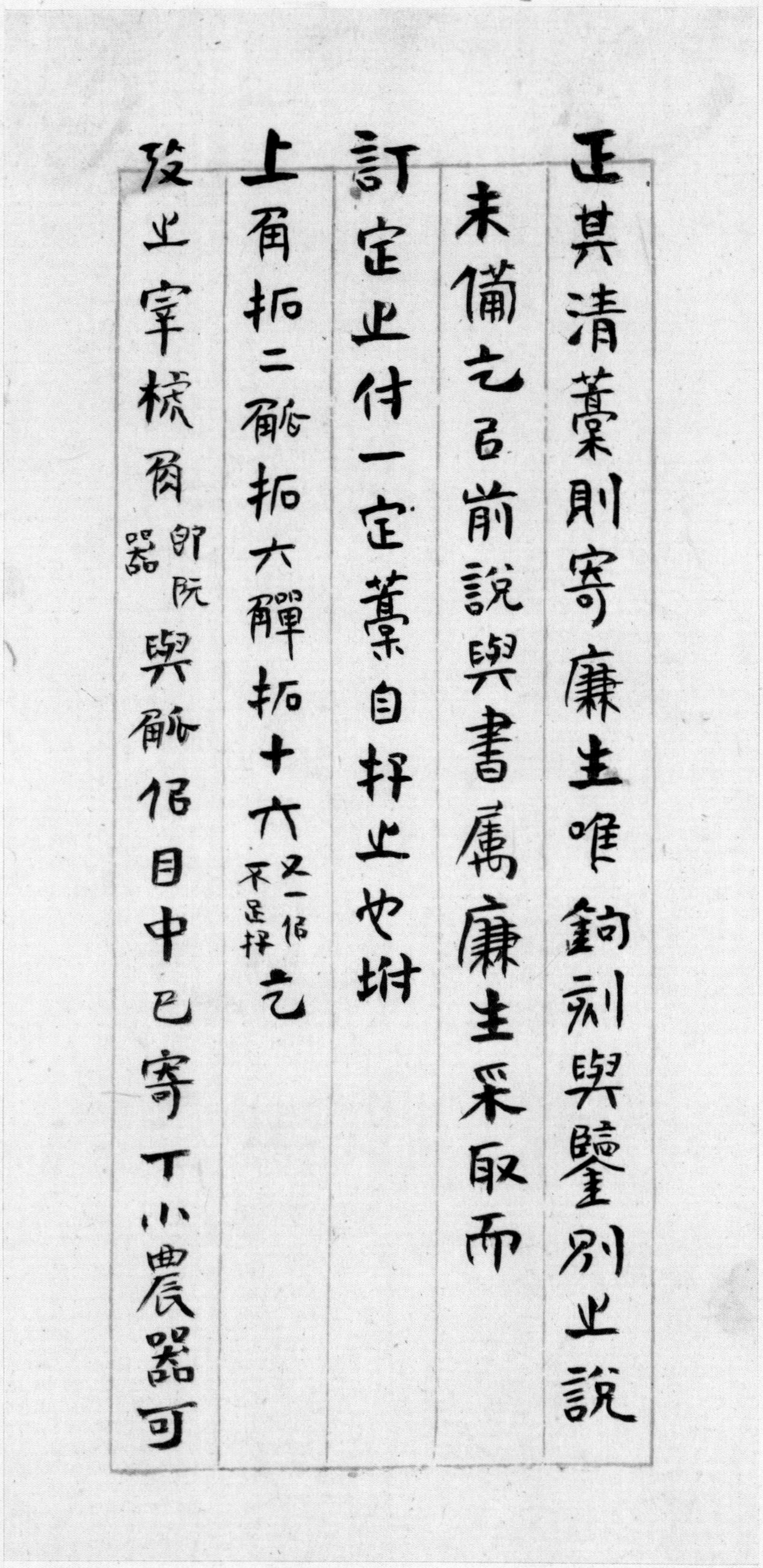

正。其清藁則寄廉生，唯鈎刻與鑒別之説未備，乞以前説與書屬廉生采取而訂定之，付一定藁自存之也。附上角拓二、觚拓六、觶拓十六，又一似不足存。乞考之。宰椃角即阮器。與觚似，目中已寄。丁小農器可

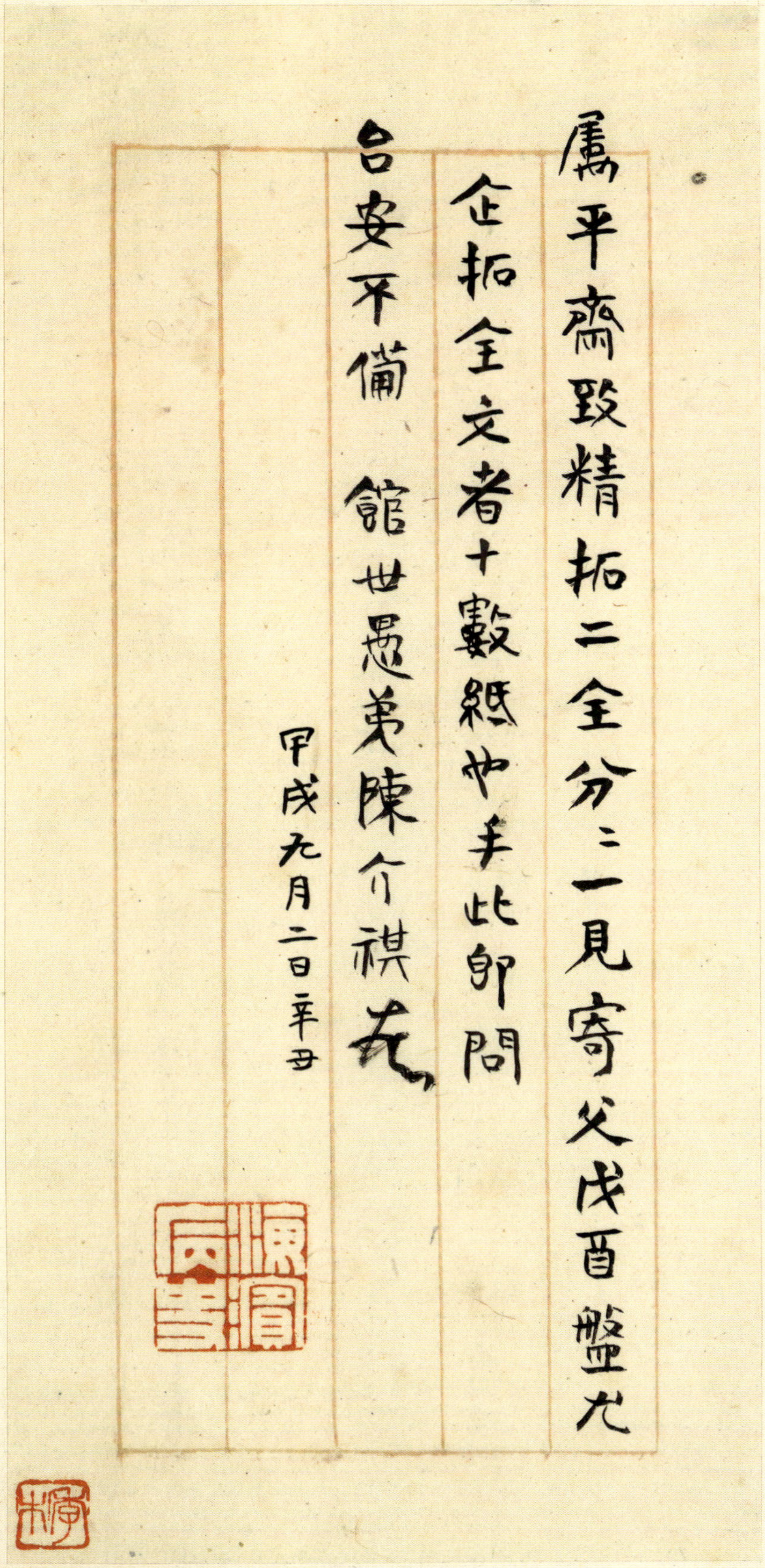
屬平齋致精拓二全分，二一見寄。父戊酉盤尤企拓全文者十數紙也。手此即問台安不備。館世愚弟陳介祺頓首。甲戌九月二日辛丑

屬平齋致精拓二全份，份一見寄。父戊酉盤尤企拓全文者十數紙也。手此即問台安不備。館世愚弟陳介祺頓首。甲戌九月二日辛丑。

（鈐印『海濱病史』『季木』）

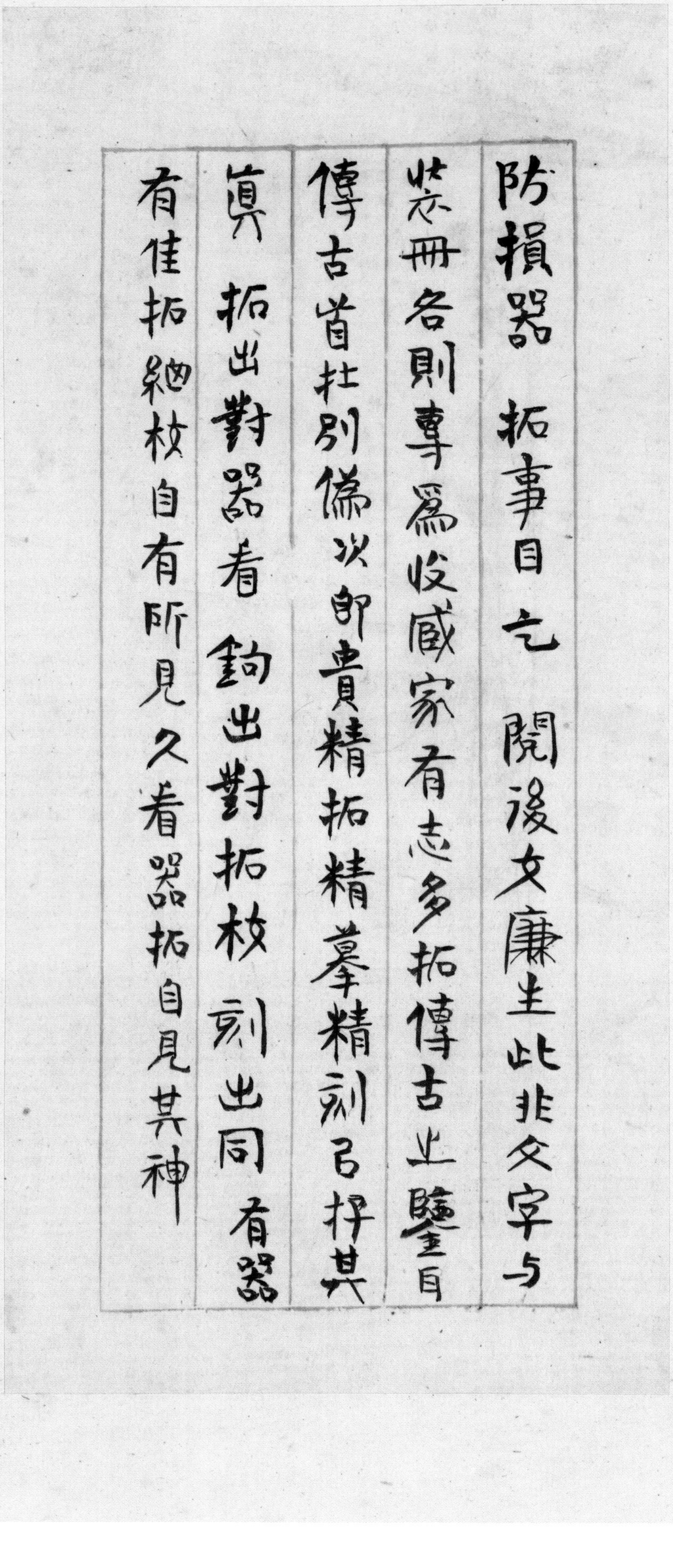

防損器 拓事目乞 閱後交廉生此非文字与
裝冊各則專爲收藏家有志多拓傳古之鑒耳
傳古首在別僞次即貴精拓精摹精刻以存其
真 拓出對器看 鈎出對拓校 刻出同 有器
有佳拓細校自有所見久看器拓自見其神

防損器、拓事目，乞閱後交廉生。此非文字與裝册各則，專爲收藏家有志多拓傳古之鑒耳。傳古首在別僞，次即貴精拓、精摹、精刻以存其真。拓出對器看，鈎出對拓校，刻出同有器有佳拓細校，自有所見。久看器拓，自見其神。

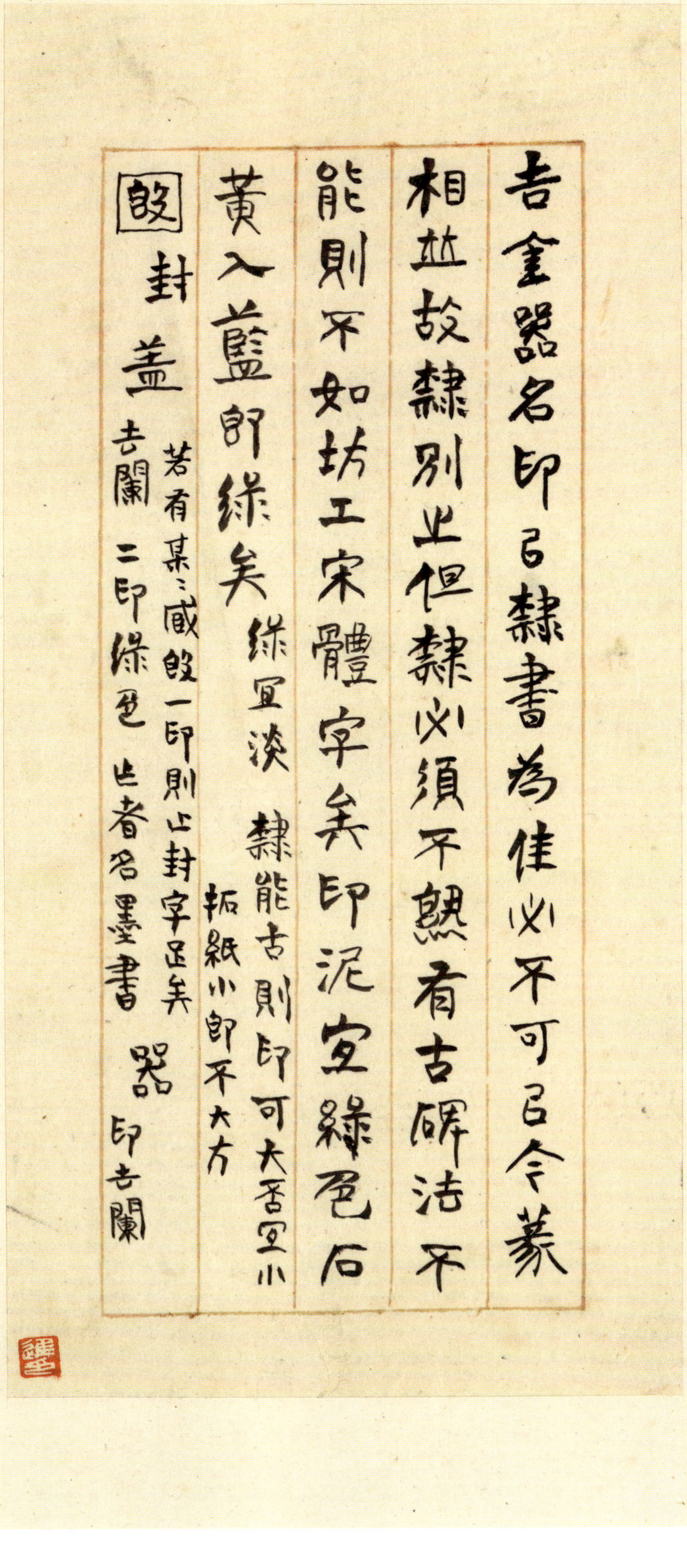

吉金器名印以隸書為佳必不可以令篆
相並故隸別止但隸必須不熟有古碑法不
能則不如坊工宋體字矣印泥宜空綠色石
黃入藍即綠矣　綠宜淡　隸能古則印可大否宜小　拓紙小即不大方
敳封蓋　去闌　二印綠色　此者名墨書　器　印去闌
若有某三藏敳一印則止封字足矣

吉金器名印以隸書爲佳，必不可以令篆相并，故隸別之，但隸必須

不熟，有古碑法，不能則不如坊工宋體字矣。印泥宜綠色，石黃入藍即

綠矣。綠宜淡。隸能古則印可大，否宜小。拓紙小即不大方。敳封。蓋。若有某某藏簽一印，

則止封字足矣。去闌。二印綠色，作者名墨書。器。印去闌。（鈐印「進印」）

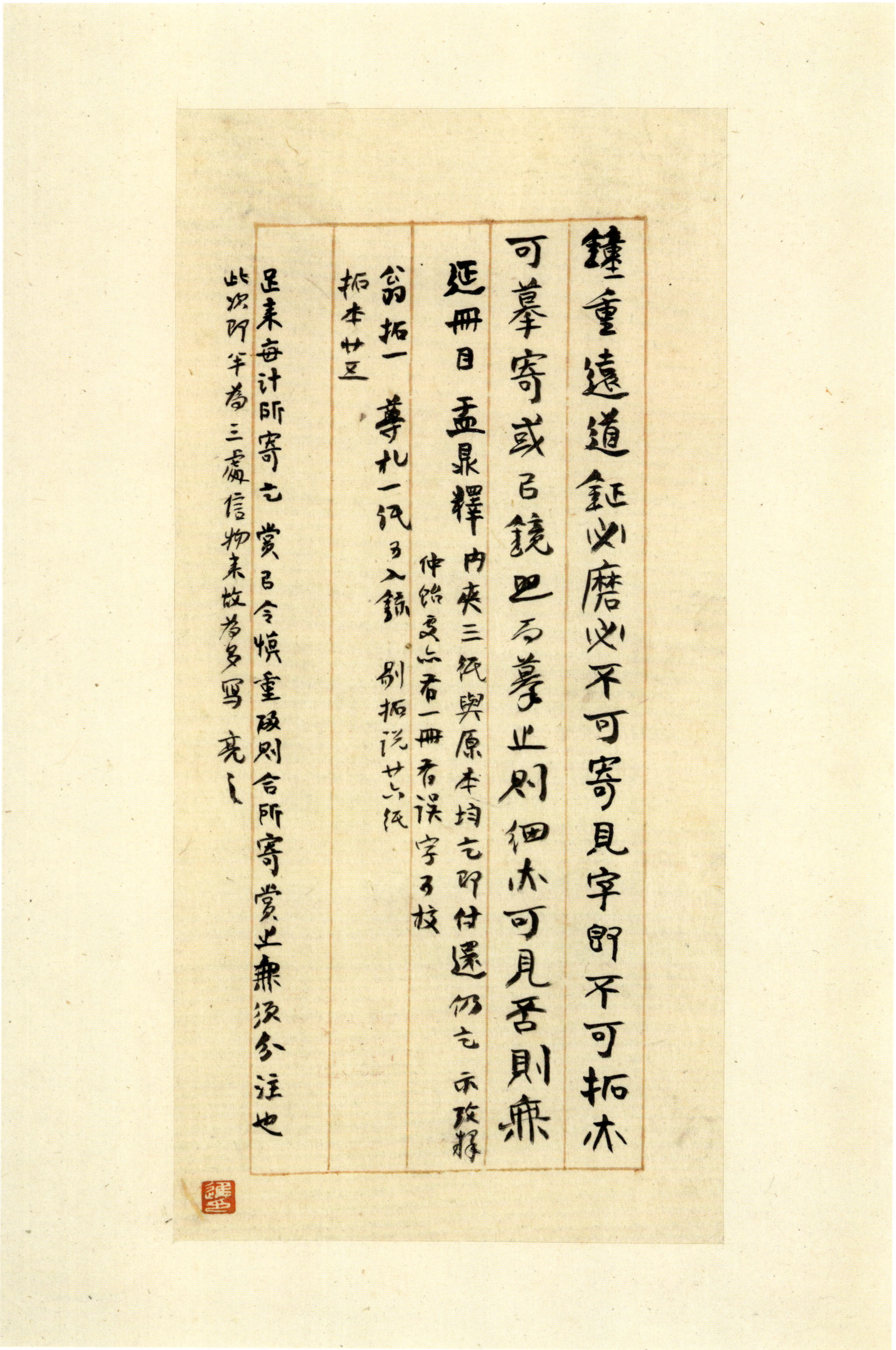

鐘重，遠道鉦必磨，必不可寄。見字即不可拓，亦可摹寄。或以鏡照而摹之，則細亦可見，否則無。延册目 盂鼎釋。內夾三紙與原本均乞即付還，仍乞示考釋。仲飴處亦有一册，有誤字可校。翁拓一。尊札一紙可入録。剔拓説廿六紙，拓本廿五。

足來，每計所寄，乞賞以令慎重。歸則合所寄賞之，無須分注也。此次即半，爲三處信物來，故爲多寫，亮之。（鈐印『進印』）

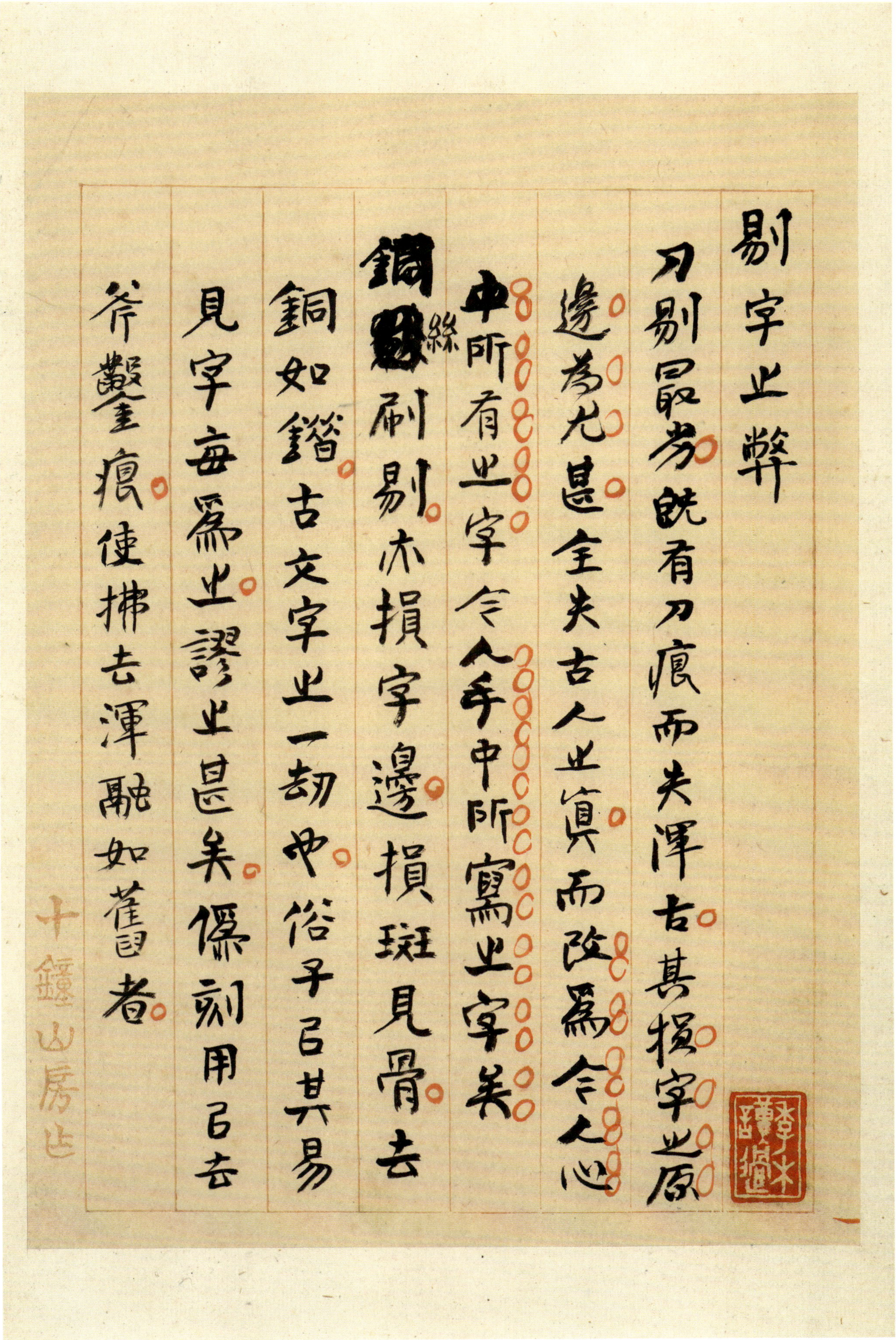
剔字之弊
刀剔最劣既有刀痕而失渾古其損字之原
邊爲尤甚全失古人之眞而改爲今人心
中所有之字今人手中所寫之字矣
銅絲刷剔亦損字邊損斑見骨去
銅如錯古文字之一劫也
見字每爲之謬之甚矣僞刻用以去
斧鑿痕使拂去渾融如舊者
十鐘山房

剔字之弊

刀剔最劣，既有刀痕而失渾古，其損字之原邊爲尤甚，全失古人之眞，而改爲今人心中所有之字、今人手中所寫之字矣。銅絲刷剔，亦損字邊。損斑見骨，去銅如錯，古文字之一劫也。俗子以其易見字每爲之，謬之甚矣。僞刻用以去斧鑿痕，使拂去渾融如舊者。（鈐印『季木讀過』）

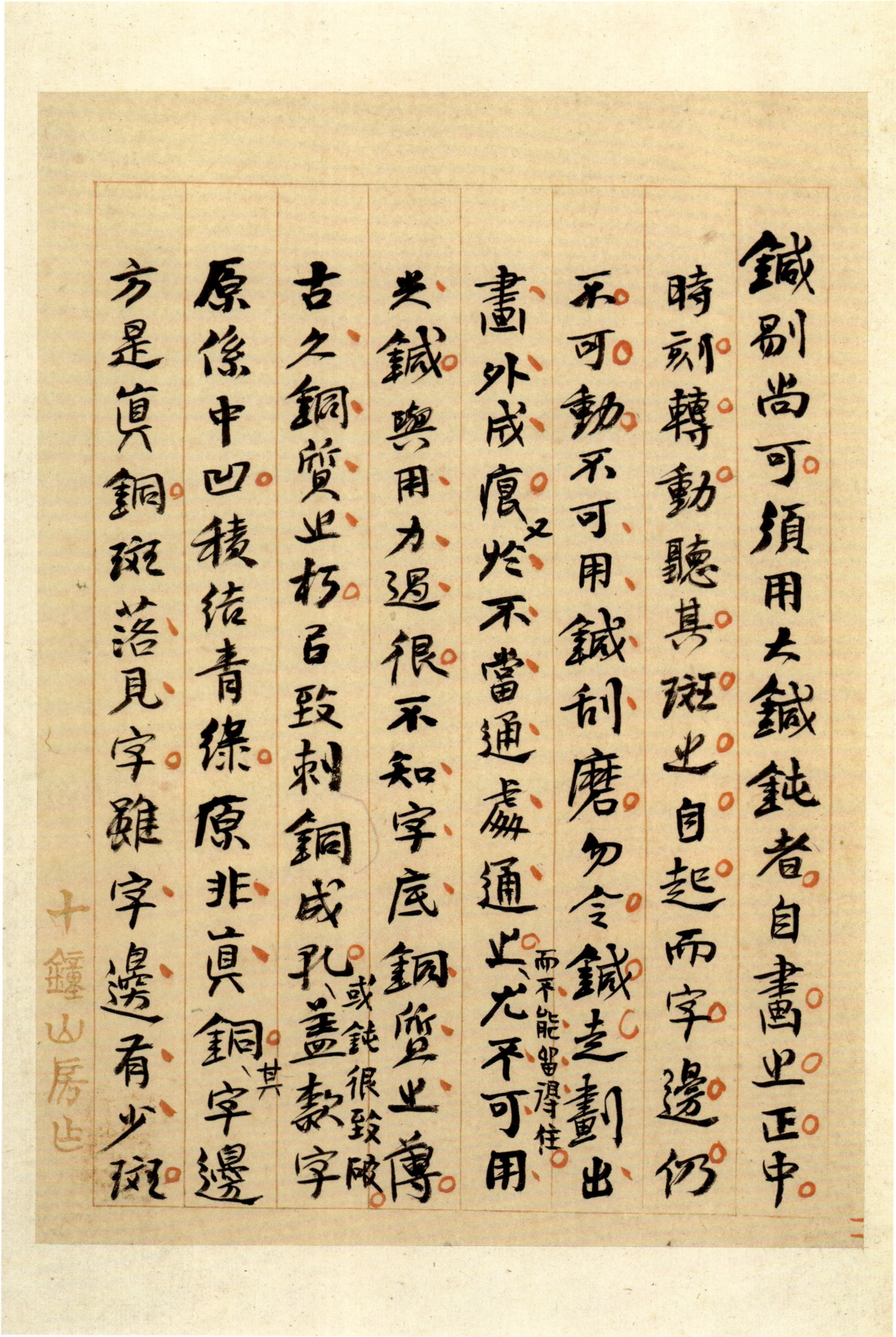
鍼剔尚可須用大鍼鈍者自畫之正中。時刻轉動。聽其斑之自起。而字邊仍不可動。不可用鍼刮磨。勿令鍼走。劃出畫外成痕。又於不當通處通之。而不能留得住。尤不可用尖鍼與用力過很。不知字底銅質之薄。古久銅質之朽。以致刺銅成孔。或鈍很致破。蓋款字原係中凹。積結青綠。原非真銅。其字邊方是真銅。斑落見字。雖字邊有少斑
十鐘山房

針剔尚可，須用大針鈍者自畫之正中，時刻轉動，聽其斑之自起，而字邊仍不可動，不可用針刮磨，勿令針走，劃出畫外成痕，又於不當通處通之，而不能留得住。尤不可用尖針與用力過很，不知字底銅質之薄、古久銅質之朽，以致刺銅成孔，或鈍很致破。蓋款字原係中凹，積結青綠，原非真銅，其字邊方是真銅，斑落見字。雖字邊有少斑，

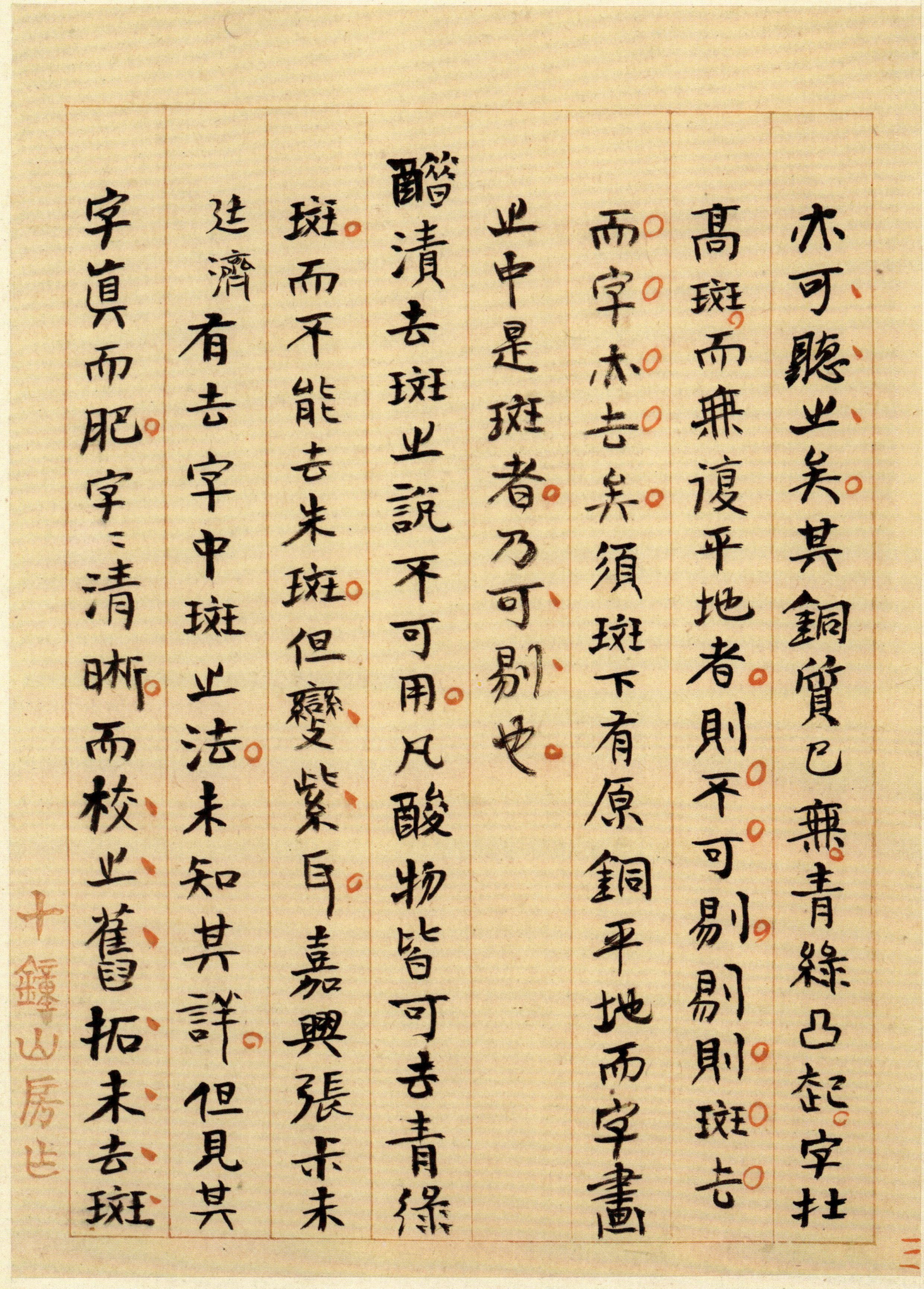

亦可聽之矣。其銅質已無，青緑凸起，字在高斑而無復平地者，則不可剔，剔則斑去而字亦去矣。須斑下有原銅平地而字畫之中是斑者，乃可剔也。

醋漬去斑之説不可用。凡酸物皆可去青緑斑，而不能去朱斑，但變紫耳。嘉興張叔未廷濟有去字中斑之法，未知其詳。但見其字真而肥，字字清晰，而校之舊拓未去斑

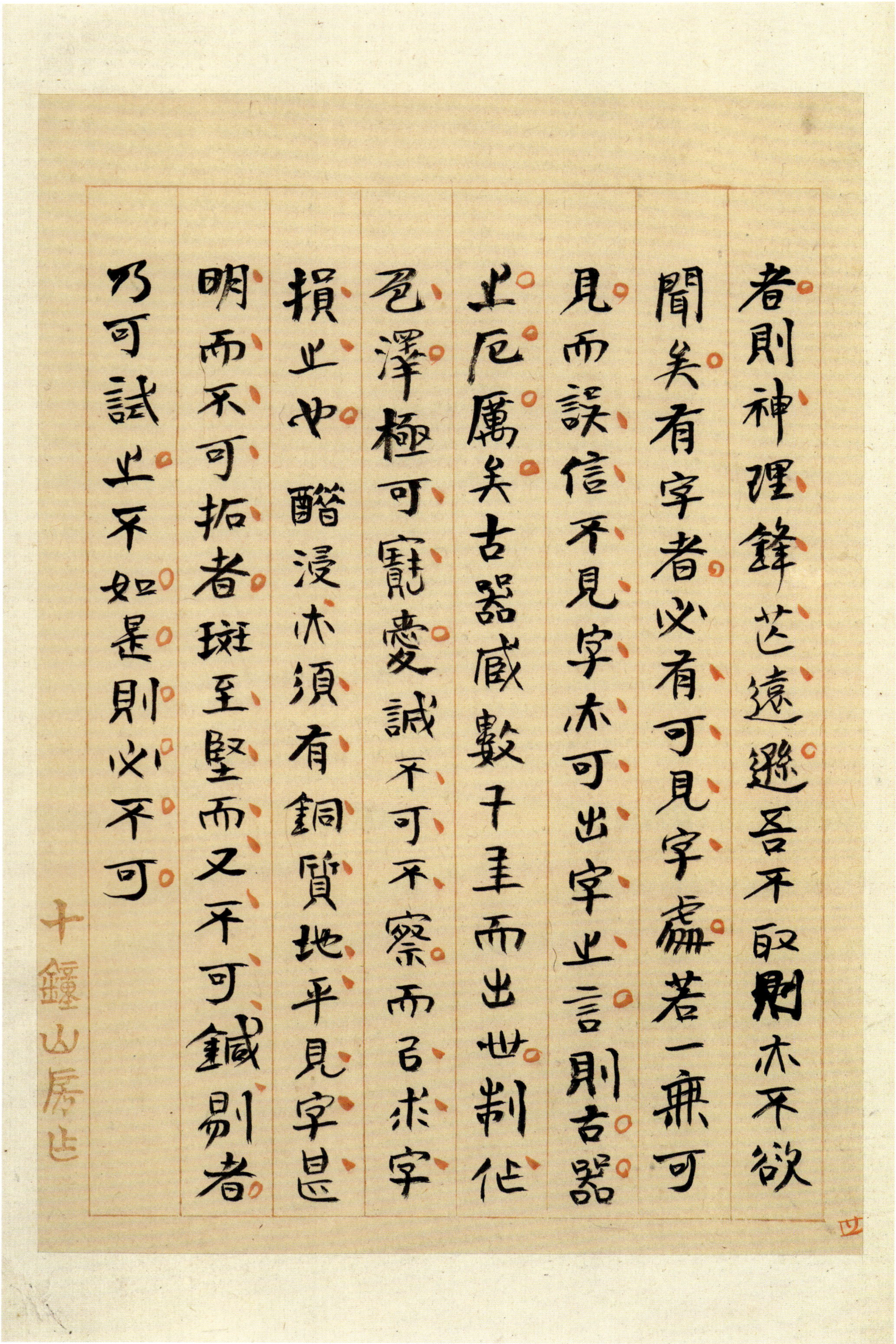

者則神理鋒芒遠遜吾不取則亦不欲聞矣有字者必有可見字處若一無可見而誤信不見字亦可出字之言則古器之厄厲矣古器藏數千年而出世制作色澤極可寶愛誠不可不察而以求字損之也醋浸亦須有銅質地平見字甚明而不可拓者斑至堅而又不可鍼剔者乃可試之不如是則必不可

十鐘山房

者，則神理鋒芒遠遜。吾不取則亦不欲聞矣。有字者必有可見字處，若一無可見，而誤信不見字亦可出字之言，則古器之厄厲矣。古器藏數千年而出世，制作色澤極可寶愛，誠不可不察，而以求字損之也。醋浸亦須有銅質地平見字甚明而不可拓者，斑至堅而又不可針剔者，乃可試之，不如是則必不可。

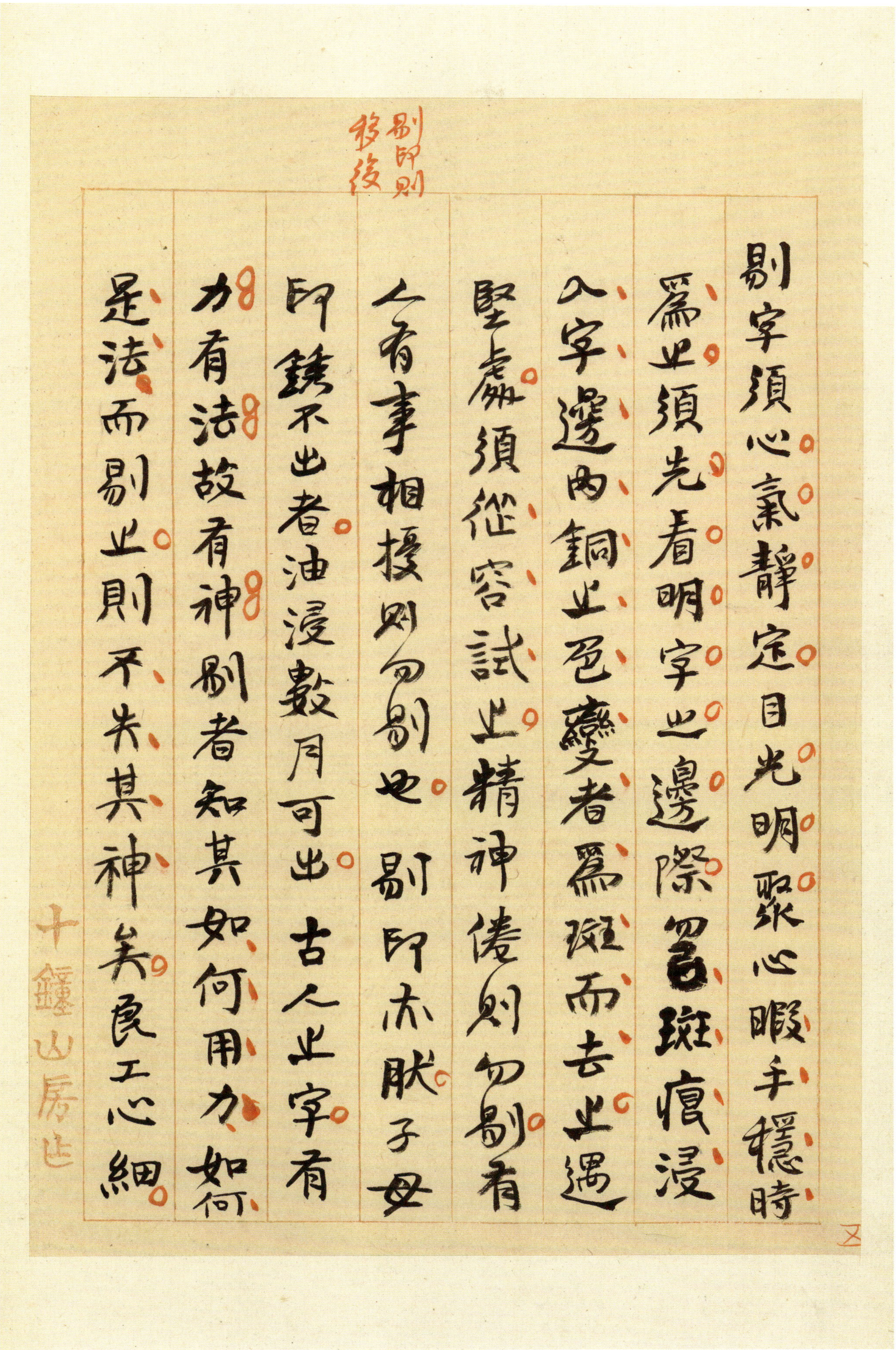

剔字須心氣靜定、目光明聚、心暇手穩時爲之。須先看明字之邊際，勿以斑痕浸入字邊内銅之色變者爲斑而去之。遇堅處須從容試之，精神倦則勿剔，有人有事相擾則勿剔也。剔印亦然。子母印銹不出者，油浸數月可出。古人之字有力、有法，故有神。剔者知其如何用力、如何是法而剔之，則不失其神矣。良工心細

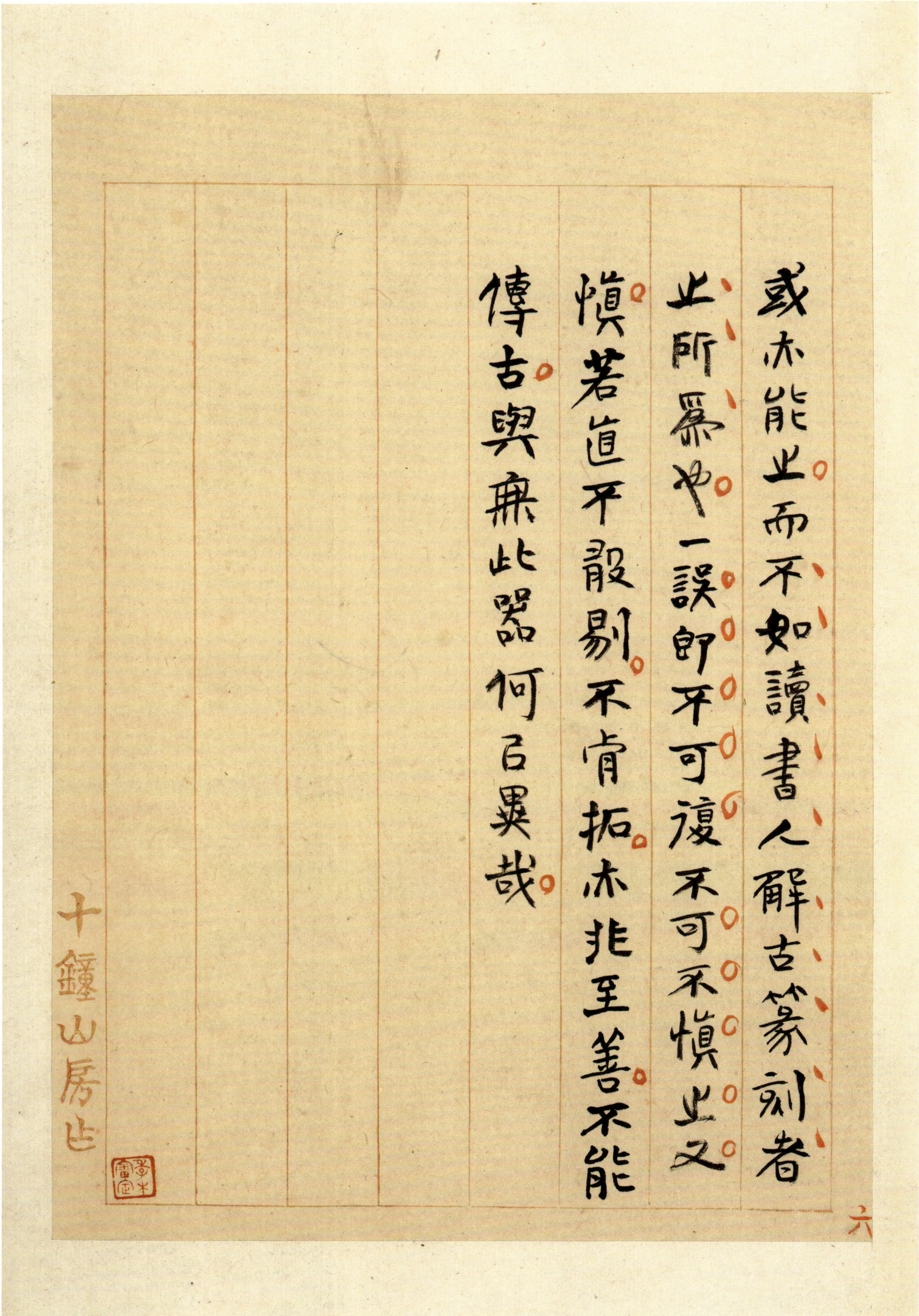
或亦能之而不如讀書人解古篆刻者
之所爲也一誤即不可復不可不慎之又
慎若直不敢剔不肯拓亦非至善不能
傳古與無此器何以異哉
十鐘山房
六

或亦能之，而不如讀書人解古篆刻者之所爲也。一誤即不可復，不可不慎之又慎。若直不敢剔，不肯拓，亦非至善，不能傳古，與無此器何以异哉。

（鈐印『季木』）

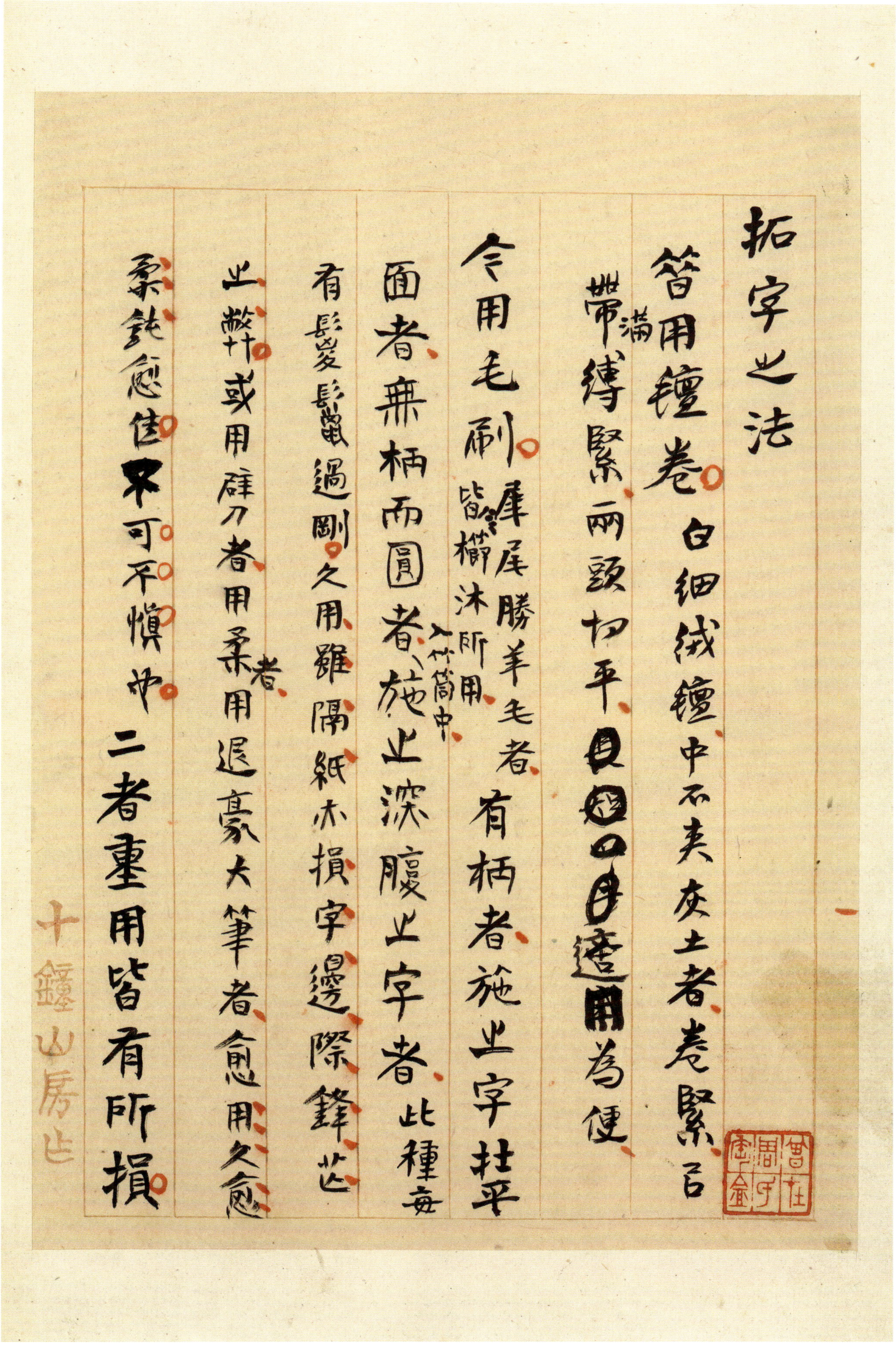

拓字之法

昔用氈卷，白細絨氈中不夾灰土者，卷緊，以帶滿縛緊，兩頭切平，適用爲便。今用毛刷。犀尾勝羊毛者，皆今櫛沐所用。有柄者施之字在平面者，無柄而圓者，入竹筒中，施之深腹之字者。此種每有鬘鬣過剛，久用雖隔紙亦損字邊際鋒芒之弊。或用劈者、用柔者、用退毫大筆者，愈用久愈柔鈍愈佳，不可不慎也。二者重用皆有所損。

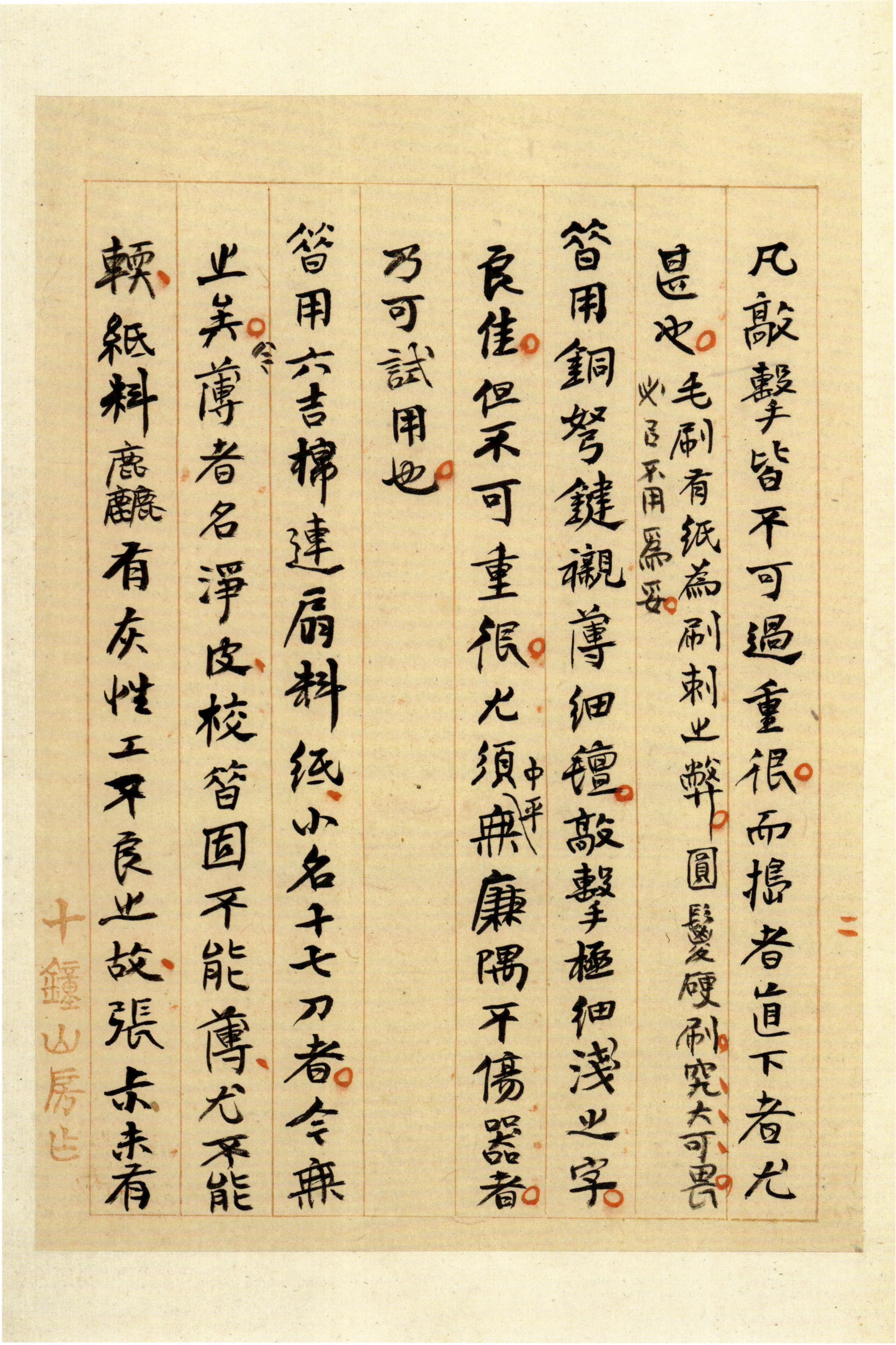

凡敲擊，皆不可過重很。而搗者、直下者尤甚也，毛刷有紙爲刷刺之弊。圓鬟硬刷，究大可畏，必以不用爲妥。昔用銅弩鍵襯薄細氊，敲擊極細淺之字，良佳。但不可重很，尤須中平，無廉隅不傷器者，乃可試用也。

昔用六吉棉連扇料紙，小名十七刀者，今無之矣。今薄者名净皮，校昔固不能薄，尤不能軟，紙料粗，有灰性，工不良之故。張叔未有

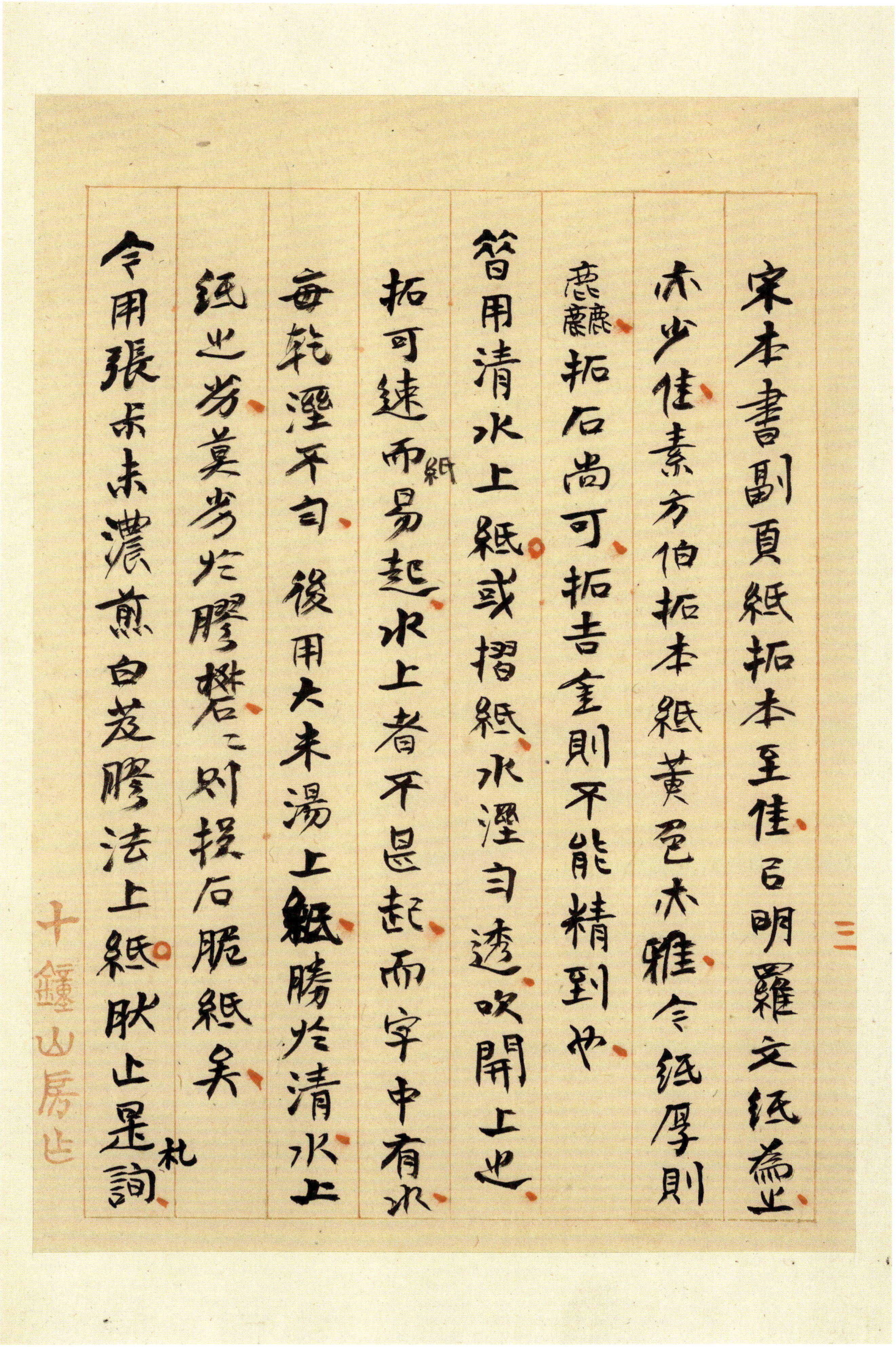

宋本書副頁紙拓本至佳，以明羅文紙爲之，亦少佳。素方伯拓本，紙黄色亦雅。今紙厚則粗，拓石尚可，拓吉金則不能精到也。

昔用清水上紙，或摺紙，水濕匀透，吹開上之，拓可速而紙易起，水上者不甚起。而字中有水，每乾濕不匀。後用大米湯上紙，勝於清水。上紙之劣，莫劣於膠礬，膠礬則損石脆紙矣。

今用張叔未濃煎白芨膠法上紙，然止是札詢，

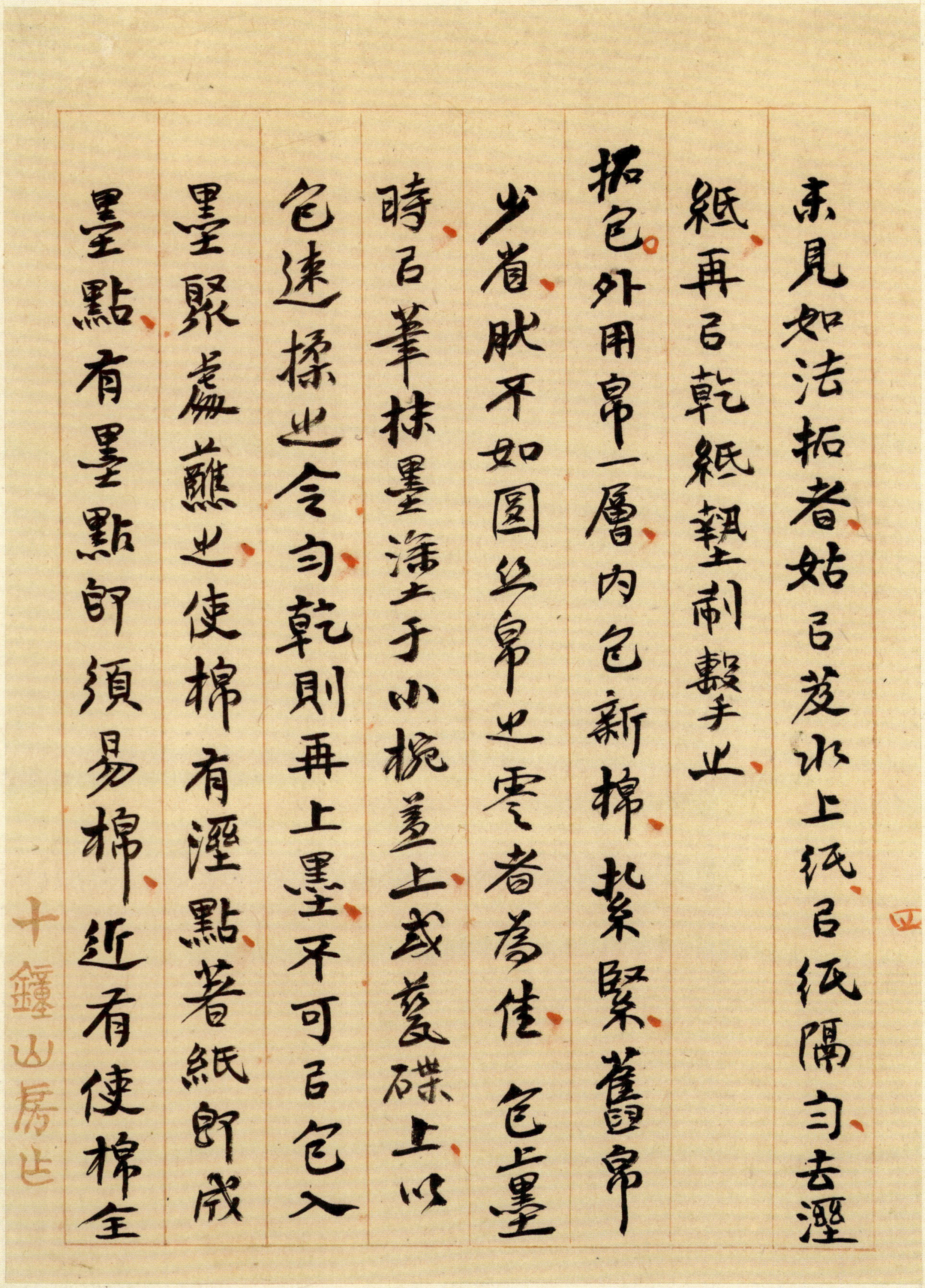

未見如法拓者，姑以芨水上紙，以紙隔勻，去濕紙，再以乾紙墊刷擊之。拓包。外用帛一層，內包新棉，扎緊。舊帛少省，然不如圓絲帛之零者爲佳。包上墨時，以筆抹墨塗於小椀蓋上，或瓷碟上，以包速揉之令勻，乾則再上墨，不可以包入墨聚處蘸之，使棉有濕點，著紙即成墨點，有墨點即須易棉。近有使棉全

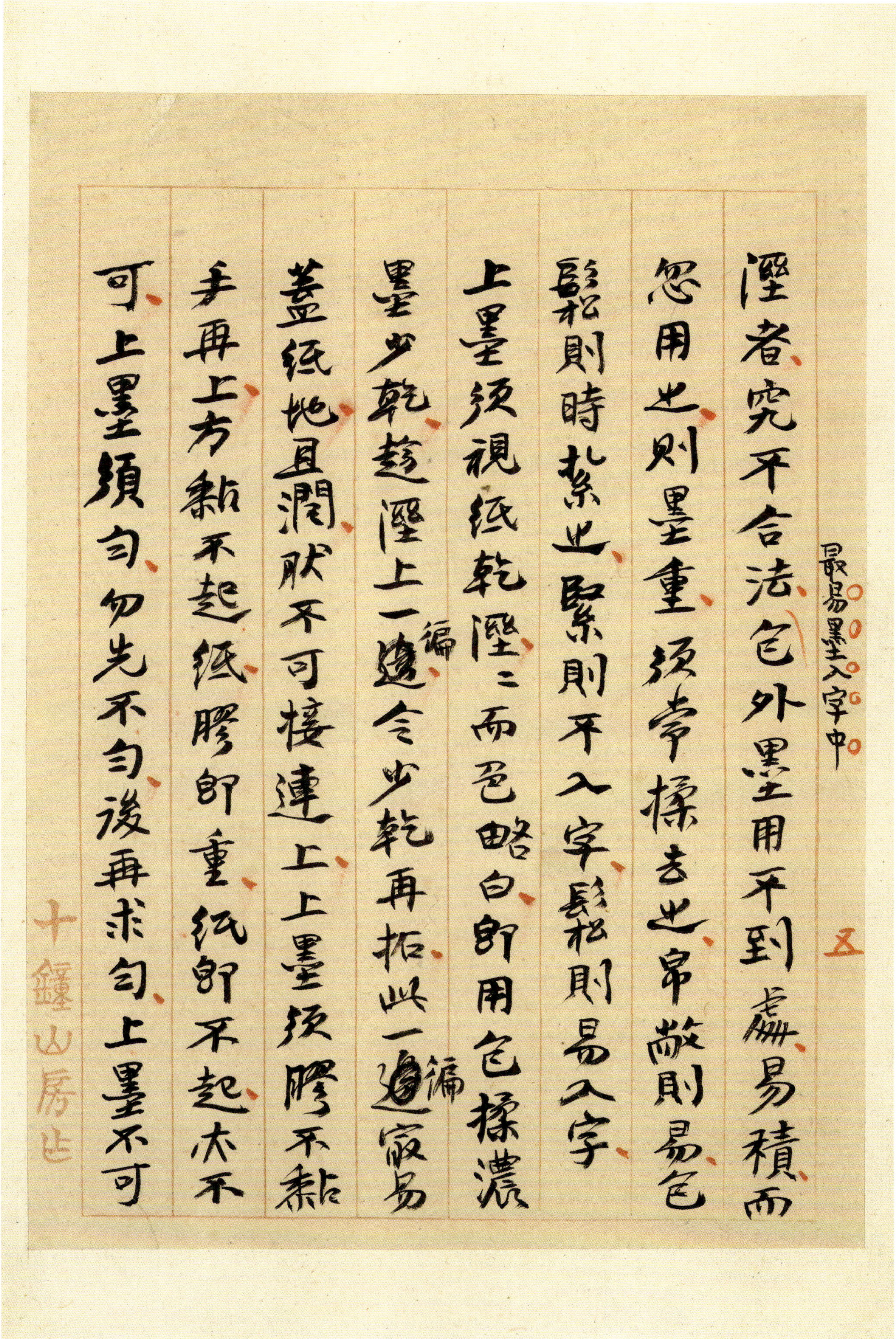

濕者，究不合法，最易墨入字中。包外墨用不到處，易積，而忽用之，則墨重，須常揉去之。帛敝則易，包鬆則時扎之。緊則不入字，鬆則易入字。上墨須視紙乾濕，濕而色略白，即用包揉濃墨少乾，趁濕上一遍，令少乾再拓，此一遍最易蓋紙地，且潤，然不可接連上，上墨須膠不黏手再上，方黏不起紙，膠即重，紙即不起，亦不可。上墨須匀。勿先不匀，後再求匀。上墨不可

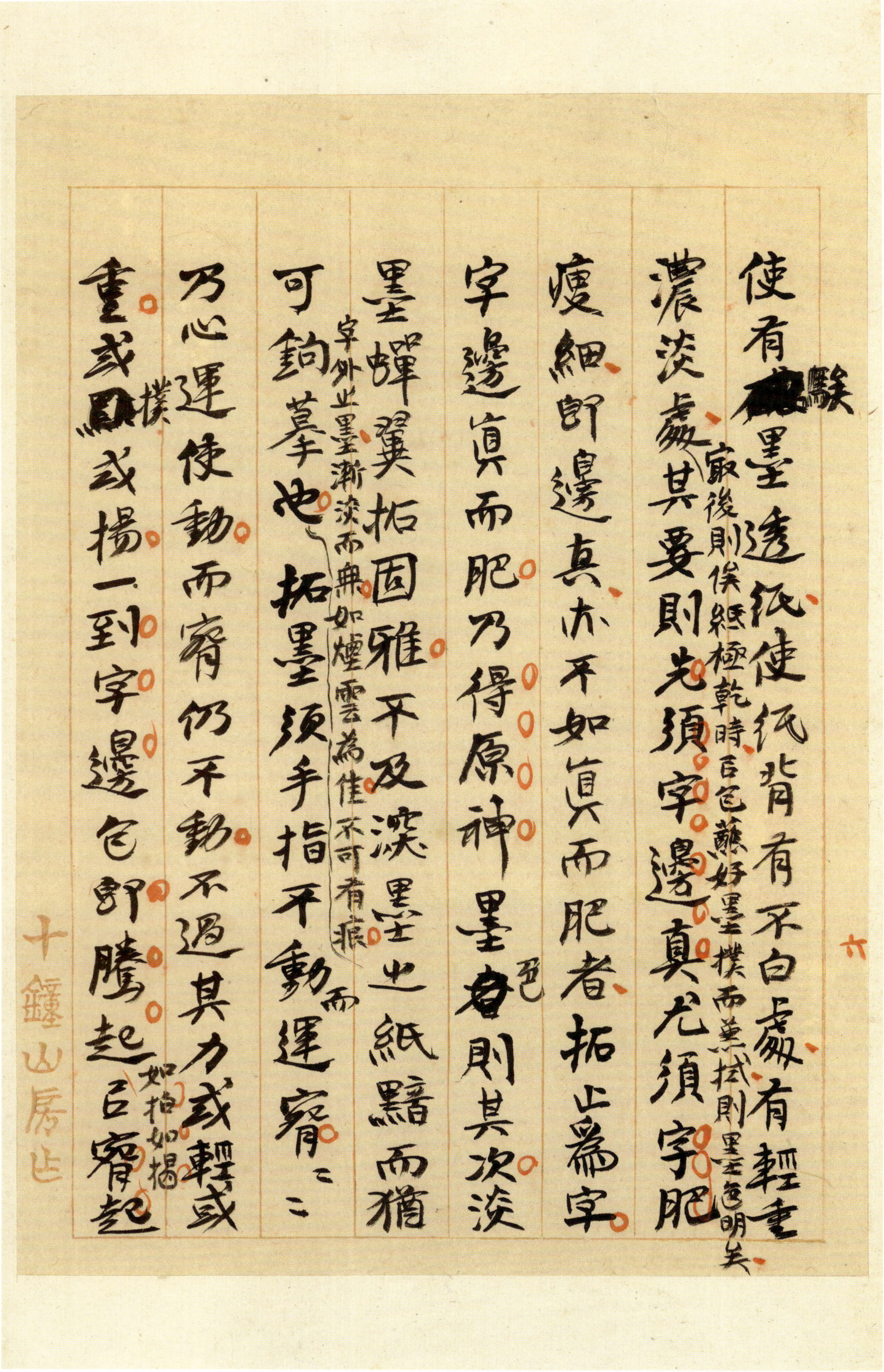

使有駿墨透紙，使紙背有不白處，有輕重濃淡處，最後則俟紙極乾時，以包蘸好墨，撲而兼拭，則墨色明矣。其要則先須字邊真，尤須字肥。瘦細，即邊真，亦不如真而肥者。拓止爲字，字邊真而肥，乃得原神，墨色則其次，淡墨蟬翼拓固雅，不及深墨之紙黯而猶可鈎摹也。字外之墨，漸淡而無，如烟雲爲佳，不可有痕。拓墨須手指不動而運腕。運腕乃心運使動，而腕仍不動，不過其力，或輕或重，或撲或揚，一到字邊，包即騰起，如拍如揭，以腕起

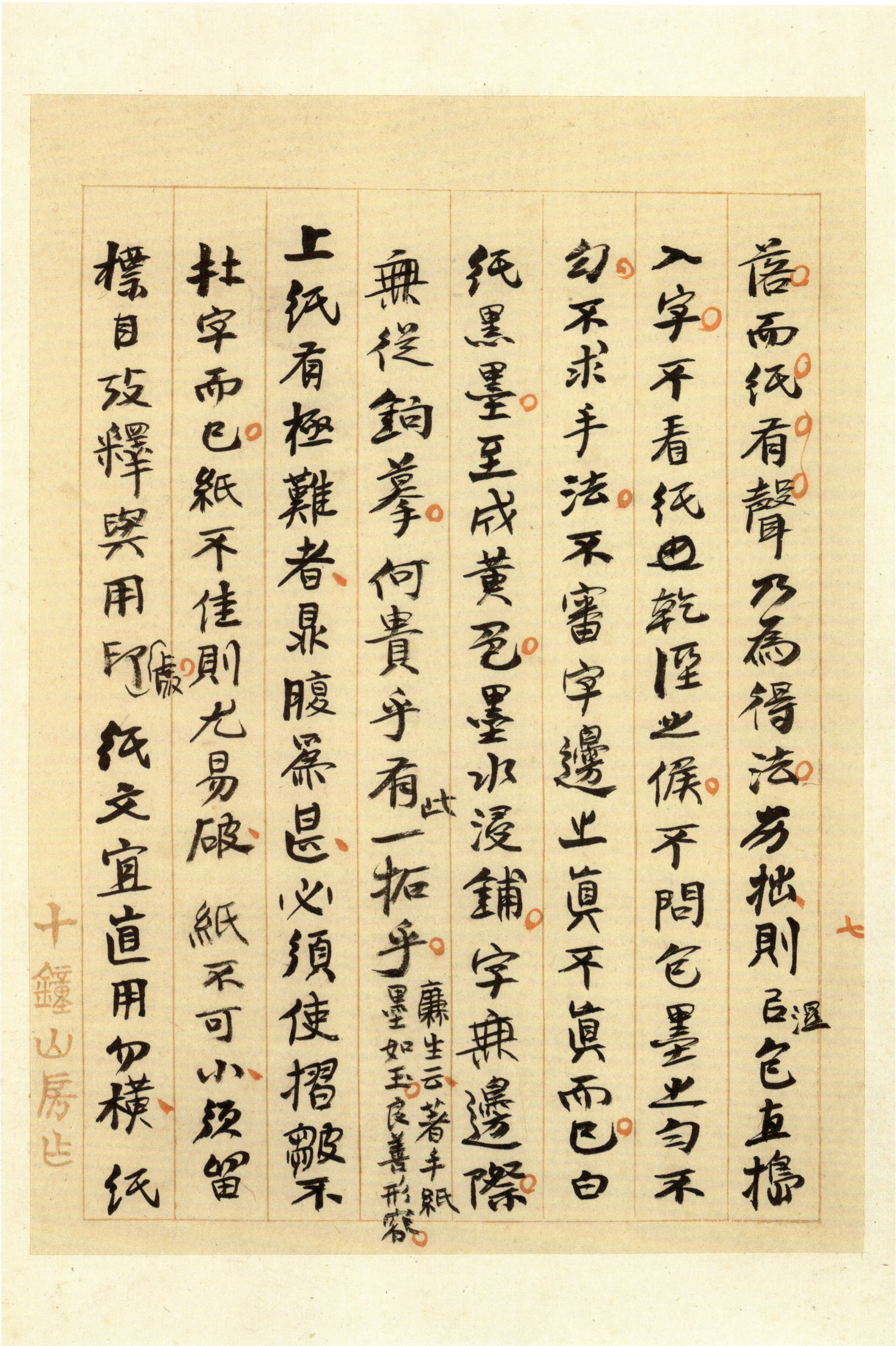
落而紙有聲乃爲得法劣拙則以溼包直搗
入字不看紙乾溼之候不問包墨之匀不
匀不求手法不審字邊之真不真而已白
紙黑墨至成黄色墨水浸鋪字無邊際
無從鈎摹何貴乎有此一拓乎廉生云著手紙墨如玉良善形容
上紙有極難者鼎腹爲甚必須使摺皺不
在字而已紙不佳則尤易破紙不可小須留
標目考釋與用印處紙文宜直用勿横紙
十鐘山房
七

落而紙有聲，乃爲得法。劣拙則以濕包直搗入字，不看紙乾濕之候，不問包墨之匀不匀，不求手法，不審字邊之真不真而已。白紙黑墨，至成黄色。墨水浸鋪，字無邊際，無從鈎摹。何貴乎有此一拓乎？廉生云：著手紙墨如玉。良善形容。

上紙有極難者，鼎腹爲甚。必須使褶皺不在字而已。紙不佳則尤易破。紙不可小，須留標目考釋與用印處。紙文宜直用勿横。紙

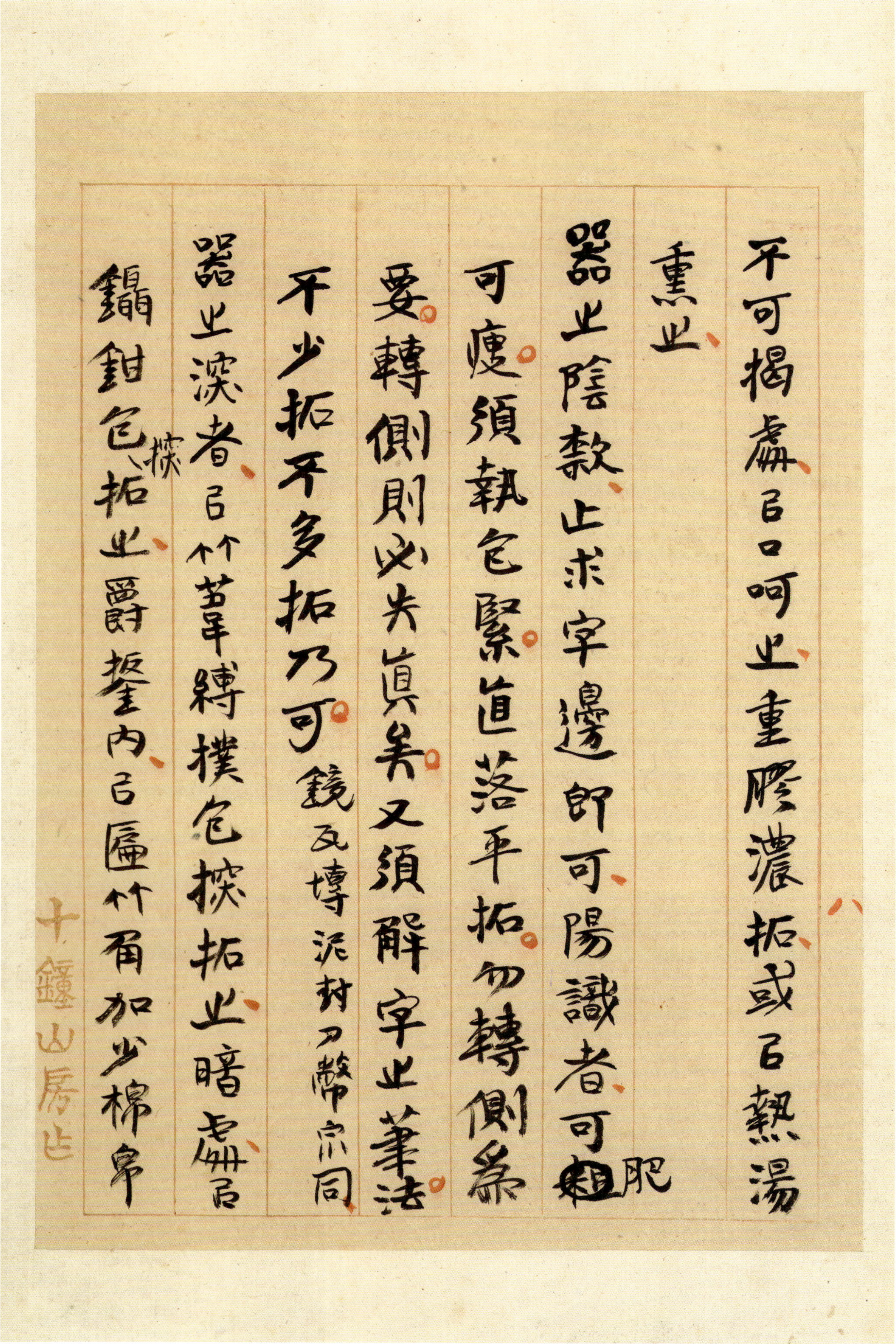

不可揭處，以口呵之，重膠濃拓，或以熱湯熏之。

器之陰款，止求字邊即可。陽識者，可肥可瘦，須執包緊，直落平拓，勿轉側爲要。轉側則必失真矣，又須解字之筆法。不少拓、不多拓乃可。

鏡、瓦磚、泥封、刀幣、泉同。

器之深者，以竹葦縛撲包探拓之，暗處以鑷鉗包探拓之。爵鍪內，以匾竹角加少棉帛

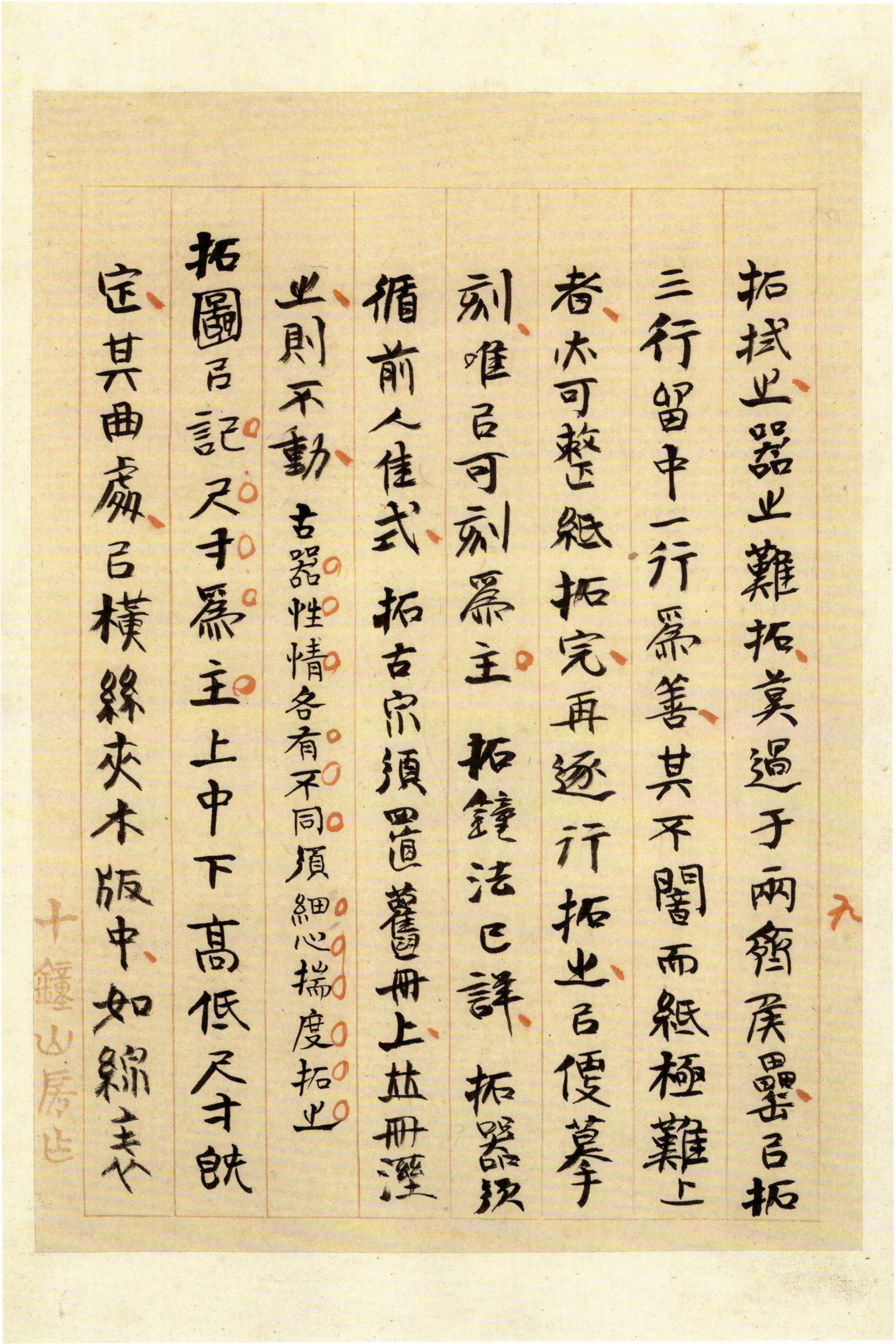

拓拭之。器之難拓，莫過于兩齊侯罍。以拓三行留中一行爲善。其不闇而紙極難上者，亦可整紙拓完，再逐行拓之，以便摹刻。唯以可刻爲主。拓鐘法已詳。拓器須循前人佳式。拓古泉須置舊册上，并册濕之，則不動。

古器性情各有不同，須細心揣度拓之。

拓圖以記尺寸爲主。上中下高低尺寸既定，其曲處以横絲夾木版中，如綫表

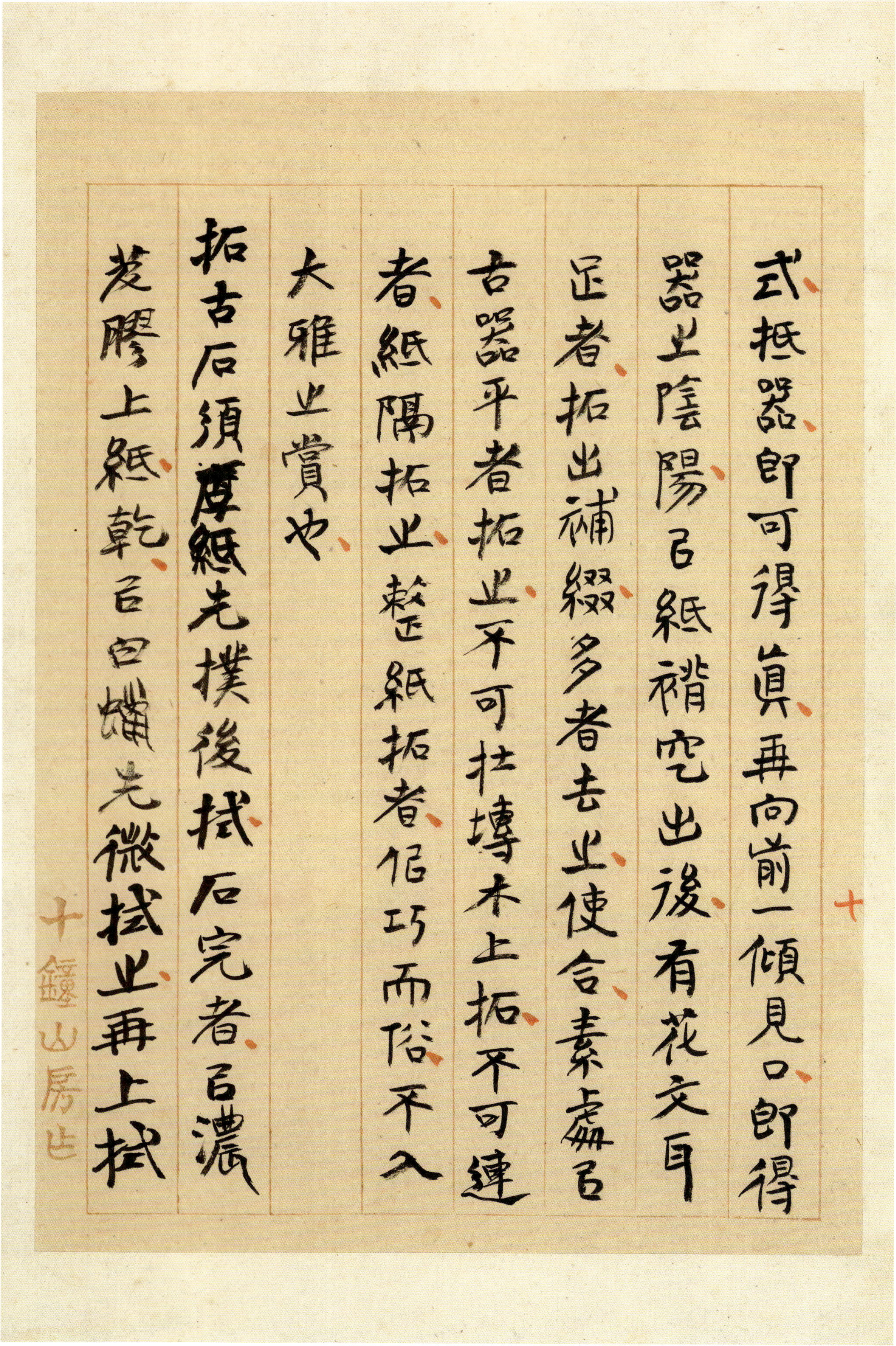

式，抵器，即可得真。再向前一傾見口，即得器之陰陽。以紙褙挖出後，有花文耳足者，拓出補綴，多者去之，使合。素處以古器平者拓之，不可在磚木上拓，不可連者，紙隔拓之。整紙拓者，似巧而俗，不入大雅之賞也。

拓古石須厚紙先撲後拭。石完者，以濃芨膠上紙，乾，以白蠟先微拭之，再上拭

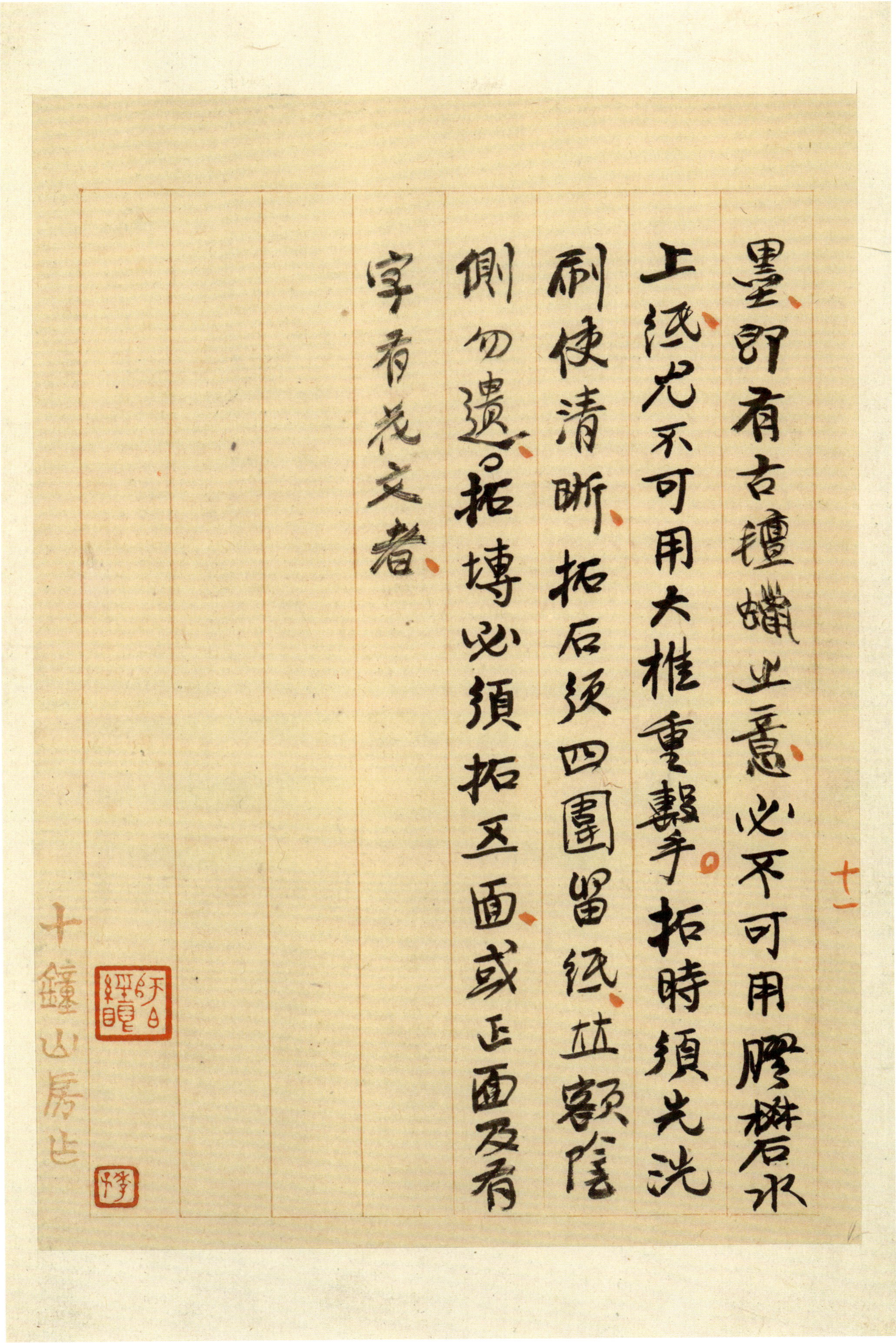

墨，即有古氈蠟之意。必不可用膠礬水上紙，尤不可用大椎重擊。拓時須先洗刷使清晰，拓石須四圍留紙，并額陰側勿遺。拓磚必須拓五面，或正面及有字有花文者。（鈐印『師白經眼』『季子』）

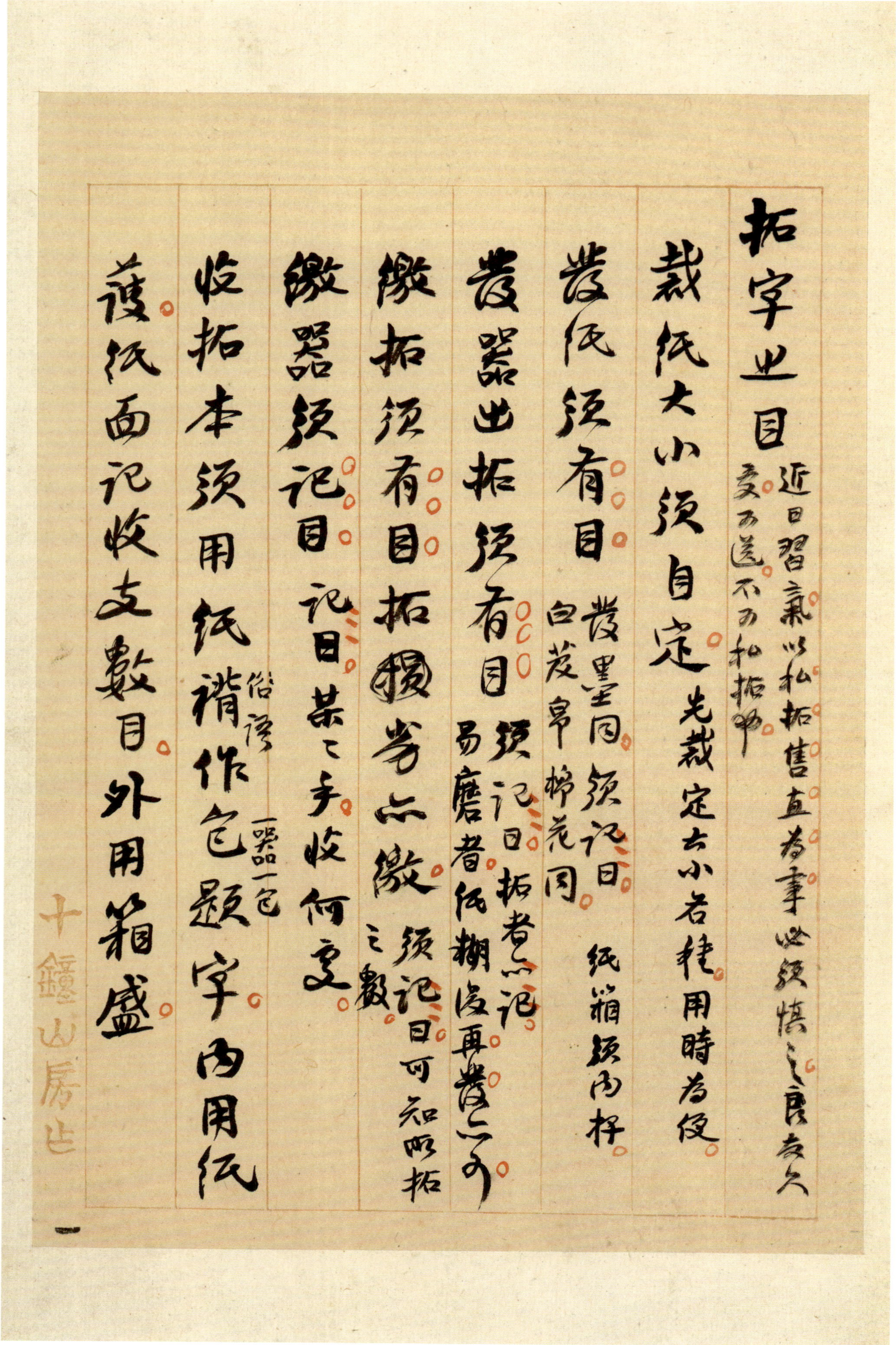

拓字之目 近日習氣以私拓售值爲事，必須慎之，良友久交可送，不可私拓也。

裁紙大小須自定。先裁定大小各種，用時爲便。 發紙須有目。發墨同。須記日。白芨、帛、棉花同。紙箱須內存。 發器出拓須有目。須記日。拓者亦記。易磨者，紙糊後再發亦可。 繳拓須有目，拓劣亦繳。須記日。可知所拓之數。 繳器須記目。記日。某某手，收何處。 收拓本須用紙褙俗語。作包，一器一包，題字。內用紙護。紙面記收支數目。外用箱盛。

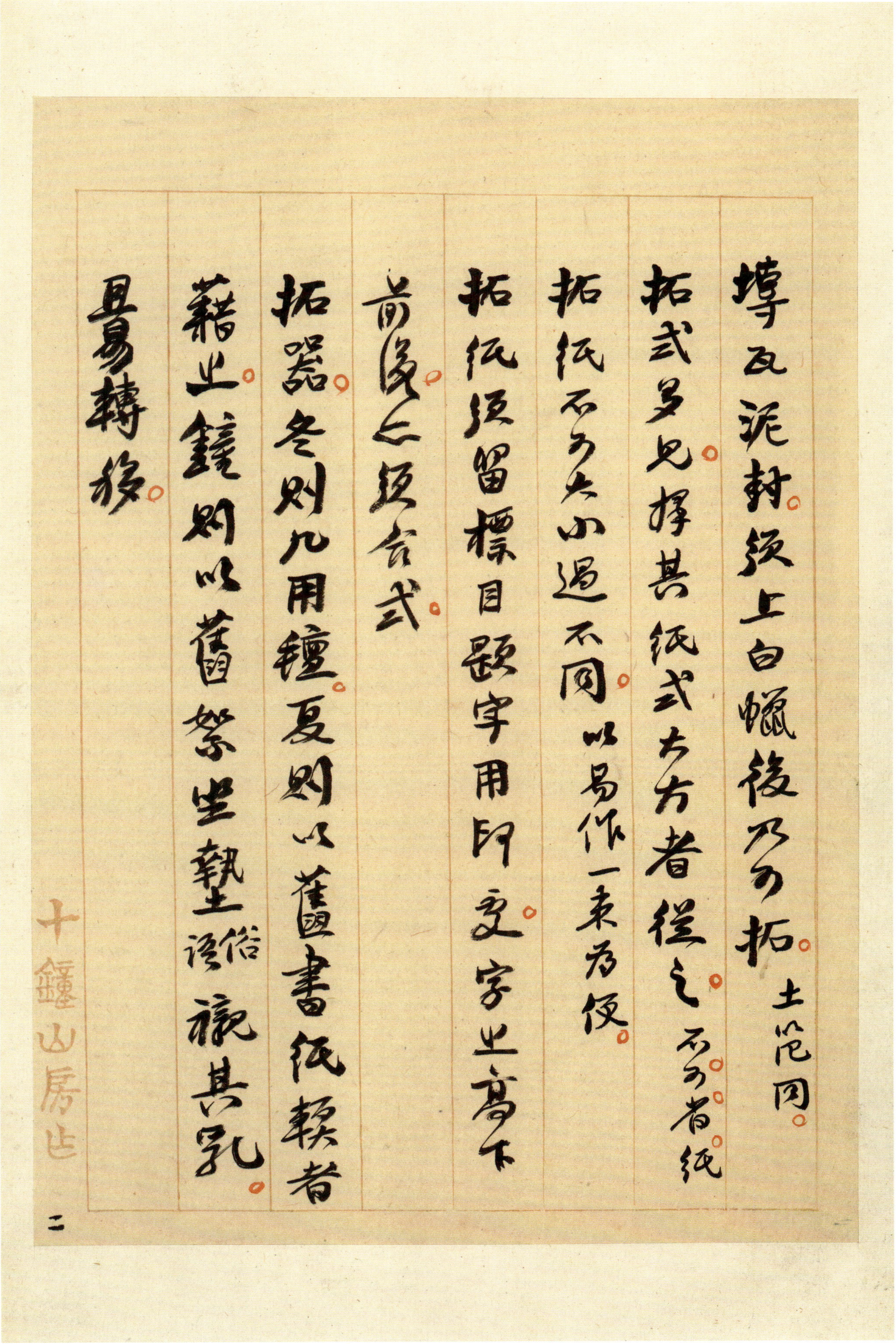

磚瓦泥封，須上白蠟後乃可拓。土範同。拓式多見，擇其紙式大方者從之。不可省紙。拓紙不可大小過不同。以易作一束爲便。拓紙須留標目題字用印處，字之高下前後亦須合式。拓器，冬則几用氈，夏則以舊書紙軟者藉之，鐘則以舊絮坐墊俗語。襯其乳，且易轉移。

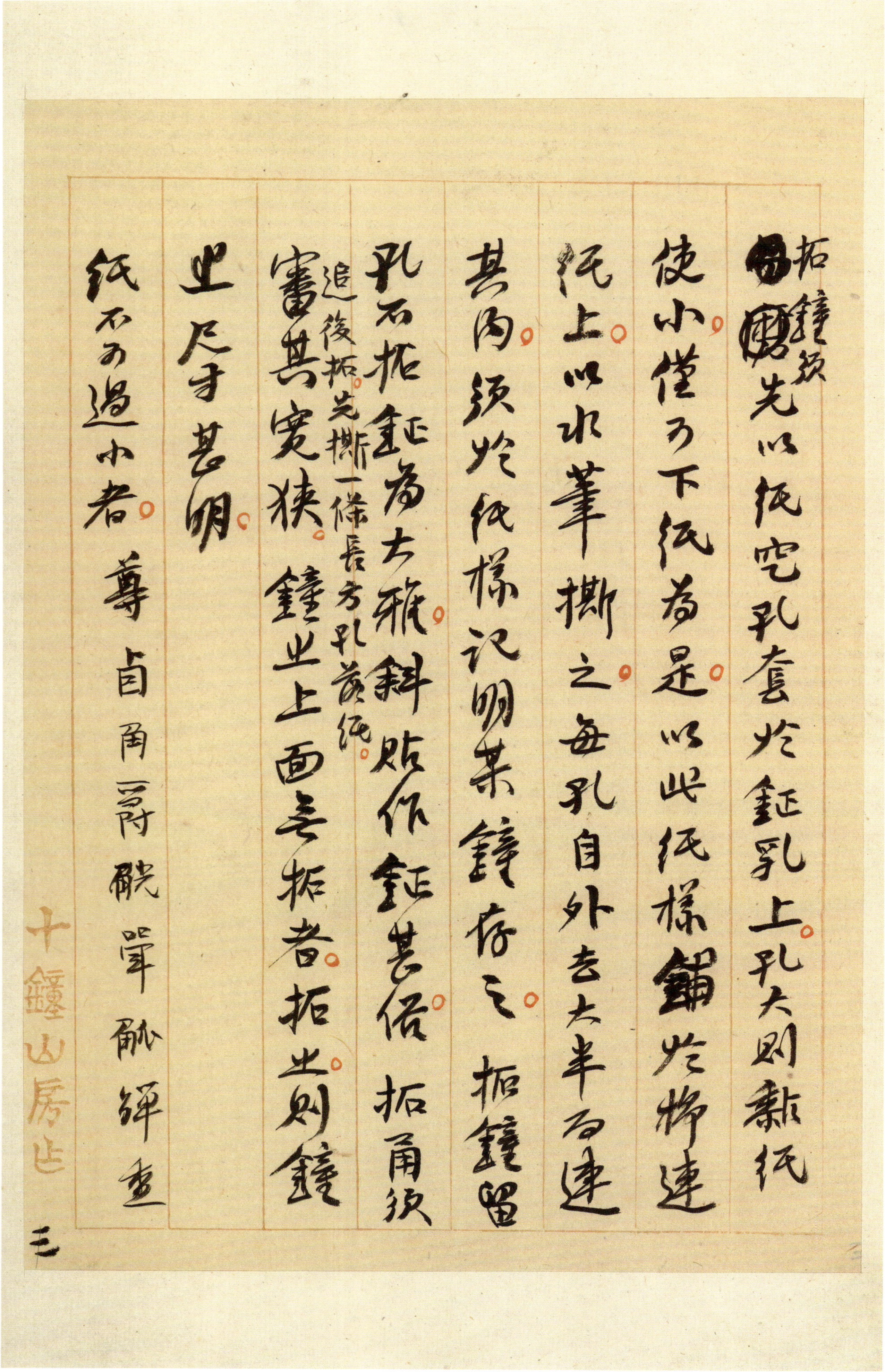

拓鐘須先以紙挖孔套於鉦乳上，孔大則黏紙使小，僅可下紙爲是。以此紙樣鋪於棉連紙上，以水筆撕之。每孔自外去大半而連其內。須於紙樣記明某鐘存之。拓鐘留孔不拓鉦爲大雅。斜貼作鉦甚俗。拓甬須審其寬狹。追後拓。先撕一條長方孔落紙。鐘之上面無拓者[一]拓之，則鐘之尺寸甚明。

紙不可過小者。尊、卣、角、爵、觥、斝、觚、觶、壺、

[一]按：鐘之上面，即鐘之舞部。

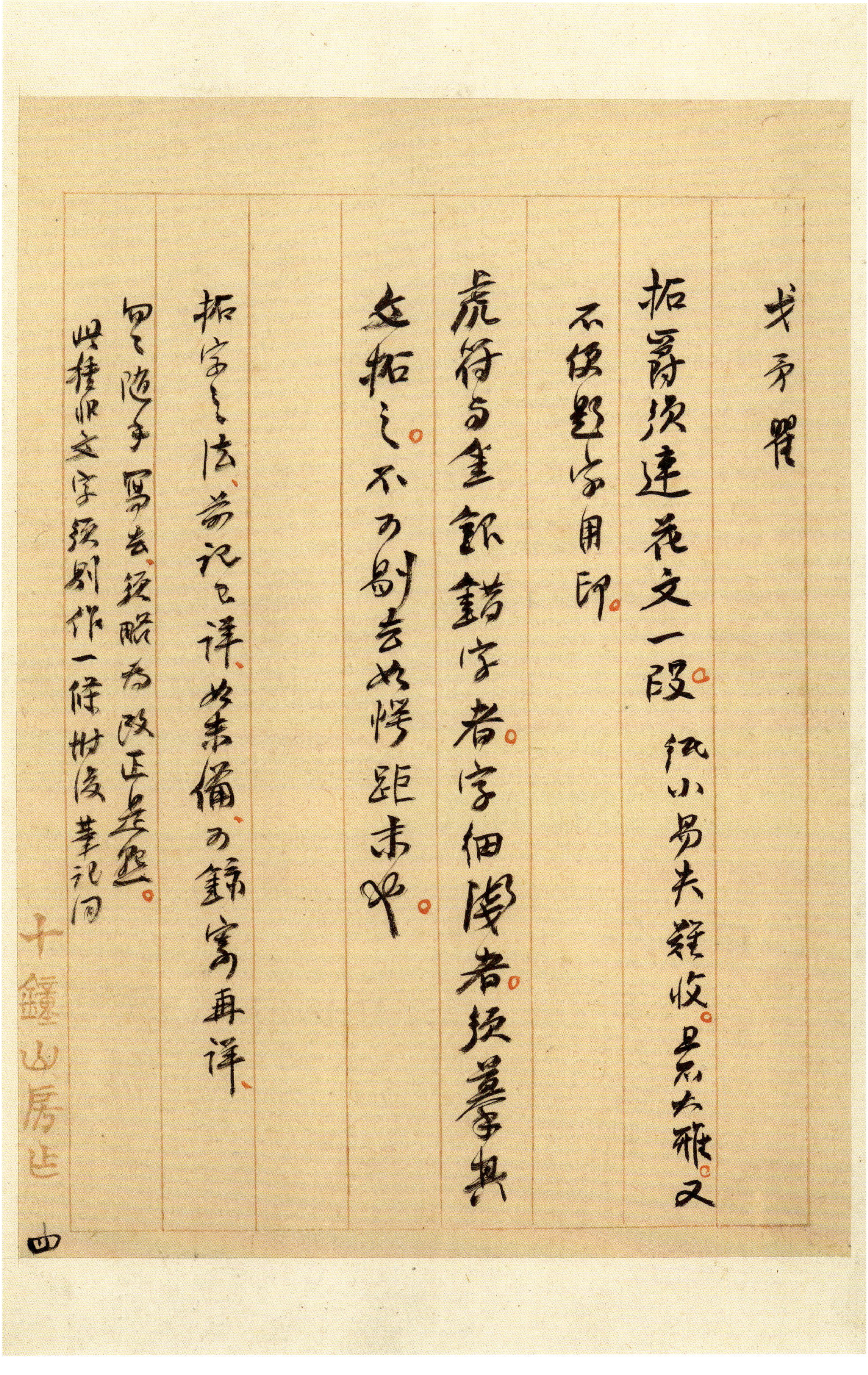

戈、矛、瞿。

拓爵須連花文一段。紙小易失難收，且不大雅，又不便題字用印。

虎符與金銀錯字者，字細淺者，須摹其文拓之。不可剔去如愕距末也。[一]

拓字之法，前記已詳。如未備，可録寄再詳。

匆匆隨手寫去，須略爲改正是懇。此種非文字，須別作一條附後，筆記同。

[一]按：『剔去如愕距末』可參看光緒九年癸未九月十七日簠齋致王懿榮尺牘：『又距末拓一，愕作者，不知何傖慫恿程木盦剔去錯金，而不知摹拓亦可。』見《秦前文字之語》，第一三〇頁。

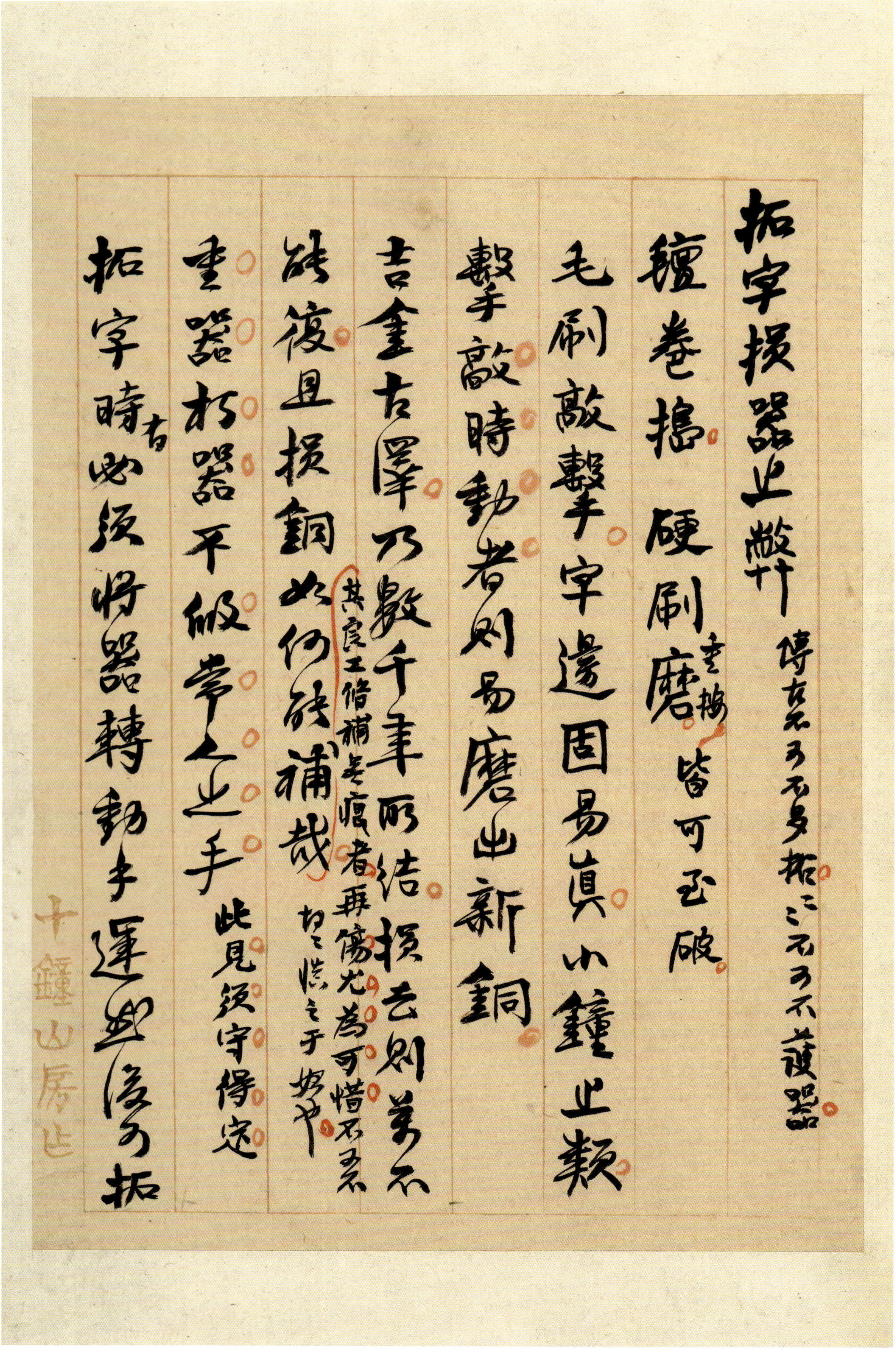

拓字損器之弊傳古不可不多拓，多拓不可不護器。

氈卷搗，硬刷磨，重按。皆可至破。毛刷敲擊，字邊固易真。小鐘之類，擊敲時動者則易磨出新銅。吉金古澤乃數千年所結，損去則萬不能復。且損銅如何能補哉？其良工修補無痕者，再傷尤爲可惜，不可不切切慎之于始也。重器、朽器不假常人之手。此見須守得定。拓字時，有必須將器轉動手運然後可拓

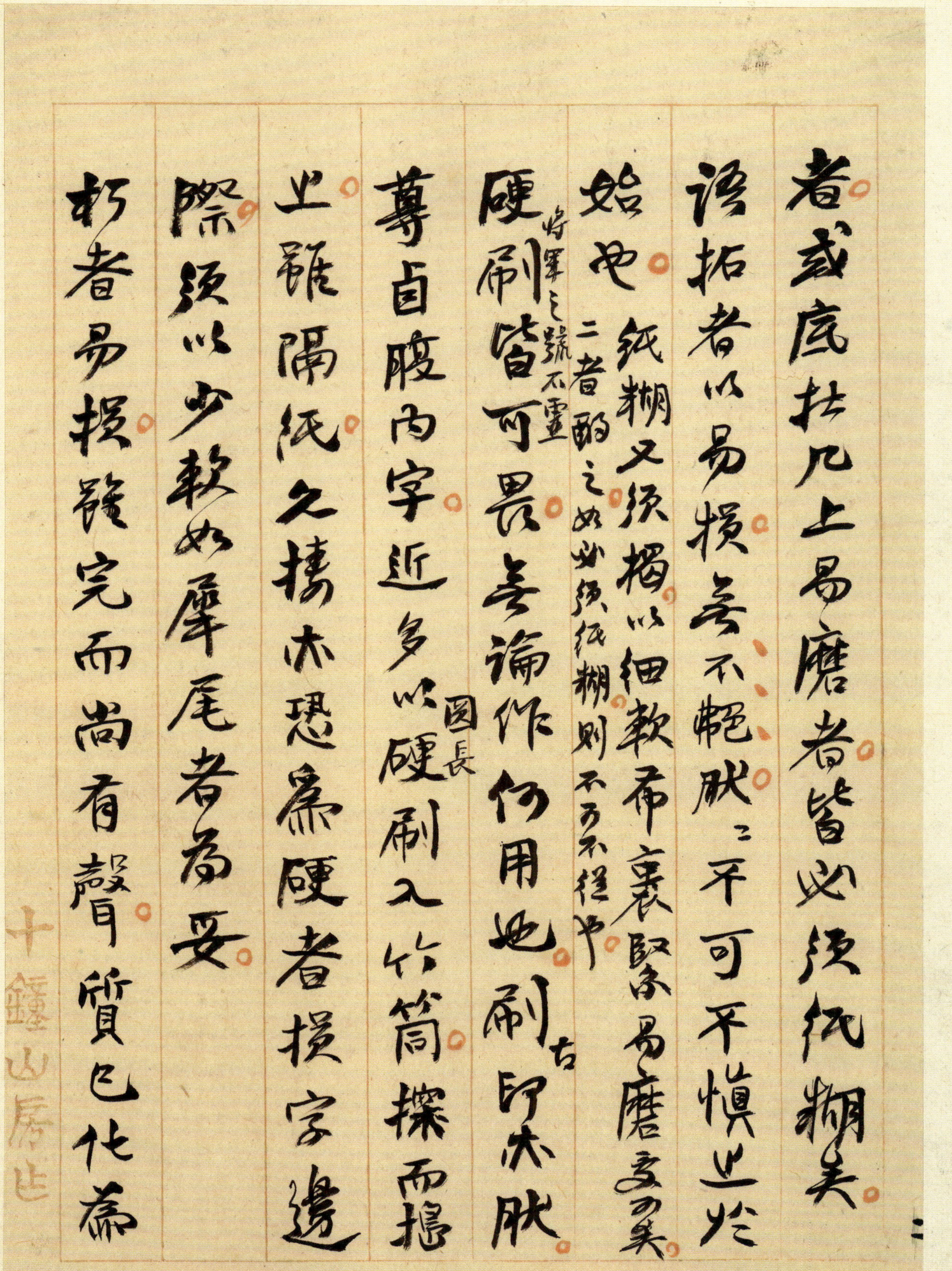

者，或底在几上易磨者，皆必須紙糊矣。語拓者以易損，無不艴然，然不可不慎之於始也。紙糊又須揭，以細軟布裹緊易磨處可矣。二者酌之，如必須紙糊，則不可不從也。硬刷，將軍之號不虛。皆可畏，無論作何用也。刷古印亦然。尊卣腹内字，近多以圓長硬刷入竹筒，探而搗之，雖隔紙，久擣亦恐爲硬者損字邊際。須以少軟如犀尾者爲妥。朽者易損。雖完而尚有聲，質已化爲

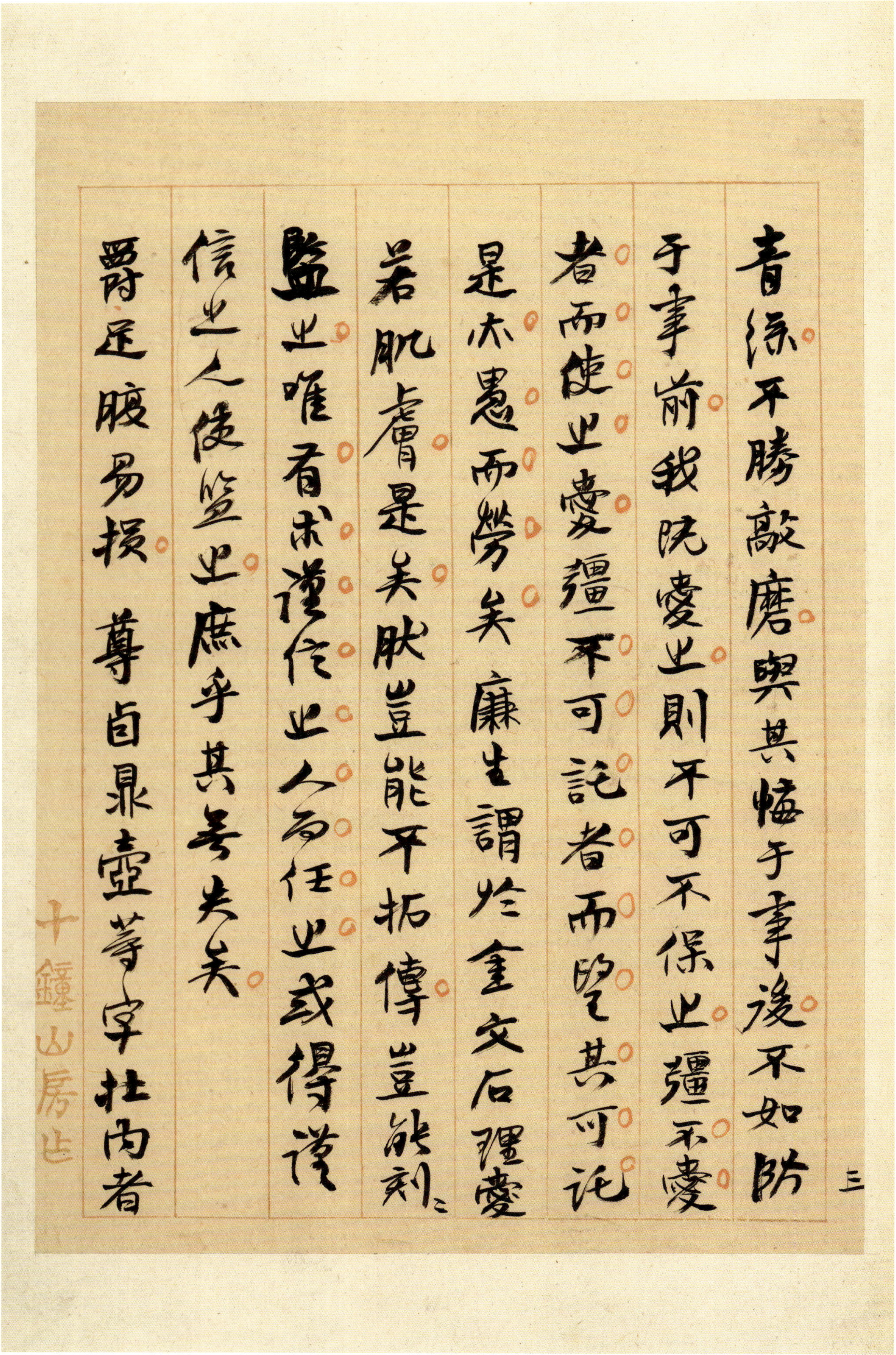
青緑不勝敲磨與其悔于事後不如防
于事前我既愛之則不可不保之彊不愛
者而使之愛彊不可託者而望其可託
是亦愚而勞矣廉生謂於金文石理愛
若肌膚是矣然豈能不拓傳豈能刻刻
監之唯看求謹信之人而任之或得謹
信之人使監之庶乎其無失矣
爵足腹易損　尊卣鼎壺等字在内者
三

青緑，不勝敲磨。與其悔于事後，不如防于事前。我既愛之，則不可不保之。强不愛者而使之愛，强不可托者而望其可托，是亦愚而勞矣。廉生謂於金文石理愛若肌膚，是矣。然豈能不拓傳？豈能刻刻監之？唯有求謹信之人而任之，或得謹信之人使監之，庶乎其無失矣。爵足腹易損。尊卣鼎壺等字在内者，

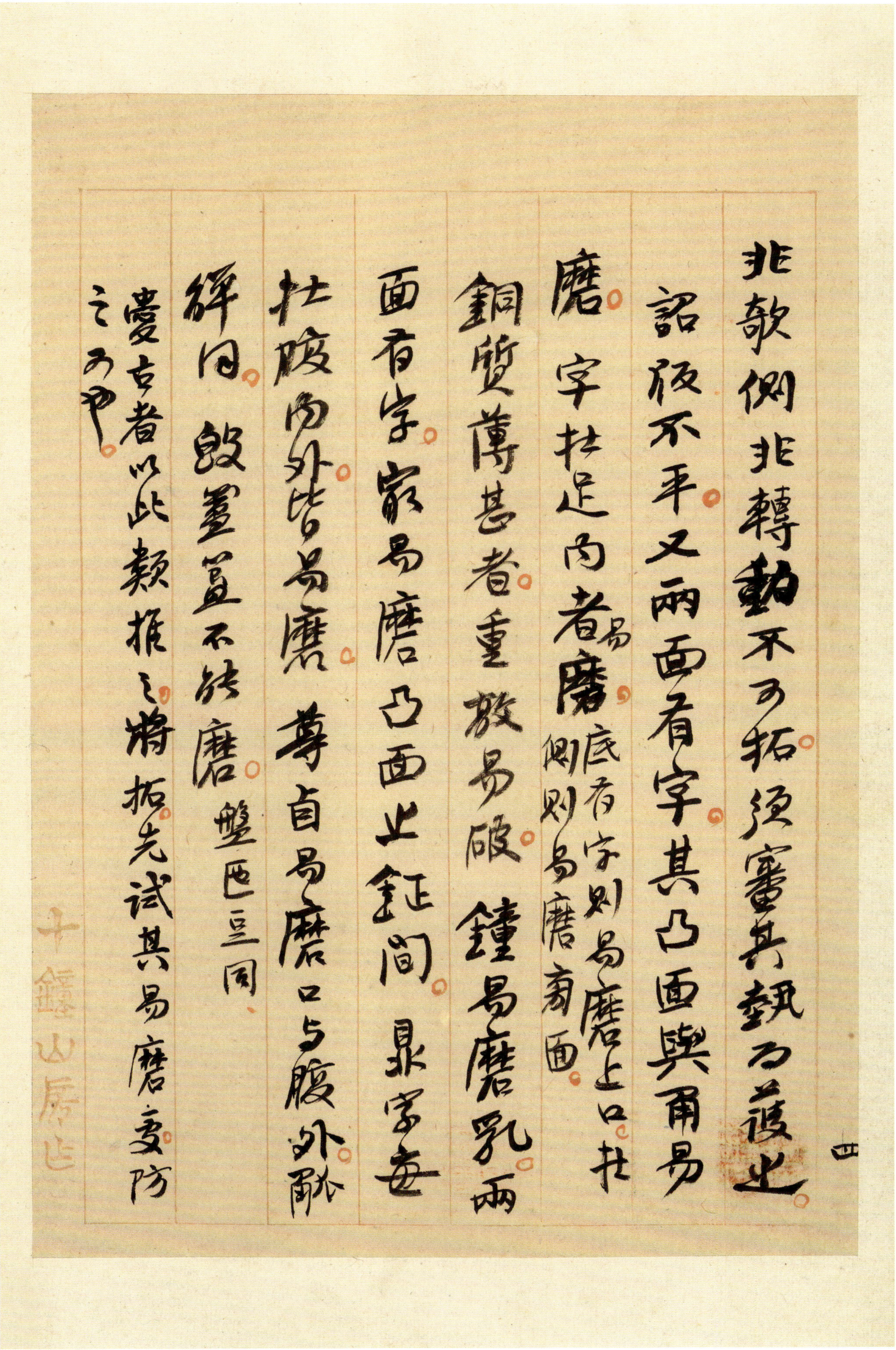

非敧側非轉動不可拓。須審其埶而護之。　詔版不平，又兩面有字，其凸面與角易磨。字在足内者易磨。底有字則易磨上口，在側則易磨旁面。　銅質薄甚者，重敲易破。鐘易磨乳，兩面有字，最易磨凸面之鉦間。鼎字每在腹内外，皆易磨。尊卣易磨口與腹外。觚觶同。段簠簋不能磨。盤匜豆同。　愛古者以此類推之。將拓，先試其易磨處，防之可也。

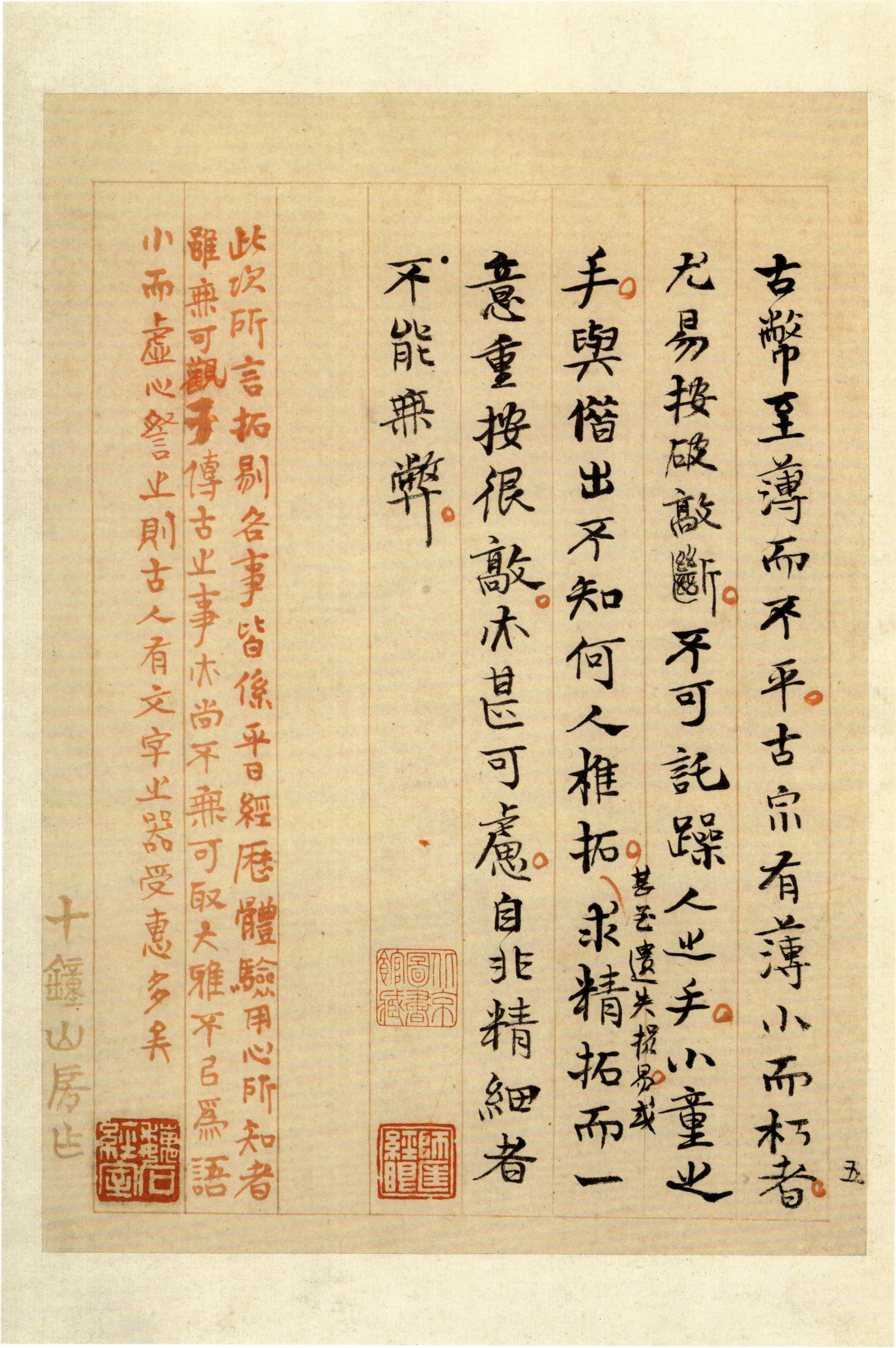

古幣至薄而不平，古泉有薄小而朽者，尤易按破敲斷，不可托躁人之手、小童之手，與借出不知何人椎拓，甚至遺失、損易。或求精拓而一意重按很敲，亦甚可慮。自非精細者不能無弊。

此次所言拓剔各事，皆係平日經歷體驗用心所知者。雖無可觀于傳古之事，亦尚不無可取。大雅不以爲語小而虛心察之，則古人有文字之器受惠多矣。（鈐印『北京圖書館藏』『師匡經眼』『魏石經室』）

陳介祺往來書札的館藏考察

晚清金石學是清代學術的一個重要分支，是集小學、史學、經學、美學、古物學於一體的綜合學科，上承漢儒經學、宋代金石學，下啓民國金石學與古文字學研究，并與西方傳來的考古學融合，共同締造了現代意義上的中國考古學。無論是清代學術史研究還是中國考古的學術史研究，晚清金石學都具有重要的學術史意義。然而，當前學界對於晚清金石學的總結與研究還有待進一步深入。

書函往來，是晚清金石學研究與交流的一個重要現象。而這些書函本身，也是研究晚清金石學史的重要史料。梁啓超曾經指出：『（吴）式芬有《古録金文》，（潘）祖蔭有《攀古樓彝器款識》，（吴）大澂有《愙齋集古録》，皆稱精博；其所考證，多一時師友互相賞析所得，非必著者一人私言也。』陳介祺與他們的往來書函正是溯源其金石研究來源的重要資料，更涵蓋了晚清金石學的發展脉絡，是學術史研究的重要材料。

陳氏出身官宦望族，從小師從清代金石學代表人物阮元學習，藏研金石，頗有研究，又與晚清金石學家吴式芬、潘祖蔭、劉喜海、王懿榮、吴大澂等人多有交流。陳氏一生謹慎低調，在致力於金石傳拓實踐的同時，也精研金石之學，但罕有結集出版者，而是將其所學所得記録在題跋和書札之中。筆者入職國家圖書館以來，發現館藏晚清金石大家的往來書札十分宏富。近年來，館藏吴大澂、吴雲、潘祖蔭、王懿榮等人的書札漸次發布，或影印出版，或整理出版。然而至目前爲止，陳介祺金石往來書札的整理還是學界的一個空白。

陳介祺生前矜持審慎，幾乎不曾刊布自己的金石學研究著作。目前所見的陳氏之著作，多以後人及友人整理刊布爲主。國家圖書館藏陳介祺書札的影印本有：

一、《簠齋尺牘》十二册本，民國八年商務印書館影印本，十册爲陳氏手迹，二册爲謄抄本。

二、《簠齋尺牘》五册本，民國影印本。

這兩種尺牘中關於金石學考證方面的書札，由陳氏後人陳繼揆整理爲《秦前文字之語》。

而國家圖書館收藏的陳介祺往來書札稿本有：

一、《陳介祺書札》九册本，手稿。

二、《陳介祺致潘祖蔭手札》四册本，手稿。

三、《吴清卿書札（致陳介祺）》六册本，手稿。

四、《潘伯寅（祖蔭）致陳簠齋書札》三册本，手稿。

五、《王廉生（懿榮）致陳簠齋書札》八册本，手稿。

六、《陳簠齋書札》二通，手稿。

陳介祺書札書體多爲行草、草書、篆書、金文等，釋讀有一定的難度。上述書札手稿目前有整理本的爲《吴清卿書札（致陳介祺）》六册本及《王廉生（懿榮）致陳簠齋書札》八册本。

本書收録《陳介祺書札》九册本、《陳介祺致潘祖蔭手札》四册本、《陳簠齋書札》二通的圖像并釋文，以供學界參考。

第一节　陳介祺往來書札述要

一、《簠齋尺牘》十二册本，民國八年上海涵芬樓影印本，十册爲陳氏手迹，二册爲謄抄本。

此爲羅振玉於一九一九年主持影印出版的《簠齋尺牘》，共十二册。其中，三册爲陳介祺致潘祖蔭書札，四册爲陳介祺致王懿榮的書札，二册爲陳介祺致鮑康的書札，一册爲陳介祺致譚相紳、李章卿的書札。最後二册爲致吴雲的書札，謄抄本，非陳介祺手迹。

羅振玉注明三册致潘祖蔭書札爲『黄縣丁氏匋齋藏』。丁氏匋齋，即山東黄縣收藏大家丁樹楨。丁樹楨（一八六一—一九一五），字幹圃，爲世代儒商山東首富丁氏後代，他購入過劉喜海舊藏，對陳介祺的藏品和書札也有少量購藏。這套書札的原件應當保存較爲完好，信封都得以保存。共計一百八十三紙，二十六通。

四册致王懿榮的書札則標注爲『福山王氏天壤閣藏』。福山王氏天壤閣，即王懿榮的室名。這些書札曾爲王氏保存，王氏殉國後，書札流落古玩商手中。四册共計四百七十四紙，六十七通，時間跨度從同治十二年到光緒九年。

二、《簠齋尺牘》五册本，民國影印本。

該書札爲影印本，存世較少，較爲珍貴。其原件已不知收藏何方。五册均爲陳介祺致吴大澂手稿，由於是石印翻刻，除了手迹和鈐印，其他信息都有一定的損失，如信箋的花紋、信封等等，已不可見。共計三百一十一紙，三十五通。這些書札的時間和内容，均可與館藏《吴清卿書札（致陳介祺）》六册本（手稿）相繫聯，可從中窺見兩人書札往來的大致面貌。

該影印本，無序無跋。《雙行精舍書跋輯存》『簠齋尺牘』條下云：『民國八年影印本，五册。』《石廬金石書志》云：『慈壽閣影印本，濰縣陳壽卿介祺先生作。簠齋晚年與吴縣吴大澂愙齋先生交往最密，寄書亦最勤。函中盡屬商訂金石，計二百九十餘通。爲慈壽閣所藏，足補涵芬樓所刊之未盡也。』此處所指的書札當是陳介祺致吴大澂的書札。然不知林鈞如何計算『通』量，竟達二百九十餘之多。蓋林氏所謂『通』者，即今日所謂『紙』，一紙即爲一通。

三、陳簠齋書札（未編目）二通，手稿。

該書札爲散葉，不知來源，蓋爲批量買入的書札。兩通書札均致翁大年，時間分别爲咸豐八年（一八五八）與同治三年（一八六四）。

四、《陳介祺書札》九册本，手稿。

九册本《陳介祺書札》來源不一，應該是本館重新整理編目之時，將陳介祺的書札彙集在一處重新編目的結果。

該本第一到第五册爲陳介祺致徐會澧的書札。最早有紀年的書札始於光緒六年（一八八〇）年陳介祺外甥女辭世前幾個月，終於光緒十年（一八八四）閏五月二十三日陳介祺病逝前幾個月。書札不少，但并非陳介祺致徐會澧的全部書札。徐會澧同治七年（一八六八）考中進士，在此之前的十幾年中，兩人必有魚雁往來，如果尚存天壤之間，希望日後能看到新的資料披露出來。

這五册書札也并非本有序次。根據國家圖書館在二十世紀七十年代至八十年代拍攝的膠卷來看，前五册書札本來都是散葉，後來才整理成册。由於種種原因，編次的人首先根據箋紙的不同將書札分開，然後再根據原來的順序和字句內容相關性粘貼在册。經過筆者的仔細比對，這些貼好的書札有明顯的排序混亂，既没有按照時間排序，也没有按照事件排序，甚至連同一通書札的上下紙都能拆分而相隔甚遠，分别粘在不同書册中。因此筆者對書札進行了重新編次。有具體年月日的書札按照時間順序排序，而不知年月、無法綴連的散葉，則根據箋紙、筆迹分類聚合，附次在後。

第六册，是一通獨立的書札，未成册，一共四紙，是陳介祺同治七年（一八六一）寫給李福泰的。

第七册封面上題有『彝器文字漢器款識精品各家藏器劉鐵雲所藏器』的字樣，還有編號『四九七三一』。可見這册書札本有來源，其中不但有陳介祺致王孝禹的兩通書札，還有吴大澂致王孝禹的兩通書札。裝幀精緻，每葉箋紙和襯紙的交界處都鈐有『慎思』小印。

第八册俱爲陳介祺致親友書札，其中有表弟王之翰、表侄郭襄之、同年貢璜、張兆棟等人。書札本也爲散葉，后裝成册，然書札編序混亂。筆者對書札進行了重新編次。

第九册經折裝，裝幀精美，護葉上題『七〇〇八五』，可見本爲有獨立來源的一册書札，均爲致蘇兆年、蘇億年兄弟的書札。其中一通給蘇億年的書札，應該作於蘇兆年甫去世后。書札上有『思貽令名』的騎縫章。

徐會澧、李福泰、王之翰、蘇氏兄弟的回函，今已不可見。俟後如能發現可相互繫聯的回復書札，亦是學苑佳話。

五、《陳介祺致潘祖蔭手札》四册本，手稿。

該書札裝幀精美，題簽『簠齋手札』，內有『曾在周氏匋齋』『進印』『季木』等鈐印，知曾爲民國著名金石收藏家周進收藏。周進（一八九三—一九三七），字季木，室名居貞草堂，安徽至德（今東至縣）人，清兩江總督周馥之孫，周學海四子，著名歷史學家周一良之叔，出身於封建官宦家庭。周叔弢之弟。周氏著有《季木藏印》《新編全本季木藏陶》《貞居草堂漢石影》《魏石經室古璽印景》《周季木遺墨》。

這四册陳介祺書札，編次有序，嚴謹整飭，始於同治十二年癸酉（一八七三）閏六月六日，終於同治十三年甲戌（一八七四）九月二日。而《簠齋尺牘》十二册本中陳介祺致潘祖蔭的書札始於同治十三年甲戌（一八七四）十月十三日，正好相接，可謂幸甚。同治十二年癸酉（一八七三）閏六月六日書札中云『歸里廿年，久隔京華音聞』。可知這是陳介祺重返京城金石古玩圈致潘祖蔭的第一通信。共計一百八十六紙，二十二通。

六、《吴清卿書札（致陳介祺）》六册本，手稿。

該書札原爲吴大澂自行保存整理，面貌較好。鈐有『八虎符齋』『龍節虎符之館』印，故知曾藏吴大澂處。吴大澂的信箋十分講究，少用素箋，多爲金石箋紙，有畫有字，通常爲金石器物及磚、印、古泉等物。

第一册封面標籤上有如下字樣：『編入善乙續目二，名「器考目」。』故知其入藏國立北平圖書館之後曾經的編目情況。

第一册有小注：『以上共計三十頁，每頁兩張，計六十張。外附《石門訪碑記》五張。又鼎鐙各一張。』

第二册有小注：『以上計三十頁，每頁兩張，共計六十張。』

第三册有小注：『以上共二十二頁，每頁兩張，共四十四張。以上單頁共十面九張。』

第四册有小注：『以上計二十六頁半，每頁兩張，共計五十六張。』

第五册有小注：『以上計三十頁半，每頁兩張，共六十一張。』

第六册有小注：『以上計三十一頁，每頁兩張，共計六十二張。』

書札始於同治十二年癸酉（一八七三）臘月十八日，終於光緒九年癸未（一八八三）十二月初六，六册共計三百五十二紙，五十九通。

七、《潘伯寅（祖蔭）致陳簠齋書札》三册本，手稿。

該書札鈐印有潘祖蔭自用大印『丹楓草閣』『南公鼎齋』『鬳古居』等，確爲潘祖蔭自己曾經整理過的書札手稿。潘祖蔭用箋與當時文人所崇尚的素雅不同，潘氏愛用花箋，色彩明麗，圖案飽滿，與其他機構所藏之潘祖蔭書札可相互資證。

第一册有小注：『本册三十六葉，共手札七十二紙。』

第二册有小注：『本册三十六葉，共手札七十二紙。』

第三册有小注：『本册四十八葉，共手札九十五紙。』

書札始於光緒元年乙亥（一八七五）正月二十二日，終於光緒四年戊寅（一八七八）十一月八日，共計二百三十九紙，六十八通。可與館藏陳介祺致潘祖蔭書札在内容上相互繫聯。

八、《王廉生（懿榮）致陳簠齋書札》八册本，手稿。

該書札編次整飭，蓋爲王氏舊藏。書體以行書爲主，用箋以素箋、金石箋爲多。

第一册有小注：『本册三十五葉，手札七十紙。』

第二册有小注：『本册三十八葉，手札七十六紙。』

第三册有小注：『本册三十五葉，手札六十九紙。』

第四册有小注：『本册三十七葉，手札七十三紙。』

第五册有小注：『本册三十六葉，手札七十二紙。』

第六册有小注：『本册三十六葉，手札七十一紙。』

第七册有小注：『本册三十六葉，手札七十二紙。』

第八册有小注：『本册三十六葉，手札七十一紙。』

書札始於清同治十二年癸酉（一八七三）四月六日，終於十年甲申（一八八四）閏五月七日，共計五百七十二紙，六十五通。可與館藏陳介祺致王懿榮書札在内容上相互繫聯。

九、《陳簠齋致王廉生（懿榮）書札》六册本，手稿。

該書札來源未明，然保存完好。封面有題簽曰：『陳簠齋致王廉生手札，計六百頁，皆係考據金石文字者。』題簽字體潦草，不似出於名家手筆，疑似出自古玩商賈之手。經整理，實際有六百零二紙，一百五十五通。體量之大，足以令人震驚。有學者提出該六册書札均爲僞造。經過筆者整理，書札大概始於清同治十二年癸酉（一八七三）八月二日，終於六年庚辰（一八八〇）十二月十八日。從内容和日期上看，與《簠齋尺牘》十二册本中所收藏的陳介祺致王懿榮尺牘有相間的情況，也的確存在真僞相間的情況。

該書札的編次者，首先將有編年日期的信札排序，然後再按照信箋的相似程度、日期的相近程度來編次没有具體編年日期的書札。這種方法雖然有一定的操作依據，但是從實際内容上看還是有一些矛盾。筆者根據其内容和日期的情況，重新將該書札與《簠齋尺牘》十二册本中陳介祺致王懿榮的書札、《王廉生（懿榮）致陳簠齋書札》八册本的書札進行了相互繫聯。其中一些書札，明顯是僞造的。比如論述『琥、瓏』二文的書札、論述《白虎通義》的書札，都是節選孫詒讓《籀廎述林》里的相關文字。

其中，還有一通發現甲骨文的書札引人注目。書札中提及古董商范某以及甲骨出土的地點，然因其摹本及措辭有可疑之處，一直被視爲僞造之作。

有學者認爲僞造者參考了很多簠齋的書札，其中有些書札今已散佚。雖然這些僞造的書札有很大的迷惑性，但是也能幫助我們了解一些綫索。筆者印象最爲深刻的書札是涉及了陳介祺書畫藏品的書札，深入研究或許可以獲得關於陳氏書畫收藏及鑒賞的綫索。

不難發現，陳介祺與衆人的金石學往來書札酬答，大約集中在同治十二年至其離世前，即一八七三年至一八八四年的十一年間。陳介祺父親陳官俊在世時，爲太子的師傅，是清廷中有名的漢臣。道光二十九年（一八四九）七月，陳官俊因病辭世。咸豐三年（一八五三），陳家被點名捐款，陳介祺由此灰心仕途，告病辭官，回到濰縣定居。在此後二十年中，陳介祺一直沉浸在自己金石收藏考訂的世界里，直到鮑康與潘祖蔭將他重新帶入京城金石交游的中心。

第二节　陳介祺、潘祖蔭往來書札的考察

潘祖蔭（一八三〇—一八九〇），字東鏞，別字朝陽，號伯寅、鄭庵，齋號滂喜齋、功順堂等。謚文勤。江蘇蘇州人。潘祖蔭出身於簪纓世家，其祖父潘世恩歷事四朝，官至軍機大臣加太子太傅銜。咸豐二年（一八五二）壬子恩科一甲三名進士，授編修，遷侍讀，入直南書房，充日講起居注官。累遷侍讀學士，歷官大理寺卿，禮部、工部、刑部尚書等職，入直軍機。工書法，博通經史，所藏宋元善本、碑拓、青銅器甚富，尤其以收藏盂、克二鼎聞名於世。潘祖蔭的父親潘曾綬與陳介祺是同年進士，在京城時也有往來。潘祖蔭一生仕途通達，雖然是陳介祺的晚輩，但身份地位在陳介祺之上，故而在書札中，陳介祺尊稱他的官職，而潘祖蔭則按照輩分謙稱自己爲『侄』。

兩人書札往來三年之後，潘祖蔭收集了陳介祺的來信若干，裝訂爲三大册，并請陳介祺題詞。根據目前的藏札來看，潘祖蔭所裝訂的三大册書札，蓋爲《簠齋尺牘》十二册本中收録的前三卷。陳介祺題詞也收入其中，文字如下：

余歸里廿餘年，病中久不作長安書，書亦不至。鮑子年夔守退居日下，以臆園野人自稱，乃屢致書，并伯寅少農書古吉金文字寄，不能不答。然吉金文字亦非詢者不敢答，今竟以所答裝三巨册索題。竊謂古人有真理乃有至文，書藝亦上者造極，次者有法。三者，祺皆未能有所辨析，僅用心於書藝、別僞，於拓墨求精，以傳古文字之真，而不敢不謹所言。非於理與文有可取也，倘不以記問淺陋責，而以理與文教之，俾得少有獲於古訓，而所言不至可弃，則誠至幸也夫。光緒丙子四月十二日癸酉立夏陳介祺，時年六十有四。

這里充分交代了陳介祺回到濰縣之後，基本斷絶了與京中官員的交游活動。因爲鮑康的聯繫，潘祖蔭求教金石學的問題，才使得陳介祺重新回到了京城官員們的金石交游圈子中去。館藏的手稿，分爲《陳介祺致潘祖蔭手札》四册本及《潘伯寅（祖蔭）致陳簠齋書札》三册本。前者收録的書札主要是同治十二年至十三年，陳介祺寫給潘祖蔭的書札，在時間上，正好與《簠齋尺牘》十二册本的前三卷相連。可以窺見同治十二年至光緒二年間，陳介祺寫給潘祖蔭書札的全貌。

陳介祺、潘祖蔭往來書札繫聯表

年月	潘祖蔭致陳介祺書札	出處	陳介祺致潘祖蔭書札	出處
同治十二年癸酉（一八七三）閏六月六日			書三紙，另十三紙	《陳介祺致潘祖蔭手札》四册本

續表

年月	潘祖蔭致陳介祺書札	出處	陳介祺致潘祖蔭書札	出處
七月十日			書二紙，另十紙	同前
八月廿九日			書三紙，另三紙	同前
十月十一日			書九紙，另五紙	同前
十月十七日			書五紙	同前
十一月十五日			書十一紙	同前
十二月立春後一日			書四紙	同前
十三年甲戌（一八七四）正月廿一日			書二紙	同前
二月十三日			書三紙	同前
三月二十三日			書三紙	同前
四月十二日			書一紙	同前
四月十三日			書三紙	同前
五月十一日			書五紙，另六紙	同前
五月廿六日			書九紙	同前
五月廿七日、廿八日			書十三紙	同前

續表

年月	潘祖蔭致陳介祺書札	出處	陳介祺致潘祖蔭書札	出處
六月六日			書三紙	同前
七月十一日			書十九紙，另一紙	同前
七月十六日			書一紙	同前
七月廿七日			書四紙	同前
七月三十日			書三紙	同前
八月八日			書四紙	同前
九月二日			書六紙，另二十九紙	同前
十月十三日			書二十紙	《簠齋尺牘》十二册本
十月三十日			書五紙	同前
十二月二日			書七紙，另九紙	同前
光緒元年乙亥（一八七五）正月十一日			書十七紙	同前
正月二十日			書三紙	同前
正月二十二日	書二紙	《潘伯寅致陳簠齋書札》三册本		
二月三日	書五紙	同前		

續表

年月	潘祖蔭致陳介祺書札	出處	陳介祺致潘祖蔭書札	出處
二月十日	書七紙	同前		
二月十四日			書八紙	同前
二月二十七日	書三紙	同前		
三月三日			書五紙	同前
三月四日	書二紙	同前		
三月五日	書一紙	同前		
四月八日			書三紙	同前
五月六日			書七紙	同前
六月十六日			書五紙	同前
七月廿六日			書七紙	同前
八月九日			書七紙	同前
九月二日			書六紙	同前
九月十日			書二紙	同前
九月二十日			書二紙	同前
十月二十四日			書八紙	同前
十一月十六日			書五紙	同前
十一月二十四日			書三紙	同前
十二月四日			書五紙，另六紙	同前
十二月	書一紙	同前		

續表

年月	潘祖蔭致陳介祺書札	出處	陳介祺致潘祖蔭書札	出處
二年丙子（一八七六）正月十六日	書二紙	同前		
三月七日			書五紙	同前
三月十六日	書四紙	同前		
四月一日			書三紙	同前
四月十日	書四紙	同前		
四月二十五日			書三紙	同前
五月二十五日			書七紙	同前
六月十四日			書四紙	同前
七月二十日			書三紙	同前
十月十五日			書三紙	同前
十月	書六紙	同前		
十一月二日	書二紙	同前		
十一月十一日	書三紙	同前		
十一月十五日	書一紙	同前		
十一月廿二日	書五紙	同前		
十二月二十三日	書六紙	同前		
三年丁丑（一八七七）正月八日	書三紙，另三紙	同前		

續表

年月	潘祖蔭致陳介祺書札	出處	陳介祺致潘祖蔭書札	出處
二月十二日	書三紙	同前		
三月二十一日	書八紙	同前		
四月五日	書七紙	同前		
五月十八日	書三紙	同前		
閏五月五日	書一紙	同前		
閏五月八日	書二紙	同前		
五月	書二紙	同前		
六月七日	書四紙，另六紙，	同前		
六月廿三日	書三紙	同前		
七月五日	書二紙	同前		
七月廿五日	書二紙	同前		
七月廿九日	書一紙	同前		
八月一日	書二紙	同前		
八月	書四紙	同前		
八月十六日	書三紙	同前		
八月二十六日	書二紙	同前		
九月十六日	書一紙	同前		
九月廿七日	書一紙	同前		

續表

年月	潘祖蔭致陳介祺書札	出處	陳介祺致潘祖蔭書札	出處
十月九日	書三紙	同前		
十月十日	書二紙	同前		
十月十一日	書四紙	同前		
十一月十六日	書四紙	同前		
十二月十二日	書二紙	同前		
四年戊寅（一八七八）三月二日	書二紙	同前		
三月十一日	書三紙	同前		
三月九日	書一紙	同前		
三月二十日	書三紙	同前		
四月九日	書二紙	同前		
四月十五日	書二紙	同前		
四月十六日	書二紙，另二紙	同前		
四月十九日	書二紙	同前		
四月二十二日	書二紙	同前		
五月五日	書八紙	同前		
五月十一日	書一紙	同前		
五月十五日	書一紙	同前		
六月二十二日	書二紙	同前		

續表

年月	潘祖蔭致陳介祺書札	出處	陳介祺致潘祖蔭書札	出處
六月二十四日	書四紙	同前		
七月二日	書五紙	同前		
七月七日	書四紙	同前		
七月二十四日	書三紙	同前		
八月一日	書一紙	同前		
八月十日	書二紙	同前		
八月十四日	書四紙，另五紙	同前		
九月十日	書一紙	同前		
九月十二日	書四紙	同前		
九月十五日	書五紙	同前		
九月十九日	書四紙，另一紙	同前		
十月三日	書七紙	同前		
十月七日	書四紙	同前		
十月二十六日	書四紙	同前		
十一月八日	書三紙	同前		

第三节　陳介祺、吴大澂往來書札的考察

吴大澂（一八三五—一九〇二），江蘇蘇州人，原名大淳，爲避諱而改名大澂。字止敬、清卿，號恒軒，後得周代彝器窓鼎而取號窓齋。吴大澂同治七年（一八六八）戊辰科進士，選爲翰林院庶吉士。同治十二年（一八七三），吴大澂奉旨充陝甘學政，開始了訪碑之事，由此而成爲京城金石小圈子中的重要人物之一。

吴大澂與陳介祺一直都是書札往來。吴大澂自同治十二年派充陝甘學政之後，光緒三年（一八七七）開始往返山西直隸賑灾，光緒四年（一八七八）出任河南河北道員，協助辦理河工。光緒六年（一八八〇）又前往吉林督辦邊務。光緒十年（一八八四），又受命會辦北洋軍務，入朝鮮處理甲申兵變。十餘年宦海沉浮，未得機會與陳介祺相見。但是吴大澂爲人正直、真誠，獲得了陳介祺的信任，兩人在金石收藏方面有深交。陳吴二人所討論的金石之事，主要集中在碑刻拓本和青銅器的收藏考證上，兩人對於傳拓都有深厚的見解。

館藏陳介祺和吴大澂往來的書札都保存較爲完好，從同治十二年開始，到光緒九年結束。吴大澂寫給陳介祺的書札，由自己編次整理，共六大册。而陳介祺寫給吴大澂的信，則收録在《簠齋尺牘》五卷本中，館藏影印本，此本爲民國八年（一九一九）影印，原件目前下落未明。陳介祺的回復截止到光緒五年（一八七九）。光緒六年之後，陳氏致吴大澂的書札均無，蓋已散落，日後或可重見天日。

陳介祺、吴大澂往來書札繫聯表

年月	吴大澂致陳介祺書札	出處	陳介祺致吴大澂書札	出處
清同治十二年癸酉（一八七三）八月五日			書三紙	《簠齋尺牘》五册本
十一月十五日			書十二紙	同前
十二月十八日	書六紙	《吴清卿書札》六册本		

續表

年月	吳大澂致陳介祺書札	出處	陳介祺致吳大澂書札	出處
十三年（一八七四）甲戌正月五日	書十一紙	同前		
四月至五月十一日			書十一紙附十九紙	同前
八月初九日	書三紙	同前		
十一月廿七日	書九紙，附《石門訪碑記》等十二紙	同前		
光緒元年乙亥（一八七五）正月十二日			書九紙	同前
正月十一日	書一紙	同前		
正月廿四日	書五紙	同前		
正月廿六日			書四紙	同前
二月廿四日	書三紙	同前		
三月廿二日			書五紙	同前
三月廿九日	書五紙，《古鈇説》二紙	同前		
四月廿四日	書三紙	同前		
六月十七日			書九紙	同前
七月十二日			書四紙	同前

續表

年月	吳大澂致陳介祺書札	出處	陳介祺致吳大澂書札	出處
七月廿八日			書三紙，附古器物目八紙	同前
七月卅日	書三紙	同前		
八月廿九日	書四紙	同前		
九月二日			書四紙	同前
九月十日			書三紙	同前
九月廿二日	書三紙，附新獲古器目三紙	同前		
九月十五日			書七紙	同前
十月廿四日			書九紙	同前
十二月三日	書五紙	同前		
十二月四日			書四紙	同前
二年丙子（一八七六）正月廿二日	書三紙	同前		
二月十日	書九紙	同前		
四月初一日			書一紙	同前
四月四日	書四紙	同前		
五月廿四日	書四紙	同前		
五月廿五日			書十三紙	同前

續表

年月	吴大澂致陳介祺書札	出處	陳介祺致吴大澂書札	出處
六月十四日			書七紙	同前
七月四日			書一紙	同前
七月十二日	篆書七紙	同前		
九月六日	書三紙	同前		
十二月五日	書三紙	同前		
十二月七日			書四紙	同前
光緒三年丁丑（一八七七）二月十八日			書五紙	同前
三月十八日	篆書大幅一紙	同前		
四月十八日	篆書四紙	同前		
七月七日			書十五紙	同前
七月二十日	篆書九紙	同前		
八月十八日	篆書四紙	同前		
八月十三日			書十五紙	同前
八月廿四日	書六紙	同前		
八月廿四日亥刻			書五紙	同前
九月六日	篆書三紙	同前		
			書三紙	同前

續表

年月	吴大澂致陳介祺書札	出處	陳介祺致吴大澂書札	出處
九月十八日			書十一紙又八紙	同前
十月三日			書八紙	同前
十月廿五日至十一月初一日	書八紙，又八紙	同前		
十一月六日			書十六紙	同前
光緒四年戊寅（一八七八）二月廿七日			書十三紙	同前
三月廿一日	書八紙	同前		
三月廿五日	書四紙	同前		
四月四日			書六紙	同前
四月廿二日			書十二紙，又一紙，又別緘三紙署初五日，當係同發	同前
四月廿三日	篆書二紙	同前		
五月初五日至六日	書十四紙	同前		
五月廿三日			書十紙	同前
六月初七至初九日	書三十二紙	同前		

續表

年月	吴大澂致陳介祺書札	出處	陳介祺致吴大澂書札	出處
六月三十日	書五紙	同前		
七月初九日	書三紙	同前		
十月初九日			書六紙，又一紙	同前
十月十四日	書三紙	同前		
十一月廿七日	書六紙	同前		
十二月五日			書二紙	同前
十二月廿日			書七紙	同前
光緒五年己卯（一八七九）正月人日	書四紙	同前		
正月十一日	書二紙	同前		
五月十一日	書二紙	同前		
六月八日	書三紙	同前		
八月廿九日	書六紙	同前		
九月十九日			書七紙	同前
清光緒六年庚辰（一八八〇）三月廿四日	書三張	同前		

續表

年月	吴大澂致陳介祺書札	出處	陳介祺致吴大澂書札	出處
八月十二日	書七紙，又二紙	同前		
清光緒七年辛巳（一八八一）二月初六日	書六紙	同前		
十一月九日	書六紙	同前		
十二月八日	書二紙	同前		
光緒八年壬午（一八八二）二月三十日	書九紙	同前		
六月初八日	書二十紙	同前		
六月初九日	書十二紙	同前		
七月十二日	書三紙	同前		
七月廿二日	書二紙	同前		
九月二日	書二紙	同前		
十月十七日	書八紙	同前		
十月十八日	書十八紙	同前		
光緒九年癸未（一八八三）二月初七日	書五紙	同前		
十一月十八日	書十紙	同前		

續表

年月	吴大澂致陳介祺書札	出處	陳介祺致吴大澂書札	出處
十二月初四	書五紙	同前		
十二月初五	書五紙	同前		
十二月六日	書三紙	同前		

第四节　陳介祺、王懿榮往來書札的考察

王懿榮（一八四五—一九〇〇），字正儒，一字廉生，山東福山（今烟臺市福山區）古現村人。出身仕宦世家。祖父王兆琛，嘉慶二十二年（一八一七）進士，官至山西巡撫。父王祖源，官至四川成綿龍茂道，王懿榮十五歲隨父進京。青年時代，泛涉書史，少時勤奮學習，以議叙銓户部主事。王懿榮篤好舊槧本書、古彝器、碑版圖畫之屬，尤潜心於金石之學，足迹遍及魯、冀、陝、豫、川等地，搜求文物古籍，中進士之前，即成爲名聞京城的金石學家。光緒六年（一八八〇）中進士，選爲翰林院庶吉士。光緒九年（一八八三）任翰林院編修。

王懿榮與陳介祺書信往來之初，陳介祺對比自己小三十二歲的晚輩王懿榮極爲尊重，一直尊稱其爲『兄』。後來，王懿榮女兒王崇烘嫁給了陳介祺外孫吴對（即吴重熹之子），才互稱姻親。王懿榮對經學、小學十分精通，陳介祺關於文字考釋的討論主要是在與王懿榮的書札中展開的。他們不但考據金文、碑刻，還對陶文、印章多有研究，其中不乏高明的文字考釋成果。

陳介祺和王懿榮的往來書札開始於同治十二年，結束於光緒十年閏五月，和陳介祺致徐會灃的書札在時間下限上保持了一致。陳、王二人書札往來的時間跨度較爲綿長。王懿榮的書札由自己收藏整理，較爲完整，編次整飭，即館藏《王廉生致陳簠齋書札》八册本。而陳介祺致王懿榮的書札，一部分由王氏家族收藏，收録於《簠齋尺牘》十二册本，今原件下落未明。這些書札主要集中在同治十二年（一八七三）至光緒二年（一八七六）、光緒八年（一八八二）至十年（一八八四）。中間大概六年的時間，書札保存并不完整。光緒二年閏五月到光緒三年、光緒七年，都只有王懿榮的書札，而未見陳氏的書札。考慮到王氏在光緒六年（一八八〇）中進士，大概此前的精力大多用在準備科考方面，關於考證金石古文的書札就少了。但是王氏與陳氏的書札往來并不可能因此中斷。出於某種原因，光緒四年（一八七八）至光緒六年（一八八〇）二人的往來書札并没有得到妥善的保管。陳介祺其實有爲書札録副的習慣，然至今尚未發現陳氏自己所藏的致王懿榮書札的副本，也較爲可惜。這些缺失的書札不知是否尚有重現世間之時。

陳介祺、王懿榮往來書札繫聯表

年月	王懿榮致陳介祺書札	出處	陳介祺致王懿榮書札	出處
清同治十二年癸酉（一八七三）四月六日	書十三紙	《王廉生致陳簠齋書札》八册本		
九月六日			書一紙	《簠齋尺牘》十二册本
十三年（一八七四）甲戌正月廿九日	書三紙	同前		
三月廿三日			書四紙	同前
四月五日	書三紙	同前		
四月廿九日			書一紙	同前

續表

年月	王懿榮致陳介祺書札	出處	陳介祺致王懿榮書札	出處
四月五月間	書九紙	同前		
五月十一日			書四紙＋三日四日札記十三紙	同前
六月六日			書五紙	同前
六月二十二日	書十五紙	同前		
七月十一日			書十二紙	同前
七月十七日			書六紙	同前
七月二十五日			書一紙	同前
七月廿七日			書二紙	同前
七月廿九日	書二通，書十一紙	同前		
八月八日			書二紙	同前
八月十一日	書九紙	同前		
八月二十四日	書六紙	同前		
九月二日			書二十三紙	同前
九月十五日	書十五紙	同前		
			書五紙	同前
九月十六日後	書八紙	同前		
九月十七日	書八紙	同前		
九月廿九日	書十八紙	同前		

續表

年月	王懿榮致陳介祺書札	出處	陳介祺致王懿榮書札	出處
十月一日	書十二紙	同前		
十月十二日			書二十紙	同前
十月十三日			書三紙	同前
十月十四日			書二紙	同前
十月廿八日	書十紙	同前		
十月三十日			書十五紙	同前
十一月一日			書二紙	同前
十一月十五日	書五紙	同前		
冬至日	書四十紙	同前		
			書四紙	同前
十二月四日			書十八紙	同前
十二月十五日	書三紙	同前		
十二月十八日	書十一紙	同前		
正月十二日			書三十八紙	同前
正月十九日			書三紙	同前
正月廿五日	書十七紙	同前		
正月廿六日			書二紙	同前
二月十二日至十四日			書十九紙	同前
二月十三日	書五紙	同前		

續表

年月	王懿榮致陳介祺書札	出處	陳介祺致王懿榮書札	出處
三月二日			書九紙，另七紙	同前
三月十日			書二紙，另六紙	同前
三月十八日	書二十紙	同前		
三月廿八日			書六紙	同前
三月至四月間	書五紙	同前		
四月一日			書七紙	同前
四月八日			書三紙	同前
四月十四日	書六紙	同前		
四月廿二日			書五紙，另四紙	同前
五月五日	書四紙	同前		
五月六日			書三紙	同前
五月十九日	書十六紙	同前		
五月廿三日			書一紙	同前
五月廿四日			書二紙	同前
六月九日	書二紙	同前		
七月三日	書六紙	同前		
七月八日			書四紙	同前
七月十二日			書二紙	同前

續表

年月	王懿榮致陳介祺書札	出處	陳介祺致王懿榮書札	出處
七月廿四日	書九紙	同前		
七月廿五日			書十二紙	同前
七月廿七日			書五紙	同前
七月三十日			書一紙	同前
八月九日			書四紙	同前
八月十七日	書二紙	同前		
八月二十日	書十紙	同前		
九月三日			書七紙	同前
九月十日			書三紙	同前
九月十五日	書十一紙	同前		
九月十九日			書三紙	同前
十月初九日	書八紙	同前		
十一月十日	書十五紙	同前		
冬至日			書五紙	同前
十二月四日			書八紙，另二紙	同前
十二月十一日	書六紙	同前		
二年丙子（一八七六）正月四日	書六紙	同前		
二月十五日	書八紙	同前		

續表

年月	王懿榮致陳介祺書札	出處	陳介祺致王懿榮書札	出處
三月四日			書十一紙	同前
三月五日			書六紙	同前
三月十九日	書十三紙	同前		
四月	書六紙	同前		
四月廿五日			書二紙	同前
五月十二日	書八紙	同前		
五月廿五日			書七紙	同前
閏五月十一日	書四紙	同前		
閏五月十四日	書二紙	同前		
六月廿七日	書五紙	同前		
八月三日	書七紙	同前		
八月十九日	書三紙	同前		
十一月一日	書三紙	同前		
十二月十四日	書八紙	同前		
三年丁丑（一八七七）正月廿九日	書四紙	同前		
四月十三日	書四紙	同前		
四月廿三日	書五紙	同前		
六月十四日	書七紙	同前		

續表

年月	王懿榮致陳介祺書札	出處	陳介祺致王懿榮書札	出處
七月廿一日	書十四紙	同前		
七月廿七日	書十三紙	同前		
五月一日	書二紙	同前		
七月十八日	書一紙	同前		
冬日	書二紙	同前		
冬	書一紙	同前		
七年辛巳（一八八一）三月廿九日	書九紙	同前		
四月十五日	書二紙	同前		
八年壬午（一八八二）十一月七日			書五紙	同前
十二月十四日	書二紙	同前		
九年癸未（一八八三）正月初一			書五紙	同前
正月二日			書一紙	同前
正月廿三日			書四紙	同前
四月二日			書五紙	同前

續表

年月	王懿榮致陳介祺書札	出處	陳介祺致王懿榮書札	出處
六月廿八日			書十一紙，另二紙	同前
八月四日	書三紙	同前		
八月	書二紙	同前		
八月廿五日	書六紙	同前		
九月九日			書一紙	同前
九月十七日			書七紙	同前
九月廿八日			書六紙	同前
十月五日			書二紙	同前
十月六日			書二紙	同前
十月十八日			書八紙，另五紙	同前
十一月三日			書三紙	同前
冬至日			書四紙，次日一紙	同前
十二月十五日			書七紙	同前
十年甲申（一八八四）三月十二日			書七紙	同前
三月十八日			書三紙	同前
三月廿九日	書三紙	同前		
四月十五日			書五紙	同前

續表

年月	王懿榮致陳介祺書札	出處	陳介祺致王懿榮書札	出處
五月廿三日			書三紙	同前
五月	書十二紙	同前		
閏五月七日	書十五紙	同前		

參考文獻

一、白謙慎著：《吳大澂和他的拓工》，海豚出版社，二〇一三年。
二、白謙慎著：《晚清官員收藏活動研究：以吳大澂及其友人爲中心》，廣西師範大學出版社，二〇一九年。
三、〔清〕鮑康撰：《觀古閣叢刻》，清同治至光緒年間（一八六二—一九〇八）刻本。
四、〔清〕鮑康撰：《鮑臆園丈手札》，清刻本。
五、蔡冠洛編著：《清代七百名人傳》，中國書店，一九八四年。
六、常之英修，劉祖幹纂：《濰縣志稿》，民國三十年（一九四一）排印本。
七、陳烈主編，周錚釋文：《小莽蒼蒼齋藏清代學者書札》，人民文學出版社，二〇一三年。
八、〔清〕陳介祺著：《簠齋印集》，十二册，清咸豐元年（一八五一）鈐印本，國家圖書館藏。
九、〔清〕陳介祺著：《朱子文善俗鈔》，一册，清咸豐三年（一八五三）刻本，國家圖書館藏。
一〇、〔清〕陳介祺著：《陳簠齋筆記附手札》，一册，同治十三年（一八七四）滂喜齋刻本。
一一、〔清〕陳介祺著：《簠齋傳古别録》，清光緒元年（一八七五）滂喜齋刻本。
一二、〔清〕陳介祺著，〔清〕吳重熹輯：《濰縣陳氏寶簠齋金文册目》，清稿本，國家圖書館藏。
一三、〔清〕陳介祺藏，〔清〕吳大澂撰：《簠齋古陶文考釋》，清稿本，國家圖書館。
一四、〔清〕陳介祺著：《答問擔粥章程書》，一册，清稿本，國家圖書館藏。
一五、〔清〕陳介祺著：《聃簋釋説》，清抄本，國家圖書館藏。
一六、〔清〕陳介祺著：《簠齋金文考釋》，不分卷，清抄本，國家圖書館藏。
一七、〔清〕陳介祺著：《簠齋印集》，九册，批注稿本，國家圖書館藏。
一八、〔清〕陳介祺著：《陳介祺書札》，九册，稿本，國家圖書館藏。
一九、〔清〕陳介祺著：《陳介祺致潘祖蔭手札》，四册，稿本，國家圖書館藏。
二〇、〔清〕陳介祺著：《簠齋印集》，五册，批注稿本，國家圖書館藏。
二一、〔清〕陳介祺著：《毛公鼎釋文》，陳氏家抄本，國家圖書館藏。
二二、〔清〕陳介祺著：《秦權量詔版詩文集》，濰縣陳氏家藏稿本。
二三、〔清〕陳介祺著：《周盂鼎銘釋文》，抄本，國家圖書館藏。
二四、〔清〕陳介祺著：《簠齋金石文考釋》，雲窗叢刻本，一九一三年羅振玉印本。
二五、〔清〕陳介祺藏，鄧實輯：《簠齋吉金録》，風雨樓民國七年（一九一八）石印本。
二六、〔清〕陳介祺著：《簠齋尺牘（致吳大澂）》，五册本，民國八年（一九一九）影印本。
二七、〔清〕陳介祺著，陳敬第輯：《簠齋尺牘》，十二册本，商務印書館，涵芬樓影印本，一九一九年。
二八、〔清〕陳介祺著：《簠齋藏古目》，商務印書館，一九二五年。
二九、〔清〕陳介祺著：《簠齋金文考》，民國二十六年（一九三七）刊印本。
三〇、〔清〕陳介祺著，〔清〕江標輯：《簠齋藏器目》，中華書局『叢書集成初編本』，一九八五年。

三一、〔清〕陳介祺著，陳繼揆整理：《秦前文字之語》，齊魯書社，一九九一年。

三二、〔清〕陳介祺批校，〔清〕李佐賢撰：《陳介祺批校〈古泉匯〉》，書目文獻出版社，一九九四年影印本。

三三、〔清〕陳介祺著，陳繼揆整理：《簠齋鑒古與傳古》，文物出版社，二〇〇四年。

三四、〔清〕陳介祺著，陳繼揆整理：《簠齋論陶》，文物出版社，二〇〇四年。

三五、〔清〕陳介祺著，陳繼揆整理：《簠齋金文考》，文物出版社，二〇〇五年。

三六、〔清〕陳介祺著，陳繼揆整理：《簠齋金文題識》，文物出版社，二〇〇五年。

三七、陳振濂主編：《陳介祺學術思想及成就研討會論文集》，西泠印社出版社，二〇〇五年。

三八、陳祖光、鄧華編：《濰城陳氏世家簡史》，香港天馬圖書有限公司，二〇〇四年。

三九、褚德彝輯：《金石學録續補》，民國八年（一九一九）余杭褚氏石畫樓鉛印本。

四〇、丁寶潭、于長鑾編：《金石學家吴式芬》，中國文史出版社，二〇〇五年。

四一、丁錫田撰：《濰縣鄉賢傳》，民國十五年（一九二六）十笏園石印本。

四二、丁錫田輯：《濰縣文獻叢刊》第三輯，民國二十一年（一九三六）五月初鉛印本。

四三、方斌、郭玉海主編，故宫博物院編：《金石千秋——故宫博物院藏二十二家捐獻印章》，紫禁城出版社，二〇〇七年。

四四、〔清〕方宗誠編：《吴竹如先生年譜》，畿輔志局，清光緒十一年（一八八五）刻本。

四五、顧廷龍著：《吴愙齋先生年譜》，民國二十四年（一九三五）哈佛燕京學社鉛印本。

四六、〔清〕郭培由等纂修：《郭氏族譜》，清同治十一年（一八七三）刻本。

四七、韓天衡編著：《中國印學年表》，上海書畫出版社，一九八七年。

四八、〔清〕何昆玉輯：《簠齋藏玉印》，神州國光社，民國十九年（一九三〇）影印本。

四九、黄濬著：《花隨人聖盦摭憶》，上海書店出版社，一九九八年。

五〇、梁穎編著：《尺素風雅：明清彩箋圖録》，山東美術出版社，二〇一〇年。

五一、林鈞編：《石廬金石書志》，民國十二年（一九二三）南昌閩侯林氏刻本。

五二、〔清〕劉嘉樹修，〔清〕苑棻池、〔清〕邱濬恪纂：《增修諸城縣續志》，光緒十八年（一八九二）刻本。

五三、劉體智藏并輯：《小校經閣金文文字》，廬江劉氏小校經閣石印本，一九三五年。

五四、陸明君著：《簠齋研究》，榮寶齋出版社，二〇〇四年。

五五、陸明君著：《陳介祺年譜》，西泠印社出版社，二〇一五年。

五六、羅福頤著：《古璽印概論》，文物出版社，一九八一年。

五七、羅振玉輯：《秦金石刻辭》，一九一四年影印本。

五八、吕偉達主編：《王懿榮集》，齊魯書社，一九九九年。

五九、〔清〕潘祖年編：《潘文勤公年譜》，清光緒年間（一八七五—一九〇八）刻本。

六〇、〔清〕潘祖蔭撰：《潘伯寅致陳簠齋書札》，三册，清稿本，國家圖書館藏。

六一、〔清〕錢儀吉、〔清〕繆荃孫、閔爾昌、汪兆鏞編，陳金林、齊德生、郭曼曼整理：《清代碑傳全集》，上海古籍出版社，二〇一八年。

六二、桑椹編纂：《歷代金石考古要籍序跋集録》，浙江古籍出版社，二〇一〇年。
六三、商承祚著：《古代彝器僞字研究》，載《金陵學報》，一九三三年十一月。
六四、〔清〕宋朝楨修，〔清〕陳傳弼等纂：《濰縣鄉土志》，清光緒三十三年（一九〇七）石印本。
六五、孫敬明、吉樹春、黄可主編：《陳介祺研究》，齊魯書社，二〇二一年。
六六、王俊芳著：《陳介祺與濰坊金石學》，中國文史出版社，二〇一一年。
六七、王紹曾主編：《清史稿藝文志拾遺》，中華書局，二〇〇〇年。
六八、王獻唐著：《雙行精舍書跋輯存》，齊魯書社，一九八三年。
六九、〔清〕王懿榮撰，〔清〕江標輯：《天壤閣雜記》，靈鶼閣叢書本，清光緒二十一年（一八九五）刻本。
七〇、〔清〕王懿榮撰：《王廉生致陳簠齋書札》，清稿本，國家圖書館藏。
七一、〔清〕王懿榮撰：《王文敏公書札》，清稿本，國家圖書館藏。
七二、〔清〕王懿榮等著，蘇揚劍等整理：《王懿榮往還書札》，鳳凰出版社，二〇二一年。
七三、〔清〕吴大澂撰：《吴大澂書札》，不分卷，清稿本，國家圖書館藏。
七四、〔清〕吴大澂等撰：《説文古籀補·補補·三補·疏證》，中國書店，一九九〇年。
七五、〔清〕吴大澂撰：《吴愙齋自訂年譜》，載《〈青鶴〉筆記九種》，中華書局，二〇〇七年。
七六、〔清〕吴大澂著，陸德富、張曉川整理：《吴大澂書信四種》，鳳凰出版社，二〇一六年。
七七、〔清〕吴式芬、〔清〕陳介祺輯撰：《封泥考略》，中國書店，一九九〇年。
七八、〔清〕吴雲撰，馬玉梅校注：《兩罍軒尺牘校注》，上海古籍出版社，二〇二〇年。
七九、〔清〕徐同柏、〔清〕陳介祺撰：《周毛公鼎銘釋文》，縮微文獻，一卷，國家圖書館藏。
八〇、楊士驤等修，孫葆田等纂：《山東通志》，山東通志刊印局排印，民國四年（一九一五）鉛印本。
八一、俞冰主編：《名家書札墨迹》，綫裝書局，二〇〇七年。
八二、張習孔、田珏主編：《中國歷史大事編年》，北京出版社，一九九七年。
八三、〔清〕趙爾巽等撰：《清史稿》，中華書局點校本，二〇二一年。
八四、〔清〕趙爾巽等撰，王鍾翰點校：《清史列傳》，中華書局，二〇二二年。
八五、支偉成著：《清代樸學大師列傳》，上海人民出版社，二〇一四年。

附録：書札常見人名字號及人物小傳

A

靄翁 龔易圖（一八三六—一八九三），字靄仁，靄人，福建閩侯人。咸豐九年進士，曾任雲南候補知府、山東濟南府知府。同治九年（一八五九）任山東登萊青兵備道道員。光緒年間歷任江蘇按察使、廣東按察使、雲南布政使、廣東布政使、湖南布政使等。

B

白田先生 王懋竑（一六六八—一七四一），字予中，一作與中，號白田。清揚州寶應人，清理學家。世業儒，叔父式丹以詩文名世，康熙四十二年（一七〇三）賜進士第一，人稱樓村先生。王氏熟諳經史，傾心朱子之學。晚年校定《朱文公年譜》，於《文集》《語類》考訂尤詳，謂《易本義》前九圖、《筮儀》及《家禮》，皆後人依托，非朱熹所作。

柏堂 方宗誠（一八一八—一八八八），字存之，號柏堂，安徽桐城人。任棗强知縣。清代桐城派後期名家之一。

寶臣 張香海，生卒年不詳，山東蓬萊人。道光十五年（一八三五）舉人，曾任河南、四川、貴州等地知縣。

伯屏 陳介侯，生卒年不詳，陳介祺族弟，陳官賢長子。

伯瑜 何昆玉（一八二八—一八九六），廣東高要人，字伯瑜，齋堂爲百舉齋、吉吉金齋、樂石齋。清代篆刻家，篆刻師法秦漢，旁及浙派，所作謹嚴渾厚，時出新意。性嗜古，喜收藏古銅印。何氏擅模拓彝器，嘗客陳介祺家，見聞日廣，鑒别遂精。輯有《吉金齋古銅印譜》六卷，參與《十鐘山房印舉》的編次。

步齋 朱靖宣，字布齋，河南安陽人，光緒九年（一八八三）至十年（一八八四）爲濰縣縣令。參見常之英《濰縣志稿》，民國三十年鉛印本，卷十九第三十七頁。

C

長飴 吴重周（一八一四—一八六五），字長飴，號鏡秋，吴式芬長子。咸豐元年蔭生，同知銜，任禮部主事。

醇士 戴熙（一八〇一—一八六〇），字醇士，號榆庵，一號鹿床、蓴溪、松屏，又號井東居士，錢塘（今浙江杭州）人。道光十二年（一八三二）進士，入翰林散館，授編修，擢詹事府贊善。道光十八年（一八三八）入值南書房，旋命視廣東學政，歷升至翰林院侍講學士，後復命督學廣東，在任擢光禄寺卿，歷内閣學士兼禮部侍郎，還朝轉兵部右侍郎。道光二十九年（一八四九）乞假歸田。咸豐五年（一八五五）協辦杭城協防局事，抵禦太平軍。一八六〇年太平軍攻杭州，投水而死。《清史》有傳。工詩文書畫，名重一時，屬虞山派，又受奚岡影響，故畫風又近婁東派。亦精篆刻，頗得古趣。傳世代表作品有《憶松圖》《仿王蒙秋山晴爽圖》《重巒密樹圖》《東郭聯吟圖》等。其著有《習苦齋集》《習苦齋畫絮》《題畫偶録》等。謚號『文節』。

次白 劉鴻翱（一七七八—一八四九），字裴英，號次白，山東濰縣人，嘉慶十四年（一八〇九）進士，歷任太湖司馬、徐州太守、臺灣道兼提督、陝西按察使、雲南布政使、署理閩浙總督、福建巡撫等。

次屏 王之翰（一八一九—一八八四），字次屏，號湘筠，山東濰縣人。道光二十四年（一八一四）進士，官至翰林院編修、内閣學士兼禮部侍郎。咸豐初，遭逢親喪。同治、光緒間曾典試河南、廣東，任順天鄉試同考官等。

存之 方宗誠（一八一八—一八八八），字存之，號柏堂，安徽桐城人。任棗强知縣。清代桐城派後期名家之一。

D

丹初 閆敬銘（一八一七—一八九二），字丹初，陝西朝邑（今陝西省大荔縣）人，晚清大臣。歷任山東鹽運使、山東巡撫、户部尚書、兵部尚書、軍機大臣等職位。光緒八年（一八八二），進京任户部尚書。光緒十八年（一八九二）卒於山西寄寓，追贈太子少保，謚『文介』。

東樵 楊以增（一七八七—一八五五），清代藏書家。字益之，號至堂，别號東樵。山東聊城人。道光二年（一八二二）進士。初在貴州任荔波縣知縣，後任松桃直隸廳同知、貴陽府知府。

東卿 葉志詵（一七七九—一八六三），字東卿，晚號遂翁、淡翁，湖北漢陽人。善書法，貢生出身，嘉慶九年（一八〇四）入翰林院，官國子監典簿，升兵部武選司郎中，後辭官歸。學問淵博，游於翁方綱、劉墉門下，長於金石文字之學，收藏金石、書畫、古今圖書甚富。所藏金石古物，在《筠清館金石録》中多采録。著作主要有《咏古録》《識字録》《金山鼎考》《壽年録》《上第録》《稽古録》《神農本草傳》《平安館詩文集》《簡學齋文集》等。

E

峨卿 陳介璋，生卒年不詳，陳介祺族兄弟。

F

方赤（翁） 李璋煜（一七八四—一八五七），字方赤，號月汀，山東諸城人，嘉慶庚辰（一八二〇）進士，刑部主事，後遷四川司郎中，廣東布政使等。喜好金石，主持校勘《説文解字義證》。陳介祺的岳父。

豐玉 蘇兆年，生卒年不詳，字豐玉，西安永和齋古玩店掌櫃，排行第六。

鳳蓀 柯劭忞（一八四八—一九三三），字仲勉，又作鳳孫、鳳蓀、鳳笙、奉生等，號蓼園，室名歲寒閣。山東膠州人，光緒十二年（一八八六）進士，歷任翰林院編修、侍讀、侍講等職。

黼曾 陳陽，陳介祺孫。

G

戈登 查理·喬治·戈登（Gordon，Charles George）（一八三三—一八八五），出身軍人世家，英國工兵上將。一八六〇年，第二次鴉片時來到中國。一八六二年，太平天國開始在上海威脅歐洲人。英國將軍斯特維利（WilliamStaveley）委派少校戈登接任松江指揮權。戈登治理軍隊很嚴厲，出擊凶猛，其軍隊被稱爲『常勝軍』。蘇州被戈登和中國軍隊合力攻下。一八六四年五月，太平軍在天京（今南京）周邊最後一個堡壘——常州——失陷，戈登的任務圓滿完成。同治皇帝授予戈登提督稱號，英國也晉升他爲中校并封他爲巴兹勳爵士。戈登隨後轉戰埃及戰場。他離開中國前，曾經對中國軍隊的整頓和中國的國防提出了二十條意見。

艮峰 倭仁（一八〇四—一八七一），字艮峰，烏齊格里氏，蒙古正紅旗，清理學家、書法家。道光九年進士，歷任侍講學士、大理寺卿、禮部侍郎、户部主事、工部尚書等。謚號『文端』。

公符、恭甫 姚學桓，生年不詳，卒於光緒五年（一八七九），山東濰縣人，陳介祺的拓工。毛公鼎、馭方鼎、秦詔瓦量等拓本都出自他手。

宫保 李鴻章（一八二三—一九〇一），本名章銅，字漸甫、子黻，號少荃（一作少泉），晚年自號儀叟，安徽合肥人。中國清朝晚期政治家、外交家、軍事將領。道光二十七年（一八四七）進士，早年隨業師曾國藩鎮壓太平天國運動與捻軍起義，受命組建淮軍，因戰功擢升至直隸總督，兼北洋通商大臣，累加至文華殿大學士，封一等肅毅伯，謚號『文忠』。

H

翰生 高鴻裁（一八五二—一九一八），字翰生、翰聲，山東濰縣人。

嗜好金石之學，精研古磚瓦。著有《上陶室磚瓦文攈》《歷代志銘徵存》等。

恒慶 陳恒慶（一八四四—一九二〇），字子久，山東濰縣人。少年穎悟，讀書勤奮，同治十二年（一八七三）舉人，光緒十二年（一八八六）進士及第。在京都工部任都水司主事、營繕司員外郎、屯田司郎中，升兵科給事中，掌河南道監察御史等，後外放任錦州知府。

衡可 朱鈞（？—一八六〇），字衡可，號筱漚、嘯鷗，富收藏，善於鑒古。浙江海寧人。廩貢生，捐納爲同知，赴江蘇辦理海運，升蘇州知府，護理江蘇按察使。咸豐十年（一八六〇）太平軍進取江、浙時，募勇辦團，率衆守城，四月，戰敗自殺。朝廷贈太常寺卿，封世職。

祜曾 陳阜（一八五二—？），字祜曾，陳介祺長子陳厚鍾長子，自幼爲陳介祺親自教養，清廩貢生，清末濰縣鄉紳首領。

J

戟門 王錫棨（一八三二—一八七〇），字戟門，室名選青山房、天璽雙碑之館等，山東諸城人，清代著名金石學家。

芰堂、紀堂 胥倫，生卒年不詳，字芰堂，一作紀堂。山東濰縣人。與陳介祺相交游，善於鑄銅印、銅器。後來仿造銅器，是濰縣仿古銅器製作者之一。

季玉世叔 潘曾瑋（一八一八—一八八六），字寶臣、季玉，善古詩文辭。潘祖蔭之叔，潘世恩之第四子。

季雲 李恩慶（一七九八—一八六九），字季雲，號集園，直隸遵化人，道光十三年進士，官至兩淮鹽運使，篤好書畫收藏。

季則 陳子懿，生卒年不詳，陳介祺族四叔。庚子恩科舉人，曾任江西廣昌縣知縣。

椒農 田金詔，生卒年不詳，字椒農，曾任濼源書院監院。

介眉 陳介眉，陳介祺從兄，道光十八年貢生，曾任江蘇宿遷、鹽城等縣知縣，擢升（南）通州知州，後擢河南歸德府知府。咸豐三年（一八五三），捻軍攻破歸德府，陳介眉被罷免回鄉。咸豐十一年（一八六一），捻軍又打到山東濰縣，陳介眉組織民兵與之戰鬥，陣亡，朝廷因此嘉獎而復其職、建專祠。

錦航 李肇錫，一名肇璽，字子嘉，號錦航，山東諸城人，李璋煜之孫。同治六年（一八六七）丁卯科順天鄉試舉人，清同治七年（一八六八）二甲第二十四名進士，翰林院編修、武英殿纂修官、貴州西兵備道、貴州按察使、布政使。李璋煜之孫。現代著名文學家王統照之外祖父。

晋卿 陳介錫，生卒年不詳，陳介祺族兄弟。輯宋明以來山東名人書畫真迹數十册，名《桑梓之遺》，著有《桑梓之遺人物考略》《桑梓之遺録文》《石文雜録》等。

經孳 瞿樹鎬，生卒年不詳，瞿中溶子，曾在陝西爲官。刊刻其父之《古官印考證》。

荆山 貢璜（一八〇六—一八六七），字以黼，號荆山，浙江金華人。道光二十五年（一八四三）進士，授翰林院編修。歷任實録館協修、提調、陝甘鄉試試官、禮部春闈試官，咸豐十年（一八六〇）十月二日任山東按察使，咸豐十一年十二月四日（一八六二年一月三日）調山東布政使。同治三年（一八六四）八月因案查辦，結案後到京。清同治六年（一八六七）畿輔旱荒，調京辦理賑撫，卒於差次。

菊如 張士保（一八〇五—一八七九），字菊如，山東掖縣人，著名書畫家。嗜好金石文字，善繪博古圖。

K

侃叔 吴東發（一七四七—一八〇三），初名旦，字侃叔，一字耘廬，號芸父，浙江嘉興海鹽澉浦人。清嘉慶元年（一七九六）貢生，嘗從錢大昕游。早年崇奉理學，壯年潛心於經學，尤其精通《尚書》。曾受浙江撫臺阮元之聘，參加編輯《經籍籑詁》。通金石文字，阮元的《積古齋鐘鼎彝器款識》收録了其不少見解。著有《群經字考》《讀經筆記》《書序鏡》《尚書後案質疑》《經韵》《六書述》《石鼓文讀》《商周文拾遺》《鐘鼎款識釋文》等。

康甫 吴廷康（一七九九—？），字元生，號康甫，又號贊甫，一作贊府，别號晋齋，晚號茹芝，安徽桐城人，清代官員、畫家。

匡侯 郭襄之（一八一二—一八八四），字匡侯，山東濰縣郭氏，郭夢齡長子，道光甲辰（一八四四）舉人，歷官刑部，陝西司郎中，山西朔平府、甘肅西寧府知府，署寧夏府知府，甘凉兵備道、西寧兵備道。光緒二年引疾歸里，十年，卒。參見宋朝楨《濰縣鄉土志》，清光緒三十三年（一九〇七）石印本，第三十六頁。郭夢齡娶於陳氏，故陳介祺稱其爲舍親。參見郭培由《郭氏族譜》，清同治十一年刻本，傳第一百八十至第一百八十一頁，世表卷九第一頁至第二頁，國家圖書館藏。

昆臣 葉名琛（一八〇七—一八五九），字昆臣，湖北漢陽人。清末大臣。道光十五年進士，選庶吉士授編修。歷任山西雁平道、江西鹽道、雲南按察使、湖南甘肅廣東布政使等。擢升廣東巡撫、兩廣總督、通商大臣。

L

郎亭 沈兆霖，生卒年不詳，字尺生，號郎亭，浙江杭州人。道光十六年進士，官陝甘總督，贈太子太保。擅篆隸書法及治印。

郎軒 涂宗瀛（一八一二—一八九四），號郎軒，安徽六安人。道光二十四年（一八四四）舉人，曾任江寧知府、蘇松太道員、湖南按察使、湖南布政使、廣西巡撫、河南巡撫、湖廣總督等。

釐卿 陳介憙，生卒年不詳，陳介祺族兄弟。

麗泉 于麗泉，生卒年不詳，河南駐馬店積古齋的古董商。

麗珍 高嘉鈺，生卒年不詳，高慶齡族侄。輯有《秦漢印簡》《古印譜影》。

廉生 王懿榮（一八四五—一九〇〇），字正儒，一字廉生，山東省福山縣人。金石學家、鑒藏家和書法家，爲發現和收藏甲骨文第一人。光緒六年（一八八〇）進士，授翰林編修。三任國子監祭酒。庚子年八國聯軍攻入京城，王懿榮投井殉節，謚號『文敏』。撰有《漢石存目》《古泉選》《南北朝存石目》《福山金石志》等。

蓼園 柯劭忞（一八四八—一九三三），字仲勉，又作鳳孫、鳳蓀、鳳笙、奉生等，號蓼園，室名歲寒閣。山東膠州人，光緒十二年（一八八六）進士，歷任翰林院編修、侍讀、侍講等職。

柳堂先生 吴可讀（一八一二—一八七九），字柳堂，號冶樵，甘肅皋蘭（今蘭州）人。以舉人身份出任伏羌（今甘肅甘穀）訓導，主講朱圉書院。後中進士，歷任刑部主事、員外郎，咸豐末年因母親去世，返回故里，主講蘭山書院。同治初年，吴可讀服喪期滿，仍任刑部員外郎，後升任吏部郎中、河南道監察御史。光緒初年，起用爲吏部主事。光緒五年（一八七九）爲同治帝立嗣事死諫。

六舟 釋達受（一七九一—一八五八），字六舟，號萬峰退叟，浙江海寧人，主持西湖净慈寺，嗜好金石鑒賞，善於書畫。獨創古銅器拓法。

龍石 楊澥（一七八一—一八五〇），字竹唐，號龍石，江蘇吴江人，工篆刻。

籙友 王筠（一七八三—一八五四），字貫山，號籙友，山東安丘人。道光元年舉人，山西鄉寧縣知縣。清朝著名文字學家。

履卿 韓崇（一七八三—一八六〇），字元芝、元之，一字履卿，别稱南陽學子，蘇州元和縣人。汪鳴鑾和吴大澂的外祖父。官至山東雒口批驗所大使。嗜好金石，工書法。編著有《録德録》《江左石刻文編》《江右石刻文編》《書畫題跋》《寶鐵齋書録》等。

M

枚卿 李佐賢之子。

孟慈 汪喜孫，生卒年不詳，江蘇江都人，汪中之子，嘉慶十二年舉人。

木庵 程振甲（？—一八二六），字也園，號木庵。安徽歙縣人，遷居蘇州。乾隆四十九年（一七八四）舉人，充軍機章京，轉吏部員外郎。嘉慶十四年（一八〇九）爲阮元製墨。程氏善製墨，富藏書，好博古，通金石學，家藏三代彝器數百，輯有《木庵藏器目》。

木夫 瞿中溶（一七六九—一八四二），幼名慰劬，字木夫，又字鏡濤，號空空叟，上海嘉定人，諸生。錢大昕女婿。清代藏書家、金石家、篆刻家、書法家。曾任湖南布政司理問。博覽群籍，尤精金石考據，富藏漢鐙、銅像、古泉、古鏡、漢磚瓦等，擇有銘文款識者，輯成《石鏡軒圖録》《古鏡圖録》。

N

南鄭 高慶齡（？—一八八三），號南鄭，清太學生，山東濰縣人，喜好金石，尤精於古璽印著有《齊魯古印攈》。

O

藕汀 郭恩觀（一八三二—一八八五），字藕汀，山東濰縣人。郭氏爲濰縣望族。咸豐五年（一八五五）舉人，官杭州臨安知縣、嘉興平湖知縣、浙江秀水知縣。郭襄之子，郭遴之嗣子。著名畫家郭味蕖曾祖。富於書畫收藏。

P

潘方伯、潘藩臺 潘鼎新（一八二八—一八八八），字琴軒，安徽廬江人，因軍功擢同知，淮軍『鼎字營』領袖。調任山東按察使、山東布政使、辦理海防事務、署湖南巡撫等職。中法戰爭中任廣西巡撫。

裴英 劉鴻翱（一七七八—一八四九），字裴英，號次白，山東濰縣人，嘉慶十四年（一八〇九）進士，歷任太湖司馬、徐州太守、臺灣道兼提督、陝西按察使、雲南布政使，署理閩浙總督，福建巡撫等。

平齋 吴雲（一八一一—一八八三），字少青，一作少甫，號平齋、愉庭、抱罍子，晚號退樓主人。浙江歸安（今湖州）人，一作安徽歙縣人。齋堂號有兩罍軒、二百蘭亭齋、敦罍齋、金石壽世之居。道光諸生，屢試皆困，援例任常熟通判，歷知寶山、鎮江。咸豐間總理江北大營營務及籌軍餉，擢蘇州知府。吴氏收藏鼎彝、碑帖、名畫、古印、宋元書籍甚富，精鑒別與考據，藏拓本達二百數，顔其齋曰『二百蘭亭齋』，晚年寓居蘇州，暢咏田園之樂。

Q

樵埜、樵野 張蔭桓（一八三七—一九〇〇），字皓巒，號樵野，又號紅棉居士，晚號芋盦，廣東南海縣（廣東佛山）人，少應童子試不遇。同治三年（一八六四）捐得山東知縣之職，歷官登萊青道員、山東鹽運使、蕪湖關道員、安徽按察使等職，相繼在山東巡撫閻敬銘、丁寶楨及湖北總督李瀚章幕中供職，深受器重。在登萊青道時，拒英國請辟烟臺之議；在蕪湖關道任內，整頓關務。光緒十一年（一八八五），派爲總理各國事務衙門大臣，後左遷直隸大名道員。旋調回京，派充出使美秘西三國大臣。在海外遇事持國體，保護僑民。光緒十六年（一八九〇），復充總理衙門大臣，之後更升户部右侍郎、左侍郎。光緒二十年（一八九四），以全權大臣與邵友濂出使日本議和。光緒二十三年（一八九七）出使英國，翌年主辦鐵路總礦務局。戊戌變法期間，與康有爲來往甚密，支持改革。變法失敗後，被革職充軍新疆。義和團運動期間，慈禧太后下旨（一説載漪矯旨）將其在戍所處死。次年昭雪，開復原官。

清卿 吴大澂（一八三五—一九〇二），字止敬、清卿，號恒軒、愙齋，江蘇吴縣人，清代官員，金石學家。同治七年進士，授太僕寺卿，督辦吉林防務、會辦朝鮮政變等。著有《吉林勘界記》《愙齋集古録》《古玉圖考》《恒軒所見所藏吉金録》《十六金符齋印存》等。

R

蓉汀 郭恩孚（一八四六—一九一五），字伯尹，號蓉汀，郭襄之子。

榕生 徐埴，山東臨清人，晚晴貢生。徐延旭之子，陳介祺之二女婿。

S

僧邸 僧格林沁（一八一一—一八六五），博爾濟吉特氏，科爾沁左翼後旗蒙古族人，清朝晚期重要的軍事將領。扎薩克多羅郡王索特納木多布濟與嘉慶皇帝之第三女莊敬和碩公主的嗣子，襲封扎薩克多羅郡王。僧格林沁率清軍剿捻，在山東、河南等地疲於奔命。同治四年（一八六五）中伏被殺，隨行清軍全軍覆没。

山農

李宗岱（？—一八九六），字山農，廣東南海縣（廣東佛山）人，道光二十九年（一八四九）貢生。山東候補道員署山東鹽運使、布政使。一八八五年，先後在平度、招遠開辦采金工廠。一八八九年，在牟平與美資合作開辦招遠礦務公司，後因資金枯竭被關閉，李氏鬱鬱而終。

珊林

許槤，生卒年不詳，字叔夏，號珊林，浙江海寧人。舉人出身，精通小學，刻書尤精。

少荃

李鴻章（一八二三—一九〇一），本名章銅，字漸甫、子黻，號少荃（一作少泉），晚年自號儀叟，安徽合肥人。中國清朝晚期政治家、外交家、軍事將領。道光二十七年（一八四七）進士，早年隨業師曾國藩鎮壓太平天國運動與捻軍起義，受命組建淮軍，因戰功擢升至直隸總督，兼北洋通商大臣，累加至文華殿大學士，封一等肅毅伯，謚號『文忠』。

少山

丁良善，陳介祺的拓工。

省三

劉銘傳（一八三六—一八九六），字省三，自號大潛山人，安徽合肥人。清朝末期淮軍重要將領，洋務派代表人物，同治元年至同治三年（一八六二—一八六四），因剿滅太平軍聲名顯赫，補授直隸提督。同治四年至同治七年（一八六五—一八六八）奉命剿捻，先後於黄陂、濰縣、壽光等地敗東捻軍。後向李鴻章獻計，將西捻軍引到黄河、運河、徒駭河之間的狹長地帶，與之決戰，致西捻軍全軍覆没，由此晋爵一等男爵。後賦閑在家一三年。光緒十年（一八八四），於淡水等地率軍擊敗法國艦隊的進犯。十一年（一八八五），出任臺灣巡撫。

石查

胡義贊（一八三一—一九〇二），字叔襄，號石槎（一作石查），晚號烟視翁，河南光山人，同治十二年舉人，官海寧知州。喜金石考證之學，所藏泉幣皆希品，刻印宗秦、漢，收藏書、畫、金石甚富。

守業

吕守業，陳介祺拓手。

受之

張辛（一八一一—一八四八），字受之，浙江嘉興人，無功名。張廷濟侄，來京客居松筠庵。

壽臧

徐同柏（一七七五—一八五四或一八六〇），原名大椿，後改名同柏，字籀莊，號壽臧，又號少孺，晚號八舊太平庵主，室名有『敦和堂』『吉石羊金樓』『從古堂』等。浙江嘉興人。得舅氏張廷濟指授，精研六書、篆籀，多識古文奇字。清書法篆刻家，道光間府學歲貢生。氏著有《從古堂款識學》十六卷、《從古堂吟稿》等。

叔均

翁大年（一八一一—一八九〇），字叔均，江蘇吴江人。其父翁廣平（字海琛）工繪山水，善隸書，博學嗜古。翁大年早承家學，篤嗜金石考據，精篆刻，尤擅治牙章，布局工整，印文挺拔，與曹世模所刻象牙印風格極相似。著述頗富，有《古官印志》八卷、《陶齋金石考》二卷、《舊館壇碑考》二卷、《陶齋印譜》二卷、《瞿氏印考辨正》一卷、《秦漢印型》二卷等。

叔康

生卒年不詳，陳介祺族弟，陳官賢三子。

叔未

張廷濟（一七六八—一八四八），字順安，號叔未，别署海嶽庵門下弟子，自號眉壽老人，室名『清儀閣』。浙江嘉興人。嘉慶三年（一七九八）解元，後屢試進士不第。張氏精金石考據校勘之學，收藏鼎彝、碑版、書畫甚富，亦工書法。張氏藏品多有拓本，著有《清儀閣所藏古器物文》《清儀閣金石題識》《清儀閣古印偶存》《清儀閣題跋》《清儀閣印譜》等。

書勳

李貽功，生卒年不詳，山東利津人。李韋卿推薦他爲陳介祺的拓工。

舜堂

翟雲升（一七七六—一八六〇），字舜堂，號文泉，山東掖縣人，道光二年進士，清代著名古文字學家、書法家。著有《説文形聲後案》、《説文辨異》等。

誦孫

吴式芬（一七九六—一八五六），字子苾，號誦孫，山東省海豐（今無棣）縣人，出身科舉世家。清道光十四年（一八三四）進士，歷任翰林院編修，江西南安府知府，廣西、河南按察使，直隸、貴州、陝西布政使，浙江學政，內閣學士兼禮部侍郎等職，清代金石學家和考古學家。生平專攻訓詁之學，長於音韵，精於考訂，古物皆拓本收録。氏著《金石彙目分編》《陶嘉書屋鐘鼎彝器款識》《雙虞壺齋日記八種》《海豐吴氏雙虞壺齋印存》《〈寰宇訪碑録〉校本《綴錦集》《陶嘉書屋詩賦》等。咸豐五年（一八五五）因病陳請開缺，次年四月返鄉，十月初八日卒。

粟園 陳畯，生卒年不詳，字粟園，浙江海鹽人。精於墨拓，尤工蟬翼拓，游藝京華及各藏家之處。

綏卿 陳介眉，陳介祺從兄，道光十八年貢生，曾任江蘇宿遷、鹽城等縣知縣，擢升（南）通州知州，後擢河南歸德府知府。咸豐三年（一八五三），捻軍攻破歸德府，陳介眉被罷免回鄉。咸豐十一年（一八六一），捻軍又打到山東濰縣，陳介眉組織民兵與之戰鬥，陣亡，朝廷因此嘉獎而復其職、建專祠。

孫阜、阜孫 陳阜（一八五二—？），字祜曾，陳介祺長子陳厚鍾長子，自幼爲陳介祺親自教養，清廪貢生，清末濰縣鄉紳首領。

T

退樓 吴雲（一八一一—一八八三），字少青，一作少甫，號平齋、愉庭、愉庭、抱罍子，晚號退樓主人。浙江歸安（今湖州）人，一作安徽歙縣人。齋堂號有兩罍軒、二百蘭亭齋、敦罍齋、金石壽世之居。道光諸生，屢試皆困，援例任常熟通判，歷知寶山、鎮江。咸豐間總理江北大營營務及籌軍餉，擢蘇州知府。吴氏收藏鼎彝、碑帖、名畫、古印、宋元書籍甚富，精鑒別與考據，藏拓本達二百數，顔其齋曰『二百蘭亭齋』，晚年寓居蘇州，暢咏田園之樂。

W

韋卿 李佐賢之子

撝叔 趙之謙（一八二九—一八八四），字撝叔，號冷君、悲庵、梅庵，浙江會稽人，清代書畫家、篆刻家，『新浙派』代表人物。

文端 倭仁（一八〇四—一八七一），字艮峰，烏齊格里氏，蒙古正紅旗，清理學家、書法家。道光九年進士，歷任侍講學士、大理寺卿、禮部侍郎、户部主事、工部尚書等。謚號『文端』。

文泉 翟雲升（一七七六—一八六〇），字舜堂，號文泉，山東掖縣人，道光二年進士，清代著名古文字學家、書法家。著有《說文形聲後案》、《說文辨異》等。

文愨公 陳官俊（一七八一—一八四九），字偉堂，山東濰縣人。嘉慶十三年（一八〇八）進士，官至吏部尚書，加贈太子太保銜，道光帝近臣，死後謚號『文愨』。陳介祺父親。

吾子行 吾丘衍（一二七二—一三一一），一作吾衍，清初避孔丘諱，作吾邱衍，字子行，號貞白，又號竹房、竹素，別署真白居士、布衣道士，世稱貞白先生。浙江開化縣華埠鎮孔埠人。元代金石學家，印學奠基人。氏著《學古編》成書於大德庚子（一三〇〇），卷一爲《三十五舉》，乃是我國最早研究印學理論的著述。

X

西泉 王石經（一八三三—一九一八），字君都，號西泉，山東濰縣人。武秀才，篆刻家。陳介祺金石助手。

小房 郭夢齡（一七九五—一八五四），字小房，號硯農，山東濰縣人，陳介祺表哥。道光三年進士，歷任陝西按察使、河南按察使、山西布政使、山西巡撫等職。

小蓬 張槃（一八一二—？），字小蓬，號圓腹道人，直隸定興人。山東武定同知。工篆隸書法。

小浦 張芾（一八一四—一八六二），名黼侯，字小浦，陝西涇陽人。道光十五年進士，選庶吉士，授編修，值南書房。擢内閣學士，督江蘇學政。授工部侍郎，後調吏部。

小松 黄易（一七四四—一八〇二），字大易，號小松、秋盦，又號秋影庵主、散花灘人。浙江錢塘人，清代著名金石學家，繪有《訪碑圖》，并著《小蓬萊閣金石文字》等。兼擅篆刻，與丁敬并稱『丁黄』，爲『西泠八家』之一。

小午 袁保恒（一八二六—一八七八），字小午，一作筱午，號筱塢。項城（今河南省項城市）人。道光三十年（一八五〇）進士。改庶吉士，授翰林院編修，官至刑部侍郎。曾先後佐李鴻章、左宗棠軍幕二十餘年。

小雲 張祖樾，生卒年不詳，主講高陽縣濡上學院、膠西學院、靈山書院、珠山書院。

曉山 徐延旭（一八一八—一八八六），山東臨清人。字曉山，號虛谷，一號覆齋。咸豐十年（一八六〇）進士，先後任知縣、知府、道員。光緒八年（一八八二），升任廣西布政使。次年三月受命與廣西提督黄桂蘭等籌辦中越邊防。同年十月任廣西巡撫，駐軍越南諒山，爲東綫清軍北寧前敵指揮。一八八四年中法戰争時，徐延旭率部駐守北寧城區，因備戰不力，指揮調度無能，致使一八八四年三月法軍三路進攻北寧時，清軍不戰而潰。後被革職，解京入獄，判斬監侯，後改爲充軍新疆，未離京即病死。

筱漚 朱鈞（？—一八六〇），字衡可，號筱漚、嘯鷗，富收藏，善於鑒古。浙江海寧人。廪貢生，捐納爲同知，赴江蘇辦理海運，升蘇州知府，護理江蘇按察使。咸豐十年（一八六〇）太平軍進取江、浙時，募勇辦團，率衆守城，四月，戰敗自殺。朝廷贈太常寺卿，封世職。

筱畇 張祖樾，生卒年不詳，主講高陽縣濡上學院、膠西學院、靈山書院、珠山書院。

孝笙 陳陔，陳介祺孫。

孝禹、小宇、孝玉 王瓘（一八四七—？），字孝禹，又作孝玉，號遯庵，齋名賞古齋。四川銅梁（今重慶銅梁）人，舉人出身，曾在端方幕府，官至江蘇道員。精於收藏，擅長書法篆刻繪畫，名重一時。輯有《賞古齋秦漢印存》。

香濤 張之洞（一八三七—一九〇九），字孝達，號香濤，又號香嚴，晚年自號抱冰老人。原籍直隸南皮（今屬河北），生於貴州貴陽六洞橋。中國晚清重臣、後期洋務派代表人物。同治二年（一八六三）中探花，授翰林院侍講學士。一八八一年，出任山西巡撫，開始籌辦洋務，設廣東水陸師學堂、槍炮廠、礦務局、廣雅書院。一八八四年，張之洞擢升兩廣總督，起用馮子材抗擊法軍。一八八九年，調任湖廣總督，辦漢陽鐵廠、湖北槍炮廠，設織布、紡紗、繅絲、制麻四局。一八九四年，署理兩江總督。一九〇七年，其又任軍機大臣，次年十一月，以顧命重臣晋太子太保。一九〇九年，病卒。光緒十年年初，法國在越南猖獗，邊疆告急，張之洞多次上疏建議戰守。陳書札九册本第一至五册〇四二中提及之事當爲此事。

心齋 丁守存（一八一二—一八八三），字心齋，號竹溪，山東日照人，道光十五年進士，曾任户部主事、軍機處章京等。

星衢 李福泰（一八〇六—一八七一），字星衢，山東濟寧人，道光二十四年甲辰科進士。歷任廣東饒平、潮陽、番禺知縣，廣東按察使，督辦粤東北軍務，擢廣東巡撫。

星五 陳傳奎（一八二〇—一八八九），陳介祺族弟，字星五，咸豐丙辰進士，改庶吉士散館，授刑部主事，宦海沉浮，後任都水司郎中，光緒十五年（一八八九）卒於京師。參見宋朝楨《濰縣鄉土志》，清光緒三十三年石印本，第三十八至三十九頁。

雪帆 宋晋，字錫蕃，號雪帆，江蘇溧陽人，道光二十四年進士，選庶吉士，授編修，同治十二年遷户部侍郎。潘祖蔭同治七年至十二年在户部任右侍郎。兩人爲同僚。

Y

延煦堂 延煦（？—一八八七），愛新覺羅氏，字樹南，隸正藍旗，直隸總督慶祺子，咸豐六年（一八五六）進士，選庶吉士，授編修。十年，車駕北狩，録城防功，擢四品京堂。十一年，授贊善。累遷內閣學士，除盛京兵部侍郎。光緒二年（一八七六），出爲熱河都統；十年，晉理藩院尚書；十三年卒。《清史稿》有傳。

燕謀、詒謀 張翼（一八四七—一九一三），字燕謀，直隸通州人，原爲醇清王奕譞侍從。時任江蘇候補道。後受到李鴻章賞識，任直隸礦務督辦、熱河礦務督辦、工部侍郎、開平礦務局總辦、路礦大臣等職。

燕庭翁、燕翁 劉喜海（一七九三—一八五二），字燕庭、燕亭、硯庭、吉甫，山東諸城人。嘉慶二十一年（一八一六）舉人，叔祖爲名臣劉墉。歷任四川按察使、浙江布政使。清代著名藏書家、金石學家、古泉收藏家，著有《長安獲古編》《洛陽存古録》《海東金石苑》《古泉苑》《清愛堂家藏鐘鼎器款識法帖》等。

堯仙 吕佺孫（？—一八五七），字堯仙，常州武進人，祖上爲順治四年狀元吕宫，書禮傳家，子孫代出進士。道光丙申進士，改庶吉士，授編修，充庚戌會試同考官。歷任四川按察使、貴州布政使、福建巡撫。《清史》有傳。吕氏工書法，嗜金石，精鑒賞，收集古磚甚富，著有《秦漢百磚考》。

詒卿 陳介謀，生卒年不詳，陳介祺族弟。

吟村 曾泳（一八一三—一八六二），譜名曾璋恒，字永吉，號仲撰，自號吟村，四川省成都人。道光二十四年（一八四四）甲辰科進士，任户部河南司主事兼貴州司行走、題補雲南司主事、福建司員外郎、雲南司郎中，江西省吉安府知府。咸豐十一年（一八六一），太平軍攻城時弃城逃跑，被免職，後受曾國藩之邀到軍中任襄理，辦理安慶軍務。同治元年（一八六二）因積勞成疾卒於太平軍次。（民國）《華陽縣志》有傳。

寅穀 靳昱，生卒年不詳，字寅穀，順天大興人，監生，同治二年至十二年爲山東濰縣知縣。

印林 許瀚（一七九七—一八六六），字印林，室名攀古小廬，山東日照人。道光十五年（一八三五）舉人。曾受業於王引之，王氏修《康熙字典》時，許瀚考充校録。清代樸學家、校勘學家、金石學家、書法家。道光二十八年（一八四八）冬許瀚返日照。同治三年（一八六四），大病不起，至歲暮始勉强起坐。同治五年（一八六六）卒，終年七十。

友山 張兆棟（一八二一—一八八七），字伯隆，號友山。山東濰縣人。以進士授刑部主事，累遷郎中。外放陝西鳳翔府知府，後擢升四川按察使。同治十年（一八七一）升廣東巡撫，光緒四年（一八七八）因母喪歸里。孝服期滿，被任命爲福建巡撫。中法戰争中，因馬尾失守，與總督同被革職。光緒十三年（一八八七），在福建寓所病殁。

幼亭 費學曾（一八二九—一八九八），江蘇武進人，曾在直隸任知縣。

幼雲 楊繼震，生卒年不詳，漢軍鑲黄旗人，工部郎中，嗜好金石文字，古錢幣收藏豐富。

榆庭、愉庭 吴雲（一八一一—一八八三），字少青，一作少甫，號平齋、榆庭、抱罍子，晚號退樓主人。浙江歸安（今湖州）人，一作安徽歙縣人。齋堂號有兩罍軒、二百蘭亭齋、敦罍齋、金石壽世之居。道光諸生，屢試皆困，援例任常熟通判，歷知寶山、鎮江。咸豐間總理江北大營營務及籌軍餉，擢蘇州知府。吴氏收藏鼎彝、碑帖、名畫、古印、宋元書籍甚富，精鑒別與考據，藏拓本達二百數，顔其齋曰『二百蘭亭齋』，晚年寓居蘇州，暢咏田園之樂。

虞琴 郭薰之（一八四二—一九一三），字虞琴，號寅生，郭夢齡之子。

雨帆 譚相紳，生卒年不詳，號雨帆，山東濰縣人，任職於烟臺登萊青兵備道署中。陳介祺表弟。

玉甫 宫昱，字玉甫，江蘇泰州人，宫本昂兄長，喜好收藏，曾客居陳介祺在北京的宅邸。

淵如 孫星衍（一七五三—一八一八），字淵如，號伯淵，別署芳茂山人、微隱。陽湖（今江蘇武進）人，後遷居金陵。清代著名藏書家、目録學家、書法家、經學家。阮元曾聘他爲『詁精經舍』教習及主講鐘山書院，以學術淵博稱。

雲坡 田金詔的弟弟。

韻初 沈樹鏞（一八三二—一八七三），字均初，一字韻初，號鄭齋，上海人。咸豐九年（一八五九）中舉，官至內閣中書。生平收藏書畫、秘笈、金石甚豐。尤對碑帖，考訂精辟。

Z

肇璽 李肇錫，一名肇璽，字子嘉，號錦航，山東諸城人，李璋煜之孫。同治六年（一八六七）丁卯科順天鄉試舉人，清同治七年（一八六八）二甲第二十四名進士，翰林院編修、武英殿纂修官、貴州西兵備道、貴州按察使、布政使。李璋煜之孫。現代著名文學家王統照之外祖父。

張允勷 張允勷，生卒年不詳，山東蓬萊登州城人。因收藏琴亭侯李夫人墓門刻石而聞名，以收藏蓬萊本地所出石刻爲愛好，見《登州府志》《語石》等記載。陳氏書札中幾見其名，可知與陳介祺多有往來。

甄甫 陳陶，陳介祺孫。

芷汀 郭恩履（一八四〇—一八六八），字植齋，號芷汀，國子監算學生，同治四年（一八六五）授福建南平縣縣丞，次年改選安徽潛山縣縣令丞。郭襄之子。

至堂 楊以增（一七八七—一八五五），清代藏書家。字益之，號至堂，别號東樵。山東聊城人。道光二年（一八二二）進士。初在貴州任荔波縣知縣，後任松桃直隸廳同知、貴陽府知府。

秩卿 陳介猷，生卒年不詳，陳介祺族兄弟。

秩山 張守叙（一八二八—？）字秩山，山東無棣人。道光年間諸生。喜繪事，游士卿間。

稚璜 丁寶楨（一八二〇—一八八六），字稚璜，貴州平遠（今貴州省畢節市）人。咸豐三年（一八五三）進士，此後歷任翰林院庶吉士、編修、岳州知府、長沙知府、山東巡撫，光緒二年（一八七六）署理四川總督。任山東巡撫期間，兩治黄河水患。卒後朝廷追贈太子太保，謚號『文誠』。

仲飴 吴重憙（一八三八—一九一八），字仲懌、仲飴，號蓼舸、石蓮老人，山東無棣人，吴式芬子。陳介祺長婿。同治元年舉人，累官河南陳州知府、江寧布政使、直隸布政使、直隸總督、江西巡撫、郵傳部右、左侍郎。好金石文字。

仲垣 生卒年不詳，陳介祺族弟，陳官賢次子。

籀莊 徐同柏（一七七五—一八五四或一八六〇），原名大椿，後改名同柏，字籀莊，號壽臧，又號少孺，晚號小舊太平庵主，室名有『敦和堂』『吉石羊金樓』『從古堂』等。浙江嘉興人。得舅氏張廷濟指授，精研六書、篆籀，多識古文奇字。清書法篆刻家，道光間府學歲貢生。氏著有《從古堂款識學》十六卷、《從古堂吟稿》等。

竹銘 曹鴻勛（？—一九一〇），字竹銘，號蘭生，山東濰縣（今濰坊）人，光緒二年（一八七六）丙子恩科狀元，初授翰林院修撰，五年（一八七九），充湖南鄉試副主考。七年（一八八一），提督湖南學政。光緒十三年（一八八七）入值上書房。清光緒二十三年（一八九七），其任雲南永昌府知府，常巡行鄉里，有惠政。次年，曹鴻勳調補雲南府知府。先後任貴州布政使兼署貴州巡撫、湖南布政使、陝西巡撫。清光緒三十三年（一九〇六），奉旨回京協理開辦資政院事務。一九一〇年病卒於任。陳介祺對曹鴻勛有知遇之恩。

竹朋 李佐賢（一八〇七—一八七六），字仲敏，號竹朋，山東利津縣人。清代古錢幣學家、金石學家、詩人，書畫鑒賞家。道光十五年（一八三五）中進士，選爲翰林院庶吉士。後授翰林院編修、任文淵閣校理、國史館總纂、福建汀州知府等職。咸豐二年（一八五二），引退故里。咸豐七年（一八五七）入京閒居，編著不已。同治三年（一八六四）編成《古泉匯》六十四卷，四年，輯成《石泉書屋詩鈔》，五年，著成《武定詩續鈔》。李佐賢亦於收藏研究書畫不遺餘力。同治十年（一八七一），輯成《書畫鑒影》二十四卷，記録鑒定自東晋至清乾隆名家書畫。李佐賢於治印亦頗有研究，道光三十年（一八五〇），輯成《石泉書屋印存》，光緒二年（一八七六）輯成《得壺山房印寄》。同年，卒於利津。其孫女爲陳介祺長孫陳阜之妻。

竹如

吴廷棟（一七九三—一八七三），字彦甫，號竹如，安徽霍山人，道光五年拔貢，曾任刑部主事、直隸河間知府、山東布政使、直隸按察使、大理寺卿、刑部侍郎等。

竹溪

丁守存（一八一二—一八八三），字心齋，號竹溪，山東日照人，道光十五年進士，曾任户部主事，軍機處章京等。

子苾

吴式芬（一七九六—一八五六），字子苾，號誦孫，山東省海豐（今無棣）縣人，出身科舉世家。清道光十四年（一八三四）進士，歷任翰林院編修，江西南安府知府，廣西、河南按察使，直隸、貴州、陝西布政使，浙江學政，内閣學士兼禮部侍郎等職，清代金石學家和考古學家。生平專攻訓詁之學，長於音韵，精於考訂，古物皆拓本收録。氏著《金石彙目分編》《陶嘉書屋鐘鼎彝器款識》《雙虞壺齋日記八種》《海豐吴氏雙虞壺齋印存》《〈寰宇訪碑録〉校本》《綴錦集》《陶嘉書屋詩賦》等。咸豐五年（一八五五）因病陳請開缺，次年四月返鄉，十月初八日卒。

子聰

方濬益（一八三六—一八九九），字子聰，一作子聽，亦字伯裕，安徽定遠人。官江蘇金山知縣、南匯奉賢知縣。收藏金石甚富，又工刻印。著有《定遠方氏吉金彝器款識》《綴遺齋彝器考釋》。

子達

張子達，陳介祺的拓工。

子行

宫本昂（一八二一—一八七四），字子行，江蘇泰州人，曾任泗水知縣。喜好收藏。

子嘉

郭麐（一八二三—一八九三），字子嘉，號望三散人，山東濰縣郭氏，嗜金石，善於篆刻，著有《濰縣金石志》《濰縣古城考》等。

子嘉

李肇錫，一名肇璽，字子嘉，號錦航，山東諸城人，李璋煜之孫。同治六年（一八六七）丁卯科順天鄉試舉人，清同治七年（一八六八）二甲第二十四名進士，翰林院編修、武英殿纂修官、貴州西兵備道、貴州按察使、布政使。李璋煜之孫。現代著名文學家王統照之外祖父。

子年

鮑康（一八一〇—一八八一），字子年，清安徽歙縣人。鮑桂星侄。道光間舉人，官至夔州知府。清古泉學家。著有《觀古閣泉説》《泉注》等。少年時隨叔父鮑桂星居京城，與陳介祺久有交游。

子青

張之萬，張之洞的兄弟。

子永

何慎修，陳介祺友人，曾任内閣中書，擅堪輿之學。

子貞

何紹基（一七九九—一八七三），字子貞，號東洲，別號東洲居士，晚號蝯叟，湖南道州（今道縣）人。晚清詩人，畫家，書法家。經史皆通，尤精小學，旁及金石考證。書法自成一家。道光十六年（一八三六）中進士，授翰林院編修。歷充文淵閣校理、國史館提調，武英殿總纂等，曾充福建、貴州、廣東鄉試正副考官。咸豐二年（一八五二）授四川學政，六年，以部議『私罪』降官調職，遂辭官。咸豐十年（一八六〇）主講於山東濼源書院，十二年主講於長沙城南書院。同治九年（一八七〇），因病辭去書院講席。次年寓居蘇州，主持蘇州、揚州書局，校刊《十三經注疏》，主講浙江孝廉堂。同治十二年（一八七三），病逝於蘇州省寓，享壽七十五歲，後葬於長沙南郊。氏著《説文段注駁正》《惜道味齋經説》《東洲草堂金石跋》《東洲草堂詩集》《東洲草堂文鈔》等。

子振

陳佩綱，生卒年不詳，陳介祺族弟。

左相

左宗棠（一八一二—一八八五），字季高，一字樸存，號湘上農人，湖南湘陰（今湖南省岳陽市）人。因剿滅太平軍有功，歷官浙江巡撫、閩浙總督、陝甘總督、協辦大學士，封恪靖伯。光緒元年（一八七五）任欽差大臣督辦新疆軍務，討伐阿古柏，收復失地。光緒七年（一八八一），任軍機大臣，調兩江總督，後病歿福州。

圖書在版編目（CIP）數據

國家圖書館藏陳介祺書札 / 曹菁菁編著. -- 上海：
上海書畫出版社，2024.1
ISBN 978-7-5479-3280-3

Ⅰ. ①國… Ⅱ. ①曹… Ⅲ. ①陳介祺－手稿 Ⅳ.
① K825.81

中國國家版本館 CIP 數據核字（2023）第 247523 號

國家圖書館藏陳介祺書札

曹菁菁 編著

策　　劃　朱艷萍
責任編輯　雍　琦　張　姣　李柯霖
編　　輯　魏書寬　伍　淳
審　　讀　李保民　陳家紅
特約校對　李默甫
裝幀設計　瀚青文化
技術編輯　包賽明

出版發行　上海世紀出版集團
上海書畫出版社
地　　址　上海市閔行區號景路159弄A座4樓
郵政編碼　201101
網　　址　www.shshuhua.com
E-mail　shuhua@shshuhua.com
製　　版　杭州立飛圖文製作有限公司
印　　刷　杭州四色印刷有限公司
經　　銷　各地新華書店
開　　本　889×1300　1/16
印　　張　32.5
版　　次　2024年1月第1版　2024年1月第1次印刷

書　　號　ISBN　978-7-5479-3280-3
定　　價　陆佰捌拾圓